Migge · Handbuch Coaching und Beratung

Björn Migge

Handbuch Coaching und Beratung

Wirkungsvolle Modelle, kommentierte Falldarstellungen, zahlreiche Übungen

Beltz Verlag · Weinheim und Basel

Dr. *Björn Migge* studierte Medizin und soziale Verhaltenswissenschaft. Er hat in Zürich als Oberarzt und Universitätsdozent gearbeitet, bevor er in Westfalen ein Trainingsinstitut für Coaching und psychologische Lebensberatung gründete.

Homepage: www.drmigge.de

Das Werk und seine Teile sind urheberrechtlich geschützt.
Jede Nutzung in anderen als den gesetzlich zugelassenen Fällen
bedarf der vorherigen schriftlichen Einwilligung des Verlages.
Hinweis zu § 52a UrhG: Weder das Werk noch seine Teile dürfen
ohne eine solche Einwilligung eingescannt und in ein Netzwerk
eingestellt werden. Dies gilt auch für Intranets von Schulen
und sonstigen Bildungseinrichtungen.

Lektorat: Ingeborg Sachsenmeier

© 2005 Beltz Verlag · Weinheim und Basel
www.beltz.de
Herstellung: Klaus Kaltenberg
Satz: Druckhaus »Thomas Müntzer«, Bad Langensalza
Druck: Druckhaus Beltz, Hemsbach
Umschlaggestaltung: glas ag, Seeheim-Jugenheim
Umschlagabbildung und Kapitelzeichnungen: Florian Mitgutsch, München
Printed in Germany

ISBN 3-407-36431-8

Inhaltsverzeichnis

Vorwort 13

Einleitung 15
    Worum geht es? Was werden Sie lernen? 15
    An wen wenden sich Bücher über Coaching und psychologische Beratung? 15
    Eine methodenübergreifende Perspektive 16
    Welche »Arbeitsfelder« gibt es im Coaching? 19
    Wie Sie am besten mit diesem Buch arbeiten können 19

Teil 1
Definitionen und Kommunikation 21

Was ist Coaching? 22
    Was ist Coaching nicht? 22
    Unsaubere Grenzen zur Psychotherapie? 23
    Welche anderen Formen der Beratung gibt es? 25
    Wo wird gecoacht? 26
    Welche Themen gibt es im Coaching? 27
    Wer coacht? 27
    Was ist Coaching? 28
    Was ist systemisches Coaching oder systemische Beratung? 29
    Gibt es in diesem Buch auch Modelle aus anderen Beratungs- oder Therapieschulen? 29

Praktische Kommunikation für Coaches 31
    Sprache formt unser Gehirn 31
    Rapport – Pacen – Leaden 31
    Am Anfang steht das Zuhören 32
    Aktiv zuhören und mitgehen 32
    Zirkuläres Fragen 33
    Den Klienten in seiner Welt abholen 34
    Was für ein Typ ist der Klient? 35
    Der Beziehungsaspekt von Botschaften 35
    Kommunikationstipps 37
    Sich wütenden Gesprächspartnern öffnen 41
    Hypnotische Sprachmuster 42
    Fragen sind im Coaching äußerst wichtig 43
    Das innere Team befragen 44
    Wie kann das Gespräch durch Fragen gesteuert werden? 44
    Andere Sichtweisen erfragen 45
    Sie haben Gelegenheit, sich zu erproben 46

Hypnotische Sprachmuster 47
- Hypnose: Vorurteile, Gefahren, Befürchtungen 47
- Hypnose im Wandel der Zeiten 49
- Wie setze ich hypnotische Methoden in der Beratung ein? 49
- Affirmationen anbieten 52
- Coaching in Trance und Schamanismus 53

Übungen und Fall-Vignetten 55
- Aktives Zuhören üben 55
- Sinnesmodalitäten 56
- Die vier Zugangskanäle 59
- Die Sprache hinter der Sprache 61
- Das Kochplattenmodell 65

Falldarstellungen 68
- Falldarstellung 1: Flugbegleiterin mit Angstzuständen 68
- Falldarstellung 2: Controllingspezialist eckt ständig an 72
- Falldarstellung 3: Junior-Managing-Director verliert seinen Job 75

Lösungen 79
- Lösungsvorschläge zu den Übungen 1–6 79
- Lösungsvorschläge zu den Fall-Vignetten 1–6 81
- Lösungsvorschläge zu den Falldarstellungen 1–3 84

Teil 2
Ziele, Visionen, Persönlichkeit 87

Ziele und Visionen im Coaching 88
- Vom Problem zum Ziel 88
- Die Ressourcen 92
- Ziele und Visionen 93
- Verpasste Chancen 95
- Glück oder Sinn? 95
- Ideenschmiede 96
- Stabilität und Veränderung 98
- Kleine und große Krisen 98
- Phasenmodell für Krisen 99
- Zielen heißt auch Verzicht 101
- Auf der Suche nach einem neuen Ziel 101
- Vom richtigen Zielen 102

Persönlichkeit und Subjektivität 105
- Phasen der Kompetenzwahrnehmung 105
- Die logischen Kategorien des Lernens und der Kommunikation 105
- Die logischen Ebenen nach Dilts 106
- Hierarchien der Wirklichkeit 107
- Verzerrungen der Persönlichkeitswahrnehmung 109

The Big Five – das Fünf-Faktoren-Modell der Persönlichkeitseigenschaften	111
Eysencks Persönlichkeitszirkel: der Enneagrammprototyp	112
Kognitive Persönlichkeitstheorien	112
Persönlichkeit entsteht durch Feedback	113
Die Selbstwirksamkeit als Barometer unserer Zuversicht	113
Hemisphärenmodell: rechtes Hirn, linkes Hirn	114
Das Multimind-Konzept	114

Übungen und Fall-Vignetten ... 117
    Vom Problem zum Ziel ... 118
    Das erweiterte Disney-Konzept ... 120
    Standortbestimmung mit Phasenmodellen ... 121
    Ziele wohlgeformt formulieren ... 124
    Komplexe Beratungsziele definieren ... 126

Falldarstellungen ... 128
    Falldarstellung 4: Produktionsleiter ist überfordert ... 128
    Falldarstellung 5: Finanzamtsangestellte mit Zukunftsängsten ... 131
    Falldarstellung 6: Überqualifizierter Dauerstudent ... 135

Lösungen ... 139
    Lösungsvorschläge zu den Übungen 7–13 ... 139
    Lösungsvorschläge zu den Fall-Vignetten 7–11 ... 141
    Lösungsvorschläge zu den Falldarstellungen 4–6 ... 143

Teil 3
Kognitives Umstrukturieren ... 149

Werte, Überzeugungen, Umdeutungen ... 150
    Werte: Was uns wichtig und richtig erscheint ... 150
    Tiefe Überzeugungen: Glaubenssätze ... 151
    Modelle der kognitiven Umstrukturierung ... 155
    Mentale Metaprogramme (Sorts) ... 160

Subjektive Wirklichkeiten ... 163
    Das Abbild der Welt in uns ... 163
    Unsere fünf Sinne ... 163
    Handlung und Wirkung schaffen Wirklichkeit ... 167

Träume und Tagträume ... 168
    Seit wann kennen wir das Träumen? ... 168
    Traumdeutung ... 168
    Träume und Augenbewegungen ... 170
    Jung und Freud als Traumpioniere ... 170
    Tagträumen und Intuition ... 171

Übungen und Fall-Vignetten 176
   Dysfunktionale Kognitionen 177
   Kognitives Umstrukturieren nach dem ABC-Schema 181
   Metaprogramme (Sorts) 190

Falldarstellungen 194
   Falldarstellung 7: Event-Managerin am Nullpunkt 194
   Falldarstellung 8: Heimleiterin im Konflikt mit der Schwiegermutter 198
   Falldarstellung 9: Austherapierte Chefsekretärin 201

Lösungen 205
   Lösungsvorschläge zu den Übungen 14–26 205
   Lösungsvorschläge zu den Fall-Vignetten 12–14 210
   Lösungsvorschläge zu den Falldarstellungen 7–9 214

Teil 4
Paare und Familien 217

Familie, Liebe, Partnerschaft 218
   Unser inneres Bild der Familie 218
   Wirkung über Generationen 219
   Was passiert in Familien? 220
   Zwei und mehr sind ein System 220
   Aufstellungen, Psychodrama und Skulpturen 221
   Nach welchen Regeln funktioniert eine Familie? 224
   Verschiedene Gefühlsarten 226
   Liebe und Partnerschaft 227
   Die Bilanz des Gebens und Nehmens 231
   Häufige Beratungsanlässe im Paar-Coaching 233
   Häufige Probleme im Paar-Coaching 235

Übungen und Fall-Vignetten 241

Falldarstellungen 251
   Falldarstellung 10: Arzthelferin wird gemobbt 251
   Falldarstellung 11: Entscheidungsschwache Büroleiterin 255
   Falldarstellung 12: Ein Sohn mit ADHS 260

Lösungen 264
   Lösungsvorschläge zu den Fall-Vignetten 15–19 264
   Lösungsvorschläge zu den Falldarstellungen 10–12 270

Teil 5
Gesundheit, Karriere und Team ... 277

Gesundheitsstörungen im Coaching ... 278
- Vom Sport-Trainer zum Berater ... 278
- Was darf der Coach mit dem Körper machen? ... 279
- Negative Krankheitsprognosen ... 280
- Ärzte – Experten auf dem Gebiet der Vorbeugung und Heilung? ... 281
- Wie können Sie kranken Klienten helfen? ... 282
- Umgang mit Emotionen bei schwerer Krankheit (Coping) ... 282
- Es soll mir schnell wieder gut gehen ... 283
- Hier der Leib – und dort die Seele? ... 284
- Vom Sinn der Krankheiten für die Kommunikation ... 286
- Geistige Muster der Erkrankung und Gesundung ... 286
- Gefühlsblindheit macht krank ... 287
- Psychosomatik ... 289
- Darf ein Coach oder Berater heilen? ... 291
- Tipps zur Gesundheit ... 293

Beruf und Karriere ... 294
- Ziele definieren, Änderungen vornehmen ... 294
- Burn-out garantiert ... 299
- Ohne Vitamin B läuft nur wenig ... 300
- Energieräuber ... 301

Team und Gruppe ... 303
- Teams in der Beratung ... 303
- Typische Teamprobleme ... 305
- Teamentwicklung ... 306
- Gruppendynamik ... 309
- Mobbing ... 311

Übungen und Fall-Vignetten ... 314
- Vernetzung des bisher Gelernten ... 314
- Menschen erkranken und gesunden an Bedeutungen ... 327

Lösungen ... 331
- Lösungsvorschläge zu den Fall-Vignetten 20–26 ... 331
- Lösungsvorschläge zu den Übungen 28–30 ... 338

Teil 6
Systemische Konzepte in der Beratung ... 341

Theorie der systemischen Beratung ... 342
- Wie arbeiten Organisationsberater eigentlich? ... 342
- Was ist systemische Beratung? ... 342
- Kurze Geschichte der systemischen Beratung ... 343

Das Familienaufstellen nach Bert Hellinger	346
Konstruktivismus	348
Phänomenbereiche systemischer Beratung	350
Von der Unternehmensberatung zur Organisationsberatung	352
Erklärungsmodelle menschlichen Verhaltens	353
Elemente der Diagnose und der Veränderungsarbeit	357
Expertenberatung und Prozessberatung	358
Phasen des Beratungsprozesses	360
Das Interview als Diagnoseverfahren	362
Die Diagnose sozialer Regeln in Organisationen	364
Systemische Veränderungsarbeit in Organisationen	365

Aktionsmethoden in der Beratung 371
    Soziometrie und soziales Atom 372
    Das Psychodrama 373

Falldarstellungen 384
    Falldarstellung 13: Der Stotterer auf Jobsuche 384
    Falldarstellung 14: Zunehmende Vergesslichkeit des Professors 389
    Falldarstellung 15: Ein Schläger möchte sich ändern 393
    Falldarstellung 16: Projektmanagerin bekommt roten Kopf 398
    Falldarstellung 17: Gemindertes Selbstwertgefühl eines Dressmans 401

Lösungen 405
    Lösungsvorschläge zu den Falldarstellungen 13–17 405

Teil 7
Krisen und Umbrüche 414

Glauben und Spiritualität 416
    Religion und Glauben 416
    Wie kann ich glauben? 418
    Glauben gibt Orientierung, Identität und Kraft 419
    Ein mystischer Weg zu Gott – Spiritualität 420

Angst 422
    Definition der Angst 422
    Formen der Angst 423
    Pathologische Ausdrucksformen der Angst 425
    Der Umgang mit der Angst als Schlüsselqualifikation 426

Krisen und Traumata 427
    Krisen als Entwicklungschance 428
    Phasen des schöpferischen Prozesses 431
    Krisen und Krisenauslöser 433
    Gewalt in der Familie 440
    Klienten mit Selbstmordgedanken 446

EMDR als Wunderwaffe in der Traumaberatung? 450
Stichworte zur posttraumatischen Belastungsstörung 452
Technikbausteine aus einzelnen Behandlungsphasen des EMDR 452
Wir wird EMDR im Coaching eingesetzt? 454

Fall-Vignetten 455
   Himmel und Hölle in der Beratung 455

Falldarstellungen 464
   Falldarstellung 18: Erweiterter Selbstmord? 464
   Falldarstellung 19: Einsamer Selbstmord 466
   Falldarstellung 20: Die Amokschießerei 469
   Falldarstellung 21: Wiederholte Vergewaltigung 472

Lösungen 476
   Lösungsvorschläge zu den Fall-Vignetten 27–33 476
   Lösungsvorschläge zu den Falldarstellungen 18–19 482

Teil 8
Konflikte und Konfliktarbeit 485

Konflikte und Mediation 486
   Konfliktfähigkeit 488
   Konfliktinterpretation als Lernerfahrung 491
   Kompetenzen in der Konfliktarbeit 491
   Innere Konflikte 492
   Psychotherapeutische Erklärungsmodelle für unbewusste innere Konflikte 493
   Unbewusste innere Konflikte 496
   Das »Portfolio« als Beratungsinstrument 499
   Zwischenmenschliche Konflikte 500
   Phasen der Konflikteskalation 503
   Konstruktiver Umgang mit bewussten zwischenmenschlichen Konflikten 505
   Gruppenkonflikte als Sonderform des zwischenmenschlichen Konflikts 506
   Selbsterfahrung in der Gruppe: Intrapsychische und interpersonelle Konflikte 508

Systemische Fragen in der Konfliktarbeit 511
   »Stören« in der systemischen Beratung 511
   Strukturierte systemische Konfliktberatung (Erstgespräch) 512
   Systemische Gesprächs- oder Fragetechniken 513
   Basiswissen Mediation 516

Falldarstellungen 519
   Nicht jeder Konflikt will gelöst werden 519
   Falldarstellung 22: Das heisere Aufbegehren 520
   Falldarstellung 23: Eine unverdauliche Ehe 523
   Falldarstellung 24: Befreiungsschläge einer alten Dame 527

Falldarstellung 25: Die Folgen eines Raubüberfalls? 530
Falldarstellung 26: Die schriftliche Beschwerde 534

Lösungen 542
Lösungsvorschläge zu den Falldarstellungen 22–26 542

Teil 9
Selbstdarstellung und Selbstbild als Coach 549

Evaluation der Beratung 550
Qualitätssicherung als Befragung 551
Die Wirkfaktorenanalyse 551
Die Gestaltung der beraterischen Beziehung 552
Keine Angst vor Manipulation! 554
Tests als Erfolgskontrolle 555

Selbstständig als Coach 557
Interviews mit Coaching-Profis 557
Fragen, die Coaching-Klienten und Ausbildungsinteressenten häufig stellen 575
Berufliche Identität und Repräsentation 577
Berufsstand und Berufsbild: Heilen verboten! 578
Niederlassungsanzeige beim Ordnungsamt, Finanzamt, Gewerbeamt 580
Werbefreiheit und Schweigepflicht 581
Verbände und Vereine 581

Checkliste und Fragen 582
Wer ist der Auftraggeber? 582
Was sind Ihre »Anfangswerkzeuge«? 583
Coaching-Prozesse anpassen und planen 584

Übungen und Fall-Vignetten 585

Lösungen 603
Lösungsvorschläge zu den Übungen 31–47 603
Lösungsvorschläge zu den Fall-Vignetten 34–36 613

Abschluss und Anhang 617

»Abschlussprüfung« und Tschüss 618
Literaturverzeichnis 620
Stichwortverzeichnis 625
Personenverzeichnis 632

Vorwort

> Auf einer Podiumsdiskussion der Harvard University in Boston fragte ein distinguierter Psychiatrie-Professor die in den USA recht bekannte Journalistin Ann Landers, welche Referenzen und Ausbildungszertifikate sie überhaupt vorweisen könne:
> *»Just what credentials do you have for advising others?«*
>
> Sie zögerte keine Sekunde und antwortete, dass sie außer ihrem gesunden Menschenverstand keine fachgebundenen Kenntnisse oder Diplome vorzuweisen habe:
> *»None, exept common sense!«*

Liebe Leserin, lieber Leser!

»Gesunder Menschenverstand« setzt sich aus vielen Qualitäten zusammen. Dazu gehören beispielsweise Einfühlungsvermögen, Neugierde, Lern- und Veränderungsfähigkeit, Lebenserfahrung, Klarheit in der Sicht auf Probleme anderer Menschen, auf eigene Beschränkungen, Offenheit für andere und für neue Gesichtspunkte, Ehrlichkeit, Selbstsicherheit, Freude an der Beratung anderer. Das sind einige der Qualitäten, die nichtprofessionelle Berater auszeichnen.

Dieses Handbuch setzt gesunden Menschenverstand voraus. Für eine effektive professionelle Beratung reicht common sense aber meist nicht aus. Professionelle Beratung ist eine Querschnittsmethode, die viele Fähigkeiten, Kenntnisse und Vorgehensweisen vereint. Sie findet sich in vielen Berufsbildern wieder: In der Erziehung, der Sozialpädagogik, der Medizin, dem Training, der Führung, der Psychotherapie. Professionelle Berater sind für ihre Themen und Bereiche ausgebildet.

Wir möchten Ihnen in diesem Handbuch *Handlungswissen für verschiedene »Themen«* anbieten: Business-Coaching, Personal-Coaching, psychologische Beratung, Seelsorge sowie Psychotherapie. Das Handbuch wendet sich an:

- Leserinnen und Leser, die sich *autodidaktisch* mit Coaching, psychologischer Beratung und Fragen der Psychotherapiepraxis befassen möchten.
- Es richtet sich ebenso an Personen, die eine *strukturierte Ausbildung* im Coaching, der Beratung, Seelsorge oder Psychotherapie absolvieren (oder als Trainer anbieten).

Sie können dieses Buch als Anregung nutzen. Sie finden darin viele Tools für Ihren Werkzeugkoffer. Übliche Tools aber auch einige provokative Gedanken; daneben viele umfangreiche Falldarstellungen.

Das Buch ist methodenübergreifend konzipiert: Sie werden eingeführt in Modelle aus der Tiefenpsychologie, dem Neurolinguistischen Programmieren, der kognitiven Verhaltenstherapie, der systemischen Beratung und Therapie. Keine der Beratungsschulen ist umfänglich dargestellt oder soll zu sehr in den Vordergrund gerückt werden. Sie werden merken, dass auch ein so umfangreiches Handbuch nur einen ersten Einblick in die Beratung gewähren kann. Weitere Lektüre und Trainings werden danach erforderlich sein, wenn Sie professionell als Coach arbeiten möchten.

Sie werden Methoden und Fälle aus dem Business-Coaching, dem Personal Coaching, der psychologischen Beratung, der Seelsorge und der Psychotherapie kennen lernen. Meist weisen wir auf die Grenzen von »nicht-professioneller Beratung« zur »Psychotherapie« hin. Oft sind diese Grenzen aber fließend und ergeben sich auch aus der

Art des Arbeitsbündnisses, das Coach und Klient unbewusst bevorzugen oder bewusst gestalten.

Wir wünschen uns, dass Sie die Fälle, Vermutungen und Behauptungen in diesem Buch mit anderen diskutieren und als Anregung für eigene Überlegungen oder die Arbeit in einer Ausbildungsgruppe nutzen; egal ob Sie Teilnehmer oder Dozent in einer solchen Gruppen sind. Aber Vorsicht: Wir berichten in diesem Handbuch nicht von Wahrheiten, die gelernt werden müssen, sondern nur von manchmal nützlichen Ansichten und Vorgehensweisen.

Dieses Buch ist außerdem unwissenschaftlich. Das ist ein Vorteil: Wir möchten Sie nicht mit trockenen Pseudodefinitionen langweilen. Sie halten ein Buch aus der Praxis für die Praxis in der Hand. Die vorgestellten Modelle, Techniken und Behauptungen sind im Coaching-Genre zwar verbreitet, jedoch kaum wissenschaftlich belegt. Diese Tradition setzen wir fort. Das macht teilweise den Reiz und die Lesefreundlichkeit eines Coaching-Buches aus. Denn jeder kann für sich herauslesen, was er herauslesen möchte.

Das Manuskript zu diesem Lehrbuch wurde bis 2005 bereits von über 2.000 angehenden Coaches, Beraterinnen, von Geschäftsführern, Personalleitern, Soldaten, Polizisten, Seelsorgern, Psychotherapeuten, Trainern und anderen Interessierten aus ganz Europa gelesen und intensiv im Selbststudium und in Seminaren bearbeitet. Es ist aus einem Lehrskript zur Beratungspraxis entstanden.

Die begeisterte Aufnahme des Textes bei Ihren »Vorgänger/innen« hat uns darin bestärkt, den Lehr- und Übungstext in veränderter Form auch Ihnen als Handbuch zugänglich zu machen.

Wir wünschen Ihnen jetzt schon viel Freude mit dem Buch und an Ihrer zukünftigen Beratungstätigkeit!

Minden und Weinheim, Juli 2005

Björn Migge

Danke! Dieses Buch ist Teamwork! Frau Ingeborg Sachsenmeier hat als Lektorin dieses Handbuch mit viel Weitsicht, Koordination, enorm viel »Kleinarbeit« und Gestaltungswillen möglich gemacht. Herr Klaus Kaltenberg hat das umfangreiche Manuskript als Hersteller wieder und wieder bearbeitet. Viele im Beltz-Team bleiben leider unerwähnt und haben im Hintergrund gewirkt. Herr Florian Mitgutsch hat die belebenden Zeichnungen angefertigt. Den ersten Manuskriptdurchlauf hatte Frau Karen Heinrich von ILS in Hamburg 2003 in vielen Wochen Arbeit korrigiert und mit zahlreichen klärenden Fragen versehen. Meine Kolleginnen und Kollege haben mir während des Schreibens den Rücken freigehalten: Besonders Katja und Arne Vodegel und Sabine Nieländer. Dieses Buch ist in Liebe Tine und Lina gewidmet. Beide sind meine größten Kraftquellen und sie zeigen mir immer wieder, wie schön das Leben ist.

Einleitung

Worum geht es? Was werden Sie lernen?

Wenn Sie dieses Lehrbuch in der Hand halten, haben Sie es schon fast nicht mehr nötig. Ein altes Sprichwort sagt: »*Glück und Einsicht wandern dorthin, wo schon viel davon ist.*« Dieses Handbuch ist natürlich trotzdem nützlich für Sie, wenn Sie eine der folgenden Voraussetzungen erfüllen:

- Sie beraten häufig andere Menschen, möchten darüber aber mehr erfahren.
- Sie möchten eine Coachingausbildung absolvieren und in diesem Buch einen weiten Überblick erhalten und praxisrelevantes Basiswissen und -können erwerben.
- Sie haben im Beruf mit professionellen Beratern zu tun und möchten wissen, wie diese Profis arbeiten.
- Sie möchten über sich selbst mehr erfahren und sich Fragen stellen (sich einmal in einem geschützten Rahmen in Frage stellen), um neues Licht in Ihr Leben zu bringen.

In diesem Buch werden Sie so angesprochen, als wollten Sie tatsächlich Coach oder psychologische Beraterin oder psychologischer Berater werden oder als wären Sie bereits ein Profi. Vielleicht finden Sie diese neue Rolle interessant: Liebe Kollegin, lieber Kollege – herzlich willkommen!

> In diesem Buch wird einheitlich die traditionelle männliche Schreibweise benutzt. Hierfür bitten wir um Verständnis. Wir sind uns bewusst, dass wenigstens die Hälfte aller Berater und Coaches Frauen sind.

An wen wenden sich Bücher über Coaching und psychologische Beratung?

Die meisten Bücher über *Coaching* wenden sich an Führungskräfte. Das ist verständlich: Die Autoren dieser Bücher verdienen ihr Geld mit der Beratung von Managern und müssen diese daher direkt ansprechen. Coaching ist ein Schlagwort in Unternehmenskreisen – dort, wo sich Führungskräfte, Personalchefs, Teamentwickler oder Trainer treffen.

Aber jeder Mensch fühlt sich hin und wieder zwischen zwei Stühlen, möchte in kleinen oder großen Schritten etwas verändern, erfolgreicher sein und mehr Glück und Ausgewogenheit in das Leben bringen. Eine Hilfe auf dem Weg dorthin ist das Coaching oder die psychologische Beratung.

Bücher über *Psychologische Lebensberatung* gibt es nur wenige. Sie wenden sich meist an Teilnehmer entsprechender Ausbildungen. Coaching und psychologische Beratung weisen große Überschneidungen auf. In diesem Handbuch verwenden wir meist den Begriff »*Coaching*«. Damit meinen wir aber das gesamte Spektrum der nicht-therapeutischen Beratung. Wir stellen Ihnen verschiedene Methoden und Beratungsschulen vor und beziehen uns dabei oft auf eine *methodenübergreifende Beratungspraxis*. Wenn sie eine bestimmte Schule bevorzugen, lassen Sie sich bitte durch dieses Wort nicht stören. Es geht in unserem Buch nicht um Beratungsschulen, sondern um die Beratung von Mitmenschen.

Daher sind die Themen dieses Buches vielfältig – und auf die verschiedenen Lebensaspekte ausgerichtet, in denen Coaching angewandt werden kann.

Einige Beispiele:

- Eine Frau ist erfolgreich. *Aber* die Familie droht, über dem Erfolg zu zerfallen.
- Ein Mann ist erfolgreich und hat eine tolle Familie. Alles scheint stimmig. *Aber* er ist recht häufig krank.
- Eine Frau wird wegen ihrer guten Leistungen in der Firma versetzt. Auf die neue Herausforderung und die Auswirkungen der Veränderung ist sie *aber* nicht vorbereitet.
- Ein Mann ist eigentlich zufrieden mit der Arbeit, hat *aber* immer wieder Ärger mit seinen Kollegen.

Welche *Fragen* verbergen sich eigentlich hinter jedem »Aber« in diesen Beispielen? Fragen gehören zum wichtigsten Handwerkszeug im Coaching. Einige Beispiele:

Was sind die Ziele, auf die diese Menschen zusteuern können – wie lenken Sie Ihre zukünftigen Klienten dorthin? Welche Probleme stehen hinter jedem »Aber«? Welche Kräfte können Sie als Berater in diesen Menschen wecken oder entdecken lassen? Wo steht Ihr Klient? Was kann er? Wo will er hin? Was sind seine Überzeugungen und Werte? Wer ist er, was ist seine Identität? Aus welcher Familie stammt er? Wie ist er dort eingebunden? Welche soziologischen Rollen füllt Ihr Klient aus? Wen liebt er? Mit wem lebt er zusammen? Welche Einstellung hat er zu seinem Körper? Was ist sein tiefster Glaube? ...

Eine methodenübergreifende Perspektive

Es gibt viele Möglichkeiten, mit einem Klienten dessen Anliegen, Wünsche und Probleme zu bearbeiten. Es gibt zahlreiche psychologische und pseudo-psychologische Schulen oder Lehrmeinungen, die unterschiedliche Konzepte propagieren. Jede dieser Schulen liefert uns eine andere Sicht auf den Klienten und unsere Rolle in der Beratungssituation. Zwischen den Anhängern dieser Schulen gibt es lebhafte Diskussionen darüber, welche Methode die bessere ist; oder darüber, *wann* welche Methode die bessere ist. Diese Wortgefechte sollen nicht Gegenstand unseres Handbuches sein.

Wir werden Ihnen *Grundprinzipien eines methodenübergreifenden Ansatzes* aufzeigen. Wir könnten es auch einen bunten Strauß Blumen oder einen ungezwungenen Werkzeugkoffer nennen, da wir nicht beabsichtigen, eine neue »integrale«, »methodenplurale« oder auf andere Weise »integrative« Schule zu begründen. Wir vermitteln eine tiefenpsychologische und psychodynamische Sichtweise, in die wir recht ungezwungen Methoden aus dem Neurolinguistischen Programmieren (NLP), der Gestalttherapie, dem Psychodrama, der Hypnotherapie, der kognitiven Verhaltenstherapie und der systemischen Therapie integrieren. Dahinter steht kein verbindendes theoretisches Konzept. Diese Kombination verschiedener Methoden und Werkzeuge wird *eklektisch* genannt (von griech. und neu-lat.: Methoden verschiedener Schulen aufsammeln). Dabei kommt es allerdings nicht darauf an, durch einen wahllosen Mix von Tools oder Methoden einen verwirrenden Nebel zu erzeugen, in den nur ein neuer schillernder Name für eine neue Beratungsschule Licht bringen könnte. Es geht vielmehr darum, auf unspektakuläre Weise bekannte Werkzeuge und Methoden zu kombinieren, die dem Berater ermöglichen, dem Klienten effektiver zu helfen.

An einigen Stellen werden wir Ihnen konkrete Beratungsempfehlungen geben. Wer sich auf Beratungsempfehlungen festlegt, macht sich damit auch angreifbar. Jeder, der bereits eine Beraterausbildung durchlaufen hat, weiß, wie unterschiedlich die Ansichten sein können, die über die Entstehung von Problemen, das weitere Vorgehen oder die angestrebten Ziele existieren. Was für den einen Berater der größte Fehler ist, könnte für den anderen Berater ein Schritt sein, der unbedingt erforderlich ist. Was für den einen eine kreative Modifizierung des Beratungssettings sein könnte, kann für den anderen Ausdruck unreflektierten Agierens einer Gegenübertragung sein.

Es gehört sehr viel innere Größe dazu, unterschiedliche Ansichten und Wege zu akzeptieren. Wir wagen es, Ihnen zahlreiche Wege aufzuzeigen; auch auf die Gefahr hin, dass andere dies kritisieren könnten und genau diese Wege für große Fehler halten.

Wir haben uns bemüht, empirisch-wissenschaftliche Erkenntnisse der modernen vergleichenden Therapieforschung in unser Beratungskonzept mit aufzunehmen. Wir geben jedoch zu, dass nur ein Bruchteil des notwendigen Handlungs- und Veränderungswissens in Beratung und Therapie auf gesicherten Forschungsergebnissen fußt. Dies gilt für alle therapeutischen und beraterischen Schulen und Methoden. Aus diesem Grunde müssen wir auf das Wissen zahlreicher Experten zurückgreifen, das durch viele tausend Beratungsstunden angesammelt worden ist. Dieses *learning from many masters* dürfte vorerst noch der aussichtsreichste Weg sein, theoretische und praktische Beratungskompetenz zu erwerben. In einigen Coaching-Akademien wird den Teilnehmern schon zu Beginn der Ausbildung beigebracht, dass sie »lernende Meister« seien. Man könnte auch sagen: Lernt von vielen Meistern!

Uns ist bewusst, dass jeder Leser aus dem angebotenen Material unterschiedliche Schwerpunkte oder Vorlieben für sich finden wird.

Flexible Beratungsansätze sind die besten Voraussetzungen für positive Beratungserfolge. Aus diesem Grunde wird Sie dieses Handbuch dazu anregen, sich grundlegende Kenntnisse aus verschiedenen Beratungsschulen anzueignen, damit Sie Ihren verschiedenen Klienten in unterschiedlichen Phasen des Beratungsverlaufs gerecht werden können.

Selbst in der traditionell konservativen Psychoanalyse hat ein Prozess von kaum überschaubarem Pluralismus, Subjektivismus und Eklektizismus eingesetzt. In die praktische Arbeit der als konservativ eingestuften Analytiker hatte diese Veränderung schon Einzug gehalten, bevor sie sich in der Literatur niederschlug. Eine Fragebogenaktion, die 1996 von Hamilton bei britischen und amerikanischen Analytikern durchgeführt worden war, bestätigte, dass die große Mehrzahl unterschiedlichste Konzepte integrierte oder abwechselnd anwandte. Die untersuchten Therapeuten zeichneten sich durch einen praktischen und theoretischen Eklektizismus und behandlungstechnischen Pluralismus aus (Hamilton, V. [1996]: The Analyst's Preconscious. Hillsdaler, NJ, Analytic Press). Das wäre einige Jahre zuvor verpönt gewesen und hätte zu einem Ausschluss aus der psychoanalytischen Gesellschaft führen können.

Insgesamt ist die Psychoanalyse heutzutage viel durchlässiger für Methoden und Anschauungen anderer Therapieschulen. Ähnlich verhält es sich mit dem früheren »Erzfeind« der Analyse, der Verhaltenstherapie. Auch dort baut man heute gerne in das eigene Konzept ein, was nützlich erscheint.

Die tiefenpsychologisch fundierte Psychotherapie greift wesentliche Prinzipien der Psychoanalyse auf und ist von ihr abgeleitet. Es handelt sich um ein eigenständiges Therapieverfahren und nicht um eine »kleine Analyse«. Heute nennt man das Verfahren meist *psychodynamische Psychotherapie*. Die moderne Tiefenpsychologie greift auf viele Elemente der Verhaltenstherapie, der systemischen Therapie, auf edukative, suggestive, störungsspezifische, selbst auf übende Verfahren zurück. Da ich mit dieser Therapieform etwas vertraut bin, nutze ich sie als Ausgangspunkt oder »Plattform« für eine methodenübergreifende Perspektive. Wenn Sie Anhänger einer anderen Schulrichtung sind, denken Sie sich einfach, ich hätte Ihre Methode als Ausgangspunkt genommen, und tauschen Sie die entsprechenden Wörter im Text aus.

Grundzüge einer modernen methodenübergreifenden Tiefenpsychologie:

- Es gibt *unbewusste Handlungsmotive*, Gefühle, Körperempfindungen, Wahrnehmungen und Beziehungsgestaltungen, die dem Klienten nicht bekannt sind.
- Menschen haben *innere Konflikte*, die von ihnen meist nicht bewusst erkannt und bearbeitet werden können.
- Menschen bilden *Objektrepräsentanzen* (innere Abbilder) von anderen, sich selbst und von Beziehungen in ihrem Inneren (inneres System). Diese Objektrepräsentanzen können sie mit den realen Objekten der Außenwelt verwechseln.
- Es gibt unbewusste Prozesse der Interaktion zwischen Klient und Berater, die *Übertragung und Gegenübertragung* genannt werden. Diese Interaktionen können für die Beratung sinnvoll nutzbar gemacht werden.
- Menschen haben unbewusste Mechanismen, die sie vor dem bewussten Erkennen innerer Konflikte bewahren. Diese Mechanismen werden *Abwehr* genannt. Die behutsame Arbeit an diesen Mechanismen verschafft dem Klienten neue Einsichten und Handlungsoptionen.
- Die *Zielsetzung der Beratung* sollte begrenzt und fokussiert werden. So genannte regressive Prozesse (in der klassischen Psychoanalyse angestrebt) werden in der tiefenpsychologischen Beratung begrenzt.
- Eine *kooperative Beziehung* und ein guter Berater-Klient-Rapport gelten als Grundvoraussetzung für einen hilfreichen Prozess. Diese positive Beziehungserfahrung kann ein zentrales Element in der Arbeit mit dem Klienten werden.
- *Wesentliche Elemente der Beratung* sind die Förderung von Einsicht und Klarheit, eine positive Beziehungserfahrung sowie eine Ressourcenaktivierung.
- Die *Lösung des Problems* kann unabhängig von der Entstehung des Problems sein und bearbeitet werden (eine tief greifende »Aufarbeitung der Vergangenheit« ist also meist nicht erforderlich). Die Konstruktion einer Lösung setzt nicht zwingend die genaue Kenntnis oder Analyse der Entstehung des Problems voraus.
- Der *Ressourcen- oder Lösungsperspektive* kommt mindestens der gleiche Stellenwert zu wie dem Problem, das in der traditionell defizit- und pathologieorientierten Denkweise der früheren Psychoanalyse stark betont wurde.
- Aber die Lösungsperspektive darf nicht allein im Vordergrund stehen: Klienten haben das *Recht, ein Problem zu haben*, ohne dass sie mit schnellen Lösungen abgespeist werden.
- *Probleme sind oft verschlüsselte komplexe Beziehungswünsche*, die als solche auch erkannt und gewürdigt werden müssen. Es wäre falsch, diese Probleme zu schnell zu lösen.
- In der tiefenpsychologischen Beratung ist es ausdrücklich erlaubt zu *informieren, aufzuklären, zu üben, zu erziehen und Fertigkeiten zu vermitteln*. Die Berater dürfen sich auch als Mensch zeigen und müssen sich keiner absoluten Abstinenz verpflichten (das ist in der Psychoanalyse immer weniger üblich).
- Neben den traditionellen psychoanalytischen Methoden der *Klarifikation, Konfrontation und Deutung* kommt das Änderungswissen anderer Beratungsschulen in der modernen tiefenpsychologisch fundierten Psychotherapie (oder psychodynamischen Therapie/Beratung) zum Einsatz.

In dieser Form enthält das Verfahren bereits sehr viele Elemente, die für sich allein bereits eine »methodenübergreifende Perspektive« darstellen. Wir werden im Laufe des Buches noch einige andere Ansichten und Techniken in unserem Coaching-Werkzeugkoffer mit auf die Reise nehmen.

Gute Fragen sind im Coaching das Wichtigste!

Im Laufe dieses Buches werden wir gemeinsam mehr Fragen aufwerfen als schlüssige Antworten finden – auch das ist normal im Coaching. Und noch etwas ist wichtig: Bevor Sie sich selbst und Ihren Klienten kluge Fragen stellen, müssen Sie einen tragfähigen Kontakt herstellen: Dieser »gute Draht« zum Klienten ist wichtiger als jede Coaching-Technik, Übung oder gute Idee, die in Richtung Ziel führt. Moderne Kommunikationstechniken werden Ihnen dabei helfen – die Voraussetzung bleibt aber ein aufrichtiges Interesse an den Nöten, Zielen oder Kräften des anderen Menschen. Erst dann beginnen Sie in den verschiedensten Arbeitsfeldern des Coachings gleichzeitig zu arbeiten.

Welche »Arbeitsfelder« gibt es im Coaching?

Hier eine kleine Auswahl:

- Fähigkeiten und Wissen,
- Werte und Überzeugungen,
- Identität und Zugehörigkeit,
- Ziele und Visionen,
- Gesundheit und Körper,
- Glaubenssätze und Einstellungen,
- Familie, Liebe, Partnerschaft,
- Psychologie und Rolle,
- Teammanagement,
- Logik, Trance und Intuition,
- Glaube und Religion.

Zu diesen Themen finden Sie in diesem Handbuch viele Anregungen, Fragen und kurze Beispiele. Ein ständiges Weiterlernen, viele eigene Erfahrungen und eine große Portion Selbstkritik wird die Lektüre nicht ersetzen können. Das Buch ist auch nicht vollständig, da wir viele Themen nur streifen oder einseitig betrachten können. Es vermittelt einen praxisorientierten Überblick, dringt aber nicht in die theoretische Tiefe einzelner Fragestellungen ein. Sie werden bis zum Ende des Handbuches gelernt haben, wichtige neue Fragen zu stellen – und das ist schon viel. Vielleicht lesen Sie dann weitere Bücher, um einzelne Themen zu vertiefen.

Wie Sie am besten mit diesem Buch arbeiten können

Wir haben Sie bereits darauf hingewiesen, dass unser Handbuch keine Wahrheiten und wissenschaftlichen Erkenntnisse vermitteln soll. Es ist ein Arbeits- und Diskussionsbuch. Ihr Lerngewinn wird am größten sein, wenn Sie sich auf die Übungen, Falldarstellungen, Kommentare und offenen Fragen im Buch neugierig einlassen. Wir empfehlen Ihnen, Ihre Gedanken zu den einzelnen Abschnitten und Arbeitsaufgaben mit anderen auszutauschen.

Ideal wäre es, wenn Sie Teilnehmer einer strukturierten Ausbildung in Coaching, Beratung oder Therapie wären. Dann könnten Sie die Abschnitte und Fälle des Buches mit Kolleginnen und Kollegen diskutieren. Bearbeiten Sie die Fälle und Übungen möglichst schriftlich. So profitieren Sie von den Effekten einer *writing cure*, auf die wir später noch hinweisen werden.

Einige Fälle gehen sehr »unter die Haut«. Wenn Sie merken, dass bei Ihnen dadurch offene Themen angesprochen werden, suchen Sie bitte professionelle Hilfe auf (je nach Art und Ausmaß der »offenen Themen«: Coach, Seelsorger, Therapeut) und nutzen Sie die innere Bewegung zur Selbsterfahrung. Wenn Sie an einer seelischen Störung leiden, fragen Sie bitte vor der Lektüre der Falldarstellungen Ihren Arzt oder Psychotherapeuten, ob die Lektüre der teilweise bewegenden Fälle für Sie ratsam ist.

Wenn Sie bereits Coach, Berater oder Trainer sind, werden Sie sicher einen eigenen Weg finden, das angebotene Material für sich, Ihre Klienten oder Ihre Ausbildungsgruppen zu nutzen.

Teil 1:
Definitionen und Kommunikation

Was ist Coaching?

> *Coaching* ist eine gleichberechtigte, partnerschaftliche Zusammenarbeit eines Prozessberaters mit einem Klienten. Der Klient beauftragt den Berater, ihm behilflich zu sein: bei einer Standortbestimmung, der Schärfung von Zielen oder Visionen sowie beim Entwickeln von Problemlösungs- und Umsetzungsstrategien: Die Klienten sollen durch die gemeinsame Arbeit an Klarheit, Handlungs- und Bewältigungskompetenz gewinnen. Coaching ist keine Wissenschaft, sondern eine handlungsorientierte hilfreiche Interaktion.
>
> Ein Coach gibt Feedback und eröffnet dem Klienten neue Perspektiven. Die Beratung kann sich auf verschiedene Lebensbereiche erstrecken: Beruf, Karriere, Partnerschaft, Familie, Sport und anderes. Gelegentlich wird von *Business- oder Executive-Coaching* gesprochen, wenn die Themen sich eher um Beruf und Karriere bewegen und wenn der Klient eine Führungsperson ist. Auf der anderen Seite spricht man von *Personal-Coaching, Life-Coaching oder psychologischer Beratung*, wenn die Themen der Beratung auch Partnerschaft, Familie, Work-Life-Balance und Ähnliches umfassen.

Das Wort *Coaching* klingt in den Ohren vieler Profis abgegriffen. Besser wäre es vielleicht, wir sprächen von *Beratung*. Einige Autoren meinen, das Wort Beratung sei nur für *Expertenberatung* zulässig (zum Beispiel Vermögensberatung, Personalberatung oder Consulting).

Wer heute in der psychologisch orientierten Beratung nicht abseits stehen möchte, der spricht meist von *Coaching*. Das hört sich moderner an, da es ein Fremdwort ist. Im Folgenden schreiben wir einmal von Coaching, ein anderes Mal von Beratung, um jedem Geschmack gerecht zu werden. Wir meinen damit eine *psychologisch orientierte und handlungsoriertierte Prozessberatung*. Den Unterschied zwischen Expertenberatung und Prozessberatung erklären wir Ihnen später noch genauer (s. S. 359).

Ein amerikanischer Coach wäre eher – aber nicht nur – geneigt, Ihnen konkrete Tipps zu geben:

> *»Stopfen Sie Ihre Energielöcher! Trinken Sie keinen Kaffee mehr und machen Sie sich unabhängig! Lösen Sie sich von Ihren selbst erschaffenen ›Ich-sollte-eigentlich‹-Forderungen!«*

Ein deutscher Coach bemüht sich eher – aber nicht nur –, indirekt vorzugehen und die Wünsche, Absichten und Ziele seiner Klienten mit diesen gemeinsam aufzudecken, bevor es an die maßgeschneiderte Veränderung geht. Beide Herangehensweisen können sinnvoll und hilfreich sein.

Sicher haben Sie auch schon bemerkt, dass wir nicht von *Patienten* sprechen, sondern von *Klienten*. Das englische Fremdwort für Coching-Klienten ist *Coachee*.

Vielleicht rollen wir die Frage, was Coaching denn ist, gemeinsam auf und stellen erst einmal fest, was Coaching nicht ist und welche anderen Formen der kommunikativen Hilfe uns bekannt sind. Schließlich fragen wir, wo gecoacht wird, welche Themen im Coaching behandelt werden und wer überhaupt coacht. Danach werden wir nochmals kurz erklären, was Coaching ist.

Was ist Coaching nicht?

Coaching ist keine Psychotherapie. Dabei sind die Grenzen aber sehr fließend: Viele ernsthafte Lebenskrisen, die nur noch psychotherapeutisch aufzufangen sind, wären

vielleicht im Vorfeld zu verhindern gewesen – durch ein gutes Coaching. Viele Psychotherapien dagegen sind eigentlich Lebensberatungen und Coaching, wenn Patienten (eigentlich Klienten) nämlich nach Sinn, Ziel oder Erfüllung in ihrem Leben suchen.
In einem Lehrbuch zum Coaching fand ich folgende Unterscheidung.

> »Psychotherapie ist ein Muss, wenn eine Störung mit Krankheitswert vorliegt, beim Coaching hingegen geht es um ein ›Ich will ...‹, um eine Optimierung der Lebensqualität.«

Diese Unterscheidung ist heikel: Was behandlungsbedürftige Krankheit ist, wird nämlich rechtlich, medizinisch, ökonomisch und »verbandspolitisch« immer wieder neu definiert. Auch, weil es um einen Verteilungskampf um zahlende Kunden (»Patienten«) geht. Hoch qualifizierte Psychotherapeuten sind daher manchmal wirtschaftlich gezwungen, mehr Krankheiten zu sehen, da ihnen sonst Kunden entgehen. Vertreter mancher Methoden oder so genannter Schulen diskreditieren die Vertreter der anderen Schulen, damit sie selbst »an den Topf kommen«. Wer sehr viele Jahre eine Methode erlernt hat, ist außerdem enttäuscht, wenn jemand als Berater arbeiten möchte, der nur wenige Monate sein Handwerk, beispielsweise in einem Coaching- oder Seelsorgeseminar, erlernt hat. Sie sehen: Es geht auch um Geld und um persönliche Empfindlichkeiten. Wer will sich da anmaßen, genau festzulegen, was sein *muss* und was sein *könnte*?

Auch viele psychisch oder psychosomatisch kranke Menschen *wollen* übrigens gesund sein und suchen Beratung. Häufig stellen sie sich dabei aber mit »einfachen« Problemen vor, deren »Behandlung« auf den ersten Blick einem Coaching oder einer Tablette beim Hausarzt angemessen wäre. Viele Ratsuchende und auch Patienten möchten sich nämlich nicht zu sehr ändern, da gewohntes Leid sicherer erscheint als Wandel und da einfache Probleme in den Lebensumständen oder im Körper erträglicher erscheinen als Einsicht und Wandel. Solche »Überlegungen« geschehen natürlich unbewusst.

> **Info**
>
> Als zukünftiger Coach sollten Sie über den rechtlichen Rahmen, in dem sich Beratung und Therapie berühren, unbedingt informiert sein. Günstig ist es, das Coaching-Thema mit einem klaren Anliegen sauber abzustecken. Hierzu gehört eine klare Ziel- und Arbeitsdefinition, die sich thematisch und methodisch von einer Psychotherapie unterscheiden sollte.

Übrigens: Wenn Sie als zukünftiger Coach die amtsärztliche Prüfung zur Erlaubnis der Ausübung der Heilkunde ohne Approbation nach dem Heilpraktikergesetz – beschränkt auf das Gebiet der Psychotherapie – (»Heilpraktiker für die Seele«) absolvieren, hätten Sie den rechtlichen Rahmen für kleinere Überlappungen zwischen Coaching und Therapie geschaffen. Viele Coaches streben daher diesen so genannten »kleinen Heilpraktikerschein« an.

Unsaubere Grenzen zur Psychotherapie?

Dieses Handbuch wendet sich in erster Linie an psychosoziale Berater, die nicht die staatliche Erlaubnis haben, Psychotherapie auszuüben. Die meisten vorgestellten Interaktionsformen und hilfreichen Überlegungen sind aber in der Psychotherapie entwickelt worden. Wir füllen unseren *Werkzeugkoffer* also mit Vorstellungen und Handlungsanweisungen, die aus einem therapeutischen Umfeld stammen.

Viele Coaches oder nicht-therapeutische Berater interessieren sich für psychotherapeutische Fragen oder möchten im Verlauf ihrer Berufstätigkeit selbst die Kompetenz erwerben, psychotherapeutisch tätig zu sein.

In den Manager-Zeitschriften zu Wirtschaft, Weiterbildung und Seminaren finden sich immer häufiger Artikel über die Beratung bei »Angststörungen«, die Beratung »narzisstischer Führungspersonen« u.a. Dabei handelt es sich eigentlich um psychotherapeutische Themen. Auch in den Personalentwicklungsabteilungen großer Unternehmen gibt es einen Trend zu einer zunehmenden Psychologisierung oder »Psychotherapeutisierung« der Beratung.

Wir möchten dieses Durcheinander verschiedener Beratungsformen nicht fördern. Auf der anderen Seite möchten wir Ihnen Modelle, Vorgehensweisen und Beispiele anbieten, die Sie sowohl im Coaching als auch in der Psychotherapie nutzen könnten; entsprechend ihres Erfahrungshorizontes und Ihrer rechtlichen Voraussetzungen.

Strotzka hat 1975 in seinem Buch »Psychotherapie: Grundlagen, Verfahren, Indikationen« versucht den Begriff der Psychotherapie handlungsorientiert einzugrenzen. Danach sei Psychotherapie ein *bewusster und vereinbarter interaktioneller Prozess*

- zur Beeinflussung von Verhaltensstörungen und Leidenszuständen,
- die im Konsensus (möglichst zwischen Patient, Therapeut, Bezugsgruppe) für behandlungsbedürftig gehalten werden,
- mit psychotherapeutischen Mitteln (durch Kommunikation) verbal und averbal,
- in Richtung auf ein definiertes, nach Möglichkeit gemeinsam erarbeitetes Ziel (zum Beispiel Symptomminimalisierung und/oder Strukturveränderung der Persönlichkeit),
- mittels lehrbarer (und nachvollziehbarer) Technik,
- auf der Basis einer Theorie des normalen und pathologischen Verhaltens.
- In der Regel sei dazu eine tragfähige emotionale Bindung erforderlich.

Wir möchten die heute noch gültige Definition von Strotzka etwas weiter führen, um die Abgrenzung von Coaching und Psychotherapie zu erleichtern.

Info

Nicht die Schwere eines Schicksals entscheidet darüber, ob ein Klient im Coaching Klärung erfahren kann oder besser in einer Therapie aufgehoben ist: In einer Therapie sollten die Personen behandelt werden, die an einer psychischen Störung mit Krankheitswert leiden. Was eine Krankheit ist, wird in unserer Gesellschaft zurzeit von ökonomisch orientierten Gremien festgelegt und ist in der internationalen Klassifikation der Krankheiten der WHO definiert (ICD der WHO). Ein »schweres Schicksal« und »enorm schwere Probleme« sind in dem Sinne also keine Definition einer krankhaften Störung. Auch die »Aufarbeitung« einer komplizierten Vergangenheit gehört nur in eine Psychotherapie, wenn dies der Behandlung einer definierten krankhaften Störung dient. Ansonsten kann ein »Aufarbeiten« auch im Coaching geschehen; wenn Methode, Vorgehensweise oder Zielvereinbarung außerhalb der Heilkunde angesiedelt sind.

»Persönlichkeitsentwicklung« oder »-entfaltung« sollte nicht zu Lasten der Krankenkassen in Psychotherapien durchgeführt werden. Derzeit findet eine Verlagerung in den privaten, selbst finanzierten Bereich statt: Viele Menschen suchen nach ihren Zielen, inneren Stärken, nach Rat – und sind immer häufiger bereit, diese Arbeit selbst zu finanzieren. Daher konzentriert sich die Psychotherapie zunehmend auf definierte Störungen mit Krankheitswert (oder den Ratsuchenden wird in einzelnen Fällen eine medizinische Diagnose übergestülpt, um die Abrechenbarkeit durch eine Krankenkasse zu ermöglichen). Alle anderen »schwierigen Fälle« suchen Hilfe und Rat außerhalb der Heilkunde; bei freien Beratungsinstitutionen, kirchlichen Beratungsstellen, psychologischen Beratern und Coaches. In Ihrer zukünftigen Beratungstätigkeit werden Sie daher auf einige Klienten stoßen, die schwere Schicksale erlebt haben.

In diesem Handbuch werden wir Ihnen umfangreiche Falldarstellungen vorstellen. Diese stammen inhaltlich aus den Grenzbereichen von Coaching und Psychotherapie. Bei vielen Klienten erfolgte zunächst ein Coaching und später eine Psychotherapie. Bei einigen Klienten war das anders herum. Wir möchten Sie damit auch auf andere Ziele oder Probleme hinweisen, wie sie sich in der Arbeit als Coach ergeben könnten. Wir stellen Ihnen auch »schwierige Klienten« vor. Menschen, die schwere Schicksale durchlebt haben. Vielleicht fragen Sie sich, was solche Fälle in einem Handbuch über Coaching zu suchen haben? In den schweren Schicksalen verdichten sich oft die Probleme und Lösungsstrategien, die auch in jeder »normalen Beratung« zutage treten. Daher sind die Fälle ein gutes didaktisches Instrument, mit dessen Hilfe wir Sie auf diese menschlichen Grundprobleme hinweisen möchten. Wir stellen Ihnen dazu umfangreiche biografische Angaben zur Verfügung.

Etliche Leser werden sich sicher in einigen »schwierigen Fällen« wieder finden. Es sind Falldarstellungen, die teilweise unter die Haut gehen, nachdenklich oder verwirrt machen können. Die Leser des ursprünglichen Skripts, aus dem dieses Handbuch entstanden ist, haben uns zurückgemeldet, dass sie durch die Berührung mit diesen Fällen sehr viel über sich selbst erfahren haben – besonders, nachdem sie die schriftlichen Übungen und Diskussionsanregungen zu den Falldarstellungen bearbeitet haben. Dieser persönliche Zugewinn für die Leser dieses Handbuches ist beabsichtigt. Die Mechanismen einer solchen *writing cure* (als Ergänzung zu Freuds Begriff der *talking cure*) sind bekannt (s. Bolton u.a. 2004).

Gelegentlich liest man, dass Coaching sich mit Zukünftigem befasst und Psychotherapie mit Vergangenem; oder dass Coaching auf Stärken und Lösungen fokussiert und Psychotherapie nur auf Mängel und Leiden. Diese Liste kann beliebig fortgesetzt werden. Solche Unterscheidungen sind heute nicht mehr gültig. Vielleicht waren sie auch nie zutreffend.

Welche anderen Formen der Beratung gibt es?

Bei den folgenden Beratungsformen sind die Übergänge fließend und die Definitionen für Vertreter der jeweiligen Beratungsart sicher zu knapp oder einseitig gewählt. Methoden und Arbeitsweisen unterscheiden sich häufig nur graduell.

Mediation: Allparteiliche und ergebnisoffene Vermittlung zwischen zwei Konfliktparteien, um eine konstruktive Win-Win-Situation herzustellen.

Training: Der Schwerpunkt liegt auf der Vermittlung von Fertigkeiten und Kenntnissen im Handeln.

Fortbildung: Hier steht die Vermittlung von Wissen, Fertigkeiten und Kenntnissen im Vordergrund.

Supervision: Parallel zur Arbeit geben Prozessexperten Hilfestellung zur Problem-Exploration, zu systemischen und persönlichen Beschränkungen, zu versteckten Lösungen und fördern die Selbstreflexion.

Philosophische Lebensberatung: Der Schwerpunkt ist das geistige Durchdringen von Werten, Weltvorstellungen, Prinzipien und Handlungen.

Pastorale Lebensberatung: Der Schwerpunkt dieser Coaching-Form ist eingebettet in religiöse Wert- und Glaubensvorstellungen des Beraters und der Ratsuchenden. Diese Beratungsform wird auch Seelsorge genannt.

Mentoring: Hier begleitet ein Fachmann den Neuling durch seine ersten Berufsjahre und steht mit Rat und Tat hilfreich zur Seite.

Freundschaft: Von Freunden erwarten wir häufig Beistand oder gelegentliche gute Ratschläge und weniger den Impuls zur (manchmal unliebsamen) Veränderung oder anderen Sichtweise.

Wo wird gecoacht?

Der interne Coach in einer Organisation

In vielen Unternehmen gibt es interne Coaches, die meist der Personalabteilung oder Personalentwicklungsabteilung zugeteilt sind. Sie sollen ziel- und erfolgsorientiert die Leistung der Mitarbeiter fördern. Auch viele Vorgesetzte haben sich in Coaching-Techniken eingearbeitet und benutzen *Coaching als Führungsinstrument*. Hierdurch kommt frischer Wind und psychologisches Know-how in diese Unternehmen.

In jeder Organisation existieren neben der offiziellen »Firmenphilosophie« auch unausgesprochene Regeln und Vorannahmen, die nur Insider kennen können. Das nötige Wissen um Struktur, Markt, Personalentwicklungsplan und Ziel der Firma kann ein externer Berater nicht so schnell erfassen. Die Vorteile des internen Coachings liegen also auf der Hand.

Der Spielraum des Coachings ist hier aber begrenzt: Die Beratung wird häufig angeordnet oder empfohlen. Sie findet nicht als Arbeit zweier gleichberechtigter Partner statt, sondern innerhalb einer hierarchischen Dyade. Peinliche, intime, potenziell firmen- oder karriereschädigende Themen dürfen nicht angesprochen werden. Außerdem sind meist beide – interner Coach und Klient – ein bisschen betriebsblind durch verinnerlichte und nicht mehr hinterfragte Annahmen.

Der externe Coach in einer Organisation

Wenn Sie als Berater in ein Unternehmen eingeladen werden, sind Sie als externer Coach tätig. Zwar fehlt Ihnen einiges an Insiderwissen über die Organisation, durch professionelle Fragetechnik lässt sich diese Lücke jedoch schnell schließen.

Auftraggeber und Klient sind aber häufig nicht identisch. Viele Ratsuchende sind daher mit einer klaren Zielsetzung von ihren Vorgesetzten zum externen Coach geschickt worden. Sie selbst haben aber oft ganz andere Vorstellungen vom Ziel der Intervention. Der Geldgeber des Coaches ist der Vorgesetzte; sein Klient der Geschickte. Jeder gute Coach findet meist einen Weg, die Wünsche und Zielsetzungen beider »Auftraggeber« erfolgreich zu transformieren.

Ein Berater kostet pro Tag durchschnittlich 500 bis 1.800 Euro. Dabei gibt es – abhängig vom Ruf des Coaches, der Firma oder der Projektgröße – erhebliche Schwankungen bezüglich des Honorars, besonders nach oben.

Der externe Coach als Lebensberater

Wenn ein Klient Sie selbst beauftragt, finden Sie die einfachsten Bedingungen für das Coaching. Die Beratung kann direkt beim Klienten oder in Ihrem Büro stattfinden. Dies ist die Beratungsvariante, welche die meisten Menschen suchen, die sich neben den Themen *Karriere und Beruf* auch gezielt auf andere Themen einlassen möchten und sich eine ausgewogene Neugestaltung ihres gesamten Lebens wünschen (Work-Life-Balance). In Einzelfällen kommen jedoch auch Entscheidungsträger aus der Wirtschaft unabhängig von ihrem Unternehmen zu Ihnen. Zahlt die Firma dieses Coaching, liegt das übliche Honorar bei ungefähr 100 bis 200 Euro pro »Stunde« (meist 60–120 Minuten). Für Privatpersonen wird meist ein niedrigeres Honorar ausgehandelt, das etwa 35–75 Euro pro Stunde (60 Minuten) beträgt.

In der Psychotherapie ist es üblich, eine Sitzung auf genau 50 Minuten zu beschränken und diese dann auch konsequent zu beenden. Dies ist im Coaching nicht üblich: Hier erwarten die Klienten eine größere Flexibilität. Psychotherapiehonorare liegen meist deutlich unter denen im Coaching.

Welche Themen gibt es im Coaching?

Coaching-Klienten kommen mit unterschiedlichsten Anliegen zur Beratung. Wir nennen Ihnen einige Beispiele für Coaching-Anlässe:

- Sinnkrisen,
- Zeitmanagementprobleme,
- Burn-out,
- Verbesserung der Führungsfähigkeit,
- Partnerschaftskonflikte,
- neue Herausforderungen,
- Mobbing und Teamkonflikte,
- Kommunikationsstörungen,
- Gesprächsvorbereitung,
- Kreativitätsblockaden,
- Mängel in Lebensbereichen,
- das Gefühl unausgefüllt zu sein,
- Suche nach neuen Zielen und Visionen,
- Prüfungsvorbereitung,
- Leistungssteigerung,
- erfolglose Partnersuche,
- Lust auf Veränderung,
- widersprüchliche Ziele …

> **Info**
>
> Coaching vermittelt zwischen den verschiedenen Bereichen unseres Lebens und hilft, die Balance der unterschiedlichen Rollenanforderungen herzustellen:
>
> - **Arbeit** (Leistung, Karriere)
> - **Familie** (Liebe, Freunde)
> - **Körper** (Gesundheit)
> - **Materielle Sicherheit**
> - **Selbstverwirklichung** (Spiritualität)

Viele Menschen suchen einfache Entscheidungshilfen – in Form von konkreten Ratschlägen, die sich durch Tipps und Tricks in Verhalten umsetzen lassen.
Das Verhalten lässt sich manchmal erstaunlich leicht und elegant verändern. Diese Veränderungen und die erlebte Reaktion der Umwelt darauf sickern dann langsam in die Persönlichkeit des Klienten und bewirken nach und nach »Veränderungen von innen«.
Die Ursachen für die Probleme, Zielunschärfen und die Visionsarmut vieler Klienten liegen aber meist tiefer: *in verwurzelten Werten, Einstellungen und so genannten Glaubenssätzen, in der Identität und Selbstdefinition.* Diese Bereiche unserer Psyche und unseres Geistes sind sehr widerstandsfähig gegen jede Art der Veränderung. Gleiches gilt übrigens für die Veränderungsbereitschaft von Organisationen und größere gesellschaftliche Systeme.

- *Leicht erweiterbar oder veränderbar:* Wissen, Fähigkeiten, Verhalten (sofern kein Konflikt mit dem nächsten Punkt auftritt).
- *Schwer veränderbar:* Werte, Einstellungen, Glaubenssätze, Selbstbild und Selbstdefinition, Zugehörigkeit zu Menschen, Gruppen, Systemen. Hier tauchen oft innere Widerstände gegen die Veränderung auf.

Wer coacht?

Ein Psychologiestudium qualifiziert nicht zum Coaching(!), ebenso wenig kann ein Mediziner nach dem letzten Staatsexamen einen Blinddarm herausnehmen.
Die meisten Berater sind über eine Kommunikationsausbildung an ihre neue Tätigkeit geraten. Ein häufig eingeschlagener Weg sieht so aus: Kommunikations- und Beratungstraining in einem Coachingseminar von zirka 90–260 Stunden und anschließend *Learning by Doing*, mit einer selbst gedruckten Coaching-Visitenkarte in der Brieftasche.
In Österreich gibt es bereits ein Universitätsstudium »Systemisches Coaching«, in Deutschland gibt es zumindest einen Hochschulkurs, und einige weitere Kurse privater Hochschulen sollen in Planung sein.
Andere Coaches haben ihre Ausbildung in Beratungsfirmen oder großen Personalabteilungen von einer Fachfrau oder einem Fachmann erhalten. Ein akademisches Studium

oder berufliches Hintergrundwissen sind hilfreich, aber nicht die alleinigen oder die wichtigsten Bausteine für eine erfolgreiche Beratung.

Was ist Coaching?

Überall wird von *Coaching* geredet. Gemessen an seiner mutmaßlichen Bedeutung ist die wissenschaftliche Ausbeute zu diesem Thema bislang aber sehr mager: In den bedeutenden wissenschaftlichen Fachzeitschriften (nicht gemeint sind populäre Manager- oder Weiterbildungszeitschriften!) sind bisher erst einige hundert Artikel weltweit zu diesem Thema veröffentlicht worden – das ist sehr wenig. Vor der Veröffentlichung in diesen Zeitschriften werden die Artikel auf ihre wissenschaftliche Methodik überprüft *(peer review)*. Was in all den anderen populären Publikationen zu Lebensberatung und Management über Coaching berichtet wird, ist nicht empirisch belegt und hat den wissenschaftlichen Stellenwert eines normalen Zeitungsartikels in der Tagespresse.

In der Sprache der Psychologen und Soziologen wird Coaching meist folgendermaßen beschrieben (s. nebenstehenden Kasten).

In den gängigen Coaching-Lehrbüchern werden Sie ebenfalls unterschiedliche Definitionen finden. Jeder Berater wird andere Schwerpunkte setzen, eine andere Perspektive haben und so ein eigenes Bild vom Coaching vermitteln.

Ihr Selbstkonzept als Coach – Ihr Image – werden Sie später nach außen vermitteln: durch Ihren Werdegang, Ihre Kleidung und Ihr Auftreten, Ihre Visitenkarte, Ihr Auto, die Hotels, die Sie wählen, Ihre Website, Ihren Faltprospekt und Ähnliches. Und Sie werden eine Identität als Coach ausbilden, die durch innere Sätze, Bilder, Symbole oder Metaphern belebt wird. Dies wird sich von Person zu Person sehr unterscheiden.

Wenn Sie die persönliche balancierte Entwicklung Ihrer Klienten betonen, wird man Sie in Wirtschaftskreisen für einen Soft-Berater oder »Birkenstock-Berater« halten. Der Fachbegriff hierfür ist *Personal Coach,* oft auch *Life-Coach.* Wenn Sie den beruflichen Erfolg betonen oder gar Coaching als Führungsinstrument propagieren, gelten Sie eher als *Management-Coach, Business-Coach, Executive-Coach* oder »Hardliner«.

Softies arbeiten viel in so genannten Non-Profit-Organisationen oder Behörden. Die *Hardliner* suchen beispielsweise Führungspersönlichkeiten in großen Unternehmen oder Geschäftsführer aus dem Mittelstand als ihre Zielgruppe. Was Coaching für Sie ist, werden Sie selbst bestimmen!

Vielleicht möchten Sie sich auch gar nicht selbstständig machen, sondern arbeiten in einer Beratungsstelle, suchen nur nach Selbsterkenntnis oder Sie beschäftigen sich nur aus Interesse mit den Themen dieses Buches? Dann haben Sie Glück und müssen nicht überlegen, welche Art von Berater beziehungsweise Beraterin Sie sein möchten.

> **Info**
>
> - Coaching ist individuelle und kontextbezogene Lebensberatung. Dabei werden Probleme, Ziele, Visionen und Ressourcen geklärt, persönliches Feedback gegeben, Bewältigungs- und Umsetzungsstrategien erarbeitet und trainiert.
> - Es werden unterschiedliche Verhaltensebenen, verschiedene Rollenanforderungen oder Lebensbereiche, Leitsätze und Wahrnehmungs- oder Gedankenverzerrungen bewusst gemacht und maßgeschneidert vom Klienten – unter Beistand des Coachs – neu entworfen, erprobt und an die individuellen Bedürfnisse angepasst.
> - Coaching bewegt sich auftragsgebunden mehrdimensional auf den Ebenen des Verhaltens, der Fähigkeiten und des Wissens, des Glaubens, der Wert- und Identitätsebene, der soziologischen Rollen und Systemzugehörigkeiten, der Sinnfindung und auf der Ebene des Spirituellen oder der religiösen Vorstellungen.

Was ist systemisches Coaching oder systemische Beratung?

Viele Klienten meinen, eine systemische Beratung sei wirkungsvoller als andere Beratungsansätze. Wenn Sie im Internet nach systemischen Beratern suchen, finden Sie zahlreiche Selbstdarstellungen, aus denen sich folgende Definition ableiten ließe.

> **Fehlinfo**
> - Systemisch ist eine Beratung, wenn sie das System berücksichtigt.
> - Systemisch ist eine Beratung, wenn sie mehrere Methoden vermischt.
> - Systemisch ist eine Beratung, die nach der Methode von Bert Hellinger arbeitet.

Die Beispiele ließen sich so weiterführen. Die genannten Definitionen, die einzelne Kollegen anwenden, sind weder ganz falsch noch ganz richtig. Sie sind auch nicht umfassend. Das große Problem der systemischen Beratungs- und Therapieschulen ist, dass sie keine Gründer- oder Stifterperson haben, von der sich Theorie oder Technik ableiten lassen. Die systemische Methode ist aus zahlreichen geistigen Strömungen entstanden und hat heute viele Ausdrucksformen.

> **Systemtheorie und -praxis in diesem Buch**
>
> Im Kapitel »Theorie der systemischen Beratung« (S. 342–370) werden wir auf die Theorie der systemischen Beratung näher eingehen, und im Kapitel »Systemische Fragen in der Konfliktarbeit« (S. 511–515) finden Sie Beispiele für systemische Fragen in der Konfliktberatung.

Gibt es eine Theorie der systemischen Beratung?

In diesem Buch werde ich nicht versuchen, gemeinsam mit Ihnen eine Theorie der systemischen Beratung zu finden oder zu definieren. Genauso wenig haben wir versucht, eine Theorie der methodenübergreifenden Beratung zu konstatieren. *Theorien* haben sowieso nur den Wert von Hypothesen, die sich an der Erfahrung bewähren müssen.

Gute Theorien bringen viele Phänomene in ein Ordnungsschema und erlauben Voraussagen auf Ereignisse, oder sie können zwischen verschiedenen Ereignisklassen differenzieren. Ebenso wie Theorien erlauben *Überzeugungen oder Meinungen,* viele Phänomene in ein Ordnungsschema zu bringen. Überzeugungen verleihen außerdem noch Sinn und haben die Fähigkeit, Wahrnehmungen zu strukturieren und Identität zu stiften. Die Grenzen zwischen Theorie und Überzeugung sind meist unscharf.

Viele Anhänger einer Theorie sind in Wirklichkeit Anhänger einer Überzeugung. In diesem Buch möchten wir keine Anhänger gewinnen. Wir möchten Ihnen einen breiten Überblick über Beratungsmodelle bieten und hoffen, dass Sie daraus einen praktischen Nutzen für die Arbeit mit Ihren Klienten ziehen können. Dabei werden wir Ihnen viele Modelle und Erklärungsmöglichkeiten anbieten. Das erwähnten wir bereits mehrfach. All diese Modelle dienen nur einem Zweck: Sie dort anzuwenden, wo sie hilfreich sind und passen. Modelle haben auch erklärende Kraft, sie folgen aber nicht den Gesetzen der Logik, und sie entsprechen nie der Wirklichkeit. Bitte fassen Sie daher jede Meinung und jedes Modell in diesem Buch nur als eine unter vielen Betrachtungsmöglichkeiten auf.

Gibt es in diesem Buch auch Modelle aus anderen Beratungs- oder Therapieschulen?

Ja! Sie werden Modelle oder Übungen finden, die in ähnlicher Weise auch im Neuro-Linguistischen Programmieren (NLP), der Hypnotherapie, dem Psychodrama, der Gestalttherapie und in den psychodynamischen Verfahren angewandt werden.

Es gab immer einen regen Austausch zwischen Theorien und Beratungspraxis dieser Schulen – auch wenn dies von einigen Theoretikern oder Verbandspolitikern geleugnet wurde. Daher weiß heute niemand mehr ganz genau, »vom wem was genau erfunden wurde«.

Andere Theorien, wie beispielsweise die Psychoanalyse, haben mit Ihren Ideen unsere Gesellschaft so sehr beeinflusst, dass wir heute Fachbegriffe und Modelle dieser Theorien nutzen, ohne uns dessen bewusst zu sein. Es wäre falsch, diesen Einfluss zu leugnen. Jede Therapie- oder Beratungsschule versucht sich von anderen Theorien abzugrenzen. Das geschieht einmal sehr sachlich, ein anderes Mal sehr polemisch. Häufig wird dabei kontrastierend auf Modelle der klassischen psychoanalytischen Behandlungspraxis oder Theorie zurückgegriffen (obwohl niemand weiß, was »klassisch« in diesem Zusammenhang bedeutet). Aber auch alle anderen Schulen können Angriffs- oder Reibungspunkt der Abgrenzungsversuche sein.

In diesem Buch möchten wir Sie dazu anregen, über den Tellerrand nur einer Theorie zu blicken: Sie dürfen sich erlauben, nützliche Modelle oder Übungen anderer Schulen oder Theorien auszuprobieren und diese in ein methodenübergreifendes Beratungskonzept zu integrieren. Dies soll keine Anregung zu Raubrittertum oder unkritischem Eklektizismus sein. Sie sollten aber im Blick haben, dass wir nicht unsere Klienten an eine stringente Theorie oder schulenspezifische Praxis anpassen sollten. Vielmehr sollten wir uns ein vielfältiges Wissen und Können aneignen, das den Anforderungen in der Beratungspraxis – und damit auch unseren Klienten – gerecht wird.

> **Übung**
>
> Coaching können nicht nur andere für ihre Entwicklung nutzen. Schlüpfen Sie selbst einmal in die Schuhe eines Menschen, der nach Veränderung und Weiterentwicklung sucht:
>
> - In welchen Bereichen des Lebens hätten Sie einmal Coaching gebraucht können?
> - Wen holen Sie sich als Berater, wenn Sie Probleme haben oder vor wichtigen Entscheidungen stehen?
> - Was wären in Ihrer Situation, an Ihrem momentanen Arbeitsplatz die Vor- und Nachteile eines externen und internen Coachings?
> - Möchten Sie später »Birkenstockler« oder »Hardliner« werden?
>
> Bitte entwerfen Sie eine Visitenkarte für sich als Coach (auch falls Sie glauben sollten, noch keiner zu sein).

Praktische Kommunikation für Coaches

Das ganze Buch beschäftigt sich – auf die eine oder andere Weise – mit Kommunikation. In diesem Kapitel stellen wir Ihnen einige Grundgedanken vor.

Sprache formt unser Gehirn

In den neuronalen Netzwerken höherer Tiere sind die Gedächtnisinhalte nicht in einzelnen Neuronen (Nervenzellen) gespeichert, sondern in einem neuronalen Netzwerk kodiert. Die vernetzten Neuronen bilden ein Ensemble, welches einen Glauben, eine Hoffnung oder Idee festhält. Durch einen Lernvorgang findet eine molekulare Umgestaltung statt, indem strukturelle und biochemische Veränderungen vorgenommen werden. Das Netzwerk hat darauf seine Biochemie und Vernetzung geändert.

Die alte Unterscheidung zwischen organischen strukturellen und nur psychischen Erkrankungen oder Symptomen ist daher, bei Berücksichtigung dieser neuen neurophysiologischen Erkenntnisse, überholt. Jede Kommunikation in uns selbst oder mit anderen kann die materielle Struktur unserer Ensembles verändern. Dabei werden vielleicht nur die Inhalte in materielle Form gegossen, die »merkwürdig« genug sind, sich vom Bekannten zu differenzieren, oder die mit Emotionen gekoppelt sind. Im Coaching kann also das Gehirn eines anderen Menschen tatsächlich – wenn auch nur im Kleinen – materiell verändert werden (s. S.571 ff.).

> **Info**
> Beratung oder Kommunikation ist daher eine »Ansteckung« im guten oder bedenklichen Sinne, also eine Impfung (gut) oder Infektion (schlecht) unserer neuronalen Netzwerke.

Aus den genannten Gründen sind wir strukturell keine Steinzeitmenschen mehr, trotz der gleichen Gene: Unsere Ansichten, die durch Lebensstil, Kultur und Struktur der jeweiligen Sprache geprägt sind, haben ebenso die Hardware unseres Gehirns geformt, die neuronale Vernetzung der *Ensembles* somit zeitgemäß geprägt.

Der Gebrauch unserer Sprache legt die Art der »Gehirn-Verdrahtung« nicht nur kulturell, sondern auch individuell fest. Wichtiger Baustein unseres Denkens ist dabei der unbewusste oder bewusste innere Dialog (»silent speech«), der aus neuronalen Trampelpfaden Straßen und Autobahnen entstehen lässt. Hier setzen übrigens viele kognitive sprachliche Beratungsverfahren an: die kognitive Verhaltenstherapie (Beck), die Rational Emotive Therapy (Ellis), das Stressimpfungstraining (Meichenbaum) sowie die hypnotherapeutische Gesprächsführung nach Milton Erickson.

Gleiches gilt für nichtsprachliches Denken: Die Erinnerung eines geistigen Bildes oder eines Gefühls stimuliert definierte Hirnareale und Ensembles und führt so zu einer »Neu-Verdrahtung«. Hier setzen unter anderem imaginative Beratungsverfahren an.

Die psychophysischen Veränderungen dieser Art sind ein Paradigma dafür, wie psychische Prozesse die Körperlichkeit ändern können und umgekehrt. Und wie wir mit den Mitteln der Sprache wirken können.

Rapport – Pacen – Leaden

In den folgenden Abschnitten werden Ihnen diese drei Anglizismen mehrfach begegnen. Sie haben sich aus der Hypnotherapie, über den Umweg des NLP, in der gesamten Coaching-Szene etabliert.

Vorab daher eine Begriffsbestimmung.

> **Rapport** ist der »gute Draht« zum Klienten. Er kann durch aktives Zuhören und eine kognitive und emotionale Einstimmung auf die Welt des Klienten hergestellt werden. Wie das funktioniert, werden Sie lernen. Der Rapport ist die Voraussetzung für eine vertrauensvolle Zusammenarbeit. Dies können Sie durch Pacing, durch »aktives Zuhören« und ähnliche Techniken der klientenzentrierten Kommunikation erreichen. Für jede Art der Kommunikation gilt das Gleiche: Die *Beziehungsfähigkeit* ist die wichtigste Voraussetzung für den Erfolg eines Redners, Coachs, Verkäufers oder Therapeuten.
>
> **Pacen (Pacing) oder Mirroring** ist die Technik, mit der Sie Körperbild, Bewegung, Emotion, Kommunikationsstil und Kognition Ihrer Klienten »widerspiegeln«, damit Sie sich auf sie einstimmen können und auch nonverbal dieses »Mitgehen« demonstrieren. Außerdem holen Sie den Klienten »in seiner Welt« ab.
>
> **Leaden (Leading)** ist das langsame und maßgeschneiderte Hinführen zu neuen Arten des Denkens, Empfindens und Handelns, mit der Sie Klienten auffordern, den üblichen Problemrahmen zu verlassen, da dieser bisher keine adäquate Lösung geboten hat. Leading funktioniert nur bei gutem Rapport.

- Vermitteln Sie dem Klienten, dass er sich öffnen kann und seine subjektiven Ansichten äußern darf. Zeigen Sie wertschätzendes Interesse.
- Verzichten Sie auf Deutungen, Belehrungen und Konfrontationen. Zeigen Sie, dass Sie die Inhalte verstanden haben.
- Vergessen Sie, »dass Sie so etwas schon erlebt haben« oder was Sie über dieses Thema denken. Dabei handelt es sich nur um Ihre Projektionen, Vorurteile oder Übertragungen. Bleiben Sie beim Klienten.
- Fühlen Sie sich in den Klienten und seine Emotionen ein: Zeigen Sie, dass Sie ihn im Herzen verstanden haben.

Dazu einige Verhaltenstipps und Formulierungsvorschläge, die am besten wirken, wenn sie nicht aufgesetzt sind. Denken Sie zunächst über folgende Übungsfragen nach.

> **Übungsfragen**
>
> - Wann lächeln Sie von selbst aus sich heraus?
> - Wer müssen Sie dann sein?
> - Wann wirkt Ihr Lächeln aufgesetzt?
> - Was macht Sie in den Augen eines Klienten wohl besonders charmant?
> - Wann strahlen Ihr Blick und Ihre Körperhaltung Güte, Zuversicht und Freundlichkeit aus?

Am Anfang steht das Zuhören

Vom aktiven Zuhören haben Sie sicher schon gehört: *Aktiv* sein bedeutet, dass *wir* uns disziplinieren! Am Anfang des Beratungsgesprächs sollte es (noch) nicht um uns und unsere unwillkürlichen mentalen Reaktionen auf das Gesagte gehen: Es geht um den Klienten. Zuerst ist es wichtig, ihn *abzuholen* und Vertrauen herzustellen *(Rapport)*. Das kann folgendermaßen geschehen:

- Schaffen Sie eine Atmosphäre, die von Wohlwollen und Akzeptanz geprägt ist.

Aktiv zuhören und mitgehen

Sie können Ihrem Klienten verschiedene Signale senden, um zu zeigen, dass Sie aufmerksam und empathisch zuhören.

Ich höre Ihnen zu: Durch aufmunternde Fragen, Nicken, »hmm«, »ja«, »verstehe« signalisieren Sie, dass Sie Interesse am Gespräch haben und dem Klienten folgen.

Ich bin zuversichtlich: Lächeln Sie, seien Sie freundlich und charmant, bleiben Sie selbst zuversichtlich und neugierig. Ihr »Mitfühlen« soll Verständnis zeigen, nicht aber Resignation ausstrahlen. Der Klient wird diese Botschaft verstehen.

Ich verstehe den Inhalt: Wenn Sie Kernaussagen des Klienten kurz wiederholen (als Echo), signalisieren Sie ihm, dass Sie die Thematik in seinem Sinne verstanden haben. Im Anschluss daran können Sie eine aufmunternde Frage stellen.

> Klient: *»Dann stürmt der Chef immer in mein Büro und macht mich durch sein Schreien ganz konfus. Ich stecke danach irgendwie immer ganz fest und komme mit der Arbeit nicht weiter.«*
> Coach: *»Sie stecken dann ganz fest. Hmm. Und dann ...?«*

Ihr Gefühl ist mir klar: Durch empathisches Nachfragen, durch Gestik, Mimik, Stimmlage und Ähnliches signalisieren Sie Ihre emotionale Beteiligung. Fassen Sie Inhalt und Affekte kurz als Frage zusammen. Sie können auch Metaphern für die beschriebene Emotion verwenden (»... das ist so, als ob ...«):

> Coach: *»Wenn Ihr Chef so in Ihren Arbeitsbereich hereinplatzt und schreit, fühlen Sie sich hilflos. So, als ob Ihnen dann Ihre eigene Energie fehlt?!«*

Aber Achtung: Plappern Sie nicht einfach nach. Wenn der Klient bereits erzählt hat, welche Gefühle und Konflikte mit dem Problem oder Ziel verbunden sind, ist es häufig geschickter, diese Alternativen auf den Punkt zu bringen oder die dahinter liegende Frage aufzuwerfen. Das erreichen Sie, indem Sie die Klientenaussage auf ein höheres Abstraktionsniveau heben:

> Coach: *»Sie möchten lernen, wie Sie sich besser gegenüber Ihrem Chef abgrenzen können – und zwar auf eine Weise, dass er danach nicht ständig sauer auf Sie ist?!«*

Die effektivste Form des aktiven Zuhörens ist es, Verständnisfragen zu stellen, die auf Gefühle, geistige Strategien oder Handlungen des Klienten eingehen. Sie können Ihre Fertigkeit darin in »Übung 1: Aktives Zuhören« trainieren (s. S. 55).

Zirkuläres Fragen

In der systemischen Familientherapie wurde die Technik des zirkulären Fragens zuerst systematisch angewandt. Dabei wird der Klient angeregt, in die Schuhe oder die Haut eines anderen Menschen zu schlüpfen oder sich selbst – in der Interaktion mit einem anderen Menschen – aus einer anderen Perspektive zu erleben (*Metaposition* oder *Rollentausch*).

> Beispiele für zirkuläre Fragen sind:
> *»Angenommen, ich würde in der Kaffeepause Ihre beste Kollegin fragen, was die wohl denkt, warum sich Ihr Chef diese Auftritte bei Ihnen erlauben kann. Was würde die sagen?«*
> *»Angenommen, ich würde Ihren Chef fragen, warum er denkt, dass er Sie anschreien muss, was würde er wohl sagen?«*

Mit Hilfe dieser Fragetechnik entsteht ein Verständnis für die unterschiedlichen Rollenanforderungen. Empathie – das Einfühlen in andere – wird möglich. Wünschenswerte Alternativen werden aufgezeigt. Gewohnte Denkmuster und ihre Kopplung mit Affekten können unterbrochen werden. Sie erfahren im Kapitel »Systemische Fragen in der Konfliktarbeit« (s. S. 511–515) noch mehr über diese Fragetechnik.

> **Übung**
>
> Denken Sie sich weitere zirkuläre Fragen aus, die besonders darauf abzielen, eine Alternativensuche in oben genannter Situation anzuregen. Dabei ist die Wirkung wichtiger als die gekonnte oder vorgeschriebene Konstruktionsweise der Sätze!

Den Klienten in seiner Welt abholen

Ein nützliches Modell, um »miteinander warm zu werden«, ist das Konzept des *Pacings* oder Mitgehens und Spiegelns: Wir versuchen dabei, uns auf unsere Klienten einzustimmen und dies auch zu signalisieren. Das sollte nicht so weit gehen, dass wir selbst verwirrt, ablehnend, ängstlich oder niedergeschlagen sind, wenn unsere Klienten dies sind.

Worauf können Sie achten, wenn Sie Ihren Klienten in seiner Welt abholen wollen?

Die Körperhaltung: Wie sitzt Ihr Klient, wie hält er die Arme, ist der Rumpf vor- oder zurückgeneigt, ist der Klient Ihnen zugewandt oder leicht abgewandt ...? Versuchen Sie bitte nicht, die Körperhaltung des Klienten »nachzuäffen«. Das wirkt aufgesetzt. Wenn Sie aber Teile des Bewegungs- und Haltungsmusters übernehmen, fällt Ihnen eine Einstimmung auf den Klienten leichter.

Sprache: Ist die Sprechweise laut, ausdrucksstark, fließend, stockend, leise? Welche Stilebene benutzt der Klient? Welche Sinnesebenen bevorzugt er in seinen Schilderungen?

Sehen: Nutzt der Klient Metaphern oder Aussagen, die visuell orientiert sind? Beispiele: »Dann sehe ich rot.« »Da geht mir ein Licht auf.«

Hören: Nutzt der Klient Metaphern oder Aussagen, die visuell orientiert sind? Beispiele: »Das klingt verrückt.« »Das hört sich gut an.«

Fühlen: Bezieht sich der Klient eher auf Körperempfindungen des Tast- oder Stellungssinns? Beispiele: »Das lähmt mich.« »Das reißt mich runter.«

Schmecken: Bezieht sich der Klient auf Sinneswahrnehmungen des Geschmackssinns (gustatorische Wahrnehmung)? Beispiel: »Da muss ich bitter aufstoßen.«

Riechen: Bezieht sich der Klient eher auf Sinneswahrnehmung des Riechapparates (olfaktorische Sinneseindrücke)? Beispiel: »Das stinkt mir.«

Ein Beispiel: Wenn der Klient »feststeckt«, bleiben Sie in Ihrer Wiederholung oder Zusammenfassung bei dem Sinnessystem, das er äußert. Es wäre störend, wenn Sie auf die Aussage »*Das stinkt mir*« folgendes Echo geben: »Dann sehen Sie also rot. Hmm. Und dann ...?«

Ähnliches gilt auch für Sprachstil, Tonfall und Tempo. Nutzen Sie dabei aber nur Ihren eigenen Spielraum aus: Sobald Sie nämlich anfangen, »nicht mehr wie Sie selbst zu reden«, werden Sie unglaubwürdig.

Gestik und Mimik: Sind Gestik und Mimik ausdrucksstark oder unkoordiniert, eher arm und leer, schnell oder langsam? Erkennen Sie das Muster, mit dem der Klient in Bewegung gerät.

Ressourcen: Was bestimmt ihn gerade: Inhalte oder Emotionen? Ist er bei sich oder bei anderen? Welche Grundmuster sind ihm wichtig: das Ganze, das Detail, Menschen, Orte, Handlungen, Vergangenheit, Zukunft?

Gute Gesprächskontakte zeichnen sich meistens dadurch aus, dass die Körperhaltung offen und symmetrisch ist, die Sprache flüssig und ausdrucksstark und dass die Gestik natürlich und angemessen ist.

Übung

Machen Sie sich eine Tabelle: »Sehen« – »Hören« – »Fühlen« – »Schmecken« – »Riechen«. Kreuzen Sie an, welche Sinneskanäle Ihre Kollegen in Konferenzen oder Gruppengesprächen vorwiegend benutzen. Bitten Sie jemanden darum, dies auch für Sie zu tun. Abhängig von der Gesprächssituation werden Sie vermutlich unterschiedliche Sinneskanäle bevorzugen.

Diese Übung wird in NLP-Anfängerkursen sehr intensiv genutzt. Sie lernen dabei, aufmerksam zuzuhören.

Was für ein Typ ist der Klient?

Es gibt zahlreiche Modelle der Persönlichkeit – viele gehen auf das kommunikative Verhalten ein. Niemand entspricht in gleichen oder unterschiedlichen Situationen jeweils ganz einem solchen Typ: Es finden sich lediglich bestimmte Vorlieben oder Tendenzen. Die bekannte amerikanische Familientherapeutin Virginia Satir hat vier häufige Kommunikationstypen oder -rollen vorgestellt:

- Beschwichtiger,
- Ankläger,
- Rationalisierer und
- Ablenker.

Der Beschwichtiger: Er ist etwas zusammengesunken, hält die Hand bittend nach vorne, der Kopf ist leicht erhöht und etwas schwankend. Mit beinahe piepsig winselnder Stimme presst er seine Sätze hervor: »Ich bin so glücklich, dass ich bei Ihnen arbeiten darf. Es ist überhaupt alles so interessant hier. Nur hier kann ich mich entfalten.«

Der Ankläger: Er wirkt angespannt und etwas verzerrt. Der Atem ist gepresst und flach, wenn er mit lauter und beinahe harter Stimme seine Ansichten verkündet: »Wenn es dich nicht gäbe, hätte ich aus meinem Leben etwas machen können.« »Ihre Nachlässigkeit bringt unser ganzes Projekt schon wieder in Gefahr.«

Der Rationalisierer: Er wirkt ein bisschen unbewegt, gespannt und arm an Reaktionen. Trocken und mit monotoner Stimme macht er nüchterne Feststellungen: »Nach neuen wissenschaftlichen Ergebnissen verhält es sich eher folgendermaßen ...« »Bei reiflicher Überlegung kommt man doch zum Schluss, dass ...«

Der Ablenker: Er ist viel in Bewegung. Kopf, Rumpf und Extremitäten sind ständig unterwegs und wirken unkoordiniert. Die Stimme ist schnell, manchmal überschießend und fahrig, wenn er zwischen den oben genannten Rollen hin und her hüpft, um sich nicht zu erkennen zu geben: »Da kommt mir in den Sinn – aber halt, gestern kamen Sie ja zu spät und können das nicht wissen – na ja, niemand kann vorschreiben, wann wir zu kommen haben, schließlich ist Gleitzeit heute das Konzept der Zukunft ...«

> **Übungen**
>
> Bitten Sie Ihren Klienten, seine Klagen, Wünsche oder Gedanken aus der Rolle jedes dieser Typen vorzustellen.
>
> Für Sie selbst: Denken Sie an eine nahe zurückliegende Teamdiskussion. Stellen Sie sich den Diskussionsverlauf noch einmal vor, wenn Sie eine der oben genannten Positionen konsequent durchgehalten hätten.
>
> Welches ist Ihr bevorzugter Satir-Kommunikationstyp? Üben Sie die Rollen einmal vor dem Spiegel oder mit Kollegen zu bekannten Themen Ihres Berufs.

Der Beziehungsaspekt von Botschaften

»Unsere Botschaft gibt immer auch den Beziehungsaspekt wieder, den wir zu unserem Gegenüber definieren.« (Watzlawick)

Friedemann Schulz von Thun hat die Idee von Paul Watzlawick aufgegriffen und zu seinem bekannten Kommunikationsquartett ausformuliert – indem er jeder Botschaft vier Ebenen der Kommunikation zuordnet:

- *Inhaltsaspekt:* die vermittelte Information über Sachverhalte.
- *Selbstoffenbarung:* die Information über uns selbst.
- *Appellaspekt:* die implizite Aufforderung, in einer gewünschten Weise zu handeln.
- *Beziehungsaspekt:* die Definition der Beziehung zwischen den Gesprächspartnern.

Ein Beispiel soll diese Aspekte verdeutlichen:

»Können Sie mir bitte diesmal die Akten rechtzeitig bringen?!«

- *Inhalt:* Die Akten werden zu einem bestimmten Termin gebraucht. Sie sollen vorbeigebracht werden.
- *Selbstoffenbarung:* Ich bin verärgert!
- *Appell:* Machen Sie mich nicht wieder wütend durch Ihren langsamen Arbeitsstil. Gehorchen Sie zukünftig besser.
- *Beziehung:* Sie stehen übrigens in der Hierarchie unter mir.

Übungen

Schreiben Sie die Sätze auf, die Ihrem Klienten, zum Beispiel in einer beruflichen Situation, gesagt wurden. Bitten Sie ihn, die Sätze wörtlich wiederzugeben. Sie werden feststellen, dass Klienten zuerst ihre Interpretation angeben, in der ein Aspekt des Kommunikationsquartetts im Vordergrund steht.

Analysieren Sie die vier Aspekte der gefundenen Sätze nach der Methode von Schulz von Thun.

Die Sprache hinter der Sprache

Dass mehrere Ebenen der Kommunikation gleichzeitig mitschwingen, erreichen wir durch die gedankliche Struktur unserer Sprache: Wie in den Träumen gibt es eine Oberfläche (oder manifeste Äußerung) und eine *Tiefenstruktur* (die latente Äußerung). Während der Gedankenkonstruktion selbst und auf dem Weg zur sprachlichen Äußerung finden zahlreiche Prozessschritte statt, die das Gedachte verzerren und verallgemeinern. Geistige Vorannahmen und dahinter stehende Werte werden getilgt. Im Folgenden geben wir Ihnen einige Wortbeispiele für solche Prozesse:

Unspezifische Substantive: »Ereignis« – statt »Tennisspiel am Rothenbaum«. Frage zur Tiefenstruktur: Wer oder was genau?

Unspezifische Verben: »Melde dich bei mir!« – Statt: »Rufe mich um 15 Uhr zu Hause an!« Frage: Wie und wann genau?

Vergessene Vergleiche: »Der Vorschlag ist besser!« – Statt: »Ihr Vorschlag ist besser [warum?] als der von Herrn Meyer.« Frage: Verglichen womit?

Bewertungen: »Ihre Vorschläge sind immer besonders brauchbar.« – Statt: »Ich finde, Ihre Vorschläge immer besonders brauchbar, da ich dadurch jedes Mal viel Geld spare.« Frage: Auf welcher Basis erfolgt diese Bewertung – und wer genau macht sie?

Nominalisierungen: »Pünktlichkeit und Verlässlichkeit sind die Stützen von Wachstum und Erfolg in unserem Team.« – Statt: »Um genau acht Uhr zu kommen und jeden Arbeitsschritt zu Hause gut vorbereitet zu haben …« Frage: Was ist die genaue Bedeutung der Nominalisierung (überspitzt – im Nominalstil: Erfragung des Bedeutungskontextes der Nominalisierung)?

Modaloperatoren der Möglichkeit: »Ich kann nicht, man darf nicht.« Frage: Wer oder was hindert Sie genau und vor allem wie?

Modaloperatoren der Notwendigkeit: »Ich sollte doch fleißiger sein in der Firma.« »Ich darf den Chef nicht unterbrechen.« Frage: Was genau würde passieren, wenn Sie es wären oder täten?

Verallgemeinerung: »Leute, die um 17 Uhr nach Hause gehen, sind faul.« »Fastfood macht dick.« Frage: Gibt es Ausnahmen hiervon?

Gleichsetzungen unterschiedlicher Sachverhalte: »Sie gehen mittags essen? Sie wollen wohl bei uns nichts werden!?« Frage: Weshalb bedeutet das eine gleichzeitig für Sie das andere?

Vorannahmen: »Später werden Sie das verstehen« (… denn jetzt sind Sie noch zu dumm). »Diese Aufgabe wird Sie herausfordern« (… dass Sie das machen, ist schon mal klar, und schwierig wird es auch!). Frage: Was lässt Sie glauben, dass es so ist?

Falsche Kausalverknüpfungen: »Sie machen mich wütend.« Fragen: Wie genau bewirke ich das? Wie schaffen Sie das, so zu fühlen?
Gedankenlesen: »Ich wusste, dass Sie das ablehnen würden.« Frage: Woher genau wissen Sie das?

Es gibt viele weitere ähnliche Mechanismen unserer »Denksprache«, mit deren Hilfe wir unsere Realität und unsere Sprache vereinfachen. Vorurteile, Volksverhetzungen, Werbung und alltägliche Dummheit bedienen sich dieser Mechanismen.
Verzerrungen, Verallgemeinerungen und Tilgungen sind aber auch Bestandteile unseres gesunden und normalen Alltagsdenkens. Nur Sprachwissenschaftler, Philosophen, Therapeuten und Coaches bemühen sich, diese Muster zu entwirren, um Anregungen für ihre Fragen zu erhalten.
Das ist der tiefere Sinn für das Coaching: Aus jeder Aussage des Klienten erwachsen für uns Fragen, die zum Weiterdenken anregen. Aber Achtung: Bitte verwenden Sie diese Fragen nicht in normalen Lebenssituationen, da sie den *guten Draht* zum Gesprächspartner stark stören können.

Kommunikationstipps

Konkrete Verhaltensanweisungen zur Kommunikation werden in kleinen Rhetorikseminaren, Telefontrainings oder der Coaching-Ausbildung vermittelt. Solche Kenntnisse können auch im Coaching an die Klienten weitergegeben und mit diesen geübt werden. Die Klienten sind für solche konkreten Ratschläge und Übungssequenzen dankbar. Meist taucht dann die Frage auf, ob dieses Verhalten nicht nur aufgesetzt sei. Wie schon erwähnt, sind Verhalten und die damit verbundenen Fähigkeiten häufig leicht veränderbar oder erweiterbar. Damit lassen sich jedoch keine Veränderungen im Denken oder der Selbstdefinition erreichen. Bei konsequenter Anwendung einer erlernten Kommunikationstechnik verändert sich aber auch die Reaktion unserer Umwelt auf uns. In unserem Hirn werden neuronale Ensembles umstrukturiert, und unsere Selbstdefinition beginnt sich zu wandeln.
Im Folgenden finden Sie exemplarisch zwei Handlungsanweisungen, die in Form von Übungen mit Klienten erprobt werden können. Solche Minitrainings zur kommunikativen Grenzenziehung sind für viele Klienten hilfreich. Ein umfassendes Kommunikationstraining wird beispielsweise unter dem Titel »Gewaltfreie Kommunikation« angeboten.

Sprachlich Grenzen setzen

Die Frau im erwähnten Beispiel, deren Chef schreiend ins Büro stürmte, kann sich gegenüber dem Vorgesetzten nicht abgrenzen. Sie macht ihre Grenzen nicht deutlich. Solche Grenzen finden sich normalerweise in allen Rollen unseres Lebens in unterschiedlicher Ausprägung. Vielleicht trauen Sie sich nicht, Freunde, die spät zu Besuch kommen, wieder wegzuschicken. Vielleicht lassen Sie sich Sticheleien gefallen oder müssen zu Hause stets alleine den Abwasch machen, obwohl Sie das schon immer geärgert hat. Vielleicht fühlen Sie sich zu wenig beachtet oder ausgenutzt. Ständig trampelt jemand auf Ihren Nerven herum, verplant ungefragt Ihre Zeit ...? Dann müssen Sie sich abgrenzen. Abgrenzung und Selbstbehauptung sind mit einfachen sprachlichen Mitteln möglich.

Informieren Sie Ihren Gesprächspartner: Machen Sie dem Gegenüber sachlich und ruhig klar, dass er sich – Ihrer Meinung nach – nicht adäquat verhält. Begeben Sie sich in die gleiche Sprechposition: Stehen Sie auf, wenn Ihr Chef vor dem Schreibtisch steht, und treten Sie neben ihn: »Sie schreien mich gerade an! Das ist nicht die normale Art, miteinander konstruktiv zu kommunizieren.«
Erinnern Sie an die Information (erste Mahnung): Wenn Ihr Gesprächspartner sein Verhalten nicht ändert, fordern Sie ihn nochmals sachlich und freundlich auf, sein Ver-

halten angemessen zu gestalten: »Ich möchte Sie bitten, normal mit mir zu reden. Hören Sie auf zu schreien. Wenn Sie vernünftige Gründe haben, mich zu kritisieren, dann tun Sie das bitte sachlich und konstruktiv.«

Erinnern Sie erneut (zweite Mahnung): Wenn sich Ihr Gesprächspartner diesen Informationen nicht zugänglich zeigt, fordern Sie ihn nochmals ruhig auf: »Ich bitte Sie nochmals, nicht zu schreien und konstruktiv und sachlich zu werden. Sonst kommt keine vernünftige Kommunikation zustande.«

Entziehen Sie sich der unkonstruktiven Kommunikation: Wenn das nichts ändert: »Ich kann mich so nicht mit Ihnen unterhalten. Ich werde jetzt diesen Raum verlassen. Bitte beruhigen Sie sich und sprechen Sie mich nachher nochmals deswegen an.« Verlassen Sie dann den Raum.

Gehen Sie nicht gleich zur Beschwerdestelle oder zu anderen Vorgesetzten. Beruhigen Sie sich selbst und machen Sie sich klare Gedanken darüber, wie Sie die Situation konstruktiv und kreativ lösen können – bei Beachtung Ihrer Grenzen.

Übungen und Fragen

Stellen Sie in einer Liste unklare Grenzen in Ihrem Leben zusammen.
Wo sind Sie schon lange verwundert oder verärgert über das Verhalten der anderen oder Ihre Reaktion darauf?

Ordnen Sie die Liste nach den verschiedenen Rollenanforderungen in Beruf und Privatleben.
Mit welcher Grenzziehung werden Sie beginnen? Wie genau, wo, wann werden Sie das tun? Woran werden Sie erkennen, dass das geklappt hat?

Meist kommt der schreiende Chef übrigens sehr schnell zu einer normalen Sprechweise, und es ist ihm dann ein bisschen peinlich. Wenn Sie einmal so deutlich Ihre Grenzen gezeigt haben, wird er Sie danach eher mit Respekt behandeln. Die Befürchtung der meisten Menschen ist, der Chef würde dieses Verhalten nicht verzeihen. Die Erfahrung mit dieser kleinen Methode zeigt aber, dass sie meist den gewünschten Effekt hat. Durch das andere Verhalten des Chefs oder der Kollegen verändert sich dann auch das Selbstkonzept: »Ich bin jemand, der seine Grenzen ernst nimmt und das anderen auch vermittelt. Daher respektiert man mich!«

Gelegentlich treffen wir auf Klienten, deren Grenzen bei jeder äußeren Forderung zerfließen. Sie sind sofort bereit, alles gerne zu machen, was man ihnen aufträgt. In dem Bemühen, nicht aufzufallen oder zu gefallen, verlieren sie jedes Gefühl für ihre Grenzen. Andere Klienten – manchmal sogar dieselben in anderen Situationen – haben starre und unbarmherzige Grenzen und strahlen eine Überlegenheit oder Überheblichkeit aus, die der Situation nicht angemessen ist. Bei der Arbeit mit solchen Klienten brauchen Sie viel Feingefühl und Selbstreflexion: Gelegentlich wird bei diesen Klienten aus dem Coaching später eine Psychotherapie.

Den inneren Dialog umformulieren

Sobald uns jemand anschreit, steigen uns normalerweise Affekte zu Kopf: Wut, Ohnmacht, Verzweiflung. Dies wird entweder eingeleitet oder begleitet von einem kaum bewussten oder unbewussten inneren Dialog, der sich folgendermaßen anhören könnte: »Oh, Backe! Ich Idiot! Verdammt! Bin ich blöd ...!« Das sind für die Emotionen in unserem Gehirn Wegweisschilder auf der neuronalen Autobahn:

- Wir nehmen bestimmte Reize auf.
- Diese werden negativ interpretiert: Es entstehen festgelegte Sequenzen innerer Bilder, Gefühle, Dialoge.
- Wir stecken fest!

Diese Kette kann mit kleinen Kunstgriffen unterbrochen werden: Wenn jemand Ihre

Grenzen überschreitet und Ihnen einreden möchte, wie Sie seien *(also dumm, blöd oder Ähnliches)*, statt Ihnen mitzuteilen, was er an Ihrem Verhalten beobachtet hat, dann sagen Sie zu sich selbst mit einem inneren Grinsen:

> *»Moment mal! Hier passiert etwas Spannendes! Entsteht das in mir oder kommt das von außen? Was sagt das über den anderen – und was eigentlich wirklich über mich!?«* (Modifiziert aus einem Seminar 1994 von Klaus Grochowiak)

Es ist wichtig, mit einem lauten innerlichen »Moment mal!« zu beginnen. Der Rest kann dann leise hinterher gedacht werden.

> **Übungen**
>
> Sagen Sie sich mehrmals **»Moment mal!«** und grinsen Sie dabei innerlich breit, selbstironisch, neugierig und verschmitzt. Dann stellen Sie sich unangenehme Gesprächssituationen vor und sagen sich sofort nach dem Start dieser Vorstellung: »Moment mal!« Machen Sie das immer zuerst, wenn es irgendwo brenzlig wird!

Diese Übung scheint banal zu sein, sie wirkt aber kleine innere Wunder: Zum einen unterbricht sie unser übliches Stressschema und verschafft uns Zeit. Zum anderen lernen Sie dadurch ganz nebenbei:

- sachliche von persönlicher Kritik zu trennen,
- Information und Angriff zu trennen,
- Kritik an Ihrem Verhalten von Aussagen zu Ihrer Person zu unterscheiden.

Bei aller Theorie über die Kommunikation und bei dem Versuch, innere Einstellungen, Werte und Muster zu verändern, sollten die vielen kleinen Tricks und Tipps, die in Kommunikations- und Coaching-Seminaren gelehrt werden, trotzdem an die Klienten weitergegeben werden.

> **Übungen**
>
> Stellen Sie sich eine Kugel aus Energie vor, die durch Ihre Gedanken geformt werden kann. Sie halten diese Kugel vor Ihrem Körper zwischen den Händen. Streifen Sie diese Energie langsam und bedächtig über Ihren Körper – so, als würden Sie sich in einen Raumanzug hüllen. Nehmen Sie wahr, wie dick dieser Raumanzug ist.
> Dieses energetische Schutzschild hat die Eigenschaft, alle Verletzungen und Grenzüberschreitungen nur sehr langsam zu Ihnen gelangen zu lassen. Dadurch gewinnen Sie Zeit, sich Ihre Reaktion in aller Ruhe zu überlegen. (Modifiziert aus einem Seminar von Liz Lorenz-Wallacher – Milton Erickson Institut für klinische Hypnose in Saarbrücken)

Killern kontern

Der Umgang mit unfairen Gesprächspartnern ist besonders schwierig. Diese schaffen es, durch Gesten, Mimik und Phrasen eine konstruktive Kommunikation zu zerstören. Die Taktiken unfairer Gesprächspartner zu kennen kann uns davor bewahren, den »Killern« in ihre Messer zu laufen. Welche Kommunikationskiller gibt es?

Abwürgende Körperbewegungen: abfällige Handbewegung, Zeigefinger erheben, abwehrend mit der Hand winken, Augen verdrehen, verächtliches Ausschnauben, bestürzter und tiefer Atemzug, sich abwenden.

Eine Möglichkeit des Konterns in einer Gesprächsrunde: Weisen Sie mit der offenen einladenden Hand und einem zuversichtlichen freundlichen Lächeln auf den »Killer«: »Entschuldigen Sie bitte, mit Ihrer Gestik (Mimik) wollten Sie sich gerade zu Wort melden, um einen konstruktiven Verbesserungsvorschlag zu machen?« Oder: »Wenn Ihre Hand, Ihr Zeigefinger, Ihr Augenverdrehen, Ihr tiefer Atemzug sprechen könnte ..., was wollten Sie uns damit sa*gen*?« Darauf folgt als Reaktion häufig eine weitere Killerphrase: »*Das ist doch alles Blödsinn, was Sie da vortragen!*« Sie: »Vielen Dank für den weiterführenden Einwand. Wir sehen, dass Sie sich ernstlich mit dem Thema/meinen Argumenten auseinander gesetzt haben. Dann fahre ich jetzt fort ...« Wiederholen Sie dieses »Spiel« ruhig mehrmals!

Abwürgende Killer-Techniken sind:

- jemandem drohen,
- elterliche Ratschläge erteilen,
- jemanden moralisch verurteilen,
- herablassend sein,
- jemanden lächerlich machen,
- verletzend sein,
- im Befehlston sprechen.

Eine Möglichkeit des Konterns: Wie bereits erwähnt – Grenzen ziehen! Beispiele für Killerphrasen sind:

»*Sie immer mit Ihren so genannten Anregungen.*« »*Dafür sind andere zuständig.*« »*Das hat bei uns noch nie geklappt.*« »*Bei uns geht so etwas grundsätzlich nicht.*« »*Sie sind nicht der Erste, der mit der Idee kommt.*« »*Bei uns geht das einfach nicht.*« »*Sie können ja klug reden, damit ist aber nichts geändert.*«

Möglichkeiten des Konterns: Offenlegen der Tilgungen, Verzerrungen und Generalisierungen in diesen Aussagen – oder überlegen Sie eine geschickte Umdeutung der Killerphrase:

»*Irgendjemand muss schließlich neue zukunftsweisende Ideen entwickeln.*« »*Das heißt, Sie haben da nicht die Befugnis – oder müssen wir jemanden mit dem notwendigen Know-how heranziehen?*« »*Woran genau fehlte es denn immer, dass es nicht klappen konnte?*«

Übungen und Fragen

Entschärfen Sie die oben genannten Killerphrasen mit Ihren eigenen Kontervorschlägen!
Welche Killerphrasen begegnen Ihnen üblicherweise? Schreiben Sie sie auf und überlegen Sie Ihre zukünftigen Reaktionen darauf – passend zu Kontext und Gesprächspartnern.

Herr Müller, stellvertretender Abteilungsleiter, lässt an den Aufenthaltsraum der Sachbearbeiterinnen und Sachbearbeiter ein Schild anbringen: »Sachbearbeiter«. Frau Dora spricht dies in der Abteilungssitzung kurz an, da 70 Prozent der Mitarbeiterinnen und Mitarbeiter in der Abteilung immerhin Frauen seien. Herr Müller fasst sich darauf an die Stirn, beugt sich klagend vornüber und murmelt leise: »Nicht schon wieder diese Emanzenvorschläge!« Wie genau könnte Frau Dora auf diese Killergeste reagieren und ihre Grenzen klarmachen? Machen Sie konkrete Formulierungsvorschläge!

Etikettenschwindel

Wir stecken gelegentlich in Übertragungen und Vorannahmen über unseren Gesprächspartner so fest, dass wir gerne zu »rhetorischen Figuren« greifen. Manchmal werden diese auch als Trick oder als Killerphrase eingesetzt:

- *Bagatellisieren.* Sie übertreiben: »Nun seien Sie doch nicht gleich so beleidigt. So schlimm war die Äußerung nun auch wieder nicht.«
- *Pathologisieren.* Sie sind ein Patient: »Nun seien Sie doch nicht gleich so beleidigt. Immer fühlen Sie sich gleich so verletzt – wie eine Mimose.«
- *Etikettieren.* Es klebt ein Schild an Ihrer Stirn: »Dass Sie aus der Buchführung kommen, sieht man sofort. Sie haben keinen Blick für das Ganze.«

- *Infantilisieren.* Sie werden nie erwachsen: »Für Sie will ich das gerne nochmals in einfachen Worten erklären.«
- *Idealisieren.* Ach, sind Sie toll: »Mit Ihrer Berufserfahrung dürfte das kein Problem darstellen; so etwas haben Sie bisher ja mit links gemacht.«
- *Moralisieren.* Sie sind unanständig: »So, wie Sie sich hier aufführen, verstößt das gegen die Regeln des Anstands.«

Solche Zuschreibungen sind ebenfalls Killer einer freien und offenen Diskussion. Das Gespräch wird dann schnell eisig, entgleist, wird aggressiv und führt selten zu konstruktiven Einigungen.

Sich wütenden Gesprächspartnern öffnen

Nicht jeder will Ihnen Schlechtes! Viele Menschen sind aufgeregt, vorwurfsvoll oder unfair, weil sie sich selbst ungerecht behandelt fühlen oder weil sie positive Absichten verfolgen – und bisher keine besseren Mittel kennen, diese durchzusetzen.

Kritik, Ablehnung oder Aggression sind gelegentlich auch unbewusste Angebote, aus denen wir eine so genannte *Win-Win-Situation* schaffen können: Kritik hält uns einen Spiegel vor. Wenn wir diese Information als »Feedback« annehmen, können wir uns dadurch verbessern und etwas über uns selbst lernen.

Aggression ist Annäherung (von lat. aggredi), Energie und gebündelte Aufmerksamkeit: Wenn Sie diese Energie, die sich zwischen zwei Menschen aufbaut, in die richtige Bahn lenken, haben Sie beide etwas davon und stehen am Ende bereichert da. Das zu lernen braucht aber viel Übung. Ein »normales« Beispiel aus dem Alltag einer Lehrerin:

Frau Kolpe ist Grundschullehrerin. Zum Einzelgesprächsabend hat sie die Eltern ihrer zweiten Klasse eingeladen. Mehrere Eltern sitzen vor der Tür und werden nacheinander von ihr zu einem zehnminütigen Gespräch in den Raum gebeten. Als sie Frau Wulperich aufruft, spürt sie sofort, dass etwas in der Luft liegt. Diese kommt auch gleich zur Sache und äußert laut und unfreundlich ihren Vorwurf: »Sie haben meinem Hinnak eine Vier gegeben in der Mathearbeit. Zu Hause habe ich den Test mehrfach nachschreiben lassen. Da war er immer besser. Außerdem sagt er, es wäre zu laut gewesen vor der Klasse, da einige Schüler schon fertig waren und vor dem Klassenzimmer gewartet haben. Ich habe Hinnak schon gesagt, dass ich Sie für ungeschickt halte.«

Woraufhin Frau Kolpe sich angegriffen fühlt: »Ich kann nicht so tun, als ob es nur Ihren Sohn alleine gäbe! Wollen Sie mir sagen, wie ich meine Arbeit zu tun habe?«

Das Gespräch eskaliert, wird zu einem emotionalen Durcheinander von Vorwürfen und Machtbeweisen. Beide Gesprächspartner gehen wütend auseinander. In den folgenden Wochen gerät der kleine Hinnak schließlich zwischen die Fronten und versucht, sich beiden Seiten gegenüber loyal oder angemessen zu verhalten.

Als Kommunikationsprofi hätte Frau Kolpe auch zu sich sagen können: »Moment mal ...!« Im Anschluss daran ergibt sich meist die Möglichkeit, nach der positiven Absicht oder dem gemeinsamen und verbindenden Ziel zu suchen. Die Lehrerin hätte Frau Wulperich in ihrem emotionalen Zustand abholen und deren Ziele und Absichten herausstellen können.

»Frau Wulperich, ich verstehe Ihre Verärgerung. Mir ist klar, dass man nicht alle Kinder völlig gleich behandeln kann und dass es dann gelegentlich dazu kommt, dass Kinder nicht das optimale Umfeld für ihre Leistungsmöglichkeiten vorfinden. Hinnak ist ein kluger Junge, und ich finde es toll, dass Sie sich so für sein Vorankommen in der Schule interessieren. Das freut mich, dass Sie sich da so engagieren ... Wenn ich

das jetzt weiß, kann ich mich auf ihn vielleicht besser einstellen. Was denken Sie, sollten wir in Zukunft genau tun, um ihn am besten zu fördern?

Als *Kurzformel*: Nehmen Sie Ihrem Gegenüber den Wind aus den Segeln, steigen Sie zuerst ins selbe Boot und setzen Sie sich dann selbst ans Ruder! Sich von Boot zu Boot mit Kanonenkugeln zu beschießen bringt keine Lösung.

> **Übung**
>
> Übertragen Sie dieses Beispiel auf eine Ihrer kritischen Gesprächssituationen. Schreiben Sie mögliche Vorwürfe auf und sehen Sie die dahinter liegenden guten Absichten. Wie könnten Sie dem Gespräch eine positive konstruktive Wendung geben? Üben Sie mit Kolleginnen und Kollegen diese Gespräche.

Hypnotische Sprachmuster

Sprache schafft Wirklichkeiten! Sprachliche Reize erzeugen in uns Bilder, Affekte, Gedanken und führen so zu Handlungen. Bei dem Versuch, die Wirklichkeit unserer Klienten neu zu formulieren, können wir entweder plump oder auch sehr einfühlsam vorgehen: »Sie fangen jetzt an, positiver zu denken!« Die innerliche Antwort hierauf: »Nee, eigentlich nicht! Schön wär's ja?!«

Geschickter oder einfühlsamer ist eine indirekte Aufforderung, die beim Klienten nicht auf innere Ablehnung stößt. Dies können Sie mit *hypnotischen Sprachmustern* erreichen. Aus diesem Grunde werden die gleichen Muster gerne in Politik und Werbung genutzt – von den Experten aber meist nicht als solche benannt. Diese Sprachmethode kann man sehr gut einsetzen, um positive Veränderungen im Klienten zu ermöglichen.

Äußerungen werden dabei so formuliert, dass sie für beinahe jeden passend sind, vage bleiben, damit sie von der inneren Vorstellungswelt des Klienten ausgefüllt werden, innerliche Suchprozesse auslösen und starre Denkmuster umschiffen. Im Folgenden einige Beispiele für solche Sprachmuster:

Vage oder allgemeine Nominalisierungen: »Es ist gut zu wissen, wie die Empfindung eines ruhenden Kerns irgendwo in uns den Weg zum Positiven bahnen kann.« Was für eine Empfindung? Wer weiß das eigentlich ...? So kann man erst einmal denken: »Na ja, stimmt wohl irgendwie ...«

Tilgungen: »Sich einfach zu freuen und neugierig sein zu dürfen kann den Kontakt zu vergessenen Kräften wecken.« Wer sagt das?

Unspezifische Referenzindizes: »Du kannst dir in dieser Atmosphäre der Entspannung all den Raum geben.« Was für Raum, welche Atmosphäre?

Unspezifische Verben: »Wahrzunehmen, wie sich die Veränderungen in deiner Innenwelt langsam formen, ist einfacher, wenn man sich sagt: ›Ich atme ruhig!‹, und dann einfach nur wahrnimmt, wie dies von selbst geschieht.« Was genau für eine Art von Wahrnehmen?

Kausale Verknüpfungen: »Während du noch die richtige Position auf diesem Stuhl überprüfst, kann ein Teil von dir bereits unbewusst beginnen, nach neuen Lösungen zu suchen.« Wieso ist das eine die Folge vom anderen? Im Beispiel darüber gibt es ebenfalls eine solche falsche Kausalverknüpfung: Sie werden auch »komplexe Äquivalenzen« genannt und sind in der Kampfrhetorik oder in vielen Arten der Gedankenverzerrung anzutreffen.

Gedankenlesen: »Du fragst dich vielleicht schon, wie genau ein Teil in dir bereits bei der kreativen Umgestaltung der Situation ist, während du noch gleichzeitig auf der bewussten Ebene danach suchst.« Woher weiß jemand, was ich mich frage?

Präsuppositionen (unhinterfragte Vorannahmen): »Vielleicht überlegen Sie jetzt noch bewusst, wie tief die Trance sein wird, während in Ihnen schon Bilder entstehen, die auf das Ziel hinweisen.« Vorannahmen:

Es wird eine Trance geben, und es werden Bilder auftauchen. Ein typisches Negativbeispiel: »Hier erlernen Sie Methoden im Kampf gegen den stressigen Alltag!« Vorannahme: Der Alltag ist stressig. Dagegen muss gekämpft werden.

Eingebettete Aufforderungen oder Zitate: »Menschen fragen sich manchmal, wo genau ihre Fähigkeiten am nützlichsten sind, und sie spüren im Inneren genau: Sie haben diese Fähigkeiten.« Sie haben diese Fähigkeiten. Sie spüren im Inneren.

Versteckte Fragen: »Manchmal sind es diese Momente der Ruhe und Innenschau, wenn wir neugierig darauf sein dürfen zu erfahren, was eigentlich im Leben wichtig ist.« Was ist Ihnen wichtig?

Konversionspostulate: »Vielleicht wissen Teile in uns bereits, was besser für uns ist, und suchen nach Möglichkeiten, es unserem Bewusstsein mitzuteilen.« Ein Teil in uns will jetzt mit uns reden.

Alltagsweisheiten – Truismen: »Jeder kennt Situationen, in denen er sich stark und schwach zugleich gefühlt hat.« »Erst mit der Erfahrung wächst die Weitsicht vieler Menschen.«

Analoges Markieren: »*Nimm dir* all den *Raum,* den du brauchst, wenn du merkst, dass du *neugierig* darauf sein darfst zu erfahren, wie viel inneres Wissen du bereits hast.« Durch Tonalität und Tempo können bestimmte Teile des Textes hervorgehoben oder unterschieden werden.

Mehrdeutigkeit (Ambiguität): »Das innere Bild der Eltern kann sich für viele Menschen wandeln, wenn sie spüren, wie viel Liebe sie haben. Dadurch entsteht ein Mehr (Meer) an Möglichkeiten.« Sie als Eltern oder Sie als Klient?

Diese Sätze wirken am besten, wenn sie anfangs ganz auf die Wirklichkeit des Adressaten zugeschnitten sind und erst allmählich zum gewünschten Such- oder Veränderungsprozess übergehen. Im Coaching sollten die Sätze zumindest der Alltagssprache ähneln, da es sich nicht um ein Entspannungstraining oder eine Hypnose handelt.

Fragen sind im Coaching äußerst wichtig

Jede Frage ist eine »kleine Hypnose«: Sie lenkt innere Suchprozesse, wechselt Themen, wühlt Emotionen auf oder ernüchtert uns, verschafft Erleichterung, klärt auf, verwirrt ... Als Coach sind Sie sich der Wirkung Ihrer Fragen in der Regel bewusst, bevor Sie den Mund aufmachen und die Frage stellen – zumindest wäre das ein lohnendes Ziel. Seien Sie sehr zurückhaltend mit Ihrer Meinung und mit psychologischen Deutungen. Wenn Sie Ihre Ideen als »Feedback« deklarieren, hört sich das zwar professionell an, ist aber nichts anderes als Ihre Meinung.

Info

Die meisten Menschen kennen die Unterschiede klassischer Fragetypen. Zur Erinnerung führe ich sie noch einmal auf:

- **Offene Fragen:** Was führt Sie zu mir? Was ist Ihr Anliegen?
- **Offene Fragen – mit Suggestion:** »Wie kann ich Ihnen helfen? Welches Problem haben Sie?« Die Suggestion dabei ist: Ich kann Ihnen helfen – Sie haben ein Problem!
- **Geschlossene Frage:** »Geht es Ihnen um ein Ziel oder ein Problem?« (entweder – oder)
- **Ja-Nein-Fragen:** »Sind Sie Führungskraft?«
- **Suggestive Frage:** »Ein Problem haben Sie nicht, oder?«

Offene Fragen kosten im Alltag viel Zeit. Die Antworten darauf schleichen häufig um den Kern eines Anliegens herum. Geschlossene Fragen sparen Zeit, da sie meist zwei Möglichkeiten anbieten. Suggestivfragen werden gerne in der so genannten Akkord-Kommunikation angewendet: »Machen Sie den Mund bitte nur kurz auf, wir haben keine Zeit, und ich interessiere mich auch nicht für Sie. Ich tue nur so!«

Anfangs tun Sie gut daran, offene Fragen zu stellen. Dadurch bauen Sie Vertrauen auf, sammeln Informationen über Themen, kognitive Muster und Emotionen. Meist lenken die Klienten das Gespräch von selbst dorthin, wo es ihnen wichtig ist.

Viele Berater glauben, sie müssten ihre Klienten zur Selbsterkenntnis anregen, ihnen die Augen öffnen und sie auf den blinden Fleck aufmerksam machen, den jeder Mensch hat. Dieser Eifer behandelt häufig die Projektionen des Beraters. Natürlich steuern Sie das Gespräch, indem Sie Fragen stellen: »Wer fragt, führt«, heißt es. Dabei sollten Sie sich aber ebenso führen lassen – durch die Antworten Ihres Klienten. Dann wird die Beziehung wieder gleichberechtigt. Vorsicht also mit zu viel Gesprächssteuerung.

Das innere Team befragen

Verschiedene *Teile* in uns – oder unterschiedliche *Rollen* – verfolgen unterschiedliche Ziele und handeln nach unterschiedlichen Werten. Um den Standpunkt dieser unterschiedlichen Rollen zu würdigen, können Sie Zettel auf den Fußboden legen oder Sie wählen Stühle oder Sessel als Positionen der einzelnen Sichtweisen. Bei der Wahl der Rollen können Sie sehr kreativ sein. Im Laufe des Gesprächs wird der Klient Ihnen mitteilen, *wie viele Teile* sich an der Verhandlung beteiligen müssen – halten Sie also Zettel oder genügend Stühle bereit. Eine mögliche Auswahl:

1. Teil für Gesundheit
2. Teil für Karriere
3. Teil für Familienglück
4. Teil für Kreativität

Jede Rolle – oder jeder Teil – sieht die Ereignisse aus seiner Perspektive. Die Handlungen sind aus der Perspektive eines einzigen Teils vielleicht sinnvoll und klug gewählt. Andere Teile sehen das jedoch nicht so und gehen mit den Zielen und Mitteln ihrer »Konkurrenten« häufig unverschämt um:

Innere Zweifel, Selbstvorwürfe, schlechtes Gewissen, krank machende Geheimstrategien sind dann gelegentlich die Folgen.

Würdigen Sie die einzelnen Rollen, ihre Ziele, Werte und den bisherigen Einsatz. Fragen Sie jeden Teil einzeln, ob er bereit ist, auf eine neue konstruktive Weise mit den anderen Teilen zu kommunizieren. Bitten Sie den kreativen Teil, Vorschläge für neue Verhaltensweisen zu machen oder Ideen einzubringen, die zu mehr Ausgewogenheit zwischen den verschiedenen Rollen führen.

Mit dieser Art des Coachings stellen Sie dem Klienten außerdem nebenbei die *Metapher eines inneren Teams* vor. Neben den inneren Repräsentanten einzelner Lebensbereiche oder Rollen können Sie auch innere Teile für verschiedene Bestrebungen miteinander ins Gespräch bringen. Einige Beispiele:

- der Teil für Genuss und Freude,
- der Teil für Autonomie und Freiheit,
- der Teil für Bindung und Nähe,
- der Teil für Stabilität und Bewährtes,
- der Teil für Wandel und Kreativität,
- der Teil für Ehrgeiz und Leistung ...

Durch die wechselnden Selbstidentifikationen stärken sich ein innerer Teamgeist und das Verständnis für ambivalente Regungen und Ziele.

Wie kann das Gespräch durch Fragen gesteuert werden?

Im Journalismus lernt jeder Volontär »W-Fragen« zu einem Thema zu beantworten: *Wer, was, wann, wo, wie, wie viel, warum ...?* Mit diesen Fragen lenken Sie die Aufmerksamkeit zu dem Thema, um das es dem Klienten gerade geht. Sie sammeln dabei Informationen, und der Klient gewinnt Klarheit. John Whitmore empfiehlt in seinem Buch »Coaching für die Praxis« (^{3}1996), die Fragen »Warum?« und »Wie?« zu umschreiben: »Was waren die Gründe ...?« »Was sind die Schritte ...?« Das blanke »Warum?« oder

»Wie?« würde demotivieren, einen Anflug von Kritik enthalten und zur Verteidigung anregen. In dieser Form habe ich das bisher nicht erlebt. Seien Sie neugierig darauf, welche Reaktionen Sie selbst mit diesen Fragen hervorrufen!
Die W-Fragen lenken die Aufmerksamkeit zu einem Thema. Dieses kann

- als Problem,
- als Ziel oder
- als Ressource

hinterfragt werden. Klienten kleben gerne an ihren Problemen. Erst durch gezielte Fragen lenken wir sie zu ihren Kräften und Zielen. Außerdem können wir die Aufmerksamkeit auf den Inhalt oder auf die beteiligten Emotionen lenken:

- *Frage zur Sache:* »Was genau sagt die Vorgesetzte dann?«
- *Frage zur Emotion:* »Wie fühlt sich das dann an? Was macht das mit Ihnen?«

Vertiefte Emotionen können durch geschickte Fragen wieder mit Abstand betrachtet werden: »Was denken Ihre Kolleginnen dann wohl, wie Sie sich fühlen müssten? Wie würden Sie aus einer Beobachterposition – selbst ganz unbeteiligt – beschreiben, was Sie dort in dieser Situation wohl empfinden? Was denken Sie eine Woche später über solche Begegnungen, wenn Sie Zeit hatten, dazu klare Gedanken zu fassen?«
Wenn Sie das Problem sachlich und emotional genügend ausgeleuchtet haben, können Sie zum Ziel oder zur Ressource übergehen und dort Themen und Emotionen mit unterschiedlicher »Betriebstemperatur« bearbeiten. Martina Schmidt-Tanger hat in ihrem Buch »Veränderungs-Coaching« (1998) für diese Arbeitsweise die Metapher von Kochplatten eingeführt. Sinngemäß könnte dieses Prozessmodell so aussehen: Berater kochen mit den Klienten ihre Süppchen auf den Kochplatten *Problem, Ressource* und *Ziel*. Aufgabe des Coachs ist es, in geschickter Reihenfolge in den einzelnen Suppen zu rühren und dabei die Temperatur der Kochplatten zu verstellen: So können Sie die Temperatur erhöhen, wenn Sie Fragen stellen, die direkt zur Person und zum Hier und Jetzt führen; Sie können abkühlen, wenn Sie eine Außenperspektive inszenieren und eher ins Dann und Dort mit Ihren Klienten gehen.

- *Heiß:* Direkter Bezug zur Person, assoziiert (aus den eigenen Augen), genau hier und jetzt gefühlt.
- *Kalt:* Zirkulär, wie es die anderen sehen, dissoziiert (innere Beobachterposition), dann und dort in Vergangenheit oder Zukunft.

> **Übung**
>
> Mit welchen der folgenden Fragen wird auf welche Kochplatte umgeschwenkt? Welche Fragen erhöhen die Betriebstemperatur, welche kühlen eher ab?
>
> - Gab es Situationen, in denen Sie mit solchen Schwierigkeiten früher einmal fertig geworden sind?
> - Was soll sich alles geändert haben, wenn Sie Ihr nächstes Projekt starten?
> - Was war dabei das allergrößte Problem?
> - Was erfreut Sie daran besonders?
> - Wie weit kann Sie so etwas eigentlich runterreißen – wie fühlt sich das dann an?
> - Wie sehen das die Kollegen, wenn Sie in einer ruhigeren Phase mit ihnen darüber reden?

Andere Sichtweisen erfragen

Zur Vorbereitung auf wichtige Gespräche und zur Klärung der eigenen Wahrnehmung hat sich ein *Perspektivenwechsel* bewährt. Legen Sie dazu drei Zettel auf den Fußboden:

- *Mein Standpunkt:* meine Sichtweise – ich-assoziiert.

- *Standpunkt des anderen:* dessen Sichtweise – du-assoziiert.
- *Übergeordneter Standpunkt:* umfassende Sichtweise – Metaposition.

Bitten Sie Ihren Klienten, nacheinander auf diese drei Positionen zu gehen und sich in der Rolle dort einzufinden und kurzfristig damit zu identifizieren. Sprechen Sie ihn als die Person an, die er dort gerade verkörpert. Der Klient soll auf Ihre Fragen dann mit den Argumenten und Gefühlen der Person antworten, die er spielt. Dabei sind Bewertungen, Stereotype, voreingenommene Aussagen und Vorurteile ausdrücklich erlaubt. Nachdem alle drei Perspektiven auf der »Problemkochplatte« durchlaufen sind, gehen Sie dazu über, Annäherungswege und Kompromisse zu erfragen.

Sie haben Gelegenheit, sich zu erproben

Die meisten Themen vertiefen wir Stück für Stück durch Übungen und Fallbeispiele. Die Fälle sind so verfremdet, dass daraus keine Rückschlüsse mehr auf die Klienten gezogen werden können. Sollten Sie trotzdem Ähnlichkeiten mit Ihnen bekannten Personen vermuten, wäre das ein Zufall: Viele Menschen leiden an vergleichbaren Problemen oder Schicksalserfahrungen. So kann es zu unbeabsichtigten Ähnlichkeiten mit Personen kommen, die Ihnen bekannt sind.

Wir hatten bereits darauf hingewiesen, dass die Arbeit an den Übungen und Fällen besonders effektiv ist, wenn Sie sich mit anderen austauschen. Da einige Fälle »unter die Haut« gehen, ist es für ungeübte Leser wichtig, sich über diese Fälle austauschen zu können. Bitte organisieren Sie selbst diese Möglichkeit zur Diskussion und zum Austausch.

Wie werden die Fälle bearbeitet oder diskutiert?

Zu den *Kurzfällen* (wir nennen Sie *Fall-Vignetten*) und den *Falldarstellungen* mit längerer Biografie finden Sie viele Fragen. Die meisten Fragen sind am Kapitelende beantwortet oder kommentiert. Bitte verstehen Sie diese »vorgefertigten Antworten« nur als Diskussionsanregung: Es kann sein, dass Sie selbst oder Ihre möglichen Diskussionspartner andere Betrachtungs- oder Lösungsideen entwickeln. Das wäre auch gut so. Viele Fragen bleiben jedoch unbeantwortet. Bitte bearbeiten Sie diese Fragen mit Kolleginnen und Kollegen oder (wenn das auf Sie zutrifft) in den Ausbildungsgruppen, in denen Sie Coaching und Beratung erlernen. Erinnern Sie: Dieses Buch gibt Ihnen keine vorgefertigten Lösungen, es soll zur Diskussion anregen.

Hypnotische Sprachmuster

Die Kenntnis hypnotischer Sprachmuster ist hilfreich. Wir verstehen darunter aber keine plumpen Suggestionen, sondern das Aufgreifen und Umdeuten von Klientenaussagen sowie die Möglichkeit, dem Klienten unaufdringliche Angebote zu machen, etwas anders oder auf ungewöhnliche Weise wahrzunehmen, zu denken oder zu erfahren. Den Klienten eröffnen sich dabei oft neue Perspektiven, und sie finden »wie von selbst« neue Lösungen für alte Probleme, wenn sie dabei geschickt unterstützt werden.

Was löst das Wort »hypnotisch« bei Ihnen aus? Fragt man psychologische Experten, Ärzte und andere »Laien«, findet man zahlreiche Missverständnisse oder Vorurteile zur Hypnose und Hypnotherapie. Viele davon sind leicht erklärbar.

Hypnose: Vorurteile, Gefahren, Befürchtungen

Zitronen schmecken plötzlich süß

Aus Showhypnosen kennen wir Beispiele, in denen hypnotisierte Menschen Zitronen für süße Früchte halten oder wie Hühner gackernd über die Bühne hüpfen. Showhypnosen haben den gleichen Anspruch auf Seriosität wie jede andere »Show«: Sie dienen der Unterhaltung eines mehr oder weniger anspruchsvollen Publikums. Menschen, die an einer Showhypnose teilnehmen, haben eine unbewusste Bereitschaft, das zu tun. Sie werden durch gezielte Auswahlmethoden vom Showhypnotiseur auf ihre Eignung hin geprüft. Bei mehreren Auswahlkandidaten werden dann nur die (unbewusst) »Willigsten« für die Show herangezogen.

Die Akteure auf der Bühne machen sich dabei unter Umständen lächerlich oder nehmen sogar Schaden durch ihr eigenes Handeln. Außerdem wird das öffentliche Bild einer sehr hilfreichen psychotherapeutischen Methode für Laien und unwissende Experten verzerrt. Aus diesen Gründen kämpfen die deutschen Hypnosegesellschaften gegen diesen Missbrauch der Methode und möchten die Showhypnose gesetzlich verbieten oder einschränken lassen. In zahlreichen Staaten Europas sowie beispielsweise in Australien ist diese Form der Hypnose aus den oben genannten Gründen verboten.

Verbrechen in Hypnose

In den Seifenopern des Fernsehens oder in der Klatschpresse sehen und lesen wir immer wieder von kriminellen Handlungen in Hypnose. Tatsächlich gibt es geschickte unterschwellige Beeinflussungen und Verführungen: durch Personen, politische Interessengruppen, Werbekampagnen sowie durch alltägliche Wertevermittlung in den Medien und unserem kulturellen Umfeld.

Der unbemerkte und gezielte Einfluss auf andere ist also nicht der Hypnose vorbehalten: Er begegnet uns in der Werbung, in der Presse, in den Verlautbarungen politischer Akteure täglich an jeder Straßenecke als eine Form der »Alltagshypnose«.

> Den Zigarettenkonsumenten wurde früher zum Beispiel suggeriert, Rauchen mache lebendig, aktiv, kommunikativ und frei. In Wahrheit ist dies alles falsch: Es macht schlapp, krank und abhängig, führt zur Isolation und hat furchtbare soziale und gesundheitsökonomische Folgen. Sehr viele Menschen sterben im Glauben an die »Alltagshypnose« früherer Zigarettenwerbung.

Sicherlich kennen Sie viele Beispiele, manche weniger dramatisch, aus Ihrem alltäglichen Leben. Die verständliche Angst vor dieser und jeder anderen Art von Beeinflussung oder Manipulation wird auf »die Hypnose und ähnliche Methoden« verschoben und so karikiert im »Billig-Fernsehen« dargeboten. Es gibt wohl auch einige Kriminalfälle, in denen Hypnose eine Rolle gespielt haben soll. Dort war es aber so wie in der Showhypnose: Die Kriminellen hatten eine innere Bereitschaft zu ihrer Tat und suchten zum Beispiel unbewusst eine Ausrede, damit sie für die Tat nicht selbst verantwortlich zu sein brauchten.

Dämonen werden in Hypnose entfesselt

Weit verbreitet ist die Annahme, Hypnotiseure hätten eine besondere Begabung zur energetischen Beeinflussung anderer Menschen und könnten sie in einen tiefen Wachtraum zwingen. In diesem unnatürlichen Zustand verliere man die Kontrolle über sich und sei dem Hypnotiseur oder vielleicht auch dunklen dämonischen Mächten hilflos ausgeliefert. Die Angst vor Kontrollverlust ist verständlich: »Was sage oder tue ich dann? Könnte mir das peinlich sein? Hat es in meinem Leben Situationen gegeben, in denen ich Stärkeren ausgeliefert war, und möchte ich solche Situationen deshalb vermeiden?«

Solche Ängste sind berechtigt und können durch eine gute Aufklärung und einen gemeinsamen Beratungs- oder Behandlungsplan abgebaut werden. Moderne Hypnose arbeitet kooperativ: Berater oder Therapeut und Klient bestimmen gemeinsam Art, Tiefe und Vorgehensweise. Wenn jedoch ein schlecht ausgebildeter Laie eine »richtige Hypnose« durchführt, sind die oben genannten Befürchtungen vielleicht begründet. Zwar verweigert fast jeder Mensch eine Hypnose, sobald Fragen, Inhalte oder Beziehungsangebote auftauchen, die nicht akzeptabel sind, doch sollte man sich die Erfahrung, von jemandem »hereingelegt oder manipuliert zu werden«, ersparen. Gut ausgebildete Hypnotherapeuten gehen sehr behutsam, kooperativ und klientenzentriert vor. Dort besteht diese Gefahr nicht.

Aber wie ist das mit Dämonen oder übernatürlichen Phänomenen, denen man in Hypnose ausgesetzt sein könnte? Das ist nämlich eine große Angst, von der besonders stark gläubige Menschen berichten: In der Hypnose hätten dunkle dämonische Kräfte unbemerkt die Möglichkeit, von dem Menschen Besitz zu ergreifen, da sein Bewusstsein dann nicht ganz wach und abwehrbereit sei. Diese Erfahrung habe ich bei Klienten oder Patienten nie gemacht. Ich erkläre ihnen, dass man auch im Schlaf, in Narkose, im Tagtraum, bei einem interessanten Kinofilm, beim Sex, jeden Tag immer wieder Phasen hat, in denen der bewusste Verstand nicht abwehrbereit ist. Insofern erscheint mir die Befürchtung nicht logisch, dass in Trance ein solcher Übergriff stattfinden könnte. Außerdem ist Trance ein natürlicher Prozess, genauso wie Essen, Schlafen oder Träumen. Vielleicht beruhigt Sie der Hinweis, dass Traum, Trance, Fantasie, Innenschau und bekräftigende Worte immer schon Bestandteile der christlichen, der moslemischen und der fernöstlichen Glaubenstradition waren. Das gerät häufig in Vergessenheit.

Woher kommen dann diese Ängste einiger gläubiger Menschen? Sie lassen sich psychologisch vielleicht aus der Angst vor Kontrollverlust und vor dem Aufwühlen verborgener oder abgewehrter unbewusster Anteile ver-

> **Info**
>
> In der modernen Form der Hypnose oder Hypnotherapie arbeiten Klient und Therapeut kooperativ zusammen: Der Patient ist dabei meist nur in einer leichten oder mittleren Trance und erlebt gleichzeitig bewusst die gemeinsame Arbeit. Mit Ängsten und Abwehr wird sehr behutsam und respektvoll umgegangen.

stehen: Was in uns tief vergraben liegt an Schuld, Scham, Schmerz oder Angst möchte nicht angetastet werden. Aus unbewusster Angst vor Entdeckung dieser inneren »Dämonen« tauchen dann Dämonisierungen der Hypnose auf.

Können nur »schwache Menschen« hypnotisiert werden?

Tatsächlich sind kreative und selbstbewusste Menschen meist besser oder nachhaltiger hypnotisierbar: Sie haben keine übersteigerte Angst vor Kontrollverlust, haben leichten Zugang zu Imaginationen, sind spielerisch-neugierig und lernbereit: Dies sind Voraussetzungen für innere Such- und Lernprozesse. Die Vorstellung, dass sich nur willensschwache Personen hypnotisieren ließen, ist ein überkommenes Vorurteil aus den beiden letzten Jahrhunderten.

Hypnose im Wandel der Zeiten

Wenige Psychologen und Ärzte propagieren aus Unkenntnis noch heute überlieferte Anschauungen, indem sie behaupten, Hypnose unterdrücke nur Symptome und arbeite mit direkten Suggestionen oder alten Modellen des so genannten *positiven Denkens*. Daher könne die Hypnose keine tieferen Änderungen bewirken und habe bestenfalls einen stützenden, zudeckenden oder entspannenden Effekt.
Klassische Hypnotiseure haben zu Beginn des 20. Jahrhunderts tatsächlich recht autoritär mit direkten Suggestionen gearbeitet. Das hat sich aber seit etwa 1970 gänzlich geändert: Die moderne Form der kooperativen Hypnose hat mit der damaligen kaum mehr etwas gemein. Auch die Führungsmethoden in der Wirtschaft oder die Bademoden von damals stimmen schließlich nicht mehr mit der Vorstellung von Führung oder dem Bade-Outfit von heute überein. Kein Experte würde behaupten, eines der dilettantischen Traumdeutungsbücher sei maßgeblich für die Traumdeutung; wenn es aber um Hypnose oder Hypnotherapie geht, zitieren »Experten« gerne populäre Suggestionsbücher, um den Unwert der Methode zu verdeutlichen. Hypnose arbeitet heute tiefenpsychologisch, humanistisch, systemisch und ressourcenorientiert. Dabei werden Kognitionen, innere Bilder und andere Wahrnehmungen, Emotionen und der Körper einbezogen.

> **Info**
>
> Für unsere Belange ist wichtig, dass in der Hypnotherapie auch mit der inneren Familie, dem früheren Selbst, dem späteren Selbst und anderen konstruierten inneren Instanzen, mit Symbolen, Stellvertretern und vorsprachlichem Material gearbeitet werden kann. Dadurch wird die Methode für die methodenübergreifende Beratung und Therapie nutzbar.

Hypnotherapie ist genauso aufdeckend, durcharbeitend und lösend wie die anderen klassischen Therapiemethoden – vermutlich aber in höherem Maße integrativ und methodenübergreifend.

Wie setze ich hypnotische Methoden in der Beratung ein?

In der Beratung dürfen und müssen Sie keinen therapeutischen Anspruch an die Methode haben: Hier genügt es, wenn Sie den segensreichen Wert von »richtigen« Fragen oder Erklärungen erkennen und für den Klienten durch »hypnotische Sprachmuster« nutzbar machen.

Wie funktioniert Hypnose heute?

Die moderne Form der Hypnosetherapie wurde stark geprägt von dem amerikanischen Psychiater Dr. Milton H. Erickson. In seiner Form der kooperativen Hypnose, der *Hypnotherapie*, arbeiten Klienten und Berater mit Kognition, Imagination, Vision und dem differenzierten inneren Erleben des Klienten. Dadurch entdeckt der Klient »wie von selbst« neue Lösungswege, nimmt neue Standpunkte ein und erhält die Möglichkeit zur Veränderung. Die Arbeit ist kreativ und respektvoll. Sie kann nicht-direktiv oder direktiv sein – entscheidend sind der gute Zugang zum Klienten und die Möglichkeit zu nachhaltiger und angepasster Veränderung. Nicht die Tiefe der Hypnose oder die »Kraft« des Hypnotiseurs ist entscheidend, sondern die maßgeschneiderte Hilfe beim Wachstumsprozess des Klienten. Moderne Hypnose ist stark ressourcen- und zielorientiert.

Die Technik der Hypnotherapie soll nicht Thema dieses Kapitels sein. Es wäre schade, wenn einige Leser die wenigen technischen Hinweise, die im Rahmen des Buches möglich sind, als Tool oder Kochbuch missverstehen würden und damit arbeiteten. Wir möchten Sie daher auf spezielle Hypnoseseminare und die spezielle Literatur verweisen.

> **Info**
>
> In der Hypnotherapie geht es nicht um eine allgemeine Theorie der Gesundheit oder Krankheit, wie andere Therapiemethoden dies zu liefern versuchen, sondern darum, dass der Patient oder Klient die Art von Hilfe erhält, die er braucht: Im Mittelpunkt steht also eine hilfreiche Anwendung und nicht eine konstruierte Theorie, deren Richtigkeit in der Anwendung bewiesen werden soll.

Moderne Hypnotherapie ähnelt daher einem Coaching in Trance. Der Unterschied zum Coaching ergibt sich unter anderem aus dem äußeren Rahmen und der Art des Vortrages. Die Intensität des »So tun als ob« unterscheidet sich ebenfalls: In Hypnose wird der Inhalt der Imagination deutlicher erlebt als in der bewussten Vorstellung von Situationen oder Umständen, die im Coaching üblich ist. Für eine tiefere Trance ist ein großes Vertrauen zwischen Therapeuten und Klienten erforderlich. Eine weitere Unterscheidung ist der Ausbildungsweg von Hypnotherapeuten und Coaches, die hypnotherapeutische Sprachmuster integrieren: Die offiziellen Ausbildungsstandards der Hypnotherapie passen, was die Zugangsvoraussetzungen und die Dauer der Ausbildung anbelangt, eher zur Psychotherapie. Eine entsprechende Coaching-Spezialisierung steht dagegen jedermann offen und nimmt nicht so viel Zeit in Anspruch.

Daher kann jeder Coach zwar auf hypnotische Sprachmuster, Denkweisen und kleine Übungen zurückgreifen, sollte eine »richtige« Hypnose jedoch ausschließlich Therapeuten überlassen. Viele Coaches haben deshalb zwei Ausbildungen – auch eine zum Therapeuten, um rechtlich abgesichert zu sein – und arbeiten unter anderem mit der kooperativen Hypnose.

Informationen zur Ausbildung erhalten Sie unter www.meg-hypnose.de (s. auch: »Was zeichnet die Trance im Einzelnen aus?«, s. S. 174f.).

Wie Kinder »hypnotisiert« werden

Im Folgenden stelle ich Ihnen eine Form der »klassischen Hypnose« vor, die mit positiven und negativen Suggestionen arbeitet. Diese Form der Hypnose kennen Sie vermutlich aus Ihrer Kindheit, aus Partnerschaften oder aus Ihrer eigenen Elternrolle.

Einen großen Teil seines Selbstbildes, seiner Vorstellungen von kommunikativem Verhalten und seiner Glaubenssätze oder inneren Sätze nimmt der Mensch in der Kindheit auf. Unbedacht benutzen viele Eltern kraftvolle negative Suggestionen.

»**Du bist ...**« bezieht sich nicht auf ein Verhalten oder eine Fähigkeit, sondern setzt auf der logischen Ebene der Identität und des Seins an.

> »*Du bist einfach zu blöd!*« »*Du bist unordentlich!*« »*Du bist eine dumme Göre!*« »*Du bist genauso wie Tante Uschi!*« (Die war eine Hure.) »*Du bist mein lieber, kleiner, dummer Kuschelbär!*« »*Du bist schuld an unserem schrecklichen Schicksal.*«

Die folgenden Botschaften vermitteln Schuld und ein Unerwünschtsein im Leben.

»Wärst du nur nie geboren!« »Ich könnte in meinem Leben Besseres tun, als für dich zu arbeiten!« »Wenn du nicht wärst, könnte ich wenigstens ausgehen!« »Du bringst mich noch ins Grab!« »Siehst du: Ist es das, was du Papa antun wolltest?«

»Du wirst es später sehr schlecht haben!« Diese Suggestionen sind *sich selbst erfüllende Prophezeiungen*, die sich auch sprachlich auf die Zukunft beziehen.

»Aus dir wird eh nie was Gescheites!« »Du kannst von Glück sagen, wenn du bei deiner Faulheit eine Lehrstelle bekommst!« (Mehr ist eh nicht drin.) *»Du wirst einmal so wie Tante Uschi!«* (Die hat nie einen Partner gefunden.)

Wie Sie sehen, arbeitet auch die Erziehung mit der klassischen Form der hypnotischen Beeinflussung. Neben all den anderen Formen des Lernens – wie Lernen am Vorbild oder Modelllernen – begegnen Sie stets den klassischen positiven und negativen Suggestionen.

Statt der genannten Suggestionen wäre es geschickter, nur das Verhalten anzusprechen, das kritisiert werden soll.

Beispiel: Der sechsjährige Tobias räumt sein Zimmer nicht auf, obwohl es so besprochen worden war. Tobias' Mutter ist verärgert darüber: *»Mit deiner Schlamperei und Unordnung wirst du es nie zu etwas bringen!«*
Stattdessen hätte sie sein Verhalten, ihre Emotionen, den zeitlichen Rahmen, mögliche Konsequenzen ansprechen und ihren Sohn nochmals zum Aufräumen auffordern können: *»Tobias, das Zimmer ist immer noch nicht aufgeräumt. Ich bin sauer! Bitte räume jetzt sofort auf, wie wir das abgesprochen haben! Wenn du das nicht sofort machst, gibt es heute Fernsehverbot.«*

Noch besser wäre es, sie förderte Einsicht und Kooperation und arbeitete mit positiven, motivierenden und stärkenden Suggestionen. Viele Anregungen dazu gibt es in dem Buch von Steve Biddulph: »Das Geheimnis glücklicher Kinder« (2001).

> **Übung**
>
> Formulieren Sie die bisher genannten Zuschreibungen oder negative Suggestionen um:
>
> - in eine Kritik am beobachteten Verhalten – nicht am Sosein!
> - in positive Suggestionen.

Es gibt auch eine sehr heilsame Form, Kinder oder die Kinder in den Erwachsenen zu »hypnotisieren«: Vielen Menschen fehlt das Gefühl angenommen, akzeptiert und aufgenommen zu sein. Und viele Menschen haben verlernt, wertvoll, einzigartig, liebenswert und wichtig für andere zu sein.

In der Trance-Arbeit ist es daher sehr wirkungsvoll, das innere Erleben, die Gefühle, Gedanken, Bilder des Klienten annehmend zu kommentieren. Wenn ein Klient zum Beispiel bei einer inneren Arbeit tief atmet oder schluckt, kann dies (ohne den Grund und Inhalt zu kennen!) mit »ja« oder »genau« kommentiert werden. Die Klienten entwickeln dadurch – manchmal das erste Mal in ihrem Leben – das Gefühl, richtig zu sein, sich auf ihr Erleben verlassen zu dürfen, so angenommen zu sein, wie sie wirklich sind. Besonders hilfreich sind dabei folgende Prozesskommentare, die auch häufig wiederholt werden können:

- »Genau!«
- »So ist richtig.«
- »Ja.«
- »In deinem Tempo.«
- »Auf deine Weise.«

Diese Prozesskommentare oder Begleitkommentare der inneren Arbeit des Klienten wirken in einem beschützenden, stützenden und akzeptierenden Beziehungsrahmen als enorm starke »positive Nachbeelterung«. Sie vermitteln die innere Gewissheit:

- Ich bin richtig, so wie ich bin.
- Ich bin liebenswert, auch ohne Leistung.
- Ich kann mich auf meine Wahrnehmung verlassen.
- Ich bin wertvoll, nur durch mein Sein.
- Ich bin einzigartig.
- Meine Gefühle bedeuten jemandem etwas (meine Liebe ist anderen Menschen wichtig).

Dies führt uns wieder zu der Erkenntnis, dass eigentlich Beziehungsgestaltung und die Haltung des Beraters die wesentlichen Wirkfaktoren in Beratung und Therapie sind. Kommunikative oder psychotherapeutische Techniken sind bestenfalls die Werkzeuge, die wir in diesem Rahmen einsetzen.

Hypnosen in traumatisierenden Situationen

Besonders kraftvoll und zerstörerisch sind Zuschreibungen und »hypnotische« Sätze in traumatischen Situationen. Traumata haben meist Schwerpunkte.

Emotional: Entzug von Liebe oder Zuwendung oder direkte Zuschreibungen wie: »An dir ist wirklich nichts Liebenswertes!«
Kognitiv: Die Wahrnehmung des Kindes wird als falsch dargestellt, obwohl sie eigentlich der allgemein akzeptierten Realität entspricht: »Nein, deine Beobachtung ist völlig falsch! Du bist ein Kind und hast keine Ahnung. Deine Art zu denken oder wahrzunehmen ist unsinnig.« – »Nein, Bäume sind nicht grün! Sie haben blaue Blätter! Wo hast du bloß deine Augen!«
Körperlich: Schläge und Gewaltandrohung. Freiheitsberaubung und Ähnliches.
Spirituell: Der Glaube an Vertrauen, Zugehörigkeit, Liebe und alles bisher Vertraute wird genommen: »Du bist ein Bastard, dich hätten wir abtreiben sollen, du hast nie zu uns gehört, sei froh, dass ich dich leben lasse!«
Sexuell: Sexuelle Gewalt, besonders in der Familie, traumatisiert Kinder auf allen genannten Ebenen nachhaltig und ein Leben lang!

Alles, was während solcher Traumata gesagt wird oder durch Gestik und Mimik vermittelt wird, geht vom äußeren Dialog in den inneren Dialog des Kindes über. Es wird dort zu einer mächtigen Kraft, die das ganze weitere Leben beeinflusst. Der Fachbegriff für solche eingeschleusten Sätze und Vorstellungen ist *Introjekte*.
Manchmal sind die Botschaften der Worte, der Gestik oder Mimik nicht kongruent: wenn zum Beispiel etwas Verletzendes mit einem liebevollen Lächeln gesagt oder gemacht wird. Oder wenn eine Oma etwas Nettes zum Säugling sagt, ihm aber (aus unbewusster Aggression) ständig den Schnuller aus dem Mund zieht, bis das Kind weint.
Diese Verzerrungen – als *paradoxe Kommunikation* oder *double bind* bekannt – verwirren auch das spätere Denken und Fühlen des Kindes. Viele Glaubenssätze, die Ihnen im Coaching begegnen werden, sind in traumatischen Situationen Ihren Klienten eingepflanzt worden. Hier berührt das Coaching schnell die Grenze zur Psychotherapie.

Affirmationen anbieten

Affirmationen sind Bilder, Metaphern oder Sätze, die wir unseren Klienten anbieten. Wenn unser Angebot passend ist, können die Klienten diese für sich annehmen und bejahen. Manchmal sind Probleme, Ziele oder Ressourcen mit einem Gefühl gekoppelt, für das es in diesem Zusammenhang noch keine Umschreibung und keine Worte gibt. Diese angehefteten Gefühle entstehen in frühen Jahren, wo dem Menschen noch nicht die Sprache des Erwachsenen zur Verfügung steht. Für den Klienten ist es befreiend, wenn für dieses Gefühl, für die Lust auf Wandel, für die Freude, die Motivation, den Schmerz und andere Empfindungen ein Bild oder ein Satz gefunden wird. Die kann der Klient annehmen. Vorher lief in ihm vielleicht ein unbewusster Film oder Tagtraum ab, dem es an einer Überschrift oder Vertonung fehlte.

Ein Beispiel aus der Therapie: Susanne P. hatte einen Motorradunfall. Die körperliche Verletzung war leicht. Trotzdem schmerzte ihr seitdem die Schulter, und immer wieder tauchten Bilder vom Unfallhergang in ihr auf: Ein Auto drängt sie ab, sie überschlägt sich und liegt schließlich am Boden – umringt von Menschen, die auf sie herabblicken. In dem Gespräch über diese Bilder und Gefühle haben wir nach einer neuen Überschrift gesucht: »Schön, dass nichts passiert ist! Noch einmal Glück gehabt! Alles ist noch dran – gut!« Diese Sätze waren kraftlos. »Ich darf leben!« Das war der Satz, der sie tief berührte und der befreiend wirkte. Die Schmerzen in der Schulter waren anschließend verschwunden.

Im Coaching können Sie Affirmationen anbieten als Metapher, Symbol, Farbe, Klang oder als Glaubenssatz – hierüber entscheiden Ihr Fingerspitzengefühl und Ihre Kreativität. Es muss dabei nicht der »ganz große Wurf« sein, der genau ins Schwarze trifft. Affirmationen regen dazu an, die Situation und das Gefühl anders zu sehen als im bisherigen Wachzustand (oder im verzerrten Tagtraum?).

»Passt zu Ihrer Situation, zu diesem Gefühl der Satz: ...?« »Was genau verändert sich, wenn Sie dieses Gefühl oder dieses Bild mit einer der folgenden Überschriften versehen?« »Ich liebe neue Herausforderungen.« »Vielleicht verhält sich alles ganz anders.« »Ab jetzt kann ich mir ja auch mal helfen lassen.« »Probeweise kann ich mir ja mal Zeit nehmen.« »Ich trete auf der Stelle.«

Coaching in Trance und Schamanismus

Gemeinsame Wurzeln?

Viele angehende Berater sind spirituell vorgebildet. Sie suchen nach einem Beratungskonzept, das neben kognitiven, psychologischen und linguistischen Techniken noch eine Qualität enthält, die häufig mit »Herz« umschrieben ist: Damit sind spirituelle Wurzeln, eine Verknüpfung mit dem Glauben, Subjektivität und Emotion gemeint, die als ebenso bedeutsam angesehen werden wie andere kognitiv-mentale Lehrinhalte. Viele angehende Berater fragen explizit nach den Wurzeln der Beratung und Heilung und beispielsweise nach der Verbindung zum Schamanismus. Hier ein kleiner Überblick zu diesem Thema.

> **Info**
>
> »Schon vor Jahrtausenden versuchten die Menschen ihr Schicksal aktiv zu gestalten, ihre Einheit mit der Natur oder ihre Verschiedenheit zu ergründen und einander bei Schicksalsschlägen und Krankheiten beizustehen. Die modernen Mittel der heutigen Medizin und Technik waren damals nicht verfügbar. So haben sich über viele Generationen Übungen und Wissen angesammelt, die Experten erlauben, mit geistigen Mitteln Einfluss zu nehmen auf körperliche und psychische Vorgänge. Die Spezialisten dieses Wissens nennen wir *Schamanen* (abgeleitet von einem sibirischen Wort für *Heiler* oder *Weiser*). In anderen Sprachen hießen solche Heiler beispielsweise Medizinmann, weiser Mann, weise Frau, Druide, gute Hexe.

Die Schamanen aller Völker haben meist ähnliche Rituale und Vorstellungen entwickelt, um ihr Wissen für Patienten und Klienten nutzbar zu machen und um sich selbst fortzubilden: In allen alten Kulturen ist ein wesentlicher Teil der Heilungs- oder Beratungsprozedur eine Trance und Visualisierung. Trotz vieler feiner Unterschiede gibt es große Gemeinsamkeiten im Kern dieser Arbeitsweisen (Kern: engl. *core*).

In Europa wurden die Schamanen während der Christianisierung und Inquisition meist als Ketzer und Ungläubige umgebracht oder am Wirken gehindert. Aus dieser Phase, in der sich das Christentum abgrenzen musste gegen jede Art anderen Glaubens, stammen alte christliche Vorurteile gegen geistige und kulturelle Pluralität. Doch diese »Engstirnigkeit« des Mittelalters und der angehenden Neuzeit ist heute meist überwunden. Auch in den Naturwissenschaften wird nun nach einer tieferen Verbindung und Erkenntnis gesucht und die Begrenztheit natur- und gesellschaftswissenschaftlicher Modelle der Aufklärung und der Neuzeit ist heute kaum mehr spürbar.

Nachdem der naive Realismus des 18. und 19. Jahrhunderts als wenig hilfreich erkannt wurde, setzte sich seit etwa 1950 eine Bewegung durch, die wir heute *kognitiven Relativismus* oder auch *Konstruktivismus* nennen. Die Wirklichkeitswahrnehmung wird als relativ und subjektiv beschrieben – ähnlich, wie es alte Gedankensysteme in Asien, Afrika, Amerika und in Europa vor Jahrtausenden schon behauptet hatten. Die Sicht auf die Dinge ist veränderbar und hat großen Einfluss auf unser Leben.

Aus heutiger natur- und geisteswissenschaftlicher Sicht ist daher moderne Hypnose oder die Arbeit mit inneren Bildern ein Wiederaufleben alten Wissens. So benutzt zum Beispiel der Strahlentherapeut Carl Simonton bei der Behandlung seiner krebskranken Patienten innere Bilder und Symbole, mit denen die Patienten gegen ihre Krankheiten kämpfen (Carl Simonton: »Wieder gesund werden«, 1982). Ähnliche Bilder und Symbole benutzten bereits die indianischen Heiler im Amazonas, in Sibirien, Australien, Asien und Nordamerika.

Es gibt sehr viele Berührungspunkte bei der Arbeit mit moderner Hypnotherapie, Visualisierung, schamanischen Übungen, asiatischer innerer Energiearbeit und ähnlichen Heilritualen. Letztendlich handelt es sich nur um kleine Unterschiede des Weges und der geistigen Verwurzelung. Manche Heiler und Berater möchten gern als wissenschaftlich gelten und nicht als esoterisch, andere lieber als ganzheitlich und nicht als schulmedizinisch (s. S. 162 »Metaprogramme: Sorts zum Tranceerleben«). Hier kommt es zwischen den Verfechtern von Glaubenssystemen zu Auseinandersetzungen und gegenseitigen Vorwürfen bezüglich der Wirklichkeit und Beweisbarkeit ihrer Theorien. Oft finden sich aber nur graduelle Unterschiede im Handeln und Wirken, und oft werden andere Worte und Erklärungen für sehr ähnliche Taten gebraucht.

> **Info**
>
> Für die Veränderungsarbeit mit Ihren Klienten brauchen Sie ein schlüssiges kognitives Konzept, hinter dem Sie selbst stehen müssen und das für den Klienten und seine kulturellen Normen akzeptabel erscheinen sollte. Das ist für die Wirkung Ihrer Arbeit entscheidend. Welches Konzept Sie dabei entwickeln, ist für den Erfolg der Arbeit eher unbedeutend.
>
> Ob Sie als Konzept das Gedankengut der Psychoanalyse wählen, den Schamanismus, die Astrologie, Edelsteine, humanistisch-existenzielle Gedanken oder andere Konzepte ist für die Wirksamkeit der Veränderungsarbeit meist egal. In diesem erschreckend relativistischen Sinne ist also fast jede Erklärungsmethode brauchbar und hilfreich für Klienten.

Übungen und Fall-Vignetten

Aktives Zuhören üben

Die wichtigste Voraussetzung für einen guten Rapport ist Ihre innere Einstellung dem anderen Menschen gegenüber. Sie benötigen die Fähigkeit, Ihr Gegenüber vorurteilsarm anzunehmen und sich dem Ratsuchenden mit Zeit und innerer Freiheit zuzuwenden. Dadurch erreichen Sie einen Kontakt, der durch Vertrauen und gegenseitige Achtung gekennzeichnet ist. Aktuelle oder ungelöste ältere Probleme, die Sie selbst haben, Zeitdruck oder mangelnde Selbsterfahrung können dem Rapport entgegenstehen.

Vorurteilsarm und neugierig zu sein ist eine wesentliche Voraussetzung, wenn wir uns in andere Menschen einfühlen möchten (*Empathie*), wenn wir für begrenzte Dauer deren Welt und Erfahrungswelt betreten. Wir lernen durch diese Empathie und den inneren Rollentausch auch viel über uns selbst.

Erst wenn wir diese Brücke zum anderen Menschen geschlagen haben und seine Art zu denken und zu fühlen verstanden haben, schaffen wir die Grundlage, ihn in eine andere Erfahrungswelt einzuladen.

Übung 1: Aktives Zuhören

Ziel: Wiedergeben eines Grundgefühles, eines Einstellungsgrundmusters und bewusstes Wahrnehmen eigener Berater-Fantasien.

Aufgabe: Finden Sie zu den folgenden Aussagen jeweils ein Grundgefühl, ein mögliches kognitives Grundmuster, das das Verhalten des Klienten beeinflusst, und formulieren Sie einen Satz, der dem Klienten Ihre Wahrnehmung widerspiegelt. Es könnte sein, dass die Grundmuster, die Sie wahrnehmen, eigentlich Ihre eigenen sind (*Projektion*) oder dass es sich um eine so genannte *Gegenübertragung* handelt. So genau wollen wir dies allerdings noch nicht nehmen. Schreiben Sie die Fantasien über den Klienten auf, die seine Aussage in Ihnen auslöst. Schließlich versuchen Sie bitte, eine Metapher oder ein Beispiel für die Erfahrung des Klienten zu formulieren: »Ist das so, als ob ...?«

> Ein Beispiel dazu:
>
> *Klient:* »Als ich mit dem Auto vor der Fähre gewartet habe, hat sich plötzlich so ein ungeduldiger Mercedes-Raser vorgedrängelt!«
>
> *Grundgefühl:* Verärgerung, Wut, Verletzung?
>
> *Grundmuster des Klienten:* Disziplin, Geduld, Rücksichtnahme, Neid? (Sie können das »Grundmuster« in Form eines Substantivs zusammenfassen, als charakterliche Grundeigenschaft, die Sie aus der Klientenaussage herauszuhören meinen.)
>
> *Berater-Fantasien:* Vielleicht wurde der Klient im Leben schon oft »überholt« oder zurückgesetzt. Vielleicht hat er ein kleineres Auto und hätte gern mehr aus sich gemacht? (Minderwertigkeitsgefühl)

Wiedergeben des Grundgefühls als Frage: »Hat Sie das verärgert?«

Wiedergeben des Grundmusters: »Sind Sie selbst eher ein rücksichtsvoller Mensch?«

Metaphorisches Zusammenfassen: »Ist das so, als ob die Dinge ihre Ordnung und Reihenfolge haben und dann etwas passiert, das keine Rücksicht darauf nimmt und einen damit verärgert oder ängstigt?«

Bearbeiten Sie die folgenden Klientenaussagen nach dem gleichen Muster:

1. Das versuche ich nicht noch einmal. Bestimmt schaffe ich das wieder nicht.
2. Meine Chefin hat gesagt, dass ich eventuell befördert werden könnte, wenn ich meine Probleme überwunden habe.
3. Meine Kolleginnen sind super. Die haben ihre Portokassen zusammengelegt, um mir ein kleines Geschenk zu machen.
4. Diese dumme Kassiererin! Sie war zu faul, mich richtig zu beraten, und dann reagierte sie völlig eingeschnappt, als ich auf eine Auskunft bestanden habe.
5. Mein Hund hat mir gestern die Zeitung gebracht – ohne dass ich ihm das beigebracht habe.
6. Auf dem Betriebsausflug kam spontan die Idee auf, dass ich eine Rede halten solle. So etwas kann ich aber überhaupt nicht, und ich bin dann auch sofort rot geworden.
7. Dass der Keller überschwemmt ist, finde ich eigentlich nicht so schlimm. Dass meine Haushaltshilfe aber gelogen und behauptet hat, sie habe die Waschmaschine nicht angestellt, finde ich viel schlimmer.
8. Das Geburtstagsgeschenk für meine Frau habe ich bereits gekauft. Nun habe ich aber erfahren, dass ihre Schwester ihr das Gleiche gekauft hat. Was soll ich bloß tun? Zurückgeben kann ich das ja nun nicht mehr.
9. Mein nächstes Auto wird total klasse. Genau die Größe und Farbe, die ich immer haben wollte. Richtig super, nicht?
10. Als ich das letzte Stück Kuchen nehmen wollte, hat es mir so eine aufgedonnerte Zicke vor der Nase weggeschnappt.
11. Als ich letzte Woche einkaufen ging, rempelte mich plötzlich ein Mann an. Da habe ich fürchterlich aufgeschrien.
12. Gleich danach hat der Chef angefangen loszubrüllen und hat mich zur Schnecke gemacht. Ich weiß immer noch nicht, warum eigentlich.
13. Ich muss täglich zwei Überstunden machen. Mein Chef meint, ich sei eben zu langsam. Allerdings sind wir alle so langsam. Was soll ich da bloß machen?
14. Das Konzert im Park war einfach überwältigend. So etwas habe ich lange nicht mehr gehört, einfach phänomenal!
15. Unsere Beziehung hat sich wieder normalisiert. Mein Mann hat wohl seine Geliebte nicht mehr, und die Kinder sind nicht mehr so schwierig.

Der Begriff *Grundmuster* ist kein Fachterminus. Damit sind Denk- und Handlungsstrategien ebenso wie Werte und Einstellungen des Klienten gemeint. Die Grundmuster begegnen uns später in anderen Worthülsen wieder, wenn wir von Sorts, Metaprogrammen und Ähnlichem sprechen.

Vielleicht haben Sie gemerkt, dass man sich den Gefühlen und Grundmustern am besten mit kurzen und möglichst offenen Fragen nähert? Denken Sie sich hinter jede Frage ein »…« , also eine Aufforderung, dazu noch mehr zu sagen. Das regt viele Klienten zum Nachdenken an und lässt sie dann »weiter ausholen«.

Lösungsvorschläge finden Sie auf Seite 79.

Fall-Vignette 1: Angst vor dem Fliegen?

Eine sehr gepflegte, stark geschminkte und modisch gekleidete Dame kommt zur Beratung. Sie sei 42 Jahre alt, verheiratet und Flugbegleiterin einer amerikanischen Airline. Sie lebe in Rotterdam. In die Beratung komme sie, da sie befürchte, ihre Arbeit zu verlieren. Sie habe seit einigen Wochen größte Angst vor geschlossenen Räumen; auch vor geschlossenen Flugzeugrümpfen. Sie befürchte dann, während eines eigenen körperlichen Notfalls, keine Hilfe bekommen zu können. Sie habe bereits mehrfach Kreislaufzusammenbrüche und Erstickungsanfälle gehabt. Dies habe bereits zu Bewusstlosigkeit geführt. Sie zittere am ganzen Körper und leide unter äußerst starken Konzentrationsstörungen. Ihrer Teamleiterin sei dies bereits negativ aufgefallen. Sie habe von ihrem Hausarzt Beruhigungsmittel bekommen und sei erst einmal für einige Wochen krankgeschrieben. Da es sich nicht um eine psychische Erkrankung handele, hoffe sie, dass ein Coaching oder eine Anti-Angst-Hypnose sie wieder vollständig arbeitsfähig machen werde.

Übungsfragen

- Welches Grundgefühl bringt die Klientin in die Beratung?
- Denken Sie, das Anliegen der Klientin ist einem Coaching-Auftrag angemessen?
- Welche Gedanken und Fantasien entstehen bei Ihnen, wenn ein Klient sagt, er brauche »nur eine Anti-Angst-Hypnose«, damit alles wieder gut werde?

Lösungsvorschläge finden Sie auf Seite 81.

Sinnesmodalitäten

Sinnesmodalitäten sind das Sehen, Hören, Fühlen, Schmecken, Riechen, der Gelenkstellungssinn und viele andere mehr. Im NLP werden sie auch *Repräsentationssysteme* genannt, wenn nicht der biologische Vorgang im Empfangsorgan (zum Beispiel Auge/Netzhaut) gemeint ist, sondern die geistige Verarbeitung der Sinnesqualität. In unserem Denken und Sprechen nehmen wir auf diese Wahrnehmungsqualitäten ständig Bezug. Abhängig von unseren Vorlieben, unserer Stimmung, einer Situation bevorzugen wir einige dieser Sinnesmodalitäten: »Ich fühle mich schwer« hat eine andere Qualität als »ich sehe schwarz« oder »ich höre nur noch das Negative«.

Sie erleichtern sich den Kontakt zu Ihrem Klienten, wenn Sie sich auf dessen momentane Sinnesmodalität einstellen. Dazu ein Beispiel, das Ihnen verdeutlicht, an welchen Stellen es Verwirrung geben kann, wenn Sie als Coach einen anderen Sinneskanal vorschlagen:

Klientin: »Mein Mann sieht in mir nur noch ein hübsches Püppchen. Ich sehe langsam rot, was das angeht.«
(Sehen – visuell)

Coach: »Was für ein Gefühl ist das?«
(Fühlen – kinästhetisch)

Klientin: »Wie meinen Sie das?«
(Verwirrung – kann bisweilen auch hilfreich sein)

Coach: »Wie fühlt sich das an, wenn Ihr Mann Sie so behandelt, als seien Sie nur ein Püppchen?«

Klientin: »Nun, das macht mich manchmal blind vor Wut. Aber ich sehe keinen Ausweg.«

Sie werden das Wechseln der Sinnesmodalitäten später bewusst nutzen, um den Klienten zu neuen Ideen, Fragen oder Einsichten zu führen. Vorerst sollen Sie jedoch üben, die Sinnesmodalität des Klienten widerzuspiegeln.

Übung 2: Widerspiegeln der Sinnesmodalität

Aufgabe: Bestimmen Sie die vorherrschende Sinnesmodalität (das Repräsentationssystem) in den folgenden Klientenaussagen und konstruieren Sie eine Frage, mit der Sie auf das Repräsentationssystem in der Aussage des Klienten eingehen. Wie gesagt: Es muss keinesfalls die geschickteste Methode sein, auf die gleiche Sinnesmodalität einzugehen. Aus technischen Gründen werden wir dies jedoch üben, damit Sie für diese Methode sensibilisiert werden.

Dazu ein Beispiel.

Klientin: »Das klingt vielleicht verrückt, aber mich bekommt da keiner mehr hinein. Da können Sie sagen, was Sie wollen.« (Hören – auditiv)

Coach: »Das verstehe ich. Das hört sich so an, als ob Sie gut auf Ihre innere Stimme hören können. Was denken Sie, worüber sollten wir zuerst reden?«

Geben Sie dem Klienten in »seiner Sprache« unaufdringlich zu verstehen (zu sehen, zu fühlen, zu riechen ...), dass Sie seine Art des Fühlens und Denkens verstehen. Nutzen Sie dafür den bevorzugten Sinneskanal des Klienten. Sie können auch – wie im Beispiel – in dieser Sinnesmodalität fragen, wie der nächste Schritt der Zusammenarbeit aussehen soll.

1. Meine Tätigkeit als leitende Flugbegleiterin (Chefin der Kabine) nimmt mich sehr in Anspruch. Ich bin es gewohnt, mir viel anzuhören, trotzdem schaffe ich es nur mit viel Mühe, immer wieder eine Übereinstimmung mit den Kolleginnen zu erzielen.
2. Wenn ich das Problem erst einmal packen kann, schaffe ich es meist, alles wieder gerade zu rücken.
3. Er hat es immer geschafft, mich einzugrenzen und zu unterdrücken. Jetzt ist das so, als ob es keinen Platz mehr für mich gibt. Als hielte mich das alles fest.
4. Jeder meiner Versuche blieb ohne Resonanz. Unsere ganze Kommunikation ist eine einzige Disharmonie.
5. Ständig meckert sie und kritisiert mich. Ich kann das schon nicht mehr hören. Manchmal denke ich, ich müsste einfach einmal laut zurückschreien.

6. Das alles zieht mich total tief hinunter. Einen Stein im Magen zu tragen ist dagegen gar nichts!
7. Ich habe meine Mitte verloren, seitdem die Kinder uns verlassen haben. Ich würde gerne wieder mein altes Gleichgewicht zurückerlangen.
8. Es leuchtet mir ein, dass der Chef auch ein Privatleben hat. Trotzdem sollte er nicht alles so düster darstellen.

Lösungsvorschläge finden Sie auf Seite 79.

Fall-Vignette 2: Flugbegleiterin sucht Verständnis

Die Flugbegleiterin erörtert Probleme mit ihrer Teamleiterin: »Die Teamleiterin zeigt kein Verständnis. Ständig liegt sie mir in den Ohren und sagt, ich solle nicht so herumjammern. Sie kann meine Angst ja auch nicht nachvollziehen. Sie hört nur richtig zu, wenn ich weinerlich bin oder wenn ich um Ablösung bitte. Was wirklich in mir vorgeht, davon hat sie ja keine Ahnung. Meine Arealeiterin allerdings sieht das schon ganz anders. Die hat sofort erkannt, dass ich unter diesen Bedingungen Hilfe brauche. Da musste ich gar nicht viel reden. Schon als sie mich das letzte Mal gesehen hat, ist sie gleich auf mich zugekommen und hat ihre Hilfe angeboten ...«

Übungsfragen

Die Klientin benutzt für die Schilderung des Verhaltens von Teamleiterin und Arealeiterin unterschiedliche Sinnesmodalitäten.
- Welche sind das?
- Welches Grundmuster vermuten Sie dahinter?

Lösungsvorschläge finden Sie auf Seite 81.

Die vier Zugangskanäle

In den Botschaften unserer Klienten und auch in unseren sprachlichen und nonverbalen Botschaften sind vielfältige Informationen enthalten. Bewusst ist uns Menschen meist nur ein sehr kleiner Teil der Informationen, die wir senden und empfangen. So vermitteln wir gleichzeitig Sachinformationen, geben Informationen über uns, fordern andere zum Handeln auf, und wir stellen klar, wie wir die Beziehung zu unserem Kommunikationspartner sehen. Die vier Kommunikationsaspekte der Sprache (Inhalt, Selbstoffenbarung, Appell, Beziehung) hat *Friedemann Schulz von Thun* bekannt gemacht. Darüber hinaus gibt es natürlich weitere Konzepte, die Kommunikation in der Beratung zu differenzieren, wie zum Beispiel die wichtigen Konzepte zu Übertragungen und Gegenübertragungen (Psychoanalyse). Viele dieser Vorstellungen ließen sich in das einfache Kommunikationsmodell übertragen. So hat die Übertragung sicher etwas mit der Beziehung zwischen Klient und Berater zu tun. Wir belassen es jedoch zunächst bei den vier klassischen Kommunikationsaspekten.

Übung 3: Übersetzen in alle vier Kommunikationsaspekte

In welchem Aspekt haben Sie jeden der folgenden Sätze zuerst verstanden? Schreiben Sie bitte zu jedem Satz eine klare Übersetzung in alle vier Kategorien: Inhalt, Selbstoffenbarung, Appell, Beziehung. Da Sie nicht wissen, an wen die Botschaft gerichtet ist und in welchem Kontext sie entstanden ist, erlauben Sie sich bitte, realistische Kommunikationspartner und eine Situation zu fantasieren, die zu der Aussage passen. Die vier Kommunikationsaspekte richten sich alle von »Sender« an »Empfänger« und nicht einmal an den »Empfänger« und ein anderes Mal an eine Person aus dem Inhaltsaspekt. Es handelt sich um Aussagen der im Beispiel genannten Flugbegleiterin.

1. Die Fluggäste stellen extrem hohe Anforderungen.
2. Von der Beratung erhoffe ich mir nicht sehr viel.
3. Die Arealeiterin gibt mir das Gefühl, verstanden zu werden.
4. Mein Mann versteht mich nicht. (Tränen laufen.)
5. Es ist nicht nötig, mir jedes Mal einen Platz anzubieten.
6. Ziemlich laut draußen, nicht? (Das Fenster ist auf.)
7. Vielleicht sollte die einmal auf ihre eigenen Gefühle achten.
8. Ich möchte damit einfach umgehen können und meinen Beruf wieder strahlend und angstfrei ausüben können.
9. Leider habe ich für meine Sorgen keine Erklärung.
10. Das kann ich meinen Kolleginnen nicht antun. Ich darf nicht so lange krank sein.

Die Übung fällt Ihnen leichter, wenn Sie alle vier Aspekte in wörtlicher Rede formulieren.

Zu dieser Übung bieten wir keine Lösungsvorschläge an.

Fall-Vignette 3: Ein Berater fordert Entschlusskraft

Die 42-jährige Flugbegleiterin erzählt im Erstgespräch stolz, dass sie nun den Entschluss gefasst habe, sich von ihrem Mann zu trennen. Eigentlich sei sie bei einem anderen Berater in ihrer Heimatstadt, sie überlege aber eventuell zu wechseln, da sie hier Bekannte habe, die sie dann häufig besuchen könnte.
Sie und ihr Mann würden sich zwar sehr lieben, die Beziehung sei aber eingeschlafen, wie ihr bereits der vorherige Berater deutlich gemacht habe. Mit diesem habe sie mehrmals über die Beziehung zu ihrem Mann gesprochen, und er habe durchblicken lassen, dass er sich von ihr mehr Entschlusskraft und Gradlinigkeit wünschen würde. Sie habe sich lange mit dieser Aussage beschäftigt, sei nun aber stolz, dass sie sich endlich zu der Entscheidung durchgerungen habe. Ihr Hausarzt sei ebenfalls zufrieden, da sie nun selbstbewusster aussehe und den Eindruck mache, als sei sie auf dem rechten Weg. Sie wolle ihren Entschluss nun auch in der neuen Beratung nicht mehr in Frage stellen. Sie komme jetzt nur noch, da sie befürchte, den Job zu verlieren.
Zwei Wochen später kommt die Klientin erneut zur Beratung. Nun ist sie sehr niedergeschlagen und depressiv. Sie habe sich von ihrem Mann doch nicht getrennt. Sie schäme sich deswegen und traue sich nun nicht mehr, zu ihrem vorherigen Berater zu gehen.

Auch der Hausarzt habe ihr davon abgeraten, da sie das nur depressiv machen würde. Eigentlich bräuchte sie diese Form der Beratung gar nicht, da sie ja nicht psychisch krank sei.

Übungsfragen

- Wie könnten die Sachbotschaften geklungen (ausgesehen?) haben, die von dem genannten Kollegen vermittelt wurden?
- Auf welche Weise wurden diese Botschaften möglicherweise von der Klientin interpretiert?
- Wie »benutzt« die Klientin verschiedene Personen und spielt diese unbewusst gegeneinander aus?

Lösungsvorschläge finden Sie auf Seite 81 f.

Die Sprache hinter der Sprache

Die linguistischen Sprachverzerrungen, mit denen wir uns in dieser Übung beschäftigen werden, sollen Ihr Gespür für sprachliche Feinheiten schärfen. Jeder Mensch – ob Berater oder Klient – drückt sich in der Mehrzahl seiner Äußerungen vielfältig, mehrdeutig und ungenau aus. Dabei handelt es sich um normale und gesunde Ausdrucksformen unseres Denkens und Kommunizierens. Ansonsten hätte unsere Sprache die Präzision, den Umfang und den Charme juristischer Vertragswerke.

Wenn wir uns hier mit den ausgeblendeten Sprachstrukturen beschäftigen, die hinter unserer ungenauen Sprache stehen, dann tun wir dies nur unter sprachlichen (linguistischen) Gesichtspunkten. Die psychologischen oder gesellschaftlichen Gründe für unsere sprachlichen Unterlassungen (beispielsweise unbewusste Abwehr, Angst, Sozialisation, Tabu) besprechen wir in dieser Übung noch nicht. Bitte beachten Sie, dass es nicht darum geht, dem Klienten seine Ungenauigkeit vorzuführen. Es geht darum, dass der Klient seine vorbewussten Gedanken und eigenen Einschränkungen langsam besser kennen lernt, und darum, dass Sie als Berater erfahren, worum es dem Klienten wirklich geht.

Übung 4: Sprachliche Oberflächenstrukturen hinterfragen

Tilgungen: In Klientenäußerungen fehlen häufig Angaben zu Personen, zu Subjekt oder Objekt, zu Umständen, Hintergründen, Ursachen und etliches mehr. Diese fehlenden Informationen können mit W-Fragen erarbeitet werden: Wer, wie, wo, was, wovor, warum, worüber, woher, wenn doch, was dann ...?

Beispiel:
»Er macht mich fertig!« – »Was genau tut er, damit es Ihnen so geht?«

Erkennen Sie in den folgenden Sätzen die Tilgungen und formulieren Sie eine oder mehrere Fragen, die die ausgelassenen (oder ausgeblendeten) Informationen klären:

1. Um Verzeihung zu bitten fällt mir ziemlich schwer.
2. Ich habe keine Ahnung, wie ich das machen soll.
3. Ich kann nicht mehr.
4. Sie sagt immer, sie will nicht mehr.
5. Er hat gesagt, dass er sich ändern will.
6. Sie wissen ja, wie es einem dann geht.
7. Eigentlich fürchte ich mich davor.
8. Aggressive Kolleginnen irritieren mich.
9. Das traurige Telefonat hat mich nachdenklich gemacht.
10. Das ist das Schlimmste, was mir bisher passiert ist.
11. Ich bin viel offener als andere.
12. Erstaunlicherweise ist er plötzlich viel netter.
13. Man muss eben lernen, seine Gefühle nicht zu zeigen.
14. Ich kann meine Freundin einfach nicht verstehen!
15. Es ist nicht möglich, sie wirklich zu verstehen.

Nominalisierungen: Nominalisierungen verschleiern oft Prozesse, die dadurch verdinglicht werden oder unumstößlich oder unvermeidlich erscheinen. Tatsächlich handelt es sich aber nur um Tätigkeiten, also um das, was wir tun. Sie haben in dieser Übung sehr viele Fragemöglichkeiten, um Unklarheiten und Nominalisierungen zu klären und nach dem zugrunde liegenden Verb zu fragen.

Beispiel:
»Die Angst macht mich handlungsunfähig.« – »Was ängstigt Sie?«

Suchen Sie in den folgenden Klientenaussagen nach Nominalisierungen. Bitte erkundigen Sie sich bei Ihren Klienten nach dem Prozess oder der Tat, die dahinter stehen, indem Sie die Nominalisierung möglichst in ein Verb übersetzen und in eine Frage an den Klienten umwandeln.

1. Ich sehne seine Liebe herbei.
2. Die Ablehnung meines Teamleiters macht mich wütend.
3. Ihre Deutungen über meine Motive sind eine Beleidigung.
4. Ich bin da guter Hoffnung.
5. Das Vorankommen steht eben im Mittelpunkt.
6. Die Trennung ist immer noch ein harter Brocken.
7. Da kommt jetzt Wut auf bei Ihrer Fragerei.
8. Die Beratung hinterlässt bei mir oft Ratlosigkeit.
9. Meine Wut packt mich dann.
10. Meinen Schmerz kann keiner sehen.

Generalisierungen (Verallgemeinerungen): Sprachlich werden einzelne Ereignisse oder Dinge häufig in Klassen zusammengefasst: Bäume (statt Eichen und Birken) oder Rennen (statt Formel-1- und Trabrennen). Einige dieser Klassen bleiben sprachlich sehr vage: beispielsweise *man* oder *andere*. Eigenschaften einzelner Ereignisse oder Dinge werden bisweilen auf alle Ereignisse oder Dinge ausgedehnt: alle, jeder, immer, nie. Generalisierungen sind auch in apodiktischen Aussagen enthalten: Man sollte ..., es ist falsch zu ..., es ist wichtig, dass ...

Versuchen Sie folgende Generalisierungen zu hinterfragen. Natürlich wird es wieder mehrere mögliche Lösungen oder Nachfragen geben.

1. Es ist verrückt, andere einfach ungebeten zu besuchen.
2. Es ist äußerst ungeschickt, seinen Vorgesetzten zu kritisieren.
3. Mich kann sowieso keiner ernst nehmen.
4. Ich für meinen Teil traue niemandem.
5. Zuerst denkt doch jeder an sich.
6. Mit Pflanzen kann er nicht umgehen.
7. Das kann jedem immer wieder passieren.
8. Es achtet sowieso niemand darauf.
9. Man sollte Bedürfnisse nicht einfach unter den Teppich kehren.
10. Mit der Führung hat er immer so seine Probleme.

Gedankenlesen, Unterstellungen und andere Verzerrungen: Die Klienten äußern oft ihre unbewussten Vorannahmen oder Wünsche über die Verhaltensweisen, Motive und Ziele anderer Menschen. Bei genauerem Hinterfragen sind viele dieser Annahmen jedoch nicht haltbar und drücken eher ein unbewusstes Bedürfnis des Klienten aus.

Beispiel:
»Mein Mann wird vermutlich genauso schlampig wie mein Schwiegervater. Neulich hat er sich nicht im Geringsten gefreut, als ich seine Hemden gebügelt habe. Das beweist mir immer wieder, dass er mich nicht liebt!« – Die Fragen (überspitzt): »Was genau sind die Kriterien der Schlampigkeit, woran genau haben Sie erkannt, dass er sich nicht im Geringsten gefreut hat, warum ist das ein Beweis für Sie?«

Die Aussagen in diesem Beispiel sind nach linguistischen oder logischen Kriterien verzerrt. Die Ängste und die Wahrnehmung eines ernsten Beziehungsproblems durch diese Klientin sind jedoch real und nachvollziehbar. Es geht also nicht darum, der Klientin eine Unterweisung im korrekten logischen Argumentieren zu erteilen. Ihre Fragen sollen es der Klientin und Ihnen ermöglichen, das Problem sowie seine gedankliche und emotionale Repräsentanz besser zu verstehen.

Bitte hinterfragen Sie, möglichst einfühlsam, folgende linguistische Verzerrungen:

1. Wenn er mich wirklich lieben würde, dann würde er weniger arbeiten.
2. Wenn ihm an seiner Karriere etwas liegen würde, dann wäre er viel engagierter.
3. Wenn er wieder so unvorbereitet ist, hat es keinen Zweck, dass ich mit ihm über das Projekt rede.
4. Ich spüre, dass er nicht wirklich hinter dem Projekt steht. Das verärgert mich.
5. Ich würde mich ja gerne selbstständig machen. Wenn ich aber meinen Chef im Stich ließe, hätte das nachhaltige Auswirkungen auf die Firma.
6. Ich gebe nicht gerne klare Anweisungen. In meinem Job hat man aber keine andere Wahl.
7. Ich bin sehr verletzt, da er auf meine Gefühle grundsätzlich keine Rücksicht nimmt.

8. Sie wollen mich bei der Entscheidung sowieso nicht dabeihaben. (»Sie«: die anderen oder der Berater? Solche Unklarheiten oder Mehrdeutigkeiten verwirren auch die Berater.)
9. Wenn er echte Gefühle für mich hätte, dann würde er mich hier nicht alleine lassen.
10. Wenn er seine Probleme emotional nicht in den Griff bekommt, kann ich daraus nur schließen, dass er seine Wahl getroffen hat.
11. Sein Gerede deprimiert mich.

Lösungsvorschläge finden Sie auf Seite 79 f.

Fall-Vignette 4: Erschöpfter Controllingspezialist

In einem Kurzbericht eines Coachs findet sich folgende Epikrise: Herr X, ein 53-jähriger Controllingspezialist einer großen Maschinenbaufirma, klagt über totale Erschöpfung, ständige Schlaflosigkeit, Schmerzen im ganzen Körper, über eine unüberwindliche Antriebslosigkeit und Passivität. Seinen sozialen und häuslichen Pflichten könne er auch nicht mehr nachkommen. Bei der Arbeit ecke er einfach ständig an, da er unentwegt andere unbewusst abwerte und beleidige. Sein Vorgesetzter habe ihm die Pistole auf die Brust gesetzt und ein Coaching organisiert.

Übungsfragen

In dieser Konjunktivschilderung sind zahlreiche linguistische Unklarheiten oder Verzerrungen vom Coach aufgenommen worden. Sie lassen darauf schließen, dass der Klient sie dem Berater in ähnlicher Weise übermittelt hat (oder dass der Berater sie in dieser Weise verzerrt aufgenommen hat?). Arbeiten Sie bitte diese Unklarheiten oder subjektiven Verfärbungen heraus, indem Sie die einzelnen Aussagen hinterfragen:

- Welche Fantasie haben Sie über den Klienten?
- Was verstehen Sie selbst unter totaler Erschöpfung?
- Was bedeutet für Sie das Wort »unüberwindlich«?

Lösungsvorschläge finden Sie auf Seite 82.

Das Kochplattenmodell

Folgende drei »Kochplatten« haben sich im Coaching bewährt.

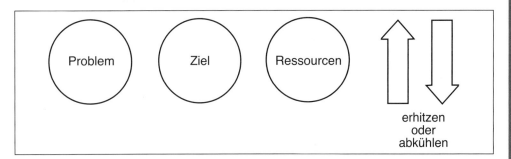

Das ausgewogene Umrühren aller drei Platten führt die Klienten meist zu neuen Einsichten. Außerdem haben Sie die Möglichkeit, die Temperatur (emotionale Beteiligung) aller drei Platten zu regulieren: Sie können die Herdplatten erhitzen, wenn Sie die emotionale Beteiligung betonen, oder abkühlen lassen, wenn Sie das Anliegen in eine sachliche oder allgemeine Richtung lenken.

Übung 5: Erhitzen und abkühlen

In dieser Übung möchten wir Sie bitten, die folgenden Sätze jeweils einmal zu erhitzen (E) und anschließend abzukühlen (A).

Dazu ein Beispiel:

Klientin: »Mein Mann redet immer weniger mit mir.«

E: »Wie geht es Ihnen dann, wenn er das macht?« Solche Fragen führen bis zum Weinen.

A: »Haben Sie Freundinnen, die bei ihren Männern Ähnliches beobachtet haben?« Solche Fragen führen zu nüchternen Analysen.

1. Sie zeigt für mich immer weniger Verständnis.
2. Meine Kollegin schaut mich in Konferenzen ständig kritisch an.
3. Der Chef redet mit anderen immer etwas sachlicher als mit mir.
4. Ich kann das Geld nicht so schnell aufbringen.
5. Ich frage mich manchmal, ob ich den Karrieresprung überhaupt noch schaffe.
6. Mein Vater kann meinen Beruf einfach nicht verstehen.
7. Ich habe so oft versucht, es meiner Sekretärin zu erklären. Ich komme bei ihr einfach nicht durch.
8. Der neue Chef lässt mir kaum eine Chance. Als ob er es auf mich abgesehen hätte.
9. Meine Arbeit ist monoton. Was soll ich denn aber machen?
10. Für Leute meines Alters ist der Zug ja leider abgefahren.

Lösungsvorschläge finden Sie auf Seite 80.

Fall-Vignette 5: Von den Kindern getrennt

Der 53-jährige Controllingspezialist wirkt wie ein gestandener Mann. Er tritt selbstsicher auf und setzt sich sehr männlich in den Stuhl des Beraters, nachdem er das Zimmer betreten hat. Dieser nimmt auf einem anderen Stuhl Platz. Der Klient kommt gleich zur Sache: »Meine Frau hat mich vor zwei Jahren verlassen und die Kinder mitgenommen. Das macht mir zu schaffen.« – »Wie geht es Ihnen damit?«, fragt der Berater. Der Klient stockt kurz: »Beschissen, eben.« Berater: »Was ist das Schlimmste dabei?« – Der Klient fängt an zu weinen: »Die Kinder. Das ist so, als würden die mich nicht mehr kennen.«

Übungsfragen

- Welche Anordnung der Sitze im Beratungsraum halten Sie für sinnvoll?
- Sollte der Klient eindeutig erkennen können, wo normalerweise der Berater sitzt, oder sollte er seinen Platz frei wählen können?
- Denken Sie, das Benehmen des Klienten hatte Einfluss auf die Fragestrategie des Beraters?
- Wie hätte der Berater fragen müssen, wenn er die Tränen des Klienten hätte vermeiden wollen?

Lösungsvorschläge finden Sie auf Seite 82.

Übung 6: Kochplatten wechseln

In dieser Übung stellen Sie zunächst fest, auf welcher Platte Ihr Klient gerade kocht. Stellen Sie dann je eine Frage, die den Klienten zu den zwei anderen Kochplatten führen könnte.

Dazu ein Beispiel:

Klient: Ich komme damit einfach nicht mehr zurecht. Das erdrückt mich!« (Der Klient »rührt« also zunächst im Topf auf der Problemplatte. Einige Klienten beginnen allerdings in den folgenden Übungen nicht mit einem Problem!)

Berater: »Gab es in Ihrer Vergangenheit ähnliche Situationen, die Sie zu Ihrer Zufriedenheit gelöst haben? Wer oder was konnte Ihnen damals helfen?« (Hier lenkt der Berater den Klienten zur Herdplatte für Ressourcen.)

Berater: »Was würden Sie sich denn stattdessen wünschen? Wo wären Sie, wenn das Problem gelöst wäre oder hinter Ihnen läge? Wofür ist Ihr Engagement gut, was wollen Sie damit erreichen oder sicherstellen?« (Mit solchen oder ähnlichen Fragen wird der Klient zur Herdplatte der Ziele gelenkt.)

Bitte analysieren Sie die folgenden Sätze. Stellen Sie zunächst fest, auf welcher »Platte« Ihr Klient sich befindet. Danach stellen Sie je eine Frage, von der Sie annehmen, dass Ihr Klient daraufhin auf die beiden anderen »Herdplatten« wechselt. Ist Ihr Klient beispielsweise zunächst sehr mit seinen Problem befasst, »lenken« Sie ihn in dieser Übung zu seinen Ressourcen und dann zu seinem Ziel.

1. Ich habe schon einige andere Fremdsprachen gelernt. Mit neuem Wissen komme ich daher ganz gut zurecht.
2. Ich habe schon seit längerem die Idee, mich selbstständig zu machen. Mir schwebt dabei eine eigene kleine Werbeagentur vor.
3. Sie braucht nur den Mund aufzumachen und ich fühle mich wieder wie ein kleiner Junge. Ich kann dagegen nichts machen.
4. Momentan denke ich nur darüber nach, wie das neue Auto genau aussehen soll. Die Finanzierung ist ein anderes Thema. Das kommt später. Ein Kombi ist jetzt unbedingt erforderlich, und daher setze ich alle Hebel in Bewegung, um den passenden Wagen zu bekommen.
5. Gerade habe ich die Bestätigung der Reiseagentur für meinen Segelurlaub bekommen. (Berater denkt: Muss deshalb die vereinbarte Beratungsstunde übernächste Woche ausfallen?)
6. Ich kann machen, was ich will: Mein Abteilungsleiter erkennt nie, dass ein großer Teil der neuen Ideen von mir stammt.
7. Ich würde ja gern wieder arbeiten. Solange die Verhältnisse am Arbeitsplatz so sind, kann ich dorthin aber auf keinen Fall zurückkehren.
8. Zumindest habe ich einige große Stärken, auf die ich zählen kann. Dazu gehört auch meine Überzeugungskraft. Ich bin mir sicher, dass ich mich morgen in der Verhandlung darauf wieder verlassen kann.

Zu dieser Übung gibt es ebenfalls keine Musterantworten.

Fall-Vignette 6: Ein Manager gibt sich wie ein Teenager

Der 41-jährige ehemalige Junior-Managing-Director einer großen französisch-deutschen Lebensmittelkette ist gebürtiger Franzose. Er kommt ziemlich jugendlich gekleidet zur Beratung (mit einer Hose, die der derzeitigen Teenagermode entspricht). Er lebe seit etwa drei Jahren in Deutschland. Seine Freundin und das gemeinsame Kind hätten ihn verlassen. Er habe starke Alkoholprobleme entwickelt, die aber überstanden seien. Wegen längerer Krisen und Krankschreibungen sei er innerhalb des Konzerns zunächst zurückgestuft und später sei ihm gekündigt worden. Vor kurzem habe er eine deutsche Freundin gehabt. Diese habe nun aber die Wohnung kurz und klein geschlagen, und vor zwei Wochen habe sie sich von ihm getrennt. Er plane nun einen Neueinstieg in den Konzern oder auch ein Zweitstudium (Kunst?). Deshalb komme er in die Beratung. Dabei schwebe ihm etwas Künstlerisches oder Kreatives vor, da er sich gern verwirklichen wolle. Später würde er gern andere Menschen beraten oder Coach werden wollen.

Übungsfragen

- Auf welcher Kochplatte bewegt sich dieser Klient zurzeit?
- Haben Sie eine Fantasie darüber, warum er das macht oder sogar braucht?
- Ist es sinnvoll, Klienten schnell auf die Herdplatte Ressource und Ziel zu führen?
- Rechnen Sie mit Ablehnung oder Verwunderung (Abwehr und Widerstand), wenn Sie den Klienten behutsam auf die ausgeblendete Herdplatte führen?

Lösungsvorschläge finden Sie auf Seite 83.

Falldarstellungen

Falldarstellung 1: Flugbegleiterin mit Angstzuständen

Eine 42-jährige Flugbegleiterin einer amerikanischen Airline (wohnhaft in den Niederlanden) hat große Angst vor engen Räumen (auch vor geschlossenen Flugzeugen).

Weshalb kommt die Klientin? Sie habe Angst vor geschlossenen Räumen, größte Angst und Panik davor, bei einem Notfall keine Hilfe zu bekommen, sowie Angst vor schweren Erkrankungen oder Schicksalsschlägen. Sie habe das Gefühl,»durchhalten zu müssen, es aber nicht verkraften zu können«. Sie leide unter Atemnotanfällen mit Kreislaufzusammenbrüchen. Diese würden bis zur Bewusstlosigkeit führen. Außerdem verspüre sie eine starke innere Unruhe mit Konzentrationsstörungen. Die Beschwerden bestünden seit dem 11. September 2001. Zu diesem Zeitpunkt sei ihre Crew auf dem Flug von Mexiko City nach Washington D.C. gewesen, als die Twin-Towers des World Trade Centers in New York attackiert wurden. Dieser Flug sei wie ein »Todesflug« für die Besatzung gewesen. Das habe ihr jeden Glauben an Unverletzlichkeit oder Beständigkeit genommen.

Gesundheitliche Vorinformationen: Sie sei nun schon über sechs Monate krankgeschrieben und in ärztlicher Behandlung gewesen. Das alles habe wenig geholfen. Sie müsse demnächst wieder arbeiten und wolle sich beraten lassen, wie sie das am besten schaffen könne.
Sie habe seit dem Ereignis im September 2001 Asthmaanfälle, welche mit einem Dosieraerosol behandelt werden. Nachts wache sie oft auf und befürchte dann zu ersticken. Die Klientin habe sonst keine Erkrankungen und nehme keine weiteren Medikamente ein. Sie rauche etwa 30 Zigaretten pro Tag, trinke keinen Alkohol und nehme keine Schmerz- oder Beruhigungsmittel ein. Sie habe bisher nie an Selbstmord gedacht.

> *Übungsfragen zur Falldarstellung 1 (Teil 1)*
>
> 1. Warum ist es sinnvoll, bereits zu Beginn der Beratung nach Vorerkrankungen, laufenden medizinischen Therapien und Medikamenteneinnahmen zu fragen?
> 2. Warum ist es sinnvoll, Zigarettenkonsum, Alkoholkonsum sowie Schmerz- und Beruhigungsmittelkonsum zu erfragen?
> 3. Wie gehen Sie mit dem Thema Selbstmord um?

Sozialanamnese: Die leiblichen Eltern der Klientin hätten sich vor ihrer Geburt getrennt. Sie wisse aus der Presse und aus Erzählungen der Mutter von ihrem leiblichen Vater. Es bestehe aber kein Kontakt (er sei sehr wohlhabend gewesen, dann später in zwielichtige Kreise geraten und habe sich hoch verschuldet).
Als die Klientin zwei Jahre alt war, habe sich ihre Mutter mit dem jetzigen Stiefvater liiert. Die Familie sei nach Südamerika (Venezuela) gezogen, wo der Stiefvater im Auslandsschuldienst habe arbeiten wollen. Der Stiefvater sei gebürtiger Argentinier gewesen. Sie sei gegenüber den argentinischen Eltern des Stiefvaters fünf Jahre verheimlicht worden,

da sie »unehelich« gewesen sei. Die Mutter sei Flugbegleiterin bei einer international arbeitenden amerikanischen Airline gewesen (zuerst PanAm, dann Übernahme durch United Airlines). Die Klientin habe einen sechs Jahre jüngeren Stiefbruder, der Flugkapitän bei der gleichen Gesellschaft sei.

Als die Klientin 13 Jahre alt war, sei die Mutter bei einem Segelunfall gestorben. Daraufhin sei sie zur Erziehung bei ihrer Tante stiefväterlicherseits aufgenommen worden. Dort sei sie gut versorgt, aber sehr ungerecht und verletzend behandelt worden. Sie habe recht jung einen deutschen Mann geheiratet und sei mit diesem in die Niederlande gezogen. Er sei allerdings häufig fremd gegangen, sei insgesamt sehr unzuverlässig gewesen und habe Schulden gemacht. Diese Ehe sei geschieden worden. Seit ungefähr zehn Jahren sei sie in zweiter Ehe mit ihrem jetzigen Mann verheiratet. Kinder habe sie nicht. Die Ehe sei normal und stützend, gebe aber zu wenig emotionale Geborgenheit und Verständnis. Sie habe mehrere Katzen, die ihr viel bedeuten würden. Sie und ihr Mann hätten ein kleines Einfamilienhaus nahe Rotterdam. Sie habe dort viele gute Freundinnen, die ihr beistünden. Es bestehe keine größere Verschuldung. Es liefen keine gerichtlichen Auseinandersetzungen.

Arbeits- und Berufsanamnese: Die Klientin habe sowohl in Venezuela als auch in Argentinien die deutsche Schule besucht. Nach dem Schulbesuch habe sie zehn Jahre in den Niederlanden als Verkäuferin gearbeitet, anschließend drei Jahre im Büro bei Rover NL und seit etwa elf Jahren als Flugbegleiterin bei derselben amerikanischen Airline, bei der ihre Mutter gearbeitet haben und bei der ihr Bruder arbeite. Diese Tätigkeit erfülle sie sehr, weshalb sie wünsche, in diesem Beruf weiter zu arbeiten. Sie fliege von Holland und Frankfurt aus meist lange Strecken, wie zum Beispiel in die USA, nach Australien und Südamerika. Ihr Beruf gefalle ihr zwar besonders gut, er belaste sie allerdings auch sehr. Sie habe schon mehrmals darüber nachgedacht, etwas anderes zu machen, fürchte aber, dann den internationalen Flair des Berufes zu vermissen.

Vertiefte Anamnese: Die Mutter sei die wichtigste Bezugsperson im Leben der Klientin gewesen. Vom leiblichen Vater habe sie nur Erzählungen gekannt. Als sie zwei Jahre alt gewesen sei, habe die Mutter ihren jetzigen Stiefvater geheiratet. Er habe in Deutschland studiert, stamme aber aus Argentinien. Das Ehepaar sei – auf Drängen des Mannes – nach Venezuela gezogen, wo er als Lehrer gearbeitet habe und die Mutter als Stewardess für United. Die Mutter sei der herzlichste Mensch der Welt gewesen. Sie liebe ihre Mutter immer noch sehr und denke oft mit Tränen in den Augen an sie. Manchmal spreche sie innerlich noch zu ihrer Mutter. Der Stiefvater sei sehr fürsorglich gewesen, habe sich aber seit ihrer frühen Pubertät in sie verliebt und ihr dies auch gestanden. Das sei ihr sehr unangenehm gewesen. Der Stiefvater habe »ihretwegen« psychologische Hilfe aufgesucht, um mit »diesem Problem fertig zu werden«. In den ersten fünf Jahren der Ehe habe sie vor der argentinischen Stiefvatersmutter *(statt »Oma väterlicherseits« schreibt man besser: »Vatersmutter«)* verschwiegen werden müssen, da diese außerordentlich katholisch sei und ein »uneheliches« Kind nicht akzeptiert hätte. Später sei ihr sechs Jahre jüngerer Halbbruder zur Familie hinzugekommen. Zu dem Zeitpunkt sei auch sie in der südamerikanischen Familie öffentlich gemacht worden. Der Bruder sei, sowohl von den Eltern als auch von der späteren Pflegetante, eindeutig bevorzugt worden, da er »ehelich gewesen sei und gleichen Fleisches und Blutes«.

Als die Klientin 13 Jahre alt war, sei ihre Mutter bei einem Segelunfall in der Karibik verstorben. Diesen Unfall habe sie aus einem anderen Segelboot beobachtet. Die Mutter sei von Bord gestürzt und habe von der Crew nicht gerettet werden können, bevor sie ertrunken sei. Kurz darauf habe die Klientin die geborgene Leiche ihrer Mutter sehen können. Sie habe sich völlig verlassen gefühlt. Der Stiefvater habe ihr später gestanden, dass sein erster Gedanke gewesen sei: »*Jetzt kann ich endlich ran an das Mädchen.*« Der Stiefvater habe sie emotional und teils auch körperlich missbraucht (»Jedoch nicht richtig. Er hat mich lediglich überall gestreichelt.«). Er habe es außerdem zugelassen, dass Kollegen von ihm sie auch »berühren« konnten. Dass es sich hierbei um Missbrauch handelte, sei der Klientin allerdings nicht klar gewesen. Später sei sie dann »in der argentinischen Familie« einmalig »richtig missbraucht« worden, dies habe sie allerdings weitgehend vergessen oder verdrängt. Das belaste sie nicht mehr. Zu ihrem Stiefvater habe sie weiterhin ein gutes Verhältnis. Sie würden häufig telefonieren, und sie empfinde diese Beziehung als sehr stützend. Sie würde sich allerdings etwas mehr emotionale Nähe wünschen. Über die Vorfälle in der Kindheit habe sie mit ihrem Stiefvater nicht sprechen können. Ihr sei noch nicht ganz klar, wie sie dazu stehen solle.

Nach dem Tode der Mutter sei die Klientin in Pflege zur Tante väterlicherseits nach Argentinien gekommen. Dort habe man sie nur widerwillig aufgenommen und ihr die Rolle eines »Aschenputtels« zugewiesen – neben der vergötterten Tochter der Tante. Unter der emotionalen Härte, Ungerechtigkeit und Boshaftigkeit dieser Tante habe sie sehr gelitten. Da sie sich wie ihre Mutter gern geschminkt und gut angezogen habe, sei sie von der Tante oft als Nutte, Hure oder Miststück beschimpft worden. Heute habe sie zu diesem Zweig der Familie keinerlei Kontakt mehr. Eigentlich habe sie aber immer schon gewünscht, der Tante und den Cousinen endlich einmal ihre Meinung zu sagen.

Ihre erste Ehe sei eine Flucht aus dieser Pflegefamilie gewesen. Ihre jetzige Ehe verstehe sie auch noch als eine Flucht aus diesen familiären Bindungen.

Ihr jetziger Mann habe sich vor einigen Jahren selbstständig gemacht. Diese Zeit sei finanziell und partnerschaftlich äußerst belastend gewesen. Nun sei er wieder Angestellter, und die Situation habe sich etwas entspannt. Obwohl es eine gute Ehe sei, fehlten ihr Verständnis und emotionale Nähe. Die Ehe komme ihr manchmal vor wie ein Käfig. Sie könne mit ihrem Mann über vieles nicht reden. Er mache dann einfach dicht.

Das Verhältnis zu ihrem Bruder belaste sie sehr. Sie habe ursprünglich ein sehr gutes Verhältnis zu ihm gehabt. Seit er jedoch verheiratet sei, würde er kaum noch Interesse an der Beziehung zu ihr zeigen. Dies führe die Klientin auf das Betreiben der Schwägerin zurück. Von dieser werde sie abgelehnt. Sie könne mit ihrem Bruder darüber aber schlecht reden. Sie befürchte, dass er sie nicht verstehen werde.

Die Arbeit als Flugbegleiterin mache ihr viel Freude. Sie trete damit in die Fußstapfen ihrer Mutter. Früher sei sie allerdings sehr sorglos gewesen. Erst seit dem Attentat im September 2001 sei ihr die Verletzlichkeit dieses Berufes bewusst geworden.

Weitere Fragen zur Falldarstellung 1 (Teil 2)

1. Welche Traumata, die bisher nicht ausreichend verarbeitet werden konnten, hat die Klientin erlitten?
2. Gibt es Parallelen zwischen ihrem Vater und ihrem Mann aus erster Ehe?
3. Um wen konnte die Klientin noch nicht richtig trauern?
4. Warum fällt es der Klientin schwer, ihre Meinung zu sagen?
5. Ihr Bedürfnis nach emotionaler Nähe und Verlässlichkeit wurde mehrmals enttäuscht. Wie könnte sich diese Erfahrung auf ihre eigene Beziehungsgestaltung in der Ehe auswirken?

6. In wessen berufliche Fußstapfen ist die Klientin (ebenso wie ihr Halbbruder) eingetreten? Welches emotionale Band würde zerreißen, wenn sie ihren Beruf aufgäbe?
7. Was glauben Sie, wie die Klientin reagieren würde, wenn Sie sie fragten, ob sie ihrem Bruder gegenüber Neid oder Missgunstgefühle hegt?

Beratungsziele: Die Klientin äußert das vordringliche Beratungsziel selbst wie folgt: »Keine Ängste mehr haben zu müssen, keine Angst mehr vor der Angst zu haben, den Tod der Mutter zu akzeptieren und damit umgehen zu können, den Beruf wieder strahlend und angstfrei auszuüben.«

Gemeinsam mit der Klientin wurden dann folgende modifizierte Beratungsziele aufgestellt:

- Zugang zu Emotionen ermöglichen: Trauer, Wut, Schmerz; beziehungsweise Teile der Trauerarbeit bezüglich des Todes der Mutter leisten.
- Neue Beziehungsdefinition: abgrenzen und die Meinung sagen können, ohne Angst vor Beziehungsabbruch. Erste Möglichkeiten erkennen, wie die Ehe – ohne zu große Gefahr – auf ein neues Fundament gestellt werden könnte.
- Wiederherstellen der Arbeitsfähigkeit (eventuell zuerst im Bodendienst) und Klärung der grundsätzlichen Motivation, weiterhin in der Fliegerei zu arbeiten. Wäre das ein Verrat an der Mutter?
- Gefühle von Scham und Schuld durch Missbrauch und Zuschreibungen (»unehelich«, »Nutte«, »Miststück« – Aussagen der Tante) den Verursachern zuordnen und sich selbst keine Schuld geben müssen.
- Nach einem Gefühl der Heimat suchen.
- Angst und Anfälle von Atemnot, Panikattacken und die Angst vor engen Räumen als möglichen Ausdruck verdrängter Emotionen und intrapsychischer Konflikte erkennen: keine Luft mehr zu bekommen, nicht ausbrechen zu können, hilflos ausgeliefert zu sein … (Achtung: Hier ist eine Coachinggrenze zur Therapie klar überschritten. Dies sollten Sie nur wagen, wenn Sie eine Approbation besitzen und mit dem behandelnden Arzt deswegen Rücksprache gehalten haben.)

Anmerkung: In den folgenden Kapiteln dieses Buches werden wir näher darauf eingehen, wie in Kurzzeit- oder Langzeitberatungen sinnvolle Beratungsziele gemeinsam mit den Klienten definiert werden können. Die hier genannten Ziele sind recht ehrgeizig und können nur in einer Beratung von wenigstens 10 bis 20 Stunden realisiert werden. Dies ist der Umfang, den alle hier vorgestellten Fallbeschreibungen eingenommen haben. Die dargestellte Klientin würde zudem von einer Psychotherapie profitieren, die – je nach Methode – etwa 60 bis 160 Stunden in Anspruch nehmen sollte.

Für jeden Berater ist es ausgesprochen schwierig, eigene Vorstellungen und Wünsche über Heilung, Wachstum und Integration von jenen zu trennen, die die Klienten selbst bilden können und wollen. Darin liegt die große Gefahr, dass wir unseren Klienten eigene Ziele überstülpen, ohne das zu merken.

Lösungsvorschläge finden Sie auf Seite 82.

Falldarstellung 2: Controllingspezialist eckt ständig an

Ein 53-jähriger Controllingsspezialist eines Maschinenbauunternehmens berichtet, er habe ständig Konflikte mit Kollegen und lasse in seinen Leistungen extrem nach.

Weshalb kommt der Klient? Ständige Erschöpfung wegen Schlaflosigkeit, stärkste Antriebslosigkeit, Faulheit, Passivität im sozialen, häuslichen und beruflichen Bereich. Er ecke in privaten Gesprächen oder bei der Arbeit sehr häufig an, indem er andere abwerte oder ungewollt beleidige. Die Geschäftsleitung habe ihn bereits ermahnt und über den betriebspsychologischen Dienst ein Coaching veranlasst.

Gesundheitliche Vorinformationen: Sein Hausarzt habe ihm Schlaftabletten verschrieben. Diese nehme er allerdings nicht mehr ein. Er habe sonst keinerlei Erkrankungen. Er rauche ungefähr 40 Zigaretten am Tag. Abends trinke er häufig zwei bis drei Dosen Bier, um abschalten zu können und um müde zu werden. Er habe bisher nie Alkoholpausen gemacht. Entzugssymptome (Verwirrung, Zittrigkeit, Schweißneigung, beschleunigter Pulsschlag, erhöhter Blutdruck oder Ähnliches) habe er nie gehabt. Er nehme keine Schmerz- oder Beruhigungsmittel ein.

Sozialanamnese: Die Herkunftsfamilie habe in einfachen Verhältnissen gelebt und sei wegen des Krieges aus Ostdeutschland ausgewandert. Der Vater sei Arbeiter gewesen, die Mutter Hausfrau. Der Klient habe eine sieben Jahre jüngere Schwester.
Zurzeit arbeite der Klient in einem Maschinenbaukonzern als Controllingspezialist. Er lebe allein in einer netten 1 1/2 -Zimmer-Wohnung mit Dachterrasse. Die letzten 18 Monate habe er seine Mutter zur Pflege aufgenommen; nun sei sie in einem Heim untergebracht. Vor drei Jahren habe seine Frau sich von ihm scheiden lassen und die drei Kinder, die jetzt 9, 12 und 14 Jahre alt seien, mitgenommen. Im gleichen Jahr sei sein Vater gestorben. Nach der Scheidung von seiner Frau habe er einmal eine engere Beziehung zu einer anderen Frau gehabt, daraus sei aber keine dauerhafte Bindung entstanden, obwohl er sich solch eine Bindung sehr wünschen würde. Er habe kaum Freunde, sei aber noch Mitglied in einigen Sportvereinen, die er aber unregelmäßig besuche. Er habe keine Schulden, und es liefen keine gerichtlichen Auseinandersetzungen.

Arbeits- und Berufsanamnese: Der Klient habe die Hauptschule besucht und danach Elektriker gelernt. Nach der Lehre habe er zunächst in diesem Beruf gearbeitet, ein Jahr später gekündigt und eine Weiterbildung zum Techniker gemacht. Er sei danach jedoch erneut als Elektriker eingestellt worden. Nach zwei Jahren habe er gekündigt und eine Ausbildung zum Ausbilder absolviert. Nach drei Jahren Arbeitslosigkeit habe er sich vorübergehend als Versicherungsangestellter im Außendienst versucht und sei zwei Jahre später wieder in die Produktion des ersten Ausbildungsbetriebes eingetreten. Nach einem Jahr habe er die Planung in seinem Bereich übernommen und habe später nach einer Weiterbildung in die Controllingabteilung wechseln können. Die Arbeit dort sei problemlos gewesen, bis ein neuer, jüngerer Chef dort angefangen habe. Zur gleichen Zeit habe sich seine Frau von ihm getrennt. Bei diesem neuen Chef sei er häufig angeeckt, und seine Leistungen seien kontinuierlich schlechter geworden. Er habe jetzt gekündigt und trete in sechs Monaten eine neue Stelle innerhalb der Unternehmenskette an. Dort werde er eine Chefin haben, die ihm recht viel Freiraum bei seiner Projektgestaltung zugesichert habe. Er denke, mit dieser Chefin sehr gut zurechtzukommen.

Vertiefte Anamnese: Der Klient berichtet, dass er abends kaum müde werde und bis spät in die Nacht vor dem Fernseher sitze und nicht ins Bett komme. Am nächsten Morgen sei er dann häufig wie zerschlagen. Außerdem sei er ziemlich antriebslos und komme kaum aus dem Haus heraus. Viele Verpflichtungen blieben einfach unerledigt liegen, da er sich nicht aufraffen könne und zeitweise äußerst faul sei, privat und zunehmend auch beruflich. Dies sei seit dem Auszug seiner Frau und seiner Kinder besonders schlimm. Vorher habe er das nicht so gemerkt, da das Familienleben viele Strukturen vorgegeben habe. Außerdem sei er Mitglied in einem Sportverein und habe häufig auch andere Ehrenämter innegehabt, wie zum Beispiel Elternsprechervorsitz und anderes. Ihm sei aufgefallen, dass er dabei oft oder fast immer unperfektes Arbeiten anderer bemerkt habe: schlechte Protokollführung und vieles mehr. Diese Ämter habe er dann lieber selbst übernommen, damit solche Missstände beseitigt werden konnten. Manchmal habe er die Amtsinhaber dazu im Beisein von anderen (beispielsweise auf Versammlungen) überreden müssen. An die emotionale Reaktion der jeweils Betroffenen könne er sich nicht recht erinnern. Auf Nachfrage: Es sei ihm nicht bewusst, dass eine solche öffentliche Zurückstufung durchaus verletzend sein könnte. Mit seinem »Perfektionismus« und häufigen »spitzen Bemerkungen« schaffe er es aber leicht, beruflich und privat überall anzuecken. Er könne das nicht verstehen, da er sich extrem bemühe, freundlich und zuvorkommend zu sein. Er habe außerdem eine eher pazifistische Grundeinstellung und lehne Gewalt in jeder Form ab.

Seine ehemalige Ehefrau sei aus Norddeutschland. Von dort sei sie nach München gezogen, wo der Klient heute noch lebe. Er habe das Gefühl gehabt, für sie zuständig zu sein, da sie ihre Heimat und Herkunftsfamilie verlassen habe. Zwischen den Eheleuten sei kein tiefer emotionaler Kontakt zustande gekommen. Es komme dem Klienten so vor, »als wäre sie eigentlich nie richtig hier angekommen«. Für seine Probleme, Ziele und Sorgen habe sie sich nicht richtig interessiert. Nach einigen Jahren sei die Ehe zusehends schlechter geworden, und er habe immer Angst gehabt, »dass sie mit den Kindern heim ins Reich fährt« (nach Hamburg zurück). Wenn er von der Arbeit nach Hause gekommen sei, habe er sich häufig gefragt, ob sie wohl noch zu Hause sei. Vor drei Jahren habe die Frau sich schließlich scheiden lassen und habe die Kinder mit in ihre alte Heimatstadt genommen. Im gleichen Monat sei der Vater des Klienten verstorben. Gegenüber seinen Schwiegereltern habe er sich immer sehr wegen seiner eigenen Eltern geschämt: »Die waren halt ganz einfache Leute und konnten da nicht mithalten. Auch meine Kinder hat es eher zu den Schwiegereltern hingezogen – und nicht zu meinen Eltern.«

Der Vater des Klienten sei Arbeiter gewesen, die Mutter Hausfrau. Die Familie sei nach dem Kriege aus dem Osten nach Westdeutschland umgesiedelt und habe zunächst in Flüchtlingsbaracken im Ruhrgebiet gewohnt. Dort habe unter den Kindern ein rauer Ton geherrscht und der Klient habe früh gelernt, sich körperlich »Gehör« zu verschaffen: »*Da war ich wohl ein richtiger kleiner Schläger.*« Später sei die Familie in die Nähe von München gezogen und habe in einfachen Verhältnissen gewohnt. Viele Freunde und Bekannte seien nach dem Krieg in die USA ausgewandert, was die Familie ebenfalls vorgehabt habe. Da der Vater jedoch tuberkulosekrank gewesen sei, habe dieser Plan nicht umgesetzt werden können.

Der Klient vermisste besonders eine damals weggezogene Spielgefährtin. Mit ihr habe er immer noch einen gelegentlichen Briefkontakt. Noch heute falle es ihm schwer zu verstehen, warum seine Familie den anderen nicht nachgefolgt sei. Als er sechs Jahre alt gewesen sei, sei seine jüngere Schwester geboren worden. Sie sei »nur ein schlechter Ersatz für die weggezogene lieb gewonnene Spielgefährtin« gewesen. In der Schule sei er zuerst ein Außenseiter gewesen, da er als ehemaliges »Lagerkind aus dem Kohlenpott« eher aufbrausend und auch etwas gewalttätig gewesen sei.

Seine Eltern hätten kaum lesen und schreiben können, sodass er den behördlichen und offiziellen Schriftverkehr für seine Eltern schon früh habe regeln müssen. Das habe ihm eine besondere Stellung in der Familie gegeben, die Rollenhierarchie sei teilweise vertauscht gewesen. Er habe seinem Vater beispielsweise jederzeit Entschuldigungen für die Schule zur Unterschrift vorlegen können, da dieser den Inhalt sowieso nicht habe lesen können. Die Eltern seien kaum ausgegangen, sehr häuslich und genügsam gewesen. Sie hätten sich kaum schöne Erlebnisse gegönnt und sich immer sehr eingeschränkt. Freunde hätten die Eltern in Bayern nicht gehabt.

Übungsfragen zur Falldarstellung 2

1. Wo sehen Sie die Ursachen für folgende Gefühle:
   - Angst vor Einsamkeit und vor dem Verlassenwerden?
   - Angst davor, zurückzubleiben?
   - Wut und Traurigkeit (auf wen, warum)?
2. Welche der folgenden Gefühlsanteile, die der Klient dem Vater gegenüber vermutlich hegt, können bewusst leicht akzeptiert werden und welche nur schwer: Trauer, Liebe, Wut, Bewunderung, Verachtung, Geringschätzung?
3. Aus welchen biografischen Quellen könnten diese Gefühlsanteile stammen?
4. Woher könnte die Fantasie stammen, dass auch die Ehefrau irgendwann wieder weit weggehen würde und er allein zurückbleiben müsse?
5. In der Schule und der Notunterkunft im Ruhrgebiet hat der Klient kämpfen können. Jetzt sieht er sich selbst als friedfertig. Welches Ventil suchen sich die unterdrückten und verleugneten aggressiven (wütenden) Anteile des Klienten?

Lösungsvorschläge finden Sie auf Seite 84 f.

Beratungsziele: »Ich möchte nicht mehr so niedergedrückt und schwermütig sein. Ich möchte aufgeschlossen und zugänglicher werden, ohne bei anderen Aversionen auszulösen. Ich möchte meine Pläne umsetzen können und aktiver werden. Ich möchte ausschlafen können, mein Gewicht halten oder reduzieren und mit dem Rauchen aufhören können.«

Gemeinsam wurden mit dem Klienten ergänzend dazu folgende Beratungsziele aufgestellt:

- Langsame Bewusstmachung des »depressiven Grundkonfliktes«: Wut, Aggression und Traurigkeit über verlorene Beziehungen und Lebensmöglichkeiten akzeptieren, wahrnehmen und sozial verträglich äußern können.
- Rivalitätskonflikte mit Vorgesetzten oder auch Konflikte mit »nicht perfekten Menschen« als altes Muster aus seiner Herkunftsfamilie erkennen und damit in den neuen Beziehungen konstruktiv umgehen lernen.
- Bewusstmachung der Motive und Muster in seiner Art der Partnerschaftsfindung, Paarbildung und -pflege.

Falldarstellung 3: Junior-Managing-Director verliert seinen Job

Der 41-jährige ehemalige Junior-Managing-Director einer großen Lebensmittelkette erklärt, er habe seinen Beruf verloren, habe zwei Selbstmordversuche unternommen, trinke Alkohol und lebe zurzeit in einer Beziehungskrise. Er sei französischer Staatsbürger und lebe und arbeite seit ungefähr drei Jahren in Deutschland, aktuell in Berlin.

Weshalb kommt der Klient? Er leide unter teils extremen Stimmungsschwankungen mit Episoden großer Traurigkeit und dem Gefühl tiefer Sinnlosigkeit. Er fühle sich oft unbeholfen und gerate bei Auseinandersetzungen sofort in eine aggressive Trotzreaktion, die seinen Kontakt mit anderen Menschen erschwere. Auch in seiner Partnerschafts- oder Intimbeziehung sei dies störend, da er gesteigert eifersüchtig sei und daher vieles kaputtmache. Die Arbeit habe ihn sehr belastet durch extrem hohe Anforderungen und unklare Erwartungen, die der ehemalige Chef ihm gegenüber gehabt habe. Er fühle sich ziemlich erschöpft, verwirrt, selbstverloren, todtraurig und vor allem auch schuldig (wisse aber nicht, warum). Er habe seine Arbeit verloren und suche nach neuen Perspektiven. Er wolle sich jedoch gegen die Firma, die ihn entlassen habe, zur Wehr setzen.

Gesundheitliche Vorinformationen: Der Klient habe keine körperlichen Erkrankungen. Vor einem Jahr habe er zweimalig einen »halbherzigen Selbstmordversuch«, wie er es nennt, unternommen. Deshalb und wegen seiner Probleme mit Alkohol sei er in nervenärztlicher Behandlung gewesen und über fünf Wochen in einer psychosomatischen Rehabilitationsklinik. Dies habe etwas Klarheit gebracht. Nun müsse er aber seine Zukunft wieder aktiv angehen.
Alkohol: Er trinke täglich kleinere Mengen (zum Beispiel ein bis zwei Flaschen Bier), auch als Schlaf- und Beruhigungsmittel. Zwei- bis dreimal pro Woche trinke er jedoch auch mehrere Biere oder am Wochenende auch Whisky oder Ähnliches. Wenigstens ein- bis zweimal pro Monat sei er sehr betrunken, teils mit Kontrollverlust. Meist trinke er mit Freunden, jedoch oft auch allein. Bei Krisen und Depression benötige er immer Alkohol, auch in größeren Mengen. Bisher habe er keinen Krampfanfall und kein Delirium gehabt. Andere Entzugssymptome habe es bisher ebenfalls nicht gegeben. Die Alkoholpausen seien in den letzten zwei Jahren jedoch nie über einige Tage hinausgegangen. Auch nicht während der stationären Rehabilitation. Er sehe sich nicht als abhängig an und wolle an seinem Alkoholkonsum zurzeit nicht arbeiten.
Tabak: Er rauche etwa 40 bis 60 Zigaretten pro Tag. Einige Male im Monat zudem Haschisch; dies jedoch nicht regelmäßig. Früher in Frankreich und anfänglich in Deutschland habe er selten auch Kokain über die Nase konsumiert. Zurzeit und in den letzten Monaten jedoch nicht.
Eine Selbstmordgefährdung bestehe nach Angabe des Klienten nicht mehr. Dies scheint dem Berater aktuell glaubhaft.

Sozialanamnese: Die Kindheit habe der Klient in der Provence in Südfrankreich verbracht. Der Vater sei Verkaufsleiter einer Druckerei gewesen, die Mutter Köchin in einem Heim und später Frührentnerin. Er habe einen drei Jahre älteren Bruder, der erfolgreicher Vertriebsdirektor in der Autoindustrie sei. Der Klient habe eine vier Jahre alte Tochter mit seiner französischen Ex-Freundin. Die Tochter lebe bei dieser in Frankreich. Er besuche sie gelegentlich. Der Klient sei seit etwa drei Jahren in Deutschland – aktuell in Berlin – und habe im Moment eine 26-jährige Freundin. Diese Beziehung sei durch

Eifersucht und ständige Streitereien instabil. Die Freundin sei Studentin und habe ein Kind von einem anderen Mann, das bei ihr lebe. Von seiner Firma sei ihm vor einem Jahr gekündigt worden, wogegen er gerichtlich vorgehe. Er habe große Geldsorgen aufgrund von Verschuldungen und wegen der Unterhaltszahlungen für sein Kind in Frankreich. Außerdem zahle er noch die Miete für die Wohnung der Freundin. Er habe keine oder nur sehr wenig stützende Kontakte in Berlin, jedoch alte Freunde in Frankreich.

Arbeits- und Berufsanamnese: Der Klient sei ein sehr guter Schüler gewesen und habe alle Aufgaben und Tests immer viel schneller erledigen können als seine Mitschüler. Dabei sei er jedoch aufsässig und trotzig gewesen und habe daher häufig Prügelstrafe bezogen, die in Südfrankreich in seiner Kindheit noch üblich gewesen sei. Nach der Schule habe er Kunst und Betriebswirtschaft studiert und gute Zeitanstellungen als Manager in seiner Heimatstadt erhalten, bis er mit 27 Jahren eine Festanstellung in einem europäischen Lebensmittelkonzern erhalten habe. Vor drei Jahren habe ihn dieser Konzern zunächst nach München versetzt. Er sei unter anderem im Verkauf tätig gewesen als Sales Manager. Er habe große Verkaufserfolge auf der arabischen Halbinsel gehabt, die er zusammen mit seinem damaligen Chef bereist habe. Als dieser Chef innerhalb des Konzerns befördert worden sei und in die deutsche Zentrale nach Berlin gegangen sei, habe er den Klienten gebeten, ihn als Junior-Managing-Director zu begleiten. Diese Position habe er etwa ein Jahr innegehabt, bis er seinen zweiten Selbstmordversuch unternommen habe. Daraufhin habe man ihm eröffnet, dass er nach der stationären Rehabilitation voraussichtlich wieder als Verkäufer in München arbeiten solle (er habe dies als Degradierung gewertet). Dagegen habe er Einspruch eingelegt, der Betrieb reagierte mit Kündigung, da man »sich nicht einvernehmlich habe einigen können«. Für den Fall, dass es nicht zu einer Aufhebung der Kündigung kommen könne, plane er nun, seine Deutschkenntnisse durch einen Universitätskurs zu verbessern, ein damals begonnenes Kunststudium wieder aufzunehmen und später Französischkurse für Manager zu geben oder als Consultant oder Coach zu arbeiten. Er sei seit mehr als zwei Jahren ohne Arbeit und beziehe Arbeitslosengelder.

Vertiefte Anamnese: Die Eltern seien seit über 40 Jahren verheiratet. Die Mutter wirke auf ihn kindisch. Der Vater habe ihn immer materiell unterstützt, habe aber keine Gefühle zeigen können. Zu ihm habe er sich eine nähere oder »greifbarere« Beziehung gewünscht. Der ältere Bruder sei immer bevorzugt worden. Er sei größer, besser aussehend, erfolgreicher. Er würde ihn deswegen einerseits hassen, andererseits aber auch bewundern und lieben. Das Verhältnis zum Bruder sei aktuell eine »dünne Version« der Vaterbeziehung. Sein wichtigster Freund in der Kindheit sei François gewesen. Mit ihm habe er bis zum 16. Lebensjahr sehr viel Zeit verbracht und fühle sich ihm gegenüber schuldig, da François weniger intelligent gewesen sei als er und er ihn häufig herabgesetzt habe. Mit François habe er jetzt noch regelmäßig Kontakt, was er als sehr stützend empfinde.
Als der Klient ungefähr vier Jahre alt gewesen sei, sei der Großvater ziemlich krank und bettlägerig gewesen. Den Großvater (der Vater der Mutter) habe er sehr geliebt, da dieser warmherzig und liebevoll gewesen sei; im Gegensatz zum Vater. Der Klient habe mit dem Großvater »kitzeln gespielt«, dabei sei der Großvater aus dem Krankenbett gefallen, habe die Augen merkwürdig verdreht und sei besinnungslos geworden. Alle hätten dann panisch reagiert und den Klienten in ein anderes Zimmer gesperrt. Von dort aus habe er durch den Türspalt etwa eine Stunde lang verfolgen können, wie Rettungs-

teams und der Notarzt im Hause agierten. Es sei ihm verboten worden, aus dem Zimmer herauszukommen, weshalb er nach einiger Zeit in die Hose gemacht habe. Später hätten sich alle äußerst komisch verhalten, und als nach drei Tagen die Beerdigung des verstorbenen Opas gewesen sei, sei er der Einzige gewesen, der zu Hause geblieben sei. Das Ereignis sei von ihm danach vergessen worden und sei erst in der Beratung (hypnotherapeutische Imaginationsübung) wieder erinnert worden. (Dabei habe er sehr stark geweint und sich auf dem Boden zusammengekauert.)

Der Klient habe bis zu seiner ersten Festanstellung zu Hause bei den Eltern gelebt. Bis zu seinem 35. Lebensjahr habe er eine feste Partnerin gehabt, mit der er ein Kind bekommen habe. Als er nach München übergesiedelt sei, habe sie ihn zusammen mit dem Kind begleitet. Da sie allerdings keinen Job in Deutschland gehabt habe, sei es ihr schwer gefallen, hier Fuß zu fassen. Sie habe sich vereinsamt gefühlt und keinen Sinn gesehen, weshalb sie dann nach Frankreich zurückgekehrt sei. Die Beziehung habe er anfangs über die Distanz aufrechterhalten können, sie sei dann aber zerfallen. Es bestünde noch ein freundschaftlicher Kontakt in der Rolle als Eltern.

Die Arbeit in Deutschland habe den Klienten zeitlich und emotional sehr in Anspruch genommen. In München habe er dann eine deutsche Studentin kennen gelernt, mit der er vom ersten Abend an eine intensive Beziehung geführt habe. Sie habe auch ein Kind aus einer früheren Beziehung gehabt. Nachdem seine Wohnung in München wegen Eigenbedarfs gekündigt worden sei, habe er zunächst nichts unternommen, nach Verstreichen aller Fristen aber dagegen erfolglos Einspruch erhoben. Anschließend sei er zu seiner Freundin gezogen. Sie habe dann für beide eine neue Wohnung in München gesucht und kurz darauf erneut eine weitere Wohnung, da die erste doch nicht passend gewesen sei.

Da der Klient beruflich häufig in Berlin gewesen sei, habe das Paar dann beschlossen, ganz nach Berlin zu ziehen. Die neue Wohnung in Berlin habe die Freundin ausgesucht. In kurzer Zeit habe der Klient vier Umzüge bewerkstelligt und kurzfristig sei seine Habe in vier Wohnungen verteilt gewesen. In Berlin habe er oft in Hotels übernachten müssen, bevor die Umzüge und Wohnungsauflösungen abgeschlossen werden konnten. Er habe sich dadurch und durch die steigenden beruflichen Anforderungen ziemlich überlastet gefühlt. Die Beziehung zur Freundin sei außerdem nicht sehr harmonisch gewesen. Leidenschaft und eine übersteigerte trotzig-aggressive Eifersucht seien bei dem Klienten abwechselnd aufgetreten. Mit seiner Eifersucht habe er die junge Beziehung immer wieder in Krisen gestürzt. Schließlich habe er im Rahmen einer solchen Krise kurz nach dem Umzug nach Berlin im Affekt einen Selbstmordversuch unternommen, bei dem er Schmerztabletten mit Whisky eingenommen habe. Im Rahmen beruflicher Auseinandersetzungen und privater Streitigkeiten habe er sechs Monate später den zweiten Selbstmordversuch unternommen, den er einige Tage geplant habe. Hierfür habe er schon vorher Schlaftabletten gekauft und sich für drei Tage in ein Hotel eingecheckt. Die aktuelle Krise sei durch ärztliche Behandlung und eine Rehabilitation behoben worden. Trotzdem fühle er sich seitdem hilflos und mit dem Rücken zur Wand stehend.

Die nachlassenden Leistungen am Arbeitsplatz hätten nach dem zweiten Selbstmordversuch letztendlich zu seiner Kündigung geführt.

In der Beziehung zur Freundin sei er entweder nur kindlich-nehmend oder überschießend eifersüchtig. Kurz vor dem Beginn der Beratung habe sich die Freundin von ihm getrennt; jedoch vielleicht nicht dauerhaft, wie er hoffe.

Übungsfragen zur Falldarstellung 3

1. Auch bei diesem Klienten taucht wieder die Frage auf, ob die Anamnese zweier Selbstmordversuche, großer Traurigkeit und der hohe Alkoholkonsum Ausschlusskriterien für ein Coaching oder eine psychologische Beratung sind. Unter welchen Umständen wären Sie bereit, den Klienten trotzdem zu coachen, vorausgesetzt, Sie fühlen sich beraterisch kompetent genug?
2. In der Beratung erinnerte der Klient sich wieder an den Tod seines Großvaters. Damals hat er sich verantwortlich und schuldig für dessen Sterben gefühlt. Wie interpretieren Sie das Verhalten der anderen Familienmitglieder, die den Klienten in ein Zimmer sperrten und ihn nicht mit zur Beerdigung nahmen? Welche falschen Schlüsse hat der Klient aus diesem Verhalten der Erwachsenen gezogen?
3. Könnten Sie sich vorstellen, dass in diesem Klienten kognitive oder emotionale Anteile eines etwa vierjährigen Kindes gelegentlich aktiv sind und mit Wut, Trotz, Schuldgefühl, Scham und Angst reagieren? Woher stammen diese abgespaltenen (dissoziierten) Persönlichkeitsanteile?
4. Weshalb hat der Klient als Kind möglicherweise geglaubt, die Liebe der Mutter verloren zu haben? Wie könnte aus dem geschilderten Kindheitstrauma seine Rivalität gegenüber dem Bruder verstärkt worden sein?
5. Könnte das traumatische Ereignis auch die Ursache für seine gelegentlichen Eifersuchtsattacken und seine absoluten Ansprüche nach Nähe sein?
6. Woher kommt die Befürchtung (und vielleicht auch das Bedürfnis), Beziehungen kaputtzumachen?
7. Haben Sie eine Idee oder Spekulation darüber, wie die Kindheitserfahrungen sich auf Konkurrenz-Konflikt-Situationen am Arbeitsplatz auswirken könnten?

Lösungsvorschläge finden Sie auf Seite 85 f.

Beratungsziele: Der Klient äußert das vordringliche Coachingziel selbst wie folgt: »Wieder eigene Gefühle wahrnehmen können, bevor zerstörerische Trotzreaktionen auftauchen. Wieder erkennen, wer ich selbst eigentlich bin. Neue lebendige Berufsperspektiven entwickeln.«

Gemeinsam wurden mit dem Klienten zusätzlich folgende Beratungsziele aufgestellt:

- Durcharbeiten von Verlust und Trauer.
- Erkennen, dass er keine Schuld an dem Todesfall hat und dass die Familienmitglieder sich damals aus anderen Gründen auffällig verhielten und ihn vermutlich sogar schützen wollten.
- Integration der dissoziierten (unbewusst abgespaltenen) kindlichen Anteile aus dem damaligen Trauma und Aufbau eines integrierten Selbstkonzeptes als erwachsener Mann.
- Einsicht in die Psychodynamik der pathologisch gesteigerten Eifersucht und Umsetzung in ein neues Beziehungskonzept.
- Einsicht in die Psychodynamik des Konkurrenzthemas gegenüber Vater, Bruder und eventuell auch gegenüber dem ehemaligen Vorgesetzten bei der Arbeit.
- Entwurf einer realistischen Zukunftsperspektive, die dem Alter und den Vorerfahrungen angemessen ist (Geld, Beruf, Privatleben und anderes) und Wiederherstellung der Arbeitsfähigkeit.

Lösungen

Lösungsvorschläge zu den Übungen 1–6

Übung 1: Aktives Zuhören (s. S. 55)

1. verzagt
2. hoffnungsvoll
3. gerührt
4. wütend
5. stolz
6. aufgeregt
7. enttäuscht
8. hilflos
9. begeistert
10. empört
11. erschreckt
12. verletzt
13. hilflos
14. begeistert
15. resigniert, besänftigt

Übung 2: Widerspiegeln der Sinnesmodalität (s. S. 58)

1. Hören – auditiv
2. Fühlen – kinästhetisch
3. Fühlen – kinästhetisch
4. Hören – auditiv
5. Hören – auditiv
6. Fühlen – kinästhetisch
7. Fühlen – kinästhetisch
8. Sehen – visuell

Übung 3: Übersetzen in alle vier Kommunikationsaspekte (s. S. 60)

Keine Musterantworten. Bitte diskutieren Sie die vier Kommunikationsaspekte am besten in einer Arbeitsgruppe.

Übung 4: Sprachliche Oberflächenstrukturen hinterfragen (s. S. 61 ff.)

Lösungsanregungen in Kurzform. Sie sollten diese zur weiteren Übung ausformulieren. Folgende Fragen werden dem Klienten vom Coach gestellt.

Tilgungen
1. Wen, weshalb?
2. Was, wann, wo?
3. Was, seit wann?
4. Was, wann?
5. Inwiefern, wann, wie, warum?
6. Woher, wie genau?
7. Wovor genau, wieso »eigentlich«?
8. Auf welche Weise aggressiv, wie irritieren?
9. Wer war traurig, worüber nachgedacht?
10. Was genau, was war fast so schlimm?
11. Als wer genau?
12. Wieso erstaunt? Netter als wer?
13. Wer sagt das? Warum? Und wenn nicht, was passiert?
14. Wer oder was hindert daran? Warum sollte das einfach sein?
15. Für wen? Was heißt »wirklich«?

Nominalisierungen
1. Was genau soll er tun?
2. Wer lehnt wen ab? Was passiert genau (woran wird die Ablehnung erkannt)?
3. Welche Sätze oder Aussagen genau? Was bedeutet Beleidigung (was passiert im Klienten genau)?
4. Was fühlen oder wünschen Sie?
5. Was sind die Taten hinter dem Vorankommen? Was bedeutet Mittelpunkt?
6. Wie haben sich welche Menschen getrennt?
7. Was wird genau gespürt, welche Fragen?

8. Welche Sequenzen des Dialoges genau? Wie wird Ratlosigkeit empfunden?
9. Was passiert genau, was wird gefühlt und getan?
10. Was passiert, wo ist der Schmerz, wann, seit wann ...?

Generalisierungen
1. Wer sagt das? Wirklich immer?
2. Gibt es Situationen, in denen das notwendig ist?
3. Gab es jemanden, der das doch konnte?
4. Wem könnten Sie eventuell doch trauen?
5. Gibt es Situationen, in denen das nicht so ist?
6. Gilt das für alle Pflanzen?
7. Könnten Sie sich jemanden vorstellen, dem das nicht passiert?
8. Wer könnte eventuell doch darauf achten? Wer könnte die Ausnahme sein?
9. Wann sollte man Bedürfnisse vielleicht doch unterdrücken?
10. Gibt es da keine Ausnahmen? Wer macht es besser?

Gedankenlesen, Unterstellungen und andere Verzerrungen
1. Wieso hat die Arbeit etwas mit wirklicher Liebe zu tun? Könnte es sein, dass er aus anderen Gründen so viel arbeitet? Was bedeutet wirkliche Liebe für Sie?
2. Woher wissen Sie, dass ihm an seiner Karriere nichts liegt? Woran erkennen Sie, dass er weniger engagiert ist als andere (Sie)?
3. Vielleicht kann er sich erst korrekt vorbereiten, wenn Sie mit ihm über das Projekt geredet haben?
4. Woran erkennen Sie, dass er nicht hinter dem Projekt steht? Wie bewirkt er die Verärgerung bei Ihnen?
5. Wenn es diese Auswirkungen auf die Firma nicht gäbe, dann würden Sie die Firma also verlassen?
6. Wer lässt Ihnen keine andere Wahl?
7. Wie schafft er es, Sie dadurch zu verletzen? Woher wissen Sie, dass er auf Ihre Gefühle keine Rücksicht nimmt?
8. Wie können Sie das wissen?
9. Könnte es andere Gründe geben, dass er Sie alleine lässt?
10. Woher wissen Sie, dass er seine Probleme nicht in den Griff bekommt? Woher wissen Sie, dass er eine Wahl getroffen hat? Welche Wahl?
11. Wie schafft er es, Sie durch sein Reden zu deprimieren?

Übung 5: Erhitzen und abkühlen
(s. S. 65)

1. E: Verletzt Sie das?
   A: Was sagen Ihre Freunde dazu?
2. E: Hemmt Sie das?
   A: Hat sie Probleme?
3. E: Was macht das mit Ihnen?
   A: Welche sachlichen Gründe könnte es dafür geben?

4.–10. nach gleichem Muster wie 3. Sie können dabei auch hypnotische Sprachmuster einsetzen:
   E: Wie hemmt, beklemmt, verletzt, behindert, schmerzt Sie das? (Darin ist die Botschaft enthalten: Es hemmt, beklemmt ... Sie.)
   A: Wenn Sie das mal nüchtern analysieren, was denken Sie ... (Direkte Aufforderung: Bitte seien Sie jetzt nüchtern und fangen Sie hier nicht an.)

Übung 6: Kochplatten wechseln
(s. S. 66)

Diese Übung hat keine Musterlösungen. Bitte diskutieren Sie diese Übung am besten in einer Arbeitsgruppe.

Lösungsvorschläge zu den Fall-Vignetten 1–6

Fall-Vignette 1: Angst vor dem Fliegen? (s. S. 56)

Die Klientin hat Angst. Im medizinischen Sinne geht es aktuell wahrscheinlich um eine Erkrankung, welche von einem Arzt bereits therapiert wird (?). Es handelt sich also nicht um einen reinen Coachingauftrag.
Der Wunsch nach Kurz-Hypnosen oder Tabletten signalisiert häufig einen großen Leidensdruck, aber eine noch mangelnde Bereitschaft, sich tieferen Zusammenhängen zuzuwenden und dabei selbst aktiv zu werden. Die Beratung sollte nur begonnen werden, wenn dies mit dem Arzt abgesprochen ist und klargestellt wird, dass keine therapeutischen Aspekte berührt werden (keine Heilversprechungen, keine Diagnosen oder Ähnliches). Uns ist bekannt, dass zahlreiche psychologische Berater und Coaches trotz klarer rechtlicher Grenzen eine Art »kleiner Psychotherapie« betreiben. Wir möchten Sie daher jetzt schon darauf hinweisen, dass Ihnen Psychotherapie ohne eine Approbation oder Erlaubnis zur Ausübung der Heilkunde (zum Beispiel begrenzt auf das Gebiet der Psychotherapie) nicht gestattet ist.

Fall-Vignette 2: Flugbegleiterin sucht Verständnis (s. S. 59)

Die Teamleiterin wird mit Worten der auditiven Sinnesmodalität geschildert, die Arealeiterin (wobei wir noch nicht wissen, was das ist) wird vorwiegend in der visuellen Sinnesmodalität geschildert. Der Klientin geht es zunächst nicht darum, dem Coach ihre Angst oder ihre Symptome detailliert zu schildern. Für sie steht im Vordergrund, wie andere Menschen mit ihr und ihrem Problem umgehen. Sie möchte akzeptiert, ernst genommen, gesehen und verstanden werden. Die Frage hinter dieser Schilderung könnte sein: »Wie sehen Sie mich – hören Sie mir zu?« In der Schilderung der Klientin steckt somit auch die Frage oder der Wunsch nach einer bestimmten Beziehungsqualität, nach gutem Rapport.

Fall-Vignette 3: Ein Berater fordert Entschlusskraft (s. S. 60)

Klienten äußern sich häufig über schlechte oder falsche Ratschläge anderer Berater, Therapeuten oder Ärzte. Die Klienten sind dann oft sehr erbost. Ebenso erbost sind oft die Berater, die von den Fehlern ihrer Kollegen hören. Wir möchten Sie jedoch darauf hinweisen, dass viele Beratungsprofis nicht so schlecht oder einfältig sind, wie Klienten dies wahrnehmen oder schildern. Oftmals verstehen die Klienten Sachinformationen falsch. Dazu ein Beispiel:

Berater: »Dass Ihr Mann auf Ihre Bedürfnisse nicht mehr eingehen mag, weist darauf hin, dass in Ihrer Beziehung etwas eingeschlafen ist. Ihre bisherigen Bemühungen, daran etwas zu ändern, waren leider nicht sehr effektiv. Wir sollten daraus andere Konsequenzen ziehen. Das verlangt allerdings viel Mut und Konsequenz.« Fehlinterpretation der Klientin: »Die Beziehung ist erlahmt. Da können Sie nichts mehr ändern. Sie sollten sich trennen. Dazu müssen Sie nun aber konsequent und hart sein.«

In den Äußerungen der Klienten vernehmen Berater häufig versteckte Appelle und Beziehungsbotschaften: »Hilf mir, ohne dass ich etwas tun muss. Genau das ist dein Job!« Darauf reagieren viele Berater unangemessen oder mit versteckter Aggression. Auch dies führt zu vielerlei Kommunikationsstörungen. Trotzdem gibt es natürlich Fälle, in denen Berater eigene Wert- und Heilsvorstellungen an den Klienten herantragen und diesen dadurch in eine Richtung drängen, die er selbst nicht gewählt hätte.

Bitte richten Sie sich darauf ein, dass Ihre Klienten vieles ganz anders verstehen werden, als Sie es gemeint haben. Fassen Sie Ihre Aussagen daher mehrfach in anderen Worten zusammen und fragen Sie Ihre Klienten, wie sie die Botschaften verstanden haben, die Sie übermitteln wollten. Sie werden überrascht sein, auf welch kreative Weise Ihre Botschaften umgedeutet werden.

Die Klientin in diesem Fall hat außerdem gelernt, wie sie die Hilfe verschiedener Personen in Anspruch nehmen kann. Sie arbeitet als Flugbegleiterin bereits zusammen mit ihrer Arealeiterin, dem Hausarzt, dem ersten Berater und nun mit einem zweiten Berater. Diese Hilfspersonen werden – zumindest unbewusst – gegeneinander ausgespielt und vorgeführt. Dies ist durchaus ein normaler Vorgang.

Es wäre verständlich, wenn Sie anfangs mit Eifersucht darauf reagieren würden. Mit der Zeit werden Sie merken, dass all die anderen Berater auch Interessantes zu sagen haben. Versuchen Sie einfach, die Meinungen der anderen Berater (oder das, was Sie indirekt darüber hören) zu achten und geschickt in Ihre Arbeit einzubinden.

Fall-Vignette 4: Erschöpfter Controllingspezialist (s. S. 64)

Der 53-jährige Controllingspezialist einer großen Maschinenbaufirma klagt über <u>totale</u> *(wann und wie genau?)* Erschöpfung, <u>ständige</u> *(wie oft genau?)* Schlaflosigkeit, Schmerzen im <u>ganzen</u> *(wo, wann, wie genau?)* Körper, über eine <u>unüberwindliche</u> *(Was kann er denn noch machen? Wann überwindet er sich? Wer hindert ihn?)* Antriebslosigkeit und Passivität. Seinen sozialen und häuslichen Pflichten könne er auch <u>nicht</u> *(was genau kann er noch, was nicht?)* mehr nachkommen. Bei der Arbeit <u>ecke er einfach ständig an</u> *(wie genau, wirklich immer, bei wem?)*, da er <u>unentwegt</u> *(wann nicht?)* andere <u>unbewusst abwerte und beleidige</u> *(wann ist es bewusst, wie genau, wen genau?)*. Sein Vorgesetzter habe ihm die Pistole auf die Brust gesetzt und ein Coaching organisiert *(Was passiert, wenn er es nicht macht? Will er selbst auch etwas ändern?)*.

Anmerkung: Wenn Sie Fantasien über den Klienten hatten, wird es sich dabei vermutlich um die Mischprojektion eigener Ängste oder ähnlicher Personen aus Ihrem Bekanntenkreis oder dem weiteren Umfeld handeln. Gehen Sie dem bitte nach. Solche Projektionen haben wir anfangs bei jedem Klienten. Sobald wir dem Klienten dann gegenübersitzen, wird sich dies mit einem unübersichtlichen Hin und Her von Übertragungen und Gegenübertragungen mischen. Da wir keine Psychoanalyse betreiben, brauchen wir darauf nicht explizit einzugehen. Bitte lehnen Sie sich aber hin und wieder zurück und vergegenwärtigen Sie sich, dass ein großer Teil der Annahmen, Ideen, Gedanken oder Gefühle, die Sie zu dem Klienten entwickeln, von Ihnen selbst in dem Wechselspiel mit dem Klienten initiiert werden.

Fall-Vignette 5: Von den Kindern getrennt (s. S. 66)

Ideal ist eine kleine Sitzgruppe mit drei Stühlen (und einem bis zwei Ersatzstühlen für Besucher). Berater- und Klientenstuhl sollten dabei nicht frontal einander gegenüberstehen. Ein kleiner Tisch, der zur Ablage von Notizmaterial genutzt werden kann, schafft zusätzlich eine kleine Schutzbarriere für beide. Dieser Tisch sollte nicht direkt zwischen Berater und Klient stehen. Ein dritter Stuhl kann zum Rollentausch und für ähnliche Interventionen genutzt werden. Eine kleine Skizze zur vorgeschlagenen Sitzordnung (die Pfeile markieren die Blickrichtung) finden Sie auf der folgenden Seite.

Ob Berater- und Klientenstuhl eindeutig festgelegt sind, hängt allein von Ihren Wünschen ab. Ich bevorzuge es, wenn die Klienten frei wählen können. Im genannten Fall war an der Lage des Notizblocks für den Klienten erkennbar, dass ich mich vermut-

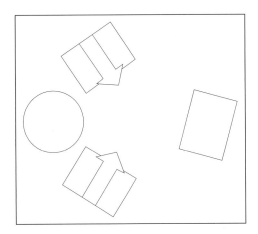

lich auf einen bestimmten Stuhl setzen wollte.
Das Benehmen des Klienten hat großen Einfluss auf unsere Fragestrategie. Die »provokative Wahl« des Sitzplatzes, das betont männliche und selbstsichere Auftreten, verleitet dazu, in ein kleines Machtspiel einzutreten (wenn wir das komplizierte Wechselspiel von Projektionen und Übertragungen hier außer Acht lassen). Der Berater fühlt sich dadurch vielleicht besonders angeregt, dem »harten Kerl« zu zeigen, dass dieser einen weichen Kern hat und zum Weinen gebracht werden kann. Andererseits hat der Klient durch seinen abrupten Einstieg in sein Thema eventuell auch angedeutet, dass er bereit ist, seine männliche Fassade zu verlassen, um die emotionalen Anteile seines Problems zu besprechen und zu erfühlen.
Es ist keine Kunst, einen anderen Menschen zum Weinen zu bringen. Es sollte auch nicht das erklärte Ziel jeder Beratung sein, tiefe Emotionen aufzuwühlen. Andererseits sollte sich kein Berater vor diesen Emotionen scheuen. Hätte der Berater die Tränen vermeiden wollen, wären dazu folgende Fragen angemessen gewesen: »*Wie teuer war bisher der Rechtsstreit, den Sie deshalb vermutlich geführt haben? Geben Ihre Kollegen Ihnen Rückhalt in dieser Angelegenheit? Was sagen Ihre besten Freunde zu der ganzen Sache?*«

Fall-Vignette 6: Ein Manager gibt sich wie ein Teenager (s. S. 67)

Der Klient bewegt sich auf der Herdplatte für Ziele. Die Problemplatte wird aktuell ausgeblendet: gescheiterte erste Beziehung, gescheiterte Karriere, Alkoholismus, problematische aktuelle Beziehung.
Hinter diesen Schlagworten verbergen sich sicher tiefe Gefühle von Wut, Trauer, Verzweiflung, Enttäuschung. Indem der Klient dies ausblendet, kann er sich davor schützen, von diesen Gefühlen überwältigt zu werden. Eines Ihrer Anliegen als Berater sollte es sein, den Klienten dabei zu unterstützen, eigene realistische Ziele zu formulieren und diese auch zu erreichen. Dazu können Sie dem Klienten verhelfen, indem Sie ihm den Zugang zu seinen Ressourcen ermöglichen. Jede wirkliche Veränderung beinhaltet jedoch stets eine Ablösung von bisher gelebten Sichtweisen, Gefühlen, Gewohnheiten, Möglichkeiten. Um grundlegende Probleme kommt man daher nie herum, wenn man nachhaltige und tief greifende Beratungsarbeit leisten möchte.
Der hier dargestellte Klient wirkt in seinen Zukunftsplänen etwas unrealistisch. Außerdem ergibt sich darin wenig Bezug zu seinem bisherigen Lebenswandel. Es dürfte sich wohl nicht um eine spirituelle Läuterung des Klienten handeln (*Jung* nannte das die Suche nach Individuation in der zweiten Lebenshälfte: vom Karriere- und Versorgungsdenken zur spirituellen Entfaltung). Daher liegt der Verdacht nahe, dass er die Probleme aus oben genannten Gründen ausblendet. Er wird auf das Angebot des Beraters, die Problemseite seines Lebens näher zu beleuchten, also zunächst mit Ablehnung reagieren.

Lösungsvorschläge zu den Falldarstellungen 1–3

Falldarstellung 1: Flugbegleiterin mit Angstzuständen (s. S. 68ff.)

Teil 1

1. Erkrankungen und medizinische oder psychotherapeutische Behandlungen sind bedeutsame Ereignisse oder Prozesse für jeden Klienten. Auch für psychologische Berater ist es daher sinnvoll, diese zu kennen. Sie können so auch klarer entscheiden, ob Sie den Beratungsauftrag annehmen dürfen und wollen: Ist eine Beratung oder eine Therapie gewünscht und/oder notwendig? Laufen medizinische Behandlungen, auf die Sie Ihre Beratungsarbeit nach Rücksprache mit einem Arzt abstimmen müssen?

2. Der Konsum von Drogen dient häufig der Kompensation seelischer Beschwerden und Nöte (als eine Art schädlicher Selbstmedikation). Abhängiges Verhalten erschwert die Beratung und stellt für den Klienten zusätzlich einen enormen Druck dar. Häufig ist die Motivation zu einer Entgiftung und Therapie dann die beste Beratung.

3. In einer vertrauensvollen Beratungssituation sollten der Tod und auch der Selbstmord nicht tabuisiert werden. Wenn der Klient Ihnen Selbstmordgedanken mitteilt, sind Sie verpflichtet, ärztliche Hilfe zu organisieren.

Teil 2

1. Verlust des leiblichen Vaters, Tod der Mutter, emotionaler und körperlicher Missbrauch, verletzende Behandlung bei der Tante, Vertrauensbruch des ersten Mannes, Heimatlosigkeit.

2. Aus der Anamnese ist bekannt, dass der Vater in zwielichtige Kreise geraten sein soll. Der erste Mann machte Schulden und ging fremd. Vielleicht gibt es Parallelen, die genauer erfragt werden sollten.

3. Vornehmlich wohl um den Verlust der Mutter. Diese wird noch nicht losgelassen und sehr stark idealisiert.

4. Sie hat mehrere sehr verletzende Beziehungsabbrüche erfahren. So etwas schürt häufig die Angst, dass Konflikte zu weiteren Abbrüchen führen.

5. Aus Angst vor erneuten Abbrüchen könnte sie eine besonders liebevolle und zugewandte Ehe herbeisehnen, in der alles konfliktfrei funktioniert.

6. Den Beruf der Mutter zu ergreifen schafft emotionale Nähe. Zu erkennen, dass sie dazu gar keine Lust mehr hat, könnte von ihr wie ein Verrat an der Mutter empfunden werden und das emotionale Band, welches sie zu der Mutter noch unterhält, scheinbar zerreißen.

7. Da sie sich eine intakte Familie mit viel Liebe und wenig Konflikten ersehnt, wird sie ihren Neid und ihre Missgunst (»er ist immer bevorzugt worden!«) nicht als Emotion wahrnehmen wollen. Sie wird sich gegen eine solche aggressive Interpretation vermutlich wehren.

Falldarstellung 2: Controllingspezialist eckt ständig an (s. S. 72ff.)

1. Der Klient trennte sich als Kind von seinem Heimatort (Übersiedlung) und später von Freunden, Bekannten und Verwandten, die in die USA auswanderten. Die Erkrankung des Vaters war daran schuld, dass die Familie den Aussiedlern nicht folgen konnte. Kinder sind in solchen Situationen oft sehr wütend und können einen Teil dieser Wut (und Traurigkeit) mit in das Erwachsenenleben nehmen.

2. Die emotionale Seite von Verachtung und Geringschätzung gegenüber den eigenen Eltern zu spüren, ist eine äußerst schmerzliche Erfahrung, die häufig verdrängt wird.

3. Als Kind war der Klient sicher stolz, dass er, als Einziger in der Familie der Schriftsprache mächtig, die Eltern unterstützen konnte. Dies hat jedoch auch zu Rollenverwirrungen geführt, da Schriftunkundige auf den Rat der Schriftkundigen angewiesen sind. Der Klient gibt auch an, sich für seine Eltern heute noch zu schämen.

4. In aktuellen Beziehungen werden Trennungen vielleicht vorweggenommen oder unbewusst selbst angebahnt, um die Verletzung durch Beziehungsabbrüche nicht erneut mit gleicher Macht zu spüren. Viele Freunde und auch eine besonders wichtige Spielkameradin haben den Klienten in der Kindheit verlassen.

5. Verbale verletzende Attacken, mit denen er andere gegen sich aufbringt. Auch seine Geringschätzung der Leistungen anderer (zum Beispiel in Vereinen) sind Ausdrucksformen von Aggression. Der Konkurrenzkonflikt mit seinem Vorgesetzten reaktiviert vermutlich frühere Kompetenz-Konkurrenz-Konflikte, die er mit seinem Vater und seiner Mutter hatte.

Falldarstellung 3: Junior-Managing-Director verliert seinen Job (s. S. 75 ff.)

1. Als Coach sollten Sie sich bei diesem Klienten auf kleinere klare Ziele konzentrieren und mit dem Klienten sehr deutlich besprechen, wo die Grenzen Ihres Beratungsauftrages liegen. Es ist sinnvoll, wenn Sie vom Klienten die Erlaubnis einholen, in dessen Beisein mit einem betreuenden Arzt oder Psychotherapeuten über die vereinbarte Beratung zu reden. Einige Coachs erfragen bei ihren Klienten absichtlich keine Hintergrundinformationen. Da diese Berater dann nichts über Alkohol, Selbstmordversuche und psychische Erkrankungen wissen, fühlen sie sich frei, auch solche Klienten ohne weitere Rückfragen umfassend zu beraten (zu therapieren?). Diese Vorgehensweise ist im Business-Coaching leider gelegentlich erforderlich. Im Personal-Coaching und der psychologischen Lebensberatung ist ein solches Verhalten jedoch nicht empfehlenswert.

2. Kinder fühlen sich für vieles verantwortlich. Ihre Gedanken sind oft noch magisch-mythisch und von Omnipotenzideen beherrscht (zum Beispiel »Auf geheimnisvolle Weise geschieht alles um mich als belohnende oder strafende Reaktion auf mich.«). So ist es verständlich, dass der Klient als Kind dachte, er sei an dem Tod des Großvaters schuld. Das Verhalten der Familie hat er so vermutlich als strafenden Rückzug und Bekräftigung seiner Schuld empfunden.

3. In sehr schmerzlichen und überfordernden (traumatischen) Situationen spaltet sich häufig ein Bewusstseinsteil ab und nimmt an der weiteren Entwicklung des Selbst nur ungenügend teil. Dieser abgespaltene kindliche Teil (siehe Anmerkung, unten) kann bei Erwachsenen wieder aktiviert werden und führt dann zu unverständlichen quälenden Emotionen und Gedanken.

4. Als Kind glaubte der Klient, er habe den Vater der Mutter getötet. In seiner Fantasie hegte die Mutter vermutlich einen Groll gegen ihn. So musste er sich besonders anstrengen, um ihre Liebe und Zuneigung zu erkämpfen.

5. Wer sehr früh eine emotional wichtige Bezugsperson verliert, klammert sich häufig besonders an aktuelle Bezugspersonen und hat möglicherweise große Angst, diese zu verlieren.

6. Einerseits aus der Erfahrung des »kleinen Klienten«, dass er schuld am Tod eines geliebten Menschen ist, andererseits vielleicht aus dem Wunsch, sich dafür selbst zu strafen.

7. Die kindlich-trotzigen Wutausbrüche, von denen der Klient berichtet hat, könnten durch die abgespaltenen Anteile des vierjährigen Klienten mit verursacht werden (auch dies soll wieder nur als Modell und Metapher für eine Psychodynamik verstanden werden, welche wohl viel komplexer beschreibbar ist). Ein anderes Erklärungsmodell könnte so aussehen: Psychoanalytiker glauben, dass Klienten mit so genannten frühen Störungen (zum Beispiel durch den frühen Verlust wichtiger Bezugspersonen = Objektbeziehungsverlust) in späteren Phasen ihrer geistigen Entwicklung den so genannten Ödipuskomplex nie richtig verarbeiten können und daher in Konkurrenz- und Konfliktsituationen häufig unüberlegt, unangemessen und auch kindlich-aggressiv reagieren.

Anmerkung: Dieser »abgespaltene kindliche Teil« wird häufig »inneres Kind« genannt. Dabei handelt es sich jedoch nur um einen Sonderfall oder Teilaspekt im Modell des inneren Kindes. Wir erinnern Sie daran: Es handelt sich lediglich um ein Modell oder eine Metapher, die für unser Verständnis des Zusammenhangs hier hilfreich und anschaulich ist.

Teil 2
Ziele, Visionen, Persönlichkeit

Ziele und Visionen im Coaching

Vom Problem zum Ziel

Während der Lektüre dieses Handbuches werden Sie zahlreiche Beratungsmodelle und -möglichkeiten kennen lernen. Vielen dieser Ansätzen ist gemeinsam, dass es ein *Problem*, ein *Ziel* (oder eine Lösung) und *Ressourcen* gibt. Häufig bedingt das eine schon das andere, weshalb eine scharfe Trennung oft kaum möglich ist: Wenn ein Berater nicht nur nach dem »Warum?« fragt, sondern seinen Blick auch für das »Wofür?« öffnet, kann er dem Klienten helfen, in jedem Problem bereits eine »Lösung« und ein Ziel zu erkennen.

Dabei geht es nicht nur um einen so genannten sekundären Gewinn. Die Frage nach dem »Wofür?« richtet den Blick auf das (unbewusste) Sinnhafte, auf einen Lebensplan, der auch im Problem verborgen liegt. Diese Perspektive nennt man teleologisch. Es ist ein wichtiges Prinzip in der so genannten Individualpsychologie Alfred Adlers. Er inspirierte mit seinem Gedankengut die neopsychoanalytischen, humanistischen und lösungsorientierten Beratungsschulen.

Im Alltagsverständnis des Klienten und des Beraters liegt die Unterscheidung zwischen einem Problem, einer erhofften Lösung und den dafür erforderlichen Fähigkeiten und Möglichkeiten, also den Ressourcen, meist »auf der Hand«.

In diesem Kapitel lernen Sie zahlreiche Fragen kennen, mit denen Sie und Ihr Klient das Beratungsanliegen und seine Hintergründe klären können, indem Sie Probleme, Ziele und Ressourcen hinterfragen. Diese Fragen sind die Kernarbeit des Coachings, und Sie sollten darauf immer wieder im Laufe Ihrer Lektüre zurückkommen. Jede weitere Theorie und alle weiteren Übungen können Sie später in dieses Konzept von »*Problem – Ziel – Ressourcen*« integrieren oder es damit kombinieren.

Ein wichtiger Hinweis noch: Es kommt in der Beratung fast nie darauf an, sofort einen Lösungsweg anzubieten; schon gar nicht den des Beraters in Form eines Ratschlags. Auch die Problemklärung braucht Zeit: im Kopf, im Bauch, im Herzen – und sie sollte überschlafen werden. Auch einige Tage Verwirrung, Niedergeschlagenheit und Tränen sind oft »klärend«! Bitte ertragen Sie zusammen mit Ihren Klienten kurz- bis mittelfristig diese *Lösungslosigkeit*. Vermitteln Sie Ihren Klienten, dass diese Phase ganz normal ist und ein heilsamer Beitrag zur Klärung in Richtung auf ein passendes Ziel. Ein Großteil der Beratungsarbeit soll danach der Zielklärung und Ressourcenarbeit gewidmet werden.

> Gute Berater müssen auch darin geübt sein, Lösungslosigkeit zuversichtlich zu ertragen!

Das Problem

Viele Probleme sind anfangs vage. Im Laufe eines strukturierten Gesprächs wandelt sich das Problem meist oder begibt sich auf ganz andere Ebenen des Lebens. Viele Menschen sind mit ihren Schwierigkeiten tief verbunden, was weder Coach noch Klient anfangs im vollen Ausmaß zu verstehen brauchen. Oft zeigt sich zunächst nur eine Oberflächenstruktur. Mit dieser Oberfläche kann gearbeitet werden, und es sollte hauptsächlich den Klienten überlassen werden, in welchem Ausmaß sie im Gespräch die Tiefenstruktur ihres Problems erkennen möchten.

Was bedeuten »Oberflächen- und Tiefenstruktur« von Klientenanliegen?

Wir möchten Ihnen den unbewussten Zusammenhang von Oberflächen- und Tiefenstruktur an einem Bildbeispiel verdeutlichen, das von *F.W. Schink* stammt. Er ist Leiter der Gestaltungstherapie in der Hardtwald-Klinik II.

Eine Klientin stellt sich vor mit dem Problem, dass sie sich endlich wieder einmal erholen möchte. Sie fühle sich im Arbeitsalltag erschlagen. Ihr wird vorgeschlagen, zur Klärung ihres Anliegens ein Bild zu malen oder zu zeichnen, das ihren momentanen Wünschen entspricht. Ihr Ergebnis sehen Sie in der unten stehenden Skizze.

Die Klientin beschreibt ihr Bild wie folgt: *»Endlich mal wieder Ruhe finden, gemütlich auf einer Insel, unter Palmen, die Sonne genießen, weg vom Stress der Arbeit und sich entspannen ...«*

Zunächst sieht es so aus, als wolle die Klientin allein auf einer Insel Ruhe und Erholung suchen. Aus der oberflächlichen Betrachtung des Bildes wird nicht klar, welche Tiefenstruktur im Bild verborgen liegt.

»Warum liegt denn die Brille unten, so können Sie doch gar nicht lesen?«, fragt der Berater die Klientin. – Das wisse sie jetzt auch nicht, sie sei eigentlich gar keine Brillenträgerin, rätselt sie. – *»Ist es nicht irgendwie einsam oder sogar bedrohlich auf solch einer Insel, da man dort ja auch feststecken könnte?«* – *»Mmh, wo Sie das sagen, fällt mir das jetzt auch auf ...«*, stellt sie nachdenklich fest.

Im weiteren Verlauf wird nach einigen Tagen deutlich, welcher Konflikt die Klientin belastet. Diesen Konflikt hatte sie bereits unbewusst in ihrem Bild skizziert:

Die rechte Bildhälfte: Die Klientin ist mit einem sehr gebildeten Mann glücklich verheiratet. Sie würden viel gemeinsam

Skizze vom Autor aus dem Gedächtnis nachgezeichnet

lesen und auch diskutieren. Der Mann ist Brillenträger. Seine Brille liegt häufig auf dem Nachtschrank. Die gut ausgebildeten Blätter der rechten Palme repräsentieren womöglich die intellektuelle Übereinstimmung in der Beziehung zu ihrem Mann (oder die »Kopflastigkeit« in der Beziehung?). Außerdem ist ihrem Mann (hier symbolisiert durch die rechte Palme) ihre obere Körperhälfte auf dem Bild zugewandt. Der Sex mit ihm sei nicht so wichtig. Ist die Palme deshalb etwas nach unten geneigt?

Die linke Bildhälfte: Sie habe einen Liebhaber, der für wirklich gute Gespräche nicht tauge. Mit ihm sei der Sex sehr wichtig. Im Bild: Die linke Palme hat schlecht ausgebildete Blätter (»*da hatte ich keine Zeit mehr für das Malen ...*«, sagt die Klientin), an dem Palmenstamm liegen zwei Kokosnüsse, die Hoden repräsentieren könnten, der Stamm ist eher nach oben gebogen, wie ein erigierter Penis. Ihre untere Körperhälfte ist der linken Palme zugewandt.

Sie »liegt zwischen zwei Stühlen« oder hängt zwischen zwei Palmen. Anfänglich konnte sie die fantasierte Situation auf der Insel genießen, nach einigen Tagen aber empfand sie diese als einengend, bedrohlich und belastend. Sie könne sich nicht entscheiden, wolle »alles« aber gleichzeitig auch niemanden verletzen, wisse nicht mehr weiter ...

So weit unser Bildbeispiel. Sie können es auf jede andere Verhaltensmöglichkeit, sich zu äußern, übertragen: reden, sich bewegen, schreiben ...

Unsere Aufgabe in der Beratung ist es aber nicht, die Klienten zu hinterfragen oder in ihre eigene Tiefe zu drängen, oder in einem vermeintlichen Unbewussten »herumzustochern«. Verstehen Sie sich bitte eher als Hebamme in der langen Phase einer Geburtsvorbereitung. Gebären dürfen die Klienten selbst – und nur, wenn sie dies auch selbst wollen!

Sind Probleme nützlich?

Einen weiteren Aspekt von Problemen gilt es zu berücksichtigen: ihre **Nützlichkeit.** Klingt das paradox? Probleme sind, oberflächlich betrachtet, eine Plage. Sieht man jedoch mehr in die Tiefe oder betrachtet man die Beziehungsverflechtungen, in denen unsere Klienten leben, wird klar, dass Probleme häufig auch hilfreich, notwendig oder »nützlich« sind. Viele Schwierigkeiten werden nicht von außen oder durch einen Zufall an uns oder unsere Klienten herangetragen, sondern sind innerhalb eines Systems entstanden, an dem wir unbewusst aktiv mitwirken. Eine schnelle Problemlösung könnte die Stabilität des Systems gefährden. Ein Problem kann also auch Stabilität sichern. Hierzu zwei Beispiele:

Beispiel 1: Ein Kind ist durch sein unsoziales und aggressives Verhalten in der Schule auffällig. Andere Familienmitglieder sind hierüber sehr besorgt. Nachdem das Kind durch den Schulpsychologen und den Kinderpsychiater erfolgreich behandelt worden ist, erkrankt die Mutter plötzlich an einer schweren Depression. In diesem Fall »schaffte sich das System« in dem Kind zuvor einen Symptomträger, eine Art Blitzableiter oder Sündenbock für Probleme im System. Fällt dieser Sündenbock oder Index-Patient aus, zum Beispiel weil er »geheilt« wird, werden ungelöste Probleme durch ein anderes Familienmitglied »ausgedrückt«, dem dadurch auch die Aufgabe zukommt vor Veränderungen zu schützen, die das System grundlegend verändern könnten. Die Auffälligkeit des Kindes war für die Stabilität der Familie »nützlich«. Diese Prozesse sind unbewusst und keine Willensäußerungen.

Beispiel 2: Nach einem Verkehrsunfall ist der Abteilungsleiter einer Versicherung längere Zeit wegen Rückenschmerzen krankgeschrieben. Auch Rehabilitationsmaßnahmen können seine Arbeitsfähigkeit nicht wieder herstellen, obwohl keine bleibenden körperlichen Schäden festgestellt wurden. Der Klient hatte schon seit langem Alkoholprobleme, und seine Kollegen hatten dies nicht länger decken wollen. Das Problem »Rückenschmerz« war in diesem Falle »nützlich«, da er sich so dem Konflikt am Arbeitsplatz entziehen konnte.

In der Psychoanalyse werden solche Mechanismen »sekundärer Krankheitsgewinn« genannt. Es handelt sich um unbewusste Vorgänge, die nicht nur Individuen betreffen, sondern ebenso in Familien oder anderen Systemen wirken. Eine schnelle Problemlösung im Sinne des Coachs könnte somit die momentane psychische und soziale Stabilität des Klienten empfindlich stören.

Hilfreiche Fragen zur Problemklärung

Jedes Problem, das aufrechterhalten wird, verlangt nach Aufwand, nach Energie oder einem Preis, der erbracht werden muss, damit das Problem nicht verschwindet. Probleme weisen schon auf ein Ziel hin und haben einen Fokus. Sie zeigen auch auf, welche Hindernisse überwunden werden müssen, um das Problem zu lösen, und enthalten bereits die Frage nach den verdeckten Ressourcen, die bisher nicht genutzt wurden, um das Problem zu überwinden. Sie sehen: In jedem Problem unserer Klienten sind viele verborgene Hinweise enthalten. Wir möchten Ihnen einige Beispiele für Fragen aufführen, mit denen Sie und Ihr Klient sich diesen verborgenen Kostbarkeiten im Problem nähern können.

Fragen zum Symptom: Wie genau äußert sich das Problem, was sind seine Symptome? Was genau wird innerlich erlebt: gesehen, gefühlt, gehört oder zu sich selbst gesagt? (Gefragt wird jetzt noch nicht nach Ursachen, Wirkzusammenhängen oder nach langen Erklärungen!)

Fragen zur Geschichte: Wann trat das Problem das erste Mal auf? Woher kennt der Klient dieses Problem bereits aus anderen Lebensphasen? Welche Erklärungskonzepte hatte der Klient bisher? Was sagten Freunde oder Bekannte über mögliche Ursachen oder die Entstehungsgeschichte?

Fragen zur Auswirkung: Wie wirkt sich das Problem aus? Was wird durch das Problem verhindert, gestört oder erschwert? Was wird durch das Problem aber auch erst möglich? (Als Beispiel der sekundäre Krankheitsgewinn: »Bei Krankheit kann ich zu Hause bleiben und sehe meinen Chef nicht, der mir so viel Angst macht.«)

Fragen zu den Auslösern: Wie genau muss sich Innen- oder Außenwelt ändern, damit der Klient weiß, dass das Problem jetzt auftaucht oder da ist: Was genau muss sichtbar sein (außen und vor dem inneren Auge), was genau muss hörbar sein (außen und vor dem inneren Ohr), was genau muss fühlbar sein (außen und im Körper), was genau muss riech- oder schmeckbar sein …? Gefragt ist nach konkreten inneren und äußeren Ereignissen.

Fragen zu den Alternativen: Was würde passieren, wenn das Problem jetzt schon – wie von Zauberhand – verschwunden wäre? Was würde der Klient dann als Erstes machen? Wofür wäre das gut, was er dann täte?

Solche Fragen klären nicht alle Aspekte eines Problems. Sie und Ihr Klient gewinnen so aber erste wichtige Hinweise auf Schutzfunktionen und verdeckte Kostbarkeiten im Problem.

Das Ziel

Einige Klienten kommen bereits mit Zielen in die Beratung. Den meisten Ratsuchenden sind ihre Ziele aber recht unklar. Viele Klienten haben auch nur Wünsche an die Welt oder an andere. Wie man diese Wünsche in Ziele umformuliert, werden wir Ihnen später in diesem Handbuch erläutern. Wenn sich hinter einem Problem eigentlich ein Ziel verbirgt, wird dies oft nur vage wahrgenommen. Zunächst einmal sammelt der Coach Informationen über das vorläufige Ziel. Während dieser Vorfragen verdichtet sich bereits die Zielvorstellung.

Was ist das Ziel hinter dem Ziel? Ist das Ziel eigentlich wirklich wichtig in Ihrem Leben? Tragen Sie dieses Ziel schon lange mit sich herum und schwingt darin ein kleines »Ich sollte dieses Ziel erreichen«? Ist es wirklich Ihr ganz eigenes Ziel oder haben Sie es früher oder in letzter Zeit von jemandem übernommen?
Wofür ist das Ziel eigentlich gut? Was wollen Sie damit sicherstellen – außer der Problemabschaltung oder -umformung? Fragen Sie nach jeder Antwort weiter: »Und wofür ist das gut (wichtig, hilfreich)?«
Woran merken Sie genau, dass das Ziel erreicht ist? Was genau wird dann in Außen- und Innenwelt zu sehen, hören, riechen, fühlen ... sein?
Kann die Zielerreichung jetzt beginnen? Gibt es eine realistische Chance, jetzt mit der konkreten Zielumsetzung zu beginnen, oder gibt es Hemmnisse oder Erschwernisse in der Innen- und Außenwelt, die unbedingt vorher beseitigt oder umgangen werden müssen?
Was ist der Weg zum Ziel? Wie lange wird es dauern, wie sieht der Weg aus, was sind die einzelnen Schritte, Fantasien, Bilder und Gefühle, die den Weg begleiten? Wie bereiten Sie Ihr Umfeld behutsam und liebevoll auf die kommende Veränderung vor? Welche Vorschläge haben Sie, um Ihrem nächsten Umfeld die Annahme der Veränderung leichter zu machen?
Wie wird sich die Zielerreichung auswirken? Wie wird sich Ihr Leben im Problemkontext ändern? Wie wird Ihr nächstes Umfeld auf diese Änderungen reagieren? Was sind die Auswirkungen auf die verschiedenen Bereiche des Lebens?

Die Ressourcen

Ressourcen sind Stärken, Fähigkeiten und nützliche Erfahrungen in uns, in unserem Umfeld, in unserer Lebensgeschichte und in ganz anderen Bereichen unseres Lebens, die wir bisher nicht zur Lösung des Problems eingesetzt haben. Viele dieser Kräfte und Fähigkeiten »liegen auf der Hand«, werden aber auf Grund einer Betriebsblindheit oder »Problemtrance« nicht eingesetzt. Viele Ressourcen dürfen nicht genutzt werden, da es unbewusste Verbote gibt, diese zu nutzen oder da sie die Stabilität eines Systems oder des Selbst gefährden könnten.
Ressourcen ermöglichen oder unterstützen uns, Ziele zu finden und zu erreichen. Sie begleiten uns auf dem Weg dorthin. Nützliche Fragen beim Aufspüren dieser Stärken können sein:

Welche Ressourcen müsste ich haben, um in kleinen oder auch großen Schritten das Ziel zu erreichen? In welchen Lebensbereichen habe ich vergleichbare Ressourcen? Achtung: Defizite in anderen Lebensbereichen können in diesem Kontext sogar hilfreiche Kräfte sein (und umgekehrt).
Kräfte aus der Vergangenheit oder aus anderen Lebenszusammenhängen? Gab es früher schon andere oder ähnliche Probleme, die gelöst werden konnten? Mit welchen Mitteln und Methoden ist das geschehen? Welche anderen Lebensbereiche gibt es, in denen ich mich behaupte oder selbst verwirkliche? Mit welchen Ressourcen erreiche ich das dort?
Unterstützende Menschen? Gibt es nährende Beziehungen (ein Wort aus der Transaktionsanalyse) oder ein Netzwerk unterstützender Freunde, Kollegen oder Bekannter? Welche Unterstützung gibt es in der Familie? Können die notwendigen Stärken bei anderen Menschen abgeschaut oder gelernt werden?
Darf ich die Ressourcen überhaupt zur Zielerreichung einsetzen? Gibt es innere Widerstände oder tiefe Glaubenssätze, die den Einsatz der Ressourcen verbieten? Beispiele:

»Das dürfen nur Studierte!« »Mir darf es nicht besser gehen als Mama!« Hätte der Einsatz der Ressourcen negative Effekte auf die Stabilität der bisherigen Beziehungen? Beispiel: »Wenn ich mich ändere, kommt mein Partner nicht mehr mit!«

Was genau muss gelernt oder getan werden, damit sich in kleinen Schritten die nötigen Ressourcen aufbauen lassen? Es ist für unsere Klienten nicht erforderlich, »gleich alles« zu nutzen, was an Ressourcen bisher nicht ausgeschöpft wurde. Viele Ressourcen müssen mit Hilfe des Coachs erst wieder entdeckt oder in andere Lebensbereiche übertragen werden. Andere Ressourcen können gezielt aufgebaut werden: Durch Coaching (zum Beispiel planvolles Handeln), durch Selbsterfahrung (zum Beispiel an sich selbst bisher unbekannte Beziehungs- und Denkmuster erfahren), durch Gruppentraining (beispielsweise an Selbstsicherheit und sozialer Kompetenz zu gewinnen), durch Vermittlung von Wissen und Fertigkeiten (zum Beispiel berufliche Fortbildungen, Kommunikationstrainings) und durch viele andere planvolle Schritte.

Mimik, Körperhaltung und Sprechweise des Klienten lassen meist klar erkennen, worum es gerade geht: Problem, Ressource oder Ziel. Diese drei Bereiche können Sie weiter hinterfragen, wenn Sie herausarbeiten, welche kognitiven Grundmuster, Glaubenssätze und logischen Ebenen damit verwoben sind, in welchem systemischen Zusammenhang ein Problem oder ein Ziel steht. – Darauf und auf andere nützliche Hintergründe und Übungen gehen wir in späteren Kapiteln noch ein.

Ziele und Visionen

»Du bringst nichts mit hinein, Du nimmst nichts mit hinaus, lass eine goldene Spur im alten Erdenhaus.« (Friedrich Rückert)

Auf was zielt unser Leben?

Was Sie für Ihre Zukunft erträumen, bleibt Fiktion, wenn Sie sich nicht engagiert auf diese Zukunft hin bewegen. Erst wenn Sie die Ärmel hochkrempeln, wird aus Ihrem Traum ein mögliches Ziel. Visionen entstehen aus Schöpfungskraft und aus unserer Suche und dem Streben nach

- Sinn,
- neuen Eindrücken,
- Betätigung,
- Zugehörigkeit.

Es sind innere Bilder, Wünsche und Vorstellungen, die uns auf den Weg bringen. Komplexere Ziele, welche die Kraft haben, große Teile unseres Lebens zu gestalten und zu bestimmen, nennen wir *Visionen*. Das sind gewollte Tagträume, für die wir uns anstrengen möchten. Ohne diese Anstrengung bleiben sie nur Träumerei. Es gibt große und kleine Ziele. Im Coaching ist es hilfreich, wenn Sie ein Konzept verschiedener Zielarten haben. Hier eine mögliche Einteilung kleinerer, mittlerer und größerer Ziele (es handelt sich um willkürliche, aber nützliche und hilfreiche Kategorien, die formal keine scharfen Grenzen aufweisen und sich teilweise überlappen):

Kompetenz- und Leistungsziele entstehen aus der wahrgenommenen Kluft zwischen vorhandenen Fähigkeiten und den Fähigkeiten, die für das Erreichen eines Zieles erforderlich sind (bewusste Inkompetenz). Sie bewegen sich in den Dimensionen des Könnens und Wissens.

Beispiele: Wer in der Auslandsabteilung einer Firma arbeiten möchte, muss hierfür Fremdsprachenkenntnisse erwerben. Wenn Sie einen Marathonlauf absolvieren möchten, müssen Sie hierfür Kenntnisse über Schuhe und Lauftechnik erwerben sowie mentale und körperliche Fähigkeiten erarbeiten.

Etappenziele oder Zwischenziele: Wenn Sie komplexere Ziele entwickeln, können Sie auf dem Weg dorthin Zwischenziele anstreben. Es handelt sich dabei um Kompetenz- und Leistungsziele, die bewusst als Zwischenschritte zu »höheren Zielen« angestrebt werden.

> Beispiele: Wenn Sie Hauptabteilungsleiter werden möchten, müssen Sie zuvor verschiedene Zwischenziele auf der Karriereleiter anstreben. Jedes Studium und jede Ausbildung, bei der Sie verschiedene Fächerkomplexe erfolgreich absolvieren müssen, enthält solche Zwischenziele. Wie Sie sehen, ist bei dieser Einteilung die Grenze zum Leistungsziel nach »unten« oder zum großen Ziel nach »oben« durchlässig.

Große Ziele sind häufig auf eine Lebenssaison und eine spezifische Rolle zugeschnitten; die anderen Bereiche unseres Seins werden zurückgestellt und unsere Sinnsuche ist an das Wertkonzept einer spezifischen Rolle oder Idee gekoppelt.

> Beispiel: Man möchte Vorstandsvorsitzender eines Konzerns werden. Ausgeblendet werden dann häufig Familie, Freunde, Gesundheit. Kommt es dabei zu Konflikten mit diesen anderen Lebensbereichen, die nicht ausgeglichen werden können, entsteht Inkongruenz und Dysbalance. Dies führt zu einem Mangel an Authentizität und Charisma. Beispiel: Vorstandsvorsitzender eines Konzerns mit »Defiziten in anderen Lebensbereichen«.

Spirituelle oder balancierte Lebensziele (Visionen) richten sich auf einen zukünftigen ganzheitlichen Zustand, in dem sich die verschiedenen Bereiche des Lebens in Balance finden und das Leben im Ganzen Sinn macht. In der Tiefe werden Demut und Verantwortlichkeit empfunden, man lebt in allen Lebensbereichen in Harmonie mit seinen Werten, Wünschen, Hoffnungen, Talenten und Möglichkeiten. Klingt das in Ihren Ohren wie eine Utopie? Vielleicht haben Sie Recht. Aber wir sagten bereits, dass es hier nur um hilfreiche Vorstellungen und Modelle geht – nicht um die Wirklichkeit.

Viele Menschen kennen ihre Ziele nicht. Andere jagen mit großer Effizienz ihren Kompetenzzielen oder großen Zielen hinterher, bis sie am Ende einer Lebenssaison bemerken, dass es nicht ihre eigenen Ziele waren. Manch einer erreicht seine Ziele, verliert aber die Balance zwischen dem Ansporn und der Muße.

Übungsfragen

Auf Fragen zum Ziel sind wir im vorangegangenen Kapitel bereits eingegangen. Hier finden Sie weitere Fragen zu Zielen, die auch die Unterteilung in »Zielarten« erleichtern.

- Wessen Ziele verfolgen Sie eigentlich zurzeit mit viel Energie?
- Wenn es eine Skala von eins bis zehn gäbe, auf der Sie Ihr Ziel danach beurteilen, wie sehr es Ihnen am Herzen liegt, wo findet sich dann Ihr aktuelles Lebensziel?
- Wie werden Sie Ihre Ziele später vor Gott verantworten?
- Was genau wird sich beruflich und privat ändern, wenn Sie das Ziel erreicht haben?
- Verhalten Sie sich manchmal ganz anders, als es Ihrer Vorstellung von Glaubwürdigkeit und innerer Harmonie entspricht?
- Was würden spätere Familienhistoriker und Biografen über Sie und Ihr Ziel soziologisch und auch psychologisch scharfsinnig berichten?
- Was werden Ihre Kinder über Ihre Ziele später einmal sagen?
- Was würde Ihre Partnerin oder Ihr Partner dazu in einigen Jahren sagen?
- Was werden die Menschen darüber sagen, die später einmal als Spaziergänger vor Ihrem Grabstein stehen?

Es ist leider nicht so, dass rechtes Zielen nur ein Akt des Willens ist, dass man das Ziel nach linguistischen Kriterien wohlgeformt nur definieren muss (s. S. 103 f.) und sich der gewünschte Erfolg dann schon einstellt. Die größten Probleme bei der Visionsbildung – der Suche nach einem tieferen Sinn im Handeln – sind folgende:

- die Unfähigkeit, Ziele wahrzunehmen oder zu entwickeln,
- eine innere Scheu vor Veränderungen und Verantwortung,
- der Verlust des eigenen inneren Weges – die Ziele von anderen werden zu den eigenen.

Verpasste Chancen

Da wir keine Wahlmöglichkeiten haben, unsere Vergangenheit zu ändern, können wir uns ihr gegenüber eigentlich nicht schuldig machen. Viele Menschen empfinden jedoch ein Gefühl von Schuld, wenn sie an die »verlorene oder falsch genutzte Zeit« ihrer Vergangenheit denken. Vielleicht haben wir ungute oder falsche Richtungen eingeschlagen und sind darüber betrübt. Für unsere Zukunft aber haben wir jede Wahlmöglichkeit wieder in unseren Händen: »Alles beginnt genau jetzt!« (Dr. Jon Kabat-Zinn, amerikanischer Experte für Gesundheitstraining)
Trotzdem fühlen viele Menschen eine Schuld oder Traurigkeit über verpasste Chancen. Dieses Gefühl ist erst einmal verwirrend, da wir Schuld mit Visionen oder Zielen selten in Zusammenhang bringen: »Wir haben ein Streben nach Sinn, welches meist mit unserem Gewissen gekoppelt ist«, sagt Viktor Frankl, der Begründer der Logotherapie oder Existenzanalyse.

> Wenn in der Vergangenheit eine Wahl wider den Sinn getroffen wurde, entsteht unterschwellig ein Gefühl der Schuld.

Befragt man Klienten oder Freunde über ihren Lebensweg, so antworten sie häufig rational verständlich: »*Das Leben ist wie ein Trichter: Zuerst hat man alle Möglichkeiten. Je weiter man schreitet, desto mehr engt sich der Bereich der Wahlmöglichkeiten ein. Dann muss man den eingeschlagenen Weg weitergehen.*«

Oder ein anderes Beispiel für diese Selbsteinschränkung: »*In diese Berufsausbildung bin ich irgendwie reingerutscht, dann kam das erste Geld, die Familie, die Kinder. Jetzt habe ich mich ganz gut arrangiert: Schließlich kann man nicht nur träumen, sondern muss auch Geld verdienen. Was soll ich denn jetzt noch aus mir machen?*«

Glück oder Sinn?

In den Versuchslabors der Verhaltensforscher haben die Ratten schon vor Jahrzehnten bewiesen, dass Säugetiere nicht nur nach dem Einfachen und Bequemen suchen, sondern nach

- Veränderung,
- Betätigung,
- Zugehörigkeit und
- Sinn.

Trotzdem glauben vielleicht auch Sie, dass Menschen auf der Suche nach Glück und nach der Befriedigung von Bedürfnissen sind? Um einer sinnvollen Aufgabe willen sind Menschen aber bereit, zu verzichten und Bedürfnisse aufzuschieben oder sie ungestillt zu lassen. Die innere Sinnsuche ist viel mächtiger als gängige Glücks- oder Bedürfniskonzepte. Wenn diese Sinnsuche scheitert, können auch andere Versuche, Glück in das Leben zu bringen, nur scheitern. In der Wirtschaft wird dieses Konzept bereits erfolgreich angewandt; wenn auch noch viel zu selten (management by meaningful occupation, etwa: Führen durch sinngebende Arbeitsplatzkonzeption). Daher müssen Sie als Coach zuerst Ihren Klienten helfen, die innere Sinnsuche auf allen Ebenen zu beflügeln. Übungen zur »Aufheiterung«, die in Selbstmanagement-Kursen häufig gelehrt werden, können diese Sinnlücke übrigens nicht schließen.

> **Übungen und Fragen**
>
> Machen Sie eine kleine Liste mit Ihren persönlichen Zielen und schreiben Sie dahinter in Klammern den tief empfundenen Sinn. Wo kein tiefer Sinn sich auftut, ist das Ziel vielleicht schwach oder nicht Ihr eigenes?
>
> Machen Sie eine Liste mit verpassten Zielen: Gibt es da Schuld oder ein schlechtes Gewissen? Was sind die Gründe dafür, dass Sie dieses Ziel nicht weiter verfolgt haben? In welchem Ihrer Ziele schwingt ein »Ich sollte das eigentlich« mit?

Suchen Sie mit Ihrem Klienten nach Sinn! Dabei geht es nicht um die großen Entwürfe der Weltverbesserung, sondern um den »kleinen Sinn« im Moment der Gegenwart und um die Gewissheit, dass das Lebenskonzept in einen Rahmen der Sinnhaftigkeit gebettet ist. Ihr Klient möchte nicht nur seine Brötchen verdienen, sondern will auch wissen, wozu (... er lebt)! Ziele sind daher meist mit der Ebene der Spiritualität und der Visionen verwoben.

> **Übungsfragen**
>
> Mit folgenden Beispielfragen können Sie Ihren Klienten helfen, das Sinnhafte seines Lebens herauszuarbeiten.
>
> - Wie muss sich Ihr Leben entwickeln, damit Sie wissen, dass es sich wirklich gelohnt hat, jeden Tag aufzustehen?
> - Was wollen Sie in Ihrem Leben erschaffen?
> - Was ist Ihre Aufgabe in diesem Leben, die Sie gut erfüllen möchten?

Ideenschmiede

Viele gute Ideen, Wünsche oder Träume werden vom Klienten selbst oder von seinem Umfeld im Keim erstickt. Schon wenn die Idee erscheint, melden sich innere und äußere Kritiker und Besserwisser. Sie können Ihren Klienten in solchen Fällen die Regeln des *Brainstormings* oder des freien Ideensammelns erklären und dies mit ihnen üben:

- Jede spontane Idee wird sofort notiert.
- »Verrückte Ideen« oder »ganz andere Ideen« sind genauso gefordert.
- Jedes »Aber«, »Moment mal«, »Das geht nicht« ist streng verboten.
- Jede andere Art von Kommentar zur Idee ist ebenfalls verboten: kein Wort, keine Geste, keine Mimik!
- Auch gute Ideen sollen vorerst nicht kommentiert werden.

Eine andere nützliche Ideenschmiede stammt von Walt Disney. Von ihm wird erzählt, er habe einen Sessel gehabt, der ausschließlich zum kreativen Träumen bestimmt war. Dort seien Zweifel oder rationales Denken nicht erlaubt gewesen. Erst wenn er für ein Projekt genügend innere Bilder, Träume, Ideen und Ziele gesammelt hatte, setzte er sich in einen anderen Sessel, der für das realistische Planen, Durchdenken oder konstruktive Kritisieren gedacht war. In manchen Büchern wird sogar berichtet, Walt Disney habe drei Sessel für seine Visionsarbeit gehabt: einen zum Erträumen, einen zum Denken und Kritisieren sowie einen zum rationalen Planen.

Disneysessel: Visionär – Kritiker – Realist

Es gibt viele Variationen dieser Disney-Strategie, die sich in das Coaching integrieren lassen. Nützlich ist es, wenn Sie die einzelnen Positionen getrennt befragen. Hierzu einige Fragenbeispiele.

Fragen an den Visionär:
- Was genau möchte ich eigentlich tun?
- Wohin soll mich der Weg führen?
- Was sind die Vorteile?
- Warum strebe ich danach?
- Wann könnte das Ziel erreicht sein?
- Warum möchte ich jetzt beginnen?

Fragen an den Kritiker:
- Wer wird wohl gegen die Idee sein?
- Warum wird er oder sie dagegen sein?
- Wo beziehungsweise wann wird sich die Idee nicht durchsetzen lassen?
- Worauf werde ich verzichten müssen?
- Was sind die Vorteile der Idee und der Vorgehensweise?
- Welche Auswirkungen hat die Idee auf alle Betroffenen?

Fragen an den Realisten:
- Wie genau soll die Idee durchgesetzt werden?
- Welchen zeitlichen Rahmen gibt es dafür?
- Wo wird es durchgeführt?
- Wer wird es durchführen?
- Warum ist jeder einzelne Schritt erforderlich?
- Woran werde ich erkennen, dass jeder Schritt vollzogen ist?
- Woran werde ich genau erkennen, dass das Ziel erreicht ist?

Das Disney-Konzept können Sie ergänzen, indem Sie weitere Perspektiven oder »Teilpersönlichkeiten« in Ihre Fragen einbeziehen. Je wichtiger oder größer eine Idee oder ein Ziel ist, desto vielfältiger sollte Ihr Fragenspektrum sein. Weitere Fragenkomplexe können beispielsweise die folgenden sein.

Fragen an den Geist des Wandels und der Ideen:
- Was kann für die Zukunft alles möglich sein?
- Was kann gewünscht werden?
- Welche Ziele und Visionen hätte ich, wenn ich ganz frei entscheiden könnte oder ganz von vorne beginnen würde?
- Was wünsche ich eigentlich, habe es mir aber bisher nie zugetraut?
- Wohin könnte mein Leben führen, wenn ich alle Möglichkeiten hätte und ganz frei wäre?

Fragen an den Geist des Ausharrens und der Beständigkeit:
- Was ist angenehmer, wenn ich nichts ändern muss? Welche Schwierigkeiten könnten Änderungen mir bringen?
- Welche Ängste werden wach, wenn Wandel und Ideen ins Leben gerufen werden?
- Muss ich mich dann neu in meinem Selbstbild formulieren?

Fragen an den Geist des gesunden Menschenverstandes:
- Ist die Idee eigentlich realistisch?
- Was müsste vorher erreicht werden, damit die Grundlagen dafür bestehen?
- Welche Menschen muss ich vorher für den Plan gewinnen?
- Wie müsste die genaue Planung aussehen?

Fragen an den Geist des eigenen inneren Beobachters:
- Wie passt die Idee zu meinen Werten?
- Wer bin ich, wenn ich die Idee verwirkliche?
- Wie sehe ich mich mit dieser Idee oder auf dem Wege dorthin?
- Wenn ich auf den Geist der Ideen schaue, wie sehe ich ihn?
- Wenn ich auf den Geist des Ausharrens schaue, wie sehe ich ihn?
- Wie ist das Zusammenspiel zwischen beiden?
- Wer hat in welchen Kontexten die Oberhand?

Fragen an den Geist des inneren Fremdbeobachters:
- Wenn ich die Idee aus der Sicht aufgesogener Glaubenssätze, der verinnerlichten Firmenphilosophie oder festgeschriebener Werte sehe, welche Einstellung gewinne ich dann?

- Was erlaube ich mir aus dieser Perspektive?
- Wer soll ich sein?
- Wer darf ich nicht sein?
- Welche Ideen sind gut, welche nicht? Wie reagiert das System auf die Idee?

> **Übungsfragen**
>
> Wie sind Sie bisher mit Ideen umgegangen? Bitte beantworten Sie die folgenden Fragen:
>
> - Wie ist Ihr normaler Perspektivenwechsel, wenn Sie eine Idee haben? Beispiel: Idee – abwürgen durch Fremdbeobachter. Idee – innerer Beobachter – Fremdbeobachter ...
> - Wie haben Sie bisher Ideen gesammelt? Wie schnell werden Ideen bei Ihnen durch den Kritiker oder Realisten entkräftet? Wie viele Ideen nehmen Sie nicht ernst, weil sie der ersten halb bewussten Hürde der Realitäts- und Kritikprüfung nicht standhalten?

Stabilität und Veränderung

Unser persönliches Leben und ebenso das Leben von Organisationen passen sich neuen Gegebenheiten der Umwelt an. Wenn Sie einen neuen Beruf ausüben, in eine andere Stadt gezogen sind, einen neuen Lebenspartner haben, dann hatten Sie sich bereits vorher auf diese Veränderung eingelassen. Aber solch ein Wandel reicht manchmal nicht aus, um uns Mut zu tiefer Veränderung zu machen: »Warum auch, es hat doch bisher alles einigermaßen geklappt!« Eine ganze Armee von Scheinargumenten wird gern vorgeführt, die die Stabilität und das tägliche Einerlei rechtfertigt:

> Es gibt auch Raucher, die 90 Jahre alt geworden sind. – Traummänner gibt es nur im Fernsehen. – Geld verdienen muss jeder. – Für einen Traumjob ist es jetzt zu spät.

Der letzte Einwand ist wichtig: Unser emotionaler, kognitiver und handlungsorientierter (konativer) Erfahrungsschatz stammt aus unserer Kindheit. Die meisten von uns haften am Gewohnten. Nur in der revolutionären Jugendphase haben manche kurz den Mut und wagen Neues – häufig aber nur, um sich von den Eltern abzugrenzen. Danach werden viele von uns wieder »stabil« und »normal«.

Wir können also von unseren Klienten kaum erwarten, dass sie bereit sind – nach nur einigen Gesprächen mit uns – über ihre Schatten zu springen. Es wäre zu viel verlangt, wollten wir von der ersten Wahrnehmung eines Problems oder eines Veränderungswunsches gleich in das Ziel springen.

Veränderung auf ein Ziel hin ist ein Prozess. Als Coach begleiten Sie Ihre Klienten bis diese selbst auf ihrem eigenen Weg zum richtigen Ziel sind.

Kleine und große Krisen

Im Wortsinn der Krise stecken der Scheideweg, die Trennung und die Entscheidung. Auf dem Höhepunkt einer fieberhaften Erkrankung, so eine alte Regel der Mediziner, entscheidet sich in der Krise, ob der Weg der Gesundung oder ein Voranschreiten der Krankheit folgt. Unfreiwillig erinnert diese Weisheit an die Karikatur einer Bauernregel: »Wenn der Hahn kräht auf dem Mist, ändert sich das Wetter oder es bleibt, wie es ist.« Mit diesem Konzept hätte ein Krisenspezialist also immer Recht.

Es stellt sich nun die Frage, wann wir eigentlich in innerliche Krisen geraten?

- Wir glauben, dass wir eine Bedrohung nicht aus eigenen Mitteln beheben können; unsere Ressourcen und unser Handeln reichten dafür nicht aus.
- Wir sehen auf Grund eines emotionalen Tunnelblicks keine Alternative, sind festgefahren im Denken, drehen uns im Kreis und sind arm an Kreativität.

Ein kleines Beispiel zur Krisenwahrnehmung und -bewältigung aus der Kindheit: Die fünfjährige Susi gewinnt auf einem Kindergeburtstag einen Ring. Der Ring des Geburtstagskindes gefällt ihr aber besser. Daraufhin fängt sie an zu weinen, zu schreien und trotzig zu betteln. Sie ist so lange unzugänglich für die vernünftigen Argumente ihrer Eltern, bis sie den gewonnenen Ring tauschen darf.

Etwas haben zu wollen, es aber vielleicht nicht bekommen zu können, ist für Susi bereits Anlass für eine Krise. Hätte sie kein »Patentrezept« für den Umgang mit solchen Situationen, würde sie darin feststecken. Ihre Form der Krisenbewältigung ist jedoch kraftvoll und ein kreativer Versuch, die Eltern und das Umfeld in ihrem Sinne zu verändern (oder zu dressieren).

Die *kleinen Krisen* vieler Erwachsener – und ihre Bewältigungsstrategien – sind für Außenstehende ähnlich verschroben: wenn wir Kritik erfahren, wenn wir beruflich einen kleinen Misserfolg erleben, wenn wir einen Zug verpassen, wenn wir uns verändern müssen, zum Chef gerufen werden oder mit unseren Ängsten konfrontiert werden. Für Außenstehende ist das Belastende dieser Krisen häufig nicht nachvollziehbar oder nacherlebbar. Daher ist es wichtig, dass wir zusammen mit dem Klienten klären, wie er es schafft, dadurch belastet zu werden. Denn in eine »normale Krise« zu geraten und dort zu leiden ist ein unbewusster und aktiver Prozess, der viel Kraft und Geschick erfordert und mit dem auch viel Macht ausgeübt werden kann. Hierzu sind Ressourcen erforderlich, die bei einer Neugestaltung des Krisenszenarios nützlich sein werden.

Daneben gibt es auch in ihrer Entstehung kaum beeinflussbare oder *große Krisen,* die uns als Berater selbst betroffen machen können: schwerste Krankheiten, Verlust geliebter Menschen, finanzieller Ruin. Auslöser für kleine und große Krisen finden sich unter anderem in den Bereichen

- Körper und Gesundheit,
- Beruf und Karriere,
- soziale Kontakte und Kommunikation,
- Grundbedürfnisse nach Freiheit, materieller Sicherheit, Selbstwirksamkeit,
- Werte, Glaubenssätze, Normen, Suche nach Sinn.

Die gewohnten Spielregeln und das Netz von Glaubenssätzen, Werten, Visionen, Körperbild, Selbstwirksamkeit und von sozialen Rollen, die unsere Identität ausmachen, sind in der Krise durcheinander geraten. Auch kleine, immer wiederkehrende Überforderungen, Gefährdungen und Verletzungen können unser Selbstbild aushöhlen und uns langsam in eine Krise stürzen.

Auf den Seiten 427 ff. werden wir uns noch ausführlicher mit »wirklichen Krisen« beschäftigen.

Phasenmodell für Krisen

Kurt Lewin, ein deutsch-amerikanischer Soziologe, schlug 1947 vor, Krisen und Veränderungen in Phasen einzuteilen:

- Schock,
- Verneinung,
- Einsicht,
- Erkennen der Emotion – diese wird aber abgelehnt und bekämpft (hier ergänzt, der Verfasser),
- emotionale Akzeptanz,
- Ausprobieren,
- Erkenntnis.

Wissenschaftler haben so die Möglichkeit, Krisen als Prozess zu beobachten. Diese Phasen müssen nicht in der genannten Reihenfolge auftreten. Sie können gleichzeitig auftreten, übersprungen werden, rückwärts oder anders geordnet durchlaufen werden. Das Modell ist in die Beratung nur begrenzt übertragbar. Es spiegelt zwar nicht die Wirklichkeit seelischer Vorgänge, aber zumindest ermöglicht es uns, einige Aspekte zu ordnen.

Schock: Überraschung, Wut, Ausweglosigkeit, Identitätskrise, Ohnmacht, Hilflosigkeit, Überschwang an Emotion, Perspektivlosigkeit.

Verneinung: Rational und emotional wird die Krise verleugnet, bagatellisiert oder mit anderen Abwehrmechanismen bearbeitet. Informationen werden verzerrt und falsch interpretiert.

Rationale Einsicht: Das Problem wird erkannt, die dazugehörigen Emotionen werden weiter verleugnet.

Erkennen, bekämpfen, ablehnen der Emotion: Angst, Wut oder anderes werden abgelehnt, unterdrückt oder umgeformt.

Emotionale Akzeptanz: Traurigkeit, Angst und Wut werden akzeptiert und angenommen.

Ausprobieren: Strategien werden erprobt, Neues wird versucht.

Erkenntnis, Integration: Rückbesinnung auf den Ablauf, die zugrunde liegenden Werte, Gefühle, Fehlversuche der Anpassung und Integration in ein neues Selbstbild.

Häufig halten sich die Klienten – zum Unmut der Berater – nicht an solche Phasenmodelle. Aus diesem Grunde sollten Sie als Berater wachsam und kreativ bleiben und auf bewährtes Beratungswerkzeug zurückgreifen. Eine kleine Auswahl:

- Seien Sie interessiert am Klienten, seiner Krise, seinem Umgang damit. Würdigen Sie die Emotionen und den bisherigen Umgang mit der Krise.
- Begleiten Sie den Klienten durch seine Phasen (die genannten oder andere).
- Geben Sie ehrliches Feedback, ohne zu belehren. Sammeln Sie gemeinsam Informationen. Trennen Sie Informationen von Bedeutungen.
- Trennen Sie Informationen und Gefühle. Oder suchen Sie gemeinsam die Gefühle.
- Was ist bisher versucht worden? Welche Strategien greifen jetzt nicht mehr?
- Welche Ressourcen gibt es in anderen Bereichen? Wie wurden andere Krisen früher bewältigt? Wer kann helfen?
- Welche Optionen gibt es?
- Helfen Sie bei der Suche nach Zielen und Perspektiven.

Nach vielen »wirklichen Krisen« bleibt ein schwerer Verlust, den wir mit Würde zu tragen haben. Dies ist beispielsweise der Fall, wenn wir einen geliebten Menschen verloren haben. Trauer und Verlust aber sind auch integrierbar. Die meisten »Krisen« führen uns auf neue Wege. Nach einigen Monaten oder Jahren erkennen wir in den Folgen unserer Krisen einen Zugewinn, wir erkennen, dass wir uns gewandelt oder Neues gelernt haben.

Der amerikanische Psychiater Irvin Yalom leitete aus der Arbeit mit seinen Patienten »Existenzielle Faktoren« ab, die in der Arbeit mit Krisenklienten nützlich sind. Diese Faktoren sollten bei der Zielarbeit berücksichtigt werden. Existenzielle Faktoren sind:

- Zu erkennen, dass das Leben manchmal unfair und ungerecht ist.
- Festzustellen, dass man gewissen Nöten des Lebens und dem Tod nicht entgehen kann.
- Einzusehen, dass ich, so nah ich anderen auch kommen mag, dem Leben dennoch allein gegenübertreten muss.
- Zu der Erkenntnis kommen, dass ich mich den Grundfragen des Lebens und des Todes stellen muss und so mein Leben ehrlicher leben kann, mich weniger von Belanglosigkeiten einfangen lasse.
- Zu lernen, dass ich die letzte Verantwortung für die Art, wie ich mein Leben lebe, übernehmen muss, egal wie viel Unterstützung ich von anderen bekomme.

> **Info**
>
> Irvin Yalom fasst darin folgende Konsequenzen des Lebens zusammen, die im Coaching allzu oft ausgeblendet werden: Verantwortung, grundlegende Isoliertheit, Unvorhersehbarkeit, Wechselhaftigkeit des Daseins, die Sterblichkeit, der niemand entrinnen kann.

Zielen heißt auch Verzicht

Unsere Wahrnehmungsfilter, unser Denken und unsere Handlungen sind auf Ziele ausgerichtet. Wenn man kein klares Ziel hat und keine Vision von seinem Leben, dann fehlt es meist an Selbstbewusstheit und Selbstwirksamkeit. Wer diesen Mangel hat, verzettelt sich, kennt kaum Prioritäten, macht Eiliges sofort und Wichtiges nie. Solche Menschen können sich nur schwer gegen andere und Ablenkungen im eigenen Geist abgrenzen. Umgekehrt hieße das: Wer eine Vision hat, kann zu sich und anderen eindeutig »nein« sagen, wenn es erforderlich ist.

Übungsfragen

- Worauf muss ich verzichten, wenn ich mein Ziel erreichen möchte?
- Wozu und zu wem muss ich im Großen und im Kleinen »nein« sagen, damit ich mein Ziel erreichen kann?
- Womit verschwende ich gern Zeit und unnötige Energie?

Auf der Suche nach einem neuen Ziel

Nicht nur unsere Werte und unser Persönlichkeitsinventar bestimmen unser Selbst und unsere Selbstwirksamkeit: Unsere Ziele und Visionen geben dem Leben Plan und Neuorientierung. Manchmal sind es schleichende Entwicklungen, die Klienten zu Ihnen führen, wenn Sinn oder Orientierung im Leben fehlen. Häufig jedoch werden einschneidende Ereignisse, wie der Tod geliebter Menschen, eine schwere Krankheit, die Kündigung, der Auszug der Kinder aus dem Haus und anderes, als Leid empfunden oder als Chance zur Neuorientierung genutzt.
Von Ihnen als Coach erwarten Ihre Klienten, dass Sie eigene Erfahrungen haben mit dem Konzept des Lebensneuentwurfes (new life design) und seiner ganzheitlichen Umsetzung.

Übungsfragen

Stellen Sie sich – und später Ihren Klienten – die Fragen:

- Welche Ziele wollte ich als Kind, als Jugendlicher, nach der Lehre, dem Studium ... erreichen?
- Welche dieser Ziele habe ich erreicht?
- Wo bin ich beruflich angekommen?
- Wo bin ich partnerschaftlich angekommen?
- Wo und wie lebe ich? Bin ich damit zufrieden?
- Wie sehe ich aus und wie fühle ich mich körperlich?
- Was wollte ich eigentlich und habe es noch nicht angefangen? Was sollte ich eigentlich und habe es bisher nicht getan?
- Was will mein Partner beziehungsweise meine Partnerin mit mir zusammen erreichen?

Viele Ziele auf dem Weg zu unserem neuen Selbst sind **Wünsche,** die für uns vermeintliche Attraktionen darstellen. Dabei gehen wir davon aus, dass irgendwann einmal die Umstände günstiger sein werden als jetzt und dass andere, die Zeit oder das Schicksal sich uns zuwenden werden, damit die Wünsche in Erfüllung gehen.
Der wesentliche Unterschied zu Zielen ist, dass beim Wünschen nicht die Ärmel hochgekrempelt werden und wir nicht wirklich bereit sind zu schwitzen. Wünsche sind häufig auch blockierte Ziele.

Einwände gegen gewünschte Veränderungen

Wenn in Ihnen widerstrebende Wertesysteme existieren, könnte der Wunsch oder das Ziel Ablehnung in Ihnen hervrrufen. Ebenso können nicht bewusste Glaubenssätze einer Veränderung entgegenwirken: »Schuster, bleib bei deinen Leisten!« (Übrigens: »Nur wer wagt, der gewinnt!« – Es gibt also auch viele andere Glaubenssätze.)

Zwänge, Ängste, Phobien und frühere konditionierte Versagenssituationen lassen uns andere Schauplätze aufsuchen. Neben unserer persönlichen Lerngeschichte, unseren Werten und Präferenzen gibt es noch ein anderes wichtiges Kriterium, das die Transformation eines Wunsches in ein Ziel behindern kann oder das Zielen zu sabotieren vermag: Dies sind die möglichen negativen Auswirkungen auf das System, in dem wir leben. Wenn wir unsere Beschränkungen aufgeben und neue Bereiche des Lebens betreten, kommen wir selbst, unsere Partner oder unsere Familie in Kontakt mit Veränderung. Dadurch gefährden wir vielleicht unser bisheriges stabiles Selbstbild und die Art, wie wir unsere Beziehungen bisher gestaltet haben. Die Veränderung darf dann vielleicht noch nicht sein.

> **Übungsfragen**
>
> - Was sind Ihre Glaubenssätze zur Zielvermeidung? Welche Ziele lassen Sie aus Angst fallen?
> - Was würde sich negativ verändern, wenn Sie das Ziel erreichten? Was müsste vorher sichergestellt werden?
> - Wer müssten Sie sein, damit das Ziel erreicht werden darf?
> - Wie müsste sich Ihre Beziehung zur Familie oder was müsste sich in der Partnerschaft ändern, damit das Ziel erreicht werden darf?

Vom richtigen Zielen

»Ich möchte aufhören zu rauchen.« »Ich möchte von meinem Chef mit Respekt behandelt und geachtet werden.« »Ich will nicht länger zurückstecken müssen bei der Beförderung.« »Ich möchte nicht mehr dick sein.« »Ich möchte später erfolgreicher sein als mein Vorgesetzter.«

Diese Ziele sind gut gemeinte Anfänge auf der Suche nach Veränderung. Ihnen fehlt es aber an Schärfe und an Klarheit. Diese brauchen wir, um einzelne Etappenziele oder Kompetenzziele zu formulieren. Die oben genannten »Ziele« stellen Vorstufen oder Ausgangspunkte bei der Zielfindung dar. Ähnliche Formulierungen gebrauchen die meisten Ratsuchenden. Es handelt sich dabei häufig um

- Wünsche an die Welt und an andere,
- Erkenntnis eigener Defizite,
- Ideen, die nicht von uns selbst kommen,
- utopische Tagträume,
- Unzufriedenheiten, ohne Alternativen zu sehen.

In vielen Lehrbüchern des *positiven Denkens* steht, man müsse seine Ziele stets positiv und sehr konkret formulieren. Statt »Ich will nicht mehr dick sein« sagen wir also besser: »Ich möchte schlank sein«. Ansonsten würde das Unbewusste sofort wieder auf das zusteuern, was wir vermeiden möchten. Wenn Sie formulieren: »Ich möchte nicht mehr dick sein«, muss in Ihrem Geist zuerst das Bild eines dicken Menschen erscheinen. Wohin aber die Reise gehen soll, ist in dieser Formulierung nicht enthalten. Ob unser Unbewusstes auf solche Formulierungen tatsächlich unerwünscht reagiert, ist nicht erwiesen, obwohl dies in populären Büchern stets behauptet wird. Ebenso findet sich oft die Forderung, wir sollten so formulieren, als sei das Ereignis schon eingetreten. Das ist eine weitere nicht bewiesene Legende.

Dazu zwei Beispiele: *»Ich bin ruhig und entspannt.«* Die innere Antwort hierauf könnte sein: »*Nein, noch bin ich ziemlich nervös und angespannt!*« Oder: *»Ich bin schlank und schön.«* Unser innerer Kommentar dazu lautet: »*Nein, noch bin ich dick und ungepflegt.*«

Die klassischen positiven Formulierungen im Präsens regen uns zu einem inneren Kommentar an, der die Glaubwürdigkeit der Suggestion in Frage stellt. Sie können diese innere Antwort umgehen, indem Sie »hypnotische Sprachmuster« verwenden. Sagen Sie zum Beispiel: »Es ist angenehm, sich die Erlaubnis zu geben, ein Gefühl von Gelöstheit und Entspannung zu erleben.« Kommentar: »Na ja, das ist wohl richtig, so eine Entspannung ...« Bei der Zielformulierung ist es sinnvoll, imaginative rechtshirnige Prozesse und konkrete linkshirnige Prozesse zu kombinieren.

In den letzten Jahrzehnten haben Kommunikationsexperten verschiedener Fachrichtungen die linguistischen, logischen und mentalen Schwachstellen in alltagsüblichen Zielformulierungen gesammelt und recht ähnliche Systematiken einer klaren Zielformulierung entwickelt; vermutlich haben die einzelnen Ideen sich gegenseitig beeinflusst. Herausgekommen sind mehrere nützliche Zielkriterien, die sich für das Coaching besonders bewährt haben.

So formulieren und bilden Sie klare Ziele

Ist das Ziel positiv formuliert? »Wenn Sie nicht mehr dick sein möchten, was möchten Sie stattdessen?« »Angenommen, Sie hätten das Ziel schon erreicht, wie wären Sie dann?« Mit diesen und ähnlichen Fragen helfen Sie Ihren Klienten, ein positives Ziel zu formulieren. Damit bewegen Sie sich vom Problem mit seinen negativen Emotionen und mentalen Bildern hin zum Ziel. Genauso hilfreich ist es, wenn der Klient Vergleiche aus seinen Zielen herauslässt: »Ich will weniger wiegen als meine Tante« ist zwar positiv formuliert, enthält aber einen Vergleich mit der Tante. Dies ist ähnlich umständlich wie eine negative Formulierung. Klären Sie für sich als Coach außerdem, welche Zielkategorie oder Zielgröße Ihr Klient anstrebt: ein Kompetenzziel, ein Zwischenziel oder vielleicht eine Vision.

Was ist das Ziel hinter dem Ziel? Bevor sich der Klient oder Sie als Coach in ein Ziel verrennen, überprüfen Sie unbedingt, welcher tiefe Wunsch hinter dem geäußerten Ziel steht. Fragen Sie den Klienten, wofür das Ziel gut ist und was damit sichergestellt wird. Wer Bundeskanzler werden möchte, hat vielleicht das eigentliche Ziel, »respektiert zu werden, selbstwirksam zu sein, etwas Relevantes zu tun«. Viele Ziele hinter den Zielen sind abstrakte Konzepte wie Freiheit, Selbstständigkeit, Selbstverwirklichung, Liebe, Gesundheit. Fragen Sie den Klienten, ob er das Ziel hinter dem Ziel vielleicht auf andere Weise erreichen möchte. Manchmal wandeln sich dabei die Ziele mehrmals.

Ist das Ziel für den Klienten selbst attraktiv? »Welche Ihrer Werte würden dadurch angesprochen werden? Was ist für Sie lohnend oder reizvoll daran?« Der Klient soll Gelegenheit haben, zwei wichtige Dinge zu überprüfen:

- Ist es wirklich sein Ziel und ist es vereinbar mit seinem tiefsten Wertesystem?
- Ist es für ihn selbst reizvoll und anspornend oder eher vom Typ *»Schön wäre es ja«* oder *»Ich sollte eigentlich«*?

Ist das Ziel realistisch und selbst erreichbar? Wer Bundespräsident werden möchte, kann dieses Ziel als 70-jähriger Neuseeländer ohne deutsche Staatsangehörigkeit nicht erreichen. Dieses Ziel wäre unrealistisch. Jeder andere Klient, der dieses Ziel hat, ist gut beraten, wenn er sich zunächst Teilziele sucht: Kompetenzziele und Etappenziele.

Wer von anderen wünscht, dass sie ihn »irgendwie« zum Bundeskanzler machen, hat Wünsche an die Welt, das Schicksal und an andere. Er muss lernen, sein Ziel selbstwirksam umzuformulieren, sich bei der Zielformulierung nichts von anderen zu wünschen!

Ist das Ziel zeitlich gegliedert? Wer abnehmen möchte, sollte sich selbst klar machen, wann genau er damit anfangen will, welche Zwischenschritte und Etappen genau eingeplant sind, wann diese beendet sein werden und wann genau er sein Ziel erreicht haben wird. Dies gilt gleichermaßen für Kompetenzziele und Etappenziele.

Ist das Ziel messbar und konkret? Wer etwas abnehmen möchte oder politisch einflussreich werden möchte, sagt sich selbst und anderen nichts darüber, wie viele Kilogramm er abspecken will oder welche Position im öffentlichen Leben er genau anstrebt. Formulieren Sie mit Ihren Klienten die Ziele so konkret wie möglich! Dies ist bei Zielen auf der Ebene des Verhaltens und der Fähigkeiten (Kompetenzziele) meist gut erreichbar. Wie misst man aber »ein gutes Verhältnis zum Chef«? Versuchen Sie hier zirkuläres Fragen und den Zugriff auf die Emotionen, die Ihr Klient haben wird, wenn das Ziel erreicht ist.

> *»Was würde(n) Ihre Ehefrau (Ihre Kollegen) an Ihnen feststellen, wenn das Ziel erreicht ist? Was würde man dann über Sie sagen, wie würde Ihr Chef dann auf Sie zugehen?« »Was würden Sie dann über sich selbst denken, und was würden Sie in sich spüren ...?«*

Ist das Ziel verträglich für die Welt des Klienten? Wenn der Partner eines dicken Menschen schlanke Körper nicht mag, wird es nach der Gewichtsreduktion Probleme in der Partnerschaft geben. Die eigene Taubenzucht kann der Bundeskanzler nicht mehr selbst pflegen, und er wird auch für die Familie kaum noch Zeit haben. Möchte und kann Ihr Klient die Konsequenzen tragen, die sein Ziel mit sich bringt?
Hilfreiche Fragen könnten sein:

> *»Wenn Sie Ihr Ziel erreicht haben, wie wird sich das auf Ihre Familie auswirken?« »Was müssen Sie alles aufgeben oder verändern, wenn das Ziel erreicht ist?« »Können Sie noch derselbe sein, wenn das Ziel erreicht ist? Sind Sie mit der Änderung Ihrer Identität einverstanden?« »Wie wird sich der Weg zum Ziel auf die anderen Bereiche Ihres Lebens auswirken? Wollen Sie den Preis dafür zahlen? Gibt es Teile in Ihnen, die diesen Preis eigentlich nicht so gern zahlen möchten? Muss erst noch etwas anderes erledigt oder sichergestellt sein, bevor das Ziel erreicht werden darf?«*

Wie fühlt sich die Welt im Ziel an? Nach der Zielarbeit bitten Sie Ihren Klienten, sich das Ziel vorzustellen, sich dort umzuschauen, wahrzunehmen, wie es dort ist, wie die Menschen schauen, welche Bilder auftauchen, wie es sich innerlich anfühlt, dort zu sein, was genau gespürt wird. Gehen Sie dann die so genannten logischen Ebenen mit Ihrem Klienten durch (s. folgendes Kapitel »Persönlichkeit und Subjektivität«). Dieses Visualisieren und Fühlen im Ziel ist eine hilfreiche Hausaufgabe, die viele Klienten zum Ziel hinführt oder sie anzieht.

In einer Kurzzeitberatung gehen Coaches davon aus, dass der so genannte »Öko-Check« (Frage: Ist das Ziel verträglich für die Welt des Klienten?) vom Klienten in wenigen Minuten mentaler Arbeit selbst gemacht werden kann und das Ziel dann »steht«. Der Öko-Check findet aber meist nur aus der Perspektive von wenigen inneren Rollenrepräsentanten oder Teilpersönlichkeiten statt. Außerdem kann ein Klient die Tragweite von Systemänderungen meist nicht so schnell erfassen oder er spart betriebsblind ganze Bereiche bei seiner Betrachtung aus. Als Coach sollten Sie sich daher nicht scheuen, an dieser Stelle Feedback und intensive Anregung zu geben! Jeder tief greifende Prozess braucht außerdem wenigstens einige Tage Zeit und sollte – nach alter Sitte – gut überschlafen werden!

> **Übung**
>
> Stellen Sie sich einen Fragenkatalog zusammen, anhand dessen Sie zukünftig Ihre Klienten durch die oben besprochenen acht Aspekte des guten Zielens führen möchten. Proben Sie dies anhand eines Ihrer eigenen Ziele zu Kompetenzen, Zwischenschritten und größeren Zielen.

Persönlichkeit und Subjektivität

Wissenschaftler und pragmatische Denker haben sich in den letzten Jahrzehnten Gedanken darüber gemacht, wie unsere Erkenntnisse, unser Wissen und unsere Fertigkeiten klassifiziert werden können. Manche der entworfenen Modelle sind einfach – und im Coaching brauchbar. Einige Modelle versuchen Auskunft darüber zu geben, wie aus unseren subjektiven Wahrnehmungen eine »Persönlichkeit« konstruiert wird.

Phasen der Kompetenzwahrnehmung

Was wir können oder (noch) nicht können kann in unserem Bewusstsein auf vier Weisen repräsentiert werden:

Unbewusste Inkompetenz: Die Möglichkeiten, Fähigkeiten, Lernfelder und Einsichten sind unbekannt. Aber: Im Hinblick auf Unbekanntes oder Ausgeblendetes kann man sich nicht inkompetent fühlen.
Bewusste Inkompetenz: Ein Lernfeld, Problem oder Kontext wird erkannt. Erforderliche und vorhandene Kompetenz werden verglichen, und eine erhebliche Differenz wird als bewusste Inkompetenz erlebt. Beispiel: Fahrkenntnisse vor dem Besuch der Fahrschule.
Bewusste Kompetenz: Die Differenz zwischen erforderlichen und vorhandenen Fähigkeiten ist überwunden. Das Lernfeld oder der Zusammenhang sind bekannt und werden beherrscht, wenn auch noch mit bewusster Konzentration. Beispiel: Fahrkenntnisse nach gerade abgelegter Führerscheinprüfung.

Eine Unterscheidung ist hier aber wichtig.

- *Das subjektive Gefühl der Kompetenz* kann dennoch zu inadäquatem Verhalten führen: Wer von sich nur glaubt, etwas zu können, besteht gelegentlich die Praxisprüfung nicht. Dies wird gern verleugnet: *»Ich bin eine kompetente Führungspersönlichkeit. Anderen passieren Fehler, mir aber nie!«*
- *Die bestätigte Kompetenz* wird nicht nur subjektiv angenommen oder geglaubt. Die Kompetenz lässt sich mit Fremd- und Selbstbeobachtung auch evaluieren.

Unbewusste Kompetenz: Das adäquate Verhalten wird »automatisch« erbracht. Beispiel: routiniertes Autofahren mit bewusster Konzentration auf andere Themen.

> **Übungsfragen**
>
> - Gibt es eine Führungsschwäche bei einem Ihrer Kollegen, die ihm jetzt noch völlig unbekannt oder nicht greifbar ist?
> - Was kann er im genannten Kontext recht gut? Woher wissen Sie das? Was denken andere darüber? Sehen die das genauso?
> - Wo stehen Sie bei der Wahrnehmung und Bewältigungsstrategie Ihrer Probleme im oben genannten Schema?

Die logischen Kategorien des Lernens und der Kommunikation

Diese Überschrift ist der Titel eines Aufsatzes von Gregory Bateson in seinem bekannten Buch »Die Ökologie des Geistes« (2001). Er entwirft darin vier Lernebenen, die ineinander übergehen.

Umwelt: einfaches reflexähnliches Reiz-Reaktionsmuster. Beispiel: Die Wimpern werden angehaucht und schließen sich sofort.

Verhalten: »Fähigkeit zur Kontextmarkierung«. Es existiert eine Wahlmöglichkeit. Ein Organismus kann erkennen, dass der gleiche Reiz in unterschiedlichen Zusammenhängen unterschiedliche Bedeutungen für ihn hat. Dies wird durch Versuch und Irrtum erkannt. Beispiel: Ein Lufthauch kann einmal Anlass sein, die Augen zu schließen, ein anderes Mal ist es besser, die Augen bewusst offen zu lassen. Dies wird aus dem Ergebnis des Verhaltens gelernt.

Fähigkeiten und Glaube: Lerntransfer und Lernen lernen. Problemlösungsstrategien, Misserfolge und Fehlschläge können kreativ umgedeutet und auf andere Bereiche übertragen werden. Ereignisse werden auslösenden Ursachen zugeschrieben und spezifischen Zuständen zugeordnet. Verhalten wird nicht als falsch oder richtig gewertet, sondern als angemessen oder unangemessen in einem bestimmten Kontext erkannt. Beispiel: Wenn ihm im Meer die Tauchermaske davonschwimmt, lässt der Taucher trotz des brennenden Salzwassers die Augen offen, sucht die Maske und greift danach, wie er es in seiner Ausbildung gelernt und aus Einsicht erkannt hat.

Spirituelle Neudefinition des Selbst: Hierbei handelt es sich um eine Lernebene, die nur mittelbar oder metaphorisch beschreibbar ist. Die Grenzen der Ich-Haftigkeit im Denken und Handeln sind dabei unwichtig geworden, beispielsweise in einer mystischen Erfahrung der Welt und des eigenen Seins oder in einem so genannten »Gipfelerlebnis« nach Maslow: einem Moment, in dem man sich mit der Natur und dem Sein eins fühlt. (Diese Lernform ist zwar beschreibbar, rational aber kaum nachvollziehbar und wissenschaftlich schlecht messbar. Sie stellt den Versuch eines bedeutenden Natur- und Sozialwissenschaftlers dar, die »spirituelle Ebene« unseres Seins auch innerhalb seiner Lerntheorie aufzugreifen.)

> **Übung**
>
> Sie können mit Ihren Klienten diese vier Ebenen auf jedes Problem, jede Wahrnehmung oder jedes Verhalten anwenden. Ein Beispiel, das Sie vielleicht noch aus Ihrer Jugendzeit nachvollziehen können: Die sechsjährige Juliane ist in Peter verliebt. Sie sieht, wie er vor dem Kino kurz ein anderes Mädchen küsst. Beschreiben Sie Julianes mögliches Verhalten, Denken (innerer Dialog) und Fühlen jeweils auf den vier genannten Ebenen.

Eine Anmerkung zur Methodenvielfalt: Sie brauchen für diese alltägliche Übung Empathie, Imagination, Erinnerung an eigene vergleichbare emotionale und kognitive Prozesse. Sie können eine kleine Zeitreise unternehmen, Sie fühlen in sich hinein, hören und erspüren Ihren eigenen inneren Dialog und erleben das Gleiche aus der Perspektive eines anderen Menschen. Hierbei handelt es sich um *Kernkompetenzen für Berater*.

Die logischen Ebenen nach Dilts

Robert Dilts, einer der kreativsten Weiterentwickler des NLP, hat Batesons Konzept übernommen und für seine Beratung erweitert. Seine Idee ist in folgender Tabelle gekürzt und modifiziert aufgeführt. Die Kategorien dieser »logischen Ebenen« sind unter »logischen Gesichtspunkten« vielleicht etwas willkürlich gewählt. Daher ist diese Bezeichnung, die sich in Deutschland durchgesetzt hat, vielleicht unglücklich gewählt. Dilts ist ein Pragmatiker, und ihm geht es in erster Linie darum, *hilfreiche Kategorien* zu nennen, die im Coaching nützlich sind.

Die erste Ebene der *Umwelt* steht in der Tabelle auf der folgenden Seite unten, von wo Sie sich langsam bis zur *Spiritualität* hinauf fragen können.

Die Fragen zu den genannten »logischen Ebenen« können dem Beratungsthema angepasst und modifiziert werden. Die Frage-

Spiritualität und Sinnfindung	• **Worin** liegt für Sie der verborgene übergeordnete Sinn Ihres Tuns oder Ihrer Art zu sein? • Was sind Ihre Wurzeln im Glauben?	
Identität und Zugehörigkeit	• **Wer** sind Sie im Inneren, wenn Sie so handeln? • Wie sehen Sie andere? • Wo stehen Sie dann in diesem System oder der Welt?	
Glauben und Werte	• **Warum** tun Sie das Ihrer Meinung nach? • Warum soll man das tun? Was motiviert Sie? • Was denken und glauben Sie darüber?	
Fähigkeiten und Wissen	• **Welche** Ressourcen stützen Sie? • Was müssen Sie dazu wissen und können? • Welche Strategien haben Sie?	
Verhalten	• **Was** genau tun Sie dort? • Was sind Ihre Handlungen und Aktionen?	
Umgebung und äußerer Kontext	• **Wo** stehen Sie gerade? Wo leben Sie, wo arbeiten Sie? • Was passiert (sinnlich wahrnehmbar)?	
	Modifiziert nach Robert Dilts	

ebene der Spiritualität setzt einen guten Rapport voraus, auf den sich viele Klienten nur einlassen, wenn keine hinderlichen Glaubenssätze vorliegen. Wer von sich denkt: »Ich bin ein knallharter Geschäftsmann, der mit Esoterik und religiösem Gefasel nichts am Hut hat«, der wird über entsprechende Fragen verwundert sein und mit Abwehr reagieren: »Religiöses gehört nicht ins Coaching!«

Das Konzept hat zudem eine kleine Schwäche: Wir antworten auf die Fragen meist nicht als ganze Person, sondern aus der mentalen Grundeinstellung der angesprochenen sozialen Rolle, die wir ausfüllen. Zum Beispiel des Managers, Vorstandes, Familienmitgliedes. Es ist daher hilfreich, den Klienten anzuregen, aus den Perspektiven seiner unterschiedlichen Rollen zu antworten.

> **Übungsfragen**
>
> • Welches Ziel haben Sie sich mittelfristig gesteckt?
> • Wie stehen Ihre anderen sozialen Rollen dazu?
> Hinterfragen Sie dieses Ziel auf den verschiedenen logischen Ebenen.

Hierarchien der Wirklichkeit

Da wir aus der Fülle von Informationen nur Bruchteile wahrnehmen können, bilden wir logische Kategorien, in die wir Wahrnehmungen und Begriffe einordnen. Jede dieser *Hierarchiestufen* gehört in unserer inneren Welt wieder zu einem übergeordneten Schema. Dazu zwei Beispiele, die Sie in ähnlicher Weise bereits aus der Schule kennen:

Universum – Milchstraße – Sonnensystem – Erde – Europa – Deutschland – Lippe – Lemgo – Schloss Brake.
Leben – Tiere – Wirbeltiere – Säugetiere – Primaten – Menschen.

Auch in unserem Alltagsleben, in unserem Denken und in unserer Sprache bewegen wir uns ständig auf unterschiedlichen Stufen oder Kategorien. Die höhere Stufe umfasst jeweils die darunter liegenden und ist ihre Generalisierung. Dazu ein Beispiel:

Aussage A: »Dass er mich immer kritisiert, nimmt mir jede Motivation.«
Aussage B: »Die Art, wie er mit mir kommuniziert, hat negative Folgen.«

Die Aussage B ist eine Generalisierung von A und schließt sie mit ein. Es handelt sich um eine allgemeinere Kategorie. Würden Sie erfragen, wie genau der Gesprächspartner im Beispiel A kritisiert (Worte, Gesten, Tonfall) und wie genau der Klient spürt, dass er Motivation verliert, kämen Sie zu einer spezielleren oder tieferen Kategorie.

> **Übung**
>
> Bilden Sie zum Begriff »Auto« Verallgemeinerungen (zum Beispiel »bewegter Gegenstand«), Begriffe auf dem gleichen Niveau (zum Beispiel »Schiff«), Spezifizierungen (zum Beispiel »Cabrio«).

Vielleicht fragen Sie Ihren Klienten nach der Bedeutung von Verhalten, Problemen oder Zielen – und sind dann überrascht, dass die Antwort Sie nicht weiterführt. Häufig liegt das daran, dass der Klient mit seiner Antwort nicht auf eine höhere Hierarchiestufe gestiegen ist, wie Sie das eigentlich beabsichtigt haben (ohne das bisher so erkannt oder benannt zu haben). Überprüfen Sie bei jeder Frage, die Sie stellen, und bei jeder Antwort des Klienten, auf welche Stufe Sie wechseln möchten:

- Generalisierung,
- gleiches Niveau,
- Spezifizierung.

Hiermit können Sie das »Herdplattenmodell« (s. S. 65) noch spitzfindiger gestalten.

Wer war ich damals?

Wenn Sie die Comics oder Bilderbücher in die Hand nehmen, die Sie als Kind gelesen haben, erinnern Sie sich und fühlen den Zauber der Kindheit. Wenn Sie Ihre eigenen Kinderfotos anschauen und über den Grund nachdenken, warum dieses Kind dort auf den Fotos lächelt (oder nicht?), wen betrachten Sie dann? Wenn Sie ein altes Poesiealbum durchblättern oder an die Gedanken, Meinungen, Vorlieben, Vereine, Aktivitäten denken, die Sie jetzt schon verlassen haben und die nicht mehr in Ihr jetziges Leben passen, dann denken Sie über einen Menschen nach, der Sie nicht mehr sind.

Mithilfe unseres sozialen Umfeldes, mit Dokumenten und Zeugenaussagen haben wir uns eine subjektive Identität über all die Jahre bewahrt. Wenn wir aber nach innen schauen und uns fragen, wer wir sind, was unsere Einzigartigkeit ausmacht, dann sind wir auf spekulative Schlussfolgerungen angewiesen.

Seit unserer Kindheit hat sich viel verändert, einiges an charakteristischen Verhaltensweisen ist aber in bestimmten Situationen unverändert erkennbar. Außerdem haben wir die Fähigkeit, Gefühle, Bilder, Erinnerungen und die Art und Weise des Denkens aus unserer Vergangenheit zu reaktivieren – bis in die frühe Kindheit zurück. Diese kindlichen Gefühle, Vorstellungen und Einstellungen über die Zusammenhänge der Welt existieren immer noch in uns. Damit sind wir im Laufe der Zeit eigentlich eine Verkettung mehrerer Persönlichkeiten geworden.

Das komplexe Zusammenwirken von Eigenschaften des inneren und äußeren Verhaltens bestimmt unsere Persönlichkeit und bildet die Bausteine und die Quelle unserer Individualität und Identität. Niemand kann für sich festhalten, was das Ich in ihm eigentlich ist oder was es war.

Was wissen wir über andere?

Schon als Kind konnten Sie einige Menschen »riechen«, andere nicht: In wenigen Sekunden konnten Sie schon damals vermeintlich unterscheiden, wie jemand anderes wohl sei. Das Verhalten dieser Menschen haben Sie selbstverständlich durch deren Wesen erklärt – Ihr eigenes Verhalten allerdings war nur von den Umständen und der spezifischen Situation abhängig gewesen. Vermutlich ist das bei Ihnen auch heute noch so?

> **Übung**
>
> Nehmen Sie sich einmal die Zeit, einige Fragen nach innen zu stellen und auf die Bilder zu schauen und die Worte wahrzunehmen, die dort erscheinen: Denken Sie an jemanden, dem Sie wirklich vertrauen, an einen guten Menschen in Ihrem Leben. Welche Bilder, Vorstellungen oder Worte über diesen Menschen kommen Ihnen da in den Sinn?

Vermutlich werden Sie diese Person »gesehen«, die Körperhaltung und die Mimik in Ihrem »inneren Kino« wahrgenommen haben. Vielleicht tauchten auch Attribute auf wie Zuverlässigkeit und Warmherzigkeit. Damit ist ein subjektives Konstrukt der Persönlichkeit dieses Menschen für Sie erst einmal stimmig abgeschlossen.

Diese »magere« Ausbeute an Informationen würde anderen allerdings nicht deutlich machen, warum dieser Mensch besonders vertrauenswürdig ist. Scheinbar gibt es also tiefere Ebenen des subjektiven Wissens über Persönlichkeit.

Verzerrungen der Persönlichkeitswahrnehmung

Jeder trägt ein unbewusstes Konzept zu seiner Persönlichkeit und seinen Beziehungen zur Außenwelt in sich. Diese innere Konstruktion der Wirklichkeit setzt sich aus unbewussten Bildern, Sätzen, Überzeugungen und verinnerlichten Beziehungserfahrungen zusammen. Diese Konzepte ermutigen uns, Lücken der äußeren Wahrnehmung kreativ zu füllen, das Erlebte für uns stimmig umzuformen und entsprechend der bekannten, internalisierten und erwarteten Muster zu verzerren. Wir unterschätzen dabei auch die vielen subtilen Einflüsse, die erwünschtes Verhalten begünstigen, wie beispielsweise den Drang zur sozialen Konformität.

Wir selbst sorgen häufig heimlich dafür, dass Situationen für unser Verhalten stimmig sind, oder beeinflussen das Verhalten anderer in unserem Sinne. Das erhöht unseren Glauben an die Konsistenz unserer Persönlichkeit.

Wir sind außerdem in der Lage, uns in unserem Verhalten, unserem Denken und unserer Werthaltung in soziale Gefüge einzupassen und durch die Konsistenz dieser Eigenschaften unsere Identität zu definieren.

> Daraus ergibt sich eine banale Wahrheit: Wenn alles so ist, wie wir es erwarten, sind wir, wer wir zu sein glauben.

Unsere Beobachtungsgabe ist in Bezug auf die Wahrnehmung von anderen Menschen sehr begrenzt. Oft gewinnen wir unsere Informationen nicht aus der Wahrnehmung von Handlungen, sondern aus den Berichten über diese Handlungen: »Hast du schon gehört, Herr Meyer hat gestern doch ...!«

Unbewusste kognitive Verzerrungen

Die kognitiven Verzerrungen der Persönlichkeitswahrnehmung werden noch komplexer, wenn unbewusste Prozesse die Wahrnehmung und das Denken verformen. Dies geschieht beispielsweise durch unbewusste psychodynamische Prozesse, durch unbewusste Mechanismen der Abwehr und durch andere unbewusste Vorgänge wie Übertragung und Gegenübertragung. Dies wurde größtenteils von Sigmund Freud entdeckt und beschrieben. Freuds Vorstellungen von unbewussten kreativen Leistungen wurden später von anderen Psychoanalytikern ergänzt und verändert. Dass wir diese unbewussten Strategien heute als »kreative Leistungen« (Ressourcen!) betrachten und nicht nur als ein behandlungs- oder beratungstechnisches Problem, entspricht dem Menschenbild, welches wir in der modernen Psychotherapie finden. Auch in einer neueren psychoanalytischen Sichtweise finden wir also Überschneidungen mit dem Menschenbild anderer Theorien.

Viele dieser Mechanismen stellen wir in den Falldarstellungen (s. S. 128 ff.) ausführlich vor. Einige dieser unbewussten Mechanismen haben wir im Folgenden verkürzt dargestellt.

Kompensation: die Überbetonung eines Charakterzuges, zur Verhüllung einer ungeliebten, nicht bewusst wahrgenommenen Schwäche.
Verleugnung: die unbewusste Weigerung, eine unangenehme Wahrnehmung oder Wirklichkeit zu registrieren.
Verschiebung: die Verlagerung von aufgestauten – meist feindseligen – Gefühlen auf »Objekte«, die diese Gefühle zwar nicht erzeugt haben, aber deutlich ungefährlicher sind.
Sozio-emotionale Isolierung: das Vermeiden ängstigender Erfahrungen durch Isolierung oder durch Passivität in den entsprechenden Lebensbereichen.
Fantasie: Frustrierte Wünsche werden in Tagträumen befriedigt. Über die positive Kraft der Fantasie erfahren wir später mehr.
Introjektion: Äußere bedrohende Werte oder Grundhaltungen werden in die eigene Persönlichkeit aufgenommen (*»als wäre es meins«*), damit sie nicht mehr als Bedrohung von außen wahrgenommen werden. Beispiel: Täter-Introjektion bei Gewaltopfern.
Isolierung oder Kompartmentbildung: Emotionale Regungen werden von angstbeladenen Situationen abgetrennt oder »unlogisch« straff und unzusammenhängend zergliedert.
Projektion: Eigene verborgen erlebte Unzulänglichkeiten oder vermeintlich unmoralische Wünsche werden auf jemand anderen übertragen (*»Man sieht seinen eigenen Balken oder den eigenen Schatten nicht mehr«*). Dies ist eine häufige Abwehrform.
Rationalisierung: der illusionäre Glauben, das eigene Verhalten sei verstandesmäßig erklärbar. Unbewusste Regungen, Werte, Glaubenssätze werden verleugnet. Stattdessen werden situative, scheinbar »auf der Hand liegende« Erklärungen für das eigene Verhalten geäußert.

Reaktionsbildung: Angstbehaftete Regungen werden nicht wahrgenommen, indem gegenteilige Verhaltensweisen überbetont werden.
Regression: der Rückgriff auf frühere, meist kindliche, kognitive und emotionale Strategien.
Verdrängung: Unerwünschte Bilder, Gedanken, Impulse werden un- oder vorbewusst gehalten.
Sublimierung: die Verschiebung der körperlichen oder sexuellen Befriedigungen in soziokulturelle Aktivitäten – wie Kunst und Kultur.
Ungeschehen machen: Wiedergutmachungen und Sühnewünsche oder Aktivitäten, um unmoralische Impulse oder Handlungen »reinzuwaschen«.
Übertragung: Klienten übertragen unbewusst Beziehungserfahrungen aus ihrer Primärfamilie (zum Beispiel Ängste, Wünsche, Sehnsüchte, Befürchtungen, Einstellungen) in die Beratungssituation. Sie haben dann eine verzerrte Wahrnehmung vom Berater und der Beratungssituation. Diese Verzerrung dient auch der Abwehr unbewusster Konflikte.
Gegenübertragung: Hierunter versteht man einerseits Gefühle, Gedanken und Fantasien, die ein Berater auf Grund der Übertragung eines Klienten entwickelt. So, als hätte der Klient diese dem Berater übergeben, um sie nicht selbst wahrnehmen zu müssen. So kann ein Berater zum Beispiel plötzlich Zorn verspüren, während der Klient diese abwehrt. Zudem nennt man Gegenübertragung auch alle Fantasien, Gedanken und Handlungsimpulse, die im Berater innerhalb der Beratungssituation entstehen. Zum Teil dürfte dies auf unbewusste Motive, Sehnsüchte, Ängste und Einstellungen zurückgehen, die in der Person des Beraters oder in der interpersonellen Beratungsbeziehung selbst begründet sind. Die Gegenübertragung kann in zwei Typen unterteilt werden:

- *Konkordante Identifizierung:* Der Berater erlebt die Gefühle, wie sie der Klient gera-

de erlebt oder erleben würde, wenn ihm seine Gefühle bewusst wären.
- *Komplementäre Identifizierung:* Der Berater erlebt die Gefühle, Gedanken, Fantasien, die ein Übertragungsobjekt des Klienten dem Klienten gegenüber in seiner unbewussten Erinnerung gefühlt hat. Der Berater empfindet dann beispielsweise gegenüber dem Klienten also so wie die Mutter oder der Vater des Klienten.

> **Übung**
>
> Finden Sie für jeden der genannten tiefenpsychologischen Mechanismen drei Beispiele aus Ihrem eigenen Leben: länger zurückliegend, vor einiger Zeit, neulich. Bedenken Sie dabei, dass »Abwehr« nicht negativ oder schlecht ist: Es handelt sich um gut gemeinte Funktionen Ihres Geistes, die für ein inneres Gleichgewicht und Ich-Stabilität Sorge tragen!

Es ist wichtig, dass Sie weder sich selbst noch andere mit dem Offenlegen von angeblichen Abwehrmechanismen entlarven. Abwehrmechanismen sind nur Modelle eines geistigen Verarbeitungsprozesses. Jedes Modell stellt eine kontextgebundene Konstruktion unseres Geistes dar. Es ist hilfreich, erklärt aber nicht die Realität! Sehen Sie solche Konstruktionen einfach als Hilfe an, mit der Sie sich selbst besser kennen lernen können.

> **Übungsfragen**
>
> Wann immer Sie meinen, die eigene oder eine andere Persönlichkeit zu kennen, stellen Sie sich bitte die Fragen:
> - Ist das wirklich so?
> - Welches Verhalten habe ich beobachtet?
> - Was ist meine Interpretation?
> - Was waren dabei meine Emotionen?
> - Was könnten äußere Umstände sein, die zu diesem Verhalten geführt haben?
> - Wieso schließe ich aus dem Verhalten auf eine Persönlichkeit?

The Big Five: das Fünf-Faktoren-Modell der Persönlichkeitseigenschaften

Die Klassifikationsmöglichkeiten von Eigenschaften und Typen sind beliebig vielfältig. Hilfreich, um eigene innere Suchprozesse anzustoßen, sind meist die einfacheren Modelle, die fünf bis neun Kategorien aufweisen. Die »großen Fünf« (nach Costa, McCrae, Digmann) ersetzen nicht die Vielzahl anderer Eigenschaftsbegriffe, sie erlauben aber eine kurze Beschreibung auf fünf wichtigen Ebenen:

Extraversion – Introversion: gesprächig, energiegeladen, bestimmt versus ruhig, reserviert, schüchtern.
Verlässlichkeit – Unberechenbarkeit: verlässlich, freundlich, zugewandt, mitfühlend versus kalt, streitsüchtig, unbarmherzig.
Gewissenhaftigkeit – Leichtfertigkeit: gut vorbereitet und hervorragend organisiert, verantwortungsbewusst, umsichtig versus sorglos, verantwortungslos, leichtfertig, ohne Übersicht.
Emotionale Stabilität – Labilität: stabil, in sich ruhend, ruhig, zufrieden, freundlich, rücksichtsvoll, ausgeglichen, besorgt versus labil, launenhaft, unausgeglichen, aggressiv, antisozial.
Offenheit für Erfahrungen – Unbeweglichkeit: kreativ, intellektuell, neugierig, informiert, interessiert versus einfach, oberflächlich, unintelligent, wenig informiert und interessiert.

> **Übung**
>
> Klassifizieren Sie anhand der *Big Five* sich selbst, einen Vorgesetzten oder eine Respektsperson, Ihren Partner oder einen nahen Menschen.

Eysencks Persönlichkeitszirkel: der Enneagrammprototyp

Eine weitere frühe Klassifizierungsmöglichkeit stellt Eysenck in seinem Persönlichkeitszirkel vor. Von den Big Five und von Eysencks Modell sind zahlreiche so genannte Enneagrammtypen oder Polaritätsmodelle abgeleitet worden. Diese sind in Selbsterfahrungskursen und Trainings in der Wirtschaft sehr beliebt. Eysenck entwirft die Gegensätzlichkeiten:

- *stabil – instabil* und
- *introvertiert – extravertiert*

Er fügt in dieses Polarisierungsschema zahlreiche Persönlichkeitsmerkmale ein: ruhig, ausgeglichen, zuverlässig, kontrolliert, friedlich, bedächtig, sorgfältig, passiv, ungesellig, reserviert, pessimistisch, nüchtern, rigide, ängstlich, launisch, empfindlich, unruhig, aggressiv, erregbar, wechselhaft, optimistisch, impulsiv, aktiv, gesellig, kontaktfreudig, gesprächig, aufgeschlossen, locker, lebhaft, sorglos und vieles mehr.

> **Übung**
>
> Aus einem Managementseminar stammt folgende Übung: Zeichnen Sie einen Kreis: Bei zwölf Uhr steht *instabil*, bei sechs Uhr steht *stabil*, bei neun Uhr *introvertiert*, bei drei Uhr *extravertiert*. Ordnen Sie die oben genannten Begriffe diesem Kreis zu. Jeder Begriff hat einen »stimmigen« Platz bei einer »Uhrzeit«. Vergleichen Sie Ihr Ergebnis mit dem einer anderen Person.

Weitere Modelle der Persönlichkeitsbeschreibung lernen Sie noch kennen. Sie alle eignen sich als Gedankenanregung und beschreiben Grundeigenschaften in allgemeinen oder in vorgegebenen Situationen. Sie liefern aber keine universale Theorie der Persönlichkeit und beschreiben nur Verhaltenstendenzen oder Grundeinstellungen.

Kognitive Persönlichkeitstheorien

George Kelly (1955), sein Schüler Walter Mischel (1982) und später Albrecht Bandura (1986) haben mit ihren *Modellen der persönlichen Konstrukte* und der *sozialkognitiven Persönlichkeitstheorie* wichtige neue Impulse für das Denken über unser Selbst gegeben. In der Psychotherapie, Linguistik und anderen Kognitionswissenschaften gab es parallele Theoriebildungen, die sich gegenseitig befruchtet haben. Die folgenden Kernpunkte dieser Gedankengebäude können für das Weltbild eines Coachs und eines Klienten hilfreich sei.

Wieso bilden wir persönliche Konstrukte? Wir bilden persönliche Konstrukte in dem Bestreben, die Welt um uns herum und unsere interpersonalen Wirklichkeiten zu erkennen und vorhersagen zu können. Dabei handelt es sich um bewusste und unbewusste Überzeugungen darüber, wie sich Dinge gleichen und unterscheiden. Dieses innere Glaubens- und Überzeugungssystem legt fest, wie wir in bestimmten Situationen denken, fühlen und handeln. Das gesamte System der persönlichen Konstrukte bildet die Persönlichkeit eines Menschen.

Wann ist ein Modell nützlich? Die Modellbildung der Wissenschaft ist die Metapher für den Realitätsanspruch der persönlichen Konstrukte (Modellkonstrukte). Die Prüfung des Modells ist der Nachweis seines Nutzens in bestimmten Zusammenhängen: Wenn ein Modell in bestimmten Kontexten von geringem Nutzen ist oder dort keine Vorhersagen erlaubt, sollte man sich um die Konstruktion neuer, angemessener Modelle bemühen.

Unsere Konstrukte sind veränderbar. Wenn die Ereignisse in unserer Vergangenheit selbst nicht mehr veränderbar sind, so sind sie zumindest offen für vielfältige Interpretationen oder alternative Deutungen. Unsere Weltsicht, unsere tiefen Überzeugungen, Begrenzungen und unsere Vergangenheit sind demnach mental veränderbar.

Wir gestalten aktiv die kognitive Organisation unserer Interaktionen und der Umgebung. Dabei sind folgende Variablen von Bedeutung (modifiziert nach Mischels).

Kompetenzen: das Wissen, die (emotionale) Intelligenz und die Fähigkeiten eines Menschen, um bestimmte Verhaltensresultate oder Kognitionen zu erzeugen.
Strategien der Enkodierung: die Art und Weise, wie Informationen aus der Umwelt durch selektive Wahrnehmung gefiltert, klassifiziert und kategorisiert werden.
Erwartungen: die Art und das Ausmaß von Antizipationen über wahrscheinliche Ergebnisse von Handlungen oder Ereignissen.
Persönliches Wertesystem: die Bedeutung, die Reizen, Ereignissen, Menschen, Aktivitäten zugeordnet wird.
Vision und Evaluation: die Zielbildungen, Regeln und Steuerungen des Verhaltens einer Person. Wie bewertet sie ihren kontextgebundenen Erfolg und ihre Effektivität?

> **Übung**
>
> Hat einer Ihrer Bekannten ein kleines berufliches Problem? Fragen Sie ihn nach den genannten Variablen. Diese kleine Bestandsaufnahme kann in den Fragenkatalog zu den Aspekten »Problem-Ziel-Ressource« (s. S. 91 ff.) gut integriert werden.

Persönlichkeit entsteht durch Feedback

Das Verhalten wird vom Wechselspiel der konstruierten Persönlichkeit, dem inneren und äußeren Verhalten und der Umwelt beeinflusst (Bandura). Wichtige Persönlichkeitsanteile erhalten so aus der Umwelt Rückmeldungen, die wiederum die Persönlichkeit verändern können: Der Fachbegriff dafür ist *reziproker kybernetischer Determinismus*. Diese Rückmeldung kann auch über die Beobachtung einer anderen Modellperson geschehen: Durch die Identifizierung mit deren Handlungs- oder Denkmodell können wir von ihr lernen. Diese Lernerfahrung kann sich bis in die Persönlichkeit auswirken, sie bleibt also nicht nur auf der Verhaltensebene als bloße Nachahmung stehen (Beobachtungslernen am Modell). Von großem Einfluss ist nach Bandura die Wahrnehmung der Selbstwirksamkeit.

Die Selbstwirksamkeit als Barometer unserer Zuversicht

Selbstwirksamkeit (engl. self-efficacy) ist die Überzeugung, in einer bestimmten Situation eine vorhersehbare adäquate Leistung erbringen zu können. Dieses Gefühl der subjektiven Kompetenz beeinflusst unsere Wahrnehmungsfilter, unser Wertesystem und die Motivation auf komplexe Weise. Die Beurteilung der Selbstwirksamkeit ist sowohl abhängig von der tatsächlich erbrachten Leistung als auch von folgenden Faktoren:

- der beobachteten Leistung anderer in Bezug auf die Aufgabe.
- den Überzeugungen, die wir bezüglich der Aufgabe von anderen angenommen oder uns selbst gebildet haben. Was sagte man in unserer Familie darüber? Was sagt man in der Firma dazu?
- der Wahrnehmung unserer inneren Zustände, während wir an die Aufgabe denken oder uns dieser nähern: Haben wir ein gutes Gefühl oder eher Magendruck?

> **Übungsfragen**
>
> - Haben Sie ein konkretes Ziel oder eine Aufgabe in der näheren Zukunft? Wie setzen andere das um? Was haben Sie diesbezüglich schont gesehen und erlebt?
> - Was sind Ihre Überzeugungen und Gedanken über Sinn und Wert dieses Zieles?
> - Was nehmen Sie bei sich als Gefühl (nicht Gedanken!) wahr, wenn Sie an die Aufgabe oder das Ziel denken?

Hemisphärenmodell: rechtes Hirn, linkes Hirn

C.G. Jung meinte, man müsse alle Aspekte des bewussten und unbewussten Lebens integrieren und akzeptieren, um sein Selbst voll entfalten zu können. Das ist schwierig, weil wir mit unserer Kognition nur Zugang zu einem Teil unserer Wirklichkeit haben. Verschiedene Techniken erlauben einen ganzheitlichen Zugang zu den emotionalen Anteilen unserer Persönlichkeit. Dies kann geschehen durch freie Assoziation (Psychoanalyse), durch Imaginationsverfahren (Meditation, moderne kooperative Hypnose), körperbetontes Arbeiten und viele andere Methoden. Andere Beratungsschulen legen mehr Gewicht auf Interaktionen und nicht so sehr auf »die volle Entfaltung oder Integration«.

Meist wird ein vereinfachtes Hemisphärenmodell des Gehirns angeführt, wenn es darum geht, das Denken und Imaginieren zu betrachten: Rechts und Links sind dann Metaphern für Emotion und Kreativität einerseits sowie Logik und Kognition andererseits.

- *Rechte Gehirnhälfte:* Sitz von Emotion, vorsprachlichem Denken, künstlerisch-holistischem Denken, Kreativität.
- *Linke Gehirnhälfte:* Sitz der Kognition, der Logik, der bewussten Gedanken.

Wichtige Informationen über unser Selbstkonzept erhalten wir auch aus unseren sozialen Interaktionen. Ohne Austausch mit anderen Menschen ist die Konsistenz und Stabilität unseres Selbstbildes gefährdet und kann zerfallen (Robinson-Syndrom).

> In einem bekannten amerikanischen Film muss Tom Hanks ganz allein auf einer einsamen Insel überleben. Er wählt sich als Interaktionspartner einen Basketball, dem er mit seinem eigenen Blut ein Gesicht aufmalt.

Übungsfragen

Fragen Sie bitte sich oder einen Übungspartner, welche Interaktionsformen das Selbstkonzept stützen und fördern:

- Welche Interaktionspartner wählen Sie mehr oder weniger bewusst aus, damit Sie der sein können, der Sie sind?
- Welche Situationen oder Spielregeln schaffen Sie in Ihrem Umfeld, damit Sie Ihr Selbstkonzept ohne Änderung aufrechterhalten können?
- Was würde mit Ihrem Selbstbild und Ihrer Identität geschehen, wenn Sie nicht auf diesen Spielregeln bestehen würden?

Finden Sie weitere Fragen für den selbst bemalten Basketball! Sicher werden die Antworten auf die Fragen nur einen kleinen Ausschnitt möglicher Aspekte erfassen, da wir unser Umfeld, unsere interpersonellen Erfahrungen und Wahrnehmungen im Wesentlichen unbewusst inszenieren.

Das Multimind-Konzept

Abhängig von unseren inneren Zuständen und den Ereignissen in unserer Umwelt entscheiden wir uns einmal so und ein anderes Mal anders: Gelegentlich handeln wir auf eine Weise, die wir Tage später nicht mehr mit unserer Persönlichkeit vereinbaren können. Zwar bemühen wir uns durch allerlei mentale Kunstgriffe, die äußeren Umstände dafür verantwortlich zu machen, merken aber selbst manchmal, dass diese Versuche ungenügend sind.

Wie kommt diese Inkonsistenz des Verhaltens oder der Persönlichkeit zustande? Warum wirken wir auf uns selbst sprunghaft oder unvorhersehbar? Neben vielen psychodynamischen Erklärungsmodellen ist das Multimind-Konzept hier hilfreich (Dilts, Ornstein).

Das Teilekonzept ist nicht neu: Ähnliche Konzepte existierten bereits in frühen Kultu-

> **Info**
>
> **Das Multimind-Konzept**
>
> Wir rühren in vielen Töpfen, die verschiedenen Bereichen zugeordnet sind: in den vielfältigen sozialen Rollen der Familie, des Berufes, im Verein und vieles mehr. Dort gibt es eigene Regeln des Denkens, der Sprache, der Selbstdefinition, der hierarchischen Einstufung. Jede dieser Rollen hat differierende Wertkonstellationen, unterschiedliche Ziele und Motive. Häufig sind unterschiedliche Bereiche angesprochen: unser Können oder Wissen, unsere Leistung, unsere Zugehörigkeit, unsere Identität, unsere spirituelle Sinnfindung. So können innerhalb der gleichen Situation verschiedene mentale Konstellationen oder innere Rollen aktiviert oder präsent sein. Die Repräsentanten dieser Rollen – unsere inneren Anteile – entstammen meist auch unterschiedlichen Phasen unseres Lebens.

Eine ausführliche Geschichte der Multiplizität der Psyche hat Rowan in seinem Buch »Subpersonalities« (Rowan, J.: Subpersonalities: The people inside us. London: Routledge, 1990) zusammengetragen. Bekannte Therapie- und Beratungsansätze in der Arbeit mit inneren Teilen sind außerdem:

- der »Voice Dialogue« (Stone/Winkelmann, 1985), eine Ableitung des jungschen Konzeptes;
- die »Ego State Therapy« der Hypnotherapie (John und Helen Watkins, 1982);
- das »Six-Step-Reframing« (Sechs-Schritte-Umdeutung) des NLP (Cameron-Bandler, 1978);
- die »Internal Family Systems Therapy« (Richard C. Schwartz, 1995) (deutsch: Richard. C. Schwartz: Systemische Therapie mit der inneren Familie, Pfeiffer, Stuttgart, 1997).

ren. In der Literatur und der psychologischen Theorie des letzten Jahrhunderts nahm es zunehmend mehr Raum ein:

»*Denn es ist ein, wie es scheint, eingeborenes und völlig zwanghaft wirkendes Bedürfnis aller Menschen, dass jeder sein Ich als eine Einheit sich vorstelle. Mag dieser Wahn noch so oft, noch so schwer erschüttert werden, er heilt stets wieder zusammen.*« (Hesse, 1927)

Jung beschrieb 1935 sein Konzept der Komplexe: »*Ein Komplex hat die Tendenz, eine kleine eigene Persönlichkeit zu bilden. Er hat eine Art Körper, einen gewissen Grad an Physiologie. Er kann den Magen belasten, er bringt den Atem durcheinander, er beeinflusst das Herz – kurz, er benimmt sich wie eine Teilpersönlichkeit. Ich bin der Ansicht, dass unser persönliches Unbewusstes ebenso wie das kollektive Unbewusste aus einer unbestimmten, da unbekannten, Anzahl von Komplexen oder fragmentarischen Persönlichkeiten besteht.*«

Das *Six-Step-Reframing* möchten wir Ihnen kurz vorstellen, da es »kochbuchartig« aufbereitet ist und daher sehr illustrativ ist. Die »Sechs-Schritte-Umdeutung« des Neurolinguistischen Programmierens (NLP) ist sehr strukturiert – viele meinen, es sei zu mechanistisch. Es soll Ihnen hier als ein Beispiel für eine mögliche »Teilearbeit« dienen:

Erster Schritt: Es wird ein störendes Symptom identifiziert, das der Klient aufgeben möchte. Es kann sich dabei um ein Verhalten, ein Körpersymptom, eine innere Stimme oder anderes handeln, beispielsweise Schüchternheit, Herzklopfen, Selbstkritik. Wünsche oder unklare Ziele sind für diese Art der Teilearbeit nicht geeignet. Der Klient wird angeleitet, das Symptom möglichst exakt zu benennen und die Auswirkungen des Symptoms noch einmal in allen Sinnesmodalitäten nachzuempfinden. Anschließend wird ein fiktiver mentaler Teil konstruiert, dem die Verantwortung für das störende Verhalten zugeschrieben wird. Er habe das Verhalten ohne die Zustimmung des Bewusstseins hervorgerufen.

Zweiter Schritt: Nun wird mit dem Symptomteil Kontakt aufgenommen. Da dieser Symptomteil als unbewusst angesehen wird, fragen Klient und Berater ihn, ob er bereit sei, mit dem Bewusstsein zusammenzuarbeiten: »Bist du bereit, mit dem Bewusstsein auf eine neue und interessante Weise zusammenzuarbeiten und zu verhandeln?« Der Kontakt mit dem Teil wird durch ein inneres Signal hergestellt. Er wird gebeten, mit »Ja« oder »Nein« zu antworten. Kommt ein Ja-Signal, geht die Arbeit weiter.

Dritter Schritt: Der Symptomteil wird nach seiner guten Absicht gefragt. Durch diese Frage werden Verhalten und Intention getrennt: »Was willst du für das Gesamtsystem erreichen? Was ist deine positive Absicht, wenn du das Symptom produzierst?« Wichtig ist eine respektvolle Haltung dem Teil gegenüber. Seine Absicht wird gewürdigt, auch, wenn wir diese Absicht bewusst nicht verstehen. Der Teil wird respektvoll gefragt, ob er während der Arbeit bereit sei, mit einem weiteren Teil Kontakt aufzunehmen, um neue Ideen oder Möglichkeiten zu sammeln, um festzustellen, auf welche andere Weise diese positive Absicht auch noch umgesetzt werden könnte.

Vierter Schritt: Eine weitere Subpersonalität wird konstruiert: der kreative Teil. Hierfür gibt es zwei Möglichkeiten:

- Der Klient kann in einen »kreativen Zustand« gehen, indem er sich an eine Situation erinnert, in der er kreativ und flexibel gehandelt hat. Diesen Zustand, sich in einer Situation zu *erleben*, nennt man *assoziiert*.
- Er kann *dissoziiert* mit diesem Teil kommunizieren, indem wir das Ich des Klienten bitten, die Kommunikation mit diesem Teil zu führen. Der Klient erlebt sich dann nicht in einer Situation, sondern beobachtet lediglich die Kommunikation über Kreativität.

In einer Variante des Six-Step kommuniziert der Symptomteil im Unbewussten direkt mit dem kreativen Teil. Der kreative Teil wird gefragt, welche anderen Möglichkeiten es gäbe, die positive Absicht des Symptomteils umzusetzen. Nun wird der Symptomteil gefragt, ob er bereit sei, die neuen Verhaltensweisen dem Bewusstsein mitzuteilen und das neue Verhalten – vielleicht nur für einige Zeit – auszuprobieren.

Fünfter Schritt: Andere Teile werden nach ihrem »Okay« gefragt. Der Klient fragt sein Inneres, ob andere Teile Einwände haben, ob sie durch das neue Verhalten gefährdet sind oder ihren Aufgaben nicht mehr nachkommen könnten, wenn das alte Verhalten durch das neue ersetzt wird. Sollte es Einwände geben, wird jeder Teil mit einem Einwand eingeladen, zusammen mit dem kreativen Teil neue Verhaltensweisen zu finden, für die diese Einwände nicht mehr gelten.

Sechster Schritt: Im letzten Schritt erfolgt ein so genanntes Future-Pace. Das Bewusstsein des Klienten und seine Teile begeben sich mental oder praktisch in eine Situation, in der das neue Verhalten erprobt wird. Dem unbewussten Teil wird die Verantwortung für die praktische Umsetzung des neuen Verhaltens übertragen. Zeigen sich Einwände, Probleme oder weigert sich der Symptomteil, muss noch einmal neu verhandelt werden.

Das Sechs-Schritte-Umdeuten ist hier stark vereinfacht wiedergegeben. Häufig treten in den einzelnen Schritten schon einige Probleme auf, die dann äußerst differenziert behandelt werden müssen. Hierfür gibt es im NLP ebenfalls zahlreiche »kochbuchartige« Konzepte, die Anfängern eine Orientierung geben können. Diese Art der Teile-Arbeit *(ego state counseling)* jedoch muss in Seminaren praktisch geübt werden. Dieser Text soll Ihnen lediglich als Gedankenanregung dienen.

Übungen und Fall-Vignetten

In diesem Kapitel werden Sie erarbeiten, wie Sie Probleme, Ressourcen und Ziele hinterfragen können. Darüber hinaus möchten wir Sie dazu anregen, über einen anderen Aspekt von Zielen nachzudenken: Ziele hängen eng mit dem Selbst- und Weltbild sowie der Persönlichkeit und Identität zusammen. Unbewusste Stereotype, implizite Persönlichkeitstheorien, Erwartungen und unbewusste Ängste steuern Wahrnehmung und Urteilsbildung.

Dies gilt auch für die Ziele, die Sie gemeinsam mit den Klienten erarbeiten werden. Die genannten unbewussten Prozesse betreffen Sie als Berater gleichermaßen und wirken bereits bei der Auswahl Ihres Tätigkeitsfeldes (Will ich helfen?), bei Ihren Vorstellungen über Ihre Wirksamkeit (Kann ich helfen?) und bei der Auswahl Ihrer Klienten (Wem will ich helfen?). Es stellen sich folgende Fragen:

- Will ich helfen?
- Kann ich helfen?
- Wem will ich helfen?

Zur Illustration greifen wir hier exemplarisch die Frage »Wem will ich helfen?« heraus und beleuchten dabei einen (sehr kleinen) Aspekt dieser Frage: Der größte Teil der Coaching-Klienten entspricht dem so genannten *Yavis-Typ*: Young, attractive, verbal, intelligent, successful = jung, attraktiv, sprachlich gewandt, intelligent, (beruflich) erfolgreich. Übrigens haben sich Psychoanalytiker bisher ebenfalls vorwiegend diese Klientel gesucht – oder wurden von dieser gefunden (vgl. Brähler/Brähler, 1986). In der Vorstellung der Klienten, nicht in der Wirklichkeit, entsprechen auch die »Coaches« diesem Yavis-Typ. »Lebensberater« oder »psychologische Berater« könnten dagegen, in der Vorstellung der Klienten, etwas älter, weniger attraktiv und materiell weniger erfolgreich sein.

Diese und viele weitere unbewusste Vorstellungen beeinflussen die Strukturdimension der Beratung (s. S. 554 ff.) und den gemeinsamen Prozess der Beratung. Wenn wir dem Klienten helfen, seine Ziele zu finden und zu klären, gehen unsere Vorstellungen in diese Suche unweigerlich ein. Mit dem Yavis-Konzept im »Hinterkopf« würden wir zum Beispiel gemeinsam nach einer Verwirklichung von Erfolg, Jugendlichkeit (Jugendkult?) und Ähnlichem suchen.

Zunächst muss geklärt werden, was das gemeinsame Ziel der Beratung sein kann und soll. Auch in diesem Prozess laufen wir Gefahr, den Klienten durch unsere unbewussten Vorstellungen und auf Grund unserer eigenen Einbindung in ein Beziehungsgeflecht stark zu manipulieren. Umgekehrt gilt dies genauso. Wird es in der gemeinsamen Arbeit darum gehen, eine Beschwerde oder Klage (ein Symptom) zum Verschwinden zu bringen? Wird es darum gehen, ein geistiges Wachstum zu ermöglichen, wie immer das auch definiert werden soll? Ein weiteres Thema dieses Kapitels wird daher die Frage sein, wie, neben der häufig gewünschten Symptombefreiung, *komplexe oder erweiterte Beratungsziele* aussehen könnten, die den gemeinsamen (!) Wunsch nach geistigem Wachstum oder nach Versöhnung aufgreifen. Häufig entspricht das Symptom der Oberfläche eines Problems. Das komplexe oder erweiterte Beratungsziel ist geeignet, auch tiefere Strukturen des Problems mit zu erfassen. Mit diesem Konzept greifen wir die Idee der Oberflächen- und Tiefenstruktur wieder auf, die wir auf Seite 89 eingeführt haben. Auf die komplexen Beratungsziele werden wir den letzten Übungen dieses Kapitels eingehen.

Übungsgrundlagen

Bitte stellen Sie sich für die folgenden Übungen einen Beispielklienten vor, dem Sie im Verlauf der Übungen Fragen stellen werden:
- Alter
- Geschlecht
- Erscheinungsbild
- Beruf
- Familienstand
- Klage/Beratungsanliegen
- Persönlichkeitsmerkmale

Vom Problem zum Ziel

In diesem Abschnitt werden Sie üben, anhand von Stichwörtern Fragen zu den Bereichen *Problem*, *Ziel* und *Ressource* zu stellen. Dabei erarbeiten Sie sich einen Fragenkatalog, den Sie für spätere Klientenberatungen nutzen können. Dr. Milton Erickson, einer der erfolgreichen Therapeuten und Berater des letzten Jahrhunderts, hat sich auf die Arbeit mit seinen Klienten vorbereitet, indem er Fragen und Texte vorformulierte. Viele dieser Vorarbeiten zu einzelnen Klienten haben eine Länge von über zehn Seiten. Sie erkennen daran, dass Wirksamkeit und Erfolg nicht nur von Kreativität und Gabe abhängen. Fast immer sind es großer Fleiß, Disziplin und Hartnäckigkeit, die dazu führen, dass Menschen auf einem Gebiet Könner werden.

Übung 7: Fragen zur Problemklärung

Stellen Sie anhand von vorgegebenen Schlüsselwörtern ausformulierte Fragen an den Klienten. Dabei können Sie, wie dies in wörtlicher Rede häufig üblich und durchaus sinnvoll ist, das Schlüsselwort oder die Schlüsselwörter mehrmals aufgreifen. Stellen Sie Ihre Fragen suggestiv: Fragen Sie nicht: »Gibt es etwas …?«, sondern: »Was gibt es, dass …?« Denken Sie dabei an den oben kreierten Klienten und stellen Sie sich vor, wie er auf diese Frage reagieren wird (und wie Sie gefühlsmäßig auf seine Reaktion reagieren werden). Antwortet Ihr Klient sachlich? Ist er verwundert? Diese Zusatzgedanken brauchen Sie nicht zu notieren. Bitte schreiben Sie lediglich Ihre Fragen auf. Die meisten Stichwörter ermöglichen mehrere Fragen.

Dazu ein Beispiel: Im Fragenkatalog steht stichwortartig: Was erschwert? Sie formulieren daraufhin den Satz: »Herr Meier, wenn Ihr Kollege auf diese Weise mit Ihnen redet, was fällt Ihnen dann besonders schwer, was gibt es, das Ihnen dann deutlich schwerer fällt?«

1. Was wird bemerkt (innerliches Erleben: sehen, fühlen, hören, Selbstdialog)?
2. Erstmals wann? Früher schon einmal?
3. Erklärungskonzepte (eigene oder von Freunden)?
4. Auswirkungen (verhindert, gestört, erschwert, ermöglicht)?
5. Art der konkreten Problemerkennung (was genau gehört, gesehen, gefühlt)?
6. Alternativen und Auswirkungen, wenn das Problem verschwunden ist?

Lösungsvorschläge finden Sie auf Seite 139.

Übung 8: Fragen zur Zielklärung

Diese Übung funktioniert nach dem gleichen Schema. Stellen Sie folgende Fragen:

1. Wichtigkeit und Geschichte des Ziels?
2. Sinnhaftigkeit des Ziels?
3. Sinnlich konkrete Kriterien für das Erkennen der Zielerreichung (sehen, hören, fühlen, riechen …)?
4. Welches sind die Einwände, Erschwernisse, die daran hindern, auf das Ziel zuzugehen?
5. Der Weg zum Ziel (wie genau, welche Schritte, Gefühle und Bilder …)?
6. Auswirkungen (Reaktion der Umgebung, der Familie, welche Veränderungen sind zu erwarten)?

Lösungsvorschläge finden Sie auf Seite 139.

Übung 9: Fragen zu den Ressourcen

Auch diese Übung funktioniert nach dem Schema der Übung 7.

1. Welche Ressourcen sind erforderlich?
2. Vergangenheit und andere Lebensbereiche?
3. Unterstützende Menschen/Wesen?
4. Einwände gegen Ressourcennutzung?
5. Teilschritte, um Ressourcen aufzubauen?

Lösungsvorschläge finden Sie auf Seite 139.

In der folgenden Fall-Vignette können Sie Probleme, Ziele und Ressourcen erarbeiten.

Fall-Vignette 7: Gestresster Produktionsleiter

Der 57-jährige Produktionsleiter einer Lübecker Werkzeugfirma erklärt, er habe ständig Ärger mit dem Chef der Verkaufsabteilung. Er habe sich von der Pike auf in der Firma nach oben gearbeitet. Der Verkaufsleiter sei nach dem Studium mehr oder weniger direkt in die Firma gekommen. Dieser habe keine Ahnung, würde aber ständig dazwischenfunken. Die Arbeit sei zunehmend stressiger geworden. Er müsse einfach alles beaufsichtigen und habe ständig zwei bis drei Mobiltelefone bei sich, um mit allen notwendigen Personen in Kontakt zu bleiben. Das sei Stress pur. Die 24 Stunden, die ein Tag habe, würden dafür überhaupt nicht ausreichen. Bei der Geschäftsleitung habe er sich nun durchsetzen können und zunächst einmal erwirkt, dass ihm ein Coaching finanziert werde. Er bringe nämlich hervorragende Leistungen und »die da oben« (die Geschäftsleitung) seien auch daran interessiert, dass das so bleibt.

Übungsfragen

1. Auf welcher Herdplatte bewegt sich der Klient? (s. S. 65)
2. Welche weiteren Probleme vermuten Sie hinter der Schilderung des Klienten?
3. Welche Hauptprobleme des Klienten sind direkt erwähnt? Wie würden Sie diese näher erfragen?
4. Welche Ressourcen hat dieser Klient möglicherweise, die aus obigem Text nur indirekt zu erschließen sind? Wie könnten Sie danach fragen?
5. Welche Ziele hat der Klient möglicherweise? Wie würden Sie diese erfragen?

Es wäre gut, wenn Sie alle Ihre Antworten stets schriftlich fixieren würden. Sie sind dann gezwungen ihre Gedanken präziser und nachvollziehbar zu formulieren.

Lösungsvorschläge finden Sie auf Seite 141 f.

Das erweiterte Disney-Konzept

Durch die Kombination von Brainstorming (Ideenschmiede), Disney-Konzept und seine Erweiterung mit ergänzenden Perspektiven oder »Teilpersönlichkeiten« eröffnet sich Ihnen eine weitere Möglichkeit, dem Klienten Fragen zu stellen. Durch das Nachdenken über die gestellten Fragen werden Ihre Klienten nicht nur eine aktuelle Bestandsaufnahme ihrer Wünsche, Ideen, Ängste, Kräfte erhalten. Oft stellen sich bei dieser Arbeit bereits erste Lösungsansätze »wie von selbst« ein. Außerdem sammeln Sie und Ihr Klient bei dieser Arbeit wichtige Informationen über Fantasien, Verbote, Wünsche, Glaubenssätze, systemische Vernetzungen oder Verstrickungen. Die Arbeit mit dem Disney-Konzept führt nicht zu einer schnellen Lösung. Bitte seien Sie nicht enttäuscht, wenn der Klient nach einer 60-minütigen Beratung dann »nur einige neue Ideen und Sichtweisen entwickelt hat«. Gute Beratung braucht oft Zeit – und gute Klienten brauchen auch Zeit.

Wir möchten Sie dazu anregen, eigene Ideen oder Konzepte in die Verfahren zu integrieren, die wir Ihnen vorstellen.

Übung 10: Das erweiterte Disneykonzept ausbauen und erproben

Das Disneykonzept hatten wir Ihnen auf Seite 96 ff. vorgestellt. Dort finden Sie unter anderem Fragen an den Geist des Wandels und der Ideen sowie an den Geist des Ausharrens und der Beständigkeit.

1. Kennen Sie Menschen, die eine tolle Idee für die Zukunft haben, aber trotzdem in ihren Gewohnheiten verharren? Diese Menschen kennen die Argumente beider Geister sehr wohl. Formulieren Sie an diese Person sechs Fragen an einen Geist der Vermittlung, der die festgefahrenen Positionen auflockern könnte. Ein Tipp: Dieser Geist arbeitet gerne mit Ressourcen. (Hierzu eine Beispielfrage: »Welche Belohnung wartet auf mich, wenn ich mich der Angst oder Bequemlichkeit bewusst stelle?«)
2. Bitte suchen Sie einen Bekannten, mit dem Sie die folgende Übung durchführen können. Fragen Sie den Bekannten nach dessen Ziel oder Vision und arbeiten

Sie mit ihm das erweiterte Disney-Konzept durch. Diese Übung wird ungefähr 60–90 Minuten in Anspruch nehmen. Bitte fassen Sie die Umstände, den Inhalt und Ihre Erfahrungen mit dieser Beratung schriftlich knapp zusammen und diskutieren Sie Struktur, Prozess, Ergebnis und Ihre Erfahrungen mit dieser Übung.

Zu dieser Übung gibt es keine Lösungsvorschläge.

Fall-Vignette 8: Einsam im Finanzamt

Die 34-jährige Finanzamtsangestellte aus Hamburg leidet unter Einsamkeit. Sie führt aus, sie habe keinen festen Lebenspartner und bewohne ein Reiheneckhaus. Das übernächste Reihenhaus werde von ihren Eltern bewohnt. Diese hätten den landwirtschaftlichen Betrieb aus Altersgründen verkauft und seien zu ihr gezogen.
Sie komme ursprünglich aus einem Dorf in der Lüneburger Heide, wo die Familie mit Pferden, Hunden und allerlei Federvieh gelebt habe. Die Klientin habe als 22-jährige Psychologiestudentin einen schweren Fahrradunfall im Hamburger Hafen gehabt. Damals habe ein Auto sie auf den rutschigen Pflastersteinen der engen Straße abgedrängt, und sie sei mit dem Kopf auf einen Poller gestürzt. Der Fahrer des Wagens sei geflüchtet. Nach dieser sehr schweren Schädelverletzung sei sie schwer behindert, leicht entstellt und psychisch sehr labil. Ihr Bekanntenkreis und ihr Freund haben sie damals rasch im Stich gelassen. Sie habe das Studium abbrechen müssen. Nach einer Umschulung arbeite sie nun im Finanzamt und könne für sich selbst gut sorgen. Sie wisse aber nicht so recht, wofür sie leben solle und was ihr Sinn geben könne. Die meisten Ideen zur Lebensgestaltung seien ja sowieso absurd und könnten von ihr wohl nicht umgesetzt werden.

Übungsfragen

- Welche Strategie wendet die Klientin an bei der Suche, Bewertung und Umsetzung neuer Lebensziele?
- Welche Strategie könnten Sie zusammen mit der Klientin anwenden, um ein Inventar an neuen (oder auch ehemaligen) Möglichkeiten zu sammeln? Wie könnten Sie anschließend gemeinsam mit der Klientin dieses Inventar bearbeiten?
- Welche Ideen würden Sie der Klientin anbieten? Welche Fantasie haben Sie darüber, was der Klientin helfen könnte?

Lösungsvorschläge finden Sie auf Seite 142.

Standortbestimmung mit Phasenmodellen

Phasenmodelle sind in der Psychologie und Soziologie beliebt. Sie helfen Praktikern und Theoretikern, komplexe Abläufe in Teilschritte zu zerlegen. Der Wunsch, Lebensprozesse in Phasen und Entwicklungsschritte einzuteilen, wird von den meisten Menschen der Welt geteilt und ist somit universell. Klienten stellen auch oft die Frage: »Wo stehe ich jetzt? Welche Fortschritte habe ich gemacht?« Phasenmodelle erleichtern Ihnen

die Antwort auf diese Klientenfragen. Wir haben Ihnen drei Phasenmodelle vorgestellt:
- das Phasenmodell für Krisen (s. S. 99f.),
- ein Modell zu Phasen der Kompetenzwahrnehmung (s. S. 105) sowie
- die logischen Ebenen nach *Dilts* (s. S. 106f.).

Übung 11: Standortbestimmung mit den drei Phasenmodellen

Bitte kategorisieren Sie die unten aufgeführten Klientenaussagen, indem Sie den Standort, auf dem sich der Klient befindet, in den drei genannten Modellen festlegen. Anschließend formulieren Sie bitte zwei bis drei Fragen, in denen bereits implizite Beratungsansätze enthalten sein können, die der Klient Ihnen mit seiner Aussage geliefert hat. Hierbei haben Sie zahlreiche Ansätze. Seien Sie bei dieser Übung bitte erfinderisch und kreativ. Es geht zunächst darum, dass Sie die Modelle spielerisch erproben. Wenn einige Beratungsansätze »unrealistisch« wirken, ist dies in Ordnung. Dazu ein Beispiel:

Klientenaussage: »Mir ist schon klar, dass ich da immer anecke. Das muss ich möglichst schnell in den Griff bekommen. Ich bleibe dann immer bewusst ganz ruhig, weil ich sonst innerlich vor Wut explodieren müsste! In meiner Position kann ich mir das aber nicht erlauben.«

Sie analysieren diese Aussagen nun anhand der drei vorgestellten Modelle:
- *Im Phasenmodell für Krisen:* Erkennen und Ablehnen der Emotion (Wut).
- *Im Phasenmodell der Kompetenzwahrnehmung:* bewusste Inkompetenz, eine Unfähigkeit (Inkompetenz) ist erkannt und soll behoben werden.
- *In den logischen Ebenen:* Verhalten (anecken), Werte, Rolle, Zugehörigkeit (Position).

Nun erarbeiten Sie bitte zwei bis drei mögliche Fragen, die Sie dem Klienten stellen könnten. Schreiben Sie in Klammern dahinter, welchen Aspekt Sie mit der Frage herausarbeiten möchten.

Beratungsansätze:
1. »Was ist das für eine Wut, warum darf die nicht gezeigt werden? Wer wären Sie dann?« (emotionale Akzeptanz, Werte, Identität)
2. »Was bräuchten Sie, um in diesen Situationen nicht mehr anzuecken? Was würde Ihnen das Gefühl geben, diese Situation zu meistern?« (Fähigkeiten, subjektives Gefühl der Kompetenz)

Nun zu den Klientenaussagen, die Sie bearbeiten können. Stellen Sie sich den Klienten vor, den Sie zu Beginn des Kapitels erfunden haben, oder stellen Sie sich zu jedem Satz einen ganz anderen Klienten vor:

- Solche Situationen haben bereits andere überstanden. Ich verstehe nicht, dass alle davon so viel Aufhebens machen. Mich jedenfalls berührt das eigentlich nicht. Ich wüsste auch nicht, dass mir da etwas fehlen sollte, wie Ihre Kollegen das genannt haben. Als Offizier habe ich gelernt, wie ich mich zu verhalten habe. Das bin ich der Crew schuldig. (Handelsmarine, Reeder erwägt Versetzungen und Entlassungen.)
- Wenn ich dem nachgeben würde, dann wäre das gefährlich. Ich kann mich mit ihm nicht noch einmal treffen. Das könnte aber niemand in meiner Gemeinde

oder im Bibelkreis verstehen. Es ist mir sehr wichtig, wie die anderen darüber denken. (Verheiratete Freichristin hat sich in einen anderen Mann verliebt.)
- Mir ist schon klar, dass mein Alleingang den Zorn des Chefs erregen wird. Ich glaube aber, dass ich das Projekt so erfolgreich abschließen kann. Das war bisher schließlich mein Job. Ähnliche Projekte hatte ich schon in der Firma, in der ich vorher gearbeitet habe. (Projektleiter, neu im Unternehmen.)
- Tut mir Leid. Ich habe ein absolutes Blackout, seitdem er mich gefeuert hat. Ich weiß überhaupt nicht mehr wohin. Ich habe das Gefühl, ich bin eine Null und niemand will mich mehr haben. (Junge Internetspezialistin, Firma kurz vor Insolvenz.)
- Nun, schließlich habe ich das studiert. Ich traue mir Personalführung schon zu. Ich bin ja kein Akademiker geworden, um mir dann von den Verkäufern sagen zu lassen, wie ich das Geschäft am besten leiten soll. Neuerungen wird es über kurz oder lang halt geben müssen. Ich wüsste auch nicht, wo genau das Problem liegen sollte. (Sohn übernimmt die mittelständische Fabrik vom Vater.)

Es gibt zu dieser Übung keine Lösungsvorschläge. Sie werden merken, dass die Einteilung in die vorgegebenen Modelle zum Teil leicht möglich ist. Die Fragen und Beratungsansätze müssen nicht perfekt sein. Wir möchten Sie nur anregen, mit dem Üben zu beginnen. Es wäre schön, wenn Sie sich in einer Ausbildung zum Berater oder Coach befänden und sich mit anderen Teilnehmern über Ihre Lösungen austauschen könnten.

Fall-Vignette 9: Der ewige Student

Der 40-jährige Philosophiestudent erklärt, er habe vor seinem jetzigen Studium bereits ein Lehramtsstudium für die Sekundarstufe I (Fächerkombination: Englisch, Biologie) abgeschlossen. Das Referendariat habe er aber abbrechen müssen, da er von der Leitung des Lehramtsseminars abgelehnt und von den meisten Lehrern an der Schule nicht akzeptiert worden sei. Diese hätten ihn oft kritisch gemustert und ihn wegen seiner Müdigkeit und Erschöpfung verachtet. Er arbeite nun aushilfsweise in der Kölner Drogenberatung. Dabei habe er nur gelegentlich direkten Kontakt mit Ratsuchenden. Diese würden ihn dann aber häufig provozieren, und er wisse nicht, wie er damit umgehen solle. Einmal sei es beinahe zu einer tätlichen Auseinandersetzung gekommen, als ein Jugendlicher ihn durchdringend angeschaut habe. Da er von Aachen zugezogen sei, kenne er in Köln noch niemanden. Mit Frauen habe er nie Glück gehabt. Das sei schon nach einigen Tagen oder spätestens Wochen immer wieder vorbei gewesen. Denen könne er wohl nichts bieten.
Er habe jetzt geerbt, daher könne er noch einmal von vorne anfangen, und er wolle wieder Lebensglück und ein Gefühl von Leichtigkeit spüren. Er habe es satt, dass alle mit ihm über Berufliches reden möchten. Das habe er nun ja nicht mehr nötig. Dieser Bereich würde sich auch von allein klären, sobald das richtige Lebensgefühl sich eingestellt habe.

Übungsfragen

1. Die vorgestellten Phasenmodelle lassen sich nicht direkt auf die oben dargestellten Informationen übertragen. Anhand der Modelle können Sie sich jedoch systematisch vorstellen, wo dieser Klient in seinen verschiedenen Rollen steht. Bitte bringen Sie Ihre Fantasien mit den Phasenmodellen in Zusammenhang.
2. Im Text sind zahlreiche getilgte Informationen über andere Menschen (»Was haben die Lehrer genau gemacht?«). Der Klient hat daraus jedoch wichtige Schlussfolgerungen für sich gezogen. Welche getilgten Informationen führten zu welchen Bedeutungen? Welche Gefühle könnte dies beim Klienten verursacht haben, über die in der Schilderung jedoch nichts erwähnt wird? Wie würden Sie nach diesen Gefühlen fragen?
3. Welche Themen (Klagen, Probleme, Beratungsanliegen) bietet der Klient beiläufig an?

Lösungsvorschläge finden Sie auf Seite 142.

Ziele wohlgeformt formulieren

Klare oder wohlgeformte Ziele sollten mehrere Kriterien erfüllen, die Sie sich mit folgenden Fragen wieder in das Gedächtnis rufen können:

- Ist das Ziel positiv formuliert?
- Was ist das Ziel hinter dem Ziel?
- Ist das Ziel für den Klienten attraktiv?
- Ist das Ziel realistisch und von dem Klienten selbst erreichbar?
- Ist das Ziel zeitlich gegliedert?
- Ist das Ziel messbar und konkret?
- Ist das Ziel verträglich mit der Welt des Klienten?
- Wie fühlt sich die Welt im Ziel an?

Übung 12: Ziele sprachlich präzisieren

Stellen Sie bitte zu folgenden Klientenaussagen Fragen, die den Klienten anregen, sein Ziel nach den oben genannten Kriterien umzuformulieren. Hierzu können Sie einen oder mehrere der obigen Aspekte herausgreifen.

Dazu ein Beispiel: »Ich möchte gerne, dass mein Chef meine guten Leistungen sieht, damit ich schneller vorankomme.« Mögliche Fragen an den Klienten: »Was genau können Sie tun, damit Ihr Chef Ihre guten Leistungen sieht? – »Wofür ist es gut, wenn Sie im Beruf schneller vorankommen, was genau erhoffen Sie sich dadurch?« – »Können Sie Ihr Ziel mit einem Schritt erreichen, oder müssen Sie dafür kleinere Zwischenschritte einlegen?«

Nun zu den Klientenaussagen, die Sie bearbeiten können:
- Wenn ich erst einmal Abteilungsleiter bin, werden sich einige Leute noch wundern.
- Ich möchte auf jeden Fall mein Leben nicht mehr in einer Dreizimmer-Wohnung verbringen. Mir schwebt eher ein Haus im Grünen vor.

- Die Umstellung war in den ersten Berufsjahren am größten. Ich wollte eigentlich nie einen Schlips tragen und so viel durch Äußerlichkeiten wirken. Nun würde ich gerne alles noch einmal beginnen und meine Karriere – was immer das ist – richtig anpacken.
- Meine Frau ist immer genervt, wenn ich spät abends noch Sitzungen habe. Das gehört nun einmal zu einem Beruf mit diesem Verantwortungspotenzial. Ich wünsche mir, dass sie das endlich akzeptiert, damit wir eine harmonische Ehe führen können.
- Für mich gibt es nur »ganz oder gar nicht«. Wenn ich merke, dass etwas halbherzig geschieht, dann lasse ich die Finger davon. Daher habe ich so lange damit gerungen, den Geschäftsführerposten anzunehmen. Nächste Woche geht es dann los, und ich möchte ohne Einschränkungen vom ersten Moment an absolut effektiv sein.
- Ich kann es nur schwer ertragen, wenn Mitarbeiter ihren Tätigkeitsbereich ineffektiv ausfüllen. Jeder sollte in seinem Verantwortungsbereich optimale Leistungen erbringen. Mein Ziel ist es, dass die Mitarbeiter ihre Dienst-nach-Vorschrift-Einstellung endgültig ablegen.

Lösungsvorschläge finden Sie auf Seite 140.

Fall-Vignette 10: Billige Tricks im Coaching

Der 57-jährige Produktionsleiter hat das Gefühl, bisher immer nur funktioniert zu haben, »so, als sei das Leben an mir vorbeigelaufen«. Er habe immer gearbeitet, um voranzukommen. Nun stehe er aber erstmals vor der Frage, wofür das alles gut sein soll. Zwar habe er ein Haus und ein großes Auto, das sei aber nicht alles im Leben. Ihm mache das Sorgen, und es wäre ihm lieb, wenn diese Sorgen verschwänden. Er möchte auch das Gefühl loswerden, dass vielleicht alles gar keinen Sinn hat. Er habe sich deshalb an einen Diplom-Psychologen gewandt, der bei der Krankenkasse einen Antrag auf die Kostenübernahme für eine Psychotherapie gestellt habe. Dies sei leider abgelehnt worden, da die Krankenkasse sich weigere, »Persönlichkeitsförderungen« zu bezahlen. Er könne das nicht verstehen und sei zunächst sehr wütend auf die Krankenkasse gewesen. Ein Kollege habe ihn dann auf die Idee mit dem Coaching gebracht und ihm geraten, er solle seine Firma bitten, die Kosten dafür zu tragen. Da er diesen Schritt noch nicht hätte wagen wollen, sei er zunächst zu dem Sohn eines Kollegen gegangen, der als Psychoanalytiker arbeitet. Dieser habe ihn kostenlos beraten und ihm mehr oder weniger direkt von einem Coaching abgeraten, da dort mit billigen Tricks gearbeitet werde und bestenfalls kleinere Probleme zugedeckt werden könnten. Dies sei unter Umständen sogar gefährlich.

Übungsfragen

1. Was sind Ihre Fantasien über das Ziel oder die Ziele des Klienten? Welche Ziele werden indirekt erwähnt, und wie würden Sie diese weiter erfragen, bis sie nach den oben genannten Kriterien wohlgeformt sind (s. S. 124)?
2. Bitte kommentieren Sie die Entscheidung der Krankenkasse, die abgelehnt hat, eine Psychotherapie zu finanzieren.

3. Bitte kommentieren Sie die mutmaßlichen Aussagen des Psychoanalytikers.
4. Welche Personen hat der Klient für sein Anliegen bereits engagiert? Welchen Einfluss haben die bisher oder immer noch konsultierten Berater auf Ihr Vorgehen?

Lösungsvorschläge finden Sie auf Seite 142 f.

Komplexe Beratungsziele definieren

Wenn Klienten sich entschließen, einen Berater oder Coach aufzusuchen, haben sie, neben den oberflächlichen Beratungszielen, meistens weitere vage Beratungsziele vor Augen: Sie möchten sich lebendiger fühlen, ihre Kontakt- und Beziehungsfähigkeit stärken, sich besser gegenüber anderen Menschen abgrenzen oder durchsetzen können, eine tiefere intime Beziehungsfähigkeit erlangen, wieder Sinn im Leben finden – um nur einige dieser Ziele zu nennen. Mit den gleichen Zielen wenden sich viele Menschen auch an Psychotherapeuten. Viele Klienten, die einen Coach aufsuchen, gehen davon aus, dass psychische oder soziale Probleme und Konflikte durch Expertenratschläge gelöst werden können. Dass diese Probleme häufig nur gelöst werden können, wenn der Klient aktiv daran mitarbeitet, und dass dies auch ein Prozess sein kann, der ein »Abtrauern« lieb gewonnener Strategien, Charaktereigenschaften und Wahrnehmungsweisen beinhaltet, hatten wir bereits erwähnt. Dazu sind viele Klienten nicht bereit. Klienten und Berater einigen sich aus diesen Gründen häufig auf Ziele, die einfach zu erreichen sind, wie beispielsweise Änderungen des Verhaltens und des Erlebens. Diese Veränderungen dienen meist nur einer Symptombeseitigung.

Darüber hinaus wird von Beratern häufig angestrebt, psychische Entwicklungsprozesse des Klienten in Gang zu setzen und seine Fähigkeit zur Selbsteinsicht (selbstanalytische Fähigkeit) zu stärken. Coaching oder die psychologische Beratung verfolgen nach dieser Definition übrigens einige der gleichen Ziele wie sie in den Richtlinien der Psychotherapie in Deutschland definiert sind. Dies führt wegen der Überschneidungen zu Verwirrungen bei Klienten, Coaches und Therapeuten. In der Tat werden viele Menschen, die auf den ersten Blick nicht als krank eingestuft werden, in beiden Verfahren sehr ähnlich oder sogar identisch beraten und behandelt. Darüber hinaus gibt es natürlich zahlreiche Menschen, deren Leiden nach aktueller Definition, meist auch für den Laien erkennbar, eindeutig Krankheitswert hat. Diese Personen werden selbstverständlich nur von Therapeuten behandelt.

Sowohl für Klienten als auch für Patienten lassen sich übergeordnete Entwicklungs- oder »Heilungsziele« definieren. Diese Ziele sollten Sie gemeinsam mit Ihren Klienten formulieren. Die Äußerungen und Klagen Ihrer Klienten werden Ihnen dabei helfen, diese Ziele aufzuspüren.

Übung 13: Komplexe Beratungsziele definieren

Wir stellen Ihnen im Folgenden Klientenprobleme vor. Sie können diese in ein mögliches Beratungsziel übersetzen. Dazu ein Beispiel:

Klientenklage: »Es macht mich unruhig, wenn andere so glücklich sind und scheinbar alles haben!« Daraus ergibt sich ein mögliches Beratungsziel: das Glück anderer Menschen ertragen zu können, ohne neidisch sein zu müssen.

Übersetzen Sie bitte die folgenden Klientensätze in Beratungsziele.

Thema: Sicherheit und Urvertrauen

1. Die Welt ist in meinen Augen grundsätzlich böse.
2. Es gibt vieles, was mich in panische Angst versetzt.
3. Es gibt in mir keine Vorstellung von jemandem, der ein Leitbild oder ein Beispiel sein könnte.
4. Die Zufriedenheit der anderen kann ich nicht ertragen, ohne dabei missgünstig zu werden.

Thema: Ablösung und Selbstverwirklichung

5. Ich weiß manchmal nicht, ob ich panisch werde oder ob meine Frau das fühlt.
6. Wenn ich allein zum Sport gehe, habe ich riesige Angst, dass ihre Gefühle mir gegenüber abstumpfen.
7. Ich muss immer unter Menschen sein, sonst bekomme ich diese Unruhe.
8. Wenn mich jemand um einen Gefallen bittet, sage ich immer zu; ansonsten hätte ich das Gefühl, jemandem Unrecht zu tun oder zu schaden.
9. Ich lasse mich eigentlich immer hin und her kommandieren.
10. Wenn meine Eltern Einwände haben, gehe ich immer darauf ein.
11. Meine Kinder sind zwar erwachsen, brauchen aber immer noch meine Hilfe.

Lösungsvorschläge finden Sie auf Seite 140 f.

Fall-Vignette 11: Der Zufall des Lebens

Die 34-jährige Angestellte weint: »Ich kann immer noch nicht verstehen, wieso dieser blöde Zufall mein ganzes Leben kaputtgemacht hat. Ich hatte doch so viel vor. Ich könnte diesen Autofahrer erwürgen.« Sie erzählt weiter, sie könne nicht verstehen, warum es ausgerechnet sie getroffen habe. Nun habe sie allerdings das Beste daraus gemacht und konzentriere sich, so gut das geht, auf die Bewältigung der Behinderung, die daraus entstanden ist. Dabei lächelt sie wieder: »Man muss eben zusehen, wie man mit dem Rest auskommt, der geblieben ist. Das ist auch eine Kunst!« Besonders belaste sie zurzeit die Einsamkeit. Beruflich sei es eher anstrengend, von Menschen umgeben zu sein. Da sie häufig schlechte Erfahrungen gemacht habe, ziehe sie sich lieber zurück. Das wirke sich natürlich ebenfalls auf die Arbeit aus. Wenn sie nicht krankgeschrieben sei, finde sie häufig auch andere Wege, sich der Arbeit zu entziehen.

Übungsfrage

Welche übergeordneten Beratungsziele hat die Klientin dieser Fall-Vignette Ihnen angeboten?

Lösungsvorschläge finden Sie auf Seite 143.

Falldarstellungen

Wir haben Ihnen bereits einige kurze Fallsequenzen oder Fall-Vignetten vorgestellt, um anhand dieser kurzen Ausschnitte einzelne Übungsschritte vorzustellen. Nun stellen wir Ihnen wieder umfangreichere Falldarstellungen vor und beleuchten dabei einige biografische Details. Auch hier beschränken wir uns aber wieder auf ausgesuchte Details und Aspekte, um anschließend mit Fragen und Kommentaren auf die Themen des Buchkapitels einzugehen und um weitere Diskussionsanregungen zu liefern. Einzelne Fall-Vignetten übrigens waren kleine Ausschnitte aus den nun folgenden umfangreichen Falldarstellungen.
Selbstverständlich kann nicht in jedem Coaching eine so umfangreiche Anamnese erhoben werden, wie wir sie hier vorstellen.

Falldarstellung 4: Produktionsleiter ist überfordert

57-jähriger Produktionsleiter einer Werkzeugfirma. Er fühle sich ausgepowert.

Warum kommt der Klient? Er berichtet, er fühle sich gestresst und überarbeitet. Er habe einen Konflikt mit dem Verkaufsleiter und suche darüber hinaus nach einem neuen Sinn für sein Leben. In der dritten Sitzung formuliert er sein Beratungsziel wie folgt: »Lernen, über eigene Probleme sprechen zu können. Ängste abbauen. Lernen, Hilfestellungen anzunehmen und zu verwenden.«

Gesundheitliche Vorinformationen: Verlust des rechten Armes nach einem Überfall im jungen Erwachsenenalter. Der Phantomschmerz (der Schmerz wird in einem Körperteil empfunden, der nicht mehr existiert) quäle ihn sehr oft, besonders nachts. Sonst habe er keine Krankheiten. Er trinke gelegentlich ein Glas Bier; auf Feiern jedoch auch größere Mengen. Er rauche zirka 20 Zigaretten täglich.

Sozialanamnese: Die Kindheit in Hamburg sei eine harte Zeit gewesen. Der Vater sei Schuhmachermeister gewesen und habe ein Kellergeschäft im dem Mietshaus betrieben, in dem die Familie gewohnt habe. Die Mutter sei Hausfrau gewesen. Der Klient habe eine ältere Schwester (sieben Jahre älter) und einen älteren Bruder (drei Jahre älter). Nach dem Tode des Vaters sei das Schuhmachergeschäft verkauft worden. Der Klient verdient heute recht gut. Er sei Werkstattleiter einer Maschinenbaufirma in Lübeck. Er sei verheiratet, habe eine erwachsene Tochter und lebe mit seiner Frau in einem Eigenheim. Die Familie sei nicht verschuldet und habe am Wohnort viele Freunde und gute Bekannte.

Arbeits- und Berufsanamnese: Der Klient hat die Hauptschule absolviert und mit 18 Jahren bereits eine Schlosserlehre abgeschlossen. Einige Jahre darauf habe er die Meisterprüfung abgelegt und sich vor dem 30. Lebensjahr außerdem zur Sicherheitsfachkraft und zum Umweltbeauftragten der Firma fortgebildet. In dieser Firma sei er bis heute tätig und habe sich zum Produktionsleiter hochgearbeitet. Er betreue dort ungefähr 80 Mitarbeiter. Das führe zu einer permanent hohen Arbeitsbelastung und häufigen Überstunden. Bisher habe er wenig Arbeit delegieren können, habe Stress ohne Ende und müsse ständig mit zwei bis drei Mobiltelefonen herumlaufen und wenigstens 11–12 Stunden pro Tag arbeiten.

Vertiefte Anamnese: Der Vater des Klienten habe viel Alkohol getrunken und sei häufig gereizt gewesen. Er habe die Kinder auch geschlagen, und es sei sehr patriarchalisch zugegangen. Gefühle habe der Vater eigentlich kaum gezeigt, und er habe nicht über seine Erlebnisse im Krieg berichtet. Die Kinder hätten aber gewusst, dass er knapp eine Bombenexplosion in einer Kriegswerft überlebt habe. Die Mutter sei herzlich gewesen, habe sich gegen den Vater aber schlecht durchsetzen können. Oft habe der Klient versucht, der Mutter beizustehen.
Der Klient habe zwei Geschwister; er selbst sei das jüngste Kind. Zur Schwester bestehe ein guter Kontakt. Dieser sei nun aber schlechter geworden und sogar ins Negative umgeschlagen, nachdem sie ihm Betrug vorgeworfen habe. Sie habe bereits mit 17 Jahren geheiratet und sei dann nicht mehr für ihn da gewesen. Vorher sei sie für ihn eine große emotionale Stütze gewesen. In der Ehe der Schwester habe es schon früh gekriselt. Der Schwager habe gelegentlich Geld an den Klienten geschickt. Dieser habe das Geld in Aktien seiner Firma anlegen sollen, was er auch getan habe. Er habe sich viele Jahre darum gekümmert und beide in Geldangelegenheiten gut beraten; damit kenne er sich nämlich gut aus. Im Nachhinein würden Schwester und Schwager sich jetzt jedoch übervorteilt fühlen. Dies kränke ihn enorm.
Zum älteren Bruder habe schon früh ein schlechtes Verhältnis bestanden: »Er war der Liebling des Vaters. Heute hat er einen Höhenflug und verdient sich blöd. Mein Kontakt zu dem ist abgerissen – auch wegen Erbstreitigkeiten!« (Der Vater verstarb vor vier Jahren.) Der Vater habe den Klienten häufig benachteiligt oder sich im Zweifelsfalle bei Konflikten »lieber verpisst«, ohne einen klaren Standpunkt zu beziehen. Die Mutter hingegen habe sich bemüht, neutral zu sein und ihre Zuwendung gerecht zu verteilen. Von ihr habe er aber noch mehr Unterstützung erhofft. Trotz seines Bemühens habe er diese aber häufig nicht bekommen. Bei Ehestreitigkeiten der Eltern sei es ihm gelegentlich gelungen zu schlichten. Der Klient sah sich selbst als einen »stillen Kämpfer, wie ein Stier halt, mit langem Atem«. Als er als Jugendlicher sein erstes Mofa habe zulassen wollen, habe der Vater ihm das verweigern wollen. Als dieser betrunken gewesen sei, habe er ihm dann die Anmeldeunterlagen zur Unterschrift vorgelegt. Heute jedoch sei er eher sehr direkt oder erfinderisch und suche eher die Kooperation statt die direkte Konfrontation.
Als er als junger Mann seine zukünftige Frau bereits einige Monate gekannt habe, seien beide von sechs Jugendlichen überfallen worden. Sie hätten offensichtlich die damalige Freundin und jetzige Ehefrau vergewaltigen wollen. Bei der Gegenwehr habe einer der Angreifer dem Klienten mit dem Stich eines sehr großen Messers alle Nerven des rechten Armes in der Achselhöhle durchtrennt. Ihm und seiner jetzigen Frau sei jedoch die Flucht gelungen, und die Angreifer seien kurz darauf von der Polizei gefasst worden. Da diese bis heute jedoch mittellos seien, stünden seit beinahe 40 Jahren die Schmerzensgeldzahlungen aus. Die Täter seien auch nur auf Bewährung verurteilt worden. Sie seien ihm persönlich bekannt, da sie in Hamburg wohnten.
Der Klient erklärt, er sei damals schwer getroffen gewesen, da er sich selbst sehr schön gefunden habe und auch stolz auf seine sportliche Statur gewesen sei. Außerdem sei er in der »Blüte seiner Kraft« gewesen – »wie ein starker Bär« – und hätte nie gedacht,

dass ihm so etwas passieren könnte. Das habe ihn schwer erschüttert. Da der Arm nur noch schlaff herunterhing, hätten die Ärzte ihn überredet, den Arm amputieren zu lassen. Durch den Verlust des Armes sei er entstellt und irgendwie auch beraubt worden. Er habe einige Jahre gebraucht, um das zu verkraften. Nun sei die ganze Geschichte aber total vergessen.

Die Frau des Klienten habe damals wegen des Vorfalls zeitweise Nervenzusammenbrüche gehabt und sei deswegen in psychotherapeutischer Behandlung gewesen. Sie habe nun aber ebenfalls alles verkraftet, da es schon so viele Jahre her sei. Die Ehe sei aus Liebe entstanden. Heute würden die Eheleute über den Vorfall nicht mehr sprechen.

Als die Tochter des Klienten ihren langjährigen Freund habe heiraten wollen, sei der Klient sehr froh gewesen, da der Schwiegersohn gut in die Familie gepasst habe. Nachdem die jungen Eheleute ein Haus gebaut hatten, habe sich die Tochter aber wegen einer kurzen Affäre scheiden lassen. Heute empfinde sie deswegen sehr viel Schuld. Auch der Klient vermisse den Schwiegersohn. Insgesamt sei das Verhältnis zur Tochter sehr herzlich. Alles, was mit ihr zu tun habe, liege ihm extrem am Herzen. Der Klient sei ziemlich stolz auf sie. In der Sekretärin des Coachinginstitutes sehe er »in Wesen und Aussehen« übrigens das Ebenbild seiner Tochter.

Da er immer so lange gearbeitet habe, habe er oft keine Zeit gehabt, sich intensiv an der Erziehung oder den jeweiligen Problemen der Tochter zu beteiligen; meist habe ihm seine Frau dann abends alles berichten müssen.

Beruflich mache ihm zu schaffen, dass der Verkaufsleiter des Unternehmens immer wieder versuche, in die Belange der Produktion hineinzureden. Es handele sich um einen jungen Akademiker, der alles nur aus seiner Perspektive sehen könne. Dieser Verkaufsleiter mache ihn immer wieder wütend und bringe seinen Blutdruck zu weit nach oben. Er wisse jedoch genau, dass die Geschäftsführung auf ihn zähle und mit seinen Leistungen sehr zufrieden sei, daher brauche er sich wegen des Verkaufsleiters keine allzu großen Sorgen zu machen.

Mit seinem Team komme er bestens zurecht. Er sei ein gerechter Chef. Das bedeute aber nicht, dass er zu weich sei. Wer nicht pariere, der werde knallhart abserviert. Er habe alles fest in der Hand und brauche das Gefühl, alles selbst lenken zu können. Außerdem benötigten die Mitarbeiter ihre Zeit für ihre eigenen Aufgaben. Wenn er sie mit Tätigkeiten betrauen würde, die sonst er übernehme, könnte das zu Störungen im Produktionsablauf führen.

Insgesamt sehe er sich als einen ruhigen und friedfertigen Menschen an, der mit seinen Erwartungen an die Welt auf dem Teppich geblieben sei. Bei ihm gebe es kein lautes Wort und auch keine Grobheiten; dafür sei er viel zu ausgeglichen.

Übungsfragen zur Falldarstellung 4

1. Welche Emotionen sind bei dem Klienten offensichtlich stark unterdrückt bzw. gehemmt? Gegen wen oder worauf richten sich diese gehemmten Gefühle wahrscheinlich?
2. Wie ging der Klient in der Kindheit mit Ungerechtigkeit und Rivalität um?
3. In welchem Zusammenhang tauchte bei diesem Klienten das Thema Rivalität zum ersten Mal deutlich auf?
4. Glauben Sie, dass um Körperteile, verlorene Schönheit und verlorene Möglichkeiten ebenso getrauert werden sollte wie um geliebte Verstorbene? Wenn ja, wie?

5. Könnte der Klient davon profitieren, wenn er lernen würde, sich abzugrenzen oder mehr loszulassen? In welchem Bereich wäre das für ihn vermutlich sinnvoll?
6. Welche Themen werden in der Ehe offensichtlich ausgegrenzt oder tabuisiert?
7. Welche komplexen Beratungsziele würden Sie mit dem Klienten gerne besprechen? (Ein Tipp: Diese ergeben sich teilweise bereits aus den Fragen 1 bis 6.)

Lösungsvorschläge finden Sie auf Seite 143 ff.

Falldarstellung 5: Finanzamtsangestellte mit Zukunftsängsten

Die 34-jährige Angestellte hat große Angst vor Vereinsamung.

Wieso kommt die Klientin? Die Klientin gibt an, sie habe sehr große Ängste bezüglich der Zukunft. Sie befürchte, nicht wieder vollwertig arbeiten zu können, die Unterstützung durch ihre Krankenkasse zu verlieren, und sie habe große Angst davor, depressiv und inaktiv zu werden. Der Haushalt sei ihr zu viel geworden, sie habe häufig Heulanfälle, gelegentliche Heißhungerattacken und müsse ziemlich oft zur Toilette, da sie das Gefühl habe, die Blase sei voll. Sie müsse ständig grübeln und habe Angst, zu versagen und Fehler zu machen. Sie fühle sich entkräftet und könne sich überhaupt nicht mehr konzentrieren. Dies alles sei auf einen Unfall zurückzuführen. Ihre Ärzte bestätigten das und seien bemüht, ihr da so gut wie möglich zu helfen.
Sie komme aber eigentlich in die Beratung, da sie ein weiteres Problem habe: Seit ihrem Studium sei sie alleine und schaffe es nicht, einen Partner fest an sich zu binden. Die Männer würden nach kurzer Zeit schon wieder weglaufen, da sie auf Grund der Gehirnverletzung einen leichten Geh- und Sprachfehler habe. Sie wolle Strategien erlernen, mit denen sie das eventuell ändern könne.

> **Verwendeter Fachbegriff**
>
> *Familienanamnese:* Hier sollten herausragende Erkrankungen von Familienangehörigen erfasst werden. Hierzu gehören eigentlich immer so genannte innere Erkrankungen, größere Operationen, ansteckende Krankheiten, Krebserkrankungen, Stoffwechselerkrankungen, psychische Erkrankungen und vieles mehr. Die Familienanamnese gibt Hinweise auf biologische und familiäre Einflüsse oder Belastungen.

Familienanamnese: Die Mutter hätte nach der Geburt der älteren Schwester eine starke Entzündung gehabt und sei seitdem schwer herzkrank. Die Klientin könne sich nicht mehr erinnern, was entzündet gewesen sei. Sie sei dadurch deutlich behindert gewesen und habe nie mehr schnell gehen oder viel arbeiten können. Der Vater habe einen schweren Military-Reitunfall gehabt und seither eine zerstörte Hüfte, weshalb er stark humpele.

Gesundheitliche Vorinformationen: Die Klientin raucht etwa 20 Zigaretten am Tag. Sie trinke praktisch überhaupt keinen Alkohol (nur ganz selten einmal ein Glas Sekt zu einer Feierlichkeit). Sie nehme keine Schmerz- oder Beruhigungsmittel regelmäßig ein. Aus der Brust seien ihr mehrere Knoten entfernt worden. Diese seien alle gutartig gewesen. Sie sei nie schwanger gewesen. Nach ihrem Unfall sei ihr auch gesagt worden: »Ein Gehirnschaden und ein Kind passen nicht zusammen!«

Sie habe Gleichgewichts- und Koordinationsstörungen, ständig Kopfschmerzen, habe schon mehrmals einen epileptischen Anfall gehabt, humpele rechts ein wenig und lalle seit dem Unfall etwas, da das Sprachzentrum leicht beeinträchtigt sei.

Sozialanamnese: Die Mutter habe Köchin gelernt und sei dann Hausfrau gewesen. Der Vater sei Kfz-Mechaniker gewesen, habe sich zudem im Schützenverein, im Reitsportverein und anderswo immer sehr engagiert. Die Klientin hat eine sechs Jahre ältere Schwester. Die Familie habe bei Hamburg gelebt.
Sie sei zurzeit ohne Partner. Vor ihrem Fahrradunfall sei sie verlobt gewesen. Der Partner habe sich aber danach von ihr getrennt, da die Rehabilitation ihm zu lange gedauert habe. Sie habe dann mehrere kürzere Beziehungen gehabt. Auch Freundschaften zu Frauen würden oft nur wenige Jahre halten. Dann hätten diese sich häufig überlebt. Sie fühle sich einsam und stehe immer noch in der Datei einer Partnervermittlung (für Frauen sei das kostenlos). Darüber kämen gelegentlich Kontakte mit Männern zustande, welche sich von ihrem guten Foto in der Agentur angezogen fühlten. Diese Kontakte gingen dann aber meist schnell in die Brüche, unter anderem auch, weil die Bewerber erst im direkten Kontakt Genaueres über ihre Einschränkungen erführen. Sie habe sich ein Reihenendhaus gekauft und sei daher verschuldet. Deshalb sei sie darauf angewiesen, ihren Arbeitsplatz zu behalten.

Arbeits- und Berufsanamnese: Es sei ihr Traum gewesen, Psychologie zu studieren und eine eigene Praxis zu eröffnen. Sie habe Psychologie studiert, das Studium aber eigentlich noch kurz vor dem Fahrradunfall (»mein Unfall«) auf Grund von Prüfungsängsten abbrechen müssen. Manchmal erzähle sie aber, dass sie das Studium auf Grund des Unfalls habe abbrechen müssen. Erst Jahre später habe sie sich dann exmatrikuliert, da sie gehofft hatte, doch wieder anfangen zu können. Sie habe nach dem Abbruch des Studiums einen Kurs zur Fremdsprachenkorrespondentin absolviert. Direkt danach habe sich der Unfall ereignet, und sie sei über ein Jahr lang kaum in der Lage gewesen, normal zu reden oder zu denken. Erst eine langwierige so genannte Neuro-Rehabilitation habe ihr wieder ein normales Leben ermöglicht. Danach habe sie eine Umschulung zur Angestellten im Finanzwesen begonnen, die sie krankheitsbedingt nur mit einer »3 minus« abgeschlossen habe. Sie arbeite seitdem in einem Hamburger Finanzamt. Wegen ihrer schlechten Note könne sie an Aufstiegslehrgängen nicht teilnehmen. Sie verrichte Tätigkeiten aus den Bereichen Büroorganisation, Post, Auskunftserteilung und Archivierung. Sie arbeite in einem kleinen Raum (einer »Besenkammer«), da der Rest der Abteilung in einem anderen Stockwerk untergebracht sei. Sie müsse jedoch auf ihrem Flur bleiben, um die Toilette wegen ihres ständigen Harndrangs leicht erreichen zu können. Dies sei mit dem Arbeitsmediziner des Amtes so abgesprochen. Wegen krankheitsbedingter Fehlzeiten und auch wegen der räumlichen Isolierung von den Kolleginnen habe sie ein schlechtes Gewissen und fühle sich ausgegrenzt. Sie sei die Behindertenbeauftragte in ihrer Behörde.

Vertiefte Anamnese: Sie habe ein Junge werden sollen, da Martin, der Bruder des Vaters, kurz vor ihrer Geburt gestorben sei und die Familie sich einen kleinen »Mati« gewünscht habe. Die Mutter habe die Hebamme mehrfach enttäuscht gefragt, ob es tatsächlich ein Mädchen sei, das sie zur Welt gebracht hatte.
Sie habe eine ältere Schwester, zu der es in der Kindheit ein rivalisierendes Verhältnis gegeben habe. Die Schwester habe oft auf sie aufpassen müssen, was die Klientin auch

eingefordert habe; besonders, wenn die Größere am Wochenende zu irgendeiner Veranstaltung habe gehen wollen. Sie habe so die Möglichkeit gehabt, Macht auszuüben, und habe das auch genossen.

Zu den Eltern habe ein herzliches und gutes Verhältnis bestanden. Als jüngste Tochter sei sie der Liebling von beiden gewesen. Der Vater sei jedoch sehr streng gewesen. Er sei oft auf dem Schießstand oder bei Parteiversammlungen gewesen und habe immer über Behinderte, Linke oder unwertes Leben geschimpft. Er habe eine sehr laute Stimme gehabt, die allen Angst gemacht habe. Der Vater sei das Zentrum der Familie gewesen, wie ein großer Pascha. So ein Zentrum vermisse sie jetzt für sich. Der Vater sei aber auch selten zu Hause gewesen, da er auf Grund seiner vielen Verpflichtungen im Dorf immer unterwegs war.

Die Mutter habe ein Herzleiden gehabt, was sie sehr behindert habe. Diese habe darüber häufig geklagt und dies auch als Mittel eingesetzt, um andere unter Druck zu setzen. Einmal sei die Klientin vor der Mutter weggelaufen. Diese sei – wegen des Herzfehlers – zusammengebrochen und hätte sich eine schmerzhafte Verletzung im Gesicht zugezogen, als sie der Klientin folgen wollte.

Die Klientin könne sich daran erinnern, dass sie mit etwa sieben Jahren im Bett gelegen habe und aus einem Albtraum mit der großen Angst erwachte, dass sie nun auch behindert und herzkrank sei und sich nicht mehr bewegen könne. Die Angst vor Behinderungen – so wie bei der Mutter – habe sie dann ihr ganzes Leben lang verfolgt.

Als Kind sei sie oft alleine in Wäldern oder auf Wiesen gewesen. Sie habe diese Einsamkeit sehr genossen und sich ihre eigene Fantasiewelt geschaffen. Oft sei sie mit Jungen unterwegs gewesen, was sie besser gefunden habe, als mit Mädchen zu spielen. Mit ihrem ersten Hund habe sie laufen gelernt. Er sei ein treuer Jagdhund gewesen, an dessen Ohren und Fell sie sich als kleines Kind festgehalten habe, um aufzustehen und die ersten Schritte zu gehen. Der Tod dieses Hundes sei ihr erster Kontakt mit dem Sterben gewesen. Der Hund, den sie wie einen älteren Bruder geliebt habe, habe in die Abdeckerei gebracht werden müssen, obwohl sie und ihr Vater ihn hätten beerdigen wollen. Sie fühle sich mit diesem Hund immer noch tief verbunden; tiefer als mit ihrer Schwester.

Die Eltern seien gegen eine höhere Schulbildung ihrer Töchter gewesen. Die Ältere habe aber durchboxen können, dass beide Schwestern Abitur machen konnten. Die Klientin habe in der Schule keine Schwierigkeiten gehabt. Anfangs schien es, als sei sie ein begabtes Kind. In der Grundschule habe sie eine junge und freundliche Lehrerin gehabt. Später seien ihre Schulleistungen schlechter geworden, und sie habe zum Abschluss der Oberstufe große Versagensängste entwickelt. Das Abitur habe sie trotzdem geschafft und dann angefangen, Psychologie zu studieren.

Wegen ihrer Versagens- und Prüfungsängste habe sie das Studium aber nicht schaffen können. Dies habe sie sehr belastet, da es ihr ganz großer Traum gewesen sei, anderen Menschen zu helfen. Zu der Zeit des Studiums habe sie eine feste Partnerschaft gehabt und daran gedacht zu heiraten. Der Verlobte habe sich dann, nach dem schweren Unfall, auf Grund von Unstimmigkeiten von ihr getrennt. Wegen der Behinderung fühle sie sich sehr oft gekränkt und sei so für andere Menschen schwierig zu ertragen. Dadurch schaffe sie sich andere Menschen häufig »vom Hals«. Ihr sei auch aufgefallen, dass sich ihr Blasenproblem verstärke, wenn ihr Situationen oder Begegnungen zu dicht oder zu intensiv würden. Die Klientin meint, dass sie sich aus vielen unangenehmen Situationen herausziehen könnte, wenn sie den Mut aufbrächte, dann in die Hose zu machen. Das mache sie aber nicht.

Erst in der siebten Beratungsstunde berichtet die Klientin eher beiläufig folgendes Ereignis: Im Alter von 18 1/2 Jahren sei sie am Ostermontag spät abends nach einem Stadtteilfest in Hamburg von einem unbekannten Mann auf der Straße überfallen worden. Er habe ihr ein Messer an die Kehle gehalten. An den weiteren Tathergang könne sie sich nicht erinnern. Sie befürchte aber, dass es zu einer Vergewaltigung gekommen sei, da sie sich extrem beschmutzt gefühlt habe und sich erinnere, dass sie später im Badezimmer gestanden und sich im Genitalbereich unbedingt habe waschen wollen. Sie habe dies jedoch nicht gemacht, um keine Beweismittel zu vernichten. Sie nenne den Vorfall immer »mein Überfall«. Die Eltern hätten sie am Tattage gebeten, aus der Angelegenheit keine große Affäre zu machen, da dies Schande und Gerede im Dorf bedeuten würde. Eine Freundin habe sie gedrängt, wenigstens in Hamburg eine Anzeige zu machen. Dies habe sie dann getan. Die Anzeige sei ergebnislos verlaufen. Später habe sie den Mann in Hamburg noch zweimal gesehen. Einmal habe sie im Auto gesessen und überlegt, ob sie ihn totfahren solle. Dies habe sie nicht getan, da sie noch Psychologie studierte und fürchtete, dass eine solche Tat ihre Träume zerstören würde.

Nachdem sie die Umschulung zur Angestellten im Finanzwesen absolviert hatte, sei sie in einem Finanzamt angestellt worden. Der Vater habe dafür seine Beziehungen spielen lassen. Ihre Arbeitsstelle sei nur 100 Meter von der Stelle entfernt, an der sich der Überfall ereignet habe. Sie müsse dort immer vorbeigehen, wenn sie aus der U-Bahn aussteige. Sie versuche das Thema Vergewaltigung zu verschweigen und zu umgehen. In der Beratung sei ihr dies auch nur zufällig und ungewollt herausgerutscht. Sie habe es bisher nie erwähnt und wünsche auch, dass dieses Thema in der Beratung strikt ausgespart bleibe.

> *Übungsfragen zur Falldarstellung 5*
>
> 1. Welche großen Lebensziele blieben der Klientin verwehrt? Welche Gefühle stellen sich Ihrer Meinung nach ein, wenn wichtige Lebensträume oder Wünsche unerfüllt bleiben?
> 2. Welche Bedeutung hatte das Wort »Behinderung« in der Ursprungsfamilie der Klientin? Welche Folgen könnte das für sie haben?
> 3. Die Geburt der Schwester hat bei der Mutter eine Krankheit hinterlassen. Mit welchen Gefühlen muss die Schwester der Klientin möglicherweise leben?
> 4. Was könnte für die Klientin die Motivation gewesen sein, Psychologie zu studieren?
> 5. Glauben Sie, dass die Klientin sich als Frau wertgeschätzt fühlen kann?
> 6. Welches Partner- oder Männerbild hat die Klientin möglicherweise?
> 7. Die oben genannte Vergewaltigung im Alter von fast 19 Jahren ereignete sich einige Zeit vor dem Abbruch des Psychologiestudiums. Könnte es einen Zusammenhang mit den Prüfungsängsten geben, die zum Abbruch des Studiums führten?
> 8. Welchen Zusammenhang sehen Sie zwischen den Ereignissen »mein Unfall« (sie erzählt oft, dass er für den Abbruch des Studiums ursächlich war) und »mein Überfall«?
> 9. Könnten körperliche Klagen (inklusive der Konzentrationsstörung) mit dem Überfall in Zusammenhang stehen und nicht, wie von der Klientin angegeben, mit dem Unfall?

10. Wie werden Sie auf den »Überfall« der Klientin eingehen?
11. Welche Rolle spielen in der Beratung, ganz allgemein, die Haustiere von Klienten?
12. Während der Beratung sagt die Klientin: »So lange, wie ich hier bei Ihnen im Büro bin, fühle ich mich sicher und akzeptiert. So, als wäre ich damals als Kind unter meinen großen Lieblingsbäumen im Wald.« Wie kommt diese Äußerung zustande? Wie gehen Sie mit dieser Klientenäußerung um?

Lösungsvorschläge finden Sie auf Seite 145 ff.

Falldarstellung 6: Überqualifizierter Dauerstudent

Der 40-jährige Philosophiestudent jobbt in einer Kölner Drogenberatungsstelle.

Wieso kommt der Klient? Der Klient gibt an, er leide an Einsamkeit, einem Sinnlosigkeitsgefühl, Antriebslosigkeit, nicht näher definierbaren Ängsten in Gruppen (»soziale Ängste«). Oft habe er auch ein dumpfes Gefühl von Angst, wenn er ganz allein sei. Er schwitze vermehrt, erröte ungeheuer leicht, bekomme Herzrasen, leide an Verstopfung, habe häufig Magendruck und große sexuelle Ängste. Wenn er sexuelle Ängste habe, schwitze er extrem, was den Kontakt zu Frauen unmöglich mache. Er leide an einer chronischen Erschöpfung, einer ständigen Müdigkeit und einem Mangel an Lebenslust. Er habe Geld geerbt und erkenne, dass es nun an der Zeit sei, das Leben anzupacken. Daher wolle er eine Standortbestimmung durchführen und »neue lebendige Perspektiven« (... der Klient hat NLP-Bücher gelesen und verwendet daher diesen Ausdruck; dabei grinst er verschmitzt) für sich entwickeln.

Ihm sei aufgefallen, dass viele Menschen flapsig oder abwertend auf ihn reagieren. Er spüre dann genau, dass er abgelehnt werde. Dies beginne häufig schon in den ersten Sekunden der Kontaktaufnahme. Andere würden aggressiv auf ihn reagieren und sich schnell mit seinen Kontrahenten solidarisieren. Er sehe dann keine andere Möglichkeit, als mit sprachlichen Mitteln zurückzuschlagen. Es geschehe häufig, dass die Situation eskaliert und die anderen sich gegen ihn verbünden. Er fühle sich dann sehr hilflos, manchmal aber auch ohnmächtig und unendlich wütend. Daran wolle er ebenfalls arbeiten und lernen, mit der Ablehnung anderer Menschen besser umzugehen.

Es falle ihm auf, dass er es nicht ertragen könne, wenn andere Menschen etwas besser machen oder mehr wissen als er. Er fühle sich in solchen Fällen stets unterlegen. Dies hindere ihn daran, beruflich oder sportlich voranzukommen, da er überall Menschen begegne, die ihm haushoch überlegen seien.

Medizinische Vorinformationen: Er hat bereits diverse Psychotherapien hinter sich. Er sei austherapiert, und die Krankenkasse sehe in weiteren Therapien keinen Sinn mehr. Er stimme der Krankenkasse zu, da die Therapien ihn alle durchweg enttäuscht hätten. Es sei da nichts Substanzielles passiert. Ganz im Gegenteil: Diese Therapien hätten ihm eher geschadet, da die Therapeuten versucht hätten, ihn mit ihren Interpretationen zu verletzen und in die Enge zu treiben. Das sei aber nicht sein Weg gewesen. Er habe zurzeit keine Erkrankungen. Früher habe er gelegentlich an Selbstmord gedacht. Dies sei aber schon seit vielen Jahren nicht mehr der Fall.

Sozialanamnese: Er sei sehr vernachlässigt aufgezogen worden. Die Eltern seien immer betrunken gewesen. Die Mutter sei gestorben, als er neun Jahre alt war. Sie sei Hausfrau gewesen. Der Vater habe die Kinder und die Mutter häufig geprügelt. Der Vater habe in einer Großschlachterei gearbeitet. Der zehn Jahre ältere Bruder habe sich wenig um ihn gekümmert. Dieser habe später seinen Weg gemacht und sei ein erfolgreicher Handwerker geworden. Die Familie habe in einem Haus gewohnt, das von den Eltern der Mutter geerbt worden sei. Der Vater sei verstorben, als der Klient 18 Jahre alt war. Nach dem Tode des Vaters sei das Elternhaus verkauft worden. Der ältere Bruder habe den Klienten ausgezahlt, es sei aber vereinbart worden, dass ein Großteil des Geldes bis zu seinem 40. Lebensjahr festgeschrieben werde (die jetzige Erbschaft). Von dem ersten Teil des Geldes habe er unter anderem bis vor vier Jahren gelebt. Er habe es teils in Glücksspielen und auch anderswo verloren oder ausgegeben. Dabei sei er aber immer zurückhaltend und bescheiden gewesen. Der Klient lebe in einer Wohngemeinschaft mit anderen Studenten. Partnerschaften mit Frauen habe er kaum gehabt. Er sehne sich nach einer solchen Beziehung. Außerdem habe er kaum Freunde und wünsche sich enge soziale Bindungen. Er sei bis zur Erbschaft verschuldet gewesen. Nun sei das kein Problem mehr.

Arbeits- und Berufsanamnese: Der Klient hat mit 19 Jahren das Abitur bestanden und anschließend seinen Zivildienst geleistet. Dann habe er eine Lehre als Industriekaufmann abgeschlossen und anschließend ein Lehramtsstudium absolviert. Dieses Studium habe er abgeschlossen, das Referendariat jedoch nicht beendet. Stattdessen habe er sich als Student der Philosophie eingeschrieben, um weiterhin den Studentenstatus zu genießen. Die Ausbildung zum Industriekaufmann sei eine Folter für ihn gewesen, da es ihm schwer gefallen sei, sich den biederen Forderungen des Lehrherrn zu unterwerfen. Man habe ihn dort als faul und uninteressiert diffamiert, weshalb er nach der Lehre nicht übernommen worden sei. Das Referendariat nach dem Lehramtsstudium sei ebenfalls eine sehr schlechte Erfahrung für ihn gewesen. Auch dort habe man sich gegen ihn gestellt. Während des Philosophiestudiums – inzwischen sei er von Aachen nach Köln gewechselt – habe er Arbeitsversuche in verschiedenen Unternehmen im kaufmännischen Bereich unternommen. Diese hätten alle viel versprechend angefangen. Er sei dann aber immer zu erschöpft und depressiv gewesen und habe Ärger mit Chefs und Kollegen bekommen, die sich darauf nicht haben einstellen können. Schließlich habe er angefangen, zweimal in der Woche als studentische Aushilfskraft in der Kölner Drogenberatung zu arbeiten. Der Kontakt mit den Kollegen dort sei bisher zurückhaltend. Die Ratsuchenden jedoch würden ihn oft hänseln oder provozieren, und er habe Schwierigkeiten, damit umzugehen.

Vertiefte Anamnese: Die Eltern seien ständig betrunken gewesen, sodass die beiden Kinder schon recht früh für sich allein hätten sorgen müssen. Wegen des Altersunterschiedes der beiden Brüder habe es zwischen ihnen keinen besonders engen Zusammenhalt gegeben. Als der ältere Bruder ein Kind war, habe der Vater noch viel Sport gemacht (Turnen, Kunstkraftsport, Leichtathletik) und sei sehr männlich und gesund gewesen. Davon gebe es noch beeindruckende Fotos. Zehn Jahre später habe er kaum noch Sport getrieben und sei höchstens mit den Jungs einmal Schwimmen gegangen. Der Vater sei ziemlich dominant gewesen; die Mutter dagegen eher schwach. Der Vater habe alle in der Familie geschlagen; am brutalsten die Mutter, die er mit Gegenständen traktiert oder die Treppe hinuntergestoßen habe. Oft habe die Mutter stark geblutet. Als

Anlass für diese Gewalttätigkeiten habe schon eine einfache Widerrede gereicht. Wenn der Klient geschlagen werden sollte, habe er manchmal nur auf die Treppe zum ersten Stock flüchten müssen. Der Vater sei dann meist die Treppe nicht hinterher gekommen, sei im Erdgeschoss geblieben und habe seine Wut anders ausgelebt. Der beste Schutz vor dem Vater sei gewesen, nicht zu Hause zu sein; also abwesend zu sein: »Wenn ich nicht da bin, dann fühle ich mich sicher.«

Der Vater habe gerne gekocht und mittags immer salzige und zu stark gewürzte Gerichte zubereitet, die der Klient nicht habe essen mögen. Die Stimmung bei Tisch sei äußerst angespannt gewesen. Manchmal habe der Klient unter Prügeln essen müssen, was auf den Tisch kam, bis er sich übergeben musste.

Sonntags hätten die Kinder immer ihre gute Kleidung anziehen müssen. Diese sei unbequem und kratzig gewesen. Der Klient habe dies gehasst.

Die Familie habe in einem zweistöckigen Wohnhaus in einer kleinen Siedlung gewohnt. Die Nachbarn zur Linken hätten selbst in desolaten Verhältnissen gelebt, die Nachbarn zur Rechten jedoch seien gut bürgerlich gewesen, hätten aber nichts zu den Verhältnissen in der Familie sagen mögen.

Der Klient erklärt, er habe in der Straße einen Schulfreund gehabt, den er aber mehrmals bestohlen habe (auch dessen Mutter). So sei diese Bindung zerbrochen. Andere Freunde habe er als Kind nicht gehabt. Bis zu dessen Pubertät sei der ältere Bruder ihm eine wichtige Stütze gewesen. Dieser habe sich aber zurückgezogen, nachdem der Klient ihm immer intensiver nachgestellt habe (Schränke durchsucht, ihn ausspioniert und vieles mehr).

Als der Klient neun Jahre alt war, habe die Mutter tagelang krank im Bett gelegen. Dann habe sie schwallartig Blut erbrochen und sei ins Krankenhaus gekommen, wo sie dann verstarb. Der Bruder sei telefonisch aus dem Krankenhaus über den Tod der Mutter informiert worden. Es habe weder der Bruder noch der Vater dem jungen Klienten erklärt, wie man trauert. Der Bruder habe kurze Zeit darauf das Haus fluchtartig verlassen, und der Vater habe noch intensiver getrunken. So habe er – so der Klient – die Jahre bis zu seiner Volljährigkeit zusammen mit dem ständig betrunkenen Vater gehaust. Dieser sei allmählich körperlich verfallen. Er sei ein Wrack gewesen und habe sich überall in der Wohnung übergeben. Hilfe durch die Suchtberatung und mehrere Entgiftungs- und Entziehungsversuche haben nicht mehr helfen können. Der Vater sei dann, wie früher die Mutter, an einer »Magendurchbruchsblutung« verstorben.

Eine Tante habe auch in der Zeit davor einen gewissen Halt geben können. Diese habe aber auch Alkoholprobleme gehabt, weshalb ihre Hilfe nur sehr begrenzt gewesen sei. Der Rest der Familie sei schwer zerrüttet gewesen.

In der Schule wurde der Klient jahrelang gehänselt und isoliert. Ansonsten seien Schule und Ausbildung für den Klienten eher nebenher gelaufen. Er sei jedoch sehr stolz, dass er trotz seiner Biografie Schule, Ausbildung und Studium geschafft habe.

Dauerhafte Freundschaften zu Männern oder Partnerschaften mit Frauen habe der Klient nicht eingehen können. Er verspüre bei Frauen große Angst vor Schweißattacken, die sich einstellten, sobald er einer Frau zu nahe komme. Einmal sei er mit einer Frau zusammen gewesen, die sehr traurig gewesen sei und geweint habe. Er habe sie in den Arm genommen und getröstet. Dabei sei er sehr erregt gewesen. Er habe nicht schwitzen müssen und habe eine tiefe unbekannte Nähe verspürt. Diese sei aber sofort wieder verschwunden, als sie aufgehört habe zu weinen und die Situation dann für beide zu offensichtlich erotisch geworden sei. Dann habe er einen starken Schweißanfall bekommen.

Übungsfragen zur Falldarstellung 6

1. Welche Erfahrungen kann der Klient in seiner Kindheit zu den Themen emotionale Wärme, Geborgenheit und Paarbeziehung gemacht haben?
2. Welche männlichen Rollenmodelle hatte er, und wie könnte sich das auf die Entwicklung einer männlichen Identität ausgewirkt haben?
3. Wie kompensiert der Klient das Suchtthema, das er in seiner Familie kennen lernte?
4. Niedergeschlagenheit, Müdigkeit, Passivität und die Rolle als Opfer hat schon einmal jemand in seiner Familie durchlebt – wer war das? Sehen Sie einen Zusammenhang zu seinen Gefühlen?
5. Welche Vermutung haben Sie über die Frustrationstoleranz des Klienten? Kann er gut mit Niederlagen, Verletzungen, Angriffen und Rückschlägen umgehen?
6. Wenn ein Klient Ihnen in der Beratungsstunde erzählt, dass er auf eine andere Person (zum Beispiel den Lehrherrn) sehr wütend ist, könnte darin eine unbewusste Beziehungsbotschaft stecken, die sich eigentlich auf die Beratungssituation bezieht? Welche Botschaft vermuten Sie? Wie würden Sie bei diesem Klienten darauf eingehen?
7. Bei diesem Klienten taucht erneut die Frage auf, ob sich Coaching und Therapie noch abgrenzen lassen. Dazu stelle ich eine provozierende These auf: Ein Coach beschränkt sich auf wenige biografische Details und Klientenangebote für ein Beratungsziel. Er – und auch der Klient – wehren (bewusst und unbewusst) Informationen ab, die über einen Coaching- oder Beratungskontrakt hinausgingen. Daher wird die Frage, für welche Klienten ein Coaching und für welche eine Therapie angemessen ist, nicht nur von der »Krankheit oder Gesundheit« des Klienten bestimmt, sondern mehr oder weniger bewusst von der Begrenzung, die sich Coach und Klient gemeinsam in ihrer Interaktion auferlegen: »Was ich nicht weiß, macht mich nicht heiß.« Wie stehen Sie zu dieser These?
8. Der Klient äußert das vordringliche Beratungsziel selbst wie folgt: »Die Zeit nutzen, um Kräfte des Selbstwachstums zu aktivieren, zum Beispiel durch Disziplin und Sport. Ich möchte mit dem Coach wichtige psychische Probleme ansehen und mental bearbeiten.« Welche übergeordneten Ziele halten Sie als Berater in diesem Fall außerdem für sinnvoll.

Lösungsvorschläge finden Sie auf Seite 147. Eine Ausnahme bilden die Fragen 7 und 8. Hierzu finden Sie keine Lösungsvorschläge. Wir möchten Sie bitten, Ihre Antworten zu allen kommentierten Fragen und zu den Fragen 7 und 8 mit anderen Lesern oder mit Teilnehmern einer Ausbildungsgruppe zu diskutieren, wenn Sie dazu die Möglichkeit finden können.

Lösungen

Lösungsvorschläge zu den Übungen 7–12

Übung 7: Fragen zur Problemklärung (s. S. 118)

1. Was genau sehen, fühlen oder hören Sie dann? Was sagen Sie dann zu sich selbst?
2. Wann haben Sie das zum ersten Mal so gesehen (gefühlt, gehört ... universeller: erlebt)?
3. Welche Erklärung haben Sie dafür? Warum ist das so gekommen? Welche Ideen haben Ihre Freunde über die Ursachen dieses Problems?
4. Was genau wird durch dieses Problem (benennen) besonders erschwert (verhindert, ermöglicht ...)?
5. Was gibt Ihnen die Gewissheit, dass Sie tief im Problem stecken? Was genau muss dann konkret oder in Ihrem Inneren zu sehen (hören, fühlen ...) sein?
6. Was würden Sie als Erstes tun, wenn das Problem verschwunden wäre? Wie würde es sich auswirken, wenn das Problem nicht mehr existierte?

Übung 8: Fragen zur Zielklärung (s. S. 119)

1. Warum ist es für Sie wichtig, dass Sie dieses Ziel erreichen? Wann wurde Ihnen zuerst klar, dass dieses Ziel wichtig für Sie sein könnte? Wie hat sich dieses Ziel bei Ihnen gebildet?
2. Was wird für Sie durch dieses Ziel symbolisiert (wer sind Sie dann, wo stehen Sie, wozu gehören Sie dann ...)?
3. Was genau muss für Sie ganz konkret wahrnehmbar sein (zu sehen, zu hören, zu riechen), wenn Sie das Ziel erreicht haben?
4. Was müsste zunächst getan werden, damit Sie beginnen können? Woran könnte es liegen, wenn Sie nicht sofort damit anfangen können, auf das Ziel zuzusteuern?
5. Wo genau beginnen Sie? Was machen Sie dann? Welche Gefühle haben Sie bei diesem Schritt?
6. Wie wird Ihre Familie sich ändern, wenn Sie das Ziel erreicht haben? Wer wird die Veränderung zuerst bemerken?

Übung 9: Fragen zu den Ressourcen (s. S. 119)

1. Welche Fähigkeiten brauchen Sie, damit Sie das Ziel selbst erreichen können? Was müssten Sie lernen oder in Erfahrung bringen, um dabei möglichst erfolgreich zu sein?
2. Haben Sie früher schon ähnliche Probleme gelöst? Wie sind Sie dabei vorgegangen? Gibt es andere Situationen, die auf den ersten Blick gar nicht vergleichbar sind, in denen Sie erreicht haben, was Sie hier bisher für unmöglich gehalten hatten?
3. Wer könnte Sie am besten dabei unterstützen, Ihr Ziel zu erreichen? Gibt es Menschen (Tiere, Fantasiewesen), die Ihnen dabei eine Hilfe sein könnten?
4. Könnte es sein, dass einige Ihrer Fähigkeiten nicht genutzt werden können oder dürfen? Welche Gründe gibt es dafür? Welche inneren Einwände haben Sie selbst, wenn es darum geht, Hilfen oder Fähigkeiten in Anspruch zu nehmen?
5. Wie müssen Sie Ihre Fähigkeiten oder hilfreichen Kräfte einsetzen? Könnte es sein, dass Sie einzelne Fähigkeiten erst noch erwerben müssen? In welcher Zeit (wo, wie genau ...) werden Sie diese erwerben und dann anwenden?

Übung 10: Das erweiterte Disney-Konzept ausbauen und erproben (s. S. 65f.)

Hierzu gibt es keine Beispiellösungen.

Übung 11: Standortbestimmung mit Phasenmodellen (s. S. 122f.)

Hierzu gibt es keine Beispiellösungen.

Übung 12: Ziele sprachlich präzisieren (s. S. 124f.)

Wir geben Ihnen einige mögliche Fragen vor, die Sie zum ersten Klientensatz »Wenn ich erst einmal Abteilungsleiter bin, werden sich einige Leute noch wundern!« stellen könnten.
- Was stellen Sie für sich sicher, wenn Sie das Ziel erreicht haben?
- War es für Sie schon immer erstrebenswert aufzusteigen?
- Können Sie diesen Schritt mit eigenen Mitteln schaffen oder sind Sie auf dem Weg dorthin von Zufälligkeiten oder dem Wohlwollen anderer abhängig?
- Vermutlich schaffen Sie den Aufstieg nicht von heute auf morgen. Wie müssen Sie die Schritte einteilen, damit sich ihr Plan verwirklichen lässt?
- Woran genau würde ein Außenstehender, der die Hierarchie und die Regeln Ihres Betriebes nicht kennt, feststellen, dass Sie Abteilungsleiter geworden sind?
- Woran würde er genau erkennen, dass Sie diesen Schritt geschafft haben?
- Vielleicht wird Ihr Aufstieg nicht nur positive Reaktionen hervorrufen. Gibt es durch den Aufstieg Veränderungen in Ihrem Privatleben, beruflich oder anderswo, die Sie am liebsten vermeiden würden?
- Angenommen, Sie wären jetzt schon Abteilungsleiter, wie fühlt sich das eigentlich an?

Ein anderer Aspekt der Klientenaussage in der Übung:
- Warum ist es wichtig, dass sich andere Leute wundern?
- Welche Leute genau, was ist vorgefallen? (Es könnten hier noch Kränkungen, Rivalitäten und Ähnliches vorliegen, die dazu führen, dass das Ziel erreicht werden soll.)
- Welche Auswirkungen könnte es für den Klienten haben, wenn das Ziel nicht erreicht wird?

Bitte verfahren Sie mit den übrigen Sätzen nach gleichem Muster: Stellen Sie passende Fragen zu den einzelnen Schritten der wohlgeformten Ziele (s. S. 92, 124).

Übung 13: Komplexe Beratungsziele definieren (s. S. 126f.)

Den Lösungssätzen können Sie voranstellen: »Die Fähigkeit zu erwerben, ...« Auch hier beschränken wir uns wieder auf wenige Antwortmöglichkeiten.

Thema: Sicherheit und Urvertrauen
1. Die Welt nicht mehr als essenziell böse, gefährlich oder schlecht wahrzunehmen.
2. Paranoide und irrationale Ängste werden zugunsten einer realistischen Risikoeinschätzung und Weltsicht abgelegt.
3. Positive Beziehungserfahrung zu ermöglichen. Sich an einem guten und reifen Menschen ein Beispiel nehmen können und beispielsweise dessen Zugewandtheit, Empathie und seine inneren Stärken in sich selbst aufnehmen und integrieren können.
4. Die Zufriedenheit und Fülle anderer Menschen ertragen zu können, ohne auf diese neidisch sein zu müssen.

Thema: Ablösung und Selbstverwirklichung
5. Eigene Gefühle und Gedanken von jenen anderer differenzieren zu können (Selbst-Objekt-Differenzierung).
6. Sich trennen zu können ohne Angst vor Liebesverlust und Beziehungsabbruch.

> **Buchtipp**
> Wir empfehlen Ihnen an dieser Stelle das Taschenbuch »Einführung in die psychoanalytische Therapie, Band 1 bis 3« von Professor Dr. Wolfgang Mertens. Er ist Professor für klinische Psychologie mit dem Schwerpunkt Psychoanalyse an der Ludwig-Maximilians-Universität München. In diesem Lehrbuch hat Professor Mertens über 190 Literaturstellen renommierter Experten aus der ganzen Welt zusammengetragen und daraus »übergeordnete Therapieziele« erarbeitet. Einige dieser Ziele sind oben aufgeführt. Sie sehen daran, dass die Psychoanalyse nicht so verstaubt oder abgehoben sein muss, wie viele ihrer Kritiker dies annehmen. Es gibt noch einen anderen Grund, weshalb wir Ihnen dieses Buch nahe legen möchten: Jeder Coach, Berater oder Therapeut wird im Laufe seines Berufslebens nicht umhinkommen, sich kritisch mit den Gedanken der modernen Psychoanalyse auseinander zu setzen. Das Gedankengut Freuds und seiner Schüler ist so sehr in die Sprache eingedrungen, dass es auch für Coaches wichtig ist, hier Grundkenntnisse zu erwerben. Diese kritische Auseinandersetzung mit der klassischen und modernen Psychoanalyse gehört zum guten Ton in allen Therapie- und Beratungsschulen (obwohl niemand weiß, was eigentlich »klassisch« in Bezug auf Therapieschulen bedeutet).
> Ein fundiertes kritisches Basiswissen zu diesem Thema ist auf jeden Fall hilfreich. Den größten Teil der Informationen, die Professor Mertens in seinem preiswerten dreibändigen Werk aufführt, können Sie für das Coaching und die psychologische Lebensberatung effektiv nutzen, da er sich sehr breit und kritisch mit seiner eigenen Therapieschule und ihrer Gedankengeschichte auseinander setzt.

7. Fähigkeit zum Alleinsein und zur Autonomie.
8. Nein sagen zu können ohne Angst vor Schuldgefühlen.
9. Selbstbestimmt statt fremdbestimmt leben zu können.
10. Den Einfluss der eigenen Eltern durchzuarbeiten und sich von den Eltern lösen zu können.
11. Die eigenen Kinder loslassen zu können.

Lösungsvorschläge zu den Fall-Vignetten 7–11

Fall-Vignette 7: Gestresster Produktionsleiter (s. S. 119f.)

1. Problem.
2. Rivalität und Kränkung, Gesundheit, keine Zeit für die Familie, Fremdbestimmung.
3. Rivalitätskonflikt mit dem Verkaufsleiter (auch Kränkung, da ein Neuankömmling ihn in Frage stellt), Arbeitsbelastung (wohl ein persönliches und strukturelles Problem: Delegationsmöglichkeiten?). Mögliche Fragen: Auf welche Weise mischt sich der Verkaufsleiter in Ihre Belange ein? Wie sind Sie bisher mit solchen Einmischungen umgegangen? Auf welche Basis möchten Sie die konstruktive Zusammenarbeit mit dem Verkaufsleiter gern stellen? Wer könnte Sie in Ihrer Führungsverantwortung entlasten? Gibt es da jemanden, dem Sie das zutrauen und den Sie dadurch aufbauen könnten?
4. Dieser Mann scheint sehr zielstrebig, hartnäckig und gewissenhaft zu sein. Er bringt viel Erfahrung mit und kennt sein Unternehmen bestimmt in- und auswendig. Eine mögliche Frage wäre: Wie können Sie Ihre langjährige Erfahrung im Unternehmen und das Vertrauen der Geschäftsleitung nutzen, um den Konflikt mit dem Kollegen in eine konstruktivere Zusammenarbeit zu wandeln?
5. Vermutlich möchte er einerseits, dass seine Autonomie (seine Macht) innerhalb der Produktion nicht in Frage gestellt wird. Andererseits wird deutlich, dass der Klient sich überfordert fühlt. Eigene übersteigerte Forderungen (Ich-Ideale) und die Forderungen der Geschäftsleitung haben dazu geführt, dass er zwar der respektierte Chef der Produktion ist, dafür aber einen sehr hohen

Preis zahlen muss: Dauerstress, mangelnde Delegationsfähigkeit, zu wenig Zeit für die Familie und die Selbstverwirklichung. Mögliche Fragen: Was denkt er über schrittweises Delegieren von Aufgaben, Arbeitsstrukturanalysen (Telefonats- und Bürozeiten statt ständiger notfallartiger Handy-Erreichbarkeit)? Bei solchen Klienten ist es oft erforderlich, konkrete Zielangebote zu machen (Fragen zu stellen, die Ziele oder mögliche Lösungen enthalten): Was denken Sie über die Möglichkeit, die Produktivität in Ihrem Sinne zu erhalten, gleichzeitig aber einen oder zwei Mitarbeiter langsam zu kompetenten Stellvertretern heranzubilden?

Fall-Vignette 8: Einsam im Finanzamt (s. S. 121)

1. Sie vermischt die drei Stühle Walt Disneys, indem sie jede Idee sofort bewertet und von einem recht negativen Realisten und Kritiker beiseite schieben lässt.
2. Sie könnten der Klientin zunächst die Methode des Brainstormings erklären und mit ihr zusammen Ideen sammeln. Anschließend bearbeiten Sie diese Ideen schrittweise jeweils auf dem Stuhl des Visionärs, dem des Kritikers und dem des Realisten.
3. Sicher hat sie Sehnsucht nach freundschaftlichen und intimen Beziehungen. Diese zu finden dürfte ziemlich wichtig sein. Die Klientin kam bereits selbst auf die Idee, auf einem großen Reiterhof das Reiten zu erlernen. Dort stehen 70 Pferde, und es schien ihr wahrscheinlich, dass sie dort Kontakte aufbauen könnte. Seit ihrer Kindheit habe sie das Thema Reiten jedoch verdrängt (der Vater hatte einen Reitunfall gehabt). Was wir Ihnen bisher vorenthalten hatten: Ein Jahr später war sie sogar schon Mitglied des Reitervereins und hatte dort stützende Kontakte geknüpft.

Fall-Vignette 9: Der ewige Student (s. S. 123f.)

1. Er beginnt eine rationale Einsicht in seine schwierige Situation zu bekommen. Er kann bisher nur einige der Emotionen wahrnehmen, die damit verbunden sind (ein gedämpftes Lebensgefühl wird indirekt geschildert), Wut, Aggression und Ähnliches werden nicht erwähnt. Da er außerdem erkennt, dass er Defizite hat, an denen er arbeiten möchte, könnten wir den Klienten mit Hilfe unserer einfachen Modelle so klassifizieren: erste rationale Einsicht, bewusste Inkompetenz.
2. Er sei von verschiedenen Personen abgelehnt, nicht akzeptiert, verachtet, provoziert worden. Hierbei handelt es sich nicht um die Beschreibung von Taten, sondern um seine subjektive Deutung (Bedeutung) des Verhaltens anderer Menschen. Diese Reihenfolge legt nahe, dass er äußerst leicht kränkbar und verletzbar ist und vermutlich dazu neigt, vielfältige Verhaltensweisen anderer Menschen als Verletzung, Kränkung oder Herabsetzung zu interpretieren. Es könnte sinnvoll sein, mit ihm zu erarbeiten, was genau die anderen Menschen getan haben. Sie könnten ihm rückmelden, wie Sie als neutrale Person dieses Verhalten interpretiert hätten. Anschließend könnten Sie mit ihm besprechen, wie seine Reaktionen die Situation weiter im Sinne seiner Vorannahmen gestaltet haben.
3. Müdigkeit und Erschöpfung, er kenne fast niemanden (soziale Isolation?), kein Glück bei den Frauen (Kränkung, Beziehungswunsch), gedrücktes Lebensgefühl.

Fall-Vignette 10: Billige Tricks im Coaching (s. S. 125f.)

1. Der Klient sucht nach einem tieferen Sinn seines Lebenswerkes und seiner Zukunft (typisch für die zweite Lebenshälfte).
2. Gesetzliche Krankenkassen (auch teilweise die privaten Kassen) haben Richtlinien

über die Gewährung von Psychotherapiekosten. Die behandelnden Psychologen oder Ärzte schreiben nach den ersten probatorischen Behandlungen einen Antrag an die Krankenkasse, in dem sie begründen, warum die Psychotherapie in der gewählten Weise sinnvoll ist. Wenn in diesem Antrag gesagt wird, dass es sinnvoll erscheint, die Persönlichkeit des Klienten zu fördern oder zu entwickeln, wird dieser Antrag von der Krankenkasse oft abgelehnt. Lediglich Patienten mit einer so genannten Persönlichkeitsstörung (ein spezielles Krankheitsbild) haben einen Anspruch auf das Therapieziel Persönlichkeitsförderung und -bildung. So kommt es, dass viele Therapeuten ihre Anträge umformulieren, damit die Patienten schließlich doch eine Therapie auf Krankenkassenkosten erhalten. Andere Therapeuten gehen diesen Schritt nicht, was dazu führt, dass die Patienten zu Klienten werden und ihre Persönlichkeitsförderung im Coaching oder in der psychologischen Beratung durchzuführen wünschen.

3. Was der Psychoanalytiker tatsächlich gesagt hat, können wir nicht wissen. In der Tat gibt es bei Psychoanalytikern das Vorurteil, dass alle anderen Verfahren eher nur unterstützend oder symptombeseitigend seien und nicht dem hohen Anspruch gerecht werden, den Psychoanalytiker an eine Therapie haben (zum Beispiel Hervorrufen und Auflösen einer so genannten Übertragungsneurose). Hierüber können Sie sich sehr detailliert in dem Buch von Wolfgang Mertens informieren (s. S. 141). Diese dritte Frage sollte Sie an zwei Phänomene erinnern, die Ihnen immer wieder begegnen werden:

- Über andere Berater und über Sie selbst wird geredet werden. Dabei werden viele Informationen von Klienten oder anderen Zuträgern verfälscht. Akzeptieren Sie diese Tatsache einfach mit einer gewissen Lockerheit.
- Experten verschiedener Schulrichtungen werden Sie kritisieren und angreifen. Schreiben Sie sich die Sachargumente der Kollegen auf und denken Sie einige Tage oder Wochen später darüber nach. Vielleicht gibt es da wirklich etwas zu lernen – unabhängig von den verschiedenen Weltbildern, die vertreten werden. Ansonsten gilt auch hier: Akzeptieren Sie diese menschliche Angewohnheit (andere zu kritisieren) mit einer gewissen Lockerheit.

4. Der Klient hat bereits einen Psychologen, einen Kollegen, jemanden aus der Geschäftsleitung und einen Psychoanalytiker engagiert. Sie sind jetzt der Nächste. Es handelt sich also um einen Klienten, der viele Menschen für sein Anliegen mobilisieren oder gewinnen kann. Das ist eine gute Ressource. Fragen Sie ihn nach den Erfahrungen mit den bisherigen Ratgebern und würdigen Sie gegenüber dem Klienten die Aussagen und Ideen Ihrer Vorgänger.

Fall-Vignette 11: Der Zufall des Lebens (s. S. 127)

Mögliche Ziele (unter vielen anderen):
- Eine vermeintliche Zufälligkeit des Lebens akzeptieren zu lernen.
- Mit der Trauer und der Wut darüber umgehen zu lernen und sich diesen Gefühlen zu stellen.
- Einen eigenen Lebensentwurf jenseits der Unfallfolgen planen zu können. Wer ist die Klientin wirklich – jenseits der »Unfallfolgen« (der Behinderung)?
- Auf andere Menschen wieder zugehen zu können und diese einfach nur so wahrzunehmen, wie sie sind – nicht nur als potenzielle Partner oder Freunde.

Lösungsvorschläge zu den Falldarstellungen 4–6

Falldarstellung 4: Produktionsleiter ist überfordert (s. S. 128ff.)

1. Aggression, Wut, Trauer. Wut und unterdrückte Aggression richten sich zum Teil auf

den Vater und den Bruder. Der Klient dürfte auch eine erhebliche Wut auf die Täter haben, die den Verlust seines Armes verursacht haben. Diese Gefühle werden hinter einer ruhigen, gefassten und friedfertigen Fassade gehalten. Auf die Trauer gehen wir zudem in Antwort 4 noch ein.

2. Der Klient sieht sich als Stier oder Bär. Das sind Metaphern, die er für sich selbst gebraucht. In der Kindheit scheint er mit Diplomatie, Schläue, Geduld und List gearbeitet zu haben. Es ist anzunehmen, dass diese erlernten Fähigkeiten auch heute noch sein Konfliktverhalten beeinflussen.

3. In der Fallschilderung erfahren wir von der Rivalität mit dem Bruder um die Gunst und Zuneigung der Eltern, besonders des Vaters. Variationen dieses Themas können sich im späteren Leben häufig wieder finden: Konflikte mit »denen da oben« (Geschäftsleitung/Vater), von denen man respektiert werden möchte, sowie Konflikte mit Gleichgestellten (Verkaufsleiter/Bruder), die einen Teil der Gunst von oben absorbieren. Die Grunderfahrungen unserer Ursprungsfamilie setzen sich auf diese Weise häufig im Erwachsenenleben fort (hier sowohl im Sinne einer psychodynamischen als auch verhaltenspsychologischen Lerntheorie verstehbar).

4. Wir haben bereits erwähnt, dass das »Abtrauern« (so wird dies in der Literatur meist genannt) zu den wesentlichen Merkmalen des emotionalen und geistigen Wachstums gehört. Jede Veränderung des Körpers – und ganz besonders der Verlust wichtiger Organe (Gliedmaßen, Augen, Gesichtsteile, sekundäre Geschlechtsorgane …) – verändert auf dramatische Weise das Körperschema und Selbstbild. Dabei gehen viele Möglichkeiten verloren. Es ist daher sinnvoll, diesen Prozess der Ablösung und des Verlustes zu bearbeiten. Viele Menschen, die Gliedmaßen verloren haben, leiden übrigens unter Phantomschmerzen: Die durchtrennten Nervenfasern »wissen« nichts von dem Verlust des Körperteils. Die Schmerzsignale, die von diesen Nerven ausgehen, werden im Gehirn daher so wahrgenommen, als wäre der Körperteil noch vorhanden. Solche Schmerzen können durch eine psychologische Schmerztherapie gut behandelt werden; sehr wirksam ist in diesem Falle häufig die Hypnotherapie.

5. Die Struktur oder Organisation der Produktionslenkung und -steuerung dürfte durch den Klienten mitverursacht sein. Er scheint dabei unentbehrlich geworden zu sein (oder hat sich so inszeniert). Wenn eine Führungskraft mit mehreren Mobiltelefonen herumläuft, verbreitet dies oft den Eindruck emsiger Betriebsamkeit und ständiger Krisen- oder Notfallbereitschaft. Organisationsstrukturen, in denen dies erforderlich ist, arbeiten meist mit hohem menschlichen Reibungsverlust. Der Klient könnte sicher davon profitieren, wenn er einen Teil seiner Verantwortung abgäbe (Delegation) und auch lernte, sich von allzu großen Erwartungen der Geschäftsleitung abzugrenzen. Mit einfachen Ratschlägen werden Sie den Klienten jedoch nicht überzeugen können, sich zu begrenzen. Wir haben bereits gesehen, dass sein Bemühen um Einfluss und Steuerung auch die Funktion erfüllt, Ängsten früherer Konfliktmuster zu begegnen. Er wird auf den Änderungsdruck eines Beraters daher mit Widerstand reagieren. Auch diese Form des unbewussten Selbstschutzes ist übrigens eine gute und wertvolle Ressource. Sie dient der Selbst-Stabilität des Klienten, und wir sollten nicht versuchen diesen Schutz zu einem falschen Zeitpunkt und auf unangemessene Weise einzureißen.

6. Es scheint, als würde wenig über Gefühle gesprochen. Das traumatische Überfallereignis wird tabuisiert. Es wäre verständlich, wenn die Frau Schuldgefühle hätte, da sie »Schuld« an dem Verlust des Armes ihres Mannes hatte (natürlich hat sie keine wirkliche Schuld; diese feine Unterscheidung bleibt aber meist nur kognitiv, während tiefe archaische Denkmuster der Klienten oft die zuerst genannte Schuld-Hypothese vertreten). Es könnte sein, dass die Frau sich auf Grund dieser Schuldgefühle verpflichtet gefühlt hatte, ihren damaligen Freund zu hei-

raten. Solche Hypothesen werden meist abgewehrt: »*Nein, wir haben geheiratet, weil wir uns liebten. Das andere hatte damit nichts zu tun.*« Es kann für eine Ehe jedoch sehr bereichernd sein, wenn die Partner sich über die ganze Bandbreite ihrer Gefühle, Zweifel, Wünsche unterhalten können.
7. Unterdrückte Gefühle von Wut, Aggression und Trauer annehmen zu können; die lerngeschichtlichen Zusammenhänge von Rivalitätskonflikten verstehen zu können; um verlorene Möglichkeiten und die verlorene Extremität trauern zu können. Erfahren, was es bedeuten könnte, loszulassen und sich abzugrenzen. Gegenseitige Rücksichtnahme in der Ehe auf ein anderes Fundament zu stellen und sich gegenseitig wieder zuzumuten, über Gefühle zu sprechen.

Falldarstellung 5: Finanzamtsangestellte mit Zukunftsängsten (s. S. 131 ff.)

1. Verwirklichung des Traumes, Psychologin zu werden und eine eigene Psychotherapiepraxis zu betreiben; ein Leben als Partnerin und Mutter; ein Leben in Gesundheit. Auch hier dürften wieder viel Wut, Trauer und eine tiefe Kränkung eine große Rolle spielen.
2. Der Vater scheint dieses Wort stark abwertend benutzt zu haben. Erinnerungen an braune Kapitel der deutschen Vergangenheit klingen darin an: unwertes Leben? Den Schilderungen könnte entnommen werden, dass der Vater außerdem sehr konservativ und auch ausländerfeindlich gewesen ist. Wie muss er zu seiner Frau gestanden haben, deren Herzerkrankung auch als »Behinderung« bezeichnet wurde? Hat er das Unverständnis und die Wut über seine eigene Behinderung (die kaputte Hüfte) abgewehrt und in die Verurteilung anderer »Behinderter« verschoben? Behinderung könnte bedeutet haben, nicht dazuzugehören, nicht vollwertig zu sein, ungeliebt zu sein, eine Schande darzustellen. Der »Überfall« (die geschilderte Vergewaltigung) stellt ebenfalls eine solche Schande dar. Als die Klientin dann durch die schwere Gehirnverletzung tatsächlich zur Behinderten wird (sogar noch Behindertenbeauftragte), schließt sich dieser Kreis. Es liegt darin sehr viel Tragik und Symbolik – dies sind mächtige mentale Werkzeuge.
3. Vermutlich hat die Schwester Schuldgefühle, da sie (wieder in archaischer Denklogik) die »Behinderung« der Mutter verursacht hat.
4. Viele Menschen, die Psychologie studieren oder psychologische Beratung erlernen möchten, sehnen sich nach Selbstheilung und Liebe. Dies ist ein respektables Motiv. Durch die harte Arbeit der Selbsterfahrung (eigene Lehrtherapie) finden einige dieser Aspiranten ihre eigene Heilung und Selbstliebe. Viele jedoch finden nie den eigenen Weg zur Heilung. Auch dann können sie für andere trotzdem viel Gutes bewirken.
5. Es dürfte für diese Klientin sehr schwer sein, sich als Frau zu akzeptieren und wertzuschätzen. Die Mutter war »behindert«, und sie selbst ist behindert. Ihr Verlobter hat sie verlassen (angeblich wegen der Folgen des Unfalls). Ein Mann habe sie vergewaltigt und sie nur als Mittel benutzt, gewalttätige Trieb- und Machtimpulse abzureagieren. Die Partnersuche über eine Vermittlungsagentur erscheint (zumindest bei dieser Klientin) unangemessen, um wirkliche Akzeptanz und Zuwendung zu erfahren. Diese Suche ist erneut so inszeniert, dass sie begutachtet und schließlich als wertlos und behindert abgelegt wird. Dies wiederholt nur ihre schlechten Grunderfahrungen.
6. Sie erwähnt positiv das Paschabild, das sie von ihrem Vater hat. Der Vater ist jedoch in ihrem Leben eine ziemlich ambivalente Figur: Einerseits ist er stark und beherrschend, andererseits erscheint er bedrohlich, verletzend und entwertend. Einem Männerbild, das diese Vateridealisierung und die Bedrohung enthält, wird kein Kandidat wirklich gerecht werden können und wollen.
7. Das dürfte wahrscheinlich sein. Es könnte sein, dass die Klientin ohne das schreckliche Erlebnis der Vergewaltigung ihr Psychologie-

studium abgeschlossen hätte. Die Vergewaltigung war kurz vor dem Abitur. Zu dieser Zeit traten extreme Lern- und Prüfungsschwierigkeiten auf. Danach kam das abgebrochene Studium.

8. Wir haben bereits festgestellt, dass Behinderung, Scham und Schuld von der Klientin möglicherweise in den »gleichen Topf« geworfen werden. Die Folgen eines Unfalls sind in der Gesellschaft akzeptiert. Das Stigma einer Vergewaltigung kann jedoch weitere Probleme verursachen. Es ist daher verständlich, wenn die traumatischen Folgen (Behinderungen) des Überfalls den traumatischen Folgen des Unfalls angehängt werden und in diesem gedanklich aufgehen.

9. Hier verweisen wir auf Antwort 8. Konzentrationsstörungen, Erschöpfung und Ähnliches sind Folgen (auch Spätfolgen) einer sexuellen Traumatisierung. Es kann daher sehr gut sein, dass ein großer Teil der körperlichen und seelischen Beschwerden auf den Überfall zurückzuführen ist.

> Als Coach und psychologischer Berater sollten Sie auf dieses Thema nur dann eingehen, wenn die Klientin dies wünscht. In diesem Falle also gar nicht. Sie sollten die Klientin jedoch behutsam motivieren, eine Psychotherapie deswegen anzustreben

10. Die Rolle von Tieren wird in der Beratung und Therapie grundsätzlich unterschätzt. Haustiere können uns Menschen im Einzelfalle genauso viel bedeuten wie andere Menschen oder Familienangehörige. Sie sollten daher auf geliebte Tiere des Klienten – und ihre Rolle für ihn – eingehen. Die Klientin in diesem Fall erwähnte, dass ihr erster Hund ihr so wichtig war wie ein Bruder. Das weist darauf hin, dass auch verstorbene Tiere einen wichtigen Platz in unseren Gedanken und Gefühlen einnehmen.

11. Es handelt sich nach psychoanalytischer Terminologie um eine unbewusste Übertragung der Klientin auf den Berater (eigentlich um ein Wechselspiel zwischen Klientin und Berater: Übertragung und Gegenübertragung). Die großen mächtigen und beschützenden Bäume könnten Teil einer Berater-Idealisierung sein. Das ist schmeichelhaft und gibt dem Berater ein gutes Gefühl. Es geht in der Beratung jedoch darum, die Klientin zu fördern, und nicht darum, narzisstisch Lob einzufordern (unbewusst). Sie könnten die Klientin fragen: »*Warum können Sie sich nur hier bei mir im Büro so fühlen?*« Ein anderer Zugang wäre es, wenn Sie die archaische Symbolik herausarbeiten würden, die »Bäume und Wald« beinhalten. Hierzu bedürfte es jedoch speziellen Wissens aus der Gestaltungs- und Kunsttherapie oder der Arbeit mit Bildern, Symbolen und anderen Stellvertretern für Gefühle, Gedanken oder innere Zustände.

12. Aus Ihrer Frage an die Klientin dürfte sich ein Dialog entwickeln, in dem Sie der Klientin die Bedeutung ihrer Aussage im Hier und Jetzt bewusst machen (Deutung) und deren Bezug zu ihren aktuellen Konflikten herausarbeiten. Es wäre vielleicht die Aufgabe einer Psychotherapie, den Aspekt des Damals und Dort (statt des Hier und Jetzt) der Übertragung der Klientin herauszuarbeiten. So weit müssen Sie nicht gehen. Interpretieren Sie außerdem folgenden Satz der Klientin: »*Ich fühle mich so sicher und beschützt bei Ihnen, so, als wäre ich auf dem Schoß meines Vaters.*« Darin wird vielleicht (noch unbewusst) eine Vaterübertragung direkter angesprochen. Auf dem Schoß zu sitzen kann ins Hier und Jetzt übertragen jedoch auch eine sexuelle Übertragung auf den Berater bedeuten. Mit solchen erotischen oder erotisierenden Übertragungen in der Beratung umzugehen erfordert viel Geschick und Selbsterkenntnis. Im Laufe Ihrer Beraterkarriere werden Sie solche Situationen jedoch häufiger erleben. Sie sollten darauf vorbereitet sein, dass Gefühle von Liebe, Verbundenheit, sexueller Anziehung und Ähnliches von Ihren Klienten mehr oder weniger direkt auf Sie übertragen werden. Je intensiver Sie mit Ihren Klienten an deren Lebensproblemen arbeiten, desto wahrscheinlicher werden solche Übertragungen.

In solchen Fällen wäre es dann aus ethischen Gründen nicht statthaft, wenn Sie auf emotionale oder sexuelle Angebote Ihrer Klienten eingingen (diese ausnutzen).
Im Coaching gibt es hierzu keine gesetzlichen Regelungen. In der Therapie ist dies strafbar. Im Zweifelsfalle beraten Sie sich immer mit Kollegen (Intervision oder Supervision), um sicherzustellen, dass Sie die emotionalen Verirrungen Ihrer schutzbefohlenen Klienten nicht ausnutzen. Diese könnten dadurch nachhaltig geschädigt werden.

Falldarstellung 6: Überqualifizierter Dauerstudent (s. S. 135 ff.)

2. Emotionale Wärme und Geborgenheit konnte der Klient bestenfalls im Fernsehen oder in den Familien von Schulfreunden beobachten, daran aber nicht aktiv teilnehmen. Das erlebte und erlernte Modell einer Paarbeziehung ist grauenvoll und von Sucht und Gewalt gekennzeichnet.
3. Der Vater dürfte das vorherrschende männliche Rollenmodell gewesen sein – neben dem Bruder, der in diesem Zusammenhang sicher sehr heilsam oder sogar lebensrettend war. Vom Vater konnte der Klient als Kind lernen, dass Männer impulsiv, gewalttätig, grob, abhängig, egoistisch und rücksichtslos sind. Die eigene Identität als Mann (als solch ein Mann!) zu akzeptieren stößt daher vermutlich auf Widerwillen und provoziert eine starke Angst, auch so zu sein oder zu werden wie der Vater.
4. Der Klient gehört zu den wenigen Menschen, die sich auf Grund ihrer Intelligenz aus einer derart desolaten Familienkonstellation haben lösen können. Die Hinwendung zu erzieherischen und intellektuellen Themen dürfte bereits eine gute Kompensation (oder auch Sublimation im Sinne von Ablenkung) der familiären Suchterfahrungen sein. Dass er nun in einer Suchtberatung arbeitet, drückt bereits deutlicher den Wunsch aus, dieses Thema bzw. diese Wunden zu heilen.
5. Die Mutter war ähnlich hilflos, niedergeschlagen und passiv. Hier konnte er durch Identifikation die Opferrolle erlernen.
6. Jede Niederlage, Verletzung und jeder Angriff dürften eine enorme Kränkung und Verunsicherung für den Klienten bedeuten. Seine Frustrationstoleranz dürfte sehr niedrig sein, sodass sogar zu befürchten ist, dass es irgendwann zu nicht gewollten und unkontrollierten impulsiven Gewaltausbrüchen kommen könnte! Auch deshalb benötigt dieser Klient eigentlich weitere psychotherapeutische Hilfe!
7. Auch hier begegnet uns wieder eine Übertragung. Die Deutung im Hier und Jetzt könnte sein: Der Klient hegt gerade unbewusste Aggressionen gegen den Berater. Es ist wichtig, diese Übertragung behutsam anzusprechen und gemeinsam mit dem Klienten zu deuten. Außerdem sollte er Gelegenheit bekommen, seine Aggressionen gegen den Berater bewusst wahrzunehmen und adäquat zu verbalisieren.

1. und 8. sind ohne Lösungsvorschlag. Auch hier habe Sie die Möglichkeit, ganz eigene Antworten zu formulieren und zu diskutieren.

Teil 3
Kognitives Umstrukturieren

Werte, Überzeugungen, Umdeutungen

»Der häufigste Fehler liegt in der Annahme, dass die Grenzen unserer Wahrnehmung auch die Grenzen des Wahrzunehmenden sind.« (G.W. Leadbeater, amerikanischer Schriftsteller, 1847–1934)

Die Werte, Überzeugungen und Glaubenssätze (un- oder halbbewusste innere Gedanken, Leitsätze und innere Mono- oder Dialoge = engl. *silent speech*) sind ein entscheidender Ansatzpunkt im Coaching: Veränderungen auf dieser Ebene sind, wie schon erwähnt, deutlich schwieriger zu bewirken als Veränderungen des sichtbaren Verhaltens. Klienten reagieren häufig mit Widerständen, wenn eine tiefe Überzeugung hinterfragt wird. Deshalb ist eine respektvolle und vorsichtige Annäherung an die dahinter stehenden Werte und Glaubenssätze wichtig.

Sie können verschiedene Angebote der Annäherung machen, die sich an den Bedürfnissen des Klienten orientieren. Hierbei sollten Sie den Klienten nicht überrumpeln und zum vermeintlich Besseren bekehren. Die Grenzen, die der Klient in der Beratung zieht, sollten akzeptiert und respektiert werden. Es geht nicht darum, jemanden »zu knacken« oder vor den Kopf zu stoßen! In einer provokativen Form der Beratung kann das gelegentlich anders sein, wenn dies vorher gemeinsam so vereinbart wurde.

Werte: Was uns wichtig und richtig erscheint

Werte bestimmen, was uns bedeutsam ist und was wir tun. Sie sind ein wesentlicher Baustein unserer Identität und unseres Selbstkonzeptes. Äußere und intrapersonale Konflikte können da ihren Ausgangspunkt nehmen, wo zwei Wertesysteme unvereinbar aufeinander treffen. Es ist daher besonders hilfreich, die verschiedenen Wertsysteme (andere Worte dafür: innere Teile, Über-Ich-Gebote) in uns zu kennen und miteinander auszusöhnen. Wenn alle Teile an einem Strang ziehen und die gleichen Werte für wichtig erachten, verleiht das einem Menschen *innere Kongruenz und Charisma:* Jemand ist mit sich selbst im Reinen, was persönliche Ausstrahlung und Stärke zur Folge haben soll.

> **Übung**
>
> Woran erkennen Sie, dass Sie mit sich eins sind (kongruent sind)? Denken Sie an die Zeit zurück, als Sie irgendetwas Schönes machen, erreichen oder haben wollten (Erlebnis, Sache, Mensch?), auf das Sie sich wirklich von ganzem Herzen ohne jedes Wenn und Aber gefreut haben. Wenn Sie so zurückdenken und sich dabei erlauben, sich ganz auf sich selbst zu konzentrieren, werden Sie beginnen zu erkennen, wie es sich in Ihnen anfühlt, wenn Sie mit sich selbst eins sind (sehen, fühlen, hören, sich selber sagen).

Inkongruenzen sind wahrnehmbar

Inkongruenzen vermitteln Ihnen gemischte, mehrdeutige Botschaften. Inkongruenzen sind sprachlich meist mit einem »Eigentlich sollte oder will ich – aber ...!« gekoppelt. Jeder hat hierzu jedoch zudem ein Gefühl (zum Beispiel im Magen), innere Bilder, Symbole oder Klänge. Inkongruenzen führen dazu, dass etwas nicht klappt, verworren ausgeführt oder innerlich sabotiert wird. Handelt man trotzdem nach dem vermeintlichen Wert, dem Wunsch oder der Überzeugung, können sich Magendruck, Hautausschlag, Bronchitis oder Ähnliches einstellen, oder es treten Probleme in anderen Bereichen des Lebens auf.

Werte werden gelernt

Werte werden häufig in der Familie, in Peer-Groups oder im Beruf erworben. Das geschieht durch Identifikation, Nachahmung oder Lernen am Modell. Gegen »unsere« Werte zu handeln macht uns inkongruent. Werte geben uns Motivation und Ziel. Um in einem sozialen System aufzusteigen, müssen Sie die dort geltenden Werte anerkennen und als Ihre eigenen aufnehmen. Meist überdauern jedoch nur die Werte in uns, die frei gewählt sind und am besten zu unserem Wesenskern passen.

Übungsfragen

»Warum üben Sie Ihren Beruf aus?« Auf die Antwort hin fragen Sie weiter: »Wofür ist das gut?« Auf jede Folgeantwort stellen Sie die gleiche Frage. Andere nützliche Ausgangsfragen sind:
- Was muss man in Ihrer Firma oder Organisation alles glauben, über die Welt, die Mitarbeiter, die Ziele der Firma, um dort erfolgreich zu sein?
- Haben Sie das vorher auch schon alles so gedacht oder sind diese Überzeugungen später in der Firma angenommen worden?
- Sehen Sie das alles ganz genauso wie die Chefs und Kollegen (Kongruenz)?

Bilden Sie selbst weitere Fragen.

Schlüsselwörter für unser Wertgebäude

Etwas lockerer und allgemeiner als der Begriff der Werte ist der Begriff der Schlüsselwörter. Im NLP werden sie häufig auch Kriterien genannt. Dabei handelt es sich um »nominalisierte Repräsentationen von Wertgebäuden in ganz spezifischen Kontexten« (O'Connor und Seymour, 1996).

Beispiele solcher Schlüsselwörter sind: Gesundheit, Erfolg, Glück (in der Partnerschaft), Liebe, Abwechslung, Herausforderung, Gemütlichkeit.

Was verbinden wir eigentlich mit diesen Wörtern? Welche Vorstellungen, Werte, Bilder, Töne, Gefühle werden in uns wach, wenn wir diese Wörter denken? Das ist für jeden von uns unterschiedlich.

Diese *Kriterien* aber sind maßgebend dafür, wen wir lieben, wo wir arbeiten, welche Zeitung wir lesen, wie wir stehen und gehen, welche Kleidung wir tragen und vieles mehr. Kriterien sind meist positiv formuliert und in ganz »griffige« Substantive eingefasst wie in den genannten Beispielen oben. Dahinter stehen meist tiefere sprachliche Bedeutungen und Zuschreibungen wie Glaubenssätze oder der Glauben über mögliche Konsequenzen eines Handelns oder Nichthandelns nach den *Kriterien*. Außerdem verursachen die Kriterien in uns auch ganz bestimmte Zustände, die wir bewusst gar nicht wahrnehmen: Gefühle irgendwo im Körper, innere Bilder, innere Sätze oder Dialoge.

Übungsfragen

Stellen Sie für sich und eine andere Person die zehn wichtigsten Kriterien im Kontext von Beruf und Privatleben auf. Erfragen Sie diese Kriterien wie folgt:
- Welche Werte habe ich, die mir wirklich wichtig sind?
- Welche Werte leiten mich im Handeln und motivieren mich?
- Was muss für mich gegeben und stimmig sein?

Tiefe Überzeugungen: Glaubenssätze

In der Familientherapie und der Transaktionsanalyse werden *Glaubenssätze* als »Zuschreibungen« oder »Skriptsätze« bezeichnet. In der kognitiven Umstrukturierung (häufig als kognitive Verhaltenstherapie bezeichnet) werden diese inneren Sätze anders bezeichnet: beispielsweise »irrational, unangepasst, dysfunktional, wenig hilfreich« versus »rational, angepasst, hilfreich«. Es handelt es sich dabei um eine andere Wortwahl für die gleichen Ideen. Streng genommen ist es kaum möglich, eine wertfreie und klare Definition von Begriffen wie »irrational« oder »dysfunktional« zu finden. Das zugrunde liegende Konzept ist willkürlich, es hat sich in der Beratungs- und Therapiepraxis aber aber gut bewährt.

Glaubenssätze sind tiefe innere, nicht hinterfragte Überzeugungen, die fast immer in Form eines unbewussten inneren Monologes oder einer Verhaltensvorschrift wirken. Sie werden von den Eltern, Erziehungspersonen, Respektspersonen und Vorbildern an Kinder weitergegeben (s. folgende Beispiele) oder als Selbstimpfung oder -infektion mit Worten erworben. Auch Sprichwörter tradieren gelegentlich solche Überzeugungen. Ein Sonderfall der Glaubenssatzbildung entsteht aus der Identifikation oder dem Modelllernen: Diese Sonderform der Glaubenssätze erzeugt Zustände in uns, die eigentlich nicht zu uns gehören und daher *Fremdgefühle* genannt werden. Beispiele für Glaubenssätze sind:

> »Sei artig und brav!« »So etwas macht man nicht!« »Jungs weinen nicht!« »Mädchen raufen nicht!« »Glück ist nur etwas für Reiche!« »Du kannst froh sein, wenn du überhaupt eine Lehre abschließt (so dumm, wie du bist)!« »So wie du aussiehst, findest du nie einen Mann!« »Schuster, bleib bei deinen Leisten!« »Ehrlich währt am längsten!«
>
> Das Kind einer depressiven Mutter zu sich selbst: »Um dir zu zeigen, dass ich dich liebe, bin ich auch so. Wenn ich nicht depressiv bin, verrate ich dich. Mir darf es nicht besser gehen als dir ...!«

Diese inneren Treiber oder Glaubenssätze sind gekoppelt an den früh erworbenen unbewussten Glauben darüber, welche inneren Überzeugungen in der Familie an diese Sätze gebunden sind und welche *Konsequenzen* aus dem Nichtbefolgen entstehen.

Beispiel: »*Sei immer artig!*« Die vom Klienten unbewusst gemutmaßte Bedeutungszuschreibung in der Familie: »*Artig sein bedeutet, sich nie nackt zu zeigen (das denken Mama und Oma) und immer zu gehorchen (das denkt Papa). Wenn anders gehandelt oder gedacht wird, verliere ich die Zugehörigkeit zur Familie, und mir wird Liebe oder Nahrung entzogen.*«

Übung

Bilden Sie zu den Glaubenssätzen zwei bis sieben mögliche Bedeutungszuschreibungen und Konsequenzen: »›So etwas macht man nicht‹ bedeutet für Mama: ›Wenn ich anders handle oder denke, hat das zur Folge, dass ...‹!«

- Was hätten damals wohl Ihre Großeltern oder Eltern (oder andere Personen) gesagt, wenn Sie mitgeteilt hätten, dass Sie solche Konsequenzen annehmen?
- Was wäre – aus heutiger Sicht – die Konsequenz für Sie gewesen, wenn Sie diesen Glaubenssätzen nicht gefolgt wären?
- Wo würden Sie stattdessen jetzt im Leben stehen, was würden Sie tun, was könnten Sie, was würden Sie stattdessen als tiefste Überzeugung in sich tragen, wer wären Sie dann jetzt?

Kraft und Wahrheitsgehalt von Glaubenssätzen

Glaubenssätze sind mächtige Werkzeuge, mit deren Hilfe unsere Wahrnehmungen gefiltert, klassifiziert und schließlich halbbewusst sprachlich in unserem Geist repräsentiert werden. Wir entwickeln Glaubenssätze, wenn wir nicht wirklich wissen, was geschieht. Glaubenssätze können nie wissen-

schaftlich gerechtfertigt werden, da es sich um künstliche kategorische Generalisierungen handelt (Alfred Korzybski 1941).
Der Maßstab für die Beurteilung von Glaubenssätzen liegt daher in der Beobachtung der Konsequenzen, die sie für die Person haben, die an diesen Glaubenssätzen festhält.

Arten von Glaubenssätzen

Durch unsere Glaubenssätze ordnen wir unsere Welt beispielsweise in Bezug auf: Ursachen, Bedeutungen und Identität.
Glaubenssätze können verschiedene semantische Grundkonstruktionen aufweisen. Diese Unterscheidungen sind interessant, da verschiedene Glaubenssatzkonstruktionen anders hinterfragt werden können.

Präskriptive Glaubenssätze definieren Einschränkungen und Grenzen. Sie werden meist in der Kindheit vermittelt. Solche gedanklichen Konstruktionen können hinterfragt werden: »Wer sagt das?«
Deskriptive Glaubenssätze stellen den Versuch von Schlussfolgerungen vom Besonderen zum Allgemeinen dar (so genanntes *induktives Schließen*). Eine häufige Frage, um solche Konstruktionen zu hinterfragen: »Ist das wirklich immer so?«

Es folgen nun Beispiele für drei wichtige Glaubenssatzarten.

> Ursachen: »*Durch viel Arbeit wächst meine Anerkennung.*« »*Durch Geschenke gewinne ich Liebe.*« »*Nur wer den wahren Glauben hat, kommt in den Himmel.*«
> Bedeutung: »*Geld haben bedeutet angesehen zu sein.*« »*Wenn ich geliebt werde, bin ich zugehörig.*«
> Identität: »*Eigentlich verdiene ich keine Anerkennung.*« »*Erst durch die Liebe bin ich ein ganzer Mensch.*« »*Liebe bedeutet gefährliche Abhängigkeit.*«

Glaubenssatzmoleküle

Glaubenssätze treten nicht isoliert auf, da sich aus ihnen bestimmte Lebenserfahrungen ergeben. Diese werden wiederum als Glaubenssätze generalisiert und mit vorhandenen Glaubenssätzen in Beziehung gesetzt. So entsteht zu den einzelnen Kontexten des Lebens ein Satz oder Haufen (engl. *Cluster*) von zusammenhängenden Glaubenssätzen, die wie Moleküle aneinander gekettet und miteinander verwoben sind. Diese »Glaubenssatz-Moleküle« halten ihr Glaubenskonstrukt selbst aufrecht (sie sind *selbstevident*), indem sie Strategien entwickeln, um äußeren sinnlichen Erfahrungen und inneren Vorgängen Konsistenz zu verleihen. Diese Abläufe sind meist nur in »Trance« oder durch gezieltes Hinterfragen dem Bewusstsein zugänglich.
Die Zürcher Beraterin und Rechtsanwältin Sara Stingelin meint dazu: »Es ist so, als könnten wir uns durch die Konstruktion innerer Überzeugungen und (Vor-)Annahmen von der Feedback-Schleife der sinnlichen Wahrnehmungen trennen, um unsere eigenen Meinungen, Annahmen und Sichtweisen auf die Natur der Realität zu bestätigen.«

> **Übung**
>
> Finden Sie für das Berufsleben je einen Glaubenssatz der Ursache, der Bedeutung, der Identität. Dieser kann präskriptiv oder deskriptiv sein. Finden Sie um diese Glaubenssätze herum weitere Glaubenssätze, die damit eng verbunden sind und das gesamte Thema »Beruf« für Sie stimmig abdecken.

Glaubenssätze sammeln

Die wirksamsten inneren Überzeugungen drehen sich um unser Ich-Konzept, unseren Glauben über andere, über die Welt, Grenzen und über Möglichkeiten. Mit Ihren Klienten können Sie deren Glaubensräume erforschen:

Was glaube ich über mich selbst?
Ich glaube, ...
- ich bin ...
- für mich zählt ...
- mir ist wichtig ...
- mir kommt es darauf an ...
- mir liegt ...
- ich kann ...
- ich darf ...
- ich will ...
- ich muss ...

Was glaube ich von meinen Mitmenschen?
Ich glaube, ...
- die anderen wollen ...
- die anderen mögen ...
- die anderen dürfen ...
- den anderen kommt es darauf an, dass ...
- die anderen sind ...

Was glaube ich von dem System, in dem ich lebe?
Ich glaube, ...
- dass die Welt ...
- dass Gott ...
- dass unser Dasein ...
- dass der übergeordnete Sinn ...

> **Übung und Fragen**
>
> Formulieren Sie weitere Glaubenssätze über: Macht, Familie, Gesundheit, Höflichkeit; Schönheit der Körper, der Wohnung, der Kleidung; über Leistung, Nähe, Frau und Mann, Status, Liebe, die eigenen Möglichkeiten, die Grenzen der eigenen Möglichkeiten, das Recht, etwas zu wollen oder zu erreichen.
> - Was genau würde passieren, wenn Sie den jeweiligen Glaubenssatz nicht befolgen könnten?
> - Was würde es für Sie bedeuten, wenn das Gegenteil eintritt?
> - Woher stammt dieses Wissen?
> - Kennen Sie es von früher?
> - Haben Sie Verwandte oder Bezugspersonen, die ähnlich gedacht haben?
> - Wie würden Sie jetzt glauben, wenn Sie alles noch einmal durchdenken müssten?

Hinderliche Glaubenssätze

Einschränkende Glaubenssätze sind vom Klienten schwer zu erkennen. Worauf können sich diese hinderlichen Glaubenssätze beziehen?

Ein negatives Beziehungsgeflecht: »Ich steh allein da. Nur die Stärksten werden überleben. Von allein hilft mir sowieso keiner. Wenn ich versage, stürzen sich die Wölfe auf mich. Lieben tut mich ja doch keiner.«

Ein negatives Weltgefühl: »Dem Universum bin ich sowieso egal. Einen tieferen Sinn gibt es nicht. Ob ich gesund bin, das interessiert keinen Gott.«

Ein negatives Bild der Selbstwirksamkeit und des Selbstwertes: »Mir gelingt das ja doch nicht. Versuchen kann ich es ja. Dabei gewesen zu sein ist alles. Etwas Besonderes bin ich sowieso nicht. Wer sollte sich für einen so unwichtigen Menschen schon interessieren?«

Wenn Ihre Klienten Schwierigkeiten haben, Glaubenssätze zu entdecken, bieten Sie beispielhafte Glaubenssätze *(Affirmationen)* an, und zwar zu den Kernthemen:

- Beziehung,
- Weltgefühl,
- Selbstwirksamkeit.

Beobachten Sie dabei die Reaktionen: Gibt es Zustimmung, eine einschränkende Antwort mit einem »Aber«? Gibt es eine Inkongruenz mit einem »Ja« als Antwort, aber gleichzeitig einem Kopfschütteln?

Beispiel: Im Gespräch über eine neue berufliche Herausforderung gibt der Berater eine als Frage verwandelte Affirmation.
Coach: »*Sie haben das Gefühl, für diese Aufgabe genügend Selbstsicherheit zu besitzen?*«
Klient: »*Im Prinzip eigentlich nicht, aber irgendwie muss ich das ja versuchen.*«

Die Gedanken dahinter könnten sein: »Ich bin unsicher. Ich muss es trotzdem!« Sie haben als Coach dann zwei Themen für Ihre weiteren Fragen gefunden: Unsicherheit und Müssen. Siehe hierzu die Fragen auf Seite 181.
Handlungsmaximen, Leitfragen und viele banale »Ansichten« enthalten ebenfalls verdeckte Grundannahmen oder Glaubenssätze: Wenn sich ein Manager fragt, wie der Umsatz verdoppelt werden kann, steckt dahinter der Glauben, dass der Umsatz gesteigert werden müsse. Wenn Sie sich fragen, was Sie als Nächstes tun können, steckt dahinter der Glauben, dass Sie die Möglichkeit haben, etwas zu tun. Diese verdeckten Grundannahmen (Präsuppositionen) in Maximen, Selbstfragen oder Leitsätzen werden vom Klienten nicht hinterfragt. Als Coach können Sie diese Präsuppositionen herausfiltern und Ihren Klienten bewusst machen.

Der Umgang mit Glaubenssätzen

Einschränkende Glaubenssätze können Sie auf verschiedene Weise relativieren, entkräften oder in einen anderen Zusammenhang stellen. Die unbewusste hinderliche Glaubensgewissheit wird dabei selten »gelöscht«, die Klienten lernen aber, ihre inneren Sätze zu hinterfragen und positive Formulierungen daneben zu stellen. Wenigstens sieben Methoden können Sie anwenden, um die Glaubenssätze zu hinterfragen.

Entdecken Sie gemeinsam mit dem Klienten den Werdegang des Glaubenssatzes. Woher kennt der Klient das? Dies ist ein Ausflug in unsere Lerngeschichte, das Familiensystem und in unsere Verstrickungen (Herkunftsfamilie, s. S. 225).
Entdecken Sie gemeinsam mit Ihrem Klienten die Sprachstruktur hinter den Glaubenssätzen. Hinterfragen Sie die getilgten sprachlichen Informationen der Sätze: Wer sagt das? Wann gilt das? Gilt das immer oder nur manchmal? Was steckt eigentlich hinter der verstümmelten Information?

Erinnern Sie an die erworbenen Fähigkeiten. Suchen Sie nach positiven Erfahrungen in ähnlichen Situationen. Dadurch bauen Sie Ressourcen auf und erinnern an die bereits vorhandenen.
Suchen Sie nach so genannten Evidenzkriterien. Woran genau erkennen Sie, dass Sie …? In welchen Situationen genau erkennen Sie das? Dabei lernen die Klienten, zwischen Erfahrungen, die den Glauben bestätigen, und Erfahrungen, die den Glauben widerlegen, zu unterscheiden.
Suchen Sie die positive Absicht. Was wird durch diesen Glauben eigentlich für den Klienten erreicht? Was wird dadurch sichergestellt? Was könnten die Vorzüge sein? In welchen Situationen ist das sinnvoll?
Suchen Sie die Alternative. Welcher Glaube wäre eigentlich hilfreicher? Was wäre in dieser Situation sinnvoller oder produktiver?
Deuten Sie den Glaubenssatz um. Geben Sie dem Glauben mit Witz und Charme eine neue »Bedeutung«, die mit einer der oben genannten Möglichkeiten gekoppelt sein kann.

Modelle der kognitiven Umstrukturierung

Die oben genannten Verfahren entstammen größtenteils der Hypnotherapie und dem NLP, entwickelt in den frühen 70er-Jahren des letzten Jahrhunderts. Schon zehn bis zwanzig Jahre zuvor hatten die amerikanischen Psychoanalytiker Albert Ellis und Aaron T. Beck ähnliche Verfahren zur kognitiven Umstrukturierung entwickelt. Da diese Verfahren auch übende Elemente enthielten, waren Ellis und Beck als »Psychoanalytiker« bald nicht mehr anerkannt und wurden von ihren Kollegen abgelehnt. Umso größer war die Begeisterung der Verhaltenstherapeuten und der humanistisch und systemisch orientierten Berater und Therapeuten über die neuen Erkenntnisse. Psychotherapeuten und Berater, die eine strenge Unterscheidung zwischen psychodynamischen und übenden oder verhaltenstherapeutischen Verfahren sinnvoll finden, ordnen Ellis und Beck jetzt klar den »Verhaltenstherapeuten« zu. Unabhängig voneinander fiel beiden auf, dass es bei Patienten und Klienten häufig selbstschädigende, unangepasste oder behindernde Überzeugungen gibt, in denen sich die Gedanken im Kreise drehen und die nicht zum Ziel führen. Die Klienten berichten häufig, diese Gedanken würden nicht zu ihnen gehören. Dabei gibt es drei Hauptkategorien:

- *Absolute Forderungen* (Muss-Gedanken): »Ich muss ... Die anderen müssen ... Meine Lebensbedingungen müssen ... sonst bin ich ...«
- *Globale negative Selbst- und Fremdbewertungen:* Es werden nicht Verhalten und Situation abgewogen, stattdessen wird die Bewertung undifferenziert auf die Gesamtperson ausgedehnt: »Ich tauge nichts ... Ich bin wertlos ... Die anderen können nichts ... Die anderen taugen nichts ... «
- *Niedrige Frustrationstoleranz:* Negative Ereignisse werden als »nicht aushaltbar« oder »total schrecklich« bewertet: »Es ist das Schlimmste, das ich je ... Niemals habe ich so schrecklich gelitten ...«

Becks kognitive Triade der Depression

A.T. Beck war Psychiater an der Universität von Pennsylvania. Er wollte mit seiner Studiengruppe psychoanalytische Modelle an depressiven Patienten bestätigen. Die Ergebnisse motivierten ihn, seinen Forschungsschwerpunkt auf kognitive Strukturen zu richten. Er fand drei interessante Charakteristika, die nahezu alle depressiven Patienten teilten:

- Eine negative Sicht der eigenen Person: »Ich bin ein Versager, minderwertig ...«
- Eine negative Sicht der Umwelt im Selbstbezug: »Keiner mag mich, alles richtet sich gegen mich ...«
- Eine negative Sicht der Zukunft: »Alles ist hoffnungslos, keiner kann mir helfen, ich bin verloren ...«

Er hat wirksame Methoden entwickelt, diese drei negativen Sichtweisen zu hinterfragen und umzustrukturieren. Darauf werden wir hier nicht eingehen, da es große Parallelen zu den Verfahren gibt, die wir im Folgenden darstellen und die im deutschsprachigen Raum bekannter geworden sind.

Die Rational-Emotive Therapie (RET) nach Ellis

A. Ellis ist Psychoanalytiker mit eigener Praxis in New York. In Auseinandersetzung mit der damals noch betriebenen »klassischen Psychoanalyse« hat er in den 50er-Jahren des 20. Jahrhunderts seine *Rational-Emotive Therapie (RET)* begründet. Da er sein System in einem ABC-Schema erfolgreich verbreiten konnte, ist es heute allgemein bekannt und auch für den »Beratungssektor« durch viele Selbsthilfebücher zugänglich.

A *Auslösende Situation:* ein Ereignis, eine Situation
B *Belief-System* (engl.: Glaubens-, Überzeugungssystem)
C *Consequence* (engl.: Konsequenz): Verhalten, Emotion und Ähnliches

Das »B« ist vor- oder unbewusst. Dies führt zu kausalen Verzerrungen, wenn Klienten ihr »B« nicht bewusst wahrnehmen und behaupten:

»Wenn ich in die Menschenmenge gehe, wird mir schwindelig.«
»Wenn ich den Chef sehe, werde ich fast ohnmächtig.«
»Wenn ein Kunde mich kritisiert, stockt mir der Atem.«

Hier gibt es vom Ereignis »A« zur Konsequenz »C« keine logische kausale Verknüpfung. Es fehlt ein Zwischenschritt, der den Zusammenhang von »A« und »C« nachvollziehbar und »beratungszugänglich« macht. Dieser Zwischenschritt ist das »B«, das Belief-System. Die RET von Ellis geht sehr intensiv auf diesen verlorenen »B-C-Zusammenhang« ein. Die verlorenen »Bs« in obigen Beispielen könnten lauten:

> »Ich bin wertlos – und jeder sieht es!« »Vor dem Chef muss ich gut dastehen – sonst ist alles aus!« »Wenn ich kritisiert werde, heißt das, ich bin ein Niemand!«

Ellis hat verschiedene Methoden entwickelt, diese »Bs« zu bearbeiten. Wichtig dabei ist die *Disputation* (»D«) dieser kaum bewussten Überzeugungen: durch sokratischen Dialog, kognitive Hausaufgaben, Imaginationsübungen, Körperübungen, Veränderungen des Dialoges u.a. Zur Umstrukturierung zieht er auch die *Ziele* (»Z«) seiner Klienten hinzu. Außerdem möchte er als ehemaliger Psychoanalytiker den Ursprung der Überzeugungssysteme kennen lernen und ihre tiefenpsychologische Dynamik verstehen (also zum Beispiel Übertragungen, Introjekte, Identifikationen, Parentifizierungen, Triangulierungen).

> **Info**
>
> Zusammengefasst ergibt sich also folgendes ABC-Mnemo, in der Reihenfolge der Bearbeitung:
>
> **A** Auslösende Situation
> **C** Consequence
> **B** Belief-System (evtl. inkl. Psychodynamik)
> **Z** Ziele
> **D** Disputation

Im Übungsteil werden wir ausführlich auf das ABC-Konzept von Ellis und seine RET eingehen. Wie alle Veränderungsbemühungen im Coaching oder der Psychotherapie mündet auch die Arbeit mit dem RET-Konzept in die bewusste Erkenntnis des Klienten, dass er etwas macht oder hervorruft, das er in dieser Form nicht machen oder hervorrufen möchte (zum Beispiel Reaktionen, Gefühle, Umstände). Das schließt dann oft als nächsten Schritt den Willen ein, sich zu ändern. Ein weiterer Schritt ist der Akt der Veränderung selbst. Jeder dieser Veränderungsschritte muss schwer erarbeitet werden und ruft Widerstände hervor.

> **Info**
>
> **Schritte zur Veränderung**
> • Die Erkenntnis, etwas zu tun, zu denken, zu fühlen, hervorzurufen, das man so nicht gewollt hat und nicht mehr will.
> • Der bewusste Wille zur Veränderung.
> • Der bewusste Akt der Veränderung.

Umdeutungen

> »Nicht die Dinge an sich sind es, die uns beunruhigen, sondern vielmehr ist es unsere Interpretation der Bedeutung dieser Ereignisse, die unsere Reaktion bestimmt.« (Markus Aurelius)

Ein Ereignis oder Verhalten an sich ist weder gut noch schlecht. Erst unsere Zuschreibung oder der Rahmen, in dem wir es betrachten, verleiht ihm die Bedeutung.

Körperliche Aggressivität beispielsweise ist im Büro unangemessen; in einem Boxturnier jedoch ist dieses Verhalten angemessen. Eine Glatze bedeutet den Verlust von Jugendlichkeit, *oder* ist sie Ausdruck besonderer Männlichkeit? Das eine ist zwangsläufig, das andere macht Männer stolz.

Reframing (engl. reframing; frame = Rahmen) ist die Kunst, einen neuen Rahmen für das Verhalten oder das Ereignis zu setzen. Sie wurde von Richard Bandler und John Grinder systematisiert – den »Erfindern« des Neurolinguistischen Programmierens (NLP). Der Zungenbrecher *Reframing* schleppt sich seitdem durch die deutschsprachige Bera-

Beispiele für Umdeutungen:

Klientenklage	Umdeutungsangebot
Die Mutter ist immer so zickig, wenn es um ihr Kind geht.	Vielleicht heißt das, sie nimmt besonders viel Anteil an der Entwicklung ihres Kindes? Ob Sie ihr vielleicht Angst machen?
Er will mich immer kontrollieren, und ich muss Zwischenberichte abgeben.	Vielleicht ist er dazu aber von oben gezwungen oder er braucht Ihre Informationen in seinen Sitzungen?
Mein Lispeln ist mir immer so peinlich.	Wofür könnte es gut sein, wenn Ihnen manchmal etwas peinlich ist? Gut, dass Ihr Wort Gewicht hat!
Ich finde einfach keine Lösung für meinen Lebensschlamassel.	Wofür könnte es gut sein, dass Sie die Lösung noch nicht gefunden haben?
Mich reißt das immer so runter!	Wie wirkt das Problem – einmal von dort unten betrachtet? Wann ist es angenehm, einmal mitgerissen zu werden? Wenn Sie gebückt bleiben, dann weht der Sturm über Sie hinweg!
Das macht mich ganz blind vor Wut!	Das heißt, Sie schauen nach innen und suchen nach neuen Verhandlungsstrategien?

tungsliteratur. Gemeint ist ein kreatives Umdeuten des Verhaltens oder des Rahmens. Beispiele für Umdeutungen finden Sie in der obigen Übersicht.

Sie können Umdeutungen anbieten oder durch den Klienten suchen lassen und damit Folgendes erreichen:

- Für das Verhalten finden Sie eine positive Interpretation.
- Für den Rahmen finden Sie ein anderes Verhalten. Für das Verhalten finden Sie einen anderen Rahmen.
- Sie vermitteln eine kleine Suggestion.
- Mit der Umdeutung schwenken Sie vom Problem zum Ziel oder zur Ressource.
- Mit der Umdeutung schwenken Sie von der Emotion zur Sache oder umgekehrt.
- Mit der Umdeutung verschieben Sie den Blick auf eine Beobachterposition (den Gegner, einen unbeteiligten Beobachter und andere).

Im NLP werden zwei Grundformen der Umdeutung unterschieden, die bei entsprechenden Klientenklagen bevorzugt angewendet werden:

Eine Veränderung der Bedeutung ist bei folgendem Satz sinnvoll: »Ich fühle mich so, weil dies und das passiert.« Sätze dieser Art gehen davon aus, dass ein bestimmtes Ereignis A immer ein bestimmtes Ereignis B hervorruft.

Eine Veränderung des Umstandes ist bei folgendem Satz sinnvoll: »Ich bin so ..., ich bin zu ..., es ist so ..., es ist zu ...!« Diese Aussageform ist ein so genanntes Axiom: Eine Annahme, die unumstößlich wirkt und scheinbar nicht hinterfragt zu werden braucht.

Selbstverständlich lassen sich Umdeutungen auf jede andere Form des Denkens ebenfalls anwenden. Die gesamte Palette der »Abwehrmechanismen« (beispielsweise Projektionen) können Sie durch Umdeutungen in kreative Suchprozesse übersetzen.

Umdeutungen wirken jedoch plump, wenn sie gehäuft oder gekünstelt angeboten werden. Sollten Sie bei Ihren ersten Versuchen zu oft daneben greifen, dann bieten Sie lieber Fragen an: »Wofür könnte es gut sein ...? Gibt es Situationen, in denen es nützlich sein könnte ...?«

> **Übung**
>
> Deuten Sie folgende Sätze um,
> a) indem Sie eine eigene »Umformulierung« versuchsweise anbieten,
> b) indem Sie eine Frage stellen, um den Klienten anzuregen, seine Aussage selbst umzudeuten.
> - »Ich bin einfach zu pingelig.«
> - »Ich schaff das alles einfach nicht gleichzeitig.«
> - »Ich verzettel mich immer so.«
> - »Meine Frau ist zu ehrgeizig.«
> - »Dann untergräbt er meine Kompetenz.«
> - »Das schaffe ich nie.«
> - »Wenn ich ihn sehe, werde ich rot.«
> - »Mit seinen Fragen macht er mich wütend.«

Umdeutung falsch verknüpfter Aussagen

Wenn Klienten oder Gesprächspartner ein Ereignis logisch fehlerhaft mit einem anderen Ereignis verknüpfen, nehmen wir diese unlogische Verknüpfung nicht wahr:

> »Er ist immer so streng, daher kommt auch sein Erfolg.« »Während Sie auf dem Stuhl sitzen, können Sie sich entspannen.« »Nie nimmst du mich in den Arm – du bist gemein!«

Das Grundmuster dieser Verknüpfung ist: A ist oder bewirkt B. Es wird so getan, als ob es zwischen A und B einen zwingenden kausalen Zusammenhang gibt. In Talkshows oder in der Politik sind Scheinargumente mit falschen Verknüpfungen häufig anzutreffen. Solche unlogischen »komplexen Äquivalenzen« (wie sie im NLP genannt werden) können Sie mit einem Dutzend verschiedener Umdeutungen bearbeiten.

Als Beispiel nehmen wir den letzten Satz: »*Nie nimmst du mich in den Arm – du bist (deshalb) gemein!*«

Umdeutungsmöglichkeiten von solch einer komplexen Äquivalenz können sein:

- Das Verhalten Y wird neu definiert: »Ich bin doch einfach nur müde.«
- Das Verhalten X wird neu definiert: »Dafür blicke ich dich aber zärtlich an.«
- Eine andere Ursache wird gefunden: »Ich bin nicht gemein, wenn ich dich nicht umarme – ich wollte nur deine Konzentration nicht stören.«
- Ein anderes Ziel wird gefunden: »Ich habe das nur unterlassen, um dir zu zeigen, wie es mir häufig geht.«
- Eine andere Konsequenz wird gefunden: »Weißt du eigentlich, wie sehr du mich verletzt, wenn du mir so etwas unterstellst?«
- Eine andere Absicht wird gefunden. Deine Absicht lautet: »Du möchtest unsere Liebe wieder stärken?« Meine Absicht: »Ich wollte dir nur deinen Freiraum lassen.«
- Eine Verallgemeinerung wird gefunden: »Wenn sich Menschen nicht mehr umarmen, sind sie dann alle gemein?«
- Der Zeitrahmen wird verändert: »Wenn du an die vielen Umarmungen in den letzten Monaten denkst, bin ich dann immer noch gemein?«
- Der Zusammenhang wird neu definiert: »Wäre der Coach auch gemein, wenn er dich nicht umarmt?«
- Ein anderes Modell der Welt wird gefunden: »Hätte Woody Allen das ebenso so gesehen wie du?«
- Eine andere Evidenzstrategie wird gefunden: »Woher weißt du eigentlich, dass es das bedeutet?«
- Ein übergeordneter Rahmen wird gefunden: »Das sagst du nur, weil du von deiner eigenen Gleichgültigkeit ablenken willst.«

Unlogische Verknüpfungen erscheinen unserer rechten Gehirnhälfte durchaus »logisch«: Sie sind grammatisch korrekt und befriedigen unseren Wunsch, Ursache und

Wirkung in einem Satz zu hören. Sie entstehen unter anderem aus nicht bewussten Glaubenssätzen, Abwehrmechanismen und aus familiären Verstrickungen.

Populärer sokratischer Selbstdialog:
The Work

Die Amerikanerin Katie Byron hat auf der Grundlage bekannter kognitiver Umstrukturierungsmodelle ein populäres System der Selbsthilfe und Fremdberatung entwickelt, das sich für das Coaching und die psychologische Beratung gut eignet. Sie hat ihre Lebenserfahrung, viel amerikanischen Pragmatismus und ihr Verständnis von Spiritualität in das Konzept aufgenommen. Es heißt *»The Work«* und wird im deutschsprachigen Raum gelegentlich »die Work« genannt. The Work arbeitet unter anderem mit Fragebögen, aus denen wir unten sinngemäß einige Auszüge aufführen, um Ihnen einen Einblick zu gewähren.

Mentale Metaprogramme (Sorts)

Als geistige Filter für die Verarbeitung der äußeren Reize haben wir Werte, Kriterien und Glaubenssätze kennen gelernt. *Metaprogramme* oder *(engl. Sorts)* sind situationsgebundene Tendenzen des inneren und beobachtbaren Verhaltens. Sie wirken als übergeordnete mentale Programme und eignen sich daher als Bestandteile von Persönlichkeitsinventaren. Sie kennen dies aus der Alltagspsychologie und aus dem Abschnitt über

---

Info

The Work – schriftliches Protokoll *(sinngemäß, modifiziert)*

Beurteilen Sie die anderen und schreiben Sie dies nieder!
Nehmen Sie eine Situation aus Ihrem Leben, die Sie als Problem wahrnehmen oder die ungelöst ist. Schreiben Sie auf, wie Sie darüber denken. Schreiben Sie jedoch nicht über sich, sondern über die anderen und die Umstände. Seien Sie dabei hemmungslos und schonungslos, beschönigen Sie nichts, beschwichtigen Sie nichts. Schreiben Sie kurze einfache Sätze und ziehen Sie ohne Zensur über die oder das andere her! Einige Beispielfragen für Sie:
- Wer sollte gefälligst auf Sie hören?
- Was irritiert oder verunsichert Sie?
- Wer oder was enttäuscht Sie oder macht Sie traurig?
- Wie soll sich jemand in Ihrer Nähe ändern? Was soll er/sie Ihrer Meinung nach machen?
- Was wünschen Sie sich in dieser Situation?
- Was oder wie sollte jemand in Ihrer Nähe sein, tun, denken, fühlen? Was denken Sie über diese Person?
- Was möchten Sie mit dieser Person oder in dieser Situation nie wieder erleben?

Nur die Realität zählt! Wollen Sie die Realität eigentlich wirklich kennen?
- Ist es wirklich wahr, was Sie behaupten, denken, verurteilen?
- Können Sie wirklich wissen, dass es wahr ist?
- Wie reagieren Sie, wenn Sie an dieser Überzeugung festhalten?
- Gibt es einen guten Grund, diese Überzeugung fallen zu lassen (wer verlangt das?!)?
- Gibt es einen guten Grund, diese Überzeugung zu behalten (wer verlangt das?!)?
- Wer wären Sie und wie ginge es Ihnen, wenn Sie diese Überzeugung fallen ließen?

Kehren Sie Ihre Überzeugung um und schauen Sie, was sich in Ihrem Herzen tut.
- Er ist immer so gemein. → Ich bin immer so gemein.
- Er ist einfach zu blöde. → Ich bin einfach zu blöde.
- Er sollte sich endlich mal bei mir melden. → Ich sollte ihn endlich anrufen.

die Persönlichkeit: Ist jemand eher introvertiert oder extravertiert, möchte jemand lieber aus einer Situation heraus oder zu einer anderen hin? Kenntnisse der Metaprogramme erleichtern den Rapport und die Vorhersage bestimmter Präferenzen und Abneigungen. Ein großer Teil dieser Auswahlmuster ist unbewusst – ebenso wie viele bisher vorgestellte mentale Prozesse. Wenn die Metaprogramme zweier Menschen nicht übereinstimmen, kommt es zu Missverständnissen und Kommunikationsstörungen.

Mit den Metaprogrammen stellen wir Ihnen nicht eine neue Kategorie vor, die sich von anderen Klassifizierungssystemen der Persönlichkeitspsychologie unterscheidet. Seit den 90er-Jahren aber sind die Metaprogramme in das Coaching eingeführt. Sie wurden besonders im NLP aus linguistischen Ideen Noam Chomskys weiterentwickelt. Heute gehören sie im Coaching »zum guten Ton« und sind bekannter als andere Klassifizierungen. Wer coacht, bezieht sich daher gern auf diese praktische Einteilung.

Wir stellen Ihnen im Folgenden besonders bedeutsame Metaprogramme (Sorts) vor.

Sorts der Beziehungen

Selbst – andere – Sache: Sind Sie im gegebenen Zusammenhang tendenziell eher auf sich, auf andere oder auf die Sache beziehungsweise die Umstände bezogen? Ist es eher wichtig, wie Sie das finden oder wie jemand anderes das oder Sie beurteilt?

Nähe – Distanz: Suchen Sie eher nach Geborgenheit und Harmonie, Mitgefühl, Anteilnahme, Teamgeist? Wollen Sie eher Ihre Freiheit, Einmaligkeit?

Inneres Erleben (internal) – äußeres Verhalten (external): Ist es Ihnen wichtig, was Sie innerlich dabei erleben, wie gut es Ihnen oder auch anderen dabei geht? Oder kommt es Ihnen eher auf ein Gelingen und den sichtbaren Erfolg an? Wollen Sie sich eher gut fühlen oder etwas durch Ihr Wirken zustande bringen?

Sorts der Informationsorganisation

Person – Information – Ort – Zeit – Aktivität: Interessiert es Sie eher, wer etwas macht oder wofür oder was das ist? Oder wollen Sie wissen, was genau stattfindet? Wo es passiert, wie es dort aussieht? Wie lange es dauert, wann es stattfindet? Wer, warum, was, wo, wann? Was ist Ihnen wichtiger?

Zeitliche Sorts

Durch die Zeit – in der Zeit: Sehen Sie gern die Entwicklung vom Anfang bis zum Ende und die Tendenz? Erleben Sie das Prozesshafte oder beschäftigen Sie sich eher mit einem Punkt auf der Linie der Zeit, mit einem bestimmten Ereignis, in das Sie sich nochmals eindenken oder einfühlen möchten?

Erinnert – hier und jetzt – erdacht: Kommen Sie gern auf Ereignisse in Ihrem Leben zurück? Erzählen Sie oft von solchen vergangenen Wegmarken? Oder beziehen Sie sich eher auf das jetzt Erlebte, auf das, was gerade passiert? Oder stellen Sie sich lieber vor, wie es sein wird und was sich verändern wird?

Nacheinander – gleichzeitig: Bringen Sie gern eine Sache zu Ende, bevor Sie mit der nächsten beginnen? Oder fühlen Sie sich selbst-wirksamer oder gebrauchter beziehungsweise wichtiger, wenn Sie mehrere Aktivitäten gleichzeitig am Laufen haben?

Dauer – Wechsel: Suchen Sie Verlässlichkeit, Vorsicht, Planbarkeit und Kontrolle? Oder bezaubert Sie eher das Neue, das Abenteuer und Wagnis? Sind Sie eher solide oder eher spontan?

Sorts der Denkstile

Weg von – hin zu: Entziehen Sie sich lieber schwierigen Situationen? Oder gehen Sie eher auf gewünschte Alternativeen zu? Gibt es Menschen, die Sie abstoßen oder anziehen?

Kontrolle – Beziehungen – Ziele: Wollen Sie lieber wissen, ob alles wie gewohnt und gewünscht passiert? Schauen Sie da lieber mehrfach nach, damit das auch so läuft? Ist eher die Karriere oder das gute Verhältnis zu den Kollegen wichtig? Freuen Sie sich morgens auf die netten Kollegen? Haben Sie gern das Ergebnis vor Augen?

Ähnlich – unähnlich: Finden Sie eher Gemeinsamkeiten, Überlappungen oder eher die Unterschiede und Unvereinbarkeiten?

Visionär – aktiv – emotional – rational: Erträumen Sie sich gern das Gewünschte? Oder fangen Sie lieber gleich mit der Arbeit an? Horchen und fühlen Sie lieber erst einmal in sich hinein oder ist Ihnen die vernünftige logische innere Argumentation wichtiger? Sind Sie am Problem auch mit Ihren Gefühlen beteiligt oder denken Sie darüber eher sachlich nach?

Größe, Abstraktionsniveau, Überblick – Detail: Wollen Sie eher den Überblick und sich mit dem Konzept oder den Rahmenbedingungen beschäftigen? Oder interessieren Sie sich ganz genau für die Details des Was und Wie? Reicht für Sie das Wort Auto oder möchten Sie Genaueres wissen über Typ, kW oder PS und Baujahr? Was müssen Sie für ein Projekt als Erstes wissen? Denken Sie eher global oder spezifisch?

Sorts der Bewegung und des Tempos

Langsam – schnell: Machen Sie die Dinge lieber in aller Ruhe und mit Zeit? Sind die anderen eher schnell und flüchtig? Oder sind die anderen Zeitlupenarbeiter, die »den Hintern kaum hoch bekommen«?

Sorts zum Thema Trance

Rational-kooperativ – rational-skeptisch – magisch-mythisch: Haben Sie Vorkenntnisse mit Entspannungsverfahren und Visualisierung? Möchten Sie für sich etwas in der Trance erreichen? Oder sind Sie eher vorsichtig und erwarten von der Trance keinerlei Veränderung? Glauben Sie an eine höhere Realität, zu der Sie in Trance einen Kontakt finden möchten?

Übungen

Wir bitten Sie, mit weiteren Sorts zu üben.

1. Überprüfen Sie, welche Metaprogramme Ihnen in unterschiedlichen Situationen wichtig sind: Haben Sie unterschiedliche Sorts als Familienmensch, Kinobesucher oder im Beruf?
2. Welche Fragen könnten Sie stellen, um die bevorzugten Metaprogramme bei Ihren Klienten herauszuarbeiten?

Nehmen Sie weitere Sorts (Metaprogramme) hinzu:
- Gründe des Handelns: Möglichkeiten – Notwendigkeiten
- Regelhaftigkeit: Dominanz – Teamfähigkeit – Entscheidung
- Aktivität: proaktiv – reaktiv
- Stressreaktion: Bagatellisierung – Verdrängung – Denken
- Modaloperation: Wunsch – Gewissheit – Möglichkeit – Unmöglichkeit
- Umsetzung: Perfektion – Optimierung
- Wissenserwerb: Erklärung – Nachahmen – Versuch – Autorität
- Vorgehensweise: prozedural (nach vorgegebener Arbeitsanweisung) – optional (nach vorgegebenem Ziel)
- Grundorientierung: Beziehungen – Sachen oder Erkenntnisse – Handlung
- Dominanz – Unterordnung: selbst bestimmen und führen oder lieber auf Vorschläge und genaue Anweisung warten.

Beachten Sie: Es gibt viele weitere Sorts!

3. Welche Metaprogramme haben Menschen, zu denen Sie privat oder beruflich viel Kontakt haben? Hatten Sie schon einmal Probleme mit diesen Menschen, als deren Ursache Sie jetzt eine Unvereinbarkeit der Metaprogramme erkannt haben?
4. Eine Frage zum Rapport: Sollten in einem Coachinggespräch anfangs auch die Metaprogramme »gepaced« werden?

Subjektive Wirklichkeiten

Im Coaching führen wir Klienten an neue Sichtweisen heran und betreten zusammen mit den Ratsuchenden – probeweise – alternative innere Wirklichkeiten. Dies machen wir, bis wir genügend neue Erfahrungen gewonnen haben, um bedeutsame Veränderungen oder Lösungswege zu erkennen. Die »objektive«, reale Welt bleibt uns verborgen und ist nur mittelbar und individuell erschließbar. Daher konzentrieren wir uns auf die wahrnehmbare Welt in uns, unsere innere Konstruktion von Wirklichkeit.

Das Abbild der Welt in uns

Der naive Realismus sieht unser Gehirn als ein Instrument, in dem sich die äußere Welt abbildet. Moderner formuliert: Es werden von außen kommende Informationen sinnvoll verarbeitet. Im so genannten *Konstruktivismus* gehen die Kommunikationsexperten davon aus, »dass externe Reize nur energetische Randbedingungen darstellen für jene Inhalte, die unser Geist – sich selbst als Maßstab nehmend – erzeugt« (von Glaserfeld, 1981). Das heißt: Alle Bedeutungen, die wir außen wahrnehmbaren Dingen oder Ereignissen zuschreiben, sind von uns selbst konstruiert und auf die Dinge hin projiziert. Entscheidend sei, dass diese Konstruktionen viabel sind, das heißt, dass sie in die Wirklichkeit des einzelnen Menschen hineinpassen müssen.

Unser kognitives System sei semantisch geschlossen und nur energetisch offen: Wir sind frei, unsere Werte, Kriterien, Ethik, Moral, unsere Anschauungen und die Bedeutung aller Dinge um uns herum zu wählen.

»Es sind nicht die Dinge, die uns beunruhigen, sondern die Bedeutung, die wir ihnen geben ... Der Mensch ist das einzige Lebewesen, welches an Bedeutung erkranken kann.« (Alfred Korzybski)

Woran meinen wir zu erkennen, dass wahrgenommene Phänomene eingebildet sind oder wirklich wahrgenommen werden? Hier gibt es drei wesentliche Zugangskanäle.

- Die Zugangskanäle der Wahrnehmung: Sinneskanäle.
- Die Bedeutungsgebung der Wahrnehmung: Denken.
- Die Handlungen und Interaktionen: Wirkung und Pragmatik.

Unsere »fünf« Sinne

Der deutsche Hypnotiseur Max Dessoir hat 1896 die Bedeutung der einzelnen Sinnesqualitäten und ihrer Submodalitäten (s. S. 162) entdeckt. Ohne Kenntnis dieser Ergebnisse hat 55 Jahre später Milton Erickson, der »Freud der Hypnose«, die gleiche Entdeckung gemacht und in seiner Arbeit umgesetzt. Bandler und Grinder haben die Arbeitsweise Ericksons studiert und diese Erkenntnisse in ihrem System des Neurolinguistischen Programmierens (NLP) ab etwa 1975 bekannt gemacht.

Info

Zugangskanäle zur Außenwelt

- **V** Visuelle Wahrnehmung (Sehen)
- **A** Akustische, auditive Wahrnehmung (Hören)
- **K** Kinästhetische Wahrnehmung (Fühlen)
- **O** Olfaktorische Wahrnehmung (Riechen)
- **G** Gustatorische Wahrnehmung (Schmecken)

Zum »Fühlen« werden hierbei alle weiteren inneren Sinnesfunktionen gezählt: Gleichgewicht, Gelenkstellungssinn und Temperaturempfinden, Schmerzempfinden und Ähnliches.

Es geht noch genauer: Submodalitäten

Die einzelnen Sinne werden nach ihren Qualitäten weiter differenziert. Diese feinen Unterschiede heißen *Submodalitäten*.

So können wir zum Beispiel ein Bild nicht nur »innerlich sehen«, sondern: scharf sehen, verschwommen, hell, starr, mit den eigenen inneren Augen (assoziiert), aus der Vogelperspektive: sich selbst in einer Szene erlebend (dissoziiert), nach innen oder außen gerichtet, in die Zukunft oder in die Vergangenheit, bewegt, szenisch, in Farbe, schwarz-weiß, riesig (wie auf einer großen Leinwand), klein (wie auf einem Fernsehbildschirm), eingerahmt, ohne Rahmen und so weiter.

Für jeden Menschen hat jede Sinnesmodalität im gegebenen Kontext meist eine bestimmte Submodalität. Schon eine Änderung dieser Submodalität ändert auch das damit gekoppelte Gefühl und das gewohnte Denkmuster in der Situation.

> **Übung**
>
> Welche Submodalitäten können Sie sich für das Hören und Fühlen vorstellen? Schreiben Sie wenigstens zehn auf, hören sowie fühlen Sie sich in diese Wahrnehmungsweisen ein.
> Was ändert sich an Ihren Gefühlen oder Einstellungen, wenn Sie die Submodalitäten verändern, wenn Sie zum Beispiel aus einem bewegten inneren Bild ein Standbild machen oder aus einem Farbbild ein Schwarzweißbild? Oder wenn Sie eine innere Stimme, die sonst von rechts zu hören ist, nun zur linken Seite verschieben?

Erickson fing seine Klientengespräche häufig mit einer offenen Frage an: »Wie haben Sie sich daran erinnert?« Die Patienten antworten darauf mit einer bestimmten Sinnesmodalität: »Ich fühle dann immer diesen Druck hier.« Damit zeigt der Patient, dass er sich gerade an ein Gefühl erinnert. Es hat sich als störend herausgestellt, im Anschluss daran zu fragen: »Da sehen Sie also ...?«, »Da klingelt es also in Ihren Ohren ...?« und Ähnliches. Besser ist es, zuerst in der angesprochenen Modalität des Fühlens zu bleiben. Dieses Einstellen auf den Patienten oder Klienten nannte Erickson »*Pacen*« oder »den Klienten in seiner Welt abholen«. Das haben wir bereits angesprochen (s. S. 31). Jetzt können Sie die Innenschau des Klienten weiter vertiefen, wenn Sie nach den Submodalitäten des Gefühlten fragen: »Wo genau sitzt dieser Druck ..., bewegt er sich ..., welche Ausdehnung hat er ..., welche Farbe ..., welche Temperatur ..., ist er konstant oder wechselhaft ..., wie genau ...?«

Sinneseindrücke müssen zueinander passen

Sind die verschiedenen Sinneseindrücke so aufeinander abgestimmt, wie wir dies erwarten, stufen wir die Wahrscheinlichkeit höher ein, dass wir keinen Tagtraum erleben: Diese so genannte *Intermodalitätsprüfung* geschieht im Bruchteil einer Sekunde.
Stellen Sie sich vor, jemand ruft laut »Hallo!«. Sie werden sich in die Richtung des Rufers umschauen und überprüfen, ob er Sie anschaut und auf Ihren Blick hin mit einer Geste oder veränderter Mimik antwortet. Wenn es sich außerdem um eine bekannte Person handelt, erhöht sich für Sie die Wahrscheinlichkeit der Bedeutungszuschreibung: »Ich bin gemeint«, und: »Jemand wünscht, dass ich ihm Aufmerksamkeit schenke.« Solche *Matchingprozesse* können zeitlich gestuft oder beinahe gleichzeitig ablaufen.
Je mehr Sinne oder Modalitäten beteiligt sind, desto valider ist die Wirklichkeitskon-

struktion. Im Coaching bedeutet dies: Je mehr Sinneswahrnehmungen Sie – losgelöst von der Bedeutungszuschreibung – erfragen, desto klarer werden auch dem Klienten seine eigenen Erinnerungen an die Wahrnehmung.

> **Übung**
>
> Die oben angegebene »Hallo!«-Szene kann, – je nach unserer Laune, unserem Selbstbild, der Art der Beziehung zum Rufenden – eine andere Bedeutungszuschreibung erfahren. Welche anderen Möglichkeiten können Sie sich dafür noch ausdenken?

Raum und Zeit gehören zur Wirklichkeit

Die Dimensionen der Zeit und des Raumes fließen in die Submodalitäten ein. Als dreidimensionale Wesen (mit Betonung des Ebenerdigen) können wir die Sinnesmodalitäten ohne diese Unterscheidung kaum repräsentieren. Ein Objekt wird von uns besonders wirklich wahrgenommen,

- wenn es präzise in seiner Dreidimensionalität lokalisiert ist,
- wenn es eine gleich bleibende Größe bei Perspektivenwechsel hat,
- wenn seine Größe bei größerer Entfernung abnimmt,
- wenn seine Größe sich bei Annäherung oder Entfernung in einem Rahmen ändert, der unserer üblichen menschlichen Geschwindigkeit entspricht,
- wenn es eine Tendenz zeigt, sich aus sich selbst heraus zu ändern.

Wenn wir ein Objekt in den Fokus unserer Aufmerksamkeit nehmen, werden uns seine räumlichen Grenzen bewusster. Im gleichen Maße, wie das Objekt an Präzision gewinnt, verschwimmt der Hintergrund (»Figur und Grund«) und wird zu einem notwendigen, aber nicht mehr bewusst wahrgenommenen Teil der Gestaltwahrnehmung.

In der Sprache der Gestaltpsychologie ist die Konsequenz für unsere Coachingarbeit folgende:

- Jedes »diffuse, nicht recht greifbare« Problem befindet sich im verschwommenen Hintergrund oder ist selbst der Hintergrund, während im Fokus der Aufmerksamkeit ein anderes, präzises Objekt liegt. Probleme im Hintergrund werden unterschwellig wahrgenommen, sie sind aber nicht greifbar. Das ist zum Beispiel die Ursache für jede Art von Betriebsblindheit.
- Aus dem diffusen Hintergrund werden im Coachingprozess weitere klare Objekte herausgearbeitet. Das ist die Grundlage für ihre Veränderbarkeit.

Was fällt uns auf?

Was für uns bedeutungslos ist, was keinen Platz findet in unseren Klassifizierungsschemata, was uns zum Umlernen anregen könnte und was keine Affekte in uns hervorruft, hat Mühe, überhaupt von uns wahrgenommen zu werden.
Die Affekte spielen eine herausragende Rolle für die semantischen Wirklichkeitskriterien. Sie lassen unsere Aufmerksamkeit an Objekten »haften«. Die subjektive Bedeutsamkeit einer Wahrnehmung verschafft ihr erst Wirklichkeitscharakter. Bei den verschiedenen Sinnen gibt es Unterschiede in ihrer Wichtigkeit:

- Die Nah-Sinne sind affektiv am bedeutsamsten: Fühlen, Riechen, Schmecken.
- Der Fern-Sinn des Sehens nimmt affektiv eine Mittelstellung ein.
- Der Fern-Sinn des Hörens ist affektiv etwas weniger bedeutsam.

Für die Aufnahme neuer Informationen könnte sich, nach der affektiven Wichtigkeit gestaffelt, also folgende Reihenfolge der Sinnesmodalitäten ergeben:

K – kinästetisch
O – olfaktorisch
G – gustatorisch
V – visuell
A – akustisch, auditiv

> **Übung**
>
> Gibt es Situationen, in denen Sie entgegen diesem Schema eher auf akustische oder visuelle Reize mit stärkeren Affekten reagieren?

> **Übung**
>
> Gehen Sie auf Spurensuche in Ihrem Inneren: Wenn ein Schlagwort, eine Handlung oder ein Gedanke Sie besonders aufwühlt, wie ist dann die – bisher unbewusste – Kaskade oder Strategie Ihrer inneren Sinnesmodalitäten. Also: In welcher Reihenfolge sehen, hören, fühlen Sie?
>
> Verändern Sie diese Reihenfolge, verändern Sie die Submodalitäten, verändern Sie den inneren Dialog. Welche Auswirkungen hat das auf Ihr Gefühl oder die Einschätzung der Situation?

Wie verarbeiten wir die Außenwelt?

Sobald jedoch die Information aufgenommen und klassifiziert ist, entstehen innere Bilder, Dialoge und Gefühle – durch Assoziation und gelernte mentale Muster. Diese Bilder und inneren Dialoge laufen vorbewusst oder unterschwellig ab und sind uns nur durch systematische Suche zugänglich. Jede Wahrnehmung und jeder Gedanke löst eine Kaskade solcher innerer Vorgänge aus. Selbst die Submodalitäten für diese Prozesse sind bei jedem von uns – für die entsprechende Situation – festgelegt: Vielleicht sehen wir zuerst ein inneres Bild, sagen dann im Inneren etwas zu uns, nehmen dann im Bauch kurz ein Gefühl wahr, sagen wieder etwas zu uns, sehen wieder ein Bild und handeln dann erst!

Diese Abfolge oder Kaskade wird eine *mentale Strategie* genannt. Wenn der Coach die mentale Strategie und die Submodalitäten seines Klienten verändert, führt dies meist zu neuen Lösungen oder zumindest zu einem erweiterten Handlungsspielraum.

In der Arbeit mit inneren Vorgängen nehmen die Sinnesmodalitäten – nach ihrer Bedeutung für Veränderungsprozesse – eine andere Reihenfolge ein als bisher angegeben:

V – A – K – O – G

Unsere Sprache wirkt im Hintergrund

Unsere Sprache und damit unsere Denkmuster liegen außerhalb unserer bewussten und kritischen Betrachtung. In den Worten der Gestaltpsychologie ausgedrückt: Unser sprachliches Denken ist Grund, der kleine Teil bewusster Gedanken ist Figur: »Wir folgen den grammatischen und linguistischen Gewohnheiten unserer Sprache und nehmen deren Beschränkungen und starre Regeln nicht bewusst wahr«, sagt die Zürcher Beraterin und Juristin Sara Stingelin.

Erst die moderne Wissenschaft der vergleichenden Linguistik hat gezeigt, wie stark sich Sprache und Denken der Völker wirklich unterscheiden. Unsere Sprache ist nicht nur Mittel zum korrekten Ausdruck unserer Gedanken – sie selbst formt die Gedanken! Sie gießt unsere Gedanken in ein Schema und gibt die Strukturen vor, in denen das Denken sich vollziehen kann. Auf diese Weise kann eine Sprache auch auf neuronale Strukturen Einfluss nehmen und so selbst die »Hardware« unseres Gehirns beeinflussen.

Im Coaching ist es bedeutsam auch *nichtsprachliches Denken* in die Suche nach neuen Lösungen einzubeziehen. Die Arbeit mit Symbolen, Gefühlen, Bildern, dem Körper und den Elementen, mit Trance und »unnormalen Bewusstseinszuständen« erweitert unseren Handlungsspielraum und lockert die starren Grenzen, die unsere Sprache in uns und um uns gezogen hat.

Handlung und Wirkung schaffen Wirklichkeit

Eine Wahrnehmung ist umso wirklicher für uns, je mehr Wirkung oder je mehr Handlung mit ihr verbunden ist. Die Wahrnehmung von kausalen Verknüpfungen ist die Grundlage unserer Selbst-Wirksamkeitsüberprüfung.

Die körperliche Berührung von Objekten, das Ertasten ihrer Submodalitäten erhöht das Gefühl von Wirklichkeit besonders stark: Ist etwas fest, weich, warm, kalt, glatt oder rau? Die Vertrautheit mit diesen Objekten erlaubt verlässliche Vorhersagen über ihre Veränderung, Bewegung oder ihr Wirken. Je präziser die Vorhersehbarkeit ist, desto größer ist die Wirklichkeitswahrnehmung. Schließlich sind wir Gruppenwesen: Je mehr von uns das Gleiche wahrnehmen, desto wahrer ist es für uns.

Das szenische, symbolische und handlungsorientierte Denken der Klienten kann aus den genannten Gründen besonders effektiv in Aktionsmethoden gefördert werden, die ihren Ursprung in der Gruppenpsychotherapie haben; wie zum Beispiel das Psychodrama. In diesem erlebnis- und handlungsorientierten Arbeiten werden Figur und Grund gleichermaßen angesprochen. Die Arbeit in der Gruppe hat außerdem den Vorteil, dass ein Feedback von vielen Personen möglich ist. Das erleichtert die Korrektur subjektiver Wahrnehmungsverzerrungen.

Übung

Bitte hinterfragen Sie eine eigene lieb gewonnene Ansicht oder Meinung mit Hilfe folgender Fragen (Beispiele):

- Welche Konsequenz hat das für mich?
- Was passiert dann?
- Wie fühlt sich das an?
- Was verändert sich dabei im Körper?
- Was kann ich genau tun?
- Was passiert in der Regel?
- Was würde geschehen, wenn genau das ausnahmsweise einmal nicht geschehen würde?
- Wer sieht das noch so?
- Wer sieht das ganz anders?

Aus den theoretischen Erwägungen in diesem Kapitel ergeben sich folgende Hinweise für die Coachingpraxis:

- Wir können nur Reize austauschen, keine Bedeutungen. Bieten Sie vielfältige sprachliche Reize: Benutzen Sie unterschiedliche Wörter. Deuten Sie viel um. Erfragen Sie Konsequenzen und Alternativen.
- Jede Anregung von uns kann auf viele Weisen interpretiert werden: Wir müssen beobachten, ob unsere Nachricht die erwartete Reaktion auslöst – ansonsten bieten wir andere Reize: Wenn etwas nicht wirkt, versuchen Sie etwas anderes!
- Es ist wichtig, sich über Bedeutungen von Reizen auszutauschen und diese Bedeutungen gemeinsam zu planen und festzulegen: »Was meinen Sie, wenn Sie sagen ...? Was bedeutet ... für Sie?«
- Arbeiten Sie nicht ausschließlich verbal. Nutzen Sie erlebnis- und handlungsorientierte Methoden und auch hypnotherapeutische Interventionen (Trance).
- Nutzen Sie die Möglichkeit der konsensuellen Validierung in Gruppen (Wahrnehmungsabstimmung mehrerer Individuen).

Träume und Tagträume

»*Wir sind aus solchem Stoff wie der aus Träumen und unser kleines Leben umgibt ein Schlaf.*« (Shakespeare, Der Sturm)

Viele innere Suchprozesse im Coaching geschehen in einer leichten oder vertieften Innenschau, einer Art Tagtraum, Intuition, Imagination oder Trance. Außerdem finden sich in den Träumen häufig kindliche Glaubenssätze wieder, die bei der Bearbeitung aktueller Probleme hilfreich sein können. Häufig wird von Klienten nach der Abgrenzung der genannten Bewusstseinszustände zum Traum gefragt. Für einen Coach ist daher eine kleine gedankliche Anregung und Begriffsbestimmung des Träumens sinnvoll.

Seit wann kennen wir das Träumen?

Das psychologische Traumverständnis ist heute noch sehr durch die Pionierleistung Sigmund Freuds geprägt. Vertreter der Psychoanalyse und deren Gegner beziehen sich gern auf Freuds Erkenntnisse zu diesem Thema. Die Beschäftigung mit dem Traum reicht aber viel weiter in die Vergangenheit zurück: Im babylonischen Talmud, dessen mündliche Überlieferungen bis etwa 1500 v. Chr. zurückreichen, ist ein beträchtlicher Teil den Träumen gewidmet. Diese semitische Betrachtungsweise ist später über den Umwandlungsprozess der griechisch-theologischen Denktradition in unser abendländisches Christentum eingeflossen. Die Semiten dachten, Träume hätten nicht nur prophetische Kraft, sondern ebenso gestaltende Funktion für das eigene, das soziale und politische Leben.

Ein Beispiel aus der New American Standard Bible: »*I will bless the Lord who has counseled me; indeed, my mind instructs me in the night.*« In moderner deutscher Fassung: »*Ich preise den Herrn, der mich berät; in der Nacht erhalte ich neue Einsichten im Traum.*« (Psalm 16,7)

Für Platon stellte die Botschaft unserer Träume ein Mittel der Selbsterkenntnis dar. Aristoteles sah in den Träumen die »gesteigerte Introspektionsfähigkeit unserer Seele während des Schlafes unseres Bewusstseins«. Die Beispiele für nützliche Gedanken zu diesem Thema in Philosophie und Literatur sind zahlreich – Träumen hat Menschen schon immer interessiert.

Traumdeutung

Heute gibt es viele populäre Traumdeutungsbücher. Darin wird versprochen, dass Bilder und Symbole, die wir im Traum sehen, mit Hilfe dieser Bücher deutbar seien. Die Aussagen derartiger Publikationen sind meistens nicht belegbar. Sie können interessante Anregungen liefern für Gespräche im Freundeskreis, geben aber nicht die Wirklichkeit oder Bedeutung unserer Träume wieder. Freud unterscheidet zwei Traumebenen:

- Der *manifeste Trauminhalt* ist der erinnerbare Trauminhalt, den wir beschreiben können.
- Der *latente Trauminhalt* besteht aus den dahinter liegenden Wünschen, Ängsten und Motiven und inneren Konflikten, deren Akzeptanz und Bewusstwerdung für uns problematisch ist.

Therapeuten verschiedener psychoanalytischer Schulen versuchen seit langem, die verschlüsselte Dynamik in Träumen zu erarbeiten und für den therapeutischen Prozess nutzbar zu machen. Dieser Bereich ist daher traditionell (nicht konzeptionell) der Psychotherapie zugeordnet – und nicht dem Coaching. Die Arbeit mit Träumen wird aus diesem Grunde im Coaching leider viel zu wenig genutzt.

Führen Träume zum »inneren Kind«?

Träume würden Wünsche erfüllen, meinte Freud. Diese sind vielleicht bei Tage anerkannt, konnten jedoch keine Befriedigung finden. Trauminhalt kann auch ein am Tage verworfener und unerledigter Wunsch sein. Der Wunsch kann sich aktuell im Schlaf bilden (zum Beispiel Harndrang, Sex), oder es kann sich um unbewusste und verdrängte Triebregungen handeln.
Meist wird im Traum ein aktuelles Problem oder der *Tagesrest* mit den unsterblichen Kinderwünschen verwoben. Je weniger akzeptabel diese Kinderwünsche in unserer heutigen Zeit für uns sind und je größer die Inkongruenz der Themen ist, desto größer sei die Arbeit, die zur Umformung der Trauminhalte von der latenten zur manifesten Ebene geleistet werden müsse.

Beispiele für unsterbliche Kinderwünsche sind: Ich möchte immer zu Mama und Papa hingehen können. Ich möchte stolz sein auf Mama und Papa – in jeder Situation. Ich möchte mich nie schuldig fühlen für böse Gedanken.

Übung

Gehen Sie in sich und schreiben Sie mindestens zehn weitere unsterbliche Kinderwünsche auf, die in Ihnen ein Leben lang, bisher wenig bekannt, schlummern! Kennen Sie die Gefühle, die diese Wünsche begleiten? Dürfen diese Wünsche auch heute noch in Ihrem Leben umgesetzt werden?

Der Umformungsprozess vom latenten zum manifesten Traum bedient sich verschiedener Arbeitsschritte, die wir, sowohl im positiven als auch negativen Sinne, im Tagtraum oder bei krankhaften Realitätsverzerrungen sehen können. Freud ging davon aus, dass es sich um Abwehrmechanismen handelt.
Mittlerweile werden diese Prozesse in der modernen Kognitionspsychologie weniger »negativ« bezeichnet und eher als Ausdruck der ungeheuer komplexen und kreativen Informationsverarbeitung unseres Gehirns gesehen.

Bearbeitung von Oberflächen- und Tiefenstruktur im Traum

Freud erkannte drei wesentliche Mechanismen, mit denen Tagesgeschehen, Informationen, Wünsche, Befürchtungen und Fantasien zu einem Traumgeschehen verwoben werden.

Verdichtung: Bestimmte Vorstellungen bilden eine gemeinsame Schnittmenge. So können sich Vater, Lehrer und Fußballtrainer verdichten in einer einzigen Person, die beispielhafte autoritäre Wesenszüge aller drei Personen trägt. Aber auch Gegensätzlichkeiten und Ambivalenzen können zum Beispiel durch Reaktionsbildung »umgedreht« werden. In diesem Falle hätte die geträumte Person zum Beispiel eher liebevoll-fürsorgliche Züge.
Verschiebung: Der latente Trauminhalt wird aus dem Mittelpunkt des manifesten Traums herausgeschoben und ist verdichtet nur noch am »Rande« erkennbar. Im Zentrum des Traums spielt sich ein »Ablenkungsmanöver« ab.
Symbolisierung: Sie setzt sich aus den Vorgängen der Verdichtung, Verschiebung und der Aneignung unbewusster Bilder zusammen. Dabei haben die »Symbole« keine feststehende Bedeutung: Wir verbinden darin unbewusste und bewusste Teile der Psyche. Hierin liegt ihre kreative und lebensberei-

chernde Kraft. Symbole sollten daher nicht auf Bekanntes zurückgeführt werden – das ist das Problem der genannten populären Traumbücher!

Träume und Augenbewegungen

Es gibt verschiedene Trauminhalte. Diese können eher bildhaft, lebhaft und verworren sein (primär-prozesshaft) oder auch rational gut nachvollziehbar, mit erinnerbaren Dialogen und nachvollziehbaren Handlungen (sekundär-prozesshaft). Es macht dabei einen Unterschied, ob wir in der Phase einer schnellen Augenbewegung (REM-Schlaf; REM: Rapid Eye Movement) sind oder nicht.

> **Info**
>
> **Der REM-Schlaf** ist eher primär-prozesshaft: mit den vorsprachlichen Mitteln kleinerer Kinder geträumt, bizarr, verworren, bildhaft, symbolisch, verbal schlechter wiederzugeben, affektiv, hat große Bedeutung für den Träumer und ist besser erinnerbar nach dem Aufwachen.
>
> **Der Nicht-REM-Schlaf** ist eher sekundär-prozesshaft: mit Sprache und den geistigen Mitteln eines Erwachsenen, klar, verbal, Dialoge, gedanklich, an der Realität orientiert, weniger Affekte, emotional geringere Bedeutung für den Träumer.

Jung und Freud als Traumpioniere

Zahlreiche Psychoanalytiker haben ihre eigene Traumtheorie im Kontrast zu Freuds Gedanken formuliert. Am bekanntesten und einflussreichsten sind hierbei die Ideen von C.G. Jung. Einige Aspekte der Traumpsychologien dieser zwei Pioniere sind in der folgenden Übersicht zusammengefasst.

> **Info**
>
> **C.G. Jung**
> Im Traum werden symbolisch unbewusste Inhalte dargestellt, hinter denen keine Verhüllung durch Abwehrmechanismen steht. Daher muss der Inhalt nicht aufwändig entschlüsselt werden. Der Traum enthält eine wichtige wachstumsorientierte Botschaft, die symbolisch zum Ausdruck gebracht wird. Der Traum zeigt dem Träumer seine ungelebten Seiten. Für die seelische Entwicklung ist es förderlich, diese Botschaft im bewussten Erleben zu integrieren. Dies allerdings führt dann häufig zu Widerstand.
>
> **S. Freud**
> Ein Traumzensor formt den latenten Traum in den manifesten Traum. Sich aufdrängende Wünsche werden verschleiert, damit keine Angst aufkommt, die den Schlaf stören könnte. Die Rekonstruktion der latenten Traumgedanken erlaubt ein Erkunden der verdrängten Wünsche, die nicht in das Selbstbild integriert werden konnten. Träumen erlaubt eine Abreaktion der unterdrückten Kinderwünsche im Schlaf. Ohne diese Abreaktion würde dieser (neurotische) Konflikt tagsüber aktiviert werden.

Andere Ideen zum Traum

Neben Freud und Jung gab es zahlreiche Theoretiker, die sich mit dem Ursprung und dem Sinn der Träume beschäftigt haben. Heutzutage erforschen auch Neurowissenschaftler mit modernsten Methoden dieses Phänomen. Wir möchten Ihnen stellvertretend zwei weitere Ansätze knapp vorstellen:

Träumen als Konsolidierung des Gedächtnisses und der Problemlösung und als Matchingprozesse: Erfahrungen aus dem Tagesspeicher werden mit dem Langzeitspeicher abgeglichen (Greenberg und andere, 1970). Die Tageseindrücke werden in einem Kurzzeitspeicher abgelegt. Erst nach Erledigung des turbulenten Tagesgeschäftes kann in der Nacht ein Abgleich mit dem Langzeitspeicher stattfinden (Palombo, 1987).

Träumen als Informationsverarbeitungsprozess: Tagsüber und nachts sind wir damit beschäftigt, Informationen zu kategorisieren, anzugleichen, abzuwägen und in ein System sozialer, psychischer, körperlicher und dinglicher Erfahrungen zu integrieren. Da wir im Wachzustand größtenteils auf die äußere Welt konzentriert sind, ist unsere Integrationsfähigkeit zu dieser Zeit begrenzt. Schwierige innere und äußere Konflikte lassen sich nicht einfach »über Nacht« integrieren. Daher wird in den Träumen stets aufs Neue versucht, Lösungen und neue Kategorien zu schaffen, um solche Konflikte oder Erfahrungen zu integrieren (U. Moser und I. von Zeppelin, Züricher Traumforscher).

Übungsfragen

- Von welcher Traumtheorie fühlen Sie sich eher angesprochen?
- Wie stehen Sie zu dem Bibelspruch im ersten Abschnitt dieses Kapitels – übersetzt in Ihren Glauben?
- Welches ist Ihre ganz persönliche Theorie zum Träumen? Wie werten oder deuten Sie Ihre Träume?
- Gab es Zeiten, zu denen Sie sich besser oder besonders schlecht an Ihre Träume erinnern konnten?

Tagträumen und Intuition

»Mir scheint: wer nicht täglich eine Weile träumt, dem verdunkelt sich der Stern, von dem alle Arbeit und jeder Alltag geführt sein kann.« (Karl Jaspers)

Tagträumen und Fantasie in der Kindheit

Kinder zwischen zwei und fünf Jahren verbringen einen großen Teil ihrer Zeit mit imaginativem Verhalten. Danach nimmt die dafür verwandte Zeit langsam ab. Kinder sind nicht nur äußerst begabt auf dem Gebiet der Fantasie und des Tagträumens, sondern es scheint auch, dass die spontane Anwendung dieser Kräfte für eine normale Entwicklung der Kinder wichtig ist. Im gleichen Maße, wie sich Kinder über den wachsenden Bereich ihrer Erfahrungen in ihrem Umfeld freuen, genießen sie das Zauberland ihrer inneren Erfahrungen. Kinder nennen ihre Tagträume »so tun als ob« oder »sich einbilden« oder »an etwas denken oder sich vorstellen«. Wir Erwachsenen nennen das meistens Fantasie. Kinder erproben so mental viele Verhaltensvariablen, bilden Visionen ihrer Zukunft und testen ihre zukünftigen Rollen. Auf diese Weise befriedigen sie auch unerfüllte kindliche Grundbedürfnisse nach

- Wohlbefinden,
- sozialer Interaktion,
- der Erfahrung, Dinge zu meistern und Stimulation zu erleben,
- Zugehörigkeit.

Sie machen deutlich, dass sie am Fantasieren enorm viel Freude haben. Fantastische Geschichten, Monstererzählungen, Märchen sind typisch für eine kindliche Vorstellungswelt, die seit Jahrhunderten auch literarisch in verschiedenen Kulturen weitergegeben wird. Die Vorstellungen von Kindern (und von Erwachsenen) haben nachweisbare Effekte auf den Körper, das Verhalten und den Ausbruch oder den Verlauf von Krankheiten.

Die Überfrachtung mit äußeren Reizen aus dem Fernsehen führt nicht nur zu der bedenklichen Vermittlung schädlicher Wertesysteme, sondern ebenso zu einer Verarmung der kreativen Vorstellungswelt. Hinzu kommt, dass gut meinende Eltern und gesellschaftlich anerkannte Wertesysteme implizit oder offen die Fantasie der Kinder abwerten.

Lernen und gerichtete kognitive Aufmerksamkeit auf den schulischen Unterrichtsvorgang im 45-Minuten-Takt, auf das logische Denken und Ähnliches sind notwendige Bestandteile der schulischen und kindlichen

Sozialisation. Sie führen jedoch verfrüht zu einer Verarmung des kindlichen Zauberers und entführen die Kinder aus der Welt der Magie. Heute gibt es in den Kindergärten und Grundschulen wieder Fantasiereisen, sinnliches Erkunden der Welt, Arbeit mit Imagination und Tagträumen – als kleine »Nebenfächer«. Diese Fähigkeiten werden in den höheren Schulklassen aber weniger gefördert. Denn Fantasie und Träumerei werden als Schlüssel zur Motivation »der Kleinen« angesehen, nicht jedoch als schlüssiges Konzept in der Arbeit mit größeren Kindern oder in der Erwachsenenpädagogik.

Dazu ein Auszug aus »Die Kindheit eines Zauberers« – einem autobiografischen Märchen von Hermann Hesse: »... ich wusste Bescheid in der Welt, ich verkehrte furchtlos mit Tieren und Sternen, ich kannte mich in Obstgärten und im Wasser bei den Fischen aus und konnte schon eine gute Anzahl von Liedern singen. Ich konnte auch zaubern, was ich dann leider früh verlernte und erst in höherem Alter von Neuem lernen musste, und verfügte über die ganze sagenhafte Weisheit der Kindheit ...«

Kinder sind Meister der Fantasie

Kinder haben erstaunliche Fähigkeiten. Sie sind im Rahmen empfundener Sicherheit und vorhandenen Vertrauens fähig zur/zum

- intensiven Konzentration,
- Versunkenheit,
- fokussierten Aufmerksamkeit,
- Vertiefung in die Gegenwart,
- eingeschränkten Realitätsprüfung,
- konkreten nüchternen Denken,
- Liebe zur Zauberei,
- Bereitschaft, zwischen Fantasie und Realität hin und her zu wechseln,
- intensiven Gefühlswahrnehmung: alles oder nichts,
- Offenheit für neue Ideen,
- Freude an neuen Erfahrungen.

Die Fähigkeit zur Imagination »... erreicht ihren Höhepunkt meist in der vorpubertären Phase, weil bis dahin Sprache und Erfahrungen die Imagination stimuliert und ihr Inhalte gegeben haben, sodass jene Eigenschaften, die als kindlich beschrieben werden, Möglichkeiten hatten zu erblühen ... In der späten Jugend geraten Realitätsorientierungen in Konflikt mit dem freien Genießen eines Lebens aus Fantasie und Abenteuer ...« (Hilgard 1971)

Übungsfragen

- Was waren Ihre Lieblingsspiele und -aktivitäten, als Sie zwischen fünf und zwölf Jahre alt waren?
- Womit haben Sie sich beschäftigt, wenn Sie allein waren?
- Welche Geschichten oder Bücher haben Ihre Eltern Ihnen damals vorgelesen?
- Haben Sie noch einige Ihrer Lieblingsbücher?
- Welche Gefühle erleben Sie, wenn Sie diese wieder in den Händen halten?

Tagträumen und Fantasieren der Erwachsenen

Tagträumen kann bedeuten, in Traumwelten zu verweilen, mit der Realität nicht im Reinen zu sein oder nicht haltbare fantastische Gebäude aufzubauen, in denen man verweilt. Diese Art der Imagination kann genussvoll oder Angst abwehrend sein, sie führt aber nicht zu geistigem Wachstum. Bei gesunden Erwachsenen findet meist eine feine Abstimmung mit der Realität statt, wenn sie tagsüber träumen. Diese Reisen sind dann auf bestimmte Zeit angelegte Ausflüge in die Welt der Fantasie. Albert Einstein sagte: »Fantasie ist wichtiger als alles Wissen.« Die *un*bewussten Anteile unserer Fantasie sind die treibende Kraft, mit der wir unsere innere Realität schaffen. Diese Fantasie erschließt intensive Potenziale innerer Kraft, entwirft Ideen, Gedanken und persönliche Überzeugungen. Die *bewussten* Anteile unserer Fantasie sind ein schöpferischer Akt, an dem wir gleichsam als Beobachter und Schöpfer teilhaben können: Wir produzieren Gefühle, innere Bilder, Dialoge, Erfahrungen, Szenen, Vergangenes und Zukünftiges. Wir entwerfen uns selbst, entwickeln Perspektiven und Visionen, Ideen und Gedanken.

Wir können in der Fantasie oder Imagination alles durchspielen, was real noch nicht möglich erscheint, und wir können scheinbare Grenzen überwinden und verschieben. In diesen Träumen liegen meist mehr Antworten und Schlüssel für unsere Fragen und Probleme verborgen als in der rationalen Analyse. Dabei nutzen Erwachsene durchaus ihre zauberhaften Kräfte der Kindheit.

Unsere Fähigkeit zum Zauberhaften hat ihre Wurzeln aber nicht nur in der Kindheit: Die kulturellen und psychologischen Ursprünge dieser Denkweise entstammen auch früheren Kulturen. In der mythisch-magischen Epoche der Menschheit bildete sie die Grundlage für unser Weltverständnis. Hierzu ein Beispiel:

> Acht Jahre nach der Eroberung der aztekischen Stadt Mexiko durch Fernán Cortés schreibt Fray Bernardino de Sahagún nieder, was der aztekische König zur Bekämpfung der Invasoren unternahm: *»... Der König schickte weitere Zauberer, welche die Spanier behexen sollten ... Eine Schar von Wahrsagern, Zauberern und Räucherpriestern wurde danach ausgesandt, den Feinden entgegenzugehen. Sie alle aber taugten nichts mehr und konnten ihren Zweck nicht mehr erreichen.«*

Das Reich der Azteken wurde durch eine Hand voll Spanier erobert.

Vielleicht kennen Sie den Film »Die Götter müssen wohl verrückt sein«? In der Eröffnungsszene fällt einem Buschmann eine, aus dem Flugzeug geworfene, Cola-Flasche vor die Füße. Auch dort wird ein Aufeinanderprallen der magisch-mythischen, in der Natur versunkenen Geisteshaltung, mit dem rationalistisch-materialistischen Geist der Ausgangspunkt für viele Verwicklungen.

Das Tagträumen wieder entdecken

Im Coaching müssen einige Klienten erst wieder den Zugang zu ihren Tagträumen und Fantasien zurückerobern. Durch gerichtete »Als-ob-Fragen«, durch den Entwurf von Visionen, durch die Förderung von Kreativität – auch als Intuitionstraining »getarnt« – wird diese Fähigkeit selbst von den Klienten akzeptiert, die in den letzten Jahren wenig Gelegenheit zum sinnvollen Tagträumen hatten und sich eher »vom Kopf her« gesteuert sahen. Es soll nicht das Ziel sein, dass jeder von uns ein Träumer wird. Je größer aber unsere Freiheit ist, über unsere gesamten mentalen Möglichkeiten zu verfügen – kommen sie nun aus der Kindheit oder von unseren magisch-mythischen Vorfahren –, desto vielfältiger ist die Grundlage unseres Handelns. Wer mehr Möglichkeiten und flexiblere Methoden hat, setzt sich auch im Wettbewerb besser durch. Entscheidend ist dann nur noch die Auswahl der geeigneten Methode für jede Situation.

Trance und Intuition: Unterschiede zum Alltagsbewusstsein

Was unterscheidet eigentlich Trance vom Alltagsbewusstsein? In der Psychologie gibt es verschiedene Erklärungsversuche zum Trancezustand:

- Es handelt sich um ein verändertes Bewusstsein, in dem eine anders geordnete Aufmerksamkeitsverteilung vorliegt.
- Die Aufmerksamkeit kann dabei stark erweitert oder auf ein Einzelereignis fokussiert sein.
- Der Geist kann aktiv mentale Suchoperationen durchführen oder passiv nur wahrnehmen.

Im *Alltagsmodus* unseres Gehirns ziehen wir Kriterien heran, um Unterscheidungen der Wahrnehmung vorzunehmen:

- in Sequenzen der Zeit,
- zwischen Realität und Fantasie,
- zwischen Bejahungen und Negationen sowie
- zu kausalen Zuschreibungen.

Freud hatte diese Art der mentalen Funktion das *Sekundärprozesshafte* genannt.
In *Trance* folgt das Gehirn dagegen eher einer anderen Logik: Sie betont die Gemeinsamkeiten von Objekten. Zeit und Negation verlieren ihre Bedeutung. Logische Widersprüche werden, ähnlich wie im Traum, akzeptiert. Freud nannte diese Arbeitsweise unseres Gehirns primär-prozesshaft.

> **Info**
>
> Verschiedene vegetative Umstellungen lassen sich in der am häufigsten benutzten Ruhetrance beobachten: Die Atmung wird vertieft und langsamer. Der Blutdruck sinkt etwas. Die Hautdurchblutung ist verbessert. Das Nervensystem stellt sich auf eine Ruhetönung um: Vermehrte Geräusche treten im Bauch auf, der Speichelfluss nimmt zu, der Blick wird glasig, wir schlucken vermehrt, die Muskeln entspannen sich.

Wenn wir auf den *Trancemodus* umschalten, erlangen wir Zugang zu Kräften, die wir im Alltagsdenken nicht nutzen.

Was zeichnet die Trance im Einzelnen aus?

Vegetative Umstellungen: Die Atmung wird langsamer, der Pulsschlag verlangsamt sich, der Blutdruck sinkt, der Muskeltonus lässt nach – das allein bewirkt schon mentale Umstellungen und eine vermehrte Durchlässigkeit der Grenzen zwischen somatischen und psychischen Prozessen. Hierdurch können medizinisch nachweisbare Veränderungen durch eine Harmonisierung des inneren Milieus erzeugt werden.

Wahrnehmungsveränderungen: Die Fokussierung auf das momentane Erleben wird erleichtert. Vergangenheit und Zukunft können irrelevante Kategorien der Zeitstruktur werden, welche aus dem zeitabhängigen Alltagsbewusstsein stammen. Der Zugang zu Emotionen wird intensiviert und kann fokussiert werden. Sinneswahrnehmungen und affektive Selbstdefinition können parallel existieren – mit nur lockerer Verknüpfung: »Es tut weh. Es schmerzt.« Statt: »Mich schmerzt es. Da habe ich den Schmerz!«

Reduktion von Abwehr: Die Abwehr ist in Trance aufgelockert. Da wahrgenommen werden kann ohne die strenge Kopplung von Affekt und Selbst, steht der Teil in uns, der sonst dafür zuständig ist, alles abzuwehren, lächelnd daneben und genießt die kleine Pause, die wir ihm gönnen. Ängste und Abspaltungen machen Ferien in Trance. Sie sind aber schnell wieder da, wenn es zu heikel wird!

Vorstellungen gewinnen an Kraft: Die bildliche Imagination von Organen oder von körperlichen Vorgängen kann in den betroffenen Körperregionen physiologische Veränderungen bewirken. Im Coaching wird dieser Mechanismus wenig genutzt, in der medizinischen Hypnose, dem autogenen Training oder anderen imaginativen Verfahren wird von diesen Vorgängen erfolgreich Gebrauch gemacht.

Neue Sichtweisen stellen sich ein: Im Alltag sind wir logisch orientiert; es gibt klare Kriterien, und wir sind Meister darin, selbst unsere eigenen Werte nicht zu hinterfragen. In Trance stellen sich häufig wie von selbst ganz neue Sichtweisen und Lösungen ein, die uns durch bewusstes Denken nicht zugänglich waren. Das gleiche Ereignis kann von uns in Trance eine ganz andere Zuschreibung erhalten.

Es geschieht wie von selbst: Ohne Grübeleien und erfolgloses Suchen in zirkulären Gesprächssituationen stellen sich in Trance, aus dem verborgenen Fundus der Erfahrungen und Ideen, neue Lösungswege vor, die sich während der willkürlichen Suche nicht zeigten.

Zugang zum verlorenen Wissen: In Trance erinnern sich Teile von uns an vergessene Erfahrungen, die uns vielleicht einmal bewusst waren, dann aber abgewehrt oder verlegt worden sind. Ein Teil dieser Erfahrungen war uns nie verbal bewusst und stammt aus einer Zeit, als wir noch nicht in Sprache denken konnten (primär-prozesshaft). In Trance findet eine Übersetzung des *stillen Wissens* statt, wodurch wir Zugang zu diesen Anteilen unseres inneren Erlebens haben.

Wir wünschen nun viel Spaß mit dem Übungsteil.

> **Übungsfragen**
>
> - Welches sind Ihre beliebtesten Entspannungsmethoden und Ihre Erfahrungen mit Trance oder Hypnose?
> - Hatten Sie schon einmal ganz von allein einen tollen Einfall, der Sie überraschte? Können Sie leicht Bilder und Szenen imaginieren?
>
> *Empfehlung:* Gönnen Sie sich ein Trance-Wochenende oder -seminar bei jemandem, der in moderner ericksonscher Hypnose oder in modernen Methoden des Fantasiereisens ausgebildet ist. Kontaktadressen oder Anregungen dazu kann man beispielsweise auf der Website der Milton-Erickson-Gesellschaft finden: www.meg-hypnose.de

Übungen und Fall-Vignetten

Viele Ängste, Einschränkungen, Hoffnungen und Ziele des Menschen sind mit unbewusster oder kaum wahrnehmbarer innerer Sprache gekoppelt (engl.: *silent speech*). Diese sprachlich erfassbaren Kognitionen sind Gegenstand diverser Methoden der »kognitiven Umstrukturierung«. Diese Methoden haben die Auffassung gemeinsam, dass dysfunktionale Kognitionen, also solche Gedanken, die zu Einschränkungen oder Leiden führen, mit strukturierten Verfahren geändert werden können. Einige Methoden gehen sogar noch weiter und beziehen kindliche vorsprachliche Muster in ihr Bemühen mit ein. Solche vorsprachlichen Muster können Emotionen und leibliche Empfindungen sein. Sie sind auch bei Erwachsenen immer mit den Kognitionen, dem bewussten Denken und dem Handeln verwoben.

In der Psychotherapie werden kognitive Methoden vorwiegend in der so genannten kognitiven Verhaltenstherapie angewandt. Aber auch die Psychotherapiemethoden, die von der Psychoanalyse abgeleitet wurden (unter anderem die tiefenpsychologisch orientierte Therapie), verwenden heute implizit kognitive Methoden. Trotz der alten Grabenkriege zwischen den so genannten übenden, zudeckenden Verfahren (so die abwertende Bezeichnung für die Verhaltenstherapien) auf der einen Seite und den psychodynamischen Verfahren (den Abkömmlingen der Psychoanalyse) auf der anderen Seite nutzen die Therapeuten beider Seiten sowohl kognitive als auch tiefenpsychologische Erklärungsmuster und Methoden für ihre praktische Arbeit. Therapeuten haben von jeher Modelle angewandt, die in ähnlicher Form in der Verhaltenstherapie und den psychodynamischen Verfahren genutzt werden.

Im Coaching und der psychologischen Beratung werden diverse kognitive Modelle und Methoden eingesetzt. Sie wurden von den Begründern der jeweiligen Methoden mit schillernden Namen versehen, um damit den Originalitätsanspruch der Gründer zu unterstreichen (und meist nicht, weil sie etwas wirklich Neues erfunden haben). Bekannt sind populäre Abkömmlinge der rational-emotiven Therapie (RET) oder neuere »Erfindungen«, wie das NLP und The Work. Sie enthalten auch erzieherische und erklärende Elemente (pädagogisch und psychoedukativ).

Diese Methoden haben jedoch ihre Einschränkungen: Viele Kognitionen des Klienten sind unbewusst. Sie sind dem logischen Argumentieren und auch ausgetüftelten kognitiven Explorationsmethoden nicht zugänglich. Durch kognitive Umstrukturierung lässt sich daher vieles bewirken – jedoch nie alles! Ein wesentlicher Teil der menschlichen Psyche bleibt im Verborgenen und ist nur indirekt, symbolisch oder szenisch, verstehbar und erahnbar. Aus diesem Grunde ist es wichtig, die verlockend einfach anmutenden Modelle oder kochbuchartigen Manuals der Methoden mit Bedacht und vielleicht auch mit Bescheidenheit anzuwenden.

> **Info**
>
> Ein *Manual* ist eine differenzierte Anweisung oder Anleitung, die vorgibt, in welchen Schritten eine Beratung (oder ein Test) durchzuführen ist. Dabei sind strategische und taktische Ziele sowie das praktische Vorgehen kochbuchartig definiert. Die Wirksamkeit dieses Vorgehens sollte durch langjährige Studien belegt sein.

Dysfunktionale Kognitionen

Unbewusste Grundannahmen über die Welt, die anderen und einen selbst lenken die Wahrnehmung und das Denken. Diese Annahmen werden dabei nicht mehr hinterfragt und kommen im Erleben und Verhalten (zum Beispiel als sprachliche Äußerungen) zum Vorschein. Denkmuster oder innere Sätze, die das Leben reicher oder ausgewogener machen, nennen wir zielführend oder funktional. Denkmuster, die das Leben erstarren lassen oder die in ein heilloses Durcheinander führen und wichtige Lebensziele vereiteln, nennen wir dysfunktional oder irrational. In den Übungen dieses Kapitels werden Sie zahlreiche solcher Sätze oder Denkmuster identifizieren und teilweise auch verändern.

Wenn Sie eine Klientenaussage verändert wiedergeben, kann der Klient dadurch bereits verdutzt oder wachgerüttelt werden. Vielleicht sieht er ein Problem dann erstmals als Ressource, oder er nimmt zum ersten Mal seinen Satz bewusst wahr und ist selbst über ihn verwundert. Wichtig ist lediglich, dass etwas im Klienten angestoßen wird. Dies kann zu positiven kleineren oder größeren Veränderungen führen, die jedoch nicht immer vorhersehbar sind.

Dazu zwei Beispiele:
Klient A: »*Ich fühle mich immer so depressiv.*« Coach: »*Sie haben die Fähigkeit, die Tiefe Ihrer Seele auszuloten.*«
Klient C: »*Das ganze Team hat sich fürchterlich aufgeregt.*« Coach: »*Ich bin froh, dass so viel Energie im Team steckt. Sonst könnten sie dort nichts bewirken.*«

Übung 14: Umdeutung (Reframing)

Bitte verändern Sie nun die folgenden Klientenaussagen. Dabei sind zahlreiche Varianten denkbar.

1. Ich bin wie gelähmt. Ich bringe nichts zu Stande.
2. Ich brauche unendlich lange, bis ich einen Überblick habe.
3. Mein Chef macht mich total nervös.
4. Zu meinen Kindern ist der Draht abgerissen.
5. Ich komme einfach nicht dazu, Geschäftsberichte zu lesen.
6. Ich hoffe immer, dass andere das erledigen.
7. Es bleibt fast alles an mir hängen.
8. Wenn es morgens zu Hause Ärger gibt, dann geht das in der Firma meist weiter.
9. Ich wusste immer, wo ich hinwollte.
10. Es ist schade, dass alle immer so gelangweilt sind, wenn ich einen Vortrag halten muss.

Lösungsvorschläge finden Sie auf Seite 205.

Glaubenssätze sind aus vielen Aussagen unserer Klienten indirekt zu erschließen. Selten beginnt ein Klient seinen Satz mit der Einleitung: »Ich glaube über mich (die Welt, die anderen), dass ...!« Sie sollten die Glaubenssätze Ihrer Klienten systematisch erfragen. Bitte untersuchen Sie die Klientenaussagen dieser Übung auf Glaubenssätze (Skriptsätze, dysfunktionale Kognitionen).

Übung 15: Glaubenssätze und Glaubenssatzverflechtungen

Überprüfen Sie zunächst, auf welche der folgenden Kategorien sich die Aussagen der Klienten oberflächlich beziehen, und fantasieren Sie, welche Schlussfolgerungen hinter den einzelnen Aspekten der Äußerungen stehen könnten:

- Ursache (Kausalität)
- Bedeutung
- Identität (selbst)
- andere Personen
- Beziehung
- die Welt
- Selbstwirksamkeit

Mögliche Fantasien über die Klientenaussage: Anschließend kommentieren Sie die Aussage: Welche Glaubenssätze, Werte, Themen (beispielsweise Macht, Liebe, Leistung, Nähe) und kognitiven Modelle könnten damit verknüpft sein, welche Lernerfahrungen, welche Ängste oder Wünsche glauben Sie darin zu erkennen? Es ist ausreichend, wenn Sie dabei stichwortartig einige Aspekte herausarbeiten, die Ihnen auffallen oder einfallen.

Dazu ein Beispiel: »Es ist nicht statthaft, Methoden der Verhaltenstherapie und Tiefenpsychologie zu kombinieren. Das ist unwissenschaftlich und führt zwangsläufig zu einer Verwässerung der Methoden!«
Ursache: Dieses Kombinieren führt zu Unwissenschaftlichkeit (dies ist die oberflächliche Inhalts- oder Sachebene der Aussage).
Bedeutung: Das ist nicht gut (nicht statthaft, nicht wissenschaftlich, es sollte verhindert werden).
Identität (selbst): Ich mache das besser, klarer, strukturierter. Ich verhindere die Verwässerung und trete dagegen an.
Andere: Andere sollten nicht so sein. Sie sollten klüger, umsichtiger und wissender sein.
Beziehung: Da ich es klarer erkennen kann, muss ich die anderen über ihren Fehler informieren. Sie sind nicht so klug wie ich; sie haben keinen Durchblick.
Die Welt: Die Welt sollte übersichtlich, durchstrukturiert und klar sein. Themen sollten abgrenzbar sein, auf keinen Fall chaotisch, symbiotisch oder vernetzt.
Selbstwirksamkeit: Bisher konnte ich andere belehren oder überzeugen. Das dürfte mir erneut gelingen.

Mögliche Fantasien über die Klientenaussage: Die Verwendung des Wortes »statthaft« legt nahe, dass Konventionen oder die Erlaubnis einer höheren Autorität für diesen Menschen wichtig sind. Dabei könnte die Autorität auch durch ein geistiges Konstrukt wie die Wissenschaft symbolisiert werden. Glaubenssätze könnten sein: Ohne Erlaubnis sollte man nichts (Unanständiges) wagen. Es ist wichtig, die Spreu vom Weizen zu trennen (das Schlechte muss ausgesondert werden). Was getrennt ist, sollte getrennt bleiben (Angst vor Sexualität, vor Hingabe, vor Verlust der Selbstgrenzen). Wissenschaftlichkeit ist wichtig, Verwässerung darf nicht sein (Angst vor Realitätsverlust, vor Grenzüberschreitungen, vor Emotionalität, vor Regellosigkeit).

Sie sehen, dass Sie in Ihren Fantasien oder Deutungen mutig sein dürfen. Lehnen Sie sich dabei gern »weit aus dem Fenster« und überlegen Sie anschließend, was Ihre Fantasien über andere mit Ihnen selbst zu tun haben.
Es reicht aus, wenn Sie fünf der folgenden Klientenaussagen genau analysieren.

1. Es ist erforderlich, die nötige Strenge zu zeigen, ansonsten tanzen die Mitarbeiter einem auf der Nase herum.
2. Mein Selbstwert hängt eigentlich nur davon ab, was andere von mir denken.
3. Ich halte mich da lieber zurück. Da ich sowieso unscheinbar bin, ist das angemessener. Andernfalls würde man mich nur als Wichtigtuerin auslachen.
4. Wenn jemand anderer Meinung ist als ich, dann habe ich eigentlich immer die Erfahrung gemacht, dass er etwas gegen mich hat und mich ablehnt.
5. Wer sich den Strukturen hier nicht anpassen möchte, der kann ja gehen. Ein gewisses Maß an Regeln sollte man schon einhalten können.
6. Ohne meinen Beruf kann ich nicht leben.
7. Das ist ganz klar eine Pattsituation. Ich kann mich nicht rühren, ohne irgendjemanden zu verletzen. Für die Familie müssen solche Opfer hin und wieder gebracht werden.
8. Bei jedem Fehler wird mir erneut klar, dass ich absolut unfähig bin. Ich bin dann ein Versager. Ich kann nur glücklich sein, wenn ich alles richtig mache und Erfolg habe.
9. Ich kann noch so viele gesunde Sachen essen und trinken. Letztendlich schützt das nicht vor Krankheiten oder Schicksalsschlägen. Daher lebe ich in den Tag hinein und lasse mir von Gesundheitsaposteln nichts mehr vorschreiben.
10. Um glücklich zu sein, muss ich von anderen akzeptiert und gemocht werden.

Hinderlichen Glaubenssätzen liegen meist systematische Denkfehler zugrunde. Diese führen zu globalen, eindimensionalen, absolutistischen, irreversiblen und negativ bewertenden Aussagen. In der Arbeit mit dem Klienten ist es das Ziel, zu einem Denken anzuregen, das differenziert, konkret, mehrdimensional, relativierend, reversibel und nicht negativ wertend ist.

Übung 16: Systematische Denkfehler erkennen

In dieser Übung bitten wir Sie, die Denkfehler lediglich zu kategorisieren und dem Klienten ein oder zwei Fragen zu stellen, die ihm helfen, den Denkfehler selbst zu erkennen. Zunächst stellen wir Ihnen jedoch vor, nach welchen Denkfehlern Sie suchen sollen:

- Ein *negatives Beziehungsgeflecht* wird angenommen.
- Ein *negatives Weltgefühl* wird konstatiert.
- *Selbstwirksamkeit* und ein *positiver Selbstwert* werden ausgeschlossen.
- *Willkürliches Schlussfolgern:* »Ich bin ein Idiot.« (Nach einer misslungenen Prüfung. Es erfolgt keine Prüfung der äußeren Umstände: War die Prüfung zu

schwer, sind viele andere ebenfalls durchgefallen? War die Prüfung überhaupt lösbar? Wurden vorher schon ähnliche Prüfungen gelöst? Wie war der Schlaf vor der Prüfung? Gibt es große Probleme in anderen Lebensbereichen?)
- *Selektives Verallgemeinern:* Ein Einzelereignis wird aus dem Kontext herausgerissen und überbewertet: Ein Klient wird am Morgen vom Abteilungsleiter nicht gegrüßt. Er interpretiert dies so: »Der Abteilungsleiter ist gegen mich.« Obwohl dieser sonst immer gegrüßt hat.
- *Übergeneralisieren:* Ein Einzelereignis wird aus dem Zusammenhang herausgetrennt. Der Klient überträgt die Lernerfahrung aus diesem Einzelereignis auf sein ganzes Leben. Nach einem heftigen Konflikt am letzten Arbeitsplatz klagt der arbeitslose Unternehmensberater: »Ich ziehe das Mobbing förmlich an. Ich habe die Befürchtung, dass mir das jetzt überall begegnet!«
- *Minimieren und Maximieren:* Aus Elefanten werden Mücken gemacht, aus Mücken Elefanten. Der sehr erfolgreiche Vortrag eines Marketingfachmannes wird von diesem als bedeutungslos gewertet. Stattdessen regt er sich fürchterlich darüber auf, dass er ein Routinetelefonat noch nicht erhalten hat. Dies sei für ihn ein Indiz, dass er nicht mehr wichtig genommen werde.
- *Personalisieren:* Ereignisse werden auf die eigene Person bezogen: »Wenn mein Chef sich im Vorbeigehen schnäuzt, will er mir damit seine Verachtung mitteilen.«
- *Verabsolutieren:* Bei dieser Schwarzweißmalerei werden keine Abstufungen des Erlebens mehr wahrgenommen. Es gibt Feinde und Freunde, Gut und Schlecht, Ja und Nein.

Dazu ein Beispiel:
Klient: »Ich kann machen, was ich will. Ich bleibe ein Bankrotteur.« (Der Klient musste zum zweiten Mal Insolvenz anmelden.)
Denkfehler: Unter andrem willkürliches Schlussfolgern.
Coach: »Woran genau hat es gelegen, dass Ihre Geschäftsidee nicht aufgehen konnte? Was genau hätten Sie heute, mit Ihrem jetzigen Wissen, anders gemacht?«

Und nun zu den Klientenaussagen, die Sie bitte bearbeiten:
1. Das Verhalten dieses Mitarbeiters ist leider absolut mangelhaft.
2. Was Frauen betrifft, bin ich eine Null.
3. Mein Sohn (7 Jahre) meint, die Lehrerin habe ihm eine schlechte Note gegeben, da er zu wenig gebetet habe.
4. In den Teambesprechungen versucht sie immer mich anzugreifen. Gerade neulich hat sie eine bissige Bemerkung in meine Richtung gemacht.
5. Das gestrige Gespräch mit den Mitarbeitern war ernüchternd. Dabei wurde mir klar, dass ich als Führungsperson in einer schweren Krise stecke. Ich überlege sogar, ob ich meinen Koffer packen sollte. (Abteilungsleiter einer sehr effektiven Verkaufsabteilung)
6. Das Unternehmen meines Freundes musste Konkurs anmelden. Ich denke, die wirtschaftliche Situation ist so kompliziert, dass mir und allen anderen Mittelständlern in der Stadt das nun ebenfalls unmittelbar bevorsteht

Lösungsvorschläge finden Sie auf Seite 205.

Übung 17: Glaubenssätze hinterfragen

Im Kapitel »Werte, unbewusste Überzeugungen, Umdeutungen« (s. S. 150 ff.) haben wir Ihnen mehrere Möglichkeiten vorgestellt, dysfunktionale Glaubenssätze zu hinterfragen. Wenden Sie auf jede der aufgeführten Klientenaussagen bitte jeweils eine der vorgestellten Methoden an.

Dazu ein Beispiel:
Klient: »Es ist nicht meine Aufgabe, in bestehende Abläufe einzugreifen. Man sollte sich nicht einmischen.«
Coach: »Könnte es sein, dass es in einem speziellen Einzelfall hilfreicher wäre, diese Pflicht doch selbst wahrzunehmen?« (Ziel: Suche nach einer Alternative zum Glaubenssatz.)
»Sie sagen, dass es nicht Ihre Aufgabe ist. Wessen Aufgabe ist es? Hat die betreffende Person die notwendigen Informationen, um so zu handeln, wie Sie es könnten?« (Sprachstrukturen)
»Sie hatten scheinbar die Gelegenheit, sich an Regeln und Aufgaben zu gewöhnen. Ist das etwas, dass Sie schon in Ihrer Familie gelernt haben?« (Als sehr direkter Einstieg in die Exploration des familiären Werdeganges des Glaubenssatzes. In dieser Form natürlich etwas plump.)

Nun zu den Sätzen, die es zu bearbeiten gilt:

1. Ab dem 40. Lebensjahr geht es bergab.
2. Eine Frau ist ohne einen Mann oder Kinder nichts wert.
3. Ohne Förderung ist ein Aufstieg undenkbar.
4. Zum Leben gehört mehr Glück als Verstand.
5. Wer sich nicht lang macht, der wird nie Erfolg haben.
6. Ich bin unattraktiv.
7. Niemand liebt mich.
8. Trotz meiner Erfolge bin ich eigentlich eine Art Hochstapler. Ich bin überrascht, dass das bisher niemand gemerkt hat.
9. Autorität wird verliehen und nicht erworben.
10. Macht regiert die Welt (oder doch Angst?).
11. Der Mensch ist des Menschen Feind.
12. Leben ist Leiden.
13. Liebe ist etwas für Schwache.
14. Gefühle kann man nicht kontrollieren.
15. Unnahbar zu scheinen wirkt anziehend.
16. Gott gibt die Moral.
17. Das Körperliche muss überwunden werden.
18. Deine Familie ist dein Schicksal.
19. Leistung bringt Freude.
20. Man spricht nicht mit vollem Mund.

Fall-Vignette 12: Berufsalternative ohne Herausforderung

Die 60-jährige leitende Angestellte eines Kölner Messeunternehmens führt aus, dass sie an ihrem absoluten Nullpunkt angelangt ist: »Ich packe das einfach nicht mehr.« Seit einem halben Jahr sei sie nun ohne Tätigkeit, da sie von ihrer Firma freigestellt sei, und zudem sei sie mehrere Wochen krank gewesen. Zuvor sei sie der gute Geist des Unternehmens gewesen und habe als enorm belastbar und effizient gegolten. Die Arbeit sei aber immer hektischer geworden, und der ganze Lärm habe ein vernünftiges Arbeiten unmöglich gemacht. Finanziell sei sie unabhängig, da ihr Mann gut verdiene und sie sich Rücklagen geschaffen habe. Ihr Chef im Unternehmen halte ganz offensichtlich nichts von älteren Mitarbeiterinnen. In letzter Zeit sei er ihr stets aus dem Weg gegangen. Dem sei es vermutlich ganz lieb, wenn sie nicht zurückkäme. Immerhin sei sie schon 60 Jahre alt. Man wisse ja, was das heutzutage bedeute. Sie suche jetzt nach einer Berufsalternative, da sie in ihrem Alter keine besonderen neuen Herausforderungen mehr verkraften könne. Andererseits habe sie ihr halbes Leben im Messewesen verbracht und könne den Gedanken nicht ertragen, die Kontakte, Freundschaften und die vertraute Atmosphäre zu verlieren. Insgeheim glaube sie aber, dass alles hoffnungslos sei und keiner ihr so recht in dieser Misere helfen könne.

Übungsfragen

1. Welche dysfunktionalen oder hinderlichen Glaubenssätze oder Kognitionen vermuten Sie bei dieser Klientin (nach formalen oder sprachlichen Kriterien, die der Art der Schilderung entnommen werden können)?
2. Untersuchen Sie diese hinderlichen Kognitionen und Glaubenssätze in ihrer Bedeutung für die Gesamtsituation der Klientin: Wie schätzen Sie die Situation der Klientin ein? Inwiefern ist der Klientin geholfen, wenn ihre dysfunktionalen Kognitionen verändert werden? Welchen Einfluss wird dies auf die Fortsetzung ihrer beruflichen Karriere haben?
3. Denken Sie, dass die bekannte Diskurs-Methode »Pro und Kontra« oder »Für und Wider« der Klientin helfen wird, ihre Probleme zu klären und dysfunktionale Kognitionen aufzugeben?
4. Welche nur teilweise bewussten Werte, Einstellungen oder Glaubenssätze, die Sie als Berater haben, könnten Ihre Beratungsstrategie beeinflussen?
5. Wenn Sie diese Klientin beraten, könnte es für Ihre Strategie hilfreich sein, folgende Glaubenssätze zu haben: »Weniger ist manchmal mehr. Eile mit Weile.« Denken Sie, das ist richtig?

Lösungsvorschläge finden Sie auf Seite 210.

Kognitives Umstrukturieren nach dem ABC-Schema

Das ABC-Schema, korrekt eigentlich ACBD-Schema, ist von Ellis in die Psychotherapie eingeführt worden (Rational-Emotive Therapy, RET). In anderen strukturierten kognitiven Beratungsmethoden wurde dieses Schema später ebenfalls genutzt. Wir stellen Ihnen hier eine Mischung verschiedener Verfahrensweisen vor, deren Kern jedoch aus der RET stammt. Die Übungen dieses Kapitels sind wie folgt gegliedert:

A (Übung 18): Identifikation des auslösenden Ereignisses.
C– (Übung 19): Störendes Verhalten, belastende Emotionen (negative consequence).
C+ (Übung 20): Veränderungsziel: Verhalten, Emotion (positive consequence, oder Ziel; auch Z abgekürzt).
B– (Übung 21): Dysfunktionale Kognitionen identifizieren (negative belief system).
D (Übung 22): Sokratischer Dialog (Diskurs): Infragestellen der irrationalen Kognitionen
B+ (Übung 23): Funktionale Kognitionen erarbeiten und festigen (positive belief system).

In dieser Reihenfolge können Sie auch mit Ihren Klienten arbeiten.

> **Info**
>
> **Mnemo für die ABC-Arbeit:**
> A ⇨ C– ⇨ C+ ⇨ B– ⇨ D ⇨ B+
> - Was löst aus? (A)
> - Was belastet? (C–)
> - Ziel? (C+ oder Z)
> - Hinderliche Gedanken? (B–)
> - Diskurs (D)
> - Nützliche Gedanken? (B+)

Andere Berater bevorzugen folgende Reihenfolge, die wir bereits vorgestellt hatten: A, C–, B–, Z (B+ und C+), D (s. S. 157).

Die Exploration der mutmaßlichen tiefenpsychologischen Konflikte oder der Genese von Kognitionen und Verhalten ist nicht das Ziel dieser Übungen. Im Coaching ist es meist ausreichend, wenn Sie in dem hier vorgestellten Rahmen bleiben.

Übung 18: Identifikation des auslösenden Ereignisses (A)

Bitte kreieren Sie sich für diese Übung wieder einen Fantasie-Klienten, wenn Ihnen das im letzten Buchabschnitt hilfreich war.

- Alter und Geschlecht:
- Familienstand/Familie:
- Ursprungsfamilie:
- Beruf und Stellung:
- Kleidung, Erscheinung:
- Ihr Gefühl gegenüber diesem Menschen:
- Klage/Beschwerde des Klienten:

Bitte stellen Sie dem Klienten Fragen, die ihm und Ihnen helfen, die auslösende Situation zu verstehen. Bedenken Sie, dass Klienten ihre Antworten meist subjektiv verzerren und eine Interpretation der Ereignisse liefern, anstatt den tatsächlichen Hergang zu beschreiben. Versuchen Sie, den Klienten durch Ihre Fragen anzuregen, sinnlich konkrete Beschreibungen zu liefern. Statt: »Dann hat er mich vor den anderen zur Schnecke gemacht.« Besser: »Nach meiner Aussage zog er die Augenbrauen lange hoch und hat dann gesagt, dass er meiner Argumentation nicht folgen könne und dafür jetzt keine Zeit habe. Meine Sekretärin und ein Auszubildender waren im Zimmer und konnten unser Gespräch verfolgen.«

Ein Beispiel, nach dessen Muster Sie bitte vorgehen sollten, ist folgendes: Hier handelt es sich um einen enttäuschten Klienten. Stichwort: Anlass. Ihre Frage daraufhin: »Was ist der Auslöser oder der Anlass für Ihre Enttäuschung?«

Formulieren Sie bitte konkrete Fragen an den Klienten auf der Basis der folgenden Stichwörter.

1. Situation?
2. Situation unmittelbar vorher?
3. Gesehen, gehört, gefühlt ... unmittelbar vorher?
4. Genauer Ablauf?
5. Vorstellungen, die auftauchten?
6. Anwesende?
7. Ort und Zeit?
8. Was würde eine Videoaufzeichnung ohne Ton zeigen?
9. EKG- und Blutdruckprotokolle (durch Außenstehenden erhoben)?
10. Weitere sinnvolle Fragen?

Lösungsvorschläge finden Sie auf Seite 205 f.

Viele Klienten sind bei der Beschreibung ihrer Gefühle sehr einsilbig und beschränken sich auf kurze Äußerungen, wie beispielsweise »gut, schlecht, total daneben«. Dahinter verbergen sich oft tiefere Emotionen von Angst, Sorge, Stolz, Traurigkeit, Verletztheit. Es ist jedoch nicht notwendig, den Klienten diese Begriffe in den Mund zu legen. Oft ist ein wochenlanges Training erforderlich, bis die Klienten in der Lage sind, ihre Gefühle differenziert wahrzunehmen und zu artikulieren. Dies ist einer der Gründe, weshalb Berater so häufig fragen: »Wie fühlen Sie sich heute? Was haben Sie dabei gefühlt?« Andere Lehrmethoden sind: Prosa (!), Selbsthilfebücher, Gefühlstagebücher, Gefühlswortlisten. Viele Klienten können zudem Gefühle und Gedanken nicht differenzieren.

Übung 19: Störendes Verhalten, belastende Emotionen (C–)

In dieser Übung stellen Sie Fragen, die das störende Verhalten oder die belastenden Emotionen während der auslösenden Situation und kurz darauf eingrenzen.

Dazu zwei Beispiele:
Coach: »Wie haben Sie sich dabei gefühlt?«
Klient: »Ich kam mir zurückgesetzt vor.«
Dabei handelt es sich um eine Bewertung, die in der späteren Disputation in Frage gestellt werden könnte.
Coach: »Welcher Gedanke ging Ihnen dabei durch den Kopf?«
Klient: »Da kam eine rasende Wut.«
Dabei handelt es sich um eine Emotion, welche immer »richtig« und »tatsächlich« ist und daher vom Coach stets akzeptiert werden sollte.

Nun zu den Fragen, die Sie Ihrem Klienten stellen sollen. Bitte formulieren Sie auf der Basis der folgenden Stichwörter:

1. Gefühl in der Situation?
2. Verhalten in der Situation?

3. Gefühlsstärke auf einer Skala von 1 bis 10?
4. Belastung dadurch auf einer Skala von 1 bis 10?
5. Dauer?
6. Gedanken über nahe stehende oder beteiligte Menschen in der Situation?
7. Gefühle gegenüber nahe stehenden oder beteiligten Menschen in der Situation?
8. Körperliche Veränderungen und Empfindungen?
9. Gefühl direkt danach?
10. Direkt danach: Gedanken über Situation A und das Gefühl in A?
11. Lange danach: Gedanken über Situation A und das Gefühl in A?
12. Körper direkt danach?
13. Gefühl und Belastung jetzt auf der Skala?
14. Gefühle gegenüber nahe stehenden oder beteiligten Menschen direkt nach der Situation?
15. Gedanken über nahe stehende oder beteiligte Menschen direkt nach der Situation?

Lösungsvorschläge finden Sie auf Seite 206.

Sie sollten darauf Rücksicht nehmen, dass Klienten nicht alles ändern möchten, was Sie als Berater für sinnvoll erachten könnten. Viele Gefühle werden vom Klienten noch als sinnvoll oder notwendig erachtet, wenn der Berater bereits glaubt, diese seien dysfunktional. So gehört beispielsweise die Traurigkeit für einige Monate zu einem schweren Verlust (oft tritt sie erst Monate später auf). Solche Gefühle sind dann »funktional«.

Ein weiteres Problem ergibt sich, wenn Klienten »alles sofort« erledigen möchten: »Nie mehr Eifersucht empfinden!« Angemessener wäre: »Meine Eifersucht realistisch einschätzen zu können, sie schrittweise zu reduzieren und mit diesen Gefühlen umgehen zu lernen.«

Andere Zielprobleme tauchen auf, wenn die Klienten nicht ihr Gefühl und ihren eigenen Anteil an der Situationsinszenierung ändern wollen, sondern lediglich die Welt oder die anderen: »Ich wünsche mir, dass mein Chef mich nie wieder so zur Schnecke macht!« Die Methode wohlgeformten Zielformulierens hatten Sie bereits trainiert (s. S. 92 u. 124).

Übung 20: Veränderungsziel: Verhalten, Emotion (C+ oder Z)

In dieser Übung werden Sie zusammen mit dem Klienten explorieren, welche Gefühle er in der Situation A zukünftig haben möchte und was seine weiteren Veränderungsziele bezüglich seiner Wahrnehmung und Gedanken sind. Es handelt sich meist um kurzfristige Ziele und langfristige Lebensziele und Visionen, die manchmal schwer unter einen Hut zu bekommen sind. Gerade die langfristigen Ziele und Wünsche sind den Klienten oft nur vage bewusst. Hierin liegt einer der Gründe, dass kurzfristige Ziele (die den langfristigen widersprechen) nicht erreicht werden können.

Nun zu Ihren Fragen. Zunächst noch zu C–, um den Boden für ein Veränderungsziel vorzubereiten. Formulieren Sie konkrete Fragen auf der Basis der folgenden Stichwörter:

1. Gefühl angemessen, unangemessen?
2. Gefühl war hilfreich, weiterführend, hinderlich?
3. Warum hinderlich?
4. Folgen (negativ, positiv)?
5. Auswirkungen der Emotion?
6. Langfristige Folgen?
7. Gewinn durch Änderung des Gefühls?

Und nun die Fragen, die auf das neue und gewünschte Gefühl gerichtet sind:

8. In Situation A: welche Gefühle stattdessen?
9. Welches Verhalten stattdessen?
10. Welche Worte stattdessen?
11. Liste von gewünschten Gefühlen und Zielen?
12. Mit welchem Gefühl oder Ziel beginnen?

Lösungsvorschläge finden Sie auf Seite 206 f.

Bei der Exploration dysfunktionaler Kognitionen gibt es ein Problem: Die Klienten können häufig keine irrationalen oder hinderlichen dysfunktionalen Kognitionen benennen. Dies liegt daran, dass es sich um vorbewusste, nicht hinterfragte Grundannahmen handelt, die selten bewusst gedacht oder ausgesprochen werden. Es gibt mehrere Tricks, diese Gedanken bewusst zu machen.

Übung 21: Dysfunktionale Kognitionen identifizieren (B–)

Zunächst werden Sie die bewussten Kognitionen explorieren, die für das Entstehen unerwünschter Verhaltensweisen und Gefühle verantwortlich sind. Dabei gelingt es häufig, bewusstseinsnahe Grundannahmen und Glaubenssätze herauszuarbeiten, die die bewussten Kognitionen als Prämissen stützen. Was die unbewussten Motive oder Quellen dieser Grundannahmen und Glaubensstrukturen anbelangt, sind wir auf Rekonstruktionen und Deutungen oder die Interpretation und Hypothesenbildung auf Grund biografischer Angaben (zum Beispiel in Verhaltenstherapie oder in Psychiatrie) angewiesen. Fragen Sie nach jeder Antwort: »Und was ist daran schlimm (das Problem)?«

Dazu ein Beispiel:
Klient: »Ich kann meinem Chef da nichts entgegensetzen.«
Coach: »Was ist das Problem dabei?«
Klient: »Er würde mich dann zur Schnecke machen.«
Coach: »Was wäre daran so schlimm, was ist das Problem dabei?«
Klient: »Na, wie stehe ich dann vor den anderen da?«
Coach: »Nämlich ...?«
Klient: »Na, die würden doch lachen.«
Coach: »Was wäre das Problem daran?«
Klient: »Die würden mich doch nicht ernst nehmen.«
Zuletzt äußert der Klient: »Ich bin nur liebenswert, wenn ich gelobt werde.«

Nun kommen wir zu den Fragen, die Sie dem Klienten stellen sollen. Bitte formulieren Sie wieder konkrete Fragen. Zunächst auf die Situation A und das unangenehme Gefühl oder Verhalten bezogen:

1. Kombination von Gedanken und Gefühlen?
2. Innerer Dialog (zu sich selbst gesagt)?
3. Gedanken, die vom Ziel abhielten?
4. Befürchtungen?
5. Katastrophenideen?
6. Worüber hat er sich am meisten geärgert?

Jetzt folgen Bewertungen über B–:

7. Bedeutung für das Leben, falls B– korrekt ist?
8. Identität in diesem Fall?
9. Wie schlimm (1–10)?

Jetzt kommen wir zu den Fragen zu den Grundannahmen:

10. Schlussfolgerungen daraus?
11. Das Problem dabei ist ... Es ist schlimm, weil ...?
12. Es darf nicht, soll nicht, kann nicht?
13. Tragisch, schlimm, verwerflich ...?
14. Ableiten einer Philosophie oder Regel aus B–?
15. Möglicher biografischer Ursprung?
16. Wie lautet der innere Befehl?

Lösungsvorschläge finden Sie auf Seite 207.

In den kognitiven Beratungs- und Therapiemethoden werden kooperative Formen der Gesprächsführung bevorzugt. Es geht nicht darum, den Klienten zu belehren oder mit dem Klienten ein Streitgespräch zu führen. Der Disput soll vom Klienten innerlich geführt werden und ihn auf *Widersprüche zwischen seinem Denken und seinen Zielen oder zwischen seinem Denken und der Realität* aufmerksam machen. Der Berater unterstützt den Klienten dabei, indem er einen sokratischen Dialog mit ihm führt. Voraussetzung hierfür sind Achtung, Respekt, Wohlwollen und sehr viel Geduld. Durch kurze, offene und konkrete Fragen, die sich auf die Äußerungen des Klienten beziehen, wird diesem ermöglicht, sein eigenes Denken zu reflektieren (in einen inneren Disput einzutreten). Hierbei werden zwei Grundformen unterschieden:

- Die *hedonistische Disputation* legt Widersprüche zwischen den Kognitionen und kurz- oder langfristigen Zielen offen.
- Die *empirische oder logische Disputation* legt Widersprüche zwischen den Kognitionen und der beobachtbaren Realität offen.

Es gibt weitere wichtige Disputationsmethoden, die wir hier jedoch nicht alle aufführen können. Humor und leichtere Konfrontationen sind fester Bestandteil der Methoden.

Übung 22: Sokratischer Dialog (Diskurs), Infragestellen der irrationalen Kognitionen (D)

Nun zu den Fragen, die Sie Ihrem Klienten stellen können. Bitte formulieren Sie diese wieder auf der Basis der folgenden Stichwörter:

1. Gedanke (bisher) hilfreich beim gewünschten Gefühl?
2. Gefühl (bisher) hilfreich beim gewünschten Gedanken?
3. Was sind die langfristigen Folgen dieser Art zu denken?
4. Gedanke beruht auf Tatsachen?
5. Beweise?
6. Beispiele für Richtigkeit?
7. Woher wissen?
8. Wahrscheinlichkeit?
9. Schlussfolgerungen logisch?
10. Gründe so zu bleiben?
11. Gründe sich zu ändern?
12. Müssen, sollen, dürfen, können?
13. Verhalten und Identität?
14. Sprachliche Übertreibungen hinterfragen: immer, nie, alle ... Katastrophe, Unglück, schrecklich ...?
15. Gegenbeispiele?
16. Alternativen?

Lösungsvorschläge finden Sie auf Seite 207 f.

Übung 22: Funktionale Kognitionen erarbeiten und festigen (B+)

Nachdem der Klient erkannt hat, dass seine bisherigen Kognitionen nicht zielführend sind, und er gelernt hat, diese in Frage zu stellen, sollten Sie ihn anregen, für die auslösende Situation eine adäquate Kognition zu entwickeln. Mit welchen Fragen können Sie den Klienten an diese Aufgabe heranführen? Wie könnte der Klient das Begriffene (oder Gelernte) festigen und üben?

Lösungsvorschläge finden Sie auf Seite 208.

Übung 24: Erstellen Sie ein übersichtliches Merkschema zur RET

In den vorangegangenen Übungen haben wir Ihnen zu den einzelnen Buchstaben des ABC-Schemas zahlreiche mögliche Fragen aufgeführt. Bitte fassen Sie die einzelnen Schritte des ABC-Schemas in einer Tabelle oder einer Grafik übersichtlich zusammen. Sie können das Schema abstrakt entwerfen oder anhand eines Beispiels aus den vorherigen Übungen. Bitte disktuieren Sie Ihre Lösung mit Kolleginnen und Kollegen. Es geht nicht um ein perfektes Schema mit perfekten Fragen. Sie können eine Tabelle wählen oder eine Grafik, als Übersicht oder Mnemo.

Lösungsvorschläge finden Sie auf Seite 208 f.

Auch in der folgenden Fall-Vignette finden Sie Hinweise auf dysfunktionale Kognitionen.

Fall-Vignette 13: Die nörgelnde Schwiegermutter

Erstkontakt: Die 34-jährige Leiterin eines kirchlichen Pflegeheimes erzählt, dass sie sich durch ihre Schwiegermutter wie gelähmt fühle. Diese sei enorm boshaft und dominant. Dadurch würden ihr alle Kräfte geraubt, und sie habe so viel Ärger, dass sie ihrer Aufgabe als Heimleiterin nicht mehr voll gerecht werden könne. Ihre Mitarbeiterinnen hätten sich bei ihr bereits lautstark beschwert. Sie wisse natürlich, dass sie sich ändern müsse, und wolle das auch versuchen. Zurzeit sei aber keine Bewegung möglich, da der Konflikt so eskaliert sei, dass sie sich im Haus in das oberste Stockwerk zurückziehen müsse. Sie schäme sich deswegen; immerhin sei sie eine erwachsene Frau. In dieser Situation sei aber nichts zu bewegen.
Sie bewohne das Haus mit ihrem Mann. Er habe Haus und Grundstück bereits von der Schwiegermutter geerbt. Der sei dafür aber ein lebenslanges Wohnrecht eingeräumt worden. Die Schwiegermutter habe sie von Anfang an abgelehnt, da sie wohl nicht gut genug für ihren Sohn sei. Ihr Mann stehe zu ihr, wolle sich in Frauenangelegenheiten aber nicht einmischen. Er meine, dass seine Mutter halt recht alt sei und man ihre verschrobenen Ansichten daher nicht zu ernst nehmen solle. Sie solle doch Verständnis haben, schließlich wolle er sich für seine Frau nicht schämen.
Sie gehe der Schwiegermutter aus dem Wege, so gut es eben möglich sei. Die Schwiegermutter mache aber immer wieder Anspielungen, um sie zu provozieren. So nörgele diese zum Beispiel über die Art, wie die Klientin das Essen zubereite: »Zu meiner Zeit hat man die Kartoffeln aber noch richtig schälen müssen.« Dies seien dauernde Entwertungen, die sie nicht mehr ertragen könne. Außerdem werde sogar noch verlangt, dass sie sich den Sitten des Hauses zu unterwerfen habe und zu Weihnachten genau das zu essen sei, was dort schon immer gegessen worden sei. Sie habe jedoch einen viel flexibleren und freieren Umgang mit Festtagsgerichten gelernt und akzeptiere nicht, dass man ihr jetzt starre Sitten aufzwingen wolle. Mit ihrem Mann verstehe sie sich ganz gut. Da habe sie keine Probleme. In der Lebensberatung wolle sie lernen, sich gegen die Schwiegermutter zu wehren und sich beruflich besser durchsetzen zu können.

> *Übungsfragen*
>
> 1. In den Schilderungen der Klientin sind zahlreiche Interpretationen enthalten (statt der nüchternen Beschreibung von Tatsachen oder Abläufen). Identifizieren Sie bitte diese Interpretationen und versuchen Sie offen zu legen, welche Bewertungen und Grundannahmen dahinter stehen könnten.
>
>   Dazu ein Beispiel: Bei der diesjährigen Beförderung wurde eine Sachbearbeiterin nicht berücksichtigt. Ihre Interpretation: »*Mein Chef lehnt mich ab!*« Die Bewertung: »*Vermutlich bin ich eine Versagerin.*« Die mögliche Grundannahme: »*Nur wenn ich Erfolg habe, bin ich liebenswert.*«
>
> 2. Welche Emotion (häufig einfach Gefühl genannt) entwickeln Sie gegenüber der Klientin, nachdem Sie die Schilderung gelesen haben? Welche Gedanken stellen sich ein, welche Bilder tauchen auf, welche Körpergefühle sind wahrnehmbar?

3. Weshalb könnte es allgemein bedeutsam sein, auf eigene Körpergefühle zu achten, während man einen Klienten berät?
4. Auf Seite 164 haben wir Ihnen das Konzept der Submodalitäten vorgestellt. Greifen Sie mehrere der dysfunktionalen Kognitionen (Bewertungen und Grundannahmen) aus Frage 1 heraus und versetzen Sie sich in die Lage der Klientin. Welche Bilder und Körpergefühle können Sie zu der Kognition wahrnehmen? Beschreiben Sie die Submodalitäten dieser Wahrnehmung. Wie verändert sich der Komplex Kognition – Bild – Körpergefühl, wenn Sie die Submodalität des Bildes verändern (zum Beispiel klein, schwarzweiß, Standbild; statt groß, farbig, bewegt, unscharf, scharf)?
5. Die Klientin hat in der Schilderung zweimal das Wort »schämen« benutzt. Solche Worte fallen meist nicht zufällig. Haben Sie Ideen oder Fantasien, weshalb die Klientin sich schämen könnte?
6. Auf welche Weise könnte das Schamgefühl Klienten allgemein daran hindern, ihre Kognitionen oder Emotionen zu erkennen oder gegenüber dem Berater zu äußern?
7. Sie beginnen gemeinsam mit dieser Klientin, ihre innere Erlebniswelt, ihre besondere Art des Wahrnehmens, Interpretierens und Wertens zu entdecken. Welche innere Grundhaltung sollten Sie als Berater dabei ausstrahlen, um die Klientin bei dieser gemeinsamen Suche zu fördern? Bitte fühlen Sie sich zur Beantwortung dieser Frage in die Klientin ein: Ihnen (Sie als Klientin) sitzt jemand gegenüber (Sie als Berater), der Sie beraten wird. Wie sollte der über Sie und Ihr Innenleben denken oder fühlen? Was würde Sie fördern, was eher verschließen oder ängstigen?

Lösungsvorschläge finden Sie auf Seite 211 f.

Metaprogramme (Sorts)

In folgender Übung werden Sie trainieren, Sorts in den Äußerungen Ihrer Klienten zu erkennen. Sorts äußern sich auch in der Wahl von Berufen, Kleidung, Autos, Lektüre, Freundeskreisen: »Sag mir, welche Bücher du liest und wer deine Freunde sind. Dann sage ich dir, wer du bist.« Die Kenntnis der Sorts ist Ihnen bei dem Aufbau und dem Festigen des Rapports zu Ihren Klienten hilfreich. Die Metaprogramme geben Hinweise auf Verhaltenstendenzen Ihrer Klienten; sie sagen aber wenig über deren Identität aus.

Sie können die Analyse der Sorts außerdem in der Disputation hinderlicher Glaubenssysteme anwenden: »Gibt es in Ihrem Umfeld Menschen, die das ganz anders machen würden und die trotzdem ihre Ziele erreichen?«

Sorts sind situations- und beziehungsspezifisch. Derselbe Mensch kann in anderen Situationen und gegenüber anderen Menschen ganz andere Metaprogramme in den Vordergrund stellen, als Sie es nach einer kurzen Analyse gedacht hätten. Bitte seien Sie daher vorsichtig mit Schubladen. Ein Beispiel dazu: »Jemand ist ein Distanztyp.« Sicher fallen Ihnen sofort Einwände ein: »Immer? In welcher Situation genau? Wann nicht?«

Sorts hatten wir auf S. 160 ff. besprochen.

Übung 25: Klienten-Sorts erkennen

In dieser Übung sollen Sie aus den Aussagen der Klienten mögliche Sorts schlussfolgern und den Satz in dazugehörige komplementäre Sorts übersetzen.

> Dazu ein Beispiel: »*Ich brauche jemanden, der mir klipp und klar sagt, was ich genau zu tun habe; das betrifft auch die Teilschritte.*«
> Sort: Prozedurale Vorgehensweise der Zielerreichung.
> Komplementäre Klientenaussage: »*Mit den Kleinigkeiten der Durchführung sollten Sie mich nicht aufhalten. Ich brauche ein Ziel, und dann lege ich los.*«
> Sort: Optionale Vorgehensweise der Zielerreichung.

Bitte versuchen Sie in den folgenden Sätzen Sorts zu identifizieren:

1. Ich habe nicht gern jemanden über mir. Ich will lieber selbst entscheiden, wo es lang geht.
2. Ich wollte schon immer einen Sportwagen haben; dafür musste ich früher viel arbeiten.
3. Ich entwerfe gerne Rahmenpläne. In der Buchhaltung hatte ich dagegen meine Probleme, weil die Arbeit irgendwie nie zu einem Ende kam.
4. Ich habe mich entschieden, meine Fähigkeiten der Kommunikation auszubauen. Das war mir wichtig, damit ich besser verstanden werde.
5. Dabei fühle ich mich nicht so gut. Ich habe das Vorgehen zwar verstanden, es irritiert mich aber, dass wir so vorgehen sollen.
6. Die Dinge müssen vom Tisch. Als Führungspersönlichkeit ist es wichtig, heute zu entscheiden, nicht morgen. Dass manchmal Fehlentscheidungen getroffen werden, ist leichter zu ertragen, als keine Entscheidungen zu treffen.
7. Ich warte lieber ab, wie sich die Dinge entwickeln.
8. Ich habe zwar gehört, dass Hypnose in einigen Fällen wirksam sein soll, ich glaube aber, dass manches davon etwas geschönt sein könnte.
9. Ich fühle mich wohl, wenn die Kollegen sich alle gut verstehen. Wir treffen uns zweimal am Tag zu einer Kaffeepause.
10. Mir schießen immer neue Ideen in den Kopf, deshalb ist eine Baustelle für mich zu wenig.

Lösungsvorschläge finden Sie auf Seite 208 f.

Übung 26: Glaubenssätze aus Sorts ableiten

Sorts oder Metaprogramme sind nicht nur Indikatoren für Verhaltenstendenzen. Sie sind auch Bestandteil von Glaubenssystemen und Identität. Daher lässt sich von Sorts auch auf mögliche Glaubenssätze schließen.

> Dazu ein Beispiel: »*Meine Mitarbeiter bemühen sich natürlich. Trotzdem ist es wichtig, dass ich immer wieder präsent bin und nach dem Rechten schaue.*«
> Sort: unter anderem Kontrolle.
> Möglicher Glaubenssatz: »*Vertrauen ist gut, Kontrolle ist besser.*« Oder: »*Andere Menschen könnten versuchen, mich zu hintergehen. Dem muss ich vorbeugen.*«

Bitte versuchen Sie nun, mögliche Glaubenssätze hinter den folgenden Klientenaussagen zu erschließen.

1. Ich lege großen Wert darauf, dass alles genau stimmt. Da darf nicht die kleinste Schraube am falschen Platz sitzen.
2. Ich gehe lieber mit Sorgfalt und Konzentration vor. So kommt man auch zum Ziel.
3. Ich sehe häufig aus der Ferne auf das bisher Erreichte, im nächsten Moment konzentriere ich mich aber schon wieder voll auf meine Ziele.
4. Es verunsichert mich, wenn die Personalfluktuation so groß ist. Ich möchte gerne wissen, mit wem ich zusammenarbeite.
5. Wie wir das genau bewerkstelligen werden, darum muss ich mich jetzt noch nicht kümmern. Sagen Sie mir nur, wann und wo wir loslegen sollen.

Lösungsvorschläge finden Sie auf Seite 210.

Die folgende Fall-Vignette verlangt nun wieder Flexibilität von Ihnen (eines Ihrer Sorts?), da wir nun scheinbar wieder das Thema wechseln und nach Gegenübertragungen, Träumen und Ihren Fantasien fragen.

Fall-Vignette 14: Der strafende Religionslehrer

Die 45-jährige Chefsekretärin einer großen Rückversicherung in Hannover leidet an Kraftlosigkeit, Verstimmung und Müdigkeit. Sie erläutert, dass sie bereits über 400 Stunden Psychotherapie inklusive einer Analyse hinter sich habe. Das habe ihr aber nicht sonderlich helfen können. Außerdem habe der Gutachter des medizinischen Dienstes der Krankenkassen (MDK) gesagt, sie habe im eigentlichen Sinne keine behandlungsbedürftige Krankheit mehr (vielleicht eine ganz leichte Depression, mit der sie leben müsse). Damit habe sie sich dann zufrieden gegeben und sei über ein Jahr ohne Hilfe zurechtgekommen. Nun stehe sie aber vor der Entscheidung, ob sie ihren Mann verlassen solle oder nicht. Sie habe einen seelenverwandten Freund im selben Unternehmen, zu dem sie sich sehr hingezogen fühle. Solange sie bei ihrem Mann wohne, wolle er sich aber nicht ganz auf die Beziehung einlassen.
In dieser Angelegenheit brauche sie daher dringend Rat, um einzelne Schritte zu besprechen. Sie habe diese Idee schon länger. Sie komme unter anderem zu diesem Zeitpunkt, da sie wiederholt einen Traum gehabt habe, der ihr anzeige, dass etwas passieren müsse: Sie träume immer wieder, dass ihr ehemaliger Religionslehrer sie bestrafe und verprügele. Dabei habe sie nie einen solchen Lehrer gehabt. Sie sei nämlich auf eine Schule gegangen, in der Nonnen den Religionsunterricht erteilt hätten. Zumindest aber wisse sie aus ihrer Analyseerfahrung, dass wiederholte Träume einen Klärungs- und Handlungsbedarf anzeigten.
In ihrem Beruf fühle sie sich nicht erfüllt. Sie liebe zwar die Arbeit im Team und mit ihrem Chef, dies sei ihr aber nicht genug. Sie engagiere sich sehr in sozialen Stadtteilprojekten und sehe ihre Zukunft eigentlich mehr darin, anderen bedürftigen Menschen im direkten Kontakt zu helfen. Dies könnte ein weiteres Thema der Beratung sein. Sie wisse nicht, ob sie den Schritt wirklich wagen solle, ihre jetzige Position aufzugeben.

Die Nachfrage des Coachs ergibt, dass die Rückversicherung die Beratungskosten trägt. Ihr Freund dort arbeite in der Personalentwicklung und habe dies für sie arrangiert. Die Klientin gibt zu verstehen, dass sie diese Frage verletzt habe.

Übungsfragen

1. Welche Gefühle und Gedanken verursacht diese Klientin bei Ihnen?
2. Zur Empathie: In welche Personen müssen Sie sich – in Bruchteilen von Sekunden – einfühlen, um ein Geflecht an Gefühlen und Gedanken in sich entstehen zu lassen?
3. Wie haben Sie den Beratungsauftrag verstanden? Fühlen Sie sich dem gewachsen?
4. Welche Bedeutung könnte der geschilderte Traum haben? Untersuchen Sie bitte, welche Personen aus der Lebensgeschichte der Klientin darin symbolhaft enthalten sein könnten und welche inneren Teile der Klientin selbst in diesem Traum szenischen Ausdruck finden könnten.
5. Was mag den Berater motiviert haben, nach dem Kostenträger für die Beratung zu fragen? Warum fühlt sich die Klientin dadurch verletzt?
6. Der Freund wolle sich nicht ganz auf sie einlassen, solange sie bei ihrem Mann wohne. Könnte diese Aussage auch etwas im Hier und Jetzt bedeuten (also nicht nur im Gespräch mit dem Freund im Damals und Dort)?

Lösungsvorschläge finden Sie auf Seite 212 f.

Falldarstellungen

Falldarstellung 7: Event-Managerin am Nullpunkt

Die 60-jährige leitende Angestellte eines Kölner Messeunternehmens sucht nach ruhigeren beruflichen Alternativen. Sie sei ganz oben gewesen in ihrem Beruf. Aktuell sei sie am Nullpunkt. Sie sei verheiratet und habe zwei Söhne.

Welche Beschwerden oder Klagen hat die Klientin? Die berufliche Misere sei nicht alles. Sie habe noch weitere körperliche und seelische Probleme: Der Kopf sei immer voll, so als würde nichts mehr hineinpassen. Alles laufe unkontrolliert. Sie habe nach kurzer Zeit Beklemmungen bei jeglichen Aufgaben. Alles sei ihr zu viel. Sie sei extrem schnell erschöpft, sei dann am Nullpunkt. Sie leide außerdem an Schlafstörungen, an Weinerlichkeit, Zittern und an einem vermehrten Kribbeln der Hände unter Stress. Dann fühlten sich die Beine wie taub an. Die Hände seien immer ganz verkrampft und müssten sich gegenseitig stark festhalten. Sie bekomme leicht Herzbeklemmungen und den Wunsch, sich an stille Orte zurückzuziehen. Laute Geräusche würden ihr starke Angst und Verspannung bereiten. Sie sei körperlich extrem verkrampft und könne sich eigentlich nie richtig entspannen. In Personengruppen bekomme sie große Angst und müsse dann schnell weggehen, damit sie allein sein könne.

Gesundheitliche Vorinformationen: Die Klientin habe vor einem Jahr eine ambulante Psychotherapie gehabt. Anschließend habe eine stationäre psychosomatische Rehabilitation stattgefunden, die ihr sehr viel Klarheit verschafft habe. Zurzeit besuche sie regelmäßig ihren Nervenarzt und gehe zur Krankengymnastik. Der Nervenarzt verordne ihr seit einem Jahr ein mildes Medikament gegen Depressionen. Er habe gesagt, alternative Methoden und eine unterstützende Lebensberatung seien vielleicht hilfreich, um neuen Schwung in ihr Leben zu bringen. Sie solle ihm aber von den Ergebnissen dieser Maßnahmen regelmäßig berichten. Die Klientin rauche etwa 20 Zigaretten am Tag. Sie trinke nur selten Alkohol.

Sozialanamnese: Die Mutter der Klientin sei Hausfrau gewesen, der Vater Schreiner. Sie habe zwei Schwestern, wobei die eine zwei Jahre jünger, die andere zwei Jahre älter sei. Sie sei früher schon einmal 14 Jahre verheiratet gewesen. Der erste Mann sei jedoch schwer alkoholkrank gewesen, weshalb sie ihn verlassen habe. Er sei dann zwei Jahre später an der Krankheit verstorben. Ihre Kinder seien beide um die 40 Jahre alt. Ihr ältester Sohn sei auf Grund eines Sauerstoffmangels bei der Geburt geistig behindert. Er habe bis vor ungefähr 15 Jahren zu Hause gelebt, sei seitdem aber in einem Heim untergebracht. Seit fünf Jahren werde sein Zustand zunehmend schlechter, da er geistig extrem abbaue. Der jüngere Sohn sei Sozialarbeiter und Heilerzieher geworden. Die Klientin hat vor zwölf Jahren erneut geheiratet. Ihr jetziger Mann sei zwölf Jahre jünger als sie und habe als Unternehmer ein gutes Einkommen. Deshalb sei es nicht tragisch, dass die Krankengeldzahlung der Kasse eingestellt worden sei und sie kein Arbeitslosengeld bekomme. Sie plane, einen Rentenantrag zu stellen. Sie treffe nur gelegentlich Bekannte und Freunde. Sie wohne in einem Eigenheim-Doppelhaus. In diesem Haus würden außerdem ihre Eltern im ersten Stock wohnen. Sowohl ihr kranker Sohn, als auch ihre Eltern würden sie nun zunehmend beanspruchen.

Arbeits- und Berufsanamnese: Sie habe nach dem Abitur in einer Werbeagentur eine kaufmännische Ausbildung absolviert und habe anschließend in mehreren Unternehmen in der Branche gearbeitet. Als die Kinder gekommen seien, habe sie fast zehn Jahre ausgesetzt und dann zunächst eine Tätigkeit bei einem großen Messeveranstalter angenommen. In diesem Unternehmen habe sie sich langsam emporgearbeitet und sei zum Schluss für spezielle Messe-Events als leitende Mitarbeiterin zuständig gewesen. Sie sei den vielen Anforderungen, den vielen Leuten und dem hektischen Arbeitsumfeld seit einigen Jahre aber nicht mehr gewachsen. Es habe ständig zu viele Dinge auf einmal gegeben, stets die große Verantwortung, sie habe immer im Blickfeld gestanden und jederzeit kurzfristige Entscheidungen treffen müssen. Sie sei für wirklich alles verantwortlich gewesen. Die Chefs seien dabei keine Hilfe gewesen, sondern eher eine unangenehme Kontrollinstanz. Seit einem Jahr sei es ihr nicht mehr möglich, in diesem Berufsumfeld effektiv zu arbeiten. Mittlerweile wünsche sie sich einen anderen Arbeitsplatz mit weniger Verantwortung und einem ruhigeren Umfeld. Wenn dies nicht funktionieren sollte, würde sie einen Rentenantrag stellen. Auf diese Idee sei sie aber erst durch die Psychotherapie und die stationäre Reha gekommen.

Vertiefte biografische Anamnese: Sie sei ein willkommenes Kind gewesen. Die Eltern hätten sich eine Tochter gewünscht. Die Mutter sei während der Schwangerschaft sehr schwach gewesen. Es seien schwere Zeiten gewesen, und der Vater habe ungeheuer viel arbeiten müssen. Er habe viele Fenster bei anderen Leuten eingesetzt. Oft habe er zudem am Wochenende gearbeitet, um frische Sahne für die Töchter zu bekommen. Dies sei damals eine Rarität gewesen, aber man sagte, dass dies vor TBC und anderen Krankheiten schützen würde.
Zuerst sei ihre älteste Schwester geboren worden. Dann sei eine weitere Schwester gefolgt, die nach sechs Monaten verstorben sei. Über sie werde nicht mehr geredet. Anschließend sind noch die Klientin und ihre jüngere Schwester gekommen. Sie habe die stärkste Bindung zum Vater gehabt. Er habe ihr immer geholfen und sei für sie da gewesen. Und er habe sie auch in sein handwerkliches Können eingeweiht. Schon als Kind habe sie das Schreinern, die Elektrik, das Glasern und Maurern beherrscht und könne dies auch jetzt noch beinahe wie ein ausgebildeter Handwerker. Im eigenen großen Garten sei Nahrung angebaut worden. Dort habe sie gerne gespielt. Es habe unter anderem Hühner, Enten und Gänse gegeben. Sie sei oft mit den Gänsen im Wald gewesen und habe diese gehütet. Zu den Tieren hätten auch Kaninchen, Hund und Katze gehört. Alle hätten sich verstanden. Die Katze sei selbst an die Hühnerküken nicht herangegangen, da ihre Mutter zu allen, auch zu den Tieren, immer gesagt habe: »Wir sind eine große Familie, wir müssen alle friedlich zusammenleben und uns verstehen. Die anderen gehören ebenso zur Familie!« In der Familie habe es feste Regeln gegeben:

- Sauberkeit sei enorm wichtig gewesen (gewaschene Hände, saubere Fingernägel).
- Tischsitten seien sehr streng eingehalten worden (beispielsweise wurde auf den korrekten Umgang mit Besteck und Serviette geachtet).
- Wenn Erwachsene redeten, hätten die Kinder absolut still sein müssen. Die Eltern hätten ihre ernsthafteren Gespräche stets nur in Abwesenheit der Kinder geführt.

- Jeder habe abwechselnd eine Aufgabe oder Pflicht gehabt: Abwaschen und Ähnliches. Die Klientin habe immer mehr Arbeit gesehen, als es ihren Aufgaben entsprochen habe. Sie habe dann stets dort geholfen, wo sie nicht eingeteilt gewesen sei.
- Wenn die Kinder von der Schule nach Hause gekommen seien, hätten sie zuerst die Schulkleidung in Hauskleidung wechseln müssen, hätten die Hausaufgaben erledigen müssen und dann erst spielen gehen dürfen.
- Die wichtigste Regel sei jedoch gewesen, dass alle immer freundlich, fleißig und zuvorkommend sein sollten.

Dies seien Regeln gewesen, die sehr streng eingehalten worden seien. Viel strenger, als dies in anderen Familien üblich gewesen sei.

Sie habe als Kind das Gefühl gehabt, die Verwandten wären gekränkt gewesen, wenn sie nicht möglichst alle zu den Festtagen besucht hätte. Es sei aber sehr anstrengend gewesen, alle zu besuchen. Am liebsten hätte sie das nicht gemacht. Sie habe sich aber verpflichtet gefühlt, es allen so recht wie möglich zu machen.

Die Schule sei für sie nicht einfach gewesen. Sie habe strenge Lehrer gehabt, vor denen sie sich gefürchtet habe. Einige Lehrer hätten viel geschimpft, oft hinter ihr gestanden und auch einen Rohrstock benutzt. Es habe zudem Druck vom Vater gegeben. Er habe beim Lernen oft geholfen und neben ihr gesessen. Erst im Gymnasium sei ihr das Lernen leichter gefallen. Zu dem Zeitpunkt habe sich der Vater dann etwas von ihr zurückgezogen. Sie sei aber insgesamt keine gute Schülerin geworden.

Gleich nach der Schule habe sie ihre Lehre absolviert und kurz darauf ihren ersten Mann kennen gelernt und geheiratet. Die Geburt ihres ersten Sohnes sei für sie schockierend gewesen. Gleich nach der Geburt sei ihr das Kind weggenommen worden, da es sehr krank ausgesehen habe. Als sie das Kind dann nach einiger Zeit habe abholen dürfen, habe ihr der Arzt im Beisein anderer Patienten schroff mitgeteilt, dass das Kind nie laufen werde, immer Windeln brauchen werde und nie selbstständig werde essen können, da es einen Gehirnschaden erlitten habe. Dies sei für sie äußerst beschämend und verletzend gewesen. Sie habe sich in diesem Moment fest vorgenommen, es mit diesem Kind doch zu schaffen und den Arzt Lügen zu strafen. Sie habe ziemlich viel Energie in die Erziehung des behinderten Kindes gesteckt, und es habe trotz der Erkrankung alles machen können, was der Arzt in seiner Vorhersage verneint hatte. Der gesunde zweite Sohn habe sich intensiv um seinen kranken Bruder gekümmert. Er sei dann später auch Heilpädagoge geworden und kümmere sich heute unter anderem um behinderte Menschen.

Die Ehe mit dem ersten Mann habe schon zu bröckeln begonnen, als die Kinder einige Jahre alt waren. Er habe angefangen, häufig Alkohol zu trinken. Sie habe sich getrennt, nachdem sie vorher wirklich alles versucht habe. Dieser Mann sei kurz darauf verstorben. Die Kinder und sie hätten ihm jedoch nicht übermäßig hinterhergetrauert.

Später habe sie einen jüngeren Mann geheiratet. Mit diesem bewohne sie ein Doppelhaus, in dem im oberen Stockwerk noch ihre eigenen Eltern lebten. Mit den Eltern gebe es keine Spannungen.

Der kranke Sohn leide jetzt an einer früh einsetzenden Altersvergesslichkeit und verliere all die Fähigkeiten, die mühsam erworben worden seien: Er könne jetzt nicht mehr arbeiten, einkaufen, alleine mit dem Bus fahren und werde mehr und mehr ein Pflegefall. Dies belaste die Klientin enorm. Ihr sei jetzt alles zu viel: die Arbeit, das kranke Kind, die älter werdenden Eltern. Ihr Mann kümmere sich jetzt auch um ihren Sohn, um die Klientin zu entlasten. Er halte jede Form von Stress von ihr fern und unterstütze sie, wo er könne.

Beratungsziele: Die Klientin äußert als vordringliches Beratungsziel zu Beginn: »Bessere Konzentration, stärkere Belastbarkeit, weniger Lärmempfindlichkeit, wieder Wohlfühlen in größerem Personenkreis. Neue Aufgaben finden ohne Einengung und Überlastung.«
Es wurden insgesamt 15 Stunden Beratung vereinbart. Nach der dritten Beratungsstunde wurden gemeinsam folgende Beratungsziele formuliert:

- ambivalente Gefühle zulassen können und sortieren lernen: Bindung – Unabhängigkeit, helfen wollen – egoistisch sein, Gehorsam – Selbstbestimmung;
- Wut und Aggression als normale und erlaubte Gefühle wahrnehmen können;
- sich auch als Täter und Akteur im Leben akzeptieren können – jenseits der Rolle als Opfer;
- lernen, sich abzugrenzen, ohne Angst vor totalem Liebesentzug; neben den elterlichen Normen eigene Normen festlegen;
- erste Einblicke in die Dynamik und lebensgeschichtliche Verwurzelung einiger Wesenszüge;
- sich Kränkungen und Trauer genauer ansehen können, ohne in Ohnmacht, Starre oder Lähmung verfallen zu müssen.

Viele weitere Themen wurden bewusst ausgeschlossen, da diese in 15 Stunden nicht bearbeitet werden könnten.

Übungsfragen zur Falldarstellung 7

1. Die Klientin neigt möglicherweise dazu, sich mehr Arbeit und Verantwortung aufzubürden, als ihr gut täte. Gibt es darauf schon biografische Hinweise?
2. Gibt es biografische Hinweise darauf, dass der Klientin Strebsamkeit, Arbeitsamkeit und Anpassung wichtig sein könnten? Wie beeinflusst die räumliche Nähe der Eltern die anhaltende Wirkung dieser Tugenden?
3. Gibt es biografische Hinweise auf Bestrebungen, Harmonie und Zusammengehörigkeit erreichen zu wollen? Welche Gefühle könnten entstehen, wenn die Klientin in sich Bestrebungen empfindet, die dem zuwiderlaufen?
4. Wie hilfreich schätzen Sie biografisch abgeleitete Deutungen (wie in Frage 1 bis 3) ein?
5. Kann Empathie ein tieferes Verständnis über die Klientin liefern als die Kenntnis und Deutung biografischer Fakten?
6. Der behinderte Sohn ist aufopferungsvoll erzogen worden. Wie wirkt sich die Verschlimmerung seiner Erkrankung möglicherweise auf die Klientin aus?
7. Müsste die verstorbene Schwester, die die Klientin nie kennen gelernt hat, in der Beratung nochmals erwähnt werden?
8. Sollte der Tod des ersten Mannes noch einmal thematisiert werden?
9. Welche Fantasien haben Sie über die jetzige Ehe der Klientin?
10. Welche Werte, Glaubenssätze und Vorstellungen der Klientin und des Beraters finden in den oben genannten Beratungszielen ihren Niederschlag? Wer hat dort wen mehr beeinflusst, um zu diesen Zielen zu gelangen?

Lösungsvorschläge finden Sie auf Seite 214f.

Falldarstellung 8: Heimleiterin im Konflikt mit der Schwiegermutter

Die 34-jährige Leiterin eines größeren kirchlichen Alten- und Pflegeheimes in Paderborn leide unter einer boshaften Schwiegermutter.

Weshalb kommt die Klientin in die Beratung? Sie wisse nicht weiter, sei verzweifelt, fühle sich wie gelähmt und habe die Tendenz, sich im Haus zurückzuziehen. Sie leide unter der Dominanz und Boshaftigkeit der Schwiegermutter, der sie sich nicht entziehen könne. Mit dieser gebe es ständig Ärger, und das raube ihr so viel Kraft, dass sie deshalb zeitweise nicht arbeiten könne und ihren Pflichten als Vorgesetzte nicht im vollen Umfang nachkommen könne.

Für die Beratung relevante gesundheitliche Informationen: Sie habe sich bei ihrem Hausarzt und einem Nervenarzt vorgestellt. Beide hätten gesagt, ihre Probleme hätten keinen wirklichen Krankheitswert. Die Klientin rauche zirka 30 Zigaretten am Tag und trinke regelmäßig bis zu drei Flaschen Bier.

Sozialanamnese: Der Vater sei Stadtangestellter gewesen, die Mutter Hausfrau. Die Klientin habe eine Schwester (zwei Jahre älter), die Kinderkrankenschwester geworden sei, sowie einen Bruder (drei Jahre jünger), der Handwerker geworden sei. Das Familienleben sei recht harmonisch gewesen. Sie habe das Haus jedoch schon mit 15 Jahren verlassen. Mit 20 Jahren habe sie ihren ersten Mann geheiratet. Er sei zuerst Bankkaufmann gewesen und dann Mitarbeiter des Landtages. Das Ehepaar habe zwei Söhne: Diese gingen noch zur Schule und würden bei ihrem ersten Mann leben, da die Kinder dies gewollt hätten. Ihr erster Mann habe kaum Zeit für die Familie gehabt habe, daher sei die Ehe geschieden worden, als die Kinder sechs und acht Jahre alt waren. Vor einigen Jahren habe sie ihren zweiten Mann geheiratet. Mit diesem lebe sie jetzt zusammen. Die Kinder kämen gelegentlich zu Besuch und hätten ein gutes Verhältnis zu ihr und ihrem zweiten Mann.
Im Hause des Mannes, das sie bewohnen, lebe noch die fast 90-jährige rüstige Schwiegermutter, zu der sie ein denkbar schlechtes Verhältnis habe. Die Frauen würden sich eine Küche teilen, und die Schwiegermutter hoffe – so glaube die Klientin zumindest – , dass sie die Schwiegermutter später einmal pflegen werde.

Arbeits- und Berufsanamnese: Mit 15 Jahren habe die Klientin das Elternhaus verlassen und sei in einem Ordensinternat aufgenommen worden, in dem sie bis zum 17. Lebensjahr neben dem Schulbesuch Hauswirtschaftsgehilfin gelernt habe. Mit 17 Jahren habe sie dann woanders eine Ausbildung zur Altenpflegerin begonnen. Es sei ihr wichtig gewesen, in einem Heim ausgebildet zu werden, in dem sie ein Zimmer für sich alleine habe bekommen können. Die Pflegeausbildung habe sie nach drei Jahren beendet, habe dann drei Jahre in diesem Heim gearbeitet und anschließend fünf Jahre Erziehungspause gehabt. In dieser Zeit habe sie jedoch Fernkurse belegt und eine Fachschule besucht, um sich auf spätere Leitungsaufgaben vorzubereiten. Vor sechs Jahren sei sie erneut in das Heim eingetreten, in dem sie gelernt habe. Vor einem Jahr sei sie zur fachlichen Leiterin berufen worden. Einen großen Teil des Teams kenne sie noch aus ihren ersten Berufsjahren. Dies sei der Grund, weshalb es allen generell schwer falle, sie zu akzeptieren und zu verstehen: »Der Prophet gilt nichts im eigenen Land.« Nachdem sie wiederholt einige Tage auf Grund der häuslichen Misere krank gewesen sei, hätten sich einige Kolleginnen bei ihr lauthals beschwert und angefragt, ob dies eine Einladung für alle sei, bei jeder Form von Stress krankzufeiern. Sie empfinde dies als offene Provokation. Die Lebensberaterin im Heim stimme ihr in ihrer Einschätzung der Situation zu. Man habe ihr aber geraten, zu einer externen Beratungsinstitution zu gehen, die keine Verbindung zum Arbeitgeber habe.

Vertiefte biografische Anamnese: Die Eltern seien als Flüchtlinge aus Ostpreußen in das Ruhrgebiet eingewandert. Dort seien sie nicht willkommen gewesen und hätten lange Zeit mit der Missgunst oder der Anfeindung der Einheimischen zu tun gehabt. Da jedoch die ganze Sippe dorthin geflüchtet sei, habe es ständig Besuch von Verwandten zu Hause gegeben. Später sei die Familie nach Paderborn gezogen.
Die Klientin habe ein Junge und Stammhalter werden sollen, wie ihr die Eltern mitgeteilt hätten. Sie sei aber auch als Mädchen willkommen gewesen. Sie sei eine Hausgeburt gewesen. Ihre Schwester sei zu dieser Zeit erst zwei Jahre alt gewesen. Drei Jahre später sei dann der erhoffte Stammhalter geboren worden. Er sei auf den Namen Dieter getauft worden, da der Bruder des Vaters so geheißen habe. Dieser sei im Krieg gefallen.
Das Verhältnis zu den Eltern sei sehr schön gewesen. Sonntags habe die Familie immer Spaziergänge und Ausflüge gemacht. Die Eltern hätten sich untereinander recht gut verstanden.
Als kleines Mädchen habe sie sich ein Zimmer mit ihrer Schwester geteilt. Der Bruder habe bei der Oma im Zimmer schlafen müssen. Die Oma (Vatersmutter) sei verspätet von Ostpreußen direkt nach Paderborn gekommen. Sie habe einen Fuß durch Amputation verloren und habe immer nach Urin gerochen, da sie schwer zuckerkrank gewesen sei. Zweimal wöchentlich hätten die Kinder mit der Oma den Rosenkranz beten müssen; dies sei sehr schrecklich gewesen, da sie sich vor der Oma gefürchtet hätten. Die Oma habe ihren Mann im Krieg verloren und sei daher sehr traurig gewesen.
Die Mutter habe immer den Vater herangezogen, wenn sie nicht weitergewusst habe. Das sei oft passiert. Er sei aber nach den Aussagen der Mutter gleichzeitig ein Tyrann gewesen, denn die Mutter habe sich nicht getraut, dem Vater die Meinung zu sagen oder ihre Wünsche zu äußern. Der Vater sei aber nicht gewalttätig gewesen und habe nur selten herumgeschrien.
Mit der Schwester habe sie sich häufig gezankt. Es sei um die Vorrangstellung bei den Eltern gegangen. Der Bruder habe sich da heraushalten können. Als Stammhalter und Benjamin habe er sowieso keinerlei Pflichten gehabt. Alles hätten immer nur die Mädchen machen müssen: Aufräumen, Einkaufen und vieles mehr. Nach außen hin hielten jedoch alle Kinder zusammen. Dies sei ziemlich wichtig gewesen.
Die Klientin habe sehr jung geheiratet. Diese Ehe habe nur knapp zehn Jahre gehalten. Der Mann sei zwar ausgesprochen nett gewesen, er habe aber immer nur gearbeitet oder sich um seine Hobbys gekümmert. Sie habe sich schließlich von ihm getrennt und die Buben aus der Ehe zunächst allein großgezogen. Diese hätten dann aber zum Vater ziehen wollen, da sie meinten, der wäre sonst zu allein. Vor drei Jahren habe sie ihren zweiten Mann geheiratet. Sie kenne ihn seit ungefähr acht Jahren. Er sei Uhrmachermeister. Mit ihm zusammen lebe sie in dessen Elternhaus, das ihm vor neun bis elf Jahren überschrieben worden sei. Dies sei bedeutsam, da bei dem Überschreiben eines Hauses nach zehn Jahren keine Erbschaftssteuer mehr auf das Haus entfalle und das Haus nicht mehr zur Deckung eventuell notwendiger Pflegekosten der Schwiegermutter herangezogen werden könne. Die Schwiegermutter habe in dem Haus ein lebenslanges Wohnrecht. Die Schwiegermutter bestimme größtenteils den Tagesablauf. Es gebe Fa-

milienrituale, die festlegten, welches Gericht es zu Weihnachten oder an anderen Feiertagen gebe. Solche Rituale habe es in der Familie der Klientin nicht gegeben. Sie enge das sehr ein. Der Mann richte sich nach den Regeln seines Elternhauses, halte aber ansonsten zu seiner Frau. Die Schwiegermutter sei in ihrer Art ein bisschen dem Vater, der strengen Großmutter und einer Ordensfrau ähnlich, unter der sie in der Schule sehr gelitten habe. Sie mache ständig Ärger und spitze, vorwurfsvolle Bemerkungen.

Die Klientin ziehe sich dann gelegentlich in ein Zimmer im ersten Stock des Hauses zurück, um Ruhe vor der Schwiegermutter zu haben. Sie fühle, dass die Schwiegermutter sie nicht akzeptiere und Erwartungen an sie habe, über die nicht gesprochen werde. Zum Beispiel gehe die Schwiegermutter vermutlich davon aus, dass sie von der Schwiegertochter gepflegt werden würde. Auf diese vielen unausgesprochenen Erwartungen zu reagieren sei äußerst anstrengend. Sie habe aber Angst vor Ablehnung und Zurückweisung durch ihren Mann.

Beratungsziele: Die Klientin selbst äußert ihre Ziele für die Beratung wie folgt:

- »Ich möchte mich von anderen Menschen nicht mehr unterdrücken lassen.«
- »Ich möchte unbedachte Äußerungen anderer Menschen nicht immer auf mich beziehen.«
- »Ich möchte lernen, meine Grenzen anderen Menschen gegenüber sprachlich zu äußern.«

Übungsfragen zur Falldarstellung 8

1. Mit der Klientin sind nach einem 90-minütigen Vorgespräch sieben weitere Beratungstermine à 50 Minuten vereinbart. Sie wünscht sowohl eine Berücksichtigung der privaten Probleme als auch eine intensive Bearbeitung der beruflichen Probleme. Denken Sie, das ist machbar? Schlagen Sie bitte einige übergeordnete Beratungsziele vor, wie Sie dies im letzten Kapitel kennen gelernt haben.
2. Denken Sie, die Mutter der Klientin konnte ihre Gefühle, Ängste und Wünsche artikulieren?
3. Die Mutter der Klientin hat geschlussfolgert, dass der Vater ein Tyrann gewesen sei. Wie konnte sie zu diesem Schluss kommen? Welche Schlussfolgerungen zieht die Klientin über die Schwiegermutter?
4. Welche biografische Ursache sehen Sie in der Ablehnung der Klientin, sich fremden Tischsitten und Ritualen zu unterwerfen?
5. Das »Leiden unter Schwiegermüttern« ist ein verbreitetes Problem. Wo konnte die Klientin dies bereits lernen?
6. Welche Bürden trägt der Stammhalter der Familie (wenigstens zwei)?
7. Welche Gedanken und Gefühle dürfte die Schwiegermutter gegenüber der Klientin haben?
8. Welche Gedanken und Gefühle hat vermutlich der Mann der Klientin?
9. Welche Fantasien haben Sie über die Arbeitsplatz- oder Führungsprobleme der Klientin?
10. Wo sehen Sie bei dieser Klientin Ansatzpunkte für kognitives Umstrukturieren?

Lösungsvorschläge finden Sie auf Seite 215 ff.

Falldarstellung 9: Austherapierte Chefsekretärin

Die 45-jährige Chefsekretärin einer hannoverschen Rückversicherung überlegt, ob sie sich von ihrem Mann trennen solle und ob ein grundlegender Berufswechsel sinnvoll wäre.

Weitere Klagen der Klientin: Übergewicht, Kraftlosigkeit, depressive Stimmung, Angst, vermehrter Zigarettenkonsum, Müdigkeit, Schlaflosigkeit. Bisherige Therapien hätten versagt, sie brauche jetzt etwas, das sie auf andere Weise wieder beleben könne.

Relevante gesundheitliche Vorinformationen: Die Klientin habe bereits über 400 Stunden Psychotherapie inklusive einer Psychoanalyse bei bekannten Psychotherapeuten durchlaufen. Die Klientin rauche 30 Zigaretten am Tag und trinke in der Woche zirka zwei Flaschen Wein und esse sehr viel Schokolade.

Sozialanamnese: Die Klientin sei in Hameln an der Weser in einfachen Verhältnissen aufgewachsen. Der Vater sei Dachdeckermeister gewesen, die Mutter Hausfrau. Es gebe drei Geschwister: einen 18 Jahre älteren Bruder, eine 16 Jahre ältere Schwester und einen zwei Jahre jüngeren Bruder.
Die Klientin sei verheiratet, lebe jetzt in der Nähe von Hannover und habe zwei erwachsene Kinder. Die Kinder seien beide aus dem Haus und berufstätig. Der Ehemann sei langjährig arbeitslos, was zu starken Spannungen führe. Als Hobby betreibe sie feinste Malerarbeiten. Durch einige Freunde, Nachbarn und durch die aktive Mitgliedschaft in ihrer Kirchengemeinde finde sie Halt und Unterstützung.

Arbeits- und Berufsanamnese: Die Klientin habe nach dem Realschulabschluss zunächst ein Praktikum als Kindergärtnerin absolviert, anschließend aber eine Ausbildung zur Sekretärin abgeschlossen. Nachdem sie drei Jahre in einem Krankenhaus gearbeitet habe, sei sie zwei Jahre in einer Krankenversicherung tätig gewesen. Darauf folgten zwölf Jahre Erziehungspause. In dieser Zeit habe sie diverse Fortbildungen besucht. Seit etwa acht Jahren arbeite sie wieder. Zunächst sei sie in einem Krankenhaus tätig gewesen. Dort habe es allerdings Mobbing am Arbeitsplatz gegeben, weshalb sie kurzfristig zu einem Versicherungskonzern gewechselt sei. Dort sei sie recht schnell zur Chefsekretärin aufgestiegen. Auch an diesem Arbeitsplatz gebe es hin und wieder Mobbing. Meist handele es sich um ältere Kolleginnen, die neidisch seien, da die Klientin trotz der längeren Erziehungspause wieder so schnell im Beruf aufgestiegen sei. Sie wisse sich aber mittlerweile sehr gut zur Wehr zu setzen und habe einige dieser Rivalinnen bereits abserviert.

Vertiefte biografische Anamnese: Die älteren Geschwister seien zu Anfang des Zweiten Weltkrieges gezeugt worden und hätten den Vater erst Jahre nach dem Krieg kennen gelernt. Der Vater sei in amerikanischer und später in französischer Gefangenschaft gewesen und daher erst nach dem Krieg zur Familie zurückgekommen. Die Klientin glaubt, dies sei für ihre Mutter schwierig gewesen und der Vater sei auch »irgendwie sehr geknickt« gewesen durch diese lange Trennung und die schlechten Erfahrungen im Krieg und der Gefangenschaft. Sie wisse, dass er in der Gefangenschaft unter Gefahren den Ehering und einen Siegelring der Familie bewahrt habe, indem er sie regelmäßig verschluckt habe.

Nach der Rückkehr des Vaters sei sie als ein Wunschkind des Vaters gezeugt worden. Die Mutter sei eigentlich noch nicht so weit gewesen, sich wieder intim auf den Vater einzulassen, habe aber unter Druck und aus Mitleid eingewilligt. Der Bruder habe schlecht Kontakt zum Vater aufbauen können. Der Vater sei recht schnell wieder beruflich erfolgreich geworden und habe anfänglich den Dachdeckerbetrieb vom Hinterhof aus betrieben. Die Klientin habe es geliebt, wenn Kunden ins Haus kamen. Später habe der Vater Geschäftsräume angemietet und sei erst spät abends nach Hause gekommen. Er habe zudem am Wochenende viel gearbeitet. Mittags jedoch sei er zum Essen gekommen und habe dann auch immer seine Kleidung gewechselt, da er es gehasst habe, nach Schweiß zu riechen. Die Mutter habe aus diesem Grunde wöchentlich zirka 14 Hemden waschen und bügeln müssen. Darüber habe sie aber nicht geklagt.

Die Klientin hat den Vater sehr gemocht, und es habe sie gestört, dass die Mutter bei Tisch immer wegen geschäftlicher Dinge über ihn hergezogen sei. Sie habe ihm dann irgendwie helfen wollen, habe aber seine Schwäche auch nicht gutheißen können und sei deswegen wütend auf den Vater gewesen. Dieses Verhältnis zu den Eltern habe sich fortgesetzt: Die Mutter sei immer irgendwie streng und ungerecht gewesen; sie habe auch die Klientin »dressiert«. Der Vater sei zwar lieb gewesen, habe sich aber in seine Arbeit zurückgezogen und wenig Stärke innerhalb der Familie gezeigt, worüber die Klientin wütend und traurig gewesen sei. Von beiden Eltern habe sie sich mehr Liebe gewünscht, diese aber kaum erfahren können.

Die Klientin habe in der Schule kaum Freundinnen gefunden. Sie glaube, das habe größtenteils daran gelegen, dass in der strengen konfessionellen Schule vorwiegend Kinder »besserer Schichten« gewesen seien, und daran, dass man sie dort eher gestraft als gefördert habe. Zwar sei sie auf ein Gymnasium geschickt worden, dort habe sie aber große Probleme gehabt, die sich häufig in unbewusster Arbeitsverweigerung geäußert hätten. Aus diesem Grunde habe sie die Schule nach der neunten Klasse ohne Abschluss verlassen müssen.

Beim Tode des Vaters sei die Mutter nicht in der Lage gewesen, die Beileidsbezeugungen entgegenzunehmen. So schwach sei sie gewesen. Daher habe sie die Mutter stützen müssen und statt ihrer die Beileidsbekundungen der Trauergäste entgegengenommen.

Mit 17 habe die Klientin den ersten sexuellen Kontakt zu einem jungen Mann gehabt. Dies sei erniedrigend und beschämend für sie gewesen, und sie fühle sich bei der Erinnerung daran sehr schmutzig. Als die Klientin 20 Jahre alt gewesen sei, sei ihre ältere Schwester schwanger geworden. In dieser Zeit habe der Mann ihrer Schwester ein sexuelles Verhältnis zur Klientin aufgebaut. Dies habe sie genossen »wie in einem Rausch«. Der 37-jährige Schwager habe ihr versprochen, er könne ihr die Liebe geben, die sie bei den Eltern vermisst habe. Außerdem habe sie es genossen, sich der Schwester überlegen zu fühlen, da sie ihr den Mann insgeheim ausgespannt habe. Das seien aber keine bewussten Überlegungen gewesen, da ihr dies erst viel später in der Psychoanalyse klar geworden sei. Das Verhältnis habe ungefähr vier Monate angedauert. Sie habe solch eine Stärke bei keinem anderen Mann mehr erlebt. Meist verachte sie Männer, weil diese oft schwach und ziellos seien. In dieser Zeit habe sie auch auf einer Reise ein Verhältnis mit einem verheirateten Reiseleiter gehabt und habe befürchtet, schwanger von diesem oder vom Schwager zu sein. Beide sexuellen Beziehungen endeten kurz darauf. Die Schwester wisse von all dem nichts.

Kurz darauf habe sie ihren Mann kennen gelernt und sei sehr froh gewesen, dass sie hierdurch die Möglichkeit gehabt habe, von zu Hause, insbesondere von der Mutter, wegzukommen. Ursprünglich sei sie in den Bruder des Mannes verliebt gewesen. Dieser sei jedoch kurz vorher schon seiner »Traumfrau« begegnet. Zu Anfang der Ehe habe sie ihrem Mann von dem sexuellen Verhältnis zu ihrem Schwager berichtet. Er sei darüber äußerst entsetzt gewesen. Seitdem sei die Beziehung zu ihrem Mann verletzt und gestört. Sexuell laufe daher schon seit Beginn der Ehe wenig oder gar nichts mehr. Ihr Mann sei Frührentner und jammere sehr viel, was die häusliche Situation noch erschwere.

Sie habe im Verlauf der Ehe mehrfach sexuelle oder partnerschaftliche Außenbeziehungen aufgenommen, wobei eine dieser Beziehungen schon seit vielen Jahren bestehe. Es handele sich um den Leiter der Personalentwicklung ihres Konzerns. Es habe sie aber verletzt, dass dieser Mann die Verbindung nicht durch den sexuellen Vollzug habe vollständig machen wollen. Sie habe sich jetzt von ihm getrennt und sei seit einigen Wochen in einen anderen Kollegen verliebt. Dieser empfinde ebenso wie sie.

Sie könne sich nicht entscheiden, ihren Mann zu verlassen, da die Ehe Sicherheit gebe. Auch zu einem der anderen Männer könne sie nicht gehen, da diese alle Ehefrauen hätten und sie eine so feste Bindung vielleicht gar nicht haben wolle.

Sie habe sich viele Kinder gewünscht, wobei es aber anfangs zu mehreren Fehlgeburten gekommen sei. In der Schwangerschaft der ersten Lebendgeburt habe sie Monate liegend im Krankenhaus verbringen müssen, und sie erinnere sich an die vorwurfsvolle und verletzende Haltung der Schwestern und Ärzte ihr gegenüber. Die nachfolgenden Kinder seien auch Risikoschwangerschaften gewesen.

Die Mutter sei seit kurzem pflegebedürftig und in einem Altersheim. Sie hasse ihre Mutter. Sie sei überhaupt der Grund für alle ihre Probleme; dies sei ihr seit der Analyse klar. Die Schwester habe die Mutter zuvor gepflegt. Von dieser Pflicht habe die Klientin sich befreit, was unter den Geschwistern zu stärksten Vorwürfen geführt habe: »*Du Egoistin. Du nimmst alles und gibst nichts zurück, nie trägst du Verantwortung ...*« Ähnlich sei dies mit der Grabpflege des Vaters (er sei schon länger verstorben). Sie habe eine eigene Art des Trauerns und wolle daher nicht zu seinem Grab und es auch nicht pflegen.

Trotz unangenehmer Erfahrungen in der Ordensschule sei sie immer noch ausgesprochen religiös und habe einen tief verwurzelten Glauben. Außerdem gehe sie regelmäßig in den Gottesdienst und nutze jede Gelegenheit, sich bei ihren Priestern Rat und Trost zu holen. Dies gebe ihr enormen Halt. Sie wisse, dass ihr Fleisch leider oft schwach sei, spüre aber, dass Jesus nichts dagegen haben würde, da er um die Schwächen der Menschen wisse.

Sie überlege, ob das Hin- und Herbewegen von Papier in einer Versicherung sie ihrem Lebensplan wirklich näher bringen könne. Sie habe zu Beginn ihrer Berufslaufbahn eigentlich schon eine richtige Entscheidung getroffen. Damals habe sie in den psychosozialen Bereich gehen wollen, sei dann aber durch Argumente der Eltern und Geschwister davon abgebracht worden. Nun wolle sie endlich etwas Hilfreiches für die Mitmenschen tun und plane daher Aktivitäten in Selbsthilfegruppen.

Beratungsziele: Die Klientin formuliert ihr Beratungsziel wie folgt: »Gewichtsabnahme, physische und psychische Stabilität, wieder schlafen können, keine Diät mehr nötig haben, wieder Nichtraucherin werden. Keine Schuld mehr spüren müssen. Endlich das tun können, was ich wirklich will.«

Übungsfragen

1. Stellen Sie sich vor, Sie sind männlicher Berater: Welche Gefühle und Gedanken haben Sie nach der obigen Schilderung?
2. Mit welchem Elternteil ist die Klientin als Kind eine Koalition eingegangen? Wer war in dieser Dreiecksbeziehung die störende Person?
3. Wem könnten Gefühle der Verachtung auf Grund von Schwäche gegolten haben, als die Klientin noch ein Kind war?
4. Wenn Sie ein männlicher Berater sind (oder wären) und die Klientin beiläufig mitteilt, dass einer ihrer Liebhaber stark gewesen sei, sie aber ansonsten Verachtung für die Schwächen der Männer empfinde, was empfinden Sie dann?
5. Inwiefern lässt die Klientin möglicherweise immer wieder den Konflikt aufleben, auf den auch die Fragen 2–4 Bezug nehmen?
6. Welche Rolle könnte in diesem Zusammenhang der Kontakt zu Priestern oder Therapeuten spielen?
7. Welche übergeordneten Beratungsziele würden Sie dieser Klientin gern verordnen?
8. Welche Themen, Fantasien oder Einfälle bewegen Sie, nachdem Sie die Schilderung über die Klientin gelesen haben?
9. Welche Ansatzpunkte für kognitive Umstrukturierungen sehen Sie?

Lösungen

Lösungsvorschläge zu den Übungen

Übung 14: Umdeutung (Reframing) (s. S. 177)

Mögliche Umdeutungen sind:
1. Sie nehmen Ihren Standpunkt sehr ernst.
2. Es fällt Ihnen scheinbar schwer, voreilige Schlüsse zu ziehen.
3. Sie haben die Fähigkeit, hinter der Rolle Ihres Chefs auch noch den Menschen wahrzunehmen.
4. Es gibt viele Eltern, die ihre Kinder ein Leben lang anketten. Sie haben es vielleicht nur überstürzt, Ihren Kindern und Ihnen die Freiheit zu gewähren?
5. Sie haben scheinbar Ihre Prioritäten.
6. Sie haben die Wichtigkeit von Delegation erkannt.
7. Nur so gewinnt Ihr Wort wirklich Gewicht?
8. Das zeigt Ihr Gespür für tiefere Zusammenhänge.
9. Manchmal überrascht es einen, wenn man dort der Einzige ist.
10. Sie bringen Ihre Freude über das »Muss« eben prägnant zum Ausdruck.

Übung 15: Glaubenssätze und Glaubenssatzverflechtungen (s. S. 178f.)

Zu dieser Übung gibt es keine Lösungsbeispiele. Bitte diskutieren Sie Ihre Ausführungen am besten mit Kollegen.

Übung 16: Systematische Denkfehler erkennen (s. S. 179f.)

Auch hier gibt es wieder mehrere mögliche Lösungen.

1. Selektives Verallgemeinern, willkürliches Schlussfolgern. Coach: Was genau hat der Mitarbeiter gemacht oder unterlassen? Welche Kriterien haben Sie für die Beurteilung »absolut mangelhaft«?
2. Willkürliches Schlussfolgern. Coach: Wie genau müssen Sie vorgehen, damit Frauen das ebenfalls akzeptieren?
3. Personalisieren (hier Teil der magischen Denkweise eines Kindes). Vorgehen: Erklären der kindlichen Denkweise.
4. Selektives Verallgemeinern. Coach: Welche Worte und welche Mimik muss die Kollegin genau benutzen, damit Sie sicher sein können, dass Sie angegriffen werden?
5. Maximieren eines Kränkungsaffektes. Coach: Wenn Sie diese Geschichte einem Freund erzählen, der Ihre Laufbahn und Ihre Erfolge kennt, wie würde der die Situation einschätzen?
6. Übergeneralisieren. Coach: Was genau ist bei Ihrem Freund schief gelaufen? Wie sehen diese Bereiche bei Ihnen aus?

Übung 17: Glaubenssätze hinterfragen (s. S. 181)

Da es zu jeder Aussage ungefähr zehn mögliche Lösungen gibt, führen wir hier keine Beispiellösungen an.

Übung 18: Identifikation des auslösenden Ergebnisses (A) (s. S. 183f.)

1. Welche Situation hat Ihre Enttäuschung hervorgerufen?
2. Was (Situation, Ereignis) ging diesem Gefühl (benennen!) direkt voran?
3. Was genau haben Sie in diesem Moment wahrgenommen?

4. Können Sie mir den genauen Ablauf bitte noch einmal in allen Einzelschritten schildern?
5. Was ist Ihnen dabei eingefallen, welche Vorstellungen und Gedanken tauchten auf?
6. Welche Personen waren dabei? Was haben sie genau gemacht?
7. Wo genau passierte das? Beschreiben Sie mir bitte die Örtlichkeit. Wann genau ist es passiert, wie war das Wetter, wie steht das in Verbindung mit Terminen auf Ihrem üblichen Zeitplan?
8. Wie würden Sie die Bewegungen und die Mimik der einzelnen Personen beschreiben, wenn man den ganzen Hergang als Unbeteiligter auf einem Video sehen könnte?
9. Welche Daten würde ein Mediziner erhoben haben, wenn er alle Personen mit EKG- und Blutdruckmessgeräten versehen hätte und danach die Ergebnisse auswerten würde, ohne über den Ablauf der Ereignisse Bescheid zu wissen? In welcher Reihenfolge würden sich die Werte bei wem auf welche Weise verändern?

Übung 19: Störendes Verhalten, belastende Emotionen (C–) (s. S. 184f.)

1. Welche Gefühle haben Sie in der belastenden Situation empfunden?
2. Wie genau haben Sie sich dann verhalten? Was taten Sie in welcher Reihenfolge?
3. Wenn Sie das Gefühl, das Sie belastet hat, auf einer Skala von 0–10 bewerten sollten (0 = nicht wahrnehmbar, 10 = das Gefühl ist überwältigend und lässt keinen Platz für andere Gefühle), wo auf dieser Skala befänden Sie sich in der geschilderten Situation?
4. Wenn Sie die Belastung oder Beeinträchtigung, die das Gefühl in der Situation verursacht hat, auf dieser Skala einordnen sollten, wo befänden Sie sich dann? (0 = keinerlei Beeinträchtigung, 10 = die schlimmste nur vorstellbare Beeinträchtigung)
5. Wie lange hielt das Gefühl an?
6. Welche Gedanken über andere Menschen tauchten in dieser Situation auf?
7. Welche Gefühle gegenüber anderen Menschen tauchten in dieser Situation auf?
8. Welche körperlichen Empfindungen hatten Sie während der Situation?
9. Was haben Sie direkt nach der Situation empfunden?
10. Was haben Sie direkt danach über die belastende Situation und das Gefühl in dieser Situation gedacht?
11. Was haben Sie später darüber gedacht?
12. Was passierte in Ihrem Körper direkt nach der Situation?
13. Wo befinden Sie sich jetzt auf der vorhin genannten Skala, was die Stärke der Gefühle und ihre Belastung betrifft?
14. und 15. Welche Gedanken hatten Sie über andere Menschen direkt nach dem Ereignis und was haben Sie über diese Personen empfunden?

Übung 20: Veränderungsziel: Verhalten, Emotion (C+ oder Z) (s. S. 185f.)

1. Waren Ihre Gefühle in der belastenden Situation eigentlich angemessen?
2. Waren diese Gefühle weiterführend und hilfreich oder eher hinderlich?
3. Was wurde dadurch erschwert oder behindert?
4. Worauf mussten Sie deshalb verzichten oder was mussten Sie erdulden? Was waren die Folgen des wenig hilfreichen Gefühls?
5. und 6. Was genau hat dieses Gefühl (benennen: Angst, Wut, Scham oder anderes) insgesamt bewirkt? Was sind die langfristigen Folgen?
7. Was hätten die positiven Folgen sein können, wenn Sie ein anderes Gefühl gehabt hätten?
8. Welches Gefühl hätten Sie in dieser Situation besser brauchen können?
9. Welche Verhaltensweise hätte hilfreicher oder weiterführend sein können?
10. Was möchten Sie das nächste Mal, wenn Sie in einer solchen Situation sind, sagen können, um sich in der Situation besser zu fühlen?

11. Welche Gefühle würden Sie sich zukünftig in dieser Situation wünschen? Was sind die Ziele, die wir ins Auge fassen sollten?
12. Mit welchem Gefühl und mit welchem Ziel wollen wir unsere gemeinsame Arbeit beginnen?

Übung 21: Dysfunktionale Kognitionen identifizieren (B–) (s. S. 186 f.)

1. Was haben Sie gedacht und gefühlt, als Sie in der unangenehmen Situation (A) waren?
2. Gab es etwas, das Sie in diesem Moment innerlich zu sich gesagt haben (silent speech)?
3. Mit welchen Gedanken haben Sie erreicht, dass Sie Ihr Ziel (das wir vorhin festgelegt haben) nicht erreichen konnten?
4. Was haben Sie sich in dem Moment vorgestellt oder was haben Sie befürchtet?
5. Was dachten oder glaubten Sie in dem Moment, sei das Schlimmste, das passieren könnte?
6. Worüber (oder über wen) haben Sie sich in diesem Moment am meisten geärgert?
7. Wenn das tatsächlich stimmen würde, was Sie gedacht haben (1, 3, 5), wie würde sich dann Ihr Leben entwickeln, welche Auswirkungen hätte das für Sie?
8. Wer wären Sie in diesem Falle? Könnten Sie das ertragen?
9. Wie schlimm wäre das für Sie auf einer Skala von 1–10?
10. Welche Schlussfolgerungen ergäben sich eigentlich generell aus Ihren Gedanken? Zum Beispiel: »Dann wäre ich ..., dann müsste die Welt ...«
11. Ergänzen Sie den Satz: »Die Konsequenzen aus meinen Gedanken wären so schlimm, weil ...«
12. Wenn der Klient »dürfen, müssen, sollen ...« in seine Gedanken eingeflochten hat: Wieso ist es wichtig, dass Sie das tun müssen, wieso ist es wichtig, dass man das tun muss, wieso ist es bedeutsam, dass man das nicht darf ...?
13. Was genau wäre so verwerflich (beispielsweise schlimm, tragisch) daran, wenn das alles einträte (bezogen auf die Katastrophenkonsequenzen)?
14. Welche allgemeine Grundregel oder Philosophie ergibt sich eigentlich aus Ihrem Glauben? Wäre das eine Grundregel für alle Menschen?
15. Von welchen Menschen haben Sie möglicherweise gelernt, dass es wichtig oder richtig ist, so zu denken?
16. Gibt es eine innere Anweisung, die Ihnen vorschreibt, so zu denken?

Übung 22: Sokratischer Dialog (Diskurs): Infragestellen der irrationalen Kognitionen (D) (s. S. 188)

1. Wir haben vorhin Ihr gewünschtes Gefühl und Ihr Ziel festgelegt. Wie hilfreich war Ihr Gedanke (B– benennen) bisher, um diese Ziele zu erreichen?
2. Wie hilfreich ist das Gefühl (in A) bisher gewesen, Ihr Ziel zu erreichen?
3. Wer werden Sie später sein, wenn Sie diesen Gedanken weiterhin verfolgen? Was werden die Konsequenzen für Ihr Leben sein?
4. Woran erkennen Sie genau, dass Ihr Gedanke auf unumstößlichen Tatsachen beruht?
5. Welche Beweise führen Sie in der Regel an, um die Richtigkeit ihrer Gedanken verständlich zu machen?
6. Bitte nennen Sie mir einige Beispiele für die Richtigkeit Ihrer Gedanken.
7. Woher genau wissen Sie, dass Ihre Gedanken richtig sind? Was sind die Quellen dieser Gewissheit (Bücher, Zeitschriften, Erzählungen, TV oder anderes)?
8. Wie wahrscheinlich ist es, dass Ihre Schlussfolgerungen wirklich zutreffen werden? Geben Sie eine Prozentzahl dafür an.
9. Sind Ihre Schlussfolgerungen in sich logisch und auch für unbeteiligte Außenstehende nachvollziehbar?
10. Welche guten Gründe haben Sie, genau so zu bleiben?

11. Welche guten Gründe haben Sie, sich zu ändern?
12. Aus welchen Gründen müssen (können, dürfen, sollen) Sie genau so glauben wie bisher?
13. Wer genau sind Sie, wenn Sie sich so verhalten, wie sich das aus Ihrem Glauben ergibt? (Glauben im Sinne von Kognition, Glaubenssatz)
14. Ein Beispiel: Wenn der Klient sagt: »Es ist das Schrecklichste, das man sich überhaupt nur vorstellen kann«, dann könnten Sie fragen: »Was könnte noch schrecklicher sein als dieses Ereignis?«
15. Nennen Sie mir einige Beispiele, die die Unrichtigkeit Ihrer Annahmen nahe legen könnten.
16. Was könnten andere Menschen in solchen Situationen glauben? Wie plausibel wäre das?

Übung 23: Funktionale Kognitionen erarbeiten und festigen (B+) (s. S. 188)

1. Nachdem wir nun gemeinsam erkannt haben, dass Ihre Annahme, dass ... (B– benennen) keine vernünftige Grundlage hat, sollten wir herausbekommen, was Sie das nächste Mal in der Situation (A benennen) zu sich sagen möchten.
2. Was müssten Sie stattdessen zu sich sagen (denken), um sich besser zu fühlen, wenn Sie das nächste Mal mit der Situation A konfrontiert werden?
3. Welche Betrachtungsweise in Situation A wäre hilfreicher und würde zu nützlicheren Gefühlen führen?

> **Info**
>
> Die Arbeit könnte an dieser Stelle ergänzt werden durch Rollenspiele, Übungen, Merksprüche, Mnemotechniken (laut vorsagen, aufschreiben, immer wieder ins Gedächtnis rufen), Imagination der Situation (Mentaltechniken), Konfrontation und Übung in der realen Situation (Exposition).

Übung 24: Erstellen Sie ein übersichtliches Merkschema zur RET (s. S. 188)

Auf der nächsten Seite finden Sie als Beispiellösung ein Merkschema mit ausgesuchten Fragen. Es wurde von Andrea Meyer aus Burgdorf erstellt (als Hausaufgabe im Rahmen einer Coaching-Ausbildung am ILS in Hamburg). Die Tabelle orientiert sich an der Klientenaussage: »Mein Freund bringt nie ein Geschenk mit. Vermutlich bin ich ihm total egal. Das zieht mich total runter ...«
Bitte diskutieren Sie Ihr Schema mit Ihren Kolleginnen und Kollegen.

Übung 25: Klienten-Sorts erkennen (s. S. 191)

1. Dominanz – Unterordnung: Es ist mir lieber, wenn mir jemand sagt, was ich tun soll. Ich muss nicht Abteilungsleiter werden.
2. Ziel hin zu – weg von: Die alte Klapperkiste geht mir auf die Nerven. Früher oder später muss ich sie wohl gegen einen neueren Wagen austauschen.
3. Überblick – Detail: Sie sollten da viel stärker in die Tiefe gehen. Erst, wenn sie alle Kleinigkeiten würdigen, gewinnen sie ein Verständnis für die wirklichen Abläufe.
4. Selbst – andere: Es trifft mich, dass die anderen mich so schlecht verstehen. Wenn ich in mich gehe, kann ich das auch nachempfinden. (Trotz mehrerer »Ichs« interessieren diesen Klienten mehr die anderen.)
5. Internal – external: Die einzelnen Schritte beherrsche ich nun ganz gut. Ich freue mich darauf, dies vor den anderen das erste Mal anzuwenden.
6. Schnell – langsam: Wichtige Entscheidungen überschlafe ich erst einmal. Außerdem habe ich ein gutes Gespür dafür, wo meine Grenzen sind.
7. Reaktiv – proaktiv: Ich analysiere gerne die Handlungsoptionen der nächsten Wochen und versuche zwangsläufigen Entwicklungen vorzugreifen.

	Begriff	Inhalt	Ziel	Mögliche Frage	Beispiel
A	Activating event	Das auslösende Ereignis eines Problems	Verstehen der auslösenden Situation (beschreibend statt interpretierend)	Was ist der Auslöser?	Kein Geschenk vom Partner
C–	Consequences (störend/belastend)	Resultierende Gedanken, Emotion und Verhalten	Konkretisieren und eingrenzen des störenden Verhaltens und der belastenden Emotion	Was genau, welches Verhalten hat Sie dabei gestört? Wie haben Sie sich dabei gefühlt?	Traurigkeit, Minderwertigkeitsgefühl
C+	Consequences (gewünscht)	Veränderungsziel: Verhalten, Emotion und Gedanken	Definieren der kurz- und langfristig erwünschten Emotionen beziehungsweise des erwünschten Verhalten	Wie genau wollen Sie künftig mit solchen Situationen umgehen, wie möchten Sie sich verhalten?	Gelassenheit in der Situation
B–	Believe System (störend)	Dysfunktionale Kognition, Gedanken und Bewertungen	Identifizieren von hinderlichen Motiven, Glaubenssätzen und Verhaltensweisen	Was ist daran schlimm? Wo liegt das Problem? Was ist störend?	Ich bedeute dem Partner nichts, ich bin wertlos
D	Disputation	Auseinandersetzung mit den irrationalen Gedanken	Erkennen von Widersprüchen zwischen Denken und Zielen beziehungsweise Realität	Wie hoch ist die Wahrscheinlichkeit? Gibt es Gegenbeispiele oder Alternativen?	Hängt mein Wert vom Partner ab?
B+	Believe System (erwünscht)	Funktionale Kognition, Gedanken und Bewertungen	Identifizieren, erarbeiten und festigen von möglichen Maßnahmen und Verhaltensweisen	Welches Verhalten wäre künftig sinnvoller?	Er liebt mich; ich bin wertvoll; ich spreche mit ihm darüber

8. Rational-skeptisch – magisch-mythisch: Ich denke, das Flow-Erlebnis ist dabei das Wichtigste. Dabei entsteht ein Kontakt zu höheren Fähigkeiten, die durch die Wissenschaft noch nicht erklärt werden können.

9. Nähe – Distanz: Den ständigen Austausch mit Kollegen schätze ich nicht. Das kostet viel Energie und hält nur von der Arbeit ab.

10. Gleichzeitig – Nacheinander: Bevor ich die eine Sache nicht endgültig abgeschlossen habe, rühre ich nichts Neues an.

Übung 26: Glaubenssätze aus Sorts ableiten (s. S. 191 f.)

1. Perfekt (statt optimieren): Jeder Fehler ist fatal.
2. Langsam (statt schnell): Eile mit Weile. Wer sich abhetzt, bekommt einen Herzinfarkt.
3. Durch die Zeit (statt in der Zeit): Muße und Wahrnehmen des Momentes sind Faulheit und Stillstand.
4. Dauer (statt Wandel): Veränderungen machen Angst. Verlässlichkeit gibt Sicherheit.
5. Ort und Zeit (statt was, wie, wer): Es stellt für mich kein Problem dar, Dinge auf verschiedene Weise und mit verschiedenen Menschen zu verändern. Ich muss nur wissen, wo und wann.

Lösungsvorschläge zu den Fall-Vignetten 12–14

Fall-Vignette 12: Berufsalternative ohne Herausforderung (s. S. 181)

1. Am absoluten Nullpunkt: Tiefer geht es nicht? Vernünftiges Arbeiten unmöglich: Was war noch möglich? Chef hält nichts von älteren Mitarbeitern: Beweise? Deshalb aus dem Weg gegangen: systematischer Denkfehler. Es wäre ihm lieb, wenn sie nicht zurückkäme: Gedankenlesen. Könne auf Grund des Alters keine neuen Herausforderungen mehr verkraften: Alte sind unflexibel? Kann Verlust von Kontakten nicht ertragen: Schlimmste Konsequenz des Verlustes? Alles sei hoffnungslos: Warum ist sie dann in der Beratung?
2. Es wäre ein Fehler, wenn wir jede der sprachlichen, logischen oder kognitiven Verzerrungen der Klientin im Zwiegespräch mit ihr hinterfragen würden. Dies würde die Klientin vor den Kopf stoßen und ihr sowie Ihnen nicht helfen. Es kann außerdem sein, dass ihr Chef tatsächlich denkt, sie sei zu alt. Menschen über 50 sind auf dem Arbeitsmarkt Diskriminierungen ausgesetzt. Die Klientin schätzt ihre Situation also korrekt als schwierig ein. Wenn Sie die »dysfunktionalen Kognitionen« der Klientin kochbuchartig korrigieren, schicken Sie die Klientin vielleicht mit frisierten Kognitionen zurück ins Rennen einer Realität, der sie dann vielleicht nicht gewachsen ist. Sie sehen, dass wir mit technischen Beratungswerkzeugen vieles ändern könnten – doch nicht alles sollte oder muss geändert werden.
3. »Pro und Kontra« ist eine hilfreiche Methode, um sich einen Überblick über bewusste oder bewusstseinsnahe Argumente zu verschaffen und diese auf einem Blatt Papier zu visualisieren. In diesem Fall ist eine solche Auflistung nicht weiterführend.
4. Wenn Sie den festen Glauben haben, dass Menschen mit 60 noch nicht zum alten Eisen gehören, dass Aufgeben und Zurückziehen nicht sein sollten, dass Sie den Wunsch vieler Menschen, Frührentner zu werden, nicht unterstützen sollten, dann werden Sie eher geneigt sein, die Klientin zu mobilisieren und ihr wieder Kraft und Energie zu verleihen, damit sie erfolgreich in das Erwerbsleben zurückkehren kann. Vielleicht ist dies gleichermaßen der Wunsch der Klientin. Wenn Sie dagegen glauben, dass die heutige Arbeitswelt die Menschen entfremdet und sie davon abhält, tiefere Werte und Bestimmungen zu erfüllen, dann werden Sie (unbewusst) die Beratung in eine Richtung steuern, die der Klientin das Aussteigen aus ihrem bisherigen Beruf erleichtert. Unsere eigenen Anschauungen und Heilspläne sind in Form von Gegenübertragungen immer in der Beratung präsent. Es ist daher wichtig, sich von Zeit zu Zeit zurückzulehnen und ehrlich mit sich selbst zu sein: Was haben die Ziele, die ich mit der Klientin vereinbart habe, eigentlich genau mit mir zu tun?
5. Die große Gefahr aller schnell erlernbaren kochbuchartigen Beratungsverfahren ist es, dass Coaches und Berater meinen, schnelle Einsichten und Veränderungen bei ihren Klienten erzwingen zu müssen. Wenn die Klienten nach 15 Minuten zufrieden strahlen und sagen, ihnen sei nun ein »Kronleuchter aufgegangen«, dann fühlen sich Be-

ratungsanfänger häufig glücklich. Wenn dieses Glück sich nicht so schnell einstellt, werden viele Berater ungeduldig, stellen geschlossene Fragen, beginnen verfrüht und unsystematisch zu konfrontieren und zu provozieren, halten Stille und Schweigen nicht aus, fangen an zu viel zu reden und zu erklären ... Daher: Weniger ist mehr! Sie sollten keine Allmachtsfantasien über Ihre Veränderungskräfte hegen. Und: Eile mit Weile! Jede Veränderung braucht Zeit, viel Ausdauer und vor allem viel Redundanz. Eine einmalige Einsicht bewirkt bei Klienten oft wenig. Viele Veränderungsangebote fruchten erst, wenn die gleiche Einsicht viele Male gepflanzt worden ist. Und schließlich: Viele Klienten wollen einfach endlich einmal gehört, gesehen und ernst genommen werden. Allein das bewirkt oft die Wunder, von denen viele Berater glauben, sie könnten nur mit ausgefeilter Technik erreicht werden.

Fall-Vignette 13: Die nörgelnde Schwiegermutter (s. S. 189)

1. Es sind in dieser Übung zahlreiche Variationen möglich. Wir fügen daher nur zwei Beispiele an:

   Interpretation (I): Durch Schwiegermutter wie gelähmt.
   Bewertung (B): Sie will mich treffen.
   Grundannahme (G): Ich könnte ausgeschlossen, abgelehnt oder vernichtet werden.
   I: Schwiegermutter ist boshaft und dominant.
   B: Sie will mich unterdrücken und verletzen.
   G: Wer so ist, wird zu meinem Todfeind.

2. Wir geben hier als Beispiel die Äußerungen eines Kollegen wieder, der über die Klientin in einer so genannten Balintgruppe erfuhr, ohne die Klientin gesehen zu haben: »Die Klientin macht mich wütend und traurig. Ich stelle mir vor, dass viel von der Boshaftigkeit und der Wut, die sie der Schwiegermutter unterstellt, auch in ihr feststeckt. Auf der anderen Seite ist es traurig, dass sie sich auf diese Weise den Regeln eines anderen Hauses unterwerfen muss. Ihr Mann scheint ja nicht wirklich zu ihr zu stehen. Ich habe das Gefühl, dass sie das noch nicht richtig verstanden hat. Ich habe das Bild einer altmodisch gekleideten verklemmten Frau mit hochgesteckten Haaren vor mir. Auf Grund ihres Alters ist sie der Führungsaufgabe in ihrem Heim eventuell noch nicht gewachsen, scheint sich dort aber verbissen behaupten zu wollen. Mir zieht es sich im Unterbauch zusammen, wenn ich an diese Klientin denke ...« In den Äußerungen des Kollegen stecken natürlich viele Interpretationen, die größtenteils aus eigenen Ängsten, Erfahrungen und inneren Bildern gespeist werden. Er hatte den Mut, das zu äußern, obwohl ihm diese psychischen Mechanismen durchaus bekannt sind. Sie sollten sich dies herausnehmen. Die Geschichten, die wir über unsere Klienten denken, sind künstlerische Schöpfungen. Im Prinzip trifft dies nicht nur auf unsere ersten Fantasien zu, wie in diesem Fall. Auch die spätere tiefenpsychologische Deutung und Rekonstruktion entspricht eher einer dichterischen Schöpfung als einer archäologischen Ausgrabung. Sigmund Freud selbst rückte seine Krankengeschichten in die Nähe von Novellen: »In meiner Auffassung konstruiere ich immer Novellen.« Viele seiner Falldarstellungen wurden später als literarische Meisterwerke eingestuft.

3. Jeder Mensch hat vorsprachliche und vorsymbolische Erfahrungen, die aus der frühesten Kindheit stammen. Diese Erfahrungen sind in jedem Menschen präsent, können aber kognitiv und sprachlich nicht in Form gegossen werden. Wenn Sie als Berater Ihre ganze Aufmerksamkeit auf den Klienten richten, werden in Ihnen Bilder, Gedanken, Gefühle und Körperempfindungen auftauchen, die durch das Wechselspiel mit dem Klienten in Ihnen entstehen (Übertragung und Gegenübertragung). Erst durch

die Wahrnehmung dieser komplexen »Ausstrahlungen«, zu denen die unbewussten vorsprachlichen Körpergefühle gehören, können Sie eine umfassende Empathie für Ihren Klienten aufbauen.

4. Im NLP werden Glaubenssätze häufig bearbeitet oder entmachtet, indem die dazugehörigen Submodalitäten verändert werden. Diese Methode ist in NLP-Seminaren gut lehrbar und bringt kurzfristig gute Erfolge. Es gibt zurzeit noch keine Untersuchungen, die langfristige Beratungs- oder Behandlungserfolge mit dieser Vorgehensweise bestätigen.

5. Viele Klienten haben bewusste Schuld- und Schamgefühle und verschweigen in der Beratung daher belastende Gefühle und Gedanken. Ein großer Teil der Scham- oder Schuldgefühle ist jedoch auch unbewusst und verhindert als Widerstand in der Beratung das Bewusstwerden verschiedener Themenkomplexe. So könnte diese Klientin sich zum Beispiel insgeheim wünschen, dass die verhasste Schwiegermutter endlich stirbt.

6. Im beschriebenen Fall steht der Gedanke (der Schwiegermutter den Tod zu wünschen) im Widerspruch zur christlichen Gesinnung und zu den Pflichten als Ehefrau. Es kann für Klienten sehr entlastend sein, wenn solche Gefühle angesprochen werden und der Berater herausstellt, dass es sich dabei um ganz verständliche und gesunde Gedanken oder Fantasien handelt, die andere Menschen in ähnlichen Situationen auch hätten. Dies muss aber strikt von realen Taten abgegrenzt werden. Eine andere Form von Scham kann induziert werden, wenn Ihnen als Berater (unbewusst) bestimmte Themen unangenehm sind und diese Angst in Ihnen hervorrufen würden. In solchen Fällen werden Sie Ihren Klienten unbewusst mitteilen (übertragen), dass Sie diese Themen in der Beratung ausschließen möchten (Gegenübertragungshemmung).

7. Es ist hilfreich, wenn Sie einem Klienten kongruent vermitteln können, dass Sie mit ihm gemeinsam auf eine spannende Entdeckungsreise gehen möchten, von der weder er noch Sie genau wissen, wohin diese führen wird, und dass Sie ihn dabei fördern, beraten und stützen wollen. Es ist hinderlich, wenn Sie dem Klienten signalisieren, dass Sie bereits über seine Probleme und die kognitiven Fehlfunktionen Bescheid wissen und ihn nur gönnerhaft darin unterstützen wollen, dies nun auch noch selbst zu entdecken und zu begreifen.

Info

A.T. Beck, einer der Begründer der kognitiven Verhaltenstherapie, schrieb dazu: »Die gemeinsame Exploration des Innenlebens des Patienten erzeugt häufig so etwas wie Abenteuerlust, und wenn der Patient entdeckt, wie eigenartig er die Realität konstruiert, wird er motiviert, sich direkter mit aktuellen Ereignissen und der Bedeutung, die er ihnen zuschreibt, zu befassen. Er kann die wirklichen Hindernisse, die der Erreichung seiner Hauptziele und Quellen der Zufriedenheit im Weg stehen, genau bestimmen und kann Methoden entwickeln, um diese zu überwinden.«

Fall-Vignette 14: Der strafende Religionslehrer (s. S. 192 f.)

1. Es geht um Ihre Gefühle, Gedanken, Bilder, Fantasien. Siehe die gleiche Frage aus der Fall-Vignette 13, auf die der Kollege in der Balintgruppe geantwortet hatte. Eine Klientin, die schon »durchtherapiert« ist oder Therapieerfahrung hat, ist in Beraterkreisen oft als »Therapeutenvernichterin« gefürchtet. Es ist wahrscheinlich, dass die Klientin ein Scheitern des Beratungszieles inszenieren wird. Aus diesem Grunde werden solche Klientinnen oder Klienten oft als Gegner empfunden. Eine andere Möglichkeit besteht darin, dass Berater sich darüber freuen, dass so viele Profis vorher versagt haben. Das schürt den Ehrgeiz, es als Einziger dann doch zu schaffen. Bei solchen Angst machenden Klienten sollten Sie sich regelmäßig kollegial supervidieren lassen, um

nicht in die zahlreichen Fallen zu tappen, die auf Sie warten könnten.

2. Empathie ist eine komplexe Fähigkeit, bei der Sie sich nicht nur in die andere Person einfühlen müssen. Ohne dass Sie es merken, finden unbewusst auch noch zahlreiche andere empathische Identifikationen statt:

- Sie identifizieren sich mit der Klientin und ihren zum Teil verdrängten und unbewussten Emotionen (in der Psychoanalyse *konkordante Identifikation* genannt).
- Sie identifizieren sich mit der Sichtweise, die eine frühere Bezugsperson der Klientin auf diese hatte *(komplementäre Identifikation)*. Beispiele: Sie identifizieren sich mit Emotionen des Mannes der Klientin, mit denen des seelenverwandten Freundes, mit denen der Eltern der Klientin ...

Diese Prozesse laufen in Sekundenbruchteilen unbewusst ab. Durch Analyse dieser Gegenübertragung, Arbeit mit inneren Teilen, psychodramatischen Methoden und anderem können diese verschiedenen Perspektiven fassbarer gemacht und gezielt für den Beratungsprozess nutzbar werden.

3. Der Beratungsauftrag könnte beispielsweise lauten: Helfen Sie mir, dass ich von meinem Mann loskomme! Solche Aufträge sollten Sie misstrauisch machen. Es ist dann sehr beruhigend, wenn man sich auf übergeordnete Beratungsziele einigen kann – auch, wenn diese etwas vage klingen. Dazu einige Beispiele:»Lernen, für sein Leben ganz die Verantwortung zu übernehmen und die Konsequenzen daraus ziehen zu können. Die Ambivalenz von Freiheit und Bindung akzeptieren zu können. Die eigene Rolle als Akteurin (Täterin) verstehen zu können und sich nicht nur als Opfer ausgeliefert zu fühlen. Zu erkennen, dass man im Leben schuldig wird und sich und andere vor Kränkungen und Schmerz nicht bewahren kann ...«

4. Der Religionslehrer könnte die Verdichtung männlicher Figuren sein (Vater, Lehrer, Mann, Geliebter), und die Prügelszene könnte zum Beispiel schuldbesetzten Sex symbolisieren. Dies wäre die so genannte *Objektebene* einer Traumdeutung. Sie klärt den Bezug, den der manifeste Trauminhalt zum tatsächlichen Leben der Klientin hat. Andererseits könnte der Traum auch auf eine *Subjektebene* verweisen: Welche inneren und abgewehrten eigenen Anteile der Klientin werden darin latent sichtbar? So könnten der Religionslehrer und die Prügel für sexuelle Lust stehen, in der sich gleichzeitig das schlechte Gewissen (Über-Ich) meldet und diese Impulse (und Verstöße gegen alte Gebote) prügelnd straft.

Info

Traumdeutungen sind stets Interpretationen und Ausdrücke der »Dichtkunst«, auf die wir in der Fall-Vignette 2 bereits eingegangen sind. Sie liefern uns aber oft wertvolle Beratungsansätze. Vielleicht handelt es sich auch um Eingebungen durch tiefe Empathie (Gegenübertragungserkenntnisse)?

5. Der Hinweis auf die umfangreiche Therapieerfahrung und der unangemessene oberflächliche (nicht flache) Beratungsauftrag lösen im Berater Gefühle der Angst, Wut und des Unvermögens aus. Dabei dürfte es sich um eine Gegenübertragung handeln (also um das unbewusste Wahrnehmen des Wechselspiels eigener Gefühle/Gedanken und der unbewussten Gefühle/Gedanken der Klientin). Angst und Wut werden dann mit einer Frage zurückgegeben, deren unbewusstes Ziel wieder ist, Angst oder Wut auszulösen. In einfachen Worten ausgedrückt: Jetzt setze ich diese blöde Klientin einmal auf den Pott!

6. Die Kommunikation in der Beratung bezieht sich meist auf einen Sachverhalt im Damals und Dort: Das Nicht-Einlassen des Freundes. Nun könnten Sie als Berater mit der Klientin über die Motive des Freundes sprechen. Dies würde zu einer intellektuellen, also kognitiven Klärung der Situation im Damals und Dort beitragen. Sie könnten die Aussage der Klientin aber auch unmittelbar auf die Beratungssituation beziehen (im Hier und Jetzt): Teilt die Klientin damit un-

bewusst ihre Befürchtung mit, dass der Coach sich nicht ganz auf sie einlassen möchte, sie vielleicht als Klientin oder auch als Frau oder Sexualpartnerin ablehnen könnte ...? Das Verstehen und Formulieren der Klientenäußerung im Hier und Jetzt wird in der Psychoanalyse als *Übertragungsdeutung* bezeichnet. Nach psychoanalytischer Auffassung ist diese aktuelle Klärung des Klienten-Berater-Verhältnisses der zentrale Teil der Arbeit. Die erklärende Beschäftigung mit Situationen und Beziehungen außerhalb dieses Verhältnisses wird *Außer-Übertragungsdeutung* genannt und ist meist der Arbeitsschwerpunkt im Coaching und der psychologischen Beratung.

Lösungsvorschläge zu den Falldarstellungen 7–9

Falldarstellung 7: Event-Managerin am Nullpunkt (s. S. 194 ff.)

1. Bereits als Kind hat sie mehr aufgeräumt und mehr Pflichten gesehen als ihre Geschwister.
2. Fleiß, Pflichterfüllung und ähnliche Tugenden waren verbindliche Regeln in ihrer Ursprungsfamilie. Die räumliche Nähe zu den Eltern hält diese Regeln lebendig.
3. »Wir gehören alle zusammen!« So hieß es bei ihrer Mutter. Gegen dieses Gebot zu verstoßen käme einem Verrat an der Mutter gleich.
4. Biografische Deutungen der Entstehung von Verhaltensweisen (Gedanken, Emotionen, Handlungen ...) bewegen sich meist nur an der Oberfläche des Bewusstseins. Viele dieser Zusammenhänge sind den Klienten bereits bewusst, dies hat ihnen bisher aber nicht geholfen. Vielleicht ist die intensive Beschäftigung mit der Biografie und ihrer Verbindung zu aktuellen Problemen nur ein Transportmittel im Coaching, über das eine Art des Beziehungslernens stattfindet. Wir vermitteln unseren Klienten durch diese detektivische Tätigkeit, dass wir sie und ihre Lebensgeschichte ernst nehmen; so ernst und differenziert, wie zuvor vermutlich kaum eine andere Person. Es ist bekannt, dass jeder Berater oder Therapeut die biografischen Daten »produzieren« kann, die mit seinen theoretischen Orientierungen und Neigungen im Einklang stehen. Sowohl die gewonnenen biografischen Daten als auch ihre Interpretation sind also vom Berater stark manipuliert. Dies führt zum Beispiel häufig dazu, dass dieselben Berater bei ihren Klienten immer wieder bestimmte Typen von Eltern vorfinden. Diese sind dann beispielsweise überbehütend, einengend oder desinteressiert und gefühlskalt. Außerdem ist es bekannt, wie stark verzerrende Einflüsse des Klienten-Gedächtnisses zu den verschiedensten schillernden Facetten beitragen, die erwachsene Klienten zusammen mit ihren Beratern von ihren Eltern entwerfen. Auch hier gilt wieder: Die Biografie und ihre Deutung sind schöpferische Tätigkeiten, die von Klienten und Beratern gemeinsam vollbracht werden. Es geht dabei nicht darum, historische Wahrheiten abzubilden (wie ein Archäologe), sondern darum, aus behindernden psychischen Abbildungen der Selbstwahrnehmung des Klienten neue hilfreichere Abbildungen der Klienten-Geschichte zu entwerfen. Selbstverständlich gibt es eine historische Vergangenheit. Wir beschäftigen uns aber damit, auf welche Weise Klienten diese Vergangenheit erfahren haben, was sie darin gelernt haben und welchen Einfluss dies auf ihr jetziges Leben hat. Dabei ist es besonders wichtig, die vergangene Realität und die psychische Repräsentation der vergangenen Realität auseinander zu halten: Das eine war einmal, das andere lebt im Kopf weiter.
5. Die Empathie erlaubt ein tieferes Verständnis als die Kenntnis bloßer biografischer Fakten. Diese Fakten sind aber oft eine Voraussetzung für die Empathie.
6. Es dürfte eine tiefe Kränkung für die Klientin bedeuten, dass ihr Sohn, dem sie entgegen der Vorhersagen des Arztes ein weitgehend eigenständiges Leben ermöglicht hatte, nun wieder unselbstständiger wird.

Dadurch wird eine Lebensaufgabe, die viele Opfer gefordert hatte, wieder zunichte gemacht.

7. Verstorbene Familienangehörige müssen immer in Trauer gewürdigt werden. Die Überlebenden fühlen häufig eine tiefe unbewusste Schuld (so genannte Überlebensschuld). Sie können der Klientin anbieten, über dieses Thema mit ihr zu sprechen. Sie sollten allerdings behutsam vorgehen und sich nicht aufdrängen.

8. Hier dürften starke abgewehrte Schuldgefühle vorhanden sein. Sie hat ihren Mann verlassen und dieser starb wenige Jahre später.
Es könnte auch die Frage nach der Co-Abhängigkeit auftauchen: Wird nicht jede Alkoholkrankheit insgeheim durch Familienmitglieder gefördert und unterstützt? Solche Fragen könnten die Klientin noch belasten. Auch hier gilt es, ein unaufdringliches Gesprächsangebot zu machen.

9. Der Mann ist deutlich jünger als die Klientin. In einer Zeit des Jugendkultes dürfte dies der Klientin Probleme bereiten: Wann werde ich zu alt für meinen Mann werden? Wird er mich irgendwann ablegen?

10. Wir wollen ehrlich sein: Da die Klientin mit übergeordneten Beratungszielen und ihrer Formulierung nicht vertraut war, gingen zu einem großen Teil die gut gemeinten Vorschläge des Beraters in diese Ziele ein. Sicher wird damit der Heilsplan des Beraters ebenso – wenn nicht sogar mehr – berücksichtigt als die bewussten Ziele der Klientin.
Übrigens: Wo in den Zielen ist der Vater erwähnt, wo der gesunde Sohn, die Großeltern, das jetzige Verhältnis zu den Eltern, was bedeutet das erwähnte krampfartige Festhalten der Hände …?
Sie sehen, dass dieser Fall noch eine Tiefe oder Weite hat, die wir bisher gar nicht angesprochen haben.

Falldarstellung 8: Heimleiterin in Konflikt mit der Schwiegermutter (s. S. 198 ff.)

1. Wenn Sie als Coach und psychologischer Berater Geld verdienen möchten, akzeptieren Sie natürlich auch kurze Beratungen. Dann ist es besonders wichtig, Ziel und Thema der Beratung zu begrenzen. In sieben Stunden lassen sich die Themen der Klientin nicht ausreichend bearbeiten. Sie sollten sich daher mit der Klientin darauf einigen, nur ein Thema (zum Beispiel das Verhältnis zur Schwiegermutter) anzugehen. Übergeordnete Ziele könnten lauten: die Möglichkeit zu entdecken zu sagen, was man will – anstatt nichts zu tun aus Angst vor der Reaktion der anderen; systematische Denkfehler erkennen und hilfreiche Kognitionen an ihre Stelle setzen. Ansonsten hat die Klientin selbst schon gute Ansätze für Beratungsziele geliefert. Diese müssen nur noch umformuliert werden.

2. Hier wären wir dabei, Spekulationen über die Mutter der Klientin anzustellen. Siehe dazu bitte den Kommentar zur Falldarstellung 7 (s. S. 214). Wir kennen nur die Schilderungen der Klientin über ihre Mutter. Von der Mutter wissen wir nichts direkt.

3. In der Schilderung wird einmal erwähnt, dass der Vater ein Tyrann sei, weil die Mutter Angst vor ihm habe. Diese Aussage ist unlogisch, könnte aber bedeuten: Wenn ich Angst vor jemandem habe, dann ist der gemein! Möglicherweise hat die Klientin in ihrem Elternhaus solche und ähnliche verzerrte Glaubenssätze erlernen können und wendet diese heute noch an: Die Schwiegermutter ist boshaft. Es wird aber getilgt, welche Interaktionen der Schwiegermutter und der Klientin zu dieser einseitigen Interpretation führen.

4. und 5. Heute muss sie nach den Regeln einer alten Schwiegermutter leben; als Kind musste sie mit der Angst einflößenden Schwiegermutter der Mutter den Rosenkranz beten, was sie gehasst hatte.

6. Er trägt den Namen des verstorbenen Onkels und ersetzte als Kind symbolisch den verstorbenen Opa im Schlafzimmer der Oma. Das ist eine große Verantwortung oder auch eine große Bürde.

7. Sie könnte sich verdrängt fühlen. Jemand nimmt ihr den Sohn weg. Außerdem könnte sie denken, die Schwiegertochter wolle sie möglichst schnell unter der Erde haben, sie beerben und das Haus für sich allein haben. Vielleicht sehnt sie sich trotz des hohen Alters auch noch nach einem Enkelkind? Diese Frage lässt wieder viel Raum für Ihre Spekulationen.

8. Er dürfte in einem Loyalitätskonflikt zwischen Mutter und Ehefrau stecken. Die Kinder seiner Frau, aus erster Ehe, sind vermutlich auch ein Problem.

9. Die Klientin rivalisierte in der Kindheit mit ihrer Schwester. Wird der Kampf zwischen den Frauen auch am Arbeitsplatz noch stellvertretend ausgetragen?

10. Diese Frage wird hier nicht beantwortet.

Falldarstellung 9: Austherapierte Chefsekretärin (s. S. 201 ff.)

Die Lösungen zum 9. Fall werden nicht dargestellt. Bitte diskutieren Sie mögliche Ideen, Gefühle, Gedanken zu diesem Fall mit Beratungskolleginnen und -kollegen. Bitte berücksichtigen Sie bei Ihrer Bearbeitung, besonders bei den Fragen 1 und 4, Ihre Gegenübertragung: Gibt es darin bewusste oder abgewehrte erotische Anteile (als Reaktion auf eine erotische oder erotisierende Übertragung, die Freud auch Übertragungsliebe nannte)?

Wenn Sie diese Möglichkeit zu kollegialem Austausch haben, diskutieren Sie bitte auch, unabhängig von diesem Fall, welche Zusammenhänge Sie zwischen dem folgenden Gebet und unserem Thema Sorts und Glaubenssätze mutmaßen.

»*Gott gebe mir die Kraft, die Dinge zu ändern, die ich ändern kann, die Gelassenheit, die Dinge zu akzeptieren, die ich nicht ändern kann, und die Weisheit, das eine vom anderen zu unterscheiden.*« (F. Oetinger 1702–1782, modifiziert nach Epiktet: Handbüchlein der Moral)

Teil 4
Paare und Familien

Familie, Liebe, Partnerschaft

»Alle glücklichen Familien sind einander ähnlich; unglücklich ist jede Familie auf ihre eigene Art.« (Tolstoi, »Anna Karenina«)

Unser inneres Bild der Familie

Unser inneres Konzept von der Familie entwickeln wir in der Kindheit. Dabei nehmen wir nicht nur unsere Einbindung in das Zweier- oder Dreiersystem (Dyade, Triade) der Familie wahr, sondern auch ein Bild von der ganzen Familie in uns.

Die Identifikation mit der Familie ist eine psychosoziale Kompromissbildung: Sie bezieht sich auf die Familiengeschichte, ihre Funktion, Bildung, Aufrechterhaltung und Neugestaltung. Diese Vorstellungen und Bilder speisen unser Familiengefühl, das wir in Ziele, Probleme und Beratungssituationen hineintragen. Was wir in unserer Ursprungs- oder Herkunftsfamilie erlebt haben, ist unsere wichtigste Kraftquelle, aber leider oft das größte Problem, das wir offen oder versteckt mit uns herumtragen. Tiefe Einblicke in das System Familie und in mögliche krankhafte Verstrickungen sollten der Therapie vorbehalten sein, da der Coaching-Rahmen hierbei leicht gesprengt wird.

Als Coach können Sie diesen Bereich oder das Thema »Familienprobleme« nicht immer mit technischen Mitteln umschiffen und müssen für sich selbst ein provisorisches Konzept oder Modell dazu aufbauen. Wenn Sie mit Ihren Klienten näher ins Gespräch kommen, werden Sie feststellen, dass vordergründige Ziele, Kräfte und Probleme beinahe alle in der Familie wurzeln. Die Familie ist vermutlich der eigentliche Ursprung und Hebelpunkt unserer Arbeit, selbst dann, wenn es scheinbar um andere Themen in unseren Gesprächen geht.

Die Gefühle von Angst, Schuld, Loyalität und Scham gegenüber der Familie oder einzelnen Familienmitgliedern sind Quellen der psychodynamischen Abwehrmechanismen, die wir im Kapitel »Persönlichkeit und Subjektivität« (s. S. 105 ff.) kennen gelernt haben. Diese Gefühle beziehen sich auf den ganzen wahrnehmbaren Familienhorizont und können mehrere Generationen zurückreichen. Gelegentlich entsteht daraus ein Zwang zur Wiederholung destruktiver Verhaltens- oder Denkmuster.

> **Übungsfragen**
>
> - Woher stammt Ihre Familie (die letzten drei Generationen)?
> - Haben Sie sich schon einmal mit dem Stammbaum Ihrer Familie und dem Schicksal Ihrer Vorfahren auseinander gesetzt?
> - Gab es Verstrickungen oder Verwicklungen mit den Ereignissen des Ersten und Zweiten Weltkriegs?
> - Gab es einschneidende Ereignisse (beispielsweise plötzlicher Tod, Ruin, Gefängnis)?
> - Wie ist Ihr inneres Bild von der Familie?
> - Welche Brüche im Familiengefühl haben Sie erlebt (Streit, Gewalt, Scheidung und Ähnliches)?
> - Gibt es destruktive Muster in Ihrer Familie, die Sie »beim ersten Überdenken« nicht verstehen können?

Besonders anfällig für solche Abwehrreaktionen sind Familien in Phasen des Umbruchs: bei Geburten, beim Auszug der Kinder aus dem Haus, beim Eintritt ins Rentenalter und vieles mehr.

Die Verinnerlichung unserer Familie enthält Glaubenssätze, Wertannahmen, Schuldgefühle, Opfergefühle sowie Vorstellungen von Lebensstil, Zeitwahrnehmung und -einteilung, von Ritualen und emotionalen Grundstimmungen. Einige dieser Identifikationen wehren wir ab und wenden sie ins Gegenteil, da wir diese Art zu leben, zu fühlen oder zu sein auf keinen Fall wieder erleben möchten. In anderen Verinnerlichungen sind wir gefangen, ohne sie hinterfragen zu können.

Wirkung über Generationen

Die Selbstbildung oder Individuation ist ein Balanceakt zwischen der Bindung an die Kernfamilie des Kindes und der Ausstoßung aus ihr. Viele Eltern oder Großeltern binden ihre Kinder und Enkel aber in Dreiecksbeziehungen ein, wenn sie als Erwachsene ihre Probleme nicht allein lösen können. Die Kinder werden dabei aus ihrer Geschwisterreihe auf die Ebene der Elterngeneration erhöht. Diese Bindung oder Verflechtung kann oft mehrere Generationen umfassen. Familiäre Muster von Schuld, Vorwürfen und Zuschreibungen werden fortgesetzt. Dabei können auch nicht offen ausgesprochene Aufträge an die Kinder weitergeben werden: Sie sollen zum Beispiel für Bindung, Rache, Sühne und Loyalität Sorge tragen. Kinder sind mit diesen Aufträgen überfordert und tragen sie später als fremden Ballast in ihr Erwachsenenleben hinein. In manchen Familien werden Fantasien und Wünsche durch Namensgebungen, Inszenierungen und Projektionen an das Kind weitergetragen.

> Wenn beispielsweise die Eltern Ungerechtigkeiten erfahren haben, tragen Kinder manchmal die Namen großer Helden, Herrscher, Retter oder Rächer. Wenn ein Elternteil unerfüllte Nähewünsche nach einem früheren Partner hatte, trägt das Kind vielleicht dessen Namen. Oder wenn das Leben der Familie örtlich gebunden und eingeengt war, trägt das Kind vielleicht einen fremdländischen Namen. Sie können sicher weitere Beispiele anfügen.

Übungsfragen

- Gab es in Ihrer Familie jemanden, der sich geopfert hat?
- Haben Mutter oder Vater Sie gelegentlich zum Geheimnisträger gemacht oder sich bei Ihnen über ihren Ehepartner beklagt?
- Wonach ist Ihr Name ausgewählt worden? Welche Geschichte hat Ihr Name in der Familie?
- Was für ein Kind sollten Sie werden?

Macht der Geheimnisse

Wenn in einer Familie etwas Schlimmes passiert ist, ein Ereignis, das die Familienmitglieder lieber verschweigen, dann ist dies ein Geheimnis der Familie. Welche Familie erzählt schon gern, dass der Vater eine Geliebte hat oder dass die Mutter Alkoholikerin ist? Andere Geheimnisse haben einzelne Familienmitglieder untereinander und verschweigen diese den anderen.
Geheimnisse führen zu Konflikten zwischen Rollen, Werten, der Generationenreihe und der Familie und ihrem Umfeld. Die Spannung, die dabei entsteht, raubt Kindern viel Kraft. Die Macht, die ein Kind durch sein verstecktes Wissen erlangt, kann den Verlust, den es dadurch erleidet, meist nicht aufwiegen: Es wirkt einmal mächtig und im nächsten Moment zerbrechlich. Außerdem spüren die Nichtwissenden die Lüge.

Übungsfragen

- Welche Geheimnisse hat Ihre Ursprungs- und Kernfamilie?
- Welche Geheimnisse hatten nur Sie und ein anderes Familienmitglied?
- Hatten Sie Geheimnisbündnisse in der Familie?
- Waren Sie geheimer Ratgeber für einen Elternteil?
- Waren Sie ein guter Freund/eine gute Freundin für einen Elternteil?

Was passiert in Familien?

N.B. Epstein hat 1962 mit seinem *Family-Categories-Schema* eine theoretische Basis für viele Modelle gelegt, die später in der Familien- und Organisationspsychologie Einfluss gewonnen haben. Er untersuchte folgende Basisdimensionen des Familienlebens:

Rollenverhalten: Wer hat welche Aufgaben in den einzelnen Zyklen des Familienlebens?
Kommunikation: Welche verbalen und nonverbalen Kommunikationsmuster werden genutzt? Wo gibt es Störungen?
Emotionalität: Wie können sich die einzelnen Familienmitglieder in das Leben der anderen einfühlen?
Affektive Beziehungsaufnahme: Welche affektiven Spannungsverhältnisse gibt es? Wie werden Freiheit und Bindung gefühlsmäßig organisiert?
Kontrolle: Wie anpassungsfähig sind die Rollenmuster auf Veränderungsdruck? Wie groß sind die stabilisierenden Kräfte?
Werte und Normen: Welche Wertvorstellungen, Überzeugungen und Meinungen bestimmen das Familienleben?

> **Übung**
>
> Schreiben Sie Fragen auf, mit denen Sie die einzelnen Kategorien in einem Klientengespräch ausleuchten könnten. Aber Achtung: Wenn es vorher um eine Problemperson ging, deren »Schuld« oder schlechtes Benehmen diskutiert wurde, und Sie nun mit Ihren Fragen einen »systemischen Kontext« eröffnen, wird sich Widerstand regen!

Familien haben viele Probleme

Sie sollten das Familien- oder Paargespräch so beginnen, wie Sie als höflicher Mensch jedes Gespräch beginnen: Sie und die einzelnen Systemmitglieder stellen sich vor, Sie danken für das Kommen, bieten eventuell ein Glas Wasser an. Es kann ein bisschen Neugierde gesät werden und die Vorausschau darauf, dass etwas Interessantes und Spannendes zu lernen ist. Über dieses Warming-up (Minuchin, 1977) erfahren Sie bereits viel darüber, welche Kräfte im System wirken: Wie ist der Händedruck, gibt es Blickkontakt, wo setzt sich jemand hin, wer spricht zuerst? Dann erst sammeln Sie gezielt sprachliche Informationen und umreißen das Problem: Sie stellen spezifische Fragen an die Familienmitglieder, welche das Problem konkretisieren und eingrenzen. Sie suchen gemeinsam nach Zielen und Ressourcen im System. S. Minuchin, der Mitbegründer moderner Familientherapie, nannte das seinen Mittelteil im Familiengespräch. Erst dann begann seine eigentliche Arbeit. Hier einige Beispiele zu Problemfragen:

»*Woraus besteht aus der Sicht jedes Systemmitglieds das Problem?*« »*Wann wurde es das erste Mal bemerkt?*« »*Wie waren damals die Umstände?*« »*Welche Erklärungen hat jedes Systemmitglied für das Problem?*« »*Welche Veränderungen hat es bisher im System bewirkt?*« »*Was bedeutet das Problem für die Einzelnen?*« »*Gab es das Problem schon in der Herkunftsfamilie?*« »*Angenommen, das Problem wäre gelöst, was würde sich im System ändern?*« »*Woher kommt Hilfe von außen?*« »*Wie müsste die Situation sein, damit das System das Problem selbst lösen könnte?*«

Sie können das bisher Gelernte also in diesen Kontext übertragen. Stellen Sie einfach Fragen, wie Sie es bereits gelernt haben!

Zwei und mehr sind ein System

Die kybernetische General System Theory:
- Organismen stehen als »offene Systeme« im ständigen Energie- und Feedback-Austausch mit ihrer Umgebung. Nur solche offenen Systeme sind anpassungs- und lernfähig.

- Komplexe Phänomene sind nicht als Folge einfacher Kausalketten begreifbar. Komplizierte Feedback-Mechanismen wirken auf das gesamte System zurück.

Viele Beratungsformen oder Psychotherapien werden heute als »systemisch« bezeichnet. Die Wurzeln dieser Bewegung sind meist wenig bekannt: Wissen und Vorurteile zu diesem Thema sind erstaunlich unterschiedlich verteilt. Daher besprechen wir kurz die so genannte *General System Theory*. Ihre Ursprünge liegen in der frühen psychologischen und soziologischen Forschung (Simmel, 1922). Sie wurden auf Grund der gedanklichen Vorherrschaft der Psychoanalyse und der frühen Verhaltenspsychologie aber wenig beachtet.

In der Biologie wurden nach dem Zweiten Weltkrieg Modelle lebender Organismen entwickelt, von denen man annahm, dass sie als offene Systeme in einem dynamischen Austausch mit der Umgebung stünden. Als Elemente des Lebens wurden dabei sowohl die Zelle, der menschliche Körper als auch komplexe soziologische Gebilde angesehen (von Bertalanffy, 1956). Nicht nur das komplexe Phänomen ist daher von Bedeutung. Als modellhafte Analogie flossen diese Theorien bald in die kognitive und therapeutische Forschung ein und wurden erfolgreich in die Einzel-, Paar- und Familientherapie übernommen (Bateson, Watzlawick, Moreno, Satir, Perls und andere). Die gleichen systemischen Konzepte sind heute fester Bestandteil der Beratungsarbeit mit Organisationen.

Aufstellungen, Psychodrama, Skulpturen

Die Aufstellungsarbeit gibt es seit etwa 1950

In den 50er-Jahren hatten Bunny und Fred Duhl sowie David Kantor eine Form der systemischen Familien- und Organisationsberatung entwickelt. Diese kybernetisch orientierte Therapie- und Beratungsmethode hatte ihre Wurzeln in der Skulpturarbeit Jakob Morenos. Sie gingen davon aus, dass es vorteilhaft wäre, die problemrelevanten Teile eines Systems räumlich durch die betreffenden Personen oder durch Stellvertreter dieser Personen zu repräsentieren. Dieses Aufstellen von Personen nannten sie Systemskulpturen. Die Repräsentationen waren auf diese Weise »greifbar« für:

- Identifikationen,
- Rollentausch,
- Empathie und
- Intervention.

Die Organisationen konnten dabei Familien, Vereine oder Firmen sein. Aus der Idee dieser Arbeit entwickelten sich verschiedene therapeutische Methoden.

Aufstellungen und Skulpturen

In Literatur, Presse und Internet finden sich viele Informationen über »systemische oder systemorientierte Therapie«. Auch Ihre Klienten werden eventuell davon gehört haben. Daher ist es hilfreich, wenn Sie sich selbst einen kleinen Überblick verschaffen.

Die Arbeit mit »Aufstellungen« im weitesten Sinne hat ihre Ursprünge im Theater, im Psychodrama und in humanistisch orientierten Zweigen der Familientherapie (zum Beispiel bei Virginia Satir). Betrachtet man die Ursprünge, müsste man die Aufstellungsverfahren also eher der humanistischen Schulenrichtung zuordnen. Neuerdings hat es sich aber eingebürgert, Aufstellungsverfahren (beispielsweise in der Familientherapie oder in Organisationen) als »systemisch« zu bezeichnen. Manche Laien gehen sogar davon aus, dass »systemisch« und »Familienaufstellung nach Hellinger« nur unterschiedliche Begriffe für eine Methode oder Beratungsphilosophie sind. Das ist nicht korrekt (s. S. 346 ff.). Aber wir wollen uns hier nicht um die Abgrenzung von Schulen, Meinungen und Behauptungen bemühen. Wir stellen Ihnen drei historische Zweige der »Aufstellungsarbeit« vor und überlassen es Ihnen, sie dort zuzuordnen, wo es Ihnen beliebt.

Das Psychodrama Jakob Morenos

Dieser Ansatz stellte in der ersten Hälfte des letzten Jahrhunderts eine Gegenbewegung zu der damals vorherrschenden Methode Sigmund Freuds dar: Die Psychoanalyse war weitgehend auf die Sprache beschränkt und damals in ihrer Perspektive noch auf eine Person fokussiert (den Patienten) – körperliche und interpersonelle Aspekte konnten kaum berücksichtigt werden. Nicht-verbale Handlungen oder gar Rollenspiele waren verpönt.

Jakob Moreno hatte eine Leidenschaft für das Theater, die in seine Arbeit mit eingeflossen ist. Im Psychodrama werden verschiedene Rollen, dramatische Vorfälle des Systems, Probleme und Konflikte interaktiv ausgelebt, handelnd erfahren und umgestaltet. Hierfür tut der Patient »so, als ob« und lässt in den verschiedenen Rollen (zum Beispiel Kollegen, Kinder, Eltern) die damit verbundenen Gefühle, Gedanken, Wünsche, Ziele und Ängste fiktive Wirklichkeit werden. Mitspieler der Inszenierung sind meist Stellvertreter für Familien- oder Systemangehörige: andere Patienten, Klienten, Ko-Therapeuten. Perspektivenwechsel, Rollentausch, Reflexion, Feedback, Erproben und Erfahren noch nicht genutzter Sicht- und Denkweisen sind wichtige Elemente dieser Therapie- und Beratungsform. Nicht der Therapeut kannte die »richtige Lösung« für das System – der Klient selbst entwickelte neue Sicht- und Verhaltensweisen, die seinem momentanen Zustand angemessen und zuträglich erschienen. Diese neuen Sicht- und Verhaltensweisen können jeden Tag anders aussehen und sind einem natürlichen Wachstumsprozess unterworfen. Im Psychodrama können auch irreale Elemente integriert werden und ermöglichen es, Träume, Fantasien, Mythen oder Märchen in den Handlungsprozess einzubeziehen. Die Arbeit kann in Form von Rollenspielen geschehen, die sich auf Vergangenes, Gegenwärtiges oder Zukünftiges beziehen. Es gibt Aufstellungen jeder Art, Skulpturen und andere Elemente, die später in viele Beratungs- und Therapiemethoden sickerten und dort teilweise als »neu erfunden« propagiert wurden. Da Moreno bestrebt war, praxisnah, spontan und kreativ zu arbeiten, haben seine Schülerinnen und Schüler bis heute diese Methode in seinem Sinne weiterentwickelt. Heute stellt das Psychodrama ein modernes und universell einsetzbares Konzept dar: in Beratung, Pädagogik und Therapie von Einzelpersonen und Gruppen (s. S. 371ff.).

Da das Psychodrama wenig kommerzialisiert ist und für wenig Schlagzeilen in den Medien sorgt, ist es vielen Fachleuten im Beratungssektor nur oberflächlich bekannt. Außerdem ist Psychodrama viel schwerer zu erlernen als das Familienaufstellen oder das einfache Rollenspielen, da es eine lange Ausbildung voraussetzt. Trotz gemeinsamer Wurzeln und einer oberflächlichen Ähnlichkeit gibt es große Unterschiede zwischen den Methoden des Psychodrama und »Aufstellungen nach Hellinger«.

Mittlerweile sind im Psychodrama auch die ungewöhnlichen Therapiemethoden Milton Ericksons von vielen Therapeuten in ihre Arbeit integriert worden: Die bekannte amerikanische Psychodrama-Therapeutin Eva Leveton betont in ihren Büchern die großen Parallelen der Arbeit Morenos und Ericksons. Ähnlich ist es mit Wissen oder Vorgehensweisen aus der Tiefenpsychologie oder anderen Methoden: Moderne Psychodramatiker sind bewusste Eklektiker und haben so eine sehr breite Basis im Beratungsgewerbe.

Die Skulpturarbeit Virginia Satirs

Die Familientherapeutin Virginia Satir abstrahierte die anfänglich theatralische Arbeit des Psychodramas. Die Detailfreude der frühen Psychodrama-Formen und ihre szenische Ausgestaltung wich der Betonung von »Strukturen und zugrunde liegenden Identifizierungsprofilen und Beziehungsgeflechten im System« (V. Satir). Diese Abstraktion wurde meist vorbereitet durch eine mehrtägige Skulpturarbeit, in der die Geschichte der Familie über mehrere Generationen aus allen Blickwinkeln beleuchtet wurde.

Satir wandelte das Ausagieren in szenischer Form in ein Spiel von Körperhaltung, Gestik und Mimik, welche die tragenden Emotionen ausdrücken sollten. Die Wahl bestimmter Stehplätze (Positionen) gab durch ihre Entfernungsverhältnisse und Blickrichtungen ebenfalls Auskunft über die Beziehungen. Diese Informationen waren den Patienten zuvor meist nicht bewusst.

In den 60er-Jahren erkannte sie, dass Körperhaltung, Gestik, Mimik und Position eine bestimmte Emotion oder innere Bilder hervorrufen – unabhängig von der Person, die sich in diese Körperhaltung begab. Zu dieser Zeit begann sie, statt der Familien- oder Systemmitglieder so genannte Stellvertreter aufzustellen (was im Psychodrama übrigens von Anfang an üblich war). Die Stellvertreter gaben an, ähnliche Gefühle zu haben wie die Familien- oder Systemmitglieder. Die Arbeit Virginia Satirs wirkte auch durch ihr warmherziges Charisma. Sie starb 1988. Ihr Können und Wissen wird heute, mit oder ohne Namensnennung, an alle Familien- oder Systemberater weitergegeben.

Die Aufstellungsarbeit Bert Hellingers

Bert Hellinger klammert die Detailgeschichte des Systems aus. Ihn interessieren nur einschneidende Ereignisse wie Tod, Scheidung, Kriminalität, Hochzeit, Geburt, schwere Krankheit. Diese Kondensation der »systemischen Arbeit« reiche aus, weil es nur einige wenige Grunddynamiken seien, in die wir alle eingebunden sind. Er interessiert sich dabei nicht für Interpretationen oder Erklärungen der Klienten und findet diese wenig hilfreich oder sogar hinderlich. Es werden weder gestische, mimische noch theatralische Elemente aufgenommen, und es findet keine Inszenierung von Ereignissen oder Gefühlen statt. Der Klient selbst ist nur anfangs und zum abschließenden »Lösungsbild« an der Aufstellung beteiligt; ansonsten wird nur mit Stellvertretern gearbeitet: Die Stellvertreter werden zu »Spiegeln einer Wahrnehmung der Systemwirklichkeit«, wie der Patient sie unbewusst erlebt (Moreno nannte diese Technik Jahrzehnte zuvor »Spiegeln«).

Die Arbeit Hellingers fußt auf den Wurzeln Morenos und Satirs. Da er sehr öffentlichkeitswirksam arbeitet und sich recht bestimmt an seinen eigenen Grundannahmen und Regeln orientiert, gehört er zu den »schillernden« Figuren in der Beratungs- und Therapieszene. Er zieht größtes Lob und schärfste Kritik auf sich: So arbeitet er gern auf großen Bühnen und vor großem Publikum und nutzt die enorme Kraft, die sich daraus ergibt. Seine Aussagen sind vielen Kritikern zu apodiktisch und zu hypnotisch – im negativen Sinn. Er wird daher von vielen Teilnehmern seiner Seminare und von vielen Patienten sehr verehrt und gleichzeitig von vielen Skeptikern wegen seiner Methoden scharf kritisiert. Bei Diskussionen über Bert Hellinger und seine Methoden kochen in Expertenkreisen sofort die Emotionen (natürlich nur in Form »sachlichen Argumentierens«), und die Diskutanten teilen sich in Verfechter und Ankläger.

Die meisten seiner Schüler und Schülerinnen haben seinen Arbeitsstil entschärft (was die apodiktische Haltung anbelangt) und versuchen eine respektvolle Synthese mit anderen systemischen Konzepten und psychologisch-soziologischen Betrachtungsweisen. Einer der Gründe dafür ist beispielsweise Hellingers Arbeitsstil mit Opfern kindlichen Missbrauchs. Die Opfer sollen sich angeblich vor dem Vaterstellvertreter verneigen und ihm sagen: »Papi, für dich habe ich das gern getan!« In der Regel kommt es durch solche Interventionen zu schweren Retraumatisierungen, und die »Klienten« müssen danach oft in Spezialkliniken aufgefangen werden. In einer solcher Klinik habe ich früher gearbeitet. Ein Fünftel der Patientinnen dort hatte retraumatisierende Erfahrungen mit dieser Aufstellungsmethode. Doch selbst für diese Vorgehensweisen Hellingers finden sich einige Befürworter. Viele Anhänger Hellingers gehen auch davon aus, dass eine »Lösung« oder ein Lösungsweg in einer einmaligen Aufstellung aufgezeigt werden kann. Diese Hoffnung ist allerdings trügerisch und bestätigt sich auch nicht in Nachuntersuchungen. Wirkliche Veränderung braucht Zeit und ist meist nicht mit einer einzigen Intervention zu erzielen (s. S. 347).

Viele Erkenntnisse von Bert Hellinger sind nicht neu und stammen von systemischen Vorgängern oder aus anderen Bereichen der Psychotherapie. Eklektiker könnten sich hier also sehr viel »Nützliches« für den Werkzeugkasten holen und es als Möglichkeit und Angebot für ihre Klienten nutzen. Es ist jedoch nicht erforderlich, die Aura und das apodiktische Weltbild des Großmeisters (seine »Ordnung der Liebe«) zu kopieren.

> **Info**
>
> Die ergreifenden emotionalen Erfahrungen und die »stellvertretenden Gefühle« für andere Personen in der Aufstellung erleben Klienten in gleicher Form auch im Psychodrama Jakob Morenos oder in der familientherapeutisch orientierten Methode Virginia Satirs. Dort allerdings wird den Klienten keine vorgefertigte Lösung als kognitives Konzept für ihre Emotionen nahe gelegt. Sie werden stattdessen angeregt, ihre eigenen Wachstumsimpulse in der Arbeit zu erkennen.

Nach welchen Regeln funktioniert eine Familie?

Im Folgenden lernen Sie einige Grundannahmen der »systemischen oder systemorientierten Familientherapie«. Viele davon sind *Ideen Bert Hellingers,* die dieser woanders aufgegriffen oder teils selbst entwickelt oder sprachlich verdichtet hat. Sie alle sind als Modelle der Wirklichkeit hilfreich bei der Betrachtung oder Beratung von Familien und Organisationen anderer Art. Es handelt sich aber nicht um unumstößliche Wahrheiten.

Bindung an die zeugende Familie

Die Bindung an die wahren Eltern (und auch die Bindung an die erziehenden Eltern) ist nicht auflösbar: Kinder haben ein Bedürfnis, ihre Eltern für das Geschenk ihres Lebens zu lieben, für welches die Eltern das Werkzeug waren. Wird zum Beispiel Hass gegenüber den Eltern empfunden, so kann es zu einem schwerwiegenden Konflikt mit dieser Liebe und Grundbindung kommen.

Ordnung

Es gibt ein familiäres Ordnungsgefüge, das durch die Geburt festgelegt ist: Die Geburt erfolgt zu einem bestimmten Zeitpunkt in eine bestimmte Familienkonstellation hinein. Eltern sind Eltern und nicht Freunde oder Gleiche. Kinder sind Kinder und nicht die Vertrauten der Eltern. Die Erstgeborenen sind zuerst da und die Nachgeborenen kommen erst an nächster Stelle. Dies wirkt sich auch auf das Verhalten des Systems aus.

Nimmt ein Kind eine scheinbare Elternrolle über die Eltern ein, so verstößt dies gegen die vorgegebene Ordnung. Der Fachbegriff dafür ist *Parentifizierung:* »Ich muss auf die Ehe aufpassen oder meine Eltern umsorgen, denn sie sind schwach oder würden sich sonst vielleicht trennen.«

Zieht ein Elternteil das Kind parteiisch in einen elterlichen Konflikt hinein, so ist dies eine missbräuchliche Koalition mit dem Kind: *Triangulierung.* Das Kind wird dann aus seiner Geschwisterreihe entführt und in die Elterngeneration gehoben: Wenn ein Elternteil dem Kind zum Beispiel über eine

Außenbeziehung berichtet und es zum Schweigen verpflichtet oder wenn es das Kind in emotionale oder sexuelle Probleme mit dem Partner einweiht. Die Geschwister erleben dies fast immer neidvoll.

Ein Elternteil sieht das Kind darauf als Konkurrenten, und das Kind erlebt Macht und eine Form der Zuwendung, die ihm nicht zusteht und die es überfordert.

Da die Eltern zuerst da waren, haben sie und ihre Liebe zueinander den Vorrang vor der Liebe zu den Kindern. Dies wird von vielen Paaren missachtet, wenn aus der Zweier- eine Dreierbeziehung wird.

Geben und Nehmen haben eine Ordnung

Es existiert eine Asymmetrie zwischen den Generationen. Die Kinder erhalten das Geschenk ihres Lebens durch die, nicht von (!) den Eltern ohne Gegenleistung. Der Versuch der Kinder, dieses Geschenk zu vergelten, führt zu Störungen. Sie sollten das Geschenk an die nächste Generation weiterreichen. Innerhalb des Ordnungsgeflechtes kann es ein Geben von oben nach unten geben. Der Weg in die andere Richtung kann nur unter bestimmten Voraussetzungen erfolgen. Dies bedeutet nicht, dass Kinder nicht verpflichtet wären, ihren Eltern zu helfen oder für diese im Alter da zu sein. Es darf aber nicht als Wiedergutmachung für die Geburt und das Geschenk des Lebens verstanden werden.

Ausgleich im Geben und Nehmen

Innerhalb symmetrischer Beziehungen besteht ein empfindliches Gleichgewicht des Gebens und Nehmens, zum Beispiel bei Partnern. Wird dieses Gleichgewicht missachtet, so kommt es zu Störungen.

Die Intensität des Gebens und Nehmens bestimmt die Intensität und das Glück in der Beziehung.

Verstrickungen in Probleme des Familiensystems

Verstrickte Menschen übernehmen Verantwortlichkeiten im System, für die sie eigentlich nicht zuständig sind. Diese Verantwortung wurde meist nicht frei gewählt: »Das System hat sich ein Kind gegriffen«, um für einen Ausgleich im System zu sorgen, zum Beispiel bei fehlender Verantwortlichkeit oder zur Sühne von Ungerechtigkeiten.

Neben der Triangulierung und Parentifizierung gibt es eine weitere Möglichkeit der Verstrickung: Die Identifizierung mit Glaubenssätzen, emotionalen Zuständen oder persönlichen Eigenschaften der Eltern. Aus dieser Identifizierung heraus entstehen Fremdgefühle (s. S. 226).

Die Nachfolge (der Zwang zur Wiederholung) des Elternschicksals oder eines früheren Schicksals aus der Herkunftsfamilie oder Sippe wird vollzogen, indem das Kind das schwere Los der Mutter oder des Vaters weiter trägt, als wäre es das eigene.

Übungsfragen

- Saßen Sie als Kind einmal zwischen den Stühlen, wenn es bei Ihren Eltern Probleme gab?
- Wurden Sie dann von einer Seite als verdeckter Koalitionspartner angeworben?
- Glaubten Sie als Kind, sich um den Zusammenhalt der Familie kümmern zu müssen? Oder müssen Sie das sogar heute noch?
- Kennen Sie junge Familien, bei denen das Kind immer noch im Ehebett der Eltern schläft und so eventuell deren Intimität stört?
- Haben Sie gelegentlich etwas, das auch Ihre Mutter oder Ihr Vater hatte (beispielsweise Kopfschmerzen, Krankheit, Schwächeanfälle)?
- Was machen Sie genauso wie Ihre Eltern, obwohl Sie eigentlich etwas anderes im Leben wollten?

Verschiedene Gefühlsarten

Bert Hellinger hat in seiner Arbeit die Unterscheidung verschiedener Gefühlskategorien eingeführt, die für seine Form der systemischen Arbeit sehr hilfreich ist. Diese Unterscheidungen sind leicht verständlich und können von unserem psychologischen Alltagsverstand gut nachvollzogen werden. Sie sind auf die Beratung modellhaft übertragbar. Es handelt sich nicht um Wirklichkeit – nur um nützliche Modelle.

Das Primärgefühl

Es ist von kurzer Dauer und kann nicht konserviert werden. Es überfällt einen Menschen impulsiv, der im erlebten Augenblick ganz davon erfüllt ist. Das kann ein unverfälschtes und klares Gefühl des Glücks, der Liebe, des Hasses, der Wut, der Verzückung, der Erregung sein. Dieses Gefühl ist ungetrübt (ohne jedes Aber) und für einen Beobachter mitreißend oder ansteckend.

Das Sekundärgefühl

Dieses »Ersatzgefühl« ist nicht identisch mit einem dahinter anklingenden Primärgefühl. Verhaltenskodex, soziale Normen oder innere Glaubenssätze lassen uns manchmal die primären Gefühle als unpassend erscheinen.

> Im Schwimmbad die eigene Frau heftig und leidenschaftlich zu küssen (wenn es einen überkommt) wäre beispielsweise sehr mutig. Oder: Eine tiefe Wut gegenüber den verstorbenen Eltern auszuleben scheint undankbar und verboten.

Stattdessen werden in den genannten Beispielen Gefühle des Umsorgens für die Ehefrau empfunden (»Soll ich dir Pommes von der Bude holen, Schatz?«). Oder es wird das Gefühl von übermäßiger und lähmender Trauer gegenüber den toten Eltern erlebt.

Diese Gefühle werden subjektiv als echt erlebt. Wir können zahlreiche gute Gründe für unsere Gefühle auflisten (rationalisieren), die nach außen auch stichhaltig erscheinen: »Ach, es waren ja so gute Eltern. Es ist so schade, dass ...«

Sekundärgefühle können länger andauern und wirken auf Beobachter eher langweilig und verwirrend oder wecken Überdruss. Ihnen haftet etwas Schaustellerisches an, so als wollte der Akteur den Zuschauer manipulieren. Trotzdem erregen Sekundärgefühle bei den meisten professionellen Helfern und Beratern den Wunsch, etwas aufzudecken oder ins rechte Licht zu rücken: Sie wecken den inneren Fremd-Helfer im Coach.

Fremdgefühle

Diese lassen sich aus dem Kontext, also aus der Situation und dem Erleben, weder für die betroffene Person noch für einen Beobachter erklären. Gute Gründe für dieses Gefühl kann der Betreffende selten nennen. Es handelt sich meist um einen gefühlsmäßigen Dauerzustand, der unterschwellig vorhanden ist: Perspektivlosigkeit, Hadern mit dem Schicksal, Hilf- und Hoffnungslosigkeit, Leichtsinn und vieles mehr.

Auf Beobachter wirken Fremdgefühle lähmend. Man weiß nicht weiter und verliert wie in einem Nebel den Überblick.

Nach Hellinger werden Fremdgefühle durch Identifikation erworben. Es handelt sich um die Übernahme eines Gefühls der Eltern oder um tradierte Gefühle vorangegangener Generationen.

Woran erkennen Sie Ersatzgefühle oder Verstrickungen?

Sprache, Gestik, Mimik und Emotion des Klienten geben uns Hinweise auf Ersatzgefühle oder Verstrickungen. Die Beratung ist jedoch nicht der geeignete Rahmen, um familiäre Verstrickungen zu lösen. Sie berühren damit die Grenze zur Therapie. Trotzdem können Sie dem Klienten vielleicht wichtige Anregungen geben oder das Interesse an einer späteren Selbsterfahrung wecken.

Als Berater können Sie viele Sackgassen vermeiden, wenn Sie die fremden Gefühle und unangemessenen Verantwortlichkeiten aus der Vergangenheit Ihrer Klienten kennen lernen und klären. Folgende »Indizien« können auf diese alten Verbindungen hinweisen:

- Der Klient spricht sehr lebhaft, bildreich und ausführlich von seinen Problemen und lässt Ihnen keinen Raum, zur Ressource oder zum Ziel umzuschwenken.
- Mit alten Familiengeschichten möchte der Klient sich nicht beschäftigen. Er reagiert mit Unwillen auf den »alten Kram«.
- Der Klient bietet gehäuft Rationalisierungen an und versucht Ihnen »Therapeutenfutter« anzubieten: Klischees einer schlechten Kindheit oder Ungerechtigkeit, auf die sich Berater und Therapeuten gern stürzen, die aber vom Thema wegführen.
- Der Klient wirkt unbeteiligt, gelangweilt, abwesend. Sie selbst als Berater können sich dann ebenso fühlen. Oder Sie haben das Gefühl, dass irgendetwas überhaupt nicht stimmt, ohne dass Sie das näher analysieren können.
- Der Klient benutzt Redewendungen, die auf Verstrickungen direkt hinweisen: »Hoffentlich werde ich nie wie mein Vater ..., ich hänge so an ..., es geht mir genauso wie damals meiner Mutter ..., davon kann ich mich nicht befreien ...«
- Jammern, Vorwürfe, stolpernde, hastige Rede, unpassende Sprache in Melodie und Wortwahl. Beispiel: Kinderton eines Managers, pathetischer Ton eines jungen Studenten.
- Der Klient hat nicht das »eigene Gesicht« oder verhält sich inkongruent: Bei erwachsenen Klienten findet sich das Lächeln eines angepassten oder eines gehorsamen und loyalen Kindes. Weitere Beispiele: Lächeln bei Depression oder schwerem Schicksalsschlag, betrübtes Gesicht trotz eines schönen Ereignisses oder eines großen Erfolges, heiteres Geplauder über einen schweren Verlust, gleich bleibender trauriger Gesichtsausdruck ...
- Die Körperhaltung und die Erscheinung entsprechen nicht der erwarteten Person: Der Klient sieht zu alt oder zu jung aus oder zeigt ein gegengeschlechtliches Verhalten.

Übung

Spüren Sie einmal in diese Körperhaltung hinein: Welches Gefühl vermittelt sie Ihnen (Antwort: Traurigkeit). Wessen Traurigkeit drückt sich da aus?
Dieser Gesichtsausdruck, was vermittelt er? (Antwort: Ängstlichkeit). Woher kennen Sie diesen ängstlichen Gesichtsausdruck? Oder: Woher kennen Sie diese Angst?
Gehen Sie ebenso mit Ihren anderen Indizien um: Fragen Sie nach dem Gefühl, das sich in dem auffälligen Verhalten ausdrückt. Der Klient wird meist nur ein einziges Gefühl benennen. Fragen Sie dann, woher er das kennt.

Liebe und Partnerschaft

»Künftig soll lieben, wer niemals geliebt, und wer geliebt hat, soll auch künftig lieben. Pervigilium Veneris – der Venus und der Ankunft des Frühlings in Rom.« (Refrain eines anonymen Gedichtes aus dem antiken Rom)

Liebe braucht Sehnsucht

Nur wer sich nach der Liebe sehnt, hat für sich die Voraussetzung geschaffen, sie auch zu leben. Bei dieser Sehnsucht scheiden sich häufig die Geister: Viele Menschen zelebrieren dieses Gefühl und träumen von einem Wunschpartner. Andere wiederum haben ein gespaltenes Verhältnis zur Sehnsucht und befürchten, sich in unerfüllbaren kitschigen Fantasien zu verlieren.

»Diese Sehnsucht passt nicht in unsere autonome, geordnete und erfolgreiche Zeit, in der sich jeder zuerst beruflich verwirklichen muss«, meint Christine Sieker, christliche Lebensberaterin aus Lemgo, »tatsächlich spürt aber fast jeder den Wunsch nach einer erfüllten Partnerschaft. Wegen der Karriere wird die endgültige Partnersuche aber häufig aufgeschoben, bis wachrüttelnde biologische Grenzen erreicht sind.«

Die Sehnsucht nach einem Partner ist eine natürliche mentale Vorbereitung auf die Zweierbeziehung. Wie so eine Partnerschaft aussehen soll, wird häufig schon in der Kindheit festgelegt: in Rollenspielen, Identifikationen, in Suggestionen: »Du sollst einmal einen tüchtigen Mann heiraten.«

In der Pubertät sucht man sich seinen eigenen Platz in der Welt der Liebe und Partnerschaft. Man identifiziert sich mit den Helden aus Romanen, aus der Musikszene und aus Filmen. Zuerst geht es darum, sich mit einem Menschen in emotionaler und körperlicher Nähe auszutauschen und dieses neue Gefühl zu zweit und in der Gruppe verzaubert und mit Stolz zu erleben. Erst allmählich wandelt sich die Sehnsucht in ein Leben zu zweit – einer Partnerschaft für das ganze Leben. Der lange Weg dorthin ist dann schon mit allerlei Erlebtem bereichert oder belastet.

»Wenn Klienten Sie fragen, warum sie keinen Partner finden können, warum bisher jede ihrer Beziehungen scheiterte, was sie tun könnten, um all das zu ändern, dann müssen Sie als Coach sich darauf gefasst machen, dass sie in vielen Coaching-Bereichen gleichzeitig arbeiten müssen«, meint Christine Sieker, die Partnerschaftsspezialistin aus Lemgo. »Viele Menschen sind einsam und haben große Wünsche an das Leben. Sie haben aber nie gelernt, aus diesen Wünschen Ziele zu bilden. Außerdem sind viele nicht bereit, Momente des Glücks anzunehmen: Sie sind nicht offen für die Chancen, die das Leben bietet.«

Übungsfragen

- Was waren Ihre Jugendträume von einer Partnerschaft? Haben Sie Ihr Idol gefunden?
- Gab es Loyalitätskonflikte mit den Eltern, als Sie das erste Mal verliebt waren und den Freund bzw. die Freundin mit nach Hause brachten?
- Was für einen Partner oder eine Partnerin hatten sich Ihre Eltern für Sie gewünscht?
- Wie wurden die ersten Partnerschaften beendet?
- Denken Sie manchmal noch an die beendeten Partnerschaften zurück?
- Gab es dort Unerledigtes, das sich jetzt noch auf Ihr Leben auswirkt?
- Gab es Konflikte mit der Familie, als Sie sich für das Zusammenleben mit einem geliebten Menschen entschlossen?
- Wann schien Ihre Karriere so weit fortgeschritten, dass Sie sich fest binden konnten?

Wie funktioniert das: Lieben?

Die Sehnsucht nach einer Lebensgemeinschaft in Liebe ist verständlich. Anders verhält es sich mit der Sehnsucht nach der Liebe selbst – sie lässt sich schwerer erklären, meint Christine Sieker. »Oft blitzt ein Verliebtsein zwischen zwei Menschen auf, wo sonst kein anderer Zweck des Beisammenseins zu bestehen scheint. Dieses Verliebtsein und die Liebe ist eines der wenigen ursprünglichen Gefühle, die wir nicht willentlich stärken oder hervorrufen können.«

Jeder hat eine Vergangenheit, in der die Grundlagen für die »Objektwahl« und Vorlieben gelegt wurden. Das Wissen um solche Lernerfahrungen kann der Liebe im Moment des Glücks aber nicht ihren Zauber nehmen: »Liebe ist eine Hinwendung zum Moment und zur Gegenwart, in dem wir in diesem Gefühl aufgehoben sind. Die vielfältigen Erklärungen dazu wirken konstruiert:

Suche nach Zärtlichkeit, nach Verständnis, Nähe, einer Grundlage für Familiengründung, Sex, Körperlichkeit, so sein zu können, wie man wirklich ist, so akzeptiert zu werden, wie man eigentlich sein möchte, Suche nach Verwöhnen, Umsorgen, Beistand ...«, sagt die Spezialistin aus Lemgo.

Wenn Liebe lahmt

Wenn jemand verzweifelt Ausschau hält nach einer Person, die diese Bedürfnisse befriedigen kann, die seinem inneren Bild vom Traumpartner entspricht und die sich in sein Wert- und Weltbild fügt, kann daraus jedoch auch eine blinde Form der Verliebtheit erwachsen: Sie hat etwas Nachrangiges wie ein Sekundärgefühl. »Als Außenstehender haben Sie dann den Eindruck, daraus könne sich später keine wirkliche Liebe entwickeln und die Paarbindung werde nur von kurzer Dauer sein«, sagt C. Sieker. »Vielleicht ist dies die Form der Verliebtheit, der viele Paartherapeuten begegnen und die der Grund dafür ist, dass Verliebte bei Therapeuten nicht gut angeschrieben sind? Solche Partnerschaften mit ihren oberflächlichen Zielen und Werten sind nämlich Seifenblasen, die im Wind hin und her getrieben werden und früher oder später zerplatzen.«

Was Liebe langsam festigt

»›Wartet nur ab, nach einigen Jahren wird von eurem Verliebtsein nicht mehr viel übrig sein!‹ Diese Annahme wird jungen Paaren in vielfältigen Formulierungen gern mit auf den Weg gegeben. Das sehen leider einige Kommunikationsprofis ebenso: In Psychotherapie und Beratung hat das Verliebtsein keinen guten Ruf«, meint Christine Sieker.
Verliebte werden gern als realitätsfern, rauschhaft, uneinsichtig, kindlich oder verblendet gesehen. Man müsse ihnen klarmachen, dass nur die reife Liebe oder Partnerschaft eine erwachsene Ausdrucksform dieses Gefühls sei. Die zauberhafte Kostbarkeit dieses Gefühls wird verzerrt zu einer »Regression der frühkindlichen Dualunion mit der Mutter und der schmerzlichen Trennung des Subjekts vom Objekt« (Freud) oder »der Suche nach nicht gelebten Möglichkeiten des eigenen Idealselbst« (Jung).
Einige Profis, die sich hinter solchen *Realitätsfiltern* verschanzen, glauben an die objektive Wahrheit ihrer Modelle. Diese sind in sich wohl auch stimmig, so Christine Sieker: »Viele dieser Paarberater haben selbst die schmerzliche Erfahrung gemacht, dass sie nicht mehr verliebt sind und nicht mehr von Herzen lieben. Sie lernen in ihrem Beruf selten glückliche Paare kennen, die ihre Weltsicht aufheitern könnten.«
Die häufige Wandlung des Verliebtseins zum partnerschaftlichen Alltagstrott stützt die Annahmen vieler Therapeuten:

- Die Realität steht dem Erträumten häufig nach.
- Aus den schönen Träumen des Verliebtseins werden machbare Kompromisse mit sich selbst, mit dem Partner oder der Partnerin und mit der Umwelt.

Übungsfragen

- Was darf von allein geschehen?
- Was müssen Sie aktiv tun, damit etwas geschieht?
- Haben Sie Vertrauen in ein größeres Schicksal oder Gott – oder müssen Sie den Partner bewusst suchen?
- Greifen Sie lieber schnell zu, auch wenn es noch nicht der ganz Richtige ist?
- Greifen Sie lieber erst mal nicht zu – denn der Allerbeste könnte später noch kommen?
- Waren Sie schon einmal in einer Partnerschaft mit einem lieben Menschen, der aber irgendwie nicht so ganz zu Ihnen passte?
- Wissen Sie noch, warum Sie die Bindung eingegangen sind und warum Sie die Bindung beendet haben?

Dies hat häufig seine Ursache darin, dass bereits bei der Partnerwahl ein versteckter Zwiespalt in einem der Partner lag. Gelegentlich liegt sogar eine innere Ablehnung vor, die wie ein Wurm bereits zu Beginn der Partnerschaft die junge Frucht aushöhlt.

> **Übungsfragen**
>
> - Was war Ihre gemeinsame Welt, die Sie sich im Verliebtsein erträumt haben?
> - Dürfen Sie als erwachsener Mensch noch verliebt in einer Kneipe knutschen?
> - Wer würde da verstört den Kopf schütteln?
> - Warum wirken Verliebte jünger, schöner, energetischer, kreativer und positiv verrückter als andere?
> - Haben Sie gehofft, Ihr Liebespartner weckt in Ihnen Ihr »ganzes Potenzial« und hilft Ihnen im Zusammensein bei Ihrer Verwirklichung?
> - Hatten Sie als Verliebte beziehungsweise Verliebter plötzlich ganz neue kreative Impulse und haben Entscheidendes in Ihrem Leben geändert?
> - Gab es in Ihrer Verbindung einen »Wurm in der Frucht«?
> - Was haben Sie daraus gemacht?
> - Stellte sich Verliebtsein bei Ihnen einmal als langsame Entwicklung und einmal als Blitzeinschlag ein?
> - Welche Spuren Ihrer Liebe sollen auch über den Tod hinaus lebendig bleiben?

Vielleicht ist ein Partner zu dick, schnarcht zu laut, trinkt zu viel, riecht unangenehm, hat abstoßende Hobbys, ist nur zweite Wahl (Bruder oder Schwester wären besser gewesen, die Eltern wollten die Verbindung ...), erzwingt ein kommendes Kind die Verbindung ...? Trotz der halb bewussten Ambivalenz kommt es dann zur Eheschließung – aus Sehnsucht nach Sicherheit, aus einem Hang zur Konvention und Anpassung oder aus Feigheit, auf die inneren Stimmen zu hören oder sich gegen die äußeren Stimmen zu wehren.

»Wenn ich Beratern und Beraterinnen etwas mit auf den Weg gebe«, sagt Christine Sieker, »dann ist es diese altkluge Weisheit: Liebe ist ein Entwicklungsprozess, an dessen Anfang, wenn alles gut geht, das zauberhafte Verliebtsein steht. Es sollte daher auch als visionäre Phase im Laufe der Liebe gewürdigt werden. Liebende dürfen sich die Erlaubnis geben, hin und wieder diese Visionskräfte zu aktivieren. Sie als Coach dürfen das den Partnern auch gerne erlauben. Die Kräfte des Anfangs schlummern noch in den meisten Paaren!«

Der Prozess der dauerhaften Liebe und der Paarbeziehung ist ein spannender und lebhafter Weg, der durch kleinere und größere Täler und auf Hügel und große Gipfel führt: Manchmal wird das als Beziehungsarbeit definiert, wenn gemeint ist, dass Beziehungsglück nicht vom Himmel fällt. Arbeit ist in diesem Zusammenhang eine unglückliche Metapher – sie erinnert viele Menschen ans Geldverdienen. Es steht Ihnen frei, andere Umschreibungen zu finden.

> **Übung**
>
> Nehmen Sie Ihren Partner oder Ihre Partnerin zur Seite und zeichnen Sie eine Landkarte Ihrer Wanderung: Wie sieht die Gegend aus, in der Sie die Wanderung begonnen haben?
> Schildern Sie sich dabei Wetter, Sicht, das Gefühl in Bauch, Kopf, Beinen.
> Versuchen Sie die konkreten »Eckpfeiler« Ihrer Beziehungsgeschichte in Metaphern der Wanderung zu übertragen: Gab es Momente, in denen Sie den Ausblick auf ein Tal lieber allein genießen wollten oder wo Sie sich mehr die Nähe der Partnerschaft gewünscht haben?
> Wie lang ist die Geschichte Ihrer Wanderung? Hat die Länge der Wanderung für Sie etwas mit der Tiefe der Bindung zu tun?

So kann eine lange Wanderung, die durch Täler und auf Hügel führt, anstrengend und gleichzeitig auch wunderschön sein. Manch-

mal schmerzen dabei die Füße. Nicht immer scheint die Sonne, gelegentlich macht uns ein Regenschauer nass. Es gibt Menschen, die bei Regen die Schultern verkrampft nach oben ziehen und resignieren, während andere die Schultern locker baumeln lassen, pfeifen und nach sonnigen Orten Ausschau halten, wo sie sich anschließend gemeinsam trocknen können.
Es passiert nichts von allein, und wir müssen für die lange Wanderung der Liebe viel tun: Häufig ganz bewusst planen, manchmal rückwärts um Hindernisse gehen. Ob das Arbeit oder Partnerschaft ist, kann jeder Wanderer selbst entscheiden.

Für immer und ewig?

In jedem Anfang einer Beziehung schwingt die Frage mit, ob man sich auf ein dauerhaftes Zusammenleben einrichten möchte. Manchen Paaren oder Partnern war im Nachhinein schon zu Beginn ihrer Liebe klar, dass sie nicht für immer zusammenbleiben wollten. Andere fangen schnell und begeistert an, sich ihre gemeinsame eigene Welt zu erträumen.
Die Konstruktion einer Wirklichkeit bekommt dann eine neue Grundlage, da die Partner bisher gewohnt waren, die Welt aus ihrer eigenen Perspektive zu sehen. Liebende Paare gehen dazu über, gemeinsame (dyadische) Konstruktionen auszuhandeln, zu diskutieren und zu erstreiten. Hieraus entsteht ein starkes Wir-Gefühl und eine gemeinsame Weltsicht.
Wenn dieser Prozess des Einbezogenseins, des Austauschs und des Gefühls zusammenzugehören gepflegt wird, ist die wichtigste Grundlage für eine dauerhafte und glückliche Beziehung gelegt. Das tiefe Wir-Gefühl als Paar, das Gefühl von Liebe und eine gute Kommunikation sind die besten Indikatoren für den Fortbestand der Partnerschaft.

Die besten Garanten einer lebenslangen Liebe

- Ein *tiefes Wir-Gefühl*: »Das sind wir, wir gehören zusammen!«
- Ein *Bewusstsein der Liebe*: »Das fühlen wir füreinander: Liebe!«
- Eine *gute Kommunikation*: »Wir verstehen uns und kennen einander! Wir wachsen gemeinsam und hören auch auf die Lebensmelodie des Partners!«

Übungsfragen

- Bei welchen Paaren aus Ihrem Bekanntenkreis nehmen Sie ein starkes Wir-Gefühl wahr?
- Bei welchen Paaren nehmen Sie eine wirklich gute Kommunikation wahr?
- Welche Paare in Ihrem Umfeld lieben sich (noch) wirklich?
- Woran erkennen Sie, ob jemand – oder Sie selbst – in einer liebevollen Partnerschaft steht?
- Wenn andere Paare so über Sie urteilen sollten, was würden sie dann sagen?

Die Bilanz des Gebens und Nehmens

Wenn gegeben wird, erzeugt das im Nehmenden den Wunsch, auch selbst zu geben. Nach einer Weile wird daraus das Gefühl einer Schuld. Nur dadurch, dass man auch gibt, wird ein Ausgleich geschaffen. In manchen Beziehungen wird wenig hin- und hergegeben. In anderen Partnerschaften werden Blicke, Gesten, Geschenke, Sätze, Handlungen, Rücksichtnahmen, Offenbarungen, kleine Zärtlichkeiten in einer großen Intensität und Fülle ausgetauscht.
Manche Partnerschaften wirken ermattet und glücklos, andere erscheinen lebhaft und reich an Glück. Bei ihnen findet sich Freiheit, Gerechtigkeit und »Unschuld« in der Beziehung. Die Geschenke, die über die Intensität des Glücks entscheiden, sind nicht

die großen Präsente zum Jahrestag oder zum Geburtstag, sondern die vielen kleinen Gaben des Herzens – das ist es, was wirklich zählt. Wer zu viel gibt und zugleich weiß, dass so viel nicht zurückgegeben werden kann, erzeugt im anderen Schuld. Ähnlich kann es sich verhalten, wenn jemand gibt, aber sich weigert zu nehmen, oder wenn jemand nimmt und sich weigert zu geben. Im übertragenen Sinne gilt dies gleichermaßen für die Ebenbürtigkeit der Partner. Wenn ein Partner einen Mangel oder eine Schwäche hat, dann muss dies durch einen Mangel oder eine Schwäche im anderen ausgeglichen werden. Sonst gibt es ein Ungleichgewicht.

Dies gilt auch für die Erwartungen, die die Partner aneinander stellen: Wer vom Partner Sicherheit, Umsorgtsein, Versorgtsein oder Ähnliches in einem Ausmaß erwartet, wie dies nur Eltern gegenüber ihren Kindern leisten können, der verlangt zu viel und sieht im Partner oder der Partnerin keinen Ebenbürtigen. Das heißt nicht, dass man nicht auch einmal umsorgt werden oder die Ebene der Ebenbürtigkeit spielerisch verlassen darf, um so zu tun, als wäre man ein Kind und der andere ein Erwachsener. Die Rollenverteilung muss aber austauschbar sein und sollte als liebevolles Spiel oder Ausdruck der momentanen Situation gelebt werden.

> **Übungsfragen**
>
> - Wo gibt es einen guten und wo einen gestörten Fluss im Geben und Nehmen innerhalb Ihrer Partnerschaft?
> - Wo sind Sie ebenbürtig, und wo gibt es ungute Verschiebungen und falsche Erwartungen?

Wenn kleine Neurosen sich zusammentun

Sind Ihnen auch schon einmal Paare begegnet, die auf Sie sonderbar wirkten? Oder bei denen Ihnen klar war, dass beide den passenden Partner gefunden haben mussten, da niemand sonst zu dieser Eigenartigkeit passen würde? Häufig spielt ein Partner dauerhaft auf einer kindlich-regressiven Ebene, der andere tut so, als könne er eigene Schwächen mit einer Erwachsenenfassade übertünchen. Im Kleinen und im Großen findet sich dieses unbewusste Zusammenspiel (*Paarkollusion*) in allen Partnerschaften. Es bietet den Partnern die Gelegenheit, kleine Schwächen gemeinsam zu bewältigen oder sich gegenseitig vor der Angst, die damit verbunden ist, zu schützen. Das verhindert manchmal Wachstum, ist oft aber stabilisierend für die Paarbindung.

Wenn sich diese Schwächen gegenseitig hochschaukeln, entstehen bisweilen heftige und dauerhafte Paarkonflikte, die eher in die Psychotherapie passen. Große Angst entsteht auch, wenn ein Partner sich weiterentwickelt oder allein seine Schwächen zu überwinden beginnt. Dann ist das bisherige Funktionsprinzip der Partnerschaft gefährdet.

Als Coach haben Sie die Möglichkeit, Ihren Klienten vorher Wege zu zeigen, wie die kleinen Schwächen liebevoll akzeptiert werden können und wie ein gemeinsames Wachstum möglich ist.

> **Übungsfragen**
>
> - Haben Sie Schwächen, die Ihr Partner oder Ihre Partnerin mit komplementären Eigenschaften aufwiegt oder die er/sie stützt oder sogar gutheißt?
> - Vor welchen Ängsten sind Sie, gerade in dieser Partnerschaft, geschützt?
> - Was würde sich ändern, wenn Sie die Prioritäten in Ihrem Leben ab heute ganz anders wählen würden (Zeit mit den Kindern statt Karriere und Ähnliches)?
> - Wie würden Sie reagieren, wenn Ihre Partnerin oder Ihr Partner plötzlich ihre beziehungsweise seine Schwächen nicht mehr hätte (zum Beispiel nach längerem Coaching oder nach einer Psychotherapie)?

Häufige Beratungsanlässe im Paar-Coaching

Jede Familie durchläuft verschiedene Phasen ihrer Entwicklung. Hilfreich ist es, soziologische Modelle des Familienzyklus heranzuziehen, wenn Sie mit Ihren Klienten auf phasenspezifische Entwicklungsprobleme stoßen. Ein einfaches Modell stammt von Duvall (1971):

- Phase 1: Paarbildung, Heirat, keine Kinder
- Phase 2: mit Kleinkind(ern)
- Phase 3: mit Kindern im Schulalter
- Phase 4: mit Kindern in der Adoleszenz
- Phase 5: im Ablöseprozess der Kinder
- Phase 6: nach Auszug der Kinder bis zur Pensionierung
- Phase 7: im Alter bis zum Tod

Dieses Phasenmodell ist eine starke Vereinfachung: Gelegentlich kommen weitere Kinder, wenn die ersten schon erwachsen sind. Es gibt späte Scheidungen und Neuorganisationen von Familien. Der Einfluss der Herkunftsfamilien ist dabei nicht berücksichtigt. Als Coach brauchen Sie lediglich einen vorläufigen Rahmen. Der Wert von Modellen ist Ihnen bereits aus vorangegangenen Kapiteln klar. Im Folgenden gehen wir auf die einzelnen Phasen des Paarzyklus von E.M. Duvall ein und tun das, was im Coaching am wichtigsten ist: Wir stellen viele Fragen und hören dann aktiv zu.

Verliebt, verlobt, verheiratet

Partnerschaften durchlaufen verschiedene Phasen. In Kinofilmen sehen wir meist nur die dramatische Entwicklung bis zum ersten Kuss oder bis zur Heirat. Doch damit ist die Entwicklung der Partnerschaft nicht beendet. Das wird in einer zu romantischen Darstellung der Paargemeinschaft oft ausgeblendet. Wir möchten Ihnen im Folgenden einige Phasen und die darin auftauchenden Fragen aufzeigen.

Wechsel von der persönlichen Konstruktion der Welt zu einer partnerschaftlichen Konstruktion: Schaffen es die Partner, sich eine ausgewogene äußere und innere Welt zu kreieren, in der die Ideen und Werte beider Partner gleichberechtigt einfließen und berücksichtigt werden? Gibt es eine gemeinsame Lebensvision für diese Welt? Wie können die Werte, die beide in die Partnerschaft einbringen, für eine tragfähige Beziehung umgeformt und neu arrangiert werden?

Ablösung von der Herkunftsfamilie und Akzeptanz durch die neue: Wie werden die neuen Mitglieder der Familien aufgenommen oder akzeptiert? Wie gelingt die Abgrenzung zu den Herkunftsfamilien? Wie werden die Beziehungserfahrungen aus den Herkunftsfamilien übernommen oder neu organisiert? Wie kann der Kontakt zum neuen Familiensystem definiert werden?

Einpendeln zwischen Nähe und Distanz: Wie lassen sich der Wunsch nach Intimität, Nähe, Geborgenheit und der Wunsch nach Selbstständigkeit, eigenen Zielen und bleibenden Unterschieden vereinbaren? Ist die Beziehung gleichzeitig frei und nah oder bei fehlender Ablösung von der Herkunftsfamilie eher symbiotisch?

Wenn Kinder ins Spiel kommen

Auch wenn ein neuer Mensch in die Zweierbeziehung tritt, ergeben sich viele Veränderungen. In der Beratung sind oft folgende Fragen hilfreich:

Löst das Kind auch Angst aus, da es Bindungswünsche oder -ängste verstärken kann? Wie verändern sich Freiheit und Autonomie mit dem Kind? Gibt es Eifersucht wegen sich ändernder Aufmerksamkeit und Zuwendung? Drängt sich das Kind in die Intimität der Eltern? Wie gehen die eigenen Erinnerungen (und Affekte) an die Kindheit und die Beziehung zu den Eltern in die neue Elternrolle ein? Wie wirkt sich das Kind auf die zukünftige berufliche Entfaltung der Eltern aus? Gibt es Enttäuschungen oder Verletzungen wegen der geänderten Arbeitsteilung und Lebensgestaltung? Wird die Beziehung zu den Herkunftsfamilien (Großeltern) nochmals ganz neu definiert? Welche Konflikte treten dabei auf?

Die Familie wächst zusammen

Die Eltern müssen ihre Rollen neu definieren. Aus den Liebenden werden nun (auch) Vater und Mutter. Wie gehen die Partner mit diesen neuen Rollen um und welche Probleme tauchen dabei auf. Die folgenden Fragen sollen eine Hilfe sein, um sich diesen Problemen zu nähern.

Wird der Vater in den ersten Monaten (und Jahren) genügend einbezogen, um dem Kind in diesem Dreiecksrahmen die Ablösung von der Mutter-Kind-Beziehung zu erleichtern? Unterstützt der Vater die Mutter emotional genügend? (Das ist besonders wichtig bei schwierigen Babys.) Wird das Kind missbraucht, um eigene narzisstische Bedürfnisse zu befriedigen? Wird die Rolle des anderen Elternteils – und damit der kindlichen Identifikation damit – genügend gewürdigt oder unterschwellig entwertet? Wie beteiligen sich die Großeltern und das gesamte Familiensystem an der frühen Erziehung: unterstützend oder einmischend? Wie weit nehmen sich die Eltern in der Beziehung zueinander für das Kind zurück, und zu wessen Lasten soll das hauptsächlich gehen? Gibt es tiefere generationsübergreifende Beziehungsschwierigkeiten? Wie ist das Zusammenspiel zwischen Grenzen und Regeln in der Familie und der Öffnung nach außen: in Kindergarten und Schule und unter den Freunden der Kinder?

Die schrittweise Ablösung der Kinder

Welche Veränderungen ergeben sich, wenn die Phase der Elternschaft sich dem Ende zuneigt und die Kinder sich abzulösen beginnen? Die folgenden Fragen stellen sich viele Familien:

Wie verändert sich die Eltern-Kind-Beziehung bei der erwachenden Sexualität der Kinder? Wie reagiert die Familie auf das Streben der Jugendlichen, sich selbst neu definierte Grenzen zu setzen und die bisherigen Grenzen testweise zu überschreiten? Wie schaffen es die Eltern, den Kindern nahe zu bleiben und ihnen doch den Freiraum zuzugestehen, eigene Wege zu gehen? Wo liegen die Gemeinsamkeiten und Unterschiede in den Weltbildern der Eltern und der Kinder? Welche unbewussten Ängste oder Befürchtungen machen aus dem Ablöseprozess eine Krise?

Vom Auszug der Kinder bis zum Ruhestand

Wie definieren sich die Partner, wenn sie nun plötzlich nicht mehr nur Eltern sind, wenn sie wieder auf sich selbst zurückgeworfen werden?

Gibt es existenzielle Ängste bezüglich einer Neudefinition des Lebenssinns (das *Leere-Nest-Syndrom* der Mutter)? Was passiert jetzt mit der frei werdenden Zeit, der Energie, den Räumen in der Wohnung? Wie definiert sich das Elternpaar jetzt im Verhältnis zueinander? Verläuft die weitere Entwicklung der Eltern synchron, oder wird bei nur einem von beiden ein persönlicher Entwicklungsprozess ins Rollen gebracht? Müssen die Eltern der Eltern gepflegt werden? Welche neuen Rollenverteilungen und Konflikte ergeben sich daraus? Wie werden eventuell Trauer und Verlust verarbeitet? Überdauern Schuldgefühle?

Vergangenheitsbewältigung und Todesnähe

Unser aller Tod und die Gewissheit, dass wir im Augenblick des Todes allein dastehen, machen Angst. Die Zeit nach dem Berufsleben, nach der Erziehung der Kinder wirft viele Fragen auf, die in Beratungen viel zu selten gestellt werden.

Wie werden das Alter und die Einsicht des nahenden Todes angenommen? Wie kann der Verlust von Beruf, Produktivität, Freunden, Verwandten, Werten integriert werden? Ist der Rückzug auf die neue Zweisamkeit ein Gewinn oder ein Verlust? Welchen neuen Sinn gibt sich das Paar? Ist der Alterungsprozess bei beiden Partnern gleich, oder gibt es eine Asymmetrie, die vorher nicht erlebt wurde? Wie werden Pflegebedürftigkeit, Auflösung des Hausstandes, Verlust sozialer Bindungen, Tod und Trauer um einen Lebenspartner verarbeitet? Wie wird die eigene Vergangenheit verstanden, werden Selbst- und Elternbilder ins Reine gebracht?

Häufige Probleme im Paar-Coaching

Neben der zeitlichen Struktur eines Paar- oder Beziehungsmodells besteht die Möglichkeit, sich ein geistiges Raster von typischen Problemkonstellationen anzueignen. Auch hierbei handelt es sich nur um hilfreiche Modelle, nicht um Partnerschaftsrealität.

Ebenbürtigkeit der Partner

Wenn Bildung, Herkunft und Entwicklungspotenziale unterschiedlich verteilt sind, kann Ebenbürtigkeit kaum entstehen. In der frühen Phase der Beziehung werden die Rollen häufig nach übernommenen Werten und Vorstellungen der Herkunftsfamilien aufgeteilt. Das erscheint am Anfang gerecht und einfach. Mit der Zeit aber muss ein Partner zurückstecken – meistens die Frau. Hinzu kommt, dass Geld, Anerkennung aus dem Beruf und ähnliche »Machtquellen« für den zurücksteckenden Partner nicht mehr in gleichem Maße zugänglich sind. Daraus erwächst ein störendes Ungleichgewicht.

Übungsfragen

- Sind für die Paarbildung bei beiden Partnern ähnliche Startvoraussetzungen vorhanden?
- Gibt es für Unterschiede einen Ausgleich?
- Nach welchen Rollenvorstellungen soll gelebt werden?
- Wer wird dabei zurückstecken?
- Wie sieht der Ausgleich aus?
- Wie wird die Macht verteilt?

Projektionen

In Paarbeziehungen haben psychodynamische Abwehrmechanismen große Kraft: Am gebräuchlichsten in der Alltagspsychologie ist die *Projektion*. Aus der Bibel ist bekannt, dass wir gern den Splitter im Auge des anderen sehen, während wir für den Balken vor unserem eigenen Kopf blind sind. C.G. Jung benutzte eine andere Metapher. Er meinte, die eigenen unbewussten Ängste und Regungen des Menschen, die er abwehrt, seien wie Schatten in ihm. Er hängt sie gern anderen, besonders dem Partner, an und rügte oder hasste ihn, wegen dieser Schatten, die doch eigentlich aus ihm selbst kämen. Bei Freud heißt dieser Mechanismus *Projektion*. Erstaunlich ist, wie groß die Balkenblindheit auch oder gerade in Paarbeziehungen ist.

Übungsfragen

- Was hat die Kritik an Ihrem Partner und das damit verbundene Gefühl mit Ihnen und Ihrer Vergangenheit zu tun?
- Was genau muss Ihr Partner machen, damit Sie besonders wütend werden?

Frau und Mann sind anders

Männer sollen eher geneigt sein, sich auf ein Problem und sein praktisches Umfeld zu konzentrieren, während Frauen eher die emotionale Eingebundenheit des Problems sehen. Hier sind bei den Geschlechtern ganz unterschiedliche Metaprogramme oder Sorts am Werke.

Ebenso ist es im Leistungskontext: Frauen sehen gerne die Verbundenheit und das Team, während Männer den Wettkampf und die Hierarchie bevorzugen. Die Liste solcher Metaprogramm-Differenzen zwischen »Venus und Mars« ist lang und in einem bekannten Buch von John Gray aufgeführt. Die Beachtung der unterschiedlichen Denkweisen ist bei der Beratung von Paaren oder Teams sehr hilfreich. Oft vertreten auch Gruppen eher den »weiblichen« oder den »männlichen« Stil, was zu Konflikten zwischen Teams führen kann.

Vergiftete Kommunikation

Die Ursachen für eine schlechte Partnerkommunikation liegen meist nicht auf der Ebene der Fähigkeiten oder Kenntnisse. Ein Kommunikationstraining mit Tipps und guten Ratschlägen für Eheleute ist daher wenig erfolgreich.

Die Verstrickungen aus den Herkunftsfamilien, die kleineren und größeren Neurosen und das Konzert beider Neurosen (die so genannte *Kollusion* nach Jürg Willi) können in einen Wettkampf giftiger Kommunikation münden. Normale Verletzungen allerdings sind in einer Partnerschaft unvermeidlich, wenn es darum geht, immer wieder seine Grenzen zu ziehen und die partnerschaftliche Welt gemeinsam neu zu konstruieren. Dabei prallen unterschiedliche Meinungen und Lebensstile aufeinander.

Manchmal geben wir nach, ein anderes Mal setzen wir uns durch und verlieren dann die Interessen und die Verletzbarkeit unserer Partnerin oder unseres Partners aus den Augen. Diese Verletzungen sollten nicht unter den Teppich gekehrt und später als Waffen des Grolls verschossen werden. Nach Phasen des Streits und der Verletzung sind auch Gesten des Verzeihens und der Liebe wichtig. Dies erhält die positive Grundstimmung in der Partnerschaft. Wo das vernachlässigt wird, stapeln sich im Stillen die alten Rechnungen und werden zu Gift.

Übungsfragen

- Wann und um welche Themen gibt es Streit bei Ihnen?
- Welche Strategien des Schmollens und Grollens wenden Sie dann am geschicktesten an?
- Werden Gemeinheiten und absichtliche Verletzungen aufgetischt?
- Gibt es dann Zuschreibungen auf der Ebene des Seins (»Du *bist* ein Versager« ...)?
- Wie verzeihen Sie?
- Haben Sie dafür Rituale entwickelt?

Machtkämpfe in der Kommunikation

Natürlich müssen wir uns gelegentlich durchsetzen. Genauso müssen wir gelegentlich die Sichtweise des Partners unterstützen, denn das stärkt die Liebe. Es gibt viele Arten, seine Macht zu demonstrieren.

Zum Beispiel kann der Partner absichtlich aus der inneren und äußeren Welt ausgeschlossen werden: Frau und Mann erzählen sich nichts mehr von ihren privaten oder beruflichen Kontakten oder Gedanken. Sie halten vielleicht Informationen zurück, die sie von den Kindern haben, oder sie begeben sich absichtlich auf andere Kommunikationsebenen (Modalität oder Metaprogramme).

Damit demonstrieren sie ihre Missachtung und entziehen sich als Partner der Liebe. Das ist eine der destruktiven Formen, Macht auszuüben. Andere Formen sind das Lächerlichmachen, das Behindern und auch das absichtliche Verletzen. Mit diesen Formen der Ausübung von *Behinderungsmacht* (nach Hans Jellouschek) wird die Liebe zerstört. Was Paare dann trotzdem noch frustriert zusammenhält, ist oft Bequemlichkeit und Angst.

Gute Formen der Machtausübung dagegen sind die so genannte *Abgrenzungsmacht* und die *Ermöglichungsmacht*:

- seine eigenen Grenzen angemessen zu ziehen, ohne dass man den anderen dabei unnötig verletzt;
- jemanden zu stärken und zur Nutzung seiner Ressourcen anzuregen.

> **Übungsfragen**
>
> - Gibt es Momente, in denen es Ihnen ganz recht ist, dass Ihr Partner in Ihre Belange oder Gedanken keinen Einblick hat?
> - Mit welchen gemeinen Mitteln der kommunikativen Machtausübung arbeiten Sie selbst am liebsten?
> - Wo haben Sie das eigentlich gelernt oder abgeschaut?

Lustlosigkeit

»Den will ich nehmen als meinen Mann! Das ist der Richtige!« Oder: »Die will ich nehmen als meine Frau! Das ist die Richtige!« Dies sind die inneren Worte von Menschen, die auch nach vielen Jahren noch Lust aufeinander haben und sich lieben. Bei ihnen gab es keine »guten Gründe« für die Liebe und Partnerwahl: Ein primäres Gefühl hat die zwei Menschen zusammengebracht. Wenn irgendetwas anderes in der Partnerwahl mitschwingt, dann schwingt es auch in der Sexualität mit und kann die Lust trüben. Vieles aus unserer Herkunftsfamilie wird in der Sexualität weitergetragen. Wenn dort Verstrickungen eingeknotet sind, ist die Lust nicht frei. Ebenso ist dies mit ängstigenden Erfahrungen, die in die neue Beziehung »übertragen« werden.

Manch einer hat die Frau oder den Mann nie wirklich »genommen«, so als ob es irgendwann noch bessere Zeiten gäbe, zu denen man dann den wirklich Richtigen oder die Richtige finden könnte.

Wenn der Zauber der ersten Verliebtheit verflogen ist, funktioniert die Partnerschaft nicht mehr wie von selbst. Plötzlich müssen wir uns Mühe geben, zuhören und auf die Bedürfnisse des oder der anderen gezielt achten und eingehen. Charmant sind wir nicht mehr wie von Zauberhand, sondern nur noch, wenn wir wirklich einen wachen und klaren Verstand haben und ganz bei uns selbst sind.

Wie wir oben gesehen haben, kommt es bei Kommunikations- und Machtstörungen oft zu Problemen: Wer hat schon gerne Sex, wenn allerlei Beziehungsgift oder Aufgeschobenes unter den Teppich gekehrt ist?

> **Übungsfragen**
>
> - Was haben Sie innerlich gerufen, als Sie Ihren jetzigen Partner beziehungsweise Ihre Partnerin erwählten?
> - Gab es ein Gefühl von »aber«, »man sollte eigentlich«, »man muss ja ...«?
> - Wie charmant sind Sie jetzt noch in der Partnerschaft?
> - Wie wichtig nehmen Sie Bedürfnisse, Wünsche, Hoffnungen Ihres Partners?
> - Mal ehrlich: Als Sie diesen Abschnitt lasen, haben Sie sich dabei auf Ihre eigenen »Fehler« konzentriert, oder fühlten Sie sich eher bestätigt, weil Sie die »Fehler« von ihm oder ihr noch einmal deutlich vor Augen hatten?

Eifersucht

Die Angst vor dem Alleinsein und vor dem Verlust sollte uns aufmerksam, charmant und umsichtig machen. Eifersucht in ihrer positiven Form darf sein: Wenn Sie Angst vor Verlust verspüren, wenn Sie die Blicke eines anderen attraktiven Menschen auf Ihren Partner gerichtet wissen, dann sollten Sie dieses Gefühl mit Ihrem Partner teilen. Wenn Ihr Partner oder Ihre Partnerin deutliches Interesse an einem anderen Menschen zeigt, sollten Sie in vernünftiger Weise Ihre Grenzen ziehen und kämpfen. Dies ist nicht anders als in jeder anderen Balance von Bindung und Autonomie.

Schwierig wird es, wenn Eifersucht übersteigert auftritt – als Ausdruck einer Beziehungsstörung. Dann liegt die Lösung vielleicht nicht in der Thematik der Eifersucht, sondern woanders. Die Lösung liegt außerhalb des Problems: »Solution space is not problem space«, sagt Albert Einstein. Dann handelt es sich meist um Ängste, Befürchtungen und kognitive Strategien, die wir von früher in die jetzge Beziehung hineintragen. In solchen Fällen ist häufig eine Psychotherapie sinnvoll, um den eigenen Anteil und die Geschichte dieser Gefühle zu klären. Erst danach ist der Klient frei, sich nochmals neu auf die Beziehung zu konzentrieren.

> **Übungsfragen**
>
> - Was genau muss Ihr Partner oder Ihre Partnerin tun, damit Sie eifersüchtig sind?
> - Kann er beziehungsweise sie das Gleiche machen, ohne dass Sie eifersüchtig wären?
> - Was wäre die Voraussetzung dafür?

Betrug

Wer auf die bekannten Grenzen nicht achten will, geht fremd und betrügt die Partnerin oder den Partner. Häufig wird dann gefragt, was in der Beziehung fehlt, da eine Außenbeziehung meist etwas mit einem erlebten Mangel zu tun habe.

Besonders schwierig ist es dann, die gegenseitigen Schuldzuschreibungen aufzufangen und deutlich zu machen, dass in der Beziehung zwar etwas fehlt, dass dies aber ein gemeinsames Problem ist (Ausnahme: Jemand entzieht sich zum Beispiel aus Gründen einer Verstrickung oder in Form einer Machtausübung).

Die Unterscheidung zwischen einem sexuellen Abenteuer und einer Liebe als Außenbeziehung ist für den Kopf angeblich hilfreich. Im Herzen aber bleibt eine tiefe Verletztheit, die langfristig meist zu einem Bruch der Beziehung führt oder zu einer Bindung, die auf anderem Grund gebaut ist.

Es ist möglich, aus einem solchen schwer wiegenden Einschnitt in die Partnerschaft zu lernen und einen Neubeginn mit einer neuen Konstruktion der gemeinsamen Welt zu versuchen. Ein einfaches Beenden der Außenbeziehung und eine Rückkehr zum Normalen und Gewohnten ist allerdings ohne tiefe Wunden nicht möglich.

> **Übungsfragen**
>
> - Sollte man einen Seitensprung lieber verheimlichen, um dem Partner oder der Partnerin die Verletzung zu ersparen?
> - Gab es Zeiten in Ihrer Partnerschaft, in denen Sie einmal mehr und einmal weniger vermisst haben, für andere frei zu sein?

Nach einer Trennung

Nicht jede Trennung bedeutet nur Zerstörung, Verletzung und Enttäuschung. Befreiung und ein hoffnungsvolles Gefühl von aufziehendem Licht stehen meist an der Seite von Scherben und Trümmern. Neben dem Verlust findet sich die Erleichterung, mit einer schmerzlichen Beziehung fertig zu sein und vor einem Neuanfang zu stehen.

Das Scheitern der Bindung hat aber auch etwas mit dem Selbstbild des Betroffenen zu tun: Er hat sich teilweise über diese Beziehung definiert und das Bild von sich selbst danach konstruiert. Der Trennung folgt daher häufig eine Phase der Resignation, des Selbstzweifels und der Schuldgefühle. Als Berater ist es dann genauso wichtig, einfach nur da zu sein, aktiv zuzuhören und zu zeigen, dass der Klient trotz der gescheiterten Beziehung ein wertvoller Mensch ist.

Erst später geht der Klient von der Krise, der Erschütterung und Resignation auf die Suche nach einer neuen Konstruktion des Selbst und nach neuen Perspektiven. Dieser Prozess kann durch Coaching sehr gut begleitet werden. (s. S. 436ff.)

Wenn die Trennung nicht richtig vollzogen werden kann, weil es gemeinsame Kinder gibt, wird sich ein kompliziertes Verhältnis auf der Eltern-Ebene erhalten, in das gelegentlich alte Probleme der Paarebene hineinwirken. Es ist dann besonders wichtig für die Eltern, ihre Kinder dort herauszuhalten und nicht geheime Koalitionen gegen den anderen Elternteil einzugehen.

In einer neuen Partnerschaft sollten die bisherigen Partner einen angemessenen Platz im Herzen und der Rangfolge geliebter Menschen behalten. Das klingt schwierig, zumal wir uns vielleicht von einem »unmöglichen Menschen« getrennt haben. Eine neue Partnerschaft kann aber besser gelingen, wenn wir der vorherigen einen gebührenden Platz zuweisen und nicht vergessen, dass wir den ehemaligen Partner einmal wegen seiner guten Seiten geliebt haben. Wer den Platz der ehemaligen Partner nicht achtet, unterminiert damit auch die neue Beziehung.

Übungsfragen

- Was waren für Sie bisher die Gründe für eine Trennung?
- Wer trennte sich jeweils und warum?
- Wie hat sich der Faktor Zeit bei Ihnen auf die Bewältigung der Situation ausgewirkt?
- Welche Kräfte (zum Beispiel Freunde) haben Sie bisher aktiviert, wenn es zu Trennungen kam?
- Was wäre für Sie jetzt ein möglicher hypothetischer Trennungsgrund?

Wie betroffen sind Sie als Berater?

In den westlichen Industrienationen scheitern heutzutage 30 bis 50 Prozent der Ehen. Trotzdem sind partnerschaftliche Konflikte und Trennungen in der Regel ein Tabuthema: Schuld, Aggression, Zorn, Hoffnung, Erleichterung und Wandel sind in diesen Konflikten abwechselnd enthalten. Berater fühlen sich in dieser Zwickmühle häufig hilflos und verletzlich. Das gilt für die Profis der Ehe- und Familienberatung übrigens genauso wie für einen Coach, der »nebenbei« an dieses Thema gerät.

Viele Berater sind besonders vorbelastet. Ihre Motivation zu helfen und zu beraten ist meist schon in der Kindheit des Coachs entstanden, wenn er in eine Über-Eltern-Rolle geschlüpft ist, um die Beziehung seiner Eltern zu festigen oder zu retten. Das Vermitteln zwischen zwei Polen und die Übernahme von Verantwortung in der Kindheit sind in den beratenden Berufen besonders verbreitet. Auch das eigene Verständnis von Professionalität kann dazu führen, dass der Coach ein Paar vor dem Auseinandergehen bewahren möchte und sich dabei besonders engagiert.

Viele Klienten stehen sprachlos vor dem Trauma, verlassen worden zu sein, andere bagatellisieren das als eine Zeiterscheinung der modernen Welt oder als einen Betriebsunfall. Dies entspricht den gesellschaftlichen Mechanismen der Abwehr: Tabu oder Bagatelle.

Als Coach sind Sie einem Klienten verpflichtet, und obwohl Sie die Interessen des gesamten Systems wahrnehmen und offen legen sollten, bleiben Sie für Ihren Klienten parteiisch.

Scheuen Sie sich bitte nicht, den Klienten anzuregen, professionelle Hilfe in Anspruch zu nehmen, wenn Sie einsehen, dass ein kleines Coaching-Thema sich zur Familien- oder Paartherapie ausweitet.

Besonders gemeinsame Erlebnisse, Einsichten und Übungen in Paar- und Eheseminaren sind hier für die Klienten hilfreich (zum Beispiel www.team-f.de).

> **Übungsfragen**
>
> - Warum sind Sie eigentlich auf dem Weg, Coach zu werden?
> - Oder: Warum sind Sie Coach geworden?
> - Wann helfen Sie Paaren bei einer Trennung, wann führen Sie sie wieder zusammen?
> - Was sind Ihre Konzepte von Schuld in Paarbeziehungen: »Wer fremdgeht, hat Schuld. Wer immer nur arbeitet, hat Schuld« ...?
> - Gehen die Interessen der Kinder oder die des Paares vor, wenn über eine Trennung geredet wird?
> - Bis zu welchem Punkt glauben Sie, noch kompetent Hilfestellung geben zu können?

Tipps zur Partnerschaft

Jedes glückliche Paar hat seine Patentrezepte, und es gibt sehr viele Bücher zu der Frage, wie eine Partnerschaft langfristig funktionieren kann. Wenn Sie wirklich den guten oder richtigen Menschen an Ihrer Seite gefunden haben, dann haben Sie die besten Startvoraussetzungen.

Übrigens: Sie brauchen nicht den Allerbesten auf der großen Welt – der wirklich Richtige reicht aus! Kleine Ratschläge zu diesem Thema wirken dann banal. Manchmal helfen sie trotzdem:

- Nehmen Sie sich jeden Tag nach der Arbeit 10 bis 20 Minuten Zeit füreinander – ohne Kinder, Telefon und andere Störungen.
- Nehmen Sie sich jeden Abend wenigstens 10 bis 20 Minuten, um sich liebevoll auf dem Sofa, im Bett oder anderswo zu umarmen – das muss kein Sex sein!
- Reden Sie gemeinsam über die kommende Woche und den kommenden Tag. Planen Sie die Freiräume und die schönen Erlebnisse, die Sie gemeinsam haben möchten.
- Planen Sie Ihre Partnerschaftswelt: Wie sehen Sie die Welt? Wo wollen Sie hin? Was wollen Sie sich gegenseitig noch schenken?
- Seien Sie mit Blicken, Gesten, Berührungen und Worten zärtlich und verschwenderisch!
- Denken Sie daran, dass Liebe auch ein Gefühl ist; viel wichtiger aber als dieses Fühlen ist Ihr Handeln!
- Schreiben Sie keine dicken Bücher. Dann haben sie mehr Zeit für Ihre Lieben.
- Beschenken Sie sich täglich und zwischendurch mit Interesse, Zuwendung und Handlungen, von denen Sie wissen, dass sie Ihren Partner überraschen und erfreuen.
- Achten Sie in Gedanken und im Handeln die innere und äußere Welt Ihres Partners. Sprechen Sie über diese Welt und nehmen Sie gegenseitig Anteil an Ihren Welten. So können Sie sich gemeinsam entwickeln.

> **Übung**
>
> Welche Tipps oder Ratschläge hätten Sie für eine gelingende Partnerschaft zu geben? Schreiben Sie diese am besten wieder auf.

Übungen und Fall-Vignetten

Die Paar- und Familientherapie ist so facettenreich, dass sich in der Psychotherapie nur speziell geschulte Familientherapeuten damit beschäftigen.

Daneben gibt es das gut organisierte professionelle Beratungsnetz des Deutschen Arbeitskreises für Jugend-, Ehe- und Familienberatung (DAK e.V.). Es handelt sich um den Zusammenschluss folgender Fachverbände: Bundeskonferenz für Erziehungsberatung e.V. (www.bke.de), Deutsche Arbeitsgemeinschaft für Jugend- und Eheberatung e.V. (www.dajeb.de), Pro Familia e.V. (www.profamilia.de), evangelische Konferenz für Familien- und Lebensberatung e.V. (www.ekful.de) und katholische Bundesarbeitsgemeinschaft für Ehe-, Familien- und Lebensberatung e.V. (www.dbk.de). In den Einzelorganisationen des Deutschen Arbeitskreises für Jugend-, Ehe- und Familienberatung arbeiten ungefähr 5.000–9.000 Fachkräfte in etwa 1.500–1.800 Beratungsstellen. Daneben gibt es sehr viele andere kirchliche und konfessionsfreie Beratungs- und Schulungsverbände für Ehe-, Familien- und Lebensberatung; wie zum Beispiel das Team.F (www.team-f.de). Vermutlich gibt es auch in Ihrem Heimatort eine entsprechende Beratungsstelle. Bitte suchen Sie in den gelben Seiten danach. Wir empfehlen Ihnen eine frühzeitige Kontaktaufnahme, damit Sie von den Erfahrungen und dem institutionellen und organisatorischen Wissen dieser Organisationen und Beratungszentren profitieren können. Außerdem raten wir Ihnen zu einer mehrwöchigen Hospitation in einer dieser Beratungsstellen – auch dann, wenn Sie später einmal »nur« im Business arbeiten möchten. Unser Buch vermittelt eine solide Grundlage im Einzel-Coaching, weshalb wir das komplexe Gebiet der Paar- und Familienberatung nur überblicksartig streifen. Daher werden wir auch im Übungskapitel den Schwerpunkt darauf legen, wie das Thema Partnerschaft, Ehe und Familie in der Einzelberatung in Erscheinung treten kann und wie es dort bearbeitet wird. Diese Kenntnisse sind für Business-Coaches gleichermaßen wichtig, da die Work-Life-Balance (zu Life gehören ebenso Partnerschaft und Familie) zunehmend an Bedeutung gewinnt.

Wir müssen uns auf einige grundlegende Prinzipien und Fallkonstellationen beschränken. Wir werden das Thema jedoch mehrfach wieder aufgreifen, wenn wir in den späteren Kapiteln auf Konflikte, Systeme und Krisen eingehen. Diese haben nämlich direkt oder indirekt stets mit allgemeinen Beziehungserfahrungen zu tun, die jeder Mensch in seiner Herkunftsfamilie erworben hat.

Fall-Vignette 15: Er ist der Größte

Thema: Selbstwert

Die 45-jährige Klientin ist weinerlich und wirkt niedergeschlagen. Sie berichtet, sie habe eine Psychotherapie absolviert und dabei festgestellt, dass ihr Mann sie ausnutze. Sie seien seit 19 Jahren verheiratet und hätten drei Kinder von 12 bis 19 Jahren. Ihr Mann sei elf Jahre älter als sie und arbeite als erfolgreicher Rechtsanwalt in der Kleinstadt, in der die Familie lebe. Ihren Mann habe sie kennen gelernt, als dieser in die Stadt gezogen sei. Er habe dort allein eine Rechtsanwaltskanzlei aufgebaut, und sie habe als eine seiner ersten Rechtsanwaltsgehilfinnen angefangen, bei ihm zu arbeiten. Eigentlich habe sie ebenfalls Jura studieren wollen, da sie aus einem sehr wohlhabenden Elternhaus stamme. Wegen der Ehe und der Kinder sei das jedoch nicht möglich gewesen. Ihr Mann habe sich in der Stadt sehr schnell nach oben gearbeitet. Es sei ihm enorm wichtig gewesen, wie angesehen er sei und ob man über ihn reden würde. Mittlerweile würden sechs weitere Anwälte in seiner Kanzlei unter seinem Namen arbeiten.

Viele seien aber in die Kanzlei gekommen und nach ein bis drei Jahren wieder gegangen, da es schwierig sei, den hohen Anforderungen ihres Mannes gerecht zu werden. Sobald diese Anwälte ihn nicht mehr bewundert hätten oder sobald diese nicht mehr nützlich gewesen seien, habe ihr Mann versucht, die jüngeren Kollegen loszuwerden, oder diese seien von allein frustriert gegangen. Er sei Mitglied in vielen Clubs und Vereinen in der Stadt und sei überall sehr angesehen. Mitbewerber würden ihn allerdings als arrogant und größenwahnsinnig einschätzen. Dies habe sie bisher immer absurd gefunden. Sie habe ihrem Mann geholfen, wo sie nur konnte, und sei stets für ihn da gewesen. Sie habe ihn ebenfalls sehr bewundert. Ihr Psychotherapeut habe gemeint, genau dies sei das Problem gewesen, und sie hätte sich darauf eingelassen, dass der Mann grandios sei und sie nur diejenige, die für den Beifall benötigt werde. Sie solle ihrem Mann einmal zeigen, dass er durchaus nicht nur Beifall verdiene, und solle ihre eigenen Stärken unter Beweis stellen. Die Psychotherapie sei beendet, und sie habe intensiv versucht, die Ratschläge des Therapeuten in die Tat umzusetzen. Ihr sei klar geworden, dass sie bis zur Unkenntlichkeit ihrer selbst verheiratet sei.

Jetzt habe ihr Mann eine jüngere Geliebte und entwerte ständig die Klientin auf sehr verletzende Weise. So beschwere er sich über das Alter seiner Frau, sage, dass sie verbraucht sei und ähnliche hässliche Dinge. Die Kinder würden alle zu ihr halten, da sie ebenso unter den überhöhten Anforderungen und der Strenge des Vaters gelitten hätten. Der mittlere Sohn sei hyperaktiv und habe es in der Schule daher extrem schwer. Ihm täte eine definitive Lösung der Familiensituation sicher gut. Sie wisse, dass die Eltern ihres Mannes beide äußerst streng gewesen seien. Ihr Schwiegervater sei enorm erfolgreich gewesen. Das liege in der Familie. Außerdem sei ihr Mann nach seiner Kindheit noch der Prinz der Familie gewesen, und so verhalte er sich heute noch.

Der Vater der Klientin habe ihr nun angeboten, sie solle zu ihm zurückkehren und die Kinder mitnehmen. In der Beratung erhoffe sie sich, einen neutralen Ort zu finden, der es ihr ermögliche, ohne Einflüsse oder Bedrängungen zu sich selbst zu finden, damit sie feststellen könne, was jetzt wirklich zu tun sei.

> *Übungsfragen*
>
> Bitte beantworten Sie die Fragen stets schriftlich, damit Sie eine wirkliche Kontrollmöglichkeit haben.
>
> 1. Es gibt vier typische Konstellationen, mit denen Familien oder Paare in Beratungen kommen:
>   - Das Paar ist in einem Trennungskonflikt.
>   - Die Familie ist in einer akuten Krise.
>   - Ein Partner hat eine psychische Erkrankung.
>   - Ein Kind oder ein Jugendlicher ist extrem auffällig (so genannter Indexpatient).
>   In welchem dieser Bereiche sehen Sie das Hauptanliegen der Klientin? Welche Probleme gibt es vermutlich in den anderen genannten Bereichen?

2. Untersuchen Sie die folgenden sieben Merkmale familiärer Beziehungssysteme in der Fall-Vignette (hierzu müssen Sie teilweise Informationslücken durch Ihre Fantasie schließen):
   - Wie steht es um den Ausgleich von Geben und Nehmen?
   - Wie steht es um Ähnlichkeiten oder Unähnlichkeiten der Partner?
   - Wie sind die Machtverhältnisse verteilt? Wie können Konflikte reguliert werden?
   - Wie können Gefühle oder Unzulänglichkeiten geäußert werden (Öffnung und Privatheit)?
   - Wie sind Selbst- und Fremdwahrnehmung der Partner (unter- oder überlegen)?
   - Wie steht es um Vertrauen und gegenseitige Wertschätzung?
   - Wie intensiv sehen die Partner die Verpflichtung, die Beziehung aufrechtzuerhalten?
3. Wer ist schuldig?
4. Der Ehemann sei der Prinz der Familie gewesen. In der Herkunftsfamilie des Mannes wurden möglicherweise Erziehungsfehler begangen. Welche könnten das gewesen sein. Würden Sie das auf einen Charakterfehler der Eltern zurückführen?
5. Was könnte die Aussage der Klientin bedeuten: »Ich bin bis zur Unkenntlichkeit verheiratet.«
6. Kennen Sie Personen, die grandios sind und um sich Mitarbeiter, Partner oder Familienangehörige versammelt haben, die nur so lange respektiert werden, wie sie Beifall klatschen? Welche innerseelischen Prozesse könnten diese Charakterstruktur verursachen?
7. Warum haben einige Junior-Partner die Kanzlei des Ehemanns möglicherweise wieder verlassen?
8. Nach Vermittlung der Frau trifft sich der Berater mit dem Ehemann der Klientin. Dieser ist freundlich, aber sachlich-kühl und macht sofort seinen rechtlichen Standpunkt klar. Er wünsche keinen weiteren Kontakt zu einem Berater und akzeptiere bestenfalls eine juristische Mediation, falls es wirklich zur Trennung käme. Der Berater hat für einen Moment das Gefühl, er müsste gleich weinen. Dieses Gefühl verschwindet aber sofort wieder. Was hat dieses Gefühl zu bedeuten?
9. Warum sucht sich der Ehemann eine Geliebte und verletzt die Frau mit Aussagen über ihr Alter?

Lösungsvorschläge s. S. 264 ff.

Fall-Vignette 16: Hänschen klein

Thema: Schuld

Der 32-jährige ledige Klient erzählt, er sei auf der Suche nach Selbstverwirklichung. Beruflich habe er sich etabliert und sehe keinen Bedarf, sich diesbezüglich weiterzuentwickeln. Es interessiere ihn, ob mit mentalen Techniken mehr Lebensfreude und auch Tiefe zu erzielen sei. Er habe mehrere gescheiterte Beziehungen mit Frauen gehabt. Zurzeit sei er Single, was in einer Großstadt wie Hamburg aber durchaus normal sei. Er wohne immer noch bei seiner verwitweten Mutter in einer Dreizimmer-Wohnung in Hamburg Winterhude. Der Vater sei bereits vor vielen Jahren verstorben. Er sei Innungsobmann des Schneidereigewerbes gewesen; ein sehr angesehener Mann im Stadtteil. Die Mutter sei Hausfrau gewesen. Der Klient habe die Hauptschule besucht und anschließend eine Ausbildung zum Altenpfleger absolviert. Wegen des geringen Einkommens und der angespannten Lage auf dem Wohnungsmarkt lebe er noch bei seiner Mutter. Sie beanspruche nur ein Zimmer, und er habe die beiden anderen Zimmer zu seiner Verfügung. Sie nehme sehr viel Rücksicht.

Er arbeite jetzt ambulant bei einer Sozialstation. Er habe allerdings schon einige Jahre nach Abschluss der Ausbildung überlegt, ob er zusätzlich eine Ausbildung zum Heilerziehungspfleger absolvieren solle. Dieser Beruf würde ihm viel mehr liegen. Er habe vor vier Jahren einen Fachschulplatz in Berlin bekommen und sei dort in einem Schulheim dieser Fachschule untergekommen. Er habe sich selten so wohl gefühlt wie zu dieser Zeit. Bereits nach einigen Wochen sei die Mutter jedoch sehr depressiv geworden, weshalb der Hausarzt gemeint habe, es wäre sicher besser, wenn er wenigstens vorübergehend wieder nach Hamburg käme. Mittlerweile habe sich die Situation deutlich gebessert, und der Mutter gehe es gut. Er sei sofort wieder von seiner Sozialstation aufgenommen worden und sei von den Eskapaden, in eine andere Stadt gehen zu wollen, nun geheilt.

Der Klient ist sehr freundlich und angenehm im Kontakt. Der Berater wird aber zunehmend wütend (und müde). Er kann dies aber gut verbergen.

Übungsfragen

1. Was ist der offizielle Beratungsauftrag? Wie könnte der Auftrag lauten, den der Klient eigentlich erteilen möchte?
2. Woher glauben Sie eigentlich zu wissen, was sein wirklicher Auftrag sein könnte?
3. Warum ist der Berater plötzlich wütend? Wieso verbirgt er das?
4. Sie kennen sicher das Lied: »Hänschen klein, ging allein, in die weite Welt hinein ...« Am Ende des Liedes weint die Mutter, und Hänschen besinnt sich. Er kehrt geschwind nach Hause zurück. Was wäre mit dem Klienten passiert, wenn die Mutter nicht geweint hätte, sondern ihren Sohn nach dem Auszug ignoriert hätte, ihn also strafend abgewiesen und die familiäre Nabelschnur zu ihm ganz durchtrennt hätte?
5. Falls Sie eine Frau sind: Wie wirken »Hänschens« auf Sie? Was fehlt ihnen? Was würden Sie gerne verordnen oder verschreiben?
6. Nach drei Beratungsstunden – mehr wollte der Klient nicht finanzieren – wurde als gemeinsames vorläufiges Ziel vereinbart, dass der Klient den Kontakt zu einer Männergruppe (rent a friend®) aufnimmt. Ein Termin mit einem Vertreter der Gruppe wurde bereits telefonisch vom Beraterbüro vereinbart. In dieser Gruppe wird über ausschließlich männliche Themen gesprochen, es gibt ein männliches Gruppentraining u.a. Was könnte das Ziel sein, das der Berater damit verfolgt? Könnte das auch etwas mit ihm selbst zu tun haben? Finden Sie es statthaft, dass eine solche Terminvereinbarung schon aus dem Beratungsbüro heraus vorgenommen wird? Worin sehen Sie die Gefahren bei dieser Art des Vorgehens?

Lösungsvorschläge s. S. 266.

Fall-Vignette 17: Er macht alles falsch

Thema: Schuld

Die 51-jährige Hausfrau berichtet, sie sei von einer Freundin geschickt worden, die vor einigen Wochen wegen einer Business-Beratung in der Praxis gewesen sei. Diese Freundin meine, sie solle nun auch einmal lernen, die Dinge klarer zu sehen. Die Klientin mache sich darüber viele Gedanken und habe als Vorbereitung auf die Beratung nun alles klar für sich strukturiert. Daher wisse sie nicht, ob eine Beratung überhaupt noch sinnvoll sei.

Ihr Mann sei Verkaufsleiter eines größeren Autohauses. Sie arbeite als Hausfrau und habe bisher viel zu tun gehabt. Vor einigen Wochen sei der jüngste Sohn zum Studieren in eine andere Stadt gezogen. Seitdem würden die Schwierigkeiten des Ehepaares stetig zunehmen. Ihr Mann habe seit jeher wenig Gefühl gezeigt, obwohl sie ihn immer wieder darauf hingewiesen und ihn bereits in einen Kurs für Paargespräche mitgenommen habe.

Das habe aber nicht gefruchtet, da er sich stur gestellt habe. Sie fühle sich unverstanden und aus seiner Welt ausgeschlossen. Es falle ihm unendlich schwer, seine Gefühle zu äußern – wenn er überhaupt welche wahrnehmen könne. Aus diesem Grunde rede er ausschließlich über seinen Beruf und gehe niemals auf ihre Gefühle und Wünsche ein. Das gehe ihr auf die Nerven, und sie könne das nicht mehr hören.

Sie habe große Zweifel, ob eine Änderung bei ihm überhaupt noch möglich sei. Eigentlich habe sie schon alles versucht. Manchmal gehe er dann pro forma darauf ein, lasse das aber wieder im Sande verlaufen. Sie habe ihn gebeten, lange Briefe geschrieben, ihn angefleht und ihm massive Vorwürfe gemacht. Sie habe schon auf jede Weise versucht, sich selbst zu ändern und anders zu verhalten. Schließlich werde eine Beziehung immer von zwei Personen geführt. Keine ihrer Bemühungen habe jedoch gefruchtet.

Es seien die vielen Kleinigkeiten, die die Klientin immer wieder sehr verletzen würden. So vergesse ihr Mann generell den Hochzeitstag, manchmal sogar ihren Geburtstag. Er bringe nie Blumen oder Aufmerksamkeiten mit. Am Wochenende sei er mit Freunden verabredet und habe keine Zeit für sie. Langsam komme es ihr so vor, als ob sie nicht mehr verheiratet sei. Es sei ihr unverständlich, wie ihr Mann das einfach so weiterlaufen lassen könne. Es sei somit kein Wunder, dass die Kinder aus dem Haus seien. Wie solle man es unter solchen Bedingungen auch aushalten können?

Übungsfragen

1. Was könnte der vordergründige Beratungsauftrag sein? Wie würden Sie den Auftrag umformulieren, sodass die Klientin sich verstanden fühlt und gleichzeitig darin eine neue Sichtweise wahrnehmen kann (Reframing)?
2. Von wessen Problemen berichtet die Klientin? Auf wen legt sie im Gespräch den psychologischen Schwerpunkt? Welche Gründe könnte die Klientin dafür haben?
3. In welcher biografischen Übergangsphase befinden sich die Klientin und das Ehepaar? Welche anderen bedeutsamen biografischen Einschnitte sind Ihnen allgemein bekannt?
4. Wer soll geändert werden? Was halten Sie von der Idee? Wem werden Vorwürfe gemacht?

5. Was könnte die Freundin gemeint haben, als sie sagte, die Klientin solle die Dinge klarer sehen?
6. Während der Beratung führte die Klientin dann zahlreiche weitere Details an, die den Mann in ein sehr schlechtes Licht stellten und die verdeutlichen sollten, wie schwerwiegend die Ehekrise ist. Können Sie in dieser Situation noch neutral bleiben? Vertreten Sie innerlich ausschließlich die Seite Ihrer Klientin oder werden Sie insgeheim zum Verbündeten des Mannes?
7. Wie könnten Sie im Gespräch mit der Klientin herausbekommen, was der Mann denkt oder fühlt? Wie könnten Sie den Mann in die Beratung integrieren, ohne dass er tatsächlich anwesend ist? Wie könnten Sie mit den Argumenten und Gefühlen der beiden Kontrahenten verfahren?
8. Bitte versetzen Sie sich in die Rolle der Klientin und füllen Sie stellvertretend den Fragenkatalog »The Work« aus, den wir Ihnen auf Seite 160 vorgestellt hatten. Sie werden erkennen, dass diese Form des kognitiven Umstrukturierens sehr hilfreich ist, wenn es darum geht, dass andere etwas oder alles falsch machen.

Lösungsvorschläge s. S. 266 f.

Fall-Vignette 18: Total verliebt – und dann?

Thema: Emotionen brauchen einen kognitiven Erklärungsrahmen

Der 25-jährige Klient gibt an, dass er vor einigen Wochen von seiner gleichaltrigen hochschwangeren Frau verlassen worden sei. Das Ehepaar habe sich nach der Hochzeit vor einem Jahr unheimlich schnell auseinander gelebt, und die Beziehung sei schon nach kurzer Zeit ein Trümmerhaufen gewesen. Er frage sich nun, ob die Ehe zu retten sei und wie es mit ihm weitergehen solle. Beide würden studieren und hätten ihre Zukunft noch vor sich. Die Frau sei nun zu ihrer Schwester in eine andere Stadt gezogen und habe auf Grund der Schwangerschaft das Studium unterbrochen. Er habe das Gefühl, sie wolle ihm das Kind entziehen und ihn strafen, indem sie ihn zu einem Zahlvater abstempeln wolle. Die Veränderungen durch die Schwangerschaft seien für beide sehr belastend, da sie nicht wüssten, ob sie der Elternrolle überhaupt gewachsen seien.
Das Paar habe sich auf unglaubliche Weise kennen gelernt. Es sei die totale Liebe auf den ersten Blick gewesen. Beide seien mit einem studentischen Busreiseunternehmen von Hamburg aus in die Schweiz gefahren, wo die Studenten einen Aktivurlaub mit Rafting und Biking hätten verbringen wollen. Er hätte seine jetzige Frau vorher kaum gekannt und sie auch nicht sonderlich interessant gefunden. Sie habe eher zu den unscheinbaren Frauen gehört, während er eigentlich wegen seines guten Aussehens beinahe jede Frau hätte haben können.
In der Schweiz seien beide zusammen zu einem Bungee-Jumping gefahren, während der Rest der Gruppe eine Klettertour unternommen habe. Der Sprung sei von einer Brücke aus durchgeführt worden. Beide hätten ziemlich große Angst gehabt, hätten den Sprung selbst und das Gefühl danach aber total genossen. Das sei einer der größten Augenblicke in ihrem Leben gewesen. Am selben Abend sei beiden klar gewesen, dass sie füreinander bestimmt seien. Beide hätten so viele Schmetterlinge im Bauch gespürt, wie dies vorher noch nie der Fall gewesen wäre. Darauf folgten einige Monate totaler Verliebtheit, deshalb hätten sie auch so schnell geheiratet. Viele Freunde hätten abgera-

ten, da beide so unterschiedliche Interessen und Ansichten gehabt hätten. Diese Einwände habe das Paar zwar ernst genommen, sei von dem Gefühl des Verliebtseins aber wie geblendet gewesen.
Nach der Hochzeit habe sich dann schnell herausgestellt, dass er sich in seiner Frau getäuscht habe. Plötzlich sei sie nicht mehr die gewesen, die er geheiratet habe, sondern habe Verhaltensweisen ihm gegenüber angenommen, die er vorher nicht gekannt hätte. Sie habe auch gesagt, dass er sich vollkommen verändert habe und nicht mehr der sei, den sie ausgewählt habe. Dabei sei er in jeder Hinsicht noch derselbe. Seine Freunde würden das bestätigen.

Übungsfragen

1. Worin sehen Sie Ihren Beratungsauftrag? Was möchten Sie gerne erreichen – und warum?
2. Wie werden Sie vorgehen, um Ihr Beratungsziel zu erreichen? Welche Interventionen könnten hilfreich sein?
3. »Drum prüfe reiflich, wer sich ewig bindet.« Sehen Sie diesen Satz durch die Fall-Vignette bestätigt? Was hätte besser laufen können?
4. Viele Paare verlieben sich unter dem Einfluss von »Glückshormonen« oder in einer Urlaubslaune. Kennen Sie in Ihrem Bekanntenkreis Paare, die solche Bindungen eingegangen sind? Was ist aus diesen Beziehungen geworden?
5. Kennen Sie andere Gründe, die zu einer Paarbildung führen, welche in der Folge dann unter einem schlechten Stern steht? Finden Sie es angemessen, wenn man in solchen Fällen sagt, es handele sich um unreife, neurotische oder krankhafte Strategien oder Gründe, die zur Paarbildung geführt haben?
6. Worin liegt Ihrer Meinung nach der Sinn der Ehe? Wie denken Sie darüber in der Rolle eines aufgeklärten Staatsbürgers und andererseits ganz tief in Ihrem Herzen?

Lösungsvorschläge s. S. 268f.

Fall-Vignette 19: Rücksichtsvoller Sex

Thema: Was wir vom Sex erwarten und welche Erwartungen wir erfüllen wollen

Der 33-jährige Klient sagt, er werde von seinem Hausarzt geschickt. Es solle geprüft werden, ob sexuelle Probleme, die er mit seiner Frau habe, etwas für eine Lebensberatung seien oder ob eine richtige Sexualtherapie nötig werden könnte. Der Klient beginnt seine Schilderungen sehr offen und kommt ohne Umschweife zum Thema: Das Sexleben der Eheleute sei ein einziges Auf und Ab gewesen. Die letzten Jahre hätten beide eigentlich einen guten Weg gefunden miteinander auszukommen. Er leide seit der Pubertät daran, dass er beim richtigen Sex immer sofort einen Orgasmus bekomme. Wenn er sich als Jugendlicher selbst befriedigt habe, dann sei dies nicht so gewesen. Seine Frau habe das anfangs sehr gestört, da sie ebenfalls einen Orgasmus bekommen könne und auch haben wolle. Das Paar habe sich dann darauf geeinigt, dass er sie immer zuerst mit der Hand und oral befriedige und danach in sie eindringe, wobei er relativ schnell einen Orgasmus bekomme.

Seit einigen Wochen sage seine Frau jedoch, sie finde das Sexualleben in der Ehe mittlerweile langweilig. Der Klient sei davon extrem verunsichert, teilweise wütend, aber auch ziemlich niedergeschlagen. Schließlich sei er bisher auf alle Wünsche seiner Frau eingegangen und könne selbst auch nicht alles im intimen Beisammensein erleben, was er sich manchmal wünsche. Das seien oft Kleinigkeiten. So habe er zum Beispiel einmal seine Frau von hinten genommen (aber nicht anal, wie er schnell versicherte), und sie habe sofort aufgehört zu stöhnen. Das sei für ihn ein deutliches Zeichen gewesen, dass sie diese Stellung nicht als lustvoll empfunden hätte. Er habe sie später darauf angesprochen und sie habe gesagt, dass sie es lieber habe, wenn sich beide anschauen könnten, sonst wäre der Sex zu unpersönlich. Er könne es aber ruhig hin und wieder so machen, wenn er das brauche. Seitdem habe er es aber aus Rücksicht auf sie nie wieder so gemacht. Er könne noch weitere Beispiele anfügen, die belegen würden, wie er Rücksicht genommen habe.

Übungsfragen

1. Bitte schreiben Sie unzensiert Ihre ersten Gedanken und Assoziationen auf, die diese Fallschilderung in Ihnen auslöst. Wo sind Parallelen zu Ihrem Leben, wo ist Schuld, Scham, Angst (vor Rückzug, Strafe, Verlassenwerden), Ekel, Neugierde? Haben Sie Angst davor, dass Klienten Sie so offen mit sexuellen Details konfrontieren?
2. Wie fühlt sich der Klient vermutlich und wovor hat er Angst?
3. Wir stellen Ihnen einen unbewussten Paardialog vor, wie er von vielen Paaren geführt wird. Bitte wenden Sie diesen Dialog auf den Klienten und seine Frau an und übersetzen Sie diesen Dialog in ein normales Gespräch über das Thema Sex. Dabei können Sie zu unterschiedlichen Ergebnissen kommen. Bitte achten Sie darauf, wie die Begriffe »progressiv« und »degressiv« verwendet werden.
   - *Progressiv:* Ich will etwas machen.
   - *Regressiv:* Das will ich aber nicht.
   - *Progressiv:* Das finde ich schlecht. Ich will das aber.
   - *Regressiv:* Dann rette ich mich eben in Verweigerung oder Lustlosigkeit. Ich akzeptiere freundlich deinen Wunsch, zeige mich auf diesem Gebiet aber als behindert.
   - *Progressiv:* Ich danke dir, dass du mich so gut verstehst. Dann bin ich dir auch nicht böse.
   - *Regressiv:* Ich bin so froh, dass du mich für behindert hältst und nicht für böse.
   - *Progressiv:* Ich habe also die Macht, die Dinge zu definieren und zu werten.
   - *Regressiv:* Und ich habe die Macht, das Verhalten zu bestimmen.
4. Bitte versetzen Sie sich nun ausschließlich in die Rolle eines der Partner und stellen Sie sich vor, dieser Partner möchte sehr rücksichtsvoll sein und bereits im Voraus so denken und handeln, dass der andere Partner nicht verletzt wird. Wir stellen Ihnen dabei einige Stufen einer solchen »antizipierten Rücksicht« stichwortartig vor und bitten Sie, dazu innere Sätze zu erfinden, die der Klient (oder die Klientin) jeweils zu sich selbst sagen könnte. *Vorauseilende Rücksicht auf*
   a) vermutete Grenzen (Verhalten),
   b) klar bekannte Grenzen (Verhalten),
   c) bekannte Grenzen (ansprechen),
   d) bekannte Grenzen (wünschen, denken).

Zwei Beispiele:
Stichwort: Unbekannte Grenzen des Partners (Sex)
Ihr Satz: »Ich mache mal etwas, das ich möchte. Ich weiß ja auch noch nicht, wie du das finden könntest.«
Stichwort: Unbekannte Grenzen des Partners (ansprechen)
Ihr Satz: »Ich spreche mal etwas an, das ich mir wünsche.«

5. Welche Einstellungen oder Werte (oder Kognitionen) der Partner entnehmen Sie der Fall-Vignette? Welche Angriffe und Aggressionen finden sich darin?
6. Worauf könnten sich der Klient und seine Frau (das Paar) bei der Wahrnehmung des sexuellen Verhaltens besonders konzentriert haben: auf eine Sichtweise, die Gemeinsamkeiten zulässt und sucht, oder eher auf eine Sichtweise, die Unterschiede betont und wünscht? Wieso könnte eine solche Differenzierung von Bedeutung sein?
7. Was wollen eigentlich die beiden Partner in ihrer sexuellen Beziehung, unabhängig voneinander?
8. Denken Sie, dass Einzelgespräche effektiv sind, wenn es um die Bearbeitung sexueller Paarprobleme geht?

Lösungsvorschläge s. S. 269 f.

 Übung 27: Glaubenssätze zur Partnerschaft

Wir stellen Ihnen zahlreiche Glaubenssätze, Weisheiten oder Regeln zum Thema Partnerschaft vor. Einige davon werden Sie eventuell als hilfreich empfinden, andere als altbacken oder illusorisch ansehen. Bitte bewerten Sie diese Glaubenssätze und diskutieren Sie innerhalb Ihrer Partnerschaft oder mit Kolleginnen und Kollegen über diese Aussagen. Im Lösungsabschnitt werden wir die Sätze nicht mit »Beispiellösungen« kommentieren.
Nun zu den Leitsätzen oder Meinungen, die Sie bitte kommentieren. Wie denken Sie darüber? Was finden Sie korrekt, was lehnen Sie ab? Bitte horchen Sie in sich hinein, um festzustellen, welche Ihrer Antworten Lippenbekenntnisse sein könnten, welche Sie wirklich glauben, aber nicht leben (können oder zu leben wagen), und was Sie tatsächlich so praktizieren.

1. Verständnis füreinander kann nicht durch Gedankenlesen wachsen. Dazu muss man sich mindestens einmal wöchentlich zusammensetzen und über alles reden, was man möchte, denkt, wünscht, fürchtet, wahrnimmt. Und man muss lernen, den anderen ernst zu nehmen in dem, was er zu einem sagt. Alles andere würde bedeuten, dass man nur aneinander vorbeiredet und dann bald aneinander vorbeilebt.
2. Es ist wichtig, dass Paare lernen und üben, wie sie miteinander reden können. Ohne Anleitung klappt das meist nicht. (Dazu gibt es übrigens hilfreiche Bücher; zum Beispiel von M.L. Moeller: Die Wahrheit beginnt zu zweit.)
3. Kinder zeigen anderen untrüglich, was sie bei ihren Eltern über Einfühlungsvermögen, Hilfsbereitschaft, Zärtlichkeit und Ähnliches gelernt haben.
4. Liebesbeweise könnten so wirken, als habe man ein schlechtes Gewissen, würde heucheln oder handele aus Pflichtbewusstsein. Man sollte sie daher nicht zu

oft zeigen und sich darauf verlassen, dass die wirklichen Gefühle vom Partner wie von selbst wahrgenommen werden.
5. Wenn wir anderswo vereinnahmt werden oder wenn uns etwas deprimiert, dann entsteht in uns eine Gefühllosigkeit. Wo soll man dort noch Liebe oder Zuneigung spüren können?
6. Liebe, in all ihren Ausprägungen, ist das, was wirklich bewegt, und sie ist das, was uns Kraft und Richtung gibt.
7. Wer liebt, der tut für den anderen auch Dinge, die er für sich nicht tun würde. Das sind die wahren Liebesbeweise.
8. Verliebtheit ist eine Sache des Instinkts. Das kann man sich nicht vornehmen oder planen.
9. Liebe ist auch (aber nicht nur) planbar. Sie muss behütet und durch tägliche kleine Beweise gepflegt werden.
10. Wenn es mit dem Sex nicht klappt, dann gehören beide in die Therapie oder Beratung. Auch, wenn es nur bei einem nicht klappt.
11. Berührt zu werden kann das Schönste sein. Berührt zu werden kann das Schrecklichste sein.
12. Vor der Ehe ist alles anders. Daraus kann man nicht schließen, wie es danach wird. Wenn man jedoch genau hinschaut, sieht man es doch schon vorher.
13. Bitten hilft (oder auch nicht), Anordnen macht hilflos, und aggressives Jammern macht abhängig und wütend.
14. Jeder Schlüssel findet sein Schloss. Wenn sich einer von beiden ändert, dann klemmt die Sache. Da hilft oft auch kein Öl.
15. Wer dem anderen in Krisen wirklich beisteht, der beschenkt ihn großzügig. Das lohnt sich auch, wenn der andere das nicht merkt.
16. Wer Krisen inszeniert (unbewusst in Szene setzt), der ist ein Erpresser oder Gefängniswärter, will es aber auf keinen Fall wissen.
17. Das gemeinsame Konto positiver Lebenserfahrung und gemeisterter Krisen wird irgendwann zu einem Schatz.
18. Auch die Ehe ist letztendlich eine problematische Aufgabe, die mit der korrekten Strategie gelöst werden kann.
19. Zärtlichkeit bedeutet auch, dass man sich ungeteilte Aufmerksamkeit schenkt. Daher ist Zärtlichkeit beim gemeinsamen Fernsehen nur wenig wert.
20. Lieben heißt, die Wünsche und Bedürfnisse des Partners zu kennen. Dann heißt es auch, dass man versucht, alles wahrzunehmen, und ebenso bereit ist, sehr vieles zu zeigen.
21. Das Ziel der Liebe ist es doch, dass man sich rundherum wohl fühlt und es einem an nichts mangelt.
22. Liebe verlangt Einsatz und Disziplin. Nur wenn auch Kopf und Füße eingeschaltet werden, wird das Herz dazwischen auf Dauer glücklich sein.
23. Verliebte glauben, sie haben alles bereits erreicht. Liebende glauben, jetzt fängt alles erst an.
24. Verliebt zu sein ist wie eine ausgeprägte Kurzsichtigkeit, nur dass man sich trotzdem ohne Brille ans Steuer eines Autos traut.
25. Der Mensch kann nur menschenwürdig existieren, wenn er geliebt wird, wenn er lieben darf und wenn er Nähe und Vertrauen spürt.

Zu dieser Übung gibt es keine Musterlösungen.

Falldarstellungen

Auch unsere folgenden Falldarstellungen gehen wieder etwas intensiver auf die Biografie der Klienten und Klientinnen ein. Wir möchten damit aber nicht den Eindruck erwecken, dass die Kenntnis der Biografie oder eine andere Form psychosozialer Archäologie in jeder Beratung erforderlich ist. Wir möchten auch nicht den Eindruck erwecken, dass nur die Kenntnis einer möglichen biografisch determinierten Genese Hilfe bringen kann. Für die Neugestaltung der Vergangenheit (der eigenen Geschichte und Bewertung des Vergangenen), für die Beziehungsmuster im Hier und Jetzt und für die Gestaltung der Zukunft ist es nicht zwingend erforderlich, die Biografie im Detail zu kennen oder in irgendeiner Form aufzuarbeiten.

Wir liefern Ihnen lediglich dieses biografische Material, um Ihnen möglichst vielfältige Ansatzpunkte für Überlegungen und Diskussionsanregungen zu geben. Aus der Geschichte, die ein Klient erzählt, ergibt sich meist, was er über sich denkt und glaubt, wovor er sich fürchtet, welche Beziehungswünsche er hat, welche Personen eine Rolle spielen, welche Übertragungen er etabliert, welche Ziele er anstrebt oder meidet ... Die Biografie ist also nur ein Mittel aber weder der Zweck noch der Schlüssel zu wirksamer Hilfe!

Falldarstellung 10: Arzthelferin wird gemobbt

Die 37-jährige stark übergewichtige Klientin arbeitet als Arzthelferin in einer großen internistischen Praxis in Lüneburg. Sie schildert, ihre Kolleginnen würden sie mobben.

Weshalb kommt die Klientin? Ihre Kolleginnen würden anfangen, sie zu mobben. Die Mobbingberatung ihrer Gewerkschaft habe sie an private Berater weiterempfohlen. Außerdem leide sie an fürchterlichen Rückenbeschwerden, für die bisher kein Grund gefunden sei.

Familienanamnese: Die Mutter sei vor zwölf Jahren im Alter von 56 Jahren an einem Hirnschlag verstorben. Sie habe die Zuckerkrankheit gehabt, einen Herzinfarkt und Schlaganfälle. Der Vater sei vor elf Jahren im Alter von 59 Jahren an einem Bauchspeicheldrüsenkrebs verstorben. Der Vater des Vaters habe ein schweres vererbliches Nervenleiden gehabt.

Relevante gesundheitliche Vorinformationen (so genannte Eigenanamnese): Seit der Kindheit leide die Klientin an extremem Übergewicht. Seit einem Jahr habe sie ungeheuer starke Schmerzen im unteren Rücken. Dort seien zwar leichte Verschleißerscheinungen feststellbar, diese könnten aber nach Aussage des Orthopäden nicht die Ursache für ihre extremen Schmerzen sein. Vor zehn Jahren sei ihr ein kleiner bösartiger Knoten aus der rechten Brust entfernt worden. Die Kontrollen seien seitdem jedoch zufrieden stellend, und sie glaube, dass dies nun überstanden sei. Sie habe in den letzten acht Jahren mehrfach schwere Nervenzusammenbrüche gehabt und sei daher »Stammkundin« im psychiatrischen Landeskrankenhaus. Ein Psychiater habe vermutet, dass sie an einer milden Wahn-Psychose leide. Ihr Chef (Internist) sage jedoch, das sei Quatsch. Ihr Nervenarzt habe gesagt, mit den ständigen Zusammenbrüchen müsse endlich einmal Schluss sein, und sie solle sich um die wirklichen Ursachen kümmern. Er würde zu einer Psychotherapie raten. Dies lehne die Klientin jedoch ab. Aktuell habe sie dafür keine Zeit. Zuvor wolle sie außerdem lernen, sich dem Mobbing in der Praxis zu stellen, damit sie den Rücken für andere Maßnahmen frei habe.

Alkohol trinke sie nur jeden zweiten Tag; meist nur ein bis zwei Flaschen Bier. Sie rauche nicht und nehme zurzeit keine Medikamente ein.

Sozialanamnese: Die Klientin sei in einer strukturschwachen Region in Mecklenburg aufgewachsen. Der Vater sei Landwirt gewesen, die Mutter Hausfrau. Sie habe eine ältere Halbschwester (14 Jahre älter) aus erster Ehe der Mutter, einen älteren Bruder (vier Jahre älter) und zwei jüngere Geschwister (der Bruder ist ein Jahr und die Schwester drei Jahre jünger). Die Verhältnisse in der Kindheit seien einfach gewesen, es habe aber an nichts gemangelt.

Die Klientin sei verheiratet. Mit ihrem Mann führe sie eine recht ausgeglichene »Ehegemeinschaft«. Der Ehemann sei arbeitsloser Diätkoch. Die Klientin zeigt ein Foto des Mannes: Er ist sehr hager. Das Ehepaar habe keine Kinder. Es gebe einige Bekannte, allerdings keine guten Freunde, weshalb das Ehepaar die meiste Zeit miteinander verbringen würde. Die Klientin schwimme gerne, gehe spazieren und liebe Gesellschaftsspiele. Wegen der Arbeitslosigkeit des Mannes gebe es finanzielle Schwierigkeiten.

Arbeits- und Berufsanamnese: Die Klientin habe in der DDR »so etwas wie die Hauptschule« beendet und eine Ausbildung zur Arzthelferin abgeschlossen. Sie habe eigentlich Tierpflegerin werden wollen, dies habe der Vater allerdings abgelehnt. Bis zur Wende habe sie in einer Poliklinik gearbeitet und zwischenzeitlich eine Zusatzausbildung zur Endoskopieschwester absolviert (Endoskopie: Darmspiegelungen und Ähnliches). Vor sechs Jahren seien sie und ihr Mann nach zweijähriger Arbeitslosigkeit in den Westen gegangen. Sie verstünde sich mit einigen Kolleginnen nicht gut, und diese würden versuchen, sie am Arbeitsplatz auszubooten oder ihr ihre Tätigkeiten wegzunehmen. Besonders nach Urlauben oder Krankenhausaufenthalten hätten die Kolleginnen sich in ihren ursprünglichen Tätigkeitsbereichen breit gemacht.

Psychischer Status im Erstinterview: Leger-ordentlich gekleidete, sehr adipöse Dame mit freundlicher, direkter bis burschikoser Kontaktaufnahme. Die Bewegungen sind auf Grund einer geringen Körpergröße und des starken Übergewichtes ungelenk. Das Bewusstsein wirkt klar. Aufmerksamkeit und Gedächtnis regelhaft (Konzentration, Auffassung, Merkfähigkeit). Orientierung zu Person, Zeit, Ort, Situation vollständig. Wahrnehmung quantitativ und qualitativ unbeeinträchtigt. Denken ohne formale oder inhaltliche Störung. Antrieb und Psychomotorik (geistige Beweglichkeit) regelhaft. Ich-Erleben klar. Intelligenz durchschnittlich. Keinerlei Anhalt für Wahnvorstellungen oder manische Züge (Manie ist das »Gegenteil« der Depression); auch keine stimmungsgedrückten Affektanteile wahrnehmbar. Frühere Krankenhausaufenthalte und die psychische Erkrankung werden bagatellisierend dargestellt. Sie könne sich an Verfolgungsängste erinnern, die sie im Zusammenhang mit früheren Klinikeinweisungen gehabt habe. Sie wertet diese als Ausdruck einer Dekompensation von Problemen am Arbeitsplatz und von Problemen in der Ehe. Sie habe nie daran gedacht, sich das Leben zu nehmen.

Vertiefte biografische Anamnese (in der Reihenfolge ihrer Erzählung): Den Namen ihrer jüngeren Schwester habe sie selbst aussuchen dürfen. Darauf sei sie sehr stolz gewesen und habe später oft gesagt: »Das ist meine kleine Schwester, den Namen habe ich ihr gegeben!« Sie könne sich gut daran erinnern, dass alle Kinder immer die gleiche Kleidung getragen hätten. Da es keine modernen sanitären Einrichtungen auf dem Bauernhof gegeben habe, hätten alle nacheinander in einen großen Zuber steigen müssen, der in der Waschküche gestanden habe. Die Familie sei stets sehr eng beisammen gewesen, was ein gutes Gefühl vermittelt habe. Sie habe auch gelegentlich auswärts bei der Patentante übernachtet, was ihr sehr viel Freude gemacht habe. Sie könne sich erinnern, dass die ganze Familie zu Weihnachten und zu Ostern immer auf den Friedhof gegangen sei. Dort sei das Grab des Opas (Vatersvater) gewesen, und dieser habe zu den Festtagen nicht allein sein sollen. Er sei psychisch krank aus dem Krieg zurückgekommen. Er habe ein Nervenleiden gehabt, welches er wohl an seine Kinder und deren Nachkommen weitergegeben habe. Das habe der Hausarzt mehrfach gesagt. Als Kind sei eine große wässrige Schwellung an ihrem Hals (vordere Halszyste) falsch behandelt worden, indem eine große Spritze in ihren Hals gestoßen worden sei. Seitdem habe sie größte Angst vor Spritzen. Diese Zyste sei dann operiert worden, als die jüngere Schwester geheiratet habe. Wenig später sei der Ehemann der Patentante verstorben, was sie sehr belastet habe. Die Patentante sei dann in die USA verzogen, wo ihre Tochter sie pflege. Diese Tochter würde nun den Kontakt zu der Patentante abblocken, was die Klientin ebenfalls sehr belasten würde, da die Tante eine wichtige Bezugsperson gewesen sei.

Nach der Schule habe sie Tierpflegerin werden wollen. Das sei damals schwierig gewesen, und der Vater habe ihr davon dringend abgeraten. Er habe ihr nahe gelegt, in die Medizin zu gehen. Zuvor habe der Hausarzt sie jedoch auf die psychische Eignung testen wollen, da in der Familie ja ein Nervenleiden stecke. Der Vorschlag des Hausarztes sei plausibel erschienen, da sich eine Schwester des Vaters suizidiert habe, die zuvor depressiv gewesen sei. Der Hausarzt habe jedoch zunächst keine schwerwiegenden Störungen bei ihr feststellen können.

Nach Abschluss der Ausbildung sei die 90-jährige Oma verstorben. Diese habe mit der Familie im gleichen Haus gelebt. Der jüngste Bruder habe bis zu seinem 15. oder 18. Lebensjahr bei der Oma mit im Ehebett geschlafen. Das Bett sei frei gewesen, da der Opa (Vatersvater) im Krieg gefallen sei. Der Vater sei später an einem bösartigen Tumor verstorben, und die Mutter sei bettlägerig und sehr krank gewesen. Die Kinder haben sie pflegen müssen. Ihr seien wegen ihrer Zuckerkrankheit die Beine amputiert worden, und sie sei nach langjähriger schwerer Krankheit zu Hause an einem Hirnschlag verstorben. Dies habe die Kinder ziemlich belastet.

Die Geschwister seien verheiratet und würden noch im Geburtsort wohnen. Sie habe schnell geheiratet und sei mit ihrem Mann in dessen Geburtsort gezogen. Dort habe sie sich einsam gefühlt, und die Beziehung zur Schwiegermutter habe sie ebenfalls sehr belastet, da diese sich wohl insgeheim eine andere, schlankere Tochter aus unvorbelasteter Familie gewünscht habe. Sie sei wohl auch traurig darüber, dass die Klientin keine Kinder bekommen könne. Sie verstehe die Klientin ansonsten aber und behandele sie auch gut. Auch die Schwägerin sei ihr gegenüber aufgeschlossen. Der Ehemann halte sehr zu seiner Mutter und unterstütze die Klientin nicht in ausreichendem Maße. Er sei nicht bereit, auf Gespräche wirklich einzugehen.

Nachdem das Ehepaar einige Jahre arbeitslos gewesen sei, hätten beide beschlossen, nach Lüneburg in den nahen Westen zu ziehen, wo die Klientin eine Anstellung gefunden habe. Der Mann leide sehr darunter, dass er noch keinen Job gefunden habe, und vergrabe sich daher immer mehr. Es sei jedoch nur eine gute halbe Stunde zu den Eltern des Mannes, daher würden sie dort noch sehr oft hinfahren.

Beratungsziele: Die Klientin äußert das vordringliche Beratungsziel selbst wie folgt: *abnehmen, die Rückenschmerzen loswerden, sich am Arbeitsplatz durchsetzen können.* Es wurden acht Termine vereinbart, da die Klientin nicht mehr finanzieren konnte. Weitere wichtige Fragen in der Beratung sollten sein:

- Gibt es Möglichkeiten, auf die Schwierigkeiten am Arbeitsplatz angemessen und frühzeitig zu reagieren?
- Welche Handlungsalternativen könnte es zu den Nervenzusammenbrüchen geben?
- Wie kann sich die Klientin einen Freundeskreis und ein stützendes soziales Netz am neuen Wohnort in Lüneburg aufbauen?
- Unter welchen Bedingungen könnte es akzeptabel sein, weitere Beratungshilfe in Form einer Psychotherapie anzunehmen?

Übungsfragen zur Falldarstellung 10

1. Wie fühlen und denken Sie über die Klientin, nachdem Sie die Schilderung gelesen haben?
2. Wie hilfreich sind die biografischen Angaben für Sie, um ein vorläufiges Beratungskonzept zu entwickeln?
3. Welche Themen haben Ihre besondere Aufmerksamkeit erhalten?
4. Welche Themen machen Ihnen Angst?
5. Der Vatersvater sei krank gewesen. Welcher Mythos ist daraus entstanden? Welche Personen haben diese Vorstellungen gefördert?
6. Könnte der Selbstmord der Vatersschwester prinzipiell etwas damit zu tun haben?
7. Wer sind die Index-Personen des Familiensystems (also jene Personen, die als gestört und gefährdet angesehen oder »vorgeschoben« werden und auf die sich daher die Aufmerksamkeit des Systems und der Helfer richtet)?
8. Gibt es Hinweise auf die Kompensationsmechanismen, die die Familie für das Schicksal des Opas gefunden hat?
9. Die Klientin hat zahlreiche schwere Schicksalsschläge erlebt. Welche waren das? Welchen Einfluss könnte das auf ihre heutigen Probleme haben?
10. Welche Motivation könnte die Klientin gehabt haben, einen medizinischen Beruf zu ergreifen?
11. Warum könnte die Klientin von dem Trauma über die »falsche Behandlung« der Halszyste berichtet haben?
12. Gleich nach der Geschichte über die Halszyste erzählt sie, dass die jüngere Schwester zeitgleich geheiratet hat. Fällt ihr diese Geschichte an dieser Stelle ausschließlich wegen des chronologischen Zusammenhanges ein?
13. Welche Vermutung haben Sie, weshalb die Klientin »schnell geheiratet« hat?
14. Haben Sie Fantasien darüber, wovon die Klientin sich eventuell verfolgt fühlen könnte?
15. Die Klientin erwähnt, dass sie »gerne den Rücken frei haben« wolle, bevor sie ihre Probleme angehen könne. Wie verstehen Sie das?

16. Wie könnte das Eheleben der Eltern ausgesehen haben?
17. Die Klientin ist extrem korpulent (Adipositas), ihr Ehemann ist recht hager. Wie erklären Sie sich das?
18. Welche Defizite vermuten Sie in der Ehe der Klientin?
19. Welche Themen würden Sie mit der Klientin gern intensiver bearbeiten, wenn dafür mehr Beratungsstunden zur Verfügung stünden?

Lösungsvorschläge finden Sie auf S. 270 ff.

Falldarstellung 11: Entscheidungsschwache Büroleiterin

Die 51-jährige Büroleiterin eines Hamburger Handelshauses kommt in die Beratung, da sie zunehmend entscheidungsunfähig sei.

Weshalb kommt die Klientin? Seit einigen Wochen habe sie bei der Arbeit zunehmend ein Gefühl innerer Leere und könne sich kaum noch konzentrieren. Manchmal spreche eine Kollegin oder Mitarbeiterin sie an, und sie wache dann wie aus einem kurzen Sekundenschlaf auf. Sie könne kaum noch Entscheidungen treffen und wäge das Für und Wider meist so lange ab, dass sie quasi entscheidungsunfähig sei. Ihr Chef habe ihr daher dringend diese Beratung empfohlen. Er trage auch die Kosten der ersten Stunden.

Familienanamnese: Der Vater sei alkoholkrank gewesen und vor vielen Jahren im Alter von 78 Jahren an Herzversagen gestorben. Die Mutter lebe noch. Die Tante (Mutters Schwester) sei bei der Nottaufe ihrer Cousine im Krieg erschossen worden. Die Mutter und andere Tanten seien im Zweiten Weltkrieg von Angehörigen der Sowjetstreitkräfte vergewaltigt worden. Sonst gebe es keine besonderen Vorkommnisse oder Erkrankungen in der Familie.

Eigenanamnese: Vor einem Jahr sei die Klientin wegen eines Erschöpfungszustandes zur Kur gewesen. Zuvor hätte sie einen schweren Unfall gehabt, der zu dieser Erschöpfung geführt habe: Sie habe eine Privat-Piloten-Lizenz für Ultraleichtflugzeuge erworben. Nachdem sie bereits einige Monate Flugerfahrung gehabt habe, sei sie mit einer Freundin zu einer kurzen Platzrunde gestartet und habe im Landeanflug schnell Höhe verlieren wollen. Dabei habe sie aber die Kontrolle über die Maschine verloren. Bei der Landung habe sich das Flugzeug überschlagen. Die beiden Frauen seien in fürchterliche Panik verfallen und hätten geglaubt, sterben zu müssen, da sie die Türen nicht haben öffnen können und sich Rauch entwickelt habe. Herbeigeeilte Hilfspersonen hätten sie aus der qualmenden Maschine befreien können. Wegen leichter innerer Blutungen sei die Klientin dann zur Überwachung auf die Intensivstation des nahe gelegenen Kreiskrankenhauses gekommen und eine Woche später notfallmäßig operiert worden, als es erneut zu schweren inneren Blutungen gekommen sei. Ihre Freundin habe einen komplizierten Beckenbruch und einen Riss der Harnblase, der Scheide und der Harnröhre gehabt. Sie sei vom Flugplatz aus mit dem Hubschrauber in ein großes Hamburger Krankenhaus gebracht worden.
Nachdem die körperlichen Beschwerden der Klientin überstanden gewesen seien, sei sie wegen der anhaltenden Erschöpfung zur Kur gewesen. Danach habe sie wieder normal arbeiten können.

Sie rauche sehr viel und trinke hin und wieder zu viel Alkohol. An Selbstmord habe sie niemals gedacht.

Sozialanamnese: Die Eltern der Klientin hätten ein Lebensmittelgeschäft nahe Bremen gehabt. Sie hätten sich scheiden lassen, als die Klientin elf Jahre alt gewesen sei. Der Vater sei dann in eine Trinkerheilanstalt zwangseingewiesen worden. Zuvor habe er wiederholt seine Ehefrau geschlagen und gefährliche Wutausbrüche gehabt. Außerdem habe er das Geschäft vernachlässigt. Er sei wegen nicht verarbeiteter Kriegserlebnisse alkoholkrank gewesen. Der Laden habe verkauft werden müssen. Die Mutter sei mit der Klientin nach Hamburg gezogen. Dort haben sie bei Verwandten in geordneten Verhältnissen gewohnt. Die Klientin habe recht jung geheiratet, sich nach einigen Ehejahren jedoch von ihrem Mann scheiden lassen, da dieser psychisch krank und schon im Alter von 36 Jahren frühberentet gewesen sei. Sie habe das gemeinsame Haus behalten können und den Mann ausbezahlt. Die zwei Söhne aus dieser Ehe seien zu ihr gekommen. Sie habe später erneut eine dauerhafte Beziehung zu einem Mann gehabt, die sie noch während der Ehezeit begonnen habe. Diese Beziehung sei aber kaputtgegangen. Ihrem ältesten Sohn habe sie das Haus geschenkt. Für den jüngeren Sohn habe sie eine Bankbürgschaft angetreten, da dieser sich habe selbstständig machen wollen. Im Rahmen familiärer Streitigkeiten habe sie jetzt ein Hausverbot im Haus des ältesten Sohnes (in ihrem ehemaligen Haus). Für die Bankbürgschaft des jüngeren Sohnes werde sie in die Pflicht genommen, da dessen Geschäftsidee gescheitert sei. Daher habe sie erhebliche finanzielle Probleme. Sie habe zwei gute Freundinnen (mit einer habe sie den oben genannten Unfallflug unternommen) und verlässliche soziale Kontakte.

Arbeits- und Berufsanamnese: Nach der mittleren Reife habe die Klientin eine Ausbildung zur Bürokauffrau absolviert. Den Beruf habe sie ausgeübt, bis die Kinder gekommen seien. Nach der Erziehungspause habe sie begonnen, für ein Handelskontor in der Hamburger Speicherstadt zu arbeiten, wo sie heute noch tätig sei. Auf Grund ihrer gehobenen Stellung sei sie dort erheblichen Belastungen ausgesetzt. Seit einigen Wochen leide sie zunehmend an Konzentrationsstörungen und sei kaum noch in der Lage, wichtige Entscheidungen zu treffen. Ihr Chef stehe zu ihr und wolle ihr durch das Coaching zu einer positiveren Gesamteinstellung verhelfen lassen.

Vertiefte biografische Anamnese: Die Familie – Vater, Mutter, ältere Schwester – seien aus Pommern ausgewandert und nach Bremen gezogen. Auf der Flucht habe die Mutter die verwaiste Cousine und ihre eigene Tochter (die ältere Schwester der Klientin) gestillt. Die Schwester der Mutter sei bei der Nottaufe ihres Kindes (der Cousine der Klientin) von Sowjetsoldaten erschossen worden. Die Frauen der Familie seien im Zweiten Weltkrieg alle von Sowjetsoldaten vergewaltigt worden. Die Klientin sei viele Jahre nach dem Krieg in Bremen zur Welt gekommen. Der Vater habe in der Heimat ein großes Lebensmittelgeschäft durch den Krieg verloren und die Kriegserlebnisse nur schlecht verkraften können. Er habe in Bremen einen Lebensmittelladen gesucht, den er habe pachten oder kaufen wollen. Aus dieser Zeit erinnere sich die Klientin an eine Szene: Mit etwa fünf Jahren habe sie der Vater mit einem Lederriemen so heftig geschlagen, dass sie fast zwei Wochen nicht mehr habe sitzen können. Er habe nämlich beobachtet, wie die ältere Schwester mit gleichaltrigen Jungs geredet habe. Daraufhin habe er einen Wutanfall bekommen, bei dem die Klientin ihre ältere Schwester habe in Schutz nehmen wollen und sich daher die Wut des Vaters an ihr entladen habe.

Später habe sich ein Ladengeschäft in der Nähe von Bremen gefunden, das die Familie übernommen habe. Das Verhältnis der Eltern sei durch die Alkoholkrankheit des Vaters sehr angespannt gewesen. Die Mutter habe gedroht, die Familie sofort zu verlassen, falls der Vater sie schlagen würde oder wenn die Kinder erst einmal groß seien. Die ältere Schwester sei in der Kindheit eine »Ersatzmutter« für die Klientin gewesen, da die Mutter mit dem Geschäft und dem Haushalt so sehr eingespannt gewesen sei.

In der Schule sei sie oft ausgegrenzt und ausgelacht worden, da im ganzen Dorf bekannt gewesen sei, dass der Vater Alkoholiker war. Die Mutter habe dies den Kunden im Laden freimütig erzählt und habe dort auch über die Wutausbrüche des Ehemannes geklagt. Man habe der Familie beim Bäcker des Dorfes Asyl angeboten, falls die Situation eskalieren sollte.

Die ältere Schwester habe den jungen Erben eines großen Gemischtwarenladens aus dem Nachbardorf kennen gelernt und sich mit diesem verlobt. Den Vater habe dies zunächst sehr aufgeregt. Er sei wohl eifersüchtig gewesen, da er selbst seinen großen Laden in Pommern verloren habe und ganz von vorne wieder mit einem kleinen Laden habe beginnen müssen. Er habe sich wohl auch eine geschäftliche Kooperation mit dem zukünftigen Schwiegersohn vorgestellt. Das sei von diesem aber sehr bestimmt abgewiesen worden. Bei der Verlobungsfeier sei es dann zu peinlichen Wutausbrüchen des Vaters gekommen. Dabei habe er die Mutter der Klientin blutig geschlagen. Diese sei dann mit ihren Kindern in ein nahes Maisfeld geflüchtet und habe sich dort über mehrere Stunden versteckt. Später seien sie zur Bäckerfamilie geflüchtet. Der Vater habe das Geschäft schließlich zertrümmert und verwahrlosen lassen. Schließlich sei er vom Dorfvorsteher und dem Gemeindearzt mit Polizeigewalt in eine psychiatrische Anstalt zwangseingewiesen worden. Die Mutter habe das Geschäft verkauft und sei mit den Töchtern nach Hamburg gezogen. Die Scheidung der Eltern habe die Klientin sehr mitgenommen, da sie ihren Vater trotz allem sehr geliebt und ihn auch verstanden habe, da er im Krieg so viel Schlimmes erlebt habe.

Die ältere Schwester habe den Verlobten geheiratet und sei zu ihm in das Nachbardorf gezogen. Als die Klientin 14 Jahre alt gewesen sei, hätte der Schwager angefangen, sie sexuell zu belästigen. Er habe ständig an ihren Busen und unter ihren Rock gefasst. Als sie 15 war, habe er sie vergewaltigt und gesagt, sie hätte das doch selber gewollt und wäre doch neugierig gewesen. Sie habe sich unbeschreiblich schuldig und beschämt gefühlt. Irgendwie habe ihr Schwager vermutlich recht gehabt, da sie ja mit ihm kokettiert habe und auch neugierig darauf gewesen sei, wie das zwischen Frauen und Männern funktioniere. Zu dieser Zeit sei die Schwester hochschwanger gewesen. Den Kontakt zum Schwager habe sie – bis auf Familienfeste – seitdem stets gemieden und versucht, die Vorkommnisse zu verdrängen. Die Klientin fühle sich heute um das Gefühl betrogen, den Mann wirklich selbst ausgesucht zu haben, mit dem sie den ersten sexuellen Kontakt gehabt habe. Dafür hasse sie den Schwager. Er habe ihr gesamtes Männerbild verdorben. Seit dieser Zeit sei auch das Verhältnis zu ihrer Schwester sehr belastet. Die Klientin trinke hin und wieder zu viel Alkohol und werde von anderen Familienmitgliedern dann regelmäßig gerügt, dass sie auf dem besten Wege sei, genauso zu werden wie ihr Vater.

Nachdem sie vor einigen Jahren im Rausch auf einem Familienfest bekannt habe, dass ihr Schwager »Beischlaf« mit ihr gehabt habe, verurteile ihre Schwester sie, den Schwager verführt zu haben. Vermutlich habe die Schwester ein Recht dazu, meint die Klientin. Zwischen den Schwestern bestehe seitdem eine Rivalität oder ein nicht ausgesprochener starker Konflikt.

Die Klientin habe recht jung einen Mann geheiratet, bei dem sie schon bald nach der Eheschließung bemerkt habe, dass mit ihm irgendetwas nicht stimmen könne. Er sei mit der Zeit immer auffälliger und launischer geworden und dann in psychiatrische Behandlung gekommen. Was er jedoch genau gehabt habe, das wisse die Klientin gar nicht. Das Ehepaar habe zwei Söhne. Das habe die Familie schließlich noch zusammengehalten. Als jedoch die Ehe immer schwieriger geworden sei, sei die Klientin eine Außenbeziehung eingegangen und habe sich von ihrem Mann bald darauf scheiden lassen. Die Söhne würden ihr das immer noch sehr übel nehmen. Den Kontakt zum Ex-Ehemann habe die Klientin nicht abgebrochen. Er tue ihr schließlich sehr Leid. Und häufig komme er einfach ungefragt vorbei und stehle der Klientin Zeit. Der Ex-Mann habe eine Wohnung unweit von der Klientin angemietet (Hamburger Vorort). Sie wasche ihm immer noch die Wäsche und pflege teilweise seinen Garten: »Es belastet mich aber sehr, dass ich immer noch so auf ihn aufpassen muss. Was soll ich denn aber machen? Er lässt den Garten verkommen und hat manchmal tagelang nichts Sauberes anzuziehen. Da ist es doch meine Pflicht, ihm zur Hand zu gehen.« Die Beziehung zu dem anderen Mann habe sie später abgebrochen. Die Klientin lebe jetzt alleine, habe aber hin und wieder Verehrer, die sie bedrängen würden.

Dem ältesten Sohn habe sie das Haus überschrieben, da er darum gebeten habe. Er und seine Frau hätten ihr später Hausverbot erteilt und ein gerichtliches Anruf- und Schreibverbot erwirkt, da die Klientin »Telefonterror betrieben und zu sehr geklammert habe«. Dieser Sohn lehne jetzt jeglichen Kontakt ab, da er »die ganze Falschheit nicht mehr ertragen« könne. Zum jüngeren Sohn bestehe noch ein regelmäßiger Kontakt. Die Klientin meine jedoch, er komme fast nur zu ihr, wenn er Geld oder andere Dinge brauchte. Es verletze sie sehr, dass er nicht um ihrer selbst willen vorbeischaue.

Besonders belastend seien für die Klientin regelmäßige Anrufe der Mutter. Sie wohne noch in Bremen. Einmal in der Woche besuche die Klientin ihre Mutter am Nachmittag. Das sei einerseits eine lieb gewonnene Gewohnheit, andererseits aber belastend, da die Mutter sie immer ausfrage und auch ständig kontrolliere. Sie befürchte, selbst eine so »krallende Frau« zu sein, und wisse nicht, wie sie sich dem entziehen könne.

Der Flugzeugunfall habe mehrere erschreckende Begleitphänomene mit sich gebracht. Kurz vorher habe die Klientin mit ihrer Schwester ausgemacht, dass im Falle einer schweren chronischen Erkrankung lebenserhaltende Systeme (»Apparate und Schläuche«) von der jeweils anderen abgeschaltet werden sollten. Als sie nach der Notfalloperation, auf der Intensivstation erwachend, ihre Schwester im Raum gesehen habe, habe sie Todesangst überfallen, da sie gedacht habe, diese sei zu dem vorgenannten Zweck erschienen. Dies sei besonders beängstigend gewesen, da sie zu diesem Zeitpunkt noch nicht richtig habe sprechen können.

Beratungsziele: Gemeinsam mit der Klientin wurde folgende Beratungsschwerpunkte vereinbart:

- Was sind die Konsequenzen, wenn sie immer für andere da sein muss, gefällig sein muss, sich nicht abgrenzen kann? Wie inszeniert sie das immer wieder aufs Neue?
- Kann es sinnvoll sein zu erkennen, dass die bisherigen Entscheidungen jetzt hinterfragt werden sollten? (Bezugnehmend auf die ursprüngliche Klage, keine Entscheidungen mehr treffen zu können.)

Übungsfragen zur Falldarstellung 11

1. Welche Gründe könnte der Berater gehabt haben, zusammen mit der Klientin auf die genannten Beratungsziele hinarbeiten zu wollen?
2. Wie gehen Sie auf die traumatisierenden Erfahrungen in der Kindheit, auf den Missbrauch, die existierenden Beziehungserfahrungen und -muster und den Flugzeugabsturz ein?
3. Auf Seite 110 hatten wir in vereinfachter Form erklärt, was ein Introjekt ist. Welches Introjekt hat die Klientin aufgenommen? Von wem stammt es? Warum hat das dieser Person Erleichterung verschafft?
4. An welchen Stellen der Biografie könnten folgende Muster erworben worden sein: Schuld an dem zu haben, was passiert ist, mit der Situation nicht umgehen zu können und die Kontrolle darüber zu verlieren sowie lebensbedrohlich gefährdet zu sein?
5. Haben Sie eine Idee, warum die Klientin einen psychisch kranken Mann geheiratet haben könnte? Könnte ein ähnlicher Grund für ihre gelegentlichen Alkoholexzesse vorliegen?
6. Wie hat die Klientin über ihre Mutter gedacht, als diese den Vater verließ?
7. Könnte es sein, dass die Klientin ebenfalls eine »krallende Mutter« gewesen ist? Falls ja: Welche unbewussten Beweggründe könnte sie dafür gehabt haben?
8. Wo sehen Sie in der Biografie generationenübergreifende Wiederholungen?
9. Bitte spekulieren Sie nochmals: Welche Gefühle könnte die Klientin gegenüber der Schwester gehabt haben, als diese ihren Mann geheiratet hat (welche Folgen entstanden aus der Bindung)? Welche Gefühle hat sie möglicherweise gehabt, als sie mit dem Ehemann der Schwester kokettierte? Welche Gefühle hatte sie fortan gegenüber der Schwester?
10. Fassen Sie nochmals alle Probleme und »Schlachtfelder« verschiedener Lebensbereiche zusammen, der die Klientin zur Zeit gegenübersteht.
11. Bitte finden Sie in eigenen kurzen Worten eine Erklärung dafür, dass Probleme, welche vor langer Zeit (eventuell vor Generationen) innerhalb der Sippe entstanden sind, ihren Niederschlag nochmals in dem Leben dieser und anderer Klienten finden können. Bitte stellen Sie zwei Hypothesen auf. Einmal aus der Perspektive eines Menschen mit einem magisch-mythischen Sort, ein anderes Mal aus der Perspektive eines rational-wissenschaftlichen Sorts.
12. Bitte versuchen Sie, die Kernfamilie, die die Klientin gegründet hat (mit Ehemann und Kindern, vor der Trennung), in dem Schema von Epstein (s. S. 220) zu beschreiben. Da Ihnen Informationen fehlen, werden Sie fantasieren müssen.
13. Die Klientin weist zurzeit noch neue Beziehungsangebote von Männern zurück. Welche Gründe könnte sie dafür haben?
14. Sie arbeiten mit dieser Klientin und wissen nicht mehr, welche Intervention Sie durchführen sollten. Sie möchten ihr aber unbedingt helfen. Für kurze Zeit vernehmen Sie am Rande des Bewusstseins ein Gefühl, als würden Sie gleich nicht mehr atmen können. Was ist passiert?
15. Sie nehmen sich vor, der Klientin gegenüber authentisch zu sein und Ihre Gefühle und Gedanken nicht zu verbergen. Sie glauben auch, dass es hilfreich ist, viel von sich selbst zu zeigen, um positive neue Beziehungserfahrungen zu gestatten. Was könnte die Einschränkung dieses gut gemeinten Ansatzes sein?

Lösungsvorschläge finden Sie auf Seite 272 ff.

Falldarstellung 12: Ein Sohn mit ADHS (Aufmerksamkeitsdefizit- und Hyperaktivitätssyndrom)

Die 41-jährige Hausfrau aus Hannover würde gern ihren 16-jährigen Sohn vorstellen. Er sei unkonzentriert, leicht ablenkbar und körperlich sehr unruhig, wolle aber nicht selbst in die Beratung kommen. Während des Vorgesprächs fängt die Klientin an zu weinen und meint, dass es vielleicht klüger sei, wenn sie sich zuerst selbst aufbauen ließe und erst danach ihren Sohn schicken würde.

Warum kommt die Klientin? Sie wolle überlegen, wie es mit ihr weitergehen könnte, wenn die Kinder einmal aus dem Haus sein sollten. Sie wache außerdem ständig in der Nacht auf und leide an Ruhelosigkeit und Weinerlichkeit. Sie habe extreme Angst vor schlechten Träumen sowie eine ständige Sorge um das Wohlergehen ihrer Familie. Sie nörgele jetzt vermehrt, schreie zu Hause häufig herum, da ihr Sohn sie zurzeit übermäßig strapaziere.

Relevante gesundheitliche Vorinformationen: Ihr Hausarzt habe ihr bereits Schlafmittel verschrieben. Diese nehme sie aber nur unregelmäßig ein, da sie sowieso nicht helfen könnten. Sie habe einige dieser Tabletten genutzt, um vor einem Jahr einen »halbherzigen« Selbstmordversuch zu unternehmen. Heute wisse sie, dass dieser Versuch nicht ernst gemeint gewesen sei. Nach diesem Suizidversuch habe es einige Gespräche beim Nervenarzt gegeben. Dieser habe aber schon sehr schnell festgestellt, dass keine weitere Gefahr für sie bestehe. Zurzeit denke sie nicht an Selbstmord. Außerdem werde sie von ihren Kindern gebraucht.
Sie trinke keinen Alkohol, sei Nichtraucherin und nehme keine Medikamente ein. Wenn sie sehr aufgeregt sei oder Angst habe, verliere sie häufig viel Wasser oder müsse ständig zur Toilette. Dies sei ungeheuer störend. Eine Abklärung beim Urologen und beim Frauenarzt habe ergeben, dass es »nicht körperlich, sondern psychisch« sei.

Sozialanamnese: Die Klientin sei seit ungefähr 18 Jahren verheiratet. Ihr Ehemann sei Zugbegleiter bei der Deutschen Bahn. Das Paar habe drei Kinder im Alter von 9, 14 und 16 Jahren und lebe in einem Eigenheim, das noch abgezahlt werden müsse. Zur Familie des Mannes bestehe eine stützende Verbindung. Mit der Familie der Klientin gebe es nur Ärger. Wegen der Raten für das Haus gebe es zurzeit einen finanziellen Engpass. Daher sei sie darauf angewiesen zu arbeiten.

Arbeits- und Berufsanamnese: Nach der Hauptschule habe die Klientin eine Ausbildung zur Floristin absolviert. Darauf sei eine längere Phase der Kindererziehung gefolgt. Sie arbeite nun als Verkäuferin in einer Discountkette.

Vertiefte biografische Anamnese: Die Mutter der Klientin sei Verkäuferin gewesen, der Vater habe Betonbau gelernt, sei aber seit seinem 40. Lebensjahr Frührentner. Es fehle ihm eigentlich nichts, er habe die Ärzte aber hereinlegen können. Die Familie habe bei den Eltern des Vaters gelebt, da diese ein sehr großes mehrstöckiges Haus mit großem Garten nahe Hannover besessen hätten. Nach der Geburt des drei Jahre älteren Bruders habe die Mutter der Klientin versucht, sich vom Vater zu trennen. Sie sei nach Dortmund zu ihren Eltern geflüchtet. Der Vater habe sie aber gewaltsam zurückgeholt und dabei seine Schwiegereltern in Dortmund körperlich schwer verletzt. Er sei daraufhin

vorbestraft gewesen. Erst nach diesen Vorfällen sei die Klientin gezeugt worden. Sie nehme es ihrer Mutter sehr übel, dass sie in eine Beziehung hineingeboren worden sei, deren zukünftiges Scheitern zu diesem Zeitpunkt schon ersichtlich gewesen sei.
Selbst die Eltern des Vaters seien vom Vater unterdrückt und kommandiert worden und hätten sich meist gefügt. Mit der Schwiegermutter habe sich die Mutter der Klientin nicht verstanden. Beide Frauen hätten sich zutiefst gehasst und gemieden. Die Eltern hätten eine Zierkaninchenzucht gehabt. Wenn es Ausstellungen und Wettkämpfe gegeben habe, sei dies ein häufiger Anlass für Streit und Prügeleien durch den Vater gewesen. Er sei dann besonders grob und unberechenbar gewesen. Es habe auch Katzen auf dem Hof gegeben, deren Jungtiere der Vater vor den Augen der Kinder an die Wand geworfen habe, damit sie später den Kaninchen nichts antun könnten.
Die Klientin habe sich gegenüber ihrem älteren Bruder stark benachteiligt gefühlt. Er habe alles bekommen (Führerschein, Geschenke, Auto und vieles mehr), wofür sie jedoch jeweils selbst habe aufkommen müssen. Er habe die ganze Liebe und Zuwendung der Eltern bekommen und für sie sei absolut nichts übrig geblieben. Vor dem Vater hätten alle große Angst gehabt. Er habe immer strafend und vorwurfsvoll geschaut, und seine scharfen Blicke habe die Klientin immer noch vor ihrem inneren Auge. Dies mache ihr extreme Angst. Es sei sehr schlimm gewesen, mit dem Vater vereinbarte Zeiten nicht einzuhalten. Selbst wenn der Vater andere um Gefälligkeiten gebeten habe, habe er alle »vor der ganzen Nachbarschaft zurechtgeschrien, wenn diese auch nur fünf Minuten zu spät kamen«. Die Klientin habe sich möglichst unscheinbar verhalten und stets sofort nachgegeben, um der Wut des Vaters zu entgehen. Dies sei ihr auch meist gelungen.
Der Bruder sei in der vierten Klasser sitzen geblieben. Er habe als schlechter und schwieriger Schüler gegolten. Termine mit dem schulpsychologischen Dienst habe der Vater jedoch platzen lassen, da er von äußeren Einmischungen des Staates überhaupt nichts gehalten habe. Bei ihm zu Hause sei er derjenige, der das Sagen habe. Um die Schande des Sitzenbleibers zu umgehen, sei der Bruder nach Braunschweig zu einer »Tante« gebracht worden, bei der er fortan gelebt habe. Dort sei er auf eine Sonderschule gegangen. Seit dieser Zeit sei er ziemlich auffällig gewesen, und bereits als Kind in kriminelle Akte verwickelt gewesen. Er sei mehrfach vorbestraft und habe sogar wegen eines Mordes im Gefängnis gesessen. Er sei aber bereits nach neun Jahren wieder entlassen worden. Der Bruder melde sich gelegentlich bei der Klientin, um ihr deutlich zu machen, dass sie ihm bald »sein Erbteil« auszuzahlen habe. Dies solle sie allerdings erst nach dem Tode des Vaters machen oder in einer Form, die möglichst unauffällig sei, da er mehrere Tausend Euro Schulden habe (durch Anwaltskosten und Ähnliches) und die Gläubiger dieses Geld sonst einbehalten würden. Obwohl er so gewalttätig sei und es Ermittlungen wegen anderer Gewaltstraftaten gebe, habe er mehrere scharfe Kampfhunde, die vermutlich auf einen anderen Namen angemeldet seien. Sie habe das bereits anonym dem Ordnungsamt gemeldet, dort sei aber anscheinend nichts unternommen worden. Dies sei für sie beängstigend. Der Bruder habe schon konkret geplant, das Haus der Klientin anzuzünden, da er ihr die gesicherte Existenz neide. Das habe ihr der Vater erzählt, der den Bruder dann aber von diesem Plan abgebracht habe. Das Benzin stehe aber noch im Schuppen bei dem Vater.
Die Großeltern seien freundlich gewesen, aber auch »komisch und versteckt sadistisch«. So habe die Oma es zum Beispiel geliebt, den Kindern der Klientin den Schnuller aus dem Mund zu nehmen, bis diese dann verzweifelt geweint hätten.
Die Mutter sei – nachdem die Klientin schon einige Jahre verheiratet gewesen sei – aus dem Elternhaus ausgezogen und habe sich wegen der ständigen Gewalttätigkeit des

Vaters von diesem endgültig getrennt. Dies habe sie immer schon angekündigt, bereits als die Klientin noch ein Kind gewesen sei: »Wenn ihr groß seid, dann gehe ich endlich!« Die Mutter habe mehrfache Selbstmordversuche hinter sich und habe sich die Trennung erst getraut, nachdem sie einen Mann kennen gelernt habe, der sie vor der Rache ihres bisherigen Mannes habe schützen können (Zollinspektor, der ständig eine Waffe zu Hause habe). Der Vater habe bald darauf erneut geheiratet. Die neue Frau des Vaters wohne jetzt mit diesem im Elternhaus.

Der Klientin sei das Elternhaus und das Grundstück überschrieben worden, um es vor dem Zugriff von Gläubigern des Vaters und des Bruders zu schützen. Der Bruder sei wegen des begangenen Mordes enterbt. Außerdem habe er bereits als Kind und Jugendlicher so viel bekommen. Die Klientin selbst wohne mit ihrem Mann in einem Eigenheim im selben Ort. Der Vater bewohne jetzt die erste Etage des Hauses und habe die übrigen Etagen vermietet. Er trete als Vermieter und Hausmeister auf, obwohl das Haus eigentlich der Klientin gehöre. Es gebe jedoch eine stillschweigende Übereinkunft, dass er dies vorerst tun könne. Der Vater dulde keine Widerrede und laufe sofort rot an, wenn ihm jemand widerspreche. Dann sei er zu wirklich allem bereit und plane zusammen mit seinem Sohn auch regelmäßig kriminelle Handlungen, von denen die Klientin sich extrem bedroht fühle.

Die Klientin und ihr Mann hätten selbst gebaut. Die Klientin habe den Vater um Auszahlung eines geringen Betrages der Mieteinnahmen gebeten, da sie Probleme mit der Tilgung ihrer Schulden hätten. Außerdem strenge sogar ihre eigene Mutter ein Gerichtsverfahren gegen sie an (nicht gegen den Vater), um von den Mieteinnahmen des Vaters etwas abzubekommen. Daraufhin habe der Vater gesagt, sie solle doch einfach mehr arbeiten gehen; ihre Kinder würden auch ohne ständige Bemutterung groß werden. Dies habe bei ihr das Fass zum Überlaufen gebracht, worauf die Klientin einen Selbstmordversuch mit milden Schlaftabletten unternommen habe. Das habe bei dem Vater wenig bewirkt. Es sei immer noch nicht möglich, den Vater zur Einsicht zu bringen. Sobald sie anfange, mit ihm zu reden, schaffe er es, sie extrem einzuschüchtern und zum Weinen zu bringen.

Ihr 16-jähriger Sohn leide sehr unter diesen desolaten Familienverhältnissen. Er sei hyperaktiv, sozial auffällig und liege weit unter seinen Möglichkeiten. Sie wünsche sich so sehr, dass er seine Probleme in den Griff bekomme, damit er seine Chancen im Leben nicht verpasse.

> **Beratungsfokus:** Es sind drei weitere Beratungsstunden mit folgendem Fokus vereinbart worden: Auf eigene Kernfamilie konzentrieren, Verhältnisse gedanklich klären und ohne Zensur untersuchen. Wo fehlen Klarheit und Grenzen? Was fehlt, um Grenzen ziehen zu können? Was könnte helfen?
> Die Klientin formulierte vorher folgendes Ziel: »Meine innerliche Unruhe zu verlieren, ausgeglichener zu werden. Den Alltag ohne Angst und Stress zu bewältigen. Die Unzufriedenheit abzulegen und mit der Familie liebevoller umzugehen.«

Übungsfragen zur Falldarstellung 12

1. Für sie sei keine Liebe übrig geblieben, alles habe der Bruder bekommen. Sehen Sie das auch so?
2. Wie könnte der Bruder aus seiner Perspektive die Kindheit beurteilen?

3. Die Oma sei lieb mit den Kindern der Klientin umgegangen, habe ihnen aber den Schnuller gelegentlich aus dem Mund genommen, um sie zum Weinen zu bringen. Welche Beziehungserfahrung könnten die Kinder dabei gemacht haben?
4. Die Klientin und ihr Bruder entwickelten zwei unterschiedliche Anpassungsstrategien im Umgang mit der gewaltsamen Bedrohung durch den Vater. Welche könnten das sein?
5. Welche Bedeutung kann eine Trennung der Eltern für Kinder gewinnen (in kindlich-magischer Denkweise)?
6. Die Klientin macht sich ständig in die Hose. Worum könnte es dabei gehen?
7. Wem ist die Klientin zu Loyalität verpflichtet?
8. Was sollte der Suizidversuch bewirken?
9. Wie gelingt es dem Vater und dem Bruder, auf die Klientin so starken Druck auszuüben?
10. Welche Rolle kann der Ehemann der Klientin einnehmen, solange die Verhältnisse so bleiben, wie sie sind?
11. Halten Sie die Diagnose ADHS des Sohnes eigentlich für gerechtfertigt?
12. Was könnte mit der Klientin passieren, wenn der Sohn plötzlich von seiner Auffälligkeit geheilt wäre?

Lösungsvorschläge finden Sie auf Seite 274 f.

Lösungen

Lösungsvorschläge zu den Fall-Vignetten 15–19

Fall-Vignette 15: Er ist der Größte (s. S. 241 ff.)

1. Die Familie ist in eine akute Krise geraten. Daraus kann sich jetzt ein Trennungskonflikt entwickeln. Vorher hat scheinbar ein recht stabiles Verhältnis vorgelegen, in dem jeder Partner Verhaltens- oder Rollenmuster bediente, die mehr oder weniger unbewusst abgesprochen waren. Die neurotischen Anteile der Partner hatten sich arrangiert (neurotische Kollusion). Durch die Therapie der Klientin kam eine neue Variable in das Familiensystem, die nun zu einer Störung führt. Bei einem anderen Berater (nämlich dem Therapeuten) hatte die Frau sich anfangs mit einer psychischen Erkrankung vorgestellt. Es wäre aber auch möglich gewesen, dass der Sohn als Indexpatient wegen seiner Hyperaktivität in einer schulpsychologischen Beratungsstelle vorgestellt wird.

2. *Geben und Nehmen:* Der Mann würde sagen, er gebe Geld. Die Frau würde sagen, sie gebe Gefühl und mehr Zeit für die Familie. Da die Partner in solchen Konstellationen oft nicht mehr die gleiche Sprache der Liebe sprechen, gibt es meist kein wirkliches Geben und Nehmen mehr. Stattdessen finden sich oft verkrustete Rollenerwartungen: Er bringt morgens den Müll raus; sie saugt ...

Ähnlichkeiten und Unähnlichkeiten: Der Beruf verbindet, und die Partner zeigen hier ähnliche Interessen. Die Lebenswelten der Partner berühren sich. Das ist gut. Sie stammt aus wohlhabendem Haus, er ist ehrgeizig. Auch da treffen sich wohl Ähnlichkeiten. Ansonsten wissen wir wenig.

Machtverhältnisse: Er hat das Geld und den Einfluss in der Stadt. Sie hat die Kinder auf ihrer Seite.

Gefühle äußern: Er scheint kein Gefühlsmensch zu sein. Ich vermute, dass die Partner sich auf diesem Gebiet nicht öffnen können. Bitte verfahren Sie mit den weiteren Punkten ähnlich. Dabei gibt es kein richtig oder falsch. Es handelt sich also eher um unsere Spekulationen!

3. Sie ahnen es sicher: Es handelt sich um eine Fangfrage. Natürlich ist niemand schuldig. Zwei Menschen (und ihre Herkunftsfamilien, ihre Kinder) haben ein gemeinsames Leben inszeniert. Wir sehen lediglich einen Ausschnitt daraus. Es geht nicht um Schuld.

4. Eltern sind meist sehr stolz auf ihre Kinder: »Er/sie ist der Glanz in meinen Augen. Ist mein Baby nicht das Schönste auf der ganzen Welt ...?« Dieser Stolz sollte irgendwann mit einer gesunden Portion Realismus relativiert werden. Ansonsten merken Kinder, dass sie ihre Eltern glücklich machen müssen, indem sie diesen Glanz verkörpern. Dann gibt es entweder eine Resignation auf Seiten des Kindes, oder es fängt an, wirklich innerlich zu glänzen. Psychoanalytiker würden sagen: Dann verschmelzen positive Objekt- und Selbstrepräsentanzen zu einem grandiosen narzisstischen Selbst. Das kann auch passieren, wenn ein Kind diesen Ausweg wählt, um sich vor großer Angst oder anderen Affekten zu schützen. Charakterschwächen, neurotische Züge oder blinde Flecken der Eltern spielen bei solchen kindlichen Irrwegen natürlich oft eine Rolle. Aber auch alle Eltern sind ihrer Eltern Kinder und tragen die Eigenarten, Verhaltensweisen oder Anschauungen ihrer Sippe in sich. So werden manche Eigentümlichkeiten über viele Generationen weitergegeben. Aus Angst davor, dass ihre Kinder durch eine liebevolle

und lobende Erziehung überhöht werden, machen viele Eltern ihre Kinder allerdings zu klein: »Mit dem Hut in der Hand kommst du durch das ganze Land. Sei nicht so gefallsüchtig, eitel und selbstverliebt ...!« Das führt zu einer großen Verunsicherung bei diesen Kindern, da es die gesunde Selbstliebe mit negativen Kognitionen koppelt (zum Beispiel Gefallsucht).

> **Info**
>
> **Gesunder Narzissmus**
>
> Die gesunde Selbstliebe oder der gesunde Narzissmus sind durch folgende Gewissheiten gekennzeichnet:
>
> - Ich bin liebenswert.
> - Ich bin wertvoll.
> - Ich bin einzigartig.
> - Meine Liebe ist anderen sehr wertvoll.
>
> Menschen mit diesem wundervollen Geschenk haben erfahren, dass sie das Leuchten in den Augen der Eltern waren.

Bitte unterscheiden Sie diese Begriffe von »liebenswerter, wertvoller, grandios, nur meine Liebe ist anderen wertvoll ...«

5. Kein Mensch lebt für sich allein. Jeder reagiert unentwegt auf die Personen um ihn herum und auf die verinnerlichten Personen (Vorstellungen der Eltern, Gebote, Ansichten ...). Es ist schwierig, trotzdem ein sicheres Gefühl für ein konsistentes Selbst zu spüren oder sich dessen bewusst zu sein. Wenn der »Tanz« zweier Partner so eng wird (und vermutlich so neurotisch) wie in diesem Fall, dann ist es natürlich besonders schwierig, sein wahres Selbst darin zu finden.

6. Darauf sind wir in 4. schon eingegangen. Es ist typisch für Menschen mit einem grandiosen Selbst (einer Form ausgeprägter narzisstischer Persönlichkeitsveränderung), dass sie andere Menschen danach einstufen, wie dienlich diese ihrer Sache sind. Oft geht es um Wert in vielen Ausprägungen: Selbstwert, Fremdwert, Wertschätzung. Narzissten ist es sehr wichtig, dass ihr übersteigert wahrgenommener Wert von niemandem in Frage gestellt wird. Diese Form des Narzissmus wünscht sich Interaktionspartner, die applaudieren und sich einspannen lassen. Die Partner haben dabei gelegentlich eine depressive Persönlichkeitskomponente, die auf diese Inszenierung eingeht. Krankhafte Narzissten benötigen den Applaus auch um ihre Selbstwertbalance zu halten: Der Balanceakt zwischen Minderwertigkeitsgefühlen und Kleinheit auf der einen Seite und zwischen Grandiosität und Macht auf der anderen Seite, muss immer deutlich in Richtung Grandiosität weisen. Andernfalls droht eine Überflutung mit Angst und anderen Affekten.

7. Gesunde Menschen überfällt schnell ein großes Unbehagen, wenn sie mit stark narzisstischen (oft egoistischen) Menschen zusammen arbeiten oder leben müssen. Dann bleibt meist nur die Möglichkeit der totalen Anpassung oder der Abkehr von diesen Menschen. Narzissten, wir sprechen von narzisstischen Persönlichkeitsstörungen und nicht vom gesunden Narzissmus, kennen für ihre Mitmenschen wichtige Maximen: »Du darfst so bleiben, wie ich will! Du darfst tun, was ich brauche ...!«

8. Das Gefühl, gleich weinen zu müssen, könnte eine Übertragung sein. Vielleicht ist es das Grundgefühl, das der Ehemann als Kind einmal hatte und welches durch das grandiose Selbst abgewehrt werden soll? Der Berater nimmt es kurzfristig in sich auf (wie ein Container, daher wird dieser Prozess oft auch *Containing* genannt) und erfühlt und betrachtet es. Dies ist oft eine Möglichkeit, Zugang zu tiefen unbewussten Gefühlen von Klienten zu gewinnen. In diesem Fall ist der Ehemann aber kein Klient, weshalb mit dem Gefühl nicht »gearbeitet« wird.

9. Die Frau versucht, festgefahrene Spielregeln in Frage zu stellen und vermutlich den übersteigerten Selbstwert des Mannes anzugreifen. Dieser kann darauf nur reagieren, indem er seinen Wert durch eine jüngere Geliebte wieder bestätigen lässt und gleichzeitig versucht, seine Frau massiv zu entwerten (oder sie depressiv zu machen). Das Alter ist außerdem ein Prozess, mit dem Narzissten

oft schlecht umgehen können: Dieser biologische Vorgang ist nicht aufhaltbar und bringt den Narzissten unweigerlich mit der Erkenntnis in Berührung, dass auch seine grandiosen Möglichkeiten irgendwann versiegen. Das macht ihm große Angst, und er versucht diese vielleicht abzuwehren, indem er stellvertretend den Alterungsprozess bei seiner Frau angreift.

Fall-Vignette 16: Hänschen klein (s. S. 243f.)

1. Er ist auf der Suche nach Lebensfreude und nach Tiefe. Er möchte frei und selbstbestimmt als Mann leben. Vielleicht eine Partnerschaft und Familie aufbauen?
2. Es gibt viele Wege zu diesem Glauben. Hier mögliche Beispiele:

> Erfahrungswissen aus Soziologie und Psychologie (was ist in ähnlichen Fällen üblich?).
> Konkordante Identifikation (lat. con: mit; cor: Herz): mit dem Herzen mitgehen, sich in den anderen einfühlen, ihn so wahrnehmen, wie er empfindet.
> Komplementäre Identifikation (lat.-frz., sich gegenseitig ergänzend): die Veränderungswünsche oder Emotionen wahrnehmen, die Bezugspersonen gegenüber dem Klienten hatten oder haben (also beispielsweise so zu fühlen, wie die Eltern des Klienten).
> Andere Formen der Identifikation: Was bräuchte ich, wenn ich er wäre; was bräuchte er, damit er so sein könnte wie ich; was bräuchte er, damit er so sein kann, wie er will; was bräuchte er, damit er so sein könnte, wie ich gerne wäre (aber mich nicht traue)?

3. Auch hier könnte es sich wieder um eine Übertragung handeln. Die Wut und Aggression gegenüber der einengenden Mutter darf nicht bewusst erlebt werden. Stattdessen nimmt der Berater diese unbewusste Regung des Klienten auf. An diesen Affekt können Beziehungsbotschaften angedockt sein: »Das darf man aber nicht zeigen oder ansprechen!« Auch diese Botschaft wird vom Berater aufgenommen.
4. Es gibt zwei klassische Reaktionsweisen, mit der depressive Mütter (diese Bezeichnung könnte für die Mutter im Beispiel passend sein) auf den Auszug ihrer Kinder reagieren könnten: »Weil du weggehst, geht es mir so schlecht. Kannst du das verantworten?« Oder: »Wenn du das tust, dann kenne ich dich nicht mehr!« Die erste Variante ist schlimm, die letzte ist noch verletzender und destruktiver, da sie mit tief verwurzelten Grundängsten operiert, nämlich der Angst vor Liebesentzug, Beziehungsabbruch und vor dem Verlassenwerden.
5. Selbstständigkeit, Männlichkeit, Entschlossenheit, Bindungsfähigkeit in Bezug auf andere Frauen.
6. Der Kontakt zu Männern schafft bei Männern oft wieder ein Gefühl für Männlichkeit. Frauen fällt es leichter, einen gesunden inneren Bezug zu ihrer Weiblichkeit herzustellen. Es geschieht häufig, dass Berater bereits aus ihrem Büro heraus solche oder andere Kontakte anbahnen. Dahinter steht oft ein Gefühl, der Klient würde das allein nicht schaffen (so denkt wohl auch die Mutter, oder?). Die Gefahr liegt darin, dass Sie einen Klienten auf diese Weise mit Ihren eigenen Vorstellungen, Projektionen, Gegenübertragungen überrumpeln könnten und der Klient keine Zeit hat, darüber nachzudenken (oder zu erfühlen), was er selbst möchte.

Fall-Vignette 17: Er macht alles falsch (s. S. 245f.)

1. »Sie haben scheinbar das Gefühl, dass in Ihrer Ehe einiges aus dem Ruder gelaufen ist, und die Wege, die Sie bisher eingeschlagen haben, um Ihren Mann zu ändern, zeigten wenig Erfolg. Vielleicht können wir Ihre Ehe wieder beleben, wenn wir uns vorerst darauf

konzentrieren, was Ihnen den Rücken stärken könnte und wo Sie selbst Ihren eigenen Kern wieder finden können …?« Oder: sich selber wahrnehmen können, sich abgrenzen können, bei sich bleiben können, eigene Anteile an der Inszenierung wahrnehmen können, von der Opfer- zur Täterperspektive wechseln?

2. Der Ehemann wird als Ersatzklient etabliert. Damit lenkt die Klientin von sich ab und verweist auf einen Schuldigen oder Initiator, der verändert werden sollte.

3. Die Kinder ziehen aus, das Ehepaar wird wieder auf sich allein gestellt sein. Die Frau wird neue Aufgaben und Selbstdefinitionen suchen müssen. Das Alter naht.

4. Jeder Vorwurf an den Mann könnte auch eine Frage an die Frau sein: Viele Kleinigkeiten würden sie verletzen. Die Umkehrung davon: Mit welchen Kleinigkeiten verletzt sie ihren Mann? Es gehört leider zu den Eigenarten der Menschen, dass sie immer und immer wieder nach dem Splitter im Auge des anderen suchen und blind sind für den Balken, der vor ihrer eigenen Stirn prangt. In solchen Fällen hat sich *The Work* bewährt.

Info

Der Zeigefinger

Der Zeigefinger ist eine nützliche Intervention: Es kann sehr erhellend sein, wenn Sie die Klientin bitten, mit dem Zeigefinger auf einen Stuhl zu zeigen, auf dem sie sich ihren Mann vorstellen soll. Sie soll dann jeden Vorwurf einzeln mit ausgestrecktem Zeigefinger an den Stuhl richten und den Zeigefinger danach jedes Mal mit der anderen Hand festhalten, umdrehen und sich den Finger vor die eigenen Augen führen: »Huch, was willst du mir eigentlich über mich sagen?« Daraufhin soll die Klientin sich fragen: »Könnte es sein, dass du mich lehren möchtest, dass Ich …?«

---

5. Vielleicht hat die Freundin schon erkannt, dass die Ehefrau ihre eigenen Anteile an der Interaktion ausblendet und begonnen hat, ein polarisierendes Feindbild zu entwerfen. Vielleicht hat die Freundin sich aber auch nur konkordant identifiziert (oder komplementär: Wir müssen gegen die Männer zusammenhalten).

6. Wenn Sie bemerken, dass ein Klient seinen Anteil an einem Problem ausblendet, besteht manchmal die Gefahr, dass Sie unbewusst eine Ersatzparteinahme für die andere Seite der »Geschichte« aufnehmen. Es ist schwierig, gleichzeitig die berechtigten Interessen der Klientin wahrzunehmen und auf der anderen Seite einer Allparteilichkeit verpflichtet zu bleiben.

7. Dies können Sie mit einfachen Fragen versuchen: »Was würde Ihr Mann denken (fühlen, sagen), wenn er von einer dritten Person gefragt werden würde, ob …?« Sie können auch einen dritten Stuhl als »Mann-Position« etablieren und die Frau bitten, darauf Platz zu nehmen, sich dort einzufühlen und dann so zu antworten, wie man das als Mann nun einmal macht. Wenn es jedoch schwere Grabenkriege mit wüsten Schuldzuweisungen zwischen Frau und Mann gibt, könnten Sie auch verhindern, zu einem Parteigänger zu werden, indem Sie lediglich zum Container (Containing, s. S. 265) für die starken Affekte werden, die zwischen den Partnern ausgetauscht werden. Im Container werden diese Affekte verwandelt, nicht indem »böse« Anteile in »gute« verwandelt werden, sondern indem der Berater in sich selbst gute und böse Anteile zu einer neuen Beziehungsszene verbindet, in der alles seinen Platz haben kann. Dabei soll es zu einer Art Entgiftung kommen, sofern man die Spaltung oder das Unverständnis von Partnern als eine Art Beziehungsgift versteht. Mir scheint jedoch, dass diese Art des Vorgehens eher etwas für ausgebuffte Psychotherapeuten ist. Ich schlage Ihnen vor, dass Sie entweder mit einem anderen Stuhl oder mit dem Fragemuster »Was würde er/sie sagen …?« arbeiten (Monodrama oder zirkuläre Frage).

8. Die Lösung dieser Aufgabe bedarf etwa ein bis zwei Seiten. Da Sie sich selbst kritisch und ehrlich hinterfragen müssen, können wir Ihnen keinen Lösungsvorschlag machen.

Fall-Vignette 18: Total verliebt – und dann? (s. S. 246f.)

1. Mein Wunsch war zu klären, ob die Beziehung der beiden jungen Eltern nicht doch eine Zukunft haben könnte. Wie könnte man ihnen dabei helfen? Die Vorstellung dabei: Es wäre doch so schade, wenn das junge Glück nur zerbricht, weil beide zu unreif sind oder nicht gelernt haben, miteinander zu reden, oder weil beide einfach nur von der Schwangerschaft überfordert sind. Was soll aus dem Baby später werden ...? Siehe dazu bitte auch Seite 239.

2. Ich hatte den Klienten gebeten, zusammen mit seiner Frau in die Beratung zu kommen. Das Paar war sehr daran interessiert, ob es überhaupt noch ein »Wir« geben könnte (oder war ich insgeheim so sehr daran interessiert und das Interesse des Paares nur die Folge meiner Gegenübertragung?). (s. Info ›Das ›Wir‹ Stärken‹)

3. Das anfängliche Gefühl füreinander ist wunderschön und sehr wichtig. Die meisten Partner aus dauerhaften Verbindungen haben jedoch meistens früh auch den Kopf eingeschaltet: Passt jemand wirklich zu mir, welche Ähnlichkeiten und Unähnlichkeiten gibt es, wie möchte er sein Leben planen, kann es gemeinsame Ziele geben, wie ist der Umgang mit Geld, Freiheit, Freizeit ...? Bei diesem Paar wurden all diese Überlegungen ausgeblendet: »Wir liebten uns, das ist das Einzige, das zählte.«

4. Zu der Wirkung dieser »Glückshormone« gibt es interessante amerikanische Studien.

> Ein Beispiel: Zuerst wurden am College heimliche Umfragen durchgeführt, wie attraktiv sich Studenten selbst einschätzen, wie attraktiv sie andere einschätzen und mit welchen Personen sie gern auf den Abschlussball des Semesters gehen wollten. Die Attraktiven haben dabei nur Attraktive gewählt, das Mittelfeld nur andere aus dem Mittelfeld, die weniger Attraktiven haben meist nur die weniger Attraktiven gewählt. Insofern fand also auch ein recht realistisches Abwägen der eigenen Möglichkeiten und Wünsche statt.
> Einige Tage später wurden sehr attraktive männliche Footballspieler gebeten, eine wackelige Hängebrücke entlangzugehen, angeblich, um diese auf ihren Halt zu überprüfen. Diese Aufgabe könne man nur äußerst sportlichen Männern geben, da diese sich im Falle einer Katastrophe wahrscheinlich noch festhalten könnten. Am Ende der Brücke wartete eine unattraktive Studentin, die ein Interview mit dem Footballspieler führen sollte. 70 Prozent der attraktiven männlichen Spieler fragten die unattraktive Studentin später nach ihrer Telefonnummer, um sich mit ihr für den Abschlussball zu verabreden.

Info

Das »WIR« stärken

Das Wir-Gefühl findet sich in nahezu allen glücklichen und dauerhaften Ehegemeinschaften. Hier finden Sie Anregungen für Fragen oder Themen, mit denen das Wir-Gefühl erarbeitet und gestärkt werden kann.

Wer bist du? Zentrale Belastungsthemen, Hoffnungen, Sorgen, Vorlieben, Bedürfnisse, wichtige Lebensereignisse und anderes.
Ich bewundere dich. Positive Eigenschaften (Fähigkeiten, Kenntnisse, Werte usw.), Beziehungsgeschichte.
Mehr voneinander. Regelmäßige Zwiegespräche (Regeln vermitteln!), gemeinsame Aktivitäten, allgemeine Regeln, Rituale, Außenfreunde und vieles mehr.
Gefühlsoffenheit stärken. Das bedeutet auch, dass die emotionalen Anteile der Konflikte intensiver betrachtet werden. Oft (statistisch gesehen) muss der Mann lernen, die Sicht der Frau wahrzunehmen, da diese das meist schon besser kann.
Regeln und Strategien. Wie reden die Klienten miteinander (Ich-Botschaften, ausreden lassen, zuhören und aufeinander eingehen), wie wollen sie streiten, sich versöhnen? Wie wollen sie Probleme angehen?
Hoffnungen. Positive Fantasien, realistische Tagträume, Pläne, gemeinsame Ziele und Ähnliches.

Sie fragen sich sicher, weshalb. Die Vermutung der Testauswerter war folgende: Auf der Hängebrücke hatten die jungen Männer Angst, wollten sich das aber nicht eingestehen. Das Herzklopfen, die Adrenalinausschüttung, das komische Gefühl im Bauch, der veränderte Blutdruck und am Ende der Brücke ein Ausstoß an »Glückshormonen« veranlassten das Gehirn der Männer, eine plausible Erklärung zu finden. Da die Angst nicht in Frage kommen konnte, heftete sich das Durcheinander der Emotionen an die erste reale Person, auf die sie trafen. Wegen der Ähnlichkeit von Liebe und Angst (beispielsweise Herzklopfen) verspürten die Footballspieler dann ein Verliebtsein.

5. Flucht aus dem Elternhaus, Flucht aus Armut und Arbeit, Suche nach dem (inneren) Vater oder der Mutter und so weiter. In Filmen und Romanen finden wir die gesamte Palette an Möglichkeiten.

6. Diese Frage sollten Sie mit Freunden und Bekannten diskutieren. Vergessen Sie dabei nicht folgende Aspekte: Angst vor dem Verlassenwerden, vor dem Alleinsein, vor der Unbeständigkeit.

Fall-Vignette 19: Rücksichtsvoller Sex (s. S. 247ff.)

1. Hier werden Sie Ihre eigenen Gedanken mehr oder weniger ehrlich geäußert haben.
2. Wie steht es um die Selbstsicherheit und den Stolz als Mann, als befriedigender Liebhaber? Was könnte die Frau sich wünschen? Könnte er dem gerecht werden, oder wird er versagen – und dann? Will seine Frau vielleicht insgeheim, dass er versagt? Es kann schwierig sein, dieses unbewusste Angstszenario zu unterbrechen und ihn neugierig darauf zu machen, welche unentdeckten Möglichkeiten sich hinter der (An-)Klage seiner Frau verbergen. Zuerst sollten wohl Angst, Schuld und Scham gewürdigt werden, bevor man die Neugierde wecken kann.
3. Wir verwenden den Begriff »progressiv« für den Interaktionspartner, der etwas versuchen oder ausleben möchte und dieses Begehren ins Spiel bringt. »Regressiv« ist der Partner, der sich davon eher distanzieren und sich davon zurückziehen möchte (zum Beispiel aus Angst, Ekel, Scham, Gewohnheit). Der progressive Partner bestimmt, was gestört ist, der regressive Partner hat die Macht, indem er »Nein« sagt. Eine erotische Entwicklung wird dabei sehr freundlich verhindert.

4. a) Ich glaube, dir gefällt das nicht, daher unterlasse ich das.
b) Ich weiß, du willst das nicht, daher mache ich das nicht.
c) Ich weiß, dir gefällt das nicht so sehr, daher werde ich das Thema nie wieder ansprechen.
d) Ich weiß, dir gefällt das nicht, daher werde ich mir das selbst nie wieder wünschen und werde auch versuchen, nie wieder daran zu denken.

5. *Werte und Kognitionen:* Man muss miteinander auskommen (betont Symbiotisches, Gemeinsames), es gibt richtigen Sex (dann gibt es auch unrichtigen, also falschen – und den macht das Paar), Sex von hinten ist unpersönlich.

Fragliche unbewusste Aggressionen: Selbst kann er, seiner Frau verweigert er es: Dir gebe ich es nicht richtig, ich verweigere meine ganze Hingabe; er ist wie ein Affe (tierisch); jetzt zeige ich ihm, dass er langweilig ist ...

Die Gefahr dieser Interpretationen könnte darin liegen, dass man beginnt, die Klienten zu pathologisieren, und ihnen unbewusste Gemeinheiten unterstellt. Unsere eigenen Ängste und Klischees führen außerdem manchmal zu grotesken Verzerrungen. Die »Gemeinheiten«, die Sie in den Aussagen der Klienten zu erkennen glauben, können Sie aber konstruktiv nutzen, da sie Ihnen zeigen, wovor einer der Partner möglicherweise Angst hat oder was seine Bedürfnisse sein könnten: Sie: »Du bist wie ein Affe.« Sein Wunsch: »Ich möchte meine Sexualität lustvoll ausleben, so, wie ich das im Rausch spüre.« Oder: Sie: »Jetzt zeige ich ihm, dass er langweilig ist.« Sein Wunsch: »Ich möchte, dass wir beide Freude und Neugierde füreinander empfinden können.« Wann immer Sie auf einen »bösen« Satz stoßen, zu dem Ihnen eine »böse« Interpretation einfällt, fragen Sie sich bitte: Wie kann ich den Satz konstruktiv reframen (oder containen?), um ihn hilfreich an das Paar zurückzugeben?

6. In der sexuellen Entwicklung von Paaren spielt diese Frage oft eine große Rolle: Wollen wir sexuelle Differenzen ausschließen, oder wollen wir diese Differenzen in unser Sexualleben bewusst einbinden? Wollen wir in unserer Wahrnehmung die Unterschiede betonen oder eher die Gemeinsamkeiten? Viele Paare versuchen auf der Verhaltensebene die Unterschiede zu betonen, wobei diese Unterschiede als störend, auffällig, unbefriedigend wahrgenommen werden. Das kognitive Muster dieser Wahrnehmungsweise lautet: Unterschiede sollen nicht sein! Gut ist nur, was wir gemeinsam wollen! Dahinter steht meist ein ersehntes und nie erreichtes Modell von Gemeinsamkeit, Harmonie und Symbiose. Für diese Paare ist es oft einfacher, sich heftig und häufig zu streiten, anzugreifen, herabzusetzen, als einen Unterschied wirklich zu akzeptieren, zuzulassen und zu genießen.

7. Merken Sie, dass die Frage paradox war? In einer Partnerschaft kann niemand etwas unabhängig vom anderen wollen. Stellen Sie sich vor, es könnte ein Begehren ohne Interaktionspartner geben, ohne dass jemand oder etwas das zensieren würde. Das fällt meist schwer, da wir gelernt haben, dass gegenseitige Rücksichtnahme und Einverständnis bedeutsam sind (und das ist ja auch der Grund der problematischen Rücksichtssexualität). Aus diesem Grund werden die geheimen Wünsche und Fantasien meist verschwiegen. Sie würden außerdem verletzlich machen oder den anderen kränken. Trotzdem kann es für Einzelklienten und für Paare sehr belebend sein, wenn das Gebot der »erotischen Gemeinsamkeit« durch diesen »Egoismus-Faktor« zumindest in der Fantasie gestört wird. Als Berater sollte man jedoch aufpassen, dass man sich nicht zu sehr als Voyeur oder Anwalt einer Ent-Zweisamkeit engagiert.

8. Das Verstehen, Deuten und Einfühlen in die Probleme von Paaren führt zu keiner Veränderungswirksamkeit. Veränderungen finden meist erst statt, wenn die Paare sich auf tatsächliche Verhaltensabsprachen untereinander einzulassen bereit sind.

Lösungsvorschläge zu den Falldarstellungen 10–12

Falldarstellung 10: Arzthelferin wird gemobbt (s. S. 250ff.)

1.-4. Hier sind Ihre Eindrücke, Vorlieben und Meinungen gefragt.

5. Viele Soldaten konnten die grauenhaften Erlebnisse des Krieges nur schlecht verkraften. Viele waren nicht nur Opfer, sondern wurden auch zu Tätern und mussten den Schmerz, die Angst, die Schuld, die Trauer verborgen in sich tragen. Einige Soldaten hatten nicht die seelischen Möglichkeiten, auf unauffällige Weise (sozial akzeptiert) mit dem Erlebten fertig zu werden. Diese hatten dann Symptome eines so genannten posttraumatischen Belastungssyndroms. Früher nannte man das Kriegsneurose, da man es noch nicht besser wusste. Wer daran erkrankte, galt als psychisch gestört und labil. Da bekannt war, dass einige psychische Erkrankungen familiär gehäuft auftreten, war die Schlussfolgerung, dass die Familie der Klientin zu psychischen Krankheiten neige, konsequent. Heute würde man dies sicher anders interpretieren und eine solche Erkrankung nicht, wie der Hausarzt es möglicherweise getan hat, der Familie hypnotisch verordnen.

6. Diese Frage ist hypothetisch. Immer könnte alles irgendwie mit irgendetwas zusammenhängen. Sinnvoller wären die Fragen: Gibt es einen direkten monokausalen Zusammenhang (eine Ursache führt zu einer Wirkung), ist ein ursächlicher Zusam-

menhang sehr wahrscheinlich, wahrscheinlich, weniger wahrscheinlich, eher unwahrscheinlich ...? Auch hier kommt es wieder darauf an, welche Werte, Glaubenssätze, Wahrnehmungsverzerrungen wir persönlich haben. Danach werden wir selektiv Informationen sammeln, die unsere »objektiven« Anschauungen als Coach bestätigen werden.

7. Eine Index-Person war sicher die Tante, die sich suizidiert hat. Eine andere Index-Person ist die Klientin, die als psychisch labil oder sogar als psychotisch gilt.

8. Auch hier schläft der Bruder (stellvertretend für den verstorbenen Opa?) im Zimmer der Oma. Die Familie macht gemeinsame Friedhofsbesuche zum Gedenken an den Verstorbenen, was ein sinnvolles Trauerritual zu sein scheint.

9. Siechtum und Tod der Mutter, plötzlicher Tod des Vaters, Bürde eines schweren Nervenleidens von Geburt an, Verlust einer wichtigen Bezugsperson (Tante in den USA), Suizid der Tante, eigene Krebserkrankung. Jeder Mensch geht mit solchen Schicksalsschlägen anders um. Daher können Sie nicht wissen, ob diese Schicksalsschläge die Auslöser für ihre Probleme sind. Andersherum ist es aber sehr wahrscheinlich, dass Sie der Klientin helfen können, indem Sie auf die Gefühle und Gedanken, die mit diesen Schicksalsschlägen verknüpft sind (Trauer, Angst, Unerledigtes), eingehen und ihr helfen, diese nochmals zu verarbeiten und zu integrieren.

10. Die Interpretation liegt nahe, dass die Wahl eines helfenden Berufs darauf hinweist, dass alte Verletzungen oder Krankheiten damit symbolisch geheilt werden sollen. In der Familie der Klientin gab es viel Leid, welches auch Heilung bedarf. Etwa 1970 war es durchaus üblich, alle Menschen in helfenden Berufen zu diskreditieren, indem man ihnen vorwarf, eigene unreife seelische Prozesse durch ein so genanntes Helfersyndrom heilen zu wollen. Diese Entstellung respektabler Motive hat sich mittlerweile wieder etwas gelegt. Studien an gesunden kleinen Kindern haben außerdem gezeigt, dass es ein grundlegendes Bedürfnis unserer Spezies ist, anderen helfen zu wollen. Es handelt sich daher nicht in jedem Falle um eine neurotische Motivation, sondern um den Ausdruck normaler menschlicher Bestrebungen. Trotzdem ist wahrscheinlich, dass die Klientin unbewusst auch sich und ihre Familie heilen wollte.

11. und 12. Wer einmal mit den Gedanken der Psychoanalyse kontaminiert ist, der spekuliert, ob es sich um eine Übertragung handeln könnte. Wie sollte man diese deuten? Will die Klientin damit sagen, sie wolle nicht schon wieder falsch beraten werden? Warnt sie davor, an eine falsche (seelische) Stelle zu pieksen? Handelt es sich um eine unbewusste sexuelle Anspielung (Schwellung: dicker Bauch, Schwangerschaft; Nadel: Penis)? Hängt ihr etwas zum Hals heraus und wünscht sie sich, dass jemand das endlich richtig erkennt und zum Platzen bringt? Wünscht sie sich unbewusst, das neue Glück ihrer Schwester zum Platzen zu bringen? Hätte sie gerne einen anderen Mann gehabt, der sie vielleicht auch schwanger gemacht hätte? Und so weiter. – Sie sehen, wie fantasievoll solche Überlegungen sein können. Es geht jedoch nicht darum, in einer dieser Deutungen eine ursächliche Wahrheit zu finden. Im Coaching wäre es unangebracht, einen Klienten mit einer solchen Deutung überfallsartig zu konfrontieren. Sie sollten diese Fantasien vorerst nutzen, um den eigenen Zeigefinger zu nehmen, auf sich selbst zu richten und nach innen die Frage zu stellen: »Was sagt das eigentlich über mich aus?«

13. War sie froh, aus dem Elternhaus ausziehen zu können? Flucht in die Ehe?

14. Die Klientin habe angeblich einen Verfolgungswahn. Sie äußert unter anderem, dass die Kolleginnen ihr bestimmte Tätigkeiten in der Praxis ausspannen wollten. Sie wird aber gleichermaßen von einem mächtigen familiären Mythos »verfolgt«. Oder ist diese Sichtweise übertrieben?

15. Häufig benutzen die Klienten im Gespräch über psychologische oder soziale Probleme Formulierungen, die einen direk-

ten Rückschluss auf einen Niederschlag dieser Probleme im Körperlichen zulassen:

> Ich werde verfolgt. ⇒ Mein Rücken ist nicht frei. ⇒ Ich habe fürchterliche Rückenschmerzen.

Diese hilfreiche Sichtweise kann jedoch auch grotesk überstrapaziert werden, wenn alle körperlichen Beschwerden auf ein einzelnes psychisches Problem zurückgeführt werden.
16. Hier müssen wir spekulieren. Ich habe die Fantasie, dass wenig über Gefühle geredet wurde.
17. War der Vater hager? War es lediglich eine Vorliebe, der Wunsch, selber dünn zu sein, verwirklicht im Partner, oder der Wunsch, mit dem eigenen Dicksein nicht durch das Dicksein eines Partners konfrontiert zu werden ...? Wieder viel Raum für Spekulationen.
18. Die Klientin sagte, ihr Mann höre kaum zu, es fänden keine richtigen Gespräche statt, er stehe eher auf der Seite der Schwiegermutter, es gebe keine Kinder. Somit gibt es viele Themen, die zu Konflikten führen dürften.
19. Beispielsweise Freundschaften (Freundinnen), Partnerschaft, Trauer, Schuld, Zuweisungen und Prophezeiungen, familiäre Bürden.

Falldarstellung 11: Entscheidungsschwache Büroleiterin (s. S. 255 ff.)

1. *Zum Abgrenzen:* Zahlreiche biografische Informationen weisen darauf hin, dass die Klientin sich unentwegt dienstbar macht, helfen muss, geben muss, für andere da sein muss. Vermutlich kann sie sich kaum abgrenzen, und es könnte ebenso für ihre Kinder schwer sein, sich von ihr auf normale Weise abzugrenzen. Hinzu kommt, dass sich »abzugrenzen« en vogue ist und als Bestandteil übergeordneter Ziele von vielen Beratern gerne gewählt wird. Es wäre interessant zu erfahren, was Klientin und Berater unter diesem Begriff genau verstehen.

Vermutlich werden Sie die Erfahrung machen, dass Sie anfangs häufig auf solche Worthülsen zurückgreifen. Das ist durchaus hilfreich und sinnvoll. Von Zeit zu Zeit sollten Sie sich dann zurücklehnen und über den Sinn Ihrer Begriffe nachdenken (oder mit Kolleginnen und Kollegen darüber diskutieren).
Zur Entscheidungsunfähigkeit: Oft hilft es, wenn die umgedeutete Klage (Reframing) als Ziel definiert wird. Dies macht deutlich, dass hinter der Klage (dem Mangel, dem Nichtfunktionieren) eine tiefere Bedeutung steht und dass es wichtig und sinnvoll ist, diese wahrzunehmen, anzuerkennen und zu einer Änderung des Lebens zu nutzen.
2. In der psychologischen Lebensberatung können Sie sich nur auf wenige Probleme dieser Klientin beschränken. Da die angesprochenen Themen jedoch biografisch und psychisch alle miteinander verwoben sind, kann es eine solche künstliche Trennung eigentlich nicht geben. Gelegentlich werden Sie daher vor der Wahl stehen: Soll ich bestimmte Themen ausblenden und in Kauf nehmen, dass ich dann nicht einmal mehr den halben Menschen vor mir sehe? Dies ist im Coaching jedoch durchaus üblich! Die meisten Kolleginnen und Kollegen werden das brüsk von sich weisen (da es gegen ganzheitliche Ideale verstößt) und werden andere Methoden und Interventionen anwenden, »die es den Klienten erlauben, ihre Probleme trotzdem selbst zu lösen, ohne dass der Coach diese direkt ansprechen muss«. Sobald wir jedoch von einem Problem wissen, werden wir unweigerlich den Klienten darauf ansprechen. Schließlich sind Klient und Berater in ein kommunikatives Feld von unglaublicher Empfindlichkeit und Feinheit eingespannt und werden durch (unbewusste, vorbewusste und bewusste) Übertragungen und Gegenübertragungen unweigerlich starken Einfluss aufeinander nehmen. Es wäre naiv, wenn man das von sich weisen wollte.
3. Der Schwager beging eine schwere sexuelle Grenzübertretung, indem er eine Min-

derjährige (die Klientin) verführte, missbrauchte und vergewaltigte. Er wehrte vermutlich seine eigenen Schuldgefühle und Ängste sowie seine innere Stimme der Moral (tadelndes und strafendes Über-Ich) ab, indem er der Klientin sagte und auf vielfältige Weise zeigte, dass sie die Täterin, die Verdorbene und Schuldige sei (die Verführerin, die, die es gewollt hat). Diese »Täteranteile« führen in der Klientin nun ein Eigenleben.

Es gibt auch andere Ideen zum Begriff des Introjekts: In einer traumatisierenden Situation können Menschen ihre Ich-Grenze öffnen und sich mit inneren Teilen des Täters identifizieren. Dann müssen sie während der Tat nicht den Schmerz oder die Vernichtungsangst als Opfer empfinden, sondern können sich stabilisieren, indem sie teilweise auch selbst bestimmende Täter der Tat an sich selbst sind. Nach dem schlimmen Ereignis bleibt auch in dieser Vorstellung ein Teil der Täteridentifikation im Klienten. Hinzu kommt noch das Schuldgefühl, dem Täter selbst die Tür (die Ich-Grenze) geöffnet zu haben.

4. Als Kind hat sie möglicherweise für das Scheitern der elterlichen Ehe Schuld empfunden. Kinder denken auf diese magische Weise: »Was habe ich falsch gemacht, wie habe ich bewirkt, dass Mami und Papi sich trennen müssen?« Aus den Wutausbrüchen des alkoholkranken Vaters und aus der Drohung der Mutter, bei Gewaltanwendung die Familie zu verlassen, kannte sie die existenzielle Bedrohung, verlassen zu werden. Als Kind konnte sie mit den genannten Situationen nicht adäquat umgehen und fühlte sich verpflichtet, durch ihr Verhalten den Bestand der Familie zu sichern.

5. War das der symbolische Versuch, den Vater wieder aufzunehmen, ihn zu umsorgen und zu heilen? Darf keine Bindung zu einem Mann dauerhaft sein, weil dies ein Verrat am geliebten Vater wäre? Trinkt sie Alkohol, da der Vater es ebenfalls getan hat? Die Ätiologie (= Lehre von den Ursachen einer Erkrankung) des Alkoholismus oder anderer Suchtverhalten ist jedoch so komplex, dass wir auf diese Interpretation nicht näher eingehen. Sie ist sicher viel zu knapp und zu pauschal – trotzdem dürfte etwas Wahrheit darin liegen.

6. Kinder haben oft Mitleid mit dem schwachen oder kranken Elternteil, der zurückbleibt. Trotz der Wutausbrüche und der körperlichen Gewaltanwendung wirkte der Vater vermutlich »zerbrochen«. Die Mutter, die aus Sicht eines Erwachsenen richtig gehandelt haben dürfte, wird in den Augen eines Kindes aber zu derjenigen, die die Familie zerstört und den (geliebten!) Vater im Stich gelassen hat. So können unbewusst Wut und Hass gegenüber der Mutter entstehen, die bewusst nicht wahrgenommen und ausgelebt werden dürfen. Dies würde nämlich wieder die massive Angst auslösen, verlassen und ausgestoßen zu werden.

7. Es ist gut möglich, dass die Klientin mit subtilen Mitteln ihre Kinder an sich gebunden hat. Obwohl auch sie »den Zerfall einer Ehe« in neuer Auflage inszeniert hat, dürfte es ihr Bestreben gewesen sein, eine starke Bindung und Verlässlichkeit zu erzeugen (aus Angst vor dem Verlassenwerden). Eigentlich wollte sie nicht eine so schlechte Ehefrau werden wie die Mutter, die den Mann verließ.

8. Siehe 5.–7.

9. Die Schwester verließ die Familie, was – aus der kindlichen Sicht der Klientin – zur Destabilisierung und letztendlich zum Scheitern der Elternehe führte. Gab es eine Rivalität zwischen den Schwestern? Als die Schwester schwanger war, hatte die Klientin den unbewussten Wunsch, sich als ebenso begehrenswerte und fruchtbare Frau zu fühlen? Wollte sie beweisen, dass sie begehrenswerter ist als die Schwester? Wollte sie die Schwester von ihrem Thron oder hohen Ross hinunterstoßen? Nach der »Verführung« spürte die Klientin vornehmlich eine Beschämung, Beschmutzung und Schuld. Sie hatte sicher angenommen, dass die Schwester sie für ihr »Vergehen« strafen und ausstoßen würde. Hier könnte auch über die Schwester spekuliert werden: Warum ist es

dieser leichter gefallen, im Nachhinein ihre Schwester der Verführung anzuklagen, statt sich damit auseinander zu setzen, dass ihr Mann ihre minderjährige Schwester verführt und missbraucht hat?

10. Schulden, Probleme am Arbeitsplatz, sehr verletzende Kontaktabbrüche, »krallende« eigene Mutter, Ex-Mann, von dem sie sich nicht abgrenzen kann, neue Verehrer, ungeklärtes Verhältnis zur Schwester, einen Sexualstraftäter als Schwager, ein posttraumatisches Belastungssyndrom durch Missbrauch und Flugzeugabsturz, Schuldgefühle gegenüber einer Freundin (die mit im Flugzeug war) und vieles mehr.

11. *Magisch-mythisch:* Menschen befinden sich in einem generationenübergreifenden Energiefeld, in das jedes Mitglied einer Sippe eingebunden ist und von dem jedes Mitglied über Zeit und Entfernung hinweg ergriffen wird, um für einen energetischen Ausgleich zu sorgen. Auch das Konzept des kollektiven Unbewussten von C.G. Jung enthält übrigens starke Elemente magisch-mythischer Sichtweise (andere sagen, es sei ganzheitlich, integrativ, esoterisch, spirituell ...).
Rational-wissenschaftlich: Sozialisation, familiäre Lernerfahrungen, Tradierung von Werten, Normen, Einstellungen führen dazu, dass bestimmte Variablen (Unbewusstes, Verhaltensweisen, familiäre Szenen und einiges mehr) über Generationen hinweg in Erscheinung treten.

12. Fragen dieser Art führen dazu, dass Sie zwangsläufig eigene Projektionen und Gegenübertragungen formulieren müssen. Diese entsprechen oft nicht der subjektiven oder historischen Wahrheit der Klienten. Es ist jedoch wichtig, auf solche Fragen trotzdem einzugehen, da sie uns zeigen, welche unbewussten Annahmen und Spekulationen wir über unsere Klienten in uns tragen.

13. Erinnern Sie sich an die Szene mit dem Schwager? Er versprach Nähe. Dies führte schließlich zu Beschmutzung und Erniedrigung. Andere Gründe haben wir bereits in den Antworten zu den früheren Fragen genannt.

14. Wieder eine Übertragung? Verwirrung, eine Situation nicht überblicken und beherrschen zu können, darin nicht mehr atmen zu können?

15. Viele Coaches überschätzen ihre Kompetenzen, indem sie glauben, den problembehafteten unbewussten Inszenierungen der Klienten widerstehen zu können. Diese Haltung einer »omnipotenten narzisstischen Allmacht« führt dazu, dass einige Berater glauben, nur das von sich zu zeigen, was sie sowieso zeigen wollten, was gerade hilfreich ist, was sinnvoll ist ... In Wahrheit aber sind sie bereits Teil einer Inszenierung geworden, in der sich unbewusste Problemanteile von Klient und Berater treffen. Damit möchten wir nicht sagen, dass Sie eine wahrhaftige seelische Berührung mit Ihren Klienten vermeiden sollten. Sie sollten jedoch wissen, dass Sie sich vielleicht auf ein Spiel eingelassen haben (geeinigt haben), das die Klienten bereits gut kennen. Dieses Spiel hat sie bisher jedoch nicht weitergebracht, sonst wären die Klienten nicht bei Ihnen.

Falldarstellung 12: Ein Sohn mit ADHS (s. S. 260ff.)

Sie finden hier keine »Musterlösungen«. Die meisten Antworten werden Ihnen nach dem Lesen des Buchabschnittes leicht fallen. Zu den Fragen, die häufiger auf Unverständnis stoßen, geben wir Ihnen im Folgenden einige Stichworte, die bei der Beantwortung der Fragen hilfreich sein können:

- Wir suchen als Berater oder Beraterinnen nicht eine objektive historische Wahrheit, sondern versuchen die Geschichten der Klienten und ihre subjektiven Wahrheiten zu verstehen.
- Eine Frage verweist auf das Phänomen der paradoxen Kommunikation (double bind), welches von Gregory Bateson beschrieben wurde.
- Probleme im Zusammenhang mit der Herkunfts- oder Primärfamilie werden

von vielen Klienten so erzählt als spielten Personen aus der neuen Kernfamilie nur eine untergeordnete (oder keine) Rolle darin: Wer nicht zur primären Familie gehört, stört die Privatheit des gestörten Familiensystems und hat innerhalb dieser familären Grenzen auch keine Macht. Darauf gehen wir in einem späteren Kapitel über Gewalt in Familien noch ausführlicher ein (s. S. 441).
- Viele Klienten fühlen sich stark an die primäre Familie gebunden; selbst dann, wenn es ihnen nicht gut tut. Diese starke Bindung und das damit einhergehende Verpflichtungsgefühl wird auch als archaische Form oder Urform der Loyaliät bezeichnet (s. S. 441).
- Sehr viele ADHS-Diagnosen sind wahrscheinlich nicht zutreffend: Einige Eltern und einige Behandler gehen manchmal eine unbewusste Allianz ein, die dazu führt, die Symptome eines Kindes in dieser Form zu klassifizieren und erklärbar zu machen. Würde nach anderen Erklärungen gesucht werden, könnte das den Eltern Angst machen (sich selbst in ihrer Funktion im Familiensystem zu hinterfragen), und die kompetenten und schnellen Tabletten-Helfer wären plötzlich keine Retter mehr – sondern hätten die beschwerliche und undankbare Aufgabe, mit aggressiven Widerstandsängsten des Systems konfrontiert zu werden.
- Viele Störungen, die Kinder aufweisen, dienen einer Systemstabilisierung: Die Kinder sind dann Symptomträger oder auch Index-Patienten und verkörpern oder agieren auf symbolische Weise das Problem im System. Fällt der Symptomträger in seiner Funktion aus, wird das System instabil. Oft schützt sich das System dann vor allzu großer Veränderung, indem eine andere Person (mit einer anderen »Krankheit«) sich als neue Index-Person zur Verfügung stellt.

> Wir möchten Sie nochmals dazu anregen, mit dem Beratungsnetzwerk des DAK e.V. Kontakt aufzunehmen und sich auch dort über Schulungs- und Trainingsmaßnahmen zu informieren. Auch das Team.F führt Familien-, Erziehungs- und Kinderseminare durch (s. S. 241).

Teil 5
Gesundheit, Karriere und Team

Gesundheitsstörungen im Coaching

Vom Sport-Trainer zum Berater

Das englische Wort »Coach« bedeutet ursprünglich *Kutsche*. Eine weitere Bedeutung war *Einpauker* oder *Privatlehrer*. »Coaching« heißt ursprünglich *das Reisen in einer Kutsche* oder später auch *der Nachhilfeunterricht*. Aus dem amerikanischen College-Slang einwickelten sich später die heute gebräuchlichen Bedeutungen des Wortes. Im modernen Amerikanischen bezeichnet *Coach* einen Teamtrainer im Baseball, Football oder in anderen Mannschaftssportarten. Dabei nehmen der Körper und die mentale Verfassung eine zentrale Stellung ein: Der *Coach* betreut einen Sportler oder eine Mannschaft, koordiniert deren Training, er motiviert, führt und fördert, nimmt Einfluss auf die Ernährung, und er berät bei der Bewältigung von Studium, Beruf und Privatleben. Er stärkt den Siegeswillen, die positiven Grundeinstellungen und den Teamgeist. Der Coach als Kutscher ist auch in Amerika bereits in Vergessenheit geraten. In den englischsprachigen Ländern ist ein Coach meist ein Trainer und Betreuer; seltener ist mit dem Wort der Berater gemeint. Wenn sich die Bedeutung nicht klar aus dem Zusammenhang ergibt, wird meist eine Erklärung mitgeliefert: »*Psychology Coach*« oder »*Business Coach*«. An der University of Sydney gibt es beispielsweise das Fach *Coaching Psychology*, in dem die tatsächlichen Auswirkungen und Prinzipien des Coaching wissenschaftlich erforscht werden sollen.

Für die deutsche Bedeutung des Wortes wird in englischsprachigen Ländern entweder *business coach* oder *executive coach* (Coach in der Wirtschaft, Management-Coach, Führungskräfte-Coach) oder *personal coach*, *life coach*, *counseler/counseller* (psychologischer Berater, Personal Coach, Life-Coach. Counselling überlappt sich allerdings oft mit Psychotherapie) benutzt.

Im deutschen Gebrauch des Wortes *Coaching* ist meist die Beratung gemeint, wie wir sie in diesem Buch besprechen: Die Effektivität und Leistungsfähigkeit des Cochee in der Wirtschaft steht dabei meist im Vordergrund. Wer von anderen Coaching-Formen redet, sollte diese näher eingrenzen, beispielsweise als »Personal Coaching«. Damit ist nicht Personalberatung gemeint. »Personal« wird englisch ausgesprochen: Personal Coaching legt mehr Gewicht auf eine Work-Life-Balance, arbeitet intensiver an persönlichen und privaten Themen und gerät daher leichter an die Grenze zur Psychotherapie. Aus diesem Grunde nennen sich viele Personal Coaches auch »psychologische Berater«.

Das Wort Coaching wird gern verwässert oder tautologisch verwandt: Tarot-Coaching, Wohnungs-Coach, Money-Coach, Einkaufs-Coach, Arbeits-Vermittlungs-Coach, Farbberatungs-Coach und vieles mehr. Auch Vorgesetzte sehen sich gern als Coach ihrer Mitarbeiter: Sie führen, fördern und motivieren. Das Wort genießt bei Laien ein gutes Image, und so ist es verständlich, dass sich viele mit dem Wort schmücken möchten. Personalentwickler und Führungspersonen aus der Wirtschaft aber kann man mit dem Wort »Coach« nicht mehr blenden. Diese Profis bekommen täglich Werbeinformationen von Coaches jeder Art und können daher realistisch einschätzen, was sich hinter dieser englischsprachigen Tätigkeitsbezeichnung alles tummelt.

Einen Gesundheits-Coach gibt es mittlerweile ebenfalls. Die Gesundheit ist einer unserer zentralsten Lebensbereiche – daher können wir sie nicht außer Acht lassen. Der Körper spielt in den meisten Coaching-Lehrbüchern und Zeitschriftenartikeln im

Business nur eine Nebenrolle. Ebenso ist es mit der Liebe, der Hoffnung, dem Glauben, den Träumen und unseren inneren Bildern. Die Vorstellung vom *Coaching* oder der psychologischen Lebensberatung wandelt sich jedoch langsam: Sie wird offener für andere Begriffe neben den bisherigen Schlagwörtern *Motivation, Präsentation, Effektivität und Führungsfähigkeit*. Dieser *Paradigmenwechsel* ist auch in anderen Gesellschaftswissenschaften spürbar: Grenzen verschieben sich, Systeme werden offener und flexibler, alte Lehrmeinungen werden verändert und erweitert ...

Die Erfahrungen der letzten Jahrzehnte haben gezeigt, dass erfolgreiche Manager häufig geschieden sind, häufig erkranken und in einer Unausgewogenheit ihrer verschiedenen Lebensbereiche verharren. Aus diesen Gründen suchen viele moderne Manager vermehrt nach *Balance* und nach umfassenderen Beratungskonzepten, als sie das bisherige *Leistungs- und Motivations-Coaching* zu bieten hatte.

Was darf der Coach mit dem Körper machen?

Eigentlich wenig: Einem Lebensberater oder Coach ist es nicht erlaubt, auf den Körper eines Klienten Einfluss zu nehmen, mit dem Ziel zu heilen oder eine Krankheit zu lindern; er darf auch keine Linderung oder Heilung versprechen. Aus diesem Grunde sollten Sie sich darauf einstellen, dass die Themen Gesundheit und Krankheit aus rechtlichen Gründen nur in einem eng begrenzten Rahmen in das Coaching einfließen. Gesundheitsförderung wird heute oft *Wellness(beratung)* genannt. Das liegt im Trend und ist daher durchaus Coaching-Thema; die Heilung oder Linderung von Krankheit jedoch ist den Ärzten vorbehalten. Im Coaching kann Ihnen das Thema Körper und Gesundheit auf verschiedene Weisen begegnen:

- Manche Klienten leiden an schweren Krankheiten, möchten aber lernen, sich davon nicht unterkriegen zu lassen. Sie möchten positive Kräfte in sich entwickeln oder die Freude an anderen Bereichen des Lebens wahren. Viele von ihnen tragen negative Glaubenssätze oder Suggestionen in sich.
- Stress und Arbeitsbelastung werden bewusst als Ursache einer Krankheit erlebt, an der Ihr Klient leidet. Der Wunsch an den Coach ist dann meist, den Stress mit mentalen Tricks zu reduzieren oder die Arbeit neu und Zeit sparend zu organisieren.
- Einige Klienten haben körperliche Missempfindungen oder krankhafte Störungen, die offensichtlich ein körperlicher Ausdruck starker intrapsychischer oder interpersoneller Konflikte sind (Somatisierung). Die Klienten bevorzugen es aber, für die körperlichen Störungen eine ausschließlich körperliche Ursache anzunehmen, und weigern sich, mögliche andere Aspekte in der Genese der Störungen zu besprechen.
- Andere Klienten möchten eifrig und kooperativ alle möglichen Themen oder Lebensbereiche im Coaching bearbeiten. Nur die Gesundheit soll ausgeklammert werden. Vor Ihnen sitzt dann meist ein Klient, bei dem die Gesundheit und das Verhältnis zum Körper gestört sind: Übergewicht, Zigarettensucht, Alkoholsucht, Magengeschwür, Bluthochdruck und vieles mehr. Hierzu wird aber keine Coaching-Intervention gewünscht, denn dies sei ausschließlich
    - »*Sache des Arztes*« (das sei eine Krankheit, weshalb man dafür keine Verantwortung mehr trage, das sollen andere professionell richten, während man selbst so weitermacht wie bisher) oder
    - »*das sei doch nicht so schlimm*« (Bagatelle) oder
    - der Klient ist unfähig, ein körperliches Problem bewusst wahrzunehmen (Verleugnung).

> **Übungsfragen**
>
> Bitte überprüfen Sie selbst Ihr Gesundheitsprogramm. Die folgenden Fragen sollen Sie darauf einstimmen.
>
> - Rauchen Sie?
> - Wie viel Alkohol trinken Sie? Sind Sie übergewichtig?
> - Wie häufig sind Sie krank?
> - Wie viel Sport treiben Sie? Wie viel Bewegung haben Sie?
> - Schlafen Sie genug?
> - Haben Sie ausreichend lange Phasen der Erholung und Entspannung?
> - Welche Zivilisationskrankheiten haben Sie (inklusive Karies)?
> - Was nehmen Sie ein zum Wachwerden oder zur Leistungssteigerung? Was nehmen Sie zum Trösten zu sich?
> - Welche Medikamente müssen Sie einnehmen?
> - Was sind Ihre »guten Gründe«, an den negativen Seiten Ihres Gesundungsprogramms festzuhalten?
> - Wie sieht Ihr persönliches Gesundheitsprogramm aus?
> - Was tun Sie, um gesund, schön, widerstandsfähig, leistungsfähig und ausgeglichen zu sein?

Negative Krankheitsprognosen

Als psychologischer Berater oder Personal Coach betreten Sie bei jeder Gesundheitsberatung eine gesetzliche Grauzone. Lediglich Ärzten und Heilpraktikern ist es gesetzlich erlaubt zu heilen. Die gesetzlichen Grundlagen hierzu werden auf Seite 578f. erklärt.

Ärzte heilen oft allein durch ihre Worte (selbst wenn sie es im Einzelfall nicht geplant haben). Leider kann es aber dem besten Arzt passieren, dass er in einem unbedachten Moment etwas sagt oder durch seine Mimik andeutet, das von Patienten einseitig oder falsch verstanden wird. In solchen Fällen wird dann offensichtlich, dass die Kraft der Worte nicht nur segensreich, sondern durchaus auch gefährlich sein kann. Wir zeigen Ihnen nun fünf Beispiele, in denen sich die Aussagen eines Arztes negativ auf die Patienten auswirkten. Wir möchten Sie durch diese Beispiele darauf hinweisen, dass in Einzelfällen selbst medizinischen Experten Fehler in ihrer Wortwahl unterlaufen. Aus diesem Grunde sollten Sie sich als medizinischer Laie unbedingt davor hüten, Krankheiten durch Ihre Interventionen heilen oder bessern zu wollen. Die folgenden Negativbeispiele zeigen, wie Patienten die Aussagen von Ärzten verinnerlichen können. Im übertragenen Sinne gilt dies für alle Aussagen, die Klienten von Coaches erhalten.

Ein Greisenherz: Die 30-jährige Marion L. hat einen Gutschein für einen Tauchkurs gewonnen. Vorher sucht sie ihren Arzt auf, um sich der vorgeschriebenen tauchärztlichen Untersuchung zu unterziehen. Dieser ist nach der Untersuchung erstaunt: »Sie haben das Herz einer 80-jährigen alten Frau. Nur eine Transplantation kann Sie jetzt noch retten!« Solche Vergleiche haben große Macht. Marion erzählt seitdem überall, wie alt ihr Herz ist, und sie malt sich ihre Lebenserwartung dementsprechend aus.

Metastasen in der Lunge: Huber P. ist 62. Er hatte vor drei Jahren Prostata-Krebs. Als in seiner Lunge nun überall »Rundherde und Schatten« auftraten, gingen seine Ärzte davon aus, dass es sich um Metastasen handele: »Regeln Sie Ihre Angelegenheiten. Es kann sich nur noch um Monate handeln«, sagte ihm der Facharzt. Dem Patienten ging es immer schlechter. Herr P. gab sich auf, seine Ärzte schienen Recht zu haben. – Erst nach Monaten stellten andere Ärzte zufällig fest, dass er eine seltene allergische Lungenerkrankung hatte (BOOP). Diese hatte die Schatten auf der Lunge verursacht. Es waren gar keine Metastasen. Nach einer intensiven Kortisontherapie ging es ihm schnell besser. Jetzt ist er wieder wohlauf.

Der Zauberstab: Bernie S. Siegel, ein amerikanischer Chirurg und Kinderarzt, berichtet in seinem Buch »Mit der Seele heilen« (2002) von einem Kollegen, der bei schwer erkrankten Patienten im Erstgespräch einen Stab aus seiner Schreibtischschublade holt und den Patienten mit einem unterdrückten Grinsen sinngemäß eröffnet: »Jetzt kann Ihnen nur noch das hier helfen – das ist ein Zauberstab! Alles andere ist sinnlos.« Dieser Arzt verleugnete seine eigene Angst vor der Vergänglichkeit und wehrte sie in dieser sarkastischen Form ab.

Hirnschwäche: Kirsten L. ist 13 Jahre alt. Sie wird vom Neurologen zum Radiologen geschickt: Der soll ihr Gehirn untersuchen, wegen einer »Hirnleistungsschwäche«, die vor vier Monaten in Form sehr schlechter Schulergebnisse aufgetreten sei. Der Neurologe hatte die Hirnströme gemessen und Kirsten gesagt, er wäre besorgt, da sie »die Hirnströme eines achtjährigen Mädchens« habe und er daher eine ernste Erkrankung oder Entwicklungsverzögerung vermute. Die Mutter der Patientin ist sehr besorgt, da Kirsten in der Schule schlechter geworden ist. Auf die Nachfragen des Radiologen stellt sich heraus, dass Kirsten vor vier Monaten anonyme Anrufe erhalten habe, in denen ihr Mord und Vergewaltigung angedroht worden seien. Das Gehirn der jungen Patientin war völlig normal: Die veränderten Hirnströme waren Ausdruck großer Angst, die man Kirsten aber auf den ersten Blick nicht anmerkte. Auch die Sorge der Mutter wegen der schlechteren Schulergebnisse lenkt vom eigentlichen Problem ab. Erst viel später stellte sich heraus, dass es keine anonymen Anrufe gegeben hat, sondern dass der neue Lebenspartner der Mutter Kirsten missbrauchte. Die Mutter sah zwar Hinweise darauf, hatte diese aber verleugnet.

Wer Krebs bekommt, hat selbst Schuld: Susanne K. ist 47 Jahre alt. Bei der Untersuchung ihrer Brüste tastet der Frauenarzt einen Knoten. Weitere Untersuchungen zeigen, dass es sich um einen Krebs handelt, den sie vielleicht schon selbst hätte tasten können. »Wären Sie früher zu mir gekommen, hätte ich vielleicht noch helfen können. Sie haben ja selbst Schuld, da Sie das verleugnet haben!« Dieser Arzt kennt zumindest die seelischen Prozesse des Verleugnens oder Verdrängens. Er spricht der Patientin aber mit seinem seelenkundlichen Halbwissen Schuld zu und verschlechtert damit möglicherweise ihre Heilungschancen.

Mit diesen Negativbeispielen möchten wir nicht den Eindruck erwecken, dass Ärzte sarkastisch sind oder durch ihre Kommunikation bestehende Krankheiten verschlimmern. Das Gegenteil ist der Fall: In den meisten Gesprächen erfahren Patienten Trost, Hoffnung, Rat, Aufklärung, Linderung und Unterstützung! Wir wollten Ihnen mit den Negativbeispielen verdeutlichen, dass jedes Wort und jede Erklärung eines idealisierten und verklärt wahrgenommenen Experten eine hypnotische Wirkung entfalten kann; sowohl im Guten als auch im Schlechten.

> **Übung**
>
> Welche Annahmen, Wertvorstellungen, Prognosen wurden Ihnen von Respektspersonen oder Experten vermittelt? Machen Sie sich eine Liste von diesen Sichtweisen, die irgendwo noch machtvoll in Ihnen schlummern, und überlegen Sie, wie Sie heute dazu stehen.

Ärzte – Experten auf dem Gebiet der Vorbeugung und Heilung?

Es gibt sehr viele Ärzte, die ein ausgewogenes Wissen um das Zusammenspiel seelischer und sozialer Prozesse und körperlicher Beschwerden haben. Viele bilden sich, in den wenigen Stunden, die ihnen nach der Arbeit noch bleiben, auf diesem Gebiet fort, indem sie spezielle Kurse und so genannte Balint-Gruppen besuchen. Außerdem gibt es einen eigenen medizinischen Fachbereich, der sich damit beschäftigt: Die so genannte *Psychosomatik (Psyche = Geist; Soma = Körper)*.

Der größte Teil der Patienten trifft aber mit seinen Problemen auch heute noch auf Ärzte, denen die Möglichkeiten fehlen, in ausreichendem Maße auf die vielfältigen Lebensumstände ihrer Patienten einzugehen: In unserem Gesundheitssystem wird Krankheit Zeit sparend und effektiv behandelt. Die Gesunderhaltung, Wellness und die sozialen und psychischen Begleitgründe für Krankheit können nur oberflächlich besprochen werden, da dies in unserem Medizinsystem nicht vorgesehen ist. Die Ärzte können das aus Zeitgründen (noch) nicht leisten, und die meisten Patienten sind so »erzogen«, dass sie das auch gar nicht wünschen.

Wie können Sie kranken Klienten helfen?

In der Beratung solcher Klienten geht es nicht darum, gemeinsam über den Arzt zu schimpfen, der angeblich nur Körperliches behandelt oder der schlecht behandelt. Für die Klienten ist es meist sehr heilsam zu erkennen, welche Ängste, Bedürfnisse, Vorstellungen oder Erwartungen sie mit ihrer Krankheit verknüpfen. Diese mentalen Programme zu hinterfragen, kann für die Klienten schon eine erste Klärung bringen und kann Anregungen geben, sich auf eine ganz neue Weise den existenziellen Fragen nach Leben, Tod und Lebenssinn zu stellen.

Umgang mit Emotionen bei schwerer Krankheit (Coping)

Jede schwere Erkrankung stellt eine große Belastung und Verwirrung dar: Nach der schlimmen Diagnose mischen sich viele negative Gefühle und Gedanken unterschwellig in das Leben des Patienten. Es kommt zu Wut auf den Körper, Scham, Schuld, Ohnmacht, Verzweiflung, Ratlosigkeit, Trauer und Resignation. Anfangs wird die Krankheit in all ihren möglichen Auswirkungen verleugnet, obwohl sie eigentlich einem Teil des Verstandes bekannt ist. Es kommt dann zu typischen Bewältigungsstrategien (so genannte *Coping-Muster*).

Übungsfragen

Hier einige Beispiele für Fragen, die chronisch Kranken helfen können, sich auf neue Weise mit ihrer Erkrankung auseinander zu setzen.

Fragen in Ich-Form
- Will ich leben?
- Wie lange werde ich noch leben?
- Habe ich Schuld?
- Welche Chancen oder Möglichkeiten eröffnet mir die Krankheit?
- Was wurde mir zu der Erkrankung suggeriert – durch Worte und Gesten?
- Was davon will ich wirklich annehmen? Möchte ich eigentlich von ganzem Herzen gesund werden?
- Was kann ich dafür selbst tun?

Fragen in Sie-Form
- Welche Vorteile bringt Ihre Krankheit mit sich?
- Empfinden Sie wegen der Krankheit Groll gegenüber Ihrem Körper?
- Wie bringen Sie Ihren Körper dazu, reibungslos zu funktionieren?
- Welche schadhaften Teile des Körpers würden Sie gerne ersetzen?

Info

Coping-Muster

- Nicht glauben und nicht wahrhaben wollen.
- Gleichgültigkeit und Neutralität gegenüber der »Angelegenheit« (kein emotionaler Zugang): »Na ja, so ist das Leben.«
- Aktivismus in anderen Bereichen oder im sozialen Umfeld Schuldzuschreibungen: Man gibt sich selbst, Gott und anderen die Schuld.
- Resignation, Passivität, Rückzug.
- Drogen und Medikamente zum Vergessen.

Als Coach können Sie positive Bewältigungsstrategien fördern, die nicht nur auf die emotionale und kognitive Verarbeitung, sondern ebenso auf den Krankheitsverlauf einen günstigen Einfluss haben.

Früher nahm man an, dass einige wenige Persönlichkeitseigenschaften die Strategien der Bewältigung festlegen. Mittlerweile wissen wir aus der Coping-Forschung, dass es sehr bedeutsam ist, welche mentalen Kompetenzen, Glaubenssätze, Verletzlichkeiten und Ressourcen ein Mensch hat: Das ist Ihr Ansatzpunkt im Coaching von schwer erkrankten Personen! Das soziale Netzwerk und vertrauensvolle, Anteil nehmende und stärkende Berater sind ebenfalls bedeutsam. Wichtige Aspekte der Lebensberatung schwer erkrankter Menschen können sein:

- Suche nach sozialer Unterstützung (beispielsweise bei Freunden, bei der Familie, in der Kirche oder im Verein) und eigenen Ressourcen.
- Suche nach den verbleibenden positiven Möglichkeiten der Lebensgestaltung im Alltäglichen und in den Visionen.
- Suche nach einer neuen praktischen Sinngebung im Leben.
- Suche nach einer spirituellen Einbettung und Sinngebung.
- Aktive Informationssuche, Problemanalyse und Planung der Behandlung und des weiteren Lebens.

All das sind klassische Coaching-Themen, für die unsere moderne Medizin wenig Zeit hat. Wegen der Verzahnung mit medizinischen Aspekten ist im Coaching häufig eine Einbindung der behandelnden Mediziner sinnvoll. Sowohl der Klient als auch die Ärzte sehen das in der Regel positiv.

Es soll mir schnell wieder gut gehen

In vielen Fällen werden Sie feststellen, dass körperlich erkrankte Klienten eine deutliche Dysbalance ihrer Lebensbereiche aufweisen.

Ein erster Schritt zur Gesundheitsförderung ist es dann, den Klienten auf dem Weg zu einer Work-Life-Balance zu begleiten. Dazu ein Beispiel:

Stress schlägt auf den Magen: Vor mir saß eine wichtige Person des örtlichen Lebens. Herr N. wollte seine Kompetenz im Zeitmanagement durch die Beratung verbessern. Er war seriös gekleidet, schaute auf die Uhr und bat um Eile, da er in sein Unternehmen zurückmüsse. Herr N. war dick und unsportlich. Er habe seit langem eine Magenschleimhautentzündung und frage sich, ob die Tabletten, die er deswegen einnehmen müsse, eine Dauerlösung seien: »Sicher, ich nehme mir wenig Zeit zum richtigen Essen und stopfe mir in den fünf bis zehn Minuten mittags zwischendurch etwas rein. Aber Zeit ist eben keine da.« Ein Tenniskollege von ihm ist Arzt und habe ihm geraten, die Tabletten abzusetzen und stattdessen eine dreitägige Fastenkur zu machen. Danach werde wieder alles in Ordnung sein. Herr N. erzählte mir das alles beiläufig. Der Grund seines Kommens war eigentlich ein anderer.

Zumindest sei er jetzt bereit, statt der häufigen Tabletteneinnahme eine dreitägige Kur auf sich zu nehmen. An seinem Leben würde das natürlich wenig ändern. Er signalisiert durch seine Schilderung aber bereits Einsicht in komplexere Ursachen seiner Krankheit. Er erkennt die Dysbalance seiner Lebensbereiche, und in etwas verschlüsselter Form bittet er durch seine Geschichte um Rat und Hilfe.

Sie sollten keinesfalls zum Absetzen der Magentabletten raten oder in Aussicht stellen, dass ihre Beratung die Magentabletten überflüssig machen könnte. Das ist allein Sache seines Arztes. Nach einer grundlegenden Änderung der Lebenssituation von Herrn N. sind die Tabletten aber eventuell gar nicht mehr nötig. Dann wird der Arzt sie selbst absetzen.

Herrn N. fehlt es an Balance: Körper, Familie, Freunde und den Sinn für das Schöne oder Religiöse hat er brachliegen lassen. Mit kleinen Tricks könnte auch die Arbeit selbst verändert werden Zum Beispiel durch ein besseres Zeitmanagement oder die Kunst des Delegierens. Darauf weist er ja selbst durch sein Beratungsanliegen schon hin. Einfacher noch wäre es für ihn, weniger zu arbeiten und sich weniger aufzubürden.

Wenn Sie so etwas vorschlagen, bekommen Sie aber meist Probleme mit starken Glaubenssätzen und Selbstbildern: »Ein Unternehmer unternimmt etwas! Sich einfach nur auf die faule Haut zu legen oder nach zehn Stunden die Arbeit zu beenden, das können Arbeitnehmer im öffentlichen Dienst. Mit so einer Einstellung wäre aus mir nichts geworden. Ich liebe die 35-Stunden-Woche! Darum mache ich auch gleich zwei davon in sieben Tagen! Wer das nicht macht, bringt es zu nichts im Leben ...!«

Erwarten Sie von Ihrer Arbeit als Coach bitte keine Wunder – oder doch? Sie können bei der Veränderungsarbeit immer nur in den Bereichen tätig werden, zu denen Ihr Klient Ihnen Zutritt gewährt. Coaching ist schließlich ziel- und kontextgebundene Auftragsberatung. Wenn Sie das Sendungsbewusstsein haben, Ihrem Klienten ganzheitlich zu helfen oder sogar besser zu sein als ein Arzt, zeichnet Sie das zwar aus, viele Klienten wünschen das aber nicht. Seien Sie also sensibel dafür, wohin Sie Ihren Klienten einladen dürfen und bis wohin er mitgehen möchte.

Hier der Leib – und dort die Seele?

In unserer Kultur sind wir es gewohnt, in Gegensätzlichkeiten zu denken: Im kartesianischen Dualismus (Denken in Gegensätzlichkeiten, von René Descartes bekannt gemacht) wird der Körper zur *res extensa*, dem räumlich-materiellen, und der Geist zur *res cogitans*, den nicht räumlichen psychischen Vorgängen, gezählt. Ebenso klar schien die Vorstellung, dass physikalische Gesetze für das Seelische keine Gültigkeit hätten oder dass philosophische Betrachtungen dem Wirken der Materie egal seien. Heute lernen wir dagegen, dass Leib und Psyche eine untrennbare Einheit bilden.

Unserer Sprache und unseren Denkgewohnheiten fehlen aber noch die Möglichkeiten einer ganzheitlichen Betrachtungsweise: Obwohl wir es besser wissen müssten, neigen wir weiterhin dazu, das Körperliche als Objekt zu betrachten (»mein Körper«) und das Psychische als Subjekt anzusehen (»ich«).

In unserer Kultur des Habens kommt es manchmal zu einer weiteren Aufspaltung: »Ich habe meine Gedanken, ich habe meinen Körper, ich bin ich.« Viele Menschen fassen ihren Körper als etwas neben sich Funktionierendes auf, das in ihrem Besitz ist und ihrer Lenkung gehorchen müsste.

Sobald eine Krankheit auftritt, wird diese und der Körper sogar gehasst für sein schlechtes Funktionieren oder den Makel der Krankheit. Dann wird häufig auf dieses »Schlechte« mit den modernen Waffen der Medizin geschossen und ganz übersehen, dass in der Krankheit Körper und Seele eine Form des Ausdrucks gefunden haben. Diese Botschaft wird dann überhört.

Kann ich die Einheit begreifbar machen?

Statt die Einheit zu begreifen, begibt man sich in der Medizin heute oft wieder auf den Standpunkt des Dualismus. Um die Wechselwirkungen zwischen Körper und Psyche zu erforschen, studiert man, wie Seelisches auf Körperliches wirkt und umgekehrt (Lehre von der Psychosomatik). Diese Forschung wäre unnötig oder zumindest anders angelegt, wenn die scheinbare Trennung gar nicht wahrgenommen würde. Das Gehirn ist in der rational-kausalen Arbeitsweise (der so genannten linkshirnigen Arbeitsweise) zu einer solchen Gesamtsicht aber nicht in der Lage. Die rational-kausale linkshirnige Vorgehensweise ist daher die bevorzugte Methode der Wissenschaft. Mit unseren wissenschaftlichen Kategorien ist es lediglich möglich, rechtshirnige Prozesse zu beschreiben; es ist aber kaum möglich, sie mit diesen Methoden zu »begreifen«. Mit den Mitteln der Wissenschaft können wir die Gesamtsicht links- und rechtshirniger Prozesse nur ungenügend erfassen.

Eine umfassende Sicht auf das Ganze kann meditativ, imaginativ oder in anderen Formen der rechtshirnigen Denkweise gewonnen und erfahren werden. Dem haftet aber das Vorurteil an, es handele sich dabei um billige Esoterik.

Heute ist schon viel gewonnen mit einer *multifaktoriellen kybernetischen Sichtweise* der Wissenschaft, wie das in Fachkreisen heißt: Der Mensch wird eingebunden erlebt, in ein komplexes System mit zahlreichen Wechselwirkungen. Die Wissenschaft versucht, so viele einzelne Variablen wie möglich zu entdecken und das komplizierte Zusammenspiel zu verstehen.

Ärzte sind wissenschaftlich ausgebildet und gewohnt, in Zusammenhängen von Ursache und Wirkung zu denken. Zwar ist ihnen bekannt, wie vielfältig die Zusammenhänge eigentlich sind, in der täglichen Routinearbeit ist dies für sie aber wenig hilfreich. Daher greifen sie einfache Kausalketten aus dem Gesamtsystem heraus.

Außerdem zwingt das Medizinsystem durch seine engen Begrenzungen und Pflichten die Ärzte zu einer Arbeitsweise, die viele von ihnen sich selbst nicht gewünscht haben. Wie in jedem anderen System stellt sich mit der Zeit dann Betriebsblindheit ein: Grundsätzliches wird nicht mehr hinterfragt oder zumindest resignierend hingenommen. Das ist einer der Gründe, warum sich Patienten mit der Bitte um Rat oder neuer Orientierung an Heilpraktiker oder andere Berater wenden. Ärzte haben heute kaum mehr Zeit, die Rolle eines Lebens- und Gesundheitsberater zu übernehmen (siehe dazu Migge [2005]: Fernkurs Psychotherapie HP, Bd. 1–14).

Steuerung des Körpers durch die Psyche

Einige Patienten sind dankbar, wenn der Arzt das körperlich geäußerte Angebot zum Gespräch annimmt, andere lehnen ein Gespräch über »diesen Kram« schroff ab.

Verrückte Gallensteine: Frau Melanie S. wurde von ihrem Hausarzt zum Spezialisten geschickt, damit er sie auf Gallensteine untersucht. Sie hatte ein Ziehen im rechten Oberbauch: »Und dann spielt sofort nach dem Schmerz in meinem Bauch alles verrückt, und es plätschert und zieht einmal hier und einmal da. Das hält oft den ganzen Tag an, bis mein Mann abends nach Hause kommt.« Einen Gallenstein fand der Spezialist nicht. In einem kurzen Gespräch erfuhr er, dass der Sohn der Patientin jetzt erwachsen sei und aus dem Hause auszöge. Sie habe seinerzeit bei der Familiengründung ihren Beruf aufgegeben und traute sich »wegen der Computerisierung« nicht mehr zu, dort Anschluss zu finden: »Von morgens bis abends grübele ich, wie es jetzt weitergehen soll ...« Was denn der Hausarzt zu all dem sage? »Die Beschwerden wären nichts Seelisches, da ich ihm ganz normal vorkomme. Ich sei doch nicht verrückt.«

Kein Gehirntumor feststellbar: Herr Sebastian L. hatte seit Monaten Kopfschmerzen. Zur Sicherheit wünschte der Hausarzt, dass ein Gehirntumor beim Radiologen ausgeschlossen wurde. Es fand sich auch keiner. »Mein Hausarzt meint wohl, ich sei verrückt. Er denkt, ich simuliere, oder das sei alles nur psychisch. Aber der hat keine Ahnung, denn ich habe diese Schmerzen, und Sie können mir das ebenfalls nicht ausreden! Und jetzt sagen Sie auch noch, dass da nichts zu sehen sei.«

Folgende Vorannahmen können wir aus den genannten Beispielen ableiten:

- Wer seelisch mitbedingte körperliche Erscheinungen hat, der ist möglicherweise auch psychisch irgendwie auffällig.
- Wer seelisch mitbedingte körperliche Erscheinungen hat, der ist ein bisschen verrückt oder hat sich nicht im Griff.
- Wo sich nichts Handfestes finden lässt, können die Beschwerden eingebildet oder simuliert sein.
- Wo Beschwerden sind, muss sich auch etwas Handfestes finden lassen, sonst ist der Arzt nicht gut und muss eventuell gewechselt werden.

Übungsfragen

- Wie verrückt sind Ihrer Meinung nach Manager, die durch Stress ein Magengeschwür oder einen Herzinfarkt bekommen?
- Wenn Sie wütend sind und dadurch der Blutdruck steigt, ist dann dieses Zusammenspiel von Psyche und Körper ein Ausdruck Ihrer Verrücktheit oder Einbildung – oder etwas ganz Normales?
- Wenn sich auf Grund eines erregenden inneren Bildes bei Ihnen »unten was verändert«, ist das dann eingebildet oder s(t)imuliert?

Vom Sinn der Krankheiten für die Kommunikation

Krankheiten können in der Kommunikation mit unserem Inneren und der Kommunikation mit der Außenwelt viele Funktionen übernehmen: Sie können ablenken von inneren Problemen oder seelische Prozesse nach außen wenden. Wenn körperliche Ursachen für die Krankheit ausgeschlossen sind, besteht trotzdem noch Beratungsbedarf für die Patienten. Einige bleiben weiterhin Patienten, wenn schwere seelische Probleme die Mit-Ursache für die Erkrankung sind. Diese Patienten werden von so genannten Psychosomatikern weiterbehandelt.

Frau Melanie S., deren Bauchgrummeln aber durch den Eintritt in einen neuen Familienzyklus bedingt ist, wäre eine gute Klientin im Coaching: Sie sucht nach Neuorientierung und Zielfindung für ihre Rolle als Mutter, Frau, Partnerin sowie als Arbeitnehmerin. Sie braucht Zugang zu ihren Ressourcen und ist mit ihrem Vor-Bewusstsein schon gut in Kontakt mit dem eigentlichen Problem. Solch eine Lebensberatung braucht in der Regel keinen Arzt, keinen Psychosomatiker oder Psychiater.

Krankheiten können die Folge einer gestörten Kommunikation mit dem eigenen Ich und mit der Umwelt sein. Großer oder lang anhaltender Stress und emotionale Unausgeglichenheit stören auch das Immunsystem und andere zentrale Regelfunktionen der Gesunderhaltung. In Stressphasen ist man verstärkt den Einflüssen ausgesetzt, die außen oder innen Schaden anrichten können: Dann, wenn man ein starkes Immunsystem am meisten braucht, ist es oft am schwächsten.

Geistige Muster der Erkrankung und Gesundung

Mittlerweile ist es wissenschaftlich erwiesen, dass viele Beschwerden und sogar schwere Krankheiten ihren Anfang in einer inneren Unausgewogenheit nehmen. Die Psyche sowie das eigene Weltbild spielen dabei eine ebenso wichtige Rolle wie jeder andere Teil des Menschen. Immunsystem, Gefäßweite und Durchblutung, Stoffwechsel sowie andere Organ- oder Funktionssysteme sind miteinander verwoben. Der gesamte Lebensstil kann auf diese Weise die Stärkung oder Schwächung der Gesundheit nachhaltig beeinflussen. Als schädlich haben sich die folgenden inneren Einstellungen erwiesen. Diese Einstellungen könnten auch herangezogen werden, um Krankwerden zu lehren.

Anleitung zum Krankwerden

Besonders chronisch erkrankte Personen weisen die folgenden Merkmale häufig auf.

Unklares oder negatives Selbstbild sowie fehlende Selbstwirksamkeit: »Wer bin ich denn? Ich muss das Leben nehmen, wie es ist. Das wirklich Gute habe ich nicht verdient. Ich kann zufrieden sein mit dem, was ich habe. Was kann ich schon machen? Das ist halt Schicksal. Ich muss den Ärzten vertrauen, etwas anderes bleibt mir nicht übrig. Es hat ja alles keinen Sinn mehr. Ich bin nur ein kleines Rädchen im großen Uhrwerk ...«

Unklare Abgrenzung. Man will es den anderen recht machen, ihre Bedürfnisse sind wichtiger als die eigenen: »Ich muss halt für die Familie da sein. Da bleibt keine Zeit für mich, ich muss die Kinder zur Schule und zum Tennis fahren. Wer macht denn sonst den Haushalt und die ganze Arbeit? Kinder brauchen eben jede Freiheit. Ohne meine Rückendeckung schafft mein Mann das nicht. Es ist halt meine Pflicht, die Schwiegermutter zu pflegen ...«

Blindheit für die eigenen Gefühle: Zu diesem Grundmuster gibt es wenig innere Sätze, da die Gefühle und die damit verbundenen Gedanken in Aktionismus, Krankheit oder in Etappenziele verschoben werden. Im unmittelbaren Erleben sollen sie nicht auftauchen. Menschen mit diesem Muster können gut Probleme rationalisieren. Sie scheinen dabei emotional aber ganz unbeteiligt. Auf die Frage, wie sie sich denn dabei fühlen, kommt meist wieder eine Rationalisierung oder eine Abwehr dieser Frage. Die Kunst der Gefühlsblindheit nennt die Medizin »Alexithymie«.

Info

Coaching als Gesundheitsprävention

Coaching ist auch eine wirksame gesundheitsfördernde und Stress reduzierende Form der Lebensberatung. Es wäre schade, diese Möglichkeiten der Gesundheitsförderung ungenutzt zu lassen.

Die drei genannten Grundhaltungen sind bei den meisten Menschen mit schweren chronischen Erkrankungen oder Krebs zu finden. Ausbruch und Verlauf dieser Erkrankungen lassen sich durch Coaching, Entspannungsverfahren, Fantasiereisen möglicherweise positiv beeinflussen, wenn diese Einstellung frühzeitig verändert werden.

Gefühlsblindheit macht krank

Klienten, die Probleme haben, welche durch verdrängte intrapsychische Konflikte mit bedingt sind, wissen über die inneren Ursachen ihrer Probleme oft nichts Gescheites zu berichten. Die Probleme dieser Klienten können sein: Magengeschwür, ständige Niedergeschlagenheit, latente Angstgefühle, Arbeitssucht, Hautausschlag, Alkoholsucht, Zigarettensucht. Sie sehen in der äußeren Welt oder in ihren Umständen allerlei rationalisierte Gründe für ihre Probleme, besonders wenn einschneidende Ereignisse unmittelbar vorausgingen. Wenn sich das Problem aber langsam und schleichend einstellt, fehlt meist die Kenntnis einer möglichen Ursache.

Diese Patienten und Klienten haben zu den eigenen Gefühlen und Gedanken, die mit dem Problem verbunden sind, keinen direkten Zugang. Sie sind dann meist ratlos und können sich das Problem »eigentlich nicht erklären«.

Oft läuft sogar »alles andere eigentlich so gut, dass es nahezu verrückt erscheint, dieses Problem zu haben.« Da alles »wie immer ist«, werden keine relevanten Informationen wahrgenommen. Das Gehirn reagiert nämlich nur auf deutliche Veränderungen in der Außen- oder Innenwelt. Je schleichender etwas auftritt, desto weniger wichtig erscheint es oder wird überhaupt nicht registriert (Bateson 1971). Dies ist einer der Mechanismen für Betriebsblindheit in Systemen. Die üblichen Fragen und Methoden der Informationsgewinnung sind mit diesen Klienten oder Patienten meistens frustrierend. Wie kann ein Gefühlsblinder also wieder sehen lernen?

Halten Sie dem Klienten einen Spiegel vor!

Sie waren vermutlich verstört, als Sie Ihre eigene Stimme erstmals auf dem Anrufbeantworter oder auf einem Diktaphon hörten. Noch intensiver erleben wir es, wenn wir uns selbst auf Videos sehen, wobei wir unsere Interaktionen aus einer Beobachterperspektive wahrnehmen. Erst dann gehen vielen von uns die Augen auf. Als Coach haben Sie wirkungsvolle Methoden des Spiegelns: Sie können Feedback geben und dem Klienten rückmelden, wie sie ihn wahrnehmen und welche Gedanken, Gefühle oder Vorstellungen sein Verhalten oder seine Gegenwart in Ihnen auslöst. Viele Coaches scheuen sich davor, aus Angst, sie könnten ihre Klienten verschrecken oder durch ein klares Feedback zu viel von sich selbst offenbaren: »Schließlich sind Sie hier der Klient und nicht ich.« Beachten Sie dabei bitte folgende Regeln.

> **Info**
>
> **Regeln für ein respektvolles Feedback**
>
> Sie dürfen sich durchaus über Klienten ärgern. Das können Sie freundlich und gelassen sagen. Tarnen Sie Ihre Gegenübertragung nicht als wohlwollendes Feedback.
> Nutzen Sie keine Psychologismen und verschanzen Sie sich nicht hinter Deutungen: »Sie projizieren Ihre negativen Gefühle auf mich und lehnen dabei Ihren eigenen abgewehrten Anteil ab ...« So ein Gerede schafft eine asymmetrische Gesprächssituation. Sie stellen sich so als Experten hin und degradieren den Klienten zum Dummchen.
> Versuchen Sie situationsbezogen zu sein: Es ist wenig hilfreich, wenn Sie Feedback geben zu völlig irrelevanten Themen.
> Stellen Sie Ihre subjektive Sicht beim Feedback heraus. So nehmen Sie auch selbst wahr, was Ihre eigenen – manchmal verschrobenen – Meinungen im angesprochenen Kontext sind.

Auf respektvolles und ehrliches Feedback kommt jedoch meist eine positive Antwort. Eine weitere Form ist die Technik des zirkulären Fragens, bei der Ihr Klient in eine innere Beobachterposition schlüpfen muss, um die Frage zu beantworten. Häufig ergibt sich aber das Problem, dass der Klient so verhaftet ist in seinen Wertvorstellungen und Ansichten des Problems, dass es ihm kaum gelingt, die Situation mit den Augen eines anderen zu sehen.

Stellvertretertechnik nach Ortwin Meiss

Eine elegante Methode, diese Schwierigkeiten des Spiegelns zu umgehen, ist es, den Klienten zu bitten, sich eine Person vorzustellen, die genau diese Probleme auch hat.

> **Übung**
> **(in Entspannung oder in Trance)**
>
> Stellen Sie sich eine Person vor, die genau die gleichen Probleme und Schwierigkeiten hat wie Sie. Eine Person, die das Gleiche verkörpert. – Seien Sie einfach neugierig, was für eine Person da auftaucht und für Sie sichtbar wird.
>
> - Nehmen Sie wahr, wie diese Person aussieht, wie sie blickt, sich bewegt, welche Mimik sie hat.
> - Beschreiben Sie mir diese Person.
> - Wenn Sie jetzt so tun, als wüssten Sie, was mit dieser Person los ist, was sie fühlt, oder wie es ihr geht, was ist es dann, was Sie an ihr wahrnehmen?
> - Welches Verhältnis hat diese Person zu sich und den Menschen in ihrem Umfeld?
> - Was denkt sie über das Leben?
> - Was müsste diese Person haben oder anders machen, damit es ihr besser ginge?
>
> (Verändert nach Dipl. Psych. Ortwin Meiss, s. S. 566)

Mit dieser Methode, die von dem Hamburger Psychotherapeuten und Hypnoseexperten Ortwin Meiss entwickelt wurde, bekommt der Klient über den Umweg der Identifikation mit einer imaginierten anderen Person (innere Objektrepräsentanz) wieder Zugang zu seinen eigenen Emotionen. Er kann so Hinweise auf Ressourcen oder Lösungen geben. Diese selbst gefundenen Wege sind meistens attraktiver als die Schnellstraßen, die wir als Coach gerne anbieten möchten.

Die Originalmethode ist wesentlich komplexer und arbeitet in Folgeschritten mit anderen inneren Stellvertretern und Symbolisierungen. Ähnliche Verfahren finden sich in anderen hypnotherapeutischen Methoden sowie im NLP.

Psychosomatik

Was verstehen Mediziner unter Psychosomatik?

> **Info**
>
> Im Duden wird Psychosomatik folgendermaßen definiert
>
> **Psy|cho|so|ma|tik** die; -: (Med.) medizinisch-psychologische Krankheitslehre, die psychischen Prozessen bei der Entstehung körperlicher Leiden wesentliche Bedeutung beimisst (gr. psyche Geist; soma Körper)

Es gibt viele Bedeutungen des Wortes Psychosomatik:

Die *allgemeine Psychosomatik* bezog sich früher auf die Arbeit des »guten alten Hausarztes, Familienarztes oder Heilers«, der *selbstverständlich* seelische und soziale Faktoren bei der Diagnosestellung und Behandlung berücksichtigt hat. Diese Kunst beherrschen heute nur noch wenige Heilkundige.

Die *spezielle Psychosomatik* erforscht mit modernen medizinischen, psychologischen und statistischen Methoden die seelischen Einflüsse auf körperliche Erkrankungen.

Die *metaphysische Psychosomatik* beschäftigt sich mit der Einheit und Verschiedenheit von Körper und Geist und dem Wechselspiel dieser Dimensionen.

Die *populäre Psychosomatik* bezieht sich auf »ein Wechselspiel zwischen Körper und Geist«, das anhand der verschiedensten Lehr- und Schulmeinungen unterschiedlich erklärt wird.

In psychosomatischer Literatur treffen wir häufig auf folgende Fachbegriffe:

Die *Konversionsneurose* stellt einen neurotischen Konflikt dar, der sekundär auf körperlicher Ebene ausgedrückt und gehandelt wird. Er stellt eine unbewusste Fantasie dar. Die Handlung wirkt meist aufgesetzt oder dramatisch. In der Psychoanalyse wurde diese Form der Neurose oft als »hysterisch« bezeichnet.

Die *funktionellen Syndrome* stellen eine Vielzahl von Beschwerden dar, mit denen der Patient hilflos zum Hausarzt kommt. Dieser ist dann ebenfalls hilflos. Oft sind die Beschwerden diffus oder schillernd. Häufige Begriffe dazu sind: Erschöpfung, vegetative Dystonie, psychovegetative Syndrome.

Die *Psychosomatosen* sind psychosomatische Erkrankungen im engeren Sinne. Seelische Prozesse (Konflikte, Spannungen, Unerledigtes, Vermischtes und anderes) finden im Körper ein »Entgegenkommen« und drücken sich dadurch nichtsprachlich oder symbolisch unbewusst aus. Die »holy seven« der Psychosomatosen sind: Magengeschwür, Colitis ulcerosa, Bluthochdruck, Rheuma, Schilddrüsenüberfunktion, Neurodermitis, Asthma.

Einige *Psychoneurosen* (psychische Fehlhaltungen) drücken sich in einer übermäßigen Konzentration auf den Körper aus: Angst vor Erkrankung (Hypochondrismus) und vieles mehr. Diese Störungen werden nicht zur Psychosomatik im engeren Sinne gerechnet.

Die Ursachen psychosomatischer Erkrankungen

Die Medizin stellt kausale Verknüpfungen zwischen Ursachen und Wirkungen (Auslösern und Symptomen) her. Dieses Denken nennt man ätiologisch. In der Psychosomatik herrscht hier allerdings Ratlosigkeit, da es zu jeder Erkrankung eine Vielzahl von ätiologischen Hypothesen gibt. Dies führt zu schillernden Erklärungen der verschiedenen Schulrichtungen und eigentümlichen Wörtern, die jedoch nur Unwissenheit und Ratlosigkeit widerspiegeln: beispielsweise endogen, essenziell, idiopathisch, konflikthaft, defizitär.
Es gibt jedoch viele nützliche Hinweise und Ideen. So haben beispielsweise folgende innere Einstellungen einen negativen Einfluss auf das *psycho-neuro-immunologische System* und sind häufig mit Psychosomatosen und schweren Krankheiten verbunden:

- Unklares oder negatives Selbstbild und die Vorstellung (Denken und Gefühl) einer fehlenden Selbstwirksamkeit: »Wer bin ich schon, ich kann sowieso nichts ändern oder bewegen ...«
- Unklare Abgrenzung und Selbstbehauptung im Leben: »Ich muss halt für die Anderen da sein, ich muss es ihnen Recht machen, damit sie zufrieden sind ...«
- Gefühllosigkeit für die eigenen Emotionen und Gefühle: »Es ist schon o.k. so, ich kann ja nicht klagen, wirklich traurig bin ich eigentlich nie, man weiß sich ja zu helfen ...«

Die Fragen dahinter sind oft: Wer bin ich in dieser Welt? Welchen Raum darf ich mir hier nehmen? Wie darf ich handeln und wirken? Bin ich willkommen und geliebt? Bin ich wertvoll? Bin ich einzigartig? Ist meine Gegenwart oder Liebe anderen Menschen wertvoll? Wo höre ich auf und wo fangen die anderen an? Was darf ich von mir wissen und in mir und mit mir erleben ...?

Es handelt sich dabei um Fragen innerer Beziehungsgestaltung, weshalb systemische, humanistische, psychodramatische oder allgemeine psychotherapeutische Methoden wirksam sein können. Ihnen ist gemeinsam, dass die innere Beziehungsgestaltung durch verändertes Denken (Kognition), Emotion (Affekt) und Handlung auf heilsame neue Wege geführt werden kann.

Die psychosomatische Primärversorgung in Deutschland

Etwa 60–70 Prozent der bundesdeutschen Bevölkerung sucht einmal jährlich ihren Hausarzt auf. Davon sind etwa 35 Prozent auch in irgendeiner Form psychisch erkrankt (alle psychiatrisch-psychotherapeutischen Diagnosen), obwohl sie andere allgemeine körperliche Beschwerden als Konsultationsgrund nennen.

- Etwa 25 Prozent der Hausarztpatienten sind psychosomatisch erkrankt.
- Unter 20 Prozent aller psychosomatisch erkrankten Personen werden behandelt.
- Etwa 80 Prozent bleiben ursächlich unbehandelt und werden weiterhin mit unterschiedlichen Methoden ausschließlich körperlich therapiert.

Psychosomatisch erkrankte Patienten kennen nicht die Gründe und Zusammenhänge ihrer Erkrankung. Die Zusammenhänge sind ihnen oft völlig unbewusst, und häufig lehnen sie auch jede Form von psychischer Diagnostik oder Therapie in diesem Zusammenhang ab.
Die Versorgung findet überwiegend durch den Hausarzt statt und nur in wenigen Prozent der Fälle durch Fachärzte für Psychiatrie, Psychotherapie, Psychosomatik oder durch Psychologen. Bis zu 14 Prozent der Patienten haben zusätzlich Beratungsstellen oder alternative Therapieangebote aufgesucht (dort aber meist auf eine körperliche Behandlung bestanden).

Wie redet man mit psychosomatisch Erkrankten?

Vielen Patienten wird vom Hausarzt gesagt, die Beschwerden müssten psychisch sein, da keine körperlichen Schäden festgestellt werden könnten. Die Patienten sind dadurch meistens erheblich verunsichert und verstehen: »Das ist alles nur psychisch, ich bilde mir das nur ein!« Da sie subjektive Gewissheit über ihre Beschwerden, nicht über die Ursachen, haben, lehnen sie diese Erklärung ab und verlieren ihre Therapiemotivation (den Rapport).
Es ist klug, diesen Standpunkt der Patienten zu würdigen und ihnen deutlich zu machen, dass die Beschwerden weder eingebildet sind, noch aus der Psyche kommen. Sie müssen sorgfältig auf die Wortwahl und die inneren Bilder des Patienten achten und ihm eine Erklärung anbieten, die seinen Vorstellungen entspricht und von ihm akzeptiert werden kann.

Beispielformulierungen sind:
»Es handelt sich um tatsächliche Beschwerden und Erkrankungen, die durch eine ›Harmonisierung‹ oder ›Stärkung‹ oder ›Neugestaltung‹ des ›Wechselspiels‹ von ›Stressbewältigungsmustern‹, der ›natürlichen Fähigkeit des Körpers, sich zu entspannen und zu regenerieren‹ ... positiv beeinflusst werden kann. Wir müssen gemeinsam Wege finden, wie Sie mit den Beschwerden besser umgehen können und wie mentale Strategien und Techniken Ihnen bei der Bewältigung der Beschwerden helfen können.«

Es geht also zunächst nicht darum, Unbewusstes bewusst zu machen und die Klienten mit Deutungen über die möglichen unbewussten und abgewehrten Ursachen der Störung zu konfrontieren. Hier müssen Sie viel reframen, die positiven Aspekte des Symptoms erkennen, den Patienten annehmen und begleiten. Und: Sie müssen sich und dem Patienten viel Zeit lassen!

Darf ein Coach oder Berater heilen?

In Deutschland dürfen nur approbierte Ärzte und zugelassene Heilpraktiker heilen, diagnostizieren, therapieren oder Heilsversprechungen jeder Art mit ihren Handlungen verknüpfen. In der Werbung und Ankündigung Ihrer Coaching-Praxis oder Ihrer Tätigkeit als Psychologischer Berater dürfen Sie nicht auf Krankheiten eingehen und müssen sich in Ihrer Darstellung auf die angewandten Methoden beschränken. So ist es verboten zu schreiben: »Ich beseitige Ihre Rückenschmerzen.« Oder: »Indikationen: Psychosomatik, Erschöpfung ...« Ein Verstoß dagegen ist in Deutschland eine Straftat. Daher ist dieser Text über Psychosomatik nur als Anregung zur Gesundheitsprävention zu verstehen und soll keine Anleitung sein, wie Sie mit Patienten arbeiten oder sich innerhalb der Heilkunde betätigen können.

> **Info**
> Coaching und psychologische Beratung sollen ausschließlich im nichttherapeutischen Bereich stattfinden und dienen nach Paragraph 1 des Psychotherapeutengesetzes »der Hilfe bei der Überwindung sozialer oder psychischer Probleme außerhalb der Heilkunde«. (siehe auch S. 579f.)

Körperberührungen und Körperübungen können in einem Streitfalle (Schadensersatzklage eines Klienten) als therapeutische Handlung ausgelegt werden. Daher sollten Sie in Ihren Ankündigungen beispielsweise schreiben: »Ich wende Gesprächstechniken an, welche aus der Methode XYZ abgeleitet wurden und für die nicht-therapeutische Beratung modifiziert wurden ...«
Erfahrungsgemäß ist eine neue »Beziehungserfahrung« im Coaching gesundheitspräventiv oder sogar heilsam. Trotzdem darf mit dieser Erfahrung nicht geworben werden. In der neuen Beziehungserfahrung werden alte Geschäfte erledigt, Fremdes wird zurückgegeben, das Selbstbild wird verändert, Positionen werden geklärt, Gren-

zen abgesteckt, Handlungsmöglichkeiten erweitert, Emotionen dürfen gefühlt werden. Diese Veränderungen dürfen jedoch in der Auftragsklärung eines Coachings nicht explizit mit einem Heilsversprechen verknüpft werden; ansonsten würde aus dem Klienten nämlich ein Patient werden.

Positive Beratung psychosomatisch erkrankter Personen

Der in Deutschland praktizierende persische Arzt Nossrat Peseschkian hat Generationen von Psychosomatikern ausgebildet. Er verbindet Weisheiten des Orients mit westlichen Erkenntnissen über Psychosomatik zu einer so genannten »Positiven Psychotherapie und Lebensberatung«. Einige nützliche Verfahrensweisen von Peseschkian sind die folgenden:

Mediator des Zitats: Sammeln Sie Zitate berühmter Personen oder Geschichten zu Erfolg, Krankheit, Leiden und all den Problemen, mit denen Ihre Klienten zu Ihnen kommen. In einer der ersten Beratungsstunden zitieren Sie die berühmten Personen. Zu vielen Aussagen wird Ihr Klient eine andere Meinung haben. Fungieren Sie dann als Mediator zwischen dem, was die berühmte Person vermutlich sagen wollte, und dem, was Ihr Klient sagt.

Verordnen Sie Schreiben und Lesen: Geben Sie Beratungshausaufgaben auf: »Schreiben Sie Ihrem Großvater/Chef einen Brief, den Sie nicht abschicken sollten. Sagen Sie darin alles, was Sie ihm immer schon mitteilen wollten.« Empfehlen Sie ein Buch, das Sie selbst gut kennen und das für den Klienten und sein Anliegen passend ist. Planen Sie mit dem Klienten, welche Kapitel bis zum nächsten Termin durchgearbeitet werden sollen, und diskutieren Sie darüber.

»Organsprache«: Kopf ⇒ Bauch ⇒ Füße (oder: Denken, Gefühl, Handlung). Das folgende Beispiel soll dies verdeutlichen.

Wenn ein Klient ständig an Magendruck leidet, sobald er das Büro betritt, wird er diesen Magendruck vielleicht hassen und gern loswerden. Lassen Sie ihn mit dem Magendruck kommunizieren:
Kopf: »Magendruck, ich hasse dich! Ich nehme einfach noch mehr Tabletten. Ich will dich loswerden, weil ...«
Bauch: »O.k., da ist ein Gefühl in mir, das sagt, du erfüllst eigentlich einen wichtigen Zweck und möchtest etwas Positives für mich erreichen ... Was ist es eigentlich, das du für mich erreichen willst?«
Füße: »O.k., Magendruck, jetzt weiß ich, was du für mich erreichen willst, und mir wird dabei klar, was ich eigentlich wirklich brauche und will. Genau jetzt setze ich mich mit konkreten Aktionen in Bewegung, um eine Veränderung in diese Richtung herbeizuführen!«

Übungsfragen

War eine Person in Ihrem Umfeld in letzter Zeit krank? Stellen Sie ihr bitte folgende Fragen – angepasst an die Situation der Person:

- Wie wirkt sich die Krankheit auf den Körper aus?
- Wo sitzt der Schmerz (das Leiden)?
- Wann tritt er auf?
- Was denken Sie darüber?
- Was haben Sie gehört, wie man damit umgehen soll?
- Behindert es Ihre Konzentration?
- Wer muss anwesend sein, damit es passiert?
- Was sagt Ihre Frau (oder eine andere Bezugsperson) darüber?
- Was meint der Chef dazu?
- Welche Ziele haben Sie für die nächsten drei Jahre?
- Wie wirkt sich das auf Ihr Leben aus?
- Wo möchten Sie in drei Jahren stehen?

Entwickeln Sie mindestens zehn weitere Fragen, die Sie selbst oder Ihre Klienten schriftlich bearbeiten sollen.

Tipps zur Gesundheit

Befreien Sie sich von Ihren Süchten: Alkohol, Tabak, Kaffee, Fernsehen, sinnloses Reden, Einkaufen. Seien Sie kein Sklave von auferlegten Pflichten. Teilen Sie großzügig folgende Aktivitäten in Ihrem Wochenplaner Termine zu:

- Muße und Tagträumen
- Partnerschaft und Liebe
- Familie
- Freundschaft
- Zeit für sich selbst
- Schlaf und Entspannung
- Ausdauersport und Muskeltraining
- Naturerleben
- gesundes Essen und Trinken
- Körperpflege und Hygiene

Essen Sie täglich mindestens viermal Obst und zweimal Gemüse (besonders Äpfel und Tomaten!). Essen Sie täglich Naturjoghurt oder trinken Sie Kefir. Nehmen Sie Leinsamenöl zu sich oder essen Sie fette Kaltwasserfische (Omega-3-Fettsäuren). Trinken Sie häufig grünen Tee, Apfelsaft und viel Wasser. Nutzen Sie jeden Tag Zahnseide. Korrigieren Sie ungesunde Ernährungsgewohnheiten. Lassen Sie sich regelmäßig ärztlich und zahnärztlich untersuchen und beraten.
Stellen Sie einen Gesundungs- und Gesundheitsplan auf. Übernehmen Sie selbst die Verantwortung. Lesen Sie Bücher zur Gesundheitsplanung, zur Gesundheitsprävention, zu Anti-Aging. Sprechen Sie Ihren Plan mit Ihrem Hausarzt *und* Ihrem Zahnarzt durch und nehmen Sie Kontakt zu anderen Gesundheitsspezialisten auf.

Beruf und Karriere

Würden Sie noch einmal die gleiche Lehre machen oder an der gleichen Fakultät studieren? Was würden Sie heute ganz anders machen und wo (und mit wem) würden Sie dann im Leben stehen? Bestimmt haben Sie sich diese Fragen schon gestellt. Es ist sinnvoll, darüber nachzudenken, damit uns die Strategien und Helfer klar werden, die uns bisher geleitet haben.

Weshalb hat es mit Ihrer Karriere vielleicht nicht ganz so geklappt, wie Sie es gewünscht hatten?

»Hätten meine Eltern mich dazu angeleitet, könnte ich jetzt Klavier spielen.« »Wäre ich damals von meiner Lehrerin besser beraten worden, hätte ich etwas anderes studiert.« »Hätte mein Chef mich beraten oder gecoacht, wäre mehr aus mir geworden. Nun erkenne ich meine Möglichkeiten zu spät und stecke hier fest.«

vorhandene Schwächen langsam in Stärken umgewandelt werden können.

- *Rückgriff:* bisherige Erfahrungen, Fähigkeiten, Schwächen.
- *Vorgriff:* Potenziale, Ziele, Visionen.
- *Planung:* Teilschritte, Aufbau von Stärken.

Übungsfragen

- Was wäre mir wichtig, wenn ich von diesem Moment (jetzt!) ganz neu starten könnte?
- Was habe ich bisher schon erreicht?
- Wo war ich erfolgreich?
- Was kann ich besonders gut?
- Was fällt mir schwer oder macht mir Angst?
- Was fehlt mir, damit ich diese Schwäche oder Angst überwinde?
- Wie kann ich aus den Schwächen Stärken machen?

Ziele definieren, Änderungen vornehmen

Der rechte Zeitpunkt, die Sache anzupacken

Der Ausgangspunkt für unser Leben liegt immer in den drei Sekunden, die unser Gehirn als jetzt erkennt. »Was immer uns widerfahren ist, es ist Vergangenheit«, meint Jon Kabat-Zinn. »Die einzige bedeutsame Frage ist daher: Was jetzt?«

Karriere- und Berufsplanung ist ein Rückgriff auf das Erlebte, auf die Fähigkeiten und Schwächen, die wir haben. Und es ist ein Vorgriff auf unsere Potenziale, Ziele und Visionen, die wir in der Zukunft leben wollen. Außerdem benötigen Sie einen Plan für das konkrete Vorgehen, die Zeit und dafür, wie

Was ist Ihnen wirklich wichtig?

Um zu erfahren, was ein Klient erreichen möchte, sollten Sie sich etwas Zeit nehmen und nicht gleich auf den ersten Zug aufspringen, mit dem der Klient vorfährt:

- Oft bilden wir nämlich Ziele, die uns vor unseren Ängsten bewahren sollen, oder unseren Zielen liegen einschränkende Glaubenssätze zugrunde: »Das würde ich nie schaffen, da wäre ich fehl am Platze, dann müsste ich vor anderen reden …!«
- Im Hintergrund schwebt dabei ein anderes Ziel, das Anlass für diese Sätze ist. Im Vordergrund wird ein Ziel wahrgenommen, mit dem wir vermeiden, was uns ängstigt. Dieses vordergründige Ziel wird

im Gespräch oft zuerst angeboten. Aus dieser Erkenntnis ergab sich, als Coaching-Weisheit, eine alte Redensart: »Wasch mir den Pelz, aber mach mich nicht nass!«

- Wir bilden Ziele, die in unserem sozialen Umfeld als angemessen oder erstrebenswert gelten: aufsteigen in der Firma, eine Führungsposition einnehmen. Häufig spielen dabei Geld und Statussymbole eine wichtige Rolle: Autos, Titel auf Visitenkarten, Häuser, Anzahl der Untergebenen, internationales Auftreten, Kleidung, Vergünstigungen und anderes kennzeichnen unseren Erfolg.

Für die meisten Menschen ist die Freude an der Arbeit gering. Auch Führungskräfte mit großen Autos und tollen Häusern sind nicht glücklicher als Menschen, die ihre Schwerpunkte im Leben woanders setzen.

Info

Sieben übergeordnete Ziele

Unabhängig vom Status und von der Form der Karriere werden von den Klienten sieben übergeordnete oder abstrakte Ziele immer wieder genannt

1. **Relevanz:** »Ich möchte etwas beisteuern.«
2. **Selbstständigkeit:** »Ich möchte selbst entscheiden.«
3. **Bewusstheit:** »Ich möchte wissen, was ich tue.«
4. **Selbstwirksamkeit:** »Ich möchte wirksam und bewegend sein.«
5. **Verantwortlichkeit:** »Ich möchte verantwortlich sein.«
6. **Stolz und Akzeptanz:** »Ich möchte mich selbst achten.«
7. **Identität:** »Ich möchte wissen, wer ich bin.«

Übungsfragen

- Gab es Ängste oder Einschränkungen, die Ihre Berufswahl beeinflusst haben?
- Wie dachten wichtige Menschen in Ihrem Umfeld über den Beruf, den Sie jetzt ausüben?
- Was würden Sie jetzt stattdessen machen, wenn Sie noch einmal neu entscheiden könnten?
- Würden Sie jetzt anders vorgehen und andere Weichen stellen?
- Wer hat Sie beraten und stand Ihnen bei der Planung zur Seite?
- Wie verwirklichen sich die oben genannten Punkte eins bis sieben in Ihrem jetzigen Beruf?
- Was ist Ihnen wirklich wichtig, was sind Ihre Werte?
- Wie lassen sich Ihre »Berufs-Werte« mit den anderen Bereichen des Lebens vereinbaren?

Wie konkret darf ich als Coach werden?

Viele Berater scheuen sich, den Klienten konkrete Möglichkeiten aufzuzeigen. Das halte ich nicht für richtig. Geben Sie ein klares Feedback und helfen Sie bei der Suche nach Informationen; damit unterstützen Sie die Suche nach klaren Zielen.

Feedback: Wie sehen Sie den Klienten in seinem Verhalten? Wie erleben Sie ihn und seine Rollen im System? Welche Möglichkeiten oder Schwächen sehen Sie? Was löst der Klient in Ihnen aus? Welche Gefühle und Einstellungen entwickeln Sie ihm gegenüber?

Informationssuche: Welche Bücher können Sie ihm empfehlen (die er vermutlich nie lesen wird ...)? Welche VHS-, Wochenend- oder Urlaubskurse können Sie empfehlen? Welche anderen Fortbildungsmöglichkeiten gibt es in der Region und überregional? Welche Fernkurse, welche Beratungsstellen können Sie empfehlen? Achten Sie dabei bitte auf die Bedürfnisse Ihres Klienten. Vielleicht sucht dieser nicht nach Erleuchtung oder nach so genannten Schlüsselqualifikationen, sondern, ohne es bisher zu wissen, nach einer speziellen Fortbildungsmöglichkeit im Steuerwesen oder nach einem Single-Tanzkurs.

Den Plan aufschreiben

Viele erfolgreiche Menschen hatten schon während der Schul- und Studienzeit eine klare Vorstellung von dem, was sie einmal machen möchten. Zahlreiche heutige Spitzenverdiener haben ihre Pläne schon in der Studienzeit aufgeschrieben: Lernpläne, Bewerbungspläne, Zeitpläne, Tagebucheinträge über den gewünschten zukünftigen Beruf, über Erfolg, Macht, Geld und vieles mehr. Im Vergleich von Spitzenverdienern und mittleren Angestellten fiel in den 70er Jahren in den USA auf, dass die Spitzenverdiener ihre Pläne meist aufschrieben, die Normalverdiener in der Regel nicht.

Heute scheint uns Spitzenverdienst und Führung vielleicht weniger attraktiv als damals. Ausgewogenheit, Freizeit und ein erfülltes Leben stehen für heutige Berufsanwärter häufiger im Vordergrund als früher. Auch diese Gaben werden durch das Schicksal aber nicht verschenkt. Entscheidend ist die Erkenntnis, dass eine langfristige Planung, die schriftlich fixiert wird, darüber entscheiden kann, wohin die Reise unseres Lebens geht. Nicht das Schriftstück selbst ist dabei entscheidend, sondern die mentale Arbeit, die Sie auf dem Wege vom Kopf zum Papier leisten müssen.

Übung und Übungsfragen

- Haben Sie einen Lebens-, Abschnitts- oder Wochenplan für Ihre Visionen oder Ziele aufgeschrieben oder klar durchdacht?
- Was planten Sie in der Mitte der Ausbildung oder des Studiums?
- Wohin sollte die Reise genau gehen?
- Haben Sie aufgehört zu planen?
- Wo befindet sich Ihr Plan?

Fassen Sie den Plan in einige Schlagworte oder formulieren Sie ihn in Werte um, die ihm zugrunde liegen, und hängen Sie ihn über Ihren Schreibtisch.

- Welche Symbole oder Metaphern haben die Ziele auf dem Plan?

Als Coach werden Sie bemerken, dass Faulheit, Trägheit, Gewohnheit, Glaubenssätze und Einschränkungen aus der Herkunftsfamilie selbst diesen kleinen Schritt verhindern können: »Ich lass mich lieber treiben, es kommt wie es kommt, ich werde dann schon sehen, Planung nimmt dem Leben die Spontaneität ...!«

Nach einigen Stunden der Zusammenarbeit haben sich die Klienten davon häufig befreit. Die schriftliche Planung einer Vision oder eines neuen Lebensentwurfs behandeln Sie daher besser nicht in den ersten Stunden Ihrer gemeinsamen Arbeit.

Optionen sammeln und bearbeiten

In der Fernsehserie Raumschiff Enterprise haben Produzenten und Schauspieler mit viel Witz die Tabus ihrer Zeit aufgegriffen. In den 70er-Jahren galt es als Sensation, dass auf einem amerikanischen Raumschiff eine schwarze Frau Offizier war und ein Ostblock-Mann die Enterprise lenkte (Ltt. Uhura und Tschechow). In einer neuen Staffel der Serie »Enterprise – Raumschiff Voyager« ist eine Frau sogar Kapitän des Raumschiffs. In den USA unserer Zeit ist das auf größeren bewaffneten Schiffen nur selten der Fall, und auch in den Führungsetagen der wirtschaftlichen Flaggschiffe ist das eher eine seltene Ausnahme.

Die Produzenten und Drehbuchautoren haben für die neuen Serien erneut versteckt sozialkritische Themen einfließen lassen, und sie nehmen beispielsweise bewusst Führungsfragen und Gesprächstechniken aus der Beratung auf. Eine häufige Frage von Kapitän Janeway an ihre Offiziere ist: »Welche Optionen haben wir, meine Damen und Herren?« Nachdem Ideen und Möglichkeiten gesammelt sind, werden deren Erfolgsaussichten, die Zwischenschritte und Konsequenzen diskutiert. Von einigen Amerikanern wird »Voyager« daher als Lehrfilm im Führungskräftetraining eingesetzt oder als originelle Idee, das Training aufzulockern.

Ein wichtiger Schritt bei der Zielplanung ist das Sammeln von Informationen, Möglichkeiten oder Optionen:

- Welche Informationen brauche ich für eine vernünftige Entscheidung?
- Woher könnte ich die Informationen bekommen?
- Welche Möglichkeiten (Optionen) ergeben sich daraus?

Diskutieren Sie mit Ihrem Klienten ganz konkret, welche Strategien zur Informationsbeschaffung er bisher hatte und wie diese zukünftig verbessert werden können. Bei dieser Arbeit werden Sie auf viele hinderliche Einstellungen stoßen, die die Klienten bisher an einer effektiven Options- und Informationssuche behindert haben.

Aufgaben in Teilschritte zerlegen

Die »Salamitaktik« gehört heute zur Allgemeinbildung: Große Herausforderungen oder Ziele werden in viele überschaubare Zwischenschritte zerlegt. Wenn Sie nebenberuflich Übersetzer für englische Handelssprache werden wollen, könnten solche Zwischenschritte so aussehen:

- Informationen suchen über Ausbildungsmöglichkeiten, Kosten, Berufsaussichten und Zeitinvestition. Dieser Schritt selbst wird unterteilt in Anrufe, Anforderung von Prospekten, Fragen beim Arbeitsamt, Suche im Internet.
- Anmelden bei einem Ausbildungsanbieter.
- Lehrmaterial sichten und erforderliche Bücher kaufen.

Diese Planung sollte sich an Zielkriterien orientieren, die wir im Kapitel über richtiges Zielen (s. S. 102 ff.) besprochen haben. Erstaunlich ist, dass dieses allgemeine Wissen um die Zergliederung größerer Aufgaben im Beruf und bei der Planung der eigenen Karriere selten angewendet wird. Meist wird die Herausforderung als Ganzes gesehen, und anschließend beginnt die Arbeit mit einer vagen Vorgabe und einem Berg von Schwierigkeiten, der vor einem zu liegen scheint. Also: Gliedern Sie mit Ihrem Klienten das große Ziel, fügen Sie sinnvolle Teilziele und Zwischenschritte ein. Es hat sich bewährt, für die verschiedenen Lebensbereiche Wochen-, Monats- und Jahresübersichten aufzustellen.

Übung

Was ist Ihr Plan für die nächsten Wochen, Monate oder Jahre in folgenden Bereichen?

- Arbeit, Leistung, Karriere
- Familie, Liebe, Freunde
- Körper, Gesundheit
- Materielle Sicherheit
- Selbstverwirklichung, Spiritualität

An diesen Plan müssen Sie sich nicht sklavisch halten. Bei der Planung wird Ihnen auf diese Weise aber deutlich, wo es zu Konflikten oder Unausgewogenheiten kommen könnte.

Übungsfragen

- Was planen Sie in den verschiedenen Bereichen?
- Welche Veränderungen streben Sie für diese Bereiche an?
- Welche Aktivitäten werden schön und erholsam sein, welche sind eher anstrengend?
- Welche Bereiche werden kurz- oder mittelfristig zurückstecken zugunsten der Pläne in anderen Bereichen?
- Sicher stimmen Sie zu, dass Qualität im Beruf bedeutsam ist und ständig verbessert werden muss! Wie verbessern Sie die Qualität Ihrer Liebe, Partnerschaft, Ihrer Spiritualität?
- Wann haben Sie dort zuletzt »investiert«?

Vom Wichtigen und Unwichtigen

> **Übungsfragen**
> - Wonach entscheiden Sie, was Sie zuerst tun müssen?
> - In welcher Reihenfolge arbeiten Sie Herausforderungen ab? Was erledigen Sie nebenbei?
> - Wie vielen Aufgaben können Sie sich gleichzeitig widmen?

Als junger Arzt auf einer Krebsstation sprach ich mit einem sterbenskranken Patienten. Während des Gesprächs klingelte der »Pieper«. Die Nummer auf dem Display zeigte, dass es die Sekretärin des Chefs war.

Ich bin nicht aufgesprungen und zum Telefon gelaufen, sondern habe mit dem Patienten weiter geredet. Das war wichtig, der Anruf der Chefsekretärin war vielleicht *eilig*, aber *weniger wichtig!*

Wegen meines Verhaltens gab es mit der Sekretärin und dem Chef später ein wenig Ärger.

Dieses Beispiel zeigt, dass die Hierarchie, die Stellung im System oder die Frage der Macht, einen starken Einfluss auf unsere Bewertungen hat. Viele Leser werden ähnliche Beispiele kennen.

Vielleicht greifen auch Sie nach dem nahe Liegenden, oder besser: werden von jedem Reiz Ihrer Umgebung ergriffen, als wären Sie willenlos oder planlos? Können Sie sich ausreichend abgrenzen, und haben Sie Prioritäten? Oder greifen Sie immer zum Handy, wenn es klingelt – egal, wo Sie gerade sind? »Wer sich ergreifen lässt durch einen nichts sagenden Gedanken, durch das Klingeln einer Maschine, durch Werbesendungen, Talkshows, Boulevardblättchen, der wird getrieben und dreht sich dabei im Kreis. Das ist etwas für Menschen, die Ablenkung lieber mögen als ihre eigenen Ziele und Prioritäten«, sagt Henrike Sieker, Team-Spezialistin aus Osnabrück.

Vermutlich ahnen Sie den Unterschied:

- Wichtiges verlangt Ihre ganze Aufmerksamkeit, mit Überblick über den gesamten Prozess!
- Unwichtiges kann parallel erledigt werden, mit einer Aufmerksamkeit, die nur auf den Moment gerichtet ist. So können Sie viele kleine Momente aneinander reihen.

Männer sollen dazu neigen, eine Aufgabe nach der anderen erledigen zu wollen. Frauen sollen besser befähigt sein, mehrere Aufgaben gleichzeitig anzugehen. Ihnen wird nachgesagt, dass sie multi-task-fähig sind. Entscheidend ist auch die Zeit, die uns für wichtige und unwichtige Aufgaben zur Verfügung steht. Dieses Konzept hat Steven R. Covey in seinen Büchern populär gemacht.

Wichtige und eilige Aufgaben: Wenn sich eine Krise einstellt, die in wichtigen Fragen eine sofortige Entscheidung verlangt, dann werden Sie dies nicht aufschieben. Solche Probleme treten sehr selten auf, wenn Sie in einem gut durchdachten Unternehmen arbeiten. Hektische Krisen, die gehäuft auftreten, sind ein Zeichen für Miss-Management, nicht aber für effiziente und turbulente Betriebsamkeit.

Wichtige, aber nicht eilige Aufgaben: Einige Aufgaben sind zwar wichtig, können aber auch zu einem späteren Zeitpunkt erledigt werden. Wenn Ihr Mitarbeiter Sie bittet, ihm in den nächsten Tagen ein Feedback zu geben, dann ist das sehr wichtig, hat aber einige Tage Zeit.

Unwichtige, aber eilige Aufgaben: Ein eiliger Anrufer mit einer unwichtigen und banalen Frage, die jeder in der Firma beantworten könnte. Oder: Wenn Sie als Führungskraft in das Materiallager gehen, um dort Papier für das leere Kopiergerät zu holen, weil Sie dringend eine Kopie machen möchten. Dies kann aber auch eine Tätigkeit sein, mit der Sie bewusst als Vorbild wirken möchten: »Ich gehöre zum Team, ich bin mir dafür

nicht zu schade, auch Kleinigkeiten sind bedeutsam ...« In der Regel handelt es sich aber um eine Aufgabe, die für Ihre Tätigkeit nicht bedeutsam ist und Ihnen daher Zeit nimmt, die Sie für wichtige strategische Planung und lenkende Managementaufgaben benötigen. Solche Tätigkeiten sollten Sie delegieren.
Unwichtige und nicht eilige Aufgaben: Wann Sie die unverlangte Postwurfsendung öffnen und durchlesen, ist völlig egal. Solche Aufgaben sollten Sie delegieren oder die Sendung gleich in den Papierkorb werfen.

Wichtig und eilig:	Wichtig, aber nicht eilig:
Sofort erledigen!	Bald Termin dafür einplanen!
Ganze Aufmerksamkeit!	Ganze Aufmerksamkeit!
Unwichtig und eilig:	**Unwichtig und nicht eilig:**
Delegieren oder später erledigen!	In den Papierkorb oder delegieren!
Falls selbst: bündeln!	Falls selbst: bündeln!

(Sog. Eisenhower-Prinzip, modifiziert nach St. Covey)

Burn-out garantiert

Weiter oben hatten wir erwähnt, welche Voraussetzungen oder Grundmotive erfüllt sein müssen, damit jemand seine Arbeit langfristig mögen kann:

1. *Relevanz:* »Ich möchte etwas beisteuern.«
2. *Selbstständigkeit:* »Ich möchte selbst entscheiden.«
3. *Bewusstheit:* »Ich möchte wissen, was ich tue.«
4. *Selbstwirksamkeit:* »Ich möchte wirksam sein.«
5. *Verantwortlichkeit:* »Ich möchte verantwortlich sein.«
6. *Stolz und Akzeptanz:* »Ich möchte mich selbst achten.«
7. *Identität:* »Ich möchte wissen, wer ich bin.«

Außerdem muss ein Ausgleich der verschiedenen Lebensbereiche gewährleistet sein: *Karriere – Gesundheit – Beziehungen – Sicherheit – Spiritualität.* Diese Voraussetzungen sind nur selten gegeben und werden von den wenigsten Menschen so geplant oder bewusst geschaffen. Werden diese Grundmotive nicht gewürdigt oder kommt es zu einer Dysbalance der Lebensbereiche, führt dies ins Burn-out. Anfangs geht dann noch alles gut, weil wir von oberflächlichen Motiven bewegt werden und in jungen Jahren auch über genügend Lebensenergie verfügen, die wir »verschwenden« können. Nach einigen Monaten oder Jahren beginnt dann aber ein Klagen und eine unterschwellige Unzufriedenheit:

»Ich kann nichts mehr so recht genießen: Ich bin total fertig.« »Ich weiß irgendwie nicht weiter, der Job frisst mich auf.« »Die Arbeit geht über meine Kräfte, mir fehlen da auch die Möglichkeiten.« »Ich stecke da so viel Energie rein, es kommt aber nichts zurück.« »Ich fühle mich schon richtig krank.« »Ich powere jetzt noch durch, und dafür gehe ich mit 50 in Rente.« »Da muss ich jetzt halt durch, irgendwo muss das Geld ja herkommen.« »Ich arbeite mich zu Tode, und mein Chef erntet die Lorbeeren.«

Dieses Gefühl der Leere ist nicht nur Top-Managern vorbehalten. Überall, wo die ständigen Anforderungen von außen dazu führen, dass wir nicht in Harmonie mit unseren inneren Werten, Wünschen und den verschiedenen Lebensbereichen leben können, stellt sich ein Burn-out-Syndrom ein.

Burn-out wird von den Betroffenen als ein Verlust an Lebensenergie beschrieben. Erst die ständige Unausgewogenheit führt in den Erschöpfungszustand:

- Aus dem freudigen Leistungswunsch entwickelt sich langsam ein erdrückender Handlungszwang.
- Am Anfang steht oft der Wunsch, sich zu beweisen.

- Der verstärkte Einsatz führt zum Vernachlässigen anderer Bedürfnisse. Die daraus entstehenden Konflikte werden verdrängt.
- Werte, Kriterien und Glaubenssätze werden dem Zwang und der Firmenphilosophie angepasst.
- Die Probleme, die durch den sozialen Rückzug und die Unausgewogenheit entstehen, werden verleugnet und abgewehrt.
- Außenstehende nehmen bereits deutlich Verhaltensänderungen wahr. Die betroffene Person zieht sich immer mehr in die Aufgabe zurück.
- Das Gefühl für die eigene Person geht verloren, innere Leere, Erschöpfung und Depression stellen sich ein.

Dies betrifft Hilfsarbeiter, Lehrer, Hausfrauen und Manager gleichermaßen. Es ist ein Anzeichen dafür, dass der Betroffene sein Leben nicht so organisiert hat, wie es für ihn gut wäre. Die meisten Menschen wollen jedoch lieber im gewohnten Leid verharren und scheuen die Herausforderung einer Veränderung. Im Coaching werden Ihnen häufig Menschen begegnen, die unterschwellig schon zu Änderungen bereit sind. Sie werden diesen Klienten dann keine einfachen Antworten geben können, sondern müssen sich mit viel Zeit durch deren Werte, logische Ebenen, Ziele und Visionen hindurchbewegen, bis die Klienten selbst sehen, wohin die Reise zukünftig gehen könnte.

Ohne Vitamin B läuft nur wenig

Beziehungen werden uns nicht nur von den Eltern in die Wiege gelegt: Jeder Blick und jeder Händedruck kann Beziehungen schaffen. Die Art, wie wir auf Menschen zugehen und mit ihnen umgehen, schafft unser soziales Netz. Im Privatleben und im Beruf sind solche Netze oder Seilschaften Gold wert.

Ein BWL-Student möchte beispielsweise später im Marketingbereich der Otto-Gruppe arbeiten. Seine Einstellungschancen sind viel höher, wenn er schon während des Studiums in genau dieser Abteilung bei der OTTO GmbH ein Praktikum absolviert, wenn er die Entscheidungsträger dort kennen lernt und vor Ort erfragt, wie ein Bewerberprofil am besten aussehen sollte: Welche Noten, welche Schlüsselqualifikationen, welche Vorkenntnisse, Auslandsaufenthalte ...? So kann er sein berufliches Profil auf die tatsächlichen Anforderungen abstimmen und hat dort bereits den Heimvorteil: selbst geschaffenes »Vitamin B«.

Von dieser Möglichkeit der Karriereplanung machen erstaunlich wenige Studenten Gebrauch. Auch später im Berufsleben wird

---

Übungsfragen

- Bekommen Sie bei oder nach der Arbeit manchmal Kopfschmerzen?
- Ist Ihr Nacken häufig bei der Arbeit verspannt?
- Haben Sie Bauchschmerzen oder Magenprobleme?
- Wann wollen Sie in Ruhestand gehen?
- Müssen Sie Ihren Beruf immer ausüben, oder können Sie sich vorstellen, irgendwann einmal zu wechseln?
- Was stört Sie bei der Arbeit immer wieder?
- Wenn Ihr Lebenspartner einschätzen sollte, welche Probleme Sie meistens mit nach Hause nehmen, was würde er sagen?
- Verzetteln Sie sich zwischen zu vielen Herausforderungen und Pflichten?
- Können Sie sich genügend abgrenzen gegenüber den Ansprüchen anderer?
- Was sind Ihre Werte, welche die des Umfeldes?
- Wo liegen die wirklichen Ziele und Wünsche Ihres Lebens?
- Was sind Ihre eigentlichen Kraftquellen?
- Wer kann und darf Ihnen Feedback und Unterstützung geben?

> **Übung**
>
> In dieser Übung finden Sie die wichtigsten Regeln zum Aufbau guter Beziehungen. Sie können überprüfen, welche positiven Möglichkeiten eines alltäglichen Beziehungsaufbaus Sie oder andere Menschen missachten. Gegen welche der folgenden »Vitamin-B-Regeln« verstoßen Sie häufiger? Tritt Ihnen jemand mit solchen Verstößen gelegentlich auf den Schlips? Was halten Sie von diesem Menschen?
>
> - Hören Sie aktiv zu (s. S. 32). Achtung: Das bedeutet nicht: Lassen Sie sich von jedermann das Ohr abkauen!
> - Stellen Sie Rapport her (s. S. 31). Achten Sie die Welt der anderen (s. S. 34).
> - Seien Sie aufrichtig und stehen Sie zu Ihren Werten. Drängen Sie diese aber niemandem auf.
> - Sehen Sie die Rollenkonflikte der anderen (Karriere, Familie usw.) und respektieren Sie sie.
> - Halten Sie sich aus Mobbing heraus und reden Sie über niemanden schlecht. Beteiligen Sie sich auch nicht passiv an solchen Gesprächen.
> - Zollen Sie jedermann den gleichen Respekt als Mensch und respektieren Sie dann erst dessen Position.
> - Loben Sie häufig und bedanken Sie sich für Aufmerksamkeiten.
> - Gehen Sie bewusst auf das Verhalten anderer ein, nicht aber auf deren Sein (»Er ist immer so naiv ...«).
> - Vermeiden Sie Tadel, Zurechtweisung und Befehle, wann immer das möglich ist. Seien Sie freundlich, aber bestimmt.
> - Sagen Sie in normalen Diskussionen möglichst nicht »Nein!« oder »Stimmt nicht!« »Ja, aber ...!« ist ähnlich schlimm. Bitte finden Sie andere Formulierungen, die vorzugsweise mit »Ja« beginnen. (Ausnahme: Es ist zur Wahrung Ihrer Grenzen erforderlich, klar »Nein!« zu sagen.)
> - Verletzen Sie nicht das Selbstbild der anderen. Verletzen Sie nicht die Ehre der anderen.

diese Art des Beziehungsaufbaus und der -pflege nur von wenigen zielstrebigen Menschen angewandt. Es geht dabei nicht darum, sich irgendwo »einzuschleimen«, jemanden auszunutzen oder einem Vorgesetzten nach dem Mund zu reden. Ein soziales Netz und hilfreiche Seilschaften fallen nicht vom Himmel und sollten genauso geplant werden wie jeder andere Bereich des Lebens.

Energieräuber

Neben positiven Beziehungen umgeben wir uns auch mit allerlei oberflächlichen Beziehungen und gehen Bindungen zu Menschen, Sachen und Umständen ein, die in ihrer Gesamtheit oft mehr Energie und Freude kosten, als sie zurückgeben können. Hier einige Beispiele für solche Energieräuber:

- Zu viele Mitgliedschaften und Pflichten in Vereinen.
- Verschleppte Gesundheitsprobleme.
- Genussmittelsüchte (Kaffee, Alkohol, Zigaretten).
- Viele Zeitschriften- und Zeitungs-Abos.
- Schulden.
- Neid, Hass, Missgunst, unentwegte Unzufriedenheit.
- Unerledigtes, Unausgesprochenes (in der Familie, im Team).
- Äußerlichkeiten, Angeberei, Luxus.
- Immer voller Terminplaner.
- Zu viele Rollen und Verpflichtungen.
- Nie freie Abende.
- Stillstand, Faulheit, Desinteresse.
- Essen über den Hunger hinaus.
- Unordnung, Unübersichtlichkeit.
- Alles selber machen müssen.
- Volle Schränke, Keller, Garagen (Museumsmentalität).
- Verharren an Orten ohne Charme (hässliche Stadt, Fabrik in der Nähe).
- Immer perfekt oder besser sein müssen.
- Taschen, Koffer, alte Adressbücher, zu viele ungelesene Bücher.
- Fehlende Ruhe und Entspannung.

Jeder Mensch hat seine eigene Liste und Wertung für Energieräuber. Ihnen allen ist gemeinsam, dass sie viel Kraft kosten. Trotzdem redet man sich ein, dass sie viele Vorteile mitbrächten, und es fällt schwer, sie loszulassen. Machen Sie sich daran und stellen Sie Ihre Liste der Energieräuber zusammen. Und fragen Sie sich, warum Sie bisher nicht loslassen konnten: Wofür ist der Energieräuber in Ihrem Leben noch gut? Sie können es aber auch so machen wie fast alle Berater: Stellen Sie nie sich selbst solche Fragen, sondern nur Ihren Klienten!

Team und Gruppe

Teams in der Beratung

Dieses Handbuch ist eine Einführung in das Einzel-Coaching. Wer Teams moderieren oder coachen möchte, braucht einen anderen Erfahrungshintergrund. Häufig wird behauptet, eine Teammoderation sei deutlich schwieriger als ein Einzel-Coaching; Gleiches wird von der Paar- und der Gruppentherapie gesagt. Es gibt Berührungspunkte und Überschneidungen, und trotzdem handelt es sich um unterschiedliche Bereiche, die sich nur ungenügend vergleichen lassen. Im Team-Coaching werden Sie, wenn die Auftragslage nicht ganz klar ist, zwischen den Rollen Moderator, Supervisor, Trainer, Beobachter und Teamtherapeut hin und her springen müssen.

Hilfreich zur Bewältigung dieser Herausforderung sind Kenntnisse der Methoden aus Skulpturaufstellungen oder Psychodrama (auch Organisationsaufstellung genannt). Diese Beratungs- und Therapieformen sind außerdem ein hervorragendes Training für Teamarbeit und Team-Coaching.

Manche Coaches arbeiten gern mit Einzelpersonen, andere mit Paaren oder Gruppen. Das »System« wird aber auch in der Einzelberatung stets eine große Rolle spielen, da Sie Ihren Einzelklienten nach jedem Gespräch wieder in sein bisheriges System zurücksenden. Grundkenntnisse über Teams und Systeme sind daher für den Einzelcoach unumgänglich!

Vorsicht: heilige Kühe

Vielleicht engagiert Sie eine Führungskraft, um andere Führungskräfte zu motivieren, um ein ganzes Team »auf Vordermann« zu bringen oder um Verkaufszahlen von Verkäufern zu steigern. Unklar ist meist, was unter Motivation verstanden wird oder wie das Team danach funktionieren soll. Sie wissen auch noch nichts über die geheimen Wünsche von Auftraggeber oder Klienten.

- Sollen verdeckte Konflikte offen gelegt oder vertuscht werden?
- Welche heiligen Kühe dürfen keinesfalls geschlachtet werden?
- Gibt es Gruppen in der Firma oder im Team, die Ihr Scheitern wünschen?
- Ist eine Führungsaufgabe an Sie delegiert worden, die eigentlich der Vorgesetzte ausführen sollte?
- Sind Ziele oder Intention des Coachings mit den anderen Führungskräften oder dem Team abgesprochen?
- Sind die Voraussetzungen geschaffen, dass alle Beteiligten das Gefühl haben, Sie eingeladen zu haben?

Übungsfragen

- Was genau ist der Auftrag an mich?
- Wer hat diesen Auftrag formuliert, und wie sind die anderen Teile des Systems mit einbezogen worden?
- Wer wird die gewünschte Veränderung begrüßen?
- Wer wird Angst davor haben oder die Veränderung behindern?
- Warum kann die Führungskraft die Aufgabe nicht selbst übernehmen?
- Gibt es Strukturen im System, die langfristig zu einem Scheitern der Veränderung beitragen könnten?
- Woran werden wir genau erkennen, dass der Auftrag für alle Beteiligten erfolgreich abgeschlossen ist?
- Was wird sich im System ändern?
- Wer wird sich dafür am meisten ändern müssen und wer am wenigsten?

Wenn der Chef mit der Sekretärin ...

Wie in jeder Familie gibt es auch im künstlich geschaffenen Sozialsystem der Firma oder Organisation offene und verdeckte Regeln, genauso wie Geheimnisse, die jeder ahnt, aber niemand ausspricht. Verdeckte Regeln entstehen dort, wo es keine Übereinstimmung bezüglich der Werte, der Ziele und der Identität des Systems gibt. Das ist meistens der Fall, da ein Team selten einen gemeinsamen Prozess der Identitätsfindung durchlaufen hat. Die Sinnstiftung und Identitätsbildung mit gemeinsamen Zielen und Werten gehört zu den schwierigsten Teamprozessen. Sie sollte »von oben« beispielhaft vorgelebt werden – muss aber von allen Mitgliedern des Systems aus freien Stücken getragen werden. Offene Regeln in Hochglanzbroschüren lauten häufig:

»Wir sind engagiert.« »Wir sehen den Kunden im Mittelpunkt.« »Bei uns zählt Qualität.« »Wir sind aufgeschlossen für Neues.« »Wir tragen Verantwortung.« »Wir arbeiten im Team.«

Wie füllt man solche Behauptungen mit Leben, und wie vereint man ein ganzes Team hinter solchen Flaggen? Oder stehen in Wirklichkeit nur sehr wenige aus der Führungsebene dahinter?

Andere offene Regeln werden durch die Unternehmenskultur vermittelt und auch an neue Mitglieder weitergegeben. Daneben stehen aber mächtigere geheime Regeln in Klammern. Jedem Teammitglied ist klar, dass sie eigentlich befolgt werden müssen. Hierzu einige Beispiele:

Vielleicht gibt es auch Gerüchte und Geheimnisse, die nur wenige Mitglieder kennen – oder sogar alle?

Hat der Chef eine Geliebte? Ist Herr S. Alkoholiker? Hat die junge Frau K. sich mit weiblichen Reizen »hochgearbeitet« und wird immer noch vom 20 Jahre älteren Chef intensiv gefördert? Warum ist sie plötzlich im Kegelclub des Chefs und duzt dort alle wichtigen Geschäftspartner der Firma? War der Chef für eine Katastrophe verantwortlich und ist dabei von den Abteilungsleitern gedeckt worden, während die Schuld dem Team zugeschoben wurde?

Solche Geheimnisse und Gerüchte können im Hintergrund wirken und bei der Bildung einer Unternehmens-*Un*-Kultur viel kraftvoller sein als die Hochglanzbroschüren der Firmenleitung. Verdeckte Regeln und unwissende Vorgesetzte sind außerdem der Nährboden für Mobbing.

> **Übung**
>
> Denken Sie zurück an die Firmen, in denen Sie bereits gearbeitet haben. Stellen Sie eine Liste auf mit den Statements in den jeweiligen Hochglanzbroschüren, den offenen Regeln, den verdeckten Regeln und den Gerüchten und Geheimnissen, die verbreitet wurden.
>
> - Wer versammelte sich hinter den gehissten Flaggen, und wer ging einfach nicht hin?
> - Wo standen Sie?

Offene Regel	Verdeckte Regel
»Sage immer deine Meinung.«	»Sage nur, was dem Chef gefällt.«
»Sei eigenverantwortlich.«	»Frage immer den Chef.«
»Wir sind ein Team.«	»Jeder profiliert sich nach Kräften.«
»Aus Fehlern lernen wir.«	»Wer Fehler macht, fliegt früher.«
»Wir sind kreativ.«	»Sei nie kreativer als der Chef.«
»Nutzt die Team-Ressourcen.«	»Schau mir meine Tricks nicht ab.«

Wer kann mit wem?

Anfangs ist es hilfreich, die Führungsstruktur, die Hierarchie und das Beziehungsgeflecht im System zu erkennen. Dabei hat sich die grafische Aufstellung eines Soziogramms bewährt. In Gruppentherapie und Moderation gibt es verschiedene Symbolsysteme oder »Kurzschriften« für die häufigsten Beobachtungen. In dem Buch »Veränderungs-Coaching« (1998) von Martina Schmidt-Tanger wird eine dieser Symbolschriften vorgestellt: Personen, die miteinander kommunizieren, werden mit einem einfachen Strich dargestellt. Bei intensivem Kontakt werden zwei Verbindungsstriche gezeichnet. Diese Methode ist im Psychodrama oder Soziodrama Morenos entwickelt worden und wird im nächsten Teil (s. S. 371 ff.) vorgestellt, in dem wir uns besonders mit systemischen Aspekten der Beratung befassen werden. Viele Berater entwickeln jedoch lieber ihre eigene »Kurzschrift« für die grafische Abbildung von Beziehungsgeflechten in hierarchischen Strukturen oder über den Ablauf der Interaktion von Teammitgliedern in Prozessverläufen. Dazu möchten wir Sie ebenfalls anregen.

> **Übung**
>
> Denken Sie sich Striche oder Symbole aus für folgende Zusammenhänge und weitere, die Ihnen einfallen: kein Kontakt, Koalition, Sympathie oder Zuneigung, gestörter Kontakt, Konflikt, Ablehnung (in beide Richtungen oder nur in eine), formeller Gesprächsleiter, insgeheimer Gesprächsleiter, redet nur über Sachen, redet auch über Emotion ...
> Zeichnen Sie ein Soziogramm der Systeme, in denen Sie bisher gearbeitet haben. Seien Sie dabei ehrlich zu sich selbst. Was verwundert Sie im Nachhinein daran? Gab es Situationen oder Phasen, wo das Beziehungsgeflecht ganz anders aussah? Was war in diesen Phasen anders?

Bleiben Sie neutral?

Als Coach werden Sie vom System absorbiert und stehen nicht neutral daneben. Zwangsläufig werden Sie sich wegen Ihrer eigenen Geschichte, auf Grund von Werten, Inhalten oder Äußerlichkeiten zu dem einen oder anderen Teammitglied oder zu verschiedenen Argumenten mehr hingezogen fühlen. In der Teamarbeit geht es aber weder um Sie, noch um eine Therapie oder einen seelischen Wachstumsprozess. Sie sind eingeladen worden, einem System zu mehr Effektivität zu verhelfen. Fragen Sie sich also:

- Wen bevorzuge und wen benachteilige ich?
- Wem würde ich gern auf die Sprünge helfen?
- Wer ist schuld und wer leidet in diesem Drama?
- Habe ich Rapport zu jedem Teammitglied?
- Habe ich jeden nach seiner Ansicht gefragt und »gepaced«?
- Wo sind meine eigenen Begrenzungen, Übertragungen und hinderlichen Glaubenssätze?
- Nehme ich einerseits das Team als Ganzes wahr (defokussiertes Sehen) und würdige andererseits mit Blicken, Gesten, Körperhaltung und in der Rede jeden Einzelnen im System?

Typische Teamprobleme

Häufige Probleme ergeben sich durch eine Team- und Arbeitsorganisation, die »Burnout« fördert. Daneben gibt es eine Reihe weiterer Standardthemen, die Ihnen begegnen werden. Die Probleme können klar präsentiert werden oder als Problemwolke auf einer sprachlichen Oberflächenstruktur dargeboten werden. Diese wirkt beim ersten Zuhören meist harmlos und lässt noch nicht erkennen, dass dahinter im Einzelfall Frustrationen, Schuldzuweisungen, innere Kündigungen, Aggressivität, Rechtfertigungen und anderes verborgen sein können. Die Kernpunkte sind meist folgende:

Relevanz: »Wir sehen nicht, wofür das eigentlich wichtig ist, was wir hier tun.«
Selbstständigkeit: »Wir handeln auf Anweisungen und haben das Gefühl, nur hin und her geschoben zu werden.«
Bewusstheit: »Wir verstehen den Sinn und die Philosophie unserer Arbeit nicht.«
Selbstwirksamkeit: »Wir erleben nicht, dass wir etwas bewirken können oder so zustande bringen, wie wir das gern tun würden.«
Verantwortlichkeit: »Wir tun, was man uns sagt. Wir würden aber auch gern mit entscheiden und planen.«
Stolz und Akzeptanz: »Wir möchten stolz sein auf unsere Arbeit und gelobt werden. Häufig werden nur die Fehler getadelt, aber nie wird unser Engagement gelobt.«
Identität: »Wir wissen nicht so recht, wer wir hier sind und was uns verbindet.«
Kommunikation: »Es gibt zu viele verdeckte Regeln. Die Kommunikation ist schlecht.«
Informationsdefizit: »Wir erfahren keine Hintergründe, wir wissen nicht, warum welche Entscheidungen gefällt werden.«
Fehlende Mittel: »Wir sollen das alles schaffen, aber das Personal, die Zeit und das Geld werden immer knapper.«
Missachtung anderer Rollen: »Wir werden nur als Produktionsmittel gesehen. Dass wir auch noch Familien und ein Leben neben der Firma haben, das wird nicht ernst genommen.«
Macht und Stellung: »Wir werden immer benachteiligt und müssen uns anderen Teilen des Systems unterordnen.«
Sündenböcke: »Wir schleppen den mit durch. Der ist zu langsam, zu faul, immer krank.«
Entscheidungen: »Es wird zu langsam oder zu unklar entschieden. Wir treten auf der Stelle.«
Mobbing: »Die Vorgesetzten verschließen die Augen davor oder machen sogar noch aktiv dabei mit.«

Zahlreiche Prozesse, Modelle und Fragen des Einzel-Coachings oder auch der Paarberatung lassen sich mit kleinen Veränderungen auf das Team übertragen.

Teamentwicklung

Teams werden selten aus dem Boden gestampft. Meist gibt es bestehende Strukturen, in die sich neue Mitglieder oder Gruppen integrieren. Es gibt einige Grundmuster, nach denen diese Entwicklung vollzogen wird.

Eintritt in die Gruppe: In dieser Phase ist das neue Gruppenmitglied oder die ganze Gruppe noch nicht produktiv und kooperativ. Der oder die Neue(n) müssen sich erst einfinden, orientieren, offene und verdeckte Regeln verstehen, Kompetenzlücken schließen, ihr privates Umfeld schaffen sowie Rückhalt, Vertrauen und Mut entwickeln.

»Mitglieder, die von Anfang an schneidig auftreten oder alles umkrempeln wollen, wirken unnatürlich und verstören die Gruppe. Bei diesem Verhalten der Neuen handelt es sich eher um kompensierte Ängste oder Unsicherheiten. Beide Seiten erhoffen sich außerdem emotionale Akzeptanz, Würdigung ihrer Leistung und eine offene Kommunikation«, sagt die Osnabrücker Teamberaterin Henrike Sieker.

Neue Strukturen entstehen: In der Gruppe entstehen Hoffnungen und Ängste auch bei den alten Gruppenmitgliedern. Jede Veränderung betrifft auch Hierarchien, Aufgabenverteilungen und gewohnte Routinen, woran sich auch die alten Gruppenmitglieder anpassen müssen. Diese Phase ist sehr dynamisch und wertvoll. Hier wird mit Macht, Koalitionen und anderen Mitteln der »Politik« spielerisch umgegangen, gelegentlich aber auch destruktiv.

»Neue Mitglieder können idealisiert oder emotional scharf abgelehnt werden«, so Henrike Sieker. In dieser Phase behauptet sich jedes Mitglied und definiert seine Rolle

im inneren Wettbewerb. Das Team ist in dieser Phase wenig kooperativ und produktiv.
»In so genannten Assessment-Centern, Auswahlverfahren für Karriereanwärter, werden diese Phasen einer Teamentstehung umgekrempelt«, stellt Henrike Sieker fest. »Jeder Teilnehmer muss bereits zu Beginn ›voll im Team sein‹. Er soll kooperativ, kreativ und selbstbewusst auftreten – von Anfang an! Was so natürlich wirken soll in diesen Ausleseverfahren, ist in normalen Teams eigentlich eine große Ausnahme.«

Produktivität und Kreativität stellen sich ein: Nachdem jeder vorerst seinen Platz im System gefunden hat und Ruhe eingekehrt ist, kann wieder normal gearbeitet werden. In Hochleistungsteams ist dies die Phase großer Kreativität und Produktivität. In weniger motivierten Teams wird in dieser Phase die geforderte Leistung in üblicher Weise erbracht. Die Energie des Teams ist auf das gemeinsame Ziel und die Vision gerichtet. Nur wenig Kraft verpufft innerhalb der Gruppe.

»Wenn Teammitglieder kurzfristig Schwächen zeigen, können sie mit Rückhalt und Zuwendung rechnen. Das System stützt sie in dieser Phase. Auf ein und dieselbe Schwäche wird anfangs vielleicht mit wohlwollender Hilfe, in der Phase der Rivalität aber mit boshafter Freude unter den Rivalen reagiert«, sagt Henrike Sieker.

Bei Kindern laufen die Phasen der Team- oder Gruppenbildung innerhalb von Tagen ab, wenn neue Schüler in die Klasse kommen. Je älter die Schüler werden, desto länger dauert der Prozess. Erwachsene, die in eine andere Stadt ziehen und dort neue Aufgaben übernehmen, brauchen häufig ein Jahr oder sogar noch länger, um die beiden ersten Phasen zu durchlaufen. Von Vorgesetzten wird jedoch meist erwartet, dass dieser Prozess bereits nach drei bis vier Wochen abgeschlossen ist.

Das Modell der Teamentwicklung, welches wir Ihnen hier vorgestellt haben, sollten Sie bitte nur als eines von vielen möglichen Phasenmodellen auffassen. Alle diese Modelle haben gemeinsam, dass sie den Eindruck erwecken, Teams und Gruppen durchlaufen abgrenzbare Entwicklungs- oder Prozessphasen. In der Wirklichkeit werden einzelne Schritte in diesen Modellen ausgelassen, manchmal werden mehrere Phasen übersprungen, manchmal treten Prozesse auf, die mit einem vorliegenden Modell schlecht fassbar sind, aber mit einem anderen Modell hervorragend dargestellt werden können. Auf die Vor- und Nachteile von Modellen in der Beratung sind wir ja bereits mehrfach eingegangen.

Übungsfragen

- Wie lange haben Sie bei großen neuen Herausforderungen gebraucht, um sich »einzufinden«?
- Gab es anfangs Orientierungsschwierigkeiten, die Sie mit der Zeit vergessen haben?
- Gab es verdeckte Regeln oder Geheimnisse, die Sie gestört haben?
- Wer waren Ihre Koalitionspartner und Ihre Gegner in der zweiten Phase?
- Wer hatte am meisten Angst vor Ihnen und wer erhoffte sich am meisten von Ihnen?
- Vor wem hatten Sie die meiste Angst?

Teambildung und Teamidentität

Die logischen Ebenen von Robert Dilts haben Sie in verschiedenen Zusammenhängen bereits kennen gelernt (s. S. 106 f.). Sie eignen sich auch als Diagnose- und Veränderungsmethode im Teambildungsprozess. Sie können die Arbeit auf der höheren logischen Ebene der Identität starten und sich von dort nach unten zu den Fähigkeiten und der Umgebung vorarbeiten.

Identität. Die Mitglieder eines Team stellen sich viele Fragen, um festzustellen, wer sie sind: Wer sind wir als Team? Wie sehen wir uns? Welches innere Bild haben wir von unserem Team? Welches Symbol für das Team

taucht auf, wenn wir uns die Erlaubnis geben, nach innen zu schauen? Welche Farbe symbolisiert das Team? Was sind unsere Leitgedanken? Was sind unsere Vorbilder (deren Image)? Was ist unser Gegen-Vorbild? Was wollen wir als Team nicht sein?
Werte. Die folgenden Fragen gehen auf Glaubenssätze, Leitsätze, Vorbilder ein, die im Team existieren: Woran glauben wir? Was ist wichtig für uns? Was sind unsere Maßstäbe? Woran messen wir uns selbst? Was sind unsere Vorbilder (deren Werte)? Welche Werte lehnen wir ab?
Aufgabe und Vision. Jedes Team verfolgt einen Zweck oder strebt ein Ziel an. Mit den folgenden Fragen wird im Team danach gefragt: Wofür haben wir uns zusammengefunden? Wo wollen wir hingehen? Was ist unsere Aufgabe? Was hält uns zusammen? Wohin wollen wir nicht? Was gehört nicht zu unseren Aufgaben?
Fähigkeiten und Verhalten. Um Ziel und Zweck erfüllen zu können oder um zum Team zu gehören, müssen die Mitglieder bestimmte Fähigkeiten besitzen: Was müssen wir können? Was können wir bereits? Worin sind wir besonders stark? Woran erkennen andere, was wir tun und wie wir es tun? Wie gehen wir miteinander um? Wie gehen wir mit den Menschen und den Systemen um uns um?
Raum und Ort. Oft wird vergessen, wie sich die räumliche Umgebung auf das Team auswirkt. Das kann mit folgenden Fragen erarbeitet werden: Wie sehen die Räume oder Gebäude aus, in denen wir arbeiten? Welche Atmosphäre schaffen wir dort? Welches Licht scheint dort? Welche Farben sind dort? Welche Möbel umgeben uns?
Was jeder tun kann. Hier wird erarbeitet, welche konkreten Handlungen jeder im Team beisteuern kann oder muss: Wer muss sich am meisten ändern? Wer am wenigsten? Was ist jeder bereit zu leisten oder beizusteuern? Auf welcher Ebene hat wer die größte Kompetenz? Was genau muss jedes Teammitglied tun, um die vereinbarten Prozesse zu fördern?

Zielformulierung und Visualisierung. Die gesammelten Antworten werden in klar formulierte Ziele umgewandelt. Aus den Bildern, Symbolen und Leitsätzen der Identitätsfragen wird eine Collage erstellt. Hieraus wird ein neues Logo, eine Team-Metapher, Flagge oder ein Wappen kreiert.
Der Weg zum effektiven und kooperativen Team wird als Landkarte gezeichnet. Die Orte, die durchfahren werden müssen, stehen für gemeinsame Werte, für Symbole, Verhalten, Visionen. Abzweigungen zu »unerwünschten Orten« stehen für abgelehnte Werte, Anti-Ziele oder auch für kreative Umwege.

Rolle oder Psychologie?

Wir neigen dazu, das Verhalten unserer Mitmenschen mit deren Charakter zu erklären. Das ist ein willkommenes Betätigungsfeld für alle Hobby-Psychologen, die ihren Mitmenschen dann Neurosen, Zwänge oder niedere Beweggründe unterstellen. Unser eigenes Verhalten allerdings werde meist nur aus den Umständen und den Pflichten geboren, denen wir ausgesetzt sind. Diese psychologische und soziologische Wahrnehmungsverzerrung ist in zahlreichen Studien belegt.
Diese Wahrnehmungsverzerrung führt in Teams oder Betrieben immer wieder zu Unklarheiten: Selten werden die Pflichten erkannt, die unsere Teammitglieder, Linienvorgesetzten und Projektleiter in ihren soziologischen Rollen wahrnehmen. Stattdessen schreiben wir ihnen andere psychologische Beweggründe zu. Gelegentlich treten auch Konflikte auf, wenn verschiedene Rollenerwartungen nicht erkannt oder klar getrennt werden. Dazu einige Beispiele zur Verdeutlichung:

> Wenn der Abteilungsleiter auf die Einhaltung der täglichen Arbeitszeit besteht, will er damit nicht seinen Kontrollzwang ausleben, sondern ist auf Grund seiner Rolle zu dieser Kontrolle verpflichtet.

Wenn die Chefsekretärin mahnt, dass Sie fünf Minuten zu spät gekommen seien, will sie sich nicht aufspielen. Sie ist von ihrem Chef dazu verpflichtet worden.

Wenn Ihr Lektor monatlich einen Leistungsnachweis oder Tätigkeitsbericht verlangt, zeigt er damit nicht, dass er Ihnen misstraut oder Sie für faul hält. Er muss im Verlag vielleicht selbst monatlich über die Entwicklung in seinem Produktbereich berichten und braucht dazu Ihre Informationen.

Wenn Sie als abteilungsübergreifender Projektleiter eingesetzt sind, Ihr Linienvorgesetzter Ihnen für diese Tätigkeit aber nicht den zugesicherten Freiraum gewährt oder wieder nimmt, kommt es zu einem Rollendilemma: Einerseits sind Sie ihm unterstellt, andererseits haben Sie Verantwortung als Projektleiter übernommen. Damit haben Sie eine neue Rolle erhalten, neben der bestehenden Rolle als Mitarbeiter in der Abteilung.

Es ist hilfreich, bei allen Problemen, die Ihr Klient hat, Klarheit und Struktur in die verschiedenen Rollenerwartungen zu bringen: in jene der Klienten und in die der potenziellen Konfliktpartner. Eine große Zahl von Kommunikationsstörungen, Frustrationen oder Führungsschwierigkeiten lässt sich auf diese Weise bereits klären – ohne die Mittel der Psychologie.

Übung

- Haben Sie mit Ihren Verpflichtungen im Job schon einmal zwischen den Stühlen gesessen?
- Wie haben Sie sich das damals erklärt, und wie würden Sie das mit einem Rollenmodell heute erklären?
- Gibt es in der Organisation, in der Sie derzeit arbeiten, klare Rollenzuschreibungen, Tätigkeitsprofile und eine klare Verteilung von Pflichten und Verantwortlichkeiten?

Gruppendynamik

Der nach England emigrierte Psychoanalytiker Siegmund H. Foulkes (vor seiner Flucht aus Deutschland hieß er Fuchs) entwickelte im Zweiten Weltkrieg eine Form der Gruppenanalyse. Während seiner Ausbildung in Deutschland hatte er Kontakt zu Jacob L. Moreno, dem Begründer des Psychodramas, zu Gestalttheoretikern und soziologischen Feldforschern.

Foulkes Matrix-Modell

Foulkes entwickelte das Modell der *Gruppen-Matrix*: In einer Gruppe stehen alle Mitglieder in einem enorm komplexen unbewussten kommunikativen Geflecht miteinander in Beziehung. Bewusstes und unbewusstes Denken, Fühlen und Handeln der Gruppenmitglieder beeinflusst sich gegenseitig. Foulkes war aufgefallen, dass einzelne Gruppenmitglieder als »Sprachrohr« für Strebungen, Gedanken oder Gefühle fungieren, die bereits unbewusst in der Gruppe wirkten. In diesen einzelnen Mitgliedern wird latentes Erleben, werden latente Befürchtungen, Tabus, Abgewehrtes oder Verschwiegenes aus der Gruppe manifest. Oft geht es dabei um Gedanken, Gefühle oder Strebungen, die von den meisten Gruppenmitgliedern bewusst abgelehnt werden (zum Beispiel Angst, Ungewissheit, Andersartigkeit). Daher werden die Mitglieder, in denen unbewusste latente Gruppenphänomene bewusst und manifest werden, angegriffen oder abgelehnt. Es ist Aufgabe des Gruppenanalytikers, der Gruppe bewusst zu machen, dass die geäußerten Gefühle, Gedanken oder Strebungen bereits »im Raum standen«, bevor das »Sprachrohr« sie geäußert hat. Das Modell von Foulkes wurde im Laufe der Jahrzehnte weiter ausgebaut und ist heute als gruppenanalytische Methode weit verbreitet. Trotz der psychoanalytischen Ausbildung der Gruppenleiter sind die Grundgedanken des Modells aus gemeinsamen Wurzeln der interaktionellen und soziologischen Theorie entstanden. Insofern ist Foulkes Ansatz für die Psychoanalyse eine Perspektivenerweiterung gewesen.

> **Info**
>
> Was im Einzelnen *manifest* wird, existiert *latent* bereits zuvor als Gruppenphänomen oder in anderen Gruppenmitgliedern (oft abgewehrt, unbewusst).

Schindlers Rangdynamik der Aktion

Der Gruppenanalytiker Raoul Schindler führte für die Arbeit mit Gruppen ein *rangdynamisches Aktionsmodell* ein. Das Modell erschien ihm hilfreich beim Verständnis von Gruppenprozessen. Ihm fiel auf, dass jede Aktion von einem Aktionsträger vorangetrieben wird. Er unterschied zwischen Aktion beziehungsweise Interaktion und der formalen Hierarchie in Gruppen (Vorgesetze, Untergebene, Spezialisten und so weiter). Sein Modell bezieht sich auf die Untersuchung einzelner Interaktionsträger und nicht auf die formale Stellung in einer Hierarchie.

- Den Hauptträger einer Aktion (Ziel, Wunsch) nannte er *Alpha*,
- die Aktionsbefürworter oder Mitläufer und Unentschiedene nannte er *Gamma*,
- die Kritiker, Verweigerer (oder Sündenböcke) nannte er *Omega*,
- balancierende Kräfte und Vermittler (Coaches?) nannte er *Beta*.

Personen in der Omega-Position tragen oft Eigenschaften, die in der Gruppe abgelehnt oder die nicht gruppenkonform sind. Sie sind häufig die Sündenböcke, Außenseiter, Kritiker einer Aktion. Sie sind das Sprachrohr für eine Perspektive in der Aktion, die von den anderen Mitgliedern und insbesondere von Alpha gerne ausgeblendet werden möchte. Viele Gruppen suchen nach Möglichkeiten, ihre Omega-Personen auszuschließen, zum Schweigen zu bringen oder loszuwerden. Oft geschieht das auch. Danach tritt dann eine Phase der Reue ein, und es findet sich schnell eine neue Omega-Person (vielleicht mit einem anderen Thema). Der Ausschluss kritischer Stimmen führt meist nicht dazu, dass ein Team arbeitsfähiger wird. Meist verkörpern gerade die Kritiker oder Nörgler wichtige latente Prozesse, Einwände, Beziehungswünsche oder Anregungen, die im Gruppenprozess wichtige Veränderungen herbeiführen können.

> Als Team-Coach sollten Sie vorwiegend mit Gamma-Personen arbeiten und sich nicht zu sehr auf eine vermittelnde Arbeit zwischen Alpha und Omega konzentrieren (das wäre Mediation). Dadurch würden Sie nämlich zwangsläufig parteilich werden oder zumindest von den jeweiligen Parteien so wahrgenommen werden – auch wenn Sie das bewusst bestreiten würden. Gamma-Personen sind das Rückgrat jeder Organisation. Im Business werden Sie oft B-Spieler genannt: Das sind Personen, die sich weder als Befürworter noch als Kritiker von Aktionen besonders in den Vordergrund stellen.

Aus dem Modell von Schindler entwickelten die Göttinger Gruppentherapeuten Franz Heigl und Annelise Heigl-Evers die bekannte *interaktionelle Gruppentherapie* nach dem Göttinger Modell. Auch dabei handelt es sich um ein psychodynamisches Verfahren (von der Psychoanalyse abgeleitet), das viele interaktionelle Elemente enthält.

Bions Abwehrklima in Gruppen

Dem Psychoanalytiker Wilfred Bion fiel auf, dass sich Gruppen häufig unbewusst auf ein »Klima« einigen, das dazu dient, unbewusste Ängste und Befürchtungen abzuwehren. In einem solchen Abwehrklima sind Gruppen nicht kreativ und flexibel, da ihre Energie in eine Richtung gebunden wird. Bion unterschied unter anderem die folgenden Abwehrformen in Gruppen.

Abhängigkeitsgruppen (auch Jammergruppen genannt): Sie ordnen sich einer Hierarchie oder straffen Führung unter. Sie wünschen sich Anleitung, Sicherheit und Ordnung. Zugehörige Analogiebegriffe aus dem größeren gesellschaftlichen Zusammenhang oder der Psychodynamik wären: Kirche als Institution, Behörde, Schuld und Depression, orale Struktur (Wunsch, gefüttert und genährt zu werden), Wunsch nach allmächtigem weltlichen Führer (kräftiger Übervater, omnipotenter Leiter).

Gruppe in der Abwehrform Kampf oder Flucht: Dies Gruppen brauchen einen äußeren Feind, gegen den Sie sich verbünden können. Die Reaktionen auf den Feind sind entweder Kampf (Tarifkampf, politischer Kampf) oder gemeinsame Resignation (innere Kündigung, Gleichgültigkeit). Zugehörige Analogiebegriffe sind: Armee, Zorn oder Hass, gefürchtete Verfolger oder Gegner, so genannte anale Charakterstruktur.

Paarbildungsgruppen: Diese Gruppen sind gespeist von einer Erlösungsidee, einer messianischen Vision und einer Vereinigung mit ihrem weltlichen Erlöser (Paarbildung). Sie vergöttern bestimmte Ideale und Personen, sind von ihnen angezogen und fasziniert. Analogiebegriffe: Adel, Messias-Idee, Idol, verklärende Idealisierung, Sublimierung.

Die vorgestellten psychoanalytisch orientierten Gruppentheorien erwecken den Eindruck, die Individuen in der Gruppe würden sich im vagen Prozess einer Gruppendynamik auflösen und die Gruppe als Ganzes würde ein gemeinsames Unbewusstes entwickeln, mit dem ein Gruppenanalytiker arbeiten könnte. Diese Theorien sind jedoch ebenfalls nur Modelle. Natürlich bleibt ein Individuum auch in der Gruppe eine Einzelperson. Es gibt auch andere gruppentheoretische Modelle, die viel Gewicht auf die Interaktion zwischen einzelnen Gruppenmitgliedern legen und weniger die Gruppe als Ganzes fokussieren. Beide Herangehensweisen können von Fall zu Fall sinnvoll sein, um zu bestimmten Gruppenphänomenen einen hilfreichen oder weiterführenden Zugang zu erlangen.

Mobbing

Mobbing ist ein Modewort so wie Coaching. Jeder versteht darunter etwas anderes. Es erinnert an das Wort Jogging: Ein amerikanischer Gesundheitsexperte empfahl im Fernsehen den alten und untrainierten Menschen statt des Laufens *(engl. to run; running)* ein langsames Zotteln oder Trotten *(engl. to jog; jogging).* Dieses »Joggen« wurde dann in Deutschland bekannt. Durch einen Übersetzungsfehler sind die meisten Dauerläufer Deutschlands jetzt langsame Zottler und Trotter.

Mobbing ist teuer, gesundheitsschädlich und grausam. Durch einen »Übersetzungsfehler« kann aber jede Kommunikationsstörung, jeder Konflikt oder jede Wahrnehmungsverzerrung zum »Mobbing« werden. Um normale Meinungsverschiedenheiten, Kommunikationsstörungen oder faire Konkurrenz davon zu trennen, ist es hilfreich, mit dem Klienten Folgendes zu klären:

- Was genau ist das beobachtete Verhalten?
- Was genau ist seine Bedeutungszuschreibung des Verhaltens?
- Wie sehen das andere? Wie würden die das einschätzen? Was ist in der bisherigen Kommunikation schief gelaufen? (Kommunikationsquadrat von Schulz von Thun? Rollenverwirrungen lösen? Fehlende Abgrenzung des Klienten? Eigene Schatten, Balken oder Abwehr?)
- Wie sieht das aus der Perspektive der »Mobber« aus?

Ein großer Teil der Mobbing-Fälle lässt sich bereits mit dieser Klärung als ein anderes Problem erkennen. Die Klienten entwickeln im Coaching dann selbst Fähigkeiten, sich aus der vermeintlichen Sackgasse zu befreien. Glücklicherweise sind auch die meisten echten Mobbing-Probleme durch den Klienten selbst auflösbar.

Mobbing greift Ruf, Gesundheit, Leben, Wohlbefinden, materielle Sicherheit, berufliche Chancen, Besitz und Privatleben der Opfer an. Es ist schädlich für den wirtschaftlichen Erfolg der Organisation und verursacht volkswirtschaftlich enorme Schäden. Wichtige Strategien des Mobbings haben wir bereits im Buch kennen gelernt – dort aber nicht als solche angesprochen.

- *Killergesten und Killerphrasen:* Siehe Kapitel »Definitionen und Kommunikation«, S. 39 f.
- *Behinderungsmacht:* Informationen zurückhalten, ausgrenzen, schweigen, das Wort verbieten, Selbstverantwortlichkeit und Sinn der Arbeit rauben, Feedback verweigern. Siehe Kapitel »Paare und Familie«, S. 237.
- *Zuschreibungen des Seins statt Kommentar zum Verhalten.* Beliebt: »Du bist faul, unordentlich und so weiter.« Siehe Kapitel »Träume und Tagträume«, S. 168 und »Wie Kinder hypnotisiert werden«, S. 50 f.
- *Kommunikationsverzerrungen:* Unterschwellige Vorwürfe oder Botschaften, die auf einer oberflächlichen Sachebene getarnt vermittelt werden. Siehe Kapitel Kommunikation, S. 35.
- *Grenzverletzungen:* Verfügung über die Ressourcen des Klienten (Kraft, Fähigkeit, Zeit), Drohungen, Kränkungen, physischer Schaden an seinem Besitz oder am Arbeitsplatz, Demütigungen, sexuelle Belästigung. Siehe Kapitel »Praktische Kommunikation für Coaches«, dort: »Sprachliche Grenzen setzen«, S. 37.
- *Gerüchte, Klatsch:* Das Bild einer Person entsteht nicht nur aus eigener Beobachtung, sondern zum großen Teil aus den Berichten anderer: »An den Gerüchten wird schon was dran sein.« Siehe Kapitel »Persönlichkeit und Subjektivität« (s. S. 109). Beispiele für Gerüchte: Jemand sei psychisch krank, trinke Alkohol, vernachlässige seine Pflichten usw.
- *Fehler zuschreiben:* Dem Klienten werden Schwächen, Ängste oder Arbeitsfehler zugeschrieben.
- *Informationen ausnutzen und stehlen:* Vertrauliche Informationen werden gegen den Klienten genutzt oder auch geraubt, und der Mobber nutzt sie selbst.
- *Asymmetrie herstellen:* Die Gleichheit des Mitarbeiterstatus wird verleugnet, das Opfer wird wie ein Kind oder Patient behandelt. Siehe Kapitel »Paare und Familie«, S. 224.

Charakteristisch ist, dass die Mobber ihre Strategie wiederholen oder permanent anwenden. Diese Wiederholungen und der permanente Druck machen das Opfer verwirrt oder krank. Mobber sehen als Ursache für ihr Verhalten selten ein spezifisches Problem. Ihnen geht es häufiger um einen unterschwelligen Kampf, der von dumpfen Leitsätzen oder Gefühlen persönlicher Abneigung gesteuert wird. Man könnte meinen, ein Geist der Dummheit treibe sie dabei an. Häufig sind jedoch eigene Ängste, familiäre oder systemische Verstrickungen die Ursache für ihr Handeln. Da selten nach solchen Ursachen gefahndet wird, lassen wir die Dummheit einfach als Metapher für die eigentlichen Ursachen stehen.

> **Info**
>
> Nach Angaben des Deutschen Gewerkschaftsbundes gibt es Mobbing nicht nur von oben. Die Verursacher seien:
>
> - zu 44 Prozent Kollegen,
> - zu 37 Prozent Vorgesetzte,
> - zu 10 Prozent Kollegen und Vorgesetzte,
> - zu 9 Prozent Untergebene.

Gewöhnlich mobben Frauen andere Frauen und Männer mobben eher Männer. Gut ausgebildete Vorgesetzte werden schnell merken, wo die Schwachstellen liegen, die das Mobbing ermöglichen, zum Beispiel:

- Geringschätzung einer Tätigkeit.
- Soziale Außenseiterposition.
- Hoher Zeitdruck.
- Unbesetzte Stellen.
- Starre Hierarchie.
- Unsinnige Aufgaben und Anweisungen.
- Hohe Verantwortung ohne Handlungsspielraum.
- Inkongruente Firmenphilosophie.

Es gehört zur Fürsorgepflicht, Mobbing zu unterbinden. Das ist meist leicht, da wirklich böswillige Mobbing-Attacken selten sind. In der Regel machen sich die Verursacher keine Gedanken über die schlimmen Folgen ihrer Handlungen. Verletzender Klatsch, Tratsch, Gerüchte und jeder Ansatz von Mobbing sollten daher von Kollegen und Vorgesetzten durch mutiges und vorbildliches Auftreten unterbunden werden. Über die Auswirkungen destruktiver Kommunikation sollte Feedback gegeben werden.

Viele Vorgesetzte haben keine Kenntnisse auf diesem Gebiet. Einige von ihnen mobben selbst oder setzen Mobbing als destruktives Führungsinstrument bewusst und planmäßig ein oder dulden es, um Kündigungen zu erleichtern. Aus diesem Grunde müssen etwa 60 bis 70 Prozent der Mobbing-Opfer ihren Kampf allein austragen. Durch den permanenten Druck werden viele von ihnen aggressiv, mürrisch und ängstlich. Häufig werden sie vom System als Sündenbock gesehen und fühlen sich dann auch so. Dann stehen sie als Stellvertreter oder Repräsentant für das Problem ihres Systems. Mobbing-Opfer wirken daher auf Berater gelegentlich reizbar, lähmend oder leblos: »Kein Wunder, dass man diese Nervensäge meidet oder ausgrenzt …!« Andererseits wird das Helfer-Syndrom des Beraters hierdurch besonders intensiv angesprochen.

Wenn hinter Mobbing tückische Bosheit, destruktive Gruppenverblendung oder kriminelle Energie stecken, benötigt der Klient Rückendeckung durch Schlichtungs- und Beschwerdestellen oder durch den Betriebsrat. Diese sind mit dem Thema oft selbst überfordert oder betriebsblind. In diesen Fällen rate ich zu einer systemischen Organisationsberatung oder, wenn der kurzfristige Schutz des Klienten im Vordergrund steht, einen Fachanwalt für Arbeitsrecht hinzuzuziehen, der sich mit Mobbing auskennt: Infos gibt es bei der Anwaltskammer. Scheuen Sie sich als Coach nicht, zu diesen Hilfestellungen zu raten, wenn Sie meinen, der Klient könne sich nicht mit eigenen Mitteln aus dieser Verstrickung lösen. Patentrezepte zum Umgang mit Mobbing gibt es nicht. Im Coaching gelingt es aber meist, die Grundlagen für einen konstruktiven Umgang mit dem Problem zu finden. Die Einzelschritte dabei sind typische Coaching-Werkzeuge:

- Sammeln von Informationen.
- Trennen von Beobachtung, Zuschreibung und Emotion.
- Feedback geben.
- Problem definieren.
- Ziel definieren.
- Ressourcen sammeln und aktivieren.
- Das Gespräch beziehungsweise den Konflikt und seine Steuerung vorbereiten und trainieren.
- Gespräche des Coachs mit Vorgesetzten, Mobbern und dem Team.
- Den Prozess begleiten.

Übungsfragen

- Wann hatten Sie das Gefühl, ungerecht oder unfair behandelt worden zu sein?
- Welche Kommunikationsstörung oder sogar Mobbing-Strategie steckte dahinter?
- Wie würden Sie das Problem heute lösen? Könnten Sie heute daraus eine Win-Win-Situation für alle Beteiligten machen?
- Welche anderen Grundstrategien des Mobbings sind Ihnen oder Bekannten begegnet?

Bitte bearbeiten Sie anschließend die Fälle und Übungen im Übungsteil.

Übungen und Fall-Vignetten

Vernetzung des bisher Gelernten

Wir haben bereits an mehreren Stellen darauf hingewiesen, dass die Balance verschiedener Lebensbereiche entscheidend ist für ein erfülltes und zufriedenes Leben. In den vorangegangenen Kapiteln haben wir uns unter anderem mit der Zielbildung (s. S. 102), mit Visionen (s. S. 93), Partnerschaft und Familie (s. S. 217ff.) beschäftigt. Von Kapitel zu Kapitel arbeiten wir uns auf diese Weise langsam durch die lebensbestimmenden Bereiche, welche selbstverständlich nur unter didaktischen Gesichtspunkten getrennt behandelt werden. Sie haben so die Möglichkeit, die komplizierte Vernetzung dieser Bereiche kennen zu lernen.

Die Themen Körper und Gesundheit, die wir im Kapitel »Gesundheitsstörungen im Coaching« (s. S. 278ff.) kurz gestreift haben, werden in Ihrer Arbeit dadurch begrenzt, dass Sie schnell an die Grenze zum Heilen gelangen, was vom Gesetz her den Heilberufen vorbehalten ist. Sie können als Coach oder psychologischer Berater auf diesem Gebiet nur unterstützend oder gesundheitspräventiv arbeiten und sollten bei kranken Klienten immer die Kooperation und Verständigung mit Ärzten und anderen Heilberufen aktiv suchen. Auch wenn Sie nicht heilen möchten oder dürfen, bedenken Sie bitte, dass jede ausgewogene Beratung einen wichtigen Beitrag zur Gesunderhaltung und Gesundung darstellen kann: Menschen mit einer positiven Lebenseinstellung, mit guter Life-Work-Balance und mit einem ausgeprägten Gefühl für die Sinnhaftigkeit ihres Lebens erkranken um zirka 30 Prozent seltener an Herz- und Gefäßerkrankungen (beispielsweise Koronarsklerose, Herzinfarkt, Schlaganfall), deutlich seltener an schweren psychischen Störungen oder auch an Krebs.

Als Coach sind Sie kein Heiler, Sie können aber dazu beitragen, dass Ihre Mitmenschen gesünder leben.

Das Thema Team und Karriere werden wir in diesem Übungskapitel eingrenzen, da wir beispielhaft beleuchten möchten, wie wichtig Team- und Gruppenaspekte in der Arbeit mit einzelnen Klienten sind.

In den bisherigen Fällen und Übungen haben wir uns bereits mit systemischen und zum Teil den tiefenpsychologischen Aspekten der Beratungsarbeit befasst. Wir beleuchten in diesem Kapitel nicht nur den Klienten und sein System, sondern lernen uns selbst als Interaktionspartner kennen, der in dieses System eintritt und es daher nicht nur unbeteiligt beobachtet oder einen Prozess begleitet, sondern zu einem großen Teil (unbewusst) das System beeinflusst und manipuliert. Das macht vielen Beratern Angst! Ein erfahrener Kollege, mit dem ich darüber diskutierte, sagte mir erregt: »Ich übe keinerlei Einfluss aus und verhalte mich so, dass ich lediglich den Prozess vorurteilsfrei begleite. Alles, was geschieht, macht der Klient eigentlich selbst. Ein guter Berater kann nur ein Prozessberater sein, der außerhalb des Systems steht ...« (s. S. 359).

Sie haben in den Fall-Vignetten und Falldarstellungen bereits das psychodynamische Konzept der Übertragung exemplarisch kennen gelernt. In diesem und in den folgenden Übungskapiteln werden wir nun verstärkt auf die Gegenübertragung des Beraters eingehen. Durch die Arbeit an den Beispielfällen werden Sie ganz automatisch lernen, dass Beratung – neben der verführerisch einfach erscheinenden Beratungstechnik und der »unbeteiligten Prozessbegleitung« – immer etwas Gemeinsames ist und dass die unbewussten Anteile des Beraters darin ein starkes Gewicht erlangen und zu Phänomenen

> **Info**
>
> ## Bedeutung der Fachbegriffe
>
> **Übertragung** (engl. transference): Ein Klient überträgt auf den Interaktionspartner bestimmte Affekte, Gedanken, Körpergefühle und anderes, die er im Hinblick auf eine andere Person erworben hat (zum Beispiel aus seiner Familie). Er »sieht« diese Eigenschaften aber im Coach und kann den bewussten Bezug zur ursprünglichen Quelle nicht herstellen. Von einigen Coaches gelegentlich verwechselt mit *Projektion*: einer »Übertragung« eigener Ängste, ungeliebter oder abgewehrter Anteile auf einen Interaktionspartner (der Balken vor der eigenen Stirn, der eigene »Schatten«).
>
> **Gegenübertragung** (engl. counter transference): Ursprünglich wurde der Begriff genutzt, um die Reaktion des Interaktionspartners (zum Beispiel des Coachs, Therapeuten) auf die Übertragungsangebote des Klienten zu bezeichnen. Damit war der Berater »fein raus«: Was er dachte und fühlte wurde durch den Klienten erzeugt; das galt ebenso für negative Gefühle und Gedanken. Der Berater war nur passiver Umwandler oder Spiegel von Affekten, Gedanken und Fantasien des Klienten. Heute wird der Begriff weiter genutzt: Alles was der Berater innerhalb der Interaktion fühlt, denkt oder handelt, entsteht aus dem Übertragungsangebot des Klienten *und* aus der spezifischen Resonanz des Beraters. In dieser weiter gefassten Definition wird der Berater in der Gegenübertragung also aktiv. Seine eigenen Fantasien, Hoffnungen, Ängste, Erfahrungen, Einschränkungen, blinden Flecken gehen aktiv in die Gegenübertragung ein. Diese Vorstellung passt besser in ein interaktionell orientieres Theorieverständnis dieses Prozesses.
>
> **Deutung** (engl. interpretation): Die Einsicht gehört zu den so genannten *spezifischen Wirkfaktoren* in der Beratung (im Gegensatz zu den unspezifischen Faktoren, auf die wir im Kapitel »Evaluation der Beratung« im letzten Buchabschnitt eingehen werden, s. S. 550 ff.). Zur Vermittlung von Einsicht gehören die technischen Mittel
>
> - der *Klärung* (Nachfragen, Ordnen, Perspektivwechsel),
> - der *Konfrontation* (mit widersprüchlichen und konflikthaften Aspekten vertraut machen, mit unbewussten Mustern vertraut machen, die aus Erleben und Verhalten abgeleitet werden können) und
> - der *Deutung*.
>
> Klärung und Konfrontation bereiten der Deutung den Weg: Beim Deuten geht es darum, das manifeste Erleben und Verhalten des Klienten aus den unbewussten Motiven, Gefühlen und Wünschen und aus seinem unbewussten Bezug heraus zu erklären und dem Klienten zu helfen, diesen Zusammenhang zu verstehen und zu erfahren. Normalerweise ist es in einem Coaching nicht erforderlich zu deuten. Setting und Rahmen der Beratungsbeziehung führen dazu, dass sich Klient und Coach auf Klärung, Konfrontation (oft auch als Provokation bezeichnet) und andere technische Mittel der Beratung einigen.
> Unter *Übertragungsdeutung* verstehen wir die Deutung der Übertragung auf den Berater, unter *Außer-Übertragungsdeutung* verstehen wir die Deutung einer Interaktion außerhalb der Beratung (zum Beispiel Konflikt mit Vorgesetzten).

führen, die auf den ersten Blick verwirrend sein können.
Wenn Sie eine Abneigung gegen die Verwendung des psychoanalytischen Vokabulars haben, ersetzen Sie es bitte durch andere Fachtermini, zum Beispiel: Interaktion, kommunikative Schleife, Rollenübernahme, Verstrickung, Eintritt in das System. Ich finde jedoch, dass die psychoanalytischen Begriffe in diesem Falle treffender sind und daher auch von Beratern und Therapeuten anderer Schulrichtungen genutzt werden dürfen.

Eine Erinnerung, bevor wir mit den Fall-Vignetten und den Übungen starten: Bitte diskutieren Sie alle Fall-Vignetten und Übungen mit Kolleginnen und Kollegen. Sie werden bemerken, dass die »Beispiellösungen« immer nur einen sehr kleinen Teil an Aspekten oder Ideen darstellen, die innerhalb einer Diskussionsgruppe zu diesen Fällen entstehen können: Gemeinsam kommen Menschen immer auf mehr Ideen und ganz andere oder »bessere Lösungen«.

In diesem Übungsabschnitt stellen wir Ihnen mehrere Fall-Vignetten vor, die etwas umfangreicher sind als bisher. Danach folgen die Übungen. Wir verzichten dieses Mal auf ausführlichere Falldarstellungen.

Fall-Vignette 20: Ein unfairer Schachzug

Der 34-jährige Klient erklärt, er sei trotz seines jungen Alters bereits stellvertretender Direktor einer kleinstädtischen Bank. Er leide seit einigen Wochen an quälenden Kopfschmerzen, für die der Hausarzt und der Nervenarzt keinen körperlichen Grund gefunden hätten. Seit zwei Wochen sei er krankgeschrieben und befürchte nun, dass er seinen guten Ruf in der Bank verliere. Ein Freund und Kollege habe ihm geraten, ein privates Beratungsinstitut aufzusuchen, da eine Karriereberatung nicht so rufschädigend sei wie die weiteren Besuche beim Nervenarzt. Seine Probleme seien wohl psychisch bedingt, würden aber keine Psychotherapie erforderlich machen, habe sein Hausarzt gesagt. Der Klient könne sich aber nicht vorstellen, dass er psychisch gestört sei, da es ihm so gut gehe wie nie zuvor.

Privat sei alles sehr ausgeglichen, und beruflich stehe er vor einer positiven Veränderung und werde schon bald viel mehr Zeit für seine Familie haben, da die zusätzliche Belastung durch ein berufsbegleitendes Studium wegfalle. Seit fünf Jahren studiere er an der Europäischen Fernhochschule in Hamburg europäische Betriebswirtschaft und stehe kurz vor dem Abschluss dieses Studiums. Mit der überregionalen Leitung der Bank sei vereinbart, dass er nach seinem Abschluss Direktor einer größeren Bank werden solle.

Sein Vater sei ebenfalls Bankier und leite die Geschäfte einer anderen, kleineren Bank. Der Nervenarzt habe ihm gesagt, dass der Vater vielleicht das Problem sei und der Klient insgeheim Angst habe, den Vater beruflich zu überholen. Der Klient finde das jedoch absolut lächerlich, und mit dieser Hypothese habe der Arzt sich die Hochachtung verscherzt, die der Klient ihm gegenüber bisher gehabt habe.

Der Klient vereinbarte acht Beratungsstunden mit dem Coach und bat um ein fantasievolles Vorgehen, da die verkopfte Vorgehensweise des Nervenarztes und des Hausarztes ihm bisher nicht habe helfen können.

In der vierten Stunde erzählte der Klient spontan von einem Film, der ihn als Kind sehr beeindruckt habe und von dem er in der letzten Nacht geträumt hatte: Ein Ritter sei in der Zeit Robin Hoods von einem Kreuzzug in sein Heimatland zurückgekehrt. Dort habe er seine Familie jedoch nicht vorgefunden, da diese möglicherweise verstorben war. Der Ritter habe ein Versprechen herausgeschrien, dass er jeden Preis dafür zahlen würde, wenn er die Familie zurückbekäme. Daraufhin sei ihm der Tod erschienen und habe ihm angeboten, er könne mit ihm Schach spielen. Würde der Ritter gewinnen, erhielte er seine Familie zurück und obendrein große Ländereien. Würde der Tod gewinnen, müsste der Ritter sterben. Für jeden Tag sei ein Schachzug vereinbart worden. Nach einigen Tagen sei der Ritter in die Kirche zur Beichte gegangen und habe dort von seinem nächsten Schachzug berichtet. Es habe sich dann jedoch herausgestellt, dass auf dem Beichtstuhl nicht der Priester, sondern der Tod gesessen habe. Der Klient berichtete von diesem Traum recht besonnen und kühl. Als der Klient eine längere Pause macht, beginnt der Coach auf seinem Notizblock herumzukritzeln, was bei dem Klienten zu einer zunehmenden Spannung führt: »Was schreiben Sie denn da auf?« Daraufhin der Coach: »Ich notiere mir Ihre Schachzüge ...« Worauf der Klient aufspringt und mit hochrotem Kopf wütend schreit: »Jetzt habe ich Sie erwischt, ich habe es doch gleich gewusst!« Kurz darauf sinkt er in sich zusammen und fängt an zu weinen.

Anmerkung: In dieser Fall-Vignette ist die Beratung eines Klienten mit der historischen Fallschilderung eines Patiententraumes aus didaktischen Gründen verwoben worden.

Übungsfragen

1. Welche Reaktion erwarten Sie, wenn einem Klienten oder Patienten eröffnet wird, dass seine (körperlichen) Beschwerden psychisch bedingt sind?
2. Der Klient wollte die Erklärungskonzepte des Nervenarztes offenbar nicht annehmen. Dies könnte als Widerstand interpretiert werden. Welche Assoziationen löst das Wort »Widerstand« in Ihnen aus? Durch welches Wort würden Sie es eventuell lieber ersetzen?
3. Im Privatleben des Klienten sei alles bestens. Was könnte sich im Privatleben alles ändern, wenn der Klient sein berufsbegleitendes BWL-Studium abschließt?
4. Warum wünscht sich der Klient ein »fantasievolles Vorgehen«?
5. Welches Konzept (welche Glaubenssätze) stehen hinter der Annahme, dass Karriereberatung weniger rufschädigend sei als ein Besuch beim Nervenarzt? Was halten Sie von der Meinung des Klienten (oder dessen Kollegen)?
6. Was halten Sie von der Deutung des Nervenarztes, der dem Klienten eröffnet hatte, er habe vielleicht Angst, den Vater zu überholen?
7. Wieso hat der Nervenarzt durch seine »falsche« Deutung die Achtung des Patienten (Klienten) verloren?
8. Welche Botschaft an den Coach steckt in dem Hinweis, dass der Neurologe die Achtung des Klienten verloren habe?
9. Welchen Bezug hat möglicherweise die Rittergeschichte zur Herkunftsfamilie des Klienten und zur aktuellen Beratungssituation?
10. Angenommen, Sie haben die Idee, ein Muster oder eine biografische Ursache für das aktuelle Klientenproblem erkannt zu haben, in welcher Weise und wann würden Sie dem Klienten das mitteilen?

Lösungsvorschläge finden Sie auf Seite 331 f.

Fall-Vignette 21: Wenn Liebe krank macht

Vorgespräch am Telefon: Die 43-jährige Klientin führt aus, sie habe sich in den Leiter eines Computer-VHS-Kurses verliebt. Den Kurs besuche sie seit etwa drei Monaten, da sie sich beruflich verbessern wolle. Sie arbeite als Bürofachkraft in einem mittelständischen Unternehmen in Lemgo. Der Computerkurs würde ihr den Aufstieg zur Systemberaterin der Abteilung ermöglichen. Sie wolle auf jeden Fall verhindern, dass der Kurs ein Misserfolg werde, und sei vom Kursleiter aufgefordert worden, ein Coaching zu absolvieren, um den Erfolg sicherzustellen. Sie möchte NLP-Erfolgstechniken erlernen und eine Hypnose erhalten. Es wird ein Beratungsvertrag über zwölf Stunden abgeschlossen.

Erste Beratungsstunde: Sie habe schon mehrmals Anläufe unternommen, diesen oder ähnliche Computerkurse zu absolvieren. Dies sei aber an wiederholten Erkrankungen gescheitert, die sie jedes Mal aus der Bahn geworfen hätten. So habe sie zum Beispiel rheumaähnliche Gelenkbeschwerden gehabt oder auch Darmentzündungen mit längeren Durchfallattacken. Es hätten dann Kortisonkuren durchgeführt werden müssen, die wiederum schwer wiegende Folgen gehabt hätten. Dieses Ablaufschema habe sich beinahe jedes Jahr wiederholt. Sie habe sich ständig schlecht und niedergeschlagen gefühlt. Das allerdings liege in der Familie, da auch schon ihre Mutter seit ihrer Jugend an Depressionen leide. Der Vater habe die Familie damals verlassen, da er das nicht mehr habe ertragen können. Er sei dann beruflich sehr erfolgreich gewesen und sei zumindest seinen Unterhaltsverpflichtungen nachgekommen. Bei der Klientin sei die Depression zwar nicht so schlimm wie bei der Mutter, sie habe aber zumindest etwas davon abbekommen.

Sie sei seit 13 Jahren verheiratet und habe zwei Kinder im Alter von zehn und zwölf Jahren. Ihrem Mann habe sie sich seit der Geburt des zweiten Kindes verweigert, da die Gefühle zu ihm erloschen seien. Vielleicht habe sie ihn aber auch niemals geliebt. Das wisse sie eigentlich nicht, da sie immer alles sehr vom Verstand her gemacht habe. Sie empfinde ihrem Mann gegenüber einerseits Mitleid, Verachtung und Wut. Andererseits fühle sich ihm gegenüber jedoch auch schuldig. Der Mann könne das alles nicht verstehen und leide sehr darunter, dass sie zwar freundlich miteinander umgingen, ansonsten aber eine leere Beziehung führten. Der Ehemann habe eine Anstellung in Krefeld und sei nur am Wochenende zu Hause. Ansonsten aber lebten sie getrennt und hätten sich nur wegen der Kinder noch nicht scheiden lassen. Sie hätten jedoch die Scheidung für den Zeitpunkt vereinbart, da die Kinder das Haus verlassen haben würden.

Die Klientin berichtet, dass sie erstmals in ihrem Leben durch und durch glücklich sei und wie auf Wolken schwebe. Sie habe das Gefühl, auf eine tiefe und beinahe telepathische Weise mit dem Leiter des VHS-Kurses verbunden zu sein. Während ihrer Erzählung wirkt sie übermütig, teilweise albern. Ihre Gedanken sind sprunghaft und zum Teil unterbrochen. Sie berichtet, dass sie zunehmend komische Hinweise in Zeitungen und Radio wahrnehmen könne, die sich in irgendeiner Weise auf ihre Liebe beziehen. Sie habe schon überlegt, ob sich Freundinnen vielleicht einen Spaß machten und ihr manipulierte Zeitungen oder Tonbandaufnahmen von Radiosendungen zukommen ließen. Ihr Mann meine, sie spinne nun vollends und müsse auf jeden Fall zum Psychiater.

Sie leide allerdings nicht im Geringsten und habe sich noch nie so wohl gefühlt. Vorher sei immer alles nach Regeln und mit Verstand durchgeführt worden; nun aber könne sie das erste Mal mit dem Herzen entscheiden, und das wolle sie sich nicht nehmen lassen.

Zehn Minuten, nachdem die Klientin das Büro verlassen hat, kommt ihr Ehemann unangemeldet. Er wisse, dass es so etwas wie eine Schweigepflicht gebe, er wolle daher keine Informationen über seine Frau erhalten. Er möchte lediglich wissen, wie er sich künftig verhalten solle und wie er seine Frau am besten unterstützen könne. Er glaube, dass sie sich in einen Liebeswahn hineingesteigert habe. Das ginge ihn eigentlich nichts an, da sie sich darauf geeinigt hätten, eine getrennte Ehe zu führen. Es gehe ihm nur um die Kinder, und er wolle verhindern, dass über seine Frau in der Stadt schlecht geredet werde.

Zweite Beratungsstunde: Die Klientin berichtet, dass ihre Eltern sehr zerstritten gewesen seien. Ihr Vater sei Alkoholiker gewesen. Als sie schon verheiratet war, habe sie ihre Mutter zu sich genommen, nachdem der Streit zwischen den Eltern eskaliert sei. Der Vater habe sich kurz darauf erhängt und der Klientin in einem Brief die Schuld an seinem Freitod gegeben. Das habe sie zwar sehr schockiert, sie habe diese Ungeheuerlichkeit aber recht gut verarbeiten können. Kurz darauf seien ihre eigenen Eheprobleme erstmals so in Erscheinung getreten, dass sie bewusst darüber nachgedacht habe. Als sie kurz darauf überlegt habe, sich von ihrem Mann zu trennen, habe dieser einen Selbstmordversuch unternommen. Die Ehe sei danach wieder recht stabil gewesen, sodass das Paar sich auf die Kinder konzentrieren konnte. Die Klientin habe sich besonnen, und es sei ihr klar geworden, dass sie das Leben so nehmen müsse, wie es kommt. Zwar könne man einiges selbst in die Hand nehmen, das meiste jedoch sei vom Schicksal bestimmt. Der Mann sei arbeiten gegangen, und sie habe ungeheuer viel Energie in die Erziehung der Kinder und in den Haushalt gesteckt. Vereinzelt hätten sich Sehnsüchte oder Wünsche nach einem anderen oder selbst bestimmteren Leben eingestellt. Sie habe dies aber immer sehr gut in den Griff bekommen. Über viele Jahre habe sie dann nur noch über den Kopf funktioniert und sich angewöhnt, nicht zu jammern.

Übungsfragen

1. Was konnte durch die körperlichen Erkrankungen der Klientin sichergestellt werden? Was war die positive Kehrseite der ansonsten äußerst belastenden Erkrankungen?
2. Welche Glaubenssätze könnten hinter der Aussage stehen, dass die Klientin etwas von der Depression der Mutter abbekommen habe? Welche Art der Weitergabe halten Sie für wahrscheinlich (beispielsweise Vererbung, Lernen)?
3. Welche Verbindung sehen Sie zwischen dem möglichen beruflichen Aufstieg und Erfolg der Klientin und der Loyalität gegenüber der Mutter?
4. Welche Erklärungen haben Sie dafür, dass die Klientin sich ihrem Ehemann verweigert hat?
5. Was halten Sie persönlich von der Idee, die Familie wegen der Kinder zusammenzuhalten? Denken Sie, die Kinder verstehen, wie es um die Beziehung der Eltern steht?
6. In welchen grundlegenden Konflikten steckt die Klientin fest?
7. Die Klientin berichtet, dass in Zeitschriften und im Radio merkwürdige Nachrichten oder Anspielungen auf ihre Liebesgefühle enthalten seien. Außerdem wirkt ihr Denken sprunghaft. Wie gehen Sie auf diese Veränderungen ein?
8. Der Ehemann scheint gute Absichten zu haben. Welche Wünsche dürfte er an den Ablauf und die Ergebnisse der Beratung haben?
9. Welche Gefühle hat die Klientin gegenüber ihrem Mann? Könnte es sein, dass sie Gefühle auf den Partner überträgt, die einer anderen Person gelten?
10. Lesen Sie bitte auf Seite 286 »Geistige Muster der Erkrankung und Gesundung«. Erkennen Sie, welches Selbstbild und welche Vorstellung von ihrer Selbstwirksamkeit die Klientin hat? Wessen Bedürfnisse werden unterdrückt, wessen befriedigt? Welchen Raum dürfen ihre wahren Gefühle einnehmen? Welche schlimmeren Alternativen zur geschilderten Liebeskrankheit hätte sie wählen können?

Lösungsvorschläge finden Sie auf Seite 333f.

Fall-Vignette 22: Der weggenommene Kunde

Vorgespräch: Der 35-jährige Betriebswirt gibt an, er arbeite seit acht Wochen an seinem zweiten Arbeitsplatz. Er sei in der Verkaufsabteilung eines Harburger Gummikonzerns tätig und betreue hier verschiedene größere Projekte. Das Coaching werde vom Konzern finanziert und laufe üblicherweise für alle jüngeren Manager über sechs Monate, zumeist in einem Intervall von etwa zwei Wochen.

Fünfte Beratungsstunde: Der Klient berichtet Folgendes: Seit einigen Tagen habe er heftigste Probleme mit einem zehn Jahre älteren Teamkollegen, der bereits seit sechs Jahren im Betrieb tätig sei. Beide hätten Arbeitsbereiche, die sich teilweise überlappen. Als der Kollege drei Tage in Urlaub war, habe der Klient einige intensive Gespräche mit einem Kunden des Kollegen geführt, der als ziemlich schwierig gelte. Der Kunde habe schließlich den Vorschlag gemacht, zukünftig nur noch vom Klienten betreut zu werden, da er sich von diesem besonders gut verstanden fühle.
Der Klient sei darauf eingegangen, habe es aber versäumt, seinen Kollegen darüber zu informieren. Der Kollege des Klienten habe den Wechsel erst von dem Kunden erfahren, nachdem er sich gewundert hatte, dass der Kunde nicht zu einem vereinbarten Gesprächstermin erschienen war. Der Kollege sei daraufhin explodiert, und es habe eine heftige Auseinandersetzung des Kollegen mit dem Klienten gegeben. Der Konflikt flackere nun bei jeder Gelegenheit immer wieder auf und sei unterschwellig ständig präsent. Auch andere Kollegen und der Chef hätten sich in den Konflikt schon eingeschaltet. Diese erteilten aber meist nur inkompetenten Rat oder stellten sich mit einer unterschwelligen Streitsucht sogar auf die Seite des Kollegen. Der Klient sehe natürlich ein, dass er einen schweren Kommunikationsfehler begangen habe, und er habe sich deswegen auch mehrmals bei seinem Kollegen entschuldigt. Dieser werfe ihm aber trotzdem wiederholt vor, wie unkollegial und unverständig er sei. Er finde das Verhalten des Kollegen nun schon krankhaft, da die Heftigkeit und die Unversöhnlichkeit der Konfliktursache in keiner Weise angemessen seien. Der Klient wünsche sich, der Coach möge zu den Vorfällen neutral Stellung beziehen. Außerdem wolle er gerne wissen, wie er zukünftig mit dem unversöhnlichen Kollegen umgehen solle. (Der Berater erinnert sich an dieser Stelle für einige Sekunden an einen Wellensittich, den er als Kind hatte. Dieser weigerte sich jeden Abend, in den Käfig zurückzufliegen.)

Übungsfragen

1. Versetzen Sie sich bitte in die Position des Klienten. Kurz nach seinem Arbeitsbeginn in der neuen Firma kommt es zu dem geschilderten Missgeschick. Was könnte ihn motiviert haben, so zu handeln?
2. Der Kunde habe als schwierig gegolten. Haben Sie Ideen, worin für den Klienten eine Herausforderung gelegen haben könnte? Welche Motive könnte der Kunde gehabt haben, den Ansprechpartner zu wechseln?
3. Welchen Grund könnte es geben, dass der Kollege so heftig reagiert?
4. Angenommen, es handelt sich auf Seiten des Klienten um die Aktualisierung eines alten Rivalitätskonfliktes: Haben Sie eine Vermutung, wem aus der Ursprungsfamilie der Kampf eigentlich gelten könnte?
5. Der Klient findet das Verhalten seines Kontrahenten krankhaft. Wie stehen Sie zu dieser Äußerung?

6. Angenommen, Sie möchten dem Klienten verdeutlichen, dass es möglicherweise einen biografischen Bezug zwischen den Konflikten in seiner Herkunftsfamilie und seinen jetzigen Konflikten am Arbeitsplatz gibt (so genannte Außer-Übertragungsdeutung): mit welchem der folgenden Sätze würden Sie dies versuchen – oder haben Sie eine ganz andere Idee?
   a) »Könnte es sein, dass es da einen Zusammenhang mit Erfahrungen aus Ihrer Kindheit gibt?«
   b) »Woher kennen Sie dieses Gefühl und diese Situation?«
   c) »Ich überlege, ob Sie bereits mit Ihrem Bruder Rivalitätskämpfe ausgefochten haben und diese stellvertretend nun mit Ihrem Kollegen ausfechten. Was halten Sie davon?«
7. Angenommen, Sie möchten dem Klienten verdeutlichen (Übertragungsdeutung), dass es einen Bezug gibt zwischen dem Konflikt in der Firma und einem (unbewussten) Konflikt mit dem Berater, der stellvertretend für einen früheren Konflikt aus der Ursprungsfamilie steht. Mit welchen der folgenden Fragen würden Sie intervenieren?
   a) »Könnte es sein, dass Ihr Erleben in dieser Angelegenheit auch etwas von dem widerspiegelt, was Sie mir gegenüber erleben?«
   b) »Könnte es sein, dass Sie damit eigentlich mich meinen?«
   c) »In den vergangenen Stunden haben Sie mehrfach davon gesprochen, dass Kollegen und Vorgesetzte, die Ihnen mit Rat beistehen wollen, letztendlich so unversöhnlich, unflexibel oder auch streitsüchtig seien. Mir fällt auf, dass Sie mich dabei ganz ausgenommen haben. Könnte es nicht sein, dass Sie auch mich manchmal so erleben?«
8. Warum fällt dem Berater spontan die Szene mit seinem Wellensittich ein? War das nur eine momentane Ablenkung des Beraters, ein kurzes Tagträumen, wie es (wenn wir ehrlich mit uns sind!) halbbewusst oft geschieht?

Lösungsvorschläge finden Sie auf Seite 334 f.

Fall-Vignette 23: Der übergriffige Neue

Der 37-jährige Klient berichtet, er habe bisher als erfolgreicher Marketingspezialist in der Zentrale eines Automobilkonzerns gearbeitet. Er sei vor wenigen Monaten in eine große Werbeagentur gewechselt. Diese Anstellung sei durch einen Headhunter angebahnt worden. Für die Prozessabläufe im neuen Unternehmen und für dessen Klientel sei er bestens vorbereitet und ausgebildet.
Im neuen Unternehmen habe er jedoch schon nach wenigen Wochen mehrfach heftige Auseinandersetzungen mit der Teamleiterin gehabt. Anfangs habe er sich mit der Kollegin recht gut verstanden, und sie habe ihm auch einmal ihr Herz ausgeschüttet, als es kurzfristig private Probleme gegeben habe. Er könne sich den Grund für das bald darauf entstandene gespannte Verhältnis nur teilweise erklären: Vermutlich habe die Kollegin Angst davor, dass er ihre Kompetenz in Frage stellen könnte. Dies erkläre aber nicht die Heftigkeit ihres Vorgehens. Das Team treffe sich zweimal wöchentlich und bespreche interdisziplinär die aktuellen Projekte. Er habe dabei kurze Zwischenfragen zum Verständnis einiger Fachbegriffe oder Arbeitsabläufe gestellt und sei dann jeweils sofort vor dem ganzen Team von der Teamleiterin angegriffen worden. Als er sie nach einigen Wochen

um eine Aussprache und Klärung gebeten habe, habe sie ihm erklärt, dass er sich über die heftige Reaktion des Teams nicht wundern müsse. Man würde ihn als übergriffig empfinden, da er sich bereits nach einigen Wochen mit spitzen Bemerkungen im Team breit gemacht habe und sich mit seinen Kommentaren in Angelegenheiten einmische, die lediglich die Leitungsebene etwas angingen. Da er aus Psychologiekursen gewusst habe, dass übergriffiges Verhalten krankhaft sei und bedeute, dass er seine Grenzen nicht mehr wahrnehmen könne, habe ihn die Aussprache mit der Kollegin extrem verunsichert. Er glaube, dass seine Nachfragen, seine bisherige Berufskompetenz und sein Charisma (welches ihm vom Team und vom Headhunter bestätigt worden seien) eventuell als Bedrohung für die Kollegin erscheinen könnten. Er merke auch, dass er eher davon rede, dass er Probleme mit einer Kollegin habe. Formal sei sie jedoch eine Vorgesetzte. Wieso sie jedoch zu solch heftigen Etiketten gegriffen (ihn als übergriffig tituliert) habe, das könne er nicht verstehen. Er habe auch gemerkt, dass er in den Teambesprechungen jetzt sehr viel stiller oder sogar »duckmäuserisch« sei. Die Kollegin hingegen breite sich jetzt dort enorm aus und merke überhaupt nicht mehr, wenn die anderen Kollegen die Mundwinkel verziehen. Es herrsche jetzt ein recht autoritäres Klima, und niemand traue sich mehr zu widersprechen. Dies sei vor seinem Stellenantritt jedoch anders gewesen. Der Klient erwarte vom Coaching, dass er seine Kränkung durch diese Umstände besser emotional verarbeiten könne, und er möchte wieder zu einer sachlich-kritischen Haltung zurückfinden, ohne gedanklich und emotional so sehr auf das »Klima der Angst« oder die »starke persönliche Note« im Team eingehen zu müssen. Es wurden acht Termine vereinbart. (Fall aus demselben Team: Fall-Vignette 25)

Übungsfragen

1. Dieser Klient analysiert seine Situation und liefert eine Interpretation des Sachverhaltes, die nachvollziehbar erscheint. Er weist auch darauf hin, dass er bereits gute psychologische Grundkenntnisse besitzt. Mit welcher Methode oder Intervention würden Sie den Klienten zunächst beraten? Welche Überlegungen haben Sie dazu veranlasst?
2. Stellen Sie sich vor, Sie wären die oben geschilderte Teamleiterin. Wie würden Sie auf das Erscheinen und die Äußerungen des neuen Mitarbeiters reagieren?
3. Der Klient spricht bereits an, dass er in der Teamleiterin eher eine Kollegin sieht. Welche Probleme erwachsen daraus?
4. Mit welchen Methoden versucht die Teamleiterin ihren vermeintlich gefährdeten Führungsanspruch zu sichern? Wie wirkt sich das auf die Stimmung, Kreativität und den Ideenaustausch im Team aus?
5. Bitte untersuchen Sie, inwiefern der Klient die »sieben übergeordneten Ziele« (s. S. 295) in seiner neuen Position bereits verwirklichen konnte:
   - Relevanz: »Ich möchte etwas beisteuern.«
   - Selbstständigkeit: »Ich möchte selbst entscheiden.«
   - Bewusstheit: »Ich möchte wissen, was ich tue.«
   - Selbstwirksamkeit: »Ich möchte wirksam und bewegend sein.«
   - Verantwortlichkeit: »Ich möchte verantwortlich sein.«
   - Stolz und Akzeptanz: »Ich möchte mich selbst achten.«
   - Identität: »Ich möchte wissen, wer ich bin.«
   Inwiefern hindert ihn seine Beziehung zur Vorgesetzten daran, diese Ziele zu verwirklichen?

6. Gehen Sie mit dem Klienten das Modell »Organsprache: Kopf – Bauch – Füße« (oder: Gedanken, Gefühle, Aktion) durch (s. S. 292). Wie würden Kopf, Bauch und Füße des Klienten sich vermutlich äußern, wenn die Beratungsarbeit gut vorangeschritten ist?
7. Formulieren Sie Fragen aus den Bereichen
   - Körper,
   - Geist,
   - Beziehungen,
   - Zukunft,

   von denen Sie annehmen, dass sie dem Klienten hilfreich sein könnten.

Lösungsvorschläge finden Sie auf Seite 335 f.

Fall-Vignette 24: Eine Frage des Sitzplatzes

Der 33-jährige Klient gibt an, er sei bisher erfolgreicher Kundenberater einer Bank gewesen. Er sei verheiratet und habe zwei Kinder. Die Frau sei zu Hause, habe aber ebenfalls Bankkauffrau gelernt und plane, später in den Beruf zurückzukehren. Das Eheleben sei sehr ausgeglichen und harmonisch. Der Klient habe anregende Hobbys; so rudere er zum Beispiel und nehme regelmäßig an einem Lauftreff teil. Er treffe sich dort auch mit einem Kollegen seiner bisherigen Arbeitsstelle.

Da er dort einen unmöglichen Chef gehabt habe, sei er gezwungen gewesen zu kündigen. Vor drei Wochen habe er eine ähnliche Position in einer anderen Bank angetreten. Es sei ihm aufgefallen, dass die Vorgesetzten und seine Kollegen dort eine etwas lockerere Einstellung zur Arbeit hätten, als er es gewohnt sei. Er finde darüber hinaus, dass es dort eine schlechte Kommunikation gebe und dass das Team nicht ausreichend vernetzt sei. Die Strukturen seien starr und würden nicht hinterfragt. So sei er beispielsweise mit einer Kollegin, die ihn habe einarbeiten sollen, aneinander geraten, als er sich bei einem Kundengespräch auf einen Stuhl gesetzt hatte, der eigentlich nur für Begleitpersonen der Kunden gedacht war. Er habe im rechten Winkel zum Kunden sitzen wollen. Seine Kollegin habe aber darauf bestanden, dass er dem Kunden direkt gegenübersitzen sollte: »Der Berater sitzt immer auf diesem Stuhl!« Er habe versucht ihr zu erklären, dass es angemessener wäre, wenn man im rechten Winkel zueinander am Tisch säße, da so ein kooperatives Gesprächsgefühl eher aufkommen könne. So habe er es in einem Kurs gelernt, und man mache das in seiner alten Bank immer so. Das habe die Kollegin aber nicht verstehen wollen.

Die Beratung dieses Klienten fand übrigens in einem kleinen Gesprächsraum der Bank statt (in-house counseling), wobei sich Coach und Klient gegenübersaßen, getrennt durch den Tisch. Dieses Setting hatte der Klient arrangiert. Als der Coach den Klienten auf diese Eigentümlichkeit anspricht, lacht er: »Nun, das ist Zufall, dass wir nur diesen Raum zur Verfügung haben.«

Der Berater nimmt für den Bruchteil einer Sekunde eine innere Szene wahr, in der er sein Hauskaninchen streichelt, und er hat gleich darauf ein Gefühl oder eine kurze Fantasie von Bewunderung oder davon, bewundert zu werden. Er schiebt dies zunächst achtlos beiseite und arbeitet weiter mit dem Kunden an dessen Beratungsanliegen.

Übungsfragen

1. Mit welchen Fragen könnten Sie die Beweggründe oder auslösenden Situationen klären, die zu dem Stellenwechsel des Klienten führten? Bitte gehen Sie dabei auch auf Metaprogramme (Sorts) ein (s. S. 160).
2. Offenbar hat es einen Konflikt mit dem alten Chef und der neuen Kollegin gegeben. Welche Fantasie haben Sie bezüglich der Charakterstruktur des Klienten?
3. Welche Einstellung zur Arbeit hat er offensichtlich? Wie schätzen Sie seine Äußerungen ein?
4. Analysieren Sie die Fall-Vignette unter den Gesichtspunkten der Teamentwicklung, wie wir sie Ihnen im Abschnitt »Teamentwicklung« (s, S. 306) vorgestellt hatten.
5. Welche Bedeutung hat die Sitzposition Berater – Kunde in der neuen Bank erlangt? Wieso fällt es der Kollegin so schwer, sich auf eine andere Sichtweise einzustellen?
6. Wieso schildert der Klient diese Szene, ohne zu bemerken, dass die Sitzposition Coach – Klient in der Beratungssituation nicht seinen eigenen Idealen entspricht?
7. Der Coach spricht den Klienten auf diesen Widerspruch an, worauf der Klient abwiegelnd oder bagatellisierend reagiert. Was erschwert es dem Klienten, diese Inszenierung als bedeutsam anzunehmen?
8. Warum fällt dem Berater plötzlich die kurze Szene mit seinem Hauskaninchen und dem Bewunderungsgefühl ein? Wieso schiebt er es beiseite und beachtet es in der Beratungssitzung nicht weiter?

Lösungsvorschläge finden Sie auf Seite 336f.

Fall-Vignette 25: Anweisung zur Selbstständigkeit

Der 43-jährige Klient erklärt, er arbeite seit mehreren Jahren als selbstständiger Diplompsychologe und Supervisor. Er habe vor sechs Monaten eine Stelle als angestellter Therapeut in einem Spezialkrankenhaus angetreten und ärgere sich über die Zustände an seinem Arbeitsplatz. Er müsse dort aber wenigstens noch sechs Monate bleiben. Da er selbst Supervisor sei, erwarte er keinen Rat und keine Analysen. Er wolle lediglich die Zeit im Zweiergespräch nutzen, um sich Klarheit über seine eigenen Gedanken und Gefühle zu verschaffen. Dafür habe er während der Arbeit oder zu Hause keine Zeit.

Er sei mit sehr viel Freude an die neue Arbeitsstelle gekommen, da er sich mit dem Chefarzt der Klinik ausgesprochen gut verstanden habe und vom Gesamtkonzept der Klinik überzeugt gewesen sei. Er habe sich fest vorgenommen, sein Wissen und seine Kompetenz in dieser neuen Umgebung unter Beweis zu stellen. In den ersten Tagen habe man ihn recht freundlich aufgenommen und in seine zukünftigen Pflichten eingeführt. Es sei dabei immer wieder betont worden, wie wichtig ein kollegiales Zusammenarbeiten sei und dass es bedeutsam sei, dass jeder für seinen Bereich so viel Verantwortung übernehmen solle wie nur möglich. Es könne von der Leitung der Abteilung nicht verlangt werden, dass diese sich um unwichtige Entscheidungen oder Routineformulare kümmere.

Der Klient gibt an, er habe sich schnell einarbeiten können. Er sei jedoch bereits nach einigen Wochen mehrfach angeeckt, als er unwesentliche Entscheidungen selbstständig getroffen habe (geringfügige Terminverlegungen von Therapiestunden, unerhebliche handschriftliche Bestätigungen für Patienten, kleinere Gruppenübungen und Ähnliches). Alle diese Entscheidungen seien vom Chefarzt nochmals gegenkontrolliert worden, und er habe den Klienten öffentlich gerügt, da er sich nicht an Dienstvorschriften gehalten habe, die in einem Qualitätshandbuch abgelegt seien. Dort seien alle Verfahrensabläufe in der Klinik genau festgelegt.

Um den Anforderungen gerecht zu werden, mache der Klient bereits viele Überstunden und versuche, so gut es eben ginge, auf die Forderungen des Chefs einzugehen. Er müsse noch sechs Monate durchhalten und so lange private Belange oder seine eigenen ethischen Maßstäbe zurückstellen. Seine Frau könne sich darauf teilweise einstellen. Private Kontakte jedoch müsse er seitdem stark zurückschrauben. Seinen Kolleginnen und Kollegen gehe es ebenso. Einige von ihnen hätten bereits resigniert.

Mit der zuständigen Oberärztin habe der Klient sich in den ersten Tagen gut verstanden und auch einige private Informationen ausgetauscht. Bereits nach drei Wochen habe die Oberärztin sich aber von ihm zurückgezogen und kontrolliere seitdem zwanghaft die Patientenakten des Klienten. Ungeachtet dessen habe der Chefarzt in den Teambesprechungen mehrmals betont, dass es ihn sehr störe, dass die Arbeit des Leitungsteams durch ständiges Nachfragen und durch die teilweise inkompetente oder wenig engagierte Arbeit der Teammitglieder behindert werde. Er habe nochmals eindringlich darum gebeten, dass jeder in seinem Verantwortungsbereich ein Höchstmaß an Qualität und Eigenständigkeit anstreben solle. Der Klient empfindet das Hin und Her von offiziellen Forderungen einerseits und den zwanghaft-pedantischen Einschränkungen andererseits als ziemlich belastend. Er habe den Chefarzt deshalb schon angesprochen und darauf hingewiesen, dass eine Team-Supervision hilfreich sein könnte. Der Chefarzt habe daraufhin erklärt, dass Team-Supervisionen in der Regel nach hinten losgingen und meist mehr Unfrieden in einem Team stiften als Klärung bringen würden. Solche Versuche habe es bereits gegeben. Dabei habe sich die Supervisorin als mehr oder weniger unfähig erwiesen, und das gesamte Team sei negativ beeinflusst worden.

Der Klient habe seit einigen Wochen Kopfschmerzen und Schwindelgefühle. Er meint, das sei vermutlich psychosomatisch. Seine Frau habe deshalb gesagt, er solle so schnell wie möglich kündigen und in seine Selbstständigkeit zurückkehren.

Übungsfragen

1. Analysieren Sie bitte diese Fall-Vignette ebenfalls unter den Gesichtspunkten 1–7, die wir auf Seite 295 im Abschnitt »Was ist Ihnen wirklich wichtig« eingeführt haben. Welche Punkte werden, aus der Perspektive des Klienten, zu wenig berücksichtigt?
2. Der Klient gibt an, nach ungefähr sechs weiteren Monaten kündigen zu wollen. Welche Folgen würden sich bei ihm vermutlich einstellen, wenn er das nicht täte (oder nicht wüsste, dass er das tun muss)? Welche Konsequenzen hat es für den Arbeitgeber, wenn mehrere Mitarbeiter so denken?
3. In der Fall-Vignette 23 wurde der Begriff »übergriffig« benutzt. Wie könnte der Chefarzt den Vorschlag des neuen Mitarbeiters interpretieren, er solle eine Teamsupervision durchführen lassen? Wie könnte es erklärt werden, dass verschiedene Teammitglieder »übergriffig« werden?
4. Welches sind die offiziellen Regeln im Team, welches die inoffiziellen und verdeckten (eigentlichen) Regeln?

5. Angenommen, Sie haben kein akademisches Studium absolviert, sondern lediglich einen Coaching-Kurs abgeschlossen, und Ihr Klient ist ein Diplom-Psychologe und Supervisor wie in diesem Fall: Welche Gefühle und Gedanken stellen sich bei Ihnen ein? Wie werden Sie die Beratung strukturieren?
6. Welche Sorts des Klienten und der geschilderten Oberärztin passen nicht zueinander (so genanntes *Mismatch* von Sorts) und führen vermutlich zu Konflikten?

Lösungsvorschläge finden Sie auf Seite 337 f.

Fall-Vignette 26: Der Freund, der immer da ist

Der 30-jährige Klient ist Diplominformatiker. Er berichtet, vor zwei Jahren sei er in eine kleine Bielefelder Firma eingetreten und habe sich dort schnell hocharbeiten können, da der Chef des Unternehmens ihn sehr gefördert habe. Der Klient habe vor acht Monaten einen schweren Motorradunfall gehabt, wodurch ihm die Hüften und das rechte Knie zertrümmert worden seien. Er könne jetzt ein Leben lang nur noch mit der Hilfe von Unterarmgehstützen (er sagt »an Krücken«) gehen. Seinen Arbeitsplatz habe er behalten und könne die Arbeit auch noch leidlich erledigen. Ihm fehle aber der Schwung, den er früher gehabt habe. Mit seinem Chef rede er jetzt kaum noch. Er habe das Gefühl, dass diesem die Behinderung irgendwie peinlich sei und er nicht wisse, wie er damit umgehen solle.

Sein Privatleben sei seit dem Unfall zerstört. Zum Zeitpunkt des Unfalls habe er seit vier Monaten eine Freundin gehabt. Die sei aber schon bald nach dem Unfall davongelaufen, nachdem ihr klar geworden sei, dass er ein Krüppel bleiben würde. Er gehe nach der Arbeit meist sofort nach Hause und lese oder schaue Videofilme an, da er seine früheren Aktivitäten (Sport im Verein) nicht mehr ausüben könne.

Er mache sich enorme Vorwürfe, dass er überhaupt angefangen hatte, Motorrad zu fahren. Er könne sich noch erinnern, dass seine Mutter ihn damals immer wieder ermahnt habe, diesen Führerschein nicht zu machen, da es dabei so häufig zu Unfällen komme. Im Nachhinein habe sie Recht gehabt. Das gehe ihm ständig quälend durch den Kopf.

Er habe recht gute Reha-Maßnahmen hinter sich, in denen er nicht nur seine Muskeln wieder auftrainiert, sondern auch angefangen habe, seine jetzige Situation zu verarbeiten. Seit einigen Monaten trinke er regelmäßig Alkohol, und es mache ihn besorgt, dass der Alkoholkonsum stetig zunimmt. Er habe darüber bereits mit seinem Hausarzt und einem Nervenarzt gesprochen, die ihm versicherten, dass sich sein Alkoholkonsum durchaus noch im normalen Bereich bewege: »Wenn Sie nicht mehr trinken als Ihr Hausarzt, dann sind Sie auch kein Alkoholiker«, habe der Hausarzt gesagt. Er denke nicht, dass er ein Alkoholiker sei. Früher habe er jedoch viel seltener Alkohol getrunken. Neuerdings vergehe kein Tag, an dem er nicht einige Flaschen Bier trinke. Am Wochenende mache er sich sogar Sorgen, ob sein kleiner Vorrat jeweils bis zum Montag ausreichen würde.

Der Klient fühlte sich einsam, und er wisse nicht, wie es mit ihm privat weitergehen und wie er zu seinem beruflichen Elan zurückfinden solle. Er wünsche sich vom Berater einige konkrete Tipps, wie er sein Leben zukünftig gestalten könne.

Übungsfragen

1. Bitte untersuchen Sie diese Fall-Vignette anhand des Coping-Konzepts, das wir Ihnen auf Seite 282 vorgestellt haben: Welche Coping-Muster wendet der Klient an? Welches weitere Vorgehen könnte sinnvoll sein?
2. Ist das Verhalten des Chefs nachvollziehbar? Sieht der Klient sich dabei als Interaktionspartner des Chefs oder lediglich als ein Opfer, das das Verhalten des Chefs registriert? Welche Interventionsideen haben Sie?
3. Wer ist der gute Freund, der immer da ist, der verlässlich ist und Trost gibt?
4. Welches Thema wird in der Fall-Vignette von Fachleuten bagatellisiert? Was könnten die Gründe dafür sein?
5. Bitte diskutieren Sie in Ihrer Arbeitsgruppe oder mit anderen Personen, wie Sie diesem Klienten gern helfen würden. Wie könnte er lernen, mit seinen verlorenen Möglichkeiten umzugehen (Gesundheit, Sportlichkeit)? Welche Beziehungsängste hat dieser Klient vermutlich, und wie können Sie ihm helfen (Ist eine Partnerschaft überhaupt noch möglich)? Wie könnten Sie dem Klienten helfen, sich von einem weiteren oder zunehmenden Alkoholkonsum frei zu machen?

Lösungsvorschläge finden Sie auf Seite 338.

Menschen erkranken und gesunden an Bedeutungen

Im Folgenden habe Sie wieder die Gelegenheit Ihr neues Wissen in Form von Übungen zu festigen und zu trainieren.

Umdeutungen oder Reframings erlauben den Klienten eine neue Sichtweise auf ihre Probleme oder Seinszustände. Jedes körperliche oder seelische Leiden birgt auch Ressourcen oder Möglichkeiten, die Ihre Klienten vielleicht erstmals auf dem Weg einer solchen Umdeutung erkennen können. Dazu bedarf es aber eines sehr guten Rapports, ansonsten denken einige Klienten, Sie wollten sie darauf hinweisen, dass die körperlichen Leiden eingebildet oder »psychisch« seien.

Das Charakteristische an so genannten psychosomatischen Leiden ist jedoch gerade die Tatsache, dass die Klienten oder Patienten einen Zusammenhang mit ihrem Seelenleben vehement abwehren und nicht wahrnehmen können oder wollen! Oft ist es daher klüger, man akzeptiert erst einmal das körperliche Symptom als existent und bietet an, nach Coping-Strategien zu suchen: »Diese Probleme haben Sie anscheinend schon länger, und wenn ich Sie richtig verstehe, konnten die bisherigen medizinischen Maßnahmen Ihnen nicht in gewünschter Weise helfen. Daher schlage ich vor, dass wir uns zunächst darauf konzentrieren, wie Sie mit psychologischen Methoden lernen können, die Probleme besser zu bewältigen oder mit dem Schmerz umzugehen ...« Erst im Verlauf der weiteren gemeinsamen Arbeit ist es dann sinnvoll, eine tiefere tatsächliche seelische Bedeutung des Leidens indirekt einzuführen. Übrigens ist dies, im wörtlichen Sinn, eine Form des positiven Denkens, da das lateinische Wort *positivum* »das Tatsächliche« bedeutet.

Ein Reframing zur positiven Bedeutung kann manchmal erst nach mehreren Beratungsstunden vorsichtig versucht werden, sollte aber beispielsweise mit einer Biografieexploration, vielen Fragen, übergeordneten Beratungszielen und Ähnlichem gut vorbereitet werden, da der Klient sich auch durch diese Arbeit und die zunehmende Beziehungserfahrung im Laufe der Beratung auf neue Einsichten vorbereitet.

Übung 28: Positive Krankheitsdeutungen

Zur Erinnerung zunächst zwei Beispiele:

1. Klientin: »Ich bin immer so depressiv. Aus dem Tief komme ich selten heraus.«
Coach (später, beiläufig): »Ich hatte vorhin den Eindruck, dass Sie die Fähigkeit haben, die Tiefe Ihrer Seele auf eine Weise auszuloten, die oberflächlichen Menschen meist nicht gelingt, und ich frage mich ...«
2. Klient: »Meine berufliche Leistung nimmt stetig ab, seitdem wir den neuen Chef haben. Ich habe immer diese Leere im Kopf und den Druck hinter den Augen und dieses Kribbeln im Nacken. Die Ärzte haben nichts gefunden. Ich frage mich: Was kann das bloß sein?«
Coach: »Sie haben die Fähigkeit, seelische Vorgänge, die Sie selbst noch nicht verstanden haben, im Körper zu erfühlen, lange bevor sie Ihnen im Bewusstsein klar erscheinen können ...«

Dabei ist es wichtig, dass Sie die Formulierung »die Fähigkeit« anwenden und einen möglichst direkten positiven Bezug zum Leid oder zur Klage herstellen. Die Sätze müssen auch nicht so lang und kompliziert sein. Jetzt versuchen Sie bitte Ihr Geschick.

1. Ich bekomme keinen Bissen mehr hinunter. Essen ekelt mich an.
2. Ich esse einfach gern. Ich sehe meine Polster nicht als Kummerspeck an; ich bin eben lebensfroh.
3. Es gibt da einige Situationen, die machen mir panische Angst.
4. In Stresssituationen bekomme ich meistens meinen Asthmaanfall.
5. Ich würde gern zur Arbeit gehen. Mein Bandscheibenvorfall macht das aber unmöglich.
6. Ich leide an schrecklichen Durchfallerkrankungen. Mein Arzt meint, es könnte Morbus Crohn sein.
7. Sobald der Stress zunimmt, kommt auch immer mein Schnupfen.
8. Meine Gallensteine haben mir schon mehrfach eine Gelbsucht beschert.
9. Seitdem die Enkelkinder groß sind, ist mir erst so richtig klar, dass mein Leben zu Ende geht.
10. Seit dem 20. Lebensjahr habe ich eine Glatzenbildung. Das ist mir immer noch verdammt peinlich.
11. Wegen meiner fürchterlichen Hautausschläge bin ich auf regelmäßige Kortisonkuren angewiesen.
12. Mein Arzt meint, ich sei eben ein Herzinfarkttyp.
13. Vor zwei Jahren ging mein Blutdruck plötzlich rauf. Trotz der Tabletten schwankt er aber immer noch sehr.
14. Ich leide regelmäßig unter den grässlichsten Kopfschmerzen.
15. Ich habe schon dreimal Krebs gehabt.
16. Im Winter bekomme ich regelmäßig mein Magengeschwür.
17. Die Abführtabletten muss ich regelmäßig nehmen, sonst klappt es nicht mit der Verdauung.
18. Es gibt kaum ein Gelenk, das nicht von diesem Weichteilrheumatismus betroffen ist.

19. Ich hatte schon mehrfach Wahnideen. Mein Hausarzt meint, das könnte irgendwann etwas für die Psychiatrie werden.
20. Ich sehne die Nacht herbei, an der ich wieder einmal schlafen kann.
21. Seitdem ich in den Wechseljahren bin, habe ich diese Schluckstörungen und dieses Kloßgefühl im Hals. Keiner findet die Ursache dafür.
22. Der Ohrenarzt meint, es wäre alles in Ordnung. Trotzdem kann ich manchmal nicht verstehen, was andere sagen.
23. Ich würde ja gern wieder Lust verspüren. Aber ich kann mich doch nicht dazu überreden.
24. Meine Frau hat schon mehrere Selbstmordversuche hinter sich.

Lösungsvorschläge finden Sie auf Seite 338 f.

Übung 29: Störungen der Teamkommunikation

Bitte beantworten Sie folgende Fragen und finden Sie zu jeder Frage ein Stichwort, das den dargestellten Prozess prägnant umreißt:

1. Wie kann es dazu kommen, dass Vorschläge in Teamsitzungen überhört werden oder dass niemand darauf eingeht?
2. Woran könnte es liegen, dass Entscheidungen in Teams oft dadurch verhindert werden, dass das Thema oder der Fokus plötzlich gewechselt wird? Warum wird das Thema gewechselt?
3. Wie kann es passieren, dass gelegentlich Einzelne im Team Entscheidungen herbeiführen, die von der Mehrheit des Teams nicht getragen werden?
4. Gelegentlich schließen sich einige Gruppenmitglieder (spontan oder abgesprochen) zusammen. Wieso übernimmt die Gruppe dann oft die Meinung oder die Vorschläge dieser zusammengeschlossenen Gruppenmitglieder?
5. Welche Folgen können Mehrheitsabstimmungen für jene Gruppenmitglieder haben, die in der Abstimmung unterliegen?
6. Mit welchen Methoden können Gruppenmitglieder »umgestimmt« werden, die anderer Meinung sind? Welche Folgen haben die einstimmigen Entscheidungen, die dabei entstehen?
7. Wie unterscheiden sich Gruppenentscheidungen von Individualentscheidungen bezüglich der Risikofreudigkeit oder des Extremismus der Handlungen, die aus diesen Entscheidungen resultieren?

Lösungsvorschläge finden Sie auf Seite 339 f.

Übung 30: Leitsätze in Teams

Bitte übersetzen Sie die folgenden Leitsätze, die aus Hochglanzbroschüren verschiedener Unternehmen entnommen sind, in mögliche konträre geheime Regeln oder andere nicht angesprochene Wahrheiten.

1. Wir bilden eine Einheit.
2. Die Individualität unserer Mitarbeiter ist unsere große Stärke.
3. Wir sind ein Team belastbarer, hoch motivierter und engagierter Spezialisten.
4. Wir gehen Hand in Hand.
5. Wir kommunizieren offen und direkt.
6. Neue Perspektiven werden gefördert.
7. Kundennähe ist das höchste Gebot.
8. Der Kunde ist König.
9. Wir stehen zu unserer Verantwortung.
10. Qualität zählt bei uns mehr als Geld.
11. Ihr Wunsch ist unser Bedürfnis.
12. Hier coacht Sie der Chef.
13. Wir gehen offen mit Kritik um.
14. Wir leben eine flache Hierarchie.
15. Ihr Privatleben geht nur Sie etwas an.

Lösungsvorschläge finden Sie auf Seite 340.

Lösungen

Lösungsvorschläge zu den Fall-Vignetten 20–26

Fall-Vignette 20: Ein unfairer Schachzug (s. S. 316f.)

1. Bevor ein Mensch denken oder sprechen kann, ist er in den ersten Monaten seines Lebens daran gewöhnt, eine seelisch-körperliche Einheit zu sein und sich vorwiegend durch Leibempfindungen wahrzunehmen und auszudrücken. Erst in den Folgejahren stellen sich kognitive und sprachliche Fähigkeiten ein, die verschiedene Entwicklungsstufen durchlaufen. Sowohl die Leibempfindungen, die Ausdrucksmöglichkeit durch den Körper als auch die vor- oder frühsprachlichen Denk- und Kommunikationsweisen sind in jedem Menschen ein Leben lang parallel aktiv. Es ist daher ganz natürlich, wenn sich vorbewusste Konflikte, Ängste oder Gefühle körperlich ausdrücken. Dem bewussten Denken des Erwachsenen sind diese unbewussten Ausdrucksmöglichkeiten meist unbekannt, und die zu Grunde liegenden Ängste werden oft verleugnet oder abgewehrt. Das erklärt, dass nur wenige Menschen die Weisheit oder Sprache ihres Körpers verstehen können, während andere mit Unverständnis darauf reagieren, wenn man ihnen erklärt, dass ihre »Körpersprache« psychisch bedingt sei. Besser sind umschreibende Formulierungen: »Die Weisheit des Körpers geht oft über das hinaus, was wir mit dem Verstand wahrnehmen können. Häufig drückt sich im Körper etwas aus, was wir erst sehr viel später mit unseren Gedanken klar erfassen können.«

2. Nach psychoanalytischer Auffassung handelt es sich tatsächlich um einen Widerstand. Ein Widerstand kann dabei gegen die Richtigkeit einer

- Deutung (zum Beispiel biografische Erklärung) gerichtet sein oder gegen
- das Bewusstwerden einer Übertragung (unbewusste Übertragung alter Beziehungsmuster in die Beziehung Klient – Berater) oder gegen die
- Auflösung (erfolgreiche Bearbeitung) einer Übertragung.

Info

In der frühen Psychoanalyse wird der Widerstand als oppositionelle oder widerborstige Weigerung gesehen, offensichtliche Zusammenhänge anzuerkennen. Diese kämpferische Interpretation geht teilweise auf Äußerungen Sigmund Freuds zurück: »...der Feind kann nicht in absentia oder in effigie erschlagen werden ...« (lat.: in Abwesenheit oder auf der Flucht). Solange sich unbewusste Teile sträuben, eine Einsicht bewusst werden zu lassen, muss es auch nicht zu einer Konfrontation innerer Konfliktpartner kommen. Aus dieser kämpferischen Implikation heraus wurden früher viele Klienten gedrängt, ihren Widerstand aufzugeben. Dabei haben sich viele gedemütigt oder gezwungen gefühlt. Heutige Psychoanalytiker sehen den Widerstand hingegen als eine komplizierte und kreative Leistung des Klienten an, die für ihn wichtige Funktionen erfüllt. Man nimmt heute an, dass Klienten nach eigenen inneren Mitteln suchen, die Verarbeitung ängstigender oder schädigender Einflüsse voranzutreiben. Sie suchen dabei aktiv nach Einsicht und weigern sich häufig, nur passive Empfänger kluger Deutungen von Fachleuten zu sein. Anscheinend entstand die alte Interpretation des Widerstandes auch aus einer Gegenübertragung der Psychoanalytiker, die von überehrgeizigen, ungeduldigen oder intoleranten Spielarten einer narzisstischen Allwissenheit angetrieben wurden.

3. Er müsste sich wieder verstärkt auf die Beziehung mit seiner Frau und seiner Familie einlassen und könnte nach der Arbeit keine »Flucht an den Schreibtisch« mehr begehen. Welche Konflikte mit der Frau sind vielleicht über Jahre hinweg aufgeschoben worden? Wird er der neuen beruflichen Position, die ihm in Aussicht gestellt wurde, gerecht werden können? Was passiert, wenn er dort scheitert? Wie soll er sich seinem Vater gegenüber verhalten, wenn er diesen Karrieresprung schafft?

4. Vielleicht hat er schon ein vorbewusstes Konzept für seine Lösung und ahnt, dass er auf diesem Weg viel schneller an sein Ziel kommt. Oder ist dieser Vorschlag das Ergebnis der Gegenübertragung des Beraters, der übrigens genau das Gleiche gedacht hatte?

5. In Deutschland gilt es immer noch als ein Eingeständnis von Schwäche, wenn man wegen psychischer Probleme einen Psychologen oder Arzt aufsucht. Dies kann in der Tat rufschädigend sein: Einige Klienten berichten, dass sich dadurch ihre Aufstiegschancen verringert haben. Der Wechsel in andere Krankenkassen kann dadurch ebenfalls erschwert werden. Dies ist einer der Gründe, weshalb manche Klienten lieber einen Coach aufsuchen. Dadurch vermitteln sie der Außenwelt den Eindruck, als wollten sie sich mit ihrer Karriere befassen.

6. Entscheidend ist nicht die Richtigkeit einer Deutung, sondern ihre einsichtsfördernde oder lösende Wirkung auf den Klienten. Es ist wahrscheinlich, dass die Deutung des Nervenarztes korrekt ist. Bevor eine solche Deutung jedoch ihre positive Wirkung entfalten kann, muss der Acker vorbereitet werden, auf den die Saat fällt. Das geschah hier vermutlich (vielleicht aus Zeitgründen) nicht.

7. Dabei dürfte es sich um eine Vater-Übertragung auf den Nervenarzt handeln. Hatte der Vater ebenso stets kluge Erklärungen parat oder reagierte mit Ermahnungen, gegen die sich der Klient auflehnte? Spielte die Achtung darin auch eine Rolle? Außerdem ist es tatsächlich verletzend, wenn einen jemand mit Deutungen überfällt.

8. Achtung: Machen Sie nicht das Gleiche mit mir wie der Nervenarzt. Halten Sie sich mit Deutungen zurück.

9. Wir hatten Ihnen gezeigt, dass Träume sowohl einen oberflächlich-nachvollziehbaren Inhalt aufweisen (der Ritter und der Tod) als auch einen latenten Inhalt, der durch die Mittel der Verschiebung, Verdichtung und Symbolisierung getarnt oder entstellt wird. Einige Ideen über diesen Traum: Es ist wahrscheinlich, dass in der Figur des Todes Anteile vom Vater, von Über-Ich-Forderungen (Erfolg, Strebsamkeit und Ähnliches) und Übertragungen auf den Coach verschmolzen sind. Der Tod als ein Symbol für Schicksal, Vergänglichkeit (auch den nahenden Tod des Vaters?), Unberechenbarkeit? Das Schachspiel kann (ebenso wie der Tod) für Schicksal, richtige Entscheidungen, Ambivalenzkonflikte stehen. Im Ritter können ehrbare (adelige, edle) Anteile, aggressive Anteile (Rüstung, Kampf) und sexuelle Impulse (Ritterschwert = Penis?) verschmolzen sein, die sowohl zu anderen Personen als auch zum Klienten selbst gehören könnten. Der Beichtstuhl mit dem falschen Priester weist vielleicht darauf hin, dass Über-Ich oder Ich-Ideal-Forderungen (nach einem guten oder erfolgreichen Leben) tatsächlich nur falschen Konfektionsidealen entsprechen.

Eine solche Traumanalyse, die noch viel komplexer ausgesponnen werden könnte, mag richtig oder falsch sein. Auf jeden Fall bringt sie viele neue Impulse in die Beratung: Was sind Ideale? Was wollten die Eltern? Was wünscht sich der Klient eigentlich selbst? Wie kann er seinen Weg finden, ohne Angst davor, dadurch einen Liebes- oder Beziehungsabbruch mit den Eltern zu riskieren? Wie kann er gleichzeitig edel, aggressiv und lustvoll sein? Und vieles mehr.

10. Da der Klient fantasievolle Methoden angefragt hat, bietet es sich an, ihn seine Lösungen selbst finden zu lassen: beispielsweise durch Imaginationsübungen, hypnotherapeutische Intervention, Gestaltungstherapie (Kunst), Fantasiereisen, Rollenspiele (Monodrama).

Fall-Vignette 21: Wenn Liebe krank macht (s. S. 317 ff.)

1. Unbewusst teilen einige depressive Mütter ihren Kindern mit: »Bleib bei mir. Wenn du gehst, dann geht es mir noch schlechter.« Gelegentlich sträuben sich die erwachsenen Kinder depressiver Eltern dann mit jeder Faser ihres Körpers dagegen, einen weiteren Schritt nach »draußen und vorne« zu tun. Selbst wenn der Verstand das will, hindert der Körper sie oft daran. Hinzu kommt, dass oft eine große unbewusste Aggression gegen die (unbewusste einengende Aggression der) Eltern vorhanden ist. Die körperlichen Beschwerden können davor schützen, sich diesen Aggressionen stellen zu müssen.
2. Wir haben in der ersten Antwort bereits darauf hingewiesen, dass manche Kinder depressive Gefühle der Eltern annehmen (Fremdgefühl): »Aus Liebe zu dir, liebe Mami, fühle ich mich so wie du.« Andere Erklärungskonzepte sind: Rollenmodell, das Erlernen kognitiver Verzerrungen (depressive Triade nach Beck u.a.). Die Vererbung depressiver Erkrankungen wurde oft diskutiert. Heute geht man davon aus, dass zumindest die reaktive Form der Depression im Wesentlichen nicht vererbt wird.
3. Für Kinder depressiver Eltern ist es meist schwer, sich glücklicher, erfolgreicher oder besser als ihre Eltern zu fühlen. Dies wird unbewusst oft als ein Verrat an der Liebe zu den Eltern empfunden.
4. Unbewusste Rache am Vater? Solidarität mit der Mutter? Vielleicht passte das Ehepaar einfach nicht zusammen?
5. Das ist eine Frage, zu der es keine richtige Antwort geben kann. Es gibt einige Untersuchungen, die zeigen, dass es Kindern später besser geht, wenn die Eltern als Zweckgemeinschaft zusammengeblieben sind (gemessen am Erfolg in Schule und Beruf). Es gibt andere Untersuchungen, die zeigen, dass Eltern, die sich scheiden lassen, nach einigen Jahren weniger Probleme haben (gemessen an Depression und Alkoholkonsum). Es kommt somit darauf an, ob der Fokus auf die Zukunft der Kinder oder der Eltern gelegt wird und welche Parameter für ein »Besser oder Schlechter« herangezogen werden.
6. Ausleben der Gefühle würde bedeuten, gegen alte Regeln des Elternhauses zu verstoßen (alles wurde immer mit Verstand geregelt), es würde auch bedeuten, die Familie zu gefährden und eventuell die Kinder zu verlassen. Eine Entscheidung für die Gefühle des Verliebtseins hätte also einige negative Konsequenzen.
7. Es handelt sich um psychotische Phänomene (vielleicht schizoaffektiv?), die mit formalen und inhaltlichen Denkstörungen einhergeht. Solche Erkrankungen müssen unbedingt psychiatrisch behandelt werden (mit Medikamenten aus der Gruppe der Neuroleptika). Da offensichtlich weder die Gefahr einer Fremd- noch einer Selbstgefährdung vorliegt, sollte eine freiwillige psychiatrische Behandlung angebahnt werden. In jedem Falle sollten Sie Kontakt mit dem Hausarzt oder anderen professionellen Helfern aufnehmen und sich über das weitere Vorgehen beraten. Hierbei ist es meist möglich und nötig, die Klienten in die Entscheidungsprozesse mit einzubeziehen. Wenn keine ausreichende Krankheitseinsicht vorliegt, ist dies jedoch oft problematisch. Die Verantwortung sollten Sie jedoch auf jeden Fall an einen Arzt abgeben.
8. Wenn die Klientin nicht mehr in ihre »psychotische Reaktion« flüchten muss und sich bewusst der Alternative Liebe oder Familie stellt, welche Konsequenzen hätte das für den Mann? Die aktuelle Krankheit der Klientin stabilisiert das brüchige Familienkonzept. Außerdem kann der Mann sich jetzt wieder um seine Frau kümmern, kann wirksam helfen und wird wieder gebraucht (= potent). Unbewusst kommt der gestörte Zustand eines Klienten daher den Angehörigen manchmal entgegen; auch, wenn sie das bewusst niemals so sehen könnten.
9. Als der Vater sich suizidierte, fühlte sie Schuld, Wut und Mitleid. Dieses Gefühl wird auf ihren Mann projiziert. Vermutlich ist

diese Projektion und Verstrickung in ein Selbstmord-Familiensystem für den Partner sehr verwirrend. Andererseits hatte er vermutlich schon vor der Ehekrise Persönlichkeitsanteile, die sich bei seiner Partnerin »gut aufgehoben« fühlten. Das Paar inszeniert nochmals die Themen von Verlassenwerden, Kränkung, Todesdrohung, erneuter liebloser Bindung. Vermutlich liegt eine zähe neurotische Paarkollusion vor (s. S. 232).

10. In diesem Familiensystem werden viele Störungen in dramatischer oder tragischer Form ausgelebt. Es fällt den Mitgliedern der Familie(n) und auch der Klientin daher schwer, die eigenen inneren Konflikte und die Paarkonflikte gänzlich ins Unbewusste zu verdrängen. Ohne das heftige Agieren im System wäre die Klientin vermutlich eine unauffällige Ehefrau, die ein negatives Selbstbild von sich hätte, es allen anderen recht machen würde und kein Gespür für eigene Gefühle hätte. Dies hätte möglicherweise zur Ausbildung weiterer chronischer Erkrankungen führen können. In diesem Fall jedoch war es »hilfreicher«, in eine reaktive schizophrenieähnliche Symptomatik zu flüchten?

Fall-Vignette 22: Der weggenommene Kunde (s. S. 320f.)

1. Als neuer Mitarbeiter wollte er sich vielleicht beweisen und seine Kompetenz demonstrieren. Dies wird innerhalb der Probezeit meist auch verlangt. Außerdem kennt ein neuer Mitarbeiter noch nicht alle internen Grenzen, Regeln oder Empfindlichkeiten. Vielleicht lag aber tatsächlich eine unterschwellige Geringschätzung gegenüber dem Kollegen vor? Sie sehen: Es findet sich ein Geflecht von Rollenmotivationen und intrapsychischen Motiven.

2. Es gibt tatsächlich schwierige Kunden (zum Beispiel Narzissten, Nörgler, Rechthaber und andere). Es könnte aber auch sein, dass nicht der Kunde, sondern lediglich das Verhältnis zwischen Kunden und Kollegen schwierig ist (die Interaktion also). Wenn ein neuer Mitarbeiter zeigt, dass er mit einer Situation fertig wird, die als schwierig gilt, kann er sich dadurch besondere Anerkennung verdienen. In diesem Erfolg ist dann allerdings auch eine Beziehungsbotschaft an den älteren Kollegen enthalten: »Schau, ich kann das besser als du!« Dem schwierigen Kunden könnte es gelegen kommen, seinen bisherigen Ansprechpartner, mit dem er nicht so gut zurechtkam, in der Firma zu diskreditieren, indem er nun mit einem anderen Verkäufer bestens zurechtkommt. Manche Menschen haben auch Freude daran, mit solchen Taktiken andere Teams zu spalten oder in Aufruhr zu versetzen.

3. Inhaltlich ist wirklich viel falsch gelaufen. Es kam zu Grenzübertretungen und Kränkungen. Ein ausgeglichener erwachsener Mensch kann diese aber meist konstruktiv und kontrolliert aggressiv verarbeiten, indem er seine Grenzen klarmacht, den Konfliktpartner zur Rede stellt und seinen Unmut klar äußert. Wenn die Kränkung aber fortdauert, dann liegt das meist daran, dass noch keine erwachsenen Formen solcher Konfliktverarbeitung gefunden wurden, und daran, dass der aktuelle Konflikt alte kindliche Kränkungen wachruft.

4. Einem älteren Bruder oder dem Vater?

5. Diese Fall-Vignette berichtet von einer Schilderung aus der fünften Beratungsstunde. Es gibt also schon ein dichtes Geflecht von Übertragungen und Gegenübertragungen zwischen Klient und Berater. Dies wird aus der kurzen Fall-Vignette jedoch nicht deutlich. Nach einigen Beratungsstunden (oder schon in der ersten) ist es sehr wahrscheinlich, dass Schilderungen über Außenkonflikte auch einen Bezug zu reaktivierten Übertragungskonflikten in der Beratungssitzung haben. Vielleicht findet eine Übertragung auf den Berater statt, der dadurch konflikthafte Anteile verkörpert (vom älteren Bruder, dem Vater?). Vielleicht findet aber auch der Berater die ganze Geschichte ziemlich krankhaft, und der Klient nimmt dies

unbewusst wahr und spiegelt das zurück, indem er sagt, wie krankhaft er den Kollegen findet.

6. Alle drei Varianten sind ziemlich direkt und entsprechen der (altmodischen) klassischen Vorgehensweise einer psychoanalytischen Deutung (hier: Übertragungsdeutung). Es ist jedoch nicht verwerflich, wenn eine Methode alt oder klassisch ist. Wenn das Vorgehen effektiv und der Rapport zum Klienten so gut ist, dass auch eine provozierende beziehungsweise konfrontierende Deutung angenommen werden kann, dann ist ein schnelles Vorgehen durchaus akzeptabel, so lange es wohl dosiert erfolgt.

7. Übertragungen müssen nicht immer sofort angesprochen werden. Es kann sinnvoll sein, dies erst mehrere Beratungsstunden später zu tun. Dafür eignet sich die Formulierung in »c« besonders.

8. Manchmal bleiben solche kleinen Tagträumereien ungelöst. Nicht in jedem Fall findet sich eine schlüssige Interpretation. Manchmal gibt es auch einen starken Widerstand dagegen, diese Interpretation bewusst wahrnehmen zu dürfen (Gegenübertragungswiderstand). Solche Fantasien haben aber fast immer etwas mit der Interaktion zwischen Klient und Berater zu tun. Wenn Sie keine Idee haben, was Ihre kleinen beraterischen Träumereien zu bedeuten haben, sollten Sie dies jedoch wenigstens zum Anlass nehmen, sich zu sagen: »Da gibt es also sehr viel in mir, was ich noch nicht wissen möchte oder darf – was in der Beziehung zu diesem Klienten jedoch mitschwingt ...«

Fall-Vignette 23: Der übergriffige Neue (s. S. 321 ff.)

1. Durch die Arbeit mit kompetenten Klienten fühlen sich viele Berater anfangs eingeschüchtert. Es sollte nicht Ihr Anspruch sein, dass Sie in dieser Situation noch kompetenter oder klüger als der Klient erscheinen. Es kommt darauf an, dass Sie dem Klienten als ungewöhnlicher Beziehungspartner zur Verfügung stehen und ihm helfen, seine eigenen Lösungen zu finden. Das geschieht manchmal »wie von selbst«, ohne dass der Berater Zeit hatte, sich ein kluges Konzept zurechtzulegen. In diesem Falle schien es angemessen, auf ein szenisches Verständnis und ein Nachfühlen der Ängste oder Befürchtungen seiner Kontrahentin hinzuarbeiten. In diesem Fall geschah es mit einem Monodrama, welches auf die Gefühle fokussierte. Falls Sie eine andere Methode gewählt hätten: auch gut!

2. Die Vorgesetzte oder Kollegin ist sich vermutlich im Klaren darüber, dass das Erscheinen eines neuen kompetenten Kollegen zu Rivalitätskonflikten führen könnte. Das ist die kognitive oder nüchterne Sicht auf diese Teamveränderung. Vermutlich hat sie tatsächlich Angst davor, dass der neue Kollege ein Konkurrent um ihre Position ist (formell und informell). Wir können darüber spekulieren, ob ihr diese Angst bewusst ist, weshalb sie zu diesen Mitteln greift, welche frühere Rivalitätskonflikte oder Ähnliches durch die Situation reaktiviert werden.

3. Der Klient ist sich bewusst vermutlich noch nicht im Klaren darüber, dass er den Führungsanspruch der Kollegin tatsächlich nicht akzeptiert. Das wird von ihm möglicherweise rationalisiert: »Ich bin für flache Hierarchien.« Vielleicht hat er ein Problem, sich (einer Frau) unterzuordnen?

4. Sie nutzt ihre Sachbotschaften, um gleichzeitig abwertende oder aggressive Beziehungsinhalte zu vermitteln; sie unterbindet den freien Ideenaustausch; verbietet, dass ihre Entscheidungen oder Überlegungen hinterfragt werden dürfen. Dies führt dazu, dass niemand sie mehr auf ihre Fehler oder eine möglicherweise einseitige Sichtweise aufmerksam machen wird. Das Team steht daher als Multiplikator von Ideen nicht mehr zur Verfügung, und die Arbeitsfreude wird sehr schnell bei allen Teammitgliedern sinken.

5. Keines der sieben übergeordneten Ziele kann unter diesen Umständen befriedigend verwirklicht werden. Wenn sich der Konflikt

nicht lösen lässt, wird dies langfristig zu einer inneren Kündigung des Klienten führen.
6. *Kopf:* Ich kann verstehen, dass die Kollegin (Vorgesetzte) Angst vor mir hat und zu Mitteln greift, die ihr angemessen erscheinen, da sie zurzeit keine geeigneteren hat.
Bauch: Dadurch fühle ich mich unwohl. Ich merke auch, dass ich von Anfang an in der Firma etwas Angst hatte und das ein bisschen lindern konnte, indem ich ein paar kluge Sachen sagte.
Füße: Ich könnte mich etwas zurückhalten und der Kollegin zeigen, dass ich ihre Arbeit wertschätze und bereit bin, von ihr etwas zu lernen. Vermutlich wird sie sich dann ändern. Das ist zumindest einen Versuch wert.
7. Beispiele für Fragen sind: Das Gefühl, das Sie haben, wenn Sie an die Kollegin denken, wo im Körper hat das seinen Platz? Wie fühlt es sich an? Welche Form nimmt es an? Was denken Sie über dieses Gefühl, was über die neue Position, über das Team, über Ihr Wirken in diesem Team? Wie gehen Sie mit den neuen Teammitgliedern um, wie reagieren diese auf Sie? Was sagt Ihre Frau über den Berufswechsel, wie sieht Ihre Frau die Veränderungen, die jetzt in Ihnen vorgehen? Warum haben Sie den Arbeitsplatz gewechselt, was möchten Sie erreichen? Wie wird sich die Situation weiterentwickeln, wenn Sie sie lösen können?

Fall-Vignette 24: Eine Frage des Sitzplatzes (s. S. 323 f.)

1. Als Sorts können beispielsweise angeführt werden: weg von – hin zu, angeleitet – selbstständig, Konfrontation – Flucht. Fragenbeispiele sind folgende: Können Sie mir noch einmal schildern, welches Verhalten Ihres alten Chefs Sie besonders gestört hat? Was haben Sie jeweils gemacht, bevor er dieses Verhalten zeigte? Welche anderen Beweggründe gab es außerdem, die Arbeitsstelle zu wechseln? Was war dort besonders gut, was hat Ihnen die meiste Freude gemacht, was war eher negativ? Welche Fehler haben Sie dort begangen, die Sie nicht nochmals machen möchten ...?
2. Hat der Klient ein Problem mit Unterordnung oder Einordnung? Hat er schlechte Erfahrung mit Begrenzung oder Unterwerfung gemacht? Ist er ein Mensch, der sich nicht gern etwas sagen lässt?
3. Die meisten Menschen würden in solchen Situationen bestätigen, dass sie fleißig, engagiert oder strebsam sind. Das ist in unserer Gesellschaft erwünscht und wird daher regelmäßig auf diese Weise geäußert. Menschen, die tatsächlich (nachprüfbar) sehr korrekt, fleißig und strebsam sind, haben meist ein hohes Ich-Ideal (und ein strenges Über-Ich, das auf die Einhaltung von Normen achtet). Oft, aber nicht immer, stammen diese Normen in abgewandelter Form aus der Ursprungsfamilie. Die Äußerung »ich bin bei der Arbeit überaus engagiert« hat eine unbewusste Kehrseite (ähnlich wie bei den Sätzen auf Hochglanzbroschüren): »Ich sehne mich auch nach Privatheit, Ruhe und vielleicht danach, ganz andere Ziele zu erreichen.« Nehmen Sie sich daher jede Äußerung Ihrer Klienten vor und fragen Sie sich, was die anderen verschwiegenen und unbewussten Seiten der Mitteilung sind.
4. Das System, in das dieser Klient eingetreten ist, befindet sich noch in den Phasen 1 und 2: Der Neue findet sich erst langsam zurecht, Hoffnungen und Ängste tauchen auf, neue Aufgaben werden verteilt ... Dieses Team ist also zurzeit nicht sehr effektiv.
5. Die Sitzposition ist offensichtlich eine Routine geworden, deren Sinn oder Unsinn nicht mehr hinterfragt wird. Vermutlich geht es in dem kleinen Konflikt um die Sitzposition nicht darum, wessen Sichtweise angemessener ist (verkaufsfördernd?). Es geht in dem kleinen Streit vermutlich um Anpassung, Unterwerfung und ähnliche archaische Konfliktthemen, die über den Umweg von Rationalisierungen bearbeitet werden.
6. Will er damit sagen, er wünsche keine wirkliche Kooperation? Oder ist er einfach nur verunsichert und braucht den Tisch noch als Barriere?

7. Eine unbewusste Abwehr beziehungsweise die Angst, dass Themen oder Gefühle in sein Bewusstsein rücken könnten, die er noch nicht adäquat verarbeiten kann. Siehe bitte: »Widerstand« im Lösungsbeispiel zu Fall-Vignette 20 (s. S. 331).

8. Nach Ansicht einiger psychoanalytischer Autoren (zum Beispiel Massing und Wegehaupt) könnte es sich bei solchen Fantasien um eine sexuelle Gegenübertragung des Coachs handeln. Wenn sich ein Berater dabei ertappt, dass er beispielsweise den Busen seiner Klientin besonders intensiv betrachtet, wenn sich Fantasien einstellen, zu berühren, zu bewundern, zu streicheln (auch über den Umweg von Haustieren?), wenn sich vielleicht Bilder von Gewalt, Pornografie, Sexualität einstellen, Gefühle von Hingabe, freudiger Erregtheit oder Spannung, Sehnsucht, dann kann es sich um Bilder oder Gefühle handeln, die auf einer unbewussten Ebene in der Beziehung wirkten. Das heißt nicht, dass der Klient den Berater verführen möchte oder dass der Berater pervers ist. Es handelt sich um natürliche Phänomene, die meist nur flüchtig wahrnehmbar sind und von vielen Menschen schon vorbewusst abgewehrt werden, da »so etwas nicht sein darf«. Sie können diese kurzen szenischen Fantasien jedoch nutzen und sich nach der Beratung fragen, welche eigenen Wünsche oder Ängste diese Bilder in Ihnen erzeugt haben. Oder Sie können sich fragen, ob der Klient diese Bilder oder Szenen als *erotische Gegenübertragung* in Ihnen wachgerufen hat. Im vorliegenden Fall führt diese Gegenübertragung zu folgendem überraschenden Ergebnis, das sonst vielleicht nicht wahrgenommen worden wäre: Der Klient war bisexuell, hatte sich jedoch nie getraut, diese Neigung auszuleben. Er fand einen jüngeren Kollegen in der alten Bank sehr erotisch und meinte sogar, er habe sich etwas in ihn verliebt. Erst danach sei es zu den Auseinandersetzungen mit dem alten Chef gekommen. Der Klient befürchtete, seine Ehe könnte gefährdet werden, wenn er länger am alten Arbeitsplatz geblieben wäre. Sicher hatte er auch große Angst vor dem, was noch hätte passieren können, wenn er auf seine unterdrückte Leidenschaft eingegangen wäre. Oft führen die Gegenübertragungsfantasien aber nur in scheinbare Sackgassen. Vielleicht handelt es sich dann um den »Seelenkrempel« des Beraters, der davor selbst so viel Angst hat, dass er diese Fantasien auf den Klienten übertragen möchte?

Fall-Vignette 25: Anweisung zur Selbstständigkeit (s. S. 324ff.)

1. Insbesondere Selbstständigkeit, Stolz und Akzeptanz sowie die Selbstwirksamkeit des Klienten sind sehr stark eingeschränkt. Auch in den anderen Bereichen kann der Klient sich nur unvollständig verwirklichen. Das Gefühl beruflicher Identität bezieht er noch aus seinem ehemaligen Beruf (Supervisor, Selbstständigkeit). Da er in mehreren Bereichen behindert wird, kann das Gefühl von Relevanz nur ansatzweise verwirklicht werden.

2. Mögliche Folgen sind: Burn-out, innere Kündigung, Rückzug auf einen »Dienst nach Vorschrift«. Der Arbeitgeber verliert auf diese Weise engagierte Mitarbeiter.

3. In dem beschriebenen Klima muss der Chefarzt einen solchen Vorschlag als übergriffig empfinden. Wenn ein Chef stets zu wissen glaubt, was für das Team oder die Sache richtig ist (subjektive Überzeugung), dann liegen in dieser Einstellung übergriffige Tendenzen verborgen und werden in das Team übertragen. Sie werden von Mitarbeitern gelegentlich aufgegriffen, die dann die Übergriffigkeit ausleben. Oft sind die anmaßenden Fragen oder Hinweise dieser Mitarbeiter jedoch gerechtfertigt.

4. Offiziell: Sei immer selbstständig, sei verantwortlich, sei erfolgreich – Inoffiziell: Halte dich sklavisch an die Regeln und entscheide nichts selbst; nur der Leitung gebührt die Ehre, reihe dich ein!

5. Es wäre verständlich, wenn die akademische und berufspraktische Vorerfahrung des

Klienten Sie einschüchtern würde. Ein ähnliches Problem kann auftreten, wenn Sie Prominente oder alte Lehrer beziehungsweise Ausbilder als Klienten haben. Vergewissern Sie sich in solchen Fällen, dass Sie nicht klüger sein müssen, nicht besser oder schneller als ihre »Angst machenden« Klienten und dass es nicht Ihre Aufgabe ist, den Klienten Lösungen anzubieten. Seien Sie lediglich ein wachsames, kluges und akzeptierendes Gegenüber und stellen Sie einfach die Fragen, die Sie in diesem Buch bisher kennen gelernt haben. Das allein wird bereits sehr viel Klärung beim Klienten bewirken. Bitte sagen Sie möglichst nicht folgende Sätze: »Sie wissen das ja selbst, Sie wissen das sicherlich besser, was würden Sie sich denn selbst raten, Sie sind doch ebenfalls Experte?«

6. Oberärztin: Das Kleine und Spezielle ist wichtig (pedantisch), sie braucht klare Anweisungen und Vorgaben. Der Klient: Scheint mehr am Generellen interessiert, möchte selbstständig arbeiten.

Fall-Vignette 26: Der Freund, der immer da ist (s. S. 326f.)

1. Der Klient macht sich Schuldzuschreibungen, er zieht sich zurück und nimmt die Droge Alkohol zu sich (es ist nicht nur ein Konsumieren, sondern wirklich ein »Zu-sich-Nehmen«).
2. Der Chef ist vermutlich verunsichert: Er weiß nicht, wie er mit seinem Mitarbeiter korrekt umgehen soll, und macht sich vermutlich Sorgen darüber, wie es um die Leistungsfähigkeit des Mitarbeiters bestellt ist. Solche Gedanken sind durchaus normal und werden gelegentlich als »kalt oder unmenschlich« interpretiert. Der Klient merkt vermutlich nicht, dass er genauso verunsichert ist und sich selbst auch Sorgen um seine berufliche Zukunft macht. Auf diese Weise gehen die beiden Männer sich aus dem Weg und haben den Eindruck, lediglich auf den anderen zu reagieren.
3. Es ist der Alkohol. Dieser Freund ist immer da, wenn man ihn ruft, er ist verlässlich, unkompliziert, stellt keine Fragen und gibt Trost. Mit diesem Freund können es andere Beziehungsangebote (Coaching, Therapie, Partnerschaft) oft nicht aufnehmen, da sie alle unbequemer, unzuverlässig und nicht immer verfügbar sind. Alkohol ist also nicht nur eine Droge oder eine Selbstmedikation, sondern im übertragenen Sinne auch ein Beziehungsobjekt.
4. Viele Ärzte, Coaches, Berater, oder Psychotherapeuten bagatellisieren den regelmäßigen Alkoholkonsum ihrer Klienten oder Patienten. Das Zigarettenrauchen wird ebenfalls oft heruntergespielt. Vermutlich sollen auf diese Weise (unbewusste) Ängste vor eigener Abhängigkeit und Bedürftigkeit der professionellen Berater abgewehrt werden. Häufig wird argumentiert, dass man Klienten oder Patienten mit einer Alkoholismusdiagnose stigmatisieren würde, was für sie berufsschädigende Folgen haben könnte. Dabei wird übersehen, dass die Substanzabhängigkeiten selbst viel gravierendere Folgen haben. Diese Scheinargumente der zaghaften Experten sind jedoch meist nur Rationalisierungen der eigenen abgewehrten Ängste.

Lösungsvorschläge zu den Übungen 28–30

Übung 28: Positive Krankheitsbedeutungen (s. S. 328f.)

Sie haben die Fähigkeit, ...
1. genügsam und mit sehr geringen Mitteln zu leben.
2. sich innerlichen Genuss zu verschaffen und die Sorgen um sich herum abzulagern.
3. Vorsicht walten zu lassen und frühzeitig zu erkennen, wo man sich die Finger verbrennen könnte.

4. bei innerlichem Stress einen großen Luftvorrat bei sich zu behalten und allen eindrucksvoll zu zeigen, wie voll sie sind.
5. die Last unbefriedigender Beziehungen und Perspektiven im Körper wahrzunehmen.
6. den Körper in Aufruhr zu versetzen, wenn es Probleme gibt, deren Verdauung Sie beschleunigen müssten.
7. allen zu zeigen, dass Sie die Nase von bestimmten Dingen voll haben und dass es Zeit ist, alles in einen neuen Fluss zu bringen.
8. in leuchtenden Farben zu zeigen, dass etwas klemmt und auf diese Weise nicht mehr sinnvoll zu verarbeiten ist.
9. wahrzunehmen, dass Sie eine große Verantwortung tragen und im Leben mehr bewirkt haben, als Sie bewusst geplant hatten.
10. öffentlich zu demonstrieren, dass Sie Ballast von sich werfen, um sich von alten Konventionen frei zu machen.
11. innere Brandherde nach außen zu kehren und den anderen auf diese Weise zu zeigen, wo Ihre wunden Punkte sind.
12. Sorgen und Nöte mit ganzem Herzen aufzunehmen.
13. innere Spannung auf einem Messgerät anzuzeigen.
14. sich Konflikte und Sorgen intensiv durch den Kopf gehen zu lassen.
15. sich lieber selbst zu verzehren, indem Sie ständig lieber für andere da sind als für sich selbst.
16. Unverdauliches mit brennendem Interesse in sich zu bearbeiten.
17. etwas so fest zu halten, dass es nicht mehr von Ihnen weicht.
18. Spannungen und Konflikte zu verlangsamen und deren Bewegungen im Körper zu zementieren.
19. am Rande der konventionellen Wirklichkeit zu leben und gängige Normen und Regeln in Frage zu stellen.
20. die Erfüllung Ihrer Träume mit klarem Verstand voranzutreiben.
21. Probleme hinunterzuschlucken und andererseits zu schweigen, wenn Sie Angst haben, dass Sie den Mund sonst zu voll nehmen würden.
22. lieber wegzuhören, als sich damit zu befassen, wie Unangenehmes verarbeitet werden sollte.
23. eine enge Bindung mit Abstand zu sehen.
24. Ihre Frau hat anscheinend die Fähigkeit, das bisherige Leben in Frage zu stellen und nach neuen Standpunkten zu suchen.

Übung 29: Störungen der Teamkommunikation (s. S. 329)

Vom Schein zum Sein?

Mit dieser Übung wollten wir Sie nochmals daran erinnern, dass viele Phänomene des menschlichen Lebens schlecht beschreibbar sind, wenn lediglich individuelle oder dyadische Beratungskonzepte dafür herangezogen werden (Modelle, die auf die Einzelperson oder auf die Zweierbeziehung fokussieren). Die Perspektiven der Gruppe, des Systems oder der Gesellschaft werden dabei nämlich zu sehr ausgeblendet. Es wird für Sie nicht möglich sein, diese Aspekte immer ausreichend zu würdigen. Wann immer Sie jedoch auf eine Beratungssackgasse stoßen sollten, fahnden Sie bitte nicht nur nach Widerständen und Übertragungen, sondern nehmen Sie das Beratungsproblem auch unter den Blickwinkeln systemischer Zusammenhänge, der Gruppendynamik (zum Beispiel nach Foulkes, s. S. 309) oder der Soziologie unter die Lupe.

1. Eingebrachte Vorschläge werden gelegentlich übergangen. Das kann bewusste Taktik sein, passive Aggression anderer Gruppenmitglieder, eine zu leise Stimme, andere dominante Gruppenmitglieder ... Es wird immer äußerlich erkennbare, scheinbar monokausale Gründe geben.
Darüber hinaus gibt es jedoch eine unbewusste Gruppeninszenierung, die darauf

hinarbeitet, dass bestimmte Vorschläge bestimmter Personen zu bestimmten Zeiten überhört werden.
2. Es handelt sich um die Abwehrprozesse in Gruppen. Bestimmte szenische Verstrickungen dürfen nicht offen gelegt werden, bestimmte Entscheidungen dürfen nicht gefällt werden, da sie bei einigen Mitgliedern der Gruppe (unbewusst) Angst auslösen könnten oder Konflikte heraufbeschwören würden, die noch nicht bewusst werden dürfen. Aus diesem Grund wird das Thema gelegentlich gewechselt, und es werden dann andere Entscheidungen gefällt, die im Nachhinein niemand mehr nachvollziehen oder akzeptieren kann.
3. Dies ist immer möglich, wenn sich eine einzelne Personen das Recht anmaßt, solche Entscheidungen zu treffen. Hierzu gehört jedoch auch eine Gruppe, die sich diesem Verhalten gegenüber passiv verhält.
4. Solche Koalitionen treten für andere manchmal überraschend auf. Da die Gruppe keine geeinte Meinung hat, wird dann die Meinung einer kleinen Koalition übernommen, da die Gruppe meint, sich gegen mehrere vereinte Personen nicht wehren zu können.
5. Nach solchen Mehrheitsentscheidungen finden sich immer einige Gruppenmitglieder, deren Ansichten durch den Beschluss nicht berücksichtigt wurden. Diese Teammitglieder werden durch einen solchen Abstimmungsbeschluss häufig demotiviert.
6. Druck, Killerphrasen, Drohungen, suggestive Fragen, Scheinalternativen und Ähnliches. Entscheidungen, die aus solchen aufgenötigten einheitlichen Entscheidungen hervorgehen, führen zwangsläufig zur Resignation einzelner Gruppenmitglieder.

7. Gruppenentscheidungen sind gelegentlich weniger gemäßigt als Individualentscheidungen. Die Verantwortung für die Durchführung und die Konsequenzen der Entscheidungen wird auf viele Gruppenmitglieder verteilt. Je destruktiver oder autoritärer die Kommunikationsformen in der Gruppe sind, desto radikaler sind meist die Gruppenentscheidungen im Vergleich zu den Entscheidungen, die die Gruppenmitglieder individuell getroffen hätten.

Übung 30: Leitsätze in Teams (s. S. 330)

1. Jeder arbeitet für sich.
2. Sonderlinge können wir nicht gebrauchen.
3. Überstunden werden nicht bezahlt, aber erwartet.
4. Wir lieben keine Tuchfühlung.
5. Hinter vorgehaltener Hand sagen wir uns, was wir wirklich über die anderen denken.
6. Neue Ideen werden in einem Aktenordner abgeheftet.
7. Jeder positioniert sich so, dass die anderen den Kunden näher sind.
8. Der Kunde hält uns von der Arbeit ab.
9. Alle sind Schuld. Man selbst jedoch nie.
10. Wir fördern Pedanten, nicht Millionäre.
11. Jemand anderes soll Ihre Wünsche erfüllen.
12. Der Chef persönlich biegt dich zurecht.
13. Kritik läuft nur in eine Richtung und sollte dann demütig akzeptiert werden.
14. Außer der Leitungsebene zählt sonst niemand.
15. ... Daher sollten Sie es weitgehend reduzieren.

Teil 6
Systemische Konzepte in der Beratung

Theorie der systemischen Beratung

Teile dieses Kapitels sind etwas theoretisch und vielleicht schwerer verständlich. Dies gilt besonders für das erste Drittel des Kapitels. Es ist nicht erforderlich, dass Sie den gesamten Stoff auswendig lernen und nachvollziehen können. Wir möchten Ihnen lediglich zeigen, welche theoretischen Grundlagen die systemische Beratung hat. Viele der genannten Namen und Begriffe werden Sie in populären Lehrbüchern wieder finden; oft in sehr vereinfachter Darstellungsform. Glücklicherweise möchten Sie wohl eher Beratungspraktiker werden und nicht Beratungstheoretiker. Seien Sie daher nicht enttäuscht, wenn die Theorie in diesem Kapitel recht trocken wirkt. Die Praxis sieht dann wieder viel spannender aus und ist auch viel leichter verdaulich.

Systemische Methoden werden ebenso in der Gruppentherapie, in der Gruppensupervision und in der Organisationsberatung genutzt. In diesem Buch klammern wir jedoch diese Bereiche größtenteils aus. Wir beschäftigen uns mit der psychologischen Beratung von Einzelpersonen innerhalb von Organisationen, Teams und Gruppen. Selbstverständlich müssen dabei die Verflechtungen, in denen unsere Klienten eingebunden sind, angemessen berücksichtigt werden. Daher werden wir Ihnen einen kleinen Einblick in die Beratung von Organisationen gewähren – allerdings auf eine Weise, die Ihnen erlaubt, das Gelernte direkt auf die Einzelberatung zu übertragen.

Wie arbeiten Organisationsberater eigentlich?

Die meisten Mitglieder des Bundesverbandes Deutscher Unternehmensberater legen das Hauptgewicht ihrer Arbeit auf technische oder wirtschaftliche Aspekte innerhalb von Organisationen: technische Prozessabläufe, technische Implementierung neuer Verfahren, Zeit, Arbeitsorganisation, Personalstruktur, Kostenreduktion. Sie haben häufig eine ingenieurwissenschaftliche oder betriebswirtschaftliche Ausbildung.

Die systemische Organisationsberatung ist im Wesentlichen aus der systemischen Psychotherapie und zum Teil aus Elementen der humanistischen Methoden entstanden. Neuerdings werden auch in der Organisationsberatung so genannte systemorientierte Aufstellungen nach Bert Hellinger angeboten. Diese Methode der Aufstellung hat, oberflächlich betrachtet, viele Ähnlichkeiten mit Methoden der systemischen Familienberatung, in denen auch mit Aufstellungen gearbeitet werden kann. Aufstellungsarbeit ist in der Organisationsberatung gut anwendbar und zurzeit sehr populär. Diese Methode wird jedoch nicht Thema dieses Kapitels sein. Wenn Sie sich dafür interessieren, möchten wir Ihnen das Buch von Klaus Grochowiak und Joachim Castella empfehlen: »Systemdynamische Organisationsberatung« (2002). In diesem Buch wird die Methode Hellingers auf die Beratung von Organisationen und Unternehmen übertragen.

Was ist systemische Beratung?

Viele Berater und Therapeuten berufen sich auf systemisches Gedankengut (griech. *systema* = das Zusammengesetzte). Fragt man diese Praktiker jedoch, was systemische Beratung ausmacht, bekommt man häufig Allerweltsantworten: »In der systemischen Beratung wird auch das System berücksichtigt.« Andere Berater sagen: »Ich kombiniere verschiedene Gesichtspunkte und Methoden, um mich einem Problem ganzheitlich zu nähern.« Solche Definitionen sind weder präzise noch umfassend.

Die Wurzeln der systemischen Beratung und Therapie liegen im Gegensatz zu anderen Beratungsformen weder bei einer Gründerpersönlichkeit noch im historischen Entwurf eines einheitlichen Theoriegebildes. Es handelt sich um eine theoriegeleitete Erfahrungswissenschaft, die sich in permanenter Weiterentwicklung befindet. Wesentliche Einflüsse dieser Beratungsform stammen aus der Systemwissenschaft und Kybernetik sowie der Informations- und Kommunikationstheorie. Grundlegende Elemente systemischer Beratungen sind Konzepte, die sich mit sich selbst erhaltenden Prozessen und mit der Störung solcher *zirkulärer Prozesse* beschäftigen. Die systemische Theorie wurzelt auch im Ideengut der humanistische Psychologie (Psychodrama, Gestalttherapie, klientenzentrierte Verfahren). Daher berufen sich systemische Berater häufig auf humanistische Konzepte und umgekehrt.

Die fehlende Gründerpersönlichkeit

In der Psychologie und ihren geistigen Strömungen gibt es herausragende Personen, die mit der Geschichte ihrer »Schule« eng verbunden sind. Menschen möchten Historie und Kausalität gern in einer einfachen Geschichte verstehbar erleben (narratives Erklären): Wo fing es an? Mit wem fing es an? Was hat er gesagt? Was haben andere darauf gesagt? Wie ging es dann weiter? Wer und was kam dann? Wie soll man damit umgehen? Eine einfache, »erzählbare Geschichte« der systemischen Theorie und Praxis gibt es allerdings nicht. Es ist das Werk vieler Denker, Strömungen und Entwicklungen.

Ludwig von Bertalanffy, einer der Begründer der Systemtheorie, beschrieb die Disziplin so: »Sie beschäftigt sich mit allgemeinen Eigenschaften und Prinzipien von Ganzheiten oder Systemen, unabhängig von deren spezieller Natur und der Natur ihrer Komponenten.« (1970) Diese Definition wird auch zur Beschreibung unterschiedlicher wissenschaftlicher Disziplinen verwandt, so zum Beispiel der Physik, der Soziologie, der Familientherapie. Das Problem einer solchen Ausweitung des Begriffes liegt darin, dass er damit ziemlich unscharf wird. Besonders in der Organisationsberatung oder im Team-Coaching erwachsen aus solchen unscharfen Definitionen oft verwaschene oder unklare Vorstellungen von dem, was »systemisch« ist. Heute gilt es als modern und zeitgemäß, wenn man die eigene Arbeit als Coach oder Berater »systemisch« nennt.

Kurze Geschichte der systemischen Beratung

Die Darstellung der systemischen Theoriegeschichte ist eine so komplexe Aufgabe, dass wir ihr hier nicht gerecht werden können. Dies liegt zum Teil an ihrer Verknüpfung mit unterschiedlichen Systemwissenschaften wie Kybernetik, mathematischer Spieltheorie, Chaostheorie, Kommunikationstheorie und vieles mehr. Sie alle beschäftigen sich mit formalen Organisationsprozessen sowie der Entstehung, dem Erhalt und der Veränderung von Strukturen. Viele Gedanken in diesen Wissenschaften wurden parallel veröffentlicht. Jede Strömung hat die Gedanken der anderen aufgenommen und modifiziert. Daher beschränken wir uns darauf, Ihnen einige Eckpfeiler und Personen der systemischen Geschichte darzustellen, die »man immer wieder hört und liest«. Auf diese Weise wird eine Geschichte geschaffen oder konstruiert. Es geht in dieser Geschichte jedoch nicht um eine historische oder kausale Wahrheit von Zusammenhängen und Personen.

Gregory Bateson war ursprünglich Anthropologe und forschte in Neuguinea und Bali. In den 40er-Jahren des letzten Jahrhunderts kam er erstmals in Kontakt mit technischen systemtheoretischen Ansätzen von Weaver.

Diese wandte er auf kommunikative Phänomene an und veröffentlichte 1951 zusammen mit Jürgen Ruesch sein Buch »Kommunikation« (1995). In den 50er-Jahren wurde dieser Ansatz an der Universität von Stanford in Palo Alto, Kalifornien, weiterentwickelt.

Bateson ging davon aus, dass die Aufmerksamkeit in der Veränderungsarbeit nicht auf einen einzelnen Faktor oder eine einzelne Person gerichtet werden sollte, sondern auf das jeweilige soziale System (Team, Abteilung, Familie). Die entscheidenden Faktoren innerhalb des Systems seien nicht einzelne Kommunikationsereignisse, sondern die im System handelnden Personen.

Die Zirkularität sozialer Systeme leitete er aus technischen Regelkreisen ab: »Die Maschine ist in dem Sinne zirkulär, dass das Schwungrad den Regler antreibt, der die Treibstoffzufuhr verändert, welche den Zylinder versorgt, der seinerseits das Schwungrad antreibt.« Diesen zirkulären Systembegriff hat er in der Anwendung auf soziale Systeme jedoch verändert oder modifiziert:

- Elemente des Systems sind immer die handelnden Personen innerhalb des Systems.
- Diese Personen reagieren nicht einfach, sondern machen sich aktiv ein Bild von der Wirklichkeit. Das Bild dieser Wirklichkeit ist nie die Wirklichkeit selbst.
- In sozialen Systemen existieren Vorschriften darüber, wie eine Person handeln soll, was sie tun soll und was sie nicht tun darf. Diese Regeln können explizit sein, sind jedoch meist implizit.
- Erst auf der Basis von wechselseitigen Deutungen der Wirklichkeit (in der Kommunikationstheorie *Interpunktionen* genannt) entstehen Regelkreisläufe der Kommunikation: »Bei meiner Arbeit in Neu Guinea habe ich herausgefunden, dass verschiedenartige Relationen zwischen Gruppen und zwischen verschiedenen Typen von Sippen durch einen Verhaltensaustausch charakterisiert waren, sodass, je mehr A ein gegebenes Verhalten an den Tag legte, die Wahrscheinlichkeit höher war, dass B ein anderes bestimmtes Verhalten zeigte.«

Bateson wandte seine Ideen unter anderem auf die Entstehung der kindlichen Schizophrenie an. Zu dieser Zeit nahm man an, es handele sich um eine rein organische Erkrankung des Gehirns. Bateson dagegen ging davon aus, dass es sich um eine Störung innerhalb des sozialen Systems der Familie handelt, welche in der Krankheit ihren Ausdruck findet. Er machte folgende Beobachtung einer *paradoxen Kommunikation*, die als *Double-Bind-Hypothese* bekannt wurde.

> **Info**
>
> Die Double-Bind-Hypothese besagt:
>
> - Das Kind hat eine enge Beziehung zur Mutter und erlebt keine ausreichenden korrigierenden Erfahrungen durch andere wichtige Bezugspersonen.
> - Es liegen auf verschiedenen Ebenen unterschiedliche Beziehungskommunikationen vor: Die Mutter hat zum Beispiel Angst vor dem Kind oder lehnt es ab. Sie leugnet dieses aber bewusst und zeigt sich stattdessen überfürsorglich und liebevoll (Reaktionsbildung). (s. S. 345)
> - Es existieren schädliche Tabu-Regeln innerhalb des Systems. Zum Beispiel darf das Kind nicht über widersprüchliche Wahrnehmungen reden.

Heute geht man davon aus, dass die Anlage zur Schizophrenie zu einem großen Teil vererbt ist und durch »Stress« zum Ausbruch gebracht werden kann (so genannte *Vulnerabilitäts-Stress-Theorie*). Einer der möglichen Stressoren kann in diesem Zusammenhang eine schädliche familiäre Kommunikation sein. Sie ist jedoch auch Ausdruck einer schweren Störung im Geflecht oder »im System« der Familie.

Paul Watzlawick hat die Kommunikationsideen Batesons erstmals systematisch zusammengeführt und sie weiterentwickelt.

Durch Watzlawicks »Menschliche Kommunikation« (2000) ist Batesons Ansatz einer breiten Öffentlichkeit bekannt geworden. Er hat in seinem Buch Axiome menschlicher Kommunikation zusammengestellt, die auf den Systembegriff Batesons zurückgehen. Bekannte Aussagen darin sind beispielsweise:

- Man kann nicht nicht kommunizieren.
- Jede Äußerung enthält sowohl eine Inhalts- als auch eine Beziehungsbotschaft.
- Die Natur der Beziehung wird durch die Kommunikationsabläufe bedingt.

Friedemann Schulz von Thun entwickelte die Ideen Watzlawicks pragmatisch weiter. Schulz von Thuns Ansätze zählen heute zu den Standardverfahren in Kommunikationsseminaren. Er unterteilte die Kommunikation in vier wesentliche Aspekte:

- den Sachinhalt der Botschaft,
- die Beziehungsdefinition in der Botschaft,
- den Selbstoffenbarungsanteil der Botschaft und
- den Appellcharakter der Botschaft.

Auf dieses Modell sind wir zu Beginn des Buches (s. S. 35) bereits eingegangen.

Die Palo-Alto-Gruppe: Palo Alto ist eine mittelgroße Stadt südlich von San Francisco. Am Rande dieser Stadt liegt die Stanford University, der verschiedene Institute zugeordnet sind. Palo Alto wird häufig als Synonym für die Universität und zahlreiche ihrer Institute verwendet. Um Gregory Bateson entstand in den 50er-Jahren in Palo Alto eine Schule, die Kommunikationspathologien untersuchte. Die berühmte Double-Bind-Hypothese, die Erklärung eines Kommunikationsparadoxons, wurde in dieser Zeit entwickelt: Wenn auf verschiedenen Ebenen inkongruent oder paradox kommuniziert wird, könne dies zur Entstehung seelischer Krankheiten führen.

Dies wäre zum Beispiel der Fall, wenn eine Mutter ihr Kind schlägt und es dabei anlächelt und sagt: »Das mache ich nur, weil ich dich liebe.«

Eine ähnliche paradoxe Botschaft übermittelt ein Abteilungsleiter, wenn er einen Mitarbeiter wegen dessen Fortschritten lobt, dabei aber leicht mit dem Kopf schüttelt und auf andere Weise averbal sein Missfallen ausdrückt.

Diese Erkenntnisse sind mittlerweile ein fester Bestandteil in modernen Kommunikationsseminaren geworden und gehören in vielen Berufen zur Grundausbildung.

In der Palo-Alto-Gruppe wurden Methoden erprobt, die diese inkongruente oder paradoxe Kommunikation bewusst in Psychotherapien einbindet. Später sind daraus auch die so genannten provokativen Therapieformen entstanden. Außerdem wurden andere Kommunikationsinterventionen erprobt. So wurde untersucht, welche Auswirkungen es auf Patienten hat, wenn man sie bewusst anweist, ihr Leiden zu verstärken (Symptomverschreibung).

Bei einem Patienten mit Platzangst haben die Forscher zum Beispiel gesagt: »Wenn Sie das nächste Mal auf einen großen Platz gehen, bemühen Sie sich, so stark zu zittern und nach Luft zu schnappen, wie Sie überhaupt nur können. Geben Sie sich nicht damit zufrieden, dass das Herz nur etwas schneller schlägt und Sie nur etwas schwitzen. Geben Sie sich größte Mühe, dies besser und stärker zu machen.«

Die *Verschreibung der Symptome* führte dazu, dass die Patienten diese kaum noch hervorrufen konnten. Diese Methode ist heute fester Bestandteil vieler verhaltenstherapeutischer Methoden.

Sie wurde übrigens 20 Jahre zuvor schon von Viktor Frankl entwickelt und erfolgreich angewandt. Er nannte seine Methode nicht Symptomverschreibung, sondern *paradoxe Intervention*.

Jay Haley war in Palo Alto von 1952 bis 1967 Mitarbeiter von Bateson. Er griff insbesondere auf Batesons Unterscheidung von symmetrischer und komplementärer Interaktion zurück. In *symmetrischen Interaktionen* definieren sich die Partner als gleichwertig. In *komplementären Interaktionen* wird die Beziehung hierarchisch definiert. Abweichungen von der ursprünglichen Definition führen zu Kommunikationsstörungen und Konflikten. Haley wurde außerdem stark durch den Psychiater Milton E. Erickson beeinflusst, den wirksamsten Protagonisten der modernen kooperativen Hypnosetherapie (Hypnotherapie nach Milton Erickson). Haley war wesentlich daran beteiligt, die Ideen Ericksons in der ganzen Welt zu verbreiten, und hat dazu beigetragen, dass die neue Hypnotherapie starke systemische Wurzeln hat. Auf der Basis seines Konzeptes entwickelte er eine eigene systemische Therapieform, die er *strategische Familientherapie* nannte.

Virginia Satir arbeitete von 1958 bis 1968 am Mental Research Institute in Palo Alto und integrierte die Systemkonzepte Batesons in ihre entwicklungsorientierte Familientherapie, eine Therapiemethode, die heute der so genannten humanistischen Schule zugerechnet wird. Da ihre Arbeit überaus erfolgreich war und sie sehr populär wurde, hat sie wesentlich dazu beigetragen, systemische Konzepte bekannt zu machen.

Die Mailänder Gruppe um Mara Selvini Palazzoli: In dieser Gruppe wurden ab 1970 detaillierte Interventionsstrategien der systemischen Therapie entwickelt. Palazzoli arbeitete spezifische Gesprächs- und Interventionstechniken aus, die als *zirkuläre Befragung* bekannt wurden. Sie orientiert sich sehr klar an radikal kybernetischen Modellen der Organisation lebender Systeme. Zu Beginn des Buches sind wir auf Seite 33 auf zirkuläre Fragen bereits kurz eingegangen. Auf den Seiten 368 und 511 stellen wir Ihnen weitere Interventionsmethoden vor.

Die Heidelberger Gruppe um Helm Stierlin: Im Deutschen Sprachraum initiierte Helm Stierlin 1974 eine Forscher- und Therapeutengruppe, die psychodynamische Theorien, systemische Gesichtspunkte und hypnotherapeutische Aspekte miteinander verband und systemische Therapien von Psychosen, somatischen Erkrankungen und Essstörungen untersuchte. Die Heidelberger Gruppe integrierte außerdem lösungsorientierte Ansätze von Steve de Shazer und anderen.

Die Arbeit der Gruppe war eher auf Lösungen und weniger auf das Verstehen von Problemen ausgerichtet. Sie legt noch heute besonderen Wert auf die therapeutische Begegnung in der Sprache. Wichtige Vertreter dieser Schule sind beispielsweise Fritz B. Simon (systemische Therapie), Gunthard Weber (ursprünglich systemische Therapie; jetzt auch Aufstellungsarbeit nach Hellinger), Gunther Schmidt (auch Gründungsmitglied der Milton-Erickson-Gesellschaft Deutschland, M.E.G. und »Erfinder« der hypno-systemischen Therapie). Diese drei Protagonisten der systemischen Beratung und Therapie in Deutschland sind auch die Gründer und Geschäftsführer des Carl-Auer-Systeme Verlages in Heidelberg.

Das Familienaufstellen nach Bert Hellinger

Die deutsche Gesellschaft für Systemische Therapie und Familientherapie (www.DGFS.org) weist in einer Stellungnahme des Vorstandes darauf hin, dass in den letzten Jahren das »Familienaufstellen nach Bert Hellinger« in Fachkreisen zunehmend kontrovers diskutiert werde. Die Methode Hellingers werde dabei von deren Vertretern oft als »systemisch« gekennzeichnet (s. S. 223 f.). Das führe zu vielen Anfragen beim DGFS. Der Verband erkenne die positiven Aspekte des Familienaufstellens durchaus an, da diese im Rahmen systemischer Therapie oder Beratung sinnvoll sein können. Der DGFS weist aber nachdrücklich darauf hin, dass Hellingers Methode nur kritisch-reflektiert angewandt werden sollte, da sie die Gefahr unerwünschter Nebenwirkungen habe und in wesentlichen Grundzügen mit der systemischen Theorie und Praxis unvereinbar sei.

Hellingers Ansatz berücksichtige auch die Mehrgenerationenperspektive der Familientherapie und nutze Methoden der Familienrekonstruktion und das Stellen von Familienskulpturen. Das seien lange bekannte und wichtige Methoden in der Familientherapie. In der systemischen Therapie (damit ist nicht Hellingers Methode gemeint!) werde das Individuum als familien- und gesellschaftsgeprägtes Wesen verstanden, dessen Entwicklungs- und Handlungsmöglichkeiten durch die Geschichte der vorhergehenden Generationen, durch überkommene Regeln, Muster und Loyalitäten stark mitbestimmt werde. Techniken wie Genogrammarbeit oder das Stellen von Familienskulpturen sollen dem Einzelnen neue Bewertungsmöglichkeiten und zusätzliche Verhaltensmöglichkeiten eröffnen. Dazu bedürfe es eines Therapeuten (nicht Beraters), der wisse, dass er nicht die »wahre« Sicht kennen könne, der dem Klienten und seiner Sichtweise mit empathischer Sensibilität und Respekt begegne, seine Autonomie achte. Ein solcher Therapeut solle dem Klienten ermöglichen, dass er für sich selbst vielfältige neue Handlungsoptionen erwirbt. Familientherapeuten, die diesem Ansatz folgen, fänden die Zustimmung des DGFS.

Die Praxis des Familienstellens in Deutschland, Österreich und der Schweiz gebe dem DGFS jedoch Anlass zu deutlicher Kritik, und er weist auf die möglichen Gefährdungen von Klienten hin, die an einem Familienstellen teilnehmen, das nach der Methode von Bert Hellinger durchgeführt wird.

Zunächst weist der Verband in seiner Kritik auf die Person Bert Hellinger selbst hin. Seit Jahrzehnten führe Hellinger publikumswirksame Großveranstaltungen durch, auf denen er Familien aufstelle. Die Rollen- und Beziehungsdefinition in der Trias Publikum-Klient-Therapeut erscheine dabei fragwürdig. Diese Veranstaltungen fänden auch ohne eine ausreichende therapeutische Rahmung statt. Erwartungsvolle Klienten würden hier schutzlos den Auswirkungen eines nicht zu kalkulierenden Handelns preisgegeben. Hellingers Auftritte erweckten auch das falsche Bild, dass Familienaufstellen ein »Ultra-Kurz-Event« sei, in dem durch eine einmalige Aufstellung eine Lösung gefunden werde. In seiner Form der Arbeit postuliere er apodiktisch die Existenz vorgegebener Grundordnungen und Hierarchien (eine archaische männlich geprägte »Ordnung der Liebe«). Seine Konzepte und Interpretationen vertrete er mit einer Absolutheit und Gewissheit, die die Autonomie der Klienten enorm einschränke. Gleichzeitig entziehe er sich einer ernsthaften Diskussion über seine Vorgehensweisen und umgebe sich lieber mit getreuen Anhängern und Schülern. Diese Aura des »Nicht-Kritisierbaren« sei mit der systemischen Therapie, so der DGFS, nicht vereinbar. Die Anhänger Hellingers seien leider oft nur unzureichend ausgebildet und die »kleinen Hellingers« würden in ihrer Praxis dazu neigen, Verallgemeinerungen und Vereinfachungen vorzunehmen, zu bewerten, vorzuschreiben und normative Leit- und Lebenssätze für ihre Klienten zu formulieren.

Wenn die Möglichkeiten des Familienaufstellens (wie sie vorher schon bekannt waren; aber auch mit neuen Elementen nach Hellinger) innerhalb der systemischen Therapie und Beratung genutzt werden, sollten nach Ansicht des DGFS folgende Bedingungen gelten:

- Systemische Grundprinzipien sollten eingehalten werden: Neutralität, Allparteilichkeit gegenüber Leitfiguren und Theorien, die Wahlmöglichkeiten des Klienten sollten erhöht werden (und nicht durch angebliche »Wahrheiten« reduziert werden), Therapeuten schaffen gute Bedingungen für die Lösung (sie geben sie aber nicht vor), alle Aussagen von Stellvertretern oder Therapeuten sind nur Hypothesen (die der Klient daraufhin überprüfen

kann, ob sie ihm gerade nützlich erscheinen oder ob er sie verwerfen möchte), Aufstellungen sollten in einen längeren Prozess fundierter Familientherapie- und Beratung eingebettet sein und nicht als Kurzzeit-Event angepriesen werden.
- Familienaufstellungen in einem systemischen Kontext sollten nur von ausgebildeten Therapeuten durchgeführt werden, die eine umfassende Weiterbildung absolviert haben.
- Familienaufstellungen in Großgruppen und vor Publikum sollten nicht durchgeführt werden, da hier oft der mediale Effekt oder ein Großgruppenphänomen im Vordergrund steht.
- Nicht Bert Hellinger als Guru sollte die Normen setzen, nach denen heutige Familienaufstellung praktiziert wird. Diese Normen sollten durch einen Diskurs von Fachleuten erstellt werden, damit keine Diskrepanz zu den Grundannahmen des systemischen Ansatzes auftritt.

Die Hamburger Psychoanalytikerin und Psychodramaexpertin Renate Ritter (www.renate-ritter.de), die besonders Unternehmen und Führungskräfte mit der Methode der Organisationsaufstellung berät, wies darauf hin, dass in der Person Bert Hellingers und der momentanen Beliebtheit dieser Methode auch ein Bedürfnis offenbar wird, das andere Psychotherapeuten nicht stillen mögen: der Wunsch nach ergreifenden Erlebnissen und nach Spektakulärem (s. Ritter 2004).

Aus ähnlichen Gründen suchen viele Menschen heute nach einem »Thrill«, zum Beispiel im Bungee-Jumping. In unserer zunehmend »vaterlosen Gesellschaft«, wie Alexander Mitscherlich es nannte, fehlt es vielen Menschen an einem *symbolischen normensetzenden Vater*, der Halt, Wahrheit und Führung verspricht. Es mag sein, dass auch dieses Bedürfnis der Menschen eine Rolle spielte, als der Tod Papst Johannes Paul II. und die Neuwahl seines Nachfolgers 2005 so viele Menschen in einem globalen Medien-Event tief berührte.

Auch das können wir aus dem Phänomen Hellinger lernen: Moderne Menschen suchen nach ergreifenden Momenten, nach tiefer Bewegung, nach (im übertragenen Sinne) väterlichem Halt, nach tiefer Symbolik, nach Mysterium und einem Verständnis höherer Ordnungen. Doch die meisten Berater und Therapeuten sehen sich nicht im Stande, dieses Bedürfnis zu stillen. Sie sehen ihre Aufgabe eher darin, ihren Klienten mehr Klarheit, Selbststeuerungsfähigkeit und mehr Wahlmöglichkeit zu eröffnen.

Konstruktivismus

Nach Niklas Luhmann sind soziale Systeme durch die kommunikative Differenz von System und Umwelt gekennzeichnet. Eine Familie wäre danach nicht nur definiert durch Mutter, Vater und Kinder oder durch die Anzahl ihrer Mitglieder. Entscheidend ist laut Luhmann die kommunikative Abgrenzung gegenüber der Umwelt. Bestimmte Kommunikationsprozesse sind nach seiner Theorie nur innerhalb der Familie möglich und werden an der Systemgrenze abgebrochen.

Als kleinste Einheit des Systems betrachtet er nicht dessen einzelne Personen, sondern die kleinsten sprachlichen und nicht-sprachlichen kommunikativen Einheiten. Er geht davon aus, dass soziale Systeme selbstreferenziell seien. Er meint damit, dass die einzelnen Elemente, aus denen das System besteht, durch dieses System selbst erzeugt werden. Jedes Kommunikationsereignis führt demnach zu einem weiteren Ereignis, das seinerseits ein neues Ereignis nach sich zieht.

Ein weiterer wichtiger Aspekt ist, dass soziale Systeme laut Luhmann den Hang haben, ihre Komplexität zu reduzieren. Unter Komplexität verstand er die Gesamtheit aller Handlungsmöglichkeiten.

> Dazu ein Beispiel: Ein Schulkind kommt mittags nach Hause und sagt zur Mutter: »Hallo, Mama, ich bin wieder da.« Die

Mutter könnte in diesem Fall das Essen auf den Tisch stellen, schnell das Haus verlassen, anfangen, sich die Fußnägel zu lackieren, Teller auf den Fußboden werfen und so weiter.

Die Verhaltensvarianz oder Kommunikationsvarianz als Antwort auf den Satz der heimkommenden Tochter wird jedoch innerhalb des Systems auf wenige denk- und machbare Möglichkeiten eingegrenzt (reduziert).

Luhmanns Systemdefinitionen

1. Soziale Systeme grenzen sich kommunikativ ab.
2. Die kleinste Einheit im System ist ein einzelnes Kommunikationsereignis.
3. Soziale Systeme sind selbstreferenziell.
4. Soziale Systeme reduzieren ihre Komplexität.

Der radikale Paradigmenwechsel

In den Anfängen der systemischen Beratung wurde vorwiegend auf Begriffe der Systemtheorie, der Informationstheorie und der mathematischen Spiel- und Chaostheorie zurückgegriffen. In diesen Theorien wurde beschrieben, wie Informationen in einem System weitergegeben werden und durch Selbstregulierung sich ein stabiles Gleichgewicht einstellen (Homöostase) kann. Diese Theorien konzentrierten sich auf das beobachtbare Verhalten in der Kommunikation und die Probleme, die daraus entstanden.

Der *radikale Konstruktivismus* brachte in den 80er-Jahren des vergangenen Jahrhunderts zwei wesentliche Neuerungen in die systemische Beratung. Der Berater oder Forscher ging jetzt davon aus, dass er ein System nicht nur beobachten kann, sondern durch seine Anwesenheit bereits Veränderungen hervorruft. Außerdem wurde nun erforscht, wie eine bestimmte Sichtweise des Systems (ein Problem) Kommunikationsweisen erzeugt, die diese Sichtweise erhalten. Die ältere Herangehensweise wird häufig *Kybernetik erster Ordnung* genannt, die neue Herangehensweise *Kybernetik zweiter Ordnung*.

Kybernetik erster Ordnung: Was wird gesehen oder beobachtet, wenn man ein System beobachtet? Wie können diese Beobachtungen kommuniziert werden? Wie werden Probleme durch das System unterhalten oder erzeugt (vom System zum Problem)?

Kybernetik zweiter Ordnung: Was macht ein Beobachter oder Handelnder, während er beobachtet oder handelt, und wie verändert er das System dadurch, dass er beobachtet oder handelt? Wie erzeugen Probleme sich selbst erhaltende Kommunikationssysteme (Probleme schaffen Problemsysteme)?

Wir werden später noch darauf eingehen, wie diese beiden Sichtweisen die Beratung praktisch beeinflussen. In der Theoriebildung half diese Einteilung dabei, besser zu differenzieren zwischen technischer Kommunikation, in der Informationen gesendet, übertragen und empfangen werden, und der menschlichen Kommunikation, in der Informationen vom Empfänger konstruiert oder erzeugt werden. Die Information hat durch den radikalen Konstruktivismus eine ganz neue Bedeutung gewonnen.

In der ersten Phase der systemischen Beratung wurde postuliert, dass eine gestörte Struktur ein Symptom hervorruft, ähnlich einem kranken Organ, das die Ursache für eine Krankheit ist. Die Beobachtung wurde durch den Berater lediglich erweitert und um überindividuelle Aspekte bereichert; zum Beispiel indem geschaut wurde, welche Familiendynamik das Problem des Individuums bewirkt. In der moderneren Form der systemischen Beratung wird dies anders gesehen: Neue Konzepte beginnen die Analyse auch bei einem Problem, das ein Kommunikationssystem (Problemsystem) hervorruft und unterhält. Die Etappen, in denen sich ein solches Problemsystem entwickelt, fassen wir kurz zusammen.

Diagnose – qualitative oder quantitative Abweichungen: Es wird etwas beobachtet, das nicht sein soll (anders oder falsch ist). Oder es wird nichts beobachtet, wo eigentlich etwas sein sollte. Oder es wird zu viel oder zu wenig von dem beobachtet, was sein sollte.

Bewertung der Diagnose: Wenn die Diagnose negativ bewertet wird, entsteht aus der qualitativen oder quantitativen Abweichung ein Problem. Die Bewertung macht also das Problem.

Erklärungen werden kommuniziert: Der Betroffene entwickelt für sich selbst und für andere Erklärungen, die die Abweichungen beschreiben, und er entwickelt Hypothesen über die Reduktion oder Beseitigung der Abweichungen. So entsteht um das Problem, das der Beobachter selbst erzeugt hat, ein Kommunikationssystem.

Das Problemsystem verfestigt sich: Solche Kommunikationssysteme sind meist ziemlich rigide. Sie können erhebliche Komplexität annehmen und das Problemsystem durch Fokussierung und Hyperreflexion weiter stärken. Bei der Hyperreflexie handelt es sich übrigens um eine Idee, die – unabhängig von der Systemtheorie – auch Grundlage der Logotherapie Viktor Frankls ist.

Mit einem alltäglichen Beispiel möchten wir Ihnen diese Zusammenhänge verdeutlichen:

> Monika geht in die vierte Klasse. Nach einer Deutscharbeit bringt sie eine Fünf nach Hause. Der Vater ist arbeitslos und sieht als Erster diese Note. Da er nicht neben Monika saß, als sie die Arbeit schrieb, kann er nur beobachten, was ein anderer Mensch (die Lehrerin) beobachtet und dann als Deutung oder Wertung der Beobachtung im Arbeitsheft notiert hat. Dabei handelt es sich um die alltägliche Situation, dass wir Beobachtungen anderer Beobachter beobachten. Der Vater bewertet die Fünf als Problem, da er Monikas schulische und berufliche Zukunft dadurch gefährdet sieht. Er erklärt sich dieses Versagen seiner Tochter durch eine mangelnde Aufsicht der Lehrerin bei den Hausaufgaben und durch Monikas neues Hobby, das Reiten. Er bittet die Lehrerin, die Hausaufgaben strenger zu kontrollieren. Außerdem reduziert er die Reitstunden. Monikas Mutter teilt diese Ansicht. Als Monika sechs Wochen später die nächste Fünf nach Hause bringt, wird der Vater zornig und überlegt, wie er jetzt mit der Lehrerin reden soll. Außerdem wird das Reiten vorerst ganz gestrichen. In den nächsten Monaten wird Monika im Unterricht immer auffälliger, ihre Leistungen verbessern sich nicht. Die Klassenlehrerin rät nun, einen Schulpsychologen hinzuzuziehen …

Phänomenbereiche systemischer Beratung

In der modernen systemischen Beratung und Therapie gibt es kein holistisches Theoriemodell, das den Dualismus zwischen Körper und Geist überwindet. Die Unterscheidungen zwischen Körper und Geist werden häufig sogar noch verstärkt, indem einzelne Aspekte getrennt untersucht werden. Exemplarisch stellen wir das Konzept von Luhmann vereinfacht vor, das er 1984 publiziert hat. Er unterteilt die beobachtbaren Handlungen in drei Phänomenbereiche:

- Phänomene des Körpers: gelebtes Leben,
- Phänomene des Geistes: erlebtes Leben,
- Phänomene der Kommunikation: erzähltes Leben.

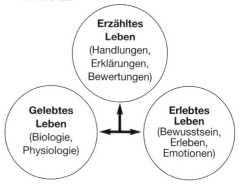

Die Grenzen dieser drei Bereiche sind durchlässig, und die Prozesse bedingen und überlappen sich gegenseitig. Wenn zum Beispiel biochemische Veränderungen im Gehirn das Bewusstsein verändern, so führt dies auch zu veränderten Bewertungen und Handlungen. Trotzdem gehen wir im Folgenden auf alle drei Bereiche kurz ein.

Gelebtes Leben: Hierunter werden alle biologischen und physiologischen Phänomene verstanden. Für die Beschreibung biologischer Phänomene haben in der systemischen Beratung Konzepte der Selbstorganisation an Bedeutung gewonnen. Bekannt ist das Modell von Humberto R. Maturana und Francisco J. Varela (1982/84). Sie haben das Konzept der Autopoiesis eingeführt, in dem lebende Systeme als selbstreflexive Prozesse beschrieben werden, die ihre Struktur eigenständig erhalten und diese Struktur auch selbst wieder erzeugen. Dieses gut durchdachte Modell wird häufig zitiert, ist aber für viele Leser zu theoretisch und abstrakt, weshalb wir darauf nicht näher eingehen. Voraussetzung für die Stabilität des Lebens seien nicht nur Anpassungs- oder Veränderungsoptionen, sondern gleichermaßen die Fähigkeit zur Stabilität. Beide Möglichkeiten müssten sich in einem ausgewogenen Verhältnis zum Veränderungsdruck der Umwelt befinden.

Erlebtes Leben: Für das erlebte Leben lassen sich drei kognitive Bestandteile unterscheiden: die Beschreibung, die Bewertung, die Erklärung. Emotionen werden in diesem Modell nicht explizit berücksichtigt.

Die Beschreibung: Hier wird ein Zuviel oder ein Zuwenig diagnostiziert. Es werden Kriterien, Kategorien oder Gruppen herangezogen, die die Wahrnehmung selektieren und die Bewertung und Erklärung beeinflussen können. So finden sich häufig Gegensatzpaare oder so genannte Illusionen von Alternativen als Beschreibungskategorien: beispielsweise krank oder gesund, schön oder hässlich, fleißig oder faul.

Die Bewertung: Die erlebten qualitativen oder quantitativen Soll-Abweichungen werden als Vorteil oder als Nachteil gewertet. Aus der Bewertung ergeben sich häufig schon Handlungsinstruktionen oder ein Veränderungsdruck, indem sie vorschreiben, wie sich eine Person verhalten soll, die solche Erfahrungen macht. Es handelt sich um eine Schnittstelle zwischen Erleben und Handeln. Charles E. Osgood hat ein sprachanalytisches Instrument vorgestellt, mit dessen Hilfe Bewertungen nach semantischen und affektiven Kriterien kategorisiert werden können: »Wie für den Neandertaler ist auch heute für uns an dem Zeichen für eine Sache wichtig, ob es erstens etwas Gutes oder Böses meint (ist es eine gute Antilope oder ein böser Säbelzahntiger?); zweitens, ob es etwas meint, was in Bezug auf mich stark oder schwach ist (ist es ein starker Säbelzahntiger oder eine schwache Mücke?); drittens, ob es etwas Aktives oder Passives in Bezug auf mich meint (ist es ein böser, starker Säbelzahntiger oder ein böser, starker Treibsand, um den ich einfach herumgehen kann?). Das Überleben hing damals wie heute von den Antworten ab.« (Osgood 1975)

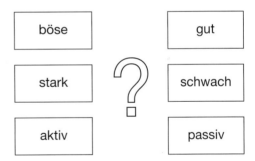

Die Erklärung: Dabei handelt es sich um Grenzüberschreitungsmodelle. Das Beobachtete hat eine Grenze vom nicht Wahrgenommenen oder selbstverständlich Vorhandenen zum Zuviel oder Zuwenig überschritten. Mit der Erklärung wird die Ursache für diese Grenzübertretung gefunden. Im Falle einer Krankheit wäre ein Modell zur so genannten Ätiologie (Entstehungs- und Ursachenlehre von Krankheiten) dann die Erklärung für die Krankheit. Es wird aber auch eine Erklärung gesucht, mit der die Grenze wieder in die andere Richtung überschritten werden kann. Bezogen auf eine Krankheit wäre dies eine Therapie oder ein Heilungsmodell.

Erzähltes Leben: Beschreibungen, Bewertungen und Erklärungen verdichten sich zu erlebten Erzählungen. Sie enthalten Handlungs- oder Unterlassungsaufforderungen und organisieren die Wahrnehmung und Erfahrung. Durch sie wird es möglich, Kontinuität und Kohärenz zu erleben. Sie sind die kognitiven Eckpfeiler der subjektiven Identität und der Erklärbarkeit der Welt. Durch sie können wir unsere Handlungen und Erfahrungen organisieren und interpretieren. Sie sind aber keine hinreichenden Werkzeuge, wenn der gesamte Schatz erlebter Erfahrungen wiedergegeben oder konserviert werden soll. Die Lebenserzählung, die sich aus ihnen ergibt, unterliegt immer einem Selektionsprozess. Außerdem verdrängt jede Geschichte andere Geschichten, welche sich mit ihr nicht vereinbaren lassen: »Jeder Mensch erfindet sich früher oder später eine Geschichte, die er, oft unter gewaltigen Opfern, für sein Leben hält.« (Max Frisch) Ereignisse außerhalb der Lebensgeschichte verblassen oder werden gar nicht wahrgenommen.

Das erlebte Leben wird zum erzählten Leben

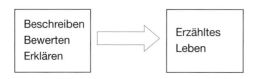

Kommunikation wird in diesem systemischen Modell als ein Verständigungsprozess zwischen wenigstens zwei Menschen verstanden. Dabei kann es sich um Sprache oder alle anderen Akte der Kommunikation (und Nichtkommunikation) handeln. Menschen können nicht ihr gelebtes Leben oder ihr erlebtes Leben unmittelbar kommunizieren. Vorstellungen, Erleben und biologische Phänomene können nur mittelbar über den Austausch erzählten Lebens vermittelt werden. Erzähltes Leben besteht aus kommunikativen Akten. Diese können jedoch nie mit Sicherheit festlegen, was die andere Person auf Grund der Kommunikation erleben wird. Zwar können Sie während einer Kommunikation eine Handlung oder Nichthandlung Ihres Interaktionspartners beobachten; Sie können aber nicht das Erleben des anderen determinieren.

Erzählen und Erleben eines Individuums oder kooperierender Interaktionspartner bestätigen sich außerdem gegenseitig:

»Ich trinke jeden Tag drei Liter Wasser, um meine Nieren gesund zu erhalten.« »Aber du hast doch gar kein Nierenproblem.« »Stimmt, weil ich so viel trinke!«

Von der Unternehmensberatung zur Organisationsberatung

Früher war Beratung Einzelberatung. In der Psychotherapie ist durch viele Studien bekannt, dass Gruppenpsychotherapien effektiv und kostengünstig sind. In gruppenpsychotherapeutischen Ansätzen ging es aber ebenfalls darum, Individuen zu therapieren oder zu beraten. Seit den 60er-Jahren des letzten Jahrhunderts wurden zunehmend Familien und Paare beraten.

Parallel dazu entwickelte sich eine psychologische Organisationsberatung. Frühere Ansätze der Unternehmensberatung oder Betriebsberatung stellten technische und wirtschaftliche Aspekte in den Vordergrund. Auch heute stammt der größte Teil deutscher Unternehmensberater aus ingenieurwissenschaftlichen oder wirtschaftswissenschaftlichen Studiengängen. Gemäß ihrer Ausbildung sehen diese Berater sich zu 63 Prozent als Problemlöser, zu 19 Prozent als Informationslieferanten und nur zu 4 Prozent als Prozessberater (Hoffmann 1991).

Eine Beratungstheorie gab es in der Unternehmensberatung bisher nicht. Beratungskompetenz zusätzlich zur akademischen Fachkompetenz haben diese Berater erst durch Versuch und Irrtum erworben. Seit den 80er-Jahren findet sich neben der klassischen Unternehmensberatung auch der Begriff der Organisationsberatung. Damit gingen einige Veränderungen einher: Die Beratung war jetzt nicht mehr auf Wirtschaftsunternehmen beschränkt, sondern konnte ebenso in sozialen Einrichtungen, Schulen und anderen Institutionen durchgeführt werden. Die Prozessberatung nahm einen größeren Stellenwert ein, nachdem erkannt worden war, dass viele Probleme nur sinnvoll bearbeitet werden können, wenn die Klienten eigenständige Lösungen finden. Außerdem deutet der Begriff Organisationsberatung darauf hin, dass die betreffenden Berater sich stärker an Beratungstheorien aus der Soziologie und Psychologie orientieren, als dies vorher in der klassischen Unternehmensberatung üblich war.

Übung

Lesen Sie zunächst den folgenden Absatz über die GOE.
Bitte denken Sie zurück an die Firmen oder Organisationen, in denen Sie gearbeitet haben. Wo wäre die jeweilige Firma im folgenden Diagramm abgebildet: Was war a) der Anspruch und b) die Einschätzung der Firma, Ihres direkten Vorgesetzten und von Ihnen selbst?

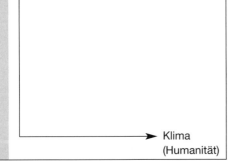

Die Deutsche Gesellschaft für Organisationsentwicklung (GOE), ein Zusammenschluss von Wissenschaftlern und Beratern, definiert die Organisationsentwicklung sowie die Organisationsberatung, die sich daraus ergibt »...als einen längerfristig angelegten, organisationsumfassenden Entwicklungs- und Veränderungsprozess von Organisationen und den in ihr tätigen Menschen. Der Prozess beruht auf Lernen aller Betroffenen durch direkte Mitwirkung und praktische Erfahrung. Sein Ziel besteht in einer gleichzeitigen Verbesserung der Leistungsfähigkeit der Organisation (Effektivität) und der Qualität des Arbeitslebens (Humanität).« (Becker/Langosch 1995)

Erklärungsmodelle menschlichen Verhaltens

Aus einer Fülle von systemischen Modellen werden wir Ihnen nun ausgewählte Aspekte näher bringen, die sich in der Beratung von Einzelpersonen in Organisationen oder Gruppen bewährt haben.
Die Auswahl und Bewertungen menschlicher Wahrnehmungen ist an Modelle oder kognitive Konstrukte gebunden. Häufige Erklärungsmodelle für beobachtbares Verhalten in Organisationen sind neben dem Systemmodell folgende Ansätze:

- *Das Eigenschaftsmodell*, welches davon ausgeht, dass Menschen relativ stabile Eigenschaften haben, wie beispielsweise Fleiß, Pünktlichkeit, Fairness, Intelligenz. Auf diesem Modell beruhen viele Klassifizierungsinstrumente, mit denen die Persönlichkeit von Menschen eingeteilt werden soll (zum Beispiel auch das DISG-System).
- *Das Maschinenmodell*, welches postuliert, dass Menschen richtig oder falsch funktionieren. Dieses Modell wird oft genutzt, wenn »falsch« funktionierende Mitarbeiter durch Coaching »repariert« werden sollen.
- *Das Handlungsmodell*, das davon ausgeht, dass Menschen planvoll und bewusst handeln.

Das Eigenschaftsmodell: Dieses Modell geht davon aus, dass Menschen in vergleichbaren Situationen voraussehbar handeln *(Konsistenz),* dass sie in unterschiedlichen Situationen gleich bleibende Eigenschaften zeigen *(Generalisierung)* und dass diese Eigenschaften über lange Lebenszeiträume erhalten bleiben *(Konstanz).*

Eigenschaftsmodelle sind seit dem Altertum bekannt; sie unterteilen Menschen beispielsweise in Choleriker, Melancholiker, Sanguiniker, Introvertierte, Extrovertierte, Faule, Fleißige, Ehrliche. Solche Annahmen über charakterliche Merkmale sind meist selbst erhaltend.

> Faule Schüler werden beispielsweise wie faule Schüler behandelt und werden es daher häufig auch bleiben. Faule Mitarbeiter waren in der Regel schon Jahre zuvor faule Mitarbeiter.

Dieses Modell scheint in der Realität also Bestätigung zu finden. Der Nachteil des Modells ist, dass es die Sichtweise auf Probleme eingrenzt und die Veränderbarkeit des Individuums und der Systemstruktur ausblendet. Im Eigenschaftsmodell kommt es meist zu Zuschreibungen des Seins: Jemand *ist* faul oder unmotiviert. Beobachtbares und bewertetes Verhalten wird zur Seinsdefinition anderer genutzt.

> Ein Beispiel hierzu: Der Abteilungsleiter eines Versicherungsunternehmens erteilt Ihnen einen Coaching-Auftrag: In der Abteilung gäbe es einige Mitarbeiter, die ihm als besonders uninteressiert auffielen. Dies sei bereits so gewesen, als er vor einigen Jahren die Position als Abteilungsleiter angetreten hatte.
> Der Abteilungsleiter würde innerhalb dieses Modellrahmens vielleicht zu Ihnen sagen: *»Besonders zwei dieser Mitarbeiter sind ziemlich faul und machen bestenfalls Arbeit nach Vorschrift. Mein Vorgänger hat mir gesagt, dass sie besonders unmotiviert seien. Bitte überprüfen Sie dies einmal.«*

Das Maschinenmodell: Dieses Modell wirkt heute veraltet. Erstaunlich viele Führungspersonen halten an diesem Modell aber immer noch fest. Das Maschinenmodell wurde stark durch den amerikanischen Behaviorismus geprägt. So sagte beispielsweise Burrhus F. Skinner: »Das Verhalten eines Organismus ist fast beliebig zu formen.« John Watson, ein anderer wichtiger Vertreter dieser Schule, behauptete: »Gebt mir ein Dutzend gesunder, wohl gebildeter Kinder und meine eigene Umwelt, in der ich sie erziehe, und ich garantiere, dass ich jedes nach dem Zufall auswähle und es zu einem Spezialisten in irgendeinem Beruf erziehe, zum Arzt, Richter, Künstler, Kaufmann oder zum Bettler, Dieb, ohne Rücksicht auf seine Begabungen, Neigungen, Fähigkeiten, Anlagen und die Herkunft seiner Vorfahren.« Solche Aussagen erscheinen heute utopisch oder naiv. Verkaufstrainings, Kommunikationstrainings, Coachings liegt jedoch häufig die Annahme zu Grunde, dass das Verhalten von Mitarbeitern durch diese Maßnahmen grundlegend veränderbar ist.

> In unserem obigen Beispiel würde der Abteilungsleiter zu Ihnen vielleicht sagen: *»Diese Mitarbeiter sind außerordentlich schlecht motiviert. Bitte führen Sie mit ihnen ein Motivationstraining durch, damit sie ähnliche Leistungen erbringen wie die anderen Mitarbeiter.«*

Das Handlungsmodell: Dieses Modell sieht den Menschen als selbstverantwortliche Person, die auf Grund von Einsichten, Zielen, Ansichten oder Plänen handelt. Menschen machen sich Gedanken darüber, was innerhalb der Organisation von ihnen erwartet wird, und sie kennen ihre Stärken und Schwächen. Dieses Modell wurde Anfang des 20. Jahrhunderts vom Soziologen Wilhelm Dilthey propagiert: »Nur seine Handlungen belehren den Menschen über sich selbst.« Die gleiche Geisteshaltung führte Jocob Moreno zur Entwicklung seines handlungsorientierten Psychodramas.

In das Handlungsmodell wurde konstruktivistisches Gedankengut aufgenommen, das durch zwei zentrale Annahmen gekennzeichnet ist:

- Menschen konstruieren sich ein Bild ihrer persönlichen Wirklichkeit.
- Menschen handeln auf Grund von Bedeutungen, die sie in Situationen sehen, nicht hinsichtlich der Situation selbst.

Diese Thesen haben ihre Ursprünge bereits in alten philosophischen Schulen. In der Neuzeit hat unter anderen Immanuel Kant in seinem Werk »Kritik der reinen Vernunft« darauf Bezug genommen. Er schrieb, dass der Mensch die Dinge an sich überhaupt nicht wahrnehmen könne, da sie lediglich Erscheinungen seien, die durch seine Anschauungsformen von Raum oder Zeit geprägt sind. Martin Heidegger schrieb in seinem Hauptwerk »Sein und Zeit«, dass die Pflanze des Botanikers etwas anderes sei als die, die der Spaziergänger am Feldrain sieht.

Auch Arthur Schopenhauer äußerte in seinem Werk »Die Welt als Wille und Vorstellung« bereits sehr deutlich viele Ideen, die sich später sowohl in der Psychoanalyse Freuds als auch im modernen Konstruktivismus wieder fanden.

Als Beginn des Konstruktivismus wird erst die Arbeit von Wilhelm Kamlah und Paul Lorenzen gesehen. Sie gründeten in den 70er-Jahren des 20. Jahrhunderts den so genannten Erlanger Konstruktivismus. Ihre These lautete, dass die Wissenschaften, wie zum Beispiel Physik, Biologie, keine Beschreibung der Wirklichkeit liefern können, sondern sich lediglich Begriffssysteme konstruieren, auf deren Grundlage sie dann versuchen, Phänomene zu beschreiben.

In den 80er-Jahren entwickelte sich der so genannte *radikale Konstruktivismus*. Bekannte Vertreter dieser Richtung sind zum Beispiel Paul Watzlawick, Humberto Maturana und Ernst von Glaserfeld. Eine zentrale These des radikalen Konstruktivismus lautet, dass Wahrheit nicht als Übereinstimmung mit einer unabhängigen objektiven Wahrheit definiert werden kann. Jede Beschreibung eines Sachverhaltes setzt Begrifflichkeiten, Anschauungen und Werte voraus, die sich nicht aus der Wirklichkeit ergeben, sondern vom jeweiligen Beobachter konstruiert (oder so erlernt) wurden: »Alles, was gesagt wird, wird von einem Beobachter gesagt.« (Maturana 1985)

Durch begriffliche und gedankliche Unterscheidungen, die wir treffen, bilden wir nicht die Wirklichkeit ab, sondern erschaffen unser ganz persönliches Bild von der Wirklichkeit.

George A. Kelly hat diese Thesen genutzt, um seine Psychologie *persönlicher Konstrukte* zu formulieren. Konstrukte sind grundlegende Kategorien, welche die Wahrnehmung und Bewertung von Situationen beeinflussen. Durch sie werden unsere subjektiven Erklärungshypothesen gespeist.

Am obigen Beispiel des Abteilungsleiters, der unmotivierte Mitarbeiter hat, möchten wir Ihnen einige mögliche Konstrukte nennen und aufzeigen, welche Hypothesen sich daraus ergeben.

- *Orientierung* ist wichtig: »Vielleicht habe ich den beiden Mitarbeitern nicht genügend Orientierung gegeben, und Sie könnten mir dabei helfen, dies zu ändern.«
- *Verständnis* ist wichtig: »Vielleicht kann ich meine Mitarbeiter einfach nicht verstehen und sie deshalb nicht richtig anleiten.« (Dann ist auch *Anleitung* wichtig.)
- *Unterordnung* ist wichtig: »Vielleicht können diese Mitarbeiter sich nicht unterordnen und wollen mich mit ihrer Arbeitshaltung provozieren.«

Kellys Definition von Konstrukten ähnelt Leitsätzen oder Glaubenssätzen. Diese haben Sie schon im Kapitel »Kognitives Umstrukturieren« (s. S. 151) kennen gelernt.

Kellys »persönliche Konstrukte« beziehen sich jedoch auch auf grundlegende Kategorien der Wahrnehmung und des Denkens, die gewöhnlich nicht mehr hinterfragt werden. Wenn Sie mit Kollegen über Ihre Arbeit reden, existieren bereits Konstrukte der Begriffe Arbeit und Kollegen. Wenn Sie in die Kantine zum Mittagessen gehen, so liegen dem bereits Vorstellungen von den Begriffen Kantine und Mittagessen zugrunde.

> **Übung**
>
> *Am Beispiel des Abteilungsleiters:* Bitte konstruieren Sie wenigstens fünf weitere Konstrukte und mögliche Sätze, die sich aus ihnen ergeben. (Vorschläge: Sich etwas zutrauen, fehlende Informationen, Einsicht verändert das Verhalten, Inkompetenz, Alkoholprobleme, mangelnde Einsichtsfähigkeit, Egoismus, mangelnde Teamfähigkeit.)
> *Zu den Begriffen Kollegen, Arbeit, Kantine, Mittagessen:* Erklären Sie diese Begriffe einer intelligenten Spinne, die von menschlichen Lebensweisen keine Ahnung hat. Bedenken Sie dabei implizite Konstrukte dieser Begriffe: Zeit, Wiederholung, Wiedererkennbarkeit, Geld, Aufstieg, Kleidung, Tischsitten, Fleiß und vieles mehr.
> Außerdem gibt es zum Konstrukt der intelligenten Spinne wieder implizite Konstrukte: Gruppenwesen versus Einzelwesen, Mitleidsfähigkeit versus primären Selbsterhaltungstrieb.
> Sie haben sicher bemerkt: Wir stecken in einem Netz aus Konstrukten.

Aus dem Bild, das wir uns von der Wirklichkeit machen, ergibt sich meist auch eine Handlungsimplikation: »Wenn Menschen Situationen als real definieren, sind sie in ihren Konsequenzen auch real.« (Merton 1968) Diese Erkenntnis ist in der Soziologie als Thomas-Theorem bekannt geworden und wird häufig mit der Insolvenz einer Bank illustriert.

1932 verbreitete sich beispielsweise in den USA das Gerücht, die Last National Bank sei kurz vor der Insolvenz. Es handelte sich allerdings um ein sehr solides Unternehmen. Das Gerücht führte jedoch dazu, dass alle Bankkunden an diesem »schwarzen Mittwoch« versuchten, ihr Geld abzuheben. Nach kurzer Zeit war die Bank tatsächlich insolvent.

Solche Annahmen, die später durch das Handeln bestätigt werden, sind als *sich selbst erfüllende Prophezeiungen* bekannt.

Ähnlich bekannt wie das Thomas-Theorem ist der so genannte *Pygmalion-Effekt*. Dieser Effekt ist durch zahlreiche Studien belegt, von denen wir Ihnen eine bekannte kurz vorstellen wollen (Rosenthal/Jacobsen 1971):

Lehrern wurde mitgeteilt, dass ein besonderer Intelligenztest gezeigt hat, dass einige ihrer Schüler in kurzer Zeit hervorragende Leistungen erbringen würden. Tatsächlich hat dieser Test jedoch nicht stattgefunden. Die betreffenden Schüler sind zufällig ausgewählt worden. Trotzdem verbesserten sich die Leistungen der Schüler deutlich. Die Annahme und Situationseinschätzung der Lehrer genügte in diesem Beispiel, um aus »guten Schülern« auch solche zu machen.

Viele psychotherapeutische Schulen fußen auf dem Handlungsmodell. Dem Gesprächspartner oder Klienten soll geholfen werden, bestimmte Situationen zu klären und dadurch zu neuen Einsichten und Handlungsmöglichkeiten zu kommen. Dieses Modell ist häufig sehr hilfreich. Es ist allerdings ein individuelles Modell, das die Aufmerksamkeit auf eine Person richtet. Dabei bleibt meist unberücksichtigt, in welchem Rahmen Veränderungen der Sichtweise und des Handelns überhaupt sinnvoll umgesetzt werden können.

In Managementseminaren lernen die Teilnehmer häufig Kommunikationsmethoden und Grundhaltungen, die ihre Art zu denken und zu handeln verändern könnten. Oft fehlt dann in der Organisation der Teilnehmer aber der Rahmen, um diese neuen Handlungsweisen auch zu leben. Die Vorgesetzten, die ihre Mitarbeiter auf diese Seminare gesandt haben, gehen implizit vom Handlungsmodell aus und nehmen an, dass die Mitarbeiter sich selbst und die Situation nach solch einem Seminar anders oder klarer sehen.

Elemente der Diagnose und der Veränderungsarbeit

Das Verhalten einzelner Menschen kann nicht losgelöst von den sozialen Systemen, denen sie angehören, betrachtet werden. Deshalb ist es auch kurzsichtig, wollte man ein einzelnes personifiziertes Problem ohne reifliche Überlegung isoliert lösen (zum Beispiel einen nicht effizienten Mitarbeiter fristlos entlassen). In diesem Fall geht es oft darum, einen Schuldigen zu finden und als Problemträger oder Sündenbock zu beseitigen. Sicher sind psychologische Berater eher geneigt, »faule Mitarbeiter« zu verstehen und ihr Verhalten als ein Symptom struktureller oder kommunikativer Systembesonderheiten darzustellen. Viele Manager dagegen müssen nach anderen Kriterien entscheiden und sehen ihre wesentliche Verantwortlichkeit darin, die Effektivität ihrer Firma zu steigern. Weder das eine noch das andere ist richtig oder falsch.

Eine Beratung soll nicht dazu dienen, faule Mitarbeiter um jeden Preis im Team zu halten oder effektive Manager zu »Weichlingen« zu machen. Der Sinn systemischer Beratung kann darin liegen, dass den Teammitgliedern ihre Reduktion der Komplexität bewusst wird und sie die verschiedenen Aspekte ihrer Urteilsbildung und Kommunikation besser verstehen. Auch dann werden gelegentlich harte oder verletzende Entscheidungen nötig sein.

Welche Elemente oder Faktoren sollten in einer systemischen Bestandsaufnahme berücksichtigt werden?

Die Person als Element des sozialen Systems: ihre Geschichte, ihr Wissen, ihre Grundhaltungen, Fähigkeiten und Überzeugungen, ihre Ziele und so weiter.
Die subjektiven Deutungen der Person und die subjektiven Deutungen innerhalb des Systems. Wie bewertet die Person die Ereignisse, wie bewertet der Vorgesetzte oder wie bewerten die Kollegen die Ereignisse?
Die Regeln des Systems: Was sind die offiziellen und heimlichen Regeln und Vorschriften im System?
Die Interaktionsstrukturen: Wie wird im System kommuniziert und interagiert? Welche Geschichten gibt es zum Problem?
Die Systemumwelt: Wie ist das System in die Umwelt eingebunden (beispielsweise Lieferanten, Kunden, Öffentlichkeit, andere Abteilungen)?
Die bisherige Entwicklung des Systems: Wie haben sich Regeln oder Normen innerhalb des Systems verändert? Welche Personen kamen wann hinzu oder gingen fort?

> **Übung**
>
> Bitte definieren Sie ein Problem innerhalb Ihres Systems (zum Beispiel Arbeitsplatz). Es kann sich um eine andere Person handeln, die ein Problem hat, oder um Sie selbst. Bitte schreiben Sie zu den genannten Aspekten jeweils einen kleinen Kommentar zu Ihrem Problem.

Aus dieser Bestandsaufnahme ergeben sich Ansatzpunkte für eine Lösungssuche.

Veränderung in Bezug auf die Person: Gelegentlich ist es notwendig, dass ein Mitarbeiter die Organisation oder die Abteilung verlässt. Diese Veränderung kann für das System und für den Mitarbeiter selbst sinnvoll sein. Möglich sind aber auch Veränderungen der Einstellungen und Anschauungen, Wissenserwerb und anderes.
Veränderung der subjektiven Deutungen: Wenn die Betroffenen lernen, die Situation anders einzuschätzen, kann hierdurch aus

einem Problem ein neutrales Ereignis oder eine Ressource werden. Subjektive Deutungen lassen sich häufig durch Reframing oder zirkuläre Fragen verändern oder bewusst machen.

Veränderung der Verhaltensregeln im System: Offizielle Regeln, die häufig in Qualitätshandbüchern oder Anweisungen fixiert sind, lassen sich leicht ändern. Schwieriger ist dies mit inoffiziellen Regeln. Führungspersonen legen in der Regel viel mehr Wert auf die Lockerheit im Umgang miteinander, als Mitarbeiter dies in geheimen Befragungen tun. So könnte eine offizielle Regel beispielsweise lauten:»Sage immer ehrlich deine Meinung.« Die inoffizielle Regel dahinter könnte jedoch stärker sein:»Es ist verboten, Konflikte anzusprechen. Stattdessen soll man freundlich lächeln.«

Veränderung der Interaktionsstrukturen: Wenn bestehende Interaktionsstrukturen gestört werden, müssen neue Strukturen geschaffen werden. Wenn ein unfreundlicher Chef morgens im Fahrstuhl plötzlich glaubhaft freundlich lächelt, verändert dies das Bild, das die Mitarbeiter vorher von ihm hatten, und es wird die Kommunikation mit dem Chef ebenfalls verändern.

Veränderung im Hinblick auf die Systemumwelt: Ein Wohnungswechsel, neue Möbel, neue Kunden, neue Bekanntenkreise, neue Hobbys, neue Systemgrenzen (zwei Abteilungen werden zum Beispiel zusammengelegt) verändern Regeln und Interaktionsstrukturen im System.

Veränderungen in Bezug auf die Systementwicklung: Neue Aufgaben oder Ziele des Systems verändern die bisherige Kommunikation. Nach Phasen ohne Wechsel wirken Veränderungen häufig sehr heilsam; nach Phasen ständigen Wechsels sind oft Zeiten der Ruhe und Stabilität sinnvoll.

Die komplexen Abläufe in sozialen Systemen lassen sich nicht durch einzelne Ereignisse kausal erklären oder vorhersehbar steuern. Ob vorgeschlagene oder im System selbst gefundene Veränderungsoptionen tatsächlich erfolgreich sind und höhere Leistung oder Effektivität bewirken, hängt davon ab, welche Bedeutung die Veränderung im System erlangt. Die Antwort auf eine Veränderungsintervention kann daher nicht von außen vorhergesehen werden, sondern kommt grundsätzlich nur aus dem System selbst. Außerdem kann ein Berater nur seine eigene individuelle Beobachterposition einnehmen und bestenfalls Teilaspekte des Systems wahrnehmen. Daher ist eine umfassende Sicht des Systems nur möglich, wenn man die Deutungen verschiedener Systemmitglieder zusammenfasst.

Harry S. Truman, der ehemalige amerikanische Präsident, fragte vor wichtigen Entscheidungen immer möglichst viele Personen:»Wie sehen Sie dieses Problem?« Er konnte direkt nach dem Zweiten Weltkrieg noch nichts von systemischer Beratung wissen. Er war ursprünglich Vizepräsident und galt als unbegabt, als er die Amtsgeschäfte von Franklin D. Roosevelt übernehmen musste. Die Mehrheit der amerikanischen Presse hat ihn anfangs verspottet; auch, weil er andere Menschen immer nach ihrer Meinung fragte. Im Nachhinein gilt er als einer der effektivsten, umsichtigsten und entscheidungsstärksten amerikanischen Präsidenten.

Expertenberatung und Prozessberatung

Soziale Systeme können durch *Interventionen* verändert werden. Eine Intervention ist eine Maßnahme, die gezielt eingesetzt wird, um Veränderungen zu bewirken. Meist ist dies mit einem theoretischen Konzept und einer Vorstellung vom Erfolg der Veränderung verknüpft. Interventionen können im System selbst erfolgen oder von außerhalb kommen. Wenn ein neuer Mitarbeiter eingestellt wird, ist dies bereits eine Intervention, die Strukturen im System verändern soll und es auch tun wird.

Jedes Mitarbeitergespräch, eine Vorstandssitzung, eine Broschüre, eine Veränderung der Pausenzeiten, eine Gehaltserhöhung sind Interventionen. Wenn Sie als Berater in eine Organisation eingeladen werden, ist bereits Ihre Anwesenheit eine Intervention, da Ihre Gesprächspartner versuchen werden, sich auf Sie einzustellen. Es wird Spekulationen darüber geben, warum Sie da sind, und es wird – noch bevor die eigentliche Beratung beginnt – Befürworter und Gegner des Prozesses geben. Dies hängt davon ab, wie einzelne Systemmitglieder eine potenzielle Veränderung für sich bewerten.

Wie im Einzelcoaching gibt es auch in der Organisationsberatung Leitlinien. Wir möchten Ihnen an dieser Stelle Vorschläge für solche Leitlinien anbieten (modifiziert nach König/Volmer 2000).

- Beratung sollte die Handlungs-, Gestaltungs- und Entscheidungsfähigkeit der beratenen Individuen verbessern.
- Beratung sollte nicht bevormunden und sollte den Ratsuchenden Hilfen zur eigenständigen Problembewältigung zur Verfügung stellen.
- Dabei erfolgt keine Beeinflussung durch Überzeugungen des Beraters, und die Umsetzung der Beratung wird den Betroffenen nicht aus der Hand genommen.
- Berater- und Klientensystem bleiben getrennt und sind voneinander verschieden. Der Berater macht sich das Klientenproblem nicht zu Eigen.
- Berater sind keine Entscheider; sie geben lediglich Anregungen und unterstützen die Klienten dabei, das Problem selbst zu lösen.

Expertenberatung: Spezialisten aus Technik, Naturwissenschaft oder Wirtschaft werden häufig als Experten und Entscheider angefordert. Von ihnen verlangt der Auftraggeber häufig Entscheidungen, klare Problemlösungen und Handlungsanweisungen. Die Einstellung solcher Berater entspricht der klassischen Unternehmensberatung. Wenn es allerdings um Führungsfragen, Teamstrukturen und ähnliche Anliegen geht, dann ist diese Form der Beratung selten nachhaltig. Selbst wenn der Klient das Problem korrekt diagnostiziert und vollständig an den Berater kommunizieren kann, garantiert dies nicht, dass eine Musterlösung durch den Berater ohne Nebenwirkungen im System bleibt. In vielen Fällen haben solche Musterlösungen sogar schwerwiegende nachteilige Effekte, die sich aber häufig erst nach einigen Monaten zeigen. Diese Form der Beratung ist weiterhin außerhalb rein technischer oder betriebswirtschaftlicher Fragestellungen sehr gefragt. Das hat verständliche Gründe:

- Berater bieten Lösungen für bestimmte Probleme an. Es ist ihr Beruf, mit diesen Lösungen Geld zu verdienen.
- Auftraggeber möchten sich selbst und die Struktur ihres Systems nicht hinterfragen lassen und suchen nach einfachen Lösungen und nach jemandem, der diese verspricht.

Gelegentlich werden den Kunden nach der Diagnosephase umfangreiche Daten und Vorschläge übergeben. Solche Datenberge

> **Info**
>
> **Expertenberatung:** Der Experte wird Teil des Systems. Er bezieht inhaltlich Stellung und nimmt sich des Problems an. Diese Beratungsform ist besonders sinnvoll, wenn technische Spezialisten auf Grund ihres Fachwissens, Könnens und ihrer beruflichen Erfahrung akquiriert werden, um spezielle Aufgaben für die Organisation zu übernehmen.
>
> **Prozessberatung:** Der Berater bleibt außerhalb des Systems. Er beeinflusst die Interaktionen, nimmt aber inhaltlich keine Stellung. Der Klient besitzt das Problem und behält es während des gesamten Beratungsprozesses. Diese Form der Beratung ist sinnvoll, wenn Prozesse begleitet werden sollen und wenn das System gefördert werden soll, seine eigenen Lösungen für Probleme zu finden.

landen häufig in Aktenordnern. Aus ihnen ist kaum ersichtlich, welche Informationen oder Vorschläge wirklich relevant sind. Diese Form der Beratung erfüllt nur Alibifunktionen.

Prozessberatung beschäftigt sich ebenfalls mit Problemen in Klientensystemen. Der Schwerpunkt dieser Arbeit liegt selten in rein technischen, naturwissenschaftlichen oder betriebswirtschaftlichen Fragestellungen. Prozessberater bieten keine Lösungsvorschläge an. Sie unterstützen das System dabei, eigene Lösungsideen zu entwickeln. Diese Form der Beratung ist besonders sinnvoll, wenn es darum geht, persönliche Ziele, Leitlinien, eine Corporate Identity oder Konflikte innerhalb eines Teams zu klären.

Phasen des Beratungsprozesses

Organisationsberatungen können unterschiedliche Ausmaße haben. Als Einzelberater werden Sie voraussichtlich kleinere Systeme beraten. Dies können einzelne Abteilungen, Teams oder Führungsgruppen in größeren Firmen oder Organisationen sein oder kleinere bis mittelständische Organisationen oder Firmen. Diese Beratungen sollten strukturiert verlaufen:

- Orientierungsphase und Auftragsklärung,
- Diagnosephase,
- Interventionsphase,
- Abschlussphase.

Bei kleineren Systemen wird die Orientierungsphase meist nur aus zwei bis drei Gesprächen bestehen. Auch die nachfolgenden Phasen bestehen dann oft nur aus wenigen Einheiten (Stunden oder Tagen). Bei größeren Systemen können allein die Orientierungs- und die Diagnosephase Wochen oder Monate beanspruchen. Häufig werden in der Diagnosephase dann auch Instrumentarien wie standardisierte Interviews, Fragebögen oder andere Formen der Datenerhebung eingesetzt. Deshalb ist die Beratung größerer Systeme eine Domäne von gut eingespielten Beratungsteams, die solche Instrumentarien schon mit vielen anderen Kunden erprobt haben. Auf diese Form der Beratung großer Systeme gehen wir in diesem Buch nicht näher ein. Wir werden uns auf kleinere Systeme beschränken, die Sie als Ein-Personen-Firma selbstständig betreuen könnten.

Wir kommen jetzt auf die einzelnen Phasen zurück.

Orientierung und Auftragsklärung: Ein soziales System wird sich nur an Sie wenden, wenn ein relevantes Problem vorliegt und das System sich durch die Beratung eine Problemlösung verspricht. Es kann sich beispielsweise um Imageprobleme, Mobbing, ein zunehmend schlechter werdendes Arbeitsklima, sinkende Mitarbeitermotivation, ungeschickten Umgang mit Kunden handeln.

Die erste (oft telefonische) Kontaktaufnahme des Klienten dient meist nur einer Vorinformation. Häufig wird bei mehreren Anbietern gleichzeitig nachgefragt, um Verfügbarkeit, Preise und Ähnliches abzufragen oder um einen Prospekt anzufordern. Von vielen Anfragen hören Sie später nichts mehr. Viele größere Unternehmen haben Stammberater oder einen so genannten Coaching-Pool, aus dem sie auftragsbezogen die Berater wählen. Die zweite Kontaktaufnahme erfolgt meist durch eine verantwortliche Führungsperson, oft einer Person aus der Personal- oder Organisationsentwicklung. Durch wenige gezielte Fragen sollten Sie sich einen Überblick über Art und Umfang des Auftrags verschaffen. Ohne dass Sie das System genauer kennen, wird nun meist von Ihnen ein Angebot erwartet:

- Wie soll der Ablauf aussehen (zeitlich, örtlich)?
- Wie soll vorgegangen werden (Procedere)?
- Was werden Schwerpunkte und Methoden sein?
- Welche Kosten fallen an?

Bereits am Ende dieser ersten Kontaktaufnahme ist es sinnvoll, einen Kontrakt für weitere Vorgespräche zu schließen, der Ihnen zusichert, dass Sie zur genauen Auftragsklärung weitere Informationen einholen:

- Wer sind Entscheider und Auftraggeber?
- Wer hat die Beratung initiiert?
- Wer erhofft sich etwas durch die Beratung?
- Wer befürchtet etwas?
- Wer denkt wie über das zugrunde liegende Problem?
- Welche Regeln existieren im System?
- Was sind die heiligen Kühe?
- Was ist bisher versucht worden?
- Wie komme ich an diese Informationen?
- Wer wird mich in der Organisation unterstützen, wenn ich weitere Informationen benötige?

Am Ende dieser Vorklärung sollte ein Kontrakt geschlossen werden, der zumindest die nächste Phase abdeckt. Meist müssen Berater und Klient im Verlauf der folgenden Diagnosephase dann entscheiden, ob die wechselseitigen Erwartungen sich erfüllt haben und der Kontrakt verlängert werden soll.

Die Diagnosephase: In dieser Phase kommt es nicht darauf an, dass Sie als Berater möglichst viele Informationen über das System sammeln. Dies ist das häufigste Missverständnis, das in Bezug auf diese Phase bei Einzelberatern besteht. Ziel dieser Phase ist, dass sich das System über sich selbst klar wird. In der Beratung kleiner Systeme werden seltener Fragebögen oder Beobachtungsverfahren eingesetzt und Informationen stattdessen durch Interviews und so genannte Aktionsmethoden oder analoge Verfahren gewonnen (zum Beispiel Metaphern, Soziometrie, Psychodrama).
Auf das Interview gehen wir auf Seite 362 ff. näher ein. Analoge Verfahren werden im folgenden Text noch vorgestellt (s. S. 371 ff.).
Als Berater sollten Sie Ihr Augenmerk darauf richten, dass die gewonnenen Einsichten und Informationen dem System bekannt gegeben werden. Wenn Sie ein Interview machen oder ein so genanntes analoges Verfahren in der Diagnosephase anwenden, ist dies bereits Veränderungsarbeit. Nach der Diagnosephase wird der Beratungsauftrag meistens modifiziert oder dem Diagnoseergebnis angepasst. Häufig sollen vom Berater dann Schwächen einzelner Mitarbeiter oder Schwächen im System beseitigt werden. Selten werden Sie einen Auftrag erhalten, der vorsieht, wichtige Stärken gezielt zu fördern (obwohl dies nach Ansicht einiger Managementexperten langfristig effektiver sein soll).

Die Veränderungsphase: Ihre Anwesenheit im System und die Diagnose selbst sind bereits Veränderungsinterventionen. Die Veränderungsberatung kann auf Einzelpersonen wie Abteilungsleiter, Projektverantwortliche oder ein ganzes Team abzielen, das bei seiner Weiterentwicklung unterstützt werden soll. Veränderungen können aber auch bei der Ablauforganisation und beim Organisationsaufbau gewünscht sein. Es können Qualifizierungs- und Trainingsmaßnahmen gewünscht werden. Auf die spezifischen Interventionsmethoden des Störens, des zirkulären Fragens und der psychodramatischen

> **Info**
>
> **Orientierungsphase**
> Vorklärung: Art, Dauer, Umfang, Kosten?
> Vordiagnose: Fragen ans System.
> Kontrakt: Beratungsvertrag bis zur nächsten Phase.
>
> **Diagnosephase**
> Informationen und Einsichten werden dem System bekannt gegeben. Es geht nicht darum, dass der Berater mehr Informationen hat, vielmehr soll das Klientensystem diese Informationen erhalten.
>
> **Veränderungsphase**
> Die Diagnose ist bereits Veränderung! Wichtige Methoden der Veränderungsarbeit sind: Referenztransformation, Stören, zirkuläres Fragen, die lösungsorientierten Fragen nach Steve de Shazer (s. S. 370) sowie systemische oder psychodramatische Aktionsmethoden.

Gruppenarbeit werden wir ab Seite 365 noch eingehen. Es weiteres Kapitel über systemische Fragen im Zusammenhang mit Konfliktinterventionen finden Sie auf Seite 511 ff.

Die Abschlussphase: Organisationen entwickeln sich weiter. Daher endet nicht die Organisationsentwicklung, sondern nur Ihr Kontrakt mit dieser Organisation. Es ist wichtig, zum Ende des Auftrags wichtige Ergebnisse und Veränderungen zusammenzufassen und die Beratung einvernehmlich zu beenden. Als Berater werden Sie daran interessiert sein, den Kontakt zu Ihren Klienten aufrechtzuerhalten. Nach einigen Beratungen beim selben Klienten kennen Sie vermutlich das System und werden dann große Schwierigkeiten haben, sich von diesem zu distanzieren. Sie werden dann nach und nach ein Teil des Systems. In solchen Fällen ist es für die Klienten sinnvoller, sich einen anderen Berater zu suchen. Wenn es Ihre Auftragslage erlaubt, können Sie die Klienten darauf selbstverständlich hinweisen.

In der Abschlussphase sollten die Beratungsergebnisse zusammengefasst werden:

- Was wurde diagnostiziert?
- Welche Veränderungen oder Lösungen sind gefunden worden?

Anschließend wird die Beratung einvernehmlich, aber eindeutig abgebrochen.

Im Anschluss an die Beratung – oft auch schon im Prozess – ist eine Evaluation sinnvoll: Sind die Vorstellungen des Klienten umgesetzt, ist er zufrieden, haben sich dem einzelnen Individuum und dem System neue Perspektiven aufgetan? Wie genau bemesse ich meinen Beratungserfolg oder Misserfolg?

Das Interview als Diagnoseverfahren

In der Diagnosephase erfolgt kein Beratungsgespräch. Sie sollten lediglich Grundmuster innerhalb des sozialen Systems erkennen und beschreibbar machen. Trotzdem beginnt die Veränderung bereits in dieser Phase, da viele Vorgänge im System das erste Mal deutlich werden. Außerdem müssen Sie sich im Vorfeld mit Ihren Klienten darauf einigen, welche Themen in der Diagnosephase beleuchtet werden sollen. Diese könnten sein: Mitarbeiterzufriedenheit, Aufstiegschancen, Führungsstil, Schulungsbedarf, Kommunikationsstörungen. Besonders psychodramatische Verfahren laden dazu ein, Diagnosen aus dem Stegreif zu stellen.

Selbst geübte Gruppenleiter sollten die Diagnosephase aber besser gezielt vorbereiten und dabei verschiedene Methoden kombinieren. Anschließend können die gewonnenen Daten ausgewertet und sorgfältig aufbereitet werden, mit dem Ziel, sie dem System zusammengefasst darzustellen.

Mittlerweile gibt es eine Vielzahl von standardisierten Tests und Verfahren, die im Rahmen von Organisationsentwicklungsmaßnahmen eingesetzt werden können. (Diese können Sie zusammen mit Auswertungshandbüchern oder -programmen unter www.testzentrale.de anfordern.) Die meisten Einzelberater verwenden jedoch freie Interviews, indem sie Fragen stellen, die ihnen gerade einfallen oder die sich bei früheren Beratungen bewährt haben. Oder sie führen Interviews, indem sie die wesentlichen Fragen vorher aufschreiben und diese in freier Form stellen und die Antworten dazu notieren. In der systemischen Beratung legen wir dabei besonderen Wert auf so genannte subjektive Theorien, also die subjektiven Deutungen beziehungsweise Konstrukte einzelner Systemmitglieder zu ihren Beobachtungen.

Das Konstrukt- und Leitfrageninterview

Wichtige Fragen eines solchen *Konstrukt-Interviews* könnten sein:

- Welche Situation liegt zurzeit vor?
- Wie ist diese entstanden?
- Wer oder was war an der Entstehung beteiligt?

- Was ist bisher versucht worden, um die Situation zu verändern? Was sollte getan werden, um ein Problem zu lösen? Was oder wer könnte diese Lösung behindern?
- Wie würde sich eine solche Lösung auf das System und auf einzelne Mitglieder auswirken?
- Welche Meinungen gibt es zu den vorangegangenen Fragen innerhalb des Systems und außerhalb des Systems?
- Was sind die Schwachstellen und was die Stärken des Systems?
- Wie beurteilen Außenstehende das System (Meinung anderer Abteilungen, Meinung der Kunden)?

Subjektive Konstrukte sind für ein Systemmitglied dann relevant, wenn es auf sie zurückgreift, um einige der oben genannten Fragen zu beantworten.

Wenn einer Führungsperson das Konstrukt »Einsatzbereitschaft« wichtig ist, wird sie dieses Wort bereits bei der Problembeschreibung benutzen. Ebenso wird sie Lösungsstrategien vorschlagen, die sich auf solch ein Konstrukt beziehen: »Wir haben seit Monaten Probleme mit unserem Umsatz. Vielleicht liegt das daran, dass einige Mitarbeiter einfach keine Einsatzbereitschaft zeigen.« Zwei Tage später sagt Ihnen dieselbe Führungsperson vielleicht: »Als Lösung stelle ich mir vor, dass wir ein Motivationstraining veranstalten, um die Einsatzbereitschaft zu erhöhen.« Diese Führungsperson konzentriert sich in der Deutung ihrer Beobachtungen auf ein Konstrukt, in dem Einsatzbereitschaft eine wichtige Rolle spielt.

Solche Konstrukte sind meist unbewusst und können auf Nachfrage oft nicht benannt werden. Daher ist es wichtig, dass Sie sorgfältig auf Schlüsselworte achten, die auf Konstrukte hinweisen.
Zu bestimmten Themenkomplexen wie Führung, Organisationskultur, Regeln können Sie gezielte Fragen stellen, durch die das Interview in eine Reihe von Leitfragen gliedert wird. Solche Interviews nennt man daher auch *Leitfragen-Interviews*. In Bezug auf Konstrukte könnten folgende Fragen hilfreich sein:

- Wie deuten Sie die Situation?
- Welche Ursachen sehen Sie für diese Situation? Durch welche Umstände ist es dazu gekommen? Welches sind Ihre Ziele in dieser Situation?
- Was schlagen Sie vor, um die Situation zu verändern?

Als Interviewer sollten Sie übrigens mitschreiben. Sie können sich ansonsten nicht so viele Details merken. Fragen Sie Ihren Gesprächspartner vorher direkt, ob ihn das stören würde. Ihre Gesprächspartner werden meist positiv darauf reagieren, da es die Wichtigkeit ihrer Gedanken und Äußerungen unterstreicht, wenn Sie mitschreiben.
Dies gilt übrigens auch für jede andere Form des Coachings: Schreiben Sie mit! Versuchen Sie aber keine schriftlichen tief greifenden Analysen während des Gesprächs. Wir schlagen Ihnen außerdem vor, wörtlich mitzuschreiben: »Ich fühle mich verantwortlich.« Dies ist besser und kürzer als: »Herr X sagt, er fühle sich verantwortlich.«

Kellys Kartenvergleich

George A. Kelly hat ein Verfahren vorgeschlagen, das weitere Konstrukte erkennbar macht: Bitten Sie Ihre Klienten, mehrere Systemelemente (abhängig vom Leitthema: Führungspersonen, Teammitglieder, Projektteams, Nachbarabteilungen) auf Karten zu schreiben. Dann lassen Sie jeweils zwei bis drei Karten ziehen und fragen: »Was haben diese zwei dort gemeinsam im Vergleich zu diesem Dritten?« Oder: »Was unterscheidet sie voneinander?« Bei Vergleichen zwischen zwei, drei oder mehr Personen oder Gruppen werden intuitiv persönliche subjektive Konstrukte genannt.

Die Geschichte des Klienten im System

Eine andere Möglichkeit, das Interview zu ergänzen, ist es, den Interviewpartner zu bitten, seine Geschichte im System zu erzählen: »Seit wann sind Sie hier in dieser Organisation? Vielleicht erzählen Sie mir Ihre Geschichte von Ihren Anfängen hier bis heute? Mich interessiert auch, was sich alles geändert hat, als das Problem zum ersten Mal auftauchte.«
Sie sollten gelegentlich Zwischenfragen stellen. Diese Interviewform berührt jedoch häufig auch private Themen und geht gelegentlich mit tiefen Emotionen des Klienten einher. Sie sollten daher für sich selbst prüfen, ob diese Form des Zusatzinterviews Ihrem Auftrag und Ihrem Können angemessen ist.

Die Diagnose sozialer Regeln in Organisationen

Konstrukte und Regeln sind meist aufeinander bezogen und machen einen wesentlichen Teil der Organisationskultur aus. Ihre Kenntnis ist eine große Hilfe in der Beratung von Organisationen. Wir sind im Kapitel »Teams in der Beratung« (s. S. 303 ff.) bereits darauf eingegangen. Jetzt möchten wir andere Aspekte sozialer Regeln beleuchten und Ihnen Hinweise geben, wie Sie Regeln erfragen, beurteilen und verändern können.
Jedes soziale Handeln ist durch Regeln geleitet. Daher kann ein soziales System erst verstanden werden, wenn die Regeln verstanden werden, die das Verhalten seiner Mitglieder lenken. Die wenigsten dieser Regeln sind jedoch in Leitlinien oder klaren Handlungsanweisungen schriftlich fixiert.
Relevante Regeln in sozialen Systemen haben einheitliche Merkmale:

- Sie sind klare Handlungsanweisungen.
- Sie besitzen nur innerhalb des Systems Geltung.
- Sie werden durch Sanktionen gestützt.
- Sie sind explizit oder implizit (offen oder versteckt).
- Sie stützen sich gegenseitig (sind zirkulär).
- Sie werden vorwiegend durch Nachahmen und praktisches Handeln gelernt.

Viele Regeln erfüllen den gewünschten Zweck nicht. Der Zweck einer Regel ist es, sich selbst und andere Regelkonstrukte zu stützen. Daneben glauben die Systemmitglieder häufig, jede Regel erfülle einen bestimmten rationalen Zweck. Aus diesem Grund existiert jede Regel auf wenigstens zwei Ebenen:

- Sie soll Konstrukte innerhalb des Systems stabil halten (den Klienten meist nicht bewusst).
- Sie soll einen rationalen Zweck erfüllen (den Klienten manchmal bewusst).

Wenn eine Regel keine klare Orientierung gibt, ihren rationalen Zweck nicht erfüllt und im System dysfunktional wird, ohne im guten Sinne zu stören, hat dies folgende Gründe.

Die Regel erfüllt den intendierten Zweck nicht mehr. Es stellt sich dann die Frage: Ist die Regel noch sinnvoll? Wenn das Unternehmen beispielsweise unerwartet viele Aufträge erhalten hat, kann folgende Regel in Frage gestellt werden: »Überstunden sind nicht erwünscht.«
Die Regel erfüllt keine sinnvolle Funktion: Ist die Regel zu pauschal? Beispiel: »Wir gehen immer offen miteinander um.«
Die Regel ist nicht realisierbar: Kann so etwas von Menschen überhaupt geleistet werden? Beispiel: »Jeder Mitarbeiter ist jederzeit für die Kunden erreichbar.«
Die Regel behindert höhere Ziele: Wenn das Regelwerk wichtiger wird als der eigentliche Zweck der Organisation. Beispiel: »Auf der Intensivstation müssen alle Verwaltungsvorschriften des Krankenhauses strikt eingehalten werden.«

Sie können Regeln durch Verhaltensbeobachtung des Systems indirekt oder aus dem bewussten oder latent vorhandenen Regelwissen der Systemmitglieder direkt erschließen, wenn Sie diese gezielt befragen. Hierzu einige Beispielfragen:

Offizielle Regeln: Welche Vorschriften existieren, welche Leitlinien gibt es? Wie sehen Arbeitsplatzbeschreibungen und Stellenanzeigen aus?
Inoffizielle Regeln: Wie frei können Sie im Beisein des Vorgesetzten über Ihre Zukunftspläne reden? Darf man dem Chef Vorschläge unterbreiten oder ihn kritisieren? Darf in Teambesprechungen gelacht werden?
Regelmäßigkeiten: Was führt regelmäßig zu Streit oder Störungen? Welche Rituale existieren, welche Sanktionen? Wofür werden Belobigungen oder Gratifikationen erteilt? Wer erteilt diese? Wann erfolgen Bestrafungen verschiedener Art?
Regeln zu Auf- und Abstieg: Was müssen Sie beachten, um Karriere zu machen? Was dürfen Sie nicht tun, damit Sie nicht in Ungnade fallen?
Regelwissen in Mythen, Witzen und Klosprüchen: Welches Regelwerk ist Ihnen aus diesen Quellen bekannt?
Regelmanifestation durch Architektur, Kunst oder Ähnliches: Welches Image verkörpern die Architektur und die Innenausstattung des Gebäudes? Welche impliziten Annahmen und Vorschriften werden darin deutlich? Welche Spekulationen stellen Sie über die Kunstwerke an, die Sie in Ihrer Organisation vorfinden?

Systemische Veränderungsarbeit in Organisationen

Wir beziehen uns in diesem Absatz auf die Veränderung von Einzelpersonen innerhalb von Organisationen: In der systemischen Organisationsberatung macht der Berater dem Klientensystem Veränderungsangebote, indem er ihm neue Möglichkeiten aufzeigt, seine subjektive Deutung einer Situation (oder Beobachtung) zu verändern. Dies kann er durch verschiedene Methoden erreichen, die alle das Ziel haben, neue Sichtweisen auf ein Problem oder eine Situation zu eröffnen. Drei Grundprinzipien dieser Arbeit möchten wir Ihnen anschließend vorstellen:

- die Referenztransformation,
- das Stören durch zirkuläre Befragung und
- das lösungsfokussierte Modell nach Steve de Shazer.

Das Beziehungs- und Kommunikationsangebot des Klienten enthält bereits Konstrukte, also Vorstellungen von der Art der Zusammenarbeit. So gehen viele Klienten davon aus, dass ein Berater sich des Problems annimmt und dieses löst (Expertenmodell). Wenn Sie Ihren Klienten dann darlegen, dass Sie eine Prozessberatung vorziehen, wird dessen Fokus bereits vom Problem auf einen Prozess gelenkt. In Anlehnung an Paul Watzlawick könnten wir daher sagen: »Es ist nicht möglich, nicht zu stören.« Jede Störung bringt etwas Neues in das System. Was jedoch neu ist, wird immer der Klient selbst entscheiden. Sie sollten darauf achten, dass Sie wenigstens zu Beginn eine Balance zwischen dem Neuen und dem Bekannten aufrechterhalten, indem Sie auch bewusste Bestätigungen geben. Ansonsten verlieren Sie den Rapport zum Klienten.
Sie sollten sich auch nicht dazu verleiten lassen, innerhalb des Systems Funktionen auszuüben, indem Sie Fehler innerhalb des Systems durch gezielte Interaktionen selbst beheben möchten. Dadurch würden Sie sich langfristig unentbehrlich machen und müssten durch Ihre Anwesenheit das System weiter stützen. Ein weiterer wichtiger Aspekt ist Ihre Neutralität. Durch Ihre Anschauungen und eigenen subjektiven Konstrukte werden Sie versuchen, das System in einem bestimmten Sinne zu stören oder zu fördern. Selbst wenn Sie dabei Ihre eigenen Vorlieben zurücknehmen, wird das System später da-

rüber befinden, in welchem Maße Sie Partei ergriffen haben: Egal, wie neutral Sie bezüglich anderer Konstrukte oder sozialer Meinungen sein möchten oder tatsächlich sind – das System wird in Ihren Interaktionen (subjektiv gedeutete) Tendenzen erkennen. Bemühen Sie sich trotzdem um Neutralität. Ein klarer Bruch Ihrer Neutralität würde Sie zu einem Mitspieler des Systems machen.

Referenztransformationen

In sozialen Systemen handeln Menschen auf Grund des Bildes, das sie sich von der Wirklichkeit machen. Dies trifft gleichermaßen auf Einzelpersonen zu, die Sie beraten. Neue Handlungsmöglichkeiten können nur entwickelt werden, wenn die betreffende Person ihr Bild von der Wirklichkeit ändert. Dies ist Grundlage der rational-emotiven Therapie nach Albert Ellis (RET), die Sie bereits kennen gelernt haben (s. S. 155 f.). Auch seine Arbeit fußt somit auf konstruktivistischem Gedankengut.

A *activating event:* auslösendes Ereignis
B *belief system:* subjektive Deutungen, Annahmen, Gedanken, Glaubenssätze, Konstrukte, die zum Ereignis oder Thema vorliegen oder gebildet werden.
C *consequences:* Konsequenzen, also Handlungen oder Lösungswege, die sich aus B ergeben.

Ein Problem liegt meistens dann vor, wenn die Konsequenzen, die sich aus den Deutungen ergeben, nicht zum gewünschten Erfolg führen. In solchen Situationen versuchen die meisten Menschen ihre Handlungen (Konsequenzen) im bestehenden Rahmen der Annahmen zu intensivieren. Sie versuchen somit nichts grundsätzlich anderes. Neue Lösungsmöglichkeiten ergeben sich erst, wenn der Referenzrahmen (Deutungen, Konstrukte, Annahmen) verändert wird.
Paul Watzlawick wies in diesem Zusammenhang darauf hin, dass Lösungen erster ky-

> **Info**
>
> **Wie nennen andere Beratungsschulen diese Vorgehensweise?**
>
> In der *kognitiven Verhaltenstherapie* spricht man in diesem Zusammenhang von der Re-Definition des Problemrahmens.
> In der *Transaktionsanalyse* verändert die Einnahme unterschiedlicher Ich-Zustände (Eltern-Ich, Kinder-Ich usw.) den Referenzrahmen.
> In der *Hypnotherapie* werden neue Referenzrahmen eigendynamisch gesucht.
> Im *NLP* werden Aussagen zu Inhalten und Umständen »reframt« (Inhalts- und Kontextreframing); außerdem modifiziert und integriert das NLP einige erfolgreichen theoretischen und praktischen Ideen anderer Schulen (es handelt sich um eine bewusst eklektische Methode).

bernetischer Ordnung sich im ursprünglichen Referenzrahmen bewegen, Lösungen zweiter kybernetischer Ordnung aber auf der Basis eines qualitativ veränderten Referenzrahmens, also auf der Basis völlig neuer subjektiver Konstrukte, entstehen. In Kenntnis dieses Zusammenhanges stellte auch Albert Einstein fest: »Problem space is not solution space!«

> »Eine Umdeutung besteht also darin, den begrifflichen und gefühlsmäßigen Rahmen, in dem eine Sachlage erlebt und beurteilt wird, durch einen anderen zu ersetzen, der den Tatsachen der Situation ebenso gut oder sogar besser gerecht wird und dadurch ihre Gesamtbedeutung ändert.« (Paul Watzlawick 1974)

Hierzu einige Beispielkategorien für Umdeutungen (Referenztransformationen).

Inhalt: Ein Mitarbeiter macht wiederholt Vorschläge, die auch die Führungsebene betreffen. Diese Vorschläge sind teilweise sinnvoll, werden von der Führungsebene aber als »übergriffig«, aufsässig und unverschämt interpretiert. Die Umdeutung: Der Mitarbeiter kann selbstständig denken, ist interessiert und engagiert und möchte seine Eigeninitiative für das Wohl der Organisation einsetzen und auch zeigen, was er kann.

Kontext: Die Kernfrage lautet in dieser Umdeutung: »In welchen Situationen ist das Verhalten, das als Problem erlebt wird, eigentlich sinnvoll, hilfreich oder sogar unumgänglich?«

Ziel: Die Kernfrage in der Ziel-Referenztransformation lautet: »Was ist die positive Absicht oder das positive Ziel, das sich hinter dem Verhalten zeigt?« Im obigen Beispiel des »übergriffigen« Mitarbeiters könnte die Antwort lauten: der Leitung Informationen und Feedback geben, um ein reibungsloses Arbeiten zu ermöglichen und die Führung zu entlasten, bevor kleinere Störungen zu echten Problemen werden.

Oberfläche und Tiefe: Beratungen beginnen auch in Organisationen zunächst mit »offiziellen Problemen«.

> Sie erinnern sich an die Zeichnung mit den zwei Palmen auf Seite 89? Indem Sie die Aufmerksamkeit langsam von der Oberfläche in die Tiefe richten oder vom Konkreten zum Grundlegenden, verändern Sie den Referenzrahmen.

Es gibt viele weitere Umdeutungsansätze: Wann erfahren Sie Schicksal, wann die Reaktionen auf Ihr eigenes Handeln? Wie verändert sich der Referenzrahmen, wenn Sie nicht die anderen mit ihren Fehlern oder Schwächen fokussieren, sondern sich selbst (wenn Sie also Ihren Zeigefinger konsequent umdrehen und auf sich selbst richten)?

Bei der Veränderung des Klientenrahmens – was eine Störung im systemischen Sinne ist – sollten Sie ausgewogen vorgehen. Auch hier sollten Sie nicht ausschließlich stören, sondern zwischen Bestätigung und Störung balancieren. Es ist sinnvoll, wenn Sie Störungen auswählen, die sich innerhalb des Klientenrahmens bewegen.

Würden Sie in einem Industrieunternehmen als Berater tätig sein, wäre es kontraproduktiv Ihre Veränderungsarbeit auf das marxistische Manifest zu stützen. Dies stünde außerhalb des Klientenrahmens. Klüger wäre es, Sie würden Ideen von Edmund Malik (ein bekannter Managementspezialist, der in St. Gallen unterrichtet) für Ihre Referenztransformation nutzen. Außerdem sollten Sie auf die Konstrukte eingehen, die Ihren Gesprächspartnern wichtig sind. Wenn ein wichtiges Konstrukt Verantwortung ist, dann sollten Sie Ihre Arbeit nicht auf das Konstrukt »Spontaneität« aufbauen.

Bereits durch die Wahl Ihrer Gesprächs- oder Interviewthemen können Sie den Referenzrahmen ändern. Dies ist eine elegante Methode des Umdeutens, die Sie bereits einsetzen können, wenn Sie sich mit den eher technischen Methoden des Reframings noch unsicher fühlen. Welche Gesprächsthemen verändern dabei die Problem- und Lösungssicht des Klienten?

Sprechen Sie über die Vergangenheit: Dabei wird vielen Klienten klar, dass es Verhaltens- und Denkmuster gibt, die früher vielleicht angemessen waren, jedoch aus einer Zeit stammen, in der Ihr Klient weniger Kompetenzen hatte und anderen Rollenanforderungen entsprechen musste.

Sprechen Sie über die Gegenwart: Viele Klienten beschäftigen sich mit vergangenen Erlebnissen, die sie sehr verletzt haben. Arbeiten Sie mit dem Klienten heraus, welche Bedeutung das Ereignis hier und jetzt hat.

Sprechen Sie über die Zukunft: Fokussieren Sie Wünsche, Hoffnungen, Möglichkeiten, Chancen.

Sprechen Sie über Konstrukte: Wenn ein Klient im Gespräch beiläufig äußert, dass er sich mehr zurücknehmen muss, sich begrenzen muss, dann thematisieren Sie dies und machen das Konstrukt explizit.

Schaffen Sie Aktionen: Stehen Sie zusammen mit dem Klienten auf, gehen Sie herum, lenken Sie während des Gesprächs die Aufmerksamkeit auf den Körper und auf die Bewegungen.

Arbeiten Sie mit Symbolen und Metaphern: Zeichnen, malen und basteln Sie mit dem Klienten. Sie brauchen die Zeichnungen nicht zu deuten. Sagen Sie einfach, was Sie dabei empfinden, was Sie sehen, welche Einfälle Ihnen dazu kommen. Bitten Sie den Klienten, dies auch zu tun.

Intervision: Eine weitere Methode ist das Sammeln von Empfindungen, Gedanken und Ähnlichem im Team. Ärzte nutzen die kollegiale Beratung unter dem Begriff Balint-Gruppe (von Michael Balint eingeführt); im Psychodrama erinnert das so genannte *Sharing* auch an die Intervision. In Non-Profit-Organisationen, Schulen oder Unternehmen wird diese Methode häufig kollegiale Fallberatung genannt.

- *Variante 1 der Intervison:* Ein Klient schildert sein Problem, legt sein Anliegen oder »seine Geschichte« dar. Anschließend äußert jedes Gruppenmitglied seine Gedanken, Gefühle, Fantasien zum Problem oder zum Thema. Dabei sind auch Du-Botschaften und Ratschläge erlaubt. Es besteht aber auch die Möglichkeit, nur Ich-Botschaften zuzulassen. Der Klient schweigt und hört lediglich zu, während sich das Team über sein Problem unterhält. Anschließend berichtet er, welche Lösungsgedanken oder Gefühle bei ihm entstanden, während er zuhörte.
- *Variante 2 der Intervision (Reflecting Team):* Ein Berater-Team berät eine Gruppe und wird dabei von einem Beobachterteam begleitet (andere Möglichkeit: Ein Team begleitet die Klientengruppe; anfangs ohne Beratung). Nach einer vereinbarten Frist unterhält sich das Beobachtungsteam mit dem Beratungsteam im Beisein des Klientensystems über die bisherige Arbeit, über gemachte Beobachtungen im System, über mögliche Lösungsansätze für die Klienten und über das weitere Vorgehen. Das Klientensystem wird dabei nicht direkt angesprochen und hört einfach nur zu. Das Klientensystem ist in diesem Falle entlastet, da es keine Stellung beziehen muss. So kann es in Ruhe wahrnehmen, wie der andere Referenzrahmen eines Beraterteams auf ihn wirkt und ob in der Beratung passende Lösungswege gefunden wurden.

Bei allen Referenztransformationen handelt es sich lediglich um Angebote. Der Klient oder sein System entscheidet darüber, welche Schlüsse oder Handlungen sich daraus ergeben werden. Dies fällt nicht in die Zuständigkeit des Beraters.

Störungen durch zirkuläre Befragung

Kommunikativ geschlossene Systeme halten ihre Struktur durch zirkuläres Schließen aufrecht. Konstrukte bestätigen sich selbst und erschaffen neue Konstrukte, die bekannte bestätigen. Dies ist so lange kein Problem, bis gerade dies ein Problem wird. Das hört sich lapidar an, trifft aber den Sachverhalt am besten. Stabile Prozesse innerhalb eines Systems sind solche, die in ihrer Zirkularität nicht gestört werden. Genau diese Störung jedoch braucht das System, um sich verändern zu können. Wie kann gestört werden?

- Durch unerwartete Reaktionen, durch Verweigerung von Funktionen, die dem Berater zugedacht sind, durch Neutralität (Störung interaktioneller Zirkularität zwischen Berater und System).
- Durch die Unterlassung bisher vollzogener Handlungen oder durch den Vollzug bisher unterlassener Handlungen (Störung interaktioneller Zirkularität zwischen Systemmitgliedern).
- Durch eine neue Bedeutungszuschreibung des Verhaltens (Reframing; Störung der Zirkularität zwischen Erzählen und Erleben).
- Durch neue Verhaltensweisen zu einer bekannten Bedeutungszuschreibung.
- Durch direkte Störung der Zirkularität: Störung durch zirkuläre Befragung.

- Durch Störungen, die Unterschiede im Raum erzeugen (Verhältnisse, Entfernungen, Größen werden verändert).
- Durch Störungen, die Unterschiede in der Zeit bedingen (Entwicklung, zeitliche Abfolge).
- Durch Störungen, die neue Möglichkeiten schaffen (Fiktives, Imaginäres, Irreales).

Das wesentliche Medium dieser Veränderungsarbeit ist die Sprache. In der systemischen Beratung besteht diese verbale Kommunikation größtenteils aus Fragen. Dadurch werden einerseits Informationen gewonnen, die Gregary Bateson übrigens als Unterschiede definierte, die einen Unterschied machen. Das bedeutet: Sie ermöglichen Ihnen und dem Klienten eine Unterscheidung und Abgrenzung. Andererseits ermöglichen genau diese Fragen eine Störung. Jede Frage kann neue Perspektiven, Bewertungen und Erklärungen ermöglichen.

> Hierzu ein Beispiel: Der Abteilungsleiter eines Kaufhauses beschwert sich darüber, dass die Personalfluktuation so groß sei. Sie könnten darauf fragen: »*Wann haben Sie begonnen, auf diese Weise Personalkosten einzusparen?*« Aus dieser Frage könnten sich neue Anschlussgedanken ergeben. Der Abteilungsleiter könnte denken: »*Wenn ich begonnen habe, dann könnte von Interesse sein, wie ich das getan habe.*«

Indem Sie Fragen in Anwesenheit anderer stellen, werden diese versuchen, diese Fragen still für sich zu beantworten. Alle Teammitglieder können dabei zu unterschiedlichen Antworten kommen, da es zu den neuen Fragen noch keine gemeinsamen Konstrukte gibt. Beispiele für zirkuläre Fragen sind folgende.

> **Erklärung verweist auf Bewertung:** Wenn A denkt, dass B faul ist, stört A das oder nicht? Wenn Sie dieses Jahr innerhalb der Firma nicht aufsteigen, wie wird sich Ihre Familie das erklären? Angenommen, es gäbe keine Erklärung für das Verhalten des Chefs, wer würde sich dann besonders irritiert fühlen?

> **Beschreibung verweist auf Verhalten:** Was macht A anders als sonst, wenn er so voller Elan ist? Wie lange werden Sie noch so hart arbeiten müssen, bis Ihr Kollege merkt, dass Sie ein Aufsteiger sind? Angenommen, Ihr Ehrgeiz wäre nach unserem heutigen Gespräch verflogen, welche Erinnerung werden Sie dann an Ihre Arbeit in dieser Firma haben?

> **Verhalten verweist auf Verhalten:** Wenn Ihr Kollege sagt, die Sekretärin sei faul, wer würde ihm dann zustimmen und wer eher nicht? Was denken Ihre Kollegen, wie lange Sie die eigene Lebensfreude noch aufschieben werden? Angenommen, Sie erreichen, dass Ihr Chef Sie mit dem Projekt betraut, wie müssten Sie sich dann gegenüber Ihren bisherigen Linienkollegen verhalten?

> **Erklärung verweist auf Verhalten:** Wenn Ihre Mitarbeiterin meint, ihr Kollege sei besorgt, wie reagiert dann Ihr Kollege darauf? Seit wann erklärt sich Ihre Kollegin das Verhalten des Chefs damit, dass er mit den Leitlinien des neuen Vorstands überfordert ist? Angenommen, Ihre Kollegin würde das Verhalten des Chefs als einen ungewöhnlichen Ausdruck seiner Schadenfreude erklären, wie würde sie dann darauf reagieren?

> **Bewertung verweist auf Verhalten:** Wenn Ihre Sekretärin den Mitarbeiter für unfreundlich hält, wie geht sie dann mit ihm um?
> Woran wird der Mitarbeiter merken, dass er die Sekretärin nicht mehr fragen sollte? Was wird er stattdessen machen? Angenommen, die Meinungsverschiedenheit zwischen den beiden sei nicht zu lösen, was würden dann ihre Kollegen denken, dass sie tun müssten?

Lösungsfokussiertes Fragen nach Steve de Shazer

Steve de Shazer beschrieb in den 80er-Jahren des vergangenen Jahrhunderts so genannte hypothetische Ausnahmen. Seine »Wunderfrage« gilt als eine der wirksamsten Techniken in der lösungsorientierten Beratung. Sie ist heute fester Bestandteil jeder systemischen Arbeit. Wenn das Klientensystem keine Ausnahmen für seine Deutungen erkennen kann, werden hypothetische Ausnahmen gebildet, kontextualisiert und in die Zukunft fortgeschrieben: »Angenommen, es würde in dieser Nacht, während Sie fest und erholsam schlafen, ein Wunder geschehen, und Ihr Problem wäre danach gelöst. Wodurch genau würden Sie am nächsten Morgen wissen, dass das Problem nicht mehr existiert? Was würden Sie merken, was würden Sie anders machen? Wie werden die Menschen in Ihrer Nähe bemerken, dass das Problem nicht mehr da ist, ohne dass Sie auch nur ein Wort darüber verlieren müssten ...?« Durch solche und ähnliche Fragen werden Lösungsmöglichkeiten auf der Verhaltensebene operationalisiert, ohne dass Sie den Klienten mit peinlichen oder anklagenden Fragen in die Enge drängen müssten: »Tun Sie mal so, als ob ... Warum haben Sie nicht schon längst ...?«

Die Befragung nach de Shazer läuft folgendermaßen ab.

Die Wunderfrage: Angenommen, es würde heute Nacht, während Sie schlafen, ein Wunder geschehen, und Ihr Problem wäre gelöst. Wie würden Sie das morgen früh merken? Was wäre anders? Wie wird Ihr Partner davon erfahren, ohne dass Sie ein Wort darüber zu ihm sagen?

Die Relevanz des Wunders: Was werden Sie jetzt tun oder lassen? Was wird an Ihnen selbst anders sein? Welche Unterschiede werden Sie in Ihrem Leben erfahren?

Der Beginn und der erste Schritt: Welche Person wird als Erste bemerken, dass sich etwas verändert hat? Was wird das erste Zeichen sein, das Ihnen sagt, dass sich hier etwas geändert hat? Was ist das erste kleinste Zeichen, das Sie auf die Veränderung hinweist?

Konkretes Verhalten: Woran genau werden Sie merken, dass Sie verändert sind? Was genau werden Sie dann anders machen? Was werden andere tun beziehungsweise anders machen?

Betonung positiver Handlungen: Was werden andere an dem bemerken, was Sie jetzt anders machen, nachdem das Problem nicht mehr existiert? Was wird stattdessen geschehen? Was werden Sie also stattdessen tun?

Kontextualisierung des Wunders: Wer wird die erste Person sein ..., was anders machen ..., am überraschtesten sein ...? Was wird die erste Person sehen oder hören ..., was wird sie sehen, was sie nicht für möglich gehalten hat? Wo werden Sie sein, wenn Sie das Wunder erstmals ganz an sich wahrnehmen werden? Woran werden die meisten Menschen überhaupt bemerken, dass das Wunder geschehen ist?

Übung

Bitte benennen Sie ein Problem, das Sie seit einiger Zeit haben, und bearbeiten Sie es schriftlich mit der Wunderfrage. Bitte kontextualisieren Sie das Wunder außerdem weiter mit anderen W-Fragen: Wie, wann, weshalb ...

Aktionsmethoden in der Beratung

In der systemischen Therapie und Beratung wird häufig mit Aufstellungen, kleineren Skulpturen und soziometrischen Grafiken (oder Aufstellung kleiner Figuren) gearbeitet. Die Grundlagen für diese Methoden stammen ursprünglich aus dem Psychodrama. Daher bringen wir Ihnen diese Methode beispielhaft etwas näher.

Unter dem Oberbegriff *Psychodrama* werden die drei Methoden subsumiert, die Jakob Levi Moreno (1989–1974) begründet hat:

- die *Soziometrie*,
- die *Gruppentherapie* und
- das *Psychodrama* selbst.

Die Arbeit Morenos wird heute der so genannten humanistischen Psychotherapie zugeordnet. Dies ist historisch und inhaltlich schwierig, da Morenos Arbeit auch systemische Wurzeln hat (oder solche Wurzeln geschaffen hat) und da seine Arbeitsweise den Vorstellungen vieler Systemtherapeuten entgegenkommt: Familien und andere Systeme werden aufgestellt, ins Handeln, Fühlen und Reden gebracht. Dabei wird aber keine Familienhistorie nachgestellt, sondern alte und neue Wirklichkeiten werden handelnd konstruiert, erprobt, getestet, um die eigene »Geschichte« anders und hilfreicher zu gestalten und um die Wahlmöglichkeiten im realen Handeln zu erweitern.

Morenos Studien zur Soziometrie, die sich mit dem Erkennen und Bewerten zwischenmenschlicher Beziehungen befassten, bildeten die Grundlage für seine allgemeinen Grundsätze zur Gruppentherapie. Er nahm jedoch auch Elemente späterer systemischer Gedanken oder der modernern Objektbeziehungstheorie der Psychoanalyse in sein Arbeiten auf. So glaubte er beispielsweise, dass menschliches Erkennen, Denken und Handeln sich an individuellen Erfahrungen ausrichtet, die in einem subjektiv empfundenen und gedeuteten sozialen Beziehungsgeflecht eingebettet sind. Er ging auch davon aus, dass Menschen schlecht zwischen inneren und äußeren Auslösern ihrer Empfindungen und Gedanken unterscheiden können und dass es daher heilsam sei, die inneren Bilder und Geflechte ihrer Beziehungen und Deutungen zu bearbeiten. Seine Hauptmethode bestand darin, diese inneren Beziehungssysteme und Deutungen zu externalisieren, sie auf eine »Bühne« zu holen und dort anschaulich zu machen: »Da es unmöglich ist, in die Seele des Menschen direkt einzudringen und das, was sich in ihr abspielt, zu erkennen und zu sehen, versucht das Psychodrama, den seelischen Gehalt des Individuums nach außen zu bringen und ihn im Rahmen einer greifbaren und kontrollierten Welt gegenständlich zu machen.« (Moreno 1959)

Das Erleben, Erfühlen und Mitteilen innerer Bilder, Beziehungen und Konflikte sei über verbale Kommunikation nur begrenzt möglich. Im Psychodrama werden innere und äußere Erlebnisse gestaltet und verbalisiert; so wird die *»Wahrheit der Seele«* erkannt (Diagnose) und die *»Seele vom Schmerz befreit«* (integrative Katharsis).

Menschliches Leben und Handeln ist nach *Moreno* an die aktive Übernahme von Rollen gebunden, nur dadurch könne ein Mensch sich selbst entfalten. Da er den Begriff der Rolle mit der Handlung, dem »aktiven Spielen«, verknüpft, ist seine Definition etwas weitreichender als der Rollenbegriff der Soziologie. Er ging über die Rolle als Verhaltens- und Einstellungskonserve hinaus. Seine Definition beinhaltet auch das Aufgehen in einer Rolle »im Hier und Jetzt, dem Selbst in actu«. Sein Rollenbegriff ist mit Aktion und Spontaneität verbunden, weshalb psychodramatische Verfahren häufig Aktionsmethoden oder erlebnisaktivierende Methoden genannt werden. Sie werden die Methode als »Rollenspiel« kennen. Das Rollenspiel ist aus dem Psychodrama entstanden. Es ist eine Minimalversion des ursprünglichen Verfahrens, gilt aber in der Beratung und dem Training von Gruppen und Teams als wichtiges Handwerkszeug.

Soziometrie und soziales Atom

Jakob Levi Moreno ging davon aus, dass Menschen ein subjektiv erlebtes und gedeutetes Beziehungsgeflecht in sich tragen, welches das Individuum in diese Welt einbettet. Zentrale Beziehungselemente in diesem Geflecht sind wichtige Bezugspersonen. Dabei spielt es keine Rolle, ob eine Bezugsperson tot oder lebendig ist.

Das Gedankengut Morenos hat Martin Buber stark beeinflusst und zu seinen Werk »Ich und Du« angeregt (erstmals 1923 erschienen): »Alles wirkliche Leben ist Begegnung ... Es gibt kein Ich an sich, sondern nur das Ich des Grundwortes Ich-Du oder Ich-Es.« (Es ist nicht das »Es« Freuds gemeint, sondern »Es« im Sinne von Welt.) Diese Grundhaltung prägte die Entwicklung der humanistischen Psychologie.

In seinem Verfahren der Soziometrie untersuchte Moreno unter anderem, wie intensiv Menschen diese Beziehungen erleben, ob sie sich zu den Beziehungselementen hingezogen, abgestoßen oder beispielsweise von ihnen abgetrennt erleben. Wesentlich ist auch, wie nah oder intensiv solche Beziehungselemente erlebt werden und welche persönlichen Konstrukte, Deutungen, Affekte und Hoffnungen darin erfahren werden. Er hat verschiedene Methoden entwickelt, die Fülle möglicher Beziehungsqualitäten darzustellen. Wir greifen hier lediglich eine grafische Variante heraus, die in der Beratung und Therapie sehr populär geworden ist. Dazu ein Beispiel:

Anleitung für eine soziometrische Grafik: Ein Klient wird aufgefordert, irgendwo auf einem leeren Blatt Papier ein einfaches Symbol für sich selbst zu zeichnen; beispielsweise einen Kreis, ein Viereck, ein Dreieck oder Ähnliches. Dann soll er die nächste Person (es kann aber auch ein Tier, ein wichtiges Hobby oder anderes sein), die ihm einfällt, mit einem Symbol auf dem Blatt festhalten, eine kleine »1« daneben dient als Nummerierung. Das Symbol soll der Klient dann beschriften. Es sollte die Person als Erste gezeichnet werden, die ihm auch als Erste einfällt, nicht die Person, die ihm am nächsten steht oder in einer Chronologie der Beziehungen folgt (also nicht: zuerst Mutter, dann Vater und so weiter). Durch die Entfernung von seinem eigenem Symbol kann er andeuten, wie nahe ihm die gezeichnete Person ist. Sein Symbol und das andere Symbol soll er nun mit einem Strich verbinden. Wenn die Beziehung intensiver ist, mit zwei Strichen, bei sehr intensiven Beziehungen mit drei Strichen. Ist die Beziehung eher negativ, schmerzlich oder unterbrochen, soll der Klient einen oder mehrere Querstriche auf diese Verbindungslinie zeichnen. Nun folgt die nächste Person, die dem Klienten einfällt.

Für diese Arbeit sollte der Klient etwa 15 Minuten erhalten. Der Klient wird neben seinem Symbol vermutlich 5 bis 15 andere Symbole gezeichnet haben und hat damit sein engstes Beziehungsgeflecht dargestellt. Dies nennen wir das *soziale Atom*.

Ein soziales Atom (Schemazeichnung)

Wir haben die Nummerierung und die Beschriftung in diesem Beispiel weggelassen. Der Klient hätte beispielsweise ausschließlich Kreise zeichnen können – aber auch Herzen oder andere Symbole. Die grafische Umsetzung hängt einerseits von der Arbeitsanweisung des Coachs ab, andererseits von der Kreativität des Klienten. Es sollten keine schönen soziometrischen Grafiken entstehen. Das soziale Atom ist ein grafisches Ausdrucksmittel unbewusster momentaner Beziehungskonstrukte. Es dient als Diagnosemittel und als Anlass für ein intensives Beratungs- oder Therapiegespräch.

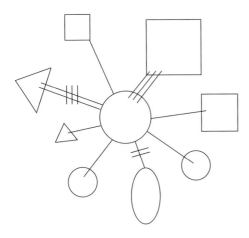

Das soziale Atom sollte im Zwiegespräch ausgewertet werden. Dieses Gespräch zeichnen Sie bitte mit einem Rekorder auf und weisen den Klienten darauf hin, dass er nicht zu schnell sprechen soll und auch nicht zu schnell von einer Person zur nächsten springen soll, da Sie den Mitschnitt später eventuell aufschreiben müssen. Fragen Sie zuerst die Reihenfolge ab (aber langsam, da Sie später vielleicht vom Rekorder mitschreiben müssen). Dann gehen Sie auf die einzelnen Personen ein und lassen sich beschreiben, warum die Symbole dicht oder entfernt vom eigenen Symbol sind, was ihre Form bedeutet, ihre Größe. Fragen Sie nach der Intensität und den Affekten in der Beziehung, nach der emotionalen und eventuell auch hierarchischen Stellung zum anderen. Fragen Sie, was die Beziehung ausmacht, wie die Geschichte der Beziehung ist, wie es weitergehen soll und wie die anderen auf dem Blatt das sehen würden. Andere Bearbeitungsmöglichkeiten: Wo steht das Symbol für den Klienten (in der Mitte, irgendwo am Rand, unten, oben)? Ist irgendwo eine Lücke, in der vielleicht eine wichtige Person fehlt? Gehen die Verbindungslinien in das Ich-Symbol hinein oder stoppen sie vorher? Werden einzelne Symbole nur über Umwege durch andere Symbole erreicht? Sind einzelne Symbole unvollständig gezeichnet oder sind dort Namen vergessen worden?... Sie werden später in der Arbeit mit Ihrem Klienten sehen, dass all dies eine tiefere Bedeutung haben kann (s. S. 377).

Es werden sich zahlreiche Konstrukte, Deutungen, Verbote, Regeln und Muster abzeichnen, die Sie dann mit dem Klienten zusammenfassen können, um daraus einen Fokus für die gemeinsame Arbeit zu bilden.

Das Psychodrama

Grundbegriffe des Psychodramas

Im Folgenden werden wir Ihnen einige Grundbegriffe des Psychodramas vorstellen, in denen wichtige Grundhaltungen und auch mögliche Arbeitsanweisungen der Methode enthalten sind. Es gibt allerdings nicht *das* Psychodrama, sondern bestenfalls zahlreiche Variationen und Möglichkeiten.

Surplusrealität: Die Surplusrealität ist eine konstruierte, subjektiv als wahr empfundene individuelle Realität. Sie enthält aber auch alle Vorstellungen und Möglichkeiten und weist nicht die üblichen (oft selbst auferlegten) Beschränkungen der Realität auf. Auch die Welt der Träume, Fantasien, Mythen, Märchen gehören hierzu und ist im Psychodrama zugänglich für den Klienten. Alles was in uns liegt, als unsere persönliche Geschichte, die alles beeinflusst was wir sind und wie wir mit uns und anderen in Beziehung stehen.

Doch die Surplusrealität hat noch einen anderen Aspekt: Wir sind uns selbst das größte Rätsel. Daher projizieren wir unsere innere Realität nach außen, in dem Versuch, einen besseren Blick auf sie zu haben. Wir schaffen uns ein Haus voller Spiegel und sehen uns selbst darin in der ganzen Vielfalt verzerrter Abbilder. Ein buddhistisches Sprichwort meint: Wer zu sehr in sich selbst nach seinem wahren Selbst sucht, wird sich in sich selbst verlieren. Wer jedoch sich selbst in den anderen sucht, wird sich darin finden.

Spontaneität hat nach Moreno drei Formen:

- die unangemessene Antwort auf einen äußeren oder inneren Umstand *(pathologische Spontaneität)*,
- eine *stereotype Spontaneität*, als angemessene und schnelle Antwort auf einen Umstand; jedoch in hergebrachter immer gleicher Weise. Sie wirkt oft aufgesetzt und unecht,
- eine *echte Spontaneität* als adäquate Antwort, die neue Möglichkeiten und Kreativität enthält. Diese Spontaneität ist jedem Menschen eigen, wird aber aus Angst, Rücksicht, Unwissenheit und Selbstbeschränkung oft nicht ausgelebt.

Katharsis: Dieses Wort hat im griechischen Schrifttum zahlreiche unterschiedliche Bedeutungen. Im Psychodrama gibt es zwei Grundtypen von Katharsis:

- Die *kathartische Abreaktion* ist das Ausleben eines aufgestauten Affektes (beispielsweise Wut, Trauer, Hass, Freude). Sie »macht viel her«, verändert aber oft wenig.
- Die *integrative Katharsis:* Sie führt zu einer Trennung von Vermischtem, zu neuer Klarheit, zu einem neuen Zusammenfügen, sie bringt »Klarheit« und integriert Gefühle, Gedanken (neue kognitive Konzepte) und Handlungen auf eine heilsame Weise.

Rolle: Rollen sind Muster des inneren und äußeren Verhaltens, die eine Person aus ihrer Lebenserfahrung entnimmt, um mit den Erfahrungen ihres Lebens (in ihrer Surplusrealität) zurechtzukommen. Gesunde Personen nehmen viele Rollen ein, und es fällt ihnen sehr leicht, von einer Rolle in ihre nächste Rolle zu wechseln. Ungesund ist es, wenn dieser Rollenwechsel nur noch erschwert möglich ist (to get stuck in a role) oder wenn die Rolle übermächtig wird und die Spontaneität und die Freiheit der Handlungswahl aufgehoben ist. Dann handeln wir keine Rollen mehr, sondern wir werden zu der Rolle.

Rollenentwicklung: Zunächst lernen wir eine Rolle (role taking), zum Beispiel durch Modelling (Lernen am Modell). Das Modelllernen ist eine der effektivsten Lehrformen. Später erproben wir neue Rollen (role-playing). Entscheidend ist dabei die Freiheit, die uns bei der Rollenerprobung gewährt wird und die Unterstützung durch Eltern und weitere Bezugspersonen. Nur wer ermutigt wird, ungewohnte Wege zu gehen, kann sich selbst entdecken und seine Spontaneität entfalten. Schließlich formen wir die Rollen nach unseren Vorstellungen um oder wir schaffen aus verschiedenen Mustern neue Rollen (role creation). Eine besondere Rollenentwicklung findet in so genannten Überlebensrollen statt (survival roles). Diese Rollen werden angenommen, um das Überleben zu sichern (zum Beispiel als kindliches Gewaltopfer). Sie führen ein Eigenleben und spielen ihr Skript immer und immer wieder, bis sie die Persönlichkeit eines Menschen verformen.

Tele: Ist die einfachste Art des »Fühlens« zwischen zwei Personen. Es ist eine Zweiwege-Empathie, die das unbewusste Verstehen zwischen zwei Menschen oder einer Gruppe ermöglicht. In der psychodramatischen Arbeit kommt Tele nur zustande, wenn die Gruppenmitglieder oder Partner bereit sind Hilfsrollen (andere Personen) zu spielen. Sie müssen sich auch mit ihren Emotionen und Gedanken zumindest so sehr in die Rolle hineinbegeben, bis sie der Surplusrealität des Protagonisten (die Person, die ihr Spiel inszeniert) entspricht.

Handlungsstreben: Der Wunsch, die innere Realität kennen zu lernen und in eine äußere Handlung (Sprache, Bewegung, Emotionsäußerung und anderes) zu verwandeln: »The wish that spirit be made flesh.« Dies schließt auch den Wunsch mit ein, Unerledigtes zu erledigen und Angefangenes zu beenden. Das Handlungsstreben ist vitaler und tiefgreifender als der Wunsch nach Spaß, Ablenkung, ständiger Ruhe.

Unerledigtes: nicht Gelöstes, Erfahrungen, die ein offenes Ende hatten. Bewegungen, die gestoppt werden mussten – all dies tragen wir als »offene Rechnungen und Ballast« (unfinished business, open tension system) mit uns herum. Wenn eine Situation im Denken, Fühlen und Handeln beendet werden kann, findet das Bedürfnis Befriedigung, und der Geist wird ruhiger.

Autopoesis: Was wir tun (das ist Denken, Fühlen, Handeln, Spüren: »da sein«) ist durch unsere Vorstellung von der Umgebung und unserer Stellung darin beeinflusst und gelenkt. Viele unserer Reaktionen sollen die Balance unseres inneren Systems sichern und dienen dem Überleben in unserer wahrgenommenen Umwelt. Auf dieses Weise schafft sich ein Klient eine Welt nach seinen inneren Beziehungserfahrungen selbst.

Konkretisieren: Das tatsächliche Handeln bietet dem Protagonisten (Hauptperson, Klient, Patient, Themengeber) die Möglichkeit, den inneren Beobachter beiseite zu lassen und das Erleben erfahrbar zu machen. Dabei werden viel mehr Bilder, Gefühle, Körpererinnerungen, Gedanken »erinnert« als beim Sprechen oder Imaginieren allein. Der Protagonist bekommt das Gefühl, dass sein inneres Erleben überschaubarer und umgänglicher wird. Handlungen und Gedanken sowie Körpergefühle und Emotionen werden nachvollziehbar und erfahrbar gemacht:

Psychodramatische Trance: In einem guten Psychodrama wird das »als ob« zu einem tatsächlichen Erleben. Die Selbstbeobachtung wandelt sich in ein Selbsterleben, und das Herauserzählen wird zu einem Heraushandeln. Auch die »Zuschauer« werden durch eine starke Identifikation und innere Beteiligung in das Spiel hineingezogen. In der Einzel- und Gruppenarbeit können außerdem Imaginationsübungen (ähnlich wie in der Hypnotherapie oder auch dem katathymen Bilderleben) genutzt werden, oder die Arbeit wird bewusst mit »archetypischen« Themen (zum Beispiel in Form von Märchenarbeit) durchgeführt. All diese Techniken erlauben ein »De-Hypnotisieren« aus einer festgefahrenen selbst konstruierten »Alltagstrance«.

Der Protagonist ist der Problemsteller, Autor, Hauptdarsteller, Klient des Spiels. Er wählt das Thema und setzt es mit Hilfe des Spielleiters (Leiters, Coachs, Supervisors, Therapeuten) in Szene. Der Protagonist ist dafür verantwortlich, dass das Spiel wahr bleibt und sich an seiner wirklichen inneren Realität orientiert.

Die Bühne ist vom übrigen Raum getrennt: gedanklich, durch eine Schnur oder auf andere Weise. Die Bühne ist nicht nur der physische Raum. Sie ist Vorstellungswelt und erlaubt Zeitreisen, Fantasien, Rollenvielfalt, schöpferische Selbstverwirklichung und vielfältige Perspektivenwechsel.

Der Spielleiter ist verantwortlich für das Zustandekommen und die Koordination des Spiels. In allen Spielphasen (beispielsweise: Warming up, Protagonistenwahl, Bühnenaufbau, Rollenwahl, Hilfs-Ich-Wahl, Spiel, Sharing) übernimmt er die Anleitung und unterstützt den Protagonisten und die Gruppe.

Mitspieler ermöglichen eine besondere Erfahrung: Die Welt ist keine Erweiterung unseres Selbst. Die Mitspieler verkörpern die Personen, die der Protagonist für die Szene gewählt hat. Dadurch, dass der Protagonist dann in diese Personen tauscht/wechselt, erfährt er deren Gefühle, Gedanken und erkennt, dass ihr Verhalten nicht ausschließlich auf ihn bezogen war oder ist und dass es eine Welt gibt, die einerseits komplett vom ihm getrennt existiert und andererseits immer mit ihm verbunden bleibt. Diese klärende Erfahrung rückt viele alte Gedanken und Gefühle in ein neues Licht und ermöglicht neue Erfahrungen.

Als *Hilfs-Ich* kann ein Mitspieler den Protagonisten begleiten und doppeln.

Das Doppel (Doppeln): Als Kleinkinder haben wir alle Phasen durchlebt, in denen wir bereits versuchten, selbstständig zu sein, voller Energie und Erkundungsdrang. Gleichzeitig war jedoch noch die Vorstellung oder das Gefühl vorhanden, als wären die Eltern eine wirkliche Verlängerung eines selbst, als gehörten sie zu einem selbst. Wie die Eltern unser Handeln damals kommentierten, klingt daher oft noch nach (wie bei der »Waschmittelfrau« – einem Motiv aus den TV-Spots der 70er-Jahre). Diese kommentierenden Stimmen können werten, ermutigen, können Gefühltes und Unausgesprochenes in Worte kleiden. Der Leiter (oder ein Hilfs-Ich) kann mit der Technik des Doppelns Halbbewusstes oder Zurückgehaltenes in »Ich-Form« für den Protagonisten aussprechen und ihm so den Zugang zu seinem wahren Ich oder Kern ermöglichen. Dabei muss er sich sehr mit Interpretationen zurückhalten und sein Doppeln als »Angebot« sehen. Er fragt daher oft nach: »Ist das so? Sind wir auf dem richtigen Weg?«

Doppeln geschieht in der »Ich-Form«, dabei wird immer nachgefragt oder offen gelassen, ob es passt beziehungsweise stimmig ist! Weiter unten geben wir Ihnen ein Beispiel. Einige Möglichkeiten des Doppelns sind:

- Einfaches Doppel: Unausgesprochenes erwähnen.
- Klärendes Doppel: nahe liegende innere Erkenntnisse aussprechen.
- Aufdeckendes Doppel: Unbewusstes bewusst machen.
- Konfrontierendes Doppel: Unvereinbarkeiten oder Widersprüche aussprechen.

Der Spiegel (Spiegeln) liefert Informationen von draußen. Diese Informationen müssen nicht mit dem inneren Erleben übereinstimmen. Ein gutes Beispiel ist unsere eigene Ansage auf dem Anrufbeantworter oder eine Videoaufzeichnung unserer Beratungsarbeit. Oft sind wir mit dem Gehörten oder Gesehenen nicht einverstanden und empfinden die Wahrnehmung als verzerrt oder fremd. Diese klärende Erfahrung kann ebenso im Psychodrama gemacht werden, wenn andere Personen »einen selbst« (den Protagonisten) spielen – so wie sie den Protagonisten wahrnehmen. Der Spiegel ermöglicht es auch, dass ängstliche Protagonisten aus dem Spiel heraustreten, wenn sie zu sehr befürchten, sich selbst zu spielen und an zu starke eigene Gefühle zu gelangen.

Rollenwechsel (Tauschen, Wechseln) ist das wichtigste Element im Psychodrama. Dabei tritt der Protagonist oder ein Mitspieler bewusst in das »Herz und die Augen« einer anderen Person ein und nimmt die Welt aus deren Perspektive war. Es ist eine Reise oder besser ein neugieriger Besuch im Universum eines anderen Menschen. Dem Protagonisten oder Mitspieler ist jederzeit klar, dass es ein Wechsel auf Zeit ist. Der Rollenwechsel verbessert das Verständnis für die Menschen, die in uns und um uns wichtige Rollen einnehmen, und er ermöglicht dem Protagonisten, sich selbst aus einer anderen Perspektive wahrzunehmen. Rollenwechsel ist mehr und unterscheidet sich auch von »Empathie« oder »Verständnis«, da es ein echtes Miterleben (Mithandeln) wird.

Die Soziometrie erkundet die Rollen, welche wir in verschiedenen Situationen des Lebens einnehmen und erkundet das Verhalten, welches wir darin ausüben. Sie erforscht unser inneres System der Welt, die Art, wie wir unseren Bezug zu Menschen, Dingen, Erfahrungen geordnet haben (durch Gefühl, Sinne, Denken, Handlung). Sie erforscht gleichfalls die unvermeidbaren Prozesse von Übertragung und Projektion in einer Gruppe. Im Psychodrama soll der Klient in seinem ganzen soziometrischen Kontext gesehen werden: in seiner inneren und äußeren Realität und Beziehungswahrnehmung und -gestaltung. Dazu gehören Gefühle des Angezogenseins, der Ablehnung, der Zugehörigkeit, der Enttäuschung und vieles andere mehr.

Aktionssoziogramm: Eine häufig angewandte Methode der Soziometrie ist das Aktionssoziogramm. Einige Beispiele sollen es verdeutlichen:

- *Soziometrische Wahl:* Gruppenmitglieder können gebeten werden, die Person, die sie als Protagonisten spielen sehen möchten, die Hand auf die Schulter zu legen oder sich hinter sie zu stellen.
- *Einteilen:* Gruppenmitglieder können sich in die eine oder andere Ecke des Raumes stellen, die zu einer bestimmten Frage ein »Ja« oder »Nein« repräsentiert.
- *Spektrogramm oder Skalieren:* Gruppenmitglieder können sich auf einer Skala von 1–10 aufstellen, die als »Barometer« für ein Gefühl oder als Maßstab für eine andere Frage gewählt wird.

Das soziale Atom: Es ist eine soziometrische Methode, in der ein Diagramm oder eine Skizze die wichtigsten Bezugspersonen oder -wesen darstellt und den emotionalen Bezug zu ihnen (der Kern unserer inneren Beziehungswelt). Häufig wird für eine Frau ein Kreis empfohlen, für einen Mann ein Dreieck, für geschlechtslose Wesenheiten ein Quadrat. Die Symbole werden mit einem Selbstsymbol verbunden. Durch die Art der Verbindungsstriche wird die Qualität der emotionalen Beziehung angegeben. Durch die Größe der Symbole und ihren Abstand zum Selbstsymbol wird die Stärke der Beziehungsemotion angegeben (s. S. 372 f.).

Verschiedene soziale Atome: Das soziale Atom kann sich auf folgende Bereiche beziehen (je nach Anleitung des Coachs, Leiters):

- das »psychologische soziale Atom« (die Personen, zu denen momentan eine stärkere emotionale Bindung besteht),
- das individuelle soziale Atom oder das kleine Atom (die kleinste Personengruppe, die wir brauchen, um in Balance zu bleiben),
- das kollektive soziale Atom (die kleinste Anzahl von Gruppen, die wir benötigen, um in Balance zu bleiben),
- die guten Bekannten,
- die »aus den Augen Verlorenen«,
- die Ursprungsfamilie (jetzt oder aus Kinderperspektive),
- Entwicklungsstufenatom,
- Essensatom,
- Sexatom,
- Substanzatom (Alkohol, Drogen und Ähnliches),
- Medikationsatom (Substanzen, die zu einem guten Lebensgefühl benötigt werden),
- Cross-cultural-Atom,
- Adoptionsatom,
- Elternatom,
- Atom der Elternkindheit,
- Atom der Großelternkindheit,
- ein reines leuchtendes Atom,
- ein Wunschatom,
- ein Fantasieatom,
- ein Generationenatom.

Bei der Auswertung des sozialen Atoms wird auch auf die Reihenfolge eingegangen, in der der Zeichner seine Symbole angeordnet hat.

> **Info**
>
> **Auswertungstipps**
>
> Wenn Symbole ausradiert oder verändert wurden, weist das auf Unklarheiten, Angst oder unerledigte Geschäfte hin. Große oder vom Selbstsymbol weit entfernte Symbole haben häufig etwas mit Autoritätskonflikten und Angst zu tun. Sehr große (aufgeblähte) Selbstsymbole zeigen oft die Befürchtung eines Selbstverlustes. Kleine und nahe Symbole repräsentieren gelegentlich negative Übertragungen oder konkurrierende Geschwister. Überlappungen von Symbolen weisen auf ungenügende Differenzierung oder Abgrenzung hin. Horizontale oder Rechts-Links-Unterteilungen (bisections) geben oft Aufschluss über Vergangenheit und Zukunft, Männer und Frauen, Gutes und Schlechtes oder anderes. Finden sich Hinweise auf Ausgespartes oder Vergessenes? Wirken Linien oder Symbole diffus, krakelig?
> Die Auswertung kann 30 bis 120 Minuten dauern und bezieht fast immer systemische und tiefenpsychologische Aspekte mit ein.

Das soziale Atom kann im Laufe einer Beratung oder Therapie öfter gezeichnet werden und gibt im Laufe von Wochen Aufschluss über wichtige Entwicklungsprozesse oder über veränderte Sicht- und Erbensweisen.

Soziales Atom in Aktion: Es konkretisiert das schriftliche soziale Atom und holt die Figuren des Protagonisten auf die Bühne.

Erwärmen: Es kann sich um Diskutieren, Erzählen oder um Körperübungen handeln. Alles, was zur Einstimmung auf eine gute gemeinsame Arbeit dienlich ist, kann als Warm-up genutzt werden. Das Aufwärmen soll den Protagonisten und die Gruppe auf das Hier und Jetzt einstimmen und soll ermöglichen, dass ein falsches Selbst für kurze Zeit Urlaub machen darf, damit der Protagonist fühlen kann, woran er arbeiten möchte oder muss, und damit er spüren kann, wie tief die Arbeit gehen sollte.

Das Spiel: siehe das umfangreiche Beispiel auf Seite 380 ff.: »Psychodrama als systemische Methode?« Das Spiel kann als kleine Fall-Vignette einzelne Elemente aus einem Gesamtzusammenhang herausgreifen. Dann dauert es oft nur wenige Minuten. Oder es kann als großes Aktionssoziogramm beginnen und dauert dann oft 90 bis 160 Minuten. Oder es wird nur ein Gefühl oder eine Beziehung als kleine Skulptur aufgestellt (eingefrorenes oft symbolhaftes oder karikierendes Szenenbild mit einer oder mehreren Personen).

Soliloquy: Manchmal braucht der Protagonist im Psychodrama die Gelegenheit, sich neben das Spiel zu stellen oder das Spiel kurz zu unterbrechen und durch es hindurchzugehen, um seinen Gedanken freien Lauf zu lassen und sich dann in der ersten Person von der Seele zu reden, was ihn gerade bewegt. In Deutschland sagt man meist: »Lassen sie uns einmal zur Seite gehen und auf das schauen, was da ist ... Was geht Ihnen so durch den Kopf?«

Die Abschlussrunde (sharing): In der Abschlussrunde können die Mitspieler und Zuschauer ihre Gefühle und Gedanken äußern, die das Spiel in ihnen geweckt hat. Die Äußerungen sollten nicht das Spiel kommentieren oder dem Protagonisten Rat und Trost geben. Im Sharing werden Gefühle und Gedanken geäußert, die durch den Prozess der Identifikation »hochkamen«: »Was da aus meinem eigenen Leben in mir geweckt wurde und plötzlich hochkam, war ...« Es handelt sich also nicht um eine »normale« Feedback- oder Ratgeberrunde. Durch den Prozess der Identifikation liegt in jedem Spiel für alle Teilnehmer und für die Zuschauer genügend Potenzial, um Wachstum oder Heilung anzuregen.

Interview: Der Leiter spricht mit dem Protagonisten, wenn dieser in seiner eigenen Rolle ist oder mit dem Protagonisten, wenn der in die Rolle eines Mitspielers getauscht hat. So kann er auch die internalisierten Objekte und Beziehungsgestalten des Protagonisten kennen lernen und auf diese Weise auch dem Protagonisten zu einem ganz neuen Verständnis seiner inneren Objekte (seiner Konstrukte bezüglich der Beziehung zu den anderen) verhelfen. Der Leiter stellt einfache Verständnisfragen (die haben enorme Kraft!), bis er und der Protagonist verstehen, was die einzelnen Personen im Spiel wirklich sagen oder meinen (ohne Interpretation oder Wertung). In seinem Interview kann er von Problemen zu Zielen wechseln, von Zielen zu Ressourcen oder umgekehrt. Oder er vertieft Gefühle oder kühlt sie bei Bedarf wieder ab.

Der Leiter führt den Protagonisten behutsam über die »Kochplatten von Martina Schmidt-Tanger« Problem – Ressource – Ziel und durch die Dimensionen Körper – Kognition – Emotion – Handlung. Dabei reguliert er immer wieder die Temperatur.

- *Erhitzen:* Fragen, die dicht an die Abwehr oder den Seinskern führen (oder an Grundthemen von Scham, Schuld, Verlustangst und anderes) und Assoziation fördern.
- *Abkühlen:* Fragen, die vom Klienten weg zu Generalisierungen, Dissoziation oder zu anderen führen.

Monodrama: Im Monodrama spielt der Leiter mit dem Klienten und einem oder mehreren leeren Stühlen (übrigens: Fritz Perls hat sich den »leeren Stuhl« der Gestalttherapie in Seminaren bei Moreno abgeschaut). Diese Form des Psychodramas ist sehr wirkungsvoll und bringt oft viel Bewegung in die Einzelarbeit mit Klienten. Der leere Stuhl kann Eltern repräsentieren, Arbeitskollegen, Geliebte, den Klienten zu verschiedenen Zeiten (als Kind, Jugendlicher, ohne »das Problem«, den Klienten nach der »Heilung«, in drei Jahren, ein Organ, ein Symptom ...).

Das Autodrama ist eine Sonderform des Monodramas, das der Protagonist ohne (oder nur mit sehr geringer Unterstützung) des Leiters spielt. Der Protagonist kann dabei selbst die Tiefe und die Themen wählen. Das nimmt gelegentlich die Angst, vom Leiter in eine bestimmte Richtung gedrängt zu werden, konfrontiert zu werden oder etwas aufdecken zu müssen, das noch nicht reif dafür ist. Eine Autodrama ist eine Art »Selbstgespräch« in mehreren Rollen.

Wichtige Regeln, um nicht zu verletzen sind:

- Versuchen Sie nie, das Thema des Klienten in eine Richtung zu lenken oder Ihre Handlungsidee oder Ihre Lösungsvorstellung vorzuschreiben (»do never prescript the clients material ...« Moreno). Fragen Sie häufig: »Sind wir da auf der richtigen Fährte? Fühlt sich das okay an ...?« Im Psychodrama geht es nicht um wahre Wahrheiten oder Regeln, sondern um subjektive Wahrheiten und um neue Erfahrungen und Wahlmöglichkeiten. Es geht auch nicht um die Sichtweise oder die theoretischen Überzeugungen des Leiters.
- Nutzen Sie niemals Schocktechniken: »Werfen« Sie den Klienten nie in Situationen, Gefühle oder Bilder, die er nicht selbst in seinem Tempo entwickeln konnte und auf seine Weise.
- Stellen Sie nicht eine traumatische Vergangenheit wieder »realistisch« her. Einzelne Elemente einer solchen Vergangenheit können natürlich im Hier und Jetzt bearbeitet werden, wenn eine vertrauensvolle und tragende Basis dafür geschaffen wurde. Das Trauma sollte aber niemals im Da und Dort der Vergangenheit real nachgespielt werden.
- Erlauben Sie viel Zeit für Sharing!
- Machen Sie niemals Therapie (Heilung oder Heilsversprechen), wenn Sie dazu nicht ausgebildet sind und keine staatliche Erlaubnis haben! Es wäre unseriös, anmaßend, und es ist eine Straftat.

»Papierarbeit«: Im Psychodrama wird auch die Technik des Briefeschreibens genutzt, um innere Objekte anzusprechen, mit denen man offene Rechnungen hat: wenn man etwas nie bekommen hat, etwas nie gegeben hat.

Beispiele für solche Briefe sind die folgenden, die man an andere richten kann oder die man von anderen bekommt. Diese Briefe werden nie abgeschickt:

Um Vergebung bei anderen bitten. Sich selbst vergeben. Ärger ausdrücken. Brief von anderen, die Ärger über einen ausdrücken. Brief von jemanden, den man verletzt hat. Jemanden von seinem Schmerz erzählen. Brief an Großeltern oder an Verstorbene. Der Wunsch, sich wieder zu sehen oder neu anzufangen. Ein Brief an die eigene Krankheit ...

Briefe helfen Klienten zu verstehen, zu vergeben und Dinge gehen zu lassen.

Psychodrama-Themen (»Spiele«)

Wozu Psychodrama-Spiele? Die Hindus sagen, dass alle geistigen Impressionen, *Samsaras,* Spuren in uns hinterlassen haben, die als Körper-Geist-Erfahrung gespeichert sind. Zu jeder Impression gibt es ein Umfeld aus sinnlichen, emotionalen, gedanklichen und

szenischen Erfahrungen und Beziehungserfahrungen, die alle mit der Impression unauflöslich verwoben sind. Wir können jeden Teil dieser gespeicherten Impression berühren und gelangen so zu vielen Türen, hinter denen sich einzelne Aspekte der Impression bewahren. Im Psychodrama werden einige dieser Teile berührt und bewegt, um die Gesamtheit von Denken, Fühlen, Handeln und Körper wieder erfahrbar zu machen. Diese alten Anschauungen finden in der modernen Neuro-Psychologie übrigens ihre Bestätigung (s. S. 31, 166 u. S. 571 ff.).
Beispiele für Psychodrama-Themen (Spiele) sind folgende.

Persönlichkeitsbildung, Selbstklärung, inneres Wachstum, Selbstsicherheit: Der Geist (die Atmosphäre) meines Elternhauses. Regeln der Familie. Unbewusste Familienbotschaften. Übernommene Gefühle. Versteckte Schatten der Familie. Bindungen in der Familie. Vereinbarungen in der Familie. Wenn die Möbel erzählen könnten. Den Untertitel und das Kleingedruckte zeigen. Die Eltern in mir. Verluste der Familie. Die guten Botschaften von damals. Eigene Stärken und Fähigkeiten. Gott, Glauben und Gläubigkeit in der Familie. Die Kindheit der Eltern. Die Kindheit der Vorfahren. Die Geschichte des eigenen Namens. Ich als Baby. Mein Leben ohne jede Freiheit. Mein Leben in größtmöglicher Freiheit. Mein Leben in wahrer Verantwortung. Der Zoo, in dem ich als Tier lebe. Das Gewächshaus, in dem ich als Pflanze lebe. Die Geschwister. Das Traurigkeitsbarometer. Lebewohl sagen. Die Toten und Vermissten. Die eigenen Begrenzungen. Fehlgeburten und frühe Verluste. Trennung von Krankheit und Person. Große Wunden der Kindheit. Stufen des Größerwerdens. Das leere Nest. Die Bedürfnisse. Was darf ich wissen (kann ich glauben, soll ich tun)? Autoritäten. Neid und Missgunst in mir und um mich. Das Boot hier, mit den anderen. Das Boot meines Lebens. Die neue Firma. Das fantasierte Kind. Die Furcht der Eltern. Mobbingopferfähigkeiten. Depressionen heute und damals. Sich hinter einer Rolle verstecken. Das narzisstische (oder: schizoide, depressive, zwanghafte, phobische, hysterische) in mir. Abhängigkeiten und Trauma (Dutzende Einzelspiele!). Und vieles mehr.

Business: Der Personenüberblick am Arbeitsplatz. Die Aufgaben bei der Arbeit. Arbeitsatom. Was steht dem Erfolg im Weg? Ist-Zustände und Symptome. Zielzustände und Zielfallen. SPEZI-Flexibel-Zielarbeit: Sinnlich konkret, positiv ausgedrückt (in Szene gesetzt), Eigenerreichbarkeit (selbst erreichbar im Team), Zusammenhang wahrend (auf den Kontext abgestimmt und auf die spezifischen Rollen), Intention erhaltend (die Kernbotschaft durch die Zukunft tragen und in das Ziel einbauen), Flexibel bleiben auf dem Weg zum Ziel (achtsam bleiben für die Auswirkungen). Phasen zum Ziel (Ideen, Auswahl, Konzept, Aktion). Metaprogramm-Balance. Balanced Scorecard. Teamidentität (Logical Level Alignement: Werte und Glauben, Fähigkeiten und Strategien, Verhalten, Umfeld; siehe das Modell von Dilts auf Seite 106). Vision und Mission. Das Boot geht unter. Und vieles andere mehr.

Psychodrama in Aktion

Anhand eines kleinen Beispiels verdeutlichen wir Ihnen einige Elemente des Psychodramas. Dieses Psychodramabeispiel ist gekürzt und vereinfacht dargestellt. In diesem Beispiel werden die Mitspieler nicht spontan »aus der Rolle heraus« reden. Das wäre jedoch auch möglich.

Setting: In der privaten Bildungseinrichtung einer Kleinstadt trifft sich eine Gruppe von zwölf Führungspersonen, um ein Selbsterfahrungstraining mit Rollenspielmethoden zu absolvieren.

Begrüßung: Der Übungsleiter begrüßt die Gruppe. Jeder Teilnehmer stellt sich und seine Erwartungen an das Seminar kurz vor. Einige äußern Ängste oder Ablehnungen bezüglich der Rollenspielmethode. Die Gruppe einigt sich daher darauf, dass es bei der Arbeit auch um private und emotionale Themen gehen darf und dass sich jeder unbedingt zum Stillschweigen nach außen hin verpflichtet.

Warming-up: Jetzt folgt noch einmal eine Phase des näheren Kennenlernens (Interviews in Zweiergruppen). Die Teilnehmer stellen sich gegenseitig vor, wobei sie hinter den Stuhl ihres jeweiligen Interviewpartners treten und den Partner in der Ich-Form vorstellen. Dies ist ein erster *Rollenwechsel*. Der Leiter fragt die vorstellende Person (die ja nun eine andere Person spielt) nach einigen Besonderheiten, die im gegenseitigen Interview vermutlich nicht besprochen worden waren: »*Welchen Pudding essen Sie am liebsten?*« Dabei wird der Vorstellende vermutlich seinen Interview-Partner ansehen und ihn fragen. Dies unterbindet der Leiter: »*Nein, ich meine doch Sie. Sie müssen doch wissen, welchen Pudding Sie essen!*« Auf diese Weise verstehen die Gruppenmitglieder langsam, dass sie in ihrer Rolle bleiben sollen und spontan und empathisch antworten dürfen. Nach der Vorstellungsrunde erfolgt ein kurzer Austausch darüber, wie gut sich die Vorgestellten durch die Vorsteller vertreten gefühlt haben; dabei sind die spontanen Nachfragen (Pudding, Urlaub, Lieblingskleid) besonders interessant.

Anschließend bittet der Leiter die Gruppe, im Raum umherzugehen, lässt die Gruppe kleinere Übungen machen (zum Beispiel mit dem Finger auf Besonderheiten der anderen zu zeigen) und erklärt dabei Grundregeln des Psychodramas.

Themenwahl und Protagonistenwahl: Danach bittet der Leiter die Mitglieder, jeder möge sein Thema kurz vorstellen. Nun können die Mitglieder ihr Thema wählen, indem jeder »seinem Protagonisten« (also seinem gewählten Thema) die Hand auf die Schulter legt. Die Person mit den meisten Händen auf der Schulter darf anschließend auf die Bühne treten; ihr gehört dann die Bühne. Bei dieser Wahlmethode handelt es sich um ein soziometrisches Verfahren, welches Moreno anwandte. Diese Methode funktioniert auch, wenn niemand ein Thema nennt. Dann müsste der Leiter die Gruppe wie folgt instruieren: »*Wählen Sie eine Person, die Sie heute im Spiel unterstützen möchten und von der Sie annehmen, dass sie heute auch etwas bearbeiten kann, das für Sie wichtig ist.*«

Bühnenaufbau und Rollenverteilung: Der Protagonist kann nun bestimmen, wo die Bühne sein soll und wo die Zuschauer sitzen. Er nennt noch einmal sein Hauptanliegen (meist Thema genannt), welches er in der gemeinsamen Arbeit klären möchte. Anschließend sucht er sich einen Platz auf der Bühne. Es ist für ihn bequemer, wenn er sich an diesen Platz einen Stuhl stellen kann. Anschließend wählt er nacheinander seine Mitspieler aus und positioniert deren Stühle auf der Bühne. Diese repräsentieren zum Beispiel Vater, Mutter, Chef, Mann, Frau, Kinder, Kollegen. Dabei wird der Protagonist instruiert, dass er Mitspieler nicht nach Ähnlichkeiten auswählen soll, sondern indem er erspürt, wer ihn in der Rolle heute am besten unterstützen kann.

Rolleneinführung: Er soll diese Person dann auf die Bühne holen (Hilfs-Ich) und sie in ihre Rolle einführen: »*Du bist Herr X. Du bist 45 Jahre alt und mein Chef, und du bist sehr ehrgeizig und rücksichtslos.*« Anschließend gibt er dieser Person einen Platz auf der Bühne und holt die nächste Person. Dies geschieht so lange, bis alle relevanten Personen auf der Bühne ihren Platz haben. In diesem Beispiel sitzen alle Personen auf einem Stuhl. Der Protagonist kann nochmals überprüfen, ob alle Personen den richtigen Abstand zu ihm haben, richtig sitzen, richtig blicken. Er darf die Mitspieler nochmals instruieren: »*Chef, du musst selbstbewusster sitzen und grimmiger blicken. Mutter, du musst*

an diese Stelle hier rücken und die Beine übereinander schlagen.«
Spiel: Der Leiter bittet nun den Protagonisten zu überlegen, welcher Person er zuerst etwas sagen möchte. Der Protagonist spricht zu seinem Chef: »*Ich finde Ihre Entscheidungen schwierig, und ich kann vieles nicht nachvollziehen.*« Der Leiter steht dabei neben dem Protagonisten und murmelt spontan: »*Und ich habe Angst vor dir.*«
Dies ist ein *Doppeln*, wodurch unausgesprochene Gedanken und Gefühle des Protagonisten in Ich-Form ausgedrückt werden.
Das *Doppeln* geschieht in der Regel nicht gleich nach der ersten Äußerung des Protagonisten, da zuerst Spielrapport aufgebaut wird, bevor Störungen eingeführt werden. Durch ein Doppeln wird der Protagonist in unserem Beispiel an die affektiven Anteile seiner Beziehung zum Chef erinnert. Der Protagonist stutzt kurz und sagt dann zum Chef: »*Ja, ich habe eine Mordsangst vor dir, weil ich dich nicht durchschauen kann.*« Der Leiter sagt darauf: »*Wechseln* (oder *tauschen)!*« und setzt auch seinen Körper ein, um diese Wechselaufforderung zu unterstreichen. Protagonist und Chef tauschen daraufhin die Plätze. Die Person, die nun auf dem Protagonistenstuhl sitzt (sie war vorher der Chef), wiederholt den Satz zum (jetzt neuen) Chef: »*Ich habe eine Mordsangst vor dir.*« Der Chef (der Protagonist, der jetzt aus der Perspektive des Chefs redet) antwortet: »*Das weiß ich. Irgendwie genieße ich das auch, aber das habe ich eigentlich mit meinem Verhalten nicht erreichen wollen.*« Nach ein oder zwei Sätzen sagt der Leiter wieder: »*Tauschen!*« Jetzt wiederholt der Chef diesen Satz noch einmal, und der Protagonist, der jetzt wieder in seiner ursprünglichen Rolle ist, lässt die Antwort des Chefs (eigentlich ja seine eigene) auf sich wirken und antwortet wiederum. Gelegentlich wird er dabei wieder vom Leiter gedoppelt, um affektive oder unausgesprochene Perspektiven ans Licht zu holen. Nach einigen Wechseln fordert der Leiter den Protagonisten dann auf: »*Nun wechseln Sie bitte mit Ihrem Vater* (oder mit einer anderen Person)!« Wenn der Protagonist auf dem Vaterstuhl sitzt, spricht der Leiter ihn an: »*Sie sind ja sein Vater und haben ihn erzogen. Was denken Sie eigentlich darüber, wie richtige Jungs sein sollten? Sagen Sie das mal Ihrem Sohn!*« Sie könnten den Vater auch etwas ganz anderes sagen lassen. Das hängt von Ihrer Strategie ab. In diesem Fall ist es eine Selbsterfahrung und kann dadurch schnell emotionale Tiefe erreichen. Der Protagonist wird daraufhin (aus der Rolle des Vaters) zu seinem Stellvertreter (der vorher der Vater war) etwas sagen. Dann lässt der Leiter wieder mehrfach mit dem Vater tauschen und bittet nach einiger Zeit, mit einer anderen Person zu wechseln. Das Doppeln, das Ansprechen oder Provozieren der »anderen Personen« (wie hier des Vaters) und die Reihenfolge des Wechselns erfolgen nach einer beraterischen oder therapeutischen Strategie. Das Ziel ist es, dem Protagonisten zu mehr affektiver Einsicht und zu einem größeren und variableren Handlungsrepertoire zu verhelfen. Die Gefühle, Einsichten und Handlungen sollen in der Hilfswelt erlebt und gehandelt werden und nicht nur gedacht werden. Höhepunkte des Spiels, die dieses Ziel verwirklichen, ermöglichen dem Protagonisten eine *integrative Katharsis* (s. S. 374). Eine integrative Katharsis pro Spiel ist ausreichend.
Das Verabschieden aus den Rollen: Nach dem Spiel bittet der Leiter den Protagonisten, alle Mitspieler aus ihren Rollen zu entlassen. Dabei sagt der Protagonist: »*Du bist jetzt nicht mehr der Chef, du bist jetzt wieder Herr X! Vielen Dank.*« Herr X wischt dann den Stuhl ab, auf dem er gerade gesessen hat, und streift so symbolisch die Rolle von sich und dem Stuhl wieder ab.
Das Sharing ist die folgende Feedbackrunde. Der Protagonist darf sich dabei zunächst zurücklehnen, während die Mitspieler berichten, welche Grunderfahrungen ihres eigenen Lebens sie in den Szenen gesehen haben. Dabei sollte es sich um Ich-Botschaften handeln oder um Selbstoffenbarungen beziehungsweise Selbstkundgaben. Nur in Aus-

nahmefällen sind Du-Botschaften (zum Beispiel Ratschläge) oder weitere Fragen erlaubt. Auch abwertende Kommentare zur Methode sind jetzt nicht angebracht, da sich der Protagonist emotional sehr erwärmt hat und es verletzend wäre, wenn nun jemand beispielsweise sagte, wie albern er Rollenspiele generell finde. Der Leiter kann anschließend noch wesentliche Muster des Spiels und der Beziehungsgestaltung kommentieren. Dabei sollte er nicht sein Fachwissen demonstrieren, sondern bestenfalls wenige wesentliche Aspekte benennen, die der Selbstwerdung des Protagonisten und der Gruppe dienlich sind (beispielsweise Muster, die aufgetaucht sind, und solche, die ausgeblendet wurden). Umfangreiche Analysen sind jetzt unangebracht, da das Psychodrama erst noch nachwirken soll. Der Protagonist gibt anschließend eine Rückmeldung an die Gruppe über das, was er für sich im Spiel und im Sharing erfahren hat.

Die Grundstrukturen dieses Spiels lassen sich auch in andere Settings übertragen. In Firmen oder Organisationen wird die Selbsterfahrung jedoch zugunsten einer problemzentrierten Supervison oder Beratung ausgespart werden müssen. Dort können affektive Erlebnisanteile auch nicht so intensiv vertieft werden, und das Sharing sollte weniger Selbstoffenbarungsanteile enthalten. Mit psychodramatischen Methoden geraten Sie sehr schnell an tiefe Emotionen und Denkmuster, die besser in eine Selbsterfahrung oder eine Therapie gehören. Sie sollten die Methode daher zunächst zurückhaltend anwenden oder gründlicher erlernen, bevor Sie damit arbeiten (Lesehinweis: von Amelin/Gerstmann/Kramer [2004]: Psychodrama).

Falldarstellungen

Dieses Übungskapitel beschäftigt sich mit Modellen und Konzepten der systemischen Beratung. Die Konzepte, die Sie kennen gelernt haben, stammen ursprünglich aus der systemischen Therapie und Beratung von Einzelpersonen, Familien und kleineren Gruppen.

In diesem Kapitel werden wir den Schwerpunkt auf die psychologische Beratung von Einzelpersonen legen, da dies der Schwerpunktsetzung unseres Buches entspricht.

Die Modelle aus der Organisationsberatung, die Sie bisher kennen gelernt haben, werden Sie auf die Probleme und Problemsysteme des Klienten anwenden. Die Fragen und Übungen zur systemischen Organisationsberatung lassen sich in abgewandelter Weise nämlich auch auf die Beratung von Individuen in beruflichen Institutionen anwenden (als eine Form der personalisierten Organisationsberatung), weshalb Sie gleichzeitig wichtige Einblicke in die Organisationsberatung erhalten.

Auch in diesem Kapitel werden wir methodenübergreifend vorgehen und sowohl systemische als auch kognitive Gesichtspunkte in unsere Überlegungen mit einbeziehen. Dies geschieht wieder vor dem Hintergrund einer psychodynamischen Grundorientierung.

In diesem Übungsabschnitt werden Sie keine Übungen und kurzen Fall-Vignetten finden. Wir konzentrieren uns auf einige umfangreichere Fallbiografien.

Wenn es Ihnen möglich ist, diskutieren Sie bitte wieder alle Fälle mit Kolleginnen und Kollegen, um sich über Lösungsmöglichkeiten und verschiedene Ansichten auszutauschen.

Falldarstellung 13: Ein Stotterer auf Jobsuche

Der 27-jährige Verkäufer aus Saarbrücken erklärt, er sei seit vier Jahren arbeitslos. Er kenne die Ursachen für seine Probleme. Das habe ihm bisher aber nicht geholfen.

Jetzige Beschwerden und Klagen: Der Klient vermutet, dass er wegen seines starken Stotterns keinen neuen angemessenen Arbeitsplatz finde. Er sei für zwei Wochen bei einem Freund nahe Hannover zu Besuch, und in dieser Zeit wolle er sich coachen lassen. (Der Coach wohnt in der Nähe von Hannover.)

Bei jeder Art von offiziellen Gesprächen bleibe ihm, dem Klienten, die Stimme hängen. Der Sprachfluss sei unterbrochen, der Kehlkopf schnüre sich extrem zu, und er habe dann ein Gefühl großer Schwere und Leere im Kopf. Auch die Gedanken seien dann teilweise blockiert. In solchen Situationen leide er auch an Gesichtsverzerrungen und ziehe unwillkürlich Grimassen, welche ihm sehr peinlich seien. Er fange meist fürchterlich an zu schwitzen und bekomme einen ganz roten Kopf. Das Schwitzen sei so extrem, dass der Schweiß von seiner Nase tropfe. Auf Grund dieser Beschwerden sei es ihm unmöglich, in einem Bewerbungsgespräch zu bestehen. Solche Gespräche enden regelmäßig in einem Desaster. In vertrauten beruflichen und privaten Situationen hingegen sei das Problem bisher kaum aufgetreten. Dann stottere er allenfalls ein wenig. Sein Selbstwertgefühl sei durch dieses Problem am Boden, und er könne sich kaum noch konzentrieren. Sein Arzt habe ihm mitgeteilt, dass seine Probleme auch im Rahmen einer Psychotherapie bearbeitet werden könnten. Dies wollte der Klient aber vorerst nicht. Daher wende er sich an einen Coach.

Gesundheitliche Vorinformationen (Familienanamnese und Eigenanamnese): Die Mutter des Klienten sei 53 Jahre alt. Der Klient gibt an, sie sei in ihrer Jugend wiederholt sexuell missbraucht worden, habe dies aber ganz gut weggesteckt. Der Vater sei 55 Jahre alt. Er sei nach mehreren schweren Darmoperationen Frührentner. Eine Schwester sei mit zehn Monaten an einer Lungenfehlbildung verstorben. Eine Schwester lebe in einem Heim, da sie durch eine Geburtskomplikation einen Hirnschaden habe. Der Sprachfehler und das Schwitzen des Klienten seien medizinisch schon viele Male untersucht worden. Dabei habe man keine organischen Störungen feststellen können. Insgesamt seien die Ärzte ratlos und hätten ihm nicht helfen können. Er habe als Kind häufig Lungenentzündungen und schwere Infektionskrankheiten gehabt und sei als Jugendlicher mehrfach am Penis operiert worden, da dieser im erigierten Zustand stark verbogen gewesen sei. Wegen eines Bandscheibenvorfalles habe er oft Rückenschmerzen. Er esse zu viel und habe daher leichtes Übergewicht. Er rauche bis zu 20 Zigaretten am Tag und trinke regelmäßig Alkohol in kleineren Mengen (bis zu zwei Flaschen Bier am Tag).

Sozialanamnese: Der Klient gibt an, er lebe allein in einem kleinen Ort nahe Saarbrücken. Seine Wohnung liege zehn Minuten vom Elternhaus entfernt. Er beziehe Arbeitslosenhilfe. In seinem Wohnort habe er nur wenige Bekannte und keine Freunde. Er sei Mitglied in einem Handballverein, was für ihn eine ausreichende Integration in die Dorfbevölkerung bedeute. Seine Mutter sei gelernte Altenpflegerin und habe eine zweite Ausbildung zur Verkäuferin absolviert. Wegen der Folgen eines sexuellen Missbrauchs in der Jugend sei sie vorzeitig berentet. Sein Vater sei Landmaschinenmechaniker gewesen. Er sei wegen eines Darmleidens ebenfalls frühzeitig in Rente gegangen. Der Klient sei das älteste Kind von insgesamt sechs Geschwistern. Eine Schwester sei im Säuglingsalter verstorben; eine andere habe einen schweren Hirnschaden. Der Klient besuche täglich seine Eltern und trinke mit ihnen Kaffee. Er habe zurzeit keine Freundin, sei aber in ein Mädchen aus seinem Dorf verliebt.

Arbeits- und Berufsanamnese: Nach dem Besuch der Realschule habe der Klient eine Lehre als Verkäufer im Elsass absolviert. In diesem Beruf habe er sechs Jahre gearbeitet. Wegen eines Stellenabbaus sei er entlassen worden. Ein Jahr zuvor sei er an der Kasse seines Kaufhauses von einem Drogenkranken überfallen worden. Dieser habe ihm ein Messer an die Kehle gehalten. Es habe in einem anschließenden Handgemenge mehrere Verletzte gegeben, als Kunden versucht hätten ihm zu helfen. Sie hätten dabei tiefe Messerstichwunden bekommen. Er selbst sei jedoch mit heiler Haut davongekommen und fühle sich auch im Nachhinein durch diesen Vorfall nicht beeinträchtigt. Nach seiner Entlassung aus dem Kaufhaus sei er bei der Bundeswehr gewesen und anschließend für zwei Jahre nach Südfrankreich gegangen, wo er von Gelegenheitsjobs gelebt habe. Nach seiner Rückkehr nach Saarbrücken habe er eine Zusatzausbildung zum Fremdsprachenkorrespondenten für Französisch und Spanisch absolviert, die vom Arbeitsamt finanziert worden sei. Seitdem sei er arbeitslos. Auf Grund seines Sprachfehlers hätten die bisherigen Vorstellungsgespräche zu keiner Einstellung geführt.

Psychischer Status im Erstgespräch: Sportlich-leger gekleideter junger Mann mit übertrieben freundlicher und kooperativer Kontaktaufnahme. Er spricht stockend-skandierend (abgehackt-stolpernd) mit gelegentlichen Unterbrechungen des Redeflusses. Der Klient schneidet beim Artikulieren von Vokalen Grimassen und flüchtet sich dann in Floskeln. Das Bewusstsein ist klar, er ist wach, die Aufmerksamkeit wirkt nicht beeinträchtigt. Das Gedächtnis scheint regelhaft. Die Orientierung ist allseits gegeben (zu Raum, Zeit, Person, Situation). Seine Wahrnehmung ist adäquat, das formale Denken regelhaft. Das inhaltliche Denken ist nicht gestört (kein Wahn, keine Halluzinationen). Das Ich-Erleben ist klar (keine Derealisationen, keine Depersonalisation). Die Affektivität ist oberflächlich durch eine übertriebene Lockerheit und Fröhlichkeit bestimmt. Für den Berater ist es nicht möglich wahrzunehmen, welche Person sich hinter der fröhlichen Fassade verbirgt (Übertragungsfantasie: Schutzschild, hinter dem manchmal ein Luftballon hervorblickt). Die Psychomotorik ist nicht gesteigert, der Antrieb scheint regelhaft. Die Intelligenz ist nicht gemindert. Kein Anhalt für Suizidalität. Der Klient sagt, er habe niemals Selbstmordgedanken gehabt.

> **Benutzte Fachbegriffe in diesem Fall**
>
> - **Wahn:** Reale Wahrnehmungen werden auf eine Weise interpretiert, die andere Menschen nicht teilen und nicht nachvollziehen können. Es kann auch ein Gefühl auftreten, beeinflusst oder verfolgt zu werden.
> - **Halluzinationen:** Es werden Wahrnehmungen registriert, die andere Menschen nicht teilen können (äußerlich nicht reale Bilder, Szenen, Geräusche, Stimmen, Berührungen).
> - **Derealisation:** Gefühl der Unwirklichkeit, des Nicht-Seins, des Gemacht-Seins und Ähnliches.
> - **Depersonalisation:** Gefühl, nicht man selbst zu sein, nicht im eigenen Körper zu sein.
> - **Affektivität:** Stimmungslage und Stimmungsanpassung an Situationen (häufig gebrauchter Fachbegriff in diesem Zusammenhang: »affektive Schwingungsfähigkeit« = Anpassungsfähigkeit der Stimmung an die Situation, das Thema und andere).

Erweiterte biografische Anamnese (systemische und psychodynamische Aspekte; in der Reihenfolge des Berichtens): Er sei ein geplantes und willkommenes Kind gewesen. Die Mutter sei überglücklich gewesen, als sie von der Schwangerschaft erfuhr. Der Vater sei nicht so euphorisch gewesen, habe das Kind aber auch gewollt. Die Eltern hätten auf ein Mädchen gehofft und bereits einen Mädchennamen ausgewählt. Die Mutter habe fest daran geglaubt, dass ein Mädchen geboren werden würde. Sie sei recht enttäuscht gewesen, dass ihr Erstgeborenes ein Junge war.

Sie habe ihm oft Mädchenzöpfe geflochten; als Ausgleich, wie sie gesagt habe. Die Schwangerschaft selbst sei »Horror« gewesen für die Mutter. Sie habe immer Kopfschmerzen, Nierenschmerzen und Übelkeit gehabt. Der Klient gibt an, er habe Zeit seines Lebens einen sehr guten Draht zur Mutter gehabt; zum Vater dagegen nie. Die Familie habe auf einem Bauernhof nahe Saarbrücken gelebt, der den Eltern des Vaters gehört habe. Die Vaterseltern seien gefühlskalte und herbe Menschen gewesen, die eigentlich nicht zu der Mentalität des Landstrichs gepasst hätten. Es seien »abgebrühte Bauern« gewesen. Der Opa habe eine Pferdezucht besessen und die jungen Hengste immer blutig geschlagen, wenn sie nicht parierten. Dann habe der Klient sich ohnmächtig und hilflos gefühlt. Wenn ein Junghengst geschlagen worden sei, den er lieb gewonnen hatte, habe er immer gedacht: »Das ist doch mein Pferdchen, das kann Opa doch nicht machen!« Seitdem wisse er genau, dass er niemals Gewalt anwenden wolle.

Viele der älteren Pferde seien auf dem Hof geschlachtet worden. Der Klient sei bei diesen Schlachtungen stets dabei gewesen. Viele der Pferde habe er gut gekannt. Zu den Hengsten habe er sich besonders hingezogen gefühlt. Er sei immer wieder fasziniert gewesen von den großen Penissen, die die Tiere hatten. Aber erst mit neun Jahren habe er bemerkt, dass es sich um einen Körperteil handelte, den er ebenfalls hat. Die Erkenntnis sei ein großer Schock für ihn gewesen. Er habe zeitweilig geglaubt, der Opa würde ihn schlagen, wenn er bemerken würde, dass auch er, der Klient, einen Penis hat.

Nach einigen Jahren hätten die Eltern angefangen, sich ein eigenes Haus zu bauen. Sie seien daher häufig fort gewesen und hätten kaum Zeit für die Kinder gehabt. Da der Klient der Älteste gewesen sei, habe er auf die Geschwister aufpassen müssen. Die Eltern hätten sich gut verstanden. Der Vater habe sich jedoch eingeschränkt gefühlt, da er von seinen eigenen Eltern oft bevormundet wurde und die Schwiegereltern jeden Tag vorbeikamen. Diese hätten in Saarbrücken gelebt und seien beide Lehrer gewesen. Der Vater des Klienten sei oft frustriert gewesen, da er kaum mit seiner Frau habe allein sein können. Das Paar habe nie weggehen können, da immer Besuch da war.

Für die Mutter sei es schwierig gewesen, im Haus der Schwiegermutter zu bestehen, da die Bäuerin alles fest im Griff hatte. Die Eltern der Mutter dagegen seien voller Verständnis und sehr liebevoll gewesen, weshalb der Klient viele Ferien und Wochenenden bei ihnen in der Stadt verbracht habe. Seinen Opa mütterlicherseits habe er sogar »Vati« genannt. Seine eigene Mutter habe er »Mutti« genannt. Er wisse jedoch nicht mehr, wie er seinen eigenen Vater genannt habe; vielleicht »Papa«? Die Großeltern in Saarbrücken hätten einen Sohn gehabt, zu dem der Klient ein sehr ambivalentes Verhältnis gehabt habe. Dieser Sohn habe über verschiedene Talente verfügt wie Schnitzen, Singen und Malen. Er sei jedoch alkoholkrank gewesen und habe dadurch die Großeltern sehr belastet. Das habe ihn, den Klienten, schwer betrübt.

Der Vater des Klienten sei oft sehr unbeherrscht gewesen. Er sei schon wegen Kleinigkeiten aufgebraust und habe dann viel geschrien. Er könne sich erinnern, dass der Vater immer gebrüllt habe: »Ihr elenden Hunde!« Das habe sich bei ihm festgesetzt. Er könne sich auch an einen Streit seines Vaters mit der Klassenlehrerin erinnern. Der Vater habe ihr Unfähigkeit vorgeworfen, und die Lehrerin habe gesagt: »Aus Ihren Kindern wird sowieso niemals etwas, dafür sind sie alle zu dumm!«

Als die Mutter des Klienten mit dem zweiten Kind schwanger war, sei der Klient gerade zwei Jahre alt gewesen. Als sie ins Krankenhaus ging, sei seine Sprache verstummt und er habe über mehrere Wochen überhaupt nicht mehr reden können. Danach habe er gestottert. Zumindest sei das die Geschichte, die seine Mutter ihm erzählt habe.

Da er der Erstgeborene gewesen sei, habe er den Geschwistern gegenüber eine Vorbildfunktion einnehmen müssen. Alle Geschwister seien von sehr unterschiedlichem Temperament gewesen. Er selbst sei eher gehorsam gewesen und habe stets Harmonie angestrebt. Die anderen Geschwister seien dagegen aufsässig und rabaukenhaft gewesen.

Sein größter Schock sei es gewesen, als seine kleine Schwester im Alter von zehn Monaten gestorben sei. Obwohl er selbst damals erst drei Jahre alt gewesen sei, könne er sich daran noch gut erinnern. Seine Mutter sei seit diesem Zeitpunkt depressiv gewesen und habe immer unter Angstattacken gelitten.

Als Kind habe er immer Angst gehabt; besonders vor anderen Erwachsenen. Seine Kindergärtnerin habe ihm manchmal auf die Finger geschlagen, und einer seiner Lehrer in der Realschule sei ebenfalls wiederholt sadistisch gewesen. Diesen Lehrer habe er später auf dem Schulhof verprügelt. Anschließend habe er ein extrem schlechtes Gewissen gehabt.

(In Folgegesprächen äußert der Klient sich mehrmals geringschätzig über seinen Vater. Er meint, der Vater könne von ihm noch einiges lernen und habe es bisher nicht geschafft, seinen Weg im Leben zu finden. Sobald die Sprache auf den Großvater väterlicherseits, den herben Bauern, kommt, ringt der Klient nach Luft und stockt.)

Beratungsziele des Klienten: »Behebung des Sprachfehlers, Stärkung des Selbstwertgefühls, Stärkung der Konzentrationsfähigkeit, Zulassen eigener Gefühle und Meinungen.«

Übungsfragen zur Falldarstellung 13

1. Welchen Grund könnte der Klient haben, sich übertrieben neutral oder friedfertig/freundlich zu verhalten?
2. Die Ehe der Eltern sei harmonisch verlaufen. Glauben Sie das auch?
3. Welche Verpflichtungen hat der Klient als Erstgeborener auf sich genommen?
4. Welche Pflichten hat er auf sich genommen, als die kleine Schwester starb?
5. Wie erklären Sie sich, dass die Mutter »Mutti« genannt wurde und der Muttersvater »Vati«?
6. Wie könnte ein Kind die Tatsache interpretieren, dass kleine Hengste auf Grund von Ungehorsamkeit blutig geschlagen werden?
7. Zu welchen Verhaltenskonsequenzen kann diese Interpretation führen?
8. Wie könnte der Klient mit seinem Sprachfehler in Bewerbungssituationen anders umgehen?
9. Welche Parallelen sehen Sie zwischen der Geburt des zweiten Kindes und der Tatsache, dass die Mutterseltern einen weiteren Sohn haben (übrigens: er wird vom Klienten nicht »Onkel« genannt!)?
10. Welche positiven Funktionen könnte das Stottern, bei Kenntnis der aufgezeigten Biografie, erfüllen?
11. Was bleibt unberücksichtigt, wenn der Klient sich auf das Problem des Sprachfehlers konzentriert?

Lösungsvorschläge finden Sie auf Seite 405f.

Zu folgenden Fragen erhalten Sie keine »Musterlösungen«:

- Bitte schlagen Sie das Kapitel »Theorie der systemischen Beratung« auf und lesen Sie nochmals »Der radikale Paradigmenwechsel« (s. S. 349f.). Analysieren Sie den genannten Fall aus der Sicht des Klienten anhand der Etappen eines Problemsystems: Diagnose, Bewertung, Erklärungen, Hyperreflexie und Verfestigung.
- Analysieren Sie die Falldarstellung aus der Sicht des Klienten nach dem Konzept von Niklas Luhmann (s. S. 350ff. »Phänomenbereiche systemischer Beratung«) und gliedern Sie die einzelnen Phänomene in »gelebtes Leben«, »erlebtes Leben« und »erzähltes Leben«.
- Kategorisieren Sie aus der Sicht des Klienten den Vatersvater des Klienten nach dem sprachanalytischen Modell von Charles Osgood (s. S. 351f.).

Falldarstellung 14: Zunehmende Vergesslichkeit des Professors

Der 59-jährige Dozent eines Studiengangs für Holzwirtschaft berichtet, er könne sich die Namen seiner Studenten nicht mehr merken. Er wolle dieses Defizit durch Mentaltechniken überwinden.

Beschwerden und Klagen: Der Klient leide unter einer zunehmenden Vergesslichkeit. So könne er nur noch einkaufen gehen, wenn er sich vorher eine Liste mache, andernfalls vergesse er alles. Wenn er Bekannte einige Zeit nicht gesehen habe, könne er sich an deren Namen nicht mehr erinnern. Besonders störend sei es, dass er zunehmend die Namen seiner Studenten und Diplomanden vergesse. Er fühle sich dadurch dem Alltag an der Hochschule nicht mehr gewachsen. Seit vier Monaten sei er daher krankgeschrieben. Die medizinische Abklärung sei nun abgeschlossen, und er müsse in zwei Wochen wieder arbeiten gehen, obwohl er nach seiner eigenen Einschätzung noch nicht so weit sei. Er habe nun auch zunehmend Rückenschmerzen und bekomme hin und wieder Herzrasen wegen der Gedanken an die nervliche Belastung, die ihm wieder bevorstehe. Insgesamt komme es ihm so vor, als wäre er »auf einem absteigenden Ast«.

Gesundheitliche Vorinformationen: Nach verschiedenen Tests sei es unwahrscheinlich, dass es sich bei der Vergesslichkeit um eine so genannte Demenz handele. Trotzdem habe sein Psychiater ihm ein Alzheimer-Medikament verschrieben, da nicht auszuschließen sei, dass es sich vielleicht doch um Frühsymptome der Erkrankung handele. Das Medikament würde ein Fortschreiten des geistigen Verfalls verlangsamen. Ansonsten seien alle Symptome medizinisch eingehend überprüft worden, ohne dass körperliche Ursachen gefunden worden seien. Da der Klient jedoch keine schwerwiegende psychische Erkrankung habe, sei eine Psychotherapie in seinem Falle nicht erforderlich.

Fachbegriff

Demenz: Krankhafte kognitive Leistungsverschlechterung; zum Beispiel wegen stärkerer Durchblutungsstörungen des Gehirns oder auf Grund von Stoffwechselveränderungen der Nervenzellen, wie dies bei der so genannten Alzheimer-Erkrankung der Fall ist.

Psychischer Befund: Unauffällig und gepflegt gekleideter Herr mit kooperativer Kontaktaufnahme. Er wirkt sehr jovial und anpassungswillig. Er spricht etwas umständlich und weitschweifig, das Bewusstsein ist klar, Aufmerksamkeit und Gedächtnis scheinen unbeeinträchtigt. Der Klient ist allseits orientiert (das heißt zu Ort, Zeit, Situation, Person). Das Denken ist zäh und ausufernd, teils sprunghaft, teils stockend. Der Klient kommt leicht in einen detailreichen Redefluss und ist dann kaum mehr zu stoppen. Er versucht dabei, bescheiden zu erscheinen, und betont mehrfach, wie wichtig ihm Friedfertigkeit sei. Der Klient ist äußerst genau und korrigiert sich häufig in unwichtigen Details. Die Stimmung ist durchgehend gedrückt, die affektive Schwingungsfähigkeit ist deutlich eingeschränkt. Der Antrieb ist verlangsamt. Die Intelligenz scheint nicht gemindert. Der Klient habe nie Selbstmordgedanken gehabt und scheint aktuell nicht suizidgefährdet.
Während der Beratung fällt es dem Klienten sehr schwer, von eigenen Emotionen zu reden. Er berichtet meist von anderen Menschen und äußert Ratschläge und Verbesserungsvorschläge für andere.

Sozialanamnese: Die Mutter des Klienten sei Hausfrau und Landwirtin, der Vater Landwirt gewesen. Die Familie habe bis zum Zweiten Weltkrieg in Böhmen gelebt und sei bei Kriegsende nach Leipzig geflüchtet. Der Klient habe sieben Geschwister. Der Vater stamme aus einfachen bäuerlichen Verhältnissen und habe sich durch großen Fleiß und viel Lektüre Bildung erworben. Die Familie des Klienten sei 1964 aus der DDR in den Westen geflüchtet. Lediglich der Klient sei als damals 17-Jähriger freiwillig in der DDR geblieben. Der Vater sei vor kurzem an einem Schlaganfall verstorben. Die Mutter sei dement und lebe in einem Pflegeheim nahe Hamburg.
Der Klient sei verheiratet. Er habe seine Frau als 17-Jähriger kennen gelernt. Das Ehepaar wohne auf dem Gelände einer ehemaligen landwirtschaftlichen Produktionsgenossenschaft, die später zu einem ökologischen Modellhof umstrukturiert worden sei. Die Frau sei ebenfalls Hochschullehrerin gewesen, sei aber wegen eines Nervenleidens früh berentet worden. Das Paar habe drei erwachsene Töchter.

Arbeits- und Berufsanamnese: Der Klient berichtet, er habe nach der Schule eine Lehre als Landmaschinenmechaniker absolviert und anschließend über den zweiten Bildungsweg das Abitur erworben. Nach einem längeren Praktikum als Landwirt und in der Holzwirtschaft habe er anschließend Holzwirtschaft studiert und sich später bis zum Hochschullehrer hochgearbeitet. Bis zur Wende 1992 (Ende der DDR) habe er 15 Jahre in der Universitätsverwaltung gearbeitet; danach habe er seine Lehr- und Forschungstätigkeit wieder aufnehmen müssen. Einige Monate wäre es fraglich gewesen, ob er an der Hochschule bleiben dürfte. Seine politische Vergangenheit sei überprüft worden, und es sei unklar gewesen, ob seine Vorbildung den Standards der neuen Bundesrepublik genügen würde.
Die Vorlesungen könne er ohne große Probleme abhalten, da er viele Overheadfolien habe, die er »abspulen« könne. Seminare hingegen seien für ihn eine Tortur, da er das Gefühl habe, die Studenten würden ihn nicht ernst nehmen und heimlich über ihn lachen. Forschen könne er überhaupt nicht mehr, da ihm sowohl die Einfälle als auch die geistige Spannkraft hierzu fehlten. Er glaube, dass einige seiner Kollegen ihn dafür verachteten. So etwas habe bisher aber niemand ausgesprochen.
Seine Kolleginnen und Kollegen seien allesamt ziemlich blauäugig und angepasst. Einige seien nur wegen ihrer früheren Parteizugehörigkeit aufgestiegen, andere seien als Karrieristen aus dem Westen zugewandert.

Biografische Anamnese (systemische und psychodynamische Aspekte in der Reihenfolge der Klientenschilderung): Die große Ursprungsfamilie habe in Böhmen auf einem Bauernhof gelebt. Das Leben auf dem Hof sei sehr harmonisch gewesen. Auf dem Hof habe bei Ihnen zudem der allein stehende Bruder des Vaters gelebt sowie einige Knechte mit ihren Familien. Der Vater sei sehr liebevoll gewesen und habe die Kinder immer in den Arm genommen. Die Mutter sei sehr fürsorglich gewesen, habe aber keine Gefühle zeigen können.
Der Zweite Weltkrieg habe das Glück der Familie zerstört. Der Vater sei anfangs von der NSDAP begeistert gewesen, da die Partei nicht nur die Arbeiter, sondern auch die freien Bauern unterstützt habe. Als er erkannte, dass die Partei einen Angriffskrieg plante, habe ihn das ziemlich verbittert, da sein Ideal ein »freies Bauerntum auf freier Scholle« gewesen sei und er geglaubt habe, dass die Nazis dieses Ideal verraten hätten. Nach einem Streit mit der örtlichen Parteiführung habe man dem Vater gesagt, dass entweder er oder sein Bruder zur Wehrmacht gehen müssten. Er habe es als seine Pflicht ange-

sehen, selbst zu gehen, da der Bruder an dem Streit mit der Partei unschuldig gewesen sei. Der Vater habe sich angesichts dieses Zwangs ohnmächtig gefühlt. Nur durch viel Glück habe der Vater den Krieg überlebt. Er habe häufig andere Menschen töten müssen, was er nie verkraftet habe. Nach seiner Rückkehr aus dem Krieg habe er einige Monate lang seine Familie suchen müssen, die in der Nähe von Leipzig bei entfernten Verwandten Zuflucht gefunden hatte.

Der Vater habe anschließend als selbstständiger Landwirt in der DDR gearbeitet (also nicht in einer LPG). Unter den Repressalien und Vorschriften des Regimes habe er sehr gelitten.

Der Klient berichtet weiter, er selbst habe bereits mit 15 Jahren eine Lehre als Mechaniker begonnen und sei nur noch am Wochenende zu Hause gewesen. Daher habe er nicht mitbekommen, dass die Familie geplant habe, in den Westen zu fliehen. Als der Vater ihn über diese Pläne unterrichtet habe, sei er entsetzt gewesen. Er habe das als einen Verrat an der guten Sache der DDR angesehen und habe deshalb selbst in der DDR bleiben wollen. Damit kein Verdacht der Mitwisserschaft auf ihn fallen könne, habe er zum Zeitpunkt der Flucht an einem beruflichen Fortbildungslehrgang teilgenommen. Auf diesem Lehrgang habe er seine spätere Ehefrau kennen gelernt, was ihn darin bestärkt habe, in der DDR zu bleiben. Er habe es geschafft, das Vertrauen der staatlichen Institutionen wieder zu erlangen. Es sei ihm leicht gefallen, sich den Regelungen in der DDR anzupassen. Es habe zwar viele Einschränkungen gegeben; auf der anderen Seite sei jedoch manches nachahmenswert gewesen. Erst nach der Wende habe er vieles nicht mehr akzeptieren können. Er habe jedoch zu den Missständen geschwiegen.

Zu seiner Familie sei der Kontakt nach der Flucht zunächst abgebrochen. Nach einigen Jahren sei es wieder möglich gewesen, durch Briefe und Telefonate normal zu kommunizieren. Er habe auch zweimal in die BRD reisen und seine Familie besuchen können. Eine wirkliche Wiedervereinigung habe es jedoch erst nach der Wende gegeben.

Der Vater habe nach der Flucht in der Bundesrepublik einen Hof übernommen, sei damit aber kläglich gescheitert. Die Brüder und Schwestern hätten andere Berufe ergriffen. So sei er, der Klient, nun der Einzige, der mehr oder weniger die lange familiäre Tradition fortführe, indem er einen Beruf ausübe, der der Landwirtsschaft recht nahe stehe. Die Familie leide sehr darunter, dass dieser wichtige Bestandteil ihrer Identität nun langsam verloren gehe. Die bewegte Geschichte der Familie habe der Vater noch auf seinem Totenbett in einer Chronik festgehalten. Auch die Mutter habe versucht, eine Chronik der Familie zu schreiben. Dies habe sie allerdings einstellen müssen, als ihre Demenz sich verschlimmerte.

Der Klient betonte, er sei sehr stolz darauf, dass er groß und schlank sei. Seine ganze Familie sei dafür bekannt, dass all ihre Mitglieder von stattlicher Statur seien. Man würde ihn fast immer deutlich jünger einschätzen, als er in Wirklichkeit sei. Aus diesem Grunde belaste es ihn sehr, dass sich nun erste körperliche und seelische Schwächen einstellten.

Über seine Frau, seine Ehe und seine Kinder brauche er nicht zu berichten, da alles sehr harmonisch verlaufe. Zwischen ihm und seiner Frau herrsche bestes Einvernehmen. Es sei außerdem üblich, dass über vieles nicht geredet werde, da es besser sei, manches liebevoll und schweigend hinzunehmen.

Die Beratungsziele des Klienten: »Ich möchte Methoden kennen lernen, mit denen ich meiner Vergesslichkeit entgegenwirken und meine angeschlagenen Nerven stärken kann.«

Übungsfragen zur Falldarstellung 14

1. Große Teile der Biografie handeln nicht vom Klienten selbst. Welche Person wird in den Mittelpunkt gerückt, welche Personen werden ausgeblendet? Welche Erklärungen könnte es dafür geben?
2. Die Themen Macht und Ohnmacht sowie Freiheit und Unterordnung sind mehrfach angesprochen worden. In welchen biografischen Details sind diese Metaphern verborgen?
3. Welche Kränkungen in diesem Bereich setzen sich generationenübergreifend fort?
4. Wie hat der Klient das Ideal der »freien Scholle« wieder aufgegriffen?
5. Als der Klient in der DDR zurückblieb, war dies gleichzeitig eine Rebellion und eine Anpassung. Erklären Sie das bitte.
6. Welchen Vorteil kann es gehabt haben, ein angepasstes und unauffälliges Leben zu führen?
7. Der Klient trat sehr bescheiden auf, war in seinem detailreichen Redefluss aber kaum zu unterbrechen. Er sei extrem friedfertig, wie er mehrfach versicherte. Bitte versetzen Sie sich in die Situation eines Beraters, der mit diesem Klienten arbeitet. Welche Gefühle oder Ideen entwickeln sich bei einem bescheidenen, friedfertigen Klienten, der kein Ende findet?
8. Der Klient berichtet mehrfach von seiner ausgeprägten Friedfertigkeit. Als der Berater ihn fragt, wie ernsthaft sein Interesse sei, wieder erfolgreich in seinem Beruf zu arbeiten, antwortet der Klient: »Das ist mein größter Wunsch ... Es macht mir aber Angst, dass ich meine Impulse dann nicht unter Kontrolle habe, wenn ich mit Studenten zusammenarbeite. Ich bin stolz darauf, dass ich nur einmal ein Erlebnis hatte, das mich bis auf die Knochen gereizt hat. Damals hätte nicht viel gefehlt und ich hätte dem Studenten eine heruntergehauen.« Welche Übertragung vermuten Sie in dieser Äußerung?
9. Es war dem Klienten nicht möglich, sich offen gegen das Regime oder die Obrigkeit zu stellen. Was könnte der Grund gewesen sein? Auf welche Weise konnte der Klient sich bisher gegen das Regime oder die Obrigkeit wehren?
10. Welche Symbolik steckt in der Angst vor der Vergesslichkeit?

Lösungsvorschläge finden Sie auf Seite 406 f.

Die folgenden Fragen haben keine Musterlösungen:

- Welche biografischen Schwellensituationen sind in der Falldarstellung genannt? Hat der Klient die schöpferischen Möglichkeiten dieser »Krisen« nutzen können? Welche Schwellensituationen sind nicht genannt? (s. auch S. 428 ff.)
- Bitte beschreiben Sie den Klienten aus der Perspektive des Eigenschaftsmodells, des Maschinenmodells und des Handlungsmodells (»Erklärungsmodelle menschlichen Verhaltens«, s. S. 353 ff.). Geben Sie aus der Perspektive dieser Modelle heraus Ratschläge, wie dem Klienten am besten geholfen werden könnte.
- Versuchen Sie bitte, einige persönliche Konstrukte (s. S. 355 f.) des Klienten aus der Falldarstellung zu isolieren. Welche Sichtweisen, Optionen oder Probleme ergeben sich für eine Person, die diese Konstrukte bildet?
- Wie würden Sie mit dem Klienten arbeiten? Welche Ziele würden Sie vereinbaren?

Falldarstellung 15: Ein Schläger möchte sich ändern

Der 43-jährige Klient wird von einer Bremer Initiative gegen männliche Gewalt in die Beratung verwiesen. Er habe mehrfach andere Männer zusammengeschlagen. Es bestehe der Verdacht, dass »tiefere Ursachen« hierfür vorliegen. Der Klient wolle sich endlich ändern. Der Männerverein trägt die Beratungskosten.

Beschwerden und Klagen: Der Klient erklärt, er leide an Alpträumen, Schlafstörungen, Ängsten und Schuldgefühlen. Er habe ständig das Gefühl, zu versagen und nie »*nein!*« sagen zu können. In verbalen Auseinandersetzungen verliere er regelmäßig die Kontrolle über sich und schlage dann im Affekt andere Männer zusammen. Wegen Körperverletzung sei er bereits verurteilt worden und im Gefängnis gewesen.

Gesundheitliche Vorinformation: Wie der Klient berichtet, ist er wegen seiner Beschwerden bereits längere Zeit in einer Gesprächspsychotherapie. Dort hätten sowohl der Therapeut als auch er immer nur um den heißen Brei herumgeredet. Er habe große Angst gehabt, der Therapeut könnte eine seelische Wunde anrühren, und der Therapeut wiederum habe betont, dass es schädlich sei, alte Geschichten wieder ins Leben zu rufen. Die Therapie sei ohne großen Erfolg beendet worden, und der Klient lehne einen erneuten Therapieversuch zurzeit ab.
Er komme mit Tabletten, die ihm ein Psychiater verschrieben hat, einigermaßen zurecht, habe aber das Gefühl, dass er außerdem noch Gespräche brauche.
Er rauche 40 Zigaretten am Tag und trinke jeden Abend vor dem Schlafengehen mindestens vier Flaschen Bier. Er habe diverse Gelenkerkrankungen, da er viele Jahre körperliche Schwerstarbeit verrichtet habe.

Sozialanamnese: Der Vater sei Schlosser, die Mutter Hausfrau gewesen. Er selbst habe vier jüngere Geschwister. Aus einer früheren Ehe habe er drei erwachsene Kinder. Jetzt lebe er mit einer Freundin zusammen in einer Zwei-Zimmer-Wohnung. Im Alter von 25 Jahren habe er einen Mann im Affekt zusammengeschlagen und deswegen für zwei Jahre ins Gefängnis gehen müssen.

Arbeits- und Berufsanamnese: Der Klient hat die Hauptschule besucht, diese aber in der achten Klasse abgebrochen. Zur Bundeswehr habe er nicht gemusst, weil er vor der Untersuchung 40 Zigaretten geraucht und mehrere Koffeintabletten eingenommen habe. Wegen Herzrasen und Schweißausbrüchen sei er dann als untauglich eingestuft worden. Er habe mehrere Lehren abgebrochen und zuletzt als Betonbauhilfe gearbeitet. In diesem Beruf habe er täglich über 14 Stunden geschuftet und sich regelmäßig überanstrengt, um damit seine innere Unruhe abbauen zu können und belastende Erinnerungen zu verdrängen. Seit zwei Jahren sei er wegen seiner Ängste und inneren Anspannung arbeitslos.

Psychischer Befund im Erstkontakt: Einfach und gepflegt gekleideter Herr mit sehr ängstlicher Kontaktaufnahme. Der Händedruck ist so stark, dass dem Berater die Hand noch einige Minuten stark schmerzt. Der Klient weicht jedem Blick aus, er wippt mit den Füßen und krallt die Hände in die Armlehnen des Stuhls. Das Bewusstsein ist klar. Aufmerksamkeit und Gedächtnis sind regelhaft. Die Orientierung ist allseits gegeben. Wahrnehmung, Denken und Ich-Erleben sind adäquat. Der Klient wirkt in seiner Stim-

mung gedrückt und ängstlich. Die affektive Schwingungsfähigkeit ist dadurch eingeschränkt. Der Antrieb ist verlangsamt. Die Intelligenz ist nicht gemindert, das Bildungsniveau scheint jedoch gering. Er habe früher oft an Selbstmord gedacht. Seit zwei Jahren – so lange kenne er seine Freundin – denke er jedoch nicht mehr daran.
Der Klient gibt an, er neige zu impulsiven Gewaltausbrüchen, wenn ihn jemand beleidige, wenn er sich in die Enge gedrängt fühle oder wenn es darum gehe, die Ehre einer Dame zu schützen.

Vertiefte Biografie (in der Reihenfolge der Klientenäußerungen): Er sei ein unwillkommenes Kind gewesen. Die Mutter habe während der Schwangerschaft nicht aufhören wollen, Alkohol zu trinken und zu rauchen. Der Vater habe gemeint, dass für eine Familie noch die finanzielle Grundlage gefehlt habe. Außerdem habe er sich beim Klienten beschwert, dass er schuld daran gewesen sei, dass die Eltern überhaupt hatten heiraten müssen. Eigentlich hätten sie das nicht gewollt.
Zärtlichkeit und Zuwendung habe es nur von den Großmüttern gegeben. Beide Großmütter liebe er auch über den Tod hinaus noch über alles. Er verbringe viel Zeit an ihren Gräbern und rede dort mit ihnen oder hole sich Trost.
Der Vater habe zu Hause häufig herumgeschrien und den Klienten bei jeder kleinen Widerrede sofort mit einem Riemen verprügelt. Wenn der Vater einige Tage auswärts arbeitete, habe sich die Familie erholen können.
Als er vier Jahre alt war, habe der Vater ihn über mehrere Monate hinweg gezwungen, ihn oral sexuell zu befriedigen. Danach sei der Klient jeweils verstört zu einer der Großmütter gelaufen. Irgendwann hätten diese etwas bemerkt und hätten den Vater durch die Blume gebeten, umgehend damit aufzuhören. Das habe der Vater auch getan, er habe jedoch begonnen, den Klienten regelmäßig heftig mit einem Riemen zu schlagen. Seit der Einschulung, so der Klient, habe er den sexuellen Missbrauch wieder vollständig vergessen. Erst bei der Geburt seines ersten eigenen Kindes seien ihm die Erinnerungen an den Missbrauch schlagartig wieder eingefallen. Seitdem tauchten Erinnerungen, Bilder und Körpergefühle unkontrolliert wieder aus seinem Inneren auf und überfluteten ihn. Er habe dann jedes Mal das Gefühl, als bleibe ihm die Luft weg, als beginne ihm das Herz zu rasen und als könne er die Kontrolle über seinen Körper verlieren. Er habe seinen Vater zur Rede gestellt, worauf dieser geantwortet habe: »*Das ist Vergangenheit und damit vorbei. Was so lange her ist, sollte man nicht mehr anrühren!*« Seitdem habe er sich nicht getraut, das Thema nochmals zu Sprache zu bringen, da er sich selbst sehr schuldig, beschämt und ohnmächtig fühle.
Der Klient habe den größten Teil der Kindheit bei Nachbarn oder bei den Großeltern verbracht, da die Eltern meist nicht zu Hause gewesen seien. Eine Nachbarin habe ihn aufgeklärt, als er 13 Jahre alt gewesen sei. Sie habe seine Hand in ihren Schoß gelegt, was ihn sehr schockiert habe. Heute wisse er, dass dies ein sexueller Übergriff war. Da jedoch nicht mehr passierte, nehme er ihr das nicht übel.
Der Klient meint, in der Schule habe er sich sehr auffällig verhalten. Er sei durch seine Aufsässigkeit und durch ständige Unruhe aufgefallen. Heute würde man ihn vermutlich ein ADHS-Kind nennen (ADHS: Aufmerksamkeitsdefizit- und Hyperaktivitäts-Syndrom. Extrem ablenkbare, unruhige Kinder, die oft auch durch weitere soziale Störungen auffallen, s. S. 274f.). Außerdem habe er ziemlich oft Mitschüler verprügelt. Deswegen habe es häufig blaue Briefe nach Hause gegeben. Der Vater habe ihn dann jedes Mal mit dem Rohrstock so heftig verprügelt, dass er danach tagelang nicht habe sitzen können. Die Geschwister seien nie verprügelt worden; egal, was sie angestellt hätten.

Mit 23 Jahren habe er geheiratet. Seine Frau sei damals gerade 18 Jahre alt gewesen und habe das erste Kind von ihm erwartet. Sie hätten drei Kinder bekommen. Wie der Klient angibt, wurde er durch die Geburt des ersten Kindes wieder an den Missbrauch in seiner Kindheit erinnert und habe begonnen ab diesem Moment sehr viel Alkohol zu trinken und sehr viel zu arbeiten. Sex sei für ihn von da an sehr schwierig gewesen, da er sich stets schlecht und gemein gefühlt habe.

Seine Frau sei zwei Jahre nach der Geburt des ersten Kindes mit mehreren Männern, darunter Freunde des Klienten, fremd gegangen, da sie es nicht habe ertragen können, dass ihr Mann so selten zu Hause gewesen sei. Außerdem habe sie nicht auf Sex verzichten wollen. Einen dieser Nebenbuhler habe der Klient so zusammengeschlagen, dass er deswegen für etwa zwei Jahre ins Gefängnis musste. Die Ehe habe danach nicht mehr gut funktioniert, weshalb sich das Paar einige Jahre später scheiden ließ.

Zurzeit lebe er mit einer Freundin zusammen, die ihm sehr viel Halt gebe. Insgeheim sehne er sich aber nach einer Frau, in die er sich richtig verlieben könne. Die Beziehung zu seiner geschiedenen Frau sei immer noch herzlich. Sie wünsche heute wieder einen intensiveren Kontakt. Er wolle jedoch keine Partnerschaft mehr mit ihr aufbauen.

Von seiner Ursprungsfamilie fühle er sich ausgegrenzt und ausgenutzt. Die Geschwister fragten häufig bei ihm an, ob er handwerkliche Tätigkeiten für sie durchführen könne. Er sage dann immer sofort zu, obwohl er weder Lust auf die Verrichtung dieser Tätigkeiten noch das Geld für die Autofahrten zu den Geschwistern habe. Es komme nie wirklicher Dank oder irgendeine Form von Ausgleich. Es sei, als hätten sich alle abgesprochen, dass man ihn immer umsonst benutzen dürfte, ohne ihm das irgendwie zu vergüten.

Wenigstens einmal wöchentlich besuche er seine Eltern. Es werde dann äußerst wenig geredet. Obwohl er jetzt ein kräftiger, muskulöser Mann sei, habe er dennoch Angst vor seinem Vater. Er wage keine Form von Widerrede, da sein Vater ihn immer noch mit Worten und Gesten kontrollieren könne. Der Vater habe ihn beispielsweise vor kurzem gezwungen, vor Gericht eine Falschaussage zu machen, mit der dieser entlastet werden sollte.

Verlauf der Beratung: Es wurden neun Beratungsstunden in wöchentlichem Abstand vereinbart. Zweimal in der Woche traf sich der Klient zudem mit einer Selbsthilfegruppe für gewalttätige Männer im Männerverein. Der Klient war anfangs sehr ängstlich und verschämt. Er hatte große Angst, es könne zu schnell zu tief »gebohrt« werden. Dabei trat der Klient einerseits überaus männlich-schroff auf, andererseits fing er gelegentlich an zu weinen und schien verzweifelt zu sein wie ein kleines Kind.

Dem Klienten wurde erklärt, dass seine Beschwerden und sein Werdegang eine Psychotherapie erforderlich machten. Er wollte darauf zunächst nicht eingehen und vorerst »nur eine Beratung« in Anspruch nehmen. Der sexuelle Missbrauch in der Kindheit, die Gefühle von Scham, Wut, Ohnmacht und Schuld wurden offen thematisiert (Achtung: das ist bereits Psychotherapie!). Nach einigen Stunden war es ihm möglich, diese Gefühle erstmals »anzuschauen«, ohne in Wutausbrüche oder in eine innere Abwesenheit (Dissoziation) zu flüchten. Er war sehr stolz, dass es ihm gelang, über diese Themen zu reden. Sein anfangs unerträglich kräftiger Händedruck wurde zunehmend weicher und angenehmer. Nach der sechsten Stunde traten bei ihm heftigste Gelenk- und Rückenbeschwerden auf, die orthopädisch abgeklärt werden mussten. Es stellte sich heraus, dass er an den schmerzenden Gelenken starke Verschleißveränderungen hatte, die er bisher nicht wahrnehmen konnte, da er sie aus dem Bewusstsein abgespalten hatte (Dissoziation von Körperempfindungen als Reaktion auf psychische Traumatisierung).

Der Klient verfiel in eine mehrtägige, sehr tiefe Traurigkeit und musste mehrere Tage hindurch weinen. Aus der anfänglichen Beratung ist schließlich eine Psychotherapie geworden, die über ein Jahr dauerte. In dieser Zeit hat er außerdem an einer mehrwöchigen psychotherapeutischen stationären Rehabilitationsmaßnahme teilgenommen, von der er ebenfalls sehr profitiert hat.

Ursprüngliche Beratungsziele des Klienten: »Ich möchte wieder lachen können, und ich möchte lernen, mich mit Worten zu behaupten, ohne andere Menschen körperlich verletzen zu müssen.«

Zu Beginn wurden gemeinsam folgende komplexe Beratungsziele formuliert:

- Den Körper wieder sorgsam und liebevoll spüren lernen. Lernen, mit dem Körper angemessen auf andere zuzugehen (zum Beispiel ohne deren Hände zu zerquetschen).
- Lernen, die Gefühle von Scham und Schuld als fremde Gefühle wahrzunehmen, die eigentlich ein anderer Mensch tragen sollte (der Täter).
- Die Prinzipien verstehen zu lernen, nach denen in Familien Geheimnisse bewahrt werden. Die Freiheit gewinnen, sich diesen Prinzipien zu widersetzen. (s. S. 440f.)
- Lernen, Gefühle von Wut und Ohnmacht auszudrücken und dafür die richtige Ausdrucksform, den richtigen Platz und die richtigen Personen zu bestimmen.
- Lernen, neue Perspektiven für Berufs- und Privatleben zu erkunden.
- Lernen, die eigene Männlichkeit mit Stolz erleben zu dürfen, ohne sich dabei als Täter fühlen zu müssen.

Übungsfragen zur Falldarstellung 15

1. Die Erinnerungen an den sexuellen Missbrauch in der Kindheit stellten sich bei dem Klienten erst im Erwachsenenalter wieder ein. Haben Sie dafür eine Erklärung? Passiert das häufiger nach Missbrauch von Kindern?
2. Braucht dieser Klient Coaching, psychologische Hilfe oder eine Psychotherapie?
3. Wie können Sie erkennen, ob die Ereignisse sich tatsächlich so zugetragen haben, wie der Klient sie angibt (false memory)?
4. Welche Ausdrucksformen oder »Helfer« des Selbstvergessens (Traumakompensation) hat der Klient für sich entwickelt?
5. Mit welchen Ängsten und Schwierigkeiten könnte das eigene Männerbild des Klienten verknüpft sein?
6. Denken Sie, dass Medikamente in der Behandlung dieses Klienten hilfreich sein könnten?
7. Welche Rolle haben die Scham- und Schuldgefühle möglicherweise im Verhältnis zu seiner Ursprungsfamilie gespielt? Wie haben diese Gefühle seine Fähigkeit geschwächt, sich abzugrenzen?
8. Der Klient verehrte seine Großmütter, deren Gräber er immer wieder aufsucht. Welches Geheimnis und welche Schande haben die Großmütter mit ins Grab genommen?
9. Bitte fantasieren Sie, welche Übertragungen von Seiten des Klienten spürbar sein könnten, welche Gegenübertragungen der Klient möglicherweise in Ihnen auslösen könnte, welche Abwehr beim Klienten auftreten und welche Widerstände es beim Berater geben könnte, bestimmte Themen zu denken oder zu fühlen?

10. Welchen Sinn hat es, umfangreiche biografische Informationen zu erfragen? Lesen Sie dazu bitte nochmals im Kapitel »Theorie der systemischen Beratung« den Abschnitt »Diagnosephase« (s. S. 361 ff.) durch.

Lösungsvorschläge finden Sie auf Seite 407. Die folgenden Fragen haben keine Musterlösungen:

Viele Klienten leben in einem mentalen Dreieck aus Täter, Opfer und Retter.

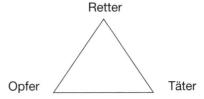

- Wer übernimmt in der vorliegenden Falldarstellung welche Rollen? Manche Personen haben in diesem Dreieck auch Doppelrollen. Wie muss das Dreieck verändert werden, damit dem Klienten wirklich geholfen werden kann?
- Bitte stellen Sie sich vor, Sie würden den Klienten beraten. Sie sind in der vierten Beratungsstunde. Stellen Sie zu allen Themen, die bisher besprochen worden sind, zirkuläre Fragen an den Klienten. Ein Beispiel: »Herr Klient, wie lange hätten Sie noch so hart arbeiten müssen, bis Ihre Frau gemerkt hätte, dass Sie durch die viele Arbeit eigentlich etwas ganz anderes erreichen wollten?«
- Bitte orientieren Sie sich an den im Kapitel »Theorie der systemischen Beratung« dargestellten »Störungen durch zirkuläre Befragung« (s. S. 368 f.) und stellen Sie jeweils drei Fragen, in denen ein/e

  – Erklärung auf Bewertung verweist,
  – Beschreibung auf Verhalten verweist,
  – Verhalten auf Verhalten verweist,
  – Erklärung auf Verhalten verweist,
  – Bewertung auf Verhalten verweist.

- Bitte schauen Sie sich den Abschnitt »Expertenberatung und Prozessberatung« im Kapitel »Theorie der systemischen Beratung« (s. S. 358 ff.) nochmals an und übertragen Sie die Konzepte der Experten- und Prozessberatung auf die Arbeit mit dem Klienten dieser Falldarstellung. Wie würde sich Ihre Beratung unterscheiden, wenn Sie jeweils nur die eine Grundausrichtung berücksichtigen würden? Stellen Sie die Unterschiede exemplarisch anhand von vier Themen dar (zum Beispiel Vater anzeigen oder konfrontieren? Alte Ehe der Kinder wegen reaktivieren? Umgang mit Alkohol? Medikamente: ja oder nein? Beruf, Liebe, Spiritualität, Körper und Gesundheit ...).
- Bitte stellen Sie dem Klienten (dem Klienten, der sich vor Ihrem inneren Auge geformt hat), die Fragen aus dem Leitfrageninterview auf Seite 362 f. »Das Interview als Diagnoseverfahren«. Schreiben Sie die Antworten auf, die Ihr imaginierter Klient Ihnen gibt, und leiten Sie daraus bitte kognitive Konstrukte ab.

Falldarstellung 16: Projektmanagerin bekommt roten Kopf

Die 36-jährige Klientin aus Bielefeld bekommt in Teamsitzungen häufig einen roten Kopf. Sie fühle sich dadurch angreifbar und möchte das ändern.

Beschwerden und Klagen: Die Klientin klagt, sie bekomme in der Regel einen roten Kopf, wenn ihr widersprochen werde. Sie habe oft Angst und verspüre innere Unruhe, die mit Schweißausbrüchen, Schwindel und Herzrasen einhergehe. Sie könne kaum einschlafen. Sie lebe in einer unsicheren Partnerschaft, fühle sich ungeheuer einsam und müsse häufig weinen.

Gesundheitliche Vorinformationen: Die innere Unruhe, das Herzrasen und andere Symptome seien von einem Psychiater als Angstsymptome diagnostiziert worden. Dagegen bekomme sie Medikamente, die auch gut helfen würden. An ihrem roten Kopf und der Weinerlichkeit habe das jedoch nichts geändert. Sie sei wegen Erschöpfungszuständen bereits zweimal in einer Kur gewesen. Körperliche Erkrankungen seien bei ihr nicht bekannt.

Sozialanamnese: Ihren Vater kenne die Klientin nicht. Über ihn habe die Mutter niemals geredet. Die Mutter sei Putzfrau an einer Fachhochschule gewesen. Die Klientin habe einen acht Jahre älteren Halbbruder, dessen Vater sie ebenfalls nicht kenne; wohl aber die Eltern des unbekannten Vaters ihres Halbbruders. Von einem weiteren unbekannten Mann habe die Mutter ein drittes Kind gehabt, das aber im Alter von 18 Monaten gestorben sei.
Die Klientin habe mit 18 Jahren geheiratet. Da ihr Mann Alkoholiker gewesen sei und sie geschlagen habe, habe sie ihn nach 15 Ehejahren verlassen. Aus der Ehe seien zwei jetzt schon erwachsene Kinder hervorgegangen. Vor einigen Jahren sei sie von Hameln nach Bielefeld gezogen, wo ihr Bruder als Schweißer arbeite. Die alte Mutter sei ihren Kindern gefolgt und lebe nun nahe Bielefeld in einem Heim.
Die Klientin gibt an, zurzeit habe sie ein Verhältnis mit einem verheirateten Mann. Dieser wolle sich zwar nicht von seiner Frau trennen, er unterstütze die Klientin aber nach bestem Vermögen. Sie wohne in einer kleinen Wohnung und habe bisher keinen Freundes- oder Bekanntenkreis in Bielefeld aufbauen können.

Arbeits- und Berufsanamnese: Die Klientin habe die 10. Klasse besucht und anschließend eine Lehre als Reiseverkehrskauffrau bei einem Versandhandelskonzern absolviert. In diesem Konzern habe sie viele Jahre gearbeitet. Sie habe über ein Fernstudium in Hamburg die Fachoberschulreife erworben, darauf eine Teilzeitakademie für Tourismusmanagement besucht und diese mit Erfolg abgeschlossen.
Nach der Trennung von ihrem Mann sei sie nach Bielefeld gezogen und habe eine 2/3-Stelle als Projektmanagerin einer Reiseagentur angetreten. Der Arbeit fühle sie sich nur bedingt gewachsen; oft fühle sie sich überfordert. Das Arbeitsklima habe sich spürbar verschlechtert, als eine Tochter des Besitzers Juniorchefin geworden sei. Sie habe mit dieser Juniorchefin häufig kleinere Auseinandersetzungen, traue sich dann aber nicht, ihr die Meinung zu sagen. Deshalb fresse sie viel Ärger in sich hinein. Obwohl sie ungern Vorträge halte, zwinge die Juniorchefin sie immer wieder, vor den Kolleginnen und Kollegen Kurzreferate zu halten. Sie bekomme dann meist einen hochroten Kopf und stocke in ihrer Rede.

Wegen dieser Umstände habe sie sich in den letzten Wochen mehrfach krankschreiben lassen, da sie der Anspannung nicht mehr gewachsen sei. Nach mehrfachen Krankschreibungen habe sie ein Kündigungsschreiben von ihrer Firma erhalten, in dem ihr mitgeteilt worden sei, dass es wegen wirtschaftlicher Engpässe leider zu Personalkürzungen kommen müsse.
Zurzeit beziehe sie Geld von der Krankenkasse. Sie befürchte, dass sie bei Bewerbungsgesprächen einen roten Kopf bekommen könnte.

Biografische Anamnese (systemische und psychodynamische Aspekte; in der Reihenfolge der Klientenerzählung): Die Klientin sei in Hameln bei ihrer Mutter aufgewachsen. Der ältere Halbbruder habe sie links liegen lassen und sich überhaupt nicht für sie interessiert. Sie sei ein ungewolltes Kind gewesen: »Einer von den Unfällen, die mit besoffenen Kerlen passieren. Du solltest eigentlich nicht mehr da sein«, habe die Mutter zu ihr gesagt.
Ihre Mutter sei den Gesprächen über ihren Vater, die Klientin nennt ihn den Erzeuger, stets ausgewichen. Die Mutter habe sie ihr Leben lang schlecht behandelt und sich vorwiegend um den älteren Bruder gekümmert. Damals, so wie heute, habe die Klientin sich bevormundet und eingeschränkt gefühlt. Die Mutter habe zwar zu Weihnachten und zu anderen Festen alles mit viel Liebe vorbereitet, ansonsten habe es aber kaum emotionale Wärme oder Geborgenheit gegeben. Die Mutter habe oft erzählt, dass die Klientin als Kleinkind beinahe gestorben sei, als ihr eine Puderdose aus einem Regal in den Mund gefallen sei. Es sei nur Glück gewesen, dass sie überlebt habe. Die Klientin glaube jedoch, dass die Mutter eigentlich froh gewesen wäre, wenn sie als Baby gestorben wäre.
Die Klientin könne sich erinnern, dass sie zusammen mit ihrem Bruder oft zum Grab der Großmutter gegangen sei (Muttersmutter). Als die Oma gestorben sei, sei die Klientin noch sehr klein gewesen. Sie könne sich an diese Oma eigentlich gar nicht mehr erinnern.
Ihr sei aber noch erinnerlich, dass die erste Wohnung, in der die Familie gelebt habe, furchtbar hässlich gewesen sei und dass die Mutter sich dafür sehr geschämt habe. Aus diesem Grund habe die Familie kaum Besuch gehabt und die Klientin habe keine Freundinnen mit nach Hause bringen dürfen. Ihre Mutter, der Bruder und sie hätten gemeinsam in einem Zimmer schlafen müssen.
Es sei oft ein Mann in Bundeswehruniform zu Besuch gekommen. Dann hätten die Kinder im Flur schlafen müssen. Sie denke heute, dass ihre Mutter mit diesem Mann eine Beziehung gehabt habe. Die Besuche hätten irgendwann aufgehört. Von diesem Moment an habe die Mutter nie wieder männliche Freunde oder Bekannte gehabt.
Die Klientin sei oft bei einer Tante in Hamburg gewesen. Diese habe ebenfalls zwei Töchter gehabt, mit denen sie sich sehr gut verstanden habe. Bei dieser Tante sei sie über zwei Jahre gewesen, als sie im Alter von neun Jahren an Tuberkulose erkrankt sei. Das Jugendamt habe der Mutter damals empfohlen, sie eine Zeit lang anderswo unterzubringen. Sie habe die Zeit bei der Tante sehr genossen; es sei die schönste Zeit ihres Lebens gewesen.
Ihr Halbbruder sei viel bei seiner Oma, der Mutter seines unbekannten Vaters, gewesen. Die Oma habe sie zwar nett behandelt, habe sich aber nie wirklich für sie interessiert.
In der Schule sei sie gehänselt und gedemütigt und als »Balg« beschimpft worden. Die Schulzeit habe sie deswegen gehasst. Sie habe nur eine einzige Schulfreundin gehabt, und zu der halte sie noch heute Kontakt. Ansonsten sei sie eine Einzelgängerin gewesen.

Im Alter von 17 Jahren habe sie ihren ersten Mann kennen gelernt und ihn geheiratet, sobald sie volljährig gewesen sei. Die Ehe sei sehr anstrengend und lieblos gewesen und irgendwann gescheitert. Nach der Trennung seien die Kinder aus dieser Ehe zum Vater gezogen, da dieser wegen seiner Alkoholkrankheit der Schwächere der Eltern gewesen sei und da die Klientin bereits einen neuen Lebenspartner gefunden hatte, mit dem die Kinder sich nicht so gut vertragen hätten. Es habe sie jedoch sehr gekränkt, dass die Kinder zum Vater gegangen seien. Immerhin seien er und seine Alkoholkrankheit Schuld daran, dass die Ehe gescheitert sei. Außerdem sei sie eine sehr verständnisvolle und liebevolle Mutter gewesen, der Vater hingegen habe in angetrunkenem Zustand viel herumgeschrien und sich nie gut um die Kinder gekümmert.

Die Klientin fühle sich sehr einsam. Es stütze sie sehr, dass sie eine Beziehung mit einem verheirateten älteren Mann habe. Die Beziehung gebe ihr Nähe und Geborgenheit, sei aber ansonsten ohne Pflichten. Sie könne sich nicht vorstellen, erneut mit einem Mann zusammen in einer Wohnung zu leben und sich von ihm alles vorschreiben zu lassen. Auf der anderen Seite sei sie sehr traurig darüber, dass sie an wichtigen Festtagen stets alleine sei, während ihr Freund diese Tage mit seiner Ehefrau verbringen könne.

Ihr Verhältnis zur eigenen Mutter sei sehr beschwerlich. Obwohl die Mutter bereits alt sei, habe die Klientin immer noch Angst vor ihr. Wenn die Mutter anrufe, was sie viel zu oft tue, schrecke sie jedes Mal zusammen und sei wie gelähmt. Sie könne der Mutter nichts entgegensetzen und traue sich auch nicht, die Mutter nochmals nach ihrem Vater zu befragen, da die Mutter sie bereits vor vielen Jahren schroff abgewiesen habe, als die Klientin ihr eine Frage nach ihrem Erzeuger gestellt habe.

> **Beratungsziele:** Die Klientin formuliert folgendes Beratungsziel: »Ich möchte innerlich zur Ruhe kommen und meine Ängste verlieren. Ich möchte meine Sprechängste in größeren Gruppen verlieren und dann keinen roten Kopf mehr bekommen. Außerdem möchte ich mit der Faust auf den Tisch hauen können.«
>
> Mit der Klientin wurden vier weitere Ziele vereinbart:
> - Der Mutter selbstbewusster gegenüberzutreten und ihr die Fragen stellen zu können, die bisher unbeantwortet geblieben waren.
> - Sich von der Mutter besser abgrenzen zu können.
> - Parallelen zwischen Beziehungserfahrungen in der Kindheit (Elternhaus, Schule und so weiter) und den Erfahrungen im Berufsleben erkennen zu können.
> - Neue Beziehungsmuster (Einstellungen, Emotionen, Erwartungen, Handlungen) zu finden und zu erproben.
> - Ängste und eigene Bedürfnisse früh erkennen zu können, um Handlungsalternativen zu den bisherigen Verhaltensweisen des Errötens oder Krankwerdens zu finden.

Übungsfragen zur Falldarstellung 16

1. Die Klientin bekommt Medikamente und war wegen ähnlicher Beschwerden bereits mehrfach in »Kur«. Ist eine psychologische Beratung oder ein Coaching sinnvoll und unter rechtlichen Gesichtspunkten vertretbar?
2. Welche Qualität dürfte die Beziehung der Mutter zum Erzeuger der Klientin gehabt haben?

3. Welches innere Bild könnte die Klientin von ihrem Vater haben, welcher Art könnten ihre Gefühle ihm gegenüber sein?
4. Haben wir Hinweise darauf, dass die Beziehung der Mutter zum Vater des Halbbruders eine andere Qualität hatte?
5. Welche Qualität hat die Beziehung der Klientin zum Bruder?
6. Welchen Sinn könnte es für die Klientin gehabt haben, in jungen Jahren zu heiraten und Kinder zu bekommen?
7. Welche Bedürfnisse befriedigt der verheiratete Freund der Klientin?
8. Welche Beziehungserfahrungen werden in dem Konflikt mit der autoritären jungen Chefin reaktiviert?

Lösungsvorschläge finden Sie auf Seite 411 ff.

Die folgenden Übungsteile haben keine Musterlösungen:

- Bitte stellen Sie der Klientin die Wunderfragen nach Steve de Shazer (»Lösungsfokussiertes Fragen«, s. S. 370). Sie können sich dabei auf ein Problem der Klientin beschränken, das Sie besonders relevant finden. Schreiben Sie bitte auf, welche Antworten Sie von der Klientin erwarten.
- Bitte spekulieren Sie, welche Übertragungen, Gegenübertragungen und Widerstände (auf der Seite der Klientin und auf der Seite des Beraters) sich in der Beratung dieser Klientin möglicherweise manifestieren könnten.
- Bitte suchen Sie Referenztransformationen (vgl. S. 366 f.) des Inhalts, des Kontextes und des Ziels zu folgenden »Problemen«: Erröten, Angst vor der Mutter, Vergessen oder Ignorieren des Vaters, Zufriedengeben mit einem Verhältnis, Abwenden der Kinder, Erkranken im Konflikt.

Falldarstellung 17: Gemindertes Selbstwertgefühl eines Dressmans

Der 24-jährige Klient gibt an, er sei ein erfolgreiches Model und arbeite unter anderem für ein großes Hamburger Versandhaus. Im Kontakt mit anderen Menschen sei er aber zunehmend unsicher. Dies behindere sein wirkungsvolles Auftreten bei Fototerminen und gefährde seine Karriere.

Jetzige Beschwerden und Klagen: Er habe in den letzten Monaten mehrfach Fototermine absagen müssen, da ihn die Menschenansammlungen vor den Fototerminen sehr beunruhigt hätten. Mehrmals habe er dann vor der Menschenansammlung fliehen müssen, da sich in ihm ein Gefühl von Atemnot und Ohnmacht ausgebreitet habe. Solche Probleme habe er vorher noch nie gehabt. Er habe Angstgefühle, sei zunehmend unsicher und fühle sich auch traurig. Sein Selbstwertgefühl sei in den letzten Monaten zunehmend schlechter geworden, und er habe dadurch sehr an Ausstrahlung verloren. Vor der Kamera könne er sich nicht mehr frei bewegen. Er habe zunehmend Angst davor, die Kontrolle über seine Gefühle oder seinen Körper zu verlieren. Seine Probleme erschweren ihm die zwischenmenschlichen Kontakte bei der Arbeit und im Privatleben außerordentlich oder machten Kontakte teilweise sogar unmöglich. Selbst die Angst vor diesen Symptomen sei für ihn belastend.

Gesundheitliche Vorinformation: Der Hausarzt habe ihm gesagt, es könne sich um Symptome einer Angsterkrankung handeln, die dringend von einem Psychiater behandelt werden müssten. Der Hausarzt sei durchaus bereit, die nötigen Tabletten zu verschreiben, wenn der Klient Angst habe, zu einem Psychiater zu gehen und dadurch stigmatisiert zu werden. Der Klient habe sich jedoch strikt geweigert, Tabletten zu nehmen oder einen Facharzt aufzusuchen. Der Hausarzt habe ihn daraufhin unterschreiben lassen, dass dies gegen seinen ausdrücklichen ärztlichen Rat geschehe. Der Klient habe jetzt die Nase voll von Ärzten und Psychologen und möchte nur noch Hilfe von Personen in Anspruch nehmen, die ihm nicht eine medizinische Schulmeinung überstülpen wollten.

Sozialanamnese: Der Klient gibt an, seine Mutter sei bis zu ihrem 18. Lebensjahr von ihrem Vater (dem Großvater des Klienten) sexuell missbraucht worden. Sie sei seit ihrem 16. Lebensjahr alkoholabhängig und habe daher keinen Beruf erlernen können. Der Vater sei Maurer und ebenfalls schwer alkoholkrank gewesen. Der Klient habe eine Zwillingsschwester, eine zwei Jahre jüngere Schwester und einen zehn Jahre jüngeren Bruder. Die Eltern seien nicht in der Lage gewesen, den Haushalt zu führen, da sie meist betrunken im Bett gelegen hätten.
Er selbst sei glücklich verheiratet und erfahre sehr viel Unterstützung und emotionale Geborgenheit in der Familie der Ehefrau. Seine Frau sei Bankkauffrau. Das Paar habe noch keine Kinder und lebe in einer modernisierten Drei-Zimmer-Wohnung am Stadtrand von Hamburg.

Arbeits- und Berufsanamnese: Wie der Klient erklärt, hat er die Hauptschule besucht und anschließend eine Lehre als Industrieschlosser absolviert. Nach der Lehre sei er vier Jahre als Zeitsoldat (Hauptgefreiter der Pioniere) bei der Bundeswehr gewesen. Während dieser Zeit habe er in einem Fernstudium die mittlere Reife nachgeholt und eine Zusatzausbildung als Techniker angestrebt, jedoch nicht begonnen. Nach der Bundeswehr habe er als Fotomodell für Unterwäsche gejobbt. Da er sehr smart aussehe, habe eine Agentur ihn gebeten, auch für andere Textilien oder Werbetermine als Model zur Verfügung zu stehen. Es handele sich dabei aber nicht um erotische oder pornografische Fotografien. Die Arbeit sei zurzeit so lukrativ, dass er vorübergehend andere Berufspläne auf Eis gelegt habe.

Biografische Anamnese (in der Reihenfolge der Klientenerzählung): Vor zwei Jahren sei dem Klienten bewusst geworden, dass er und alle seine Geschwister sowie viele weitere Mitglieder der Großfamilie vom Vater der Mutter missbraucht worden seien. Die Kinder seien in den Ferien regelmäßig zum Opa aufs Land geschickt worden, und der habe sich dort an den Kindern vergangen. Seit zwei Jahren überlege er, ob er den Großvater anzeigen oder dieses Thema in der Familie ansprechen solle.
Die Mutter habe in seinem Leben keine wichtige Rolle gespielt. Sie sei zumeist betrunken gewesen und habe selbst ihre eigenen Angelegenheiten oder selbst die Körperpflege nicht regeln können. Der Vater sei sehr schwach gewesen. So habe der Klient keinerlei Wärme, Nähe oder emotionale Geborgenheit in seiner Kindheit erfahren können. Er habe früh auf eigenen Beinen stehen und die Eltern versorgen müssen.
Obwohl die Eltern gewusst oder zumindest geahnt hätten, dass der Großvater sich an den Kindern vergangen war, hätten die Eltern die Kinder dennoch zu ihm geschickt. Der Großvater sei von Nachbarn mehrfach angezeigt worden, da er auch die Kinder aus der

Nachbarschaft sexuell belästigt habe. Er sei aber nie wirklich gestoppt worden. Der Opa sei von sehr kräftiger, muskulöser Statur und würde bereits durch seine Erscheinung andere Menschen einschüchtern. Die Großmutter, die Ehefrau des Täters, habe geschwiegen und über mehrere Generationen hinweg die Augen vor den Taten ihres Mannes verschlossen. Der Klient empfinde seinen Eltern und dem Großvater gegenüber nur Hass und Verachtung.

Zur Großmutter habe er jedoch ein herzliches Verhältnis. Sie verstehe ihn. Aus Angst davor, ihr zu schaden, schrecke er noch davor zurück, den Großvater anzuzeigen.

Seine Zwillingsschwester, so der Klient, empfinde er als schwach und eher oberflächlich orientiert. Sie erinnere ihn sehr an seine Mutter. Zu seiner jüngeren Schwester habe er ein gutes Verhältnis, sie könne er achten und respektieren. Sein kleiner Bruder liege ihm sehr am Herzen. Er sehe in ihm manchmal sich selbst in jüngeren Jahren. Er wolle diesen Bruder schützen, weshalb er in der Familie bekannt gemacht habe, dass der Opa ihn missbraucht hatte. Er hoffe, dass der Opa daraufhin die Finger von seinem Bruder lasse. Er wisse aber nicht genau, ob der kleine Bruder bereits Opfer des Opas geworden sei.

Er selbst sei seit drei Jahren verheiratet. Seine Frau habe er in der Bank kennen gelernt. Sie habe ihn dort beraten. Er habe sich sofort zu ihr hingezogen gefühlt und eine tiefe Seelenverwandtschaft zu ihr verspürt. In ihrer Familie gebe es keine Alkoholprobleme, und die Eltern und Geschwister seiner Frau seien sehr respektvoll und offenherzig auf ihn zugegangen. Er habe sich sofort zur Familie zugehörig gefühlt und sei dort als Sohn aufgenommen worden. Die neue Familie gebe ihm sehr viel Halt.

Allerdings gebe es auch in dieser Familie einen Missbrauchsfall, der aus Scham verschwiegen werde. Das Opfer, die Ehefrau des Klienten, sei allerdings austherapiert, wie sie selbst sage. Sie habe den Klienten gebeten, sich dem Täter gegenüber, einem Onkel der Frau, freundlich und neutral zu verhalten. Die ganze Familie der Frau wisse von dem Übergriff, habe sich jedoch darauf geeinigt, nicht mehr darüber zu sprechen.

Mit seiner Frau habe der Klient gelegentlich Probleme, da sie ziemlich eifersüchtig auf die vielen attraktiven Frauen sei, die er beruflich kennen lerne. Sie durchsuche regelmäßig seine Kleidung, seine Brieftasche und seinen Schreibtisch. Das störe ihn allerdings überhaupt nicht, da er nichts zu verbergen habe.

Gelegentlich würden sich andere Frauen oder auch Männer in ihn verlieben, da er so attraktiv aussehe. Er könne sich aber nicht vorstellen, einen Seitensprung zu machen, da es ihm unerträglich erscheine, nochmals ganz von vorn anfangen und den mühsamen Prozess durchlaufen zu müssen, der erforderlich sei, um eine Partnerschaft zu begründen. Außerdem sei ihm Sex unwichtig. Das könnten sich viele Menschen nicht vorstellen, da viele ihn sexuell ausgesprochen ansprechend fänden.

Es sei ihm nicht daran gelegen, den ganzen Schmutz aus seiner Vergangenheit aufzuwühlen. Das meiste habe er bereits gut durchdacht und für sich geordnet. Es sei nicht erforderlich, das immer und immer wieder zu besprechen. Davon erhoffe er sich nichts. Außerdem solle man auch nicht zu viel Aufhebens davon machen, da er immerhin nicht verletzt oder verkrüppelt sei. Was vergangen sei, sei vergangen und müsse irgendwann Ruhe finden. Er wolle lediglich lernen, die Vergangenheit im Alltag vergessen zu können, damit er sich wieder voll auf seine Arbeit konzentrieren könne.

Ziel des Klienten: »Ich möchte belastbarer werden, Kontrolle gewinnen, ein einigermaßen normales Leben führen, ohne niedergeschlagen zu sein und ohne fliehen zu müssen. Ich möchte angstfrei sein und mich auch in Menschenansammlungen sicher fühlen können.«

Übungsfragen zur Falldarstellung 17

Sie finden zu den Fragen keine Musterlösungen am Ende des Kapitels.

- Stellen Sie sich vor, Sie seien der Berater des Klienten oder der Autor dieses Handbuches: Formulieren Sie zehn Fragen, die im Zusammenhang mit dieser Falldarstellung sinnvoll oder weiterführend sind: Wo sind die inneren Konflikte, die Widersprüche, die Ängste, die blinden Flecke, die systemischen Verstrickungen? Ihre Fragen sollen zur Klärung dieser Aspekte beitragen. Es geht nicht um gute Antworten, sondern wieder einmal um gute Fragen!
- Bitte beantworten Sie Ihre eigenen Fragen. Jetzt geht es um gute Antworten ...
- Formulieren Sie einige weiterführende Beratungsziele, von denen Sie denken, dass sie dem Beratungssetting angemessen sind und für den Klienten hilfreich sein könnten.
- Denken Sie, es wäre lohnend für den Klienten, wenn er nochmals eine Psychotherapie beginnen würde?

Lösungen

Lösungsvorschläge zu den Falldarstellungen

Bitte bedenken Sie, dass die folgenden Lösungsvorschläge eher als Anregungen für Diskussionen oder zur Reflexion Ihrer eigenen Gedanken gedacht sind. Die Vorschläge sind weder umfassend noch zutreffender als Ihre möglichen Ideen zu den Fällen!

Falldarstellung 13: Ein Stotterer auf Jobsuche (s. S. 384 ff.)

1. Durch seine freundliche und neutrale Art entzieht er sich, zeigt keine Ecken und ist als Person nicht greifbar. Die Mutter ist nach dem Tod der kleinen Schwester depressiv geworden. Durch das sehr freundliche und friedfertige Verhalten zeigt der Klient, dass er brav und artig ist – in der Hoffnung, dass Mami nicht noch mehr leidet und dass er ihre Liebe nicht verliert. Ein weiterer Grund könnte sein, dass der Klient Aggressionen gegen den Großvater oder gegen den eigenen Vater abwehrt, indem er besonders friedfertig ist. Es wäre auch möglich, dass der Klient Schuld empfindet, überlebt zu haben oder gesund zu sein (eine verstorbene kleine Schwester und ein Geschwisterkind mit Hirnschaden), und auf diese Weise eine freundliche Demut ausdrückt. (Siehe auch die Antwort zu Frage 6.) Sie sehen, dass ein beobachtbares Verhalten weiten Raum für Spekulationen über die möglichen Ursachen dieses Verhaltens lässt. Diese Spekulationen, Interpretationen oder Deutungen können wahr oder unwahr sein. Ihr Veränderungswert ist oft erst erkennbar, wenn der Klient darüber nachdenken kann. Das kann psychoanalytisch-deutend, psychodramatisch, hypnotherapeutisch oder anders geschehen. Erst die Reaktionen und positiven Veränderungen des Klienten zeigen den Wert unserer Spekulationen.
2. Der Klient beschreibt und bewertet sein Leben (erzähltes Leben) ohne Ecken oder Kanten. Alles scheint harmonisch. Die Schönrederei führt dazu, dass er die Augen vor den Eheproblemen der Eltern verschließt. Der Klient gibt zwar an, dass der Vater wegen häufiger Besuche der Schwiegereltern frustriert gewesen sei, zieht daraus aber nicht die Schlussfolgerung, dass die Eltern vermutlich viele Probleme gehabt haben oder sogar unglücklich miteinander gewesen sein könnten.
3. Den anderen Geschwistern ein Vorbild zu sein. Harmonisierend auf die Ehe der Eltern einzuwirken.
4. Die Depression der Mutter mit zu tragen. Einen Teil der Schuldgefühle mit zu tragen.
5. Im Laufe der Beratung zeigt der Klient mehrfach seine Geringschätzung und Missachtung für den Vater. Dieser stand in seinem »sozialen Atom« eher abseits. Der Vater der Mutter wurde von ihm Vati genannt, die Mutter Mutti. Zwischen Mutter und Großvater hat er also eine stärkere Bindung wahrgenommen als zwischen Mutter und Vater.
6. Wer brav ist, kommt ungeschoren davon. Wer sich dem Großvater (den potenten Männern) widersetzt, bekommt Schläge. Vermutlich hat er als kleines Kind bereits geahnt, dass die großen Penisse der Hengste männliche Geschlechtsteile sind und dass die Gefahr bestehen könnte, dass er bei Ungehorsam seines Geschlechtsteils beraubt werden könnte (eine etwas hergeholte Variante der klassischen Kastrationsangst gegenüber einem als sadistisch erlebten übermächtigen Erwachsenen).
7. Äußeren Konflikten und Aggressionen vorausschauend aus dem Weg zu gehen.

Friedfertig und unangreifbar zu sein. Nichts Falsches zu sagen (lieber zu stottern oder zu stammeln). Keine Größe oder Stärke zu zeigen aus Angst, als aufsässig entlarvt zu werden und selbst so zu sein wie ein potenter starker Mann, der andere schlägt.

8. Dass sich die Mutter vom Klienten »abgewandt« hat, als sie ihr zweites Kind bekam, hat den Klienten stark verunsichert und »sprachlos« gemacht. Die Verlustängste (Verlust der Mutter, der Liebe, der Zuwendung und Nahrung) und die später darauf folgenden Konkurrenzgefühle, die sich gegenüber dem zweiten Kind entwickelt hatten, könnte er auch gegenüber dem Onkel empfunden haben, dessen Stelle als »erstes Kind« er bei den Großeltern einzunehmen versuchte.

9. Sich nicht ganz zeigen zu müssen und dadurch unangreifbar zu sein. Nicht aus dem Affekt heraus etwas Falsches sagen zu müssen.

10. Es wurde mit ihm vereinbart, dass er seinen »Fehler« nicht verstecken sollte, sondern bereits im Bewerbungsschreiben darauf hinweisen könnte.

»Über eine Einladung zu einem persönlichen Gespräch würde ich mich sehr freuen. Ich weise Sie jedoch darauf hin, dass ich in Vorstellungsgesprächen oft deutlich stottere. Sobald ich mit den Personen und Herausforderungen des Betriebes etwas vertrauter bin, lässt dieser Sprachfehler jedoch stark nach. Damit Sie einen Eindruck davon bekommen, wie ich normalerweise rede und wie sich meine Stimme in französischer und spanischer Sprache anhört, füge ich Ihnen eine CD bei, auf der ich Ihnen in drei Sprachen weitere Informationen über mich und meinen Werdegang gebe ...«

11. Trauer um die kleine verstorbene Schwester, Schuld des Überlebenden und Gesunden, übernommene Fremdgefühle der Mutter (Traurigkeit), Angst vor Strafe und Unterdrückung, Angst vor Selbstwerdung, Unabhängigkeit und männlicher Stärke. Ambivalenz von Abhängigkeit – Unabhängigkeit, von Beherrschung – Unterwerfung. Es gibt viele weitere Themen, die sich aus der Falldarstellung ergeben. Bei einer Konzentration auf das Problem des Stotterns würden diese Themen nicht direkt bearbeitet werden können.

Falldarstellung 14: Zunehmende Vergesslichkeit eines Professors (s. S. 389 ff.)

1. Im Mittelpunkt der Schilderung steht das Schicksal des Vaters. Aus den spontanen Äußerungen erfahren wir wenig über die Mutter, die vielen Geschwister und andere wichtige Bezugspersonen wie Freunde oder wichtige Bekannte. Die biografische Schilderung des Klienten hat 90 Minuten in Anspruch genommen, trotzdem bleiben viele wichtige Beziehungen unberücksichtigt. Aus diesem Grunde ist es ratsam, zusätzlich zu solchen Schilderungen in jedem Falle ein »soziales Atom« (s. S. 372 f.) anzufertigen. Auf diese Weise erhalten Sie eine grafische Zusammenfassung wichtiger Bezugspersonen und ein Schema wichtiger Beziehungserfahrungen, Selbstbeschränkungen, kognitiver Konstrukte. Im Laufe der Beratung können Sie auf die einzelnen Beziehungen Ihres Klienten in ihren verschiedenen Qualitäten eingehen: Kognition, Emotion, Handlung, Wünsche, Wandel, Fantasien und anderes mehr. Darin liegt bei jedem Menschen genügend »Stoff« für mindestens 50 Beratungsstunden!

2. Leben als freier Bauer auf freier Scholle oder Unterordnung unter die Ziele der antisozialen Bewegung der NSDAP? Unterordnung unter den Wunsch der Familie oder Verwirklichung eigener Ideale (anders herum: Flucht in die Freiheit oder Unterordnung unter die Ziele einer Partei, der SED)? Das eigene Leben unbehelligt weiterleben oder Unterordnung unter die neuen Regeln der Wende (der BRD)?

3. Die Familie des Klienten ist mehrfach entwurzelt worden und musste sich daher mehrmals dem Wandel durch politische

oder gesellschaftliche Strömungen unterwerfen.

4. Er lebt mit seiner Frau auf dem Gelände einer ehemaligen landwirtschaftlichen Produktionsgenossenschaft der DDR, einer LPG. Dort wird im Rahmen eines Modellprojektes noch in geringem Maße Landwirtschaft betrieben. Außerdem hat er das Thema Landwirtschaft im entfernteren Sinne (Holzwirtschaft weist ja einige Parallelen auf) im universitären Bereich gewählt und setzt damit die Tradition seiner Familie indirekt fort.

5. Siehe auch Antwort zu Frage 2: Die Rebellion richtet sich gegen die eigene Familie, die die neuen Ideale des Sozialismus verrät. Die Rebellion ist auch eine pubertäre Ablösung und Befreiung von den Eltern. Die Anpassung ist die Unterwerfung unter die Ideale der SED und die Lebensweise in der DDR.

6. Der Biografie des Vaters kann entnommen werden, dass seine Kritik gegenüber der NSDAP zu einer vorzeitigen Einziehung zur Wehrmacht geführt hatte. Hätte er sich angepasster verhalten, wäre es ihm vielleicht möglich gewesen, länger als Bauer auf seinem Hof zu bleiben. Der Klient hat als Kind in der DDR außerdem erfahren, dass jede Form eines auffälligen Individualismus zu Repressalien führen konnte.

7. In der Beratung dieses Klienten trat bei dem Berater eine aggressive Gegenübertragung auf; in etwa: »Dieser Jammerlappen, dieser Schlappschwanz, der offenbar nur auf eine Rente aus ist ...« Außerdem fühlte der Berater sich immer wieder unterdrückt und eingeengt, wenn der Klient ihn mit seinem detailreichen Redeschwall »in die Ecke drängte«. Die unangenehme Übertragung und Gegenübertragung und das bedrückende Gefühl weisen darauf hin, dass der Klient starke Aggressionen unterdrückt und durch seine Friedfertigkeit abwehrt. Dadurch, dass seine detailreichen Erzählungen kein Ende finden, kann er den Zuhörer quälen, bietet gleichzeitig aber keinen Angriffspunkt für Kritik (im Sinne der persönlichen oder politischen Gesinnung).

8. Die aggressive Gegenübertragung des Beraters wird von dem Klienten als Aufforderung wahrgenommen, sich zu bewegen, sich zu ändern. Unbewusst sieht er darin vermutlich eine große Gefahr. Da er nicht offen aggressiv sein kann oder darf, finden seine Emotionen ihren Ausdruck in einer Stellvertretergeschichte im Dort und Damals. Im Hier und Jetzt würden die Emotionen dieser Übertragung vielleicht wie folgt lauten:

Klient an Berater: »*Ich empfinde Ihre Bemerkungen als Angriff, und das macht mich sehr wütend. Ich verspüre Impulse, Sie zu schlagen. Ich merke aber auch, dass ich in diesem Bereich sehr gehemmt und ängstlich bin.*«

9. Sicher hat er Angst gehabt, aufzufallen und sich zu zeigen. Ein anderer Grund könnte seine Angst vor offener Aggression sein. Da er sich einem offenen Kampf entzieht, hat er noch die Möglichkeit, sich durch Rückzug, Krankheit, Versagen, Vergesslichkeit oder (symbolisch) durch Impotenz und Demenz den Anforderungen des Regimes zu entziehen. Gleichzeitig sind diese Methoden ein ebenso wirkungsvoller Kampf gegen die »Obrigkeit« (Staat, Universität, Arbeitgeber, Sippe und so weiter) wie ein offener Konflikt.

10. Die eigenen Wurzeln zu verlieren. Dass die Ziele und Visionen der Sippe oder des Vaters unerfüllt bleiben. Dass sich Lebensträume oder der Sinn des eigenen Lebens zerschlagen. Dass Beziehungen verfallen. Dass die eigenen Eltern und die Erinnerung an sie verfallen und dass er dadurch entwurzelt wird. Dass er selbst alt wird und vergänglich ist und vieles mehr.

Falldarstellung 15: Ein Schläger möchte sich ändern (s. S. 393 ff.)

1. Sehr viele Opfer sexueller Gewalt in der Kindheit berichten, dass sie den Missbrauch im Alter von ungefähr fünf bis zwölf Jahren

»vergessen« haben und danach ein »normales Familienleben« hatten (vorausgesetzt, der Missbrauch endete vorher). Es gibt auch Gewaltopfer, die bis ins jüngere Erwachsenenalter von 18–30 Jahren nicht die Möglichkeit finden, sich ihren Tätern zu widersetzen.

Die Opfer, die eine Phase des Vergessens oder Verdrängens durchgemacht haben, hatten in der Zwischenzeit oft andere Probleme: Viele von ihnen fallen als asoziale Kinder oder Jugendliche auf, nicht wenige konsumieren Drogen oder verletzen sich wiederholt selbst (häufig: zerschneiden der Unterarme!).

Oft tauchen die Erinnerungen an den Missbrauch in der Kindheit wieder auf, wenn wichtige Schwellensituationen durchlebt werden. Häufig wird dabei die Geburt eines eigenen Kindes genannt. Die Geburt symbolisiert etwas Gewalttätiges, Genitales, Verschmiertes, Hoffnungsvolles, Liebevolles. Sie ist so ergreifend, symbolträchtig und vieldeutig, dass durch dieses Ereignis viele verschüttete Erinnerungen aktiviert werden. Das zukünftige eigene Kind konfrontiert auch mit der Frage, wie man als Opfer (mit Täter-Introjekten) Liebe und Zärtlichkeit geben kann, ohne selbst zum Täter am eigenen Kind zu werden. Darf ein junger Vater sein kleines Kind liebevoll streicheln? Oder wird er dadurch selbst zum Triebtäter? Darf eine junge Mutter in der Symbiose und Nähe mit ihrem Säugling Glück, Intimität und Lust an dieser Verschmelzung genießen, oder läuft sie dabei Gefahr, all ihre mühsam erworbenen Schutzmechanismen aufzugeben?

2. Dieser Klient braucht alles: gute Freunde, Ehrlichkeit, Information, Beratung, Coaching, Psychotherapie. Die wichtige Frage ist jedoch, welche Personen hinreichend ausgebildet sind, um diese verschiedenen Formen der Zuwendung anzubieten. Im Idealfall arbeitet ein Team mit dem Klienten, wobei die gesamte Arbeit durch einen erfahrenen Traumatherapeuten und einen psychiatrisch-psychotherapeutisch erfahrenen Arzt koordiniert werden sollte. Wenn Sie mit Klienten arbeiten, die so schwerwiegende Störungen aufweisen, sollten Sie das möglichst nicht allein tun, sondern die Verantwortung auf viele geschulte Schultern verteilen können.

3. Das menschliche Gedächtnis funktioniert so komplex, dass es im Nachhinein oft unmöglich ist zu klären, wie sich Handlungen tatsächlich abgespielt haben. Reale Handlungen, Interpretationen, verschiedene Personen, Befürchtungen, Wahnideen, Hoffnungen und vieles andere werden gelegentlich auf eine Weise zusammengefügt, die es dem Klienten nicht mehr erlaubt, diesen »Regieentwurf« (false memory) von historischer Wahrheit zu unterscheiden.

Als Berater können auch Sie nicht entscheiden, was die historische Wahrheit war. Sie sollten sich auf die subjektive Wahrheit konzentrieren und Ihrem Klienten versichern, dass Sie seinen Erinnerungen und Gefühlen Glauben schenken. Erinnerungen und Gefühle sind etwas anderes als die historische Wahrheit! Sie sollten behutsam deutlich machen, dass jeder Mensch reale Vorkommnisse auf eine aktive und kreative Weise im Gedächtnis abspeichert und dass dabei *immer* Verformungen, Interpretationen und Vermischungen mit anderen Gedächtnisinhalten und Emotionen auftreten. Daher ist die Wahrheit des Erinnerten nicht die historische Wahrheit.

> So gibt es zum Beispiel Klienten, die zunächst glauben, ein Onkel hätte sie sexuell missbraucht. Ihnen fällt erst Monate oder Jahre später ein, dass es in Wirklichkeit der eigene Vater war. Andere Klienten glauben Erinnerungen oder Interpretationen, die ihnen eingeredet worden sind, und können sich erst im Laufe von Monaten von diesen falschen Erinnerungen trennen, bis sie eine eigene Interpretation der historischen Wahrheit »erfinden« und erinnern.

In jedem Zweifelsfalle sollten Sie überlegen, ob es sinnvoll ist, einen psychiatrischen Gutachter um Rat zu fragen, der auf das Gebiet des »falschen Gedächtnisses« (false memory) *und* auf die spezielle Klientengruppe spezialisiert ist.

4. Alkohol, als einen verlässlichen Freund, der immer da ist, und als ein Medikament, das trübe Stimmung abstellt und gefährliche Erinnerungen unterdrückt. Arbeit, um durch die Überanstrengung des Körpers jede Reserve zu stehlen, die für Grübeleien notwendig wäre (Gewalt an sich selbst). Gewalt an anderen Menschen, um die Aggressionen gegen sich selbst und die verbotene Wut auf die Eltern ausdrücken zu können.

5. Siehe Frage 1: Ein potenter Mann mit Sexualität, Kraft, Lust und Selbstbestimmung erinnert an den Vater, der Täter war. Wenn der Klient sich nicht als Täter fühlen möchte, kann er dies unter anderem tun, indem er seine eigene Männlichkeit ablehnt.

6. Auf Grund des Schuld- und Schamgefühls hat er versucht, sich durch Dienstbarkeit an der Familie Liebe zu erwerben. Dies hat jedoch lediglich einen Teil des Familiengeheimnisses gestärkt, das besagte, dass der Klient ausgenutzt werden kann, keinen Dank erwarten sollte, verfügbar ist und in Anspruch genommen werden kann. Aus Angst davor, diese verlässliche Grundlage der Nützlichkeit zu verlieren, also nicht mehr richtig zur Familie zu gehören, hat er nie die Fähigkeit entwickelt, *»nein!«* zu denken oder zu sagen. Es bereitet ihm große Angst, sich auf diese Weise abzugrenzen.

7. Niemand in der Familie hat die Aufgabe erfüllt, den Klienten (damals ein Kind) in ausreichender Weise zu schützen. Die Großmütter sind halbherzig eingeschritten und haben dadurch sicher mehr getan als Familienangehörige in anderen Fällen! Trotzdem ist das System der Gewalt und das Geheimnis des Missbrauchs nicht gebrochen worden. Obwohl die Großmütter geholfen haben, bleiben sie trotzdem Mittäterinnen, da es die Aufgabe und Pflicht aller Erwachsenen ist, Kinder vor Gewalttaten zu schützen. Dieser Schutz funktionierte in der Familie des Klienten nur unvollkommen. In diesem Sinne sind leider sehr viele Mütter (wenn die Väter die Täter sind) Mittäter, da sie ihrer Schutzverpflichtung nicht ausreichend nachkommen.

8. Der Klient könnte Männern gegenüber misstrauisch sein. Berührungen sollten Sie als Mann vermeiden. Selbst ein kameradschaftliches Schulterklopfen kann als Übergriff oder traumatisierend empfunden werden. Sowohl als männlicher Berater wie auch als weibliche Beraterin spüren Sie vielleicht eine vorwurfsvolle, anklagende oder auch Hilfe suchende, flehende Haltung des Klienten. Er überträgt möglicherweise Gefühle auf die Berater (die Erwachsenen), die er als Kind gegenüber Erwachsenen gespürt hat. Sie selbst könnten auch Angst verspüren, als Triebtäter empfunden zu werden, und verstecken daher möglicherweise einen Teil Ihrer Männlichkeit oder Vitalität, um sich vor einem solchen unbewussten Vorwurf zu schützen.

9. Wir befriedigen unsere Neugierde. Es ist ein großes Privileg, einem anderen Menschen so nahe zu kommen, dass wir Anteil an schweren, verwickelten Schicksalen und an intimen Details haben können, die wir sonst nie von anderen Menschen »auf der Straße« erfahren würden. Dies ist ein wichtiges Motiv, den Beratungsberuf zu ergreifen, und es ist auch ein wichtiges Motiv, über den Klienten mehr erfahren zu wollen. Für den Klienten ist es außerdem eine wichtige Beziehungserfahrung, dass sich eine andere Person mit dieser Intensität auf seine Geschichte einlässt. In alltäglichen Beziehungen findet der Klient keine Menschen, die sich so umfassend für ihn interessieren. Dies wird von Klienten oft mit großer Verwunderung und Dankbarkeit registriert.

Wir können diese Neugierde jedoch auch damit rechtfertigen, dass uns diese Informationen erlauben, Hypothesen über die Entstehung von Verhaltensweisen, dysfunktionalen Kognitionen und Ähnliches zu bilden. Auf der Grundlage dieser Informationen können wir Strategien entwickeln, mit denen wir unseren Klienten besser helfen können. Ein wesentlicher Aspekt der biografischen Anamnese ist jedoch auch, dass der Klient sich dabei seiner Geschichte bewusst wird und sie in kognitiven, emotionalen und körperlichen Erinnerungen erneut ordnen kann. Dabei werden den Klienten häufig Zusammenhänge, Beziehungswünsche oder Ängste bewusst, die er vorher nie in dieser Klarheit wahrnehmen konnte. Ein wesentlicher Aspekt der Informationsgewinnung ist daher die Selbst-Information des Klienten über seine eigene Geschichte.

10. In der »Psycho-Szene« existiert immer noch ein altes Schisma: Die Vertreter einer orthodoxen Psychotherapierichtung behaupten, dass eine Heilung und Wandlung nur durch Psychotherapie (und Soziotherapie) erreicht werden kann. Die Vertreter einer rein neuro-biologischen, psychiatrischen Ausrichtung gehen davon aus, dass jede Heilung letztendlich eine erfolgreiche Umstrukturierung biochemischer Abläufe im Gehirn voraussetzt, welche nur mit geeigneten Medikamenten erreicht werden kann.

Heute liegen zahlreiche Studien vor, die für die Behandlung vieler seelischer Probleme oder Krankheiten eindeutig den Nachweis geliefert haben, dass die Kombination von Psychotherapie und Medikamentenbehandlung (Pharmakotherapie) wirkungsvoller ist als eine ausschließliche Psycho- oder Pharmakotherapie. Ich habe viele Opfer sexueller Gewalt in einer Spezialklinik innerhalb eines Therapieteams ausschließlich psychotherapeutisch behandelt: beispielsweise mittels Psychodrama, Einzelgesprächen, Gruppengesprächen, Gestaltungs- und Kunsttherapie, Körpertherapie. Nach einer mehrwöchigen stationären Therapie waren die Patienten meist so weit stabilisiert, dass sie nicht mehr von Erinnerungen überflutet wurden, dass sie sich nicht mehr selbst verletzten (Unterarme zerschneiden) oder dass sie anfangen konnten, mit den Erinnerungen an das Schreckliche in geordneter Form zu arbeiten. Diese Wochen intensiver Psychotherapie waren für die Patienten meist sehr anstrengend. Dabei ist es immer wieder zu Selbstverletzungen und seelischen Krisen (Dissoziationen) oder Selbstmordgedanken gekommen.

Eine vergleichbare Patientengruppe wurde in einer psychiatrischen Klinik bei Hamburg, in der ich früher arbeitete, vorwiegend mit Psychopharmaka (Medikamenten) behandelt. Dabei kamen unter anderem folgende Medikamente in niedriger Dosierung zum Einsatz: moderne Neuroleptika wie zum Beispiel Quetiapin = Seroquel® oder Olanzapin = Zyprexa® (es gibt weitere ähnlich wirkende Medikamente anderer Firmen!). Diese Patienten erreichten bereits nach etwa 7–10 Tagen einen Zustand, den die oben genannten Psychotherapiepatienten ohne Medikamente erst nach 3–12 Wochen erreichen konnten. Es gibt jedoch Studien, die zumindest darauf hindeuten, dass der Psychotherapieeffekt dauerhaft ist, wohingegen der positive Medikamenteneffekt nach dem Absetzen der Medikamente wegfällt, wodurch es dann wieder zu einer Zustandsverschlechterung kommen kann. Der Einsatz von Medikamenten kann die Patienten aber oft so weit stabilisieren, dass eine nutzbringende Beratung oder Therapie überhaupt erst möglich wird oder früher möglich wird.

Das Thema »Psychotherapie und Psychopharmakotherapie« ist so komplex, dass es selbst vielen Psychotherapeuten oder Psychiatern schwer fällt, dem aktuellen Wissensstand zu folgen. Außerdem wird dieses Thema sehr kontrovers diskutiert. Als psychologischer Berater oder Coach sollten Sie lediglich wissen, dass eine Kombinationsbehandlung beider Therapieansätze sinnvoll sein kann (aber nicht immer sein muss). Es sollte aber nicht Ihre Aufgabe sein, über Sinn oder Unsinn einer Pharmakotherapie besser Bescheid zu wissen als die behandelnden Ärzte.

Sofern Ihr Klient Medikamente einnimmt, machen Sie bitte nicht den Fehler, den viele Ihrer Vorgänger gemacht haben, indem sie ihre Klienten bezüglich der ärztlich-psychotherapeutischen Bemühungen verunsichert haben: »Bloß keine Medikamente! Es ist

Ausdruck von Hilflosigkeit, wenn Ärzte mit der Chemiekeule kommen! Gehen Sie da bloß nicht mehr hin!«
Sie sollten sich beim Behandlungsteam Ihrer Klienten oder beim zuständigen Facharzt darüber informieren, warum eine Pharmakotherapie sinnvoll ist und wie Sie als Berater das Gesamtkonzept der Behandlung und der Beratung am sinnvollsten unterstützen können.
Selbstverständlich gibt es in wenigen Einzelfällen auch unsinnige pharmakologische Verordnungen, in denen sich die Hilflosigkeit, Hoffnungslosigkeit oder Unkenntnis eines Arztes widerspiegelt. Dabei handelt es sich jedoch äußerst selten um medikamentöse Verordnungen durch spezialisierte Fachärzte. Unabhängig davon sollte es jedoch nicht die Aufgabe eines psychologischen Beraters oder Personal Coachs sein, die Verordnungspraxis von Ärzten in Frage zu stellen.
In begründeten Einzelfällen können Sie sich Rat suchend an die deutsche Gesellschaft für Psychiatrie, Psychotherapie und Nervenheilkunde e.V. wenden. Diese Fachgesellschaft hat sinnvolle Leitlinien zur Behandlung mit Psychopharmaka erarbeitet. Außerdem gibt es die Möglichkeit, bei der zuständigen Landesärztekammer nachzufragen. (Lesehinweis: Migge [2005]: Fernkurs Psychotherapie, Bd. 12 Psycholpharmakologie.)

> **Tipp:** Geben Sie folgende Wörter in Ihre Internetsuchmaschine ein: Ärztekammer und Ihr entsprechendes Bundesland.

Falldarstellung 16: Projektmanagerin bekommt roten Kopf (s. S. 398 ff.)

1. Sehr viele psychologische Beratungen werden mit Klienten durchgeführt, die sich vorher bereits in psychiatrischer oder psychotherapeutischer Behandlung befanden oder bei denen ein Familienmitglied sich auf Grund einer Krankheit in einer solchen Behandlung befindet.
Die psychiatrischen und psychotherapeutischen Fachgesellschaften wünschen sich daher, dass Psychotherapie und kompetente psychologische Beratung flächendeckend angeboten werden könnten. Als kompetent wird hierbei eine Person angesehen, die beispielsweise Psychologie, Medizin, Sozialarbeit studiert hat und danach zusätzlich eine drei- bis fünfjährige Akademieausbildung absolviert hat. Zu Beginn des Handbuches (s. S. 22 ff.) hatten wir bereits auf den Unterschied zwischen professioneller Psychotherapie und Coaching hingewiesen. (s. dazu auch S. 553 und 578 ff.)
Natürlich können Sie die Klientin dieser Falldarstellung beraten und betreuen. Dass sie sich gleichzeitig in psychiatrischer Behandlung befindet, schließt nicht unbedingt aus, dass Sie mit ihr arbeiten. Sie sollten jedoch da-rauf achten, dass kleine oder große Therapieerfolge (egal ob durch Psychotherapie, Medikamente, Soziotherapie erreicht) der psychologischen oder medizinischen Profis nicht rückgängig gemacht oder in Frage gestellt werden. Selbst zwischen psychologischen oder ärztlichen Psychotherapeuten und Psychiatern gibt es das Problem, dass Patienten gelegentlich verunsichert werden, indem die Erfolge der »anderen Seite« in Frage gestellt werden.
Außerdem empfehlen wir Ihnen, Kontakt mit dem behandelnden Psychiater beziehungsweise dem zuständigen Nervenarzt (bitte beachten Sie jeweils die genaue Facharztbezeichnung) aufzunehmen. Da dieser vermutlich sehr wenig Zeit hat, können Sie ihn entlasten, indem Sie ihm ein Fax schicken.
Das Fax an den behandelnden Arzt oder Psychiater könnte beispielsweise folgendermaßen lauten:

> Sehr geehrter Herr/Frau Dr.
>
> Ihre Patientin, Frau Monika Mustermann, geb. 12.12.1964, wohnhaft in der Musterstraße in 22505 Hamburg, befindet sich in meiner Praxis in psychologischer Beratung (Personal Coaching).
>
> Es handelt sich dabei nicht um eine Psychotherapie, sondern um eine Hilfe bei der Bewältigung und Überwindung psychologischer oder sozialer Lebensprobleme außerhalb der Heilkunde (nach dem PsychThG § 1). Trotzdem werden dabei kognitiv-behaviorale und tiefenpsychologische Aspekte berücksichtigt. Ich bemühe mich, Ihre Therapieziele durch die Beratung zu stützen, sofern dies in einem nicht-therapeutischen Rahmen möglich ist.
>
> Damit meine Beratungsbemühungen Ihre Therapie nicht beeinflussen oder gefährden, möchte ich Ihnen mitteilen, über welche Beratungsziele und -schritte Frau Mustermann und ich uns geeinigt haben (Frau M. ist damit ausdrücklich einverstanden):
>
> (hier eine kleine Liste mit Zielen)
>
> Bitte teilen Sie mir in einer kurzen Fax-Antwort mit, welche Anregungen oder Bedenken Sie bezüglich einzelner Themen oder Ziele haben und ob ich Ihnen gelegentlich von den Beratungsergebnissen berichten soll.
>
> Mit freundlichem Gruß
>
> (Unterschrift) Berater
>
> Anlage

> Rückmeldung an den psychologischen Berater
>
> FAX-ANTWORT
> AUF DIE ANFRAGE VOM:
>
> An Fax: *(hier Ihre Fax-Nr.)*
>
> Betr.: Frau Monika Mustermann, geb. 12.12.1964
> Abs.: Dr.
> Antwort auf Ihre Anfrage:
> (Feld für Antwort)
>
> Schweigepflichtentbindung:
>
> Hiermit entbinde ich meinen Arzt, Herrn/Frau Dr. .... von seiner/ihrer Schweigepflicht gegenüber dem psychologischen Berater Herrn/Frau .... Ich bin damit einverstanden, dass zwischen den beiden Parteien Informationen bezüglich meiner Krankheit, Therapie oder psychologischen Beratung ausgetauscht werden.
>
> Hamburg, den
> *(Unterschrift der Klientin/Patientin)*
> Monika Mustermann

Die zweite Seite der Fax-Nachricht könnte die Kombination einer Schweigepflichtentbindung und eines Formulars für die kurze handschriftliche Rückmeldung des Psychiaters sein. Das Fax-Antwortformular zur Entbindung von der Schweigepflicht (Frau Mustermann) könnte folgendermaßen aussehen.

2. Die Schilderung der Klientin legt nahe, dass die Mutter häufig wechselnde Partner hatte. Sowohl die Mutter als auch ihre männlichen Bekannten waren nicht in der Lage, eine dauerhafte vertrauensvolle Bindung einzugehen; oder sie waren daran nicht interessiert. Es dürfte für die Klientin sehr verletzend sein, dass sie eigentlich ein »Unfall« war, der sich in der Begegnung mit »irgendeinem besoffenen Kerl« ereignete.

3. Es war der Klientin anfangs nicht möglich, eine bewusste Vorstellung, ein Bild des Vaters oder ein Gefühl gegenüber dem Vater oder Erzeuger zu entwickeln. Sie wies alle Gedanken an den Vater schroff von sich und sagte, dass es nach all den Jahren egal sei, wer der Vater ist. Das spiele keine Rolle. Im weiteren Beratungsverlauf entwickelte sie jedoch heftige Gefühle der Sehnsucht, des Ver-

lassenseins, der Wut gegenüber dem Vater. Dabei muss aber beachtet werden, dass genau diese Gefühle Inhalte der Gegenübertragung oder einer »emotionalen Anregung« des Beraters waren. In einer Beratung ohne Supervision ist es im Nachhinein sehr schwierig zu unterscheiden, ob es sich bei den Gefühlen der Klientin um alte verschüttete oder abgewehrte Gefühle handelt oder ob sie lediglich die Gefühle aufgreift, von denen der Berater denkt, dass sie der Situation angemessen wären. Klienten spüren, welche Gefühle die Berater angemessen finden. Häufig werden sie vom Berater durch gezielte Fragen oder durch verbale und nicht-verbale Kommunikation zu den »gewünschten Gefühlen« hingeführt oder gedrängt. Vor den Versuchungen einer solchen Manipulation ist leider kein Berater gefeit; oft ist diese Manipulation allerdings auch ein wichtiger Bestandteil der Beratung. Es wäre jedoch wünschenswert, wenn ein Berater dieses Mittel planvoll und gut durchdacht einsetzt.

4. Die Klientin berichtete, dass der Halbbruder anders behandelt wurde. Solche Aussagen geben jedoch nicht die historische Wahrheit wieder, sondern lediglich die Einschätzung der Klientin. Fragt man die Geschwister von Klienten, kommen dabei häufig widersprüchliche Einschätzungen bezüglich einer Rangfolge der elterlichen Zuwendung oder Liebe zu Tage.

Bei dem Halbbruder gibt es über die Mutter des Vaters noch eine Anbindung an dessen Familie. Möglicherweise war das Verhältnis der Mutter zu dem Stiefvater enger als zu den anderen Männern. Es könnte sein, dass dies auch in ihrem Verhältnis zum Sohn Ausdruck findet.

Übrigens übernehmen die Mütter der davongelaufenen Väter (die Omas) gelegentlich stellvertretend die Verantwortung für ihre Söhne. Solche Großmütter enterben gelegentlich ihre eigenen Söhne und setzen als Wiedergutmachung ihre Enkel als Erben ein.

5. Mögliche unbewusste Beziehungskomponenten: Rivalität um die Liebe der Mutter und Neid wegen des Rudimentes von Familie oder Herkunft, das der Bruder hat.

6. Viele Klienten, die in einer emotional verarmten oder zerrissenen Familie aufgewachsen sind, gründen früh eine eigene Familie. Möglicherweise kommt darin der Wunsch zum Ausdruck, eine heile Welt mit Liebe, Verlässlichkeit und Harmonie selbst zu erschaffen. Diese Versuche scheitern häufig auf Grund fehlender Reife (fehlende Vorbilder, mangelnde Beziehungserfahrung, innere Konflikte, kognitive Dysfunktionen, ich-strukturelle Defizite und so weiter).

7. Sucht sie in ihm auch die Anlehnung an einen Vater, den sie nie hatte?

8. Im Laufe der Beratung wurde deutlich, dass die Gefühle von Angst, Ohnmacht, Scham oder Erniedrigung von der Klientin bereits in der Kindheit in der Auseinandersetzung mit der Mutter erfahren wurden. Diese Gefühle werden durch die Chefin reaktiviert (Projektion/Übertragung auf die Chefin). Die Mutter hat auch heute noch einen starken einengenden und ängstigenden Einfluss auf die Klientin.

Teil 7
Krisen und Umbrüche

Glauben und Spiritualität

»Glauben wagen:
Ich möchte Glauben haben,
der über Zweifel siegt,
der Antwort weiß auf Fragen
und Halt im Leben gibt.
Ich möchte Hoffnung haben
für mich und meine Welt,
die auch in dunklen Tagen
die Zukunft offen hält.
Ich möchte Liebe haben,
die mir die Freiheit gibt,
zum Andern ja zu sagen,
die vorbehaltlos liebt
Herr, du kannst alles geben:
dass Glauben in mir reift,
dass Hoffnung wächst zum Leben
und Liebe mich ergreift.«
(Eberhard Borrmann)

Drei Fragen müssten wir uns stellen, schrieb Immanuel Kant, wenn wir zu mehr Erkenntnis gelangen wollten:

- Was kann ich wissen?
- Was darf ich glauben?
- Was soll ich tun?

Wir haben uns im Laufe des Buches bereits damit beschäftigt, wie unsere Anschauung über uns, unsere Beziehungen und die Welt durch unsere Gedanken und Überzeugungen (Glauben und Wissen?) beeinflusst werden. Wissen und Glauben sind aber nicht allein durch das Denken erfassbar. Dies haben wir bereits angedeutet, als wir die so genannten logischen Ebenen von Robert Dilts vorgestellt haben: Intuition als nicht rational denkbares Wissen und das Streben, in einen (höheren) Sinn eingebettet zu sein, weisen uns häufiger den Weg als die Gedanken – auch, wenn wir das oft nicht wahrhaben möchten.

Viele Coaches bearbeiten mit ihren Klienten ausschließlich rational nachvollziehbare Fragen. Andere Berater spezialisieren sich auf die Suche nach einem höheren Sinn (oder dem tiefsten Grund). An beiden Bereichen besteht großes Interesse. Allerdings finden sich wenige Coaches oder Lebensberater, die eine Synthese dieser nur scheinbar gegensätzlichen Gebiete anstreben. Wir möchten Sie mit diesem Kapitel anregen, Ihre eigenen religiösen oder spirituellen Glaubenswurzeln zu suchen. Dabei beziehen wir uns auf das Christentum, die Religion, die unseren Kulturkreis geprägt hat. Wenn Sie einem anderen Glauben angehören, sind Sie eingeladen, das hier Geschriebene gedanklich in eine Form zu übertragen, die Ihnen angemessen erscheint.

Vielleicht stehen Sie der Religion auch sehr kritisch gegenüber und fragen sich, ob solche Themen im Coaching überhaupt einen Platz haben?

Religion und Glauben

»Opium für das Volk«?

Viele Menschen lehnen die Religion ab, weil sie ihnen von autoritären Institutionen in Form unverrückbarer Glaubenshülsen vermittelt wurden. Anderen macht die Vorstellung Angst, im Leben nicht alles selbst bestimmen zu können. Wieder andere möchten nur glauben, was auch beweisbar ist.
Einer der schärfsten Religionskritiker zu Anfang des 20. Jahrhunderts war Sigmund Freud. Er sah in der Religion eine »kollektive Neurose« und betrachtete sie als »Opium für das Volk«. Seine radikale Kritik an der psychischen Funktionsweise der Religion und der Masse ist auf dem Hintergrund der poli-

tischen und sozialen Verhältnisse des damaligen Europas verständlich (vgl. Henseler 1995). Es gab keine funktionierenden Demokratien und die quasi-religiöse Ideologisierung der Volksmassen wurde, so Freud, zu einer Gefährdung des kritischen Denkens und der Glaubensfreiheit des einzelnen Menschen. Die heutige Gesellschaft ist offener. Die Bevölkerung wird mit subtileren, unterschwelligen Methoden der Meinungsbildung gelenkt.

Die institutionalisierte Kirche hat ihre Macht zum Teil verloren, und auch weltliche Ideologien haben an Glaubwürdigkeit und Einfluss verloren, wie beispielsweise der Marxismus. Dafür hat die Ideologie des Individualismus, des Konsums und der Zerstreuung (Sinnentleerung?) immer mehr Fuß gefasst. Es gibt heute keine Notwendigkeit mehr, die großen Ideologien des Christentums und des Marxismus vernichtend zu kritisieren. Durch den Machtverlust der alten Kirchen ist der Blick frei geworden für andere Fragen der Spiritualität oder der Ökumene. Und in dieser Suche nach Antworten finden auch jene einen Platz, die kein Bedürfnis haben nach vorgefertigten und hergebrachten Antworten, die vielleicht eher nach einer »Lebensphilosophie« und nach einer neuen Ethik suchen, oder die nach mystischen oder nach spirituellen Erfahrungen und einem zutiefst sinnerfüllten Leben suchen.

Der tiefste Grund

Im klassischen Business-Coaching werden Spiritualität oder Religion ausgeklammert. Auch viele Personal Coaches fühlen sich auf diesem Gebiet orientierungs- oder hilflos.
Ihnen geht es wie Faust. Auf Gretchens Frage: »Nun sag: wie hältst du's mit der Religion?«, antwortet Faust mit Umschreibungen der aufopfernden Liebe, Toleranz oder Selbsthingabe: »Für meine Lieben ließ ich Leib und Blut, will niemand sein Gefühl und seine Kirche rauben.« Gretchen fühlt sich unverstanden, da sie sich von der Antwort eine religiöse Selbstpreisgabe erhofft hatte: Was glaubt Faust über Gott, die Kirche, die Institution der Ehe, Erlösung, Beichte, Sakramente? Sind es Antworten, die der Priester oder die Gemeinschaft der Gläubigen gutheißen würde? Sie drängt weiter, worauf Faust zu einer zweiten und dritten Antwort ansetzt. Diese sind zwar umfassender, trotzdem wahrt er sein Geheimnis – oder er kennt es selbst nicht: »Nenn's Glück! Herz! Liebe! Gott! Ich habe keinen Namen dafür! Gefühl ist alles! ... Es sagen's allerorten alle Herzen unter dem himmlischen Tage, jedes in seiner Sprach'; warum nicht ich in der meinen?« Das verbittert Gretchen. Dieser Glaube ist ihr zu vage: »Du hast kein Christentum!«, wirft sie ihm vor.

Ist Religion Gefühl oder Tradition?

Wenn es um Religiöses oder Spirituelles geht, scheiden sich häufig die Geister: Beides kann interpretiert werden als ein Gefühl des rätselhaften heiligen Geheimnisses der Natur und des Universums. Es ist dann ein Ausdruck des Sinn suchenden Individuums, das sich, übertragen auf andere Bereiche des modernen freien Lebens, die Wahl zugesteht, nach eigenen inneren Zeichen dieses Geheimnisses zu schauen und sie zu erfühlen.

Genauso kann Religion auch wahrgenommen werden als Kanon bekannter Zeremonien, Glaubenslehren, Institutionen und Dokumente. Bekannte Begriffe von Gott, Kirche und Christentum stehen dann in der Kulturtradition als Orientierungspunkte im Vordergrund und vermitteln uns ein Wissen und einen Glauben, den wir mit unserem Denken begreifen können.

Viele Menschen stehen sprachlos oder meditierend versunken vor ihrem Glauben, während andere laut oder leise Zwie- und Bittgespräche mit ihrem Gott wie mit einem Weggefährten und Ratgeber führen.

Gehirnforscher würden das vielleicht nüchterner ausdrücken: Die stille Versunkenheit fordert die rechte Gehirnhälfte, die sprachliche kognitive Ebene mehr die linke. Und was empfinden die Gläubigen dabei? Beide Arten des Gottes- oder Glaubensverständnisses gehen einher mit tiefen Gefühlen des Aufgenommenseins, der Hingabe und Liebe.

> **Übungsfragen**
> - Was hätten Sie auf Gretchens Frage geantwortet?
> - Was hätten Sie als Gretchen geantwortet oder gefragt?
> - Was wissen Sie über die Sakramente, Glaubensbekenntnisse, die Kulturgeschichte Ihres Glaubens?
> - Was bewegt Sie, wenn Sie über den tiefsten Grund oder den höchsten Sinn nachdenken?
> - Welche Werte oder Vorstellungen haben Sie aus Ihrer religiösen Früherziehung und späteren Bildung beibehalten?

Wie kann ich glauben?

»Religion ist die im Erkennen, Denken, Fühlen, Wollen und Handeln betätigte Überzeugung von der Wirksamkeit persönlicher oder unpersönlicher transzendenter Mächte. Die ethischen Hochreligionen verbinden diese Überzeugung mit dem Glauben an eine sittliche Ordnung der Welt.«
(Helmuth von Glasenapp, Die fünf Weltreligionen)

Mit dem Glauben verhält es sich ähnlich wie mit der Liebe, der Freundschaft und anderen edlen Gefühlen: Aus ihnen werden kühne Taten und große Werke der Kunst geboren. Menschen fühlen sich in diesen Gefühlen berufen, aus sich selbst heraus Großes zu schaffen und über sich selbst hinauszuwachsen.
Wenn wir aber anfangen wollen, diese Begriffe zu klären oder zu beweisen, bleiben wir in Beobachtungen, Vorurteilen oder Rationalisierungen stecken. Der Beweis gelingt kaum auf kognitiver Ebene und mit den Mitteln der Sprache.

Doch auch ohne diesen Beweis wirken große Kräfte in vielen Menschen, und die Auswirkungen des Glaubens im Handeln sind real. Meist greifen wir auf Metaphern und Gleichnisse zurück, wenn wir uns auf diese Kräfte berufen: Jesus Christus beispielsweise verkündete seine Lehre in einfachen und eindringlichen Gleichnissen und hat damit die Grundlage für eine der größten Weltreligionen geschaffen.

Zu allen Zeiten haben die Menschen versucht, Bilder, Symbole und Metaphern für ihre tiefsten Gefühle zu finden: für ihren Glauben, der menschliches Denken, Erkennen und Sprechen übersteigt.

Diese Kräfte und Bedürfnisse wirken auch heute noch in jedem von uns. Diese Kräfte sind in der Tiefe leitend für unsere Werte, unsere Identität, und sie geben unserem Wollen und unseren Handlungen ihre Richtung:

»Woran du dein Herz hängst, worauf du dich verlässt und woran du glaubst, das ist dein Gott«, sagt eine Volksweisheit.

Als junger Mensch waren Sie vielleicht Mitglied in der religiösen Gemeinschaft Ihrer Eltern. Der Glaube war bei Ihnen vielleicht voll Eifer und tiefer Sehnsucht oder auch durch unverstandenes religiöses Pflichtbewusstsein geprägt. In den Jahren der Jugend und des jungen Erwachsenenalters erlischt bei den meisten von uns diese Inbrunst, und auch die Pflicht verliert ihre Bedeutung.

Erst später beginnt bei vielen erneut eine Phase des Suchens nach dem Religiösen und nach den Antworten auf das Leben, welche die übermittelte Tradition nicht ausreichend beantworten kann. Selbst dieses Suchen ist vielen zu schwierig, und sie orientieren sich an den kurzlebigen Werten und Trends ihrer neuen »Gemeinden«: Peer-Groups, Partnerschaft, Teams, Vereine, Firmen.

Die Sehnsucht nach dem Göttlichen (oder dem Ur-Mütterlichen oder Ur-Väterlichen?)

gehörte immer schon zum Menschen und fand in den verschiedenen Kulturepochen ihren Ausdruck. Oft in anderen Worten, Vorstellungen und Riten. Das aber ist Theorie. Uns interessiert eigentlich: »Was kann ich glauben, und wie kann ich glauben?« Luther versuchte eine Antwort darauf in seinem kleinen Katechismus zu finden:

> »*Du musst gar nicht glauben wollen!*«, war sinngemäß seine Lösung: »*Gott schenkt dir die Möglichkeit dazu, er ›aktiviert‹ in dir deine Glaubensfähigkeit.*«

Gott wende sich, sagte auch John Wesley, jedem Menschen unverdient in Liebe zu.

Auch das Gespür für eine Sehnsucht, ein Wahrnehmen von Aufbruch und tieferer Sinnsuche, ist solch eine Zuwendung durch Gott selbst. Die Antworten oder Wegbeschreibungen finden sich nicht in modernen Büchern und auch nicht in den Profit- oder Nonprofit-Organisationen, denen wir angehören. Die Sehnsucht aber ist der erste Schritt.

Wer diese Sehnsucht begreifen möchte, muss lernen, sich des einzelnen Augenblicks gänzlich bewusst zu sein. Das sagen die Glaubenslehrer, die Gefühl und innere Einsicht höher schätzen als das Wissen um die Glaubenstradition. Andernfalls können ganze Tage oder unser ganzes Leben unbemerkt verstreichen, ohne dass wir uns im Diesseits unseres Kontaktes mit dem tiefsten Grund bewusst werden.

Glauben gibt Orientierung, Identität und Kraft

Trends wandeln sich, Moden auch. Sie haben in Organisationen, Vereinen, Klubs oder Firmen gearbeitet, die eigene Gesetze oder Anschauungen hatten? Heute belächeln Sie vielleicht manche dieser Regeln. Genauso kann es Ihnen gehen mit Weisheiten Ihrer Kindheit oder, wenn Sie den Wohnort gewechselt haben, mit den Regeln des Dorfes oder der Stadt, aus der Sie stammen. Alles ist heute relativ und dem Wertewandel unterzogen.

Wo kann da die Seele in der Tiefe Wurzeln entwickeln? Wo kann da die Quelle für Hoffnung und Gelassenheit sein und Sie davor behüten, ein Leben lang nur Spielball von Moden, Meinungen, Ängsten oder Sehnsüchten zu sein, die an Sie herangetragen werden und das Sinnhafte Ihres Lebens überdecken?

Das Spirituelle kann Halt und Orientierung geben, kann Denken und Handeln in einem ganz anderen Licht von Wichtigkeit erscheinen lassen.

Aus diesem Grund sollte das Religiöse als wichtiges Mittel der Orientierung und als Kraftquelle auch im Coaching nicht ausgespart werden. Sie verlassen damit zwar das gewohnte Terrain einer Führungskraft oder eines Ratsuchenden, bringen ihn aber wieder in Kontakt mit seinem tiefsten Glauben.

Übungsfragen

- Wie halten Sie es mit der Sehnsucht?
- Haben Sie Zeit für Religiöses?
- »Investieren« Sie in Ihren Glauben?
- Passt der Glauben überhaupt in Ihre bewegte Welt?
- Was denken Vorgesetzte oder die anderen Teammitglieder über gläubige Menschen?
- Werden diese belächelt oder bewundert?
- Kann Glaube in Ihrem Umfeld überhaupt gelebt werden, oder wirkt das lächerlich und altmodisch?
- Gibt es Widersprüche zwischen Ihrem Glauben und Ihrer beruflichen Identität?

Auf der Schnellstraße zur Erleuchtung

Früher wanderten wir in einen kaum durchdringbaren Dschungel der Seele, um zu den tiefsten Wurzeln unseres Seins vorzustoßen.

Jeder hat dabei andere Bäume, Bäche, Täler und Tiere gesehen. Manche trafen sich auf den gleichen Trampelpfaden, andere schlugen sich lieber allein durch dichtes Gestrüpp, wo bisher niemand gewesen war.

Heute sind wir Macher-Menschen und Manager, »homo faber«. Wir suchen uns Ingenieure, die uns Zeit sparende Wege und mühelose Schnellstraßen zu den tiefsten Wurzeln unseres Selbst versprechen, vorbei an Dschungel und Gestrüpp. Diese Autobahnen haben schillernde Namen, und manche von ihnen klingen alt und ehrwürdig. Andere scheinen modern, beweisbar, weltlich oder seriös: Kundalini, Transzendentale Meditation, Rebirthing, Tarot, Familienaufstellung, Wissenschaft, freie Marktwirtschaft, Channeling, Reiki, Tantra, Wahrsagen, Tiefenpsychologie, Kinesiologie, Coaching, Psychoanalyse, integrale Psychologie und vieles mehr.

Extrakte von Neureligionen und Spiritismus werden von vielen selbst ernannten Lehrern und Trainern angeboten. Diese haben manchmal nur wenige Monate des Trainings auf ihr Geheimwissen verwandt. Andere Lehrer haben ihr Glaubenssystem selbst entworfen und genießen die narzisstische Zufuhr durch die wachsende Schar ihrer Anhänger. Aber auch die Hochreligionen boten schon immer vereinfachte Pfade an. All diese Wege werden heute auf der Suche nach Selbsterkenntnis und tiefer Sinn-Sehnsucht konsumiert.

Als Kurzzeitmethoden haben es diese spirituellen Techniken bisher nicht geschafft, die Seele zu begradigen oder zu befreien. Was uns bleibt, ist nach langer Suche meist nur ein Stillwerden vor dem größten Geheimnis, das viele von uns Gott nennen, andere aber lieber in Demut oder Stille mit ihren eigenen Worten umschreiben.

Als Coach kennen auch wir nicht die Antwort – schon gar nicht die Antwort, die für unsere Klienten die richtige ist. Wir können bestenfalls einige Fragen stellen, die dem Klienten und uns selbst helfen, Buddhas Rat zu befolgen: »Seid euch selbst ein Licht!«

Ein mystischer Weg zu Gott – Spiritualität

»Mystik wird uns Einheit schenken, und der Mensch lernt wieder denken dank des Wassermanns.« (Titelsong des Kult-Film-Musicals Hair, 1967, Wassermann-Zeitalter und Newage)

Mystik ist innerlich erlebte und erfühlte Gotteserfahrung (griechisch *myein*: die Augen, den Mund schließen; innere Einkehr und Sammlung): Was uns unbedingt angeht, dessen werden wir jetzt und hier in uns gewahr, oder wir spüren leidvoll eine Nicht-Erfahrung als Sehnsucht, eine spirituelle Dürre in einer Welt der Ich-Haftigkeit. Gerade diese »geistlich Armen«, die »Bettler um den Geist«, hat Jesus in seiner Bergpredigt gelobt (Matth. 5,3). Hier taucht häufig ein Missverständnis auf: Jesus meinte nicht die »geistig Armen« und nicht nur »Arme und Bettler«. Ihm ging es nicht um jene, die in der Fülle ihres theologischen Wissens oder ihrer religiösen Tradition ohne Sehnsucht und ohne Fragen verharren.

West und Ost – Christentum, Buddhismus, Islam, Judentum, Hinduismus und all die anderen Religionen der Welt – verbindet eine »Ökumene des Geistes«: Die geist-offenen Menschen der verschiedenen Konfessionen fühlen sich innerlich mit jenen verbunden, die durch die gleiche innere Stimme und Sehnsucht angesprochen werden – jenseits kirchlicher oder kultureller Dogmatik.

»Es hilft der Seele nichts, wenn der Leib in Kirchen und an heiligen Stätten weilt, auch nichts, wenn er mit heiligen Dingen umgeht, auch nichts, wenn er leiblich betet, fastet, Wallfahrten macht und alle guten Werke tut, die je einmal mit dem Leib getan werden könnten ...«, schrieb Martin Luther.

Im Westen gab und gibt es große christliche Mystiker, die von den Kirchen teils hoch gelobt und teils als Ketzer verfolgt wurden. Einige Beispiele bekannter Namen: Jesus, Paulus, Gregor von Nyssa, Evagrius Pontikus, Meister Eckhart, Johannes Tauler, Hildegard von Bingen, Mechthild von Magdeburg, Gertrud die Große, Marguerite Porete, Johannes vom Kreuz, Heinrich Seuse, Jan van Ruusbroec, Dag Hammarskjöld, Ernesto Cardenal, Willgis Jäger und viele andere.

Heutige christliche Mystiker suchen teilweise die Synthese mit anderen Traditionen spiritueller Praxis; einige von ihnen sind christliche Mönche und gleichzeitig Zen-Meister. Sie alle suchten und suchen nach Möglichkeiten innerer Erfahrung, die über Traditionen und Regeln hinausführt – zu einer »Wolke der Zeugen« (Hebräer 12,1). Damit sind Menschen gemeint, die durch Leben und Wirken im selbst erfahrenen und gelebten Glauben an den unsichtbaren Gott den anderen vorangehen.

Als Coach könnten Sie den Glauben aussparen. Ihre Klienten gehen vielleicht auch davon aus, dass Sie das tun werden. Wenn Sie sich der Mühe unterziehen, Ihren eigenen Standpunkt selbst zu erfahren und auch danach zu leben, erhöht dies die Chance, dass Sie Teil der Wolke werden und in Übereinstimmung mit dem leben, was Sie sagen: »Walk what you talk!«

Wenn Ihre Klienten erfahren, dass Sie Hilfe auch auf der Suche nach dem inneren Weg, nach Sinn und Spiritualität anbieten können, werden sie dies dankbar registrieren. Die meisten Ratsuchenden wünschen sich heute nämlich Glauben aus erster Hand und suchen einen ersten Schritt zu einer ganzheitlichen weltlichen und spirituellen Lebenspraxis.

Mit den Fragen der folgenden Übung werden Sie langsam zu tiefen Grundüberzeugungen, Symbolen oder Metaphern vorstoßen – oder auch zu religiösen Wurzeln. Achten Sie darauf, dass Sie selbst und Ihr Klient sich mit der Antwort nicht im Kreis drehen: »Wofür ist es gut, mit dem Auto zu fahren?« »Dann kann ich mich auf vier Rädern fort-

> **Übungsfragen**
>
> **Fragen zur Authentizität:**
> - Leben und erleben Sie auch, was Sie glauben?
> - Handeln Sie nach Ihrem Glauben?
> - Zeugt Ihr Leben von Ihrem Glauben?
>
> **Fragen zur Transzendenz:**
> - Gibt es neue Wege jenseits des vorher Geglaubten?
> - Gibt es in diesem Leben ein Wachstum und Weiterkommen?
> - Wird der Glaube durch Ihr Leben vertieft, und wächst Ihr Bewusstsein?
>
> **Fragen zum Sinn**
> (die tragische Trias nach V. Frankl):
> - Gibt es ein unaufhebbares Leid, und müssen wir es annehmen?
> - Werden wir alle früher oder später schuldig? Und wie können wir diese Schuld bewältigen?
> - Wie leben wir mit Tod und Vergänglichkeit? Wie ist Ihre Meinung: Sind Dinge und Vorgänge in der Vergangenheit unwiederbringlich verloren oder unverlierbar geborgen?
>
> **Fragen zum Grund dahinter:**
> - »Welche Bedeutung hat Ihre Anschauung/Meinung ...?«
> - Oder: »Wofür ist sie in Ihrem Leben gut?«
>
> Auf Ihre Antwort (oder die des Klienten) fragen Sie jeweils weiter:
> - »Wofür ist das (hier die Antwort einfügen!) gut?«
> - Oder: »Welche Bedeutung hat das (hier die Antwort einfügen!)?«
>
> Bauen Sie dabei Ihre Aussagen oder die Aussagen des Klienten in Ihre Frage mit ein.

bewegen.« Das wäre eine Antwort, die Sie (oder den Klienten) nicht weiter bringt, da sie auf die gleiche Ebene verweist wie die vorhergehende Antwort.

Hinweise zu weiterer Lektüre finden Sie auf www.emk-minden.de.

Angst

Umstände, die ein Problem oder eine Krise darstellen, sind mit dem zentralen Gefühl der Angst besetzt. Bevor wir im nächsten Teil darauf eingehen, was Krisen sind und wie man damit umgehen kann, hier zunächst einige kurze Ausführungen zur Angst.

Ich erinnere mich, dass mir in meinem ersten Zeitungsinterview die Frage gestellt wurde: »Geld regiert die Welt, oder?« Ich überlegte kurz und sagte: »Oder eher Macht?« Denn Geld sah ich lediglich als Mittel oder auch Symbol der Macht an. Und ich war der Meinung, dass gerade jene Menschen nach politischem und wirtschaftlichem Einfluss streben, bei denen Narzissmus und Machtwunsch unglücklich verwoben sind. Die Redakteurin der Zeitung lächelte darauf: »Da sieht man, dass Sie kein Psychologe sind; sonst hätten Sie nämlich gesagt: Angst regiert die Welt.« Das hat mich nachdenklich gemacht. Wenn die Angst wirklich so vieles in uns regiert und lenkt, dann sollten wir uns auch im Coaching und in der Beratung damit auseinander setzen. Auch zu diesem Thema können wir Ihnen in diesem Buch nur Anregungen liefern. Es geht nicht darum, dass Sie hier fertige Antworten »auf alles« finden – wir wünschen uns, dass Sie durch diese Themen mit anderen Beratern und mit Ihren Ausbildern ins Gespräch kommen und Ihre Gedanken, Einstellungen, Meinungen, Gefühle ... ehrlich austauschen. Erst durch diesen Austausch lernt man sich selbst und die anderen kennen.

Definition der Angst

Angst ist eine natürliche biologische Funktion unseres Geistes und des gesamten Organismus. Sie ist eine Aktion und eine Reaktion auf vorgestellte oder tatsächliche Situationen, die vom Individuum als bedrohlich interpretiert werden. Sie ist für das Überleben unserer Art unverzichtbar gewesen und auch für heutige Menschen noch handlungsleitend. Sie wirkt meist unbewusst oder vorbewusst und vermittelt ein undeutliches Gefühl des Angetriebenseins und oft gleichzeitig ein Gefühl der Lähmung. Die Angst kann uns einerseits aktiv machen (Flucht oder Kampf), andererseits kann sie uns blockieren (Lähmung). Der aktivierende positive Aspekt der Angst geht mit der Lähmung oder Blockade meist verloren. Die Ambivalenz, die vorliegt, wenn Angst gleichzeitig Aktivierung und Lähmung auslöst, wird als Enge oder Beklemmung wahrgenommen.

Angst ist nicht nur ein Warnsignal bei Gefahren, sondern enthält auch einen Aufforderungscharakter, nämlich den Impuls, die Angst zu überwinden. Nur wenn wir uns dieser Angst bewusst stellen, sie annehmen und zu meistern versuchen, lässt sie uns auch ein Stück reifen. Das Zurückweichen vor der Angst oder das Ausweichen vor ihr hemmt unsere Entwicklung und lässt uns stagnieren. Wir können versuchen, Gegenkräfte zu entwickeln: beispielsweise Mut, Einsicht, Erkenntnis, Macht, Vertrauen, Liebe, Erfahrung, Demut, Glaube, Hoffnung, Übung.

Häufig wird vorgeschlagen, die Angst von der Furcht abzugrenzen. Diese Vorschläge setzen voraus, dass die Furcht eine angemessene Reaktion auf eine tatsächliche äußere Bedrohung, die Angst hingegen eine unangemessene Reaktion auf eine vorgestellte oder tatsächliche Bedrohung sei. Der letzte Angstaspekt von Serge K.D. Sulz (s. gegenüberliegende Seite) verweist implizit auf diese Trennung. Mit diesem spitzfindigen Unterschied werden wir der Realität, die für jeden Menschen anders aussieht, häufig nicht

> **Info**
>
> Der Psychologe Serge K.D. Sulz fasste mehrere Ausdrucksformen der krankhaften Angst zusammen:
>
> - Angst kann vegetative Fehlsteuerungen und in der Folge körperliche Erkrankungen auslösen.
> - Angst ist ein unangenehmes Gefühl, das von Ungewissheit und dem Verlust der Sicherheit begleitet ist.
> - Angst ist ein Gefühl mit dem subjektiven Erleben von Furcht oder einem verwandten Gefühl wie Schreck, Bedrohung, Panik.
> - Angst wird von wahrnehmbaren und messbaren körperlichen Reaktionen begleitet.
> - Angst richtet sich auf die Zukunft, es besteht ein Gefühl der Bedrohung ohne Hoffnung auf deren Bewältigung.
> - Angst ist dadurch gekennzeichnet, dass die Bedrohung zu der ausgelösten Gefühlsreaktion in keinem vernünftigen Verhältnis steht.

gerecht. Außerdem widerspricht dies unserer Sprachwirklichkeit: Das Wort Furcht entgleitet langsam der gesprochenen Sprache und findet sich zunehmend in der Schriftsprache. Die meisten Menschen sprechen von Angst, wenn Sie Furcht oder Angst empfinden.

Formen der Angst

Der Psychoanalytiker Fritz Riemann hat 1961 in einer tiefenpsychologischen Studie vier *Grundformen der Angst* vorgestellt. Sein gleichnamiges Buch wurde zu einem Klassiker der tiefenpsychologischen Angstlehre und zu einem Bestseller, der bis 2005 bereits über 800.000-mal verkauft worden ist.
Riemann geht davon aus, dass es vier Grundformen der Angst gibt. Andere Ängste seien von diesen Grundformen direkt oder in Form von Zerrbildern abgeleitet. Er setzt als Axiome vier Lebensforderungen und leitet daraus zwei Ambivalenzpole ab, denen wir Menschen ausgesetzt seien. Aus diesen Forderungen ergeben sich laut Riemann die Grundformen der Angst.

Die Angst vor der Selbstwerdung: Diese Angst wird als Ungeborgenheit in der Welt und Isolierung von der Welt erlebt.
Als Menschen streben wir danach, ein einmaliges Individuum zu werden, eine unverwechselbare Person, die sich von der Masse der Menschen abhebt, wir streben nach Selbstbewusstheit und Individuation.
Damit ist aber die Angst verbunden, aus der Geborgenheit der Gemeinschaft ausgestoßen zu werden und Einsamkeit und Isolierung zu erleiden. Als Person können wir uns nur definieren, wenn wir Gemeinsamkeiten aufbauen, zu einer Familie, einem Volk, einer Gemeinschaft gehören, eine Sprache sprechen, ein Geschlecht haben und bei all dieser Breite in der Tiefe zugleich ein unverwechselbares Individuum werden.

Die Angst vor der Selbsthingabe: Diese Angst wird als Ich-Verlust und Abhängigkeit von der Welt erlebt.
Menschen spüren den Wunsch, sich dem Leben und den Mitmenschen vertrauensvoll zu öffnen, sich auf das Nicht-Ich und das Fremde einzulassen. Dies ist im weitesten Sinn unsere Hingabe an die Welt und an das Leben. Damit verbunden ist die Angst, das eigene Ich zu verlieren, ausgeliefert zu sein, missbraucht zu werden und in Abhängigkeit zu geraten. Eine Rolle spielt aber auch die Angst des Menschen, ob er seinen Eigensinn angemessen leben kann oder sich für andere aufopfern muss. Wenn der Mensch sich dem Aufforderungscharakter dieser Angst nicht stellt und Ohnmacht spürt, kann er sich dem Leben nicht wirklich zuwenden und bleibt ein isoliertes Einzelwesen ohne Bindung und Zugehörigkeit, ohne Tradition und Wurzeln.
Die paradoxe Zumutung in der genannten Forderung und ihrer komplementären Angst besteht darin, dass der Mensch einerseits seine Selbstbewahrung und Selbstwirklichkeit, andererseits aber auch die Selbsthingabe und Selbstvergessenheit leben soll. Gleich-

zeitig soll er die Angst vor der Ich-Aufgabe und vor der Ich-Werdung überwinden.

Die Angst vor der Wandlung: Diese Angst wird als Vergänglichkeit und Unsicherheit einer zufälligen Welt erlebt.

Als Menschen streben wir Verlässlichkeit und Dauer an. Wir rechnen mit Bleibendem und planen für die Zukunft, als würden wir unbegrenzt leben. Wären wir uns der Vergänglichkeit unseres Lebens und unserer Taten bewusst und würden auf die Illusion des Dauerhaften verzichten, könnten wir nur wenig schaffen oder verwirklichen: Alles Geschaffene muss in unserer Vorstellung Dauer und Beständigkeit haben. Sonst brauchten wir nicht anzufangen, unsere Ziele zu verwirklichen.

Gleichzeitig wissen wir aber sehr genau, dass unser Leben begrenzt ist und jeden Moment enden kann. Symbol dieser Vergänglichkeit ist unser bevorstehender Tod. Es ist paradox, der Lebensforderung nach Zukunft und Planung, nach Sinn und Beständigkeit ausgesetzt zu sein und gleichzeitig mit dem Wissen um Vergänglichkeit, Zufall und Irrationalität des Schicksals konfrontiert zu sein. Dies ist die komplementäre Angst zur Forderung nach Dauer und Verlässlichkeit. Es ist die Angst vor dem Wagnis des Neuen, vor dem Planen für eine ungewisse Zukunft, davor, sich dem Fließen des Lebens zu überlassen, sich höheren Wirklichkeiten und Bestimmungen anzuvertrauen und doch jeden Tag seine eigenen »kleinen« Ziele zu verwirklichen: Apfelbäume zu pflanzen trotz des Wissens um die Vergänglichkeit des Seins, gleichzeitig aber auch die illusionäre Ewigkeit als wesentlichen handlungsleitenden Impuls zu akzeptieren.

Die Angst vor der Notwendigkeit: Diese Angst wird als Endgültigkeit und Unfreiheit in dieser Welt erlebt.

Schließlich sind wir der Forderung ausgesetzt, auf Veränderungen in der Welt einzugehen. Wir sollen bereit sein, uns zu wandeln, Vertrautes aufzugeben, Menschen, Orte oder Traditionen hinter uns zu lassen, »wenn der Weltgeist uns weiten und Stuf' um Stuf' uns heben will« (wie in dem Gedicht *Stufen* von Hermann Hesse).

Vieles können wir nur als Durchgang erleben: Erreichtes müssen wir wieder hinter uns lassen, uns lösen und Abschied nehmen. Der Forderung, uns zu öffnen und immer wieder Neues zu wagen, nicht stehen zu bleiben, ist die Angst gegenübergestellt, festgehalten zu sein: durch unsere Vergangenheit, durch Notwendigkeiten und Regeln, durch Verpflichtungen, Gesetze oder Bräuche. Freiheitsdrang und Verwirklichung sind durch Beständigkeit behindert. Wir fürchten, das Gewesene eintönig jeden Tag wiederholen zu müssen, während der Wandel der Zeit uns überholt und uns in Vergangenheit und Vergessenheit geraten lässt. Der Tod hat in dieser Angstform das Bild der endgültigen und unbeweglichen Erstarrung.

Auch hier mutet uns das Leben eine paradoxe Forderung zu: Gleichzeitig sollen wir nach Dauer und nach Wandlung streben und sind dabei den Ängsten vor der unvermeidlichen Vergänglichkeit und der unausweichlichen Notwendigkeit ausgeliefert.

Info

Vier Grundängste – zwei Gegensatzpaare (nach *Riemann*):

- Selbstbewahrung und Absonderung versus Selbsthingabe und Zugehörigkeit
- Dauer und Sicherheit versus Wandlung und Risiko

»Alle möglichen Ängste sind letztlich immer Varianten dieser vier Grundängste und hängen mit den vier Grundimpulsen zusammen, die ebenfalls zu unserem Dasein gehören und sich auch paarweise ergänzen und widersprechen: als Streben nach Selbstbewahrung und Absonderung mit dem Gegenstreben nach Selbsthingabe und Zugehörigkeit; und andererseits als Streben nach Dauer und Sicherheit mit dem Gegenstreben nach Wandlung und Risiko. Zu jeder Strebung gehört die Angst vor der Gegenstrebung.« (Fritz Riemann)

Riemann entwickelte aus diesen Grundformen der Angst eine psychoanalytische Charakterkunde. Darauf werden wir hier jedoch nicht weiter eingehen.

> **Übungsfragen**
>
> - In welchen Bereichen Ihres Lebens bemühen Sie sich besonders um eigene Ideen, um Freiraum und Unabhängigkeit? Wie sieht das in anderen Bereichen aus: Beruf, Privatleben, Spiritualität, Körper und Gesundheit ...?
> - In welchen Bereichen Ihres Lebens genießen Sie besonders die Zugehörigkeit zu einer Gruppe oder die Hingabe an eine Aufgabe? Wie sieht das in den anderen Bereichen aus?
> - In welchen Bereichen Ihres Lebens bauen Sie auf Beständigkeit, auf Gewohntes und Verlässlichkeit? Wie sieht das in anderen Bereichen aus?
> - Wo lieben Sie besonders die Abwechslung, den frischen Wind und den Wandel? Und wie sieht das in den anderen Bereichen aus?
>
> Gehen Sie bitte Ihre Antworten nochmals durch: Was würde passieren und wie würden Sie sich fühlen, wenn genau das Gegenteil einträte.

Pathologische Ausdrucksformen der Angst

Neben der realen Angst vor Krisen, Katastrophen, Kriegen und schwerer Krankheit gibt es spezifische Angststörungen. Bei ihnen fehlen die äußeren objektivierbaren Bedrohungen. Krankhafte Angststörungen werden eingeteilt in

- *kontextunabhängige Ängste:* so genannte generalisierte Angststörungen und Panikstörungen sowie
- *kontextabhängige Ängste* (so genannte Phobien): Platzangst, isolierte Ängste (zum Beispiel vor Spinnen) und soziale Phobien.

Pathologische Ausdrucksformen der Angst sind häufig mit körperlichen oder krankhaften psychischen Phänomenen gekoppelt. Wenn Sie diese bei Ihren Klienten bemerken, handelt es sich mit großer Wahrscheinlichkeit um eine Angsterkrankung. Sie sind dann verpflichtet, Ihrem Klienten dringend einen Arztbesuch anzuraten, und es empfiehlt sich, das angstbesetzte Thema vorerst auszuklammern oder die gesamte Beratung vorerst auszusetzen. Solche körperlichen Symptome in Zusammenhang mit dem Angstthema können beispielsweise sein:

- kräftiges, dem Klienten spürbares Herzklopfen (Palpitation),
- starke Schweißneigung,
- Zittern,
- Mundtrockenheit,
- Atemnot, Beklemmungsgefühle,
- Thoraxschmerzen (Brustkorb- oder »Herzschmerzen«),
- Übelkeit, Schwindel,
- Unwirklichkeitserleben (Derealisation),
- das Erleben, überhaupt nicht mehr man selbst zu sein (Depersonalisation),
- Angst vor der Angst,
- Angst davor, verrückt zu werden,
- Hitze- und Kälteempfinden,
- Gefühllosigkeit oder starkes Kribbeln (zum Beispiel Fingerspitzen),
- Angst davor, durch die Angst zu sterben,
- starke Schreckhaftigkeit,
- starke Konzentrationsstörung,
- stark gesteigerte Reizbarkeit,
- Schlafstörungen,
- Ruhelosigkeit,
- »Kloßgefühl im Hals« (Globusgefühl),
- chronische Muskelverspannungen.

Diese krankhaften Ausdrucksformen der Angst sind nicht Gegenstand des Coachings. Gelegentlich wenden sich Klienten aber mit solchen Symptomen ihrer Probleme auch an Coaches. Es ist dann Ihre Pflicht, einfühlsam darauf hinzuwirken, dass Ihr Klient die Beschwerden ärztlich abklären lässt, bevor Sie weiterarbeiten können und dürfen.

Der Umgang mit der Angst als Schlüsselqualifikation

Der Soziologe Ulrich Beck bezeichnete 1995 den Umgang mit der Angst als eine *zivilisatorische Schlüsselqualifikation*. Angst werde manipulierend eingesetzt, es würden Ängste geschürt mit dem gleichzeitigen Versprechen, diese Ängste zu bekämpfen. Dabei würden alte Rezepte als neu verkauft. Meist ginge es um Macht, zum Beispiel in Form von Wählerstimmen, oder um Geld oder um neue Kriege.

Können wir aber glaubhaft fordern, dass der Umgang mit einer Emotion, die von den meisten Menschen bewusst negiert wird, eine Schlüsselqualifikation sein kann? Ich meine: Wir können! Angst findet viele Ausdrucksformen, in denen sie verschoben oder verformt wird. Sie findet sich in körperlichen Beschwerden und Krankheiten wieder, in Trägheit und Interesselosigkeit, in Maßlosigkeit und Egoismus, in Blauäugigkeit und alltäglicher Einfalt, in Engstirnigkeit und Pedanterie, Idealisierung und Entwertung. Wir sehen hier einige der Wirkungen und Verformungen der Angst. Der Umgang damit ist jedem Menschen vertraut. Es sollte daher jedem Coach möglich sein, sich der Symptome und ihrer Ursachen anzunehmen.

Schließlich spielt Angst auch in der Entwicklung und Verarbeitung von Krisen eine bedeutende Rolle. Eine Krisenintervention ohne Eingehen auf die Angst ist nicht sinnvoll oder nicht möglich. Sicher werden Sie in Ihrer Rolle als Coach nicht umhinkommen, Krisen einseitig als individuelle Probleme zu behandeln, ohne auf die gesellschaftlichen Aspekte einzugehen, die den Nährboden für Krisen bilden können. Damit tun wir so, als wäre wirklich jeder seines Glückes Schmied. Es wäre auch einfacher, wenn ein Konsens darüber bestünde, dass Angst und Krisen gesellschaftlich bedingt sind. Dann müsste sich niemand persönlich für seine Krise verantwortlich fühlen und sich vorwerfen lassen, er habe sie durch falsche Entscheidungen heraufbeschworen, sie quasi selbst konstruiert oder inszeniert. Sicher sind in einer Krise immer individuelle und gesellschaftliche Aspekte vermischt. Diese können Sie zwar gleichermaßen würdigen, als Personal Coach sind Sie aber angetreten, um einem individuellen Menschen zu helfen. In der Konzentration auf diese Aufgabe sind Sie wirksamer.

Im folgenden Kapitel werden wir uns mit Krisen beschäftigen. Dabei werden wir in einem anderen Zusammenhang gelegentlich auf die Angst zurückkommen.

Krisen und Traumata

Auf einem Stadtfest lernte ich eine etwa 40-jährige Dame kennen, mit der ich ins Gespräch kam: Sie sei verheiratet und habe Fremdsprachensekretärin gelernt. Da der Beruf aber über die Jahre zu eintönig geworden sei, habe sie eine Beratungsausbildung absolviert und anschließend die amtsärztliche Prüfung zur Heilpraktikerin abgelegt, begrenzt auf das Gebiet der Psychotherapie. Die Ausbildung habe vier Monate gedauert, und nun habe sie eine Praxis mit den Schwerpunkten Krisenintervention und Energieberatung eröffnet. Es seien zwar noch keine Klienten gekommen, sie freue sich aber schon auf die neue Tätigkeit.

Was die Kollegin wohl unter Krisenintervention verstand? Leider konnten wir das Gespräch nicht fortführen. Ich habe daraufhin in den gelben Seiten unter »Psychologische Beratung« nachgesehen, da die Coaching-Rubrik ohne Einträge war. Viele Berater und Beraterinnen bieten dort als Schwerpunkt Krisenberatung an. Womit befassen sich diese Kolleginnen und Kollegen? Bis zu der Begegnung auf dem Stadtfest hatte ich eine Definition für »wirkliche Krisen«, die an medizinische und psychopathologische Konzepte gebunden war. Krisen können jedoch auch anders definiert werden. In den folgenden Abschnitten gehen wir auf verschiedene Ausdrucksformen von Krisen ein. Sie unterscheiden sich unter anderem durch die Sichtweise auf die Krise und durch die Schwere, die Dramatik und die Aktualität der Ereignisse.

Von Gerald Caplan (1964) stammen auch die drei bekannten Kategorien der Krankheitsvorbeugung in Bezug auf seelisch-geistige Störungen:

- die *primäre*,
- die *sekundäre* und
- die *tertiäre Prävention*.

Primäre und sekundäre Prävention bedeuten, dass auf Grund der Kenntnis von krankheitsverursachenden Umständen oder von frühesten Signalen einer Krankheit schon deren Ursachen bekämpft (primär, im Vorfeld) oder bereits die allerersten Anzeichen eines Symptoms behandelt werden (sekundär), um das Vollbild der Erkrankung nicht entstehen zu lassen.

Die tertiäre Prävention verhindert Folgeschäden und Behinderungen durch die Krankheit, indem sie korrekt behandelt wird und indem die Gesundheit und Leistungsfähigkeit wieder hergestellt wird, zum Beispiel durch Rehabilitation.

Es ist heute bekannt, dass viele der im Folgenden dargestellten Krisen ein wesentlicher Faktor im Entstehen von psychischen und körperlichen Krankheiten sind. Trotzdem ist unser medizinisches Hilfssystem immer noch unfähig, wirksame primäre und sekundäre präventive Maßnahmen in diesen Risikogruppen einzusetzen. Erst wenn es zum Ausbruch von Krankheiten oder handfesten Problemen gekommen ist, setzt unser Hilfssystem ein. Lebensberatung oder Coaching auf diesem Gebiet ist daher eine wichtige Maßnahme im Vorfeld der Therapie, und

---

Definition des Begriffes Krise:
Der britische Psychiater Gerald Caplan definierte 1964 eine Krise als eine schwere emotionale Gleichgewichtsstörung, welche zeitlich begrenzt ist und mit den Gegenregulationsmechanismen, die dem betroffenen Individuum aktuell zur Verfügung stehen, nicht zu bewältigen ist. Dieser enge Krisenbegriff wird in medizinischen und psychologischen Publikationen meist bevorzugt.

obwohl es sich nicht um Heilung handelt, kann dadurch der Ausbruch vieler Krankheiten möglicherweise vermieden werden. Menschen in Krisensituationen oder in größeren Schwierigkeiten entscheiden sich häufig für vier falsche Methoden des Umgangs mit ihren Problemen. Diese möchten wir Ihnen vorstellen, bevor wir uns den Krisen selbst zuwenden.

- Probleme und Krisen werden bagatellisiert: »Ach, andere trinken auch so viel Alkohol.« »Ich sollte mich nicht so anstellen, der Tod gehört nun mal zum Leben.« »An einer Tracht Prügel ist noch niemand gestorben.«
- Umgekehrt wird oft viel Aufhebens um kleinere Probleme gemacht: »Die erste Zigarette ist der Start in eine Heroinkarriere, dafür setzt es jetzt Prügel!« »Gestern hast du auch schon gehustet, es könnte Lungenkrebs sein.« »Ich habe gesehen, wie du ihn angeschaut hast; da läuft doch etwas.«
- Probleme werden mit gesundem Menschenverstand und mit einem »noch mehr vom Gewohnten« angegangen: Depressive Menschen werden durch Witze aufgeheitert, ungezogene Kinder noch mehr verprügelt, Ehepartner werden »zur Schnecke« gemacht.
- Je schwieriger das Problem wird, desto starrer halten die meisten Menschen an ihrer privaten Realität und persönlichen Meinung fest, und desto mehr entfernen sie sich dadurch von alternativen Lösungen. Diese Menschen nehmen ihre Realität mit einem verzerrten Tunnelblick wahr und sind geistig relativ starr und unbeweglich.

Wie können Sie als Coach im Erstgespräch damit umgehen? Die wichtigste Regel in der Kommunikation mit Menschen, die in Krisen geraten sind, ist die, zunächst den Hauptakzent auf den tatsächlichen und gerade relevanten Sachverhalt zu legen, den man hier und jetzt vorfindet:

Was geht hier eigentlich vor? Welches Verhalten oder welche Ereignisse haben zu den Vorgängen geführt? Was ist bis jetzt getan worden, um das Problem einzudämmen oder zu beseitigen?
Es wäre sehr falsch, versuchte man bereits am Anfang, innerpsychische Prozesse zu diskutieren, die aus der Vergangenheit herrühren. Dieses Vorgehen würden Hilfe suchende Klienten zunächst nämlich als irrelevant ansehen. Sie würden zu diesen Klienten schnell den Rapport verlieren.

> Als Berater sollten Sie zunächst die »Wirklichkeit« der Krise annehmen. Andere Schritte folgen erst später.

Krisen als Entwicklungschance

Einschnitte und Lebensübergänge schaffen Verunsicherung durch Rollenänderungen und Selbstbildveränderungen. Man löst sich aus Bindungen und schafft neue. Sicherheiten und Gewohnheiten gehen verloren oder der Wandel durch abwechslungsreiche Aufgaben fehlt. Solche Lebensübergänge sind die Adoleszenz, der Übergang ins Erwachsenenalter oder in den Beruf, das beginnende Altern des Mannes oder das Klimakterium der Frau, der sichtbare Verlust der Jugendlichkeit, der Auszug der Kinder, der Tod der eigenen Eltern, der Eintritt in den Ruhestand.
In den Kapiteln über die Entwicklungsphasen von Paaren oder Familien sind wir auf diese Übergänge bereits eingegangen. In ihnen kommt es immer wieder zu Anpassungsschwierigkeiten, die häufig als Krisen bezeichnet werden. Mir wäre wohler, wenn wir solche ängstigenden Einschnitte im Leben, sofern sie als Problem wahrgenommen werden, als *Anpassungsschwierigkeiten* bezeichneten, denn sonst laufen wir Gefahr, das Wort Krise inflationär zu gebrauchen. In solchen Übergangsphasen, wo ein neues Selbstbild und neue Lebensziele erforderlich

sind, kann Coaching oder psychologische Beratung sehr hilfreich sein.

Es gibt auch andere Lebensübergänge, die zwar zum normalen Schicksal gehören, mit deren Eintreten wir aber nicht gerechnet haben: der plötzliche und unerwartete Tod eines nahen Menschen, die plötzliche Trennung vom Lebenspartner, Verlust von Arbeit, viel Geld, Einfluss und Macht, von Sicherheit, Gesundheit oder anderem.

Viele Veränderungen geschehen stetig und allmählich. Die Betroffenen nehmen sie dann häufig gar nicht wahr und meinen, die Ursache für ihr Unwohlsein und ihre Verwirrung nicht zu kennen. Andere Veränderungen treten plötzlich als deutliche Zäsur auf, und den Betroffenen fehlen Mut, Kompetenz und Hoffnung, mit diesen Veränderungen in naher Zukunft sinnvoll umzugehen. In diesen Einschnitten liegen häufig die Chancen zu notwendigen Veränderungen und zu Wachstum. Dies ohne Hilfe zu erkennen ist häufig schwierig und ein sehr langer Weg. Viele dieser Veränderungen sind schmerzliche Schicksalsschläge, andere sind über Jahre langsam (und unbewusst) herbeigeführte dramatische Höhepunkte eines Lebensentwurfes, der schon lange einer Veränderung bedurft hatte.

> Dazu zwei Beispiele: Der Unfalltod eines geliebten Partners ist ein schwerer Schicksalsschlag und ein erzwungener, sehr schmerzlicher Lebensübergang. Dagegen ist ein sich zuspitzender Trennungskonflikt in einer chaotischen und lieblosen partnerschaftlichen Zweckgemeinschaft kein Schicksal, sondern eine unbewusst selbst inszenierte Veränderungskrise.

In diesen beiden Fällen kann Coaching sinnvoll und hilfreich sein: Im einen Fall zunächst als Beistand in der Trauer und Verwirrung, im anderen Fall durch die Entfaltung einer schöpferischen Krise und durch das Aufzeigen eines wichtigen Entwicklungsthemas, das die betroffene Person zunächst vielleicht nicht erkennen kann oder will.

Ob sich aus einem Problem eine persönliche Krise entwickelt und ob dieses Problem traumatisch erlebt wird, hängt zu einem großen Teil davon ab, welche Verarbeitungsmuster und Grunderfahrungen ein Mensch aus seiner Vergangenheit mitbringt. Diese erworbenen Muster bestimmen Selbstwertgefühl und Identität; beides ist eine wichtige Voraussetzung im Umgang mit Problemen, die sich zu Krisen auswachsen könnten.

Schöpferisches und Lähmendes in Krisen

In Momenten der Krise verengt sich scheinbar das ganze Leben auf die Angst und die Verwirrung, welche sich in der Krise zeigen. Den Betroffenen fehlt der Glaube und die Überzeugung, das Leben in diesem Moment selbst gestalten zu können. Es fehlt das Gefühl für Selbstwirksamkeit, welches ein wichtiger Aspekt unseres Identitätserlebens ist. Und es fehlen die Hoffnung und Zuversicht auf eine gute Zukunft – oder überhaupt auf irgendeine Zukunft.

> In diesen Übergangsphasen spüren wir die ambivalenten Strebungen von Dauer und Wandel.

Dies sind Phasen großer Labilität, in denen wir angespannt sind, an uns selbst zweifeln und unserer Angst ausgeliefert sind. Dadurch werden innere und zwischenmenschliche Konflikte aktiviert, die gewohnheitsmäßig schon zu unserem Leben gehören. Sie stellen unterschwellig handlungsleitende Muster dar. Alte Schwierigkeiten tauchen wieder auf, längst überwundene körperliche Beschwerden stellen sich wieder ein. Ängste in der Form alter Konflikte und nicht gelöster Lebensthemen flackern neu auf, sodass sich Labilität, erhöhte Konfliktanfälligkeit und Angst gegenseitig verstärken. Gerade in dieser Phase aber ist man glücklicherweise bereit, alte Probleme nochmals zu bearbeiten, sich mit seiner Lebensgeschichte auseinander zu setzen und dann ganz neue Entscheidungen zu treffen. Dies sind die Chancen, die in Übergangsphasen und Krisen schlummern. Diese Chancen nicht zu ergreifen führt häufig wieder zu einer Konfektions-Identität, in der man alte erlernte Handlungsmuster und Rollenerwartungen lebt. Psychodynamisch wäre das eine Abwehr der Angst vor dem Wandel und eine Abwehr der Angst eines Ich-Verlustes.

Das Schöpferische in der Krise ist die Chance zu Wandel und Neubeginn, zu einem Paradigmenwechsel. Hierzu müssen wir uns der Angst stellen, die eine Krise mit sich bringt. Das Lähmende ist ein dumpfes Versinken in Angst und Verwirrung oder deren schnelle psychodynamische Abwehr (Rationalisierung, Verschiebung, Übertragung), um zügig ein neues Rollenklischee annehmen zu können. Es ist wichtig, sich in der Krise weder ganz an die Innenwelt der Emotionen noch an die Forderungen der Außenwelt zu verlieren, sondern in der neuen Spannung zwischen beiden Welten einen Weg zu finden.

In der Beratung, in der Psychotherapie (und hier besonders in der Gruppenpsychotherapie!) kann das Schöpferische verdrängter alter Krisen neu erweckt und bearbeitet werden. Auch als Berater oder Gruppentherapeut bin ich immer wieder tief bewegt, wenn ich erleben kann, wie intensiv und heilsam viele Klienten und Patienten auch nach sehr vielen Jahren noch an längst vergessen oder überwunden geglaubten Krisen oder Verletzungen arbeiten können. (Das gilt gleichermaßen für Beratungsprofis in ihrer Ausbildung und Selbsterfahrung!) Diese Fähigkeit der Klienten zu erleben ist für viele Berater und Psychotherapeuten die schönste Motivation für ihre Tätigkeit.

Wie gehe ich mit neuen Einsichten um, die ich in der Krise gewinne?

Im Kapitel über Ziele und Visionen sind wir bereits auf die existenziellen Faktoren von Irvin Yalom eingegangen. In der Krise werden die Einsichten offensichtlich, die Yalom formuliert hat:

- Zu erkennen, dass das Leben manchmal unfair und ungerecht ist.
- Zu erkennen, dass man gewissen Nöten des Lebens und dem Tod nicht entgehen kann.
- Zu erkennen, dass man, so nah man anderen auch kommen mag, dem Leben allein gegenübertreten muss.
- Sich den Grundfragen seines Lebens und seines Todes zu stellen und so sein Leben ehrlicher zu leben und sich weniger von Belanglosigkeiten einfangen zu lassen.
- Zu lernen, dass man die letzte Verantwortung für die Art, wie man sein Leben lebt, übernehmen muss, gleichgültig, wie viel Anleitung und Unterstützung man von anderen bekommt.

Als Coach tun Sie gut daran, diese Prozesse auch in sich selbst wahrzunehmen.

In der Arbeit mit Ihren Klienten kann es hilfreich sein, die Realität der Krise und die damit verbundene Angst anzuerkennen. Dies ist der erste Schritt der Krisenintervention: zuhören, dabei sein und dem Klienten helfen, die Realität und die damit verbundenen Emotionen anzunehmen.

> Gemeinsam über die Angst zu sprechen mindert den Wunsch, sie abzuwehren (zum Beispiel durch »positives Denken« oder durch Aktionismus). Dadurch bleibt die Tür zur wirklichen Wandlungschance offen.

Hat sich eine Krise über viele Monate und Jahre angekündigt oder hat der Klient sie vielleicht unbewusst herbeigesehnt, können Sie zügiger beginnen, Ressourcen und Zielideen zu aktivieren. Wenn es sich um einen schweren Schicksalsschlag handelt, der einer Phase des Trauerns um den Verlust bedarf, ist es oft sinnvoll, erst nach einigen Wochen oder Monaten lösungs- oder zukunftsorientiert zu arbeiten.

In der *Chaostheorie* übrigens werden Krisen als Phasen eines möglichen Umschwungs, einer Veränderung oder eines Paradigmenwechsels verstanden. Ein neuer so genannter *Attraktor* (ein anziehendes Moment) gewinnt eine so genannte kritische Masse. Dadurch ist einerseits ein Rückgleiten in den alten Zustand, andererseits der Umschwung zu etwas Neuem möglich. Menschen können in solchen Phasen des Umbruchs besonders gut handlungsleitende Muster aufgeben und auch besonders gut neue Muster erlernen.

Die meisten schöpferischen Prozesse beginnen damit, dass man verunsichert ist und die Notwendigkeit verspürt, unbedingt ein Problem lösen zu wollen. Dieses unangenehme Gefühl muss ausgehalten werden, und der Betroffene braucht dann auch Mut zur Angst. Erst wenn Menschen anerkennen und für sich annehmen, dass es nicht immer sofort eine Lösung gibt und dass diese Lösung nicht immer einfach sein kann, wird der Weg zu einer neuen Lebensmöglichkeit frei. Mut zur Angst und das Begreifen der momentanen »Lösungslosigkeit« sind für viele Menschen nicht akzeptabel. Sie flüchten nicht nur in eine Konfektionsidentität, sondern wehren die eigenen Gefühle von Angst oder Verletzung sogar ab, indem sie andere Menschen ängstigen und verletzen. Für kurze Zeit stabilisiert das ihr Selbstwertgefühl. Das ist aber nie von Dauer, und häufig entwickelt sich daraus eine Spirale, die zu immer mehr Gewalt und Destruktion führt.

Phasen des schöpferischen Prozesses

In vielen Krisen gibt es einen schöpferischen Einfall, die Idee, etwas ganz neu zu gestalten und das eigene Leben neu zu leben. Wie es zu diesem schöpferischen Einfall kommt, bleibt ein Geheimnis. Es gibt auch keine Phasen oder Schritte, die für diesen Prozess zwingend notwendig sind. Bei vielen Menschen lässt sich jedoch eine ähnliche Folge von Prozessschritten beobachten (s. S. 432f.).

Übung

Listen Sie bitte zehn mögliche leichtere oder mittlere Krisen (oder auch Schwellensituationen) auf, die Sie sich für Ihr eigenes Leben vorstellen könnten: Arbeitslosigkeit, ein schwerer Autounfall mit leichten bleibenden Schäden und Ähnliches.

Und listen Sie bitte drei mögliche schwerste Krisen auf, die in Ihr Leben treten könnten, wie zum Beispiel der Verlust von nahen Menschen. Sprechen Sie mit engen Freunden, Eltern oder Ihrem Partner über solche Verluste: Wie würden Sie sich fühlen? Was würden Sie von den Zurückbleibenden oder den nicht Betroffenen erwarten? Wie sollte man über Sie sprechen? Wie sollte man mit Ihnen sprechen? Wie genau (wo, wie, wann, wie oft, wer ...) sollte die Hilfe aussehen, die Sie sich in diesen verschiedenen Krisen wünschen würden?

Bitte sprechen Sie mit Ihren Eltern, wenn diese noch leben, und mit Ihrem nächsten Menschen (zum Beispiel dem Ehepartner) über die Möglichkeit von deren/dessen Tod: Was ist für diesen Fall geplant? Gibt es ein Testament? Ist eine bestimmte Form der Beerdigung geplant? Wie soll Ihr Leben weitergehen nach diesem Verlust? Welche Gefühle werden von Ihnen erwartet?

Übrigens: Haben Sie keine Angst vor dieser Übung! Viele Menschen denken, wenn sie über Tod und schwere Verluste reden, würden diese sich früher einstellen. Das stimmt nicht. Das Reden über die Realität unserer Vergänglichkeit macht das Leben reicher, lebendiger und wahrhaftiger. Und es ist eine wichtige Voraussetzung für Sie, wenn Sie anderen in deren Krisen beistehen möchten.

Auf Seite 436 wird eine ähnliche Übung folgen, da Todesbewusstsein ein entscheidender Aspekt des Selbst- oder Lebensbewusstseins ist!

Schock: In dieser Phase der Lähmung und großen Verwirrung werden biologisch alte und scheinbar verlässliche Muster aktiviert: Flucht, Tot stellen, Überflutung durch verschiedene Emotionen wie Traurigkeit, Wut, Zorn, größte Angst. Diese Emotionen bereiten die nächste Phase vor.

Seien Sie für Ihre Klienten in dieser Phase einfach ein empathischer Beistand mit gesundem Menschenverstand.

Verleugnung: In dieser Phase wird das Ereignis, das die Kriese ausgelöst hat, geleugnet oder abgewehrt. Es soll nicht wahr sein: Alles scheint wie ein böser Traum, aus dem es ein Erwachen geben müsste. An der alten Realität wird festgehalten.

Wenn Sie sehr viel Erfahrung und Übung haben, könnten Sie diese Phase durch Provokation und andere verbale Interventionen verkürzen. Jeder Klient braucht allerdings seine Zeit. Es ist daher ausreichend, wenn Sie auch hier nur Beistand leisten, aber gleichzeitig signalisieren, dass Ihre Sicht auf die Realität ganz anders ist. Sie sollten also nicht der Realität des Klienten folgen, sondern Ihre Realitätssicht als Modell wirken lassen, an dem sich der Klient orientieren kann.

Vorbereitung: In dieser Phase beginnt der Versuch, das Problem, das in die Krise geführt hat, mit gängigen und bekannten Methoden zu beheben. Dabei wird häufig »mehr des Gleichen« versucht, nie jedoch etwas gänzlich anderes. Diese Form der Krisenbewältigung scheitert daher meist. Es werden aber auch Informationen gesammelt: Bücher gelesen, Gespräche gesucht und viele Meinungen von überall her eingeholt. So wird der Nährboden für erste kognitive und emotionale Einsichten geschaffen.

Fragen Sie den Klienten nach seinen bisherigen Versuchen der Krisenbewältigung. Verdeutlichen Sie ihm auch, wie erfolglos diese Versuche bisher waren. Fragen Sie nach Gefühlen und Ängsten, die andere Menschen wohl hätten, wenn sie in ähnlichen Situationen steckten.

Kognitive Einsicht: Das Problem wird erkannt und verstandesmäßig angenommen. Es wird eine erste Geschichte zu dem Problem oder der Krise erzählt: Menschen brauchen zu jedem Ereignis ihre Geschichte, die eigene Erzählung über den Hergang, die Verknüpfung und den Sinn des Geschehenen! Selbst bei schweren Verlusten sind diese Geschichten jedoch häufig ohne Emotionen, sie wirken oft nüchtern oder unbeteiligt, beinahe wie Fernsehreportagen. Die emotionale Komponente wird vom Klienten nur schwach wahrgenommen und meist bagatellisiert.

Sagen Sie dem Klienten, dass Sie in seiner Geschichte wenig Emotionen wahrgenommen haben.

Abwehr der Emotionen: In dieser Phase werden die Emotionen wahrgenommen, die zur gefundenen Geschichte gehören. Sie werden jedoch abgelehnt und abgewehrt: »Diese Wut, diesen Zorn, diese Ohnmacht will ich nicht spüren. Das soll sofort wieder vorbei sein. So will ich mich nicht fühlen!« Dann sind die Klienten oft auf andere zornig oder wütend, ohne zu merken, dass es eigentlich um ihre eigenen Gefühle geht.

Erklären Sie dem Klienten, dass diese Emotionen ganz normal sind, dass es sich um gesunde Emotionen handelt, die zu dieser Situation oder diesem Problem passen, und helfen Sie Ihrem Klienten, die Gefühle auf sich selbst zurückzuführen.

Annehmen der Emotionen: In dieser Phase werden die Emotionen als Einsicht angenommen und in die Geschichte integriert. Meist werden Schmerz, Angst und Trauer jetzt erneut aktiviert und auf andere und neue Weise empfunden. Die Geschichte wird jetzt vielfach neu erzählt und hört sich authentischer an, da sie wahre Emotionen widerspiegelt. Jetzt wird der Weg frei für Lösungen.

Inkubationsphase: In dieser Phase treten wieder Selbstzweifel auf. Die bekannten Handlungsmuster werden als inadäquat erkannt. Angst vor weiteren Verlusten, vor der Zukunftsgestaltung und anderes gären in der Tiefe und blockieren den Weg zu neuen Lösungen. Viele Menschen fühlen sich dann fantasielos, depressiv, ohne Energie, ausgelaugt. Manchmal äußert sich diese Blockade in aufgeregter Angst, ein anderes Mal in Versteinerung. Auf einer anderen Ebene aber gärt im Problem bereits die Lösung und wird unbewusst vorbereitet.

Säen Sie Ideen, indem Sie Metaphern oder Geschichten erzählen. Oft kann eine Geschichte über einen guten Freund, der Ähnliches erlebt hat, hilfreich sein. Es spielt dabei keine Rolle, ob Sie einen solchen Freund wirklich haben. Einerseits fördern Sie dadurch eine aktive Einstellung dem Leben gegenüber mit viel Mut zur Angst. Andererseits tun Sie gut daran, eine andere, kontemplative Einstellung zu fördern, die Ihren Klienten für neue Einfälle öffnet.

Einsicht und Integration: In dieser Phase taucht die Lösung meist wie ein Gedankenblitz auf. Der Klient erkennt plötzlich neue Zusammenhänge und weiß, was zu tun ist. Häufig sind solche Einfälle mit der Erleichterung und Freude verbunden, endlich erkannt zu haben, wie man die Geschichte in das eigene Leben integrieren kann, wie man die Zukunft gestalten könnte und was als Nächstes konkret zu tun ist.

Hier können Sie Zielarbeit mit dem Klienten leisten, verschiedene Lebensbereiche auf deren zukünftige Balance hin untersuchen oder auch andere Techniken anwenden, die wir in früheren Abschnitten besprochen haben (logische Ebenen nach Dilts und anderes mehr).

Prüfung an der Realität: Die neue Einsicht muss in Handlungen münden. Ist die Idee oder die neue Einsicht überhaupt brauchbar? Wie genau kann sie in die Tat umgesetzt werden? Wie wird sich das Leben dadurch verändern? Wie wird das Umfeld darauf reagieren?

In dieser Phase können Sie dem Klienten helfen, systemische Zusammenhänge zu erkennen und die Lösungsidee zu verdichten und praxisgerecht umzuformulieren. Sie können gemeinsam mit dem Klienten die ersten Lösungsschritte ausprobieren und ihn dabei unterstützen.

Krisen und Krisenauslöser

In diesem Abschnitt werden wir Ihnen exemplarisch verschiedene Krisen oder Krisenauslöser vorstellen. Vieles werden wir nicht erwähnen können, wie zum Beispiel verpasste Lebenschancen, Versagenssituationen in wichtigen Examen und anderes.

Die hier vorgestellten Krisenauslöser könnten für Sie ein Schock sein, denn es werden auch Vergewaltigung oder Kindesmisshandlung thematisiert. Vielleicht fragen Sie sich, wieso solche Themen Teil eines Coaching-Buches sein sollten. Wir möchten Ihnen dadurch klarmachen, dass Krisen auch sehr schlimme Ereignisse sein können und Sie es sich wohl überlegen sollten, ob Sie sich später Krisenberater nennen möchten. Dass wir diese Themen hier aufnehmen, hat noch weitere Gründe: Viele Klienten haben sich mit ihrem Problem bereits bei Ärzten oder psychologischen Beratungsstellen vorgestellt. Einige haben bereits Psychotherapien abgeschlossen. Trotzdem ist aber vieles unbearbeitet und unbeantwortet geblieben. Das heißt nicht, dass Ärzte oder Therapeuten inkompetent sind. Oft bleibt nicht die Zeit, alles zu besprechen, und bisweilen stellen sich viele Fragen erst Monate oder Jahre später durch das Leben selbst. Gelegentlich aber ist die Lebensberatung oder das Coaching-Institut die erste Anlaufstelle für Ratsuchende, die eine schwere Situation durchlebt haben oder gerade durchleben. Es wird auch passieren, dass ein Veränderungswunsch an Sie herangetragen wird: »Ich möchte effektiver sein! Das kann ich aber nicht, weil ich Angst davor habe, dass ...« Wenn diese Angst zurückverfolgt wird, findet sich häufig eine schwere Lebenskrise oder Verletzung.

Es ist in allen Fällen sinnvoll, wenn Sie als Personal Coach, psychologischer Berater oder Lebensberater – wie immer Sie sich auch nennen mögen – solche Krisen auslösenden Situationen bereits kennen gelernt haben. Dadurch werden Sie auf diesen einzelnen Gebieten sicher kein Spezialist werden, es verhindert aber, dass Sie sich völlig kopflos in die Beratung von Krisen stürzen. Wenn Sie tatsächlich planen, später Krisenberatung als Schwerpunkt Ihrer Beratungspraxis zu wählen, sollten Sie frühzeitig Kontakte knüpfen zu Beratungs- und Hilfsinstitutionen in Ihrem Umfeld: beispielsweise zu Spezial- oder Präventionsabteilungen der Kriminalpolizei, speziellen psychologischen Beratungseinrichtungen, Frauenhäusern. Erst durch dieses Netzwerk sichern Sie sich die Möglichkeit, effektiv und auch juristisch korrekt vorzugehen. Alles andere wäre blauäugig. Leider kommt es immer wieder vor, dass schlecht ausgebildete und wenig selbsterfahrene Berater alles allein machen möchten und die Aktivitäten anderer Institutionen eifersüchtig, geringschätzig oder neidvoll beobachten. Schaffen Sie sich Austausch und Hilfe durch ein Netzwerk.

Trauer

Der Verlust eines nahen Menschen hinterlässt eine tiefe Wunde, die niemals spurlos verschwindet. Es wird eine Narbe bleiben, aber die Seele und der Körper werden lernen, damit umzugehen, wenn die Voraussetzungen für eine Heilung der Wunde geschaffen sind. Als Berater werden Sie niemals im Stande sein, solche Wunden zu schließen. Sie werden aber Ihren Klienten helfen können, sich mit der Trauer auseinander zu setzen. Ein erster Schritt hierbei ist das Reden über den Verstorbenen: Was für ein Mensch war er? Wie hat er in den Phasen seines Lebens gedacht, gefühlt und gehandelt? Was alles ist in seinem Leben passiert? Was waren seine größten Stärken, was die größten Schwächen ...? Auch die schlechteren Seiten dürfen nicht tabuisiert oder bagatellisiert werden. Lassen Sie sich alles erzählen. Wenn Sie den Verstorbenen selbst kannten, dann erzählen Sie auch von Ihren Erlebnissen mit ihm.
Häufig spüren die Klienten verwirrende Gefühle von Traurigkeit, Schuld, Wut, Zorn, sind ohnmächtig und sprachlos und möchten zugleich schreien. Diese Verwirrung ist normal, und auch die vielen verschiedenen Gefühle sind normal in der Trauer. Regen Sie Ihren Klienten an, jedes dieser Gefühle wahrzunehmen und zu akzeptieren. Jedes Gefühl hat dabei seine Zeit und sein Tempo. Es gibt keine »normale« Trauerreaktion.
Der Tod ist ebenso wie das Leben das, was alle Menschen verbindet. Im Leben mag es Unterschiede geben, im Tod aber finden wir uns alle wieder und sind uns gleich. Ihm kann keiner von uns entrinnen. Trotzdem können wir nicht nachempfinden, was ein Mensch fühlt, der einen nahen Angehörigen verloren hat. Alles um ihn herum scheint ganz normal weiterzulaufen, während für ihn die Welt zusammenbricht. Daher hüte ich mich vor dem Satz: »Ich verstehe Sie!« Denn das kann ich gar nicht. Vielleicht kenne ich meine eigene Trauer, oder ich kann erzählen, wie viele andere Klienten zuvor ihre Trauer verarbeitet haben und langsam wieder zu einem neuen Lebensgefühl gekommen sind. Solche Sätze sind ungeschickt und schlimmstenfalls nur Worthülsen. Viel schlimmer dagegen ist es, wenn Berater die Trauer bagatellisieren: »Das wird schon wieder. Nach jeder Nacht kommt irgendwann der neue Tag!« Sicher stimmt das. Viele Berater wehren damit aber die eigene Angst vor dem Tod und der Vergänglichkeit ab. Der Tod ist ein Thema, das Unbehagen verursacht und gern gemieden wird.
Die Trauer endet nicht mit der Beerdigung, häufig fängt sie dann erst an. Viele Trauernde fühlen sich zerrissen und entwurzelt. Das gemeinsame Lebenskonzept und das Wir-Gefühl, das durch viel Arbeit gewachsen war, zerbricht in einem einzigen Moment. Es war bedeutsam in der Identitätsbildung. Plötzlich muss sich der Trauernde wieder auf sich selbst besinnen und einen ganz eigenen Bezug zur Welt finden. Das ist ein Prozess, der einige Monate dauert.
Ähnlich wie in den allgemeinen Phasen der Krisen, die wir weiter oben besprochen haben, ist der Verlust eines nahen Menschen zunächst ein Schock, der verleugnet wird.

Schließlich brechen chaotische, widersprüchliche Emotionen auf wie Wut, Scham, Schuld, Ärger, Zorn ... Ebenso gibt es aber auch ruhige Stunden der Dankbarkeit und Liebe. Viele dieser Gefühle werden auf Stellvertreter übertragen. Die Ärzte im Krankenhaus hätten schlecht gearbeitet, der Hausarzt hätte die Erkrankung schon viel früher erkennen können, die Autowerkstatt hat bei der Bremsenreparatur schlampig gearbeitet. Die Opfer dieser Wutausbrüche sind dann meist ratlos und können nicht verstehen, weshalb der Trauernde sie in dieser Form angreift.

Für den Trauernden kommt schließlich noch die Angst hinzu, die Beziehung nicht verwirklicht zu haben, vieles unausgesprochen gelassen oder Streitigkeiten nicht geschlichtet zu haben, einen kranken oder alten Menschen nicht häufig genug besucht zu haben und anderes. Aus diesen Fragen entsteht oft ein Gefühl von Schuld. Häufig wird auch die Angst geäußert, nicht zu wissen, wie man allein weiterleben soll und ob das überhaupt erstrebenswert ist.

> Trauer beginnt oft erst nach Monaten! Angst und Schuld sind Themen jedes trauernden Menschen.

Viele Klienten berichten auch, sie könnten an nichts anderes als an den Verstorbenen denken. Eine häufige Antwort darauf ist: »Nun denk doch mal wieder an etwas anderes, zermartere dir nicht das Gehirn, geh wieder unter Menschen!« Auch davor sollten Sie sich vorerst hüten. Denn wenn der Klient an den Toten denkt, ist dies sehr heilsam. Unterstützen Sie ihn darin: Oben hatten wir bereits erwähnt, dass das Gespräch über den Toten sehr wichtig ist. Wer war er? Wie hat man zusammen gelebt? Wie genau war die Trennung durch den Tod? Was wird nach diesem Ende der Beziehung sein?

> Durch diese Fragen wird der Tote gesucht, gefunden und findet seinen Platz in der Geschichte der Beziehung.

Es ist nicht heilsam, wenn diese Geschichte nie zu Ende geschrieben wird und keinen Abschluss findet. Sicher wird die Geschichte des gemeinsamen Lebens auch in das neue Leben hineinreichen. Die Erinnerung an den Verstorbenen wird immer wieder auftauchen, aber das Leben wird dadurch nicht beherrscht, sondern durch ein Gefühl der Dankbarkeit bereichert; Dankbarkeit für eine gemeinsame Wegstrecke im Leben.

Die *Schuld* ist ein Thema, das Sie in der Beratung auf jeden Fall thematisieren sollten. Überlebende fühlen sich immer schuldig. Selbst das Überleben wird als Schuld empfunden (so genannte Überlebensschuld). Nach dem Tode nahe stehender Menschen wird oft erstmals erkannt, dass man dem Verstorbenen zu seinen Lebzeiten viele schlechte Eigenschaften unterstellt hat: »Nie stellst du das schmutzige Geschirr in die Spülmaschine ...!« Nach dem Tode bemerkt der Trauernde dann, dass das Geschirr auch jetzt noch herumsteht, obwohl doch der eigentliche Verursacher gar nicht mehr lebt. Dann wird dem Hinterbliebenen bewusst, dass er dem anderen eigene ungute Eigenschaften angedichtet hat. Schuld und Bedauern verursacht auch die Erkenntnis, dass man vieles nicht gelebt hat, dass vieles aufgeschoben worden ist und dass man sich vielleicht gegenseitig nicht genug Freiraum zur Entfaltung gegeben hat. Viele solcher Schuldgefühle belasten die Hinterbliebenen. Eine andere Frage kann auch sein, ob es erlaubt ist, den Schmerz um den Verlust abzulegen. Darf der Schmerz um den verstorbenen Menschen einem neuen Leben geopfert werden? Wäre es nicht treulos, würde man weiterleben und plötzlich eigene Ziele verwirklichen, vielleicht auch andere Menschen kennen lernen?

Besonders gravierend ist der Verlust eines anderen Menschen, wenn der Hinterbliebene den Verstorbenen benutzt hat, um das eigene Selbst nicht zu leben. So etwas geschieht häufig in abhängigen Beziehungen, in denen sich der eine Mensch dem anderen zu sehr anpasst und seine Lebensmöglichkeiten und Ressourcen vernachlässigt. Wenn nun der Mensch stirbt, für den diese Person ihr eigenes Selbst aufgegeben hat, steht sie vor einem noch größeren Problem.

> **Übung und Fragen**
>
> - Stellen Sie sich vor, ein naher Mensch würde sterben: Wie lange sollte eine bewusste Trauerphase dauern?
> - Welche hilfreichen Rituale können sinnvoll sein (wo lässt man ein Bild des geliebten Menschen stehen, pflanzt man irgendwo im Garten oder im Wald einen Baum im Gedenken an diesen Menschen)?
> - Wen wünschen Sie sich als Beistand in der Trauerphase?
>
> Schreiben Sie einen langen Abschiedsbrief an den – natürlich nicht wirklich! – verstorbenen Menschen: die Geschichte des gemeinsamen Weges auf dieser Erde. Schreiben Sie auch, wie genau Sie diesen Menschen für sich bewahren möchten, mit welchem inneren Bild (todkrank oder mit einem Bild aus einer anderen, vitalen Phase des Lebens). Fragen Sie die betreffende Person, was sie von Ihren Ausführungen hält, wo sie Änderungen wünscht oder etwas ganz anderes vorschlägt.

Trennung und Abschied

Wer einseitig beschließt, sich vom Partner zu trennen, wird an diesem schuldig und bricht ein Versprechen. Die Option einer lebenslangen Zweisamkeit ist dadurch aufgehoben, eine Annäherung und Intimität wird dadurch unterbrochen, und man mutet dem Partner zu, sich wieder auf sich ganz allein zu besinnen und sich neu zu definieren. Durch den Tod wird die gemeinsame Geschichte als Liebende oder als Paar beendet, durch die bewusste Trennung aber endet diese Geschichte zwangsläufig vorher. Wie soll sie dann zu Ende erzählt werden: als die Geschichte eines Betruges oder einer Lüge, als Geschichte eines verbitterten Zurückbleibens oder gewissenlosen Davoneilens? Die Geschichte einer Entwertung und Zurückweisung? Einer tiefen, absichtsvollen Verletzung?

Dem Entschluss, einen Partner zu verlassen, folgt häufig eine vorübergehende Erleichterung, die meist allerdings von widersprüchlichen chaotischen Emotionen gefolgt ist. Unter Wut, Angst, Trauer, Enttäuschung, Rache und Sehnsucht mischen sich viele weitere Gefühle. Manche Paare trennen sich einvernehmlich, wenn sie einander überdrüssig sind und sich auseinander gelebt haben. Dieser bewusste gemeinsame Entschluss kann trotzdem schmerzlich sein und geht ebenfalls nicht ohne Schuldzuweisungen einher. Andere Paare arbeiten bei der Trennung unbewusst Hand in Hand: Der eine Partner verschließt scheinbar die Augen vor den Problemen und hört nicht hin, verletzt den Partner aber vielleicht gerade durch diese so genannte passive Aggressivität (nicht zuhören, zu spät kommen, Termine vergessen und so weiter) und fordert ihn damit zu aktiver Aggressivität heraus, die bis zum Vollzug der Trennung gehen kann. Zurück bleiben dann ein Unschuldslamm und ein Aggressor, jemand, der sich aus der Verantwortung stiehlt, und jemand, der »nur reagiert hat«.

Im Personal Coaching sollten Sie zunächst nur mit einem Partner arbeiten. Es geht bei dieser Form der Krisen- oder Trennungsberatung nicht um eine Paartherapie und auch noch nicht um eine Trennungsmediation (ein kurzer Überblick zur Mediation folgt auf S. 516 ff.).

Arbeiten Sie gemeinsam mit dem Klienten heraus, was der Kern oder die Substanz der Beziehung war. Was haben sich die Partner gegeben? Wofür war die Beziehung gut und hilfreich? Was konnte in der Beziehung gelernt werden? Welche Erwartungen hatte man bewusst und teilbewusst an den Partner? Wo genau hat man sich gegenseitig wehund wo gut getan? Welche Wege gibt es für ein Verzeihen und Versöhnen? Gibt es etwas, wofür man dankbar sein kann?

Manche Klienten möchten die Zusicherung, dass sie bald wieder eine neue Partnerschaft eingehen werden. Darin drückt sich die Angst aus, in einer Gesellschaft von Singles allein zu leben. Diese Angst ist real und nicht von der Hand zu weisen. Eine dauerhafte Partnerschaft zu führen ist heute sehr schwierig geworden. Es gibt immer mehr Menschen, die über 50 Jahre alt sind und niemals eine dauerhafte Partnerschaft erlebt haben. Wenn ein Klient Angst vor dem Alleinsein hat, ist das also gut nachvollziehbar. Zunächst sollte aber die Trennung anerkannt werden als das, was sie ist: ein Trauerprozess und eine Verletzung. Es braucht Zeit, das zu überwinden, und viele Gespräche über Liebe, Hass, Wut, Schmerz, Angst ...

Später sage ich meinen Klienten oft, dass sich gute Partnerschaften von allein einstellen können, wenn man zwei Regeln beachtet:

- Man muss feste Grundsteine legen für eine innere Ausgewogenheit, für eine Balance der Lebensbereiche und eine authentische Haltung, mit der man im Leben steht. Und man muss sich dafür selbst lieben: in sich wirklich werden lassen, dass man liebenswert, einzigartig und wertvoll ist und dass die Liebe, die man geben kann, für andere wertvoll ist. Das zieht andere Menschen auf natürliche Weise an. Aber zugegeben: Der Weg zu einer solchen gesunden Selbstliebe ist beschwerlich.
- Man muss die Möglichkeit schaffen, andere Menschen kennen zu lernen. Dazu gehören ein Freundeskreis, eine Gemeinde und einige gesellige Hobbys (Sportverein, Volkshochschule oder Ähnliches). Ob meine Ideen hierzu wirklich sinnvoll sind, habe ich allerdings bisher nicht wissenschaftlich überprüfen können.

Abschied von Körperfunktionen (und von der Jugend)

Ich glaube, dass unsere zukünftige Gesellschaftsordnung mehr denn je Anlässe gibt

> **Übung und Fragen**
>
> - Welche guten Ratschläge haben Sie, wenn es darum geht, einen neuen Lebenspartner zu finden?
> - Welche Voraussetzungen müsste ein Mensch haben, den Sie attraktiv finden könnten?
> - Was muss dieser Mensch über die Welt, über sich und über Sie denken, damit er für Sie in Frage käme?
>
> Schreiben Sie einen Brief an Ihren Lebenspartner (oder den letzten Partner). Diesen Brief sollten Sie nicht absenden. Schreiben Sie über die Substanz der Beziehung, über das, was gegeben und genommen wurde, über Freuden und Leiden. Schreiben Sie auch, was Sie von der Beziehung erwarten und was Sie selbst bereit sind zu geben.
>
> Denken Sie an Ihre letzten Beziehungen:
> - Wer hat darin jeweils die meisten externen Freundschaften mit in die Beziehung gebracht?
> - Wessen Freundeskreis bestimmte Ihr soziales Umfeld?
> - Welches waren die Reizthemen: Heirat, Kinder, bestimmte Freunde, Treue, bestimmte Verhaltensweisen, Alkohol?
> - Welches dieser Themen war ein Tabu oder durfte nur schweigend erstritten werden?
> - Was hat Sie an Ihrem Partner gestört, noch bevor Sie ein Paar wurden?

für Coaching und Krisenberatung: Die zunehmende »Überalterung« der Bevölkerung wird von Politikern verharmlosend dargestellt. Wir werden schon in 20 Jahren eine Gesellschaft älterer Menschen sein, und dies wird uns vor viele Fragen stellen: Ist es sinnvoll, ein Leben lang zusammenzubleiben? Ist es sinnvoll, in einer Gesellschaft älterer Menschen weiterhin einem Jugendkult zu dienen? Welchen Sinn kann ein Leben nach der Zeit der Produktivität noch haben? Wie gelangen wir dahin, dass wir das Alter wieder wertschätzen?

Vor uns liegt eine gesellschaftliche Zukunft mit neuen Krisen und neuen Fragen. Ein weites Feld für Berater.

Älter zu werden ist keine Krankheit, auch kein Defekt. Allerdings ist es auch kein freudiger Aufbruch zu neuen Lebensmöglichkeiten. Viele Menschen sagen, sie würden nicht noch einmal mit ihrer eigenen Jugend tauschen wollen, mit den Dummheiten oder Ansichten, die damals ihre Handlungen gelenkt haben. Viele aber hätten gern noch etwas von dem Wagemut und von der Körperkraft und Geschmeidigkeit, die sie früher einmal hatten.

Es gibt Körperveränderungen, die einen Wandel nach außen hin sichtbar machen, wie beispielsweise der Haarverlust der Männer. Das Klimakterium der Frau hingegen, immerhin ein Prozess, der oft über zehn Jahre anhält, wird nicht sichtbar und ist in unserer Gesellschaft mit einem Tabu oder einer Peinlichkeit belegt. Die Werbung und gängige Schönheitsideale des gegenwärtigen Jugendkultes führen dazu, dass viele Frauen diese Phase nicht als Lebensübergang erleben, sondern als Entwertung und Krankheit. Hinzu kommt, dass sowohl Männer als auch Frauen im Alter von 45–55 Jahren alles hinterfragen, was sie bisher erreicht haben, aber auch das, worauf sie verzichtet haben. Viele dieser Menschen im »Midlife« sind unzufrieden: Sie schauen zurück auf das Gewesene, auf die Möglichkeiten, die sie hatten, und es gelingt ihnen nicht, sich auf neue Werte zu besinnen, die den Rest (immerhin beinahe die Hälfte) ihres Lebens bestimmen sollten. Wo könnte die befriedigende Perspektive für diese Menschen sein? Ganz nebenbei: Diese Menschen stellen eine sehr große Gruppe im Personal Coaching dar! Es sind Menschen, die nach den gängigen Rollenforderungen der Gesellschaft schon gelebt haben, die bereits eigene Kinder haben, schon Karriere gemacht haben und nun auf der Suche sind nach einem Sinn außerhalb der Konfektions- oder Konventions-Identität.

Doch auch hier muss zunächst getrauert werden: Denn die Abkehr von den (vorbewusst immer noch aktiven) Größenfantasien und narzisstischen Idealen der Jugendphase ist schmerzhaft. Plötzlich steht man vor dem Schmerz, sich so zu akzeptieren, wie man ist, und auch so, wie man gelebt hat. Die vielen verpassten Chancen, die Verletzungen, die man ausgeteilt und empfangen hat, die Ziele, die man angestrebt hat und nie erreichen konnte. All das muss gewürdigt werden. Dazu gehören ebenso Traurigkeit, Wut, Zorn und Schuld. Und: Man muss sich – ob man will oder nicht – mit der jüngeren Generation auseinander setzen und erkennen, dass man nicht mehr dazugehört. Die Fruchtbarkeit bei der Frau lässt nach, viele Männer sehen nicht mehr drahtig aus, sondern eher schlaff und untersetzt. Wie soll man jetzt die Jungen sehen: Als Konkurrenz? Will man sich noch mit ihnen messen?

Zumindest geben sich sehr viele Menschen in dieser Phase größte Mühe, die offene oder geheime Entwertung durch das Altern zu umgehen: Sie unternehmen enorme Anstrengungen, um möglichst jung und dynamisch zu erscheinen oder jünger zu wirken, als sie sind. Besonders Frauen wird vorgelebt, dass es wichtig sei, sexuell begehrenswert zu sein (so wie die jungen Frauen in der Werbung). Hieraus werden Selbstwert und Daseinsberechtigung abgeleitet. Männer, besonders reiche und erfolgreiche, können dies mit Symbolen der Macht häufig kompensieren. Aber auch Männer unterliegen heute der Forderung nach Jugendlichkeit und einer sexuell-erotischen Ausstrahlung. Geht diese verloren, geraten Frauen und Männer in eine Selbstwertkrise. Es scheint sehr schwierig, die notwendigen Wandlungen im Körper und in der Psyche anzuerkennen und trotzdem noch zu wissen, wer man eigentlich ist.

Als Coach können Sie die Trauer um das nicht Gelebte der Jugendlichkeit unterstützen. Denn es ist jetzt vieles wirklich nicht mehr realisierbar, und dies anzuerkennen ist wichtig. Dabei müssen übertriebene Forderungen des Klienten in Einsichten überführt werden, die einen realistischeren Umgang mit sich selbst erlauben. Auch der Neid sollte thematisiert werden: Der Neid auf die jungen Menschen ist ein Signal dafür, dass es an der Zeit ist, sich mit den eigenen Lebenskonzepten, seinen Wünschen und Lebensperspektiven auseinander zu setzen. Denn der Neid ist besonders heftig, wenn die Erkenntnis reift, dass im eigenen Leben auf Wesentliches verzichtet wurde; vielleicht durch eine Reduktion auf die Mutterrolle bei der Frau oder durch die Reduktion auf den beruflich erfolgreichen Versorger beim Mann. Neid ist also ein wichtiger Indikator für Veränderungschancen.

> **Übungsfragen**
>
> Fragen Sie sich zunächst selbst:
>
> - Ist der eingeschlagene Lebensweg richtig gewesen?
> - Sind die Überzeugungen, die gelebt werden, eigentlich tragbar?
> - Wo bin ich eigentlich privat und beruflich angekommen?
> - Wollte ich dort sein?
> - Was halte ich von dem Körper, den ich als mein Bild im Spiegel wahrnehme?
> - Wie haben sich mein Gesicht, meine Haare und meine Hände in den letzten 20 Jahren verändert?
> - Welche sportlichen Aktivitäten musste ich wegen Verletzungen oder ersten Verschleißerscheinungen für immer aufgeben?
> - Wie groß ist mein Neid auf junge, sportliche und attraktive Menschen?
> - Was tue ich, um noch jugendlich zu wirken?
> - Wann wurde ich das erste Mal von Teenagern oder Twens gesiezt und welches Gefühl hatte ich dabei?
> - Was genau will ich in meinem Leben noch an körperlichen Zielen verwirklichen?
> - Was würde ich gerne noch verwirklichen, unterlasse das aber, weil ich es unrealistisch finde (zum Beispiel schwarzer Gürtel in Karate)?
> - Welches Gefühl der Trauer stellt sich deshalb bei mir ein?

Gespräche mit Sterbenden

Als Arzt hatte ich viele Gespräche mit schwer erkrankten Menschen und auch mit Sterbenden. Mit vielen tauschte ich im Moment des Sterbens einen Händedruck und einen Blick. Trotzdem war ich überrascht und verunsichert, als mich das erste Mal ein sterbenskranker Mensch in meiner Rolle als Coach aufsuchte: Er wolle aus der verbleibenden Zeit noch etwas machen, habe keine Verwandten oder Angehörigen, und da er nicht gläubig sei, brauche er Rat von einer neutralen Person, wie er die letzten Lebensmonate sinnvoll gestalten könne.

Angst und Panik sind ansteckend. Selbst, wenn die geängstigte Person nicht panisch agiert, überträgt sich dieses Gefühl auf den Berater. Dieses Gefühl wird aber vielfach verändert wahrgenommen, zum Beispiel als Aufforderung, in kürzester Zeit große Veränderungen zu bewirken.

Klienten legen uns dann ihre Probleme in den Schoß: Sie geben uns ihr Gefühl der Ohnmacht und erwarten von uns Handlungen der Allmacht. Viele Berater nehmen dieses Gefühl dann tatsächlich an: »Ach, das schaffen wir schon. Sie werden sehen, dass ich Ihr Problem in den Griff bekomme.« Eine andere Version, die wir bereits erwähnt hatten, ist der Versuch, das Problem zu bagatellisieren: »Es gibt doch immer noch eine zweite Chance, so schlimm scheint mir Ihr Problem nun auch nicht zu sein.«

Korrekt und viel hilfreicher ist es jedoch, die Angst und Ohnmacht (auch die eigene) zum Ausdruck kommen zu lassen und mit den anderen Menschen zu teilen.

> Sie sollten nicht der Versuchung nachgeben, für alles eine Lösung haben zu wollen. Die Angst vor dem Tod zu teilen ist schon sehr viel, und es ist wahre Mitmenschlichkeit.

Wenn wir mit Sterbenden reden, ist es meist klüger, wir schweigen, wenn wir nichts wirklich Gescheites zu sagen haben. Manchen

Beratern fällt es schwer, ihr eigenes Nichtwissen oder die Stille zu ertragen; es ist jedoch wichtig, das zu tun. Wir können uns vom Gesprächspartner führen lassen und Anteil nehmen. Denn wir wissen nicht, welche Bedeutung die letzte Lebensstrecke für den Sterbenden hat. Das Sterben ist eine sehr intime und existenzielle Angelegenheit, und wir sollten dankbar sein, in einem so wichtigen Moment Beistand sein zu dürfen. Dies hat nichts gemein mit dem heimlichen Triumph des Überlebenden oder mit dem »Kick«, bei etwas Spannendem anwesend zu sein. Wenn solche Gefühle in Ihnen auftauchen sollten, verschließen Sie sie aber nicht in sich, sondern suchen Sie Austausch und Rat bei Kolleginnen und Kollegen.

Der Tod ist eine Bedrohung, und niemand von uns will ihn wahrhaben. Wir wehren ihn ab durch Geschäftigkeit, Bagatellisieren und durch Lebensroutine. Wenn die Erkenntnis reift, dass der Tod wirklich bevorsteht, treten auch hier widersprüchliche chaotische Gefühle auf: zum Beispiel Wut, Gram, Zorn, Trauer, Verzweiflung, Schuld, Scham. Diese Gefühlsstürme müssen auch vom Berater ausgehalten und getragen werden. Sie zu besänftigen oder zu beschönigen hat wenig Sinn. Oft werden diese Gefühle und die damit verbundenen Ängste abgewehrt und in Konflikte mit anderen Menschen verschoben: Dann stehen Auseinandersetzungen mit Angehörigen oder Pflegepersonen im Vordergrund – wo es doch eigentlich um viel Wichtigeres geht.

Worüber sollen wir mit den Sterbenden reden? Wie schon gesagt: Die Themen können die Sterbenden meist vorgeben. Wir glauben in der Regel, dass es sinnvoll ist, nochmals die Vergangenheit zu besprechen und Bilanz zu ziehen. Es kann aber auch sein, dass der Sterbende lieber über die verbleibenden Wochen reden möchte. Das müssen wir akzeptieren.

Vielleicht ist es gar nicht notwendig, sich gegenseitig allzu sehr zu schonen. Wenn erst einmal Vertrauen entstanden ist, sollte man eventuell die Idee opfern, dass man sich gegenseitig zu schonen habe. Dadurch beraubt man sich nämlich zu vieler Möglichkeiten, in dieser letzten Phase Wichtiges zu erkennen und zu besprechen. Außerdem würde diese Schonung bedeuten, dass wir Schmerz und Verletzung tabuisieren möchten; beides ist aber schon da.

Reden Sie ganz offen mit dem Klienten über Angst und Schuld. So erlauben Sie ihm, sich von dem Ersatzkampf, der häufig gegen Pflegepersonen oder das Schicksal geführt wird, abzuwenden und sich selbst wieder wahrzunehmen. Dann stellen sich meist wieder klare Gedanken und auch Demut ein. Wir müssen dabei oft nur zuhören und die Emotionen (auch die große Angst) des Klienten verstehen und würdigen, ohne sie zu schönen.

Übungen und Fragen

- Haben Sie die Befürchtung, dass die Ängste und die Panik von Krisenklienten und insbesondere von Sterbenden Sie anstecken könnten?
- Wohin werden Sie die Gefühle geben, die Sie dort wahrnehmen?
- Wie werden Sie damit umgehen können?
- Müssen Sie das alles tragen, und sind Sie dann für diese Gefühle verantwortlich?
- Werden Sie zur Beerdigung der Person gehen, die Sie bis kurz vor deren Tod begleitet haben?
- Was denken Ihre Angehörigen über diesen Aspekt der Beratungsarbeit? Sollte man sich davon lieber fern halten?
- Welchen Beistand würden Sie sich wünschen, wenn Sie selbst einmal sehr alt oder sterbenskrank sein sollten?

Gewalt in der Familie

Größere Familien sind im Laufe der Industrialisierung in kleine Kernfamilien zerbrochen (Nuklearisierung). Aus diesem Grunde gibt es kaum noch Korrektur- und Kontrollmechanismen, die das Familienleben innerhalb der privaten vier Wände korrigieren können: Viele gewalttätige Männer (es gibt auch solche Frauen) leben nach außen hin ein normales Leben. Sobald aber die Wohnungstür geschlossen ist, entwickeln einige Männer sich zu brutalen Tyrannen. Gewalt in der Familie wird als private Angelegenheit betrachtet und als gut geschütztes Familiengeheimnis bewahrt. Familienmitglieder, die dieses Geheimnis an die Öffentlichkeit bringen, haben mit Sanktionen und Repressalien zu rechnen.

Gewalttätigkeit in der Familie tritt zwar etwas öfter, jedoch bei weitem nicht nur in Familien der Unterschicht auf. Diese geraten häufiger in soziale Zwangslagen, und die Erwachsenen in diesen Familien haben meist durch ihre Eltern Vorerfahrungen mit Gewalttätigkeit in der Familie. Betroffen sind jedoch alle Schichten und alle Familientypen. Familiengewalt tritt in etwa der Hälfte der Fälle in Zusammenhang mit Alkohol- oder Drogenkonsum auf.

In Gewalt-Familien gibt es meist unausgesprochene Regeln, deren Einhaltung von allen (auch von den Opfern) streng beachtet wird.

> **Familienregeln**
>
> Absolute Loyalität gegenüber der Familie, die Privatheit der Ereignisse muss gewahrt bleiben, die elterliche Autorität steht über äußerer Autorität (Behörden, Lehrer, Polizei), die männliche Dominanz in Gewaltfragen wird akzeptiert, eine strikte Vermeidung des Gesprächs über bestimmte Themen gilt als vereinbart, insbesondere in der Öffentlichkeit. Außerdem gibt es meist ein System gemeinsamer Unwahrheiten, die gemäß einer geheimen Absprache als Familien-Mythos nach außen hin vertreten werden (zum Beispiel »heile Familie«).

Diese geheimen Regeln können dazu führen, dass einerseits eine private Realität vorliegt, die vom Berater schlecht nachvollzogen werden kann: »Er schlägt mich, weil er mich so liebt.« »Er verprügelt die Kinder, damit aus ihnen mal was Anständiges wird.« Andererseits werden Sie als Krisenberater auf Zorn und Widerstand stoßen, wenn Sie offen die genannten Familienregeln in Frage stellen. Hier ist bei der Arbeit mit Opfern ein einfühlsames Vorgehen, zum Beispiel mit indirekten Kommunikationsformen, wichtig.

Eine von vielen Möglichkeiten kann das Vorstellen von Alternativen sein: »In Ihrem Fall gibt es zwei Möglichkeiten. Was denken Sie: Wäre es sinnvoller, dass Ihr Mann sich erst einmal beruhigen kann, indem er sich über Sie nicht mehr aufregen muss, zum Beispiel wenn wir Sie für einige Tage in ein Frauenhaus bringen? Oder ist es hilfreicher, wenn wir zunächst Kontakt mit der Beratungsstelle im Frauenhaus aufnehmen, um dort zu erfahren, wie man Ihnen am besten helfen kann?«

Dass es noch viele weitere Möglichkeiten gibt, wird in diesem Beispiel zunächst nicht angesprochen.

Viele Opfer werden zwar Rat und Gesprächsbeistand suchen, sie hängen aber an ihrer Familie und sind oft erst nach vielen Gesprächen bereit, eine kleine Veränderung zu wagen. Ohne finanzielle und emotionale Ressourcen haben viele Frauen zum Beispiel das Gefühl, von Anteilnahme und Beistand aller Menschen abgeschnitten zu sein.

> Sie äußern beispielsweise: *»Ich kann nirgendwo hingehen, niemand wird mir helfen, ich habe nichts gelernt. Womit soll ich denn Geld verdienen? Außerdem kann ich meine Kinder nicht allein erziehen ...«*

Sie glauben meist, nur ihnen würde es so gehen; dass Ihr Fall etwas ganz Einmaliges sei. Als Berater brauchen Sie mit solchen Klienten in der Regel viel Geduld. Auch dann, wenn Sie merken sollten, wie wütend Sie dieses Thema selbst macht. Je früher Sie den Rat von spezialisierten Beratungsstellen einholen und Ihre Gewalt-Klienten dorthin zur Co-Beratung empfehlen, desto besser wird dies für Sie und die Klienten sein.

Die Gründe, weshalb Eltern ihre Kinder prügeln oder quälen, sind häufig die gleichen, aus denen sich auch die Ehepartner gegenseitig schlagen. Viele der Täter zeichnen sich durch eine geringe Selbstachtung aus und neigen zu der Annahme, sie hätten im Leben versagt. Viele wurden auch von ihren eigenen Eltern zurückgewiesen oder misshandelt und haben daher meist das Elternhaus früh verlassen und früh geheiratet, um schnell ein Gefühl von Geborgenheit oder Liebe zu bekommen. Die meisten dieser Menschen glauben, sie können im Leben nur wenig richtig machen.

Zwischen den Ehepartnern entwickelt sich meist eine so genannte *symmetrische Beziehung*: In dieser glauben beide Partner, auf verschiedene Weisen gleichberechtigt zu sein. Sie empfinden es als höchst unangenehm, wenn ihre Beziehung als ungleich angesehen werden könnte. In solchen Situationen eskaliert der latente Konkurrenzkampf häufig zu einer gewalttätigen Auseinandersetzung, zumindest aber zu einem heftigen und oft boshaften Wortgefecht. Dadurch soll das Gleichgewicht wieder hergestellt werden.

Eine *komplementäre Beziehung* zwischen Ehepartnern liegt vor, wenn eine klare Hierarchie beziehungsweise Unterordnung von beiden Partnern gleichermaßen akzeptiert wird. Ein Verstoß gegen die Unterordnungsregeln führt in diesem Falle zu Strafe oder Gewaltanwendung.

Sowohl in komplementären als auch in symmetrischen Elternbeziehungen ist der Wunsch nach einem Kind oft der Versuch, das Selbstbewusstsein zu stärken (Kinder in die Welt zu setzen gilt hier als gesellschaftlich anerkannte Leistung!). Ein anderer, bedeutsamerer Wunsch ist die Vorstellung, einen Menschen zur Welt zu bringen, der einen bedingungslos liebt und der zur Quelle der Liebe und Zuneigung wird, auf die man als Kind selbst verzichten musste. Diese Wünsche können kleine Kinder jedoch nicht erfüllen: Sie schreien, nässen ein und machen viel Arbeit. Von den Eltern wird dies als Ungehorsam oder Undankbarkeit interpretiert. Diese Mütter und Väter haben also ausgeprägte eigene Wünsche und Bedürfnisse nach Liebe und Zuwendung und hoffen, durch ihre Kinder für alle Entbehrungen entschädigt zu werden. Sie sind auf Grund ihrer eigenen Bedürftigkeit blind für die Emotionen ihrer Kinder. Ihnen fehlt es an Einfühlungsvermögen in deren Seelenleben. Sie projizieren häufig boshafte Handlungsmotive Erwachsener auf ihre Kinder, während diese vielleicht nur geängstigt, misstrauisch oder hungrig sind.

Der Zorn und die Wut, die diese Eltern auf ihre eigenen Eltern haben, entlädt sich schließlich stellvertretend auf die eigenen Kinder. Außerdem kann durch den Gewaltakt das schwache Selbstwertgefühl der Eltern wieder etwas stabilisiert werden.

Eltern bestreiten anfangs, dass sie ihre Kinder misshandeln. Von der Wut und dem Zorn, der Ihnen bei dem kleinsten geäußerten Verdacht entgegenschlägt, sollten Sie sich als Berater nicht anstecken lassen, sondern eine gewisse Distanz zum krankhaften Familiensystem wahren. Sie sollten auch nicht versuchen, die Familie zu bedrohen oder persönlich zu retten.

Durch eine spätere Familientherapie und durch ein stützendes familiäres Umfeld können viele dieser Familien später wieder normalisiert werden. Wenn Sie dies als Ihr langfristiges Ziel ansehen, zu dem Sie selbst nur einen geringen Beitrag leisten können, tun Sie etwas für Ihren eigenen Seelenfrieden. Ihre Aufgabe besteht schließlich zunächst nur darin, Unterstützung anzubieten und spezialisierte Beratungsinstitutionen einzubeziehen. Im Falle von Gewalt gegenüber Kindern sollten Sie umgehend das Jugendamt oder eine andere zuständige Aufsichtsbehörde informieren!

Ihr Coaching-Auftrag endet in diesen Fällen also häufig, indem Sie solche Beratungsfälle an spezialisierte Profis abgeben.

Sexuelle Misshandlung von Kindern

Vielleicht denken Sie, dieses Thema gehört weder zum Personal Coaching noch in irgendeine Form der Lebensberatung? Gewiss, es gibt Kinderärzte, das Jugendamt, spezialisierte psychotherapeutische Kliniken. Wer jedoch andere Menschen beraten möchte, der wird früher oder später unweigerlich auf dieses Thema stoßen. Sehr viele Menschen haben in der Kindheit sexuelle Gewalterfahrungen gemacht. Sie sind ein häufiger Grund für Lebensprobleme oder Krankheiten jeglicher Art. Auch heute noch existiert ein Klima des Nichtwahrhabenwollens. Selbst für viele Berater ist dieses Thema so beängstigend, dass sie es bewusst oder unbewusst ausblenden.

In den psychologischen Standardwerken des letzten Jahrhunderts (1900–1990) ist dieses Thema in seiner realen Bedeutung ignoriert worden. Selbst in Lehrbüchern über Sexualmedizin fand man kaum Informationen hierzu. Damit hat sich eine Tradition fortgesetzt, die unter anderem von den Pionieren der Psychoanalyse eingeführt worden war. Sie vermuteten, es handele sich um sexuelle Fantasien von Kindern, wenn diese von sexuellen Übergriffen redeten oder wenn sie sich als Erwachsene an solche erinnerten.

> **Info**
>
> **Wichtiger Hinweis**
>
> Sie werden als Personal Coach oder als psychologischer Berater beziehungsweise Lebensberater bei Gewaltdelikten gelegentlich als Erstperson kontaktiert. Ziehen Sie immer spezialisierte Berater hinzu. Lassen Sie sich keine Details von schrecklichen Gewalttaten erzählen, wenn Sie keine therapeutische Ausbildung durchlaufen haben. Solche detaillierten Erzählungen können nämlich auch den Berater traumatisieren. Dies nennt man *sekundäre Traumatisierung*. Davor müssen Sie sich schützen. Abgesehen davon ist es für die Klienten schädlich, wenn ein schlecht ausgebildeter Berater sich ihrer annimmt.

Seit 1974, als Erin Pizzey das Buch »Scream Quietly or the Neighbors Will Hear« (auf deutsch »Schrei leise!« 1989) veröffentlichte, gibt es zahlreiche Monografien, die das erschreckende und tatsächliche Ausmaß von Misshandlungen an Kindern thematisieren. Es folgten viele Bücher, die sich ausschließlich mit der sexuellen Gewalt an Kindern beschäftigten. Trotzdem haftet dem Thema noch ein gesellschaftliches Tabu an und das Nichtwissen ist immens.

Täter außerhalb der Kernfamilie: Wir beschäftigen uns zunächst mit dem selteneren Fall eines sexuellen Übergriffs durch einen Fremden beziehungsweise durch eine Person, die nicht zur Familie gehört. Auch hier gibt es neben dem genannten Tabu viele Vorurteile: In den Augen der meisten Erwachsenen gelten Kinder, denen etwas Unvorhergesehenes geschieht, als unvorsichtig, ungehorsam, unzuverlässig oder dumm. Aus diesem Grunde werden kindliche Opfer häufig als Schuldige oder als Initiatoren des Übergriffes angesehen.

Sie sagen zum Beispiel: »*Hättest du auf mich gehört, wäre das nicht passiert. Hättest du nicht besser aufpassen können? Schäm dich, dass es so weit gekommen ist. Vielleicht bildest du dir das nur ein. Weißt du eigentlich, was du da sagst? Hast du dich vielleicht verführerisch oder herausfordernd verhalten?*«

Diese Eltern wünschen sich auch, das Schreckliche wäre nie passiert, und da das Kind körperlich scheinbar unversehrt daraus hervorging, brauche es wohl keine spezielle Behandlung. Dieser Wunschtraum der Eltern führt dann oft dazu, dass den Kindern eine notwendige Therapie vorenthalten wird. Viele dieser Eltern wollen den Vorfall schnell vergessen, ihn nicht der Öffentlichkeit preisgeben und leugnen ihn schließlich. Viel nötiger bräuchten diese Kinder die Zusicherung, dass sie nichts Böses getan haben, dass die Eltern sie lieben und vor jedem weiteren Angriff auf jeden Fall schützen werden. Stattdessen werden häufig aber die Wut und die Angst, die durch die Tat geweckt wurden, auf das Kind projiziert.

Es ist heute bekannt, dass die kindgerechte Reaktion der Eltern und anderer wichtiger Bezugspersonen entscheidend ist und einen bedeutsamen Faktor bei der späteren Gesundung des Kindes darstellt:

> Die Eltern sollten nichts tun, was das Kind als Zeichen dafür interpretieren könnte, dass die Eltern auf das Kind böse sind oder es verurteilen. Es braucht stattdessen die absolute Gewissheit, dass die Eltern das Kind lieben und es beschützen werden.

Gleiches gilt für Heranwachsende, die Opfer von Sexualdelikten geworden sind.

Täter innerhalb der Kernfamilie: Sexuelle Fantasien, die sich auf die Mitglieder der eigenen Familie richten (Inzestfantasien), sind normal und stammesgeschichtlich tief verwurzelt. Sie sind ein wichtiger Bestandteil der normalen psychosexuellen Reifung jedes Menschen. Es handelt sich aber nur um Fantasien, die ungefragt aufflackern. Dies beängstigt viele Menschen, und sie bekämpfen diese unbewussten Fantasien durch Verleugnung, Verschiebung, Projektion und andere Abwehrmechanismen. Auch wenn dies schwer begreiflich ist: Diese Fantasien sind normal. In der Realität aber – und das ist das Wesentliche – haben sie nichts zu suchen! Die Beziehungen in einer Familie sind von Nähe, Vertrauen und gegenseitigem Schutz getragen. Ein sexueller Übergriff innerhalb der Kernfamilie zerstört jedes Gefühl für Sicherheit, Schutz, Selbstachtung und Liebe.

Der Anthropologe Bronislaw Malinowski schlug 1927 eine Theorie des Inzest-Tabus vor: »Praktizierter Inzest zerstört die Struktur des Familiensystems, weil er Rollenkonfusion schafft und die Generationengrenzen verwischt.« Dies sei der Grund, weshalb Inzest offiziell meist verboten sei. Trotzdem wurde und wird Inzest in Teilen Europas als gängige Praxis betrieben. Die hohen ethischen und neuerdings auch psychosozialen Maßstäbe, die wir in Deutschland mit diesem Thema verbinden, gelten bei weitem nicht überall in Europa. Auch in Deutschland gehört Inzest noch zu den Straftaten, die am seltensten angezeigt werden! Hier ist noch viel Aufklärung erforderlich.

Inzest ist fast immer ein Problem der ganzen Familie. Selten gibt es nur einen Täter und ein Opfer. Wenn der Vater beispielsweise der Täter ist, gibt es fast immer eine Mutter, die die Augen davor verschließt. Der unbeteiligte Elternteil spielt also eine ebenso wichtige Rolle. Diese Duldung könnte zum Beispiel der Frau als Schutz vor den sexuellen Ansprüchen des Mannes dienen. Solche Mütter können dann ihren Schutzfunktionen gegenüber den Kindern nicht mehr gerecht werden. Sie sind in einem hoch pathologischen Familiensystem gefangen.

In diesen Familien besteht oft der Glaube, dass die Familie zerstört werde, wenn der Inzest bekannt wird. Es gehört zur Erziehung in solchen Familien, dass die Kinder lernen, was sie nicht sehen, hören, denken, fühlen oder sagen dürfen. Sie erlernen früh eine selektive Verleugnung und Verdrängung. Unbewusst weiß jedes Familienmitglied, dass die Familienfassade eine Lüge ist, trotzdem sind alle auf diesen gemeinsamen Mythos eingeschworen. Verräter werden erbarmungslos ausgestoßen, oft für ihr ganzes Leben. Solche Familien meiden Beratungen jeder Art, und auch die Opfer sind dem Loyalitätsprinzip unterworfen und würden sich unendlich schuldig fühlen, wenn sie das Geheimnis der Familie preisgäben.

Statt: »Papi, für dich habe ich das gern getan!«, sollte Hellinger seine Klientinnen daher lieber sagen lassen: »Papi ich habe es getan, weil ich dachte, ich muss es tun, und weil ich in meiner kindlichen Hilflosigkeit keinen Ausweg sah, das Schreckliche zu beenden, ohne die Familie zu zerstören und ohne von dir zerstört zu werden. Dafür hasse ich dich jetzt immer noch, obwohl ein sehr kleiner Teil in mir dich auch liebt – für das Geschenk meines Lebens. Aber mit dieser

Ambivalenz in mir kann ich leben, und ich wünsche mir, dass du deine Schuld für die grauenvollen Taten endlich anerkennst ...« Es ist allerdings meine persönliche Meinung, dass kein Klient irgendetwas sagen oder tun *muss*! Als Coach sehe ich es als meinen Aufgabe an, die Klienten auf die Wege zu begleiten, die sie momentan gehen können. Das sind oft andere Wege, als es irgendwelche Therapieschulen oder großen Meister vorschlagen. Zukünftig wird es aber auch hier durch die Evaluations- und Therapieforschung hoffentlich neue Erkenntnisse geben, die unser Handeln als Berater vielleicht »objektiver« leiten werden.

Wenn ein Berater Familiengeheimnisse für sich behält, macht er einen großen Fehler und lässt sich in das pathologische Geflecht von Lügen und geheimen Regeln einer solchen Familie hineinziehen.

Gelegentlich suchen Opfer, seltener die »duldende Mutter«, im Telefonbuch nach »psychologischer Beratung«. Auf diesem Wege könnten Sie mit dem Thema in Berührung kommen. Es ist aber ebenso denkbar, dass Bekannte Sie wegen des Verdachtes von Übergriffen in Nachbarsfamilien oder Ähnlichem um Rat fragen. Wie in den Fällen »normaler« Gewalt in Familien, sollten Sie nun wieder die Kontakte nutzen, die Sie im Voraus zu spezialisierten Beratungsinstitutionen aufgebaut haben.

Es gibt übrigens Umstände, die die Wahrscheinlichkeit von sexuellen Übergriffen in Familien erhöhen. Es sind keine Beweise, sondern lediglich Hinweise auf eine erhöhte Wahrscheinlichkeit (nach D. Sullivan Everstine und L. Everstine, 1983):

- Der Vater trinkt.
- Der Vater ist arbeitslos oder häufig zu Hause.
- Die Mutter ist passiv und unterwürfig.
- Die Tochter hat verfrüht häusliche oder mütterliche Aufgaben übernommen.
- Geringe Bildung des Vaters (Achtung: Es gibt auch Täter, die Richter, Lehrer, Ärzte sind!).
- Der Vater verhält sich Außenstehenden gegenüber feindselig.
- Ein Mädchen oder Junge verhält sich frühreif oder zeigt Promiskuität, ist entweder äußerst verschlossen oder auffallend frech.
- Der Vater ist besonders eifersüchtig auf das Mädchen in deren Pubertät oder gleichgültig gegenüber dem Jungen.
- Die Eltern verhindern Einzelgespräche des Kindes mit Beratern jeder Art.

Opfer von Gewaltverbrechen

Die meisten Gewaltopfer trifft die Gewalt völlig unvorbereitet. Dies ist ein wesentlicher Faktor bei der Stärke der Traumatisierung: Wer fröhlich durch eine Straße geht und an einer belebten Stelle tagsüber unvermittelt zusammengeschlagen und beraubt wird, kann dieses Ereignis weniger gut verarbeiten als ein Mensch, der sich bewusst in eine gefahrvolle Situation begeben hat. Für viele Gewalttaten finden wir keine rationale Erklärung: »Warum gerade ich? Wie konnte das überhaupt passieren? Hätte ich das vermeiden können? Bin ich schuld, dass es mich getroffen hat?« Nahe stehende Personen mögen nach einiger Zeit nichts mehr von den Schrecken der Tat hören: »Vielleicht war es ja auch deine eigene Schuld ... Jetzt vergiss es doch endlich mal. Das Leben geht schließlich weiter.«

Im Moment eines Übergriffes reagieren die meisten Opfer instinktiv, und ihr ganzes Denken und Wollen ist nur auf das Überleben ausgerichtet. Viele wollen den Übergriff anfangs nicht wahrhaben: »Das muss ein Traum sein, das ist irgendeine Übung oder ein schlechter Scherz!«

Das Ereignis ist besonders traumatisierend, wenn die Körperbarriere durchbrochen wird, wenn ein Gegenstand in den Körper eindringt (Vergewaltigung, Schuss, Stich und Ähnliches) oder wenn der Täter persönlich bekannt ist und bis dahin als vertrauenswürdig galt. Auch Taten an »sicheren Orten«

(im eigenen Bett, der Dusche, auf dem Weg zur Arbeit) schaffen weit größere Verwirrung als Taten an unsicheren Orten.

Unmittelbar nach einem Angriff befinden sich die Opfer in einem Schockzustand, dem gewöhnlich eine Phase heftigster Stimmungsschwankungen folgt. Viele Berater treffen Gewaltopfer oft erst viel später.

Viele Opfer bauen eine so genannte pathologische Übertragung zu ihren Peinigern auf. Dies ist als *Stockholm-Syndrom* bekannt geworden. Dabei kommt es langsam zu einer Identifikation mit dem Aggressor, dessen Motive und Ziele plötzlich akzeptiert und sogar verteidigt werden: »Ich habe ihn halt irgendwie gereizt, und da musste er eben auf mich einprügeln. Aber er hätte mich auch töten können, und ich bin ihm dankbar dafür, dass er das nicht getan hat.« In dieser Wahnvorstellung wird der Täter als Beschützer gesehen; die ungeeigneten Beschützer der eigenen Familie (oder die Polizei) werden dagegen häufig entwertet und mit Wut und Zorn gestraft. In Stockholm haben Geiseln ihre Geiselnehmer zunehmend als Beschützer vor der angeblich aggressiven Polizei wahrgenommen. Sie hatten begonnen, sich langsam mit ihnen zu identifizieren.

In den vielen anderen Fällen werden Traumata von den Opfern versiegelt und unbearbeitet bewahrt. Die Verletzung schwärt dann unter der Oberfläche und äußert sich oft nur in Form von Albträumen und vielerlei unklaren Beschwerden.

Es könnte übrigens passieren, dass nicht ein Opfer Sie in der Beratung aufsucht, sondern ein Angehöriger, auf den sich Zorn und Wut seines Partners (des ehemaligen Opfers) richten. Es ist dann wichtig, diesem Klienten zu erklären, wie das Stockholm-Syndrom funktioniert und dass dies ein ganz normaler Prozess innerhalb der Traumaverarbeitung ist.

Viele Liebesbeziehungen oder Ehen zerbrechen, nachdem ein Partner Opfer eines Gewaltverbrechens geworden ist. Gelegentlich suchen solche Paare vorher psychologischen Rat.

Im Umgang mit Gewaltopfern sollten Sie sich übrigens sehr zurückhalten: Solche Personen sind ausgesprochen empfindlich in Bezug auf jede Form von Zudringlichkeit, Druck, Körperkontakt.

Im Falle von Vergewaltigungen hat die Gewalt noch eine weitere schreckliche Dimension. Sie zerstört auch das Gefühl von Selbstbestimmung, Ganzheit und dem Schutz der Körpergrenzen. Das Gefühl für Sinn und Ordnung des Lebens gerät hier besonders ins Wanken. Es gibt immer noch schreckliche Vorurteile und Dummheiten, die auch nach der Tat zu weiterer Traumatisierung führen. So fragen viele Polizeibeamte oder Juristen nach wie vor, ob das Opfer denn trotzdem eine gewisse Lust an dem Akt empfunden habe. Viele fragen auch, ob die Frau vorher schon einmal eine erregende Vergewaltigungsfantasie gehabt habe. Tatsächlich haben viele Frauen solche Fantasien. Diese Frage im Zusammenhang einer realen Vergewaltigung zu stellen ist jedoch absurd. Dies sollen nur zwei Beispiele sein für die Grausamkeiten, die viele vergewaltigte Frauen nach der Tat erleben müssen. Hier ist oft – auch neben speziellen Therapien – noch psychologische Unterstützung notwendig.

Klienten mit Selbstmordgedanken

Psychische Nöte führen bei einigen Menschen zu Selbstmordgedanken. Als Coach und psychologischer Berater wird man im Laufe seines Berufslebens immer wieder auf Menschen treffen, die einen Selbstmord androhen oder bereits Selbstmordversuche unternommen haben. Es gibt schwere psychische Erkrankungen oder veränderte Bewusstseinszustände, die in Selbstmordabsichten münden, zum Beispiel wenn jemand wahnhafte Verfolgungsideen hat und meint, nur durch seinen Tod den Verfolgern entkommen zu können, wenn jemand am religiösen Wahn leidet, im Jenseits zu Besserem wieder geboren zu werden, oder wenn jemand sich im Krieg oder als Terrorist als le-

bende Bombe das Leben nehmen muss. Auch Menschen mit schweren Depressionen haben häufig Selbstmordgedanken.
Daneben gibt es aber eine große Anzahl von suizidalen Menschen, die im klassischen Sinne nicht krank sind, sieht man einmal von ihrem Lebensüberdruss ab.

Erklärungsmodelle

Zum Selbstmord gibt es zahlreiche Erklärungsmodelle.

- *Starke Depression:* Sie gilt auch als Ausdruck einer Aggression, die nach innen gewendet wird und bis zur Selbstzerstörung führen kann.
- *Aggression in Bezug auf einen anderen Menschen, die aber nicht zum Ausdruck gebracht werden kann.* Sie wird dann stellvertretend gegen sich selbst gerichtet (als Ersatzmord).
- *Selbstmord als Botschaft an einen anderen Menschen.* Der Inhalt der Botschaft ist Zorn. Der Empfänger soll ein Leben lang starke Schuldgefühle empfinden und versuchen, das Rätsel in der Botschaft ganz zu verstehen.

Eine latente Suizidalität kann sich auch in einem extremen Freizeitrisikoverhalten oder einer Sucht ausdrücken: extrem gefährliche Sportarten, rasantes Autofahren, Kettenrauchen und anderes mehr.

> **Info**
>
> Walter Pöldinger (1968) unterteilte die Entwicklung der Suizidalität in drei Stadien:
>
> - Erwägungsstadium mit Suizidgedanken.
> - Ambivalenzstadium mit Suizidimpulsen.
> - Entschlussstadium mit folgender Suizidhandlungen (»Ruhe vor dem Sturm«).

Erwin Ringel (1954) stellte fest, dass die Erwägungs- und Ambivalenzphase meist durch ein so genanntes *präsuizidales Syndrom* begleitet ist:

- Zunehmende Einengung der psychischen und sozialen Lebensbereiche.
- Aggressionshemmung nach außen und Wendung der Aggression gegen die eigene Person.
- Zunehmender Rückgang der alltäglichen Aktivitäten und Interessen und gleichzeitiges Auftreten erster Todesfantasien.

Die Unfähigkeit, Zorn und Wut angemessen und personenbezogen auszudrücken, führt zur stellvertretenden Aggression, dem Ersatzmord. Er ist als private Botschaft an den oder die Hinterbliebenen gedacht und führt durch das Stigma des Selbstmordes oder des »heimlichen Mordes« zur intensivsten Schuldzuweisung überhaupt: Den Überlebenden kommt dabei im übertragenen Sinne die Rolle von Mördern zu: »Seht her, euretwegen musste ich das kostbare Geschenk des Lebens wegwerfen. Ich möchte, dass ihr ein Leben lang eure Schuld spürt und immer auf der Suche nach der Lösung des Rätsels seid, das ich euch hinterlassen habe.«
Somit spielen zwar innerpsychische Prozesse eine Rolle bei der Motivation, sich selbst zu töten, der eigentliche Motor ist aber oft eine gestörte zwischenmenschliche Beziehung (oder der gestörte Bezug zur Welt).
Der kleinste Verdacht auf eine Selbstmordabsicht muss sehr ernst genommen werden. Selbstmordabsichten können nicht nur Ärzte oder professionelle Berater wahrnehmen: Auch Taxifahrer, Barmixer, Kolleginnen können von Selbstmordabsichten hören. Solche Äußerungen sind immer ernst zu nehmen! Fragt man nach einem Selbstmord im Kollegen- oder Bekanntenkreis nach, so hört man Äußerungen wie: »Ja, er hat einmal erwähnt, dass er keine Lust mehr hatte zu leben. Aber soll man solche Aussagen immer auf die Goldwaage legen?« Bitte legen Sie Aussagen über Selbstmordideen immer auf die Goldwaage! Sie sollten auch nicht davon ausgehen, dass Klienten ihre Absichten immer ankündigen. Wenn Sie einen Klienten beraten, der sehr große Probleme hat, fragen Sie stets gezielt danach.

Stellen Sie sich einen 53-jährigen Klienten vor, der bis vor kurzem ein mittelständisches Unternehmen geführt hat, das nun Konkurs anmelden musste: »Sie stecken wohl in sehr großen Schwierigkeiten. Sind Ihnen da schon einmal Selbstmordgedanken gekommen?«

Sie brauchen keine Angst zu haben, dass Sie durch diese Frage jemanden zum Selbstmord animieren – das Gegenteil ist der Fall. Wenn ein Klient Ihnen gegenüber von Selbstmordabsichten oder von früheren Selbstmordversuchen redet, stecken Sie in einer Zwangslage (unbewusst weiß der Klient das auch meistens). Vorausgesetzt, Sie kennen Ihren Klienten schon etwas länger, gibt es einige Hinweise, die es Ihnen erlauben, ernsthafte Selbstmordkandidaten zu identifizieren.

Warnsignale eines drohenden Selbstmordes

Folgende Beobachtungen können auf einen drohenden Suizid hinweisen. Es handelt sich aber nicht um Beweise oder zwingend erforderliche Umstände, sondern um Warnsignale.

- Ein plötzlicher Wechsel von großer Traurigkeit, innerer Unruhe oder Depression zu einer »Besserung« und äußeren Ruhe oder sogar zu einer Euphorie: Quälend ist für den Klienten nämlich häufig die Frage: »Soll ich – oder soll ich nicht?« Diese Ambivalenz ist schwer zu ertragen. Entscheidet sich ein Selbstmörder dann für den Tod, wirkt er plötzlich gelassen. Die Probleme dieser Welt brauchen ihn nicht mehr zu sorgen, da er sie bald verlässt.
- Plötzlich einsetzende Entschiedenheit und Zielstrebigkeit mit leicht zwanghaft angespannten Zügen und vielleicht einem starren Lächeln. Ein solcher Mensch konzentriert sich auf den richtigen Augenblick und die Selbstmordmethode. Sein Hass auf einen bestimmten Menschen verdichtet sich. Daher weiß er, was zu tun ist, und zeigt nach außen hin nur noch eine Fassade.
- Der Klient nimmt seine Selbstmordabsicht wieder zurück, bagatellisiert seine Äußerungen und wirkt vielleicht stumpf oder empfindungslos. Darauf sollte man nicht hereinfallen.
- Ein Klient spricht darüber, sich das Leben zu nehmen.
- Unentwegtes Reden und Nachdenken über den (eigenen) Tod.
- Äußerungen, die auf Hilflosigkeit und Nutzlosigkeit hinweisen.
- Äußerungen wie: »Es wäre besser, ich wäre gar nicht mehr hier.«
- Große Traurigkeit, Verlust jedes Interesses, Schlafprobleme, Appetitverlust.
- Emotionaler Rückzug aus der Familie und »Desinteresse« an Situationen oder Gesprächen, die vorher zu Konflikten geführt haben.
- Ungewöhnlich riskante Verhaltensweise, wie zu schnelles Fahren (auch ohne angegurtet zu sein, ohne Beachtung von Ampelsignalen).
- Interessenverlust an Hobbys oder Personen, die einem vorher bedeutsam waren.
- Abschiedsbriefe, Abschiedsbesuche bei Freunden und Bekannten.
- Der Versuch, Beziehungen zu ordnen, abschließend zu Harmonisieren, Änderung des Testaments.
- Ein Suizidversuch in der Anamnese.

Wenn Sie zu Ihrem Klienten Suizidfantasien entwickeln oder plötzlich eine unbestimmte große Angst um den Klienten verspüren, sollten Sie dies ebenfalls sehr ernst nehmen und als eine mögliche Gegenübertragung zu diesem Thema untersuchen. Hier wollen wir uns auf zwei Fragen konzentrieren:

- Wie gehen Sie mit einem Klienten um, der früher einmal einen Selbstmordversuch unternommen hatte, zwischenzeitlich aber in Therapie war und Sie nun wegen eines anderen Problems konsultiert?

- Wie gehen Sie mit einem Klienten um, der Ihnen in der Beratungssituation von seinen aktuellen Selbstmordabsichten erzählt?

Zur ersten Frage: Stellen Sie sicher, dass es sich wirklich um eine alte Geschichte handelt. Wenn Sie bereits eine Erlaubnis zur Ausübung der Heilkunde besitzen (zum Beispiel Psychotherapie nach dem Heilpraktikergesetz), fragen Sie den Klienten, ob Sie zu dem Thema einige Fragen stellen dürfen. Sehen Sie sich dann mit dem Klienten gemeinsam dessen Beziehungen an und arbeiten Sie heraus, wem die Verantwortung und Schuldzuweisung des Selbstmordversuches gegolten hatte (sofern der Klient zu dieser Frage einen Zugang findet). Wem galt der Zorn, der im Zusammenhang mit dem Suizid möglicherweise auftrat? Welche Möglichkeiten hat der Klient jetzt für sich gefunden, diesen Zorn und diese Wut zu artikulieren? Wenn Sie keine Erlaubnis zur Ausübung der Heilkunde haben, zügeln Sie bitte Ihre Neugierde und Ihre Lust, mit dem Klienten an diesem Thema zu arbeiten. Dokumentieren Sie Ihr Vorgehen bitte auch sorgfältig in Ihren Unterlagen.

Zur zweiten Frage: Hören Sie aufmerksam zu. Fragen Sie offen nach Suizidgedanken oder nach konkreten Plänen für einen Suizid. Versuchen Sie jedoch nicht, dem Patienten seine Gedanken oder Pläne auszureden. Seien Sie wertschätzend und zeigen Sie ein ernsthaftes Interesse an den Gefühlen und Gedanken Ihres Patienten. Vermitteln Sie dem Patienten, dass Sie sich sorgen, dass Sie bereit sind zu helfen und ihm beizustehen und dass Sie bereit sind, aufmerksam zuzuhören und da zu sein. Bekräftigen Sie den Patienten darin, dass er sich professionelle Hilfe suchen muss und helfen Sie ihm dabei (Anruf beim Psychiater, bei der psychiatrischen Klinik). Das kann problematisch sein, da der Patient vielleicht glaubt, ihm könne nicht geholfen werden.

Manche Klienten »kokettieren« auch, indem sie Selbstmordabsichten andeuten. Wenn Sie eine umfassende therapeutische Ausbildung und Berufserlaubnis haben, könnten Sie einen solchen Klienten etwas verärgern (Ärger holt den nach innen gewandten Zorn wieder in die reale Außenwelt und lenkt ihn auf den Gesprächspartner; auf Sie) und ihm sagen, er habe nun 15 Minuten Zeit, Sie glaubhaft davon zu überzeugen, dass er sich nicht heute oder in den nächsten Tagen umbringen werde. Ansonsten würden Sie umgehend einen Amtsarzt und die Polizei informieren, um eine Einweisung in eine psychiatrische Abteilung zu ermöglichen. In solchen Situationen können viele Klienten tatsächlich glaubhaft versichern, dass sie sich nicht innerhalb der nächsten Tage suizidieren werden, und sie können auch garantieren, dass sie bereit sind, die Verantwortung für ihr Leben in dieser Zeit zu tragen, und sich in jedem Falle rechtzeitig bei Ihnen melden werden, wenn sie daran Zweifel bekämen. Solche Klientenversprechen oder Suizidverträge haben allerdings keinen rechtlichen Bestand.

Da Sie aber keinen therapeutischen Auftrag haben, wenn Sie Coach oder psychologischer Berater sind, sollten Sie einem akut suizidal gefährdeten Klienten Folgendes erklären: dass Ihnen das Gesagte Angst oder Unbehagen bereitet (nicht leugnen) und dass Sie sich mit dieser Aufgabe allein überfordert fühlen und diese Verantwortung mit anderen Menschen teilen möchten und müssen. Sie seien daher verpflichtet, kompetente Hilfe zu holen und auch dafür Sorge zu tragen, dass der Klient in der Zwischenzeit nicht mehr allein ist.

Schicken Sie den Klienten also nicht zum Hausarzt, Psychotherapeuten oder in eine psychiatrische Ambulanz, sondern begleiten Sie ihn dorthin oder lassen Sie ihn von ver-

> Lassen Sie Ihren Patienten nicht mehr allein, wenn Sie glauben, er ist in ernsthafter Gefahr, sich das Leben zu nehmen. In einem solchen Falle begleiten Sie ihn bitte zur nächsten psychiatrischen Notaufnahme oder zu einem Arzt.

lässlichen Personen begleiten, notfalls von der Polizei, die sich mit solchen Situationen gut auskennt.

Auch hier kommt es wieder auf ein tragfähiges Krisen-Netzwerk an. Wenn Sie vorher Kontakt mit Polizei und Beratungsinstitutionen aufgenommen haben, können Sie in solchen Krisen auf bestehende Kontakte zurückgreifen (s. auch S. 479).

> **Übung**
>
> Suchen Sie bitte im Telefonbuch, bei der Kommunalverwaltung oder dem Gemeindeamt und bei der Kriminalpolizei nach Ihren örtlichen Kontaktstellen für Kriseninterventionen:
>
> - Gibt es Präventionsprogramme der Kripo zu den genannten Themen?
> - Gibt es spezielle Beratungsinstitute oder Vereine?
> - Gibt es Empfehlungen der psychiatrischen Ambulanz in Ihrer Nähe?
> - Wie bereiten sich die kirchlichen Seelsorger Ihrer Region auf solche Beratungssituationen vor?
> - Welche Erfahrungen hat Ihr eigener Hausarzt?
>
> Besuchen Sie bitte diese Institutionen und Personen und sammeln Sie deren Prospekte oder Informationsmaterial zum Thema. Fragen Sie nach Fortbildungen und nach regelmäßigen Netzwerkgesprächen.
>
> Diskutieren Sie mit Ihren Familienmitgliedern (nicht den jüngeren Kindern) die Themen Gewalt, Sexualdelikte, sexuelle Fantasien, Mord und Selbstmord. Machen Sie sich bitte stets klar, wo in diesen Themen Ihre eigenen Tabus und Ängste liegen.

EMDR als Wunderwaffe in der Traumaberatung?

Viele Berater und Therapeuten durchlaufen auf dem Schulungsmarkt für Berater kürzere Ausbildungen, in denen sie die EMDR-Methode erlernen. Diese Kolleginnen und Kollegen nennen sich danach meist »spezielle Traumatherapeuten«. Auch Klienten werden Sie eventuell fragen, ob Sie diese Methode erlernt haben. Daher möchten wir Ihnen einen kurzen Einblick in die Methode und die spezielle Traumatherapie geben, um einen Eindruck davon zu vermitteln, dass es nicht so leicht ist, wirklich ein »spezieller Traumatherapeut« zu sein, wie es einige unseriöse Ausbildungsinstitute uns weismachen möchten.

Was ist EMDR?

EMDR – Eye Movement Desensitization and Reprocessing – ist eine von Francine Shapiro ab 1987 entwickelte traumabearbeitende Psychotherapiemethode (also keine Coaching-Methode), die die Behandlungsmöglichkeiten seelisch schwer traumatisierter Patientinnen und Patienten nachweislich erheblich verbessern kann.

Nach Metaanalysen kontrollierter Behandlungsstudien zur *posttraumatischen Belastungsstörung* gilt die EMDR-Methode als eines der vier effektiven Verfahren dieser seelischen Störung (1998). Die Methode wird weltweit erfolgreich in der Behandlung von Traumafolgeerkrankungen eingesetzt.

> **Info**
>
> Die EMDR-Methode hat acht Behandlungsphasen:
>
> - Anamnese und Behandlungsplanung
> - Vorbereitung und Stabilisierung
> - Bewertung des Traumas
> - Desensibilisierung und Durcharbeiten
> - Verankerung
> - Körpertest
> - Abschluss
> - Überprüfung

Auch wenn EMDR mit den Behandlungsplänen verschiedener Therapieformen kombinierbar ist, setzt es doch stets die Einbettung in ein psychotherapeutisch-psychotraumatologisch orientiertes Behandlungskonzept sowie reichliche klinische Erfahrung des Therapeuten voraus: Es gibt keine EMDR-Traumatherapie ohne den Rahmen einer speziellen Psychotherapie.

Die *Technik der bilateralen Stimulation* (s. rechts unten) selbst ist sehr einfach erlernbar und lehrbar, weshalb die Methode auch von schlecht ausgebildeten Trainern im Erfolgscoaching als »Motivationsbooster« oder »Mädchen für alles« genutzt wird.

EMDR ist, bei richtiger Indikationsstellung, ein Verfahren mit deutlicher Wirkung, das aber nicht ohne Kontraindikationen und gravierende Nebenwirkungen ist. Eine Behandlung mit EMDR sollte daher nach Empfehlung des deutschen EMDR-Verbandes nur von Personen durchgeführt werden, die qualifizierende Fortbildungen besucht haben *und* die eine umfassende psychotherapeutische Ausbildung von wenigstens drei bis fünf Jahren an einem staatlich anerkannten Ausbildungsinstitut absolviert haben. Interessierte Patienten (nicht Klienten) sollten die Fragen zur richtigen Indikation und zur Qualifikation der Therapeuten offen mit ihren Behandlern besprechen.

Die »Geschichte« der EMDR-Entdeckung

Die Entwicklerin des EMDR, Francine Shapiro, Ph.D., ist klinische Psychologin und assoziiertes Forschungsmitglied des Mental Research Institute (MRI) in Palo Alto, Kalifornien. Sie entdeckte 1987 den entlastenden Effekt von schnellen Augenbewegungen, als sie über eine Krebserkrankung nachdachte, an der sie selbst litt. In einer ersten Studie untersuchte sie 1989 diesen Effekt und veröffentliche ihre Ergebnisse im damals neu gegründeten Journal of Traumatic Stress.

Das Thema des »posttraumatischen Stresses« wurde damals sehr interessiert diskutiert und ihre Entdeckung wurde daher ungeheuer schnell populär (besser: Schlug ein wie eine Bombe). Durch die Entdeckung anderer effektiver bilateraler Stimulationsmodi, wie Handberührungen oder akustische Signale, sowie die Einbeziehung einer strukturierenden kognitiven Komponente entwickelte Dr. Shapiro bis 1991 die heutige Eye-Movement Desensitization and Reprocessing-Methode (international übliches Akronym = EMDR). Sie »patentierte und kommerzialisierte« ihre Methode und lizenzierte Ausbilder und Ausbildungsinstitute.

In den ersten drei Behandlungsphasen des EMDR wird die Anamnese des Patienten erhoben. Gleichzeitig wird ein vertrauensvolles Therapeut-Patienten-Verhältnis aufgebaut, und der Patient erlernt entlastende und stabilisierende Techniken (zB. Imaginationsübungen wie »der sichere Ort«). Therapeut und Patient bewerten schließlich das Trauma qualitativ und quantitativ. Erst danach beginnt die eigentliche EMDR-Behandlung (Phase 4).

Wie werden die Augen im EMDR bewegt (Phase 4 der Behandlung)?

Therapeut und Patient sitzen sich versetzt gegenüber. Der Therapeut einigt sich mit dem Patienten auf einen Gegenstand (zum Beispiel einen blauen dicken Textmarker), den er auf Augenhöhe des Patienten schnell horizontal hin und her bewegt (bilaterale Stimulation). Der Klient folgt den Bewegungen mit den Augen.

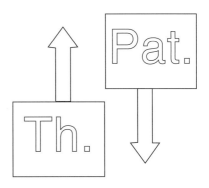

Dabei achtet der Therapeut auf die Pupillengröße, auf ein »Stocken« der Augenbewegungen sowie auf alle unwillkürlichen Körperveränderungen des Patienten (Atmung, Gesichtsrötung oder -feuchtigkeit, Haltung, Spannung), weil diese bestimmte Punkte in der Traumaerinnerung und -durcharbeitung signalisieren können.

Die Augenbewegungen werden, je nach Verarbeitungsgeschwindigkeit und -art, nach 20–90 Sekunden unterbrochen. Diese »Pausen« können für verschiedene Methoden der Besinnungsarbeit und kognitiven Umstrukturierung genutzt werden. Dafür sind aber gute Kenntnisse in der speziellen Methode des kognitiven Umstrukturierens und des therapeutischen Hypnotalks erforderlich.

Stichworte zur posttraumatischen Belastungsstörung

> »Ein psychisches Trauma ist ein vitales Diskrepanzerlebnis zwischen bedrohlichen Situationsfaktoren und den individuellen Bewältigungsmöglichkeiten, das mit Gefühlen der Hilflosigkeit und schutzloser Preisgabe einhergeht und so eine dauerhafte Erschütterung des Selbst- und Weltverständnisses bewirkt.« (Fischer/Riedesser 1998)

Häufig findet sich ein Gefühl der Hilflosigkeit und der emotionalen Betäubung oder Abstumpfung oder Entfremdung von anderen Menschen mit einem Gefühl einer eingeschränkten oder zerstörten Zukunft.

Es kann zu Nachhallerinnerungen kommen (Flashbacks), die das »Dort und Damals« in das »Hier und Jetzt« zurückholen. Es handelt sich um situative Realitätsverluste, die auch mit illusionären Verkennungen oder Pseudohalluzinationen einhergehen können.

Die Opfer meiden oft jeden Umstand und jede Lebenssituation, die der Traumasituation ähnelt (Vermeidungsstrategie).

Oft sind die Opfer vollständig unfähig, wichtige Aspekte des Traumas zu erinnern (dissoziative Amnesie).

Am häufigsten wird ein Bild oder eine Szene erinnert (in 20 Prozent der Fälle nicht).

Kurz nach dem Trauma gibt es keine »Geschichte« zu dem Erlebten (keine narrative linkshirnige Erinnerungsmöglichkeit). Danach tauchen Fragmente einer »Geschichte« auf, die allerdings zunächst »sprachlos« bleibt. Oft kommt es zu immer wiederkehrenden Albträumen.

Sinneseindrücke, Erinnerungen, Gedanken, Gefühle und anderes des Traumas treten unabhängig voneinander auf (Fragmentierung). Die Fragmente werden vom impliziten Gedächtnis auf Auslösereize hin freigegeben. Die Auslösereize (Trigger) stellen wichtige Zugänge zum Traumaschema des Patienten dar.

Das *Traumaschema* ist ein spezifisches Geflecht aus Erinnerungen, Gedanken, Emotionen, Körperwahrnehmungen und Handlungsbereitschaften, die als assoziatives Netz gespeichert sind.

Es kommt zu einem Verlust fester Glaubensinhalte, zu einer sozialen Isolation, gestörten Intimbeziehungen, einer Suche nach Rettern (die dann wie Pilze aus dem Boden wachsen) und zu einem anhaltenden tief gehenden Misstrauen.

Eine genaue zeitliche Einordnung fehlt meist (»als ob es gerade jetzt passiert«).

Viele Patienten entwickeln ein traumakompensatorisches Schema (Gespräche, Sport, Joggen, Ablenkung, Alkohol, Tabletten und anderes mehr).

Technikbausteine aus einzelnen Behandlungsphasen des EMDR

Diese Bausteine sollen keine Anleitung zum Experimentieren sein. Sie sollen schlagwortartig als Bausteine für eine Diskussion im Rahmen einer Coaching-Ausbildung dienen und den Ausbildungskandidaten ermöglichen, einen eigenen Standpunkt zu der EMDR-Methode und einem möglichen Einsatz im Coaching entwickeln zu können.

- Der Therapeut sollte die Position einer parteilichen Abstinenz einnehmen: Für den Patienten, aber nicht involviert als Mitopfer, Retter oder stellvertretender »Rächer« eines Patienten. Es kann zu heftigen Übertragungsphänomenen kommen. Damit muss ein gut ausgebildeter Therapeut umgehen können und sich in einem Netz kollegialer Beratung (Balint-Gruppe, Intervision) Unterstützung holen können.
- Der Patient muss in der Therapie die Steuerungsmöglichkeit behalten (Angst vor Kontrollverlust): Keine »Entmächtigung« des Patienten durch ein therapeutisches Setting!
- Es muss einen klaren Behandlungsrahmen geben. Das Behandlungsklima muss zuverlässig und vorhersehbar sein.
- Der Patient muss Distanzierungstechniken erlernen und sicher anwenden können (beispielsweise den »sicheren Ort«).
- Die Traumatherapie muss auch als Trauer und Umorientierungsprozess geplant und später weitergeführt werden und kann Jahre in Anspruch nehmen (auch bei EMDR-Anwendung!). Beispielsweise müssen Patienten trauern um: Lebenszeit, Möglichkeiten, Beziehungen, Umorientierung, Erwerb neuer Fähigkeiten, Möglichkeiten zum Erleben positiver Erfahrungen, Schulung der Wahrnehmungsfähigkeit und »Stimulusdiskriminierung« (zum Beispiel unterscheiden können zwischen gefährlich und ungefährlich), neue Lebensziele entwickeln. Die Phase der Umorientierung (nach Abschluss der eigentlichen Traumabearbeitung) kann durch Coaching unterstützt werden.
- Oft wird ein imaginierter »sicherer Ort« installiert, der auch mit EMDR gefestigt werden kann. Dabei kann allerdings traumatisches Material dissoziativ in den »sicheren Ort« eindringen und ihn infizieren. Diese Möglichkeit muss dem Therapeuten bekannt sein, und er muss darauf angemessen reagieren können.
- Die »Bewertung« erfordert unter anderem ein repräsentatives Bild (oder einen Film), eine negative Kognition, eine polare positive Kognition, eine Einschätzung der Stimmigkeit der positiven Kognition auf einer Skala von 1–10, ein Gefühl, das mit der traumatischen Situation verbunden ist sowie eine Einschätzung der subjektiven Belastung durch die traumatische Erinnerung ebenfalls auf einer 10er-Skala.
- Eine negative Kognition, mit der im EMDR gearbeitet werden soll, muss zuvor bearbeitet werden. Negative Kognitionen enthalten eine gegenwärtige irrationale Überzeugung (meist auf sich selbst bezogen), die beim Fokussieren auf die traumatische Erinnerung zu Bewusstsein kommt. Ihr Gegenpart ist die vor der Phase der Augenbewegungen gesuchte und erarbeitete positive Kognition, die das gewünschte Veränderungsziel fokussiert: »Wie würden Sie lieber über sich denken, wenn Sie dieses Ereignis erinnern?«
- In der Desensibilisierungsphase wird das zu bearbeitende Material durch das Bild des Traumas, durch die negative Kognition sowie durch das damit verbundene Körpergefühl gezielt aktiviert und bearbeitet: und zwar erstens in der Vergangenheit, zweitens in der Gegenwart, drittens in der Zukunft.
- Was passiert während der Augenbewegungen? Oft kommt es zu einem Verschwinden der Belastung durch die bilaterale Stimulation (niemand weiß warum). Es kann aber ebenso zu Assoziationsketten, zu einer intensiven emotionalen Abreaktion oder zu einer Überflutung mit belastender Erinnerung kommen. Bei einigen Patienten stellt sich aber dann eine Blockade ein, und sie brechen schließlich den Prozess ab.

Wie wird EMDR im Coaching eingesetzt?

Die Beschreibung der folgenden Einsatzmöglichkeit dient als Beispiel und soll nicht als Empfehlung verstanden werden, EMDR tatsächlich so zu nutzen (ohne entsprechende Ausbildung und ohne langjährige therapeutische Schulung). Viele »neu erfundenen« Coaching-Varianten des EMDR gehen auf ein Therapieprotokoll des EMDR-Institutes in den USA zurück. Sie werden abgewandelt mit blumigen Namen genutzt. Hier das Originalprotokoll.

Point of Power nach Leeds: Ressourcenverankerung mit EMDR
- Konzentration auf eine herausfordernde Lebenssituation.
- Suche nach hilfreicher Fähigkeit: Verbunden mit positivem Gefühl, positiver Kognition und einem Bild oder einer Szene.
- Entfalten des Bildes (Beschreibung).
- Fokussieren auf die Körperwahrnehmung.
- Verstärken von Bild und dazugehörigen Worten (Beschreibung, Worte des Patienten).
- Ein Schlüsselsatz zu Gefühl und Bild wird erarbeitet.
- Der Patient erarbeitet imaginativ eine körperliche Verbindung zu der Ressource: anfassen, in den Körper eintreten oder anderes.
- Überprüfen, ob Bild, Satz, Gefühl, Kontakt stimmig sind.
- Ökologie- und Zielcheck, bearbeiten kognitiver Blockaden, systemischer Einwände und anderes mehr. Eventuell wieder zurückgehen und neu beginnen. Wenn es keine Einwände gegen die bisherigen Ergebnisse und Zielvorstellungen gibt, kann mit der folgenden Phase weitergearbeitet werden.
- Nun werden die EMDR-Augenbewegungen begonnen, und der Patient nimmt gleichzeitig den Kontakt mit dem Schlüsselsatz, dem Bild und seinem physischen Kontakt auf. Die Augenbewegungen werden in Sets durchgeführt: Etwa 5–30 Sekunden Augenbewegungen, anschließend eine kurze Pause von 30–90 Sekunden. Mehrere Sets von Augenbewegungen können den positiven Effekt verstärken.

Ähnlich kann auch in der Hypnotherapie, in der kognitiven Therapie oder in anderen Verfahren gearbeitet werden (allerdings ohne die speziellen Augenbewegungen). Das Verfahren ist vermutlich auch ohne EMDR wirkungsvoll. Es gibt derzeit keinerlei wissenschaftliche Effektivitätsstudien zu dieser Technik oder zu anderen so genannten Stabilisierungsprotokollen, die auch im Coaching populär sind (zum Beispiel die so genannte Wingwave®-Methode).

> **Wichtiger Hinweis:** Die Fall-Vignetten und Falldarstellungen im folgenden Übungsteil enthalten unter anderem abgemilderte Fallbeschreibungen von Gewalt- und Sexualdelikten. Sie sind daher nicht für Jugendliche geeignet. Außerdem sollten Sie die darin beschriebenen Lebensläufe mit Kolleginnen und Kollegen besprechen, sofern Sie hierzu die Möglichkeit haben.

Fall-Vignetten

Himmel und Hölle in der Beratung

Zu Beginn des Kapitels »Angst (s. S. 422) hatten wir gefragt, ob Angst die Welt regiert. Genauso könnten wir fragen, ob die Sehnsucht nach Liebe die Welt regiert.
Menschliches Leben hat viele Facetten. Es gibt Liebe, edle Taten, Grausamkeiten, Habgier. Es gibt das Streben nach Existenzsicherung und nach Vertrautem, aber auch ein Streben nach Freiheit vom Materiellen und einer sinnstiftenden Verbindung.
Viele der menschlichen Eigenarten lassen sich unter wissenschaftlichen Gesichtspunkten untersuchen. So widmete sich beispielsweise 2003 die Tagung der Psychoanalytischen Gesellschaft Deutschlands dem Thema des religiösen Glaubens. Die Suche nach Spiritualität landet auf diese Weise auf dem Seziertisch des Wissenschaftlers und erscheint verstehbar und erklärbar. Aber auch das kognitive (verstandesmäßige) Verstehen der psychologischen Motive des Glaubens bildet nur einen kleinen Aspekt menschlicher Vielfalt ab. Ein ganzheitliches Verstehen gelingt dadurch nicht.
Im Coaching kann es hilfreich sein, wenn Sie die verschiedenen Aspekte menschlichen Lebens, auch die widersprüchlichen, als mögliche Ausdrucksformen des Menschseins akzeptieren. Was die wahre Natur des Menschen ist oder was den Menschen steuert oder wirklich motiviert, bleibt spekulativ. Es ist nicht erforderlich, alle Aspekte des Menschseins einer allgemeinen wissenschaftlichen Theorie unterzuordnen; es genügt, wenn Sie interessiert und offenherzig hinschauen und zuhören.
In diesem Übungskapitel werden wir unser Augenmerk in erster Linie auf die folgenden drei Aspekte richten, die zum Menschsein gehören:

Spiritualität und religiöser Glaube: die Suche nach einem höheren Sinn und einer Erklärung für das Sein (der Wunsch nach einer allumfassenden Liebe und nach mütterlicher und väterlicher Geborgenheit?). Glaube kann jedoch auch bedeuten, an einem Wissen, einem Gefühl oder einer Tradition teilzuhaben und dadurch Halt, Kraft und Hoffnung zu erfahren. Spiritualität oder Mystik sollten nicht mit dem Wort Esoterik verwechselt werden oder damit in einen falschen Zusammenhang gebracht werden.
Die Angst in ihren vielfältigen Ausdrucksformen: Angst vor Verletzung, Verlust, vor Liebesentzug, vor der Selbstwerdung, vor Selbsthingabe, Wandlung, Notwendigkeit.
Die Krise (und auch das schwere psychische Trauma) ist dadurch gekennzeichnet, dass die Betroffenen mit Emotionen und Angst überflutet werden, angesichts von Situationen, in denen eigene Einflussmöglichkeiten und Kompetenzen fehlen oder nicht genutzt werden können.

Diese drei Themen kommen in fast allen Lebensberatungen vor und nehmen dort einen wichtigen Platz ein. Daher möchten wir Ihnen nahe legen, sich intensiv mit diesen drei Aspekten zu beschäftigen.
In den Fällen dieses und des nächsten Kapitels wird auch von schweren psychischen und körperlichen Traumata und sexuellen Misshandlungen berichtet. Bitte bearbeiten Sie die Fälle eventuell nur, wenn Sie bei guter seelischer Gesundheit sind und wenn Sie die Möglichkeit haben, sich mit Vertrauenspersonen und psychotherapeutisch geschulten Ausbildern über diese Fälle auszutauschen.

> Achtung: Die Fall-Vignetten und Fallgeschichten sollten Minderjährigen nicht zugänglich gemacht werden.

Fall-Vignette 27: Kurz vor der Erleuchtung

Der 24-jährige Lüneburger Klient stamme aus Persien. Er erzählt, er habe sehr wenig Geld und komme zur Beratung, nachdem er einige Monate dafür gespart habe. Seit seinem 17. Lebensjahr suche er nach einer höheren Wahrheit und nach spiritueller Erleuchtung. Er spüre genau, dass er kurz davor stehe, sie zu finden, und er suche nach einem spirituellen Lehrer, der ihm auf den letzten Schritten behilflich sein könne. Er habe sich bereits intensiv mit dem Sufismus beschäftigt und sei mit der Tradition der christlichen Mystik bestens vertraut.

Er lebe allein und habe keine Freunde. Vor 22 Jahren sei seine Mutter mit ihm aus dem Iran ausgewandert. Sie sei Christin. Den Vater kenne er nicht, da er im Iran geblieben sei. Seit dem Besuch der Hauptschule lebe er von Gelegenheitstätigkeiten. Er könne nie länger an einem Arbeitsplatz bleiben, da sich die Bedingungen an den Arbeitsstellen meist als sehr schädlich für ihn erweisen würden. Es gebe nach einiger Zeit meist Ärger mit den Arbeitgebern, da diese generell äußerst unfähig oder streitsüchtig seien. Er habe lange Zeit Arbeitslosenhilfe bezogen, lebe nun aber von der Sozialhilfe. Dies sei ihm ganz recht, da er zunehmend die Erfahrung mache, dass die Hinwendung zum Göttlichen sehr viel Zeit in Anspruch nehme. Er müsse jeden Tag in der Stadtbibliothek lesen, viele Stunden nachdenken und meditieren. Es wäre daher nicht gut, wenn er jeden Tag mehrere Stunden arbeiten müsste. Bei der Arbeit habe er auch das Gefühl, er müsse aus sich selbst herausschlüpfen und sei nicht mehr ganz bei sich.

Der Coach entwickelt beim Zuhören ein Gefühl großer Hilflosigkeit, gleichzeitig aber auch eine gewisse Schadenfreude. Dieses Gefühl wird als ein Übertragungsphänomen verstanden, verleitet den Coach aber dazu, helfen zu wollen.

Der Coach erklärt dem Klienten, dass alle großen spirituellen Lehrer und Erleuchteten mit festen Beinen im irdischen Leben standen: Sie seien Handwerker gewesen, hätten sich selbst im Himalaja eine Hütte gebaut, hätten die Belange des täglichen Lebens auf ihre Weise sehr ernst genommen. Der Klient bedankt sich freundlich für diese Hinweise. Das sei ihm bekannt, er müsse aber einen ganz anderen Weg beschreiten.

Es komme ihm manchmal so vor, als würde sich ein Komplott gegen ihn bilden. Er wolle die Umwege über ein geregeltes Alltagsleben aber nicht gehen und spüre ganz genau, dass für ihn andere Regeln der Spiritualität gelten würden. Er sei bereits dauerhaft mit dem Höheren verbunden und habe zeitweilig einen guten Kontakt mit seinem wahren Selbst. Es erscheine ihm manchmal so, als sei alles nur ein Traum, aus dem er nicht erwachen würde. Er habe jedoch gelesen, dass die Realität selbst vermutlich nur ein Traum sei und es darauf ankomme, aus genau diesem Traum in eine höhere Wirklichkeit hinein zu erwachen. Er wünsche sich eine Unterweisung in Übungen oder Techniken, um die Reste der Weltverbundenheit abstreifen zu können. Es sei ihm aber auch aufgefallen, dass von verschiedener Seite versucht werde, auf ihn Einfluss zu nehmen und ihn an seiner weiteren Entwicklung zu hindern.

Übungsfragen

(Bitte beantworten Sie die Fragen stets schriftlich und heften Sie Ihre Aufzeichnungen ab, damit Sie später eine wirkliche Kontrollmöglichkeit haben.)
1. Schreiben Sie bitte als Brainstorming nieder, welche Gedanken oder Gefühle sich einstellen, wenn Sie von diesem Klienten lesen. Bitte zensieren Sie Ihre Gedanken nicht.

2. Finden Sie das Ziel erstrebenswert, das sich der Klient gesetzt hat? Gibt Glauben Orientierung und Kraft – oder lenkt Glauben vom weltlichen Leben ab? Sucht der Klient nach einer Schnellstraße zur Erleuchtung?
3. Bitte nehmen Sie Bezug auf die vier Aspekte der Angst nach Fritz Riemann (s. S. 423 ff.): Auf welche Weise kann die Erleuchtung dem Klienten zu einem angstfreien Leben verhelfen?
4. Im Kapitel »Angst« (s. S. 425 f.) hatten wir darauf hingewiesen, dass es pathologische Ausdrucksformen der Angst gibt. Eine pathologische Angst scheint nicht vorzuliegen. Trotzdem finden sich Hinweise auf eine mögliche psychische Erkrankung, die Sie misstrauisch machen sollten. Welche sind das? Wie ist Ihr weiteres Vorgehen?
5. Wie interpretieren Sie die Übertragungswahrnehmung des Coachs?
6. Wo ziehen Sie persönlich die Grenze zwischen gesunder Spiritualität, einseitiger Beschäftigung mit spirituellen Themen und krankhaften Ausdrucksformen der Beschäftigung mit dem Religiösen?
7. Bitte fragen Sie in Ihrem Bekannten- und Freundeskreis nach christlichen Hauskreisen. Lassen Sie sich erklären, welche Regeln es in diesen Kreisen gibt, womit sie sich beschäftigen, wie häufig sie sich treffen, wie viele Mitglieder sie haben.
8. Welcher Form religiöser Suche oder Betätigung gehen Sie selbst nach?
9. Glauben Sie, dass Religion ein Mittel ist, unbewusste Angst abzuwehren?

Lösungsvorschläge finden Sie auf Seite 276 f.

Fall-Vignette 28: Die silberne Hochzeit

Die 54-jährige Klientin aus Celle berichtet, sie sei in ein extrem tiefes Loch gefallen. Vor einigen Monaten habe sich eine schwere Depression bei ihr eingestellt. Trotz der sehr gedrückten Gefühle habe sie unbeschreibliche innere Angst, Unruhe und Anspannung verspürt. Um das zu lindern, habe sie bereits vor zwei Jahren begonnen, abends und am Wochenende Alkohol zu trinken. Sie sei von ihrem Hausarzt an einen Psychiater verwiesen worden, der ihr Medikamente verordnet habe. Diese hätten sie nach einigen Wochen wieder stabilisiert. Die Medikamente solle sie noch wenigstens neun Monate weiter einnehmen, um einen Rückfall zu verhindern. Außerdem habe sie vor einigen Monaten an einem psychologischen Angstbewältigungstraining teilgenommen, was gute Wirkung gezeigt habe. Sie sei mehrmals zu den Anonymen Alkoholikern gegangen, nachdem ihr Mann sie dazu überredet habe. Zumindest sei der Alkoholkonsum nun so weit zurückgegangen, dass sie nur noch am Wochenende trinke. Sie fühle sich so sehr stabilisiert, dass Psychotherapien oder Medikamente nicht mehr notwendig seien. Trotzdem sei immer noch eine innere Leere in ihr.
Sie habe eine Lehre als Krankenschwester absolviert und kurz darauf ihren Mann kennen gelernt. Damals sei er noch Autoelektriker gewesen; nun habe er eine größere Autowerkstatt und könne sich vor Arbeit kaum noch retten. Ihren Beruf habe sie aufgegeben, nachdem die drei Kinder gekommen seien. Seit sieben Jahren arbeite sie wieder halbtags im Werkstattbüro ihres Mannes. Der jüngste Sohn habe vor einem Jahr das Haus verlassen.
Eigentlich habe sie keinen Grund, sich zu beschweren. Das werfe ihr Mann ihr auch immer vor: »Du hast doch alles! Wenn du jetzt so jammerst, dann machst du dadurch nur

alles kaputt, was wir uns aufgebaut haben!« Irgendwie sehe sie das durchaus ein, sie könne sich aber nicht dagegen wehren.

Ihr Mann habe jetzt angefangen, die Silberhochzeit zu planen, die in vier Monaten gefeiert werden solle. Wenn sie daran denke, komme wieder sehr viel Angst in ihr hoch. Manchmal frage sie sich nämlich, wozu ihre Ehe jetzt überhaupt noch gut sei.

Ihre Freundinnen hätten ihr gesagt, dass sie in einer ziemlichen Krise stecke. Langsam teile sie die Sichtweise der Freundinnen auch. Aus diesem Grund sei sie über mehrere Umwege in die Beratung gekommen.

Übungsfragen

1. Hat die Klientin einen klaren Auftrag formulieren können? Wie verstehen Sie den Auftrag?
2. Die Klientin meint, sie brauche keine Medikamente (oder Psychotherapie) mehr. Wie gehen Sie mit dieser Aussage um?
3. Welchen biografischen Wandlungen (Zäsuren, Schwellensituationen) ist die Klientin ausgesetzt?
4. Welche Grundformen der Angst nach Fritz Riemann (s. S. 423) erkennen Sie in der Schilderung der Klientin?
5. Welche Definition der Krise haben die Freundinnen der Klientin?
6. Was könnte bei dieser Klientin das Schöpferische und was das Lähmende an der Notwendigkeit des Wandels sein?
7. Wie könnte die innere Unruhe der Klientin gedeutet werden?
8. Welche Personengruppen sind im Allgemeinen besonders suizidgefährdet? Halten Sie die Klientin für gefährdet?
9. In dem Suizidmodell von W. Pöldinger werden folgende Phasen unterschieden: Erwägung, Ambivalenz, Entschluss. In welcher Phase befindet sich die Klientin?
10. Welche Fragen würden Sie einer Klientin beziehungsweise einem Klienten stellen, wenn Sie befürchten, dass eine Suizidgefährdung vorliegt?
11. Woran könnte es liegen, dass von Beratungsprofis häufig keine Fragen nach möglichen Suizidabsichten gestellt werden?
12. Welche Rolle könnte die nahende Silberhochzeit für die Klientin spielen?

Lösungsvorschläge finden Sie auf Seite 477 f.

Fall-Vignette 29: Jeder Schritt ist eine Qual

Die 56-jährige Klientin aus Hannover sei Mutter von drei Töchtern. Die jüngste Tochter sei 24 Jahre alt und vor zwei Jahren aus dem Elternhaus ausgezogen. Für diese Tochter müsse die Klientin noch da sein und ihr beistehen. Ansonsten habe sie aber keinen wirklichen Lebensinhalt mehr. Ihr Mann arbeite als Vorarbeiter in einer größeren Speiseölfirma. Alles Religiöse sei ihr fern; egal in welcher Art es dargeboten werde.

Sie habe vor sechs Monaten stärkste und extrem quälende Schmerzen in beiden Knien entwickelt. Die Ärzte hätten allerdings nur leichte Verschleißerscheinungen finden können. Trotzdem hätten die Beschwerden zugenommen, weshalb die Klientin sich einer Kniespiegelung unterzogen habe. An den Schmerzen habe das nichts geändert. Einige Tage nach der Kniespiegelung habe sich allerdings eine sehr schwere Depression eingestellt. Besonders nachts habe sie dann unentwegt über Selbstmord nachgedacht. Da sie noch für ihre Tochter zur Verfügung stehen müsse, habe sie letztendlich aber keinen Selbstmord begangen. Für ihren Mann sei diese Zeit sehr schwierig gewesen, da auch er viele Nächte mit ihr habe durchwachen müssen. Das habe der ansonsten zerrütteten Ehe neuen Halt gegeben. Am nächsten Morgen sei ihr Mann jedoch ziemlich übermüdet zur Arbeit gegangen. Er trinke viel Alkohol, was sie ungeheuer störe. Er sei dann immer grob und aggressiv.

Ihr Nervenarzt habe ihr regelmäßig starke Spritzen in den Po gegeben, wodurch sich die Depression etwas gebessert habe. Seit vier Monaten nehme sie zusätzlich Tabletten ein. Die Selbstmordgedanken seien nun vollständig verschwunden, und sie könne auch wieder halbwegs normal schlafen. Da sie jedoch immer noch starke Knieschmerzen habe, habe der Orthopäde gesagt, die Beschwerden seien vermutlich psychisch und sie solle sich einmal überlegen, in welcher Weise sie das angehen müsse.

Sie glaube nicht daran, dass die Kniebeschwerden eingebildet seien, habe aber selbst schon darüber nachgedacht, sich Unterstützung zu holen, um aus ihrem Motivationsloch wieder herauszukommen. Ihr Mann heiße das gut und habe zu einem Coaching geraten, da er ein Coaching, das vor zwei Jahren in seiner Firma durchgeführt worden sei, in bester Erinnerung habe.

Es werde ihr alles zu viel, da nun auch ihre eigene Mutter zunehmend von Selbstmord rede. Die Mutter sei 83 Jahre alt und habe ihren Mann (Stiefvater der Klientin) vor vier Jahren verloren. In den letzten Monaten habe die Klientin einen Heimplatz für ihre Mutter gesucht. Sie sei froh, dass sie nun endlich einen solchen Platz gefunden habe.

Da sie jetzt wieder etwas mehr Freiraum habe, suche sie nach Methoden, die ihr helfen könnten, sich am eigenen Schopf aus ihrem Sumpf herauszuziehen.

Übungsfragen

1. Welche »Fehler« haben die Klientinnen in Fall-Vignette 28 und 29 in ihrer langfristigen Lebensplanung begangen?
2. Welche biografischen Übergangssituationen liegen bei dieser Klientin vor?
3. Bitte untersuchen Sie folgende Lebensbereiche der Klientin: Familie und Beziehung, Karriere und Beruf, Gesundheit und Körper, Spiritualität. Wo sehen Sie Dysbalancen oder Entwicklungsmöglichkeiten?
4. Was halten Sie von der Idee des Orthopäden, die Knieschmerzen könnten psychisch bedingt sein?
5. Bitte spekulieren Sie darüber, welche Rolle die Mutter der Klientin möglicherweise spielt.
6. Welche Verhaltensweisen des Beraters könnten die Suizidgefährdung dieser Klientin verstärken?
7. Wieso einigen sich Klientin und Ehemann darauf, dass ein Coaching stattfinden soll? Wäre es auf Grund der Depression und der Suizidgedanken nicht sinnvoller, die Klientin unterzöge sich einer intensiven Psychotherapie?

Lösungsvorschläge finden Sie auf Seite 478 f.

Fall-Vignette 30: Der kleine Jesus von St. Pauli

Der Klient stellt sich nicht persönlich vor. Er schreibt einen längeren Brief, um den ersten Kontakt zum Berater aufzunehmen. Der 63-jährige Klient schildert, er sei der »kleine Jesus von St. Pauli«. Der große Jesus sei im Gegensatz zu ihm stadtbekannt – der sei er jedoch nicht. Er selbst habe lange Jahre ein Bierlokal in einer Stichstraße der Reeperbahn geführt, in dem bereits Hans Albers ein- und ausgegangen sei. Da in seiner Kneipe mit Drogen gehandelt worden sei (es habe auch andere Delikte gegeben, die jedoch nicht genannt werden sollen), habe er mehrere Jahre im Gefängnis gesessen. Die Gastwirtschaft sei zwischenzeitlich abgerissen worden und habe einem Neubau Platz gemacht.
Im Gefängnis sei ihm unvermittelt der Heilige Geist erschienen und habe ihn erfüllt. Er habe gewusst, dass es einer anderen bekannten Person in St. Pauli zuvor ebenso ergangen sei. Die religiöse Läuterung, die er dabei erfahren habe, habe sein gesamtes Leben grundlegend verändert. Er spüre nun eine tiefe Verbindung zu Gott und habe sein Leben in den Dienst am Mitmenschen gestellt. Er gebe jetzt nahezu seine gesamte Rente dafür her, Obdachlose zu beköstigen und ihnen zu helfen. Für ihn selbst bleibe fast nichts mehr. Die Obdachlosen hätten ihm den Namen »kleiner Jesus von St. Pauli« gegeben.
Es kämen ihm jedoch immer mehr Zweifel darüber, wie lange er diese Obdachlosenbetreuung noch finanzieren könne und ob letztendlich nicht er selbst dabei auf der Strecke bleiben würde. Er wünsche sich Rat, ob er weiter so verfahren solle, wie ihm der Heilige Geist geraten habe, oder ob er mit der Armenspeisung aufhören solle, um sich vermehrt um sich selbst zu kümmern.

Übungsfragen

1. Wie gehen Sie auf die Form der Kontaktaufnahme (langer Brief und konkrete Frage) ein?
2. Empfinden Sie es als Anmaßung, wenn der Klient sich selbst als »kleinen Jesus von St. Pauli« bezeichnet?
3. Welche Menschen stehen oder standen diesem Klienten nahe? Warum erfahren wir darüber nichts?
4. Welchen Rat möchten Sie dem Klienten geben?
5. In Fall-Vignette 27 und 30 könnte der Eindruck entstehen, das Religiöse würde sich im Coaching nur in Form von Absonderlichkeiten darbieten. Wie denken Sie darüber?

Lösungsvorschläge finden Sie auf Seite 480.

Fall-Vignette 31: Der dritte Mann

Die Klientin ist 83 Jahre alt. Sie ist unfähig zu sprechen, da sie hyperventiliert und schwer nach Luft schnappt. Ihre Wangen und der Hals sind nass von ihren Tränen, die Augen stark gerötet. Sie kommt in Begleitung der Schwiegertochter und einer Enkelin. Die Enkelin berichtet: Der dritte Ehepartner der Oma liege auf der Intensivstation im Sterben. Er habe Lungenkrebs, und da seine Bronchien verstopft gewesen seien, habe

man noch eine Notoperation vorgenommen, die das Atmen habe erleichtern sollen. Aus der Narkose sei der Opa aber nicht mehr erwacht, er liege nun auf der Intensivstation. Die Ärzte hätten keine Hoffnung mehr. Die Oma jammere seit Tagen nur noch herum und bekomme Schwächeanfälle. Sie weigere sich auch, den Mann auf der Intensivstation zu besuchen. Sie denke nur an sich und sage ständig, wie schrecklich es ihr gehe und wie groß ihre Angst davor sei, nun wieder allein sein zu müssen. Die Familie habe versucht, sie zu überreden, ihrem Mann wenigstens mental heilende Energie zu schicken oder zumindest intensiv an ihn zu denken. Die Oma denke jedoch hartnäckig nur an ihr eigenes Leid.
Der Mann, der nun im Sterben liege, sei ihr dritter Ehemann, den sie vor fünf Jahren geheiratet habe. Die anderen Männer seien an Krebs verstorben. Die Kinder und Enkel kämen alle aus erster Ehe.
Die Familie wünsche sich, dass die Oma wieder zu sich finden möge. Jeder könne ihr Leid verstehen, es sei aber sehr belastend, von morgens bis abends das Gejammer zu ertragen. Wegen der Schwächeanfälle habe auch schon mehrfach der Hausarzt oder der Notarzt kommen müssen.

Übungsfragen

1. Wer ist der Klient?
2. Der Ehemann ist noch nicht tot. Finden Sie das Verhalten der alten Dame angemessen?
3. Die ältere Dame hat mit 78 Jahren das dritte Mal geheiratet. Wie mag die Familie darüber gedacht haben?
4. Was mag in der älteren Dame vorgegangen sein, als sie das dritte Mal geheiratet hat?
5. Die Familie leidet offensichtlich unter dem Verhalten der älteren Dame. Wie erklären Sie sich das?
6. Welchen Rat haben Sie für die Familie oder die ältere Dame? Wie könnte die Krise aufgefangen werden?

Lösungsvorschläge finden Sie auf Seite 480.

Fall-Vignette 32: Die Zeit läuft ab

Der 54-jährige Klient sei Diplom-Ingenieur für Maschinenbau. Er sei geschieden und lebe allein. Drei Kinder aus seiner Ehe würden bei seiner Ex-Frau leben. Seit einem halben Jahr könne er seinen Beruf nicht mehr ausüben, da er zunehmend geistig beeinträchtigt sei und zahlreiche epileptische Anfälle gehabt habe. In seinem Gehirn sei »eine Zyste« festgestellt worden. Es sei aber zunächst nicht angebracht gewesen, diese zu operieren. Stattdessen habe er von seinem Neurologen ein Medikament gegen die epileptischen Anfälle bekommen.
Vor vier Wochen sei es mit ihm jedoch so bergab gegangen, dass er doch am Gehirn operiert worden sei. Die Zyste sei verkleinert worden. Vor vier Tagen sei er aus dem Krankenhaus entlassen worden. Kurz davor habe ihm der Stationsarzt eröffnet, dass die Zyste bösartig gewesen sei und er trotz aller Bemühungen der modernen Medizin bestenfalls noch ein Jahr leben würde. Er solle sich mit der Möglichkeit eines nahenden

Todes auseinander setzen. Es habe keine Möglichkeit gegeben, mit dem Arzt ein längeres Gespräch zu führen.

Die letzten drei Tage sei der Klient zweimal täglich bei seinem Hausarzt gewesen, der sich sehr viel Zeit für ihn nehme und ihm auch beruhigende Medikamente verschrieben habe. Der Hausarzt habe ihn gefragt, ob er Kontakt mit einem Seelsorger aufnehmen wolle. Da der Klient nicht im herkömmlichen Sinne gläubig sei, habe er dies jedoch abgelehnt. Er habe versucht, den Kontakt zu seiner Ex-Frau wieder zu intensivieren. Diese habe aber sehr schroff reagiert. Er könne die Kinder sehen; sie selbst wolle aber in sein Schicksal nicht weiter involviert werden.

Der Klient schwanke jetzt zwischen zwei Positionen: Einerseits könne er nicht glauben, dass der Stationsarzt der Neurochirurgie Recht habe. Daher überlege er, weitere Experten aufzusuchen. Andererseits wolle er sich auf jede erdenkliche Weise mit der Möglichkeit eines nahen Todes auseinander setzen. Dieses Anliegen führe ihn nun zur Lebensberatung.

Übungsfragen

1. Der Klient hat bereits vor der Operation und der Nachricht über seine unheilbare Erkrankung in einer sozialen Situation gelebt, die wenig Halt gibt. Worin besteht die Gefahr, wenn es unter solchen Umständen zu belastenden Veränderungen kommt?
2. Es gibt viele Berichte über das unsensible Verhalten von Ärzten. Einfühlsames Verhalten bleibt dagegen meist unerwähnt. Woran könnte es liegen, dass es immer wieder vorkommt, dass Patienten zu unsensibel mit schockierenden Botschaften über ihr Schicksal konfrontiert werden?
3. Welche Gefühle löst das Schicksal des Klienten bei Ihnen aus?
4. Kommt Seelsorge für den Klienten nicht in Frage, da er kein Kirchgänger ist und seinen eigenen Glauben hat?
5. Welche Motive könnte die Ex-Frau haben, den Kontakt auch in den letzten Lebensmonaten ihres geschiedenen Mannes abzulehnen?
6. Auf welche Weise möchten Sie den Klienten unterstützen?

Lösungsvorschläge finden Sie auf Seite 481.

Fall-Vignette 33: Die drohende Abschiebung

Ein junges Pärchen kommt in die Beratung. Der Mann sei 22 Jahre alt und stamme aus Bosnien, die Frau sei 17 Jahre alt und stamme aus der ehemaligen UdSSR. Beide gehörten unterschiedlichen Konfessionen an und würden gerne heiraten, sobald die junge Frau 18 werde. Sie legt eine Bestätigung ihrer Eltern vor, die mit einer Seelsorge für Verlobte einverstanden seien. Als der Berater erklärt, dass er kein kirchlicher Seelsorger sei, reagiert das junge Paar sehr resigniert. Sie seien bereits von mehreren Pastoren abgewiesen worden, da der junge Mann Moslem sei und eine kirchliche Trauberatung mit ihm daher nicht möglich sei. Ein anderer Priester habe sich zu einer Beratung zwar bereit erklärt, jedoch zur Bedingung gestellt, dass das Paar über einen Zeitraum von mehreren Monaten wenigstens sechsmal zu ihm kommen solle. So viel Zeit sei jedoch nicht, da dem jungen Mann die Abschiebung drohe. Er sei bereits in einem Abschiebeheim untergebracht und habe nur durch die Hilfe eines Rechtsanwaltes die Ausweisung aufschieben können. Zurzeit werde er auch nervenärztlich behandelt, da sich ihm immer wieder Selbstmordgedanken aufdrängen würden. Diese würden stetig stärker werden, je näher der festgesetzte Abschiebetermin rücke. Er sei deswegen bereits in stationärer psychiatrischer Behandlung gewesen.

Das Paar brauche für die Gemeinde der jungen Frau eine Bescheinigung, welche die sittliche Reife der zukünftigen Ehepartner belegen solle. So weit es möglich sei, solle darin auch erwähnt werden, dass der Moslem eventuell bereit sei zu konvertieren. Es dürfe jedoch nicht bescheinigt werden, dass er psychisch gesund sei.

Übungsfragen

1. Welche Auftraggeber und welche Aufträge treten an den Berater heran?
2. Dürfen Sie die minderjährige Klientin beraten?
3. Wie denken Sie über Ehen mit Partnern anderen Glaubens? Was denken Sie über die Entscheidung der Priester, die das Paar abgewiesen haben?
4. Was denken Sie über den Priester, der das Paar zu mehreren Gesprächen über mehrere Monate einladen wollte?
5. Welche Konsequenzen könnte es haben, wenn Ihre Beratung im Sinne des Paares erfolgreich ist?
6. Welche Ziele erreicht der Klient mit seinen Selbstmorddrohungen?

Lösungsvorschläge finden Sie auf Seite 481 f.

Falldarstellungen

Falldarstellung 18: Erweiterter Selbstmord?

Die 61-jährige Klientin aus Hannover besitze drei Kosmetik-Franchise-Läden. Sie berichtet, vor einigen Monaten habe sich ihr Vater mit Autoabgasen getötet, nachdem er zuvor ihren Ehemann mit einer Schaufel in der Garage erschlagen habe. Die Polizei vermute, dass der Vater dem Mann der Klientin aufgelauert habe und dass es sich um einen geplanten Mord gehandelt habe. Die Klientin sei 40 Jahre glücklich mit ihrem Mann verheiratet gewesen. Die Ehe sei leider kinderlos geblieben.

Sie habe nicht mehr die Kraft, ihre Geschäfte selbst weiterzuführen und brauche Rat in der Frage, wie sie die Führung der Kosmetikläden delegieren könne. Zuvor wolle sie jedoch ihre Geschichte erzählen.

Beschwerden und Klagen der Klientin: Die Klientin könne sich kaum noch konzentrieren. Bei jeder Art von Stress breche sie in Tränen aus und fühle sich dann wie gelähmt. Sie leide an einer starken Rötung der Gesichtshaut. Ihr Hautarzt meine, sie solle nicht so oft zur Sonnenbank gehen, da er die Vermutung habe, es könne sich um einen Sonnenbrand handeln. Die Klientin versichert jedoch, dass sie in den letzten Monaten keine Sonnenbank aufgesucht habe. Sie habe Durchschlafprobleme und Albträume. Immer wieder sehe sie im Traum ihren Vater in der Garage stehen, in der er ihren Mann umgebracht habe. Sie habe stärkste Verspannungen im Nacken und leide unter Krämpfen im Unterbauch. Das sei bereits alles ärztlich abgeklärt. Man habe jedoch keine körperliche Ursache gefunden.

Kurze Sozial- und Berufsanamnese: Die Klientin habe mit ihrem Mann ein großes Eigenheim mit Garten bewohnt. Der Mann sei Unternehmensberater gewesen, habe in den letzten Jahren aber nur noch selten Aufträge angenommen. Er habe ihr geholfen, drei gut laufende Franchise-Kosmetik-Läden in Hannover zu erwerben und zu leiten. Die Ehe sei sehr glücklich gewesen und beide hätten sich über alles geliebt.

Der Vater der Klientin sei Molkereiangestellter gewesen, die Mutter Hausfrau. Die Klientin habe drei ältere Brüder, zu denen aber kaum noch Kontakt bestehe. Die Kindheit sei sehr harmonisch und behütet verlaufen.

Sie habe nach der mittleren Reife eine Ausbildung zur Kosmetikerin und zur Verkäuferin absolviert. Nachdem sie ihren Mann kennen gelernt habe, habe sie als Bürogehilfin halbtags in verschiedenen Betrieben gearbeitet und vor zehn Jahren dann nacheinander die Läden in Hannover erworben.

Biografische Anamnese (psychodynamische Aspekte, in der Reihenfolge ihrer Erzählung): Die Klientin erinnere sich an ein sehr starkes Liebesgefühl zur Mutter. Der Vater sei auf Grund seiner Arbeit in der Molkerei selten zu Hause gewesen. Dies habe sich erst geändert, als die Klientin in die Pubertät gekommen sei. Zu der Zeit sei er häufig arbeitslos gewesen. Trotzdem habe er immer gesagt, sie sei sein Sonnenschein. Sie wisse genau, dass er sie sehr geliebt habe.

Ein Opa sei nicht aus dem Zweiten Weltkrieg zurückgekommen. Darüber sei aber nie geredet worden, obwohl sein Bild immer in der Küche gehangen habe. Der Vater sei im Krieg bei der Flugabwehr gewesen. Er habe über seine Kriegserlebnisse nie berichten wollen. Er sei ein äußerst friedfertiger Mann gewesen, der keiner Fliege etwas zu Leide habe tun können. Es habe ein sehr heiles Familienklima geherrscht. Der Vater habe vor allem Bösen geschützt und sei ohne Frage das Oberhaupt der Familie gewesen.

Als Kind sei die Klientin eine Außenseiterin gewesen und habe sich als viel zu mollig und unbeweglich empfunden. In der Schule sei sie deswegen oft gehänselt worden. Sie habe keine Freundinnen gehabt. Sie erinnere sich, dass es einen sexuellen Übergriff gegeben habe, als sie etwa zwölf Jahre alt gewesen sei. Ein Sportlehrer habe ihr in der Umkleidekabine aufgelauert. Sie sei ihm aber unbeschadet entkommen. Das Verhältnis zu den Brüdern sei unauffällig gewesen.

Der Besuch der Realschule sei ohne besondere Belastungen möglich gewesen. Anschließend habe der Vater beschlossen, dass sie eine Lehre als Verkäuferin machen solle. Sie habe sich jedoch durchgesetzt und sei zusätzlich Kosmetikerin geworden. Eigentlich habe sie nie Verkäuferin lernen wollen, die Meinung des Vaters habe jedoch so viel Gewicht gehabt, dass man sich dagegen nicht habe auflehnen können.

Kurz bevor sie ihren Mann kennen gelernt habe, habe der Vater beschlossen, einen Feinkostladen zu eröffnen, in dem die ganze Familie mitarbeiten sollte. Der Laden habe jedoch nur ein Jahr existiert, da zu wenig Kunden gekommen seien. In diesem Laden habe die Klientin gearbeitet. Das sei schwierig für sie gewesen, da sie zuvor in Düsseldorf ihre Ausbildung absolviert und dort bereits einen anderen Mann kennen gelernt habe, den sie sehr gern gemocht habe. Wegen der Geschäftsidee des Vaters habe sie diese Beziehung aufgeben müssen.

Der Vater habe eine dauerhafte Geliebte gehabt. Es sei eine attraktive junge Frau aus demselben Stadtviertel gewesen. Für diese Frau habe er die Familie überraschend kurzfristig verlassen. Als die Mutter der Klientin dann jedoch an einem schweren Herzleiden erkrankt sei, sei der Vater zurückgekommen. Seine Geliebte habe er jedoch nicht aufgegeben. Er habe die Mutter gepflegt, bis diese gestorben sei. Er habe fest zur Familie gestanden, weshalb alles sehr harmonisch gewesen sei.

Als der Feinkostladen nicht mehr so gut lief, habe sie ihren Ehemann kennen gelernt. Es sei eine überwältigende Liebe auf den ersten Blick gewesen. Die Beziehung zu dem Mann in Düsseldorf, zu dem noch ein lockerer Kontakt bestanden hatte, habe sie daraufhin sofort abgebrochen. Seitdem seien sie und ihr Mann unzertrennlich gewesen. Es habe niemals Streit gegeben, und die Ehe sei in jeder Hinsicht mustergültig und äußerst harmonisch gewesen.

Das Verhältnis zu ihrem Vater sei weiterhin ebenfalls harmonisch gewesen. Er sei jedoch in den letzten Monaten sehr krank gewesen und habe wohl Prostatakrebs mit Absiedlungen gehabt. Darüber habe er aber nicht reden wollen. Er habe allein gelebt, schien aber nicht verbittert gewesen zu sein. Der Vater habe sich mit ihrem Mann auf eine respektvolle Weise sehr gut verstanden. Allerdings hasse sie ihren Vater jetzt, da er ihren Mann umgebracht habe. Sie könne das nicht verstehen, da es keinerlei Motiv für diese Tat gegeben habe. Es hätten sich alle so hervorragend verstanden.

Das Verhältnis zu den Brüdern sei ziemlich kompliziert geworden, nachdem diese geheiratet hätten. Die Schwägerinnen seien allesamt habgierig und immer schon auf das Haus aus gewesen, in dem die Klientin und ihr Mann gewohnt haben. Es habe früher einmal der Mutter der Klientin gehört, und diese habe es mündlich der Klientin versprochen. Dies sei aber nie schriftlich fixiert worden. Nach dem Tode ihres Mannes würden sich die Schwägerinnen nun wie Hyänen auf die Erbmasse stürzen. Da ihre Brüder recht schwach seien, würden sie alles widerstandslos geschehen lassen.

Übungsfragen zur Falldarstellung 18

1. Wir schildern in den Falldarstellungen vorzugsweise die von den Klienten erzählte Geschichte, damit Sie Erfahrungen mit psychodynamischen (tiefenpsychologischen) Hypothesen sammeln können. Welchen wichtigen Aspekt der praktischen Beratungsarbeit blenden wir bei der Konzentration auf diese Hypothesen jedoch aus? Was müssen wir unbedingt aktiv erfragen?
2. Wessen Nähe und Präsenz hat die Klientin in ihrer Kindheit vermisst?
3. Auf welche Weise scheint die Klientin das Verhältnis zu ihrem verstorbenen Mann zu verklären? Was könnte der Grund dafür sein?
4. Wie wurde in der Familie der Klientin mit Gefühlen von Neid, Missgunst, Hass, Betrug umgegangen?
5. Wie erklären Sie sich die Gesichtsrötung der Klientin, sofern es sich dabei um einen symbolischen Ausdruck im Körperlichen handelt?
6. Wie hat die Familie auf die Außenbeziehung des Vaters reagiert?
7. Der zuerst geäußerte Beratungsauftrag bezieht sich auf eine Führungsdelegation ihrer Kosmetikläden. Welche Themen sollte die Klientin parallel bearbeiten? Welche Beratungsziele würden Sie gern mit der Klientin vereinbaren? Ist das Coaching oder die psychologische Lebensberatung ein passender Rahmen dafür?
8. Welche Motive könnte der Vater gehabt haben, den Ehemann seiner Tochter zu töten? Welche Fantasien haben Sie?
9. Welches Rätsel wird die Klientin niemals lösen können?

Lösungsvorschläge finden Sie auf Seite 482f.

Falldarstellung 19: Einsamer Selbstmord

Die 53-jährige Leiterin einer Sozialstation im Süden von Niedersachsen sei auf der Suche nach einer Teamsupervision für die Sozialstation. Nach zwei kurzen telefonischen Vorgesprächen entschließt sie sich dazu, zunächst ein Einzelgespräch zu führen, da ihr noch Erlebnisse anhingen, die zwei Jahre zurücklägen. Ihr 17-jähriger Sohn habe sich damals erhängt, und sie müsse immer wieder an ihn denken. Dies wolle sie halbwegs geklärt haben, bevor sie die Teamprobleme angehen könne.

Beschwerden und Klagen der Klientin: Sie habe wiederkehrend starke Schuldgefühle und meine, in allem versagen zu müssen. Es überkämen sie dann Ängste und eine starke Unruhe, und sie wisse sich nur zu helfen, indem sie sich zurückziehe. Eine kurze Psychotherapie habe sie abgebrochen, da ihr das nicht geholfen habe. Die Tabletten vom Arzt nehme sie seit einem Jahr auch nicht mehr. Sie sei ständig erschöpft, gereizt und unkonzentriert. Sie habe den Eindruck, dass ein großer Teil der Teamprobleme in der Sozialstation in Zusammenhang mit ihrer momentanen Verfassung stehen könnten.

Gesundheitliche Eigen- und Familienanamnese: Sie habe keine körperlichen Erkrankungen. Nach dem Freitod des Sohnes sei sie einige Monate schwer depressiv gewesen. Sie rauche ungefähr 30 Zigaretten am Tag und trinke am Wochenende eine Flasche Wein. Sie habe eine Schwester, die minderbegabt sei und in einer Wohngruppe betreut werde. Die Finanzierung dieser Maßnahme sei jedoch gefährdet, sodass sie befürchte, die Schwester demnächst bei sich aufnehmen zu müssen.

Kurze Sozialanamnese: Die Mutter sei Bankkauffrau gewesen, der Vater habe in der Stahlindustrie gearbeitet. Die sieben Jahre ältere Schwester sei psychisch krank und berentet. Die Mutter habe sich vom Vater getrennt, als die Klientin ihre Lehre als Altenpflegerin begonnen habe. Die Mutter lebe jetzt in einem Altenpflegeheim. Der Vater sei Alkoholiker gewesen. Zwei Jahre nach der Trennung von seiner Frau sei er in seiner Wohnung bei einem häuslichen Unfall ums Leben gekommen.
Nach der Lehre habe die Klientin einen Offizier der Bundeswehr geheiratet. Mit diesem habe sie drei Kinder bekommen. Von dem Mann habe sie sich vor sechs Jahren getrennt, da er über viele Jahre hinweg verschiedene Affären gehabt habe. Sie sei mit den Kindern in dem Haus geblieben, das sich das Ehepaar gekauft habe. Der Mann habe sich in ein anderes Bundesland versetzen lassen. Sie seien noch nicht geschieden. Von den drei Kindern sei der jüngste Sohn noch bei der Klientin, die älteste Tochter sei bereits verheiratet und wolle von ihrer Mutter nichts mehr wissen. Der mittlere Sohn habe sich vor zwei Jahren erhängt.
Die Klientin habe einen neuen Lebenspartner gefunden. Er arbeite jedoch in Südtirol, weshalb sie sich nur an jedem zweiten Wochenende sehen könnten. Sobald das jüngste Kind aus dem Hause sei, wolle sie nach Südtirol ziehen.

Arbeits- und Berufsanamnese: Nach dem Realschulbesuch habe die Klientin eine Altenpflegeausbildung absolviert. Anschließend habe sie vier Jahre in Italien gelebt und in einer Hotelküche gearbeitet. Dort habe sie ihren Ehemann kennen gelernt, der dort Urlaub gemacht habe. Mit ihm sei sie in die Nähe von Hannover gezogen, wo sie in verschiedenen Alten- und Pflegeheimen gearbeitet habe. Während der mehrjährigen Erziehungspausen habe sie Wirtschaftskurse besucht, da sie geplant habe, später in leitender Funktion zu arbeiten. Seit vier Jahren sei sie Leiterin einer Sozialstation.

Biografische Anamnese (in der Reihenfolge der Erzählung): Die Klientin habe einen sehr engen Kontakt zu ihrer Mutter gehabt. Diese habe sie schon in der Kindheit als einen äußerst starken Menschen wahrgenommen. Emotional habe sie der Mutter aber nie so nahe sein können, wie sie es sich gewünscht habe. Ihr sei schon als Kind klar gewesen, dass sie immer sehr stark sein müsse. Heute sei sie die einzige Person, die noch den Kontakt zu ihrer Mutter pflege. Diese lebe ansonsten völlig isoliert in ihrem Altenheim. Die Mutter habe engere oder tiefere Freundschaften stets abgelehnt und gemeint, es sei klüger, das Leben allein zu bestreiten. Zu ihrem Vater habe die Klientin kein enges Verhältnis gehabt. Er sei Alkoholiker gewesen, und sie habe ihn immer nur betrunken erlebt. Er sei jedoch nie gemein oder laut gewesen. Stattdessen habe er sich sogar um einen guten Kontakt bemüht. Die Klientin habe seine Schwäche und Unbeholfenheit jedoch verachtet. Die Mutter habe die Klientin im Alter von zwölf Jahren um Rat gefragt, ob sie sich von ihrem Mann trennen solle. Die Klientin habe diese Trennung befürwortet. Der Vater habe seine letzten Jahre zurückgezogen in einer kleinen Wohnung verbracht. Er sei verwirrt gewesen und geistig rasch verfallen. Er sei erstickt, als er mit einer glühenden Zigarette eingeschlafen sei, welche einen kleinen Schwelbrand in seinem Schlafzimmer verursacht habe.

Die Schwester der Klientin sei bei der Geburt durch eine Nabelschnurverwicklung beinahe erdrosselt worden. Ihr Gehirn habe zu wenig Sauerstoff bekommen, weshalb sie seit der Geburt einen Gehirnschaden habe und pflegebedürftig sei. Die Klientin wünsche sich zur Schwester keinen näheren Kontakt. Sie befürchte, dass sie die Schwester später zu sich nehmen müsse.

Die Klientin habe sich in jungen Jahren durch ein farbloses und spießiges Deutschland eingegrenzt gefühlt, weshalb sie für einige Jahre nach Italien ausgewandert sei. Durch die Heirat mit ihrem Mann sei sie nach Deutschland zurückgekommen. Sie bereue das sehr. Mit dem Mann habe sie ein Haus gekauft und drei Kinder bekommen. Als die Kinder alle zur Schule gegangen seien, habe sie wieder angefangen zu arbeiten.

Sie habe ein Pferd gehabt, auf dem auch die Kinder viel geritten seien. Das Pferd habe auf einem Bauernhof gestanden, der einige Kilometer vom Wohnort der Familie entfernt gewesen sei. Die Kinder hätten sich schließlich immer weniger um das Pferd gekümmert, sodass die ganze Arbeit mit dem Tier an der Klientin hängen geblieben sei. Die Dreifachbelastung durch Arbeit, Familie und Pferd sei ihr zu viel geworden und habe sie zermürbt. Da das Pferd nicht habe verkauft werden können, habe sie es einschläfern lassen. Der Bauer habe später seine Landwirtschaft aufgegeben, und der Hof, auf dem das Pferd gestanden habe, sei langsam verfallen.

Ihr Mann sei immer wieder fremd gegangen. Er habe jedes Mal um Verzeihung gebeten und versprochen, dass er sich bessern werde. Es sei ihr so vorgekommen, als habe er sie angefleht oder vor ihr gewinselt. Das habe sie verachtet. Als die Klientin später entdeckt habe, dass er, im Anschluss an sein letztes Versprechen, erneut eine mehrmonatige Affäre eingegangen sei, habe sie sich vom Mann getrennt und ihn im Streit des Hauses verwiesen. Dies sei über vier Jahre her.

Der mittlere Sohn sei stets still und schwermütig gewesen. Er habe nie tiefere Freundschaften gepflegt und auch nie eine Freundin gehabt. In der Schule sei er gut vorangekommen, habe die Realschule jedoch mit 15 Jahren abgebrochen, da er gern eine Lehre als Gärtner habe beginnen wollen. In den letzten Wochen vor seinem Selbstmord sei es ihm sehr gut gegangen, und die Klientin habe geglaubt, der Sohn sei über den Berg und er werde seinen Weg im Leben gehen. Ohne jegliche Vorwarnung habe er sich dann aber erhängt: Nachdem er morgens zur Arbeit aufgebrochen sei, habe der Lehrherr angerufen und sich nach dem Sohn erkundigt, da dieser nicht in der Gärtnerei erschienen sei. Die Klientin habe sofort geahnt, dass der Sohn sich getötet hat. Erst nach drei Tagen sei er gefunden worden. Er habe sich in dem teilweise verfallenen ehemaligen Stall des Pferdes erhängt, an einem alten Halfter des Tieres. An diesem Pferd habe er Jahre zuvor sehr gehangen.

Kurz nach dem Selbstmord des Sohnes sei ihre älteste Tochter zu deren Freund gezogen. Das Paar habe dann zügig geheiratet. Der jüngste Sohn wohne noch bei der Klientin. Das Verhältnis zu ihm sei unkompliziert. Er gehe jedoch ständig auf den Friedhof und spreche am Grab des toten Bruders zu ihm. Die Klientin dagegen sei nur zur Beerdigung auf dem Friedhof gewesen. Sie habe eine andere Form der stillen Trauer für sich gefunden und wolle daher nicht auf den Friedhof.

Der Ehemann der Klientin habe nach dem Suizid des Sohnes versucht, erneut einen engen Kontakt zu ihr herzustellen. Sie habe dies aber zurückgewiesen.

Sie könne immer noch nicht verstehen, warum der Sohn sich das Leben genommen hat. Sie fühle sich schuldig, unfähig, verbittert und wünsche sich, sie könnte ihr Leben noch einmal leben – am besten ohne die gescheiterte Ehe und ohne Kinder.

Das Beratungsziel der Klientin: »Ich möchte mein inneres Gleichgewicht wieder finden, um neuen Herausforderungen angemessen begegnen zu können. Ich möchte meine persönlichen Probleme von der Arbeit fern halten, damit diese nicht auf unbemerkte Weise in das Team einfließen.«

Übungsfragen zur Falldarstellung 19

1. Wir stehen erneut vor der Frage, wo wir die Grenzen von Psychotherapie, Seelsorge und psychologischer Beratung ziehen sollen. Wo würden Sie den Schwerpunkt Ihrer Arbeit mit dieser Klientin sehen?
2. Ist Ihnen aufgefallen, wie flüssig die Klientin wesentliche Erlebnisse aus ihrer Kindheit erzählt, die sich hier zu einer Szene verdichten? Haben Sie eine Idee, wie Sie den Erzählfluss Ihrer Klienten etwas strukturieren oder unterstützen könnten, damit diese von äußeren biografischen Details berichten, die einen Hinweis auf innere oder interpersonelle Konflikte liefern?

Lösungsvorschläge finden Sie auf Seite 483 f. Zu den Fragen 3 bis 11 gibt es keine Musterlösungen.

3. Erklären Sie, wo die biografischen Zusammenhänge mit folgenden Gefühlen der Klientin zu suchen sind: Wut, Trauer, Aggression, Schuldgefühle. Fanden diese Gefühle bisher genügend Ausdruck?
4. Wo finden Sie eine Ambivalenz von Gefühlen der Verantwortlichkeit und Gefühlen der Überforderung?
5. Wo und zwischen welchen Menschen oder Lebewesen finden in der biografischen Schilderung aggressive Beziehungsabbrüche statt (ein unbewusstes Muster)?
6. Wieso hatte die Mutter kurz vor dem Selbstmord des Sohnes den Eindruck, es ginge ihm gerade recht gut?
7. Wieso ist der Selbstmord des Sohnes auch ein aggressiver Akt?
8. Kann die Klientin diese Aspekte der Aggression bereits wahrnehmen?
9. Der Ort des Selbstmordes und die Methode sind symbolträchtig. Welche Botschaften werden darin aufgegriffen?
10. In der Kindheit der Klientin kam es zu einer unglücklichen Koalition und zur Rollenverwirrung. Worin bestanden diese? Welche Folgen kann das haben?
11. Welche Rolle spielen die Männer in der Sippe der Klientin?

Falldarstellung 20: Die Amokschießerei

Die 57-jährige Klientin aus dem Elsass wird von der Regionalleitung ihres Kaufhauses geschickt. Sie solle sich beraten lassen, wie eine Arbeitsgruppe zu gründen und zu führen sei, die dafür sorgen solle, dass die Mitarbeiter einer Filiale auf mehrere andere Filialen zu verteilen seien. Vor acht Monaten habe es in ihrem Kaufhaus eine Amokschießerei gegeben, bei der vier Kolleginnen und mehrere Kunden getötet worden seien. Die Klientin kommt sehr gefasst zum verabredeten Termin. Nach wenigen Minuten verstummt sie und schaut verwirrt auf den Boden: »Das ist alles nicht wahr ... So weit sind wir noch gar nicht ...« Sie wolle zunächst über sich berichten, bevor sie beginnen könne, den Teamauftrag zu definieren.

Beschwerden und Klagen der Klientin: Nach der Amokschießerei hätten viele Kolleginnen so sehr an dem schrecklichen Ereignis gelitten, dass ein großer Teil der Belegschaft habe ausgewechselt werden müssen. Zahlreiche Kolleginnen seien aus familiären Gründen jedoch geblieben. Es gebe jetzt erhebliche Spannungen zwischen den neuen Kollegen und jenen, die den schrecklichen Tag miterlebt hätten. Eine Arbeitsgruppe solle die Versetzungen endgültig regeln und dem neuen Team helfen, einen Teamidentitätsprozess zu durchlaufen. Persönlich fühle die Klientin sich schon wieder gestärkt, sie klagt jedoch noch über Konzentrationsstörungen, Langsamkeit, Angst, Unsicherheit und eine Erstarrung mit Tränenlosigkeit. Sie habe schreckliche Albträume, könne sich zu nichts mehr entscheiden und sei sehr mut- und hoffnungslos.

Gesundheitliche Informationen: Die Klientin sei in der Behandlung einer Krisentherapeutin gewesen und habe über mehrere Monate von ihrem Nervenarzt Beruhigungsmittel verschrieben bekommen. Da sie jedoch bereits über den Berg sei, habe sie diese Maßnahmen wieder absetzen können. Sie rauche 25 Zigaretten am Tag und trinke nur am Wochenende kleinere Mengen Alkohol.

Sozialanamnese: Der Vater sei Schlosser gewesen und habe ein gutes Einkommen gehabt. Die Mutter habe als Bürogehilfin gearbeitet und sei später zur Büroleiterin aufgestiegen. Die Klientin habe einen sechs Jahre älteren Bruder. Während ihrer Lehrzeit habe sie ihren Mann kennen gelernt. Er sei Lüftungstechniker in Frankreich. Das Paar habe geheiratet, nachdem die Klientin ihre zweite Lehre als Verkäuferin abgeschlossen hatte. Die Heirat habe sichergestellt, dass das Paar im Elsass habe bleiben können. Die Klientin habe zwei Kinder, die das Elternhaus bereits verlassen hätten. Der Familie gehe es gut. Es gebe keine finanziellen Sorgen oder Streitpunkte.

Arbeits- und Berufsanamnese: Nach dem Besuch der Mittelschule habe die Klientin zunächst Silberschmiedin werden wollen. Diese Lehre sei jedoch nicht aussichtsreich gewesen, weshalb sie die Lehre nach zwei Jahren abgebrochen und eine Ausbildung zur Verkäuferin absolviert habe. Sie habe zahlreiche Zusatzqualifikationen erworben, weshalb sie in ihrem Beruf rasch habe aufsteigen können. Die Arbeit sei jedoch laut, bringe eine hohe Anspannung mit sich und sei enorm belastend für sie. Sie sei Abteilungsleiterin und müsse stellvertretend auch häufiger in anderen Abteilungen die Leitung übernehmen. Sie lasse sich immer mehr Verpflichtungen aufbürden, obwohl sie eigentlich spüre, dass sie darunter irgendwann zusammenbrechen müsse.
Seit der Bluttat sei das verbliebene alte Team sehr eng aneinander geschweißt und distanziere sich von der Gruppe der neuen Mitarbeiterinnen.

Biografische Anamnese (in der Reihenfolge der Erzählung): Das Verhältnis der Eltern sei sehr gut gewesen. Der Vater habe seinen Lebenstraum verwirklicht, indem er an der deutsch-französischen Grenze ein kleines Haus erbaut habe, in dem die Familie gewohnt habe. Die wirtschaftliche Situation in der dünn besiedelten Region sei ziemlich schwierig gewesen. Die Familie habe jedoch in dem Haus ausgeharrt und nie darüber nachgedacht, woanders hinzuziehen. Die Klientin fühle sich extrem heimatverbunden. Aus diesem Grunde sei sie aus dem Kaufhaus nicht weggegangen, obwohl sie nach der Schießerei öfter daran gedacht habe.
Schlimme Ereignisse seien in der Familie stets ausgeblendet worden. Das Leid habe von den Kindern fern gehalten werden sollen. Die Ereignisse des Zweiten Weltkrieges

seien in ihrer Herkunftsfamilie niemals besprochen worden. Der Bruder des Vaters sei vermutlich gefallen. Er werde immer noch vermisst. Das wisse sie aber nur aus Fotoalben und Tagebüchern, da über den Verbleib ihres Onkels nie geredet worden sei.

Sie könne sich erinnern, dass sie nicht zur Beerdigung des Opas habe gehen sollen, damit sie nicht mit dem Tod belastet würde. Gefühle hätten nie offen gezeigt werden dürfen: »So etwas geht euch Kinder nichts an. Davon müssen wir euch fern halten. Es ist nicht gut, wenn ihr euch später wegen so etwas Sorgen macht.«

Während der Schießerei im Kaufhaus habe sie mit einer Kollegin zusammen Kassenprüfung gemacht und sich während der konzentrierten Arbeit über den Lärm in den Verkaufsräumen geärgert. Es sei ihr so vorgekommen, als habe jemand Silvesterknallkörper explodieren lassen; es sei ihr aber nicht aufgefallen, wie ungewöhnlich diese Idee gewesen sei. Das Herumpoltern habe sie ungeheuer verärgert, da es die Konzentration gestört habe.

Sie sei dann von einer Kollegin abgelöst worden, welche kurz darauf in dem Arbeitsraum erschossen worden sei, in dem sie bis zur Ablösung gearbeitet habe. Auf dem Weg durch das Treppenhaus habe sie zwei blutüberströmte Leichen von Kunden gesehen und sich »wie in einem Traum« über diese geschmacklose Erste-Hilfe-Übung geärgert. Erst durch die eindringliche Warnung einer Kollegin im Erdgeschoss, die von einer Schießerei berichtet habe, habe sie sich dann sofort ins Freie begeben, wo zu diesem Zeitpunkt schon Polizei gewartet habe. Dutzende Menschen seien aus dem Gebäude geflohen.

Am schlimmsten empfinde sie die Kälte und Interesselosigkeit ihrer Mutter. Diese habe keinerlei Einfühlungsvermögen für die Situation der Klientin. Im Gegenteil: Sie jammere unentwegt über ihr eigenes Schicksal und erwarte beständig, dass man an ihrem Leid Anteil nehmen solle. Die Klientin besuche ihre Mutter regelmäßig; diese beklage sich aber trotzdem darüber, dass sie nicht häufiger komme. Die Mutter rufe sonst nie an. Als sie aber erfahren habe, dass die Tochter zu einer Beratung gehen wolle, habe sie angerufen und ihrer Tochter davon abgeraten. Sie habe sogar damit gedroht, dass sie das so sehr aufregen würde, dass sie daran sterben könnte. Obwohl die Mutter selten anrufe, fühle sich die Klientin durch sie ständig gebremst und beobachtet. Die Klientin habe das Gefühl, sie könne ihrer Mutter nichts entgegensetzen.

Der Tod ihres Vaters habe sie nur begrenzt bewegt, da sie zu diesem Zeitpunkt schon ihren Mann gekannt habe und sich auf eine Familiengründung mit ihm habe konzentrieren wollen. Außerdem sei der Vater in »Zufriedenheit erfüllter Wünsche« verstorben.

Die Ehe der Klientin sei sehr harmonisch und verständnisvoll. Ihr Mann übernehme häufig organisatorische Außenkontakte, während sie für die innere Harmonie zuständig sei. Insgesamt sei die Partnerschaft jedoch auf Zweckmäßigkeit ausgerichtet. Ihr Mann erinnere sie an den eigenen Bruder, der ebenfalls Techniker ist.

Da der Mann kaum bereit sei, über seine Gefühle zu reden, überlege sie, ob eine Paarberatung sinnvoll sein könnte. Der Ehemann habe das bisher strikt abgelehnt.

Übungsfragen zur Falldarstellung 20

1. Warum bleibt die Klientin in dem Kaufhaus, das sie immer wieder an den Tod zahlreicher Kolleginnen erinnern wird? Welche biografischen Besonderheiten schlagen sich in aktuellen Handlungsmustern nieder (in der Fachsprache: aktualgenetischer Bezug zur Biografie)?

2. Wie interpretieren Sie, dass blutüberströmte Leichen als Erste-Hilfe-Übung fehlgedeutet wurden?
3. Denken Sie, dass die Erlebnisse im Kaufhaus eine Psychotherapie rechtfertigen?
4. Welchen permanent überfordernden inneren Ansprüchen muss die Klientin gerecht werden?
5. Worin sehen Sie den biografischen Bezug zu der Tendenz, Erlebnisse abzuschwächen und zu verdrängen?
6. Welchen Umgang mit Trauer und Abschied hat die Klientin in der Kindheit erlernt?
7. Suchen Sie bitte nach den Metaprogrammen (Sorts) des Wandels oder der Beständigkeit und versuchen Sie einen Bezug zu den Grundformen der Angst von Fritz Riemann herzustellen.
8. Welche Art von Beziehungsgestaltung hat die Klientin bisher bevorzugt? Wie wird der Mann reagieren, wenn die Klientin daran etwas ändern wollte?
9. Wie erklären Sie sich, dass es in dem neuen zusammengewürfelten Team des Kaufhauses zu Spannungen zwischen den zwei Belegschaftsgruppen gekommen ist?
10. Welche Ziele würden Sie gern mit der Klientin bearbeiten?

Zu diesem Fall werden Sie keine Lösungsvorschläge im Lösungsteil finden.

Falldarstellung 21: Wiederholte Vergewaltigung

Der 39-jährige Klient sei Teamleiter einer großen Beratungsstelle in Dortmund. Seine Leistung als Teamleiter habe stark nachgelassen, da sich immer wieder Gedanken aufdrängten, die ihn sehr ablenken würden. Er sei auf der Suche nach einem Spezialisten für Hirn- und Gedächtnisforschung. Erlebnisse aus seiner Vergangenheit würden ihn plagen, und ein Psychiater habe gesagt, es könne sich um ein so genanntes false memory syndrom handeln (Syndrom eines falschen Gedächtnisses, bei dem Gedächtnisinhalte als real interpretiert werden, obwohl es die Geschehnisse in der erinnerten Form nie gegeben hat). Er wisse nicht, wie er weiter vorgehen solle: Soll er weitere Psychiater aufsuchen, Rechtsbeistand suchen, sich von der Freundin trennen, den verantwortungsvollen Beruf aufgeben ...?

Beschwerden und Klagen des Klienten: Der Klient fühle sich erschöpft und kraftlos. Er müsse sich bei allen Entscheidungen stets rückversichern und sei kaum noch in der Lage, eigenständig weit reichende Beschlüsse zu fassen. Er leide darunter, dass er ständig an Gewicht zunehme. Sein Schlaf sei durch Albträume gestört, und er habe wiederholt das Gefühl, die Brust schnüre sich zu und er müsse ersticken. Es überfalle ihn immer wieder das Gefühl, die ganze Welt sei zusammengebrochen. Auch seine Beziehungsfähigkeit sei sehr gestört. Sobald seine Freundin ihn kritisiere oder die Möglichkeit einer Trennung andeute, habe er geheime Selbstmordfantasien. Dann sei ein Gefühl tiefster Leere in ihm, wie eine Nahtoderfahrung.

Kurze Sozialanamnese: Der Vater sei Tischler gewesen, die Mutter Kauffrau und habe nur halbtags gearbeitet. Er habe zwei Schwestern, die fünf und drei Jahre älter seien als

er. Zu den Eltern sei der Kontakt früher eng gewesen, allerdings nicht herzlich. Vor drei Jahren habe er den Kontakt abgebrochen, da sich seit dieser Zeit unangenehme Erinnerungen aufdrängen würden. Auch zu den Schwestern sei der Kontakt erschwert, da sie glauben würden, der Klient sei psychisch krank.
Der Klient habe seit einem Jahr eine feste Freundin. Davor habe er feste Beziehungen gehabt, die jeweils ungefähr ein bis drei Jahre gehalten hätten.

Arbeits- und Berufsanamnese: Nach dem Besuch der Hauptschule sei der Klient bei der Bundeswehr gewesen und habe danach eine Lehre als Radio- und Fernsehtechniker absolviert. In diesem Beruf habe er sieben Jahre gearbeitet. Nebenberuflich habe er in Drogenberatungsprojekten gearbeitet und sei nun in diesem Bereich tätig, seitdem er seinen Beruf aufgegeben habe. Diese Arbeit gefalle ihm sehr. Er bekomme positive Rückmeldung über seine Leistungen.

Biografische Anamnese (in der Reihenfolge der Erzählung): An die Kindheit habe der Klient kaum Erinnerungen. Nur kleinste Fragmente seien ihm erinnerlich. Alles sei wie ausgelöscht. Selbst an Familienfeste, Weihnachten oder Geburtstage könne er sich nicht mehr erinnern. Er wisse jedoch noch genau, wie ihn eine Nachbarin gerügt hatte, weil er mit ihrer Tochter übergriffige Doktorspiele gespielt habe. Das sei ihm unerhört peinlich gewesen. An diese Nachbarin müsse er immer denken, wenn er mit einer Frau zusammen sei. Er könne sich allerdings nicht mehr daran erinnern, welche Doktorspiele er gespielt habe.
Vom Vater habe es häufig heftige Prügel gegeben. Er sei sehr brutal gewesen und habe einen Schuh oder einen Teppichklopfer benutzt, um ihn zu schlagen. Schon als Kind sei dem Klienten klar gewesen, dass er nicht ein solcher Mann werden wolle, der keine Rücksicht auf andere Menschen nehmen könne. Der Vater habe immer im Wohnzimmer seinen Mittagsschlaf gehalten. Dann habe es im Haus absolut ruhig sein müssen. Wenn die Mutter nicht im Hause war, sei der Klient meist nicht nach Hause gegangen, da er vor der Strenge des Vaters zu viel Angst gehabt habe.
Er könne sich noch an die Klassenlehrerin aus der Grundschule erinnern. Ansonsten sei auch die Erinnerung an diese Zeit ziemlich verblasst. Schon damals habe er ein Lebensgefühl gehabt, als sei in ihm alles abgestorben. Einige Male habe er Phasen gehabt, in denen die Noten extrem schlecht gewesen seien. Alle hätten sich gewundert, woran das gelegen haben könnte. Er wisse die Antwort jedoch selbst nicht. In dieser Zeit habe er auch mehrfach in die Hose gemacht, da er Angst gehabt habe, nach Hause zu gehen, wenn der Vater allein dort gewesen sei.
Die Mutter sei neutral oder für ihn nicht fassbar gewesen. Sie habe kaum Liebe geben können und sei unfähig gewesen, sich gegen den Vater durchzusetzen. Der Klient meint, die Mutter habe alles in der Familie genau mitbekommen. Sie sei jedoch zu feige gewesen, jemals den Mund aufzumachen.
Der Klient habe zunächst mit seinen beiden älteren Schwestern das Zimmer geteilt. Nachts seien die Kinder abwechselnd vom Vater in das Wohnzimmer geholt worden. Er selbst sei dann immer anal vergewaltigt worden. Er wisse aber nicht, ob dies tatsächlich so gewesen sei. Er habe davon bis vor einigen Jahren nichts mehr gewusst. Vor einigen Jahren sei er jedoch wegen starker Verspannungen bei einer Körpertherapie gewesen. Dabei seien erste Bilder und Gefühle in ihm aufgetaucht. Ein Jahr lang sei er sich ziemlich sicher gewesen, dass ein Onkel ihn missbraucht habe. Seine Eltern seien sehr verstört gewesen, als er ihnen davon erzählt habe. Erst langsam seien Bilder aufgetaucht,

die ihm deutlich gemacht hätten, dass sein Vater der Täter gewesen sei und nicht der Onkel. Diese Bilder kämen zunehmend häufiger und würden zunehmend plastischer und konkreter. Ein Psychiater, den er anfangs mehrmals aufgesucht habe, habe gesagt, das könne alles wahr sein, es bestehe aber auch die Möglichkeit, dass nicht alles so gewesen sei, wie er sich daran erinnere *(false memory syndrom)*.

Wenn der Vater ihn nachts geholt habe, sei ihm immer ein Gürtel um den Hals geschnürt worden. Wenn er nicht getan habe, was der Vater gewollt habe, habe dieser den Gürtel zugeschnürt. Einmal sei er dabei ohnmächtig geworden. Er sei erst wieder erwacht, als Rettungssanitäter um ihn herum gestanden hätten. Seitdem kenne er das Gefühl, tot und unkörperlich zu sein. Der Vater habe ihm jede Nacht gedroht: »Wenn du irgendetwas erzählst, dann kommst du in die Hölle oder ich mache dich kalt.« Er könne sich erinnern, dass er einmal seine betrunkene Mutter habe oral befriedigen müssen, während der Vater ihn anal vergewaltigt habe. Er wisse auch, dass seine Schwestern ihn mehrfach hätten festhalten müssen, als der Vater ihn vergewaltigt habe. Vielleicht habe er auch einmal seine Schwestern festhalten müssen, als diese vergewaltigt worden seien. Das wisse er aber nicht mehr genau.

Er sei zudem von einem älteren Jungen aus der Nachbarschaft wiederholt gezwungen worden, diesen oral zu befriedigen.

Dass die Mutter den wiederholten Missbrauch durch den Vater geduldet habe, habe ihn zutiefst verletzt. Er hasse sie dafür beinahe mehr als den Täter selbst. Er denke, sie habe das alles geduldet, weil sie auf diese Weise Ruhe vor ihrem Mann gehabt habe.

Mit seiner Familie habe der Klient sich an Fest- und Feiertagen immer getroffen. Der Kontakt sei bei diesen Anlässen sehr förmlich und steif gewesen. Seitdem er seinen Vater beschuldige, sei der Kontakt jedoch nicht mehr möglich. Die Schwestern hätten gesagt, der Klient sei psychisch krank und es sei niemals zu Vergewaltigungen gekommen.

Der Klient habe große Schwierigkeiten mit seinen Freundinnen. Er könne mit Nähe und Distanz nicht umgehen und sei ziemlich launisch und klammernd, wenn eine Freundin Freiraum für sich beanspruche. Einerseits entwickle er große Hassgefühle gegen sie, andererseits fühle er sich von ihnen abhängig und sehne sich nach wirklicher Nähe. In den wichtigsten Partnerinnen der letzten Jahre habe er stets seine eigene Mutter gesehen, so als würde sie hinter der Freundin stehen und ihr die Hand auf die Schulter legen.

Der Klient formuliert folgende Beratungswünsche: »Beziehungsfähigkeit verbessern, erkennen, was die Wahrheit ist, Klärungshilfe im Umgang mit der Familie, Kraft finden, Konzentrationsfähigkeit wiederherstellen, den alten erlebten Wahnsinn beiseite schieben können.«

Übungsfragen zur Falldarstellung 21

1. Denken Sie, die Beschwerden und Klagen sind einem Coaching oder einer psychologischen Lebensberatung angemessen?
2. Bitte spekulieren Sie über die möglichen Ursachen der Nahtodeserfahrung und der wiederkehrenden Luftnot-Beschwerden. Dazu einige Stichworte: Drangsalieren durch Gürtel, veränderte und auf sich selbst gerichtete Mordwünsche.
3. Wie könnte seine Ambivalenz gegenüber Frauen entstanden sein?
4. Gibt es in der Geschichte auch einen Hinweis auf versteckte Schuldgefühle einer Mittäterschaft (Täter statt Opfer)?

5. Wieso war der Klient ein »leichtes Opfer« für einen älteren Jungen aus der Nachbarschaft?
6. Was könnte es dem Klienten erschweren, selbstständig und verantwortlich sein Leben zu leben und sich als Mann eine Form zu geben?
7. Welches Beziehungsmodell haben Vater und Mutter des Klienten geliefert?
8. Angenommen, Sie wären nicht nur Coach oder Berater, sondern gleichzeitig auch Therapeut, welche Beratungsziele würden Sie für diesen Klienten definieren?
9. Es wurde eine Beratung und Kurzzeittherapie vereinbart, die zwölf Stunden umfassen sollte. Danach wollte der Klient entscheiden, welche weiteren Schritte er unternehmen könne. Schon zu Beginn der Beratung hat er sich für einen Psychotherapieplatz beworben. Bitte fantasieren Sie darüber, wie folgende Phasen der Klient-Berater-Interaktion ausgesehen haben könnten. Wir geben Ihnen im Folgenden Anregungen für mögliche Fragen. Sicher entdecken Sie noch weitere Aspekte.

- Motivationsphase vor der Beratung (Telefonbuchsuche, Wartezeit, telefonischer Erstkontakt).
- Beratungsbeginn und Kontrakt.
- Erste Hälfte: Anamnese, Beziehungsaufbau, Vertrauen schaffen ...
- Zweite Hälfte: Muster, Kognitionen, Traumaschemata ...
- Das nahende Ende: Ist alles erreicht? Was bleibt offen? Kann der Klient damit überleben?
- Das Ende der Beratung: Beziehungsabbruch oder Beginn der Eigenverantwortlichkeit?
- Die Zeit nach der Beratung: Wirkt der Berater im Klienten nach?

Zu dieser Falldarstellung werden ebenfalls keine Musterlösungen angeboten. Bitte diskutieren Sie Ihre Gedanken mit Kolleginnen und Kollegen.

Lösungen

Lösungsvorschläge zu den Fall-Vignetten 27–33

Einige Fragen zu den Falldarstellungen bleiben wieder ohne »Musterlösungen«. Bitte diskutieren Sie Ihre Ideen zu diesen Falldarstellungen mit Kolleginnen und Kollegen.

Fall-Vignette 27: Kurz vor der Erleuchtung (s. S. 456f.)

1. Was für ein Quatsch, ein Arbeitsscheuer, der gehört in die Psychiatrie, der will alles ohne Mühe, das riecht alles nach Flucht, wer soll noch arbeiten, wenn alle auf diese Weise Erleuchtung suchen würden …? (Schreiben Sie unzensiert auf, was Ihnen eingefallen ist.)
2. Der Welt mangelt es an Spiritualität. Der Mangel drückt sich in einem Geist der Dummheit, Habgier und des Egoismus aus. Die tiefe Sehnsucht nach Spiritualität wird erkennbar an zahlreichen Büchern, Kursen oder Glaubenslehren, die zum Konsum angeboten werden. Etwas glauben zu wollen ist ein natürlicher menschlicher Impuls. Das Ziel des Klienten ist eigentlich sinnvoll. Ihm fehlt es aber an einem Gefühl für die Harmonisierung mit den anderen Lebensbereichen: Beruf, Familie, Freundschaften, materielle Sicherheit. Tiefer Glaube sollte die weltlichen Belange durchdringen (transzendieren) und über sie hinwegführen, er sollte nicht neben oder über dem Irdischen stehen, da er ansonsten zu entwurzelter Fantasterei ausartet. Tatsächlich sucht der Klient eine Instant-Erleuchtung, die ihm nicht viel weltliche Mühe abverlangt (oder doch?).
3. *Angst vor der Selbstwerdung:* Der Klient lebt anscheinend in sozialer Isolation. Wenn es ihm nicht gelingt, tiefe menschliche Bindungen einzugehen, kann die Angst vor der Ungeborgenheit in der Welt verdrängt werden, wenn er in einer anderen höheren Welt aufgenommen wird und mit ihr verschmelzen kann. *Angst vor der Selbsthingabe:* Dies ist die Angst, von anderen missbraucht oder traumatisiert zu werden oder sich für sie aufopfern zu müssen. Die Hinwendung auf ein höheres Selbst erlaubt es dem Klienten, sich vertrauensvoll zu öffnen und sich auf etwas »Fremdes« einzulassen, dort seine Wurzeln zu finden, ohne Angst vor Selbstverlust. *Angst vor der Wandlung:* Die tatsächliche Welt – auch die Beziehungserfahrungen des Klienten – zeichnet sich durch Verluste, Beziehungsabbrüche und Wandlungen aus, die oft nicht vorherbestimmt werden können. Dieser Begrenztheit des Lebens kann der Klient entrinnen, indem er sich mit einer höheren ewigen spirituellen Welt verbindet. *Angst vor der Notwendigkeit:* Trotz aller Bemühungen sind wir durch diese Angstform in einer Eintönigkeit und Wiederholung von Erfahrungen, Gedanken und Gefühlen gefangen. Letztendlich wird aus dieser Endgültigkeit und Unfreiheit ein Zerrbild des unentrinnbaren Todes. Wenn der Klient sich schon in jungen Jahren dem Kreislauf der irdischen Notwendigkeit entzieht und in einer höheren Welt aufgeht, braucht er diese Form der Angst nicht zu erdulden.
4. Der Klient fühlt sich bereits mit dem Höheren verbunden und befürchtet, dass seine Umgebung ein Komplott gegen ihn spinnen würde. Darin klingen schizophrene und paranoide Gedanken an.

> **Schizophren:** schwere Störung des Denkens und Erlebens; früher: »Spaltungsirrsinn«.
> **Paranoid:** unter Verfolgungswahn leidend.

Der Klient sollte von einem Psychiater untersucht und behandelt werden.

5. Trotz seiner oberflächlichen Sicherheit ist der Klient zutiefst verunsichert und zerrissen. Trotzdem ist es möglich, dass Bewusstseinsanteile des Klienten mit dem Berater spielen und genau wissen, dass der Berater durch die Schilderung »verrückter Geschichten« ebenfalls verunsichert werden kann oder daran mehr Interesse entwickelt als an dem Anliegen des Klienten (dann kümmert sich der Berater mehr um die verrückte Geschichte als um wirkliche Klärung und Hilfe).

6. Jeder religiöse Mensch wird diese Frage anders beantworten und sich dagegen wehren, dass sein persönlicher Glaube zu streng hinterfragt wird. Die Annäherung an die gesuchte Antwort könnte erneut unser Modell der Balance sein: Wenn die Religion in einem ausgewogenen Leben einen förderlichen, stützenden, erweiternden Platz einnimmt, dann handelt es sich vermutlich um eine gute Form der religiösen Praxis. Wenn alles andere im Inneren aus den Fugen gerät, ist es fraglich, ob die religiöse Praxis eines Klienten »hilfreich und gut« für ihn ist. Wie gesagt: Dieses Thema ist heikel, da jeder gläubige Mensch hier seine ganz persönliche Überzeugung hat.

7. Es handelt sich um private Gruppen von Christen, die sich in ihren Wohnungen treffen, um gemeinsam in der Bibel zu lesen, das Wort zu ergründen und gemeinsam auszulegen, zu diskutieren, zu singen und zu beten. Viele Hauskreise haben ungefähr 7 bis 15 Mitglieder und treffen sich wöchentlich, zweiwöchentlich oder auch nur monatlich. Da die Nachbarschaft als Urzelle der Glaubensgemeinschaft mit der Urbanisierung zerfallen ist, bilden für viele Menschen diese Hauskreise die Urzelle ihrer gläubigen Gemeinschaft.

8. Was machen Sie? Beten, meditieren, zu Weihnachten in die Kirche gehen, Yoga …?

9. Viele psychologische oder soziologische Schulen behaupten, Religion sei wie Opium und in keiner noch so kleinen Verdünnung erträglich. Oder dass sie die tiefe Sehnsucht nach einer Wiedervereinigung mit der Mutter symbolisiere oder eine Form der Angstabwehr sei. Es mag sein, dass viele dieser Hypothesen einen Zipfel der Wahrheit zu fassen bekommen. Einige Christen bemühen sich, tapfer gegen solche Argumente zu kämpfen (ein Teil der kirchlichen Apologetik); andere lächeln nur und meinen, es gebe eine subjektive Wahrheit des Glaubens (des Herzens), die eben keiner Verteidigung bedürfe und die mit wissenschaftlichen Methoden nicht ergründbar sei.

Fall-Vignette 28: Die silberne Hochzeit (s. S. 457 f.)

1. In der kurzen Vignette findet sich kein klarer Auftrag. Es deuten sich Eheprobleme an, eine Suche nach Sinn in Schwellenkrisen.

2. Sie sollten mit der Klientin gemeinsam unterscheiden, ob sie keine Medikamente mehr einnehmen möchte (sich weigert) oder ob ihr Arzt gesagt hat, sie bräuchte keine Medikamente mehr einzunehmen. Es ist wichtig, die Klientin um Erlaubnis zu bitten, den behandelnden Arzt nach der Notwendigkeit einer Therapie mit Psychopharmaka oder anderer Behandlungen zu befragen. Oder Sie müssen Ihrer Beratung eine Zielrichtung geben, die keine Berührung mit therapeutischen Themen befürchten lässt.

3. Die Kinder sind aus dem Haus, sie wird nicht mehr gebraucht. Die Ehe scheint erstarrt zu sein. Die Klientin fühlt sich in einer ausweglosen Situation, welche die nahende Silberhochzeit noch zu besiegeln scheint.

4. Siehe das Antwortbeispiel in Fall-Vignette 27 (s. S. 476). Hier modifiziert anzuwenden.

5. Schwellensituation, mit der Notwendigkeit, sich selbst und seine Beziehungen und Ziele zu reflektieren.

6. Depression und Alkohol sind Ausdruck der Lähmung; Angst und Unruhe können eine schöpferische Bewegung symbolisieren. Das Schöpferische und das Lähmende sind jedoch nie klar zu trennen; beides geht fließend ineinander über (wie in dem Symbol von Yin und Yang).

7. Es könnte sich um abgewehrte Gedanken oder Handlungsimpulse handeln oder um gehemmte Aggressionen.

8. Die WHO schätzt, dass sich jährlich 500.000 Menschen das Leben nehmen, wobei die Suizidrate in den entwickelten Ländern deutlich höher liege. In Deutschland gebe es pro Jahr etwa 20.000 bekannte Selbstmorde. Für Jugendliche und junge Erwachsene stellt der Freitod die häufigste Todesursache dar. Zu den besonders gefährdeten Personen gehören jene, die sozial isoliert sind, in ihren Grundfesten erschüttert sind (chronisch Kranke, Suchtkranke unter anderem). Auch ledige, geschiedene, verfolgte oder kinderlose Menschen sind sehr gefährdet. Psychisch Kranke sind statistisch besonders gefährdet. Viele von ihnen begehen einen Suizid. Der zahlenmäßig größte Anteil an Selbstmorden befindet sich jedoch nicht bei chronisch psychisch Kranken, sondern bei Menschen in akuten Belastungszuständen – also jenen Menschen, die sich in einer Krise befinden, die ihnen unentrinnbar erscheint. Krisenprävention im Coaching, der psychologischen Lebensberatung, in der Seelsorge oder sonst wo ist daher gleichermaßen Suizidprävention. Versuchen Sie daher im Vorfeld zu erkennen, wo Ihre Klienten zukünftig krisengefährdet sein könnten, und helfen Sie bei der Vorbeugung.

9. Die Klientin hat den Suizid bisher nur erwogen. In dem Modell von Pöldinger befindet sie sich also im Erwägungsstadium. Aktuell scheint sie daher nicht stark gefährdet. Als Coach oder Berater befinden Sie sich allerdings immer auf rechtlichem Glatteis, wenn ein Klient Suizidgedanken hatte; egal in welchem Stadium einer Suizidtheorie sich ein Klient einstufen lassen kann. Falls ein Klient aktuell (akut) Suizidgedanken hat, müssen Sie sowieso umgehend kompetente Hilfe anfordern. Auch sonst ist es ratsam, nicht zu sehr auf Theorien und Stadien zu bauen, sondern sich immer kompetente Hilfe und Rat zu holen (zum Beispiel Ärzte für Psychiatrie und Psychotherapie, approbierte Psychologen)!

10. Haben Sie Wutgefühle gegen einen Menschen, trauen sich aber nicht, diese Gefühle auszuleben (Achtung: oft unbewusst und verleugnet!)? Haben sich in den letzten Wochen oder Monaten Ihre Kontakte, Interessen oder Bedürfnisse verringert? Drängen sich manchmal Selbstmordgedanken oder Fantasien auf, auch wenn Sie das gar nicht wollen? Haben Sie bereits mit jemandem über Ihre Selbstmordgedanken gesprochen? Wie würden Sie sich umbringen, haben Sie konkrete Ideen oder Informationen darüber? Haben Sie schon einmal über Selbstmord als einen Ausweg nachgedacht? Wer soll um Sie trauern, wenn Sie nicht mehr da sind? Wie sollten bestimmte Menschen mit der Nachricht Ihres gewaltsamen Todes umgehen? Würden Sie eine Nachricht hinterlassen wollen ...?

11. Es gibt eine 4-S-Regel: Nach Sex, Sucht, Sprit (Alkohol) und Suizid fragen die meisten Beratungsprofis nicht. Diese Themen gelten als Tabu und sind mit Schuldgefühlen, Scham und Angst besetzt.

12. Es dürfte ihr bewusst sein, dass die Ehe einen neuen Sinn braucht. Die alten Aufgaben existieren nicht mehr, und die glückliche Ehe ist nur noch eine Fassade. Die Silberhochzeit in der geplanten Form zu feiern würde für die Klientin vermutlich symbolisch bedeuten, die Endgültigkeit des bisherigen Lebensplanes zu akzeptieren.

Fall-Vignette 29: Jeder Schritt ist eine Qual (s. S. 458f.)

1. Das Leben des Paares wurde den beruflichen Erfordernissen des Mannes untergeordnet. Die Frauen haben wenig Rücksicht auf Wünsche und Lebensziele genommen, die sie, unabhängig von der Partnerschaft und ihrer Rolle als Mutter, einmal gehabt haben. Dies führte zu einer schleichenden Sinnentleerung und Reduktion auf die Rolle als Mutter und Ehefrau. Die Leitfrage könnte sein: »Was ist Ihr wahres Wesen – ohne diese Rollen?«

2. Auszug der Kinder, Beginn des Alters, Verlust der bisherigen Rollenidentität.
3. *Familie und Beziehung:* Reduktion auf die genannten Rollen. Bei dem Wegfall dieser Rollen droht Nutzlosigkeit.
Karriere: Nach dem Auszug der Kinder beginnt eine Arbeitslosigkeit.
Gesundheit: So kann es nicht weitergehen (daher schmerzen die Knie).
Spiritualität: Sie äußerte zu Beginn des Interviews unmotiviert, dass sie dem Glauben ablehnend gegenüberstehe. Hinter einer solchen schroffen Ablehnung steht oft aber eine tiefe Sehnsucht nach Annahme, Verbindung, Harmonie oder nach Glauben.
4. Wenn der Orthopäde kein körperliches oder dynamisches Korrelat für die Beschwerden gefunden hat, dann liegt dieser Schluss nahe (es ist aber nur eine Hypothese oder differenzialdiagnostische Möglichkeit und keine bewiesene Tatsache!). Psychische Konflikte äußern sich häufig in Gelenk- oder Wirbelsäulenschmerzen. Es ist jedoch ungeschickt, Klienten zu sagen, dass ihre Schmerzen psychisch bedingt seien.
5. Die depressive, einsame und suizidgefährdete Mutter stellt vermutlich eine enorme Belastung dar. Auch für erwachsene Kinder (ein solches ist die Klientin) ist es schwierig, sich besser als die Mutter fühlen zu dürfen. Möglicherweise war die Mutter tendenziell überbehütend; den gleichen Eindruck vermittelt die Klientin auch in Bezug auf ihre eigene Tochter.
6. Die im Kasten stehende Fehler werden von Beratern suizidgefährdeter Klienten immer wieder begangen.
7. Vermutlich befürchten beide Ehepartner, dass eine Psychotherapie zu einer tief greifenden Veränderung führen könnte, die über die Ebenen des Verhaltens hinausgehen könnte. Das würde die unbewussten Absprachen des Paares gefährden (Paarkollusion). Für den Mann ist dies auch einfacher, da er so von systemischen Zusammenhängen absehen und die Probleme des Paares auf Verhaltensfehler der Frau reduzieren kann, die »verlernt« werden können.

Info

Häufige Beratungsfehler in Gesprächen mit suizidalen Klienten:

- Berater »fühlen zu sehr mit« und nehmen gemeinsam mit den Klienten eine resignierende Haltung ein. So weit sollten Sie mit Ihrer Empathie auf keinen Fall gehen.
- Berater reagieren manchmal verunsichert oder mit Verständnis auf die (Selbst-)Mordwünsche der Klienten.
- Klienten werden abgelehnt und schroff zurückgewiesen, wenn sie Suizidabsichten äußern.
- Berater finden einfache Lösungen und überfordern damit die Klienten.
- Berater sind so verunsichert, dass sie nicht glaubhaft vermitteln, helfen zu können.
- Vom Berater werden Trennungsängste übersehen (wenn Angehörige Urlaub machen und Ähnliches).
- Berater nehmen Provokationen persönlich.
- Berater greifen das Angebot der Klienten auf, das Problem oder die Selbstmordabsichten zu bagatellisieren.
- Berater lehnen Probleme ab und beschäftigen sich ausschließlich mit Lösungen (Abwehr durch den Berater und mangelnde Exploration des Problems sowie der Umstände, die zu den Suizidgedanken führen).
- Berater betonen nur den Aggressionsaspekt in Selbstmordfantasien und stellen den Klienten auf diese Weise ausschließlich als Täter dar: Da Suizide oft aus narzisstischen Krisen entstehen (Reaktion auf Objektverlust oder mögliche zukünftige Kränkung), lehnen die Betroffenen häufig Hilfsangebote (unterschwellig aggressiv) ab. Dies führt dazu, dass die Handlungen und Gedanken der Helfer mit kämpferischen Zügen durchsetzt sind (Gegenübertragung).

Fall-Vignette 30: Der kleine Jesus von St. Pauli (s. S. 460)

1. Ich habe dem Ratsuchenden einen kurzen Brief zurückgeschrieben. Sie könnten anders vorgehen.
2. In dieser sozial und menschlich nützlichen Form ist die »Verrücktheit« des Ratsuchenden ungefährlich. Es gibt viele Menschen, die sich religiösen Verpflichtungen und Bindungen hingeben und darin Halt und Beziehung finden. Der kleine Jesus von St. Pauli wird auf diese Weise auch zu einer sinnvollen Person im Milieu. Gefährlich wird es für den Klienten, wenn er in einen krankhaften Übermut gerät (bis hin zur Manie) und seine persönlichen oder finanziellen Mittel maßlos zu überschätzen beginnt. Gefährlich wäre es auch, wenn die Idee, göttlichen Ursprungs zu sein, so bodenlos wird, dass der Klient den Kontakt zur Realität ganz verliert.
3. Vermutlich hat der Klient eine tiefe Sehnsucht nach Beziehungserfahrungen (Verständnis, Nähe, Zugehörigkeit), da er vermutlich kaum oder keine realen Beziehungen hat. Die Objektbeziehungen in seiner Kindheit waren vermutlich auch dürftig und gefährdet.
4. Da ich fast 300 km von Hamburg St. Pauli entfernt wohne, habe ich den Klienten gebeten, sich mit dem Pastor einer Kirchengemeinde in St. Pauli in Verbindung zu setzen und ein seelsorgerisches Gespräch zu führen. Ich wusste, dass dieser Pastor eine spezielle Seelsorgeausbildung absolviert hatte und den Klienten notfalls an einen Psychiater weitervermitteln könnte, sofern die »Krankheit« des Klienten für ihn gefährdend oder beeinträchtigend sein sollte.
5. Religiöse Themen haben zu Kriegen geführt, zu Massenmorden, zu unermüdlichen Streitereien. Sie sind auf die eine oder andere Weise in vielen Formen des Wahnsinns enthalten. Daher ist es eigentlich nichts Ungewöhnliches, dieses Thema auch auf diese Weise darzustellen. Religiöse Menschen mögen nun einwenden, dass es sich bei solchen Beispielen um einen falsch verstandenen Glauben handele. Das stimmt wohl.

Fall-Vignette 31: Der dritte Mann (s. S. 460 f.)

1. Die Familie, die das Jammern der Mutter nicht mehr ertragen kann? Die Mutter, die bereits ihre drohende Einsamkeit dramatisch beklagt?
2. Ihr Verhalten ist wenig hilfreich und weiterführend. Wenn ein Partner im Sterben liegt, verlässt aber die meisten Menschen die Fähigkeit, damit konstruktiv umzugehen. Vielleicht wäre das auch nicht gut oder sogar unnatürlich. Da die alte Dame diesen Verlust schon mehrfach erlitten hat, dürfte der Schmerz der vergangenen Verluste jetzt nochmals aktiviert werden. Und schließlich hat sie Recht, wenn sie befürchtet, nun vielleicht für immer allein und ohne Partner sein zu müssen.
3. Es ist vermutlich zu spekulativ, sich darüber Gedanken zu machen. Manche Familien sind entsetzt, andere sind froh, weil die Großmutter oder Mutter dann »beschäftigt« ist.
4. Wollte sie die Angst abwehren, die sich einstellt, wenn Verlust und Einsamkeit erfahren werden?
5. Der dritte Mann lebt noch. Schon in dieser Situation dekompensiert die alte Dame und schart eine aufgebrachte und fürsorgliche Familie um sich, um sich erneut vor der schmerzlichen Erfahrung zu schützen, allein zu sein. Die ältere Dame agiert, indem sie Verzweiflung, Ratlosigkeit und Unruhe verbreitet. Das sind auch die Gefühle, die die Familienmitglieder wahrnehmen.
6. Die Last des Kümmerns und Daseins sollte auf viele Schultern verteilt werden: Familienangehörige, Diakone, Seelsorger, eventuell Psychotherapeut oder Berater. Auf diese Weise sollte ein soziales Netz verlässlicher Beziehungen gesponnen werden, das die alte Dame hält. Erst in zweiter Linie (nach Abklingen der starken Verlustängste und der ersten schweren Trauerphase) sollte zukunftsorientiert gearbeitet werden. In der akuten Krise sollte darauf verzichtet werden, zu sehr zu konfrontieren oder zu deuten.

Fall-Vignette 32: Die Zeit läuft ab (s. S. 461f.)

1. Allein stehende Menschen dieses Alters, die ihren Beruf verlieren, sind in hohem Maße gefährdet, in eine Alkoholkrankheit abzurutschen oder Selbstmord zu begehen.
2. Ärzte sind jeden Tag mit zahlreichen Menschen in Kontakt, die größte Sorgen oder Nöte haben. Viele dieser Menschen sind sterbenskrank. Die Patienten befinden sich in sensiblen Schwellensituationen und in Ausnahmesituationen. Die Ärzte dagegen erledigen nur ihre Arbeit. Dabei kommt es immer wieder vor, dass Ärzte unkonzentriert, übermüdet, »genervt« oder achtlos sind. Solche Fehler sind leider unvermeidlich. Hinzu kommt die Sozialisation der meisten Ärzte: Sie sehen sich (besonders in den operativen Fachgebieten) als operative oder medikamentöse Experten zur Wiederherstellung der Gesundheit. Was darüber hinaus geht, fällt traditionell nicht in ihren Zuständigkeitsbereich. Hier ist es sicherlich wünschenswert, dass sich sowohl die Strukturen ändern, unter denen Ärzte arbeiten, als auch die Einstellung mancher Ärzte.
3. Wer die eigene Angst vor der sicheren Vergänglichkeit und der Unberechenbarkeit des Lebens abwehren kann, hat vielleicht die Möglichkeit, gelassen zu bleiben. Alle anderen Menschen werden auf die eine oder andere Weise betroffen sein.
4. Seelsorge wird auch säkularisiert betrieben. Viele Seelsorger haben psychotherapeutische Zusatzausbildungen und sind auf Kriseninterventionen spezialisiert, die existenzielle Themen als Mittelpunkt haben. Der Glaube wird dabei meist nur in einer Form angesprochen, die einen guten Zugang zum Klienten Gewähr leistet.
5. Ein alter Hass? Abwehr der eigenen Todesängste?
6. Da sein, zuhören, über das vergangene und zukünftige Leben sprechen. Offen über das Sterben und den Tod reden; auf eine Weise und in einer Intensität, wie es dem Klienten angemessen erscheint.

Fall-Vignette 33: Die drohende Abschiebung (s. S. 462f.)

1. Hinter den Interessen des Paares stehen außerdem noch die Interessen der Kirchengemeinde und die Interessen einer Bundesbehörde: Wer liebt wen, wer ist reif, ist die Heirat nur Mittel zum Zweck, ist die Bindung tief genug für ein gemeinsames Leben, ist ein Abschiebeaufschub gerechtfertigt ...?
2. Sie sollten darum bitten, dass die Klientin nochmals eine Einverständniserklärung ihrer Eltern vorlegt. Prinzipiell dürfen auch Jugendliche beraten werden. Wenn Sie jedoch zu einer Ehe raten, die kurz nach der Hochzeit zerbricht, könnten Sie für die Zahlung der Alimente herangezogen werden, wenn aus der kurzen Verbindung ein Kind entstehen sollte. Vermutlich müssten weitere Kriterien erfüllt werden, damit Ihnen so etwas passieren kann. Wir möchten Ihnen lediglich aufzeigen, dass die Beratungsarbeit manchmal Konsequenzen hat, an die man zuvor nicht gedacht hat.
3. Ich bin kein Bibelkenner. In den Korintherbriefen steht jedoch, dass Christen Ehen mit Menschen anderen Glaubens nicht eingehen sollten. Dies war in den Zeiten, als das Christentum mit seinen jungen Gemeinden noch um seine Existenz bangte, sicher auch kirchenpolitisch wichtig. Abgesehen davon erleichtert es das Verständnis der Partner, wenn sie etwas so Wichtiges wie den Glauben an einen Gott teilen können. Ansonsten würde es immer einen Bereich des Lebens geben, in dem nie eine wirkliche Berührung stattfinden kann. Auf der anderen Seite gibt es sehr viele Paare, die glücklich zusammenleben, die jedoch einen unterschiedlichen Glauben haben. Möglicherweise berühren sich diese Menschen auf der spirituellen Ebene, indem sie einen gemeinsamen Glaubenskern akzeptieren oder indem sie die äußere Hülle ihres Glaubens transzendieren und sich im Wesentlichen treffen, das hinter dieser Hülle liegt.
Ich hätte es begrüßt, wenn jeder der genannten Priester sich bereit erklärt hätte, mit dem

Paar zu reden. Auf der anderen Seite sind Priester oder Pastoren keine Selbstbedienungs-Seelsorger, derer man sich verlässlich und mit jedem Thema bedienen kann. Es ist das Recht jedes Beraters (auch eines Seelsorgers), bestimmte Klienten oder bestimmte Themen zurückzuweisen.

4. Die Idee finde ich hervorragend! Sicher ließen sich auf diese Weise einige Eheschließungen verhindern, die vielleicht aus falschen Motiven eingegangen werden. Und im Sinne einer Ehe-Schulung oder eines Ehe-Coachings könnten auf diese Weise sicher viele Einsichten vermittelt werden, die eine junge Ehe stabiler und glücklicher machen könnten.

5. Das Beratungsergebnis hätte auch eine politische Dimension: Sie würden helfen, einen jungen Mann im Land zu halten, der in seine Heimat abgeschoben werden soll. Es besteht auch die Möglichkeit, dass die Ehe des jungen Paares schnell scheitert oder dass beide nach der Eheschließung erkennen, dass sie behördlich zu der Heirat genötigt worden sind, um eine Trennung zu verhindern. Ohne diese Nötigung wären sie vielleicht nur ein Liebespaar geblieben, das sich nach einigen Monaten oder Jahren wieder getrennt hätte.

6. Die Selbstmordrate ist bei politisch Verfolgten tatsächlich erhöht. Ähnliches gilt für Personen, denen die Abschiebung droht. Eine Selbstmorddrohung sollte daher sehr ernst genommen werden. Natürlich wird jeder Berater vermuten, dass dahinter die bewusste Motivation steht, die Abschiebung zu erschweren. Wenn der Klient die Drohung vehement vortragen (inszenieren) sollte, würde dies zu einer Einweisung in eine psychiatrische Klinik führen. Diesen Weg gehen viele Personen, die nicht in ihre Heimat abgeschoben werden möchten.

Lösungsvorschläge zu den Falldarstellungen 18–19

Falldarstellung 18: Erweiterter Selbstmord? (s. S. 464 ff.)

1. In der psychodynamischen Literatur und teils auch in der biografisch orientierten systemischen Literatur hat es sich eingebürgert, die Biografie und die Beschwerden der Patienten darzulegen. Daraus leiten die Autoren dann gekonnt tiefenpsychologische oder systemorientierte Erklärungen ab. Auf Grundlage dieser Zusammenhänge werden die Patienten dann behandelt und danach ist alles gut oder zumindest etwas besser. In solchen Schilderungen kommen immer der Zauber und der Reiz des Anfangs zum Tragen. Es ist tatsächlich spannend, über biografische Zusammenhänge zu spekulieren und daraus Beratungsideen und gekonnte Hypothesen zu entwickeln. Dabei wird aber nicht erwähnt, dass Beratung oder Therapie ein Prozess ist. Dieser Prozess wird in solchen Schilderungen ausgeblendet: Wie geht es weiter, nachdem der Berater seine Ideen entwickelt hat? Wie verläuft der gesamte Beratungsprozess? Gibt es Phasen, in denen die Beratung stockt?

Tatsächlich ist es nämlich so, dass nach dem Anfang und dem ersten Drittel der gesamten Beratungszeit eine Phase der Resignation, des scheinbaren Stillstandes, des Widerstandes, der Langeweile eintreten kann. Die Beratung wird dann manchmal zäh, und gelegentlich merkt der Berater (oder Therapeut), dass die psychodynamischen Hypothesen für das Anliegen des Klienten (oder Patienten) wertlos sind oder modifiziert werden müssen. Erfolgreiche Beratung erschöpft sich also nicht darin, am Anfang eine gute Idee zu haben. Beratung kann ein langwieriger und zäher Prozess werden, der immer wieder neu durchdacht werden muss. Für diese zähen Wegstrecken empfehlen wir Ihnen, eine kollegiale Supervision in Anspruch zu nehmen und gelegentlich auch einen Supervisionskreis aufzusuchen.

2. Sie hat sich nach Zuwendung vom Vater gesehnt. Dieser war jedoch meist außer Haus und auf Grund seiner Arbeit nicht greifbar für die Klientin. Zu Hause schien er als Patriarch aufgetreten zu sein.
3. Sie redet wiederholt von Harmonie und einer sehr tiefen Liebe. In der Idealisierung ihres Mannes konnte sie vielleicht den früh erlebten Mangel kompensieren.
4. Es scheint, als habe es starke Tendenzen gegeben, Neid, Missgunst und Rivalität zu verleugnen. Aus diesem Grund kann die Klientin die Handlungsmotive ihrer Familie kaum nachvollziehen. Sie hat keinen kognitiven und emotionalen Zugang zu den »schlechten Seiten« des Lebens.
5. Sie erklärt, sie sei stets der Sonnenschein ihres Vaters gewesen. Der Ambivalenzkonflikt zwischen Hass und Sehnsucht nach dem Vater lässt diese Sonne jetzt ganz intensiv erstrahlen.
6. Der Vater sei stets für die Familie da gewesen, alles sei harmonisch gewesen. Tatsächlich hat er aber seine Frau verlassen, betrogen und zurückgesetzt. Das Elternpaar hat den offenen Konflikt gescheut und einen harmonischen Schein gewahrt (Muster: Verleugnung, nicht hinschauen, Konflikte vermeiden oder ausblenden).
7. Trauerarbeit, Klärung der Vaterrolle, war es wirklich ein erweiterter Suizid (Selbstmord, bei dem andere Personen »mitgenommen« werden) oder hatte der Vater vielleicht Metastasen der Krebserkrankung im Gehirn? Einsicht in die familiären Muster der Verleugnung und Verdrängung. Die Klientin würde, zusätzlich zum Coaching, von einer Psychotherapie profitieren.
8. Vielleicht hat er tatsächlich Metastasen im Gehirn gehabt und war unzurechnungsfähig. Vielleicht wollte er seinen »Sonnenschein« nicht mit einem anderen Mann zurücklassen, nachdem sein Sterben absehbar war? Vielleicht hat auch der Mann der Klientin Ehebruch begangen (ohne dass die Klientin das wusste) und der Vater wollte den Mann der Klientin dafür strafen (und stellvertretend auch sich selbst)?

9. Warum, weshalb ...? Das ist typisch für Suizide: Neben all der Verzweiflung und dem Leid der Opfer ist darin auch eine aggressive Komponente enthalten, die den Zurückgebliebenen oft ein ewiges Rätsel oder ein ewiges Gefühl der Schuld mit auf den Weg geben möchte.

Falldarstellung 19: Einsamer Selbstmord (s. S. 466 ff.)

1. Wenn Sie Ihre Neugierde auf professionelle Weise zügeln, werden Sie von der Biografie der Klientin nur wenig erfahren. Dann können Sie sich auf die Team- oder Businessberatung konzentrieren.
Sobald Sie sich jedoch für die ganze Geschichte eines Menschen öffnen, befinden Sie sich bereits in einer tiefenpsychologischen Beratung (oder einer Seelsorge, beginnenden Therapie?). Von folgenden Faktoren hängt es ab, wie Sie die Beratung gestalten möchten:

- Ihrer Kompetenz,
- Ihren Interessen,
- dem Wunsch des Klienten,
- dem rechtlichen Rahmen (Erlaubnis zur Psychotherapie?).

2. Die erste Stunde wird meist benötigt, um den Auftrag zu klären. Die zweite Stunde kann für die Sozial- und die Berufsanamnese benötigt werden. In der dritten Stunde kann über die »Geschichte« des bisherigen Lebens geredet werden. Das Darlegen der jeweiligen eigenen »Geschichte« kann durch die *Bauklötzchen-Methode* erleichtert werden, die wir Ihnen auf der folgenden Seite kurz vorstellen (s. S. 484).
Den Klienten macht diese Arbeit meist sehr viel Spaß. Beharren Sie aber bitte darauf, dass die Geschichten der ersten Lebensjahre dreißig bis vierzig Minuten in Anspruch nehmen dürfen; ansonsten sind die Klienten schon nach fünf Minuten in ihrer Pubertät angelangt, da »es keine Erinnerungen an die frühere Kindheit gibt«. Fragen Sie daher be-

> **Info**
>
> **Die Bauklötzchen-Methode**
>
> Erklären Sie Ihrem Klienten, dass Sie sich für seine Lebensgeschichte interessieren; jedoch nicht so sehr für die offizielle, die in Lebensläufen geschrieben steht. Sie hätten Interesse an den vielen kleinen Geschichten des Lebens: Was ist die erste Erinnerung? Welche Spielsachen hatte der Klient als Kleinkind? Wie sah die Wohnung aus? Welche Geschenke gab es zu Weihnachten? Gab es einmal einen Zwischenfall mit einem Tier oder einen Streit mit einem Nachbarskind? Wo saß wer am Küchentisch? Gab es Beerdigungen? Wer war der beste Freund der Kindheit? Welche Albträume hatte jemand als Kind …? Bitten Sie den Klienten, zu jeder kleinen Geschichte einen Holz-Bauklotz auf den Tisch zu stellen.
>
> Die Bauklötze (jeder eine kleine Geschichte) können in einer Linie, einem Kreis oder auch anders auf dem Tisch angeordnet werden; das können Sie dem Klienten überlassen. Wenn eine Geschichte erst verspätet ins Gedächtnis kommt, wird der neue Bauklotz an der chronologisch richtigen Stelle eingeordnet. Manche Klienten nutzen auch den Fußboden oder mehrere Ebenen, indem Sie den Tisch, einen Stuhl und den Boden als Orte ihrer Geschichte einsetzen. Einige Klienten stellen biografische Abläufe dar; andere interessieren sich eher für bestimmte Szenen, denen sie während dieser Arbeit begegnen. Sie stellen dann diese Szenen auf. Als Berater können Sie dem Klienten entweder freie Hand gewähren oder ein bestimmtes Vorgehen empfehlen.

harrlich und freundlich immer wieder nach (Tiere, Feste, Orte, Personen, Beziehungen, Schwellensituationen, Ängste, Freuden, Fantasien).

Zu den Falldarstellungen 20 und 21 finden Sie hier auch keine »Musterlösungen«. Bitte diskutieren Sie mögliche Antworten, Ideen, Befürchtungen, Zweifel, Hoffnungen … mit Kolleginnen und Kollegen. Leider können wir die Musterlösungen nicht veröffentlichen, da die Fragen teilweise zu Klausuren eines staatlich zugelassenen Fernstudiums genutzt werden. Dafür bitten wir um Ihr Verständnis.

Teil 8
Konflikte und Konfliktarbeit

Konflikte und Mediation

> Der Terminus *Konflikt* ist vom lateinischen conflictus (Verb confligere) abgeleitet und bedeutet »Zusammenprallen«.

Konfliktfähigkeit und Konfliktkompetenz sind populäre Wörter. Workshops, Seminare und Coachings zu diesen Themen werden häufig nachgefragt. Meist sollen sich »die Anderen« oder die Mitarbeiter Konfliktfähigkeit aneignen. Wenn andere sich ändern sollen, wird dadurch manchmal nur ein gesellschaftliches oder unternehmensinternes strukturelles Problem personalisiert: Dann sollen sich Personen ändern, sie sollen lernen, mit ihren Konflikten und Problemen umzugehen. Die Auftraggeber solcher Seminare sparen andere Perspektiven meist aus. Zahlreiche populäre Bücher beschäftigen sich mit der neuen Schlüsselkompetenz *Konfliktmanagement*. Das Thema ist aber nicht neu: Kämpfe, Kampfrhetorik, Kriege, Wettkämpfe, Konkurrenz, familiäre oder persönliche Fehden, Mobbing, häusliche Gewalt – all dies gab es schon vor langer Zeit und gibt es auch noch heute.

Konflikte entstehen durchaus nicht häufiger als früher, in unserer modernen Welt mit Generationenmix, Ethnomix, Veränderung von Objekt- und Subjektsphäre. Das sind nur neue Zündpunkte für das Phänomen Konflikt. Das Thema ist also sehr alt und war schon immer da. Wichtig ist es jedoch trotzdem, denn schwärende und falsch ausgetragene Konflikte binden viel Energie, die woanders effektiver genützt werden könnte.

Durch die Erkenntnisse der Psychologie, der Soziologie und durch unsere moderne Bildungskultur haben wir heute einen tieferen, schnelleren und breiteren Zugang zu diesem Thema. Und wir beziehen heute gleichermaßen innere Konflikte in unsere Betrachtung mit ein, wo früher der Schwerpunkt meist auf Konflikte in und mit der Außenwelt gelegt wurde.

Eines aber ist wichtig: Eine Welt ohne innere oder äußere Konflikte wird es nicht geben; das widerspräche unseren biologischen Wurzeln. Es geht auch nicht darum, größtmögliche Friedfertigkeit oder Seelenruhe (Grabesruhe?) zu erlangen.

Konflikte sind überall in uns und um uns. Sie können lästig sein durch ihre Treue und Allgegenwärtigkeit; sie können aber auch freundlich oder lehrreich sein, indem sie uns Wahrheiten über unser Innerstes und unsere Stellung zu anderen Menschen sagen. Wir haben die Möglichkeit, diese »lehrreichen Freundlichkeiten« anzuschauen, daraus zu lernen und unser Handeln zu verändern.

Wenn gleichzeitig Tendenzen (Wünsche, Bedürfnisse, Ziele, Entscheidungen, Positionen, Handlungen) aufeinander treffen, die unvereinbar scheinen, liegt ein Konflikt vor, der sich im einzelnen Menschen austragen kann (intrapsychisch) oder der im Kontakt mit anderen Menschen offenbar wird (interpersonell). Dann empfinden wir einen Handlungs- oder Lösungsdruck. Diese Spannung können wir als eine Zerrform jener Ängste darstellen, die wir im Kapitel »Angst« (s. S. 423 f.) kennen gelernt haben. In diesem Kapitel nehmen wir darauf jedoch nicht erneut Bezug, sondern werden Ihnen andere nützliche Modelle vorstellen.

Konfliktursachen nehmen immer ihren Ausgangspunkt im subjektiven Erleben und in den tieferen Bedürfnissen eines Menschen oder einer Menschengruppe. Es handelt sich somit nicht um Wahrheiten, sondern um individuelle oder soziale Konstrukte der Wirklichkeit.

In diesem Kapitel werden wir Ihnen zunächst kurz vorstellen, welche Fähigkeiten erforderlich sind, um zwischenmenschliche

Konflikte konstruktiv zu bewältigen. Anschließend stellen wir Ihnen drei grundlegende Konflikttypen vor:

- *Intrapsychische Konflikte:* Konflikte in uns.
- *Interpersonelle Konflikte:* Konflikte mit einem (oder auch mehreren) anderen Menschen.
- *Gruppenkonflikte* als Sonderform der interpersonellen Konflikte.

Diese Konflikte können *unbewusst, teilweise bewusst* (bewusstseinsnah) oder *bewusst* sein. Die Differenzierung in diese drei Konflikttypen ist gebräuchlich. Ihre Grenzen allerdings sind überlappend: In jedem inneren Konflikt lebt auch die Vorstellung unseres Bezugssystems (zuerst die Herkunftsfamilie, später auch andere für uns bedeutsame Beziehungen). Und in jedem äußeren Konflikt werden innere Konflikte stellvertretend in der Außenwelt gelebt; oft in verschlüsselter Symbolik und Inszenierung.

> **Info**
>
> **Konfliktursachen nach Christopher Moore**
> - Informationskonflikt
> - Interessenkonflikt
> - Beziehungskonflikt
> - Wertekonflikt
> - Strukturkonflikt
>
> **Hauptkonfliktbereiche nach Gerhard Schwarz**
> - Persönliche Konflikte
> - Paar- und Dreieckskonflikte
> - Innergruppenkonflikte
> - Organisations- und Institutionskonflikte
> - Systemkonflikte
>
> **Handlungsorientierte Gesichtspunkte in der Konfliktarbeit nach Friedrich Glasl**
> - Wie ist der Umfang und der Rahmen des Konfliktes?
> - Wie ist die Reichweite der Bemühungen der Konfliktparteien?
> - Was ist die dominante Äußerungsform der Konfliktparteien?

Wir werden in diesem Zusammenhang Modelle kennen lernen, die aus der Systemik, der Tiefenpsychologie, der Psychologie und Soziologie abgeleitet sind. Damit beleuchten wir Konfliktursachen und Konfliktabläufe und suchen nach Mitteln, eine Konflikteskalation zu vermeiden und Konflikte zu bewältigen. Auf andere Einteilungen oder Typologien von Konflikten gehen wir lediglich implizit (nicht systematisch) ein. Drei solcher Einteilungen sehen Sie beispielhaft im Kasten links unten.

In verschiedenen Büchern habe ich mehr als 90 verschiedene Konfliktarten, -bereiche und -typen aufgelistet gefunden. Wir wollen uns hier jedoch auf ein anwendbares Verständnis konzentrieren und gehen daher nicht so sehr in die Breite oder Tiefe.

Abhängig von Ihrem eigenen Erfahrungs- und Berufshintergrund – und Ihren Klienten wird es ähnlich gehen – assoziieren Sie vermutlich mit dem Wort Konflikt vorzugsweise ganz bestimmte Dinge. Das könnte in Coaching-Vorgesprächen zu Missverständnissen führen. Daher weisen wir auf diese Unterschiede noch einmal hin.

> **Info**
>
> Zwei häufige Assoziationen mit dem Wort Konflikt sind
>
> - *Persönlicher Hintergrund von Berater oder Klient:* Arbeits- und Organisationspsychologie, Wirtschaft, Business-Coaching. Dazu passen:
>   *Konfliktinterpretation:* Interpersoneller Konflikt, Team- oder Gruppenkonflikt.
>   *Lösungsmöglichkeit:* Techniken erlernen und so besser damit umgehen lernen.
> - *Persönlicher Hintergrund von Berater oder Klient:* Psychotherapie, klinische Psychotherapie, systemische Betrachtungsweise. Dazu passen:
>   *Konfliktinterpretation:* Intrapsychisch und interpersonell, Blockade der Selbstwerdung, Verstrickung, Loyalität.
>   *Lösung:* Besseren Umgang mit sich selbst erlernen, dadurch besserer Umgang mit anderen.

Konfliktfähigkeit

Konfliktfähigkeit bezieht sich oft auf zwischenmenschliche Konflikte; sie zeigt sich in der direkten Auseinandersetzung mit dem Konflikt. Es nützt also wenig, wenn wir lediglich Wissen oder Modelle über Konflikte erwerben, erst unser kompetentes Handeln im Konflikt ist Konfliktfähigkeit. In der folgenden Darstellung bleibt gelegentlich unklar, ob wir über einen intrapsychischen oder interpersonellen Konflikt sprechen. In der Praxis vermischen sich diese beiden Konfliktformen und kommen – jeder in seiner Form – auch fast immer parallel zum Ausdruck. Die Ziele der Konfliktkompetenz liegen beispielsweise im Folgenden:

Primäre Prävention: Die Grundlagen dafür schaffen, dass keine destruktiven, lähmenden oder kraftraubenden Konflikte entstehen. Hierunter verstehen wir aber nicht das Abwiegeln, Leugnen oder Davonlaufen vor erforderlichen Klärungen, Konfrontationen und Entscheidungen. Eine Auseinandersetzung mit sich selbst oder mit anderen Personen muss auch nicht destruktiv oder verletzend sein.

Sekundäre Prävention: Konflikte im Anfangsstadium erkennen und ihre Eskalation vermeiden. Das bedeutet auch, ein konstruktives Konfliktziel im Auge zu behalten und nicht in eine Eigendynamik eines Konfliktes abzugleiten: Wir haben den Konflikt – nicht er sollte uns haben! Sehr wirksam ist hier die Technik der »gewaltfreien Kommunikation« nach M. Rosenberg. Konflikte können auch in Win-Win-Lösungen verwandelt werden. Dies ist unter anderem Thema des Abschnittes Mediation (s. S. 516).

Tertiäre Prävention und Methodik: Mit dem angerichteten Schaden konstruktiv umgehen zu lernen und darin die Lernaufgaben für die Zukunft erkennten können.

Typologie: Konflikte nach ihrem Typ und ihrem Schweregrad erfassen können.

Selbsterkenntnis und Interaktionsanalyse: im Konfliktverlauf klar zwischen eigenen und fremden Anteilen und Beiträgen unterscheiden.

Fertigkeit oder Technik: technische und methodische Kompetenz, um den Konflikt hin zum Persönlichen zu vertiefen oder ihn zum Sachlichen hin abzukühlen.

Dies sind nur einige der typischen Ziele in Konfliktkompetenz-Seminaren. Doch auf welchen Grundlagen müssen diese Kompetenzen fußen?

Grundlagen der Konfliktfähigkeit

Was muss ein Coach als Basisfähigkeiten oder Schlüsselkompetenzen mitbringen oder erlernen, wenn er die genannten Ziele verwirklichen möchte? Hierzu benötigt er sechs Voraussetzungen.

> **Info**
>
> **Sechs Grundlagen der Konfliktfähigkeit**
>
> - Neugierde, Lust auf Neues
> - Offenheit, Ergebnisoffenheit
> - Mut zur Angst (Selbstbewusstsein)
> - Klärungsbereitschaft
> - Kooperationsbereitschaft
> - Fehlerfreundlichkeit

Neugierde, Lust auf Neues: Eine wichtige Eigenschaft der Konfliktfähigkeit ist die Forscherseele oder auch Neugierde. Viele Menschen können sich dafür jedoch nicht öffnen, da sie bereits bei den ersten Anzeichen eines Konfliktes in eine Lähmung verfallen oder in eine Verteidigungsposition abgleiten, die wenig Spielraum für Neugierde lässt. Zu Beginn des Buches hatten wir Ihnen im Kapitel »Praktische Kommunikation für Coaches« (s. S. 39) einen kleinen Kommunikationstipp gegeben: »Moment mal! Hier passiert etwas Spannendes!« (nach Klaus Grochowiak).

Wann immer Sie in einen Konflikt geraten, geben Sie sich bitte die Zeit, diesen Satz in sich hinein zu sagen. Dies fördert eine neugierige Grundhaltung und unterbricht gewohnte stereotype Reaktionsmuster.

Offenheit, Ergebnisoffenheit: Als ich Assistenzarzt war, wurden meine Kollegen und ich (damals war ich radiologischer Assistenzarzt) gelegentlich in den Operationssaal der Chirurgen gerufen. Wir sollten dort bei der Wiedereröffnung von Blutgefäßen helfen. Die herrische Art der Chirurgen schüchterte uns ein, und es kam wegen dieser Arbeit ständig zu Konflikten (und Ängsten). Mein damaliger Chef sagte zu mir: »Ich verstehe Sie, aber die Kollegen signalisieren dadurch eigentlich nur, dass sie Hilfe brauchen und dass sie unsicher sind. Gehen Sie am besten mit der inneren Einstellung dorthin: Die anderen suchen und brauchen Hilfe und können es noch nicht anders ausdrücken.« (Professor Dr. Hermann Vogel)

Wann immer jemand wütend auf uns einredete, sagten wir diesen Satz: »Da braucht jemand Hilfe?!« Es trifft manchmal nicht den Kern des Problems, öffnet einen aber für die Anliegen und Nöte der anderen. Erst dann verstehen wir vielleicht ihre Motive, Ziele und Standpunkte. Erst dann können wir diese Standpunkte auch klar ansprechen und das Positive der anderen Seite würdigen. Der Satz sollte jedoch nicht als Killerphrase missbraucht werden: »Da ist wohl jemand, der ohne Hilfe nichts begreifen kann. Dann will ich mal so gütig sein ...«

Mut zur Angst (Selbstbewusstsein): Um Konflikten zu begegnen, braucht es Mut, denn Sie begegnen damit auch eigenen Ängsten. Sie könnten fliehen, so tun, als wäre kein Konflikt da, auf die Zeit und die Vergänglichkeit hoffen, das Schicksal anflehen – oder zum Angriff übergehen: Flucht – Augen zu – Wünsche an das Schicksal – Angriff. Vier bewährte Handlungsweisen im Konfliktfall.

Weit mehr Tapferkeit bedarf es aber, sich dem Konflikt und den anderen zu stellen. Mit Neugierde, Offenheit und mit einer selbstbewussten Einstellung der Ergebnisoffenheit. Darin liegt jedoch häufig ein Problem: Viele Menschen haben große Angst um ihr *Selbst*-Bewusstsein. Es enthält starre Grundsätze und Glaubenssätze. Ließen solche Menschen sich mutig auf einen Prozess ein, der Kompromissbereitschaft und Ergebnisoffenheit voraussetzt, würde die Angst um die Stabilität ihres Selbst zu groß werden. Einige von diesen Menschen werden dann in der Not zu Schlaubergern: Sie bleiben im Konflikt nach außen hin ruhig und scheinbar gelassen, während innerlich Kampf und Zorn regieren. Man sieht es ihnen nur kaum an. Dies ist das Ergebnis vieler Konflikt- und Kommunikationsseminare, mit deren Hilfe es leicht ist, eine technische Fassade zu erlernen. Zu wirklichem Mut kann ein Mensch sich erst durchringen, wenn er sein Selbstbewusstsein auf andere Grundlagen stellt. Dieser Absatz hätte also statt »Mut« auch »Selbstbewusstsein« heißen können.

Klärungsbereitschaft: Konflikte binden sehr viel Energie. Sie lähmen die Gedanken, rauben Kreativität und entwickeln ein Eigenleben, das im Privatleben und bei der Arbeit hinderlich sein kann. Konflikte lassen sich nicht einfach unter den Teppich kehren. Sie suchen sich dann stille Ausdrucksformen und wirken unbemerkt weiter.

Beispiel: Frau Peters und Frau Meier sind verabredet. Zwischen beiden liegt seit einigen Wochen etwas in der Luft. Was es genau ist, weiß keine von beiden. Sie haben sich nun um 13 Uhr bei Frau Meier verabredet. Frau Peters »verschwitzt« diesen Termin jedoch und kommt stattdessen spontan und ohne sich an den anderen Termin zu erinnern um 17 Uhr zu Frau Meier. Diese redet gerade mit einer Nachbarin. Nach einer kurzen Begrüßung und Entschuldigung setzt Frau Peters sich dazu. In das Gespräch der beiden Nachbarinnen kann sie jedoch nicht einsteigen, da nur Themen gewählt werden, bei denen sie nicht mitreden kann. Nach ungefähr zwei Stunden fährt sie wieder nach Hause und ist von dem Besuch sehr enttäuscht.

Wie sieht hier das Eigenleben des unausgesprochenen Konfliktes aus? Frau Peters vergisst ungewollt den 13-Uhr-Termin. Das ist, in der Sprache der Tiefenpsychologie, eine unbewusste passive Aggression gegen Frau Meier: »Ich vergesse den Termin, damit du dich ärgerst und umsonst wartest!« Ebenso sorgt Frau Meier unbewusst dafür, dass Frau Peters keinen Einstieg in das Gespräch finden kann: »Wenn du mich schon vergisst, dann sollst du dich hier auch unwohl und ausgegrenzt fühlen!« Dies ist ebenfalls eine passive strafende Aggression.

Jeder Konflikt, den wir leugnen, verdrängen oder nicht angehen möchten, findet unbewusste Ausdrucksmöglichkeiten. Diese können gelegentlich destruktiver wirken als ein klärendes Konfliktgespräch. Die Kenntnis dieser Prozesse führt zu der Einsicht und Bereitschaft, sich auf Konflikte bewusst einzulassen.

Kooperationsbereitschaft: Wer für sich erkannt hat, dass es keine objektive Wahrheit geben kann, dass jeder Mensch eine persönliche Sicht auf diese Welt hat, die von seiner eigenen Geschichte, seinen Grundannahmen und seiner selektiven Wahrnehmung abhängt, der wird erkennen, dass er Zugeständnisse an andere machen muss. Das heißt nicht, dass man immer nachgeben sollte. Der Klügere gibt nach? Der Klügere gibt nicht nach? Bei diesem Fragenpaar handelt es sich um die Illusion einer Alternative. Denn sie erwähnt nicht, dass es auch andere Konfliktlösungen geben kann, zum Beispiel den Kompromiss. Wenn wir noch einen Schritt weiter gehen, kommen wir neben (über, hinter?) dem Kompromiss zu einer idealen Konfliktlösung: der Kooperation. Dies ist die klassische Win-Win-Lösung, die die Weltsicht beider Konfliktparteien zu einer tragfähigen und besseren dritten Lösung führt.

Fehlerfreundlichkeit: Wer Fehler macht, der verstößt gegen Regeln, die besagen, was gut und richtig oder gut und böse ist. Das Wissen um solche starren Regeln verwechseln viele Menschen mit der Moral. Wer ein Werte- und Normensystem konstruiert hat, das eine Welteinteilung in gut und schlecht erlaubt, der hat Sicherheit gewonnen und bewusste Grundlagen für sein Denken und Handeln gelegt.

Wird jedoch auch der Konflikt unter diesen Gesichtspunkten der eigenen Moral gewertet, engt dies den Konflikt auf die Scheinalternative von richtig oder falsch (gerecht oder ungerecht und so weiter) ein. Der Blick richtet sich dann nach hinten: Wer ist schuld an dem Konflikt? Wer hat etwas falsch gemacht? Fehlerfreundlichkeit jedoch richtet den Blick nach vorne. Dabei nimmt man in Kauf, dass neue Ergebnisse entstehen, die – nach den Gesichtspunkten der alten »Moral« – nicht nur neu, sondern sogar fehlerhaft sind.

Bitte lesen Sie im Kapitel über kognitive Umstrukturierung noch einmal den kurzen Abschnitt über »The Work« (s. S. 160).

Übungsfragen

Denken Sie an drei aktuelle kleinere Konflikte zu Hause oder am Arbeitsplatz (zum Beispiel Drückeberger, Kaffeegeld, dreckige Spüle in der Küche, wer kauft häufiger ein):

- Wie genau haben Sie sich bisher diesen Konflikten gestellt?
- Wo genau waren die anderen mutig, neugierig und offen?
- Wo waren Sie in diesen Konflikten selbst ängstlich, gekränkt, verschlossen, starrsinnig und stur?
- Wann haben Sie gedacht, die anderen müssten sich ändern oder sich einen Schritt auf Sie zu bewegen?
- Welche guten Gründe haben Sie dafür ins Feld geführt?
- Was haben die anderen nach Ihrer Ansicht falsch gemacht (falsch = fehlerfreundlich)?

Konfliktinterpretation als Lernerfahrung

Systemische Berater und Therapeuten, Tiefenpsychologen, humanistisch orientierte Berater und Verhaltenspsychologen sind sich darüber einig, dass Menschen grundlegende Lernerfahrungen aus der Herkunftsfamilie mitbringen, also aus der Kindheit. Hier wurden meist schon die Grundannahmen, Einstellungen und Verhaltensweisen gelehrt, die die Einstellung des Menschen im Hinblick auf Konflikte geformt haben. Diese grundlegenden Einstellungen regeln, wie der Einzelne Konflikte erkennt, sich auf sie einlässt und wie jeder individuell mit ihnen umgeht.

Wenn Sie beispielsweise gelernt haben, dass Konflikte entzweien, unbedingt vermieden werden müssen und zerstörerisch wirken und mit dem Verlust von Sicherheit, Zugehörigkeit, Liebe und Respekt einhergehen, dann sehen Sie jeden Konflikt als einen Angriff auf Ihre Person. Sie nehmen daher sehr feinfühlig alles Trennende, Entwertende und Unvereinbare wahr. Ihre Prophezeiung wird sich selbst erfüllen, und Ihnen bleibt dann nur noch der Ausweg in Flucht, Kampf oder Lähmung.

Wenn Sie hingegen gelernt haben, dass offene Konflikte Unklarheiten oder »dicke Luft« gut beseitigen konnten, dass Respekt, Zusammenhalt und Liebe dadurch nicht angetastet wurden, dass Konflikte durchaus schöpferisch, manchmal unausweichlich und schließlich verbindend waren, sind Sie eher geneigt, neugierig und offen auf Konflikte zuzugehen.

Dann gehen Sie davon aus, dass sich aus Konflikten etwas interessantes Neues ergeben wird, das für alle Beteiligten akzeptabel ist. Der unten stehenden Übersicht können Sie eine Gegenüberstellung der zwei Lernerfahrungen und Grundannahme, entnehmen, die wir Ihnen eben vorgestellt haben.

Je unterschiedlicher die Grundeinstellung der Beteiligten Konflikten gegenüber ist, desto schwieriger wird es sein, eine gemeinsame Art der Konfliktkommunikation zu finden. Die Lösung eines Konflikts ist dadurch ebenfalls behindert.

Kompetenzen in der Konfliktarbeit

Hier beziehen wir uns nicht nur auf Ihre Kompetenzen als Coach. Es geht um Fähigkeiten, die jedem Menschen nützen werden, der mit Konflikten konstruktiv umgehen möchte. Diese Kompetenzen möchten wir Ihnen kursorisch vorstellen. Im Abschnitt über Konflikt-Mediation gehen wir auf einige dieser Aspekte nochmals ein. Die anderen werden in den folgenden Abschnitten behandelt.

Info	
Lernerfahrung	**Grundannahme (Glaubenssatz)**
Konflikte sind destruktiv, vermeidbar und trennend. Sie führen zu Verlust von Liebe, Zugehörigkeit, Vertrauen und Respekt. Sie zerstören die Sicherheit.	**Konflikte sind Angriffe** auf unser Selbst und gefährden unser Überleben. Dementsprechend muss auch reagiert werden. Der Konflikt muss gewonnen werden.
Konflikte sind konstruktiv, unvermeidbar, verbindend. Sie sind auch Ausdruck von Respekt und Wertschätzung (eines ernst zu nehmenden Gegenübers). Sie führen zu mehr Vertrauen und auch zu Zusammenhalt. Sie gefährden nicht unsere Sicherheit.	**Konflikte schaffen etwas Neues** und oft auch etwas Besseres. Sie führen zu einem besseren Verständnis der anderen und unserer eigenen Wirkung auf andere. Beide Seiten gewinnen dadurch.

Was ist hilfreich in der Arbeit mit Konflikten?

Wer mit (interpersonellen) Konflikten arbeiten möchte, braucht ein theoretisches Konzept. Dabei ist es meist nicht entscheidend, wie wahr dieses Konzept ist. Es dient als grundsätzliche Orientierung. Alle paar Jahre werden neue Konzepte modern. Außerdem braucht der Konfliktberater einen guten Kontakt zu seinen eigenen Emotionen und zu den Gefühlen und Bedürfnissen seiner Konfliktpartner oder der Konfliktparteien. Neben all der Theorie und Empathie ist auch ein Handlungswissen erforderlich, dass durch viel Erfahrung und durch Methodentraining erworben worden ist. Wir wenden auf diese drei Grundlagen das Modell von Nossrat Peseschkian an: Kopf – Bauch – Füße (s. untenstehende Übersicht, vgl. S. 292).

Innere Konflikte

Primär werden Konflikte als Emotion in uns wahrgenommen. Auch zwischenmenschliche und Gruppenkonflikte haben ihren Ausgangspunkt im einzelnen Menschen. In diesem Kapitel behandeln wir intrapsychische oder intrapersonale Konflikte. Da der Mensch ein Sozialwesen ist und sich selbst nur über den Bezug zu anderen definieren kann, spielen die verinnerlichten Beziehungen (oder Beziehungsvorstellungen, Objektrepräsentanzen) zu unseren Mitmenschen stets eine entscheidende Rolle. Weder als Interaktionspartner noch als Teil eines Gemeinschaftsfeldes (einer Matrix, in der alle Menschen aufeinander bezogen sind), kann der Mensch sich ausschließlich auf sich selbst beziehen. Zumindest die Vorstellungen, Erinnerungen, Ermahnungen, Belehrungen sowie Beispiele anderer Menschen sind zu jeder Zeit ein Teil von ihm. Alle Modelle der Seele, ob von Freud, Jung oder anderen, greifen also nur Teilaspekte des Ganzen heraus. Aus diesem Grund ist die Trennung zwischen intrapsychisch (intrapersonal) und interpersonell zwar hilfreich, aber auch künstlich. Aus didaktischen und historischen Gründen jedoch wenden die meisten Fachleute diese Unterteilung weiterhin an. Intrapsychische Konflikte können bewusst oder unbewusst sein. Wir wenden uns zunächst den bewussten inneren Konflikten zu.

Bewusste innere Konflikte

In den bewussten inneren Konflikten erlebt man zwei Seelen in einer Brust: Die eine will, die andere will nicht.

Beispiel: Herrn Lange wird eine Beförderung in Aussicht gestellt. Dies würde ein besseres Gehalt und mehr Gestaltungsmöglichkeiten bei der Arbeit bedeuten. Gleichzeitig aber möchte er mehr Zeit mit seiner Familie verbringen. Seine Frau hatte sich bereits über zu viele Überstunden beklagt. Sicher spielen in seinem Konflikt auch viele unbewusste Aspekte eine Rolle; diese lassen wir hier unerwähnt.

Im Coaching konzentrieren sich viele Profis vor allem auf die bewussten oder teilweise bewussten (vorbewussten) Motive, Ambivalenzen oder Präferenzen ihrer Klienten.

Der Kopf	Das Herz und der Bauch	Die Füße (unsere Handlungen)
Psychologie und Soziologie: Selbstreflexion, Modelle, Systematik, klare kognitive Konzepte des eigenen Handelns.	**Empathie:** Interesse und Anteilnahme. Sichere emotionale Grundeinstellungen. Guter Umgang mit eigenen Gefühlen. Fähigkeit zur Intuition.	**Soziale und kommunikative Kompetenzen:** Methoden aus Coaching, Moderation, Mediation, Supervision; vor allem aber Spontaneität.

Auch hier hilft ein Modell, die Grundstrukturen solcher *Ambivalenzkonflikte* zu erkennen. Der Soziologe und Psychologe Kurt Lewin hat es entwickelt. Er unterscheidet drei grundlegende Ambivalenzkonflikte:

- Annäherungs-Annäherungs-Konflikte,
- Annäherungs-Vermeidungs-Konflikte,
- Vermeidungs-Vermeidungs-Konflikte.

Annäherungs-Annäherungs-Konflikt: Diese Konfliktform liegt vor, wenn zwei oder mehr Ziele gleichermaßen erstrebenswert und wertvoll sind, diese aber nicht zur gleichen Zeit verfolgt werden können. Das eine Ziel zu erreichen führt dazu, dass das andere Ziel nicht erreicht werden kann. Auf dieses muss dann verzichtet werden. Diesen Konflikt durchlebt Herr Lange im Beispiel auf der vorherigen Seite.
Ein anderer Konflikt könnte sein: »Soll ich im nächsten Urlaub zum Segeln nach Mallorca oder nach Elba fliegen?« Konflikte dieser Art werden im Coaching häufig bearbeitet und können Berater und Klienten gelegentlich zur Verzweiflung bringen. Sie sind meist etwas komplizierter als hier beispielhaft angeführt. Auf keinen Fall sollten Sie auf schnelle Entscheidungen drängen. Es ist durchaus normal, dass jemand heute so und morgen so entscheiden möchte. In diesem Kapitel werden wir noch besprechen, mit welchen Methoden Sie solche Konflikte (als Coach und auch für sich selbst) lösen können.
Annäherungs-Vermeidungs-Konflikt: Will man ein angenehmes Ziel erreichen, muss man dafür auf der anderen Seite negative Konsequenzen in Kauf nehmen. Etwas Erstrebenswertes kann nur für den Preis von etwas nicht Erstrebenswertem erreicht werden. Häufig sind die Nachteile, die in solchen Konflikten eingehandelt werden, (im wörtlichen Sinne) bleibend.
Würde man Herrn Langes Beispiel umformulieren, könnte es auch zu diesem Konflikttyp passen: Er möchte beruflich aufsteigen und hat Angst, nicht zu erleben, wie seine Tochter aufwächst. Wie Sie sehen, entscheidet die Sicht auf die Wirklichkeit, wie ein Problem wahrgenommen und klassifiziert wird. Auch das Beispiel mit Mallorca und Elba könnte in dieser Konfliktkategorie stehen: Der Segelurlaub auf Elba wird bevorzugt, Flug und Reise dorthin sind aber dreimal teurer. Ist man bereit, das zu bezahlen?
Vermeidungs-Vermeidungs-Konflikt: In diesem Konflikttyp muss zwischen zwei unangenehmen Alternativen entschieden werden. Diese scheinen beide unattraktiv, und es gilt festzulegen, welches das kleinere Übel ist. Solche Konflikte sind häufig Illusionen einer Alternative. Meist gibt es weitere Möglichkeiten, die aber wegen Betriebsblindheit nicht wahrgenommen werden.
Herrn Lange könnte man jetzt nur als Beispiel anführen, wenn er Angst vor dem Abteilungsleiterposten hätte: »Dem bin ich eigentlich nicht gewachsen!« Und wenn er Angst davor hätte, seine Familie zu vernachlässigen. Wie sieht es mit dem Inselbeispiel aus? Hätte der Betreffende Angst vor dem so genannten Massentourismus und wäre er gleichzeitig geizig, dann käme für ihn weder Mallorca noch Elba als Urlaubsziel in Frage.

Psychotherapeutische Erklärungsmodelle für unbewusste innere Konflikte

Unter den Psychotherapeuten gibt es mehrere große Gruppen: die tiefenpsychologisch orientierte Gruppe, die humanistisch und systemisch orientierte sowie die verhaltenstherapeutisch orientierte. Mittlerweile gibt es eine sehr große gemeinsame Schnittmenge an Grundsätzen und Erkenntnissen. Die Tiefenpsychologen haben kognitive Konzepte, humanistische Leitideen und systemisches Denken in ihre Arbeit aufgenommen (dies galt früher als unseriös), ebenso haben die anderen Schulen wesentliche Aspekte der Tiefenpsychologie integriert.
Die Mehrheit der praktizierenden *psychologischen* Psychotherapeuten (Dipl.-Psych.) in

Deutschland ist offiziell verhaltenstherapeutisch tätig, die Mehrheit der *ärztlichen* Psychotherapeuten (Dr. med. mit der so genannten Zusatzbezeichnung »Psychotherapie« oder aber eigenständiger Facharzt für Psychotherapeutische Medizin oder Facharzt für Psychiatrie u. Psychotherapie) ist offiziell tiefenpsychologisch orientiert.

Die meisten Berater in kirchlichen, pädagogischen oder sozialen Beratungsstellen habe eine systemische oder humanistische Beratungsausbildung. Wir beziehen uns hier auf die gemeinsame Schnittmenge, die diese unterschiedlichen Schulen gefunden haben, also auf jene un- oder vorbewussten Prozesse im Menschen, die für sein Fühlen, Wollen und Handeln verantwortlich sind.

Konfliktmodell des Freudschen Strukturmodells

Die Konflikte zwischen Es, Ich und Über-Ich sind in ihrer vereinfachten Form zu Allgemeinwissen geworden. Diese Begriffe sollen hier in der gewohnten simplen Form erklärt werden: In Freuds Strukturmodell der Persönlichkeit steht *Es* für die Triebimpulse sowie für den primären Lustgewinn *(Lustprinzip)*. Tendenziell wollen diese Regungen sofort in Handlungen umgesetzt werden. Das *Über-Ich* verkörpert in diesem Modell die verinnerlichten Normen und Werte *(Gewissen)*. Es entscheidet damit, was richtig und was falsch ist. Viele dieser Normen sind nicht durch eigene Überlegungen entstanden, sondern werden gesellschaftlich tradiert und durch die Eltern vermittelt. Das *Ich* ist die integrative Instanz, die vermittelnd, abwägend, kompromiss- und kooperationsbereit die schlecht vereinbar scheinenden Ansprüche von Es und Über-Ich in einen Handlungskompromiss überführt, der in der realen Welt lebbar ist *(Realitätsprinzip)*. Hinzu kommt das so genannte *Ich-Ideal*, die Vorstellung von einem Ich, die sich in der Realität nicht objektivieren lässt (ein Möchtegern-Ich).

Viele Wünsche des Es sind angstbesetzt, wie zum Beispiel wilde, triebhafte Impulse. Insbesondere diese lassen sich mit den Moralvorstellungen des Über-Ich nicht vereinbaren. Solche Impulse werden unbewusst abgewehrt, um das Ich und das Bewusstsein in seiner Stabilität nicht zu gefährden.

Beispiel: Frau Seuse spürt im Supermarkt unbewusste sexuelle Impulse (Es). Das Über-Ich erkennt, dass sich *»so etwas nicht gehört«*. Bevor das Ich dies erfährt, wird der Impuls abgewehrt und in den Impuls »sich etwas Gutes tun – eine Schokolade kaufen« verformt. Hierauf meldet sich das Über-Ich erneut: Schokolade macht dick. Das Ich handelt zwischen Es und Über-Ich jetzt einen Kompromiss aus: statt einer Tafel Schokolade von 100 g nur einen Schokoriegel von 50 g.

Das historisch bedeutsame Modell wirkt in dieser verkürzten Form etwas naiv und kann schlecht an einen Klienten »verkauft« werden. Es ist aber hilfreich, wenn wir widerstrebende innere Impulse bearbeiten möchten und hierfür eine Vereinfachung suchen. Als eine Erweiterung des Strukturmodells von Freud könnten die *Teile-Modelle* (Multimind) angesehen werden, die Sie bereits kennen gelernt haben (s. S. 114).

Die später angewandten psychoanalytischen oder psychodynamischen (tiefenpsychologischen) Modelle sind weitaus differenzierter und werden als Modelle für Objektbeziehungskonflikte, der Selbstpsychologie sowie der Ich-Psychologie bezeichnet. Sie wirken in ihrer Darstellung nicht mehr so vereinfachend oder naiv wie die populäre Darstellung des Freudschen Strukturmodells. Leider wird von den Gegnern der Tiefenpsychologie so getan, als wären ihre Vertreter auf dem Erkenntnisstand von 1895 stehen geblieben: Es wird von den Gegnern immer wieder polemisierend darauf hingewiesen, dass Freuds ursprüngliches Strukturmodell als einzige Erklärung für menschliches Verhalten nicht mehr ausreiche. Damit soll der

Eindruck erweckt werden als hätten moderne Psychoanalytiker oder Tiefenpsychologen das noch nicht erkannt und würden sich modernen Theorien und Erkenntnissen verschließen. Das ist natürlich nicht so (vgl. S. 16 ff. und S. Mentzos).

Kernaussagen anderer tiefenpsychologischer Schulen

Sigmund Freud hat in Wien gelehrt und gearbeitet. In dieser Stadt sind – teils durch den Kontakt mit Freud – vier weitere Wiener Schulen der Psychotherapie entstanden. Deren Ideen zur Konfliktentstehung seien hier kurz skizziert.

Alfred Adlers Individualpsychologie: Adler hat das Konzept des Minderwertigkeitsgefühls und der Kompensation betont. Er ging auch davon aus, dass der Mensch auf sein Leben und die Welt gestaltend Einfluss nehmen möchte. Und er betonte die Bezogenheit des Menschen auf andere: Er vergleicht sich mit ihnen und könnte, gemessen an den anderen oder seinen eigenen Idealen, ein Gefühl der Minderwertigkeit entwickeln. Davor haben Menschen Angst und versuchen diese Minderwertigkeit deshalb mit großer Energie zu kompensieren. Konflikte werden nach Adler also unter anderem aus der Anstrengung geboren, Minderwertigkeitsgefühle zu kompensieren und den eigenen Lebensentwurf zu verwirklichen. Damit haben wir nur einen kleinen Aspekt aus Adlers Ideenwelt herausgegriffen. Auch ihm werden wir damit natürlich nicht gerecht. Adler legte mit seiner zutiefst menschlichen und auch sozialwissenschaftlich orientierten Grundeinstellung und seinem Gesamtwerk die Basis für die spätere humanistische Psychologie. Das ist aber nicht Thema dieses Buches.

Carl Gustav Jungs analytische Psychologie: Jung griff zwar Freuds Strukturprinzip auf, ebenso Adlers Minderwertigkeits-Kompensations-Idee, sah beides aber nicht als vorrangig an. Er betont das Streben nach Selbstentfaltung, Sinn und Selbswertung. Er nahm an, dass der Mensch bestrebt sei, einen Ausgleich zwischen dem Bewussten sowie dem individuellen und kollektiven Unbewussten herzustellen. Hierbei steht das Sinnhafte der Selbstwerdung, der *Individuation*, im Vordergrund. In Problemen bei der Individuation sah er die Quelle unbewusster Konflikte. Seiner Ansicht nach ist der Mensch in der ersten Lebenshälfte eher pragmatisch orientiert und sucht nach Geltung und Zugehörigkeit. Hieraus entstünden Konflikte zwischen Lust- und Realitätsprinzip. In der zweiten Lebenshälfte stehe eine höhere Sinnsuche im Vordergrund, wodurch es zu Konflikten mit inneren pragmatischen Rollenanforderungen und einer neuen metaphysischen Orientierung im Individuationsprozess komme: Dieser Konflikt wurde als *Midlifecrisis* bekannt.

Viktor Frankls Logotherapie und Existenzanalyse: Auch Frankl hat die Modelle von Freud und Adler in sein Gedankengebäude integriert. Er betont, dass der Mensch zu jeder Zeit ein freies, entscheidungsfähiges Wesen ist und die Verantwortlichkeit für sein Leben tragen möchte. Das Hauptaugenmerk liegt auch bei ihm auf dem Sinn; diesen sieht er jedoch nicht nur metaphysisch, sondern im konkreten Leben draußen in der Welt. Nur durch Erschaffen, Lieben, Erleben und Annehmen des Schicksals lasse sich dieser Sinn verwirklichen. Innere Konflikte entstünden, wenn mangelnde Selbstdistanzierung und übermäßige Selbstbeobachtung (Hyperreflexion) die freie Sinnsuche und Sinnwahrnehmung blockieren. Dies schränke die Entscheidungsfähigkeit und Weltbezogenheit des Individuums ein und führe zu einer Konzentration auf innere, nicht konstruktive Prozesse.

Jakob L. Morenos Psychodrama und Soziometrie: Moreno bezeichnete sich als Begründer der Gruppenpsychotherapie. Er ging davon aus, dass Menschen durch die Übernahme vielfältiger Rollen in ihrem psychosozialen Bezugssystem (er nannte es »soziales Atom«) bestimmt werden. Persönlichkeit realisiere sich durch Umfang und Qualität dieses Bezugssystems und durch die Vielfalt und Beweglichkeit des Rollenrepertoires. Er war damit einer der Wegbereiter für die humanistische Psychologie und den systemischen Gedanken.

Die Entwicklung von Rollenübernahmen, die gelingende interpersonelle Wahrnehmung, Selbstwahrnehmung und das Erfahren subjektiver Freiheitsgrade sah er als unabdingbar an, um sich als Mensch frei entfalten zu können. Diese freie Entfaltung in alle Möglichkeiten nannte er *Spontaneität*. Innere Rollenkonflikte und interaktionelle Störungen des subjektiv wahrgenommenen Bezugssystems seien Quellen intrapsychischer Konflikte. Damit hob er bereits die künstliche Trennung von intrapsychisch und interpersonell auf: Das eine bedinge das andere, meinte er.

Unbewusste innere Konflikte

Mögliche Ursachen

Wir fassen nun einige der Ideen aus den vorgestellten Modellen zu möglichen Ursachen für innere Konflikte zusammen.

- Konflikte zwischen Es – Über-Ich – Ich – Ich-Ideal (Freuds Strukturmodell).
- Blockierter Lebensentwurf, Drang zur Kompensation, Minderwertigkeitsgefühl (Adlers Konzept der Minderwertigkeit und des misslungenen Lebensentwurfs).
- Blockierter Individuationsprozess, der nicht zur momentanen Rolle oder Lebensphase passt (Jungs Individuationskonzept).
- Hyperreflexion und misslungene Selbstdistanzierung (Frankls Konzept der Hyperreflexion und Konzentration auf Negatives).
- Störungen im Bezugssystem, blockierte Spontaneität und mangelnde Rollendifferenzierung (Morenos Konzept der blockierten Spontaneität).

Teilaspekte innerpsychischer Konflikte sind durch diese Modelle erklärbar.

Für Ihr Coaching-Anliegen wäre es aber verfehlt, würden Sie bei einem Klienten zum Beispiel einen »Über-Ich/Ich-Ideal-Konflikt« (Scham-Schuld-Dilemma) konstatieren. Das wäre Ihrer Vorbildung als Coach und psychologischer Berater nicht angemessen, und es ist in der Praxis auch meist nicht griffig genug. Die oben vorgestellten Modelle oder Konzepte sind in ihrer vereinfacht dargestellten Form auch nur Zerrbilder der Theorien ihrer Erschaffer – und diese Theorien wiederum sind nur ungenügende Vereinfachungen der Wirklichkeit.

Der Klient muss hinter Ihren Aussagen eindeutig als Individuum erkennbar bleiben: Wenn Sie eine kurze Abhandlung über einen Ihrer Klienten schreiben würden, müsste er selbst, ebenso wie die Menschen in seinem Umfeld, die Person in dieser Abhandlung (also den Klienten) eindeutig identifizieren können!

In der Arbeitswirklichkeit von Psychologen und Psychotherapeuten dienen die verschiedenen Schulen ebenfalls eher einer ethisch-therapeutischen Grundausrichtung oder dem Zugehörigkeitsgefühl zu einer Schule. Auch diese Profis benutzen in zunehmenden Maße einfache Sätze, um ihre Vermutungen und Gedanken über ihre Klienten auszudrücken.

Hilfreich sind auch die verbindenden Ideen von M. Rosenberg zur »Gewaltfreien Kommunikation« (Lesetipp!).

Im Übungsteil werden Sie zahlreiche Fallbeschreibungen finden, die auch tiefenpsychologische unbewusste Motive und Konflikte ansprechen. Das soll Ihnen die Möglichkeit geben, eigene Vermutungen oder Ideen über das Unbewusste zu reflektieren (außerdem ist es interessant).

Im Coaching beschäftigen Sie sich jedoch vornehmlich mit den bewussten (und eventuell den bewusstseinsnahen) Konflikten. Denken Sie daran: Coaching ist keine Psychotherapie und auch keine spitzfindige psychologische Diagnostik!

Vorarbeit an bewussten inneren Konflikten

Vor der eigentlichen Arbeit an den inneren Konflikten klären Sie bitte die inneren Grundhaltungen und den Erfahrungshorizont Ihres Klienten. Damit sind Sie übrigens schon bei der eigentlichen Arbeit, selbst wenn viele Klienten meinen, dies sei noch spannendes Vorgeplänkel. Hier stellen wir Ihnen eine Variante dieser Vorarbeit in Form einer Übung vor.

> **Übung**
>
> Wir vermischen hier erneut die Perspektive Berater – Klient. Dies dient der Selbsterfahrung, der Rollendifferenzierung und der Empathie. Beantworten Sie bitte die folgenden Fragen:
>
> - Was denken Sie über das Wort Konflikt?
> - Wie ist Ihr Bildungs- und Erfahrungshorizont in Bezug auf Konflikte?
> - Wie steht es um Ihre Grundhaltungen und um Ihre Kompetenzen in Bezug auf Konflikte (Kopf – Bauch – Füße)?
> - Oder: Was denkt Ihr Klient über Konflikte?
> - Wie ist sein Erfahrungs- und Bildungshorizont in Bezug auf Konflikte?
> - Wie steht es um seine Neugierde und die Lust auf Neues, seine Offenheit, insbesondere die Ergebnisoffenheit, seinen Mut zur Angst und sein Selbstbewusstsein, seine Klärungsbereitschaft, seine innere Kooperationsbereitschaft und seine Fehlerfreundlichkeit?
>
> Diese Grundhaltungen können Sie mit gezielten Fragen klären.

Es folgt nun eine Reihe solcher Fragen, damit Sie eine bessere Orientierung haben.

Wann haben Sie Lust, etwas Kniffeliges zu lösen? Wann macht es Ihnen Freude, für sich etwas Neues zu entdecken? Was bedeutet Offenheit für Sie? Wer sind Sie, wenn Sie offen sind? Wen bewundern Sie wegen seines Mutes in eigenen Angelegenheiten? Wer ist in dieser Hinsicht Ihr Vorbild? Was müssten Sie für sich sicherstellen, um klärungsbereit zu sein? Welche inneren Teile müssten sich bei Ihnen an einen Tisch setzen, um kooperative innere Lösungen zu finden? Wer hat Ihnen früher unsinnigerweise beigebracht, dass Fehlerfreundlichkeit ein Fehler ist?

Anschließend drehen Sie die Fragen bitte in ihr Gegenteil um:

Wie müssen Sie denken und handeln, damit Sie besonders dumpf und starrsinnig sein können? Mit welchen Mitteln können Sie sich besonders gut verschließen und verbarrikadieren? Und so weiter.

Nachdem Sie diese Punkte (für sich selbst geklärt und später auch) mit Ihrem Klienten bearbeitet haben, finden Sie bitte mit Ihrem Klienten gemeinsam positive Konnotationen der Arbeit an inneren Konflikten. Beispielsweise:

- neue Optionen eröffnen,
- Vorlieben und Wichtigkeiten bestimmen und abwägen,
- Zeit finden, eigene Bedürfnisse und Ziele zu sortieren,
- Worte für nur teilweise bewusste Handlungstendenzen finden,
- sich im Leben neu orientieren.

Kernarbeit an bewussten inneren Konflikten

Es wird nie eine vollständige oder optimale Coaching-Arbeit an inneren Konflikten geben können. Das ist nicht die Zielsetzung im Coaching. Da Konfliktarbeit ein zentraler Bestandteil des Coachings ist, haben wir Ihnen im Laufe dieses Buches bereits zahlreiche Modelle vorgestellt, die Sie auf die Arbeit an inneren Konflikten anwenden können:

- Zirkuläre Fragen: »Wie würde … sich fühlen, wenn er …?«
- Perspektivenwechsel: Ich – du – Metaposition.
- Balance der Lebensbereiche: Körper, Arbeit, Familie …
- Logische Ebenen nach Dilts: Fähigkeiten, Glauben, Identität …
- Organsprache nach Peseschkian: Kopf – Herz – Füße.
- Problem – Ziel – Ressourcen.
- Arbeit an Glaubenssätzen: Was glauben Sie von …?
- Hypnotherapeutische Ansätze, zum Beispiel Arbeit mit inneren Bildern und Symbolen.
- Das Thomann-Konzept: Anliegen klären, konkretisieren (Schlüsselsituation), Systembezug, innere Situation (Teilearbeit, Perspektiven).
- Annäherungs-Modell nach Lewin.

Das »Beratungshaus« in der Konfliktarbeit

Wir möchten Ihnen hier ein Vorgehen nahe legen, welches einige der genannten Beratungsmodelle in einem Haus vereinigt:

Klärung und Kooperation

Worum geht es? Wie äußert sich der Konflikt?	Auslöser: Was geschah im Inneren, direkt vorher?	Kognitionen, Grundhaltungen, Motive, Werteskala
Emotionen (Herz und Bauch) und Körpergefühle	Bezugssysteme: inneres Team und soziales Atom	Ziele, Ressourcen, Strategien, Handlungen

Worum geht es? Klären Sie mit dem Klienten den realen und beobachtbaren Sachverhalt: Wie genau äußert sich der innere Konflikt? Was sind die inneren Bilder, Sätze, Gefühle, Kognitionen? Was ist der Kern des Konfliktes? Versuchen Sie ihn zu konkretisieren. Welche Frage verbirgt sich dahinter: »Wie ist es mir möglich …? Wie soll ich …?« Welche Überschrift soll die gemeinsame Arbeit erhalten?

Die Auslöser. Klären Sie mit dem Klienten die konkrete Entstehung seines Anliegens. Was genau musste im Inneren geschehen, damit es zu diesem Konflikt kommen konnte? Was musste gedacht, gefühlt, gesehen, innerlich gesagt werden, damit der Konflikt entstehen konnte? Wie könnte ein anderer Mensch zum Spezialisten für diese Art von Konflikten werden, was genau müsste er tun?

Bezugssysteme. Welche inneren Teile melden sich zu Wort? Was sind deren gegensätzliche Meinungen, Wünsche und Interessen? Gibt es alternative oder ähnliche Meinungen oder innere Ziele? Wer müsste mit wem verhandeln, um Kompromisse oder Kooperationen herzustellen? Was müsste vorher sichergestellt werden? Wie wirken sich der Konflikt und jede Art der Lösung auf die erinnerten und vorgestellten Personen aus, zum Beispiel auf das Bild von den Eltern und den Bezug zu ihnen? Wie wirken sich der Konflikt und jede Art der Lösung auf die reale Außenwelt aus?

Emotionen und Körpergefühle. Welche Gefühle werden wahrgenommen – Angst, Freude, Zweifel, Sehnsucht, Schuld, Scham? Welche Körpergefühle werden wahrgenommen – Druck, Enge, Atemnot, Herzklopfen, Schweiß, Ziehen in der Magengegend …?

Kognitionen und Werte. Welche inneren Sätze existieren zu den unterschiedlichen Konfliktanteilen? Welche Glaubenssätze gibt es? Welche Grundhaltungen gibt es zu Mut, Offenheit, Fehlerfreundlichkeit …? Welche Motive haben bisher die meiste Zeit des Lebens in Anspruch genommen? Welche Werte werden durch den Konflikt berührt? Lassen Sie Ihren Klienten eine Skala seiner Wertehierarchie aufstellen.

Ziele und Handlungen. Welches könnten Kompromiss- oder Kooperationsziele sein? Durchlaufen Sie dann noch einmal mit dem Klienten das Haus: Wie stehen die einzelnen Räume des Hauses zu den Kompromissen oder Kooperationsideen? Welche Strategien der Umsetzung gibt es? Wo kann auf Bewährtes zurückgegriffen werden? Wer kann unterstützen? Welche konkreten Handlungsschritte müssen unternommen werden (innere und äußere)? Wie viel Zeit wird das Kooperationsprojekt benötigen?

> **Übung**
>
> Bitte analysieren Sie den Konflikt eines Freundes, Bekannten oder eines Familienmitgliedes anhand des hier vorgestellten Beratungshauses.
> Bitte stellen Sie aus den bisher kennen gelernten Beratungsmodellen oder -methoden wenigstens drei eigene Beratungshäuser zusammen. Seien Sie dabei kreativ: Es gibt keine falschen Konzepte, allenfalls solche, die hilfreich oder weniger hilfreich sind.
> Verwenden Sie dabei auch Modelle oder Ideen aus diesem Kapitel: Lust- und Realitätsprinzip (Es-Ich-Kompromisse), Lernvergangenheit, Individuation, Minderwertigkeit und Kompensation, Annäherungs-Vermeidungs-Modell und andere.

Das »Portfolio« als Beratungsinstrument

Wenn Sie in Ihrer Praxis oder Ihrem Beratungszimmer ein Flipchart, einen sehr großen Block oder eine Tafel haben, können Sie Portfolios zur Beratung einsetzen. Dabei handelt es sich meist um Beratungshäuser ohne Dach, die vier bis sechs Räume haben oder um andere Methoden der Darstellung mit Flächen, Feldern und Skalierungen. Sie werden in der Wirtschaft, besonders im Marketing, häufig eingesetzt und sind ein einfaches Visualisierungsmittel im Coaching.

Wir stellen Ihnen hier ein, für unsere Zwecke modifiziertes, bekanntes Modell der Boston Consulting Group (BCG) vor. Es ist ursprünglich ein Marketinginstrument, das beispielsweise auf folgende Fragen angewandt werden könnte: Welches sind die Geschäftsfelder Ihres Unternehmens? Womit machen Sie Gewinne …? Für unsere Zwecke geben wir diesem Haus jedoch ein anderes Dach.

Milchkühe: Sie geben uns dauerhaften Umsatz. Damit sichern wir den größten Teil unserer Existenz. Sie sind langweilig, aber ertragreich.

Sterne und Sternchen: Das sind Top-Projekte. Aus ihnen kann sehr viel werden. Sie werfen schon sehr guten Umsatz ab, können das Gesamtunternehmen aber noch nicht tragen. Vielleicht werden aus ihnen einmal Milchkühe? Sie machen Spaß und sind unsere Vorzeigeprojekte.

Fragezeichen: Das sind zukünftige Projekte und Innovationen. Es besteht die Hoffnung, dass aus ihnen einmal Sternchen werden. Das steht aber noch in den Sternen. Sie müssen aber weiter verfolgt werden, damit zukünftige Möglichkeiten gewahrt bleiben und eine Entwicklung ermöglicht wird. Fragezeichen brauchen Mut, andererseits machen sie auch Angst, da mit ihnen Neues gewagt werden muss.

Arme Hunde: Das waren einmal Milchkühe, Sternchen oder zuvor auch Fragezeichen. Die Zeit hat sie aber überholt. Jetzt sind sie eher ein Klotz am Bein und kosten mehr Zeit und Energie, als sie eintragen. Ältere Führungspersonen, die mit ihnen groß geworden sind, hängen vielleicht aus Tradition noch an ihnen. Oder es hat noch niemand den Mut, sie aufzugeben. Sie könnten langfristig der Ruin des Unternehmens sein, denn sie fressen die mit den Milchkühen erwirtschafteten Einnahmen auf.

Entwerfen Sie mit Ihrem Klienten ein Portfolio zu den divergierenden Konfliktpolen. Die Kernfrage für den Klienten lautet dabei: Wenn Sie sich in Ihrem Konflikt so (oder so) entscheiden und dem Beratungshaus die Überschrift eines Lebensbereiches geben (Beruf, Partnerschaft, Spiritualität …), wie wird dann Ihr Portfolio-Haus aussehen? Lebensbereiche, die bearbeitet werden sollten (weitere sind selbstverständlich möglich) können folgende sein:

Mögliche Lebensbereiche
• Arbeit • Karriere • Leistung
• Familie • Liebe • Freunde
• Körper • Gesundheit
• Materielle Sicherheit
• Selbstverwirklichung • Spiritualität

Gehen Sie dabei bitte wie folgt vor:

- Geben Sie dem Beratungshaus die Überschrift eines Lebensbereiches: Beruf, Partnerschaft, Spiritualität.
- Füllen Sie das Beratungshaus aus: Was sind die Milchkühe, die Sternchen, die Fragezeichen und armen Hunde in diesem Lebensbereich?
- Welchen Einfluss wird eine neue Entscheidung des Klienten kurzfristig auf das Beratungshaus haben?
- Welchen Einfluss hätte eine Entscheidung langfristig?
- Wiederholen Sie diesen Prozess, bis Ihr Klient alle Lebensbereiche durchlaufen hat.

Dieses Portfolio ist eine implizite Arbeit an Werteskalen und gleichzeitig eine Realitätsprüfung, die im Hier beginnt und sich in die Zukunft wendet. Ohne viel Worte arbeiten die Klienten mit Ihrer Unterstützung an diesem Instrument und kommen dann meist zu tragfähigen Entscheidungen.

> **Übung**
>
> Entwerfen Sie für sich selbst ein Portfolio zu den genannten Lebensbereichen. Eines für den Status quo (also jetzt) und eines für das übernächste Jahr.
> Sie werden merken, dass die Einflussgröße »Meine Entscheidung für die Zukunft« implizit mit einbezogen wird, wenn Sie daran gehen, Ihr zukünftiges Portfolio zu zeichnen.

Zwischenmenschliche Konflikte

»Die Hölle, das sind die anderen.« Jean Paul Sartre

Interpersonelle Konflikte liegen vor, wenn wenigstens zwei Personen eine Unvereinbarkeit im Fühlen, Meinen, Handeln, Denken oder Wollen haben. Zwischenmenschliche Konflikte haben jedoch gleichermaßen etwas mit dem eigenen Selbstbild zu tun: Wenn Sie meinen oder wissen (wo ist da der Unterschied?), dass eine andere Person Sie anders sieht, wenn sie Sie nicht bestätigt, wenn sie Ihre Rollendifferenzierung beschneidet, Ihre Individuation behindert, Ihnen Minderwertigkeitsgefühle einflößt …, dann haben Sie ein Problem mit dieser Person.

Auch zwischenmenschliche Probleme haben also Wurzeln in den tiefenpsychologischen Modellen, die wir im vorangegangenen Abschnitt der inneren Konflikte behandelt haben. Und sie können ebenso bewusst, bewusstseinsnah und unbewusst sein. Die Übergänge sind ebenfalls fließend, was die Bewusstheit und auch die Abgrenzung zu intrapsychischen Konflikten oder Gruppenkonflikten anbelangt. Wir werden uns in diesem Kapitel vorwiegend mit den bewussten zwischenmenschlichen Konflikten beschäftigen.

Menschen haben ein feines Gespür dafür, ob ein Konflikt mit einem anderen Menschen vorliegt. Menschen in unserem näheren Umfeld, die uns kennen und vielleicht Mitglied in der gleichen Gruppe sind (Team, Abteilung), nehmen gewöhnlich ebenfalls wahr, dass etwas in der Luft liegt. Für außen stehende Beobachter dagegen ist das schwieriger zu erkennen.

Welche beobachtbaren Veränderungen treten auf, wenn zwei Menschen einen Konflikt verspüren? Hier einige Beispiele:

- Sie vermeiden den Kontakt, gehen sich aus dem Weg, schauen sich kaum noch an und nehmen selten Blickkontakt auf.
- Sie nehmen starren Blickkontakt auf und zeigen eine aggressive Mimik. Oder sie sind betont freundlich und überkorrekt.
- Sie sind mehr denn je auf die normale Arbeit konzentriert. Sie wenden ihre Körper voneinander ab. Sie wenden ihre Körper drohend einander zu. Sie reden leiser (oder lauter).

> **Übung**
>
> Finden Sie weitere äußerliche Merkmale, an denen Sie einen Konflikt erkennen oder objektivieren können: Redepausen, Fremdwörter, Diskussionsverhalten, Körperfunktionen. Worauf müsste ein Völkerkundler, der mit unserer Zivilisation wenig Erfahrungen hat, achten, wenn er Konflikte erkennen oder beschreiben möchte?

Viele dieser beobachtbaren Veränderungen passen zu den bereits früher skizzierten Reaktionsmustern: Flucht (abwenden) – Augen zu/Verleugnen (überkorrekt, auf die Arbeit konzentriert) – Angriff (starrer Blick, körperliche Drohgebärden).

Zu Beginn des Kapitels hatten wir Ihnen zwei Listen von Christopher Moore und Gerhard Schwarz mit verschiedenen Konfliktarten vorgestellt. Darauf kommen wir jetzt noch einmal zurück. Häufige interpersonelle Konfliktarten sind:

- Beziehungskonflikte,
- Rollenkonflikte,
- Interessenkonflikte,
- Machtkonflikte,
- Rechtskonflikte,
- Zielkonflikte,
- Verteilungskonflikte,
- Strukturkonflikte und vieles mehr.

Zur Klärung des Klientenanliegens ist es sinnvoll, die bewusste Hauptkomponente des Konfliktes zu bestimmen. Diese wird dann im Coaching der Arbeitstitel sein. Fast immer liegen aber mehrere Konflikte gleichzeitig vor und sind miteinander verwoben.

Beispiel: Herr Genters war Abteilungsleiter eines mittelständischen Textilhauses. Da die Geschäfte schlecht liefen, musste seine Abteilung geschlossen werden, und er wurde mit einer angemessenen Frist entlassen. Hiergegen geht Herr Genters jetzt gerichtlich vor. Das Verfahren belastet ihn, weshalb er sich vom Coaching Unterstützung für diese schwere Zeit erhofft. Der Arbeitstitel heißt in diesem Coaching also »Rechtskonflikt«.

Herr Genters hatte sich jedoch schon vorher schlecht mit seinem Chef verstanden, daher ist dieser Rechtsstreit auch ein verlagerter Beziehungskonflikt. Der Streit mit einem anderen Abteilungsleiter, dessen Abteilung »ungerechtfertigterweise« nicht geschlossen worden war und dessen Vorgänger er war, spielt ebenfalls eine Rolle: Auch dies ist ein Beziehungskonflikt, gleichzeitig aber auch ein Verteilungskonflikt um die Ressource Arbeitsplatz. Man kann den Konflikt auch weiter in andere Konfliktaspekte aufgliedern.

Hinzu kommt die unbewusste Konfliktkomponente: Die Konflikte, die man im aktuellen Leben wahrnimmt (im Beispiel: der Rechtsstreit) oder bewusstseinsnah beinahe wahrnimmt (im Beispiel: der Beziehungskonflikt als Autoritätskonflikt), haben tiefe Wurzeln in der Lebensgeschichte des Betroffenen. Sie gehen auf unbewusste Kernkonflikte mit zentralen Beziehungspersonen (gespeichert als innere Objektrepräsentanzen) aus der Kindheit zurück.

Bewusster Konflikt	Bewusstseinsnaher aktueller Konflikt	Unbewusster Konflikt aus der Ursprungsfamilie
Arbeitsthema im Coaching	Psychotherapie oder Coaching	Psychotherapie, evtl. auch Coching

Die Unterscheidung in verschiedene Konfliktarten, meist von Soziologen definiert, erfüllt einen praktischen Zweck: Sie grenzt den Coaching-Auftrag ein. Mit dem definierten Konflikt lässt sich zielorientiert arbeiten. Dass es auch für diese Konflikte tiefere Ursachen gibt, können Sie zwar in Ihre Überlegungen mit einbeziehen, sollten aber nur dann daran arbeiten, wenn ein Klient das wünscht und wenn Sie auf diesem Gebiet genügend Kompetenz erworben und einen rechtlichen Rahmen dafür geschaffen haben.

Ursachen und Phasen der Eskalation bewusster zwischenmenschlicher Konflikte

Wir sind bereits auf Grunderfahrungen eingegangen, die jeder Mensch in seiner Familie mit Konflikten gemacht hat. Unterschiedliche Grunderfahrungen – und damit auch Grundeinstellungen – münden häufig in Konflikte. Bitte überlegen Sie:

- Worauf richte ich meine Wahrnehmung? Auf Verbindendes oder Trennendes?
- Wie betrachte ich Konflikte? Als konstruktiv oder destruktiv?
- Welche Konfliktstrategien habe ich? Flucht, Verleugnung oder Angriff?
- Wie stehe ich zu den anderen Konfliktparteien? Sind es Partner oder Feinde?

Mit diesen unterschiedlichen Grundhaltungen kommt es zu weiteren Missverständnissen. So können sich kleine Konfliktpotenziale zu handfesten Konflikten ausweiten.

Auch Metaprogramme sind Grundhaltungen. Bei einer Übereinstimmung dieser Einstellungen ist ein Konflikt unwahrscheinlicher. Im Bezug auf Konflikte möchten wir Ihnen drei Metaprogramme oder Handlungstendenzen aufzeigen, die analog zu dem Modell von Flucht – Verleugnung – Angriff gebraucht werden können. Sie stammen von der amerikanischen Psychoanalytikerin Karen Horney.

Hinwendung: Hinwendung ist einerseits als kooperatives Modell zu sehen. Das Bemühen, Konflikte zur Zufriedenheit aller zu lösen und mit den anderen Menschen partnerschaftlich umzugehen. Diese Grundhaltung ist kooperativ. Andererseits kann die Hinwendung auch das Bestreben sein, tendenziell zuerst die Interessen der anderen Partei zu berücksichtigen (Altruismus).

Abwendung: Als vermeidendes Modell. Die Grundhaltung ist eher kognitiv und emotionsarm. Viele dieser Menschen sind Individualisten oder Einzelgänger.

Gegenwendung: Hier liegt eine rivalisierende kämpferische Grundeinstellung vor. Kämpferisch konnotierte Kognition und negative Emotion liegen gleichzeitig vor. Das Ziel ist meistens der Sieg. Hierzu werden offene Aggressionen, aber auch versteckte oder passive Aggressionen genutzt.

Hieraus ergeben sich folgende Verhaltenstendenzen:

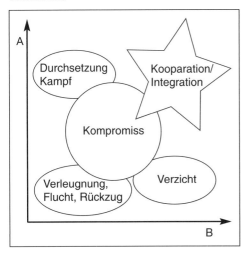

A Das Anliegen, tendenziell zuerst die eigenen Bedürfnisse und Ziele durchzusetzen.
B Das Anliegen, sich tendenziell zuerst den Bedürfnissen und Zielen des anderen anzupassen.

Eine wichtige Rolle im Umgang mit dem Konflikt spielt außerdem die Beziehungsdefinition, die beide Konfliktpartner haben. Sehen sie sich als gleichwertig und gleichrangig (symmetrische Beziehung), oder akzeptieren sie eine Hierarchie in ihrer Beziehung (komplementäre Beziehung)? Wenn es Verschiebungen in dieser Rollendefinition gibt, kommt es häufig zu einem Machtkonflikt.

- Welche Macht hat der Gegner?
- Welche Macht habe ich?
- Wer hat die meisten Kompetenzen und Erfahrungen?
- Wer wird den anderen unterstützen?
- Wer wird mich unterstützen?
- Wie selbstsicher fühle ich mich?

Ist die Aussicht gut, Erfolg zu haben, und ist der Verlust im Falle einer eigenen Niederlage gering, so steigt auch die Wahrscheinlichkeit, dass der offene Konflikt gewagt wird. Meist wird hierfür auf eine konfliktfördernde Situation und eine kämpferische Emotion gewartet, bevor der Kragen platzt. Zumindest im Privatleben spielt dabei auch Alkohol eine konfliktfördernde Rolle.

> **Übungsfragen**
>
> Begeben Sie sich in die drei Positionen Hinwendung, Abwendung und Gegenwendung und antworten Sie getrennt auf die folgenden Fragen:
>
> - Wie wichtig ist für Sie der Sieg im Konflikt?
> - Sehen Sie Kompromissbereitschaft als Verrat an der eigenen Sache an?
> - Ist Kompromissbereitschaft eine Schwäche?
> - Sind Ihnen Interventionen von Supervisoren oder Mediatoren willkommen, auch dann, wenn sie vielleicht nicht Ihre Sicht der Dinge stützen?
> - Sind Ihre eigenen Ideen und Ansichten legitimer als die der anderen?
> - Wie gut können Sie noch zwischen Sache und Beziehung differenzieren?
> - Welche Vorstellungen haben Sie vom Weg zur Konfliktlösung?

Konflikte durchlaufen meist einen Entwicklungsprozess, sobald sie offen ausgetragen werden. Die zwei letzten Fragen aus dieser Übung greifen wir hierfür wieder auf und stellen Ihnen ein einfaches Phasenmodell der Konflikteskalation dar. Wie bereits erwähnt, mischen sich jedoch Konfliktarten und auch mögliche Konfliktphasen.

Phasen der Konflikteskalation

Der Streit um die Sache: In dieser Phase werden Sachargumente ausgetauscht. Häufig ist das Sachthema jedoch bereits unbewusst als ein Stellvertreterthema für die nächste Phase gewählt.
Der Streit um die Person: Die Diskussion um Sachthemen ist hier bereits erschwert. Es tauchen Polemiken, Killerphrasen, Zuschreibungen und offene Aggressionen auf.

Der Streit um den Streit: Die Konfliktparteien verlieren jetzt den Überblick und *haben keinen Streit mehr – der Streit hat jetzt sie.* Jede Partei hat andere starre Erklärungen für die Ursache des Konfliktes und auch für die Art, wie der Konflikt zu führen ist.

Der Streit um die Lösung: Die Lösungsideen der anderen Partei werden gering geachtet. Der Konflikt dreht sich um die Frage, ob eine Konfliktlösung überhaupt möglich ist und wie diese herbeigeführt werden kann.

Welche inneren Prozesse durchläuft der Betroffene während dieser Konflikteskalation? Die Antwort hierauf möchten wir in einem einfachen Modell zusammenfassen, das sie bereits kennen gelernt haben: Kopf – Bauch (und Herz) – Füße; stellvertretend für Kognition, Emotion, Handlung.

Was passiert bei der Konflikteskalation im Kopf?

Die selektive Wahrnehmung der Betroffenen wird immer mehr zu einem Tunnelblick auf die Realität. Die Differenziertheit und Komplexität ihrer Situationswahrnehmung nimmt ab bis zur Einfältigkeit. Gelerntes, Gewusstes und Geübtes ist nur noch wie im Traum vorhanden. Die Kognitionen nehmen in ihnen als Beobachter Platz und sehen, bestenfalls kommentierend, den Abläufen zu: »Alles passierte wie in einem falschen Film. Ich konnte zwar noch denken, war aber quasi neben mir und hatte keinen Einfluss mehr auf mein Tun.« Streben und Wollen werden wieder kindlich, radikal, absolut und ultimativ. Sie wollen alles oder nichts! Für kooperative Lösungen bleibt so kein Spielraum mehr.

Was passiert im Bauch?

Die Kränkbarkeit und Empfindlichkeit nehmen zu. Betroffene sind sehr sensibel für Gefühlsschwingungen und Zwischentöne. Die Nerven liegen blank und selbst kleinste Verunsicherungen greifen ihr Selbstwertgefühl so sehr an, dass sie dessen Vernichtung befürchten. Aus Neutralität oder Sympathie kann schnell Hass werden. In der Gefühlswelt gibt es jetzt klare Grenzen zwischen gut und böse und entweder – oder; für diese Grenzen besitzen sie dann gefühlsmäßig ein Monopol auf die Wahrheit.

Was passiert mit den Füßen?

Spontaneität und Verhaltensmöglichkeiten (Varianz) nehmen schlagartig ab. Für das Handeln gibt es jetzt meist nur noch die Illusion einer Alternative (entweder – oder). Schuld, Strafe, Rache und ähnliche Emotionen bestimmen jetzt die Handlungen. Der Gegner wird durch Provokationen zu unbedachten Handlungen herausgefordert, die wiederum eigene unbedachte Handlungen nach sich ziehen. Die Verantwortung für diese Eigendynamik wird immer nur bei dem anderen gesucht.

Der Soziologe Friedrich Glasl hat diese Dynamik der Konflikteskalation in ein neunstufiges Konfliktmodell übergeführt, das wir hier modifiziert wiedergeben:

1. Aus Interessen werden Standpunkte: Verhärtung.
2. Die Sache dient dem Beziehungskonflikt: Polemik und Killerphrasen beherrschen die Debatte.
3. Diskrepanz zwischen Worten und Verhalten: Taten sagen mehr als die Worte.
4. Stereotype und Klischees werden ausgetauscht: Image-Kampagnen.
5. Kränkungen und offene Beleidigungen: Gesichtsverlust als Ziel.
6. Drohungen und Gegendrohungen: Drohgebärden.
7. Es gibt nichts zu verlieren: erste Vernichtungsschläge.
8. Die Lähmung und Zersplitterung des Feindes: Zerstörung.
9. Kein Weg führt zurück: gemeinsam in den Abgrund.

Konstruktiver Umgang mit bewussten zwischenmenschlichen Konflikten

Im Einzel-Coaching können Sie nur die Konflikt- und Systemwahrnehmung einer einzigen Konfliktpartei bearbeiten. Durch die psychodramatische Technik des Rollentauschs im Monodrama (Perspektivenwechsel) können Sie jedoch beide Seiten mit einbeziehen und Verbindendes und Trennendes in Sache und Beziehung herausarbeiten.

Erst durch die Rollenübernahme des Gegners werden Sichtweisen und Emotionen für den Klienten nachvollziehbar und erlebbar (dies gilt auch dann, wenn er vorher bereits ein akzeptables kognitives Konzept der Beweggründe seines Gegenübers entwickelt hat).

Konfliktmoderation

Moderieren Sie mit Ihrem Klienten, der beide Seiten spielt, den Konflikt. Beachten Sie hierzu bitte auch die Anweisungen zum psychodramatischen Rollentausch im Kapitel »Aktionsmethoden in der Beratung« (s. S. 373 ff.). Selbstverständlich können Sie diese Konfliktmoderation ebenso mit zwei realen Kontrahenten durchführen.

- Jede Partei notiert strittige Kernpunkte der Sache und störende Punkte der Beziehung auf Moderationskarten. Diese Karten werden an die Pinn- oder Magnetwand geheftet.
- Die einzelnen Parteien erläutern ihre Karten kurz. Die andere Partei hört dabei zu und kann kurze Verständnisfragen stellen.
- Coach und beide Klienten sortieren die Karten nach Themen und definieren danach eine Rangfolge.
- Jetzt werden von beiden Parteien Lösungsmöglichkeiten vorgeschlagen, die später als Kompromisse oder auch zur Kooperation dienen sollen.
- Diese Vorschläge werden von beiden Parteien zunächst daraufhin untersucht, ob sie tatsächlich verwirklicht werden können.
- Beide Parteien einigen sich mit der neu gewonnenen Grundeinstellung darauf, zu einem späteren Zeitpunkt wieder miteinander zu kommunizieren.

Selbst wenn Sie nur mit einem Konfliktpartner arbeiten, der die Rollen tauscht, gewinnt dieser hierdurch neue Einsichten in die Konfliktdynamik. Das spätere Konfliktgespräch mit dem realen Konfliktpartner verläuft für ihn dann meist sehr kooperativ. Manchmal genügt also ein Partner, der den Prozess und den Lösungsweg kooperativ beschreitet.

Das Harvard-Konzept

Neben der Moderation und der Mediation, die wir noch behandeln werden, gibt es ein weiteres beliebtes Konflikt-Steuerungsmodell. In Deutschland ist es unter dem Titel »Das Harvard-Konzept« bekannt geworden. Dieses Modell trennt scharf zwischen

- Sachaspekt,
- Beziehungsaspekt,
- Bedürfnissen,
- Positionen (Interessen).

Auch dieses Konzept können Sie mit einem Klienten durcharbeiten, der die Rollen wechselt.

Die Phasen im Harvard-Konzept sind folgende:

- *Erste Phase:* Faire Spielregeln werden festgelegt und von den Parteien akzeptiert.
- *Zweite Phase:* Die Konfliktparteien trennen Sach- und Beziehungsaspekte sowie Bedürfnisse und Positionen. Im Mittelpunkt stehen die Bedürfnisse der Konfliktparteien und nicht ihre Positionen (Recht haben wollen).

- *Dritte Phase:* Die Kontrahenten entwickeln gemeinsam Handlungsalternativen (Lösungen) oder Optionen zum beiderseitigen Vorteil.
- *Vierte Phase:* Die Kontrahenten versuchen diese Optionen nach möglichst objektiven Kriterien zu beurteilen.
- *Fünfte Phase:* Beide Konfliktparteien planen gemeinsam, wie die Lösungen konkret umgesetzt werden können, und überwachen die Umsetzung nach vereinbarten Regeln.

Wir können für dieses Modell wieder eines unserer Beratungshäuser bauen: *Das Harvard-Konzept-Haus.* (s.unten)
Die zweite und die dritte Phase im Harvard-Konzept sind besonders sensibel. In der Praxis haben zwei Kontrahenten oft eine unterschiedliche Meinung darüber, wie sie ihre beiderseitigen Bedürfnisse gewichten sollen. Die Bedürfnisse sind dabei gelegentlich zu sehr auf den Eigennutz (hier Position genannt) gerichtet.
Als Coach (oder schon Mediator?) können Sie den Prozess unterstützen, wenn Sie zwei grundlegende Eigenschaften oder Fähigkeiten der Kontrahenten fördern.
Bestärkung: Bestärken und befähigen Sie Ihren Klienten oder beide Klienten, die eigenen Wünsche, Ängste, Interessen und Bedürfnisse wahrzunehmen und auszudrücken. Entscheidend sind dabei nicht nur die Gedanken, sondern auch die Emotionen!
Empathie und Anerkennung: Bestärken Sie den Klienten sowie den Kontrahenten in der Fähigkeit, die Wünsche, Ziele, Fertigkeiten, Ängste, Ressourcen, Grenzen der anderen Seite zu erkennen und ernst zu nehmen.
Ohne diese beiden Fähigkeiten kann das Harvard-Konzept nicht funktionieren.

Gruppenkonflikte als Sonderform des zwischenmenschlichen Konflikts

Auf Gruppendynamiken sind wir bereits eingegangen. Deshalb benennen wir hier nur kursorisch einige Aspekte, die Konflikte im bisher dargestellten Rahmen betreffen. Wenn Sie Konflikte bearbeiten, die zwischen drei oder mehr Personen ausgetragen werden, betreten Sie entweder das Gebiet der Familienberatung oder das der Teamberatung. Auch im Einzelcoaching werden Sie sich indirekt immer wieder mit den subjektiv wahrgenommenen Gruppenkonflikten der Klienten befassen. Das Bezugssystem (beispielsweise soziales Atom, die Herkunftsfamilie, die Arbeitsgruppe) des einzelnen Klienten

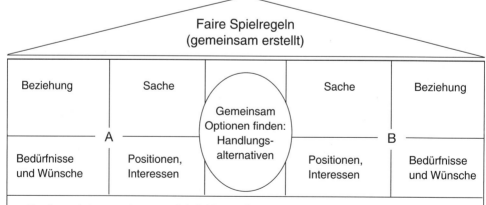

ist also stets mehr oder weniger bewusst präsent.
Auch in der Gruppe nehmen Sie gefühlsmäßig wahr, wann ein Konflikt schwelt. Auch hier gilt es, wieder die Frage zu stellen, woran »objektivierbar« zu erkennen ist, dass es in der Gruppe einen Konflikt gibt.

> **Übung**
>
> Versuchen Sie dem bereits erwähnten Völkerkundler (s. S. 501) zu erklären, worauf er bei der Suche nach Gruppenkonflikten zu achten hat. Wir geben Ihnen einige Stichworte, die Sie bitte in ein beobachtbares Verhalten übersetzen:
>
> - Knisternde Atmosphäre – Gruppenspaltungen.
> - Großer Koordinationsaufwand.
> - Mauern und Abwerten, Allianzen und Fraktionen.
> - Diskrepanz zwischen Emotion und Rede.
>
> Finden Sie weitere Stichworte!

Identität und Selbstbild hängen unter anderem von den Vergleichen mit anderen Menschen und von der Bestätigung ab, die wir durch sie erfahren. Auch dies kann Ursache für Gruppenkonflikte sein.

> Beispielsweise bedeutet das: Je wichtiger einem Gruppenmitglied der Vergleich ist, desto eher wird es geneigt sein, bei einem auftauchenden Gefühl der Minderwertigkeit überkompensatorisch zu agieren. Diese Überanpassung fällt als Zuviel des Guten negativ auf. Auch das Auseinanderklaffen von Selbst- und Fremdbild erzeugt häufig Spannungen in Gruppen.

Typische Konfliktquellen in Gruppen sind außerdem unklar ausgeübte Führungsfunktionen. Das kann in Selbsterfahrungsseminaren beabsichtigt sein. Wir teilen die Führungsstile hier in mütterliche Integrationsfunktionen und väterliche Steuerungsfunktionen ein.

Mütterliche Funktionen: moderieren, Konfliktaussprachen einleiten, für Transparenz sorgen, Ausgewogenheit herstellen; Gruppenprozesse reflektieren (Metakommunikation), sich kümmern und sorgen, jedem Teammitglied Raum geben, Spielregeln erstellen.

Väterliche Funktionen: die Gruppe nach außen vertreten, Sanktionen ausüben, positiv und negativ Macht und Führung klar beanspruchen, Aktivitäten koordinieren; Aufgaben und Zuständigkeiten klar verteilen, Gesamtbeitrag hervorheben, Einzelbeitrag hervorheben.

Wenn diese Funktionen vernachlässigt werden, kommt es meist zu Gruppenkonflikten. Für die Einzelperson ist es dann interessant, wo genau sie in diesem Beziehungsgeflecht steht und welchen Beitrag sie persönlich leisten kann und will, um den Konflikt konstruktiv zu bearbeiten.

Hierzu bietet sich im Einzel-Coaching als Instrument das soziale Atom des Psychodramas an oder beispielsweise eine systemische Beratung, wie sie im folgenden Abschnitt dargestellt wird (s. S. 511 ff.).

Erste Klärung eines Gruppenkonfliktes

Um erste Informationen für eine Klärung des Konfliktes zu erlangen, können Sie dem Klienten vier Fragen stellen:

- Worum genau geht es in diesem Konflikt?
- Wie beschreibt jede Partei für sich selbst die Geschichte dieses Konfliktes? Mit welchen Mitteln wird der Konflikt geführt?
- Wer genau streitet miteinander? Welche Beziehung haben die Kontrahenten?
- Welche Grundeinstellungen haben die Parteien zum Konflikt? Wozu sind sie bereit: Befinden sie sich auf dem Weg zur Lösung oder auf dem Weg in einen gemeinsamen Abgrund? Woran würden die Parteien erkennen, dass der Konflikt beigelegt oder kooperativ gelöst worden ist?

Selbsterfahrung in der Gruppe: Intrapsychische und interpersonelle Konflikte

In Lehrgängen und Weiterbildungen zum Coach oder psychologischen Berater werden nicht nur Coaching-Tools vermittelt. Besonders wichtig für zukünftige Beratungspersonen sind der Erwerb und die *Erfahrung* einer inneren Haltung. Dazu gehört auch, dass die Absolventen solcher Kurse die Möglichkeit haben sollen, ihre eigenen Gefühle, Erfahrungen, Muster, Anschauungen in der Gruppe gespiegelt zu bekommen. Solche Weiterbildungen werden auf dem Gebiet der Selbsterfahrung in der Gruppe nur ein Beginn sein und wecken hoffentlich das Interesse nach weiterer Arbeit in dieser Form; zum Beispiel einer mehrjährigen Ausbildung in Gruppenanalyse oder Gruppendynamik. In jeder Gruppenselbsterfahrung müssen sich die Teilnehmer ihren inneren Konflikten stellen und erlernen, interpersonelle Konflikte und Gruppenphänomene für die eigene Entwicklung zu nutzen. Die Erfahrung dabei zeigt, dass auch umfassendes Literaturstudium die Teilnehmer auf den Umgang mit den eigenen und interpersonellen Konflikten nicht ausreichend vorbereiten kann. Wer als Beratungsperson ernst genommen werden möchte, muss sich daher einer Selbsterfahrung unterziehen.

In solchen Selbsterfahrungsseminaren lernen die Teilnehmer eine Reihe von unbewussten Phänomenen kennen, die sich in Gruppen gut nachvollziehen lassen. Hier führen wir Ihnen beispielhaft vier solcher Phänomene auf. Es gibt viel mehr.

Die Gruppe als Beispiel für spätere Einzelberatungen: Prozesse und Gefühle, die in der Gruppe auftreten, werden Sie später in Ihrer Arbeit mit Klienten auch erleben (beispielsweise Frustration, Verwirrung, Wut, Langeweile, Zuneigung, Ausblenden wichtiger Themen, Einigung auf gemeinsame Abwehrstrategien): Einmal werden Sie das bei sich selbst erfahren – ein anderes Mal bei Ihren Klienten. Es ist sehr erhellend, wenn ein zukünftiger Coach von solchen Prozessen nicht nur gelesen hat – sondern sie auch in der Gruppe bereits an sich selbst erlebt hat.

Die Gruppe als Ort für Übertragungen: Gefühle, Gedanken und Ansichten, die Sie gegenüber anderen Personen in der Gruppe entwickeln (zum Teil in Bezug auf die Leitungsperson oder andere Personen in der Gruppe, mit denen Sie im Konflikt stehen) halten oft der »konsensuellen Validierung« (Vergleich mit der Einschätzung und Stellungnahme der anderen Teilnehmenden) nicht stand. Durch die Rückmeldungen anderer Personen kann es so einzelnen Teilnehmern leichter zugänglich werden, dass es sich bei einigen ihrer Wahrnehmungen um Verzerrungen (Übertragungen) auf Grund alter Muster oder Beziehungskonstellationen aus der Primärfamilie handelt. Es ist sehr erhellend, aber auch schmerzlich, das am eigenen Leibe zu erfahren, da dieser Mechanismus zwar vielen Absolventen aus der Lektüre von Fachliteratur bekannt ist, er aber naturgemäß im konkreten Fall beflissen geleugnet wird (unbewusste Abwehr).

Die Gruppe gibt Feedback über unser Wirken in der Welt: Sie werden in solchen Gruppen erfahren können, dass Sie teilweise anders auf andere wirken und anderes bei anderen auslösen, als Sie bisher annahmen oder bewusst gewünscht und gewollt haben. Sie erhalten von anderen Personen Feedback darüber, was Sie tatsächlich bewirken und auslösen und welche Gedanken und Gefühle Sie bei anderen bewirken.

Die Gruppe als Ort unbewussten Wirkens: In der Gruppe wird gelegentlich auch »zwischen den Zeilen« zugehört und angesprochen, auf welche Weise sich (auch aggressive, spaltende, konspirative, machtorientierte) unbewusste Botschaften in freundliche oder unverfängliche Obertöne einschleichen oder auf welche Weise wichtige Themen in der Gruppe immer wieder verschwiegen oder nicht direkt angefasst werden. Viele Themen werden nur symbolisch oder in Stellvertretergeschichten bearbeitet, um einer bewussten Klärung auszuweichen. Dies ist in Gruppen mit professionellen Beratern genauso üblich wie in Laiengruppen!

Das Wort Selbsterfahrung macht vielen Beratungsprofis Angst

Solche Ängste sind verständlich und werden (oft noch wenig bewusst) von fast allen zukünftigen Coaches geteilt. In jungen Ausbildungsgruppen tauchen oft regressive Phänomene auf, die sich in irrationalen oder sogar »unzivilisierten« Befürchtungen äußern. Diese Phänomene sind für die Gruppe meist nicht erkennbar und äußern sich szenisch oder symbolisch in Sprache und Verhalten. Alle Teilnehmerinnen und Teilnehmer nehmen aber bewusst wahr, dass sie mehr oder weniger gespannt und ängstlich sind. Bei genauem Nachspüren berichten dann einige, dass sie eine Furcht vor Bloßstellung empfinden, eine Scham, eine Angst vor den fremden Personen, ein Gefühl der Machtlosigkeit und des Ausgeliefertseins.

In dieser Phase kommt es oft auch zu interpersonalen Konflikten mit narzisstischen Kränkungen (Verletzung der Selbstachtung und des Selbstbildes durch das Feedback der anderen oder durch Bemerkungen der Leitungsperson). Teilnehmer fühlen sich dann oft nicht wertgeschätzt, fühlen sich ausgeschlossen, abgelehnt, missverstanden, »wie in einem falschen Film«. Es entsteht häufig ein »Spiel«, in dem die narzisstischen Kränkungen vergolten und zurückgegeben werden. In dieser Phase wird auch die »Macht« in der Gruppe unter den Teilnehmenden nach subtilen unbewussten Regeln verteilt (wem geht es am schlechtesten, wer ist mit der Selbsterfahrung am weitesten, wer darf wen kritisieren, wer hat das beste Privat- oder Berufsleben, wer kann sich am meisten öffnen, wer kann dem Leiter widerstehen, wer kann den Leiter am besten verstehen und es ihm nachtun). Es kommt gelegentlich zu Gefühlen von Wut, Frustration, Langeweile, Ablehnung aller anderen, Entwertung der anderen (hier kann mir niemand etwas geben!), Feindseligkeit gegenüber anderen oder der Leitungsperson.

Im späteren Verlauf der Selbsterfahrungsgruppe kommt es dann zu anderen Phänomenen: Jetzt werden (erkennbar für neutrale Beobachter, noch nicht für die Betroffenen) Übertragungen, Projektionen und projektive Identifikationen offensichtlich. Die Mitglieder beleben alte Geschwisterrivalitäten in der Gruppe oder bilden abwehrende Untergruppen (s. S. 310). All diese Phänomene – und noch viele mehr! – verwirren, frustrieren und führen gelegentlich dazu, dass eine Person »innerlich abschaltet« und nicht weiter an sich arbeitet. In ambulanten Psychotherapiegruppen treten in diesen Situationen bis zu 30 Prozent der Personen in der Frühphase der Gruppe wieder aus und brechen die Selbsterfahrung oder Therapie ab. In Coaching-Ausbildungen ist das wegen der ungünstigeren Stornobedingungen meist anders. Außerdem möchten fast alle Teilnehmer ein Ausbildungs-Zertifikat erwerben und sind auf diese Weise genügend extrinsisch motiviert durchzuhalten. Die Teilnehmer, die sich den oben genannten Phänomenen stellen, können von den Erfahrungen profitieren, indem sie sie in der Gruppe bearbeiten (oder »durcharbeiten«). Nachbefragungen (Evaluation, Effektivitätsstudien) zeigen, dass sich diese Arbeit sowohl in der Gruppentherapie als auch in der Gruppenselbsterfahrung und -ausbildung lohnt.

Aus Studien über Gruppentherapien weiß man, dass es sich auf die Lernmöglichkeiten, den Therapieeffekt (oder Selbsterfahrungswert) und die Abbrecherquote in einer Gruppe positiv auswirkt, wenn einige dieser Ängste und Probleme, die in Gruppen auftreten können, im Voraus angesprochen werden oder wenn darüber schriftlich informiert wird. (Ein Überblickskapitel mit Literaturstellen zur Vertiefung finden Sie in Yalom: Theorie und Praxis der Gruppenpsychotherapie, 6. Aufl. 2001, S. 300ff.)

Besonders in der Anfangsphase eines Gruppenprozesses oder in Kurzzeitgruppen kann so die Effektivität der Gruppe deutlich verbessert werden. Dabei können in der Vorinformation auch typische Vorurteile, Klischees, Konfliktmuster und Probleme angesprochen werden, die fast immer wieder auftreten und die Gruppenarbeit einmal bereichern, ein anderes Mal aber lähmen oder behindern könnten.

Vorurteile und Ängste

Welche Vorurteile, Ängste oder Fantasien haben Ausbildungskandidaten bezüglich eines Selbsterfahrungsseminars? Folgende Aussagen werden häufig von Teilnehmenden getroffen:

- Gruppenselbsterfahrung sei nicht kalkulierbar und gehe mit fehlender persönlicher Kontrolle einher.
- Den Teilnehmern werden Enthüllungen abgerungen, jeder müsse sich offenbaren. Dabei könne es passieren, dass jemand mit sehr ängstigenden und lange vergrabenen Anteilen in sich in Berührung kommt und daran zerbricht.
- Gruppenselbsterfahrung sei nicht so wirkungsvoll wie eine Einzelselbsterfahrung, da die einzelnen Gruppenmitglieder nur einen Bruchteil der Aufmerksamkeit der Gruppenleitung erhalten.
- Es könne schädlich sein, in einer Gruppe mit vielen Menschen zusammen zu sein, die möglicherweise komisch oder sogar psychisch gestört sind. Dadurch könnte man emotional angesteckt werden oder sogar selbst anfangen, komisch oder gestört zu werden. Oder man geht wieder nach Hause und alle Beziehungen brechen dort zusammen.
- In einigen Teilnehmern tauchen alte Ängste wieder auf: abgelehnt oder ausgeschlossen zu werden. Diese in der Kindheit noch bewusste Angst, taucht bisweilen in Gruppenanfängen wieder auf.
- Einige der Teilnehmenden befürchten zudem, dass ihre Äußerungen oder Offenbarungen kritische, verächtliche, spöttische oder demütigende Reaktionen bei den anderen oder der Gruppenleitung hervorrufen könnten. Darin ist zum Teil auch die Angst enthalten, eigene feindselige und aggressive Impulse auszuleben (die sonst hinter Freundlichkeiten verborgen schlummern).
- Viele Teilnehmer möchten nur Coaching-Tools erlernen und halten Selbsterfahrung für unwichtig (weil sie schon alt genug sind oder schon alles über sich erfahren haben).
- Einige der Teilnehmenden glauben, dass eine harmonische Gruppe besonders erfolgreich und »toll« ist. Um diese Harmonie zu erzeugen und um sie nicht zu gefährden, müsse man bestimmte Eindrücke, Gefühle und Gedanken lieber verschweigen und für sich behalten.
- Einige Teilnehmer meinen, ein guter Gruppenleiter müsse die Gruppe immer gut unterhalten und alles klar erkennbar und nachvollziehbar halten.
- Einige Teilnehmer wünschen sich mehr Nähe oder mehr Abstand zur Leitung. (Übrigens: Manche beschäftigen sich auf die eine oder andere Weise noch viele Wochen oder Monate mit der Person des Gruppenleiters.)
- Viele Teilnehmer an Selbsterfahrungsseminaren äußern im Nachhinein die folgende Vorstellung: Seminare sollten einem dramaturgischen Wandel unterliegen. Spannung sollte bis etwa über die Mitte der Zeit hin aufgebaut werden, und zum Ende hin sollte sich für jeden eine Lösung ergeben, die es jedem Teilnehmer erlaubt, in heiterer Gelöstheit, gestärkt und mit großer Klarheit nach Hause zu gehen.

Es führt daher bei vielen Teilnehmern zu Verwirrung, wenn am Ende des Seminars mehr Fragen entdeckt wurden als schlüssige Antworten und fertige Lösungen. Daraus ergeben sich gelegentlich Konflikte in der Familie der Teilnehmer und auch Konflikte mit der Leitung.

Systemische Fragen in der Konfliktarbeit

Coaching ist fast immer Konfliktarbeit. Und Coaching arbeitet implizit oder explizit mit systemischen Methoden. Grundlegend Neues werden Sie in diesem Kapitel also nicht erfahren. Wir werden jedoch einen roten Faden aufzeigen, der Ihnen die Konfliktberatung erleichtern soll. Insofern könnte dieses Kapitel also auch heißen: Kurzer Leitfaden des Coachings mit systemischen Fragen! Zuvor möchten wir jedoch skizzieren, von welchen Voraussetzungen wir bei dieser systemischen Konfliktarbeit ausgehen:

- Der Klient hat oder die Klienten haben ein Interesse an Veränderung und Kooperation. Sie wissen nur noch nicht, wie das gelingen kann.
- Klient oder die Klienten und der Coach einigen sich auf ein Thema. Dieses sollte von allen einhellig getragen werden (Vorsicht vor Fremdaufträgen von Dritten).
- Der Klient ist beziehungsweise die Klienten sind bereit, aktiv mitzuarbeiten und auch Informationen beizusteuern.
- Der Coach ist willens, aktiv und auch direktiv vorzugehen. Er muss bereit und kompetent sein, Ideen und Vorstellungen zu säen, diese also indirekt und direkt zu vermitteln (zum Beispiel hypnotherapeutisch, metaphorisch, psychoedukativ, also erklärend und aufklärend).

Das Ziel der Arbeit sollte sehr simpel zusammengefasst werden und kann durch gezieltes Fragen herausgearbeitet werden. Fast alle Probleme und Konflikte lassen sich auf die folgenden zwei Kernaussagen verdichten:

- Die gemeinsame Arbeit soll dazu führen, dass in Zukunft etwas gemacht wird.
- Die gemeinsame Arbeit soll dazu führen, dass in Zukunft etwas unterlassen wird.

Wann immer es möglich ist, versuchen Sie bitte das Problem gedanklich hierauf zu verdichten. Danach ist es Ihre Aufgabe, jene Interaktions- und Denkmuster, die die oben genannten Ziele unterstützen oder behindern, entweder anzuregen oder zu behindern; in beiden Fällen ist es ein »Stören« bisheriger Muster. Probleme erhalten sich nämlich durch innere Feedbackschleifen selbst. Wenn wir das Gleichgewicht dieser inneren Prozesse (ob in einem Individuum, einer Familie, einer Gruppe) stören, eröffnet sich die Chance, Neues zu lernen. Konflikten wird dadurch der systemische Nährboden entzogen! Wie können wir anregen oder stören?

»Stören« in der systemischen Beratung

Erste Störung: Altes umdeuten und Ungesehenes sichtbar machen. Was dem Menschen vertraut ist, das wird von ihm auch erwartet. Es bekommt einen Namen und steht in einem logischen Bedeutungszusammenhang. Ein solches zirkuläres Weltbild ist geschlossen: Erwartungen führen zu Folgerungen, die Erwartungen bestätigen. Dadurch bleibt die Sicht auf die Dinge ohne Widerspruch. Sie als Berater können den Beobachtungen neue und überraschende Aspekte abgewinnen oder rücken bisher unbeachtete Vorgänge in den Fokus der Aufmerksamkeit. Das führt beim Klienten zu einer Veränderung des subjektiven Weltbildes. Er wird dann gegen seinen Widerstand gezwungen sein, neue Schlussfolgerungen zu ziehen.

Zweite Störung: Auf bekannte Verhaltensweisen ungewohnt reagieren. Menschen sind es gewohnt, die gleichen Interaktions- und Kommunikationsmuster zu wiederholen; das schafft Sicherheit und Vertrautheit.

Wenn der Vater die Stimme absenkt, dann wird die Stimme der Mutter piepsig... Sicher kennen Sie solche Verhaltensmuster als Start einer Interaktion, die sich in zirkulären Schleifen immer wieder beobachten lassen. Solche Muster, die sich stereotyp wiederholen, können durch überraschende oder »falsche« Reaktionen unterbrochen werden. Dadurch wird der Weg für neue Antworten und neue Schleifen frei.

Dritte Störung: Gewohntes Verhalten braucht neue Bedeutungen. Wenn eine Gruppe (oder ein Individuum mit einem starren inneren Bezugssystem) sich gefestigt hat, kommt es zu einem Erlahmen gegenseitiger Störungen. Dann wird nichts mehr hinterfragt, niemand stellt den anderen mehr neue Fragen. Stattdessen bestätigen und unterstützen sich alle in ihren wechselseitigen Vorurteilen und Erwartungen (so genanntes *Prinzip der Co-Abhängigkeit*). Die Interaktionsschleifen und die Wirklichkeitskonstruktionen solcher Gruppen oder Individuen erstarren.

Als Berater ist es dann Ihre Aufgabe, Neugierde aufeinander zu säen und neue Erfahrungen in das System zu bringen. Diese führen dazu, dass die Systemmitglieder Eingefahrenes wieder hinterfragen und neue Erklärungen und Bedeutungen für neues und altes Verhalten finden müssen.

Im Übungsteil werden wir einige Techniken wiederholen, mit denen Sie stören können: Reframing, So-tun-als-ob, innere und äußere Rituale (unter anderem »Moment mal!«), neue Geschichten über sich und das System erzählen, »Reflecting Team«.

Strukturierte systemische Konfliktberatung (Erstgespräch)

Im Folgenden stellen wir Ihnen einen strukturierten systemischen Beratungsablauf dar. Dieser ist, wie bereits erwähnt, sowohl als Konfliktintervention als auch als allgemeines Coaching-Instrument geeignet.

Wie ist der Klient zu Ihnen gekommen? Warum hat der Klient Sie als Coach ausgewählt? Welche Vorinformationen gab es? Was waren die Erwartungen? Was sind die Befürchtungen, was ist die Skepsis? Welche Vorerfahrungen mit Beratung gibt es? Was soll jetzt genauso, was anders laufen? Zu welcher Zeit entstand die Idee, eine Beratung in Anspruch zu nehmen? Wie war in diesem Moment die Lebenssituation?

Was ist der Auftrag an den Berater? Soll etwas unterlassen oder neu gelernt werden? Was genau soll das Ziel der Beratung sein? Woran wird man genau erkennen können, dass das Ziel der Beratung erreicht ist? Woher weiß der Klient, dass das Ziel realistisch ist? Wer wird von diesem Anliegen betroffen sein (positiv oder negativ)? Welche Interessen verfolgen andere oder welchen Nutzen haben andere von einer späteren Veränderung?

> **Übung**
>
> Bitte stellen Sie sich Ihre Herkunftsfamilie oder Ihr momentanes Arbeitsteam vor (je nachdem, was Sie sich in dieser Übung zutrauen).
>
> Beschreiben Sie einige Kreisläufe von Erwartungen, Beobachtungen und Folgerungen, die von Ihnen als richtig und wichtig erkannt wurden. Beziehen Sie jetzt andere Prozesse in die Betrachtung ein, die Sie bisher für unwichtig gehalten haben, wie die Ansicht eines Nachbarn oder Ähnliches, und finden Sie für Ihre Beobachtung eine völlig neue Bedeutung. Wie hätte sich das System durch diese neue Bedeutungsgebung verändert?
>
> Wie hätte sich das Interaktionsmuster Ihrer Eltern oder eines an Ihrem Arbeitsplatz geändert, wenn auf eine bekannte Frage oder Gesprächseröffnung eine unerwartete Antwort gekommen wäre? Welche Antworten hätten welche Änderungen bewirkt?

Was wurde bislang versucht? Wurde das Ziel schon einmal erreicht? Welche Versuche gab es bisher, sich dem Ziel zu nähern? Was führte dabei zu Annäherungen und was zum Scheitern? Was wurde konkret getan, damit diese Ergebnisse entstehen konnten? Warum konnte das Ziel bisher nicht ohne Hilfe von außen erreicht werden? Wer müsste was tun, damit die Beratung zu einem Erfolg wird? Wer dürfte was auf keinen Fall tun?
Was sind die Hoffnungen und Ängste des Klienten? Welche Funktion soll der Berater übernehmen? Welches Beziehungsangebot steckt darin? Wie könnte der Berater dafür sorgen, dass die Beratung erfolglos bleibt? Wie muss er sich verhalten, damit der Klient sich wohl fühlt? Wie muss er sich verhalten, um die Beratung zu einem Erfolg zu führen? Welche Grundannahmen, Werte und Befürchtungen hat der Klient?
Zukünftiges: Wie lange wird es vermutlich dauern, bis das Ziel erreicht ist? Wie lange würde es dauern, bis das Ziel ohne Berater erreicht ist? Wie würde es ohne Berater weitergehen? Wie würde sich das zukünftige Leben ohne Beratungserfolg weiterentwickeln – einmal in moderater Version, einmal als schlimmster Fall (Horrorszenario)?

> **Übung**
>
> Wir haben Ihnen im Laufe des Buches mehrere solcher Beratungsabläufe mit entsprechenden Fragensammlungen vorgestellt. Bitte stellen Sie sich nun selbst ein strukturiertes Interview-Modell zusammen, indem Sie ungefähr sechs Überschriften wählen und dazu jeweils etwa zehn Fragen finden. Dabei sollten Sie unter anderem folgende Aspekte berücksichtigen: Organisatorisches (Preise, Termine und so weiter), Symptom oder Problem (Klage, Beschwerde), Auslöser, bisheriges Bemühen, System, Ressourcen, Ziel …
> Dieses Modell könnte Ihr zukünftiger roter Faden in allen Erstgesprächen mit Ihren Klienten sein.

Systemische Gesprächs- oder Fragetechniken

Zum Erlernen systemischer Fragetechniken empfehle ich Ihnen das Buch von Fritz B. Simon und Christel Rech-Simon: »Zirkuläres Fragen« (2004). Es ist enorm lehrreich und bereichernd für jeden Berater und Coach.

W-Fragen

»Der Fragende ist nie unwissend«, lautet ein afrikanisches Sprichwort. Im Coaching zielt jede Frage darauf ab, Informationen zu gewinnen oder den Klienten zu stören (anzuregen). Wir hatten bereits darauf hingewiesen, dass offene W-Fragen (wer, wie, wo …?) die vielfältigsten Aspekte eines Zusammenhangs beleuchten. Zeitsparend können wir hier in sechs Schritten vorangehen:

- *Erster Schritt:* Was genau ist das Problem? (Problem)
- *Zweiter Schritt:* Wie genau sollte die ideale Zukunft aussehen? (Ziel)
- *Dritter Schritt:* Was blockiert Sie selbst bei der Problemlösung? (innere Teile)
- *Vierter Schritt:* Was könnte dabei unterstützen, und wie könnte der erste Schritt aussehen? (Ressource)
- *Fünfter Schritt:* Was war damals und was war bisher? (Geschichte)
- *Sechster Schritt:* Wie denken andere über die hier gestellten fünf Fragen? (System)

> **Übung**
>
> Definieren Sie ein Problem oder einen Konflikt (Ihren eigenen oder einen in Ihrem Umfeld). Stellen Sie zu diesem Konflikt Fragen der folgenden Art:
>
> - Fragen nach Informationen und Fakten,
> - Fragen, die etwas Generelles konkretisieren,
> - Fragen, die Bedürfnisse oder Wünsche hinter Positionen erhellen.

Paraphrasieren

Im systemischen Coaching werden Aussagen des Klienten häufig umgeformt zurückgegeben. Dies nennt man Paraphrasieren. Das Paraphrasieren erfüllt mehrere Zwecke.

- Durch das Wiederholen wesentlicher Inhalte bleibt die Diskussion auf den Kern des Problems konzentriert.
- Das Gesprächstempo wird dadurch reguliert. Hitziges Erzählen wird damit häufig unterbunden, und der Coach bekommt Zeit zum Denken und Planen.
- Angst, Ärger, Wut und ähnliche Gefühle nehmen ab, wenn der Klient spürt, dass ihn sein Gegenüber versteht.
- Der Coach hat die Möglichkeit zum Reframing, er kann auch vom Generellen zum Speziellen wechseln (oder umgekehrt) und durch kleine Veränderungen der Aussage Ausgeblendetes in den Fokus der Aufmerksamkeit rücken.
- Paraphrasieren ist eine Grundtechnik empathischer Gesprächsführung. Durch sie fühlt der Klient sich angenommen und verstanden.

Info

Die Regeln des Paraphrasierens

- Beziehen Sie sich gleichermaßen auf die Sache und auf das Gefühl.
- Beziehen Sie sich auf alle vier Botschaften aus dem Modell von Friedemann Schulz von Thun: Appell, Sache, Beziehung, Selbstoffenbarung.
- Trauen Sie sich, allparteilich zu sein (also nicht nur auf der Seite des Klienten).
- Hüten Sie sich vor eigenen Interpretationen, Wertungen und Unterstellungen.
- Stellen Sie den positiven Kern der Klienten-Botschaft dar. Stören Sie! Seien Sie kein unverformtes Echo.
- Transformieren Sie jede Verallgemeinerung (»man, alle, ...«) in eine Botschaft, die sich auf den Klienten bezieht (»Sie!«). Wenn Sie über sich reden, dann konzentrieren Sie sich auf Ich-Botschaften.

Ich-Botschaften

Ich-Botschaften enthalten nicht nur das Wort »ich«. Insofern ist dieser Begriff unglücklich gewählt. Er hat sich im Coaching aber bereits etabliert. Besser hieße er zum Beispiel »kooperative Aussage«. Was ist eine Ich-Botschaft? – Die Ich-Botschaft sollte folgende Elemente enthalten:

- Sie sollte auf ein Bedürfnis oder Gefühl des Sprechers bezogen sein: »Ich fühle mich ...«
- Sie sollte klarstellen, ob das Gefühl eine Reaktion auf einen anderen Menschen ist, oder die Ursache des Gefühls wiedergeben: »... wenn er/sie (du) Folgendes macht ...«
- Sie sollten angeben, welche Ressource benötigt wird: »... und ich möchte dich bitten/... ich brauche von dir ...«

Beispiel: *»Ich weigere mich, auf ihn zuzugehen, wenn er alles weiterhin so blockiert, und ich frage mich, ob ich unter diesen Umständen überhaupt noch die Verantwortung für das Projekt übernehmen kann.«* In diesem Satz ist zweimal ein »ich« enthalten. Trotzdem ist diese Aussage nicht geeignet, eine kooperative Grundhaltung zu fördern. Sie könnten diese Aussage folgendermaßen paraphrasieren und damit implizit auf die Möglichkeit von Ich-Botschaften (konstruktiven Perspektiven) hinweisen: *»Das heißt, Sie suchen nach neuen Möglichkeiten, mit ihm ins Gespräch zu kommen und – wenn ich Sie recht verstehe – macht es Ihnen ein ungutes Gefühl, dass er Ihre Meinung nicht ernst genug nimmt? Das heißt, Sie brauchen das Gefühl, dass er auf Ihre Anregungen eingeht?«*

Mit solchen Aussagen kommen Sie einerseits mit dem Klienten in ein lebhafteres Gespräch, zum anderen eröffnet eine solche Vorgehensweise meist weitere Perspektiven.

Konkretisieren und Abstrahieren zu einer Provokation nutzen

Wenn ein Klient sich sehr allgemein äußert, können Sie ihn stören, indem Sie ihn konkret paraphrasieren.

»Ich bin in unserer Abteilung eher der ruhende Pol.« – »Das heißt, wenn etwas schnell erledigt werden muss, dann sollte man sich eher nicht an Sie wenden?« Ein anderes Beispiel: »Dieser Bericht bringt mich wieder zur Weißglut. Besonders der Punkt 3 ist so schwierig auszufüllen …« – »Das heißt, mit diesem Schreibtischjob haben Sie genau das gewählt, was Ihnen eigentlich gar nicht liegt?«

Diese Form der Störung – wie alle Provokationen – sollte nur wohl dosiert angewendet werden. Sie verlangt außerdem sehr viel Fingerspitzengefühl und Übung. Provokatives Coaching setzt eine tragfähige Arbeitsbeziehung zwischen Klient und Coach voraus: Eine Beziehung, die auch kurzfristige Verwirrungen und Kränkungen ertragen kann. Provokation ohne diese Basis verpufft als Beleidigung.

Die Osborn-Checkliste

Mit diesem Instrument lassen sich Brainstorming und Optionssammlungen aus Konfliktmoderationen nachbearbeiten. Es bietet eine kleine Sammlung von Reframings oder Perspektivenwechseln:

- *Eine andere Verwendung dafür finden:* »Wo könnte diese Idee besser gebraucht werden?«
- *Anpassung:* »Wie kann man den Gedanken verändern, damit er zu Ideen passt, die wir von woanders bereits kennen?«
- *Änderung:* »Wie kann ich diese Idee verändern, damit sie besser passt?«
- *Vergrößerung:* »Wie kann ich die Idee ausweiten, was kann ich hinzufügen?«
- *Verkleinerung:* »Was sollte ich aussparen, was wegnehmen, damit es besser passt?«
- *Ersetzen:* »Was sollte ich austauschen, was lässt sich innerhalb der Idee ersetzen (Menschen, Material, Ablauf …)?«
- *Umstellung:* »Kann ich die Reihenfolge ändern, damit es besser funktioniert?«
- *Umkehrung:* »Ginge es auch anders herum? Könnte ich vielleicht die ganze Idee ins Gegenteil kehren?«
- *Kombinationen:* »Mit welchen alten oder neuen Ideen lässt sich diese Idee verbinden?«
- *Transformation:* »Wie lässt sich diese Idee so ändern, dass sie vielleicht für ganz andere Zwecke genutzt werden kann?«

Sieben Denkfehler nach Gomez und Probst

Peter Gomez und Gilbert J.B. Probst haben Wirtschaftsunternehmen daraufhin untersucht, welche Fehler oder Stereotype bei der Bearbeitung von Problemen immer wieder auftreten. Sie haben dabei sieben typische Fehler entdeckt und ein systemisches, vernetztes Denken entwickelt, mit dessen Hilfe diese Probleme lösbar sein sollen. Die gleichen Denkfehler finden sich als Grundhaltungen auch bei vielen Klienten. Sie behindern Konfliktlösungen.

Wir möchten Ihnen die Antworten, die Gomez und Probst zur Lösung der Denkfehler fanden, hier nicht vorstellen. Es ist jedoch hilfreich, wenn Sie die sieben Probleme mit Ihren Klienten durcharbeiten und die Klienten anregen, nach eigenen Lösungen der Denkfehler zu suchen und danach, inwiefern sie vielleicht den gleichen Fehlern erliegen. Hier die sieben Denkfehler:

- Probleme sind objektiv gegeben und müssen nur noch klar formuliert werden.
- Jedes Problem ist die direkte Konsequenz einer einzigen Ursache.
- Um ein Problem zu verstehen, genügt eine genaue Kenntnis des Ist-Zustandes.

- Verhalten ist vorhersehbar; hierzu sind nur genügend Informationen notwendig.
- Probleme lassen sich beherrschen; dies ist immer nur eine Frage des Aufwandes.
- Ein »Macher« kann jede Problemlösung auch in die Praxis umsetzen.
- Mit der Einführung einer Lösung kann das Problem endgültig beseitigt werden.

> **Übung**
>
> Finden Sie Einschränkungen und Widerlegungen der sieben Denkfehler. Wir geben Ihnen zu den einzelnen Punkten einige Stichworte als erste Orientierung. Sie können aber ganz eigene Ideen entwickeln.
> 1. Standpunkte und Perspektiven
> 2. Netzwerke, Kreisläufe, Zufälle, Planbarkeit
> 3. Tendenzen, Beziehungen, Kreisläufe, Zeitaspekte
> 4. Verhaltensvarianten, bewusste und unbewusste Motive, persönliche Lebensgeschichten
> 5. Zusammenhänge mit Größerem, Abhängigkeiten
> 6. Kräfte und Eigenarten des Systems, richtiger Zeitpunkt und richtiger Ort
> 7. Flexibilität, Lernfähigkeit, Spontaneität

Auf einige der dargestellten Gesprächs- und Fragetechniken werden wir im Übungsteil noch einmal zurückkommen. Dort werden wir weitere Fragenarten erproben, die wir hier nicht genannt haben, die aber bereits in den ersten Kapiteln erwähnt worden sind. Denken Sie daran: Fragen sind im Coaching das Wichtigste!

Basiswissen Mediation

»Könnte ich meine Coachingkenntnisse auch als Mediator nutzen?« Diese Frage wird in der Coachingausbildung gelegentlich gestellt. Deshalb möchten wir Ihnen schlaglichtartig einige Basisinformationen zur Mediation vermitteln: Viele oder die meisten Mediatoren in Deutschland sind Rechtsanwältinnen und Rechtsanwälte. Mediation ist zurzeit noch eine Nebentätigkeit von Juristen, Coaches oder anderen Konfliktvermittlern.

Die *Deutsche Gesellschaft für Mediation* möchte die Mediation als eigenständigen Beruf etablieren. Ebenso wie beim Coaching gibt es bisher jedoch keine verbindlichen Ausbildungsregelungen, und der Titel »Mediator« ist als Berufsbezeichnung nicht geschützt. Auch Mediation in der Wirtschaft ist lediglich eine Nebentätigkeit, von der allein bisher kein Mediator leben kann.

In den USA sieht dies teilweise anders aus. Wegen der immensen Gerichtskosten hat sich dort eine außergerichtliche Streitkultur entwickelt, die alternative Verhandlungslösungen beider Parteien mit Hilfe von Mediatoren anstrebt. Dieser Alternative Dispute Resolution Process (ADR) besteht aus folgenden Elementen:

- Direkte Verhandlungen der Konfliktparteien (negotiation).
- Methodische Unterstützung bei der Visualisierung und Moderation des Konfliktgeschehens (facilitation).
- Vermittelnde Prozessbegleitung (mediation) und gegebenenfalls auch Vorschlagen von Optionen, von denen angenommen wird, dass sie für beide Parteien akzeptabel sind (evaluative mediation).
- Inhaltliche Vorschläge, die bereits auf ihre rechtliche Umsetzbarkeit hin überprüft wurden (arbitration).

Findet hierbei ein Mediations-Teilnehmer für sich eine eigene oder bessere Lösung (eine so genannte *BATNA, best alternative to a negotiated agreement* = die beste Alternative zu einer Verhandlungsübereinkunft), so steht es ihm frei, sich jederzeit dem Mediationsprozess zu entziehen. Jeder Prozessteilnehmer berücksichtigt außerdem die schlechteste Alternative, die ohne Verhandlung schlimmstenfalls eintreten könnte (*WATNA, worst alternative*).

Ähnliche Prozesse durchlaufen zum Beispiel Schlichtungs- oder Vermittlungsverfahren in juristischen, tariflichen oder politischen Konflikten auch in Deutschland. Hier sind sie jedoch meist weniger strukturiert.

Coaching und Mediation benutzen viele gemeinsame Werkzeuge. Viele Prozessschritte sind ähnlich oder sogar identisch. Es ist daher nachvollziehbar, dass sich viele Berater als »Coach, Mediator, Supervisor« bezeichnen. Wir schlagen Ihnen vor, sich vorerst nur *Coach* oder *Psychologischer Berater* zu nennen. Auch als Coach können Sie zwischen Konfliktparteien vermitteln. Hierzu bedarf es keiner weiteren Berufsbezeichnung.

Merkmale und Struktur der Mediation

Wir möchten Ihnen nun zeigen, dass Konflikt-Coaching und Mediation große Ähnlichkeiten aufweisen.

Voraussetzung einer Mediation

Zu den wichtigen Merkmalen der Mediation gehören:

- Klare Begrenzung auf einen Fall oder ein Problem.
- Ergebnisoffenheit.
- Einbeziehung aller Konfliktparteien.
- Eigenverantwortlichkeit und Klärungsmotivation jedes Teilnehmers.
- Ein allparteilicher externer Dritter (Definition des Mediators).

Der Mediator sollte, gleichermaßen auf beide Konfliktparteien bezogen, empathisch, authentisch, wertschätzend und systemisch orientiert sein. Der Mediator hat keine Entscheidungsbefugnis und soll weder über Schuld noch über Fragen von richtig oder falsch entscheiden. Diese Grundhaltungen teilt er zu Beginn der Mediation den Kontrahenten mit. Er demonstriert durch Körperhaltung, Sprache und Handlungen beiden Parteien, dass er sich um eine Allparteilichkeit bemüht. Diese Allparteilichkeit geht über eine Neutralität hinaus, da er beide Parteien dazu anregt, ihre Bedürfnisse, Ansichten und Interessen zu formulieren. Er vermittelt und balanciert die Gegenpole von einfühlendem Verstehen und positiver Kampfbereitschaft (Empathie versus offene kooperative Konfrontation), oder er vermittelt zwischen Harmoniesehnsucht und destruktiver niederdrückender Kommunikation, den entarteten Zerrformen von Empathie und Konfliktfähigkeit.

Dabei durchläuft der Prozess – je nach Mediations-Schule etwas modifiziert – folgende Phasen.

Die Mediationsphasen

- Auftragserteilung, Einführung und Einigung auf Arbeitsregeln.
- Themen, Probleme, Informationen werden gesammelt.
- Interessen und Bedürfnisse werden geklärt.
- Auf Grundlage der Interessen werden Optionen gesucht.
- Die Optionen werden auf Grundlage der verschiedenen Interessen bewertet.
- Schritte der Einigung oder Lösung werden vereinbart.
- Das Ergebnis wird dokumentiert und von beiden Parteien unterschrieben.

Die gefundenen Lösungen werden keine Musterlösungen sein, die andere Klienten oder Kontrahenten auf ähnliche Probleme übertragen könnten. Da Mediation sich auf ein konkretes Problem konzentriert und dabei die Bedürfnisse der Kontrahenten in den Mittelpunkt rückt, sind die Verhandlungsergebnisse nicht übertragbar. Häufig handelt es sich um Ergebnisse, die auf ihre rechtliche Machbarkeit hin überprüft werden müssen. Das ist einer der Gründe, weshalb viele Mediatoren Juristen sind. Dafür gibt es weitere Gründe:

- Die rechtliche Umsetzbarkeit der Vereinbarung muss überprüft werden.
- Die Mediation ist im Vergleich zu einem Gerichtsverfahren image- und beziehungsschonend. Sie gilt daher als Alternative, wenn in rechtlichen Angelegenheiten grundsätzliche Fragen bereits im Vorfeld geklärt werden: Klärungsbereitschaft, Kooperationsbereitschaft, Ergebnisoffenheit.
- Die Mediation ist kostengünstig. Auch eine Rechtsschutzversicherung schützt häufig nicht vor einer Beteiligung an den hohen Kosten eines Rechtsstreites.
- Mediation kann durch einen Mediationsvertrag und eine abschließende Mediationsverbeinbarung verbindlich und verschwiegen sein.
- Viele Streitigkeiten oder Konflikte sind nicht nur macht-, beziehungs- und interessenorientiert; sie sind häufig auch rechtsorientiert. Die Kontrahenten suchen dann Rechtsverbindlichkeit.

Mit dieser kurzen Information haben wir Ihnen einen kleinen Einblick in die Arbeitsweise und die Grundstrukturen der Mediation vermitteln wollen.

Wenn Sie dieses Thema interessiert, empfehlen wir Ihnen das Buch von Nina Dulabaum »Mediation: Das ABC«. Im Hamburger Institut für Lernsysteme (ILS) wird ab 2006 ein zertifizierter Fernlehrgang plus Seminar zu dem Thema angeboten.

Nun folgen wieder Falldarstellungen, damit Sie Gelegenheit haben, die vorgestellten Ideen und Modelle in einem biografischen Zusammenhang zu üben. In dem folgenden Übungsabschnitt finden Sie diesmal keine kurzen Fall-Vignetten und auch keine Übungen.

Falldarstellungen

Nicht jeder Konflikt will gelöst werden

Konfliktberatung und Mediation werden in unserer Gesellschaft vermutlich zu wenig in Anspruch genommen. Wir hatten bereits darauf hingewiesen, dass es in Deutschland kaum Mediatoren oder Konfliktberater gibt, die von ihrer Tätigkeit allein leben können. Zurzeit handelt es sich meist um eine Zusatzausbildung für Personen, die in ihren Berufen von je her beratend gearbeitet haben. Es gibt einige Personen, die sich darauf spezialisiert haben, Konfliktberatungs- oder Mediationsseminare abzuhalten; Konfliktberatung selbst wird auch von ihnen oft nur als Hobby oder als Nebenerwerb betrieben.
Wir haben dem Thema Konflikt trotzdem ein ganzes Kapitel gewidmet, weil jedes Problem und damit jede Lebensberatung durch bewusste und unbewusste Konflikte der Klienten ins Leben gerufen wird.
Die populären Modelle und Methoden der Konfliktanalyse und Konfliktberatung, die wir Ihnen vorgestellt haben, weisen jedoch Grenzen auf: Es gibt kaum verlässliche Untersuchungen über den dauerhaften Nutzen oder Erfolg von Konfliktlösungen, die mit Hilfe dieser Beratungsmodelle erzielt wurden. Die bisherigen Untersuchungen über den Erfolg der Konfliktberatung beziehen sich beispielsweise darauf,

- in wie vielen Fällen in den USA Gerichtsverfahren durch außergerichtliche Schlichtungen verhindert werden konnten oder
- als wie erfolgreich Berater oder Klienten die Schlichtung direkt im Anschluss oder drei Monate später subjektiv beurteilt haben.

Bisher wurde jedoch nicht untersucht, welchen Einfluss dabei die angewandten Beratungsmodelle hatten, welchen Einfluss psychische und biografische Aspekte der Klienten und der Berater hatten oder welche Probleme welcher Klienten am besten mit welchen Beratungsmodellen zu lösen sind, welche objektiven Kriterien den dauerhaften Erfolg einer Konfliktberatung anzeigen.
Dies sind Fragen, die in ähnlicher Weise auch in der modernen Psychotherapieforschung gestellt werden und zum Teil immer noch unbeantwortet sind. Wir haben Ihnen die Beratungsmodelle nicht vorgestellt, damit Sie den Eindruck gewinnen, dass damit jedes Problem und jeder Konflikt lösbar werden. Wir glauben allerdings, dass einfache Modelle hilfreich sind, um Probleme greifbar und verstehbar zu machen. Modelle reduzieren die Komplexität sozialer und psychischer Vorgänge. Erst durch diese Reduktion oder Abstraktion werden Zusammenhänge manchmal deutlich. Modelle sind außerdem hilfreich, wenn unsere Klienten nach Ursachen und Erklärungen fragen: Im Sinne einer Psychoedukation können wir ihnen dann verschiedene Modelle vorstellen, mit deren Hilfe sie sich ihre Konflikte bewusst machen können.
Jeder Konflikt wurzelt in Mustern, die im Laufe des Lebens erworben wurden. Solche Muster äußern sich beispielsweise in Projektionen, Übertragungen, Glaubenssätzen jeder Art (Prämissen, Vorannahmen, Vorurteile, Stereotype, Einschränkungen, Zuschreibungen, Introjekte), Lebensplänen, Ängsten, Hoffnungen, Beziehungswünschen.
In der klassischen Konfliktberatung werden viele dieser bewussten oder bewusstseinsnahen Konflikte nicht ausreichend berücksichtigt. Die einen Klienten äußern häufig nur ihre Rationalisierungen, andere finden andere Ausdrucksformen ihrer psychischen Abwehr, die sie dem Berater vorlegen (Ersatz-

probleme, »Therapeutenfutter«, Verschiebungen, Verzerrungen).

Wenn ein Konfliktberater ausschließlich diese Rationalisierungen oder unbewussten Kompromisse in ein Beratungsmodell einfließen lässt, verwundert es nicht, wenn die Beratungsergebnisse auf den ersten Blick zwar positiv, aber letztendlich nur von kurzer Dauer sind oder wenn sich bald nach der Beratung andere Probleme auftun.

Wir legen Ihnen daher nahe, auch in der Konfliktarbeit eine umfassende Perspektive beizubehalten. Die vorgestellten Modelle können Sie in Ihre Arbeit erfolgreich integrieren. Sie sollten aber davon ausgehen, dass es sich um Mittel handelt, den Klienten zu mehr Selbsterkenntnis zu verhelfen – es handelt sich nicht um Mittel zur schnellen oder gar einfachen Problem- oder Konfliktlösung. Diese falsche Einstellung wird nämlich in vielen Coaching- oder Konfliktratgebern vermittelt.

Nun viel Freude mit den Falldarstellungen.

Falldarstellung 22: Das heisere Aufbegehren

Die 59-jährige leitende Bürokauffrau aus Hamburg gibt an, sie leide seit einigen Monaten an einem Gefühl der Sinnlosigkeit. Es falle ihr immer schwerer, laut und verständlich zu sprechen. Ihre Stimme höre sich zunehmend heiser und piepsig an, sodass eine normale Kommunikation kaum noch möglich sei.

Weshalb kommt die Klientin in die Beratung? Sie erzählt, seit Monaten finde sie keine Freude mehr an ihrer Arbeit in einem großen Hamburger Verlagshaus. Ihre Tätigkeit dort komme ihr sinnlos vor. Außerdem sei sie zunehmend reizbar und mürrisch und gerate daher mit einigen Kolleginnen häufig aneinander. Sie fühle sich völlig energielos und habe keinen Schwung mehr. Sie wolle ihre alte Spannkraft und ihre Freude an der Arbeit wieder zurückgewinnen.

Gesundheitliche Vorinformationen: Vor einigen Monaten sei der Klientin die Stimme weggeblieben. Sie sagt, sie könne nur noch krächzen oder leise flüstern. Das bringe die Kommunikation am Arbeitsplatz zum Erliegen. Der HNO-Arzt habe keine Ursache dafür finden können. Sie sei drei Monate in logopädischer Behandlung gewesen, was allerdings keinerlei Erfolg gebracht habe. Die Logopädin habe gesagt, ihr Stimmproblem habe mentale Ursachen und sie solle sich deswegen beraten lassen. Auf Grund ihrer gesellschaftlichen Stellung wünsche die Klientin allerdings keine Psychotherapie, da sie befürchte, dass sich das negativ auswirken könne.

Sozialanamnese: Die Klientin berichtet, sie habe sieben Schwestern. Sie selbst sei die Mittlere. In ihrer Kindheit habe die Familie sehr häufig den Wohnort gewechselt, da der Vater als Betonbauspezialist Bauprojekte beaufsichtigt habe und die Familie jeweils zwei bis drei Jahre an dem Baustandort gelebt habe. Die Mutter sei Hausfrau gewesen und habe wegen der vielen Kinder ungeheuer viel Arbeit im Haushalt gehabt. Die Wohnsituation sei ziemlich beengt gewesen. Die Klientin selbst sei verheiratet und lebe mit ihrem Mann, einem Kfz-Mechaniker, in einem Reihenhaus in Hamburg-Langenhorn. Das Paar habe zwei erwachsene Töchter im Alter von 22 und 28 Jahren. Die jüngere Tochter habe vor einigen Monaten den elterlichen Haushalt verlassen. Die Klientin bezeichnet den Kontakt zu ihren Schwestern als gut. Ein- bis zweimal jährlich träfen sie alle zusammen. Die Klientin gibt an, sie habe mehrere gute Freundinnen und sei Mitglied in einem Kegelclub und in einem Wanderverein.

Arbeits- und Berufsanamnese: Nach dem Besuch der Hauptschule habe die Klientin eine Lehre als Bürokauffrau in einem Verlagsunternehmen absolviert. Ihre Berufstätigkeit habe sie wegen der Erziehung der zwei Töchter fünf Jahre unterbrochen. Die Arbeit im Verlag bereite ihr viel Freude, da sie viel Kontakt zu Kolleginnen und Kollegen aus dem gesamten Verlag habe. Ihr Arbeitstag sei jedoch sehr lang, da sie die zweistündige Mittagspause im Verlagshaus oder in nahe gelegenen Cafés oder Geschäften verbringen müsse. Der Weg nach Langenhorn zu ihrem Haus sei für die Mittagspause zu lang. Aus diesem Grunde komme sie erst gegen 19 Uhr von der Arbeit und sei dann stets sehr erschöpft.

Sie sei bis vor sechs Monaten die Leiterin ihres Ressorts gewesen. Es habe jedoch Umstrukturierungen gegeben. Seitdem sei ihr Büroteam für drei weitere Abteilungen zuständig. Es sei ihr eine jüngere Chefin vor die Nase gesetzt worden, die erst 28 Jahre alt sei und ihr durch ein barsches und autoritäres Auftreten Angst einflöße. Wegen dieser neuen Chefin überlege sie sogar, ob sie den Arbeitsplatz wechseln solle. Sie habe zunehmend das Gefühl, dass ihre Chefin und die Personalabteilung sie loswerden wollten, da ihr Stimmproblem sie seit Monaten daran hindere, mit der gewohnten Spannkraft zu arbeiten.

Biografische Anamnese (in der Reihenfolge der Klientenschilderung): Wie die Klientin berichtet, sei sie mit sieben Schwestern in recht beengten Verhältnissen aufgewachsen. Die älteste Schwester habe bei der Oma gewohnt und sei anfangs wie eine Cousine für sie gewesen. Die anderen sechs Schwestern hätten gemeinsam in einem Raum geschlafen. Die zweitälteste habe für Ordnung gesorgt. Sie sei eine Ersatzmutter und ein Vorbild gewesen. An dieser Konstellation habe sich auch durch mehrere Umzüge nichts geändert.

Nachdem der Vater seine berufliche Reisetätigkeit aufgegeben hatte, sei die Familie in ein eigenes Haus gezogen. Die Oma und die »Cousine« seien dann zur Familie gezogen und hätten im ersten Stock des Hauses gewohnt. Der Kontakt zur ältesten Schwester habe sich dann allmählich normalisiert.

Bis zu ihrem zehnten Lebensjahr habe die Klientin den Vater nur selten gesehen. Er habe größere Bauprojekte geplant und an den neuen Standorten Vorarbeiten leisten müssen. Erst wenn der jeweilige Bau bereits fortgeschritten war, habe er die Familie an den neuen Wohnort geholt. Mit ihrem zehnten Lebensjahr habe sich das geändert, als der Vater am Stammsitz seiner Firma eine Bürotätigkeit annahm. Seitdem habe die Familie in einem eigenen Haus gewohnt und nicht mehr umziehen müssen.

Das Verhältnis der Eltern sei freundlich gewesen. Sie habe aber nie gesehen, dass sich Vater und Mutter in den Arm genommen hätten. Die Kinder hätten sich untereinander recht gut verstanden. Die Oma sei von allen sehr gemocht und respektiert worden, da sie im Nachhinein immer Recht behalten habe, wenn sie etwas prophezeite. Die Klientin habe in der Kindheit einen heftigen Streit mit der Oma gehabt, nach dem sie beide im Unfrieden auseinander gegangen seien. Kurz darauf sei die Oma plötzlich verstorben. Die Klientin habe sich schrecklich schuldig und ausgegrenzt gefühlt. Sie sei die einzige Schwester gewesen, die nicht zur Beerdigung gegangen sei, weil sie gegenüber der Oma ein schlechtes Gewissen gehabt habe.

Zu dieser Zeit sei sie 15 Jahre alt gewesen und habe den Hauptschulabschluss gemacht. Sie sei eine begeisterte Sängerin im Schulchor gewesen. Dieses Hobby habe sie nach der Schule nicht weiter betreiben können, da die Berufsausbildung sie sehr in Anspruch genommen habe. Schon mit 15 Jahren habe sie ihren Mann kennen gelernt. Er habe darauf bestanden, dass sie nicht weiter im Chor singen solle, da er das Hobby albern gefunden habe.

Eigentlich sei sie in den Bruder ihres Mannes verliebt gewesen. Der habe jedoch schon eine Freundin gehabt. Vor dem Streit mit ihrer Oma habe diese sie beschworen, ihren Freund später einmal zu heiraten, da er so gut zu ihr passen würde.

Ihr Vater habe schon viele Jahre eine Geliebte gehabt, als die Mutter an Brustkrebs erkrankte. Die Kinder hätten von dieser anderen Frau jedoch nichts gewusst. Als die Mutter im Sterben lag, habe der Vater sie umarmen wollen. Die Mutter habe nicht mehr sprechen können, habe jedoch Tränen in den Augen gehabt und mit letzter Kraft ihren Mann von sich weggeschoben, »so, als wollte sie mit ihm in der Stunde ihres Todes nichts zu tun haben«. Kurz darauf sei sie verstorben. Die Schwestern seien alle sehr verwirrt gewesen und hätten das Verhalten der Mutter nicht verstehen können. Erst einige Monate später habe die Klientin von ihrer zweitältesten Schwester erfahren, dass der Vater eine Geliebte hatte. Diese Frau habe er dann geheiratet und sie in das Elternhaus geholt, nachdem die letzte Schwester ausgezogen war. Ein halbes Jahr später sei er selbst an Lungenkrebs gestorben. Gleich nach dem Tode des Vaters hätten die Schwestern beschlossen, das Elternhaus zu verkaufen und den Erlös aufzuteilen, damit »diese Person« nicht in dem Haus leben konnte, das auch der Mutter gehört hatte.

Mit ihrem Mann führe die Klientin nach anfänglichen großen Zweifeln eine normale und harmonische Ehe. Sie beide hätten zwei Kinder großgezogen und in die Welt entlassen. Sie besäßen ein gepflegtes Reihenhaus und hätten keine finanziellen Sorgen. Es belaste sie ein wenig, dass ihr Mann keine tieferen Gespräche mehr mit ihr suche und kaum Verständnis für ihre Sorgen oder Probleme zeige. Häufig ließe er sie kaum zu Wort kommen oder rede sie an die Wand. Wenn sie Vorschläge zur Lebens- oder Partnerschaftsgestaltung mache, blocke er ab, so als würde sie mit einem Metallklotz reden. Sein ablehnendes Verhalten habe zugenommen, nachdem das letzte Kind aus dem Haus gegangen war. Sie sehe keine Möglichkeit mehr, die Ehe noch weiter zu verbessern.

Beratungsziele der Klientin: »Sagen können, was ich wirklich denke. Mich trauen, Gefühle und Gedanken zu zeigen und dabei auch Konflikte zu riskieren. Weitere Ziele könnten sein: Trauer, Wut, Beziehungsgestaltung, Nein sagen zu können.

Übungsfragen zur Falldarstellung 22

1. Welche interpersonellen und intrapsychischen Konflikte identifizieren Sie in dieser Falldarstellung?
2. Welche Konflikte sollten Ihrer Meinung nach vorrangig bearbeitet werden?
3. Welche psychische Krankheit könnte sich hinter einem tiefen Gefühl der Sinnlosigkeit verbergen? Wie gehen Sie damit um?
4. Welche Vorstellungen hat die Klientin von psychischen Krankheiten oder deren Behandlung?
5. Genauso wie es komplexe Lebens- oder Beratungsziele gibt, existieren auch unbewusste Lebenspläne, die durch das Schicksal wichtiger Bezugspersonen, durch Leitsätze (Glaubenssätze) und anderes gebildet werden. Diese Lebenspläne können hinderlich oder einschränkend wirken. Welche unbewussten Lebenspläne lenken die Klientin?

6. Was hat die Klientin bewogen, ihren Mann zu heiraten, obwohl sie vermutlich innere Einwände dagegen hatte?
7. Was stärkt die Klientin in ihrer Fähigkeit, in einer unerfüllten Ehe auszuharren – ohne auf Änderungen zu bestehen?
8. Welche Leidenschaften sind in der Klientin verstummt? Wieso werden diese Leidenschaften jetzt wieder ins Leben gerufen?
9. Welche Botschaft könnte in dem Gefühl der Sinnlosigkeit stecken?
10. Welche unbewussten Projektionen konstruiert die Klientin möglicherweise in Bezug auf ihren Mann?
11. Welchen lebensgeschichtlichen Bezug könnte es zu der neuen, jüngeren Chefin geben? Welche Form der Kränkung wird durch die Umstrukturierung am Arbeitsplatz reaktiviert?

Lösungsvorschläge finden Sie auf Seite 542 f.

Falldarstellung 23: Eine unverdauliche Ehe

Die 49-jährige Klientin erklärt, sie habe sich vor einem Jahr von ihrem serbischen Mann getrennt und sei von Berlin nach Hannover gezogen. Ihr Mann verfolge und bedrohe sie seitdem. Sie sei unsicher, ob sie sich auf eine neue Partnerschaft einlassen solle, und brauche Hilfe bei der Berufswahl. Die Beratung werde von ihrer Schwester bezahlt, die ebenfalls in Hannover wohne.

Klagen der Klientin: Sie sei innerlich unruhig und ständig nervös. Sie habe große Zukunftsängste, da sie bereits so alt sei und nun vor der Aufgabe stehe, nochmals eine Partnerschaft zu wagen und erstmals einen Beruf zu ergreifen. Sie leide unter Schlafstörungen und habe Angst vor anderen Menschen und vor neuen Umgebungen. Sie sei etwa 30 Jahre lang von ihrem Ehemann geschlagen und terrorisiert worden. Er verfolge sie immer noch und habe ihr gedroht, dass er ihr Schreckliches antun werde – erst dann, wenn sie schon nicht mehr damit rechne. Sie fühle sich ohnmächtig, unfähig, sich zu entscheiden, und sei hoffnungslos.

Gesundheitliche Vorinformationen: Die Klientin gibt an, sie habe über 25 Jahre hinweg an der Darmerkrankung Morbus Crohn gelitten (Morbus = lat. Erkrankung; Crohn = Entdecker der Erkrankung einer schweren autoimmunen Entzündung des Dünndarmes und gelegentlich auch anderer Teile des Verdauungstraktes oder anderer Organe). Die Erkrankung sei durch Gewebeproben zweifelsfrei diagnostiziert worden und habe dazu geführt, dass sie wiederholt sehr schwer gelitten habe. Die Symptome hätten schlagartig aufgehört, als sich die Klientin vor ungefähr einem Jahr von ihrem Mann getrennt habe: »Diese Ehe ist mir einfach auf den Darm geschlagen. Das habe ich alles nicht verdauen können!«
Kurz nach der Trennung von ihrem Mann habe sie eine reaktive Depression durchlebt und sei von einer Nervenärztin sechs Monate lang mit antidepressiven Medikamenten behandelt worden.

Sozialanamnese: Wie die Klientin berichtet, ist ihre Mutter Hausfrau, ihr Vater Fabrikarbeiter gewesen. Die Eltern hätten sich getrennt, als die Klientin zehn Jahre alt sei. Die

Familie habe sehr beengt in einem Berliner Arbeiterviertel gewohnt. Sie habe sechs Schwestern, welche einen Altersunterschied von +7 bis −12 Jahre zur Klientin aufwiesen. Sie und die älteste Schwester hätten den Kontakt zum Vater aufrechterhalten – alle anderen Familienmitglieder hätten die Beziehung zu ihm gänzlich abgebrochen.
Sie habe ihren Mann kennen gelernt, als sie 17 Jahre alt gewesen sei. Er sei aus Serbien eingewandert und gerade fünf Monate in Deutschland gewesen, als sie ihn das erste Mal getroffen habe. Ihr Mann sei fünf Jahre älter als sie und habe recht erfolgreich Schrotthandel betrieben. Mit 19 Jahren habe sie das erste Kind bekommen. Ihre Söhne seien jetzt 30 und 22 Jahre alt. Vor genau einem Jahr habe sie sich von ihrem Mann getrennt und sei von Berlin nach Hannover gezogen, da ihre Schwester dort lebe. In Hannover fühle sie sich noch nicht zu Hause und habe bisher kaum Kontakte knüpfen können. Sie sei von ihrem Mann noch nicht geschieden. Er zögere die Scheidung hinaus. Im Rahmen dieser Scheidung werde es auch zu dem Verkauf von drei Häusern kommen müssen, die das Ehepaar erworben oder erbaut habe. Dieser Hausverkauf sei in den Scheidungsverhandlungen ein wichtiger Streitpunkt.
Zurzeit habe die Klientin große finanzielle Probleme und beziehe Geld von der Krankenkasse und vom Sozialamt. Die Bezüge werde sie zurückzahlen müssen, sobald sie von ihrem Mann das Geld aus dem Hausverkauf erhalte.

Arbeits- und Berufsanamnese: Die Klientin sagt, sie sei im Alter von 15 Jahren von der Hauptschule abgegangen und habe bis zum 19. Lebensjahr verschiedene Hilfsarbeiten verrichtet. Sie sei Stationshilfe in einem Krankenhaus gewesen, Reinigungskraft, Verkäuferin, Lagerarbeiterin, Näherin, Lackiererin. Als das erste Kind da gewesen sei, habe sie vorerst als Hausfrau und anschließend über viele Jahre unentgeltlich und ohne Sozialversicherung im Schrotthandel ihres Ehemannes gearbeitet. Wegen der nicht geleisteten Sozialabgaben habe sie keinen Anspruch auf eine Rente. In Hannover habe sie zunächst als Zeitungsausträgerin gearbeitet und anschließend eine Anstellung in einer Zeitarbeitsfirma angenommen. Die wechselnden Arbeitsplätze und die ungewohnten Arbeitswege durch Hannover hätten sie zermürbt, weshalb sie diese Anstellung vor einigen Wochen gekündigt und ihre Nervenärztin gebeten habe, sie wegen psychischer Überlastung krank zu schreiben. Sie erwäge nun, eine Ausbildung als Friseurin oder Altenpflegehelferin zu absolvieren.

Vertiefte Biografie (in der Reihenfolge der Klientenerzählung): Die Klientin hätte ein Junge werden sollen. Ein weiteres Mädchen sei weder gewünscht noch willkommen gewesen. Ursprünglich hätten die Eltern nur drei Kinder haben wollen. Auch nach der Klientin seien noch weitere ungewollte Schwestern geboren worden.
Die Mutter habe in der Wohnung immer sehr viel putzen müssen. Der Vater sei wenig zu Hause gewesen, da er meist Wechselschichtdienst gehabt habe, oder er habe tagsüber schlafen müssen. Die größeren Schwestern hätten jeweils auf die jüngeren aufpassen müssen. Meist seien alle Kinder zusammen gewesen. Dieser Zusammenhalt sei von allen als sehr wichtig empfunden worden. Sie selbst habe diese enge Gemeinschaft sehr genossen.
In ihrem kleinen Garten sei viel angepflanzt worden, und sie hätten Hühner und Kaninchen gezüchtet. Für die Kinder sei es jedes Mal schrecklich gewesen, wenn der Vater eines der Tiere im Keller geschlachtet habe.
Im gleichen Stadtviertel hätten viele Verwandte der Familie gewohnt, weshalb in der Wohnung immer viel Besuch gewesen sei. Ihr Vater sei ihr während dieser Besuche oft

positiv aufgefallen. Er sei sehr lustig und freundlich gewesen, wenn er keinen Alkohol getrunken habe. Sie habe ihn sehr geliebt. Wenn er getrunken habe, sei er aber regelmäßig ausgerastet und habe die Mutter auch geschlagen. Oft sei die Mutter mit den Kindern dann durch das Fenster zu den Nachbarn geflüchtet oder habe die Polizei zu Hilfe rufen müssen. Der Vater habe jedoch nie eines der Kinder geschlagen.

Die Kinder hätten ziemlich beengt alle in einem Zimmer wohnen müssen. Wegen der Enge hätten sich jeweils zwei Schwestern ein Bett geteilt. Die Klientin merkt an, sie habe erst im Erwachsenenalter erfahren, dass dies ungewöhnlich sei. Als Kind und als Teenager habe sie es als normal empfunden, mit ihrer Schwester das Bett zu teilen. Das sei sogar sehr schön gewesen. Wegen des festen Zusammenhaltes in der Familie habe es wenig Freundinnen außerhalb der Familie gegeben. Die Schwestern hätten sich selbst genügt. Im Alter von fünf Jahren sei die Klientin auf eine Kinderkur nach Norderney geschickt worden. Sie wisse nicht mehr, weshalb das notwendig gewesen sei. Sie hätte dort so starkes Heimweh bekommen, dass man sie nach einer Woche zu den Eltern zurückgeschickt habe.

Ihre Mutter habe sie nie in den Arm genommen. Für Zärtlichkeiten sei ausschließlich der Vater zuständig gewesen. Die Klientin sei sehr vaterbezogen gewesen. Es sei schrecklich für sie gewesen, dass die Mutter sich vom Vater getrennt habe. Zu diesem Zeitpunkt sei die Klientin elf Jahre alt gewesen. Der Vater sei häufig vor der Wohnung erschienen und habe betrunken im Hausflur oder vor den Fenstern herumgeschrien und um Einlass gefleht. Die Mutter habe den Kindern strengstens verboten, den Vater in die Wohnung zu lassen. Diese Härte und Konsequenz ihrer Mutter habe sie nicht verstehen können. Ihr Herz habe deswegen geblutet. Sie könne sich an eine Szene erinnern, als die Mutter dem Vater im Winter einen Eimer Wasser über den Kopf geschüttet habe, als dieser nachts vor dem Fenster in betrunkenem Zustand herumgefleht habe.

Die Schwester, mit der sie die ganze Kindheit über das Bett geteilt habe, sei von der Mutter stets bevorzugt worden. Diese Schwester habe als Einzige die Realschule besuchen dürfen. Für sie sei auch eine Lehre geplant worden. Alle anderen Töchter hätten möglichst früh von der Schule abgehen müssen, um ungelernte Tätigkeiten anzunehmen. Die Mutter habe gesagt, dass die Familie dringend Geld benötige. Den Arbeitslohn von allen Töchtern habe die Mutter deshalb einbehalten.

Es sei sehr verletzend gewesen, dass ihre Schwester, mit der sie das Bett teilte, die Einzige war, die nicht im Haushalt zu helfen brauchte. Außerdem habe sie nicht ständig die anderen kleineren Geschwister beaufsichtigen müssen. Als Begründung habe die Mutter gesagt, die Schwester müsse Hausaufgaben machen oder sich auf die Schule vorbereiten.

Die Klientin habe acht Jahre auf einer katholischen Mädchenschule verbracht. Die Schulzeit habe sie als grausam empfunden, da die katholische Lehrerin häufig vor allen anderen Kindern darauf hingewiesen habe, dass sie, die Klientin, aus einer zerrütteten Scheidungsfamilie stamme und daher keine große Zukunft vor sich habe. Auch zu Hause sei ihr von der Mutter eingeredet worden, dass sie sich jegliche Flausen bezüglich einer höheren Schulbildung oder einer Lehre aus dem Kopf schlagen solle, da sie dafür viel zu ungeeignet sei.

Nachdem sie von der Schule abgegangen sei, habe sie möglichst rasch geheiratet, um kein Geld mehr bei der Mutter abgeben zu müssen. Es sei üblich gewesen, dass die verheirateten Schwestern ihr Geld selbst behalten konnten. Ihren Mann habe sie zuerst als sehr charmant, aufregend und überlegen empfunden. Erst im Laufe der Jahre habe sie gemerkt, dass sie in der Ehe immer weniger Rechte gehabt habe. Ihr Mann habe alles bestimmt, habe ihr Taschengeld zugeteilt und über alle Belange der Familie, ohne Rücksprache mit ihr, bestimmt. Sie habe schon kurz vor der Geburt des ersten Kindes darüber nachgedacht, ihren Mann zu verlassen. Sie habe aber zu große Angst gehabt und auch nicht wieder in die Abhängigkeit von der Mutter zurückkehren wollen. Sie habe sich auch den Söhnen gegenüber verpflichtet gefühlt und ihnen eine intakte Familie bieten wollen. Als sie ihrem Mann gedroht habe, ihn zu verlassen, falls er sich nicht ändern würde, habe er sie nur höhnisch verlacht und ihr gedroht: »Einen Serben verlässt keine Frau ohne Erlaubnis. Solltest du das trotzdem tun, musst du mit dem Schrecklichsten rechnen!« Meist habe er sie nach solchen Streitgesprächen auch brutal geschlagen.

Nachdem sie die Trennung endlich gewagt habe, müssten die Söhne nun pro forma weiterhin zum Vater halten, um seine finanzielle Unterstützung nicht zu verlieren. Sie würden beide noch nicht genug verdienen, um ihren Lebensunterhalt selbst bestreiten zu können. Die Kinder hätten ihr aber versichert, dass sie ihren Entschluss nachvollziehen könnten und innerlich weiterhin zu ihr hielten.

Ihr Mann rufe sie häufig an, um sie zu beschimpfen. Er drohe ihr unentwegt mit dem Schlimmsten, und sie habe nicht das Gefühl, dass es sich dabei um leere Drohungen handele. Er sei zu allem fähig und habe das in Berlin bereits mehrfach unter Beweis gestellt. Sie habe keine Möglichkeit, sich seinem Druck zu entziehen oder sich innerlich von ihrem Mann zu lösen.

In Hannover habe sie einen neuen netten Mann kennen gelernt, der aus Albanien stamme. Er sei Gastarbeiter und könne immer nur einige Wochen in Hannover bleiben. Anschließend müsse er in seine Heimat zurück, bevor er für einige Wochen eine neue Arbeitserlaubnis erhalte. Dieser Mann behandele sie wie eine richtige Frau und gehe auf ihre Sorgen und Wünsche ein, wie sie es von ihrem Mann nie kennen gelernt habe. Sie wolle allerdings nie wieder mit einem Mann zusammenziehen und sich einengen lassen.

> **Beratungsziele der Klientin:** »Ich möchte meine Angst abbauen, mich endlich einmal durchsetzen können, trotz meines Alters eine Berufsausbildung abschließen und in Hannover Freunde oder Bekannte finden. Außerdem möchte ich meinem Mann zeigen, dass ich auch ohne ihn leben kann. Ich möchte im Rechtsstreit um unsere Häuser nicht klein beigeben, da ich das Gefühl habe, dass auch ich 25 Jahre dafür gearbeitet habe.«

Übungsfragen zur Falldarstellung 23

1. Die Klientin hat sich von ihrer Nervenärztin krankschreiben lassen und bezieht zurzeit Geld von der Krankenkasse. Welche Konsequenzen ergeben sich daraus für Ihre Beratung?
2. Bitte bilden Sie ergänzende übergreifende Beratungsziele, die auf folgende Stichpunkte oder Anregungen eingehen:
   – Durchsetzungskraft und Selbstwirksamkeit
   – Einbindung anderer Beratungsprofis
   – Familientradition: Rolle der Frauen?
   – Beruf
   – Aggression und Wut
3. Welches Erlebnis legte den Grundstein für die Entwicklung von Neid, Missgunst und Rivalität in der Kindheit der Klientin?

4. In der Ursprungsfamilie der Klientin hat sich bereits eine Frau von einem Mann getrennt. Was könnte die Klientin gehindert haben, sich von ihrem Mann zu trennen?
5. Wieso fiel es der Klientin lange Zeit so schwer, eigene Entscheidungen zu treffen?
6. Welchen Einfluss hatten Erziehung, Schichtzugehörigkeit und familiäre Gepflogenheiten auf die Entscheidung, früh zu heiraten?

Lösungsvorschläge finden Sie auf Seite 543f. Die folgenden Fragen bleiben ohne Lösungen.

7. Bitte zeichnen Sie ein soziales Atom (s. S. 372f.) der Klientin, so wie Sie es sich denken. Fühlen Sie sich zu diesem Zweck in die Klientin ein. Erklären Sie die Zusammenhänge, Beziehungswünsche, Ängste usw., die sich im sozialen Atom zeigen.
8. Im Kapitel »Konflikte und Mediation« sind zwei häufige Assoziationen mit dem Wort Konflikt aufgeführt (interpersonell und intrapsychisch) (s. S. 486ff.). Bitte erklären Sie, wie die Probleme oder Konflikte der Klientin sich aus den beiden dargestellten unterschiedlichen Konfliktperspektiven darstellen, und entwickeln Sie aus beiden Perspektiven unterschiedliche Ansätze für eine »Lösung«.
9. Im Kapitel »Konflikte und Mediation« ist das »Beratungshaus« vorgestellt (s. S. 498). Gehen Sie auf wenigstens zwei Probleme oder Konflikte der Klientin ein und beantworten Sie – im Sinne der von Ihnen konstruierten (so verstandenen) Klientin – die Fragen, die sich in den einzelnen Räumen des Beratungshauses ergeben. Versuchen Sie im Nachhinein festzustellen, wo Sie empathisch waren und wo sich eigene (unbewusste) Wünsche, Ängste, Fantasien in Ihre Antworten eingeschlichen haben.

Falldarstellung 24: Befreiungsschläge einer alten Dame

Die 84-jährige Dame gibt an, sie werde von ihrer Tochter geschickt. Die Klientin mache sich große Vorwürfe, da sie im Schlaf zweimal ihren erblindeten greisen Mann geschlagen habe. Ihre Tochter, die Psychologin sei, habe am Telefon gesagt, das sei aus ihrer Lebensgeschichte heraus verständlich und entschuldbar. Um sich das bestätigen zu lassen, komme sie nun in die Beratung.

Grundproblem der Klientin: Sie erzählt, sie habe das Gefühl, das erste Mal in ihrem Leben nicht mehr recht weiterzuwissen. Sie habe zunehmend Angst, verspüre Unruhe und fühle sich wiederholt ganz traurig. Diese Traurigkeit bestehe eigentlich schon seit der Geburt des zweiten Kindes in den 60er-Jahren des letzten Jahrhunderts. Ihr 94-jähriger Mann sei seit fünf Jahren beinahe taub, und seine Sehkraft habe enorm nachgelassen. Seitdem nehmen auch ihre Ratlosigkeit und Traurigkeit zu. Sie und ihr Mann liebten einander jedoch sehr. Es mache ihr große Sorgen, dass sie ihrem Mann in den letzten Wochen im Schlaf zweimal so heftig ins Gesicht geschlagen habe, dass er blaue Flecken davongetragen habe. Sie fühle sich deswegen schuldig und sei auch schon beim Priester gewesen, um mit ihm darüber zu reden. Ihre Tochter habe ihr empfohlen, zusätzlich noch einen Psychologen aufzusuchen.

Nachdem der Klientin erklärt wurde, dass sie nicht mit einem Psychologen rede, sondern mit einem psychologischen Berater, der nicht Psychologie studiert hat, wünscht sie trotzdem, das gerade begonnene Beratungsgespräch fortzusetzen.

Sozialanamnese: Die Klientin berichtet, sie bewohne mit ihrem Ehemann eine geräumige 190-qm-Wohnung am Stadtrand von Dortmund. Beide Partner bezögen Rente. Sie habe als Krankenschwester gearbeitet. Ihr Mann sei Verwaltungsdirektor eines Krankenhauses in Hannover gewesen. Einige Stunden pro Woche komme eine bezahlte Reinigungs- und Haushaltshilfe. Die zwei erwachsenen Töchter wohnten einige hundert Kilometer entfernt in Nürnberg, riefen regelmäßig an oder schickten Karten. Die Klientin müsse sich den ganzen Tag über um ihren ertaubten und beinahe blinden Mann kümmern. Das sei für sie enorm ermüdend.

Arbeits- und Berufsanamnese: 1940 habe sie das Abitur bestanden. Nach einem 12-monatigen Arbeitseinsatz und einer nur 15-monatigen Ausbildung als Krankenschwester sei sie ihr ganzes Leben in diesem Beruf tätig gewesen. Zur Erziehung der Kinder habe sie für einige Jahre im Beruf pausiert. Anschließend habe sie in diversen Kliniken und Praxen in Hannover gearbeitet.

Biografische Anamnese: Ihr Vater, so die Klientin, sei Oberstaatsanwalt in Schwerin, ihre Mutter Hausfrau gewesen. Sie habe einen zwei Jahre älteren Bruder gehabt, den sie sehr geliebt habe. Er sei 1944 in Russland gefallen. Während des Krieges habe die Familie wegen der Stellung des Vaters keine Not leiden müssen. Die Erziehung sei sehr streng, aber liebevoll gewesen.
Als die Klientin 15 Jahre alt gewesen sei, sei die Mutter im Alter von 47 Jahren an einem Schlaganfall gestorben. Der Vater habe kurz darauf eine jüngere Frau geheiratet. Ihr Bruder habe diese Frau zusammen mit dem Vater ausgesucht. Er habe wohl verstanden, dass der Vater eine neue Frau brauchte. Sie selbst habe jedoch dem schnellen Wechsel der Frauen fassungslos gegenübergestanden. Sie habe gar keine Zeit gehabt, richtig um ihre Mutter zu trauern, und sie denke, dass auch der Vater dazu keine Zeit gehabt habe. Einige Monate später sei ihr Bruder im Krieg heldenhaft gefallen und habe posthum noch eine Ehrenauszeichnung erhalten.
Die neue Mutter sei zwanzig Jahre jünger gewesen als ihre wirkliche Mutter. Sie sei sehr miesepetrig gewesen und habe versucht, die Klientin bei jeder Gelegenheit zu reizen oder zu demütigen. Deshalb sei es der Klientin recht gewesen, dass sie nach dem Abitur für ein Jahr zum Arbeitsdienst nach Hamburg gemusst habe. Anschließend sei sie zur Ausbildung nach Hannover gezogen, wo sie in einem Schwesternwohnheim gewohnt habe. Ihren Vater habe sie nach ihrem Umzug nach Hannover nie wieder gesehen, da er kurz darauf auf offener Straße in Schwerin erschossen worden sei. Die Kriminalpolizei und wohl auch die Gestapo hätten vermutet, dass es sich um das Attentat einer staatsfeindlichen Gruppe gehandelt habe. Der Mord sei jedoch nie aufgeklärt worden. Sie habe ihr Elternhaus verkaufen lassen und sich für den Erlös ein kleines Miethaus in Celle erworben, dessen Mieteinnahmen sie in den folgenden Jahrzehnten gut unterstützt hätten.
1948 habe sie ihren zehn Jahre älteren Ehemann geheiratet. Aus der Ehe seien zwei Töchter hervorgegangen, die verheiratet seien und selbst schon mehrere Kinder hätten. Sie habe ihren Mann in der Krankenhauskantine kennen gelernt. Er sei Betriebswirt gewesen. Nach seiner Rückkehr aus sowjetischer Gefangenschaft sei er in die Verwaltung

eines Hannoveraner Klinikums eingetreten. In den 70er-Jahren sei ihm angeboten worden, die kaufmännische Leitung eines großen Dortmunder Krankenhauses zu übernehmen. Daraufhin sei die Familie von Hannover nach Dortmund gezogen. Ihr Mann und sie hätten recht harmonisch zusammengearbeitet. Sie habe ihre Stelle auf 50 Prozent reduziert, um ihren Mann in Dortmund besser unterstützen zu können.

Die Töchter hätten sehr unter dem Umzug nach Dortmund gelitten. Die Klientin habe in Dortmund einige Damen beim Tennis kennen gelernt, habe sonst aber kaum Kontakte in dieser Stadt und daher nur einen kleinen Bekanntenkreis. Die Eheleute seien häufig tanzen gegangen, was die Klientin sehr genossen habe, da ihr Mann ein hervorragender Tänzer gewesen sei. Er habe nach dem Umzug nach Dortmund endlich die berufliche Position erklommen, die er sich immer ersehnt habe. Dafür habe sich aber auch jeder in der Familie unterordnen müssen, wenn es um das Erreichen dieses Zieles gegangen sei. Ihr Mann sei früher in Hannover auch gelegentlich aggressiv gewesen und habe wegen seiner impulsiven Ausbrüche eine Psychotherapie in Anspruch nehmen müssen. Nach dem Umzug nach Dortmund habe sich diese Aggression aber wie von selbst gegeben. Er sei immer unterwegs gewesen, zum Segeln, Tennisspielen und Jagen. Diese Ablenkung habe er gebraucht, und die Familie habe gewusst, dass dies ein gutes Mittel gewesen sei, um seinen Aggressionen vorzubeugen. Mit zunehmendem Alter sei der Mann jedoch immer ruhiger geworden.

Seit der Geburt der zweiten Tochter in den 60er-Jahren fühle die Klientin sich niedergeschlagen und energielos. Sie habe oft über ihre Situation nachgedacht und gegrübelt, sei aber nie zu einem Entschluss gekommen. Sie ahne jedoch, dass sie vermutlich vieles falsch gemacht habe, was sich jetzt nicht mehr korrigieren lasse. Sie bemerke auch, dass ihr Gedächtnis zunehmend nachlasse und dass sie sich immer schlechter konzentrieren könne. Außerdem werde sie sehr schnell aufgeregt und ängstlich.

Ihre Töchter hätten ein Nervenleiden und seien schon über viele Jahre in psychotherapeutischer Behandlung. Die eine Tochter sei Psychologin geworden, um sich besser selbst verstehen zu können; die andere Tochter sei Sozialpädagogin geworden, um anderen Menschen helfen zu können.

Auf Grund einer Durchblutungsstörung sei ihr Mann vor einigen Jahren nahezu ertaubt und könne zudem kaum noch sehen. Seitdem binde er die Klientin sehr an sich und nehme unentwegt ihre Hilfe in Anspruch. Sie helfe ihrem Mann natürlich gern, es schränke sie jedoch stark ein, dass sie nun nur noch für ihn da sei und kein eigenes Leben mehr habe. Sie wisse auch, dass es ihre Pflicht sei, ihrem Mann zu helfen. Trotzdem habe das ihr Grübeln, ihre negativen Gedanken, ihre Traurigkeit und Hoffnungslosigkeit nur noch verstärkt. Oft verspüre sie einen Kloß im Hals, habe das Gefühl, in der Brust würde sich alles zuschnüren. Sie fürchte, ersticken zu müssen. Außerdem verspüre sie häufig starke Übelkeit. Medizinisch sei keine Ursache für diese Beschwerden gefunden worden.

In der Nacht habe sie gelegentlich Albträume und schlage wohl auch um sich. Sie habe ihren Mann dabei bereits zweimal geschlagen und fürchte nun jeden Abend, dass das erneut passiert.

Beratungsziele der Klientin: »Ich möchte wieder zu Kräften kommen und interessante Dinge über mich lernen. Ich will verstehen, warum ich Albträume habe und warum ich um mich schlage.«

Übungsfragen zur Falldarstellung 24

1. Die Klientin vermutet, dass sie keine Zeit hatte, über den Verlust von Mutter, Bruder und Vater angemessen zu trauern. Welchen Einfluss könnte das auf ihr Leben gehabt haben?
2. Auf welche Weise könnte der Tod des Vaters mit dem Thema Schuld verwoben sein? Wie kann dies die Gefühle zu ihrem Mann beeinflusst haben?
3. Die Töchter der Klientin nehmen psychotherapeutische Hilfe in Anspruch. Welche Ursachen könnte das haben?
4. Auf welche Weise könnte der frühe Tod des Bruders das Gefühl stärken, für den kranken Ehemann sorgen zu müssen?
5. Auf welche Weise kann die Klientin unterdrückte unbewusste aggressive Abgrenzungsimpulse ausleben?
6. Welche Projektion (oder Übertragung) und zusätzliche unbewusste Handlungsmotivation vermuten Sie in diesen Abgrenzungsimpulsen? Gegen wen richtet sich diese Abgrenzung außerdem?
7. Wie wird die unerlaubte Aggression im »normalen Leben« ausgelebt (sublimiert)?
8. Welche psychische Erkrankung könnte bei der Klientin anhand ihrer Symptome von Sinnlosigkeit, Ratlosigkeit, Niedergeschlagenheit diagnostiziert werden?
9. Bilden Sie zusätzliche mögliche Beratungsziele anhand der aufgeführten Stichworte und kommentieren Sie jedes Beratungsziel kurz: Halten Sie es für sinnvoll? Worin liegt die Schwierigkeit, die Hoffnung oder Gefahr für dieses Beratungsziel?
   – Finden und Nutzen von Freiräumen
   – Muster aus der Herkunftsfamilie
   – Um sich schlagen: für sich selbst sorgen lernen, sich nicht schuldig fühlen müssen
   – Vielfältige Hilfe in Anspruch nehmen können
10. Welche Gefahren könnten sich daraus für die Beratung ergeben? Worauf sollten Sie in der Beratung achten, um diese Gefahren zu minimieren (Thema: Konfrontation/Einsicht versus Ressourcenaktivierung)?
11. Bitte zeichnen Sie das soziale Atom der Klientin und kommentieren Sie die einzelnen Beziehungen (die Wünsche, Hoffnungen, Gefühle, Fantasien, die sich darin wieder finden).

Lösungsvorschläge finden Sie auf Seite 544 f.

Falldarstellung 25: Die Folgen eines Raubüberfalls?

Die 48-jährige Klientin aus Bremen gibt an, sie leide unter Antriebslosigkeit. Vor einem Jahr sei sie von Jugendlichen brutal überfallen worden. Seitdem habe sie das Gefühl, nur noch haltlos zu treiben – unfähig, Pläne oder Ziele umzusetzen. Sie sei dauerarbeitslos. Die Beratung werde von der örtlichen Gruppe eines Service-Clubs* finanziert, die damit Gewaltopfer bei der Bewältigung von Lebensproblemen unterstützen wolle. (*Service-Clubs sind beispielsweise: Rotarier, Lions, Round Table)

Weshalb kommt die Klientin? Vor einem Jahr sei sie von drei jugendlichen Tätern in der Bremer Innenstadt niedergestochen worden, als sie dort auf eine Straßenbahn wartete. Sie habe schwere Stichwunden in der rechten Leiste und an der rechten Pobacke davongetragen und sei deshalb lange Zeit in einem Bremer Krankenhaus gewesen. Der Überfall und die Krankenhausbehandlung hätten sie traumatisiert. Sie habe kein Zutrauen mehr in ihre Leistungen und sei äußerst pessimistisch geworden. Sie habe starke Versagensängste, vermeide viele Situationen, die ihr Angst bereiten, und leide unter extremer Antriebsschwäche. So sei es beispielsweise in ihrer Wohnung sehr chaotisch, sie könne sich aber nicht aufraffen, dort Ordnung zu schaffen. Sie ermüde ziemlich schnell und befürchte sogar manchmal, wegen großer Erschöpfung zusammenzubrechen. Sie habe Magenbeschwerden und Albträume. All diese Probleme bestünden schon seit der Kindheit.

Gesundheitliche Vorinformationen: Sie sei bereits dreimal in psychotherapeutischer Behandlung gewesen und habe vor dem Überfall an zwei stationären psychosomatischen Rehabilitationsmaßnahmen (»Kuren«) teilgenommen. Diese hätten ihr Befinden aber nicht verbessern können. Eine erneute Kur wegen des Überfalls, die sie zusammen mit ihrer Hausärztin beantragt habe, sei nun abgelehnt worden. Eine Berufung wolle sie deswegen nicht einlegen, da dies zu beschwerlich sei. Daher habe sie das Angebot eines Service-Clubs in Anspruch genommen, der Überfallopfer finanziell unterstütze, wenn diese psychologischen Rat benötigen. Den Kontakt zu diesem Club habe sie selbst gesucht. Ihre Hausärztin habe ihr gesagt, dass sie eine solche Beratung unbesorgt in Anspruch nehmen könne.

Sozialanamnese: Ihr Vater, so die Klientin, sei ein sehr erfolgreicher Dachdeckermeister gewesen und habe sich in einem Vorort von Bremen einen größeren Betrieb mit 20 Angestellten aufgebaut. Die Mutter sei Hausfrau gewesen. Die Klientin habe einen acht Jahre älteren Bruder, der zunächst Bauingenieur wurde und später Psychologie studiert habe. Als junge Frau habe die Klientin über zwei Jahre hinweg eine feste Partnerschaft gehabt. Der Freund sei jedoch damals verstorben. Seitdem lebe sie allein in einer kleinen Wohnung in Bremen und fühle sich dort schrecklich einsam. Obwohl über 30 Jahre vergangen seien, seitdem ihr Freund gestorben sei, vermisse sie ihn immer noch und könne sich nicht vorstellen, mit einem anderen Mann eine erfüllende Partnerschaft aufzubauen. Sie lese gern und übe in mehreren Vereinen ehrenamtliche Tätigkeiten aus. Sie habe große Geldsorgen, da sie zurzeit arbeitslos sei. Außerdem führe sie mehrere Rechtsstreitigkeiten in Mietangelegenheiten, gegen die Krankenkasse und gegen einen ehemaligen Arbeitgeber.

Arbeits- und Berufsanamnese: Sie habe zunächst einen Realschulabschluss absolviert und eine Lehre als Floristin abgeschlossen. Anschließend habe sie über eine Abendschule das Abitur erworben und ein Lehramtsstudium mit dem Fächerschwerpunkt Deutsch und Psychologie absolviert. Psychologie sei zwar aktuell kein Lehrfach an Bremer Schulen, sie sei jedoch davon ausgegangen, dass sich dies ändern könne. Nach dem 1. Staatsexamen habe sie das Referendariat nach wenigen Wochen abgebrochen, weshalb ihre Lehrerausbildung nicht abgeschlossen sei. Als Referendarin sei sie von älteren Kollegen und einem Mentor ungerecht behandelt worden, und ihr sei schnell klar geworden, dass sie die Referendariatszeit unter solchen Bedingungen nicht hätte durchstehen können.

Sie habe anschließend diverse Zusatzausbildungen absolviert: Einen Grundkurs in Journalismus, einen Fernkurs in Innenarchitektur, eine VHS-Ausbildung in Mediation, eine Fortbildung in psychologischer Gesundheitsprävention und einiges mehr. Ihre akademische Ausbildung und diese Fortbildungen hätten es ihr ermöglicht, diverse ABM- und Zeitverträge in der Erwachsenenbildung und der Jugendberatung anzunehmen. Die Tätigkeiten seien immer wieder durch längere Phasen der Erwerbslosigkeit unterbrochen worden. Seit vier Jahren sei sie nun ohne jegliche Tätigkeit und habe lediglich kleinere Honorar- oder Beratungstätigkeiten ausgeübt.»Die Grundfinanzierung durch das Arbeitsamt ist mir dabei allerdings sehr wichtig«, sagt die Klientin. Als das Arbeitsamt ihr mehrfach Stellen angeboten habe, sei sie jedes Mal erkrankt:»Ich denke schon, dass ich krank geworden bin, um mich da ohne größere Probleme wieder herauszuziehen.« Um ihren studierten Beruf als Lehrerin wolle sie sich vorerst nicht bemühen. Es sei ihr angeboten worden, lediglich eine kurze Zusatzausbildung in Englisch zu absolvieren, um gute Einstellungschancen zu haben. Sie sei sich allerdings sicher, dass sie der Herausforderung zurzeit noch nicht gewachsen sei. Vor kurzem sei ihr eine Tätigkeit in der Gesundheitsförderung der Stadt angeboten worden. Diese Stelle habe sie allerdings nicht antreten können, da der Genesungsprozess nach ihrem Überfall vor einem Jahr noch nicht abgeschlossen war. Sie hoffe, dass der Etat der Stadt für die nächsten Jahre eine ähnliche Stellenausschreibung ermöglichen werde. Sicher werde man dann erneut auf sie zurückkommen.

Biografische Anamnese: Ihr etwa acht Jahre älterer Bruder sei vor dem Ende des großen Krieges gezeugt worden. Er sei ein so genanntes Fronturlaubskind gewesen. Dem Bruder sei erzählt worden, der Vater sei ein Kriegsheld von stattlicher Statur. Als der Vater dann 1948 aus sibirischer Gefangenschaft abgemagert und krank zurückgekehrt sei, sei der Bruder entsetzt gewesen: Das war nicht der idealisierte Vater, den er sich ersehnt hatte. Er soll geweint und geschrien haben:»Das ist nicht mein Vater. Das ist ein fremder Mann. Den will ich nicht haben ...!« Seit dieser ersten Begegnung sei das Verhältnis zwischen Vater und Sohn schwer gestört gewesen und habe sich bis ins Erwachsenenalter nie gebessert. Der Vater habe den Bruder häufig geschlagen.
Die Klientin sei erst nach der Rückkehr des Vaters aus der Kriegsgefangenschaft gezeugt worden. Sie sei ein willkommenes Kind gewesen, habe allerdings ein Junge werden sollen. Sie habe ein gutes, jedoch oberflächliches Verhältnis zum Vater gehabt. Sie habe stets seine Nähe gesucht, er dagegen habe sie nie beachtet oder ernst genommen. Der Vater habe sowohl an den Sohn als auch sie strenge Forderungen gestellt: Sie hätten sich so verhalten sollen, wie sich »erfolgreiche junge Mädchen oder Knaben« verhalten. Er habe ständig betont, dass der Sohn durch die Erziehung der Mutter und anderer Frauen fürchterlich verweichlicht worden sei und dass nur die Strenge eines Vaters ihn wieder auf die rechte Bahn bringen könne. Der Vater habe sich in der örtlichen CDU engagiert und stets seine konservative Gesinnung betont.
Von der Mutter sei die Klientin meist ungerecht behandelt worden. Gelegentlich sei die Mutter sogar brutal gewesen, was sie sich allerdings nur getraut habe, wenn der Vater nicht dagewesen sei. Die Mutter habe immer eine Fassade aufrechterhalten wollen. Die Klientin habe auch das Gefühl, dass sie über ihre Mutter kaum etwas wisse. Die Mutter habe niemals über Gefühle oder Empfindungen gesprochen, weshalb die Klientin glaube, dass die Mutter zu solchen Regungen überhaupt nicht fähig sei. Als der Vater beruflich wieder erfolgreich gewesen sei, habe die Familie von Bremen in ein nahe gelegenes Dorf umziehen müssen.

Es erschrecke die Klientin, dass sie sich an ihre Kindheit und die Schulzeit überhaupt nicht erinnern könne. Sie wisse jedoch noch, dass die Schule in Bremen modern eingerichtet gewesen sei, da nach dem Krieg alles neu hatte angeschafft werden müssen. Die Dorfschule hingegen habe noch uraltes Mobiliar aus der Vorkriegszeit gehabt und sei ihr sehr rückständig vorgekommen. Mehr wisse sie über diese Zeit allerdings nicht, und sie wolle sich auch nicht an Einzelheiten erinnern!

Als Teenager habe sie sich in einen Schornsteinfegerlehrling verliebt und sei gegen den Willen der Eltern mit ihm über zwei Jahre hinweg heimlich zusammen gewesen. Es habe jedoch nur zaghafte Versuche von Intimität gegeben. Der Freund sei jedoch bei einem Verkehrsunfall ums Leben gekommen. Dies betrübe die Klientin heute noch, und sie trauere immer noch um ihren Freund. Seitdem seien über 30 Jahre vergangen, in denen die Klientin nie mehr eine intime Bindung mit einem Mann eingegangen sei.

Einige Monate nach ihrem Überfall in der Bremer Innenstadt habe sie eine heftige Auseinandersetzung mit ihrem Vater gehabt. Er sei wegen einer Demenzerkrankung sehr ungerecht und auch aggressiv gewesen, weshalb es zwischen Tochter und Vater zu einem unsachlichen Streit gekommen sei. Wenige Tage danach sei der Vater verstorben. Sie habe ihn nach dem Streit nicht wieder gesehen.

Ihr Bruder, der jetzt in Hamburg lebe, sei nach dem Tod des Vaters für einige Wochen zur Mutter gezogen, um ihr in der Trauer beizustehen. Die Klientin habe sich dazu aber nicht im Stande gefühlt, obwohl sie einen gewissen Druck verspürt habe, das Gleiche zu tun wie der Bruder. Sie habe sich durch diesen Druck aber nicht zu Handlungen zwingen lassen wollen, für die sie nicht genügend Kraftreserven gehabt habe.

Nach dem Überfall auf sie habe sich das Verhalten ihres Bruder generell geändert: Er habe sich vorher kaum um sie gekümmert, obwohl sie sich das immer gewünscht habe. Nach ihrer Verletzung rufe er häufig an und besuche sie auch. Sie fühle sich dadurch bedrängt und überlege sogar, ob sie diese gelegentlichen Anrufe reduzieren solle. Vorerst habe sie ihren Bruder allerdings nicht vor den Kopf stoßen wollen.

Vor einem Jahr am späten Abend sei sie an einer Straßenbahnhaltestelle überfallen worden, nachdem sie zuvor ihre Eltern besucht habe. Drei Jugendliche hätten ihr die Handtasche entwenden wollen. Nachdem sie sich geweigert habe, die Tasche herauszugeben, sei es zu einem Handgemenge gekommen, in dessen Verlauf der Anführer der Bande wiederholt auf sie eingestochen habe. Sie glaube, er habe sein Gesicht wahren müssen, um vor seinen Kumpanen als besonders brutal und durchsetzungsstark dazustehen. Anschließend sei sie im Krankenhaus notoperiert worden. Da die Wunden jedoch später geeitert hätten, habe sie mehrfach nachoperiert werden müssen.

Sie führe mehrere Rechtsstreitigkeiten. In Konfliktsituationen schreibe sie normalerweise einige Protestbriefe, wenn sie sich ungerecht behandelt fühle. Oft gebe es dann noch Telefonate, die dann nur noch den Ausweg eines Rechtsstreits offen ließen, da die jeweils andere Seite keine Kompromissbereitschaft signalisiere.

Beratungsziele der Klientin: »Ich möchte meine Zuversicht, meinen tiefen Optimismus, mein Selbstvertrauen wieder zurückbekommen. Ich möchte keine Stimmungsschwankungen und Selbstzweifel mehr haben. Ich möchte mehr Kraft haben, meine Wünsche und Ideen anzugehen.«

Übungsfragen zur Falldarstellung 25

1. Weshalb dürfte der Überfall besonders traumatisierend für die Klientin gewesen sein?
2. Die Klientin war auf dem Weg von ihren Eltern in ihre Wohnung. Welche dysfunktionalen Kognitionen (Rückschlüsse) könnten sich für die Klientin daraus ergeben?
3. Ist der Überfall die Ursache für die Lebensprobleme der Klientin?
4. Gibt es in der Biografie Hinweise auf eine ödipale Konfliktsituation? (Ödipal, hier sehr vereinfacht: Hingezogensein zum Vater mit dem Ziel, dessen Liebe zu erringen. Die Mutter ist dabei Konkurrentin.)
5. Wie reagierte der Bruder auf die strengen Karriereforderungen des Vaters?
6. Auf welche Weise entzog sich die Klientin den Karriereforderungen des Vaters?
7. Als der Berater die Dauerarbeitslosigkeit der Klientin zur Sprache bringt, wird die Klientin plötzlich sehr aggressiv: »Sie kennen mich doch überhaupt nicht. Als Berater scheinen Sie nicht die geringste Ahnung zu haben. Ich kenne Dutzende bessere Berater. Es ist unverschämt, dass Sie mir durch die Blume vorwerfen, ich lebe auf Kosten anderer. Das werde ich meiner Hausärztin berichten, und Sie müssen mit Konsequenzen rechnen ...!« Was ist hier passiert?
8. Auf welche Weise konnte die Klientin die Beachtung und Zuwendung des Vaters erringen?
9. Welche Gefühle hat die Klientin jetzt in Bezug auf ihren Vater?
10. Welche Methoden der Streit- und Konfliktlösung bevorzugt die Klientin?
11. Warum wendet die Klientin sich an einen Service-Club, in der Hoffnung, dort Hilfe zu erhalten?

Lösungsvorschläge finden Sie auf Seite 545f. Die nächsten Fragen sind ohne Lösungen.

12. Finden Sie die Beratungsziele der Klientin realistisch? Entwerfen Sie weitere mögliche Beratungsziele und kommentieren Sie kurz, wie die Klientin auf die Vorschläge dieser Ziele möglicherweise reagieren wird:
    – Trauer um den Freund (Zeit und Art angemessen?)
    – Trauer um den Vater
    – Beziehungsvorstellung, -wünsche, -muster (warum so lange allein?)
    – Wiederherstellen der Arbeitsfähigkeit: Berufswünsche und -möglichkeiten realitätsgerecht gestalten (warum den Lehrerberuf nicht wieder aufgreifen?)
    – Projektionen und Übertragungen klären: Alte Beziehungsmuster werden in aktuellen Begegnungen reaktiviert.
13. Zeichnen Sie das soziale Atom der Klientin und kommentieren Sie es.
14. Welche (auch aggressiven) Gegenübertragungen sind in Ihnen durch diese Falldarstellung aktiviert worden?

Falldarstellung 26: Die schriftliche Beschwerde

Der Leiter der Personalabteilung eines größeren Krankenhauses im Hamburger Umland wendet sich an den Berater: Bisher sei man mit Beschwerden von Mitarbeitern und Patienten »nach Gefühl und Takt« umgegangen, um die entstandenen Konflikte zu schlichten. Im Rahmen des Qualitätsmanagements wünscht er sich, dass künftig ein klares Konzept angewendet werden sollte, das vorschreibt, wie mit Beschwerden umzugehen sei. Er schlägt vor, dieses Konzept anhand mehrerer konkreter Fälle zu entwickeln, zu erproben und zu diskutieren. Zum Erstgespräch bringt er das Beschwerdeschreiben einer Krankenschwester mit. Das Beschwerdeschreiben lautet folgendermaßen:

Grete Meinershagen,
Krankenschwester in der Aufnahmestation

An die Verwaltungsleitung

Hamburg, 01. März 1999

Sehr geehrte Damen und Herren,

ich möchte mich über Herrn Dr. Ludwig beschweren, der mich im gestrigen Spätdienst beschimpft und beleidigt hat. Folgendes war vorgefallen: Gegen 21.10 Uhr ging bei uns in der Aufnahmestation des Krankenhauses ein Anruf des Pförtners ein, dass ein Patient der Psychiatrie an der Parkeiche hänge. Den Anruf nahm meine Kollegin, Schwester Lena, entgegen, die erst seit kurzem bei uns arbeitet. Sie sah mich fragend an, worauf ich ihr sagte, sie solle den Psychiater anrufen, um ihm das mitzuteilen. Der Psychiater hat daraufhin meine Kollegin barsch angefahren und ihr befohlen, sofort zu dem Baum zu laufen. Als wir dort fast angekommen waren, kam er uns schon mit einer Schwester der Psychiatrie entgegen und sagte, es handele sich vielleicht um die andere große Eiche im Park. Zu der sind wir dann gelaufen. Als wir dort ankamen, war Dr. Ludwig schon dort, und ein Patient der Psychiatrie stand neben diesem Baum. Ich war sehr erleichtert, dass es keinen ernsthaften Zwischenfall gegeben hatte. Daraufhin sagte ich zu meiner Kollegin Schwester Lena: »Und dafür haben wir in der Aufnahmestation eine Patientin allein gelassen, die gerade mit einem Asthmaanfall gekommen ist.«
Dr. Ludwig fragte daraufhin nach meinem Namen und fing an, mich zu beschimpfen. Ich ging sofort zur Aufnahmestation zurück, den ganzen Weg folgte mir Dr. Ludwig und beschimpfte mich. Als ich ihm sagte, ich hätte am nächsten Abend Zeit, um mit ihm zu reden, ging er auf mein Angebot nicht ein. Im Gegenteil: Er warf mir vor, dass ich schuld daran sei, dass schon mehrere Patienten gestorben seien, und er sagte auch, jeder wisse, dass ich eine Art Hexe sei. Diese Beschimpfungen setzte er vor Kolleginnen, Ärztinnen und Patienten immer weiter fort.
Dagegen verwahre ich mich. Außerdem erwarte ich, dass er seine beleidigenden Beschuldigungen (Hexe, schuld am Tod von Patienten) umgehend zurücknimmt und sich entschuldigt.
Wegen des Notfalleinsatzes am Baum und wegen seiner Meckereien war die Aufnahmestation 20 Minuten nicht besetzt, obwohl dort eine schwer erkrankte Patientin angekommen war.
Meine Aussagen können von Schwester Lena und von der Internistin Frau Dr. Weber bestätigt werden, die Zeuge des Vorfalls waren. Ich wünsche mir, dass Dr. Ludwig zur Rechenschaft gezogen wird. Diese Form des Umgangs miteinander ist in unserem Krankenhaus nicht üblich!
Ich sende eine Kopie dieser Beschwerde an folgende Stellen: Frau Dr. Weber, Schwester Lena, Personalrat, Frauenbeauftragte, Pflegedienstleitung der Aufnahmestation.

Mit freundlichen Grüßen
G. Meinershagen

Übungsfragen zur Falldarstellung 26

1. Welche Schritte würden Sie nun als Verwaltungsleiter einleiten, wenn bisher keine verbindlichen Regelungen für den Umgang mit Beschwerden bestehen?
2. Die Klageführerin sendet ihr Schreiben an verschiedene Stellen. Welchen Grund könnte das haben?
3. Welche Konfliktlösungsstrategie verfolgt die Klageführerin?
4. Welche Konfliktinterpretation findet sich bei den beiden Kontrahenten? Lesen Sie dazu am besten nochmals auf Seite 491 den Abschnitt »Konfliktinterpretation als Lernerfahrung« durch.
5. Bitte wenden Sie auf die Krankenschwester Frau Grete Meinershagen das Konflikthausmodell oder Beratungshausmodell an (s. S. 498).
6. Bitte beurteilen Sie den Konflikt nach folgenden Stichworten: Wahrnehmungsposition der Partien, Konfliktbetrachtung (oder Konfliktmodell), Strategie, die verfolgt wird, Verhaltenstendenz (Lähmung, Flucht, Kampf).

Lösungsvorschläge finden Sie auf Seite 546 f.

Der Verwaltungsleiter hatte sich dazu entschlossen, Dr. Ludwig eine Kopie des Beschwerdeschreibens zuzusenden, mit der Bitte, eine Stellungnahme abzugeben. Der Brief des Verwaltungsleiters an Dr. Ludwig sah folgendermaßen aus.

Sehr geehrter Herr Dr. Ludwig,

als Anlage erhalten Sie eine Beschwerde der Krankenschwester Grete Meinershagen, die hier gestern eingegangen ist. Wir bitten Sie, bis übermorgen eine entsprechende schriftliche Stellungnahme abzugeben. Ihr Chefarzt hat ebenfalls eine Ablichtung der genannten Beschwerde erhalten und ist um eine Stellungnahme gebeten worden.

Mit freundlichen Grüßen
M. Vortwangels Verwaltungsleiter

Die Stellungnahme Dr. Ludwigs zur Beschwerde von Frau Grete Meinershagen ging einige Tage später ein.

Sehr geehrter Herr Vortwangels,

ich nehme Bezug auf das Beschwerdeschreiben von Frau Grete Meinershagen: Es ist korrekt, dass es am genannten Abend einen Streit zwischen mir und Frau Meinershagen gegeben hat. Die genannten Zeugen waren teils anwesend: Schwester Lena in den ersten sieben Minuten, Frau Dr. Weber in den folgenden sieben Minuten. Diese füllte gerade einen schriftlichen Bericht aus und hat unser Gespräch vermutlich schlagwortartig verfolgen können.

Am Morgen nach dem Vorfall habe ich meinem Chefarzt von dem Vorfall schriftlich berichtet; nicht in Form einer Beschwerde, sondern in Form einer Information mit dem Ziel, zukünftig ähnliche Auseinandersetzungen zu vermeiden.

Zum Hergang der Ereignisse am genannten Abend: Um 21.10 h befand ich mich gerade in einem Patientengespräch auf der Station 3 im Pavillon 21, als mich eine Schwester der Aufnahmestation anrief und mir mitteilte, die Pforte hätte ihn informiert, dass »ein psychiatrischer Patient am großen Parkbaum hängt«. Der Pfleger wies mich an, ich solle sofort mit meinem Notfallkoffer dorthin gehen (einen solchen Koffer gibt es übrigens nicht in der Psychiatrie). Er teilte mir auch mit, die Aufnahmestation sei dafür nicht zuständig, obwohl der Baum in ihrer Nähe stünde. Ich ging davon aus, dass es sich möglicherweise um einen Selbstmordversuch handelte, da sich einige Wochen zuvor bereits eine Patientin an einem Parkbaum aufgehängt hatte. Von diesem Vorfall wussten auch die Mitarbeiter der Aufnahmestation. Ob es sich jedoch um einen psychiatrischen Patienten handelte, war in der gegebenen Situation unklar. Da die Schwester mir signalisierte, dass sie sich für nicht zuständig hielt, habe ich ihr die Anweisung gegeben, sich sofort in den Park zu begeben, der vor der Aufnahmestation liegt. Ich würde auch sofort kommen. Da sie zögerte, ergänzte ich meine Anweisung mit dem Hinweis darauf, dass es sich um eine ärztliche Anordnung handeln würde, der sie bitte Folge leisten müsste. Ich habe jedoch nicht angeordnet, dass zwei Pflegekräfte aus der Aufnahmestation kommen müssten, wie dies dem Schreiben von Frau Meinershagen entnommen werden könnte.

Mir stand vor Ort auf der Station, auf der ich mich gerade aufhielt, kein Notfallteam zur Verfügung, und eine Information des Wiederbelebungsteams der Internisten (welches für solche Einsätze eigentlich zuständig wäre) schien noch verfrüht vor der Sichtung der tatsächlichen Situation oder der Rettung des Patienten vom Baum. Daraufhin habe ich auf der Station, auf der ich mich gerade aufhielt, eine Hilfsperson gesucht (es saß eine Schwester im Stationsraum), einen Beatmungsbeutel ergriffen und bin mit der Schwester eilig in den Park zur so genannten großen Eiche gehastet, mit dem Ziel zu sichten, eventuell zu retten und während der Erste-Hilfe-Maßnahmen das Wiederbelebungsteam zu alarmieren und einzuweisen. Mit der Schwester war ich etwa 90 Sek. nach Alarmierung im Park. Da es sich um eine potenziell akut lebensbedrohliche Situation handelte, die keinerlei zeitlichen Verzug duldete, habe ich zuvor keine Zeit gehabt, eine ruhige freundliche Diskussion mit der Schwester der Aufnahmestation zu führen, wie dies sicherlich unter normalen Umständen wünschenswert gewesen wäre. Glücklicherweise stellte sich im Nachhinein heraus, dass es sich um einen Fehlalarm gehandelt hatte, da ein psychiatrischer Patient in der Nähe eines anderen Baumes »herumhing« und über eine »stille Post« daraus ein potenzieller Selbstmordpatient geworden war.

Als erkennbar wurde, dass es sich um einen Fehlalarm gehandelt hatte, beschwerte sich Frau Meinershagen lautstark in Gegenwart des Patienten und mehrerer anderer umstehender Personen, dass es völlig unnötig gewesen wäre, »wegen so etwas« Personal aus der Aufnahme abzuziehen; zumal gerade eine Patientin mit Asthma angekommen sei, die nun von der Internistin untersucht werde. (Sie bezog sich auf die tatsächlich angetroffene Situation und nicht auf die hypothetische lebensbedrohliche Situation, die auf Grund der Alarmierungsinformation bestand.) Die Psychiatrie sollte zukünftig ihre Probleme allein lösen und die Aufnahmestation mit ihren Problemen in Ruhe lassen.

Ich versuchte daraufhin mit Frau Meinershagen ins Gespräch zu kommen, während sie vor mir herlief in Richtung der Aufnahme. Ich habe sie während dieses Weges nicht beschimpft, sondern wir haben uns beide nicht darüber einigen können, ob der Einsatz nun »Blödsinn« gewesen war oder ob künftig in ähnlichen Situationen auch ähnlich zu verfahren sei. Als sie unverständig und zurückweisend reagierte, habe ich sie nach ihrem Namen gefragt und war erkennbar überrascht, dass es sich um Schwester Grete handelte, von der ich zuvor bereits viel gehört hatte. Dabei gingen wir auch kurz am Wartebereich der Aufnahme vorbei. Dort fragte ich Frau Meinershagen, wann wir unser Gespräch fortsetzen könnten. Sie sagte daraufhin, sie hätte zum Beispiel am nächsten Abend Zeit. (Genau diesen Teil des Gesprächs haben somit andere Patienten möglicherweise mitbekommen.) Da ich nach einem 36-h-Dienst am nächsten Abend aber ins Bett gehen wollte, ging ich mit ihr in die Aufnahme, um besser gleich Weiteres zu klären. Im Laufe des darauf folgenden Gespräches im Sozialraum der Aufnahme fragte Frau Meinershagen mich mehrfach, was ich über sie bereits gehört hätte und welche Gerüchte es diesbezüglich gebe.

Darauf gab ich ihr eine kurze Antwort: Mir ist von zahlreichen (fünf) meiner Assistenzarztkollegen in den ersten Wochen meiner Tätigkeit im Krankenhaus mitgeteilt worden, dass Schwester Grete häufig darauf bestehe, dass mutmaßlich psychiatrische Patienten schnellstmöglich aus der Aufnahmestation auf psychiatrische Stationen verlegt werden; auch, wenn die Psychiater noch Zweifel haben, ob es sich überhaupt um psychiatrisch behandelbare Patienten handelt (zum Beispiel schwer intoxikierte Alkoholiker, psychisch Kranke mit schwerer Herzerkrankung oder Verletzungen, die primär internistisch oder chirurgisch zu behandeln sind). Dabei würde sie regelmäßig die Kollegen verunsichern und eine missmutige, mürrische Stimmung verbreiten, unter der sich die Kollegen teils bedrängt fühlten. Außerdem behandele sie die Psychiater und auch die psychiatrischen Patienten anders als Kollegen oder Patienten anderer Fachabteilungen, sodass sich Psychiater in der Aufnahmestation stets wie unwillkommene Fremdkörper fühlten. Es wurde mir geraten, mich auf keinen Fall bedrängen oder einschüchtern zu lassen. Mit Schwester Grete wäre es ausgesprochen schwierig auszukommen, weshalb eine/r der genannten Kolleg(inn)en auch meinte, »sie führe sich manchmal so auf, dass man denken könnte, sie sei eine Hexe in ihrem Knusperhäuschen«.

Außerdem sei es in den letzten Monaten zweimal zu Todesfällen psychiatrischer Patienten gekommen, die übereilt aus der Aufnahmestation in die Psychiatrie verlegt worden waren, weshalb Ermittlungen der Staatsanwaltschaft gegen zwei Assistenzärzte der Psychiatrie stattgefunden hätten, denen fahrlässige Tötung vorgeworfen worden sei. Die Ermittlungen wurden, soweit mir bekannt ist, mittlerweile gegen Zahlung eines Einstellungsbetrages von 11.000 Euro eingestellt.

Es ist in Gesprächen unter den psychiatrischen Assistenzärzten darauf hingewiesen worden, dass es notwendig sei, jedwede Rahmenbedingungen während der Dienste zu optimieren, damit die Wahrscheinlichkeit, dass sich solche Vorfälle wiederholen, reduziert wird. Auch ein Klima, in dem man angehalten werde, Patienten schnellstens zu verlegen, ist eine ungünstige Rahmenbedingung. Deshalb ist es wichtig, in jedem Einzelfall den gesundheitlichen Sachverhalt sehr gründlich zu prüfen. Hierzu bedarf es oft etwas Zeit und der Rücksprache mit Kollegen anderer Fachdisziplinen und auch des Rates erfahrener Pflegepersonen.

Dieser Problemkontext war unter anderem Anlass zu einer Diskussion in der psychiatrischen Frühbesprechung zwei Monate vor dem genannten Ereignis, in der abgesprochen wurde, zunächst weitere konkrete Vorfälle und Ideen zu sammeln, bevor man ein konstruktives Gespräch auf Leitungsebene anbahnt.

In dem folgenden Gespräch mit Frau Meinershagen, das in der Kaffeeküche der Aufnahme stattfand, betonte ich, dass ich mir wünschen würde, von einer erfahrenen und routinierten Schwester, wie sie sicherlich eine sei, unterstützt zu werden, zumal ich recht neu im Krankenhaus sei. Ich erklärte ihr auch, dass es wohl ihre Aufgabe sei, in der Aufnahmestation für eine ruhige und zuversichtliche Atmosphäre zu sorgen und dass es günstig wäre, wenn sie es unterließe, mich oder andere Kollegen aus der Psychiatrie zu bedrängen oder zu nötigen. In diesem Zusammenhang erzählte ich ihr, was mir meine Kollegen über sie mitgeteilt hatten, und dass ich mir wünschen würde, dass es in unserer Zusammenarbeit nicht zu unüberlegten Handlungen oder Gefährdungen von Patienten durch eine zu schnelle oder hektische Verlegung in die Psychiatrie kommen möge. Ich habe nicht gesagt, dass Schwester Grete eine Hexe oder persönlich am Tod von Patienten schuldig sei. Diese Äußerungen sind aus dem Zusammenhang gerissen und wirken in der genannten Form natürlich grotesk. Es war in keiner Weise meine Absicht, diese rudimentäre Botschaft an Frau Meinershagen zu übermitteln. Da es sich aber nicht um eine sachliche Diskussion handelte, sondern um ein Streitgespräch unter Zeitdruck, das nach viel schnellem Laufen und Aufregung stattfand, bin ich sicherlich über mein Ziel hinausgeschossen und habe Themen angesprochen, welche über den momentan zu klärenden Sachverhalt (Organisation von speziellen Rettungssituationen) hinausgingen und unbedingt an einem anderen Ort und zu einer anderen Zeit hätten besprochen werden sollen. Für ein solches Gespräch fehlte der nötige Rahmen, und daher ist es nicht verwunderlich, dass meine Botschaft verzerrt bei Frau Meinershagen ankam.

Ein wichtigerer Punkt unserer Diskussion, der mehr Zeit einnahm, als aus ihrem Beschwerdeschreiben ersichtlich ist, war die Frage, ob Mitarbeiter der Aufnahmestation lediglich einen psychiatrischen Arzt anrufen sollten, wenn sie von einem vermeintlichen Wiederbelebungsnotfall Kenntnis erhielten. Frau Meinershagen vertrat diese Ansicht. Ein Anruf sei ausreichend, auch wenn die Aufnahmestation dem Notfallort am nächsten liege und ihre Mitarbeiter ihn in weniger als einer Minute laufend erreichen könnten. Ich versuchte ihr zu erklären, dass bei einer Gefahr im Verzuge jede Person zur Ersthilfe verpflichtet sei, die dazu in der Lage ist, zumal in Zweifelsfällen, in denen die übliche institutionalisierte Rettungskette nicht greift, wie es hier teils der Fall war, da für den Park keine verbindlichen Zuständigkeiten bezüglich solcher Notfälle geklärt sind. Dies sah sie jedoch nicht ein und bestand weiter darauf, dass eine telefonische Alarmierung des zuständigen Arztes ausreichend sei. Der Arzt müsse dann alles Weitere in die Wege leiten. Die Aufnahmestation sei darin nicht involviert.

Das Gespräch verlief beiderseits unkonstruktiv und in einer gereizten Atmosphäre. Aus diesem Grund und da weitere Patienten in der Aufnahmestation angekommen waren, haben wir die Diskussion beendet, ohne uns über eine Fortsetzung zu verständigen.

Der Notfalleinsatz selbst hat ungefähr fünf Minuten gedauert, das nachfolgende Gespräch von etwa zehn Minuten Dauer fand in der Kaffeeküche der Aufnahmestation statt, weshalb die Station nicht 20 Minuten unbesetzt war, wie im Beschwerdeschreiben angegeben.

Die weitere Zusammenarbeit an diesem Tage und in der Nacht verlief dann problemlos. Ich ging davon aus, dass der Streit konstruktive Folgen haben würde: eine Diskussion auf Leitungsebene über die Alarmierungswege, Notfallmaßnahmen, Zuständigkeiten, Wiederbelebungsübungen in der Abteilung und Ähnliches. Außerdem ist am Folgetag in der Psychiatrie kurz angesprochen worden, dass man erneut versuchen könnte, die Verständigung zwischen Aufnahmestation und Psychiatrie zu verbessern.

Dass Frau Meinershagen sich – bei ihrer Interpretation der Ereignisse und Aussagen – persönlich angegriffen fühlt, kann ich gut nachvollziehen. Das tut mir aufrichtig Leid. Das war nicht meine Absicht. Leider ging unser Gespräch über das ursprüngliche Gesprächsziel – nämlich ihre Kooperation auch für künftige Notsituationen zu sichern – bezüglich des Umfangs und des Inhalts hinaus. Ich hatte vor, einige Tage später das Gespräch mit ihr zu suchen, um eine Klärung und Versöhnung in entspannter Umgebung zu bewirken. Dieser Absicht ist sie mit ihrer Beschwerde zuvorgekommen. Natürlich werde ich mich bei Frau Meinershagen entschuldigen und ihr versichern, dass sie weder eine Hexe ist, noch schuld am Tod von Patienten ist!

Mit freundlichem Gruß

Dr. Ludwig

Im Folgenden finden Sie den Entschuldigungsbrief, den Dr. Ludwig an Frau Meinershagen sandte:

An Frau Grete Meinershagen, Aufnahmestation
Entschuldigungsschreiben

Unser Streit am 1.3.99   Hamburg, 7.3.99

Sehr geehrte Frau Meinershagen,

da ich eine Woche verreist war, komme ich erst jetzt dazu, mich zu entschuldigen und die geforderte Gegenstellungnahme in die Verwaltung zu geben.

Sie haben Recht: Das Gespräch war zu laut und hätte an einem der folgenden Tage viel besser und viel ruhiger geführt werden können. Außerdem habe ich Themen angesprochen, die über den zu klärenden Sachverhalt hinausgingen. Das war unüberlegt von mir und hat dadurch Anlass zu Missverständnissen gegeben. Selbstverständlich sind Sie keine Hexe, und Sie sind auch nicht schuld am Tod mehrerer Patienten.

Es gab Todesfälle bei Patienten, die von der Aufnahmestation in die Psychiatrie verlegt worden waren. Gegen zwei meiner Kollegen lief deswegen ein Ermittlungsverfahren der Staatsanwaltschaft. Ich habe Sie darauf hingewiesen, dass ich Angst davor habe, dass mir Ähnliches passieren könnte, und ich wünschte mir deswegen, dass Sie mich bei unserer zukünftigen Zusammenarbeit unterstützen und sich nicht mit mir streiten möchten.

Sie sind eine erfahrene Schwester, auf deren Erfahrung und Sachkenntnis ich mich gerne verlassen können möchte. Darauf hatte ich in unserem Streit übrigens auch hingewiesen, erinnern Sie sich?

Ich würde mich auch freuen, wenn Sie für unsere zukünftige Zusammenarbeit konstruktive Ideen einbrächten oder wenn wir zumindest die Möglichkeit hätten, zukünftig in kollegialer Atmosphäre gut zusammenzuarbeiten. Ich werde mich sehr anstrengen, damit dies uns beiden künftig möglich ist. Außerdem bin ich gerne bereit, mit Ihnen ein klärendes und versöhnliches Gespräch zu führen.

Mit freundlichem Gruß
Dr. Ludwig

Weitere Übungsfragen zur Falldarstellung 26

7. Was halten Sie von dem Vorgehen des Verwaltungsleiters?
8. Welchen Vorteil erhält der »Beklagte« durch dieses Vorgehen?
9. Welche weiteren Schritte im Konfliktschlichtungsprozess schlagen Sie vor? Könnten diese Schritte das zukünftige Standardmodell für den Umgang mit Beschwerden sein?
10. Wie beurteilen Sie die Strategie von Dr. Ludwig, gleich ein Entschuldigungsschreiben an Schwester Grete zu senden? Gesteht er damit nicht seine Schuld ein? Ist der Brief nicht – trotz der freundlichen Art – überheblich verfasst?

11. Was könnten die folgenden Schritte in der Sachklärung und Streitschlichtung sein? Wie können die anderen Instanzen eingebunden werden, die von Schwester Grete schriftlich informiert worden sind?
12. Welche Rolle spielen vorgegebene Rahmenbedingungen (Stellenbeschreibungen, Aufgabenbeschreibungen für Abteilungen), persönliche Werte, Lernerfahrungen, Selbstbilder, Vorinformationen, Gruppenkonflikte unter anderem in der Entstehung der unterschiedlichen Sichtweisen beider Konfliktkontrahenten?
13. Bitte wenden Sie das Harvard-Konzept (s. S. 506) auf diesen Konflikt an. Listen Sie bitte für beide Kontrahenten auf: Fundament, Beziehung, Sache, Wünsche, Position. Dieses Modell ist sehr komplex, und einige Berater arbeiten daher nicht gerne damit. Bitte versuchen Sie es trotzdem, um von dem Modell einen Eindruck zu gewinnen.

Diese Fragen bleiben ohne Musterlösungen.

Lösungen

Lösungsvorschläge zu den Falldarstellungen 22–26

Falldarstellung 22: Das heisere Aufbegehren (s. S. 520ff.)

1. *Interpersonell:* Die Klientin gibt an, sie und ihr Mann führen keine tieferen Gespräche mehr und er habe kaum Verständnis für sie. Was könnte ihr Anteil daran sein? Inwiefern könnte es sich um eine Paarkollusion handeln?

> **Info**
>
> Der Begriff *Paarkollusion* geht auf den Schweizer Jürg Willi zurück. Er geht davon aus, dass Paare gemeinsame psychodynamische und systemische Abwehrstrategien entwickeln, um sich gegenseitig vor dem ängstigenden Kontakt mit inneren Konflikten und interpersonellen Konflikten zu schützen. Vereinfacht ausgedrückt könnte man sagen: Die kleineren Neurosen der Partner passen mit der Zeit wie Schlüssel und Schloss zueinander und stützen sich gegenseitig.

Intrapsychisch: Es herrsche Ambivalenz zwischen Freiheit und Bindung, Abhängigkeit und Selbstbestimmung, eigenen Wünschen und »Rollenaufträgen« oder Loyalitätsgefühlen (Partner haben beieinander zu bleiben, die Frau ist für die Kinder und den Haushalt zuständig und anderes mehr). Wie sieht es mit den ambivalenten Gefühlen gegenüber dem Vater aus? Sicher liebt sie ihn und muss sein Verhalten gleichzeitig verurteilen, da er sich – mit den Augen der Tochter gesehen – gegen die Mutter und die Familie entschieden hat.

2. Es bietet sich an, Bezug auf die Ziele der Klientin zu nehmen. In ihnen ist der Beratungsauftrag enthalten: Was sind die eigenen Gefühle, Gedanken, Wünsche? Wie können diese erkannt und belebt werden, wie können sie kommuniziert und durchgesetzt werden?

3. Sinnlosigkeitsgefühle, Hoffnungslosigkeit, innere Leere, Zukunftsangst, Schlaflosigkeit, Appetitlosigkeit und vieles mehr können Ausdrucksformen einer Depression sein. Dabei handelt es sich um eine Krankheit, die sehr gefährlich ist und in vielen Fällen zum Tode durch Selbstmord führt. Einige Statistiken geben an, dass 10–15 % der Patienten, die an einer schweren Depression erkrankt sind, auf diese Weise sterben. Sollten Sie den geringsten Verdacht hegen, dass Sie eine Klientin oder einen Klienten beraten, der an einer Depression erkrankt ist, sollten Sie den Klienten an einen Arzt verweisen, der dann gegebenenfalls über die Weiterleitung an einen Facharzt entscheidet.

4. Sie verbindet damit Stigmatisierung und geht möglicherweise davon aus, dass Personen, die psychiatrische oder psychotherapeutische Hilfe in Anspruch nehmen, dadurch berufliche und private Nachteile in Kauf nehmen müssen.

5. Hier müssen wir spekulieren und einige Skript- oder Glaubenssätze suchen: Der eigene Mann darf nicht zu sehr geliebt werden, das wäre ein Verrat an der Mutter. Die Frau hat sich um die Kinder zu sorgen und dem Mann zu folgen. Eine Frau stirbt ungeliebt und sprachlos, wenn sie ihren Zweck erfüllt hat.

6. War es unter anderem das Schuldgefühl gegenüber der Oma, mit der sie einen Streit hatte kurz vor deren Tod? Die Oma hatte ihr dazu geraten, diesen Mann zu heiraten.

7. Der Vater hat sich aus der Familie herausbewegt und führte eine Außenbeziehung. Dadurch hat er die Mutter sehr verletzt. Aus

dieser Erfahrung könnte für die Klientin ein Muster entstanden sein: Fortgehen ist falsch, man muss ausharren bis zum bitteren Ende. Wer aus der Beziehung nach außen tritt, macht sich schuldig.

8. Verstummt sind: die Leidenschaft des Singens, der Freude am eigenen Körper und daran, eine Stimme in dieser Welt zu haben. In der Heiserkeit oder dem Verstummen sind viele Botschaften verschmolzen: Die Erinnerung an frühere Unbekümmertheit und Freude, an die Fähigkeit, sich Gehör zu verschaffen und eine eigene Meinung lautstark zu vertreten. Nachdem die jüngsten Kinder das Haus verlassen haben, nachdem ein Familienzyklus abgeschlossen ist, der auch durch Loyalität und Schuldgefühle gewählt worden ist, taucht erneut die Frage auf, welchen Weg sie stattdessen hätte gehen können oder wohin der Weg nun führen könnte.

Die Konsequenzen aus solchen bewusstseinsnahen Überlegungen machen manche Klienten sprachlos. Ihre Gefühle – auch aggressive – oder Gedanken zu äußern und sich im Leben zu nehmen, was sie gerne möchte, oder sich abzugrenzen von nicht gewünschten Forderungen wehrt die Klientin durch ein erneutes Verstummen ab.

9. Ein Gefühl der Sinnlosigkeit wirft Fragen auf: Was will ich wirklich, was trägt mich, wohin soll mein Weg gehen? Es ist ein Weckruf, der nach neuen Inhalten und Zielen verlangt. Er kann selten allein durch neue Aktivitäten beantwortet werden: beispielsweise durch Sportgruppen, Hausarbeitskreise, neue Fremdsprachen. Meist bedarf es übergeordneter Ziele, die in ein tragfähiges Beziehungsgeflecht eingebettet sind: Wohin soll mein Leben gehen, und wie wird das meine Bindung und meine Gefühle mit nahe stehenden Menschen sinnvoll verändern?

10. Vielleicht finden sich bei dieser Klientin folgende Projektionen des Vaters auf der »Leinwand« des Ehemanns: der geliebte Vater, der Verräter, der Schützende, der Betrüger, der zukünftige Ehemann (der der Mutter weggenommen werden muss) und vieles andere.

11. Die Klientin erlebte als Kind, dass der Platz der Mutter von einer jungen Frau eingenommen wurde, die sich in ihr Leben gedrängt hatte. Wenn junge Frauen kommen, zeigt das an, dass die älteren Frauen nutzlos werden und beiseite geschoben werden.

Falldarstellung 23: Eine unverdauliche Ehe (s. S. 523 ff.)

1. Sie sollten in Ihrer Beratung darauf achten, dass nicht die krankhaften Symptome oder körperlichen Leiden Inhalt der Beratung werden. Sie sollten sich auf Entscheidungsstrategien, soziale Probleme und eine psychologische Unterstützung konzentrieren, die auf keinen Fall in den Verdacht kommen sollte, eine ergänzende Psychotherapie der Klientin zum Ziel zu haben. Im Zweifelsfalle könnte eine Rückversicherung bei der Nervenärztin sinnvoll sein. Sie sehen, dass wir erneut auf das uns bekannte juristische Problem stoßen.

2. Beratungsziele könnten sein: Zu lernen, sich vom Mann aggressiv (also mit Worten, Entzug, Fremdhilfe unter anderem) abzugrenzen, ohne ein schlechtes Gewissen haben zu müssen. Zu lernen, wie man das Hilfsangebot anderer Menschen oder Institutionen für sich nutzen kann (Rechtsberatung, Opferschutz, Selbsthilfegruppen, Stadtteilgruppen u.a.). Zu lernen, Gefahren frühzeitig zu erkennen und ihnen vorzubeugen (statt: sich als Frau erst wehren zu dürfen, wenn alles schon festgefahren ist). Zu lernen, dass niemand schuldig zu sein braucht, wenn eine Partnerschaft beendet wird. Neue Berufsperspektiven entwickeln können, auch, wenn die Mutter solche Chancen nur einer Schwester zugedacht hatte. Eigene Aggressionen und Wut wahrnehmen und auch zeigen dürfen (selbstaggressive Anteile einer depressiven Stimmungslage dürfen nach außen gewandt werden).

3. Die Klientin konnte keine Realschule besuchen und musste auf kleinere Schwestern aufpassen, während ihre Bettnachbarin die

mittlere Reife erlangen konnte und nachmittags oder abends Schularbeiten machen durfte. Trotz der Rivalität teilten die Schwestern ein Bett und waren sich dadurch körperlich auch sehr nah. Dies trug wahrscheinlich mit dazu bei, dass die Klientin nicht lernte, sich emotional und körperlich ausreichend abzugrenzen und dass ambivalente Gefühle von Verbundenheit, Nähe, Neid und Missgunst von ihr nur ungenügend differenziert werden können.

4. Sie hat ihre Mutter als unbarmherzig und kalt erlebt, und sie hat den Schmerz erlebt, den ein Kind spürt, wenn die Eltern auseinander gehen. Sicher wollte sie nicht auch eine so herzlose kalte Frau sein (das wäre die Interpretation der Kinderseele in ihrer Brust).

5. Die Familie lebte sehr symbiotisch oder gemeinschaftlich. Die Schwestern unterschiedlichen Alters waren alle daran gewöhnt, dass ihre Entscheidungen sich gegenseitig bedingen. Das schien auch die Mutter verlangt zu haben. Eigene Wege zu gehen hätte bedeutet, den sicheren Ort der Familie zu verlassen oder den Zusammenhalt zu gefährden.

6. Die frühe Heirat war ein Weg, sich den familiären Verpflichtungen und Bindungen auf »legale« Weise etwas zu entziehen. In Arbeiterschichten ist es immer noch üblich, früher zu heiraten, da die Partnerwahl und die gemeinsame Lebensplanung nicht durch langwierige Ausbildungs- oder Studienwege verzögert werden. Es entsprach dem elterlichen Vorbild in der frühen Kindheit der Klientin, dass eine Frau früh heiratet, sich in Bezug auf eine berufliche Karriere wenig engagiert und die Außengeschicke der Familie durch einen Mann regeln lässt. Es ist aus diesen Gründen verständlich, dass sie aktuell noch beträchtliche Anpassungsschwierigkeiten in der neuen Situation hat, in der sie nun Verantwortung für ihre eigene berufliche und private Entwicklung tragen muss – gegen den Widerstand ihres Mannes und ihrer eigenen Lernerfahrungen.

Falldarstellung 24: Befreiungsschläge einer alten Dame (s. S. 527 ff.)

1. Sowohl in der Psychologie als auch in der Medizin wird immer wieder übersehen, welche weit reichenden Auswirkungen der Verlust nahe stehender Menschen haben kann. Gefühle von Wut, Schuld, Ohnmacht, Angst, die mit dem Tod geliebter Menschen einhergehen, wirken unbewusst weiter und können Auslöser oder Mitursache vieler Probleme sein. In dem unbewussten Versuch, sich den verlorenen Menschen wieder zuzuwenden, kommt es leicht zu Projektionen oder Übertragungen (oder der Suche nach verlorenen Objektbeziehungsmustern): Vielleicht hat die Klientin einen älteren, gebildeten, liebevollen, strengen, erfolgreichen Mann gewählt, um ihrem Vater näher zu sein? Vielleicht hat sie sich noch mehr Mühe gegeben, sich das Wohlwollen ihrer Mutter zu erhalten, indem sie sich bemühte, nach deren Maßstäben zu denken und zu handeln? Natürlich gibt es sehr viele andere Determinanten, die das Leben eines Menschen bestimmen. Sie werden im Laufe Ihrer Beratungstätigkeit jedoch erfahren, dass der Tod wichtiger Menschen häufig nicht genügend verarbeitet werden konnte und dass sich daraus viele Probleme ergeben. Auf den Umgang mit Trauer sind wir auf Seite 434 f. bereits eingegangen.

2. Die Klientin hat die neue Beziehung ihres Vaters nicht gebilligt und ist in eine andere Stadt gezogen. Vor dem Tod des Vaters hat es also einen Bruch gegeben. Ein Bruch führt häufig zu einem Gefühl der Schuld. Dies kann zur Folge haben, dass sie auch ihrem Mann gegenüber eine (übertragene) Schuld empfindet und den Wunsch verspürt, eine Versöhnung oder Wiedergutmachung zu bewirken.

3. Wir kennen die Geschichte und Bindung in dieser Familie zu wenig, um über die Töchter verlässliche Angaben machen zu können. In den Berufen der Psychologin und der Sozialpädagogin wird aber deutlich, dass beide etwas verstehen möchten und

dass beide helfen möchten. Die Mutter trägt widersprüchliche Gefühle in sich: Das Gefühl von Schuld, den Wunsch wieder gutzumachen, aber auch eine unterdrückte Wut. Diese Gefühle könnten die Töchter als Auftrag angenommen haben. Die Töchter sind damit sicherlich überfordert gewesen.

Sie können auch andere Erklärungshypothesen aufstellen: Die Eltern seien in einer neurotischen Paarkollusion verfangen, deren ungünstige Beziehungsmuster, Kommunikationsstrategien und Problemlösestrategien von den Töchtern aufgenommen oder erlernt worden sind.

4. Da wir nach dem Erstinterview (der Falldarstellung) keine genaueren Angaben haben, müssen wir zunächst spekulieren: Auch ihr Ehemann war Soldat im Zweiten Weltkrieg. Von dort, wo ihr Bruder geblieben ist, kam der Mann nach dem Krieg zurück. Da sie sich nicht um den sterbenden Bruder kümmern konnte, sorgt sie sich nun stellvertretend um den Ehemann. Aber auch hier mischen sich unterdrückte aggressive Gefühle mit ihrem Pflichtgefühl. Der Bruder hatte sich am »Verrat« beteiligt, den die Männer an der Mutter begingen, indem sie eine neue, jüngere Frau auswählten, die den Platz der Mutter einnehmen sollte.

5. In ihrer Ehe hatte sie wenig Freiräume gehabt, kaum selbst gesteckte Ziele verfolgt und außerfamiliäre Kontakte gepflegt. Indem sie um sich schlägt, beansprucht sie mehr Platz und neue Freiräume für sich und verteidigt sich als eigenständige Person.

6. Die Klientin hat stets versucht, ihre aggressiven Impulse zu unterdrücken. Ihre Wut und Verzweiflung, ihr Hass, der Wunsch sich abzugrenzen, sich Freiräume zu sichern, sich ein eigenes Profil zu geben – all das konnte von ihr nicht bewusst empfunden oder ausgelebt werden. Diese Aggressionen (die zum Teil positiv sind) könnten sich gegen den Vater, den Bruder, den Ehemann richten. Aber auch gegen die Mutter, die zu früh gegangen ist, gegen die Geschichte, die ihr eine Kindheit im Krieg zugemutet hat, und gegen viele andere Ungerechtigkeiten und Einschränkungen.

7. Durch ein äußerst freundliches Wesen, durch ein starkes Pflichtgefühl, durch Fürsorge und Aufopferung.

8. Diagnostiziert werden können unter anderem eine depressive Anpassungsstörung (sie wird mit den Veränderungen und der Überforderung nicht mehr fertig), eine Depression (die Stimmung wird immer gedrückter). Es ist jedoch nicht zwingend notwendig, jedes offenkundige Lebensproblem oder jede negative Emotion als Krankheit zu klassifizieren. Würde sich die Klientin an einen Psychiater wenden, müsste dieser allerdings eine solche Eingrenzung vornehmen.

9. Die Klientin ist eine betagte alte Dame, die bisher in ihrem Leben gut zurechtkam. Es besteht die Möglichkeit, dass ihr Mann bald sterben wird. Er scheint nicht mehr die Fähigkeit oder die Motivation zu haben, grundlegende Veränderungen in der Beziehung vorzunehmen. Es wäre aus diesen Gründen falsch, wenn Sie die Klientin zu sehr konfrontieren, aufklären oder ihr völlig neue Wege aufzeigen würden, die sie zukünftig beschreiben sollte. Sie sollten sorgsam abwägen, was die Klientin wünscht und braucht. Hierbei sollte die Aktivierung eigener Ressourcen und auch die Organisation von Fremdhilfe vermutlich im Vordergrund stehen: Darf die alte Dame Hilfe von außen überhaupt in Anspruch nehmen (Ehrgefühl, Glaubenssätze)? Könnten ambulante Krankenpflege, Kirchengemeinde oder andere die Klientin entlasten? Gibt es Gesprächs- und Hobbygemeinschaften für Personen ihres Alters?

Falldarstellung 25: Die Folgen eines Raubüberfalls? (s. S. 530ff.)

1. Der Überfall war nicht nur unerwartet, sondern auch brutal und skrupellos. Die Messerstiche waren ein Eindringen in ihre körperliche Integrität. Wir hatten auf Seite 443 ff. bereits darauf hingewiesen, dass ein Eindringen in den Körper eines Opfers besonders traumatisierend erlebt wird (wie

zum Beispiel bei Vergewaltigungen, Schuss- und Stichverletzungen).
2. Viele Überfallopfer oder auch Hinterbliebene von Todesopfern verschieben die Schuldzuweisungen an »unfähige Beschützer« oder an »unfähige Retter«. Dies könnten im vorliegenden Fall die Eltern sein, da die Klientin sie zuvor besucht hat und möglicherweise eine falsche Kausalverknüpfung zu den Eltern herstellt: »Nur weil ich euch besucht habe, ist mir das passiert!«
3. In der biografischen Schilderung ist erkennbar, dass wesentliche Lebensprobleme bereits vor dem Überfall existierten. Die Klientin ist natürlich Opfer des Überfalls und braucht deshalb Hilfe. Es ist aber wahrscheinlich, dass sie sich gegen grundlegende Änderungen ihres Lebens wehren wird (Abwehr), da sie das anscheinend schon viele Jahre erfolgreich geschafft hat.
4. Sie hat immer die Nähe des Vaters gesucht, wurde von ihm aber nie ausreichend beachtet. Zur Mutter hatte sie ein schlechtes Verhältnis. Es ist also möglich, dass sie in jungen Jahren gern eine bessere Frau für ihren Vater gewesen wäre, als es die Mutter war. Es fehlen uns weiterführende Angaben in der Darstellung.
5. Durch Überkompensation, indem er zuerst ein noch besserer und gebildeterer »Dachdecker« wurde als der Vater. Was sollte der Vater danach noch kritisieren? Erst dann hatte er offensichtlich den Mut, sich psychologischen Neigungen hinzugeben und Psychologie zu studieren.
6. Durch eine trotzige Umkehr ins Gegenteil. Indem sie einen Berufsweg einschlug, der die Missgunst des Vaters erregte und nicht in sein konservatives Bild einer beruflich erfolgreichen Frau passte.
7. Die Klientin entzieht sich dem Arbeitsleben und beansprucht »die Grundfinanzierung durch das Arbeitsamt«. Vor dem Raubüberfall gab es keine handfeste Erklärung für dieses berufliche Versagen (oder Entsagen?). Sicher hätte oder hat auch der Vater ihr vorgeworfen, anderen Mitbürgern auf der Tasche zu liegen. Ihr Versagen ist Teil der Opposition gegen den geforderten Erfolg. Ihre Aggression gegen Vorwürfe oder Fragen in diesem Zusammenhang sind zum Teil Übertragungsgefühle, die aus der inneren Beziehung zu ihrem Vater resultieren.
8. Viele Streitigkeiten lassen sich durch geschickte Verhandlungen und Gespräche schlichten. Wir kennen die Hintergründe nicht. Trotzdem sollten wir Folgendes bedenken: Personen, die wegen »Bagatellen« gegen mehrere Gegner Prozesse führen, sind häufig nicht fähig, ihre Konflikte im persönlichen Kontakt konstruktiv zu lösen. Sie rufen höhere Instanzen an, die Kraft ihrer Autorität auf dem Papierwege für Vergeltung und Ordnung sorgen sollen.
9. Sie führte Streitgespräche mit ihrem Vater und trat auch politisch zu ihm in Opposition. Auf diese Weise erregte sie seine Aufmerksamkeit, die er ihr sonst verweigerte. Es ist besser, im Streit beachtet zu werden, als gar nicht beachtet zu werden.
10. Schuld, Reue, Wut, Liebe ... Da sie sich vor dem Tod ihres Vaters mit ihm gestritten hat, dürfte das Gefühl der Schuld im Vordergrund stehen, nachdem es keine Versöhnung gegeben hatte.
11. In meiner Fantasie ist ein Service-Club eine Versammlung wohlhabender und einflussreicher Männer (Frauen sind meist nur als Anhang zugelassen). Wenn die Klientin ein ähnliches Bild hat, könnte darin unbewusst der Wunsch liegen, sich an den Vater zu wenden und ihn um Hilfe, Zuwendung und Versöhnung zu bitten. Vielleicht liegt in dieser Interpretation aber zu viel Symbolik.

Falldarstellung 26: Die schriftliche Beschwerde (s. S. 534 ff.)

1. Die Beschwerde führende Krankenschwester hat mehrere Institutionen und Personen innerhalb des Krankenhauses angeschrieben: die Verwaltung, den Personalrat, ihren Vorgesetzten. Damit der Konflikt nicht vor mehreren »Gerichten« ausgetragen werden muss, ist es sinnvoll, eine Beschwer-

de- oder Schlichtungsstelle einzuführen, in der ein solcher Konflikt verhandelt wird. Der Verwaltungsleiter unseres Beispiels hat den Personalrat und den Pflegedienstleiter zu sich gebeten und mit ihnen abgestimmt, dass zunächst nur er mit den Konfliktparteien kommuniziert.

2. Dieses Schrotschussprinzip wird häufig in der Hoffnung angewandt, damit viel Wirkung und Aufsehen zu erregen.

3. Das Schrotschussprinzip zeigt aber auch, dass es der Schwester nicht nur um eine konstruktive Schlichtung oder um einen Kompromiss geht – sie möchte auch Recht haben, »gewinnen« und den Ruf des Gegners schädigen.

4. Die Schwester geht davon aus, dass der Konflikt ein Angriff auf ihr Selbst war; Dr. Ludwig geht auch davon aus, dass der Konflikt konstruktiv für eine Änderung der Rahmenbedingungen genutzt werden kann. Das Gefühl, im Selbst angegriffen worden zu sein, ist elementar und ursprünglich. Die konstruktive Interpretation ist eine gelernte Sublimierung (also eine positive Abwehr) der elementaren Aggression.
Der Arzt geht scheinbar gelassener in den Konflikt. Er erweckt durch seine Darstellung der Ereignisse den Eindruck, als sei er recht souverän, hätte keine Aggression und würde mit dem Konflikt konstruktiver umgehen.

5. Mögliche Antworten (Spekulationen): sind folgende:
Worum geht es: Ein Arzt hat die Krankenschwester angegriffen, ist ihr gegenüber laut geworden, hat sie beleidigt und ihr eine Mitschuld am Tod von Patienten vorgeworfen.
Auslöser, was geschah in ihrem Inneren direkt vorher: Vielleicht fühlte sie sich ohnmächtig, falsch verstanden, in die Ecke gedrängt? Ihr stockte der Atem, das Herz schlug schneller, Adrenalin wurde ausgeschüttet, der Körper verkrampfte sich.
Kognitionen, Werthaltungen, Motive der Krankenschwester: Ich bin nur für die Aufnahmestation zuständig, hier habe ich Kompetenz, jedermann muss mich dort mit Respekt behandeln und meine Kompetenz anerkennen. Meine Aufgabe ist so wichtig, dass mir da niemand hineinreden sollte.
Emotionen: Ohnmacht, Verzweiflung, Wut, Angst, Enge, Luftnot, Tunnelblick ...
Bezugssysteme: Was würden die Eltern sagen, die Kolleginnen, andere Ärzte, die Mutter in mir, die Ehefrau in mir, das Kind in mir, der Racheengel, die Schlichterin ...?
Ziele, Ressourcen, Strategien: Wie habe ich Gegner bisher besiegt? Habe ich es schon einmal geschafft, einen Konflikt konstruktiv zu lösen? Von wem könnte ich für die eine oder andere Strategie Hilfe erhalten?

6. *Wahrnehmung:* Kampf, Trennendes.
Konfliktbetrachtung: Destruktiver Angriff auf das Selbst. Der Konfliktgegner ist ein Feind.
Strategie: Sieg, Recht haben, Vernichtung. Keine Flucht, sondern groß angelegter Angriff.
Verhaltenstendenz: Durchsetzung und Kampf.

Auch in diesem Kapitel bleiben etliche Fragen unbeantwortet, und einige »Musterlösungen« greifen nur wenige Aspekte heraus, die bedacht werden können.
Wir möchten Sie erneut bitten, die Fragen und Ihre Antworten mit Kolleginnen und Kollegen zu diskutieren. Das ist weit effektiver als eine ausschließlich autodidaktische Arbeit!

Teil 9
Selbstdarstellung und Selbstbild als Coach

Evaluation der Beratung

Nicht jedes Gespräch ist ein Coaching oder eine psychologische Beratung. Das Coaching stellt ein planmäßiges Vorgehen mit spezifischen Interventionen und einer klaren Zielsetzung dar, das »normale Gespräch« hingegen folgt meist dem »freien Fluss« von Ideen und Stimmungen. Damit haben wir noch nichts über die Inhalte oder die Merkmale des »planmäßigen Vorgehens« gesagt. Bislang gibt es auch keine verbindlichen Qualitätskriterien, anhand derer Klient oder Berater erkennen können, was eine »gute oder richtige Beratung« ist. Diese Schwierigkeit beginnt bereits mit der verbindlichen Definition des Coachings: Coaching ist gleichzeitig ein Personalentwicklungsinstrument im Management, eine Erinnerung an die Notwendigkeit einer Work-Life-Balance, eine Methode der psychologischen Prävention (und Gesunderhaltung), eine Beratung zur Bewältigung sozialer und persönlicher Probleme, zur Zielerreichung, eine Krisenberatung, manchmal die Vorstufe zu einer Therapie ...?

Die zahlreichen deutschen Coaching-Verbände bemühen sich derzeit, Standards zu definieren, anhand derer ein guter Coach erkennbar sein soll. Solche guten Coaches dürfen dann das Logo des Verbandes nutzen oder darauf hinweisen, dass sie *zertifiziert* sind.

Zertifizierungen für Coaches kosten meist 500 bis 1.500 Euro. Andere Gruppen, Vereine oder Unternehmen, die Zertifizierungen für Coaches anbieten, sind beispielsweise:

- Deutscher Bundesverband für Coaching www.dbvc.de,
- Professional Coaching Association (ProC) www.proc-association.de,
- International Coach Federation www.coachfederation.org,
- Deutscher Verband für Neurolinguistisches Programmieren, www.dvnlp.de,
- European Coaching Association www.eca-online.de,
- Deutsches Institut für Normung www.din-certco.de,
- Österreichischer Coaching-Dachverband www.coachingdachverband.at,
- Forschungsstelle Coach-Gutachten www.coach-gutachten.de

und viele (!) andere.

Solche Coach-Zertifizierungen belegen, dass eine Coach-Ausbildung stattgefunden hat, dass ein Coach eine mehr oder weniger anspruchsvolle Prüfung absolviert hat und eventuell schon über Berufserfahrung verfügt. Auch ein solches Zertifikat sagt na-

---

Info

Zertifizierungskriterien einiger Coaching-Verbände
(Stand: 2005, Auszüge)

Qualitätsring Coaching (www.QR-Coaching.de): 150 Stunden Präsenzausbildung und angeleitete Peer-Group-Arbeit, zirka 300 Stunden Literatur- und Onlinearbeit, wenigstens drei benotete schriftliche Hausarbeiten (mit Fallbesprechungen, Coach-Konzept u.a.) mit zusammen mindestens 50 Seiten Umfang sowie eine praktische Prüfung und eine Ethikverpflichtung.

Deutscher Verband für Coaching und Training (www.dvct.de): Coach-Ausbildung von 150 Stunden (oder andere Methodenausbildung von 200 Stunden) und ein akademischer Studienabschluss (oder fünf Jahre praktische Führungs- oder Coaching-Erfahrung). Hinzu kommen eine kürzere schriftliche Ausarbeitung, eine praktische Prüfung und ein Fachgespräch.

türlich wenig über die Effektivität und die Arbeitsergebnisse eines Coaches aus. Schließlich will ein Klient keinen irgendwo zertifizierten Profi »kaufen«, sondern möchte für sich Ergebnisse erzielen und seine Bedürfnisse erfüllen können.

Wie soll man die Ergebnisse messen, die gemeinsam erreicht werden? Und welche anderen Kriterien der Qualitätskontrolle gibt es neben dem Kriterium des Ergebnisses?

Qualitätssicherung als Befragung

Viele Klienten und Berater berufen sich bei der Beurteilung der Gesamtintervention auf ihr Gefühl: »Das war eine runde Sache, und mir sind viele Lichter aufgegangen«, sagt beispielsweise der Klient. Der Coach denkt vielleicht: »Das habe ich gut hinbekommen, und ich habe hier wirklich mein Können gezeigt und dem Klienten sehr geholfen.« Was sich aber im Kopf, im Herzen, im Bauch und – vor allem! – in den Füßen der Klienten langfristig bewegt hat, wird durch diese Art der Qualitätssicherung nicht erfasst. Wie haben sich Stimmung, Gesundheit, Erfolg, Balance der verschiedenen Lebensbereiche und Handlungen des Klienten – bezogen auf die vereinbarte Zielsetzung – nachhaltig gewandelt?

In der Medizin und der Psychologie werden Qualitätssicherungen installiert und bald überall vorgeschrieben sein. Es ist daher für Coaches und Berater sinnvoll, auch jetzt schon eine eigene Qualitätssicherung zu betreiben, um sich an mögliche spätere Standards zu gewöhnen und um auf »dem Markt« bestehen zu können.

Die Selbsteinschätzung »aus dem Bauch heraus« ist dabei sehr trügerisch: Ein aus dem Gefühl heraus eingeschätzter Erfolg und eine gezielte Befragung mit standardisierten Fragebögen klaffen häufig stark auseinander. Wir werden also im Laufe des Kapitels noch auf die Frage eingehen müssen, wie die Ergebnisse im Nachhinein objektiviert werden können. Einer anderen wichtigen Frage wollen wir vorher noch nachgehen: Welche Faktoren in der Beratung führen überhaupt zu den Wirkungen oder Ergebnissen, die wir mit unseren Klienten erreichen wollen?

Eine der einflussreichsten Studien zur Analyse von Wirkfaktoren in der schulenübergreifenden psychologischen Beratung und Therapie stammt von Klaus Grawe (1998).

Die Wirkfaktorenanalyse

In der Wirkfaktorenanalyse Klaus Grawes wird ein »allgemeines operationales Beschreibungsvokabular« verwendet mit dem Ziel, von Begrifflichkeiten verschiedener Therapie- und Beratungsschulen unabhängig zu sein. Grawe hat fünf Dimensionen definiert, mit denen er jede beraterische »Mikroeinheit« zu erfassen versucht.

> **Info**
>
> **Die fünf Dimensionen der Wirkfaktorenanalyse**
>
> - *Bewertung:* Problem versus Ressource.
> - *System:* Intra- versus Interpersonales.
> - *Kommunikation:* Inhalte versus Prozesse.
> - *Bedeutung:* Motivationales versus Potenziales (Fähigkeiten).
> - *Veränderung:* Zustand versus Veränderung.

Zu jeder beraterischen Mikroeinheit von etwa 1–10 Minuten ergeben sich daraus Konstellationen von jeweils fünf Dimensionen.

Ein Beispiel: Ein Manager wird zu seinem Problem interviewt. Er schildert, welche Schwierigkeiten er mit einigen seiner Kollegen hat. Der Berater lenkt die Aufmerksamkeit auf die Gefühle, die der Manager mit diesem Problem gerade jetzt hat, würdigt diese als Ausdruck einer differenzierten Sensibilität und analysiert anschließend gemeinsam mit dem Klienten das Problem.

In diesem Beispiel ergibt sich die Kombination von fünf »Dimensionen«:

1. Problem (Schwierigkeit)
2. Interpersonales (Kollegen)
3. Prozessuales (Gefühle hier und jetzt)
4. Potenziales (Fähigkeit als Reframing)
5. Zustand (Ist-Analyse)

Jede beraterische Mikroeinheit mit fünf Dimensionen könnte 32 mögliche Kombinationen ergeben. Grawe sieht sein Konzept nicht als »praxistauglich« an, da für die Analyse einer einzigen Coaching-Sitzung teilweise fünf Stunden Videoauswertung erforderlich sind. Es handelt sich also eher um ein Forschungsinstrument. Das Ergebnis seiner Studien zeigt aber, dass die Hauptmerkmale guter Beratung vorwiegend folgende Dimensionen enthalten: *Veränderungsorientierung und Ressourcenfokussierung.*

Lösungsorientierte Berater gehen daher so weit, dass sie Probleme kaum oder gar nicht ausleuchten, sondern sofort auf die Ressourcen oder die Lösungsfindung eingehen. In diesem Buch haben wir ebenso die Probleme gewürdigt. Das ist auch richtig, wenn wir Probleme als Muster begreifen, die erkannt werden müssen, um sie ressourcenfokussiert verändern zu können. Ziel und Fokus der Coaching-Arbeit oder der Psychotherapie sollten aber nach Grawe Ressourcen und Lösung sein. Das müsse in den Überzeugungen, dem Timing und dem Leben des Coachs oder Psychotherapeuten implizit erfahrbar und in seinen Interventionen klar nachvollziehbar sein.

Die Gestaltung der beraterischen Beziehung

Das Beziehungsverhalten von Beratern hat nachweislichen Einfluss auf den Beratungserfolg (Grawe et al. 1998). Die beraterische Beziehung ist also einer der spezifischen Wirkfaktoren. Auch Peter Hain hat in seinem Buch »Das Geheimnis therapeutischer Wirkung« einige sehr erfolgreiche Therapeuten und Berater interviewt, um herauszubekommen, was die Essenz ihrer Wirkung ist. Mehrere seiner Ergebnisse wollen wir hier aufgreifen, da sie direkt auf das Coaching und die psychologische Beratung übertragen werden können:

Das Einfühlungsvermögen (Empathie): Empathisches Zuhören wird von allen psychotherapeutischen Schulen und von klinischen Praktikern als ein grundlegendes Prinzip anerkannt. Dabei geht es darum, die Anliegen, Ängste und Kämpfe des Klienten zu verstehen und sich in seine Welt vertiefen zu können. Das bedeutet ein wirkliches Sorgen um den Klienten, eine hohe Ernsthaftigkeit (nicht Humorlosigkeit!) und Vertrauenswürdigkeit, Wachheit, eine große Präsenz und Klarheit im gegebenen Moment und Neugier auf die Welt des Klienten. Es bedeutet auch, dass einem die eigenen Methoden und die Rolle, die man ausübt, nicht wichtiger sind als der Mensch, der zu einem in die Beratung kommt. Diese Beratungshaltung haben besonders humanistisch orientierte Coaches und Psychotherapeuten.

Eindrücklichkeit und Stärke (Intensität): Die aktive Beziehungsgestaltung verlangt eine hohe Konzentration, viel Leidenschaft, Hingabe, absolute Präsenz und eine Beratung vom ersten Moment an (Paul Watzlawick). Die Begegnung mit Ihren Interventionen soll Berührung und Wirkung und positive Spuren im Leben des Klienten hinterlassen. Diese Grundhaltung verlangt Veränderungsabsicht, strategische Planung, Selbstkontrolle, Präzision der Wahrnehmung und des Denkens – immer wieder angepasst an das, was wirklich ist. Dies bedeutet auch, sich selbst mit seinen Bewusstseinszuständen als Katalysator für Veränderungen anzubieten. Ein mutiges, humorvolles und aktives Angebot des Beraters ist der Treibstoff für den Veränderungsmotor. Dies verlangt eine Motivation zu effektiverem Arbeiten.

Ein häufiges Vorurteil ist, dass diese Haltung in ein Burn-out führen würde. Gerade das

Gegenteil ist der Fall: Menschen, die klar, aktiv, strukturierend und selbstreflektiv arbeiten, erleiden selten ein Burn-out. Die Freude an der Arbeitsintensität steigt bei ihnen im Laufe der Jahre sogar an. Wer jedoch »sehr viel (helfen) will«, dabei aber konzeptlos, unbalanciert und mit innerer Handbremse arbeitet, verbraucht sich bei der Arbeit. Äußerlich wirken solche Berater zunächst meist sehr motiviert und engagiert. Nicht der »Wirbel nach außen« ist aber entscheidend für Wirksamkeit und Gesundheit des Beraters, sondern seine innere Klarheit und Haltung. Die Intensität der Beziehung und Arbeit muss für den Klienten spürbar sein – dies erhöht nachweislich die Wirksamkeit.

Diese Grundsätze stehen im Widerspruch zum Abstinenzgebot der Psychoanalyse, welches bis in die 80er-Jahre des letzten Jahrhunderts noch recht streng gehandhabt wurde. Heute sind auch sehr viele Psychoanalytiker ähnlich aktiv wie Anhänger der humanistischen, verhaltenstherapeutischen oder systemischen Therapie- und Beratungsschulen.

Die Veränderungsabsicht muss erkennbar sein: Als Berater müssen Sie sich nicht nur in einem Markt positionieren. Schon bevor ein Klient zu Ihnen kommt, hat er vermutlich Vorannahmen über Sie getroffen. Diese sind beeinflusst durch Hörensagen und durch Ihre »Werbung«: Wie nennen Sie sich, was steht auf Ihrem Tür- oder Praxisschild, auf Ihren Visitenkarten, auf Ihrer Homepage …? Aus diesen Informationen muss Ihre Veränderungsabsicht klar erkennbar sein: Sie sind jemand, der nicht nur zuhört, redet, versteht. Sie bringen sich aktiv ein, um dem Klienten zu seiner maßgeschneiderten Veränderung zu verhelfen. In der beraterischen Beziehung muss diese Veränderungsabsicht direkt erfahrbar und nachvollziehbar sein, sonst entwerten Sie Ihre »Werbung« und verschlechtern die Erfolgsaussichten für den Klienten.

Selbsterkenntnis und Glaubwürdigkeit: »Alle verbeugen sich vor einem authentischen Menschen«, sagt Buddha. – Nur wer sich seiner eigenen Motive, Ängste und unbewussten Bedürfnisse bewusst ist, kann beginnen, die anderen mit ihren Bedürfnissen wahrzunehmen. Das Methodeninventar des Coachs ist ebenfalls mit seiner persönlichen Geschichte verknüpft: Was ihm liegt, wird sein Arbeiten authentischer erscheinen lassen.

Für psychologische und ärztliche Psychotherapeuten ist eine so genannte *Selbsterfahrung* vorgeschrieben (mindestens 150 Stunden Einzelgespräch und 150 Stunden Gruppenselbsterfahrung): Dabei geht es nicht um die Vermittlung von Wissen oder Fertigkeiten (die wiederum sehr viele Stunden in Anspruch nehmen), sondern ausschließlich um Selbsterfahrung. Die Kosten für diesen Ausbildungsabschnitt belaufen sich auf mehrere Tausend Euro.

Für Coaches, psychologische Berater oder Psychotherapeuten nach dem Heilpraktikergesetz (HPG) gibt es diese Auflage nicht. So findet man häufig technisch ausgebildete Berater, die ihre eigenen unbewussten Anteile leider sehr stark in die Beziehung zum Klienten einbringen. Da es sich um unbewusste Prozesse handelt, werden diese fast immer verleugnet, abgewehrt, verschoben: »Ich habe genügend Lebenserfahrung und weiß genau, was ich tue!«

Damit Sie nicht dieser sehr verbreiteten Betriebsblindheit erliegen, empfehlen wir Ihnen, sich in eine Gruppenselbsterfahrung von wenigstens 150 Stunden zu begeben. Wirklich gute Beratung kann nur stattfinden, wenn ein Berater sich selbst erfahren hat. Das geschieht nicht durch Lektüre, nicht durch Forschung, nicht durch Kurse und Ausbildungen. Selbsterfahrung ist eine ehrliche »Selbsttherapie«. Dieses Kriterium für gute Berater wird von vielen Coaches jedoch abgelehnt. Vielleicht, da sie sich dieser Erfahrung aus Angst nicht unterziehen möchten. Informationen finden Sie im Internet unter: www.Kup-dagg.de.

Außerdem sollten Sie sich einer »*Beratungs-Balint-Gruppe*« oder *Intervisionsgruppe* anschließen oder eine solche gründen. Diese Gruppen treffen sich regelmäßig und besprechen auf eine strukturierte Weise Probleme, Ängste oder Schwierigkeiten, die bei der Beratung auftreten. Gedankenaustausch und Feedback von unbeteiligten Kollegen sind hilfreich bei der Bearbeitung eigener Blockaden. Balint-Gruppen können eine Selbsterfahrung nicht ersetzen, helfen aber langfristig, die gröbsten Fehler zu vermeiden.

Ebenso wichtig ist eine klare ethische Grundhaltung des Coachs: Er muss sich beispielsweise mit seinen Überzeugungen, seinem Menschenbild, seinen Vorstellungen von »gut und richtig« auseinander setzen.

Ein guter Coach hat nie ausgelernt. Es sollte selbstverständlich sein, dass ein Coach ständig sein altes Methodenrepertoir verfeinert, neue Werkzeuge und Herangehensweisen kennen lernt und auch seine Selbsterfahrung kontinuierlich alle paar Jahre »auffrischt«. Die meisten Coaching-Verbände planen, eine solche *kontinuierliche Fortbildung* verbindlich vorzuschreiben und zu überprüfen. Bei Ärzten und Psychologen ist Fortbildungspflicht bereits eingeführt.

Wer, wie und was: Wir hatten im Laufe des Buches mehrfach besprochen, welche Eigenschaften und Fähigkeiten ein Coach erwerben sollte, wo Coaching stattfindet, wie Coaching in institutionelle Rahmen eingebettet ist, wie Coaching strukturiert werden kann und vieles mehr. Diese Merkmale und die persönlichen und sozialen Voraussetzungen von Klient und Coach fließen in die Qualitätsdimension »Strukturqualität« ein. In den folgenden Abschnitten gehen wir auf Aspekte der Strukturqualität, der Prozessqualität und der Ergebnisqualität ein und betrachten ausgewählte Aspekte dieser Dimensionen.

> **Info**
>
> **Drei Qualitätsdimensionen im Coaching**
>
> - *Struktur:* Wer trifft wo und wie aufeinander?
> - *Prozess:* Wie wird in dieser Interaktion gearbeitet?
> - *Ergebnis:* Was kommt dabei heraus?

Keine Angst vor Manipulation!

Franz Anton Mesmer, ein Arzt des 18./19. Jahrhunderts, entwickelte eine frühe Sonderform der Hypnose. Er führte mit seinen Händen (lat. *manus* »Hand«) dicht über dem Körper seiner Klienten auf- und abstreichende Bewegungen aus. Dabei stellten sich teils hysterische Bewusstseinsveränderungen ein.

Der Mesmerismus wurde später in vielen europäischen Ländern untersagt. Das Ausstreichen mit den Händen lebt heute noch in dem Wort Manipulation weiter, obwohl es ursprünglich die Bedeutung von »kunstvoll handhaben« hatte. Gemeint ist damit heute meist eine bewusste und geplante Veränderung von Bewusstseinszuständen und Handlungen anderer Menschen. Genau dies ist es aber, was gute Beratung auszeichnet!

Siegfried Mrochen erklärt seinen Klienten oder Patienten direkt, dass er während der Beratung Dinge tun wird, die man als Manipulation bezeichnen kann, dass er versuchen wird, Weichen zu stellen, und dass er dies durchaus so tun könnte, dass es zunächst gar nicht bemerkt wird. Jedes Reframing, jeder Perspektivwechsel, jede zirkuläre Frage ist eigentlich eine Manipulation.

> **Übung und Fragen**
>
> - Wie möchten Sie als idealer Berater, ideale Beraterin beschaffen sein?
> - Was können die Zutaten sein, die einen Menschen für diesen Beruf geeignet machen?
>
> Bitte erforschen Sie bei der Beantwortung dieser Frage folgende Wörter: Rebellion, Pioniergeist, Mut, Neugierde, Humor, Frische und Jugendlichkeit, Reife, Leidenschaft, Ehrgeiz, Beziehungsfähigkeit, Routiniertheit, Alter, Ausbildung, Relevanz, Eklektizismus. Schreiben Sie zu jedem Wort einen kleinen Absatz, aus dem hervorgeht, wie diese Eigenschaften bei Ihnen entwickelt sind und wo Sie sie bereits intensiv nutzen.

Es ist erforderlich, verändern zu wollen, und es ist ehrlich, das auch zu sagen. Anders kann Beratung kaum wirken. Dies heißt aber nicht, dass der Klient nicht selbst auf seine Lösungen kommen sollte, und es heißt ebenso nicht, dass man bei jedem Beratungsschritt eine Metakommunikation über manipulative Elemente innerhalb der jeweiligen Mikrointervention führen sollte. Es bedeutet aber, dass man als Berater die Führung übernimmt und den Beratungsprozess aktiv gestaltet. Eine Manipulation in diesem Sinne verlangt viel Verantwortungsbewusstsein, Selbsterfahrung und auch Mut.

Tests als Erfolgskontrolle

Rehabilitations-Kliniken, Krankenhäuser und demnächst auch niedergelassene ärztliche und psychologische Psychotherapeuten müssen, wie oben erwähnt, die Qualität ihrer Arbeit mit wissenschaftlichen Methoden ausführlich dokumentieren. Dies wird früher oder später auf andere Beratungsberufe ebenfalls zukommen.

Anfangs hatten viele Krankenhäuser selbst entwickelte Fragebögen, in denen abgefragt wurde, ob die Behandlung erfolgreich, klärend, symptomlindernd und angenehm war. Bis zu 80 Prozent der Patienten haben dies bejaht, was zunächst als Erfolg angesehen wurde.

Spätere Untersuchungen – wissenschaftlich ausgeklügelte Befragungen zum Entlassungstermin und Monate später – haben gezeigt, dass diese Angaben der Patienten leider nicht stimmten. Der subjektive Eindruck entsprach also nicht den weiter bestehenden Beschwerden, Krankheiten oder Einschränkungen in Beruf und Privatleben. Seitdem müssen diese Institutionen auf fundiertere – wissenschaftlich überprüfte – Test-Werkzeuge zurückgreifen.

Wenn freie Berater eine minimale Selbstkontrolle ihrer Arbeitsqualität durchführen möchten, können sie die bekanntesten und verlässlichsten Tests selbst durchführen, möglichst vor oder direkt nach dem ersten Vorgespräch, nach dem Ende der Beratung und beispielsweise sechs Monate später (Katamnese).

Solche Tests-Sets kosten zusammen mit Auswertinstrumentarien etwa 50 bis 90 Euro.

Beispiele für Tests im Personal Coaching

- Bei interpersonellen Konflikten: IIP (Inventar interpersonaler Probleme).
- Als allgemeines Diagnostikum: SCL-90-R (Symptom-Checkliste, eher psychosomatisch orientiert).
- Bonner Fragebogen für Therapie und Beratung (BFTB).

Es gibt sehr viele weitere Tests für Beratung, Psychotherapie, Personalauswahl und andere Themen. Wir greifen einen der oben genannten Tests als Beispiel heraus: Der BFTB ist ein Fragebogen-Test, der Klienten nach Abschluss einer psychologischen Beratung, eines Coachings oder einer Therapie vorgelegt oder zugesandt wird. Er erfasst zweierlei: Zum einen machen die Klienten anhand einer Ergebnisskala Angaben zum Erfolg, zum anderen wird das professionelle Verhalten des Beraters nach folgenden Merkmalen bewertet.

> **Info**
>
> **Der BFTB erfasst neben den Ergebnissen auch das Beraterverhalten:** Empathie, Echtheit, Wertschätzung, Deutung, Bewusstheit, Strukturierung, Konfrontation, Durcharbeiten, emotionszentriertes Arbeiten, Bestärkung.

Der Berater hat dadurch die Möglichkeit, sowohl den subjektiven Erfolg zu dokumentieren, als auch eine Einschätzung seines professionellen Vorgehens zu erhalten.

Die sorgfältige Konstruktion des BFTB basiert auf dem Konzept der so genannten allgemeinen Wirkfaktoren in Therapie und

Beratung (*common-factor*-Ansatz). Danach schließen alle Therapie- oder Beratungsmethoden trotz ihrer Vielfalt an Techniken einen gemeinsamen Kern therapeutischer oder beraterischer Wirkfaktoren ein. Ausgehend von diesem integrativen Ansatz in der Psychotherapieforschung, ist es gelungen, Wirkfaktoren zu benennen, die wesentlich zum Erfolg der Beratung beitragen. Es handelt sich dabei um die oben genannten zehn Merkmale. Die Merkmale sind so ausgewählt, dass sie auf den integrativen und methodenübergreifenden Ansatz des Coaching-Konzeptes in diesem Handbuch gut zu übertragen sind. Es sind sowohl systemische, humanistische, kognitive als auch tiefenpsychologische Merkmale berücksichtigt.

Dieser Test liefert einen wichtigen Beitrag zur Qualitätssicherung in der Beratung und der Psychotherapie: Eine Beratung wird durch den Test empirisch überprüfbar hinsichtlich ihrer Effekte (Ergebnisqualität) und in Bezug auf ihre Effektdeterminanten (Prozessqualität). Für die Bearbeitung der zirka 130 Fragen benötigen die Klienten etwa 30 Minuten. Die Auswertung dauert ungefähr 30–40 Minuten. Bei folgender Internetadresse können Sie die genannten Tests anfordern: www.testzentrale.de

> **Info**
>
> **Drei Säulen eines guten Cochings (Qualitätsdimensionen)**
>
> - *Strukturqualität:* Persönliche, fachliche, soziale Kriterien von Coaches, Klienten, Setting und Rahmen der Beratung ... Bestandteil der Strukturqualität ist auch die ethische Grundhaltung des Coachs und seine Selbsterfahrung.
> - *Prozessqualität:* Kontrakt, Ablauf, Regeln, Vorgehensweise der Beratung.
> - *Ergebnisqualität:* Symptomreduktion, Perspektivwechsel, Zufriedenheit, Flexibilisierung, Erfolg, Balance.

Nur durch das Zusammenspiel der in diesem Kapitel vorgestellten Faktoren kann ein Coach seine Arbeit kontinuierlich verbessern: qualifizierte Ausbildung, umfangreiche Selbsterfahrung (die den meisten Coaches leider fehlt), kontinuierliche kollegiale Intervision oder auch Supervision, kontinuierliche Fortbildung und fortlaufende Kontrolle der eigenen Ergebnis- und Prozessqualität.

Selbstständig als Coach

Was sollten Sie bedenken, wenn Sie sich als Coach selbstständig machen? Wir werden Ihnen zunächst einige Coaches vorstellen, damit Sie einen Eindruck von dem Berufsbild erhalten. Anschließend besprechen wir einige praktische Fragen: Wo und wie werben? Werde ich genügend Geld verdienen? Wen möchte ich beraten? Zunächst nähern wir uns den Fragen in dem wir einige Coaches und ihre Arbeit kennen lernen.

Interviews mit Coaching-Profis

In diesem Abschnitt stellen wir Ihnen einige Beratungsprofis vor, die wir Ihnen mit ihren Ansichten und Erfahrungen als Modell zur Verfügung stellen möchten. Sie werden erkennen, dass jeder Coach einen anderen beruflichen Hintergrund hat(te) und sich andere Schwerpunkte gesetzt hat.

Jürgen Weist
Conzendo-Consulting, Hamburg
Kontakt: www.conzendo.de

Jürgen, was bedeutet das »zendo« in dem Namen deiner Beratungsfirma Conzendo?
Du musst mit dem »con« anfangen: Das ist mir während eines Rückflugs von München eingefallen. Erst später habe ich erfahren, dass diese Vorsilbe »mit« bedeutet.
»Zendo« ist abgeleitet von den japanischen Kampfkünsten. Mittlerweile wird es ein Boom, fernöstliche Weisheit mit Coaching zu kombinieren. Ich lerne aber schon seit sehr vielen Jahren Aikido, eine japanische Kampfsportart, lange bevor es diesen Boom im Beratungsgeschäft gab.
Den Trainingsort in den Kampfkünsten nennen wir »Dojo«. Über die Jahre ist der Alltag mein Dojo geworden, und die innere Einstellung, die ich im Aikido lerne, bestimmt meine Haltung im Leben: Das hat viel zu tun mit Kopf und Herz oder mit der Form und der Haltung, mit der wir bereit sind, das Leben anzunehmen.
Aikido hat viel mit Kontakt zu tun: Während ich jemanden berühre, berühre ich mich auch selbst. Dieses Zusammenspiel ist ganz entscheidend.

Wie genau wendest du das im Coaching an: Legst du deine Klienten oder Schüler auf die Matte?
Nein, aber manchmal ziehe ich ihnen sozusagen die Matte unter den Füßen weg; zumindest das, was unhaltbar ist, während ich ihnen Halt auf einer höheren Ebene gebe. Das Aikido ist eine gute Metapher für das Coaching, auch ohne Matte.
Es wirkt nämlich nicht durch Technik, sondern nur durch die innere Haltung. Verteidigung und Angriff werden zu einer Wir-Bewegung, in der beide selbstvergessen zusammenarbeiten. Es findet dabei eine (Be-)Rührung statt, die uns ergreift. Danach stehen sich die Kontrahenten verwundert und schmunzelnd gegenüber oder lachen sogar. Du gehst daraus physisch und psychisch bereichert hervor und weißt eigentlich nicht, warum.
Erst wenn du die innere Mitte erreichst, wird deine Technik machtvoll, und du kannst zusammen mit einem anderen Menschen etwas bewirken. Dann ist das, was zwischen den Menschen fließt, voller Kraft, und es entsteht etwas, das die Beteiligten überragt. Du kannst auch andere Menschen erst dann stützen, wenn sie mit dir in Berührung sind, wenn sie sich auf dieses Wechselspiel einlassen. Dann wird auch Bewegung leicht. Erst, wenn du gelernt hast, ganz zentriert bei dir

selbst zu sein, kannst du auf andere wirken – in einem Zusammenspiel, das immer wieder anders und überraschend ist. Das alles kann man aus dem Aikido in das Coaching übertragen.

Es scheint: du magst Metaphern und Poesie?
Ja, die liebe ich. Ich bin voll von Metaphern und Poesie.

Noch einmal zu den Kampfkünsten im Coaching: Welche Prinzipien wendest du auf deine Klienten oder Coaching-Schüler an?
Prinzipien wende ich nicht gern an. Aber ich vermute, was du eigentlich fragen wolltest: In den japanischen Kampfsportarten haben wir eine einfache Systematik für das Lernen.

- Der innere Meister ist dein Potenzial.
- Der leibhaftige Meister ist der Coach (oder Lehrer).
- Der universelle Meister ist die Evolution (auch die geistige).

Als leibhaftiger Coach ist es meine Aufgabe, den Klienten zu seinem inneren Meister zu führen, immer wieder, immer wieder anders. Den Rest macht der innere Meister oder das Leben. Normalerweise bekommen wir nicht das, was wir wollen, sondern das, wofür wir offen sind. Dazu verhelfe ich den Klienten. Ich werde bei der Gelegenheit noch einmal poetisch, wenn du erlaubst.
Coaching ist für mich: den Menschen zu helfen, sich selbst zu berühren. Im Moment der (Be-)Rührung der Seele entfaltet sich die einzigartige Schönheit des Einzelnen in den sinnlichen Raum der Welt.

Das lass ich jetzt einfach so stehen und wirken. Was bedeutet »integrales Coaching«? Das steht so in euren Prospekten.
Mit anderen Worten habe ich das schon gesagt: Kopf und Herz sowie Form und Haltung. Zwar lehren wir Techniken in unseren Seminaren und wenden diese auch im Coaching an, das ist aber nicht das Entscheidende, wenn du wirken möchtest. Die innere Haltung ist das, was der Technik die Kraft gibt. Das vermitteln wir.
Einige Berater wünschen sich, dass es ihren Klienten immer nur gut geht. Die fördern anscheinend nur die Sonnenschein-Seite. Meine Liebe zu den Menschen ist aber eher von einer wilden Schönheit: Freude und Traurigkeit sind darin wie Schwestern. Diese Metapher hat mein Lieblingsdichter Khalil Gibran benutzt. Wenn du die eine Schwester rufst, sei immer bereit, beide zu empfangen. Im Leben kommt es für mich darauf an, wie demütig ich beide Schwestern empfangen kann. Wie fade wäre es, wenn das Leben immer nur die wohltönenden Seiten erklingen ließe; dann würde mir etwas fehlen. Wenn du alles in Frieden und mit Würde integrieren kannst, dann ist das auch integrales Coaching.

Wie vereinbarst du deine anderen Rollen mit deiner Identität als Coach?
Der Alltag gehört dazu: Da gibt es keine Trennung. Coaching ist für mich erst professionell, wenn es in den Alltag einfließt. Ich arbeite mit reduzierter Stundenzahl auch noch in einer Behörde. Der Kontakt mit dem Team dort, der ganz anderen Herausforderung oder Lebenswirklichkeit, tut mir gut. Das bereichert mich und hält mich auf dem Boden. Erst dachte ich, ein Coach ist dann professionell, wenn er ausschließlich coacht oder trainiert und alles andere hinter sich lässt. Mittlerweile habe ich das anders erfahren und freue mich über mein zweites Standbein. Das Leben hat eben nicht nur ein Thema. Außerdem bin ich verheiratet und habe Kinder. Das gibt mir erst die Kraft für Haltung, Herz und Kreativität. Von dort bekomme ich die meiste gute Energie. Meine Frau ist manchmal verwundert, da sie quasi immer wieder mit einem anderen Mann verheiratet ist. Das macht unsere Beziehung spannend.
Wir haben beide ein gutes Gefühl für das, was unser System kräftigt und was ihm Kräfte raubt. Dann sind wir sehr direkt und schnell. Chancen öffnen sich im Leben manchmal wie Fenster: Vor kurzem hatte

meine ältere Tochter Konfirmation. Der Pastor hatte wunderschöne Wunschtafeln für die Kinder angefertigt. Dort konnten die Eltern ihren Kindern Wünsche fürs Leben aufschreiben. Ich saß ganz hinten in der Kirche und scheute mich einen kleinen Moment lang aufzustehen, mich durch die Menge zu bewegen, den »weiten Weg« auf mich zu nehmen, um zu meiner Tochter zu gelangen. Ein kurzer Impuls der Trägheit wohl. Aber wir haben oft nur die eine Chance im Leben. Es gibt nur dieses eine Jetzt. Als mir das klar wurde, bin ich sofort zu meiner Tochter gegangen und habe ihr einen wunderschönen Wunsch für ihr Leben aufgeschrieben. Dieser Satz wurde dann auch noch einer von dreien, die der Pastor der Gemeinde vorgelesen hat. Das hat die Kraft dieses Moments für meine Tochter noch verstärkt.

So möchte ich leben: Immer wieder achtsam mit dem Moment umgehen und das Jetzt, soweit es mir möglich ist, würdigen.

Was bietest du bei Conzendo alles an? Welches Spektrum deckst du dabei ab?
Systemisches Coaching, Mentoring, NLP-Training, integrale Coaching-Ausbildungen, Themenseminare.
Wir haben im Coaching eine Reihe von Privatkunden, die mit zahlreichen Problemen zu uns kommen. Neben Karriereplanung, Prüfungsvorbereitungen und ähnlichen klassischen Themen geht es aber auch sehr viel um äußere Fassaden: Masken, die die Klienten tragen, unter denen sich aber viel Sehnsucht nach Gefühl verbirgt oder der Wunsch, so geliebt zu werden, wie sie sind. Andere Themen sind Unabhängigkeit und große Sehnsucht nach Beziehung und Zugehörigkeit. Ich wusste vorher nicht, dass es bei uns so viele einsame Menschen gibt, die nach außen hin gut funktionieren und gar nicht auffallen.
Daneben kommen viele Business-Kunden. Da geht es um typische Beratungsgespräche in der Wirtschaft. Erfreulich ist, dass immer mehr Firmen ihren Top-Mitarbeitern zugestehen, dass es im Coaching auch um andere Themen gehen darf. Aber da haben wir, wie in jeder Beratung, das bekannte kleine Problem: Die Leute wollen sich nicht ändern, sonst täten sie es ja! Erst durch die Kombination vieler Ebenen kommen wir da zum Zuge. Manager finden das genauso (ent)spannend wie Privatkunden.

Das Training von zukünftigen Coaches liegt mir besonders am Herzen. Gute Seminare zu machen ist für mich Luxus und pure Lust zugleich. Es nährt mich sozusagen und ist ein wichtiger Teil meiner Lebensqualität. Von und mit den Seminarteilnehmern lerne ich viel, da passiert so viel (Be-)Rührung, dass ich das als Geschenk ansehe, so etwas machen zu dürfen.

In den Seminaren arbeite ich mit meinen Partnerinnen und Partnern zusammen. Wir ergänzen uns dabei. Aus der Gemeinsamkeit mit den Kursteilnehmern entsteht eine so viel größere Kraft, dass ich dabei manchmal ganz demütig werde. Wir haben maximal 15 bis 18 Personen in einer Schulungsgruppe. Zu unserem integralen Konzept gehört auch, dass Körper, Gefühl und Geist gleichermaßen gefordert und gefördert werden. Wir machen zu Beginn jeder Seminareinheit einen praktischen und theoretischen Test zu den Inhalten des letzten Seminars. Ich möchte, dass auf jeder Ebene viel gelernt wird. Dazu gehören viel eigene Erfahrung, Übung und manchmal etwas klassisches Büffeln.

Du schreibst gerade ein Buch, worum geht es da?
Ich schreib das nicht allein, sondern zusammen mit meinem Partner Dr. Dieter Bischoff. Einige Themen haben wir eben schon besprochen. Es kommen darin viele Dialoge zwischen Dieter und mir vor. Er ist theoretischer Physiker und liebt Abstraktionen und Modelle. In diesen Dialogen vermitteln wir unser Konzept des integralen Coaching. Es finden sich im Buch aber auch viele Gedichte und Techniken, also die vier Ebenen Dialog, Metaphorik, Modelle, Techniken. Wir schreiben aus der Lust, Ideen in die Welt zu setzen, alles fließen zu lassen.

Ob Bestseller oder nicht, das ist für uns keine Frage. Es macht uns einfach riesige Freude und bereichert uns. Vieles davon findet sich auch schon in unseren Seminarunterlagen.

Dein Tipp für zukünftige Coaching-Anwärter: Wo sollten sie Coaching lernen?
Es gibt nur euren ganz persönlichen Coaching-Stil, liebe zukünftige Kolleginnen und Kollegen. Horcht einfach in euch hinein und vertraut eurem Gefühl. Vergesst Definitionen und Vorschriften. Dann werdet ihr ganz genau spüren, wer für euch wann und wo der beziehungsweise das Richtige ist.

Jürgen Bock, Executiv Coach,
Leiter der Personalentwicklung
bei Otto, Hamburg
Kontakt: www.bockaufleben.de

Welche Chancen haben Newcomer in den Bereich Business-Coaching einzutreten?
Zuerst die gute Nachricht: Die Chance für einen Newcomer ist ähnlich gut, wie die eines erfahrenen Profis. Aber nun zur Relativierung dieser Aussage: Entscheidend für einen Auftrag ist letzten Endes die persönliche Ausstrahlung des Coachs. Strahlt ein Newcomer Vertrauen, Sympathie und Souveränität aus, dann hat er trotz geringer praktischer Erfahrung durchaus gute Chancen einen Auftrag zu bekommen. Es ist wie mit der Führung von Menschen: Am Ende hat jeder nur eine Person zu führen, und das ist man selbst.
Ist ein Coach gut aufgestellt, und das hat nur am Rande etwas mit Erfahrung zu tun, dann gibt er selbst ein gutes Beispiel ab, vom dem man dann auch bereit ist, sich führen zu lassen und sich ihm anzuvertrauen.

Welche Fehler werden von »Bewerbern« dabei häufig gemacht?
Der häufigste Fehler, der mir begegnet, ist die Selbstdarstellung, die mitunter viel zu viel Raum einnimmt. In dem Bemühen, einen Fuß in die Tür zu bekommen, stellen Coaches und Trainer sich gern ausufernd ins rechte Licht und verkennen dabei, dass sie sich dabei um Kopf und Kragen reden. Als potenzieller Auftraggeber erwarte ich von einem Coach vielmehr, dass er sich bemüht, die Unternehmenskultur und die Bedürfnislage der Führungskräfte in Erfahrung zu bringen. Am Beispiel von konkreten Fällen kann der Coach dann zeigen, was er kann und wie er vorgeht.

Welche Form der Kontaktaufnahme ist besonders Erfolg versprechend?
Eine schwierige Frage, da der Königsweg immer noch die persönliche Empfehlung ist. Wenn aber ein Newcomer auf Empfehlungen noch nicht zurückgreifen kann, dann bleiben ihm nur drei Wege: das Telefon, das Zusenden einer Broschüre oder eine E-Mail mit Verweis auf eine eigene Homepage. Alle drei Wege sind in der Praxis selten von Erfolg gekrönt. Wenn sie aber erfolgreich sind, dann liegt es wieder an der persönlichen Ausstrahlung, die auch über diesen Weg zum Ausdruck kommt – ein sympathisches Foto, ein authentischer Text, eine freundliche Stimme, auch darüber lässt sich Persönlichkeit transportieren.

Welche Kenntnisse und Vorerfahrungen werden für Coaches vorausgesetzt?
Eine qualifizierte Coachingausbildung ist eine Grundvoraussetzung. Darüber hinaus ist die Ausbildung von Coaches ein Fass ohne Boden – soll heißen, ein Coach ist eigentlich nie angekommen, hat nie ausgelernt. In einem Erstgespräch interessieren mich weniger Ausbildungsgänge als vielmehr Vorgehensweisen. Kann ich mir vorstellen, dass auf diese Weise ein Klient eine Entwicklung nimmt und zu neuen Einsichten kommt? Das ist die entscheidende Frage für mich.

Wie wählen Sie den richtigen Coach für einzelne Führungskräfte aus?
Zunächst mache ich mir ein Bild von der Persönlichkeit und dem Anliegen des Klien-

ten, und danach geht es um die Passung zwischen Coach und Klienten. Ist ein weiblicher Coach in diesem Fall geeigneter als ein männlicher, würde der Klient sich dem Coach meiner Wahl wohl anvertrauen, ist in diesem Fall eine provokative oder konfrontative Vorgehensweise erfolgsversprechender als eine einfühlsame? Ich bin so etwas wie ein Heiratsvermittler – die Passung muss stimmen. Und diese setzt voraus, dass ich persönlich Vertrauen zu dem potenziellen Coach habe, denn er ist mein verlängerter Arm. Ein Fehlgriff oder zwei Fehlgriffe – und das Vertrauen, auch in meine Fähigkeit und Menschenkenntnis, werden in Frage gestellt.

Worauf sollten Personalentwickler oder Führungskräfte bei der Auswahl eines Coachs achten?
Sympathie und Vertrauen sind sicherlich unabdingbar bei der Auswahl eines Coachs. Wenn dieses gegeben ist, dann ist eine weitere wichtige Eigenschaft Mut – der Mut des Coachs, den Klienten auch mit unangenehmen Wahrnehmungen zu konfrontieren. Der Mut, auch im Businessbereich, tiefer an der Persönlichkeit zu arbeiten, um auf diese Weise »größere Schätze« zu heben. Gerade im Managementbereich kommt eine solche Herangehensweise zunächst unerwartet, aber wird bei souveräner Vorgehensweise des Coachs akzeptiert und bei späterer Betrachtung der Ergebnisse von dem Klienten explizit begrüßt.

Wie lässt sich eine Coachingkultur in einem Unternehmen einführen?
Bestenfalls ist es ein Top-down-Prozess, das heißt, wenn es gelingt, die erste Führungsebene eines Unternehmens davon zu überzeugen, dass Coaching einen wichtigen Beitrag zur Persönlichkeits- und Unternehmensentwicklung leisten kann, dann ist die Integration der weiteren Ebenen ein »Selbstgänger«. Gerade Führungskräfte haben häufig kein Wissensproblem, sondern ein Umsetzungsproblem: Sie wissen meist sehr genau wie sich eine gute Führungskraft zu verhalten hat, und tun es trotzdem nicht, weil sie immer wieder in ihr Muster zurückfallen. Deshalb halte ich Coaching für höhere Führungsebenen für eine bedeutende Entwicklungsmaßnahme, weil sie sich mit der Umsetzung von Führung beschäftigt.

Eine andere Möglichkeit, Coaching im Unternehmen zu integrieren, sind Förderprogramme für Nachwuchskräfte oder für Führungskräfte auf ihrem Weg zur nächsten Karrierestufe. Auch hier lässt sich Coaching als besonders effektive Fördermaßnahme integrieren und wird auch von den Teilnehmern als besonderes Investment in ihre Person wertgeschätzt.

Marion Lockert *(geb. Voigt)*
Coaching und Training, Hannover
Kontakt: www.marion-lockert-institut.de

Frau Lockert, in Manager-Magazinen und Zeitungen ist gegenwärtig viel von Training und Coaching die Rede. Fußballspieler haben Coaches, es gibt »Money-Coaches« in Deutschland, jeder Manager hat einen Coach. Trainer gibt es in dieser Landschaft auch immer mehr, da stelle ich mir die Frage: Was unterscheidet Training von Coaching?
Training ist eine gute Möglichkeit für Mitarbeiter, sich mit anderen auszutauschen, neues Wissen zu erwerben und Neues zu erproben und zu üben. Wenn es um allgemeine Förderung von Verhalten, Fähigkeiten, Diskussion und vielleicht die Änderung der Haltung von Mitarbeitern geht, sind Seminare, die einen hohen Übungsanteil haben, das Mittel der Wahl.
Ich mache ja, das ist ein großer Teil meiner beruflichen Tätigkeit, Kommunikationstrainings im weitesten Sinne: Dazu gehören Themen wie Gesprächsführung, Mitarbeiterführung, Kundenorientierung oder Kreativität, Rhetorik, Körpersprache, Zeit- und Selbstmanagement. All diese Dinge, die damit zu tun haben, wie wir mit anderen kom-

munizieren, aber auch, wie wir mit uns selbst umgehen. In den Trainings komme ich dann bei Teilnehmern häufig an Punkte, wo die Grenzen der Effektivität von Seminaren erreicht sind: nämlich dort, wo es um individuelle Ziele oder persönliche Blockaden geht. Im Seminar kann darauf nur begrenzt eingegangen werden, denn im Zentrum steht ein Trainingsziel für die Gruppe.

Im Coaching kann gezielt mit individuellen Anliegen gearbeitet werden. Wenn sich jemand zum Beispiel auf eine neue Tätigkeit vorbereitet, einen Jobwechsel vornimmt, einen Aufstieg vorbereitet oder sich dabei begleiten lässt oder wenn jemand mit konkreten Situationen im Berufsalltag nicht so zurechtkommt, wie es für ihn optimal wäre, dann ist es eine gute Möglichkeit, sich an einen Coach zu wenden, der speziell auf ihn eingehen kann. Hier kann genau hingeschaut werden: Wo gibt es vielleicht psychologische Hindernisse, wo gibt es konkrete Befürchtungen? In so einem Rahmen, wo es zwischen Coach und »Coachee« auch ein wirkliches Vertrauensverhältnis gibt, ist auch eine ganz andere Öffnung möglich, als es in einem Seminar der Fall sein kann.

Zum Vertrauensverhältnis: Ein Coach ist wahrscheinlich ein externer Berater. Woher soll dieses Vertrauensverhältnis kommen? Beide kennen sich doch gar nicht. Wie stellen Sie Vertrauen her?

Wenn ein Coachee (Klient) einen Termin mit mir vereinbart, geschieht das beim ersten Mal zumeist telefonisch. Wir haben dann ein Gespräch, bei dem oft gefragt wird: Was ist denn Ihr fachlicher Hintergrund, das heißt, warum dürfen Sie das überhaupt machen? Dann vereinbare ich zunächst eine Kennenlern-Sitzung, denn gerade diese gute Basis auf der Beziehungsebene ist unerlässlich, und sie muss von beiden Seiten aus da sein.

In dieser ersten Sitzung nähere ich mich erst einmal der Denkweise und der Art des Coachees an. Da ist NLP mein hauptsächlicher Methodenhintergrund: eine sehr gute Möglichkeit, schnell zu jemandem einen guten Draht zu bekommen.

Leute, die gecoacht werden wollen, kommen zu Ihnen ins Haus? Ist es nicht so, dass Sie in die Firmen gehen? Sind es vorwiegend private, persönliche Anlässe, mit denen die Menschen zu Ihnen kommen, oder sind es eher betriebliche Zusammenhänge?

Beides. Manchmal sind es klar abgegrenzte berufliche Dinge, meistens ist es jedoch so, dass das Berufliche das Private ebenso berührt.

> Ein Beispiel: Angenommen, ein Manager muss des Öfteren firmenintern oder auch vor Kunden Präsentationen halten, und jedes Mal, wenn der Termin näher rückt, stellen sich Magenschmerzen ein, die Ausdruck seiner internen Spannungen sind. Angenommen, dieser Manager kommt nun zu einem Coaching: Dann sind diese Befürchtungen und Anspannungen, die sich aufbauen, etwas, was mit dem Beruf zu tun hat, weil es sich in diesem Bereich äußert. Es hat aber auch etwas mit seiner Person zu tun. Und oft sind es Dinge, die im persönlichen Bereich eine Widerspiegelung finden, sodass die Grenzen fließend sind. Der Impuls kommt von der Person privat.
>
> Ein anderes Beispiel: Der Geschäftsführer eines Unternehmens kommt auf mich zu und beauftragt mich, seinen Abteilungsleiter zu coachen, denn es gebe wegen dessen Jähzorns oft Probleme mit seinen Mitarbeitern. Hier kommt der Auftrag also nicht vom Coachee.
>
> Nun gilt es, mit dem Coachee auf dieser Grundlage ein eigenes Ziel zu erarbeiten, das mit dem Auftrag zusammenpasst. In solch einer Situation ist besonderes Fingerspitzengefühl vonnöten, um besagte Vertrauensbasis herzustellen.

Manchmal gibt es auch Aufträge, die zwei zerstrittene Beteiligte betreffen, wo es zu schlichten und konstruktiv zusammenzuführen gilt. Heute ist da ja auch von Mediation die Rede.

Das Thema Coaching ist erst in den letzten zehn Jahren so modern geworden. Was, glauben Sie, sind die Gründe dafür, dass das früher kein Thema war, obwohl die Menschen auch früher schon Probleme hatten?

Ich glaube, dass die Menschen früher nicht so bereit gewesen sind, sich mit persönlichen beziehungsweise psychologischen oder mentalen Dingen auseinander zu setzen. Generell lässt sich feststellen, dass Kommunikationstrainings und so genannte Soft Skills in den letzten zehn Jahren erheblich an Bedeutung zugenommen haben. Früher gab es hauptsächlich Fachtrainings, das hat sich sehr stark geändert. Nach meinem Eindruck sind die Unternehmen die Vorreiter, wenn es darum geht, sich mit Psychologie oder dem zwischenmenschlichen Bereich auseinander zu setzen und zu lernen. Das ist auch etwas, wo die Amerikaner uns beeinflusst haben.

Ich mache einen kleinen Brückenschlag vom Allgemeinen zu Ihnen persönlich: Was haben Sie für einen fachlichen Hintergrund?

Ich bin ausgebildete Pädagogin, das heißt, ich habe Lehramt studiert und bin dann gleich nach dem Referendariat in die Erwachsenenbildung gegangen. Kommunikation war von Anfang an mein Thema: Ich bin Germanistin und habe mich viel mit Psycholinguistik beschäftigt. Nach einiger Zeit der Seminare und Trainings habe ich mich dann dafür entschieden, eine NLP-Ausbildung zu machen. NLP, Neuro-linguistisches Programmieren, hat sich ja auf die schnelle und lösungsorientierte Unterstützung von Menschen in Veränderungsprozessen spezialisiert. Diese NLP-Ausbildung war dann sowohl für die Seminararbeit als auch für mich persönlich eine große Stütze und bildet nach wie vor meine methodische Basis, von der aus ich im Coaching arbeite. Ich habe mich selbstverständlich auch mit anderen kommunikativen beziehungsweise psychologischen Verfahren beschäftigt: Schulz von Thun, Transaktionsanalyse, klientenzentrierte Gesprächsführung und das, was ich ins Coaching mit einfließen lasse, sind zusätzliche Elemente aus der Kinesiologie beziehungsweise aus der systemischen Aufstellungsarbeit nach Hellinger oder Strukturaufstellungen. Das kann interessant sein, zum Beispiel wenn man merkt, dass die Leitung eines Teams sehr schwierig ist oder es große Unruhe in einer Abteilung gibt.

All diese Dinge fließen, je nach Fall, in das Coaching mit ein. Übrigens: Rein rechtlich ist Coaching fast schon Therapie. Deswegen habe ich auch eine Ausbildung zur Psychotherapeutischen Heilpraktikerin gemacht. Eine gewisse Anzahl Selbsterfahrungsseminaren halte ich für jemanden, der professionell mit Menschen arbeitet, ebenfalls für wichtig.

Wenn ich von all Ihren Ausbildungen höre, sehe ich einen bunten Strauß an Vorkenntnissen: Was sind die Fähigkeiten, die am Ende dieser langen Kette stehen? Was macht einen guten Coach aus?

Wichtig ist, dass ich, neben kommunikativen und psychologischen Fähigkeiten als Coach, soweit möglich, von persönlichen Bewertungen Abstand nehme: »gut« und »schlecht«, »falsch« oder »richtig« ist in diesem Zusammenhang nicht nützlich. Hilfreich ist auch, dass ich mich sehr schnell auf unterschiedliche Menschen einstellen kann. Ich glaube, dass ich gelernt habe herauszufiltern: Wie agiert jemand, wie denkt jemand, wie ist er strukturiert? Das ist nicht nur Grundlage dafür, eine gute Beziehungsebene herzustellen, sondern auch um herauszufinden: »Wie macht jemand sein Problem«? (wie NLPler sagen würden).

Sie meinen also, es wäre ein bewusster Akt, dass jemand etwas macht, obwohl er es nicht mag?

Nein. Es geht dabei um zwei Dinge: erstens um eine ressourcenorientierte Betrachtungsweise, zweitens um die unbewusste innere

Strategie, die man mit Hilfe bestimmter Fragetechniken ermitteln kann. Das methodische Handwerkszeug ist sicherlich etwas, was einen guten Coach auszeichnet. Gesunder Menschenverstand ist wunderbar, aber darauf allein würde ich mich bei einem Coaching nicht verlassen. Es ist gut, da klare Methoden an der Hand zu haben, mit denen sich Probleme definieren und, noch viel wichtiger, lösen lassen.

Wenn ein Klient, ein Coachee, zu mir kommt, weiß er meistens sehr genau, was er nicht mehr will. Er weiß aber selten genau, was er eigentlich stattdessen möchte. Das herauszuarbeiten ist etwas ganz Elementares, denn wenn ich nicht weiß, wo ich hin will, brauche ich mich nicht zu wundern, wenn ich ganz woanders ankomme.

Da sind wir bei einem bestimmten Verständnis, das Sie von Coaching haben: Es gibt viele Unternehmen, die eine Unternehmensphilosophie haben. Gibt es eine »Coaching-Philosophie« für Marion Lockert?

Für mich ist die Grundlage allen Arbeitens *Respekt:* Respekt vor dem, was Menschen sind, Respekt vor dem »Gesamtkunstwerk«, das jemand darstellt. Ich glaube, dass die Würdigung der Gesamtperson, die Menschenfreundlichkeit, ein ganz entscheidendes Element des Coaching ist, denn letztendlich ist es oft genau das, was die Menschen für sich selbst so nicht empfinden können und weswegen der Zugang zu ihren Ressourcen blockiert ist.

> Wenn jemand, zum Beispiel ich als Coach, ihm oder ihr das Gefühl entgegenbringt: »Du bist genau so, wie du bist, völlig in Ordnung und perfekt, ohne dass du perfekt sein musst«, dann ist das etwas, was sehr stärkend und vertrauensfördernd wirkt (s. S 265).

Ein weiterer Punkt ist das Thema *Selbstverantwortung*. Ich kann und will Menschen Entscheidungen nicht abnehmen. Jeder weiß im Grunde am besten, was gut für ihn ist. Ich als Coach bin dafür da, dieses oft unbewusste Wissen herauszuarbeiten. So bleibt jemand in seiner Wahrnehmung kein Objekt und »Opfer« seiner Umgebung, sondern ein selbstbestimmtes Subjekt. Und: Oft hilft eine Prise *Humor* enorm!

Das heißt, Sie wollen ein bisschen die Welt verändern?

Die Welt verändern möchte ich eigentlich nicht, ich finde sie richtig so, wie sie ist. Mein Anliegen ist es, Menschen zu unterstützen, ihren Blickwinkel zu ändern, ihnen zu helfen, dass sie ihre Ziele erreichen und immer stärker dahin kommen, der Mensch zu sein, der sie sein möchten.

Mir persönlich gefällt diese Haltung gut, ich kann mir aber auch vorstellen, dass Begriffe wie Respekt in der heutigen Zeit, wo es sehr stark um Konkurrenz geht, wo es um Begriffe wie Mobbing geht, manchmal antiquiert erscheinen. Was meinen Sie dazu?

Die Schwierigkeiten beim Thema Mobbing erwachsen meines Erachtens daraus, dass Respekt ein Wert ist, den nicht alle gleichermaßen tragen und der von manchen ersetzt worden ist durch starkes Konkurrenzdenken. Dieses Verhalten wird aber geboren aus genau den Ängsten, dass man so, wie man ist, nicht genügt und dass man deshalb etwas tun muss, um sich seinen Platz zu sichern.

Ich glaube im Gegenteil, dass die Betonung dieser Aspekte die Menschen dahin zurückführen kann zu entdecken, worum es eigentlich geht. Beim Thema Mobbing kommt noch hinzu, dass dabei oft systemische Verstrickungen von Unternehmen oder Abteilungen zutage treten, wo dann die Person, die gemobbt wird, für etwas ganz anderes steht.

Gibt es Grenzen des Coachings?

Ja, die gibt es sicherlich. Wir haben davon gesprochen, dass es oft Überlappungen von beruflichen Anliegen und persönlichen Dingen gibt. Wenn jemand explizit zu einem Coaching kommt und ich merke, dass bestimmte Schwierigkeiten auf tieferen psychologischen Ebenen liegen oder sehr viel mit dem familiären Hintergrund einer Person zu tun haben, dann muss ich als seriöser Coach sagen: »Gut, wir sind hier an einem Punkt angelangt, wo statt eines Coachings eher eine psychologische Beratung oder sogar eine therapeutische Intervention angezeigt sein könnte. Möchten Sie das?« Ich stelle dann dem Coachee anheim zu entscheiden, wie tief er damit gehen möchte, denn es ist wichtig, zu Anfang des Coachings einen klaren Auftrag abzusprechen, und an diesen Auftrag habe ich mich zu halten, auch wenn ich manchmal denken mag, dass weitere Interventionen nützlich wären.

Für die Lösung tiefer sitzender »Knoten« biete ich regelmäßig Wochenendseminare zum Thema Familien-, Team- und Organisationsaufstellungen an. Dies ist eine ganz spezielle Methode, mit der man unbewussten Verstrickungen auf die Spur kommen und sie lösen kann. Eine sehr effektive und komprimierte, tief gehende Methode, die mir sehr am Herzen liegt. Langfristige Möglichkeiten, zur kontinuierlichen eigenen Entwicklung beizutragen, könnten dann sein, selbst auch NLP zu lernen. An meinen Ausbildungsseminaren nehmen oft Menschen teil, die als Motiv dafür berufliches und persönliches Wachsen nennen.

Gibt es für Sie Grenzen innerhalb eines Coachings, bei denen Sie sagen: Nein, da mache ich nicht weiter?
Ja, die kann es geben. Ich nenne ein Beispiel:

> Angenommen, jemand arbeitet im Vertrieb und hat die Vorstellung, dass er besonders gut und erfolgreich dadurch ist, dass er den Kunden über seine Vorhaben und Produkte keinen reinen Wein einschenkt, sondern den schnellen Erfolg im Auge hat. Dieser Mensch kommt also zu mir und sagt, und ich formuliere mal etwas flapsig: »Ich möchte gern lernen, wie ich Menschen besser über den Tisch ziehen kann.« Dafür wäre ich die falsche Person, weil das meinen Werten widerspricht. Ich müsste ihm dann sagen: »Das können Sie bei mir nicht lernen, da ist es besser, zu jemandem mit einem anderen Weltbild zu gehen.«

Das heißt, Coach und Coachee sollten auch zueinander passen?
Unbedingt. Eine gute Beziehungsebene ist Voraussetzung. Das heißt allerdings nicht, immer einer Meinung sein zu müssen und alles gleich zu sehen.

Ganz pragmatisch: Wie lange dauert so ein Coaching, wie lang sind die Sitzungen, wie lange begleiten Sie die Menschen? Zum Beispiel, wenn ein Verkäufer besseres Verkaufen lernen möchte. Er hat schon Verkaufsseminare besucht, in denen er gelernt hat, wie man Verkaufsgespräche argumentativ führt, aber irgendetwas hindert ihn daran, gut zu verkaufen. Er möchte auch die innere Bereitschaft entwickeln und kommt damit zu Ihnen: Was sagen Sie ihm, wie lange das dauert?
Ich mache da keine Voraussagen. Ganz zu Anfang kann ich das sowieso nicht, ich muss zunächst erfassen, wie bereit die Person zu einer Veränderung ist. Mein Bild für die Veränderung von Menschen ist einer Blüte vergleichbar. Wenn die Knospe noch geschlossen ist, die Motivation aber schon sehr groß, bedeutet das oft, dass es ein etwas längerer Prozess werden kann, der dann vielleicht über ein halbes bis dreiviertel Jahr geht, und währenddessen findet etwa alle 14 Tage eine Coaching-Sitzung statt. Manchmal ist es auch schon so, dass die Blüte fast am Aufgehen ist, und dann kann es durchaus sein, dass innerhalb von drei bis vier Sitzungen ein entscheidender Schritt in Richtung Lösung gemacht werden kann.

Die Bandbreite geht also von drei bis vier Sitzungen bis zu 20, 30 und mehr?
Eine so hohe Zahl von Sitzungen hat dann mehr damit zu tun, dass sich jemand regelmäßig und unter verschiedenen Aspekten von einem Coach begleiten lassen will und das hat oft schon Supervisionscharakter.

Was kostet das eigentlich und wie lange dauert eine Sitzung?
Eine Sitzung dauert bei mir eine Zeitstunde, manchmal sind auch Doppelsitzungen zweckmäßig. Die Kosten sind variabel und hängen davon ab, welchen finanziellen Hintergrund der Betreffende hat. Ich biete dann einen Kostenrahmen an, innerhalb dessen der Coachee seine Investition selbst bestimmt. Bei Unternehmen orientieren sich die Preise an prozentualen Seminarsätzen, hier kommen oft auch Vorleistungen ins Spiel wie Absprachen mit der Personalentwicklung oder den jeweiligen Vorgesetzten.

Gibt es so etwas wie ein Motto oder einen Leitspruch für Sie, von dem Sie sagen: das ist eine Metapher, die mich sehr gut beschreibt?
Beim Stichwort Metapher fallen mir drei Dinge ein, die meine Vorstellung von mir als Coach beschreiben. Zum Ersten der *Mentor*, der jemanden vorbehaltlos unterstützt, zum Zweiten die *Hebamme*, die hilft, etwas ans Licht zu bringen, was bereits in dem Menschen angelegt ist, seine inneren »Schätze«, und zum Dritten ist das vielleicht so etwas wie ein *sprechender Spiegel*, der die Coachees auch auf Dinge aufmerksam macht, die innerhalb ihrer »blinden Flecken« liegen, und der auch manchmal Input gibt. Ein Motto, das über meiner Arbeit stehen könnte und meine Haltung kennzeichnet, lautet: »Werde, was du bist.« Das hat Hildegard von Bingen gesagt.

Was geben Sie zukünftigen Coaches mit auf den Weg?
Ich finde es sehr schön, dass mehr und mehr Menschen den Mut finden, sich von Externen unterstützen zu lassen, denn die Kräfte und manchmal auch die Geduld von Ehefrauen, Ehemännern und Freunden sind begrenzt. Meistens stecken sie selbst viel zu sehr mit drin. Sie haben auch zu viele eigene Interessen, als dass sie einen freien Blick haben könnten auf das, was jemand tatsächlich braucht. Ich halte Coaching für eine hervorragende begleitende und unterstützende Maßnahme bei Veränderungsprozessen. Und für all diejenigen, die neugierig darauf sind, Coaching zu lernen, kann ich sagen: Es ist ein Bereich, der nicht nur den Coachee wachsen lässt, sondern immer wieder auch den Coach selbst, denn ich entwickle mich ebenfalls weiter, und oft habe ich den Eindruck, meine Klienten und Teilnehmer helfen mir dabei.

Ortwin Meiss
*Dipl.-Psych., Hypnotherapeut, Business- und Sport-Coach in Hamburg
Kontakt: www.mei-hamburg.de*

Wie sind Sie zum Coaching oder zur Beratung gekommen?
Mich haben immer wirtschaftliche Zusammenhänge und größere Systeme und Organisationen interessiert, ohne dass ich Lust hatte, als Angestellter in diesen Bereichen zu arbeiten. Nach dem Studium haben sich meine Interessen in zwei Bereichen entwickelt. Zum einen habe ich meine Psychotherapeutische Ausbildung vervollständigt und da nach effektiven und schnell wirksamen Methoden gesucht. Zum Zweiten hat mich der Organisationsentwicklungsansatz fasziniert, da er flache Hierarchien und die Demokratisierung von Unternehmen fördert. Hier hat mich das Prinzip der Selbstorganisation besonders angesprochen. Es zeigte sich in der Folge, dass in den Beratungen im industriellen Sektor aber auch in der Beratung von anderen High-Potentials (Sportler, Musiker, Sänger und viele andere) der Begriff Therapie und auch das mit Therapie einhergehende Beziehungsangebot nicht passend war. Coaching war eine sinnvolle Alternative.

Welche Ausbildungen haben Sie vorher durchlaufen?
Ich habe selbst noch eine typische Patchworkausbildung. Neben den klassischen Verfahren wie Verhaltens- und Gesprächsthera-

pie sowie Familientherapeutischen Ansätzen habe ich Erfahrung in Gestalttherapie, tiefenpsychologischen Ansätzen, NLP und Psychodrama. In alles habe ich so weit hineingerochen, wie es mir sinnvoll erschien und ich das Gefühl hatte, effektiv und in kurzer Zeit viel zu lernen. Die Hypnose und Hypnotherapie wurde deshalb ein Schwerpunkt meiner Arbeit, weil sie mir als das praxisrelevanteste, effektivste und differenzierteste Verfahren erschien, das zudem mit allen anderen Ansätzen problemlos zu integrieren war. Im Trainingsbereich habe ich bei erfahrenen Industrietrainern Moderationstechniken und Organisationsentwicklungsansätze gelernt.

Worauf haben Sie sich spezialisiert?
Neben Führungskräften aus Unternehmen, Inhabern von Unternehmen und Führungskräften in Verwaltungen sowie Politikern kommen vor allem Profi-Sportler zu mir. Für diese Personen habe ich eine Fülle von effektiven Techniken entwickelt, welche die Wahrscheinlichkeit, im Wettkampf die optimale Leistung zu erbringen, enorm erhöhen. Spezialisiert habe ich mich zudem auf den Bereich Persönlichkeitsentwicklung.

Worauf legen Sie in Ihrer Arbeit besonders viel Wert? Was ist Ihre Beratungsethik?
Mir ist wichtig, dass derjenige, der zu mir kommt, bemerkt wie viel latentes Wissen und wie viele Ressourcen in ihm sind. Mein Ziel ist, meinem Klienten die Möglichkeit zu geben, seine Fähigkeiten und Potenziale zu entwickeln und seine Erfolgsstrategien auszubauen. Ich habe selten gute Antworten, aber ich habe gute Fragen und vor allem gute Techniken, mit denen sich anfallende Probleme lösen lassen. Beratungen mache ich dann, wenn ich hinter den Zielen meines Klienten auch stehen kann.

Worin unterscheidet sich Ihr Ansatz oder Ihre Arbeit von der anderer Kolleginnen und Kollegen im Gebiet Coaching oder der persönlichen Beratung?

Der wesentliche Unterschied ist die Einbeziehung hypnotherapeutischer Methoden und Techniken. Dies ist ein ungemein effektives Instrument, um für den Klienten Strategien zu entwickeln, die ihn seinem Ziel näher bringen, und um Blockaden aufzulösen. Vor allem für Sportler ist dies eine unverzichtbare Methode, um aus Tiefs schnell wieder emporzukommen und den optimalen Wettkampfzustand zu erreichen. Viele Klienten befinden sich in einer Problemtrance, aus der sie alleine nicht herausfinden. Ein hypnotischer Zustand ist die Betriebsblindheit. Jeder Mensch ist in gewisser Weise betriebsblind für sich selbst und für das System in dem er sich tagtäglich bewegt. Es gilt also, aus den Problemtrancen aufzuwachen. Bei der Verwendung der hypnotherapeutischen Methoden ist mir wichtig, dass die Klienten bemerken: Jede Hypnose ist Selbsthypnose. Ich zeige ihnen nur, wie man sie nutzen kann.

Führen Sie auch Trainings und Ausbildungen durch? Welche?
Ein Schwerpunkt meiner Tätigkeit sind Trainings in Persönlichkeitsentwicklung, die ich als offene und In-House Seminare anbiete. Die Trainings unterscheiden sich von üblichen Angeboten in diesem Bereich durch ihre hohe Transparenz. Es gibt keine versteckten Ziele, und jede Infantilisierung und Entmündigung der Teilnehmer wird strikt vermieden. Das Training fördert Autonomie, Eigenständigkeit und Verantwortungsbereitschaft. Es fokussiert auf die Aktivierung der Ressourcen und Fähigkeiten der Teilnehmer und erhöht ihrer Flexibilität, Kompetenz und Veränderungsbereitschaft. Zudem bilde ich seit 1987 Psychologen, Ärzte und Psychotherapeuten aus und gebe Fortbildungen zu unterschiedlichen psychotherapeutischen Themen.

Wie schätzen Sie die Entwicklung des Personal Coachings und des Business Coachings in Deutschland ein?
Beide Bereiche werden sich weiter entwickeln. Vor allem im Spitzensport wird ein

persönliches Coaching irgendwann eine Selbstverständlichkeit sein. Hier gibt es bisher nur wenige kompetente Anbieter, sodass der Wert eines guten Coachings bei vielen Sportlern noch nicht erkannt worden ist.

Glauben Sie, dass ein Coach oder Berater von diesem Tätigkeitsgebiet allein leben kann?
Sicherlich kann er allein davon leben. Die Frage ist eher, sollte er? Ich bin der Meinung, gerade die Arbeit in unterschiedlichen Kontexten garantiert die Flexibilität eines Coachs. Es kann nicht schaden, eine Ausbildung in Kurzzeittherapie zu haben, und dies auch zu praktizieren. Praktisches Wissen über organisatorische und systemische Zusammenhänge halte ich ebenfalls für notwendig.

Worauf würden Sie Wert legen, wenn Sie Ihre Ausbildung in Coaching oder Beratung nochmals durchlaufen würden?
Ich würde mir meine Ausbildung so zusammenstellen, dass ich mir aus verschiedenen Ansätzen das heraushole, was für die Praxis wirklich zu gebrauchen ist. Kurzzeittherapeutische Techniken und systemische Ansätze sind gute Grundbausteine. Auf jeden Fall würde ich Praktika bei erfahrenen, in der Praxis stehenden Fachleuten machen, bei denen ich konkret lerne, wann mache ich was und wie mache ich es?

Welche Mindesqualifikationen sollten Personal oder Business Coaches erfüllen?
Ein Coach sollte in der Lage sein, systemisch zu denken, ein ressourcen- und lösungsorientiertes Menschenbild haben und persönliche Erfahrung in verschiedenen therapeutischen und beraterischen Verfahren haben, zum Beispiel Systemische und Hypnotherpeutische Verfahren, NLP-Techniken und Psychodramaelemente. Eine Mischung aus Psychotherapeutisch-beraterischer Ausbildung, Personalentwicklung und Organisationsentwicklung ist sinnvoll. Man sollte wissen, was in Führungstrainings, Trainings zu Kommunikation und Verhandlungsführung und zur Persönlichkeitsentwicklung vermittelt wird.

Welchen Tipp für die Suche nach geeigneten Ausbildungen würden Sie zukünftigen Coaches mit auf den Weg geben?
Auf keinen Fall eine verschulte, lange Ausbildung machen. Therapieverfahren wie Verhaltenstherapie oder Psychoanalyse haben erstens zu lange Ausbildungszeiten, sind zweitens zu praxisfern und drittens zu einseitig, sind also Zeit- und Geldverschwendung. Selbsterkenntnis und Erfahrung ergibt sich nicht in geschlossenen Räumen, in abgelegenen Seminarzentren oder auf der analytischen Liege. Man findet sie eher in der Praxis (zum Beispiel mal ein paar Monate in der Produktion und Verwaltung von Industriebetrieben arbeiten, verschiedene Kulturen kennen lernen). Ansonsten empfehle ich, erfahrene Coaches zu fragen, was ihnen in ihrer Ausbildung am meisten gebracht hat.

Sabine und Siegbert Lehmpfuhl
Christliche Ehe-, Familien und Lebensberatung, TEAM.F
Kontakt: www.lehmpfuhl-bb.de

Wie sind Sie zum Coaching oder zur Beratung gekommen?
Uns beschäftigt seit unserer Hochzeit die Frage, wie wir als Paar in einer dauerhaften Beziehung glücklich miteinander alt werden können. Aus diesem Grund lasen wir Bücher und reflektierten unser Leben, sozusagen den Alltag unserer Beziehung. Die Neugierde und die Notwendigkeit, selbst Hilfe zu suchen, führte uns zu Ehe- und Familienseminaren, die wir Gewinn bringend erlebten. Vor allem war uns wichtig, nicht Theorie zu erlernen, die dann in der Praxis nicht umsetzbar ist, sondern praktisch gelebte Konzepte zu entdecken.
Daraus ergab sich unsere Mitarbeit bei Team.F (www.team-f.de), einer christlichen Organisation, die für *starke Ehen, gesunde Familien, zuversichtliche Kinder* eintritt.

Wenn man in so einem Bereich tätig ist, folgen auf Seminarangebote meist Anfragen nach persönlicher Beratung. Darin entdeckten wir zwei wesentliche Dinge. Zum einen macht es uns Freude, Menschen bei der Bewältigung ihres Lebens zu helfen. Andererseits entdeckten wir in uns immer mehr den Wunsch, kompetenter helfen zu wollen und zielsicherer die Grenze zwischen Beratungsbedarf und fachkompetenter Heilbehandlung zu erkennen.

Welche Ausbildungen haben Sie vorher durchlaufen?
Innerhalb unserer Arbeit bei Team.F haben wir an einigen Kursen teilgenommen, die von Pädagogen als vereinsinterne Ausbildung angeboten wurden. Eine spezielle Schulung für Seelsorger haben wir auch wahrgenommen. Besonders hilfreich empfanden wir die »Praxis in der Seelsorge«, die von der Beraterin, Autorin und Supervisorin Birgit Schilling angeboten wurde. Dort erlernten wir gute Tools für Gesprächsführung und Begleitung von Menschen. Seitdem führen wir gemeinsam mit anderen Beratern regelmäßig Intervision (kollegialer Austausch und Reflexion) durch.
Da wir uns mit der Thematik der untschiedlichen Persönlichkeitsstruktur auseinander setzen, ließen wir uns auch als Trainer für DISG® im Non-profit-Bereich zertifizieren. Um unser Beratungsangebot weiter zu verbessern, suchten wir im Internet nach geeigneten Ausbildungsmöglichkeiten, die neben unserer Arbeit realisierbar sind. Dabei fanden wir den Lehrgang »Psychologische Beratung/Personal Coaching« der vom ILS in Hamburg angeboten wurde. Dieser Lehrgang hat unsere Beratungsarbeit sehr bereichert.

Worauf haben Sie sich spezialisiert?
Auf Grund unserer christlichen Ausrichtung haben wir als Klienten Einzelpersonen und Ehepaare aus christlichen Gemeinden. Eine besondere Spezialisierung ergibt sich aus den oben bereits erwähnten Zielen von Team.F, nämlich starke Ehen, gesunde Familine und zuversichtliche Kinder. Um das zu erreichen, führen wir Seminare und persönliche Beratung durch.
Eine weitere Spezialisierung ist für uns die Teamberatung. Wir helfen in christlichen Gemeinden, oft Freikirchen, bei der Bewältigung von Konflikten und beim Finden von Zielen (Visionen) und gangbaren Wegen, diese Ziele zu erreichen. Dieser Bereich unserer Beratungsarbeit ist Teamcoaching.

Worauf legen Sie in Ihrer Beratung besonders viel Wert? Was ist Ihre Beratungsethik?
Uns ist sehr wichtig, dass Beratung eine Interaktion von Klient und Berater wird. Dabei soll der Klient zu seinen eigenen Zielen finden. Unsere Aufgabe besteht darin, ihn dabei zu begleiten. Wir möchten erleben, dass Menschen ihr volles von Gott gegebenes Potenzial entdecken und damit zu leben lernen. Die eigene freie Entscheidung der Klienten rückt dabei in den Mittelpunkt und darf nicht durch Vorgaben und Interventionen unsererseits manipuliert werden. Dabei stoßen wir natürlich immer wieder auf Verletzungen und Grenzen in der Entfaltung der Persönlichkeit, die meist auf Grund der familiären Situation in der Herkunftsfamilie entstanden sind. Vergebung im Blick nach hinten und Zuversicht im Blick nach vorn (weil Gott uns dabei Hilfestellungen anbietet) gehören untrennbar zu unserer Beratungsarbeit. Zu unserer Beratungsethik gehört auch, dass wir selbst als Berater authentisch und berechenbar bleiben.

Worin unterscheidet sich Ihr Ansatz oder Ihre Arbeit von der anderer Kolleginnen und Kollegen im Gebiet Coaching oder persönliche Beratung?
Unser Ansatz ist christlich und wir haben uns entschieden, dass wir alle uns fragwürdig erscheinenden Techniken nicht einsetzen. Manche (auch gute) Methode bleibt dabei vorerst ungenutzt. Wir versuchen, Antworten für die Beratung und Begleitung aus christlicher Sicht zu geben.

So steht das christliche Menschenbild für uns im Mittelpunkt: Alle Menschen sind gleichwertig, und doch unterschiedlich gemacht. Diese Unterschiedlichkeit spiegelt sich unter anderem wider im Zusammenleben von Mann und Frau. Hier geht es uns auch um die Überwindung von uralten Klischees. Der Mensch hat einen freien Willen und kann damit eigene Entscheidungen treffen. Menschen sind keine »Marionetten« die von außen zu steuern oder zu beeinflussen sind. Eigene Entscheidungen wie auch Erlebnisse mit Primärpersonen können das Leben jedes Menschen positiv oder auch negativ beeinflussen. Hier sprechen wir darüber, wie unsere Klienten angemessen mit solchen Verletzungen umgehen können.

Führen Sie auch Trainings und Ausbildungen durch? Welche?
Innerhalb der Arbeit von Team.F führen wir ein Mitarbeitertraining durch. Wir wollen, dass jeder ehrenamtliche und hauptamtliche Mitarbeiter gut geschult unter Einsatz seiner speziellen Gaben arbeiten kann. Es geht um die Weiterentwicklung der verschiedenen Kompetenzebenen wie Fachkompetenz, kommunikative Kompetenz, Sozialkompetenz, strategische Kompetenz. Das geschieht in Form von Mentoring und durch das FamilienIntensivTraining (*FIT*). Hier bieten wir unterschiedliche Kurse an. Zum Teil schulen wir Mitarbeiter in der Durchführung von Seminarmaßnahmen oder auch in Rhetorik und im Einsatz von Präsentationstechnik. Gleichzeitig führen wir von Team.F eine »Schule für Gebetsseelsorge« und eine spezielle »Schulung für Paarberatung« durch. Auch das schon erwähnte Seminarangebot »Praxis in der Seelsorge« haben wir in unser Angebot aufgenommen. Nähere Informationen dazu sind unter www.team-f.de zu finden.

Wie schätzen Sie die Entwicklung des Personal Coachings und des Business Coachings in Deutschland ein?
Das Personal Coaching wird sich weiterentwickeln und zu einer guten und allgemein anerkannten Ergänzung zu Therapie und Heilbehandlung werden. Das Business Coaching wird sich auch zu einer eigenständigen Größe neben bereits angebotenen Fachlehrgängen und Kursen zu Organisations- und Strategieentwicklung entwickeln. Wir sehen ja bereits, wie diese Angebote positiv aufgenommen werden. Nicht zuletzt kann man diese Arbeit natürlich an den Früchten gut messen.
Den Grund dieser Entwicklungen sehen wir in der immer komplexer werdenden Gesellschaft (auch durch das Internet hat sich die Welt nahezu zu einem globalen Dorf entwickelt) und in ständig steigenden Anforderungen in allen Lebensbereichen. Jeder ist hier gefragt, sich weiterzuentwickeln, und vor allem sind ständig Entscheidungen zu treffen und auf Entwicklungen zu reagieren. Besonders für unseren Bereich des Personal Coachings stellen wir fest, dass immer mehr Menschen ohne Hilfe auf der Strecke bleiben. Nicht immer ist dann der Gang zum Psychologen oder Psychiater angebracht. Viele Menschen scheuen davor sogar zurück. Wir glauben, dass Personal Coaching oder auch Psychologische Beratung ein gutes Angebot für viele Menschen sein kann, die durch Beruf, Karriere, Familie und die eigene Entwicklung stark herausgefordert sind. In starken Herausforderungen bleibt oft der Blick auf sich selbst und für die Beziehung zu Menschen, Partnern, Kindern, Freunden etc. unbeachtet. Da kann Beratungsarbeit ansetzen.

Glauben Sie, dass ein Coach oder Berater von diesem Tätigkeitsgebiet allein leben kann?
Das ist natürlich nicht so einfach zu beantworten. Entscheidend ist für die Beantwortung dieser Frage das Klientel, dem sich ein Coach widmet. Ein Personal Coach in einem Arbeitsgebiet, wo eher sozial schwache Menschen betroffen sind, wird viel Arbeit mit wenig Verdienst haben. Da Coaching keine Leistung der Krankenkasse ist, wird ein Coach immer auf Honorarbasis arbeiten

müssen. Da ist durch sinnvolle Stundensätze und auch durch die Begrenzung der täglichen Beratungseinheiten eine deutliche Grenze gesetzt. In diesem Fall ist eine hauptberufliche Tätigkeit gut, in der es nicht allein darauf ankommt, von den Einnahmen aus Beratungstätigkeit leben zu müssen. Wir arbeiten zum Beispiel bei Team.F, einem als gemeinnützig anerkannten Verein. Dort müssen wir natürlich durch unsere Arbeit möglichst unser Monatsgehalt verdienen. Die Koppelung von Seminartätigkeit und Beratung als Angestellter ist in unserem Fall optimal. Die Klienten werden aufgefordert, nach ihrem Ermessen an den Verein zu spenden. Seminarteilnehmer zahlen feste Sätze an Seminargebühr. So ist die Finanzierung unserer Anstellung möglich. Natürlich darf der Kreis der Spender, der unsere Arbeit möglich macht, hier nicht unerwähnt bleiben.

Anders schätzen wir die Situation ein, wenn neben Personal Coaching auch oder ausschließlich Business Coaching angeboten wird. In diesem Fall wird es nach einer Anlaufzeit für einige Profis (für viele aber auch nicht!) möglich sein, vom Coaching zu leben. Sicher kommt es auch hier auf seinen Ruf, den Fleiß des Beraters in Marketing und Kundendienst und die Qualität der erbrachten Beratungsleistung an.

Worauf würden Sie Wert legen, wenn Sie Ihre Ausbildung in Coaching oder Beratung nochmals durchlaufen würden?
Wir würden bei der Wahl einer Ausbildung auf Praxisteile achten. Eigentlich ist das eigene Erleben, die Selbsterfahrung der Bereich, der neben der Vermittlung von Theorie und Konzepten den an Coaching interessierten Menschen zum Coach macht. Der Austausch in Kleingruppen, das Erproben von vorgestellten Konzepten ist ein wichtiger und wertvoller Bereich der Ausbildung. Wir haben es gut, denn wir haben uns als Ehepaar und sind damit schon eine kleine Studiengruppe. Ohne Reflexion und viel Übung in der Praxis sollte keine Ausbildung zum Coach und Berater ablaufen.

Welchen Tipp für die Suche nach geeigneten Ausbildungen würden Sie zukünftigen Coaches mit auf den Weg geben?
Wir denken, dass jeder Coach sich vor einer Ausbildung vor Augen halten sollte, wen er als Klient beraten möchte. Eine Fokussierung auf ein Klientel wird sein Interesse und seine Neugierde fördern.
Des Weiteren gehört die Bereitschaft, selbst Erfahrungen mit dem Lernstoff zu machen, zu einer menschlichen Qualifikation als Coach. An dieser Stelle ein Sprichwort, das auf biblische Weisheit zurückgreift. Wir sollten nicht Wasser predigen und selbst Wein trinken. Eine Ausbildung, die diese Qualität eines Coachs im Blick hat, können wir empfehlen.

Martina Schmidt-Tanger,
Dipl.Psych., Bochum und Münster
Kontakt: www.ccc-professional.de
www.NLP-professional.de,
www.proc-association.de

Sie gelten als eine der ersten Ausbilderinnen von Coaches in Deutschland und haben dabei bisher NLP gelehrt. In letzter Zeit betonen Sie mehr Stichworte wie Präzision, Provokation und gehirngerechtes Coaching. Was verstehen Sie darunter?
»Präzision und Provokation« ist eine herausfordernde Profilbeschreibung für eine Tätigkeit, die immer stärker ins Blickfeld rückt. Und zwar auf doppelte Weise: ins Blickfeld derer, die coachen, und jener, die Coaching für ihr Unternehmen einkaufen oder sich selber coachen lassen wollen. Immer mehr beschäftigen sich mit der Frage, »wie passiert eigentlich Veränderung und was kann man dafür tun, das dies sinnvoll, effektiv und nachhaltig geschieht«. Die neurobiologische Grundlagenforschung, hat in den letzten Jahren hochrelevante Beiträge geliefert, an denen diejenigen, die sich professionell mit Veränderung beschäftigen, wie Therapeuten, Lehrer, Coaches und Trainer, aus geisteswissenschaftlicher Selbstgenügsamkeit und

Bevorzugung eigener gewohnter Vorgehensweisen nicht länger vorbeisehen können.

Gehirngerechtes Coaching hört sich für mich so an wie beingerechtes Joggen. Was verstehen Sie darunter und welche neuen Erkenntnisse der Neurowissenschaften sollten Ihrer Meinung nach mehr berücksichtigt werden?
Jede Lernerfahrung unseres Lebens ist in unseren Synapsen als neuronales Erregungsmuster manifestiert, und je häufiger die entstandenen Verschaltungen abgerufen wurden und werden – auch vielleicht nur als innere Vorstellung! –, desto stabiler gestalten sich die beteiligten Verbindungen oder »neuronale Autobahnen«. »Our brain becomes who we are. You are your synapses«, wie es Joseph LeDoux in »Synaptic self« (2003) beschrieb.
Für gelungene Veränderungen brauchen wir neue Spuren im Hirn, die dann bis auf die Ebene der Gene wirken. Unser Hirn braucht das »Angebot«, alte Strukturen stillzulegen, zu transformieren oder zu hemmen, und die Möglichkeit, neue synaptische Wege zu etablieren oder auszubauen.
Dies ist tatsächlich möglich und geschieht nach neueren Erkenntnissen bis ins hohe Alter und auf der Basis des lebenslangen Veränderungspotenzials unseres Gehirns. Der Fachbegriff dafür ist *Neuroplastizität*. Nervenzellen beginnen bei angemessener Stimulation bisher nicht genutzte Gensequenzen abzuschreiben beziehungsweise andere, nicht mehr gebrauchte wieder stillzulegen.
Diese Erkenntnis ist ein Paradigmenwechsel in der Hirnforschung, da sehr lange gedacht wurde, dass Hirnstrukturen sich in frühester Kindheit etablieren und dann irreversibel festgelegt sind! »Was Hänschen nicht lernt, lernt Hans nimmermehr«: Dieser Satz ist wissenschaftlich überholt, und sein Gegenteil muss nur noch zum Allgemeingut werden!
Die vielleicht kompliziert anmutenden neurophysiologischen Daten müssen mehr und mehr in der praktischen Veränderungsarbeit berücksichtigt werden und die zum Teil hundertjährigen Vorgehensweisen in der Psychotherapie und sonstigen Veränderungsarbeit dringend ablösen.

Sie haben das »Kochplattenmodell« im Coaching bekannt gemacht und darauf hingewiesen, dass jede Veränderungsbereitschaft eine gewisse »Betriebstemperatur« benötigt. Warum ist diese Emotionalisierung so wichtig?
Veränderungen passieren im Coaching nicht einfach so. Die verbal geäußerte Bereitschaft, etwas zu verändern, und ein möglicherweise sogar einsichtsreiches Gespräch reichen nicht aus, um im Gehirn tatsächlich Veränderungen zu bewirken.
Gelingende Veränderungsarbeit muss in geeigneter Weise die Funktionsweise des Gehirns berücksichtigen, um effektiv zu sein.
Genau wie bei der bekannten Kurve zur Leistungserbringung gibt es zwischen der Wahrscheinlichkeit einer Veränderung und der emotionalen Erregung einen umgekehrt U-förmigen Zusammenhang. Das heißt, die Veränderungswahrscheinlichkeit ist dann am größten, wenn die Erregung ein mittleres Niveau hat.
Nur wenn es »emotional« wird, wird Neulernen des Gehirns möglich. Ohne emotionale Relevanz und wirkliche Beteiligung des Coachees ist es nur »gut, dass man drüber geredet hat«. Aber das reicht nicht für ein befriedigendes Ergebnisse. Das »emotionale Beteiligtsein des Coachees«, also die Betriebstemperatur ist der Gradmesser für die Wirksamkeit von Interventionen und die Grundlage jeder stabilen Veränderungsarbeit.
Ist zu wenig emotionale Aktivierung oder Herausforderung da, fühlt der Klient sich nur »sicher, behütet, hat alles im Griff und kann prima analytisch über die Dinge reden«. Nettes Geplauder, das in der gleichen Form schon Dutzende Male ähnlich verlaufen ist. Solche Gespräche sind »Pseudo-Coachings«, die der Klient so auch mit einem Kollegen an der Kneipentheke führen könnte. Diese kühle, lediglich verbale Vorgehensweise im Coaching bringt keinerlei Veränderungen.

Aber auch ein Übermaß an emotionaler Aktivierung ist ungünstig, da dabei lediglich menschliche Ur-Impulse mobilisiert werden und es bei hoher emotionaler Erregung und gleichzeitiger Hilflosigkeit lediglich zu entwicklungsgeschichtlichen alten Handlungsmustern wie Flucht und Kampf kommt. Schlimmstenfalls kommt es bei dauernder Wiederholung der hoch emotional unkontrollierbaren Situationen durch Erzählen (auch inneres Wiederholen!) oder Nacherleben zu Retraumatisierung.

An dieser Stelle lohnt sich ein Nachdenken über das in einigen Psychotherapien immer noch verwendete Gedankenmodell der emotionalen Katharsis. Nach neuesten neurophysiologischen Erkenntnissen ist diese Vorgehensweise eher schädlich und das Modell des »Ausagierens eines aufgestauten Gefühlsreservoirs« unter viel zu hoher Betriebstemperatur ein veraltetes Modell.

Noch einmal zusammenfassend: Neue Bahnungsprozesse im Gehirn laufen nur dann ab, wenn es eine entsprechend Emotionalisierung gibt. Die Erregung des limbischen Systems, als spezifische Hirnstruktur für die Emotionsverarbeitung zuständig, ermöglicht erst bei entsprechender Anregung die Ausschüttung neuroplastischer Signalstoffe, die verantwortlich sind für die Neubildungen und Neustrukturierungen von synaptischen Schaltungen. Nur dies ermöglicht Veränderungen auf synaptischer Ebene, die zur Neuaktivierung oder Stilllegung des Abschreibens von spezifischen Gensequenzen führen. Ohne passende Erregung spielt unser Gehirn bei gewünschten Veränderungen nicht mit.

Ich erkenne darin viele Prinzipien moderner Psychotherpie- und Beratungsformen. Ich frage mich, ob diese Form des Coachings nicht bereits angewandt wird; wenn auch unter einem anderem Namen. Nach welchen Prinzipien muss ich als Coach vorgehen, um eine angemessene Emotionalisierung zu erzeugen?

Die Frage ist, was können im Coaching für emotionale Bedingungen bereitgestellt werden, um Veränderungen auf psychologisch-neurophysiologischer Ebene zu ermöglichen. Diese für Veränderungsprozesse vorgegebenen emotionalen Bedingungen beziehen sich vor allem auf die Bereiche »Bindung«, »Kontrolle« und »Ressourcenaktivierung« im Sinne der Steigerung des Selbstwerts und »Herausforderung/Aktivierung«, die in unserem Gehirn als menschliche Grundbedürfnisse angelegt sind.

Aus Sicht der Neurobiologie ist für Veränderungen eine optimale Mischung aus Sicherheit und Herausforderung notwendig.

Das sinnvolle zeitliche Zusammenspiel der beiden Variablen »Sicherheit« und »Erregung« (für das übrigens der Coach verantwortlich ist!) stellt genau den Cocktail an Neurotransmittern bereit, der dann tatsächlich strukturelle Umbauprozesse im Gehirn ermöglicht, die sogar mit den neuen bildgebenden Verfahren dokumentierbar sind.

Das von mir entwickelte *neuroduale Coaching* ermöglicht die notwendige Umsetzung unserer genetischen, neuronalen Vorgaben für optimierte Entwicklungsarbeit. Basierend auf den neurobiologischen Erkenntnissen der Erregungs- und Transmittersteuerung, fungiert der Coach dabei einerseits als Struktur gebender und Sicherheit vermittelnder Vertrauenspartner und andererseits als Reibungsfläche, Sparringspartner und mutiger Herausforderer für neue geistige Bewegung. Dient die Präzision des Coachs vor allem dazu, eine sichere emotionale Bindung zu vermitteln und das Grundbedürfnis nach Vertrauen und Kontrolle zu befriedigen, ist die Provokation der Teil im Coaching, der die nötige Erregung des limbischen Systems bereitstellt und neuronale Differenzierungsprozesse ermöglicht.

Beide Interventionsarten die Präzision und die »Pro vocation« sind Ausdruck eines »umfassenden Carings« für den Coachee. Als Vergleich kann man die mütterlichen und väterlichen Anteile der Erziehung heranziehen. Beides ist unerlässlich für die individuelle Entfaltung und Befriedigung der unterschiedlichen menschlichen Entwicklungsbedürfnisse.

»Mütterlich und väterlich« sind hier nicht Geschlechtern zugeordnet, sondern als variable Qualitäten gemeint, die sich bei beiden Geschlechtern finden lassen, wie beim energetischen Yin- und Yang-Konzept in den asiatischen Kulturen. Die mütterlich, schützende, Struktur gebende Beruhigung vermittelt ebenso wie das väterliche, liebevolle Verunsichern durch Monsterspiele, Erschrecken, Hochwerfen und andere Spiel-Angst-Interaktionen die Meta-Botschaft: »Du bist in guten Händen und hast gleichzeitig Herausforderungen, um dich zu entwickeln.« Man kann in Bezug auf gelungenes Coaching, in dem sowohl präzises und provokatives Vorgehen seinen Platz hat, vielleicht sogar sagen: »Die Interventionen in diesem Coaching sind nicht von schlechten Eltern.« In meinem neuen Buch »Gekonnt Coachen. Präzison und Provokation im Coaching« habe ich das ausführlich beschrieben.

Ich hätte es vielleicht so ausgedrückt: Coach und Klient müssen eine tragfähige vertrauensvolle Beziehung herstellen, die es erlaubt, dass der Coach auch klären, konfrontieren und gegebenenfalls deuten kann. Das erinnert mich an Ihre Definition von Provokation. Wie beschreiben Sie diese tragfähige vertrauensvolle Beziehung in den Worten der Neuropsychologie und warum ist diese Form der Beziehungsgestaltung in Ihrem Konzept des neurodualen Coachings so wichtig?

Die notwendige emotionale Erregung braucht, damit sinnvolle Dinge passieren können, als Basis die passende neuronale Grundlage, das heißt, das Schaffen (durch den Coach!) einer emotionalen »Annährungsphysiologie« beim Klienten. Ist die Erregung zu groß und durch schlecht ausgebildete Coaches eine sichere Bindungserfahrung und eine sinnvolle Prozesssteuerung zwischen Problemaktivierung und Annäherungsphysiologie nicht gegeben, reagiert der Mensch lediglich mit Handlungsmustern, die bereits tausendfach gebahnt sind und sich im Coaching-Kontext als Widerstand, Rückzug oder reiner »Höflichkeitsrapport« kennzeichnen. Die im Coaching angestrebten differenzierteren Veränderungsbereiche wie Einstellungen, Werte, Identität werden vom Coachee nur bei einem Gefühl von Sicherheit und Orientierung angenommen. Sicherheit, die vom gut trainierten Coach über ein Set von Interaktionen bereitgestellt werden muss.

Was passiert, wenn ein Coach nicht weiß, was er tut?

Unpassendes Vorgehen im Coaching geschieht zum Beispiel wenn, bei mangelnder sicherer Beziehung zum Coach oder Therapeuten beziehungsweise bestehender »mitgebrachter« Bindungsstörung des Klienten, mit stark aktivierenden Interventionen gearbeitet wird und dadurch eventuell psychische Störungen ausgelöst werden.

Beim Coaching geht man häufig vertrauensvoll-naiv davon aus, dass die Coachees psychisch gesund, im Sinne von »bindungssicher« sind, dies ist manchmal ein Irrtum. Coaches tun sich demnach keinen Gefallen und handeln ignorant, wenn sie notwendige psychotherapeutische Kenntnisse, um solche Situationen abzufangen, als nicht zum Coaching gehörend, abtun.

Beim Thema Bindung unterscheidet sich auch das Coaching von der Therapie, die bei starken psychischen Störungen und emotionaler Orientierungslosigkeit zeitlich längere, stabile Beziehungen anbieten und verlässlich einhalten muss. Bei dem wichtigen Thema »implizite Prozessgestaltung« (das heißt: Kontakt des Coachs mit dem Coachee *jenseits* des inhaltlichen Themas) geht es vor allem um *lernbare, bewusste* Präzision. Wichtig ist dabei die Sicherheit, Klarheit und Beziehung, die ein Coach bietet und deutlich ausstrahlt, zum Beispiel in der professionellen Auftragsklärung, in der sicheren Anwendung professioneller Fragetechniken, im meisterhaften Umgang mit Sprache und einer kompetenten Prozesssteuerung. Wie K. Grawe es ausdrückte, geht es darum, dass ein Klient möchte »*dass da einer sitzt, der weiß was er tut*«.

Sie bilden ja nicht nur in systemisch-neurodualem Coaching aus, sondern helfen auch Firmen, Coaching zu implemetieren und gute Coaches für ihre Coachingpools zu finden. Worauf kommt es da an?
Viele Coaches haben ein umfassendes Coaching-*Wissen* aber noch ausbaufähiges Coaching-*Können*. Ein guter Coach benötigt die lernbare Fähigkeit, jederzeit zu wissen, an welcher Stelle sich der Coaching-Prozess explizit (thematisch-inhaltlich) und implizit (beziehungsbedeutsam-prozesshaft) gerade befindet und mit welcher »Betriebstemperatur« gearbeitet wird. Es geht darum: das Heft in die Hand zu nehmen, den roten Faden emotional dauerhaft zu halten, die gezielte Erregung des limbischen Systems in der Annäherungsphysiologie anzustreben und ressourcenorientiert das Neue individuell-motivational verschieden (!) beim Klienten zu bahnen. Wie stark ein Coach darin ist, sieht man übrigens schon nach 20 Minuten.
In unseren Coaching-Audits, die wir für Firmen bei Neuauswahl oder Supervision durchführen, ist neben der Überprüfung überdurchschnittlicher sprachlicher Fähigkeiten, der Ressourcenfokussierung, vor allem die Fähigkeit, emotionale Relevanz zu erzeugen, die wichtigste bezüglich der Aussage, ob jemand ein guter oder schlechter Coach ist. Die implizite Prozesssteuerung zu beherrschen setzt klare, wahrnehmungsstarke, gut trainierte Coaches voraus. Eine Coachingausbildung ist nur eine Grundlage für das unverzichtbare, dann folgende Präzisionstraining, um ein guter Coach zu sein.

Fragen, die Coaching-Klienten und Ausbildungsinteressenten häufig stellen

Wenn Sie erfolgreich beraten, gehört eine Lehr- oder Ausbildungstätigkeit früher oder später ebenfalls zu Ihren Aufgaben. Das ist zumindest bei den meisten Coaches so. Häufig treten dann Ausbildungsinteressierte an Sie heran und stellen Fragen. Diese Fragen könnten etwa so lauten (hier in Du-Form):

- Wie bist du an das Coaching geraten, was hat dich daran interessiert?
- Welche Ausbildung hast du absolviert? Wo hat sie stattgefunden? Wer waren deine Lehrer?
- Wie viele Stunden hat die Ausbildung gedauert (exklusive Literatur, Lebenserfahrung)?
- Welche Beratungs- oder Psychotherapieverfahren beherrschst du? Von welchen Gesellschaften wird das anerkannt?
- Welche Kenntnisse hast du bereits mit eingebracht? Welche beruflichen Vorkenntnisse hast du aus anderen Berufen und anderen Bereichen?
- Bist du verheiratet oder in dauerhafter Partnerschaft? Hast du Kinder?
- Welche Grundfähigkeiten oder Schlüsselqualifikationen muss ein guter Coach mitbringen?
- Was kann durch Training und Ausbildung noch dazugelernt werden? Hast du Bücher oder Fachaufsätze geschrieben? Was genau sind die Methoden, nach denen du lehren wirst?
- Welches sind die Einstellungen und Methoden, die ich lernen werde? Wie ist die Ausbildung strukturiert?
- Wie würdest du heute deine eigene Ausbildung strukturieren, wenn du noch einmal diesen Weg gingest, und welche Tipps hättest du für Coaching-Interessierte?
- Was zeichnet einen guten Coach aus?
- Welches Buch würdest du einem Coaching-Neuling empfehlen?
- Welches Buch würdest du jemandem empfehlen, der nach Selbsterkenntnis sucht?
- Wer ist dein Vorbild als Coach?
- Was, denkst du, ist das übliche Stundenhonorar für eine Coaching-Sitzung? Liegst du eher darüber oder darunter?

- Woran glauben die Klienten zu erkennen, dass sie einen guten Coach vor sich haben? Worauf achten sie?
- Was sind deine Coaching-Schwerpunkte?
- Wie lange dauert bei dir eine Coaching-Sitzung, wie viele Termine wünschen die Klienten in der Regel?
- Was lernen die Klienten bei dir zusätzlich zu Ziel- oder Problemklärung, die in Auftrag gegeben wurden?
- Was ist deine Identität als Coach? Hast du eine Metapher für dich?
- Bist du Mitglied in einer Coaching-Organisation?
- Wie lange coachst du schon? Machst du das nebenberuflich oder hauptberuflich?
- Hast du ein Gewerbe angemeldet für deinen Coaching-Betrieb? Ist es vielleicht sogar eine GmbH oder Ähnliches?
- Wie viele Mitarbeiter hast du? Welche Qualifikationen haben sie?
- Darf ich ehemalige Schüler von dir anrufen, um nach deren Erfolg zu fragen? Gibt es eine Liste (Alumni-Liste)?
- Welche Referenzen hast du: Wo hast du schon gecoacht? Darf ich da jemanden anrufen?

Wenn Sie selbst nach einer Caoching-Ausbildung suchen, können Sie vielleicht einige dieser Fragen nutzen, um Ihr Bild von einem Ausbildungsanbieter zu vertiefen.

Ist die Selbstständigkeit als Coach erstrebenswert?

Coaching und psychologische Beratung sind zurzeit gefragte Dienstleistungen. In den Fachzeitschriften (zum Beispiel Wirtschaft & Weiterbildung, managerSeminare, Training aktuell, Multimind) wird viel über Coaching geschrieben. Coaching ist aber kein Traumberuf für alle: Es gibt zwar angeblich einen großen Bedarf, der auch stetig zunehmen soll. Um die Klienten kämpfen aber viele etablierte Coaches, Beratungsfirmen und Hunderte von Newcomern.

Bisher konnten oder wollten nur etwa 20 bis 30 Prozent der etablierten Coaches allein vom Coaching leben. Die meisten verdienen sich noch Geld durch Training, Schulung oder andere Tätigkeiten hinzu oder leben sogar hauptsächlich davon. Über 80 Prozent der Coaches in Deutschland sind nur nebenberuflich tätig und verdienen ihr Geld eigentlich mit anderen Berufen. Nur die hartnäckigsten, besten und die pfiffigsten Marketingstrategen unter ihnen schaffen sich einen Namen und können von ihrer Tätigkeit als Coach gut leben. Ähnlich sieht es mit den psychologischen Lebensberatern aus, die eher regional tätig sind: Auch bei Ihnen überwiegen die Berater, die nur nebenberuflich tätig sind.

Ist Coaching und psychologische Beratung immer noch ein Traumberuf für Sie?

Aber der Bedarf an Coaching und psychologischer Beratung wird nicht nur wachsen, weil es in der Wirtschaft und im Privatleben immer verwirrender wird: In den kommenden Jahrzehnten werden wir eine tief greifende Veränderung unser Bevölkerung erleben: Es wird immer mehr ältere Menschen geben. Daraus werden viele Fragen und Konflikte erwachsen. Ich glaube, dass der Bedarf nach Beratern auch dadurch steigen wird (s. S. 437 ff.).

Das wird an der Einkommenssituation aber voraussichtlich wenig ändern: Nur wenige Berater werden von ihrer Dienstleistung leben können, die allerwenigsten davon gut! Auf der anderen Seite wird für gute Berater (oder solche, die sich als gut verkaufen) auch heute schon sehr viel Geld gezahlt: Psychologische Berater verlangen meist ein Honorar von 45–75 Euro pro Stunde, Coaches im Business erhalten in der Regel Honorare von 150–200 Euro pro Stunde (manchmal sogar noch mehr).

Wenn Sie also planvoll, mutig und beharrlich vorgehen, sind Ihre nebenberuflichen Verdienstaussichten durchaus gut – die Chance, hauptberuflich Fuß zu fassen, ist kleiner. Das schaffen nur sehr zielstrebige und gute Kolleginnen und Kollegen.

Wie lange dauert es, bis die Praxis gut läuft?

Die meisten Berater sind wie Sternschnuppen: Ständig gibt es neue. Andere verglühen wieder. In dieser Branche kommt es auf Beharrlichkeit, Stetigkeit und eine gute Positionierung im Beratungsmarkt an. Fast alle erfolgreichen Coaches oder psychologischen Berater haben ihre Praxis über mehrere Jahre hinweg nebenberuflich aufgebaut. Es ist daher sinnvoll, sich ein Arbeits- und Lebenskonzept zu schaffen, das diesen allmählichen Aufbau einer nebenberuflichen Tätigkeit ermöglicht. Die konkrete Vision des neuen Berufes soll nicht nur persönliche Erfüllung, sondern auch materiellen Erfolg bringen.

Anfangs sollten Sie in Ihrem angestammten Beruf bleiben und nebenberuflich Erfahrungen sammeln. Erst wenn Sie eine angemessene Klientenzahl haben und im »Coaching-Pool« einiger Firmen aufgenommen sind, sollten Sie schrittweise dazu übergehen, Ihren Hauptberuf (oder eine andere Tätigkeit) halbtags auszuüben. Bis sich eine Beratungspraxis oder das »reisende Coachinggewerbe« trägt, vergehen meist drei bis fünf Jahre. Hüten Sie sich davor, Schulden zu machen, indem Sie zum Beispiel repräsentative Büros anmieten, teure Zeitungsanzeigen schalten und unendlich viele ungefragte Werbebriefe schreiben. Vermeiden Sie in den ersten Jahren unnötige Ausgaben und konzentrieren Sie sich zunächst auf die Wirkung, die Sie als Person erzielen.

Ich habe Kollegen erlebt, die sehr viel Geld für Poster, Anzeigen, Briefaktionen und Ähnliches ausgegeben haben. Meist meldete sich auf diese Aktionen niemand, und viele der neuen Kollegen verschwanden dann bitter enttäuscht und nicht selten pleite wieder vom Markt.

Viele angehende Profis tummeln sich auch unter ihresgleichen in Coaching-Clubs. Es wäre klüger, sich dort aufzuhalten und Kontakte zu knüpfen, wo die potenziellen Kunden sich aufhalten: beispielsweise in den Qualitätsringen der Jungunternehmer, auf dem Jahreskongress der Personalentwickler, im Service-Clubs, in Aus- und Weiterbildungen, in Tennis- und Golfclubs ... Durch die persönlichen Kontakte, die dort aufgebaut werden können, entstehen meist die ersten erfolgreichen Aufträge und strategischen Referenzpartnerschaften.

Welche Vision habe ich von meiner Tätigkeit als Berater?

Um Ihren Traum von einer Dienstleistungsidee zu verwirklichen, brauchen Sie Klarheit, und zwar zunächst einmal über sich selbst: Wer bin ich, wo stehe ich im Leben ...? Diese Fragen konnten Sie sich beim Durcharbeiten dieses Buches stellen. Wenn Sie hierzu keine Antworten gefunden haben, sollten Sie zuerst wieder mit der Suche nach einem Selbstkonzept beginnen. Daneben brauchen Sie aber auch eine Vorstellung von Ihrer Zielgruppe, Ihrem zukünftigen professionellen Selbstverständnis, Ihrem Arbeitskonzept.

Berufliche Identität und Repräsentation

Wichtige Fragen, die Sie gemeinsam mit Kollegen, der Familie und Ausbildern klären sollten: Bin ich Personal Coach, Business Coach, Counsellor, psychologischer Berater, Lebensberater, Trainer, Therapeut? Wie gestalte ich meine Arbeitsräume, Visitenkarten, mein Briefpapier, mein Türschild? Wie möchte ich nach außen wirken und welche Erwartungen möchte ich wecken?

Um sich mehr Klarheit darüber zu verschaffen, mit welcher beruflichen Identität Sie auf dem Markt erscheinen möchten, können Sie folgenden Fragen nachgehen:

Wer ist Ihre Zielgruppe, was ist Ihr Schwerpunkt? Zunächst müssen Sie für sich klären, welche Zielgruppe Sie genau ansprechen möchten. Sind es Führungskräfte im mittleren oder gehobenen Management, »normale

Menschen«, Familien, Paare, Frauen, Männer, Teams?

Stimmen Ihr Arbeitskonzept und die Klientenwünsche überein? Viele Berater möchten anbieten, was ihnen selbst geholfen hat und worin sie sich technisch sicher fühlen: NLP, Rebirthing, Themenzentrierte Interaktion, Arbeit mit Rollenspielen, Aufstellungen, Instant-Beratung und einiges mehr. Diese Wünsche sind durchaus verständlich. Das Arbeitskonzept sollte aber so umformuliert werden, dass es für den Klienten transparent und passend ist. Die wenigsten Kunden wissen nämlich, welche Erwartungen oder Vorstellungen Sie mit diesen Methoden verbinden. Berücksichtigen Sie bitte, was sich Klienten wünschen:

- Der Berater soll sich viel Zeit nehmen und ein vertrauensvolles intensives Gespräch führen.
- Die Klienten möchten fachliche und menschliche Kompetenz erfahren.
- Die Klienten erwarten eine gute Organisation der Praxis und einen professionellen Eindruck von den Räumlichkeiten (schwierig in den ersten Jahren), außerdem kurze Wartezeiten auf einen Termin.
- Klienten erwarten schnelles Wohlbefinden und schnellen Erfolg nach der Beratung. Dieser Wunsch kann leider oft nicht erfüllt werden, da viele notwendige Entwicklungsschritte und Veränderungen zunächst mit Angst und Verwirrung einhergehen.

Mitbewerber und Marktüberblick: Recherchieren Sie: Wie viele lokale oder überregionale Anbieter können Sie durch Internetrecherche, Zeitungsannoncen und Ähnliches ausfindig machen? Wie ist die Beratungsversorgung durch die Stadt organisiert (beispielsweise Pro Familia)? Wo genau sind die Marktchancen oder -lücken in spezifischen Beratungsfeldern? Welche Auslastung haben die vorhandenen Beratungsstellen? Wie lang sind die Wartezeiten? Welche Dienstleistungen fehlen vor Ort? Welche Erwartungen haben Personalentwicklungsmitarbeiter von den Coaches, die sie für ihre Firma »einkaufen« (fragen Sie ruhig nach!)? Wenn Sie überregional tätig sein möchten: Beantworten Sie die Fragen entsprechend.

Honorar und Arbeitszeit: Wie viele Beratungssitzungen pro Tag oder Woche möchten Sie absolvieren? Wie hoch soll die Bezahlung sein, damit sich der zeitliche Aufwand lohnt und der Lebensstandard gesichert oder verbessert wird? Wie viel Zeit werden Sie für Organisatorisches benötigen (Büro, Bank, Werbung und so weiter)? Hauptberufliche Lebensberater absolvieren etwa fünf Sitzungen pro Tag und veranschlagen dafür jeweils 45–75 Euro für Privatpersonen und bis zu 400 Euro, wenn es sich um Geschäftskunden handelt, die sie in deren Büros aufsuchen müssen. Dann haben sie meist nur ein bis drei Beratungstermine am Tag.

Was unterscheidet Ihr Angebot von dem anderer Anbieter? Wie können Sie Ihren zukünftigen Klienten im Vorfeld bereits vermitteln, welche Klientenwünsche sie erfüllen, welche Methoden Sie anwenden, welche Besonderheiten die Klienten bei Ihnen erwarten?

Berufsstand und Berufsbild: Heilen verboten!

Alle Deutschen haben das Recht, Beruf, Arbeitsplatz und Ausbildungsstätte frei zu wählen. Dieses Grundrecht (Art. 12 GG) kann gesetzlich eingeschränkt werden. Eine solche Rechtsverordnung mit einer Einschränkung der beruflichen Tätigkeit und der Berufsbezeichnung betrifft unter anderem folgende Berufe:

- Heilberufe (Ärzte, Heilpraktiker, Krankenschwestern, Krankengymnasten, Kinder- und Jugendlichen-Psychotherapeuten, psychologische Psychotherapeuten),
- Psychologen (Dipl.-Psychologen),
- Rechtsanwälte, Steuerberater sowie
- Ingenieure.

In anderen deutschsprachigen Ländern existieren ähnliche Gesetze. So ist in Österreich zum Beispiel die Berufsbezeichnung »Lebensberater« ebenfalls gesetzlich reglementiert.
Die hier dargestellten Bestimmungen gelten für die Bundesrepublik Deutschland. Leser aus anderen Staaten empfehlen wir, sich nach ähnlichen Regelungen in ihren Ländern genau zu erkundigen.
Die Berufsbezeichnung »Beratender Psychologe« ist ausschließlich den Dipl.-Psychologen vorbehalten; ebenso verhält es sich mit Ableitungen aus Spezialisierungen wie praktische Psychologie oder angewandte Psychologie. Seit Inkrafttreten des Psychotherapeutengesetzes am 01.01.1999 ist eine beratende Tätigkeit durch Personen, die nicht in die oben genannte Gruppe der Heilberufe gehören, geregelt.

> **Info**
>
> »Zur Ausübung von Psychotherapie gehören nicht psychologische Tätigkeiten, die die Aufarbeitung und Überwindung sozialer Konflikte oder sonstige Zwecke außerhalb der Heilkunde zum Gegenstand haben.« (PsychThG § 1 Berufsausübung, Abs. 3)
>
> Dieser 3. Absatz des ersten Paragraphen im Psychotherapeutengesetz besagt, dass es neben der Psychotherapie auch eine psychologisch orientierte Beratungsform gibt, die nicht als Psychotherapie bezeichnet wird und die nicht nach dem dem PsychThG erlaubnis- oder genehmigungspflichtig ist. In dieser nicht-psychotherapeutischen psychologischen Beratungsform geht es um die Klärungshilfe bei persönlichen Schwierigkeiten, Erziehungsfragen, Eheproblemen, Karrierefragen, um Entscheidungshilfen und anderes.
>
> Dabei können psychologische Methoden angewandt werden. Die zugrunde liegenden Probleme und Ziele sollten nicht auf behandlungsbedürftige psychische Störungen zurückzuführen sein, und die Zielsetzung soll außerhalb der Heilkunde liegen.

Diese Trennung ist wichtig. Als Coach, psychologischer Berater (Achtung: nicht »Beratender Psychologe«!) oder Lebensberater begegnen Sie Ihren Klienten außerhalb der Heilkunde in einem gesunden Lebenszusammenhang. Daher heißen Ihre Klienten auch nicht »Patienten«.

> **Info**
>
> Die Ausübung der Heilkunde im Sinne des Gesetzes ist jede berufs- oder gewerbsmäßig vorgenommene Tätigkeit zur Feststellung, Heilung oder Linderung von Krankheiten, Leiden oder Körperschäden bei Menschen, auch wenn diese im Dienst von anderen ausgeübt wird.
>
> Es ist Coaches oder Beratern gesetzlich strikt untersagt zu heilen, zu diagnostizieren oder Heilungsversprechen mit Ihrer Tätigkeit direkt oder indirekt zu verknüpfen (es sei denn, sie sind Arzt oder Heilpraktiker). Sie dürfen auch keine Hypnosetherapie oder Psychotherapie anwenden, sondern lediglich Kommunikationsmethoden, deren Ursprung in diesen Verfahren liegt.

Sie sollten Ihre Tätigkeit, Korrespondenz, Notizen, Äußerungen sowie Werbung hierauf immer wieder überprüfen. Sie werden feststellen, dass der Übergang zur Psychotherapie *praktisch* immer fließend und schwer abgrenzbar ist. Daher ist es besonders wichtig, dass Sie nach außen hin verdeutlichen, dass Sie sich hier um eine klare Trennung bemühen. Aus diesen Gründen ist es auch vorteilhaft, wenn Sie eine gründliche Coaching- oder Beratungs-Ausbildung mit einem anerkannten oder zertifizierten Abschluss vorweisen können.
Im Falle gerichtlicher Auseinandersetzungen ist dies der Nachweis, dass Sie sich um eine Abgrenzung zur Therapie bemüht und diesbezüglich das nötige Wissen erworben haben. Ansonsten ist aber in Deutschland für eine Qualifikation zum Berater oder Coach keinerlei Ausbildung vorgeschrieben! Auch die Berufsbezeichnung ist bisher nicht geschützt.

Es ist von unschätzbarem Vorteil, wenn Sie schon während Ihrer Ausbildung zum Coach oder psychologischen Berater Kenntnisse über neurotische, psychosomatische und psychiatrische Erkrankungen erwerben. Dies erleichtert Ihnen auch formal schnell eine Abgrenzung und verhindert, dass Sie unwissentlich in den Verdacht einer Ausübung der Heilkunde kommen. Außerdem ist es sinnvoll, wenn Sie in *jedem Zweifelsfalle* mit dem Hausarzt oder einem zuständigen Facharzt Kontakt aufnehmen, um solche Fragen explizit zu klären.

Um Grenzbereiche zur Therapie betreten zu können, bedarf es einer Überprüfung beim Amtsarzt. Sie ist die Voraussetzung für eine Erlaubnis zur Ausübung der Heilkunde, begrenzt auf das Gebiet der Psychotherapie nach dem Heilpraktikergesetz (HPG).

> **Info**
>
> »Wer Psychotherapie als heilkundliche Tätigkeit ausüben will und nicht die Voraussetzungen nach dem Psychotherapeutengesetz erfüllt, bedarf dazu in jedem Fall der Erlaubnis zur Ausübung von Heilkunde nach dem Heilpraktikergesetz (HPG) durch das zuständige Gesundheitsamt ...«
> (Ahlborn/Weishaupt 2000)

Es genügt für die Zulassung zur Prüfung ein Antrag beim zuständigen Gesundheitsamt. Allerdings besteht fast kein Antragsteller die Prüfung, der sich nicht umfassend an einem Privatinstitut ausgebildet hat.

Bitte verwenden Sie ausschließlich die Bezeichnungen Coach, Personal Coach, systemischer Coach, Berater, Lebensberater, psychologischer Berater – in dieser Form oder nach Rücksprache mit dem Ordnungsamt auch in anderer Form. Das unerlaubte Führen einer geschützten Bezeichnung wie »Psychotherapeut« oder »beratender Psychologe« oder eine irreführende Darstellung, die vermuten lässt, dass Sie Arzt oder Psychologe sind (oder diesen gleichgestellt sind) ist strafbar.

Bitte gebrauchen Sie in allen Schreiben an Ämter und ebenso in den Beratungsverträgen, die Sie mit Ihren Klienten abschließen, die folgende Formulierung.

> **Info**
>
> »Es handelt sich um eine psychologische beratende Tätigkeit außerhalb der Heilkunde. Diese ist somit nach dem Psychotherapeutengesetz nicht genehmigungs- oder überwachungspflichtig, denn psychologische Tätigkeiten, die die Aufarbeitung und Überwindung sozialer Konflikte oder sonstige Zwecke außerhalb der Heilkunde zum Gegenstand haben, gehören nicht zur Ausübung von Psychotherapie (PsychThG § 1 Berufsausübung, Abs. 3).

Dies vermeidet Missverständnisse und Unklarheiten, die immer wieder vorkommen.

Niederlassungsanzeige beim Ordnungsamt, Finanzamt, Gewerbeamt

Durch die Niederlassungsanzeige beim Ordnungsamt oder die Bekanntgabe Ihrer Tätigkeit beim Finanzamt, in der Sie die Aufnahme Ihrer Tätigkeit als »Personal Coach« oder »Psychologischer Berater« anzeigen, sind Sie offiziell mit Ihrer Praxis angemeldet. Diese Niederlassungsanzeige ist nicht zwingend erforderlich. Sie sollten aber in jedem Falle eine gleich lautende Meldung an Ihr Finanzamt senden. Bitte besprechen Sie dies unbedingt vorher mit Ihrem Steuerberater, da die Tätigkeit als Coach oder psychologischer Berater eigentlich ein freier Beruf ist.

In einigen Bundesländern oder Finanzämtern aber wird Coaching fälschlicherweise als Gewerbe angesehen. Dann wäre zusätzlich eine Anmeldung beim Gewerbeamt nötig, wenn Sie nicht den Mut haben, das Gewerbeamt davon zu überzeugen, dass diese Einschätzung falsch ist. Oft verlangen die Städte auch, dass gewerblich genutzte Privaträume (auch Freiberufler arbeiten in »Gewerberäumen«) in Gewerberäume »umgewidmet« werden. Dafür können Gebühren bis zu 5.000 Euro verlangt werden.

Schweigepflicht und Werbefreiheit

Sie unterliegen mit Ihrer Beratungspraxis oder als »reisender Coach« keiner Einschränkung bezüglich Marketing, Werbung und Öffentlichkeitsarbeit.
Gleiches gilt für die Schweigepflicht: Sie sind nicht an eine Schweigepflicht gebunden wie Personen, die Heilkunde ausüben. Es empfiehlt sich aber, Ihren Klienten mündlich und im Beratungsvertrag Verschwiegenheit zuzusichern und sich auch daran zu halten!

Verbände und Vereine

Es ist nicht erforderlich in Vereine oder Verbände einzutreten. Die Mitgliedschaft ist oft teuer, und es handelt sich in Einzelfällen um Vereine von Privatpersonen, die an der »Zertifizierung« durch Ihren Verband Geld verdienen. Durch die Mitgliedschaft erwerben Sie oft das Recht, das Logo des Verbandes zu führen und Sie haben eine weitere Möglichkeit zu kollegialem Erfahrungsaustausch. Sie sollten sich zumindest über die verschiedenen Verbände informieren, damit Sie mitreden können. Wir führen hier einige deutsche Verbände oder Vereine auf. Die Liste ist natürlich nicht vollständig (vgl. auch S. 550, 589).

- Qualitätsring Personal Coaching www.QR-Coaching.de
- Deutscher Verband für Coaching und Training www.dvct.de
- Deutscher Bundesverband Coaching www.dbvc.de
- Pro Coach Association www.proc-association.de
- European Coaching Association www.eca-online.de
- Verband Freier Psychotherapeuten und Psychologischer Berater www.vfp.de
- Deutscher Verband für Neuro-Linguistisches Programmieren www.dvnlp.de
- Deutsche Arbeitsgemeinschaft für Jugend-, Lebens- und Eheberatung www.dajeb.de
- Gesellschaft für wissenschaftliche Gesprächspsychotherapie www.gwg-ev.org
- Milton H. Erickson Gesellschaft für Klinische Hypnose www.meg-hypnose.de
- Deutsche Fachgesellschaft für tiefenpsychologisch fundierte Psychotherapie www.dft-online.de
- Berufsverband für Beratung, Pädagogik und Psychotherapie www.bvppt.de
- Team.F www.team-f.de

Wenn Sie sich für einen der Verbände entscheiden möchten, gehen Sie dabei bitte auch folgenden Fragen nach:

- Gibt es durch den Verband eine Fortbildung und Weiterqualifikation?
- Besteht die Möglichkeit zum Erfahrungsaustausch und der Intervision?
- Ist der Verband behilflich bei der Qualitätssicherung, Evaluation und der Formulierung ethischer Standards?
- Wie hoch sind die Zertifizierungsgebühren des Verbandes?
- Wie hoch ist der Mitgliedsbeitrag,?
- Vertritt der Verband Ihre Interessen als freiberuflicher Coach beziehungsweise Berater (Öffentlichkeitsarbeit, Lobbyarbeit)?

Checkliste und Fragen

Im Laufe des Buches haben Sie eine Reihe von Beratungswerkzeugen gesammelt. Vermutlich haben Sie schon begonnen, erste Beratungen durchzuführen. Damit Sie für Ihren Start keine wichtigen Fragestellungen vergessen, hier eine Wiederholung bedeutsamer Punkte:

Wer ist der Auftraggeber?

Erste Fragen:
- Ist Ihr Auftraggeber Selbstzahler oder wird er von seiner Firma finanziert? Welches Anliegen hat der Klient, welches sein Vorgesetzter?
- Wie ist die Beratung eingebettet in das Personalkonzept der Firma, gibt es einen Personalentwickler (wichtig für spätere Kontakte)?
- Wie sieht das Beziehungsgeflecht des Klienten aus (Firma, Kunden, Kollegen)?
- Namen, Telefonnummer, Eigenarten?

Wichtiges für das Vorgespräch (Mini-Coaching):
- Wo, wie und wie lange findet das Vorgespräch statt?
- Pacing: Gewinnen Sie den Klienten für sich, indem Sie ihn verstehen!
- Wie sind seine Denkmuster und -inhalte?
- Was sind seine bevorzugten Sinneskanäle (VAKOG)?
- Welches sind seine Sorts/Metaprogramme?
- Welches sind seine Glaubenssätze (auch zur Firmenwelt)?
- Wie sind Atmung und Rhythmus?
- Wie sind Körperhaltung und Äußeres?
- Wie sind Sprache und Stimme?
- Welche Emotionen zeigt er?
- Ist das Vorgespräch kostenlos – bis zu wie viel Minuten beziehungsweise bei welcher geplanten Auftragssumme (oder nicht)?
- Gelingt es jetzt schon, den Auftrag oder das Anliegen zu klären? Ist es sinnvoll, Themen zu sammeln?
- Informationssammlung: Was, wer, wann, mit wem, wo, wie viel, warum nicht ...?
- Welche Optionen sieht der Klient? Warum wählt er Sie aus?
- Warum wählt er Sie jetzt aus?
- Was waren seine bisherigen Versuche?
- Welche Erwartungen knüpft er an die Beratung?
- Hat er Vorstellungen zu Ziel und Zielarten (Fähigkeit, Leistung, Etappe, Vision)?

Wie viel Zeit benötigt das Coaching?
- Ist es einmalig oder mehrmalig?
- Wie oft werden Sie sich treffen?
- In welchen Abständen finden die Sitzungen statt?
- Wann ist der Auftrag beendet, wann das gemeinsame Ziel erreicht? Ist die Beratung eine Prozessbegleitung oder eine Projektbegleitung?

Die Umgebung
- Findet die Beratung bei Ihnen im Büro oder zu Hause statt?
- Findet die Beratung in der Firma statt? Sind Ort und Zeit störungsfrei? Befragen Sie Kollegen und Bekannte zum Ort: Licht, Luft, Farbe, Bilder, Eingangsbereich, Geräusche ...?
- Gibt es Ablagemöglichkeiten?
- Existieren Flipchart, Schreibzeug oder andere Medien?

Was kosten Sie?
- Was ist Ihr Preis pro Beratungssitzung (eine gute Stunde)? Wie ist Ihr Preis im Beratungspaket?

- Welche Fahrkosten oder Reisespesen fallen an?
- Wie genau ist die Art der Bezahlung (Überweisung, Scheck, bar, im Voraus)? Welche Pauschale veranschlagen Sie, wenn Stunden ausfallen?

Die vereinbarten Spielregeln
- Diskretion und Loyalität – wie gewährleisten Sie das?
- Kommt Ihr Klient freiwillig oder wurde er geschickt?
- Wie gewährleisten Sie Ihre Unabhängigkeit? Bestimmt der Klient die Inhalte?
- Welche Methoden werden Sie anwenden, und wie legen Sie sie offen?
- Wie erreichen Sie, dass alle mitverantwortlich sind?
- Wie erreichen Sie, dass alle einverstanden sind?

Planung der Sitzungen
- Was bieten Sie an: Setting (Raumaufteilung, Sitzgelegenheit und so weiter), Timing und Wertschätzung (welcher Art)?
- Themen und Inhalte: Haben Sie echtes Interesse?
- Emotionen wahrnehmen und steuern: Wie können Sie das für sich erleichtern?
- Wie viel und wann: Problem – Ziel – Ressource?
- Machen Sie während der Sitzung Notizen, planen Sie Zeit ein, um diese danach auszuarbeiten.

Wie gestalten Sie den Abschluss?
- Gibt es ein Feedback für den Auftraggeber?
- Wie sieht Ihr Feedback für den Klienten aus?
- Wie gestalten Sie die Reflexion des Prozesses?
- Was sind Ihre Werkzeuge der Qualitätssicherung und Evaluation?
- Welche weiteren Maßnahmen schlagen Sie dem Klienten oder dem Auftraggeber vor?

Übungen und Fragen

Stellen Sie zu den aufgeführten Stichpunkten einen Antwort- und Fragenkatalog zusammen, den Sie für Ihre Erstgespräche und ersten Coaching-Sitzungen nutzen können. Einige Beispielfragen:

- Was wollen Sie durch das Coaching erreichen?
- Wie haben Sie von mir erfahren?
- Was haben Sie schon über Coaching gehört und welche Informationen oder Vorstellungen verbinden Sie mit dem Wort?
- Was ist Ihr Anliegen?
- Warum haben Sie sich an mich gewandt?
- Was erwarten Sie von mir?

Benutzen Sie die Fragensammlung auch als Selbst-Test: Fällt Ihnen zu jedem Stichwort etwas »Kluges« ein?

Was sind Ihre »Anfangswerkzeuge«?

Eine Auswahl möglicher Interventionen:

- Das so genannte Thomann-Schema (am besten auf Flipchart festhalten):
  – Was genau ist das Anliegen?
  – Was sind konkrete Beispiele für das Anliegen?
  – Welche Strukturen werden berührt (Organisation, Familie)?
  – Welche inneren Anteile spielen eine Rolle (inneres Team)?
- Festlegung: Problem – Ziel – Ressource.
- Big-Five-Persönlichkeitsmodell.
- Die logischen Ebenen von Robert Dilts.
- Das soziale Atom.

Übung

Stellen Sie eine Liste oder ein Karteikartensystem mit Ihren »Lieblingsinterventionen« aus diesem Buch zusammen, die Sie besonders in Anfangsphasen des Coachings einsetzen möchten.

Coaching-Prozesse anpassen und planen

Viele angehende Berater glauben, sie könnten nach einem Training, der Lektüre eines Buches oder nach dem Besuch eines Seminars »aus dem Bauch heraus« coachen. Es ist richtig, dass unsere Spontaneität und Kreativität entscheidende Fähigkeiten im Coaching sind. Was aber häufig vergessen wird: Coaching ist harte Arbeit! Schreiben Sie bitte in Ihren Coaching-Sitzungen mit, gehen Sie planvoll und strukturiert vor und schreiben Sie nach jedem Gespräch ein Protokoll, welches folgende Punkte enthalten sollte:

- Was war Thema (Problem, Ziel, Ressourcen)?
- Wie waren äußere und innere Stimmung und Verlauf? Was ist Ihr Interventionsplan für die nächste Sitzung?
- Wie hat sich Ihr Gesamt-Interventionsplan durch diese Sitzung geändert oder angepasst?
- Welche Fragen, Informationen, Rahmenbedingungen müssen in der Zwischenzeit beantwortet, beschafft, verändert werden?

Ein solches Protokoll sollte ein bis drei Seiten umfassen. Vor jeder neuen Coaching-Sitzung empfiehlt es sich, alle Protokolle nochmals zu studieren und sich Notizen für mögliche Ziele, Interventionen oder Themen der kommenden Sitzung zu machen.
F. Kanfer (2000) hat in die Verhaltenstherapie ein Prozessschema eingeführt, mit dessen Hilfe auch andere Therapieschulen ihren Arbeitsprozess strukturieren. Kanfers Modell kann auch im Coaching genutzt werden. Dann sollte aber der Begriff »Therapie« oder »Behandlung« jeweils durch Beratung oder Coaching ausgetauscht werden.

Dynamischer Lern- und Problemlösungsprozess	
Stufe/Phase	Inhalte/Ziele
1. Herstellen günstiger Ausgangsbedingungen, Aufbau einer tragfähigen therapeutischen Beziehung	Organisatorische Belange (beispielsweise Vertrag, Zahlung, Termine), Erwartungen, Diagnostik und Differenzialdiagnostik, Vertrauen schaffen, Hoffnung vermitteln
2. Analyse und Aufbau einer Veränderungsmotivation	Trennen von Fremd- und Eigenmotivation, potenzielle positive und negative Konsequenzen einer Veränderung erarbeiten
3. Verhaltens- und Problemanalyse	Erarbeiten eines hypothetischen Funktions- und Bedingungsmodells (Erklärungsmodell für die Störung und den hilfreichen Therapieprozess), das dem Patienten transparent gemacht wird
4. Zielanalyse, Vereinbarung von Behandlungsinhalten und Interventionen	Konkretes Formulieren von Therapiezielen, Setzen von Prioritäten, Planung gezielter Interventionen, Patient wird motiviert, aktiv am Prozess teilzunehmen und Verantwortung zu übernehmen
5. Durchführen der spezifischen Interventionen	Gezieltes Anwenden spezieller therapeutischer Techniken, Aufrechterhalten von Motivation und Mitarbeit des Patienten
6. Evaluation von Prozess- und Ergebnisqualität (Fortschritte, Erfolge)	Erfolgte Veränderungen erfassen (spezielle Fragebögen, Psychometrie), Hilfreiches und Hemmendes erfassen und gegebenenfalls neu auf Stufe 2 bis 4 beginnen
7. Generalisierung, Optimierung	Transfer der gemachten Erfahrungen in den Alltag und in andere Lebensbereiche, Stabilisierung, Rückfallprophylaxe, adäquate Beendigung der therapeutischen Kontakte (eventuell Follow-up und spätere Termine vereinbaren)

Übungen und Fall-Vignetten

Übung 31: Was ist Beratung?

Es gibt Imageberater, Farbberater, Eheberater, Krisenberater, Hochzeitsberater, psychologische Berater, Coaches. Die Liste der Berater ist sehr lang. Jede Beratungsart und jede Beratungsmethode wird in Deutschland durch einen Verein vertreten. Diese Vereine nennen sich meist Organisation oder Verband, da diese Wortwahl gewichtiger daher kommt. In einige dieser Vereine können Sie eintreten, ohne einen Leistungsnachweis zu erbringen. Andere Vereine nehmen Sie nur auf, wenn Sie zuvor vereinsinterne Beratungsschulungen im Wert von 10.000–30.000 Euro absolviert haben.

In den letzten Jahren bemühen sich mehrere Vereine, die sich in der psycho-sozialen Beratungsarbeit engagieren, eine gemeinsame Leitlinie und Beratungsdefinition zu erstellen. Die beteiligten Organisationen arbeiten in folgenden Bereichen: Psychologische Beratung, Personal Coaching, Ehe-, Familien- und Erziehungsberatung, Suchtberatung und Ähnliches. Die vorläufige gemeinsame Beratungsdefinition dieser etwa 40 Vereine sah 2002 folgendermaßen aus:

Das psychosoziale Beratungsverständnis der Arbeitsgemeinschaft Beratungswesen
(Version 2002)

»Die Entwicklung eines gemeinsamen Beratungsverständnisses dient dem Ziel der fachlichen Fundierung und Qualitätssicherung von Beratung. Dies soll die Profilbildung fördern und den Verbraucherschutz garantieren.

Zur Gewährleistung gemeinsamer Standards wird hier ein allgemein anwendbares Beratungsverständnis formuliert. Dies schließt Spezialisierungen und Schwerpunktsetzungen in unterschiedlichen Tätigkeitsfeldern nicht aus.

Das Beratungsverständnis ist Ausdruck der Gemeinsamkeit und der Verschiedenheit der dieses Verständnis tragenden Organisationen und Verbände. Es umfasst somit unterschiedlichste Professionen, Tätigkeitsfelder, Aufgaben, Konzepte und Interventionsformen. Dabei wird davon ausgegangen, dass unterschiedliche Professionen und Institutionen im Hinblick auf die Ratsuchenden kooperieren.

1. Fachverständnis:
Beratung kann sich sowohl auf Personen und Gruppen in ihren lebens- und arbeitsweltlichen Bezügen als auch auf Organisationen beziehen.

Sie befasst sich auf einer theoriegeleiteten Grundlage mit unterschiedlichen Entwicklungsaufgaben und multifaktoriell bestimmten Problem- und Konfliktsituationen. Sie stellt sich Anforderungen aus den Bereichen von Erziehung und Bildung, Sozial- und Gemeinwesen, Arbeit und Beruf, Wohnen und Freizeit, Gesundheit und Wohlbefinden, Ökologie und Technik, Pflege und Rehabilitation, Ökonomie und Politik sowie des Rechts, wie sie in den unterschiedlichen Sozialgesetzen, vor allem im KJHG und BSHG formuliert sind.

Diesem Beratungsverständnis liegt ein sozialwissenschaftlich und interdisziplinär fundiertes Handlungskonzept zugrunde, das tätigkeitsfeld- und aufgabenspezifisch

ausdifferenziert wird. Deshalb ist Kooperation und Vernetzung unterschiedlicher Berufsgruppen und Einrichtungen notwendiger Bestandteil der Beratungstätigkeit.
Beratung ist subjekt-, aufgaben- und kontextbezogen. Sie ist eingebettet in institutionelle, rechtliche, ökonomische und berufsethische Rahmenbedingungen, innerhalb derer die anstehenden Aufgaben, Probleme und Konflikte dialogisch bearbeitet und geklärt werden. Ein Ergebnis des Beratungsprozesses ist nur kooperativ erreichbar.
Beratung ist eine personen- und strukturbezogene soziale Dienstleistung. Sie setzt somit eine gemeinsame Anstrengung und Leistung aller Beteiligten (BeraterIn/Beratene und ggf. Kostenträger) und klare Zielvereinbarungen voraus.
Beratung grenzt sich von anderen professionellen Interventionsformen ab. Beispiele sind: Die Informationsvermittlung in der Medizin, das Case Management in der sozialen Arbeit oder die handlungsanleitende Beratung bei der Gewährung von materiellen Leistungen in der Sozialhilfe, die Rechtsberatung und die Psychotherapie (heilkundliche Behandlungen entsprechend PsychThG und HPG).
Abhängig von den zu bewältigenden Anforderungen, Problemlagen und Krisensituationen, in denen sich die Ratsuchenden befinden, kann Beratung Ressourcen aktivieren, gesundheitsfördernd, präventiv, kurativ oder rehabilitativ sein.

2. Tätigkeitsfelder und Aufgaben von Beratung:
Beratung geschieht in unterschiedlichen Tätigkeitsfeldern und ganz unterschiedlichen Einrichtungen und Unternehmen. In speziellen Beratungsinstitutionen (öffentliche oder freie Trägerschaft) oder in selbstständigen Praxen beziehungsweise multiprofessionellen Praxisgemeinschaften wird sie durch einzelne BeraterInnen oder in Teams von mehreren BeraterInnen durchgeführt.

Die Tätigkeitsfelder und Aufgabenbereiche von Beratung sind gekennzeichnet durch:

a) unterschiedliche Beratungsfelder und/oder Adressaten (z.B. Erziehungs-, Partnerschafts-, Familienberatung, Berufsberatung, Bildungsberatung Schwangerschaftskonfliktberatung, Schülerberatung, Suchtberatung, Schuldnerberatung),
b) unterschiedliche Beratungsansätze und Beratungsanliegen (zum Beispiel psychologische und psychosoziale, sozialpädagogische und sozialarbeiterische, pädagogisch-edukative, gemeinwesen- und gemeindeorientierte, betriebliche und personalentwickelnde, sozialökologische, seelsorgerische oder gesundheitsbezogene Ansätze, Anliegen und Aufgaben),
c) unterschiedliche Beratungskonstellationen und -settings (zum Beispiel Einzel-, Paar-, Familien-, Gruppen-, Teamberatung).
Auf der Grundlage einer professionellen Beratungsbeziehung fördern die Beratungsfachkräfte das verantwortungsvolle Handeln einzelner Personen und Gruppen in individuellen, partnerschaftlichen, familiären, beruflichen, sozialen, kulturellen, organisatorischen, ökologischen und gesellschaftlichen Kontexten.

3. Vertrauensverhältnis und Beratungsbeziehung:
Beratung erfolgt auf der Grundlage eines rechtlich geschützten Vertrauensverhältnisses (Schutz des Privatgeheimnisses und Datenschutz). Die Vertrauensbeziehung zwischen BeraterIn und Ratsuchendem ist durch entsprechende gesellschaftliche Regelungen besser als bisher zu schützen. Die Einräumung des Zeugnisverweigerungsrechts für alle Berater und Beraterinnen ist ein unerlässlicher Bestandteil zur vollständigen Sicherung des Vertrauensverhältnisses. Die berufs- und beratungsrechtlichen Kenntnisse sind integrale Bestandteile des fachlichen Handelns.
Die Fachkräfte sind verpflichtet, mit in der Beratungsbeziehung entstehenden Abhängigkeiten sorgsam umzugehen. Die fortlaufende Analyse der Beziehungen, Verhaltensweisen und Interaktionen im Beratungsprozess sind wesentlicher Bestandteil der Beratung.

4. Wert- und Zielorientierung:
Die Beratung wird in persönlicher, sozialer und rechtsstaatlicher Verantwortung ausgeübt und orientiert sich handlungsleitend am Schutz der Menschenwürde und an berufsethischen Standards. Sie unterstützt emanzipatorische Prozesse und Partizipation und deckt Spannungsfelder, Machtverhältnisse, Konflikte und Abhängigkeiten in unterschiedlichen Lebens- und Arbeitsbereichen auf. Dabei werden insbesondere auch geschlechts-, generationen- und kulturspezifische Aspekte berücksichtigt. Ratsuchende werden bei der Reflexion von Erfahrungen und Erlebenszusammenhängen unterstützt, was ein Bewusstsein für die persönlichen, zwischenmenschlichen und gesellschaftlichen Anforderungen, Probleme und Konflikte entwickelt. Fragen zur persönlichen Identitätsbildung und zur Entwicklung von Sinnperspektiven finden hier ebenso Platz wie die Bearbeitung konkreter Belastungssituationen.
In dem dialogisch gestalteten Prozess, der auf die Entwicklung von Handlungskompetenzen, auf die Klärung, die Be- und Verarbeitung von Emotionen und auf die Veränderung problemverursachender struktureller Verhältnisse gerichtet ist,
a) sollen erreichbare Ziele definiert und reflektierte Entscheidungen gefällt werden,
b) sollen Handlungspläne entworfen werden, die den Bedürfnissen, Interessen und Fähigkeiten des Individuums, der Gruppe oder Organisation entsprechen,
c) sollen persönliche, soziale, Organisations- oder Umweltressourcen identifiziert und genutzt werden, um dadurch selbst gesteckte Ziele erreichen oder Aufgaben gerecht werden zu können, und
d) soll eine Unterstützung gegeben werden beim Umgang mit nicht behebbaren/auflösbaren Belastungen.
Das Ziel der Beratung ist in der Regel erreicht, wenn die Beratenen Entscheidungen und Problembewältigungswege gefunden haben, die sie bewusst und eigenverantwortlich in ihren Bezügen umsetzen können. Hierzu gehört auch, dass Selbsthilfepotenziale und soziale Ressourcen in lebensweltlichen (Familie, Nachbarschaft, Gemeinwesen und Gesellschaft) und arbeitsweltlichen (Team, Organisation und Institution) Bezügen erschlossen werden.

5. Standards für die Qualifikation von Beratungsfachkräften:
Professionell zu verantwortende Beratung wird durch die Beraterpersönlichkeit, das wissenschaftlich fundierte Handlungskonzept und eine standardgemäße, das heißt, wissenschaftlich fundierte Qualifikation entwickelt und gesichert.
Inhalte der Ausbildung beziehungsweise Weiterbildung sind:
a) Theorie und Methodik von kontextgebundener Einzel- und Gruppenberatung, differenzielle Diagnostik, Entwicklungs- und Hilfeplanung und Verfahren der Qualitätsentwicklung und Qualitätssicherung,
b) dokumentierte, eigenständig durchgeführte Beratungspraxis, die konzeptgebunden (selbst-)evaluiert wird,
c) dokumentierte und (selbst-)evaluierte Praxis von Vernetzung und Kooperation beziehungsweise Teamteilnahme in interdisziplinären Zusammenhängen und in Beratungseinrichtungen/Institutionen,
d) Praxisreflexion/Supervision einzeln und in Gruppen, kollegial gestaltete Supervision,
e) Persönlichkeitsbildung (einzeln und in der Gruppe),
f) Selbst- und Fremdwahrnehmung (Selbsterfahrung und -reflexion).
Eingangsvoraussetzung für eine wissenschaftlich fundierte Aus- und Weiterbildung in Beratung ist in der Regel ein Hochschulabschluss in den für das Arbeitsfeld relevanten Bereichen (Universität/Fachhochschule). Ausnahmeregelungen sind für andere Fachkräfte mit einschlägigen Berufserfahrungen durch Zulassungsprüfungen nach einem festgelegten Kriterienkatalog möglich. Die persönliche Eignung wird gesondert festgestellt.
Für langjährig erfahrene Berater und Beraterinnen in oben angegebenen Beratungsfeldern und Beratungsfunktionen sind Übergangsregelungen für die weitere Berufsausübung zu schaffen. Bei notwendig werdenden Umschulungen und Weiterbildun-

gen ist dies einvernehmlich mit dem Anstellungsträger zu regeln.

6. Wissenschaftliche Fundierung der Beratungskonzepte:
Professionelle Beratung wird durch ein interdisziplinär entwickeltes und wissenschaftlich fundiertes Handlungskonzept geprägt. Sie wird tätigkeitsfeld- und aufgabenspezifisch ausdifferenziert.

Unterschiedliche Beratungskonzepte werden von einschlägigen Ausbildungsstätten auf der Grundlage unterschiedlicher theoretisch und empirisch fundierter Erkenntnisse und methodischer Zugänge der Prävention/Gesundheitsförderung, Intervention und Rehabilitation entwickelt.

Die Konzept- und Methodenvielfalt wissenschaftlicher Beratung erfordert in einem professionellen Anspruch des beruflichen Handelns ein theoretisch begründetes und für die Ratsuchenden und Nutzer transparentes und evaluiertes Arbeitskonzept.

7. Beratungswissen und Expertenwissen:
Beratung setzt persönliche, soziale und fachliche Identität und Handlungskompetenz des/der Beratenden voraus. Je nach Aufgabenstellung und Kontext, Anwendungs- oder Tätigkeitsfeld werden persönliche Erfahrungen und subjektiv geprägte Sichtweisen und Erlebenszusammenhänge der Beratenen auf der Grundlage theoretisch fundierten Beratungswissens reflektiert. Hierzu sind insbesondere auch kommunikative und problemlösungsorientierte Kompetenzen erforderlich. Ergänzend werden bei entsprechenden Fragestellungen fachlich fundiertes Wissen (Informationen) vermittelt und wissenschaftlich fundierte Erklärungen herangezogen. Auf diese Weise sollen bestimmte Aufgaben und Anforderungen, Probleme und Konflikte oder phasentypische Situationen besser beurteilt und bewertet werden können. Je nach Tätigkeitsfeld und Kontext kann sich das Wissen auf Bereiche der Psychologie, der Soziologie, der Erziehungswissenschaft und Pädagogik, der Sozialarbeit, Theologie, der Pflege, des Rechts, der Ökonomie, der Betriebswirtschaft, der Medizin, der Psychiatrie etc. beziehen.

Expertenwissen kann durch den Berater/die Beraterin selbst oder in interdisziplinärer Kooperation mit entsprechenden Fachkräften in den Beratungsprozess eingebracht werden.

8. Qualitätssicherung und Evaluation:
Wissenschaftlich qualifizierte BeraterInnen üben ihre Tätigkeit im Rahmen eines systematisierten, theoretisch und methodisch fundierten Konzeptes aus. Sie reflektieren Planung, Umsetzung und Auswertung des beruflichen Handelns in den konzeptgebundenen Zusammenhängen. So soll das theoretisch und methodisch geprägte Handeln intersubjektiv überprüfbar sein und somit der Beliebigkeit von Handlungsweisen entgegenwirken. Voraussetzung ist eine für NutzerInnen verständliche Darstellung des Konzepts und Transparenz der angewandten Methoden und Verfahren.

Zur Sicherung des fachlichen Handelns (Prozessqualität) dienen die professionell angewandten Verfahren konzeptgebundener Qualitätssicherung, Fallbesprechungen im multidisziplinären Team oder im kollegialen Verbund der Einzelpraxis, Supervision, Fort- und Weiterbildung. Zu den Methoden der Selbstevaluation zählen: status- und prozessbegleitende Diagnostik, Wirkungsanalysen und Verfahren zur prozessbegleitenden Dokumentation, Reflexion und (Selbst)-Evaluation von Beratungskontakten. Wirkungsanalysen und die Überprüfung von Ergebnisqualität werden als gemeinsame Leistung von BeraterIn, KlientIn und ggf. Kostenträger verstanden.

Als weitere qualitätssichernde Maßnahme haben die Beratenen bei Unklarheiten und Unzufriedenheit die Möglichkeit, Beschwerde einzulegen. Dies gilt auch im Sinne des Verbraucherschutzes bei Übereilung und wirtschaftlicher Übervorteilung sowie bei missbräuchlicher Anwendung von Techniken, mit denen Bewusstsein, Psyche und Persönlichkeit manipuliert werden können.«

Unterzeichnende Verbände:

Arbeitsgemeinschaft Psychotherapeutischer Fachverbände e.V. (AGPF);
Arbeitsgemeinschaft Systemische Therapie (AGST);
Bundesverband für akzeptierende Drogenarbeit und humane Drogenpolitik e.V. (akzept);
Berufsverband Akademischer PsychotherapeutInnen e.V. (BAPt);
Bundes-Arbeitsgemeinschaft für Familien-Mediation e.V. (BAFM);
Bundeskonferenz für Erziehungsberatung e.V. (bke); Beratung in der Pflege e.V.;
Berufsverband für Beratung, Pädagogik & Psychotherapie e.V. (BVPPT);
Bundesanstalt für Arbeit, Psychologischer Dienst;
Deutscher Arbeitskreis für Gruppentherapie und Gruppendynamik e.V. (DAGG);
Deutsche Arbeitsgemeinschaft für Jugend- und Eheberatung e.V. (DAJEB);
Deutsche Focusing Gesellschaft e.V. (DFG);
Deutsche Gesellschaft für Transaktionsanalyse e.V. (DGTA);
Deutsche Gesellschaft für Pastoralpsychologie e.V. (DGfP);
Deutsche Vereinigung für Gestalttherapie e.V. (DVG);
Deutscher Fachverband für Kunst- und Gestaltungstherapie e.V. (DFKGT);
Deutscher Fachverband Psychodrama e.V. (DFP);
Deutscher Verband für Berufsberatung e.V. (dvb);
Deutsche Gesellschaft für Verhaltenstherapie e.V. (DGVT);
Evangelische Konferenz für Familien- und Lebensberatung e.V. (EKFuL);
Deutsche Gesellschaft für wissenschaftliche Gesprächspsychotherapie e.V. (GwG);
Pro Familia, Deutsche Gesellschaft für Familienplanung, Sexualpädagogik und Sexualberatung e.V.;
Systemische Gesellschaft, Deutscher Verband für systemische Forschung, Therapie, Supervision und Beratung e.V.

Eine Aktuelle Version des Beratungsverständnisses dieser Organisationen kann bei den unterzeichnenden Verbänden angefordert werden. Die Ehe- und Familienberatung Berlin (www.efb-berlin.de) hat eine aktuelle Version im Netz, die dort angesehen werden kann.

Wir empfehlen Ihnen, die hier dargelegten Leitlinien in Ihrem Kollegenkreis zu diskutieren. Wenn Sie dies ernsthaft in Angriff nehmen, werden Sie dafür einige Stunden benötigen. Ihr eigenes Beratungsverständnis wird sich dabei festigen. Nun zu den Fragen, die sich auf die Beratungsdefinition beziehen:

Übungsfragen

1. Zu Punkt 1, Fachverständnis: An welcher Stelle dieser Liste ordnen Sie sich ein?
2. Zu Punkt 2: Welche Tätigkeitsfelder und welche Beratungsansätze wurden Ihnen durch dieses Buch eröffnet oder vorgestellt?
3. Zu Punkt 3: Dort wird das Vertrauensverhältnis zwischen BeraterIn und Ratsuchenden betont. Von welchem Beratungsverständnis geht diese Formulierung implizit aus? (s. S. 359)
4. Zu Punkt 5: Welche Bildungs- oder Schichtzugehörigkeit haben die Verfasser des Textes? Halten Sie es für sinnvoll, dass Beratung wissenschaftlich fundiert sein muss und dass jede/r BeraterIn studiert haben muss?
5. Zu Punkt 8: Wo liegen Ihrer Meinung nach die Grenzen von Beratung und missbräuchlicher Manipulation von Klienten?

Lösungsvorschläge finden Sie auf Seite 603.

Übung 31: Bandbreite der Beratung

Der populäre amerikanische Psychotherapeut und Psychiater Arnold A. Lazarus, Begründer der so genannten multimodalen Kurztherapie oder Kurzberatung, hat bereits in den 80er-Jahren des letzten Jahrhunderts darauf hingewiesen, dass er es für falsch hält, wenn Berater oder Therapeuten ihre Aufmerksamkeit auf eine einzige Dimension der Beratung richten. Er betonte wiederholt, wie wichtig eine große Bandbreite an Beratungsansätzen und Interventionsmethoden sei. Wer die Tiefe eines Problems in den Mittelpunkt stelle, womit er sich kontrastierend auf den Begriff der Tiefenpsychologie bezog, forsche bei einem Klienten nach bestimmten Elementen unbewusster Prozesse. Einige solcher Berater konzentrieren sich ausschließlich auf präödipale oder ödipale Konflikte ihrer Klienten; andere gingen ausschließlich auf Trennungs- oder Verlustängste der Klienten ein oder beschäftigten sich mit einigen wenigen Rollenmustern, die die Klienten in der Kindheit gelernt hätten. Auf der anderen Seite gebe es Verhaltenstherapeuten, die sich ausschließlich auf kognitive Verzerrungen der Klienten konzentrierten. Seiner Meinung nach blieben dabei bedeutsame Aspekte unbemerkt, die eigentlich nach einer Intervention verlangten. Lazarus schlug in seinem Buch »Multimodale Kurztherapie« (1997) vor, zumindest folgende Aspekte in die Beratungsarbeit aufzunehmen:

B	**Behavior:**	Verhalten
A	**Affective Processes:**	Stimmungen und Emotionen
S	**Sensations:**	Sinneswahrnehmungen
I	**Images:**	Imagination, Vorstellungsbilder
C	**Cognitions:**	Kognition, Denken, Konstrukte
I	**Interpersonal Relations:**	Beziehungen, Interaktion
D	**Drugs:**	Substanzen, Abhängigkeiten

Lazarus fasste diese Basisdimensionen in dem **Akronym BASIC I.D.** zusammen. Im Amerikanischen bedeutet »I.D.« auch Personalausweis oder Identität. Sinngemäß bedeutet BASIC I.D. also »Basis- oder Grundidentität«. Durch die Beachtung dieses BASIC I.D. könne sichergestellt werden, dass alle wesentlichen Dimensionen eines Problems oder Leidens erfasst und bearbeitet werden.

Übungsfragen

1. Glauben Sie, dass die früheren Grabenkämpfe zwischen verhaltenstherapeutisch und tiefenpsychologisch orientierten Beratern heute überwunden sind? Klingt in den Aussagen von Lazarus noch eine Nachwehe dieser Auseinandersetzung an?
2. Bitte lesen Sie nochmals das Eingangskapitel des Handbuches. Darin hatten wir erwähnt, dass eine große Vielfalt an Zugangswegen und Beratungsansätzen wesentlich ist. Lazarus betonte die erforderliche Bandbreite an Zugangswegen, Perspektiven und Methoden. Welche Einstellung haben Sie persönlich bezüglich dieser Einladung zu einem »Methodenmix«?
3. In welchen Abschnitten sind verschiedene Elemente des BASIC I.D. in unserem Buch berücksichtigt worden?

Lösungsvorschläge finden Sie auf Seite 604.

Übung 33: Mitgliedschaft in Vereinen und Verbänden

Einige Verbände oder Vereine greifen wir exemplarisch heraus: Wenn Sie die Mitgliedschaft im *Berufsverband für Beratung, Pädagogik und Psychotherapie, BVPPT e.V.*, beantragen möchten, müssen Sie eine dreijährige Weiterbildung mit Zertifikatsabschluss vorweisen. Diese Ausbildung kann an einem Beratungsinstitut erworben werden, das die gleiche Adresse aufweist wie die Geschäftsstelle des Vereins. Die dreijährige Ausbildung in humanistischer Therapie und Beratung kostet ungefähr 20.000 Euro und erfüllt sehr hohe formale Standards (Stand: 2004, Ang. o. Gewähr).
Wenn Sie die Mitgliedschaft im großen *Verband freier Psychotherapeuten und psychologischer Berater, VFP e.V.,* beantragen möchten, müssen Sie keinerlei Vorbildung oder Ausbildung belegen. Die Leitung des Verbandes besteht teilweise aus führenden Mitarbeitern der Deutschen Paracelsusschulen (DPS) für Heilpraktiker. Der Verband tritt effektiv dafür ein, dass auch Personen als Berater tätig sein dürfen, die keine Hochschulausbildung absolviert haben. Die Mitglieder erhalten Niederlassungs-, Praxis- und Rechtsberatungen.
Die Vollmitgliedschaft in der *Deutschen Gesellschaft für wissenschaftliche Gesprächsführung, GwG e.V.,* setzt eine umfassende Ausbildung in der Gesprächsführung nach Carl Rogers voraus. Diese Ausbildung muss bei einem Ausbilder der Gesellschaft durchgeführt werden und kostet 3.000–6.000 Euro (Ang. ohne Gewähr).
Die Mitgliedschaft im *Qualitätsring Personal Coaching* (Standesorganisation) setzt voraus, dass Sie eine Ausbildung als Coach oder psychologischer Berater abgeschlossen haben. Business-Coaches können sich der Sektion Qualitätsring Business anschließen, Therapeuten können sich der Sektion Qualitätsring freie Psychotherapie anschließen. Der Qualitätsring betreibt keine Verbandspolitik.
Die Mitgliedschaft in der *Deutschen Gesellschaft für Neurolinguistisches Programmieren, DVNLP e.V.,* steht allen Interessierten offen. Wer NLP-Kurse erfolgreich absolviert hat und NLP-Practitioner oder -Master ist, zahlt im Verein höhere Mitgliedsbeiträge. Ein großer Teil der Vereinsarbeit bezieht sich darauf, wie NLP in Kursen vermittelt werden kann. Ein so genannter Practitioner-Kurs kostet etwa 3.000 Euro, der nachfolgende Master-Kurs kostet nochmals 3.000 Euro. Darauf folgt ein Trainer- oder Coaching-Kurs, der zirka 3.000 bis 5.000 Euro kostet. Viele Mitglieder sind häufig NLP-Lehrtrainer und führen diese Kurse durch (Ang. o. Gewähr).
Die Vollmitgliedschaft in der *Milton-Erickson-Gesellschaft für klinische Hypnose, M.E.G. e.V.,* steht nur Psychologen, Sozialwissenschaftlern und Ärzten offen, die die vereinsinternen Fortbildungen absolviert haben. Dafür müssen insgesamt zirka 4.000 Euro veranschlagt werden. Die Kurse werden in regionalen Instituten durchgeführt. Die Institutsleiter sind teilweise auch die Vorstandsmitglieder des Vereins. Die M.E.G. vergibt auch Zertifikate in »Gesprächsführung nach der Methode von M. Erickson« und öffnet sich so auch für nichttherapeutische Berater (Ang. o. Gewähr).
Die *Systemische Gesellschaft e.V.* nimmt Berater und Therapeuten auf. Hier wird wissenschaftliche Forschung betrieben, der Verband dient dem Erfahrungsaustausch, vertritt die systemische Methode, und es werden Fortbildungen organisiert.
Einige psychologische oder psychotherapeutische Gesellschaften nehmen nur Mitglieder auf, die eine langjährige Ausbildung zum Psychotherapeuten absolviert haben (Kosten nach Abschluss eines Hochschulstudiums 15.000 bis 50.000 Euro).
Es gibt weit über 100 Beratungs-, Coaching- und Therapievereine, -verbände und -netzwerke in Deutschland.

Übungsfragen

1. In den Statuten der Beratungsverbände steht meist, dass es den Vereinen um die Pflege und Verbreitung von spezifischem Veränderungswissen und die Pflege ethischer Grundsätze geht. Das ist die Botschaft in den Hochglanzbroschüren, also die offizielle Botschaft. Welche Motive und Interessen der Vereine erkennen Sie in den oben genannten Informationen außerdem?
2. Halten Sie es für erstrebenswert, die Mitgliedschaft in einem Berater-Verein an sehr hohe Ausbildungsstandards und sehr hohe Ausbildungskosten zu knüpfen?
3. Sollte die Ausbildung an einem Institut durchgeführt werden, das räumlich und personell kaum oder nicht vom Verband unterschieden werden kann?
4. Einige der Verbände scheinen mit Beratungsschulen direkt in Verbindung zu stehen. Trotzdem öffnet der Verein sich auch für Absolventen anderer Beratungsschulen oder für Berater, die keine Ausbildung an diesem Institut absolviert haben. Welche Motive könnten dahinter stehen?

Lösungsvorschläge finden Sie auf Seite 604.

Übung 34: Leitsätze in der Beratung

Jeder Berater oder Therapeut, der auch lehrend oder schriftstellerisch tätig ist, hat einige Leitsprüche, Leitsätze oder ABC-Regeln für seine Schüler. Die wichtigste Ergänzungsregel zu diesen Leitsprüchen sollte lauten: Befolge nie blind Leitsätze!
Wir listen Ihnen einige Leitsätze auf und bitten Sie, diese anschließend zu kommentieren. Auch in diesem Falle würden wir es begrüßen, wenn Sie diese Leitsätze mit Kolleginnen und -kollegen diskutieren könnten.

1. Definieren Sie sich als ... (Berater, Helfer, Therapeut) und übernehmen Sie die Verantwortung als oder für ...!
2. Stehen Sie zu Ihren Möglichkeiten und Unmöglichkeiten!
3. Gehen Sie von Ihren Klienten aus und legen Sie deren Maßstäbe an!
4. Nutzen Sie nicht die ganze Bandbreite Ihres Könnens, sondern nur die Aspekte, die für Ihre Klienten und ihr Anliegen die treffendsten sind.
5. Werten und urteilen Sie förderlich. Regen Sie dadurch an, würdigen Sie und suchen Sie nach dem Öffnenden!
6. Beschränken Sie sich und fokussieren Sie auf das Notwendige!
7. Seien Sie bescheiden. Sehen Sie sich nicht als Ursache jeder Veränderung, und erkennen Sie Ihre Grenzen!
8. Bleiben Sie beweglich und wechseln Sie die Perspektiven!
9. Arbeiten Sie konstruktiv und fragen und reden Sie so, dass es für die Veränderungsarbeit im positiven Sinne weiterführend ist!
10. Intervenieren Sie sparsam und präzise. Vermeiden Sie alles, was überflüssig ist, und treffen Sie stets den Punkt.
11. Definieren Sie Grenzen und beenden Sie die Beratung rechtzeitig!

Bitte kommentieren Sie den Sinn und Ihre Umsetzungsvorschläge für die einzelnen Leitsätze und versuchen Sie, Verbindungen zu bereits Gelerntem herzustellen.

Übung 35: Grenzen und Formen des Missbrauchs in der Beratung

Im Fernsehen oder in den Printmedien wird gelegentlich davon berichtet, dass Psychotherapeuten, Berater oder Coaches ihre Klientinnen, Klienten oder PatientInnen sexuell ausnutzen, sie gefügig oder abhängig machen. Das ist besonders schockierend, da viele Menschen zu Recht davon ausgehen, dass sich Psychotherapeuten, Ärzte und Berater besonderen ethischen Richtlinien unterwerfen, beispielsweise
- der Verpflichtung zu helfen,
- dem Gebot der Schadensvermeidung,
- dem Respekt vor der Autonomie des Hilfe suchenden Menschen,
- dem Prinzip der Gerechtigkeit und anderes.

Der Missbrauch in einer beraterischen oder therapeutischen Beziehung kann sich unter anderem in folgenden Formen zeigen:
- sexueller Missbrauch,
- (un)bewusst ausbeuterischer Missbrauch,
- Ausleben der eigenen Bindungsbedürftigkeit,
- narzisstischer Missbrauch,
- Überbewertung des eigenen Beratungsansatzes.

Übungsaufgabe
Im Folgenden werden wir Ihnen einige kleine Fall-Vignetten vorstellen, und wir bitten Sie, die oben genannten Missbrauchsvarianten darin zu identifizieren.

Mini-Fall-Vignette 1: Der 39-jährige Klient ist von seiner Firma zum Coaching geschickt worden. Nach 18 Beratungsstunden läuft die vereinbarte Finanzierung durch die Firma aus. In der achten Beratungsstunde erzählt der Klient, dass er einige Tausend Euro in einer Lotterie gewonnen habe. Der Coach deutet schon in der 13. Beratungsstunde an, dass die Beratung sich vermutlich über 30 Stunden erstrecken wird und dass der Klient dies vermutlich nach der 18. Stunde privat bezahlen müsste. Der Lotteriegewinn ist nach der 34. Stunde aufgebraucht. Kurz darauf werden die Coachingsitzungen beendet.

Mini-Fall-Vignette 2: Der 47-jährige Klient kommt in die psychologische Beratung, da er familiäre und private Probleme ordnen wolle. Nach der achten Stunde bittet er um eine Bescheinigung, dass es sich bei der Beratung um eine »kleine Psychotherapie« handele. Der Berater (mit Zulassung als Heilpraktiker) willigt ein, obwohl anfangs nur ein Beratungs- und kein Therapievertrag über maximal zehn Stunden abgeschlossen worden war. Nach der 22. Stunde teilt der Klient mit, seine private Krankenkasse habe signalisiert, dass sie keine weiteren Therapiestunden mehr erstatten werde. Der Berater versucht daraufhin, den Klienten zu weiteren Sitzungen zu motivieren, da der Beratungsprozess nun erst »richtig angelaufen ist«.

Mini-Fall-Vignette 3: Eine Hamburger Ärztin hat über mehrere Jahre versucht, sich von ihrer Psychoanalytikerin zu lösen, bei der sie 16 Jahre lang zweimal wöchentlich in Behandlung war. Erst der mehrwöchige Aufenthalt in einem buddhistischen Besinnungshaus in Hessen hat ihr die Loslösung ermöglicht. Als sie danach in ihre Wohnung zurückkam, lagen dort bereits drei Briefe ihrer Analytikerin, die sie in den

Briefen aufforderte, sofort wieder in die Behandlung zu kommen, da wichtige Dinge immer noch nicht bearbeitet seien und es katastrophale Folgen haben könnte, wenn sie sich jetzt der Behandlung entziehen würde.

Mini-Fall-Vignette 4: In den USA sind zahlreiche Patienten unabhängig voneinander vor Gericht gegangen und haben behauptet, dass ihre Psychotherapeuten ihnen in Hypnose, in Psychoanalyse oder in Gruppentherapie eingeredet hätten, sie wären multiple Persönlichkeiten. Einige Patienten glaubten über viele Jahre hinweg, dass sie aus 10–40 eigenständigen inneren Persönlichkeiten bestünden. Diese »Störung« haben diese Patienten vorher nicht gehabt. Erst durch eindringliches Reden der Therapeuten seien die multiplen Persönlichkeitsanteile aufgetaucht. Nachdem die Therapien abgebrochen wurden (meist, nachdem die Versicherungshöchstsumme erreicht war), verblassten die »Multiplen«, und die Patienten wurden wieder zu normalen Personen. Viele der Patienten waren nach der Behandlung schwer gestört und verunsichert. Die Gerichte haben bisher jedem Patienten Recht gegeben, und die Haftpflichtversicherungen der betroffenen Psychiater oder Therapeuten mussten Millionenbeträge als Entschädigung an die Patienten zahlen, da die Gerichte davon ausgingen, dass die multiplen Persönlichkeiten durch eine falsche Therapie erst erzeugt worden seien.

Mini-Fall-Vignette 5: Ein 53-jähriger Kurierfahrer stellt sich verzweifelt in der psychologischen Beratung vor. Er komme nur zur Überbrückung, da er momentan keinen Psychoanalytiker habe: Über zwölf Jahre hinweg sei er zweimal wöchentlich zu seinem Therapeuten gegangen. Vor zwölf Jahren habe er noch als gut verdienender Manager gearbeitet. Der Beruf ließ sich allerdings kaum mit den Therapiesitzungen vereinbaren, weshalb er sich als Subunternehmer eines Kurierservice selbstständig gemacht habe. So konnte er die häufigen Therapiesitzungen besser wahrnehmen. Er habe sein Haus und einen großen Teil einer Erbschaft für seine seelische Gesundung eingesetzt. Nun sei jedoch sein Therapeut in den Ruhestand gegangen, nachdem dieser einen kleinen Schlaganfall erlitten habe. Dies sei sechs Wochen her. Seitdem sei der Klient verzweifelt und versuche durch Telefonate, Faxe, Briefe und persönliche Vorsprachen so schnell wie möglich einen neuen Psychoanalyseplatz bei einem anderen Therapeuten zu erhalten. Dies sei momentan aber sehr schwierig.

Mini-Fall-Vignette 6: Die 39-jährige Ehefrau und Mutter dreier Kinder stellt sich in der psychosomatischen Ambulanz der Universitätsklinik vor. Sie spricht mit dem Abteilungsleiter, nachdem sie sechs Wochen auf diesen Termin gewartet hatte. Sie wurde im Voraus informiert, dass sie nur zu einem so frühen Termin geladen werden könnte, wenn Sie damit einverstanden sei, dass einige Studenten das Gespräch hinter einer verspiegelten Glasscheibe verfolgen könnten. Die Patientin berichtet, dass sie Bulimikerin ist und täglich viele Male erbricht und immer wieder große Mengen Schokolade kaufen muss. Sie habe sich schon über einige Spezialkliniken für Essgestörte informiert und würde es begrüßen, wenn der Therapeut sie an eine solche Klinik verweisen könnte. Der Therapeut sagt der Patientin, dass er sich für den genauen Hergang ihrer Essprobleme nicht interessiere und er lieber über die Kindheit der Patientin mehr erfahren möchte. Die Patientin wird immer unruhiger, da sie über ihre Probleme reden möchte und nicht verstehen kann, weshalb der Therapeut lediglich an der Familie interessiert ist. Zum Abschluss des Vorgespräches teilt der Therapeut der Patientin mit, dass eine Klinik für Essgestörte für sie überhaupt nicht in Frage komme, da sie tiefer liegende Probleme habe, die durch eine einfache Symptombehebung nur verschoben würden. Für sie komme nur eine mehrjährige Einzeltherapie bei einem Kollegen des Therapeuten in Frage.

Mini-Fall-Vignette 7: Die 54-jährige Klientin wurde von der psychologischen Beraterin dazu »überredet«, ihren Mann und zwei Kinder zu verlassen und eine eigene kleine Werbeagentur aufzubauen. Mittlerweile ist die Klientin sehr einsam und bereut den Entschluss, ihren Mann und die Kinder verlassen zu haben. Der Mann trinke jetzt, ein Kind sei kriminell geworden. Die Werbeagentur stellte sich als Flop heraus, der ihr mehrere Tausend Euro Verlust beschert hatte.

Mini-Fall-Vignette 8: Der erfolgreiche 45-jährige Fernseh-Journalist gilt in seiner Branche als hervorragender Auslandsreporter. Im Ausland hat er meist Glücksgefühle und ist von Energie erfüllt. Dort leitet er ein Team engagierter Spezialisten, die ihn sehr schätzen. In der heimischen Redaktion fühlt er sich wie ausgelaugt. Er ist ungeheuer einsam in seiner Heimatstadt und hat das Gefühl, sein Ressortchef achte ihn nicht besonders. Der Klient kommt nur unregelmäßig zu seinen Beratungssitzungen, da er häufig kurzfristig ins Ausland muss. Der Berater berechnet dem Klienten kein Ausfallhonorar, da er meint, die Auslandserfolge würden seinen Klienten stärken. Dem Berater wird erst allmählich klar, dass sich sein Klient im Ausland als der Große fühlt und sich zu Hause eher wie ein kleiner Fisch empfindet. Ihm wird außerdem langsam klar, dass diese Splitting nicht zufällig ist, sondern dass es sich um die Folge einer inneren Struktur, eines Musters handelt. Der Berater führt diese Überlegungen aber nicht weiter und verfährt mit dem Klienten noch einige Monate nach seinem anfangs entworfenen Konzept.

Lösungsvorschläge finden Sie auf Seite 605.

 Übung 36: Niederlassungsanzeige beim Ordnungsamt

Bitte entwerfen Sie einen Musterbrief an das zuständige Ordnungsamt und an das Finanzamt und geben Sie darin bekannt, dass Sie eine Tätigkeit als psychologischer Berater und Personal Coach aufnehmen.

Lösungsvorschläge finden Sie auf Seite 605 f.

 Übung 37: Notwendige Versicherungen

Bitte nehmen Sie Kontakt mit einem örtlichen konzernunabhängigen Versicherungsmakler auf. Einige Beratungsverbände vermitteln auch solche Makler (s. zum Beispiel: www.QR-Coaching.de). Informieren Sie sich bitte über die Versicherungen, die Sie benötigen würden. Notieren Sie die Beratungsergebnisse mit dem Makler am besten in einem speziellen Ordner.

Lösungsvorschläge finden Sie auf Seite 606.

Übung 38: Beratungsvertrag

Entwerfen Sie bitte einen Beratungsvertrag, in dem folgende Punkte enthalten sein sollten: *Vertragsgegenstand, Methoden, Beratungserfolg, -misserfolg oder nicht gewollte Folgen der Beratung, Honorar, Spesen, Zahlungsweise, Termine, Zeitintervalle, Ausfallhonorar, Beratungsdauer, Kündigung, Schweigepflicht, Gesundheitszustand.*

Lösungsvorschläge finden Sie auf Seite 607 f.

Übung 39: Selbstdarstellung

Bitte entwerfen Sie für sich:

- Briefpapier und Visitenkarten,
- den Text für einen kleinen Internetauftritt,
- einen Faltprospekt (Flyer oder Folder, zum Beispiel DIN-A4, Vor- und Rückseite, mit drei Spalten je Seite, also 6 kleine Hochkantseiten),
- eine Anzeige in den Gelben Seiten oder dem örtlichen Telefonbuch für die Rubrik *Psychologische Beratung*,
- einen Muster-Vorstellungsbrief, den Sie später an Beratungszentren, Ärzte, Pastoren, Medien und andere Multiplikatoren versenden könnten. Wählen Sie auch die äußere Gestaltung des Briefes schon so, wie Sie es sich für Ihre spätere Präsentation wünschen.

Gehen Sie dabei bitte davon aus, dass Sie schon erfolgreich beraten (tun Sie so als ob …!). Stellen Sie Ihre Selbstdarstellung Ihren Ausbildungskolleginnen und -kollegen vor und lassen sie sich Feedback geben.

Übung 40: Evaluationsfragebogen

Auf Seite 555 hatten wir Ihnen Evaluationswerkzeuge vorgestellt, unter anderem den Bonner Fragebogen für Therapie und Beratung (BFTB).
Sie haben jedoch auch die Möglichkeit, einen eigenen kleinen Fragebogen zusammenzustellen, mit dem Sie erfragen können, ob der Klient von der Beratung profitiert hat, wovon er profitiert hat und wie er die Beziehung zu Ihnen erlebt hat. Bitte stellen Sie einen solchen Fragebogen mit 20–50 selbst formulierten Fragen zusammen. Fassen Sie einzelne Fragen in Gruppen zusammen (zum Beispiel Ziele, Selbstsicherheit, Lebensbereiche, Beziehung zwischen Klient und Berater).

Lösungsvorschläge finden Sie auf Seite 609.

Einige der selbst gestalteten Evaluationswerkzeuge, die wir in den nächsten Übungen einführen, sind vom VFP e.V. entwickelt worden und werden hier in veränderter Form vorgestellt. Mitgliedern des VFP stehen diese und weitere Formulare sowie viele Serviceleistungen des Verbandes kostenlos zur Verfügung (www.vfp.de).

Übung 41: Selbstauskunftsbogen: Vorlieben und Abneigungen des Klienten

Entwerfen Sie bitte ein DIN-A4-Formular, auf dem der Klient selbst angeben kann, was er gern, sehr gern, ungern, sehr ungern macht, wovor er sich fürchtet, was er gut kann, was er gern gut können würde, was sein Traum ist und so weiter. Das Formular sollte allerdings nicht zu viele Details enthalten. Sie sollten von den Informationen ausgehen, die Sie als Berater gern hätten, um gute Beratungsansätze daraus entwickeln zu können.

Lösungsvorschläge finden Sie auf Seite 609.

 Übung 42: Selbstbeobachtungsprotokoll

Entwerfen Sie bitte ein Protokoll, welches Sie Ihren Klienten aushändigen können, damit diese die Ereignisse im Tagesverlauf aufzeichnen können. Dabei sollten folgende Punkte erfasst werden: Art der Tätigkeit, Dauer, selbst aktiv oder eher inaktiv-passiv (Handelnder oder Behandelter), allein oder mit anderen, Stimmung, Selbstbild, innere Sätze oder Bilder …
Machen Sie die Liste nicht zu kompliziert, da die meisten Klienten ein Tagesprotokoll nur führen, wenn maximal sechs Variablen schriftlich abgefragt werden.

Lösungsvorschläge finden Sie auf Seite 610.

 Übung 43: Symptomverlaufsbogen

Wir bitten Sie, erneut ein Formular zu entwerfen. Die Klienten sollen darin von Beratungsstunde zu Beratungsstunde angeben, wie sich im Verlauf der Zusammenarbeit einzelne Beschwerden, Fähigkeiten und Ähnliches veränderten (minderten oder verbesserten).

 Übung 44: Klientenauskunftsbogen

Entwerfen Sie bitte einen Fragebogen (bis zu zehn Seiten), den der Klient zu Hause ausfüllen soll, um folgende Informationen für Sie bereitzustellen: Name, Adresse, Geburtsdatum (Alter) und Ort, Hausarzt, nächste Angehörige, jetzige Beschwerden und Klagen (wann zuerst, ständig oder gelegentlich, Beeinträchtigungen dadurch, was bisher dagegen getan?) oder Wünsche und Ziele; Eltern: Beruf, Alter, wichtige Krankheiten; Geschwisterreihenfolge (Geschlecht und Alter); gesundheitliche oder psychische Probleme von Familienangehörigen; eigene Erkrankungen und Unfälle, Krankenhausbehandlungen, Operationen, Spezialbehandlungen; Appetit, Gewicht(sverlauf), Stuhlgang, Wasser lassen, Schlaf, Allergien, Zigaretten, Alkohol, Tabletten, Medikamente, Süchte; bisherige Psychotherapien und Beratungen; Familienstand und Beziehung; Kinder, Wohnung, soziale Belastungen, finanzielle Belastungen, Hobbys, Freizeit, Sozialkontakte, Behinderungen, Renten und Ähnliches;

Schulabschluss, Berufsausbildung, Arbeitsplätze, jetziger Berufsstand, Geldbezüge (Lohn, selbstständig, Sozialamt, Arbeitsamt); Schwierigkeiten am Arbeitsplatz, berufliche Stärken und Schwächen; Arbeitsplatzbeschreibung (Teil- oder Vollzeit, Schichten, körperliche Belastung, psychische Belastung); berufliche Zukunftsperspektive; Ziele und Wünsche an den Beratungsprozess. Schließlich eine Anleitung zum Schreiben eines persönlich gehaltenen Lebenslaufs.

Lösungsvorschläge finden Sie auf Seite 610.

Übung 45: Tiefenpsychologie im Umbruch?

Nehmen Sie bitte zu der Form der Tiefenpsychologie (psychodynamischen Betrachtungsweise), die Sie im Laufe des Buches kennen gelernt haben, Stellung, indem Sie folgende Stichworte oder Fragen kommentieren: Ist die Formulierung »tiefenpsychologisch fundiert« sinnvoll? Haben Sie Alternativvorschläge? Wie würden Sie die Methode oder das Verfahren definieren? Benutzen Sie dabei bitte eigene Worte. Halten Sie die Kombination mit anderen Verfahren für sinnvoll?

Lösungsvorschläge finden Sie auf Seite 611 f.

Übung 45: Systemisches »Stören«

1. Umdeuten, ungewohnt reagieren, neue Bedeutung geben:
Die Kurzform dieser »Störung« wird im NLP Reframing genannt. Die Technik haben Sie bereits auf Seite 157 kennen gelernt. Wir stellen Ihnen eine Klientenaussage vor und bitten Sie, die Aussage des Coachs zu formulieren. In dieser Übung dürfen Sie ruhig etwas überzeichnet und provokativ vorgehen. In Ihren späteren Beratungen sollten Sie jedoch erst genügend Vertrauen und auch eine Basis für Humor aufbauen, bevor Sie zu sehr provozieren.
Klientin A: »Meine Tochter kommt allein doch kaum zurecht. Sie ist jetzt 18 Jahre alt. Wer soll ihr denn die Wäsche waschen, wenn ich mal nicht mehr da bin? Nachher isst sie dann vielleicht zu viel Süßigkeiten.«
Coach: ?
Klient B: »Ich bin mir nicht sicher, ob ich meine Frau verlassen möchte. Wir kennen uns erst zwei Jahre, und meistens streiten wir nur. Sie lässt mir auch keine Möglichkeit, meine eigene Meinung zu sagen, da sie so stark ist.«
Coach: ?
Klient C: »Die Verpflichtung mit Haus, Kindern und Schulden ist mir zu viel geworden. Mit meiner Frau ist es nett, aber ein tiefes Verständnis fehlt. Und Feuer ist zwischen uns auch nicht mehr. Seit einiger Zeit habe ich eine Geliebte, bei der ich mich endlich einmal aufgehoben fühle. Nun stehe ich vor dieser Zerreißprobe: Soll ich meine Frau und die Kinder verlassen oder das neue Glück, das ich gerade gefunden habe?«
Coach: ?

Lösungsvorschläge finden Sie auf Seite 612.

2. W-Fragen stellen und Konfliktstrukturen herausarbeiten

Bitte stellen Sie die W-Fragen (s. S. 513f.) zum Problem, dem Ziel, den inneren Überlegungen, Ressourcen, der Geschichte, dem System und der Umwelt. Anschließend formulieren Sie anhand der Fantasien, die Sie zu den Klientinnen entwickeln, Antworten zu den Fragen, die wir Ihnen in auf Seite 512 vorgestellt haben.

Klientin A: »Mein Mann hat mich vor fünf Jahren aus Polen nach Deutschland geholt. Nun bin ich immer ganz allein. Er kommt spät von der Arbeit, und ich kenne hier niemanden. Dann mache ich den Haushalt, davon werde ich aber so müde. Ich muss sehr viel weinen und bekomme auch Angst. Die deutsche Sprache ist auch so schwierig. Mein Mann kümmert sich so wenig um mich, und er versteht mich nicht richtig. Manchmal denke ich, ich sollte nach Polen zurückgehen. Aber da gibt es für mich keine Arbeit, und ich bin jetzt auch schon 50 Jahre alt.«

Klientin B: »Mein Mann hat die Enkelin doch nur gestreichelt. Es ist doch nichts Schlimmes passiert. Und da machen jetzt die Tochter und ihr Mann einen solchen Aufstand. Angeblich soll er die Tochter damals auch angefasst haben. Aber das ist doch alles so lange her. Und wir haben uns doch all die Jahre so gut verstanden. Ich versteh das nicht, dass die Kinder uns nun in der Nachbarschaft so schlecht machen und uns als Verbrecher hinstellen. Wir werden von allen gemieden und geschnitten. Mein Mann hat deshalb bereits einen Schlaganfall erlitten. Ich weiß gar nicht mehr, was ich machen soll. Jetzt haben auch schon die Nachbarn einen Sichtschutz und einen Zaun an unsere Grundstücksgrenze gebaut, um ihre Kinder zu schützen, wie sie sagten. Ich versteh meine Tochter nicht. Wie kann sie mir das nur antun?«

Lösungsvorschläge finden Sie auf Seite 612f.

3. Paraphrasieren: Pacen und Reframen

Das Paraphrasieren kombiniert die NLP-Techniken des Pacings und Reframings. Paraphrasieren Sie bitte folgende Klientenaussagen.

Klient A: Mein Mann hat die leicht beschädigte Waschmaschine gekauft, die im Preis heruntergesetzt worden war. Ich habe das Gefühl, sie wäscht nicht sehr gut. Ich bin ziemlich wütend auf ihn, da ich eigentlich eine bessere Waschmaschine haben wollte; eine, die wirklich gut wäscht.

Klient B: Die meisten Kollegen stufen mich immer sofort als schwierig ein oder meinen sogar, dass ich in eine Behandlung gehöre. Man sollte nicht akzeptieren, dass so viele Menschen intolerant und borniert sind und immer wieder meinen, sie könnten in andere hineinschauen und sie begreifen. In Wirklichkeit haben die nichts von anderen begriffen!

Klient C: Meine Eltern sind doch blöde Spießer! Sie haben mir den Umgang mit meinem besten Freund verboten und meinen wohl, dass ich jetzt alkoholsüchtig geworden bin und immer zugekifft in der Ecke herumliege. Dabei will ich einfach nur meine Ruhe vor denen haben. Es ist doch null Verständnis von denen zu erwarten. Die glauben immer noch, dass ich genauso langweilig und monoton werden müsste wie die. Da haben sie sich aber verrechnet.

Lösungsvorschläge finden Sie auf Seite 613.

Übung 47: Bridging

Das Brückenbauen (engl. *bridge:* Brücke) ist eine Kombination oder zeitliche Aufeinanderfolge der NLP-Techniken des Pacings und Leadings. Thema, Interpretation und Gefühl des Klienten werden zunächst angenommen und gespiegelt. Erst danach wird sanft »gestört«.

Ein Beispiel, wie es nicht zu empfehlen ist:
Klient: »Meine Frau hockt immer nur zu Hause herum und schafft den Haushalt nicht. Wir haben uns vor acht Jahren getrennt, weil ich es nicht mehr ertragen konnte, dass sie ständig so depressiv war. Nun möchte ich endlich mal aufhören, ihr Unterhalt zu zahlen. Ich bin mir sicher, dass sie einfach zu faul ist zu arbeiten und sich ganz auf mein Geld verlässt. Vielleicht sollte ich mich endlich scheiden lassen. Es ist unerhört, dass sie einfach so auf ihrem Hosenboden herumsitzt und mich als Goldesel betrachtet!«
Coach: »Ich kann nicht verstehen, weshalb Sie noch immer verheiratet sind. Anscheinend ist Ihre Ehe ja schon seit Jahren kaputt. Sie stellen es auch so dar, als wäre Ihre Frau allein schuld daran, dass die Ehe gescheitert ist. Dabei blenden Sie Ihren eigenen Anteil ja vollkommen aus. Außerdem haben Sie sich offenbar noch nicht gefragt, wie Ihre Frau sich eigentlich fühlt. Überhaupt: Sie reden mit keinem Wort über Ihre eigenen Gefühle!«

Bitte machen Sie es in Ihrem Kommentar zur Klientenaussage besser und bauen Sie zunächst eine Brücke für den Klienten. Anschließend können Sie mit einigen Sätzen bereits auf das neue Ufer jenseits der Brücke hinweisen oder zunächst die »ganze Geschichte« ins Spiel bringen.

Lösungsvorschläge finden Sie auf Seite 613.

Fall-Vignette 34: Die da oben wollen mich vergasen!

Die 84-jährige Klientin wird von der Mitarbeiterin einer landwirtschaftlichen Genossenschaft in die Beratung gebracht. Die alte Dame habe sich an sie gewandt und darum gebeten, zu einer Beratungsstelle gebracht zu werden. Die Mitarbeiterin der Genossenschaft berichtet, die alte Dame habe sich bereits am Sonntag an sie gewandt und habe geglaubt, es sei Mittwoch. Sie habe auch Nahrung für die Schweine kaufen wollen, obwohl der ehemalige Bauernhof der Dame schon lange keine Schweine- oder Viehzucht mehr betreibe.
Die Klientin berichtet in der Beratung, dass sie auf einem Bauernhof wohne, den sie zusammen mit ihrem Mann bewirtschaftet habe. Der Mann sei vor etwa fünf Jahren verstorben. Seitdem lebe sie allein. Über ihr wohne die Familie Gerber. Sie wisse aber nicht, warum die dort sei. Sie vermute, die Gerbers haben mit ihrem Mann ein Geschäft gemacht. Genau wisse sie das aber nicht. Vielleicht habe ihr Mann auch uneheliche Kinder gehabt, und die Gerbers seien aus diesem Grund da. In ihrer Wohnung rieche es so merkwürdig. Das beunruhige sie, und sie vermute, die Gerbers leiteten Gas in ihre Wohnung, um sie so schnell wie möglich loszuwerden: »Rufen Sie die Gerbers doch an und fragen Sie, warum sie das machen!«

Der Berater findet die Familie Gerber im Telefonbuch. Die Gerbers berichten im folgenden Telefonat, die Klientin und ihr Mann hätten den Hof an die Gerbers vermacht, da das alte Ehepaar keine Erben habe. Dem Ehepaar sei im Gegenzug ein lebenslanges Wohnrecht zugesichert worden. Seit dem Tod ihres Mannes fange die alte Dame jedoch an, etwas herumzuspinnen, und weigere sich auch, zu ihrem Hausarzt zu gehen. Ansonsten bemühten sich die Gerbers aber, der Klientin bei ihrer Lebensführung etwas behilflich zu sein. Das könne aber nicht so weit gehen, dass man sie pflege oder für eine Heimunterbringung aufkomme.

Übungsfragen

1. Könnte es stimmen, dass die Gerbers froh wären, wenn sie die Klientin irgendwann loswerden würden? In welche (vermutlich) wahnhafte Idee wird dies von der Klientin umgewandelt?
2. Haben Sie anhand der kurzen Vignette den Eindruck, dass die Klientin zu den so genannten vier Grundqualitäten orientiert ist: zu Zeit, Ort, Person, Situation?
3. Kann die alte Dame sich um ihre Rechtsgeschäfte, Geldangelegenheiten, Gesundheitsangelegenheiten, Postangelegenheiten, das Aufenthaltsbestimmungsrecht (Wohnort) und Ähnliches in ausreichendem Maße selbst kümmern?
4. Sind die Gerbers für Hilfe zuständig?
5. Wer könnte die Hilfe für die Klientin organisieren?

Lösungsvorschläge finden Sie auf Seite 613f.

Fall-Vignette 35: Ich habe kein Zigarettengeld mehr

Der ungefähr 40-jährige Klient kommt ohne Termin. Er ist ungepflegt und trägt sehr dreckige, einfache Kleidung. Er sei auf dem Weg zum Kiosk gewesen und habe schon häufig das Schild am Haus gesehen: »Psychologische Beratung«. Da er von seiner Schwester kein Zigarettengeld mehr bekomme, möchte er sich Rat holen. Der Klient spricht sehr stockend, in einfachen Sätzen. Auf viele Fragen des Beraters kann er keine Antwort geben, oft blickt er auch nur verlegen zu Boden. Er erzählt jedoch, dass er bis zu seinem dreißigsten Lebensjahr gearbeitet habe und eine Rente beziehe. Er bekomme von dem Geld aber zu wenig ab und könne sich davon nicht genügend Zigaretten kaufen. Zu Hause habe er kein Telefon, man könne aber den Hausarzt anrufen, sagt er. Der Hausarzt berichtet, der Klient sei ein bekannter Psychotiker, der von den greisen Eltern und seiner Schwester betreut werde. Die Familie sei sehr arm und lebe in bescheidenen Verhältnissen. Der Klient weigere sich, zu einem Nervenarzt zu gehen, und nehme auch verordnete Medikamente nicht ein.

Übungsfragen

1. Was ist das Beratungsanliegen des Klienten?
2. Wie können Sie ihm helfen?
3. Warum wurde die Situation des Klienten nicht bereits früher verbessert?

Lösungsvorschläge finden Sie auf Seite 614.

Fall-Vignette 36: Wer zuerst kommt, ist der Klient?

Eine 32-jährige Frau kommt aufgelöst und traurig zur Beratung. Auf ihren Schoß setzt sie den vierjährigen Sohn: »Der ältere Sohn ist bei meiner Freundin. Ich habe meinen Mann verlassen. Er meckert immer nur herum, ist mit meiner Hausarbeit unzufrieden und interessiert sich überhaupt nicht für die Kinder. Außerdem sitzt er ständig abends in seinem Hobbykeller und trinkt eine Flasche Bier nach der anderen. Obwohl er nur eine halbe Stelle beim Bauamt hat, ist ihm sogar das noch zu viel.« Der Berater entwickelt sofort eine Abneigung gegen den Ehemann, den er noch nie gesehen hat, und bekräftigt die Frau in ihrem Entschluss, die Trennung vom Mann auch wirklich zu vollziehen und durchzuhalten.

Einige Zeit später taucht der Mann zusammen mit seiner Mutter in der Beratungsstelle auf. Er komme gerade von einer offenen Badekur zurück, wo er versucht habe, sich von der Trennung seiner Frau zu erholen. Seine Mutter habe Selbstmordgedanken und habe deshalb auch schon Tabletten von ihrem Hausarzt erhalten. Sie habe sich so darauf gefreut, später zusammen mit dem Sohn und seiner Frau in einem Haus zu wohnen. Sie wisse nicht, wer sie später einmal pflegen solle. Der Vater des Mannes (der ehemalige Mann der Mutter) sei in jungen Jahren an einem Gehirnschlag verstorben. Seitdem würden Mutter und Sohn sehr eng zusammenhalten. Der Sohn habe überlegt, seine halbe Beamtenstelle noch mehr zu reduzieren, da ihm die Arbeit schon lange zu viel geworden sei. Er überlege auch, ob er einen Rentenantrag stellen solle, da ihn die Doppelbelastung durch Arbeit und die Sorgen wegen des Verrats seiner Frau so enorm belasteten. Da er jedoch den Antrag auf Reduktion der Arbeitsstunden eingereicht habe, nachdem sich die Frau von ihm getrennt hatte, befürchte er, dies könnte vor Gericht so ausgelegt werden, als wolle er sich vor der Zahlung von Alimenten drücken. Ähnliches befürchte er bezüglich eines Rentenantrages, den er sonst gern gestellt hätte. Er habe große Geldsorgen, da nun der zusätzliche Verdienst der Frau ausfalle. Der Berater wird bereits während der ersten Sitzung auf den Mann sehr wütend.

Übungsfragen

1. Der Berater versucht zunächst der Frau zu helfen. Bleibt er dabei neutral oder allparteilich?
2. Wieso wird der Berater auf den Mann wütend?
3. Weshalb hat der Mann so wenig Kraft und eine so große Versorgungs- oder Anspruchshaltung (Badekur, Rente)?
4. Welche Beziehung existiert zwischen Mutter und Sohn (dem Mann der ersten Klientin)?

Lösungsvorschläge finden Sie auf Seite 614 f.

Lösungen

**Lösungsvorschläge
zu den Übungen 31–47**

Übung 31: Was ist Beratung?
(s. S. 585 ff.)

1. *Das Fachverständnis:* Die psychologische Beratung ist in dem Abschnitt zum Fachverständnis nicht genannt. Der allgemeine oder methodenübergreifende psychologische Ansatz ist weiter gefasst als jener der genannten speziellen Beratungsfelder. Der Nachteil unseres Ansatzes ist, dass wir in den einzelnen Bereichen nicht als Expertenberater agieren können (s. S. 359), da erforderliches Expertenwissen hierzu fehlt. Psychologische Berater und Coaches sind daher meist Generalisten und Prozessberater, keine Spezialisten und Expertenberater. Aber auch die Experten der genannten Tätigkeitsfelder gehen meist stark klienten- und prozessorientiert vor.
2. *Die Tätigkeitsfelder:* Hier wird das psychologische Beratungsverständnis besser wiedergegeben und auch namentlich genannt.
3. *Das implizierte Beratungsverständnis im angegebenen Satz:* Expertenberatung (nicht Prozessberatung).
4. *Bildungszugehörigkeit:* Die Berater in den beteiligten Organisationen haben meistens studiert (beispielsweise Sozialpädagogik, Pädagogik, Soziologie, Psychologie). Die Definition sollte vielleicht erweitert werden um jene Berater, die viel Lebenserfahrung und gesunden Menschenverstand mitbringen, eine fundierte Ausbildung durchlaufen haben und bereit sind, sich auch nach dieser Ausbildung weiter zu qualifizieren.
5. *Grenzen zum Missbrauch:* Sexuelle Übergriffe sind grausam, aber sie stellen nur *eine* Variante möglichen Missbrauchs dar – wenn auch eine der schrecklichsten. Finanzielle Übervorteilung, das Aufdrängen eines Weltbildes oder eines Lebenszieles und Ähnliches sind ebenfalls Missbräuche des Beraterstatus.

> **Info**
>
> Wir gehen in einer der folgenden Übungen noch näher auf dieses Thema ein. Vorweg möchten wir auf sexuelle Beziehungen zwischen Berater und Klient eingehen: Solche sexuellen Beziehungen sind meist mit Rationalisierungen verbunden. So wird fast immer behauptet, es handele sich um »wahre Liebe« oder ein »natürliches tiefes körperliches Verlangen zweier gleichberechtigter Partner«. Dabei wird das Abhängigkeitsverhältnis, welches zwischen den beiden Sexualpartnern besteht, geleugnet. Ebenso werden die Übertragungen geleugnet und mit oben genannten Interpretationen rationalisiert. Oft wird eine sexuelle Beziehung als »einmaliger Ausrutscher« bezeichnet. Dabei wird völlig geleugnet, dass es sich nicht um eine spontane Tat handelt, sondern dass die sexuelle Beziehung eine Vorgeschichte hat und in der Beratungsbeziehung (unbewusst) angebahnt worden ist.
> In der Psychotherapie gehen Experten davon aus, dass nach einer Therapie eine mindestens zwei- bis fünfjährige Phase getrennten Lebens ohne jedweden Kontakt erforderlich ist, um eine Auflösung des Abhängigkeitsverhältnisses von Patienten und Therapeuten annehmen zu dürfen. Allerdings: Ganz lässt sich die berufliche Beziehung durch die Zeit nie auflösen.
> Sexuelle Beziehungen, die zwischen beiden danach entstehen, gelten zwar als anrüchig, jedoch nicht als standeswidrig oder kriminell. In der Beratung ist dieses »time-out« statt auf Jahre auf einige Tage oder Wochen verkürzt: Viele Berater oder Coaches gehen davon aus, dass sie gleich nach dem Ende des Beratungsprozesses »freie Bahn« haben. Diese Ansicht ist ethisch nicht haltbar, verstößt aber nicht gegen Gesetze.

Übung 32: Bandbreite der Beratung (s. S. 590)

1. Früher stritten sich Experten aller Schulrichtungen. Heute werden die »Grabenkriege« meist nur noch von Verbandsvertretern oder von solchen Neulingen im Beratungs- und Psychotherapiegewerbe geführt, die in Ausbildungen oder im Studium tendenziös entstellte Grundinformationen aufgesogen haben. Die Auseinandersetzung zwischen den Schulen wird meist fernab von den Praktikern an der »Patientenfront« geführt. Die Aussage von Lazarus zielt auf das Vorurteil, dass Tiefenpsychologen zu sehr in die Tiefe gehen und darüber andere Aspekte (die Breite) vernachlässigen. Tatsächlich arbeiten heute beinahe alle Praktiker in der Tiefe und in der Breite; abhängig von den Bedürfnissen ihrer Klienten und den eigenen Möglichkeiten als Berater.
2. Eklektizisten wird oft der Vorwurf gemacht, sie vermischten wahllos Techniken und Schulmeinungen – abhängig von ihrer Laune und Tagesform. Ein solcher Methodenmix wäre nicht die gezielte Anwendung verschiedener Methoden auf die spezifischen Bedürfnisse eines Klienten. Eklektizismus setzt breites Methodenwissen und Übung in verschiedenen Verfahren voraus.
3. *Verhalten (B)*: beispielsweise in den logischen Ebenen von Dilts, in den Problemen oder Klientenklagen der Fälle. *Stimmungen und Emotionen (A)*: im Abschnitt über VAKOG (als K), in den Falldarstellungen. *Sinneswahrnehmungen (S)*: im Lehrbuchkapitel über VAKOG. *Imagination (I)*: im Kapitel über Hypnotherapie, Trance. *Kognition (C)*: Im Kapitel über Glaubenssätze, dysfunktionale Kognitionen. *Beziehungen (I)*: in den Falldarstellungen, im Kapitel über Familie, Teams, System. *Medizinisch-biologische Vorgänge (D)*: in den Falldarstellungen im Kapitel Körper und Gesundheit.
Wie Sie sehen, findet sich in der Kombination verschiedener Beratungsansätze bereits ein multimodaler Ansatz, auch wenn er bisher so nicht genannt worden ist.

Übung 33: Mitgliedschaft in Vereinen und Verbänden (s. S. 591 f.)

1. Marketing, Kundenbindung, Lobbyismus und anderes.
2. Die einzelnen Verbände vertreten ihre eigenen Standpunkte und Interessen. Wie viele gesellschaftliche Gruppen grenzen sie sich auch ab. Daher können Außenstehende nur aktiv mitwirken, wenn sie die verbandsinternen hohen Anforderungen erfüllen, also beispielsweise eine mehrjährige kostenintensive verbandsinterne Ausbildung vom Kunden, zum Schüler und später zum Mitglied durchlaufen haben. Prinzipiell ist es natürlich zu begrüßen, dass die Mitglieder eines Verbandes definierte Qualifikationen besitzen, wenn sie dann mit dieser Mitgliedschaft auf Praxisschildern oder ihrem Briefpapier werben.
3. Viele Verbände (Vereine) sind von den Besitzern einer Beratungsschule gegründet worden. Sie dienen dann auch dazu, der Schule einen seriösen Anstrich zu verleihen. Die Schule wird zum Institut ernannt, und der Verein wird Verband genannt. Aus diesem Grunde sollten Sie mit Bedacht vorgehen, wenn Sie in einen solchen Verband eintreten möchten.
4. Die einzelnen Verbände und ihre assoziierten Institute bieten viele zusätzliche kleine Präsenzseminare oder weiterführende Ausbildungen an, für die in der Verbandszeitung oder auf der Homepage geworben wird. Außerdem kann ein starker Verband gegenüber dem Gesetzgeber als Lobby-Organisation auftreten und dafür Sorge tragen, dass die bisherigen Ausbildungswege zum psychologischen Berater, zum Lebensberater und zum Psychotherapeuten nach dem Heilpraktikergesetz weiterhin in der bisherigen Form an Privatschulen angeboten werden dürfen. Auf diese Weise vertreten die Verbände auch die Interessen anderer Institute, die ähnliche Ausbildungen anbieten.

*Übung 34: Leitsätze in der Beratung
(s. S. 592)*

Hier finden Sie keine Musterlösungen. Bitte diskutieren Sie!

*Übung 35: Grenzen und Formen des Missbrauchs in der Beratung
(s. S. 593 ff.)*

Mini-Fall-Vignette 1: Es handelt sich um einen »geschäftstüchtigen«, bewussten, ausbeuterischen Missbrauch. Doch: Wie viel darf an Geschäftstüchtigkeit noch sein? Diskutieren Sie dies bitte mit Kolleginnen und Kollegen.
Mini-Fall-Vignette 2: Wie bei Mini-Fall-Vignette 1. Häufig geschieht dieser Missbrauch unbewusst, da die Berater davon ausgehen, dass ihre Klienten »noch nicht so weit sind«. Es vermischen sich dann finanzielle Motive mit der »Lust«, mit jenen Klienten weiter zu arbeiten, die eine positiv getönte Übertragung anbieten und gut mitarbeiten (»libidinöse Motivation« auf Seiten des Beraters). Solche Klienten sind oft jung, attraktiv, sprachgewandt, intelligent und erfolgreich beziehungsweise wohlhabend (engl. YAVIS: young, attractive, verbal, intelligent, successful).
Mini-Fall-Vignette 3: Hier liegt missbräuchliches Einsetzen der eigenen Bindungsbedürftigkeit vor.
Mini-Fall-Vignette 4: Ausleben der eigenen Bindungsbedürftigkeit, Überbewertung eigener Beratungsansätze (eine Sonderform des narzisstischen Missbrauchs), ausbeuterischer Missbrauch.
Mini-Fall-Vignette 5: Dieser Klient war mittlerweile therapiesüchtig und abhängig geworden. Vermutlich handelt es sich hier ebenfalls um einen ausbeuterischen Missbrauch.
Mini-Fall-Vignette 6: Es handelt sich um die Überbewertung des eigenen Beratungsverfahrens.
Mini-Fall-Vignette 7: Hier wusste die Beraterin, was für die Klientin gut ist. Handlungsvorstellungen des Beraters wurden der Klientin aufgedrückt. Diese Form des Beratungsmissbrauchs wird als Agieren eines eigenen Dominanzkonfliktes bezeichnet.
Mini-Fall-Vignette 8: Es handelt sich um einen narzisstischen Missbrauch. Der Klient hat sein Leben nach seiner inneren Struktur aufgebaut. Im Ausland wird er bewundert, im Inland ist er der nachgeordnete Angestellte eines Betriebes. Auf diese Weise kann der Klient seine ambivalente Vaterübertragung auf den Berater spalten: Negatives bezieht sich auf Vorgesetzte im Inland, Positives erscheint als Idealisierung des Beraters. Der Berater erhält dadurch eine narzisstische Zufuhr und ist im Gegenzug bereit, dem Klienten unregelmäßige Sondertermine einzuräumen – so, wie es die schwierige Auslandstätigkeit des Klienten erlaubt.

Übung 36: Niederlassungsanzeige beim Ordnungsamt (s. S. 595)

Bitte sprechen Sie vorher mit Ihrem Steuerberater und klären Sie, ob in Ihrer Stadt Ihr spezielles Beratungskonzept als freier Beruf nach dem Einkommensteuergesetz (EStG) oder als Gewerbebetrieb gemäß Gewerbeordnung (GO) angesehen wird. Gewerbebetriebe müssen bei Umsätzen ab zirka 16.000 Euro eine Mehrwertsteuer entrichten, freie Berufe nicht.
Den Brief müssten Sie dementsprechend modifizieren. Sie können auch unterschiedliche Texte an das Ordnungsamt (oder Gewerbeamt, falls die Gewerbeordnung bei Ihnen angewendet wird) und das Finanzamt schreiben.
Bitte verwenden Sie »und« statt »&«. Da »&« von Firmen geführt wird und das Finanzamt dann argumentieren könnte, dass Sie keinen freien Beruf ausüben.
Es folgt nun auf der nächsten Seite ein Briefbeispiel.

> Martina Mustermann
> Psychologische Lebensberatung
> Beraterstraße 6
> XXXX Musterstadt
>
> An das
> Ordnungsamt
> Nachrichtlich: Finanzamt
>
> Steuer-Nr. XYZ
> Niederlassungsanzeige
>
> Sehr geehrte Damen und Herren,
>
> ab dem [Datum] eröffne ich eine Praxis für psychologische Lebensberatung und Personal Coaching. Die Praxis wird den Namen »M. Mustermann, Beratung und Coaching« tragen. Ich bestätige Ihnen, dass ich gemäß PsychThG, Artikel 1, § 1, Absatz 3, keine Heilkunde ausübe oder ausüben werde. Die Beratung wird lediglich zur Hilfe bei der Überwindung psycho-sozialer Probleme angeboten. Für diese Tätigkeit bin ich an einem angesehenen Privatinstitut ausgebildet worden. Ich bin Mitglied im Berater-Verband XYZ.
> Vorerst betreibe ich die Praxis als Nebentätigkeit mit geringfügigem Umsatz. Änderungen werde ich Ihnen umgehend mitteilen. Meine bisherige Steuernummer lautet NUMMER. Bei der Beratungstätigkeit handelt es sich um einen freien Beruf. Die jährlichen Umsätze im ersten Jahr werden unter 10.000 Euro liegen.
> Für Rückfragen stehen ich oder mein Steuerberater, Herr NAME, gerne zur Verfügung.
>
> Mit freundlichem Gruß
> Unterschrift Martina Mustermann
>
> Anlage: Zeugnis des Ausbildungsinstituts und der Verbandszertifizierung

Übung 37: Notwendige Versicherungen (s. S. 595)

Bitte wenden Sie sich an einen unabhängigen Versicherungsmakler. Die Beratungsverbände, die wir Ihnen genannt haben, helfen Ihnen gerne, entsprechende Makler zu finden. Einige Verbände haben auch Gruppenversicherungsverträge mit einzelnen Anbietern abgeschlossen.
Sie sollten in jedem Fall eine kombinierte Berufs- und Privathaftpflichtversicherung abschließen, in der Ihre geplante (neben)-berufliche Tätigkeit »psychologische Beratung und Coaching« explizit aufgeführt wird. Erforderlich sind die Absicherung von Personen- und Sachschäden (zum Beispiel 2.–3.000.000 Euro) von Vermögensschäden (zum Beispiel 500.000 Euro) sowie eine Rechtsschutzversicherung für privat und für die Praxis.
Hinzu kommen beispielsweise: private Krankenversicherung, Unfallversicherung, Berufsunfähigkeitsversicherung, private Rentenversicherung, Risikolebensversicherung (falls mittelfristig ein Risiko abgesichert werden soll), Altersvorsorge über Investmentfonds, Praxiseinrichtungsversicherung …

Übung 38: Beratungsvertrag (s. S. 596)

Der folgende Vertragsentwurf soll nur als Diskussionsgrundlage dienen und ist kein Entwurf, der genau in dieser Form übernommen werden sollte! Bitte lassen Sie sich vor Ort von Ihrem Steuerberater und Rechtsanwalt beraten! Einen Mustervertragsentwurf finden Sie auch auf der Website des Deutschen Verbandes für Coaching und Training e.V.: www.dvct.de.

Beratungsvertrag

zwischen

Martina Mustermann,
Praxis für Beratung und Coaching
(gen. Beraterin)

und

Name:
(gen. Klient)
Anschrift: Tel./Fax: Mail:

Zwischen Beraterin und Klient wird nachfolgender Beratungsvertrag abgeschlossen:

§ 1 Vertragsgegenstand
Der Klient nimmt bei der Beraterin eine psychologische Beratung (Personal Coaching) in Anspruch. Klient und Beraterin definieren gemeinsam das Beratungsanliegen. Die gemeinsame Arbeit umfasst Gespräche, auf Wunsch auch Diagnostikverfahren sowie schriftliche Berichte. Die Beratung dient der Überwindung psycho-sozialer Probleme, der Zielbildung und Ressourcenaktivierung. Um dieses Ziel zu erreichen, wird ein methodenübergreifendes Beratungsverfahren angewendet, welches anerkannte wissenschaftliche Verfahren zur Grundlage hat: Tiefenpsychologie, Systemik, verhaltenstherapeutische Kommunikationsmethoden u.a. Eine Psychotherapie wird ausdrücklich ausgeschlossen und darf nicht durchgeführt werden.

§ 2 Beratungserfolg
Die Beraterin kann den gewünschten oder geplanten Erfolg oder das Erreichen gesteckter Ziele in der gemeinsamen Arbeit nicht garantieren. Beide Parteien arbeiten jedoch nach bestem Wissen und Können daran, dass ein Beratungserfolg eintritt.

§ 3 Honorar
Der Klient zahlt monatlich die anfallenden Beratungskosten. Diese belaufen sich bei Privatpersonen auf 60 Euro pro 50-Minuten-Termin; bei Firmenkunden auf 150 Euro für 50–70 Minuten. Wenn die Beratung in den Räumlichkeiten des Klienten stattfindet, entstehen zusätzliche Kosten durch An- und Abfahrt der Beraterin in Höhe von 100 Euro pro anteiliger Zeitstunde. Jeweils zuzüglich Spesen und MwSt. Die Auswertung eines schriftlichen psychologischen Tests (Bonner Fragebogen für Therapie und Beratung, BFTB) oder das Abfassen eines biografischen tiefenpsychologischen Berichtes über den Klienten wird gesondert mit 150 Euro berechnet (Zeitumfang etwa vier Stunden).

Dem Klienten wird eine Rechnung ausgestellt. Die Zahlungsverpflichtung gilt jedoch auch, wenn der Klient versehentlich keine Rechnung oder Teilrechnung erhalten hat. Der vereinbarte Betrag ist auf folgendes Konto zu überweisen: KONTO, BLZ, KONTOINHABER.

§ 4 Termine und Ausfallhonorar
Klient und Beraterin vereinbaren Beratungstermine im Voraus. Wenn der Klient den vereinbarten Termin nicht wahrnimmt, schuldet er dem Berater ein Ausfallhonorar von 50% des vereinbarten Beratungshonorars. Diese Zahlungsverpflichtung entfällt, wenn der Beratungstermin wenigstens vier Tage zuvor abgesagt wurde oder auf Grund eines schwerwiegenden Ereignisses kurzfristig ausfallen muss. Auch in diesem Fall muss der Klient jedoch die Beraterin frühzeitig vom Ausfall in Kenntnis setzen und gegebenenfalls nachweisen, dass ein schwerwiegendes Ereignis zu der Verhinderung geführt hat.

§ 5 Beratungsdauer und Kündigung
Beratungen sollten einen Umfang von wenigstens fünf Sitzungen umfassen. Der Beratungsvertrag kann jederzeit ohne Begründung mit einer Frist von sechs Tagen gekündigt werden.

§ 6 Schweigepflicht
Die Beraterin verpflichtet sich, gegenüber Dritten Stillschweigen zu bewahren. Auskunftserteilung gegenüber Dritten darf nur erfolgen, wenn der Klient hierzu schriftlich sein Einverständnis erteilt hat. (Die Schweigepflicht betrifft jedoch nicht die Vereitelung oder Verfolgung von mutmaßlichen Straftaten oder den Schutz höherer Rechtsgüter.)

§ 7 Gerichtsstand
Gerichtsstand ist der Wohnort der Beraterin (oder nächster Gerichtsstandort).

§ 8 Gesundheitszustand
Der Klient versichert, dass er an keiner Erkrankung leidet, die seine Geschäftsfähigkeit beeinträchtigt oder die einer Beratung aus medizinisch-psychologischen Gründen zurzeit entgegensteht. Der Klient ist psychisch gesund. Sollte der Klient in psychotherapeutischer oder psychiatrischer Behandlung sein oder gewesen sein, so teilt er dies der Beraterin mit. Diese benötigt dann in der Regel vom (ehemaligen) Arzt oder Psychotherapeuten des Klienten eine schriftliche Bestätigung, aus der hervorgeht, dass der Klient in der Lage ist, eine nicht-therapeutische Beratung wahrzunehmen.

§ 9 Zusatzvereinbarungen (Stundenzahl, Testverfahren, schriftliche Stellungnahme)
a) Anzahl der gewünschten Beratungsstunden, inkl. des Erstgesprächs (empfohlen: wenigstens fünf). Vorerst:
(Verlängerungen sind möglich, sofern Klient und Beraterin dies wünschen.)
b) Abfassen eines schriftlichen biografischen tiefenpsychologischen Berichtes: gewünscht/nicht gewünscht
c) Auswertung des Bonner Fragebogens für Therapie und Beratung: gewünscht/nicht gewünscht

Ort, den [Datum]

Unterschrift   Unterschrift
Klient   Beraterin

Übung 39: Selbstdarstellung (s. S. 596)

Sie finden hier keine Musterlösungen. Bitte diskutieren Sie Ihre Texte und Entwürfe mit Kolleginnen und Kollegen sowie im Freundes- und Familienkreis. Lassen Sie sich zudem von verschiedenen Anbietern kostenlos Vorschläge und Angebote unterbreiten.

*Übung 40: Evaluationsfragebogen
(s. S. 596)*

Sie sollten offene Fragen formulieren und hinter jeder Frage die Möglichkeit anbieten, folgende Kategorien anzukreuzen:

- stimmt genau,
- stimmt,
- neutral/weiß ich nicht/keine Änderung,
- stimmt eher nicht,
- stimmt überhaupt nicht (eher das Gegenteil).

Sie können jedoch auch Sternchen vergeben lassen:
gut: ***
geht so: **
mäßig: *
Oder Sie lassen Noten von 1 bis 6 vergeben.

Beispiele für Kommentare, die die Klienten bewerten sollen (als Anregung!):
- Ich kann jetzt besser Kontakt zu anderen Personen aufnehmen.
- Ich traue mich jetzt eher, andere zu kritisieren.
- Mit meinem Körper bin ich zufriedener.
- Ich fühle mich nicht mehr so einsam.
- Ich bin zufriedener.
- Ich bin weniger angespannt und nervös.
- Ich sehe zuversichtlicher in die Zukunft.
- Ich kann meine Gedanken besser ordnen.
- Ich verstehe mich besser.
- Ich kann mit meinen Gefühlen besser umgehen.
- Vom Berater habe ich mich verstanden gefühlt. Das Beratungsziel wurde gemeinsam abgestimmt.
- Ich wurde angehalten, meine Probleme genau darzustellen.
- Ich habe gelernt, welche Ressourcen ich habe.
- Der Berater hat meist gemerkt, was in mir vorging.
- Gefühle und Gedanken über wichtige Personen meines Lebens wurden ausreichend besprochen.
- Mein Berater konfrontierte mich mit Widersprüchen.
- Reden und Verhalten meines Beraters stimmten überein.
- Zu Beginn unserer Arbeit wurden die Regeln und Bedingungen unserer gemeinsamen Arbeit ausreichend besprochen.
- Ich konnte mich darauf verlassen, dass mein Berater ganz bei der Sache war.
- Mein Berater hat mir ermöglicht, dass ich mich mit Gefühlen beschäftigen konnte, die zum Problem gehörten.
- Mein Berater hat mit mir neue Gedanken und Verhaltensweisen entworfen und erprobt.
- Verhaltensweisen, die erprobt wurden, konnte ich später erfolgreich im Alltag umsetzen.
- Mein Berater schien mich zu mögen.
- Ich fühle mich jetzt körperlich und psychisch entspannter.
- Ich habe jetzt mehr Vertrauen zu mir selbst.

Übung 41: Selbstauskunftsbogen: Vorlieben und Abneigungen des Klienten (s. S. 597)

Ein Beispiel: Unterteilen Sie einen DIN-A4- oder DIN-A3-Bogen in 6–10 Felder. Schreiben Sie oben auf den Bogen: »Ich tue/ich habe ...«

Bezeichnung der Felder:
- gern
- ungern
- sehr gern
- sehr ungern
- Angst vor
- ich fürchte
- ich wünsche
- ich hoffe

Lassen Sie den Klienten diese Felder während des mehrwöchigen Beratungsprozesses mehrmals ausfüllen. Dieser Evaluationsbogen wird von den Mitgliedern des VFP häufig genutzt (www.vfp.de).

Übung 42: Selbstbeobachtungsprotokoll (s. S. 597)

Ihre Tabelle sollte folgende Überschriften enthalten:

• Datum: von – bis Ort	• Handlung: aktiv oder passiv?	• Allein oder mit anderen?	• Stimmung • Interne Prozesse (VAKOG, Kognition usw.) • Symbol: Sonne, Wolke oder Smileys

Übung 43: Symptomverlaufsbogen (s. S. 597)

Keine Musterlösung.

Alternative: Sie könnten jedoch auch eine Tabelle mit dem positiven Parameter »Zielerreichung« oder »Ressourcenentfaltung« entwerfen, statt des negativen Parameters »Beschwerdeausprägung«. Dann müsste es statt BA in der negativen Tabelle analog ZE oder RE in der positiven Tabelle heißen. Sie sollten in jedem Fall genau definieren, wie Sie die Punkte 1–10 vergeben möchten. Beim Parameter Zielerreichung könnte 1 bedeuten: kaum erreicht, 10 könnte bedeuten: Ziel vollständig erreicht. In diesem Falle würde der Punktwert bei einer erfolgreichen Beratung steigen. Wenn Sie die BA zu Grunde legen, müsste der Punktwert einer erfolgreichen Beratung langsam abfallen.

Übung 44: Klientenauskunftsbogen (s. S. 597f.)

Bei der Gestaltung des mehrseitigen Fragebogens, der Basisdokumentation, sollten Sie die Fragen so wählen, dass die Klientenantworten Ihnen bereits wertvolle Hinweise für die weitere Zusammenarbeit liefern. Zum Stichwort »Mutter« möchten wir Ihnen einige Fragen beispielhaft vorschlagen.

Bitte beantworten Sie folgende Fragen zu Ihrer Mutter:

- Lebt Ihre Mutter noch? Wenn ja: Wie alt ist sie?
- Welche Krankheiten hat oder hatte sie?
- Wenn sie verstorben ist: Wann, in welchem Alter, woran verstarb sie?
- In welcher Familie und unter welchen Umständen ist Ihre Mutter aufgewachsen?
- Welchen Beruf hat sie erlernt und später ausgeübt?
- Welche Träume oder Wünsche hatte Ihre Mutter? Gingen sie in Erfüllung?
- Wie war das Leben Ihrer Mutter, war sie glücklich?
- Wie war die Ehe Ihrer Eltern?
- Welche wichtigen Ereignisse oder Veränderungen gab es für Ihre Mutter in der Ehe?

Sie können hinter den Fragen freien Platz für die Antworten lassen oder die Fragen wie oben nummerieren und die Klienten bitten, die Antworten auf einem Extrablatt niederzuschreiben, indem sie dabei der vorgegebenen Nummerierung folgen.
Zusätzlich sollten Sie die Klienten bitten, einen Lebenslauf niederzuschreiben. Hierzu können Sie eine kurze schriftliche Anweisung geben. Das Beispiel auf der nächsten Seite entstand nach einer Idee des VFP e.V. (www.vfp.de).

> **Anleitung für einen Lebenslauf**
>
> Liebe Klientin, lieber Klient!
>
> Sicher haben Sie für eine Bewerbung bereits einen Lebenslauf geschrieben. Darin haben Sie vermutlich wichtige Daten zu Ihrer Entwicklung, der Schullaufbahn und der beruflichen Entwicklung beschrieben. Ich bitte Sie nun, einen anderen Lebenslauf zu schreiben, in dem andere Ereignisse des Lebens in den Vordergrund treten:
> Was waren Ihre Träume, Wünsche, Ängste, Hoffnungen, Erlebnisse (auch beschämende), Ihre sexuellen Wunschvorstellungen, Partnerschaftswünsche, Ihre Lieben und Vorlieben, wer waren Ihre Feinde, Freunde, welche Probleme oder Stärken hatten Sie, was sind Ihre verborgenen Gedanken, wann sind Sie misstrauisch, wann zuversichtlich, was waren die frühesten Kindheitserinnerungen, wie war und ist Ihr Verhältnis zu Eltern, Verwandten, Freunden, Bekannten? Bitte schreiben Sie auch die Gedanken nieder, die Sie sonst verschweigen würden. Nehmen Sie keine Rücksicht darauf, was andere Menschen über Ihren Lebenslauf sagen würden. Sie schreiben den Lebenslauf für sich selbst; nicht, um mich zu beeindrucken. Deshalb wird die Wahrheit Ihnen gut tun, auch, wenn sie vielleicht schmerzt!
> Nur ich werde Ihren Lebenslauf lesen! Wenn Sie möchten, erhalten Sie den Lebenslauf nach Abschluss unserer gemeinsamen Arbeit zurück. Ich werde keine Kopie davon anfertigen.
> Sie können sich beim Abfassen einige Tage oder auch wenige Wochen Zeit lassen. Bitte senden Sie den Lebenslauf dann per Post an mich. Zusammen mit der Basisdokumentation (dem mehrseitigen Fragebogen, s. S. 597, 610) werde ich Ihren Lebenslauf dann auswerten und gemeinsam mit Ihnen besprechen.
>
> Bitte schreiben Sie auf DIN-A4-Blättern. Benutzen Sie dabei keine Schreibmaschine. Ich bitte Sie aber, möglichst sauber zu schreiben. Bitte lassen Sie rechts ein Drittel des Blattes frei. Dort möchte ich mir Notizen machen (Ihr Einverständnis vorausgesetzt).

Übung 45: Tiefenpsychologie im Umbruch? (s. S. 598)

Die *Deutsche Gesellschaft für Psychotherapeutische Medizin (DGPM e.V.)* hat in einer Stellungnahme gegenüber dem wissenschaftlichen Beirat der Bundesärztekammer folgende Empfehlung gegeben.

> **Info**
>
> »Wir empfehlen, die tiefenpsychologisch fundierte Psychotherapie in die Bezeichnung psychodynamisch-interpersonelle Psychotherapie (PIP)* umzubenennen ...
> Die internationale Bezeichnung psychodynamische Psychotherapie ist zutreffender. Die Bezeichnung psychodynamisch-interpersonelle Psychotherapie meint die beiden Interventionsebenen: intrapsychisch und interpersonell.«

* PIP: Anmerkung des Autors: PIP ist auch die Abkürzung für »Psychologe im Praktikum«. Das sind jene Psychologen, die eine mehrjährige Therapieausbildung durchlaufen und für zirka 1–1,5 Jahre in einer psychosomatischen oder therapeutischen Klinik arbeiten oder hospitieren.

Die Deutsche Gesellschaft für Psychotherapeutische Medizin (DGPM) empfiehlt außerdem, zukünftig mehr Gewicht auf interpersonelle Gesichtspunkte und auf Gruppenverfahren zu legen.
Das Wort »fundiert« suggeriert im Übrigen, dass andere Verfahren nicht fundiert sind. Das Präfix *tiefen-* suggeriert, dass andere Verfahren oberflächlich sein könnten. Diese heimlichen (tiefenpsychologischen?) Sticheleien sollten heutzutage nicht mehr erforderlich sein.

Die DGPM hat das Verfahren der tiefenpsychologisch fundierten Psychotherapie (der psychodynamisch-interpersonellen Psychotherapie) folgendermaßen definiert.

> **Info**
>
> »Die Definition des Verfahrens … besteht seit 1967 und ist begründet aus der Geschichte. Die tiefenpsychologisch fundierte Psychotherapie ist subsumiert unter den psychoanalytischen Verfahren. In der jahrzehntelangen Entwicklung sind die psychoanalytisch begründeten Verfahren weiterentwickelt worden und haben zum Beispiel auch Aspekte der interpersonellen Psychotherapie integriert. Die Bezeichnung ›tiefenpsychologisch‹ fundiert ist daher veraltet, die neue Entwicklung kommt in der von uns vorgeschlagenen Definition besser zum Ausdruck. … Die Verfahren stellen Ableitungen von oder Modifikationen der psychoanalytischen Therapie dar. Die Konzepte
>
> - des psychodynamischen Unbewussten,
> - der Abwehr,
> - der Übertragung und der Gegenübertragung
>
> sind auch bei ihnen begründet, kommen aber in der Therapie in unterschiedlicher Weise zum Tragen. Die unterscheidbaren Therapietechniken sind stärker symptomorientiert, intendieren einen Gewinn an Zeit oder eine Reduktion des Sitzungsaufwandes, enthalten übende und supportive Elemente und fördern regressive Prozesse nur ausnahmsweise. … Insbesondere wird auf die Auswirkung der unbewussten Konflikte in interpersonellen Konstellationen zentriert. Die unterschiedlichen Therapietechniken sind stärker symptom- und interpersonell orientiert.«

In dieser Stellungnahme ist von Therapie die Rede. Das Gesagte kann auf die Beratung und das Coaching übertragen werden. Siehe auch die Website der Deutschen Fachgesellschaft für tiefenpsychologisch fundierte Psychotherapie: www.dft-online.de.

Übung 46: Systemisches Stören (s. S. 598f.)

1. Umdeuten, ungewohnt reagieren, neue Bedeutung geben

Zu Klientin A: Und wenn Ihre Tochter denkt: Was soll bloß meine arme Mutter machen, wenn sie später mal allein ist. Dann hat sie ja nur noch die Wäsche und muss die Süßigkeiten allein aufessen, weil sonst nichts Schönes mehr da ist.

Zu Klient B: Es gibt wenige Gentlemen der alten Schule, die so schwach sind, damit ihre Frauen immer stark sein dürfen.

Zu Klient C: Das verstehe ich. Manchmal wäre es gut, wenn man sich aufteilen könnte: der Unterleib zur Geliebten und Kopf und Verantwortungsgefühl zur Familie. Aber leider denken Männer in solchen Situationen nicht nur mit dem Kopf, sondern auch anderswo. Da muss dann eine neue Form der Balance geschaffen werden.

2. W-Fragen stellen und Konfliktstrukturen herausarbeiten

Die Antworten auf Ihre W-Fragen müssen Sie bitte selbst finden. Folgende Fragen könnten Sie den Klienten im Beratungsgespräch stellen (es gibt viele weitere!):

Zu Klient A: Was ist Ihr Problem? Was möchten Sie gern ändern oder verbessern? Wenn unsere Beratung ganz erfolgreich verläuft, wie sollte dann Ihre Zukunft aussehen? Kennen Sie Verhaltensweisen an sich, durch die Sie sich manchmal selbst im Wege stehen, wenn Sie das Problem beseitigen möchten? Haben Sie sich irgendwo in der Fremde, zum Beispiel auf einer Klassenfahrt, in einem neuen Verein oder anderswo, schon einmal durchgesetzt und dort nach und nach das Gefühl entwickelt, Sie gehören dazu? Wo haben Sie Ihren Mann kennen gelernt, wie fing alles an? Wie denkt eigentlich Ihre Familie über Ihre jetzige Situation?

Zu Klient B: Was ist für Sie zurzeit am schlimmsten oder am unverständlichsten: das Verhalten Ihrer Kinder oder die Reaktion der Nachbarn? Die Situation ist natürlich sehr schwierig für Sie. Wenn alles gut ausgeht und wir gangbare Wege finden, die Sie wieder zu einem normalen Leben zurückführen, wie sollte dann Ihre Zukunft aussehen? Was genau sollen wir erreichen? Was macht es Ihnen besonders schwer, auf die neue Situation eine passende Lösung zu finden? Gibt es auch Probleme, Gedanken oder Befürchtungen in Ihnen selbst, die eine Lösung erschweren? Hatten Sie früher schon schreckliche Erlebnisse, haben Sie sich früher schon verraten, ungerecht behandelt oder ausgegrenzt gefühlt? Wie haben Sie es damals geschafft, zu einem normalen Leben zurückzukehren? Wenn Sie zurückdenken: Wie haben sich die heutigen Probleme entwickelt, womit fing alles an, und wie ging es dann weiter?

3. **Paraphrasieren: Pacen und Reframen**

Zu Klientin A: Ich kann verstehen, dass Sie wütend sind, wenn die Waschmaschine nicht so gut wäscht, wie Sie sich das gewünscht haben. Denken Sie, Ihr Mann hat diese Gefühle bei Ihnen beabsichtigt?

Zu Klient B: Es ist sicher ein unangenehmes Gefühl, wenn andere einen falsch verstehen und man sich dadurch ausgegrenzt fühlt. Wie könnten oder sollten Sie zukünftig vorgehen, um sicherzustellen, dass andere Sie so sehen können, wie Sie sich das wünschen?

Zu Klient C: So ist es schon in meiner Generation abgelaufen: Die Eltern können einfach nicht mithalten mit neuen Ideen und haben kein gutes Gespür für das, was junge Menschen interessiert und bewegt. Es ist klar, dass Sie das spießig finden. Ihre Eltern können eben nicht aus ihrer Haut. Was denken Sie, wie könnten Ihre Eltern gleichzeitig für Sie da sein und Sie unterstützen und Sie auf der anderen Seite so in Ruhe lassen, dass Sie sich nicht eingeengt fühlen? Wofür brauchen Sie die Eltern noch, und wann möchten Sie die Eltern am liebsten nicht mehr haben?

Übung 47: Bridging (s. S. 600)

Coach: Es ist anerkennenswert, dass Sie Ihrer Frau so lange unter die Arme gegriffen haben. Aus einer Ehe entstehen viele Pflichten, und Sie sind Ihrer Pflicht ja nachgekommen. Es ist natürlich klar, dass Ihre Frau auch einen Teil der gegenseitigen Pflicht tragen muss. Vielleicht können wir noch einmal ganz vorne anfangen, damit ich genau verstehe, wie sich alles zwischen Ihnen entwickelt hat: Wie alt waren Sie, als Sie Ihre Frau kennen gelernt haben? Waren Sie damals verliebt?

Lösungsvorschläge zu den Fall-Vignetten 34–36

Fall-Vignette 34: Die da oben wollen mich vergasen! (s. S. 600f.)

1. Es ist zumindest möglich, dass die Gerbers froh wären, wenn ihnen der Hof endlich ganz gehörte und sie gegenüber der Vorbesitzerin keine Pflichten mehr hätten. Diese Vermutung wird von der Klientin aber überspitzt interpretiert. Auf diese Weise entsteht daraus ein Verfolgungs- oder Vergiftungswahn.
2. Zeitlich scheint sie etwas desorientiert. Zu den anderen Qualitäten ist sie während der Beratung regelhaft orientiert: Sie weiß, wer sie ist, wo sie gerade ist, und sie weiß auch, warum.
3. Die Schilderung der Klientin gibt Anlass, daran zu zweifeln. Sie ist zwar nicht »verrückt«, die vermutliche Einschränkung ihrer kognitiven Leistungsfähigkeit und die vermutete wahnhafte Störung erschweren es der Klientin, sich um ihre Geschäfte zu kümmern.
4. Die Gerbers sind moralisch zu einer gewissen Hilfe verpflichtet. Wenn die Klientin ein lebenslanges Wohnrecht in ihrem ehemaligen Haus behalten hat, bedeutet dies in der Tat nicht, dass die Gerbers sie pflegen und betreuen müssen. Es sei denn, im Vertrag steht »Wohnrecht, Hege und Pflege«.
5. Es gibt Sozialstationen, ambulante Pflege, einen sozialpsychiatrischen Dienst, die Kirche inklusive Diakonie und Ähnliches. Nur:

Wer soll diese Dienste beauftragen und bezahlen, wenn die Klientin das nicht im ausreichenden Maße kann? Bitte fragen Sie die Klientin, ob sie damit einverstanden ist, dass Sie amtliche Hilfe organisieren oder anregen. In solchen Fällen können Sie sich mit einem Fax an das zuständige Amtsgericht wenden:

Ihr Briefkopf, Stadt, Datum

An das Amtsgericht Betreuungsstelle
per Fax und Brief

Betr.: Anregung, ein Betreuungsverfahren einzuleiten für Frau Klientin Sowieso, geb. [Datum], wohnhaft [Adresse]

Sehr geehrte Damen und Herren,

Frau Klientin hat sich am DATUM bei mir vorgestellt und Folgendes berichtet: ... (was, wann, wer, wo, warum, wie ... inkl. wörtlicher Zitate der Klientin)
Aus der Darstellung geht hervor, dass die Klientin in ihrer psychischen Leistungsfähigkeit und Urteilsbildung eingeschränkt ist und möglicherweise bei der Wahrung ihrer eigenen Rechtsgeschäfte Hilfe durch eine neutrale Person benötigen könnte, in Bezug auf Gesundheit, Vermögensangelegenheiten, Postangelegenheiten und anderes mehr.

Mit freundlichem Gruß
Berater

---

lie ist ebenfalls sinnvoll. Sehr oft hilft auch ein Gespräch mit dem Geistlichen der Gemeinde, da dieser meist viele familiäre Hintergründe kennt. In jedem Fall benötigen Sie die Erlaubnis des Klienten, wenn Sie mit weiteren Personen Kontakt aufnehmen. Sie werden für die Beratung des Klienten und für die Rücksprachen jedoch vermutlich kein Honorar bekommen. Trotz der Rücksprachen kann es sinnvoll sein, auch in diesem Fall ein Fax an das zuständige Amtsgericht zu senden (s. linke Spalte).
3. Manchen Familien ist es peinlich, wenn ein Familienmitglied psychisch krank ist. Solche Familien behandeln die Krankheit wie ein Familiengeheimnis. Viele Familien umsorgen ihre psychisch kranken Mitglieder sehr liebevoll, andere Familien tun nur das Nötigste. Oft spielen Renten- und Erbschaftsangelegenheiten eine bedeutende Rolle bei dem Versuch, Behörden aus der Familie herauszuhalten. Vom Gericht bestellte Betreuer erhalten Arbeitsgebühren, die von der Rente oder dem Vermögen der Betreuten abgezogen werden. Wenn eine Familie eine solche Betreuung verhindern kann, bleiben die Arbeitsgebühren in der Familie und erhöhen auf diese Weise die Erbmasse und die finanzielle Freiheit jener Personen, die das Vermögen der Kranken betreuen. Leicht gerät man als Berater in einen Strudel widerstreitender Interessen. Aus diesem Grund ist es besser, sich an das Gericht zu wenden, das für eine Überprüfung und ggf. für die Zuteilung eines neutralen und geschulten Betreuers sorgt.

Fall-Vignette 35: Ich habe kein Zigarettengeld mehr (s. S. 601)

1. Der Klient bekommt zu wenig Zigarettengeld. Er fühlt sich anscheinend nicht ausreichend umsorgt und glaubt, dass er von seiner Rente zu wenig abbekommt.
2. Das Gespräch mit dem Hausarzt ist wichtig. Dieser hat auch bestätigt, dass der Klient keinen »Vormund« hat (heute sagt man dazu Betreuer). Ein Gespräch mit der Fami-

Fall-Vignette 36: Wer zuerst kommt, ist der Klient? (s. S. 602)

1. Die Frau hatte bereits den Entschluss gefasst, ihren Mann zu verlassen. Eine Beratung sollte die momentane Situation anerkennen. Sie sollten allerdings sehr zurückhaltend mit direktiven Partnerschaftsratschlägen sein. Statt zu einer Trennung zu raten, sollten Sie lieber explorieren, wo das

Problem liegt, was bisher versucht wurde, welche Ziele vorhanden sind, was das Für und Wider unterschiedlicher Entschlüsse sein könnte. Sie sollen natürlich Ihrer Klientin helfen. Ihr sind Sie auch verpflichtet. Es schadet jedoch nicht, wenn Sie dabei vorsichtig bleiben und sich ins Gedächtnis rufen, dass die Klientin nur die Spitze eines komplizierten systemischen »Eisbergs« ist.

2. Könnte es sein, dass der Mann unbewusst Wut in sich verspürt und dieses Gefühl auf den Berater überträgt? Der Mann hat Grund, wütend zu sein: Die Ehe hat nicht funktioniert, ihm wurde in jungen Jahren der Vater genommen, die Mutter hat ihm zu wenig Freiraum gelassen, es wurde ihm die Möglichkeit genommen, anhand eines männlichen Ideals eine eigene Männlichkeit zu entwickeln. Die Mutter ist wütend, da ihr Mann zu früh gegangen ist. Diese Wut des Systems wird auf den Berater übertragen.

3. Er ist auf der Suche nach dem, was ihm vorenthalten worden ist: Liebe und Verständnis sowie männliches Vorbild durch den Vater. Was ihm genommen worden ist, versucht er durch eine übergroße Anspruchshaltung zurückzubekommen, unter anderem indem er das Sozial- und Gesundheitssystem für seine Zwecke nutzte und von seiner Frau Dienstleistungen forderte. Er sucht jedoch an der falschen Stelle und wird trotz seines großen Anspruchs auf diese Weise nie finden, was er wirklich braucht.

4. Der Sohn musste in die Fußstapfen des Vaters treten und den Vater bei der Mutter ersetzen. Er konnte auf diese Weise kaum eine eigenständige männliche Identität entwickeln und ist seiner Mutter gegenüber durch die doppelte Loyalität eines Mannes und eines Sohnes verpflichtet. Wo war da noch Platz für eine Ehefrau? Die Frau hatte also vermutlich nicht nur Ärger mit der Schwiegermutter oder konnte das Genörgel ihres Mannes nicht mehr ertragen – vermutlich haben auch die erdrückenden Verstrickungen sie in die Flucht geschlagen.

Abschluss und Anhang

»Abschlussprüfung« und Tschüss

Letzte Übung

Wir listen Ihnen einige Begriffe auf. Wenn Sie dazu in einer Prüfung kompetent Stellung nehmen könnten und einen eigenen Standpunkt dazu vertreten, dann haben Sie in diesem Handbuch viel gelernt (selbstverständlich nicht alles und nie genug!).

Beraterqualitäten
Sie benötigen eine breite theoretische und praktische Basis. Sie sollten Schulmeinungen verinnerlicht haben und trotzdem über den Tellerrand dieser Schulmeinung blicken können. Sie sollten systemische Vernetzungen und psychodynamische Prinzipien verstanden haben. Sie sollten zahlreiche Interventionsmethoden kompetent anwenden können. Viel wichtiger sind aber folgende Eigenschaften:

- empathisches Verstehen und Einfühlen,
- positive Wertschätzung,
- Kongruenz und Authentizität.

In der neueren Therapie- und Beratungsforschung konnten weitere Elemente einer effektiven Beratung herausgearbeitet werden:

- Allianz zwischen Berater und Klient,
- Zielkonsens zwischen Berater und Klient,
- Neugierde, Offenheit, Hilfsbereitschaft,
- Lern- und Anpassungsfähigkeit des Beraters, Kooperation,
- gekonntes Feedback,
- persönliche Mitteilungen des Beraters (nur im begrenzten Umfang),
- Kitten von Rissen und Zerwürfnissen im Beratungsbündnis,
- Kenntnis der Gegenübertragung und angemessener Umgang mit ihr,
- Interpretation und Veränderbarkeit der Beratungsbeziehung,
- Gestaltung der Beziehung entsprechend den Veränderungsbedürfnissen des Klienten.

Lebensbereiche und Perspektiven kennen lernen
Eine breite methodische Fundierung und ein großes Repertoire an Beratungswerkzeugen bleibt wirkungslos, wenn ein Berater nicht weiß, in welchen Kontexten er beraten kann, und wenn er nicht differenzieren kann, welche verschiedenen Dimensionen oder Perspektiven mit diesen Kontexten verwoben sind.

Lebensbereiche und Themen der Beratung:
- Familie, Liebe, Partnerschaft
- Beruf, Karriere, Leistung
- Körper, Gesundheit

- Materielle Sicherheit
- Selbstverwirklichung und Spiritualität

Perspektiven und Dimensionen des menschlichen Erlebens:
- Ziele, Ressourcen, Probleme
- Spiritualität und Sinnfindung
- Identität, Selbstbild, Zugehörigkeit
- Wahrnehmung, Interpretation und geistige Konstrukte
- Fähigkeiten, Wissen, Kenntnisse
- Denken, Meinen, Kognition
- Grundformen der Angst sowie Affekte und Emotionen
- Beobachtbares Verhalten
- Umgebung, Außenwelt, System

Qualitätskriterien und Ethik:
- Strukturdimension: Ausbildung, Fortbildung, Beziehungsgestaltung ...
- Prozessdimension: Interaktion, Intervention ...
- Ergebnisdimension: Evaluation, Supervision, Intervision ...

Bitte stellen Sie sich in Ihrem Kollegenkreis Fragen zu den einzelnen Stichworten und diskutieren Sie darüber. Gehen Sie bitte auch das Stichwort- und Personenregister durch und prüfen sie, inwieweit Ihnen die Begriffe und Personen etwas »sagen«.

Wie geht es nun weiter?

Liebe Leserin, lieber Leser, wenn Sie das Handbuch bis hierher aufmerksam gelesen haben, haben Sie viel gelernt und hoffentlich auch viel diskutiert. Wir würden uns freuen, wenn Sie das erworbene Wissen in Ihrem Beruf nutzen können und wenn Sie auch persönlich viele Fragen entdecken und Anregungen gewinnen konnten.

Sie haben die Möglichkeit, viele Texte, Fragen und Übungen dieses Buches mit anderen Lernenden online, durch viele schriftliche Hausarbeiten, Peergrouparbeit und in einem Praxisseminar zu vertiefen, wenn Sie den staatlich geprüften und zugelassenen Lehrgang »Personal Coaching/Psychologische Beratung« belegen. Dieser Lehrgang ist vom Qualitätsring Coaching zertifiziert. Außerdem könnten Sie einen Abschlusslehrgang zur Vorbereitung auf die Psychotherapieprüfung für Heilpraktiker belegen.

Informationen finden Sie auf der Website des Autors: www.drmigge.de

Tschüss! Ihr Björn Migge und das Team vom Beltz Verlag

Literaturverzeichnis

Adler, A. (1994): Praxis und Theorie der Individualpsychologie. Frankfurt (Fischer).
Ahlborn, H.-U./Weishaupt, W. (2000): Berufsbild und Berufsstand des freien Psychotherapeuten. In: Großer Praxisleitfaden. Hannover (Verband der freien Psychotherapeuten und psychologischen Berater e.V.).
Ameln, von, F./Gerstmann, R./Kramer, J. (2004): Psychodrama. Heidelberg (Springer).
Balint, M./Balint, E. (1961): Psychotherapeutische Techniken in der Medizin. Stuttgart (Klett).
Bamberger, G.G. (1999): Lösungsorientierte Beratung. Weinheim (Beltz).
Bamberger, Th. (2003): Leitfaden für freie beratende, lehrende und therapeutische Berufe in Deutschland. Hamburg (a&o medianetwork).
Bandler, R./Grinder, J. (1996): Neue Wege der Kurzzeittherapie. Paderborn (Junfermann).
Bandura, A. (1986): Social foundations of thought and action. USA (Prentice-Hall).
Bateson, G. (1983): Ökologie des Geistes. Frankfurt (Suhrkamp).
Beattie, M. (1990): The language of letting go. USA (Hazelden).
Beck, A.T. et al. (1991): Kognitive Therapie der Depression. Weinheim (Psychologie Verlagsunion).
Benkert, O. (2001): Psychopharmaka. München (C.H. Beck).
Berger, K. (2004): Jesus. München (Pattloch).
Berger, K. (2004): Ist Gott Person? Gütersloh (Gütersloher Verlagshaus).
Bertalanffy, L. (1970): Gesetz oder Zufall: Systemtheorie und Selektion; in: Koestler. A.: Das neue Menschenbild. München (Piper).
Biddulph, S. (2001): Das Geheimnis glücklicher Kinder. Reinbek (rororo).
Boerner, M. (1999): Byron Katies The Work. München (Goldmann).
Bollmann, S. (2001): Kursbuch Management. München (DVA).
Bolton, G./Howlett, St./Lago, C./Wright, J.K. (2004): Writing Cures – An introductory handbook of writing in counselling and therapy. New York (Brunner-Routledge).
Bongartz, W./Bongartz, B. (1998): Hypnosetherapie. Göttingen (Hogrefe).
Brähler, C./Brähler, E. (1986): Der Einfluss von Patientenmerkmalen und Interviewverlauf auf die Therapieaufnahme. Psychosomatische Medizin. 32: 140–160
Buber, M. (1995, erstmals 1923): Ich und Du. Ditzingen (Reclam).
Buchner, D. (1994): Team-Coaching. Wiesbaden (Gabler).
Buer, F. (2001): Praxis der Psychodramatischen Supervision. Opladen (Leske u. Budrich).
Cameron-Bandler, L. (1978): They Lived Happily Ever After. USA (Meta Publication).
Caplan, G. (1964): Principles of Preventive Psychiatry. USA (Basic Books).
Chomsky, N. (1999): Sprache und Geist. Frankfurt (Suhrkamp).
Clasen, W.C.-W./Meyer-Blanck, M./Ruddat., G. (2001): Evangelischer Taschenkatechismus. Birnbach (am Birnbach).
Costa, P.T./McCrae, R.R. (1992): The NEO personality inventory manual. USA (Psychological Assessment Ressources)
Covey, S.R. (1996): Die sieben Wege zur Effektivität. Frankfurt (Campus).
Dalai Lama/Cutler, H.C. (2002): Die Regeln des Glücks. Bergisch Gladbach (Bastei Lübbe).
Dayton, T. (1995): The Quiet Voice of Soul. Florida (Health Communications).
De Shazer, S. (1985): Wege der erfolgreichen Kurzzeittherapie. Stuttgart (Klett-Cotta).
Dessoir, M. (1896): Das Doppel-Ich. Leipzig (Günther).
Dietrich, M./Dietrich, J. (1996): Wörterbuch Psychologie und Seelsorge. Wuppertal (Brockhaus).
Dilling, H./Reimer, C./Arolt. V. (2001): Basiswissen Psychiatrie und Psychotherapie. Heidelberg (Springer).
Dilts, R. (1997): Kommunikation in Gruppen und Teams. Paderborn (Junfermann).
Dilts, R. (1993): Die Veränderung von Glaubenssystemen. Paderborn (Junfermann).
Doubrava, E./Blankertz, S. (2000): Einladung zur Gestaltungstherapie. Köln (GIK u. Hammer).
Dulabaum, N.L. (^{4}2003): Mediation: Das ABC. Weinheim und Basel (Beltz).

Duvall, E.M. (1971): Family development. USA (Lippincott).
Ellis, A. (1996): Training der Gefühle. Landsberg am Lech (mvg).
Erickson, M. (1993): Hypnotherapie. München (Klett-Cotta/Pfeiffer).
Etten, M.L. van/Taylor, S. (1998): Comparative efficacy of treatments for posttraumatic stress disorder: A meta-analysis. Clinical Psychology & Psychotherapy, 5: 126–144.
Eysenck, H.J. (1973): The inequality of man. London (Temple Smith).
Fischer, G./Riedesser, P. (1999): Lehrbuch der Psychotraumatologie. München (Reinhardt-UTB).
Fischer-Epe, M. (2002): Coaching – Miteinander Ziele erreichen. Reinbek (rororo).
Frankl, V. (1993): Psychotherapie für den Alltag. Freiburg (Herder).
Franz, M.-L. v. (1996): C.G. Jung – Leben. Werk und Vision. Kiel (Königs Furt).
Freud, S.: siehe Einführungstext: Mertens, W.
Friedag, H.R./Schmidt, W. (2000): My Balanced Scorecard – Praxisbuch. Freiburg (Haufe).
Fröhlich, W.D. (2002): Wörterbuch Psychologie. München (dtv).
Geest van der, H. (2000): Unter vier Augen – Beispiele gelungener Seelsorge. Zürich (Theologie).
Glasenapp, H.v. (1996): Die fünf Weltreligionen. München (Diderich).
Glaserfeld, E. (1997): Wege des Wissens. Konstruktivistische Erkundungen durch unser Denken. Heidelberg (Carl-Auer-Systeme).
Glasl, F. (1997): Konfliktmanagement. Bern (Freies Geistleben).
Gebser, J. (1999): Ursprung und Gegenwart. Schaffhausen (Novalis).
Gomez, P./Probst, G.J.B. (1991): Vernetztes Denken. Wiesbaden (Gabler).
Grawe, K. (1998): Psychologische Therapie. Göttingen (Hogrefe).
Gray, J. (1992): Männer sind anders; Frauen auch. Männer sind vom Mars. Frauen von der Venus. München (Mosaik).
Greenberg, R. et al. (1978): If Freud only knew: A reconsideration of psychoanalytic dream theory. Int. Review of Psycho-Analysis. 5: 71–75.
Grinder, J./Bandler, R. (1995): Therapie in Trance. Stuttgart (Klett-Cotta).
Grochowiak, K. (1999): Das NLP-Master-Handbuch. Paderborn (Junfermann).

Grochowiak, K./Castella, J. (2002): Systemdynamische Organisationsberatung. Heidelberg (Carl-Auer-Systeme).
Hain, P. (2001): Das Geheimnis therapeutischer Wirkung. Heidelberg (Carl-Auer-Systeme).
Hamilton, V. (1996): The Analyst's Preconscious. USA (Analytic Press).
Harner, M. (2002): Der Weg des Schamanen. München (Econ).
Haley, J. (1978): Die Psychotherapie Milton H. Ericksons. Stuttgart (Pfeiffer).
Heidegger, M.(1993): Sein und Zeit. Tübingen (Niemeyer).
Hellinger, B.: empfohlener Einführungstext von: Weber, G.
Henseler, H. (1995): Religion – Illusion? Eine psychoanalytische Deutung. [Hrsg. von Kurt Scheel]. Göttingen (Steidl).
Heß, T./Roth, W.L. (2001): Professionelles Coaching. Eine Expertenbefragung. Heidelberg (Asanger).
Hilgard, E.R. (1971): Hypnosis and Childlikeness. USA (Lund Press).
Hofmann, A. (1999): EMDR in der Therapie. Stuttgart (Thieme).
Hoffmann, W.H. (1991): Faktoren erfolgreicher Unternehmensberatung. Wiesbaden (Dt. Universitätsverlag).
Holzheu, H. (2002): Natürliche Rhetorik. München (Econ).
Horney, K. (1945): Our inner conflicts. USA (Norton).
Jellouschek, H. (1999): Wie Partnerschaft gelingt – Spielregeln der Liebe. Freiburg (Herder).
Jung, C.G.: biografischer Einführungstext: Franz, v. M.-L.
Kabat-Zinn, J. (1998): Im Alltag Ruhe finden. Freiburg i.Br. (Herder Spektrum).
Kamlah, W./Lorenzen, P. (1972): Logische Propädeutik. Mannheim (BI).
Kanfer, F./Reinecker, R./Schmelzer, D. (2000): Selbstmanagementtherapie. Heidelberg (Springer).
Kandl, E.R. (1991): Cellular mechanisms of learning and the biological basis of individuality. in: Principles of neural science. USA (Elsevier).
Kant, I. (2002): Kritik der reinen Vernunft [Hrsg. von Heidemann, I.]. Ditzingen (Reclam).
Karp, M./Holmes, P. et al. (1998): The Hand-book of Psychodrama. USA (Brunner-Routledge).
Kelly, G.A. (1955): A theory of personality. USA (Norton).

Kernberg, O.F. (2000): Schwere Persönlichkeitsstörungen. Stuttgart (Klett-Cotta).
Klaiber, W./Marquardt, M. (1993): Gelebte Gnade. Stuttgart (Christliches Verlagshaus; jetzt als PDF bei www.blessings4you.de)
König, E./Volmer, G. (^{7}1999): Systemische Organisationsberatung. Weinheim und Basel (Beltz).
Korzybski, A. (1941): Science and sanity. USA (Science Press).
Lazarus, A.A. (1997): Multimodale Kurztherapie. Stuttgart (Klett-Cotta).
Leveton, E. (1996): Mut zum Psychodrama. Schwäbisch Gmünd (iskopress).
Lewin, K. (1948): Resolving social conflicts. USA (Harper).
Linden, M./Hautzinger, M. (Hrsg.) (^{4}2000): Verhaltenstherapiemanual. Heidelberg (Springer).
Linehan, M.M. (1993): Cognitive-behavioral treatment of borderline personality disorder. USA (Guilford).
Luhmann, N. (1990): Die Wissenschaft der Gesellschaft. Frankfurt (Suhrkamp).
Maaß, E./Ritschl, K. (1997): Coaching mit NLP. Paderborn (Junfermann).
Majce-Egger, M. (Hrsg.) (1999): Gruppentherapie und Gruppendynamik. Wien (Facultas).
Malik, F. (2001): Führen. Leisten. Leben. München (Heyne).
Maschwitz, G.R. (2001): Phantasiereisen zum Sinn des Lebens. München (Kösel).
Maturana, H./Varela, F. (1984): Der Baum der Erkenntnis. Bern (Scherz).
McGrath, A.E. (1997): Der Weg der christlichen Theologie. München (C.H. Beck).
McWilliams, N. (1994): Psychoanalytic Diagnosis. London (Guilford Press).
Meichenbaum, D.W. (1979): Kognitive Verhaltenstherapie. München (Urban & Schwarzenberg).
Mertens, W. (2000): Einführung in die psychoanalytische Therapie Bd. 1–3. Stuttgart (Kohlhammer).
Mentzos, S. (2000): Neurotische Konfliktverarbeitung. München (Fischer).
Merton, R.K. (1965): Die Eigendynamik gesellschaftlicher Voraussagen. In: Topitsch, E.: Logik der Sozialwissenschaften. Köln (Kiepenheuer & Witsch).
Meyer, A.-E./Richter, R./Grawe, K. et al.: Gesetzeskommentar zu § 1 Abs. 3 PsychThG. In: Ahlborn, H.U./Weishaupt, W. (siehe dort)

Migge, B. (2005): Fernkurs Psychotherapie Bd. 1–14. Hamburg (Institut für Lernsysteme, ils).
Minuchin, S. (1977): Families and family therapy. USA (Harvard University Press).
Mischel, W. (1982): Introduction to personality. USA (Rinehart & Winston).
Moreno, J.L.: siehe Lehrbücher von Ameln, F. und Yablonsky, L.
Moser, U./Zeppelin, I. (1996): Der geträumte Traum. Stuttgart (Kohlhammer).
Mrochen, S./Holtz, K.-L./Trenkle, B. (1993): Die Pupille des Bettnässers – Praxis der Kinderhypnose. Heidelberg (Carl-Auer-Systeme).
Müller-Spahn, F./Hoffmann-Richter, U. (2000): Psychiatrische Notfälle. Stuttgart (Kohlhammer).
O'Connor, J./Seymour, J. (1996): Neurolinguistisches Programmieren: Gelungene Kommunikation und persönliche Entfaltung. Freiburg (VAK).
Ornstein, R. (1986): Multimind. USA (Houghton Mifflin).
Palazzoli, M.S. (1975): Paradoxon und Gegenparadoxon. Stuttgart (Klett-Cotta).
Perls, F.S. (1977): The gestalt approach: An eyewitness to therapy. USA (Science and Behavior).
Peseschkian, N. (2000): Auf der Suche nach Sinn. Frankfurt (Fischer).
Pizzey, E. (1974): Scream Quietly or the Neighbors Will Hear. USA (Penguin Books).
Pizzey, E. (1989): Schrei leise. Mißhandlungen in der Familie. Frankfurt (Fischer).
Polambo, S.R. (1978): Dreaming and memory. USA (Basic Books).
Pöldinger, W. (1968): Die Abschätzung der Suizidalität. Bern (Huber).
Puri, B.K./Laking, P.J./Treasaden, I.H. (2002): Textbook of Psychiatry. GB (Churchill Livingstone).
Rauen, Chr. (Hrsg.) (2001): Handbuch Coaching. Göttingen (Hogrefe).
Revensdorf, D./Peter, B. (Hrsg.) (2001): Hypnose in Psychotherapie, Psychosomatik und Medizin. Heidelberg (Springer).
Riemann, F. (2003): Grundformen der Angst. München (Reinhardt).
Ringel, E. (1954): Der Selbstmord. Abschluß einer krankhaften psychischen Entwicklung. Wien (Mandrich).
Ritter, R. (2004): Boom mit Hellinger. Die Sehnsucht nach Ordnung und Lösung. Psychotherapeutenforum 5/2004. Münster (DPTV).

Rosenberg, Marshall B. (2004): Gewaltfreie Kommunikation. Paderborn (Junfermann).
Rosenthal, R./Jacobson, L. (1983): Pygmalion im Unterricht. Basel/Weinheim (Beltz).
Rowan, A.B. et al. (1993): Post-traumatic stress disorder in child sexual abuse survivors. Journal of Traumatic Stress. 6: 3–20.
Ruesch, J./Bateson, G. (1995): Kommunikation – die soziale Matrix der Psychiatrie. Heidelberg (Carl-Auer-Systeme).
Satir, V. (1988): Meine vielen Gesichter. München (Kösel).
Schmidbauer, W. (1996): Liebeserklärung an die Psychoanalyse. Reinbek (rororo).
Schmidt, G. (1985): Gedanken zum Erickson'schen Ansatz aus einer systemischen Perspektive. In: Peter, B.: Hypnose und Psychotherapie. München (Pfeiffer).
Schmidt-Tanger, M. (1998): Veränderungs-Coaching. Paderborn (Junfermann).
Schmidt-Tanger, M. (2004): Gekonnt coachen. Paderborn (Junfermann).
Schopenhauer, A. (1998): Die Welt als Wille und Vorstellung. München (dtv).
Schwarzt, D. (1987): Gefühle erkennen und positiv beeinflussen. Langsberg (mvg).
Schwartz, R.C. (1997): Systemische Therapie mit der inneren Familie. Stuttgart (Klett-Cotta/Pfeiffer).
Schulz von Thun, F. (1998): Miteinander reden (3 Bände). Reinbek (rororo).
Siegel, B.S. (1990): Peace, Love and Healing. USA (Arrow Books).
Siegel, B.S. (2002): Mit der Seele heilen. Berlin (Ullstein).
Simon, F.B. (2001): Zirkuläres Fragen – Systemische Familientherapie. Heidelberg (Carl-Auer-Systeme).
Simon, F.B./Rech-Simon, Ch. (6. Aufl. 2004): Zirkuläres Fragen. Systemische Therapie in Fallbeispielen. Ein Lehrbuch. Heidelberg (Carl Auer-Systeme).
Simonton, C. (2001): Wieder gesund werden. Reinbek (rororo).
Stadler, M./Kruse, P. (1990): Über Wirklichkeitskriterien. In Rigas, V./Vetter, C.: Zur Biologie der Kognition. Frankfurt (Suhrkamp).
Steenblock, V. (2003): Die großen Themen der Philosophie. Darmstadt (Wissenschaftliche Verlagsgesellschaft).
Stierlin, H. (1975): Von der Psychoanalyse zur Familientherapie. Stuttgart (Klett-Cotta).
Stierlin, H./Simon, F.B./Schmidt, G. (1987): Familiäre Wirklichkeiten. Heidelberg (Klett-Cotta).
Stone, H./Winkelmann, S. (1985): Embracing ourselves. USA (Marina del Rey).
Strotzka, H. (1975): Psychotherapie: Grundlagen, Verfahren, Indikationen. München (Urban & Schwarzenberg).
Sullivan Everstine, D./Everstine, L. (1983): People in Crisis. USA (Brunner/Mazel).
Thomä, H./Kächele, H. (1996): Lehrbuch der psychoanalytischen Therapie Bd. 1 u. 2. Heidelberg (Springer).
Thomann, C./Schulz von Thun, F. (1996): Klärungshilfe. Reinbek (rororo).
Underhill, E. (2001): Mysticism. GB (Oneworld).
Varga von Kibéd, M./Sparrer, I. (2002): Ganz im Gegenteil. Heidelberg (Carl-Auer-Systeme).
Warren, R. (2005): Leben mit Vision. Asslar (Gerth Medien).
Watkins, J.G.H. (1982): Psychoanalyse, Hypnoanalyse, Ego-State-Therapie. Hypnose u. Kognition (M.E.G.). 9: 85–97.
Watzlawick, P. (1991): Die erfundene Wirklichkeit. München (Piper).
Watzlawick, P./Beavin, J. H./Jackson, D. D. (2000): Menschliche Kommunikation. Bern (Huber).
Weber, G. (Hrsg.) (1997): Zweierlei Glück – die systemische Therapie Hellingers. Heidelberg (Carl-Auer-Systeme).
Welter-Enderlin, R. (1996): Deine Liebe ist nicht meine Liebe. Freiburg (Herder).
Wesley, J.: siehe Übersichtsarbeit von Klaiber, W. und Marquardt, M.
Wilber, K. (2001): Integrale Psychologie – Geist, Bewußtsein, Psychologie, Therapie. Freiamt (Arbor).
Whitmore, J. (1996): Coaching für die Praxis. Frankfurt (Campus).
Whitworth, L./Kimsey-House, H./ Sandahl, P. (2005): Co-aktives Coaching. Offenbach (Gabal).
Whorf, B.L. (1994): Sprache, Denken, Wirklichkeit. Reinbek (rororo).
Willgis, J. (2002): Die Welle ist das Meer. Freiburg (Herder).
Willi, J. (2000): Was hält Paare zusammen? Reinbek (rororo).
Wöller, W./Kruse, J. (2005): Tiefenpsychologisch fundierte Psychotherapie. Stuttgart. (Schattauer).

Yablonski, L. (1998): Psychodrama. Stuttgart (Klett-Cotta).

Yalom, I.D. (2002): Der Panama-Hut. Oder: Was einen guten Therapeuten ausmacht. München (btb).

Yalom, I.D. (^{6}2001): Theorie und Praxis der Gruppenpsychotherapie. S. 300ff. Stuttgart (Klett-Cotta/Pfeiffer).

Zimbardo, P.G./Gerrig, R.J. (1999): Psychologie. Heidelberg (Springer).

Zink, J. (1999): Die goldene Schnur – Anleitung zu einem inneren Weg. Stuttgart (Kreuz).

Zink, J. (2004): Erfahrung mit Gott. Stuttgart (Kreuz).

Zotz, V. (1999): Mit Buddha das Leben meistern. Reinbek (rororo).

Stichwortverzeichnis

Zum Umgang mit dem Register: Erklärende Adjektive sind, durch Komma getrennt, dem Substantiv nachgestellt. Zum Beispiel: Zuhören, aktives.
Umlaute am Wortanfang sind wie die zu Grunde liegenden Vokale aufgefasst worden. So ist zum Beispiel ätiologisch zu suchen wie atiologisch.

ABC-Schema 156f., 181ff.
Abgrenzen, sich 37ff., 272
Abgrenzung v. Coaching u. Psychotherapie 24
Abhängigkeitsgruppe 311
Abstinenz 18, 553
Abstrahieren 515
Abwehrklima 310
Abwehrmechanismus 18, 110
ADHS 274ff.
Affekte 165
Affirmation 52f., 154
Aggression 41
Aggression, unterdrückt, passiv 407, 436, 490
Aktionsmethoden 167, 371ff.
Aktionsmodell, rangdynamisch 310
aktives Zuhören s. Zuhören, aktives
Allparteilichkeit 347
Alltagstrance 375
Alter(n) 235, 437ff.
Ambivalenzkonflikt 493
Amtsarztprüfung für Heilpraktiker (Psychotherapie) 23, 578ff.
Anamnese s. Biografie
Anfang 482
Angst 422ff.
Angst als Schlüsselqualifikation 426
Anpassungsschwierigkeit 428
Appellaspekt 35f.
Äquivalenz, komplexe 159
Arbeit, Relevanz der 295
Assessment 307
assoziiert 116
ätiologisch 290
Atom, soziales 372f., 377f., 495
Aufmerksamkeitsdefizit-Hyperaktivitätssyndrom (ADHS) s. ADHS
Aufstellung 221ff., 342, 346ff., 371ff., 381
Aufzeichnung s. Mitschreiben
Ausbildung zum Coach 13, 27, 619

Außer-Übertragungsdeutung 214, 315, 321
Autodrama 379
Autopoesis 375
Axiom 158

Balance 279
Balint-Gruppe 211, 368, 453, 553
Basisdokumentation 597
BASIC I.D. 590
Bauklötze 483f.
Behavio(u)rismus 354
Behinderungsmacht 237
Belastungsstörung, posttraumatische 450ff.
Beobachtungslernen 113
Berater/in 13
Beratung, psychologische 22, 553, 578ff.
Beratung, systemische 342ff.
Beratungsansätze, flexible 17
Beratungserfolg 17
Beratungshaus 499
Beratungsprozess, Phasen des 360, 482
Beratungsverständnis 585
Beratungsziele 117, 126
Betreuung 614
Betriebstemperatur 572
Bewältigungsstrategie s. Coping
Beziehungen, komplementär / symmetrisch 300, 442, 503
Beziehungsaspekt 35f.
Beziehungsfähigkeit 32, 552f.
Beziehungswünsche 18
BFTB 555
Big Five 111
Bindungsbedürftigkeit 605
Biografie 214, 251, 410, 483
Brainstorming 96, 120
Bridging 600
Brief(e) 379
Burn-out 299f.
Business-Coach(ing) 22, 28, 278

Chancen 95
Chaostheorie 431
Charisma 150
Cluster s. Glaubenssatzmolekül
Co-Abhängigkeit 215
Coach 22, 28, 278, 550

Coach, intern, extern 26
Coachee 22, 278
Coaching-Pool 360, 577
Coaching-Prozesse 584
Coaching-Vertrag 607f.
common sense s. Menschenverstand, gesunder
containing 265, 267
Coping 282f., 327
counselling 278

dbvc s. Verbände
Dehypnotisieren 375
Denken, nicht sprachlich 166f.
Denkfehler, systematisch 179ff.
Determinismus 113
Deutung 18, 214, 271, 315, 334f.
dft s. Verbände
DGPM 611f.
Diagnose 350, 357
Dialog, innerer 38f.
DISG 569
Diskurs s. Disputation
Disney-Konzep 96ff., 120
Disputation 157, 187
dissoziiert 116
Dominanzkonflikt 605
Doppeln 376, 382
Double bind 52, 274, 344f.
Dualismus 284, 350
dvct s. Verbände
dvnlp s. Verbände
dysfunktional 177, 179, 186

Ebenen, logische 106f.
Ego state counselling 116
Eheberatung 241, 275
Eifersucht 237f.
Eigenschaftsmodell 353f.
Einsicht 315
Einwände 101
Eklektizismus 16f., 30
EMDR 450ff.
Empathie 55, 211, 374, 552
Enneagramm 112
Ensemble 31
Entzugssymptome 72, 75
Ergebnisoffenheit 489
Ergebnisqualität 554ff.
Erkrankung, chronisch 287
Erziehungsberatung 241, 275
Es 494
Ethik 550, 554

Etikettieren 40f.
Evaluation 509, 550ff., 609
Evidenzkriterium 155
Executive Coaching s. Business-Coaching
Existenzanalyse 495
Existenzielle Faktoren s. Existenzialfaktoren
Expertenberatung 22, 359
Extraversion 111f.

Faktoren, existenzielle 100, 430
Fallberatung, kollegiale 368
Fälle, Hinweise zu den 46
Falldarstellung s. Biografie
false memory 408ff., 472, 474
Familie 218ff.
Familiengeheimnisse 440ff.
Familienintensivtraining FIT 570
Familienregeln 440ff.
Familientherapie 241ff., 275, 346ff.
Familienzyklus 233
Fantasie 110, 171f.
Fax an Arzt 412
Feedback 41, 43, 113, 288, 295, 508
Feedbackschleife 511
Fehlerfreundlichkeit 490
Figur und Grund 165
Finanzamt 580
Flash back 452
Fokussierung 350
Fortbildung, kontinuierlich 554
Fragebogen für Klienten 597
Fragen 16, 19, 43
Fragen an Suizidale 478
Fragen, zirkuläres 33, 55, 346, 368
Fremdgefühl 152, 225f., 406
Futurepace 116

Geben und Nehmen 225, 231f.
Geburt 408
Gefühlstagebuch 184
Gegenübertragung 55, 82, 109, 210f., 315, 413, 479
Gegenübertragung, Definition 315
Gegenübertragungsfantasie, erotische 337
Geheimnisse 219
Generalisierung 62, 108
Generationen 218f.
Genogramm 347
Gestaltpsychologie 165f.
Gestalttherapie 29
gesunder Menschenverstand
  s. Menschenverstand, gesunder
Gesundheitsprävention 314

gewaltfrei 488
gewaltfreie Kommunikation
    s. Kommunikation, gewaltfreie
Gewalt in Familien 440ff.
Gewaltopfer 445f.
Gewerbeamt 580
Gewissen 494
Gipfelerlebnis 106
Glaube 416ff., 476, 420f.
Glaubenssatz 101, 150ff., 177, 191f.
Glaubenssatzmoleküle 153
Glück 95
Göttinger Modell 310
Grandiosität 264f.
Grenzen setzen 37ff.
Grundmuster 56
Gruppe 167
Gruppenanalyse 309ff., 311, 508f.
Gruppendynamik 309
Gruppenkonflikt 506ff.
Gruppenmatrix 309f.
Gruppenselbsterfahrung 508ff.
Gruppentherapie 310, 371ff., 495

Handlungsmodell 353f.
Hängebrücke 268
Harvard-Konzept 505f.
Hauskreis 477
Haustiere s. Tiere
Heilpraktiker(gesetz) 23, 578ff.
Helfersyndrom 271
Hemisphärenmodell 114
Hierarchie 305
Hierarchien der Wirklichkeit 107
Hier und Jetzt 147f., 211f., 407
Hilfs-Ich 375, 381
Holy Seven 289
Honorar 26, 576
Horrorszenario 513
Hyperreflexion 350, 495
Hypnose s. Hypnotherapie
Hypnose-Sprachmuster 42f., 47ff.
Hypnotherapie 29, 47ff., 144, 174, 346, 366
Hypothesen 29
hysterisch 289

ICD der WHO 24
Ich-Botschaft 514
Ich-Ideal 494
Ich-Stabilität 111, 115
Ideen 96
Identifikation 375

Identifizierung, konkordant/komplementär 110, 211, 266
Identifizierung, Verstrickung durch 225
Identität 108, 150, 352
Identität als Coach 577f.
Illusion einer Alternative 490, 493
ILS 14, 518, 569
Index-Patient 90, 242, 309f., 313, 357, 492
Individualpsychologie 88, 495
Individuation 219, 495
induktiv 153
Information, relevante 287
Inhaltsaspekt 35f.
Inkompetenz 105
Inkongruenz 150
innerer Dialog s. Dialog, innerer
inneres Kind s. Kind, inneres
inneres Team s. Team, inneres
Instanzenmodell Freuds 494
Inszenierung 274
Interaktion, symmetrisch/komplementär 346
Interaktionsprozess 23
Intermodalitätsprüfung 164
interpersonell 486f., 542
Interpunktion 344
Intervention 358
Intervention, paradoxe 345
Interview 362
Intervision 368, 553
intrapsychisch 486f., 542
Introjekt 52, 110, 273, 393ff., 408f.
Introversion 147, 368, 453
Inzest 444
irrational 177

Jammergruppe 311
Jetzt 294
Jugendkult/Jugendlichkeit 437f.

Karriereplanung 294ff.
Kartenvergleich 363
Katharsis 374, 382, 573
Killerphrasen 39ff.
Kinder als Quelle der Liebe 442
Kind, inneres 169
Kinderfantasien u. -tagträume 171f.
Klarifikation 18
Klärung 315
Klient 32f.
Klientenfragebogen 597f.
Klientenwünsche 578
klientenzentriert 32f.

Kochplatten(modell) 45, 65ff., 572
Kognition, dysfunktional 176ff., 179, 186
Kognitionswissenschaft 112
kognitive Umstrukturierung
    s. Umstrukturierung, kognitive
Kollusion s. Paarkollusion
Kommunikationsaspekt 59
Kommunikation, gewaltfreie 37, 488
Kommunikation, paradoxe 52, 274, 344
Kompartmentbildung 110
Kompensation 110
Kompetenz 105
komplementäre Identifikation
    s. Identifikation, komplementäre
Komplexe 115

Komplexität 348
Kongruenz 150
Konflikt 486ff.
Konflikte, innere 18
Konflikteskalation 504
Konfliktmoderation 505
Konfrontieren 18, 315
Konkretisieren 115
konkordante Identifikation
    s. Identifikation, konkordante
Konstrukte 112, 355
Konstruktinterview 362f.
Konstruktivismus 52, 163, 348ff., 355
Konversionsneurose 289
Kooperation 18
Körperfunktionen, Abschied von 437
Krankenkasse 570
Krankheit 24
Krieg 270
Kripo 434
Kriterien (NLP) s. Schlüsselwörter
Kritiker 96
Krise 98ff., 427ff.
Krisenphasen 432f.
Kurzzeittherapie, multimodale 590
Kybernetik 343

Latent (s. auch Traum) 36, 309f.
Leaden 31f.
Lebensberater 15, 26, 579
Lebensberatung, pastoral 25
Lebensberatung, philosophisch 25
Lebensberatungsgesetz, Entwurf;
    s. hier: www.dvct.de
Lebenslauf schreiben lassen 611
Leeres-Nest-Syndrom 234
Leitfrageninterview 362f.

Lernen am Modell 113, 151, 374
libidinös 605
Liebe 227ff., 249ff.
Life Coaching 22
Logische Ebenen n. Dilts s. Ebenen, logische
Logotherapie 350
Lösungsfokussierung 18
Lösungslosigkeit 88, 431
lösungsorientiert 346, 370, 479, 552
Loyalität 347
Lustprinzip 494

Macht bei Paaren 237
manifest (s. auch Traum) 36, 309f.
Manipulation 413, 554
Maschinenmodell 353
Matching 164, 170
Matrix 309f., 492
Mediation 25, 516ff.
Medikamente 410f.
Mehrgenerationenperspektive 347
Meinung 29
Menschenverstand, gesunder 13
Mentoring 25
Metaposition 33
Metaprogramme 160ff., 190f.
Methode (s. auch Modelle) 16
methodenübergreifend 13, 15f.
Midlifecrises 495
Minderwertigkeitsgefühl 495
Missbrauch der Beratungsbeziehung 593ff., 603, 605
Missbrauch, sexueller 393ff., 408f., 443ff.
Misshandlung 442f.
Mitschreiben 363
Mitte der Beratung 482
Mobbing 301, 311ff., 564
Modelle 29, 112, 307, 311, 519
Modelle der Persönlichkeit 35, 111ff.
Modell-Lernen (Lernen am Modell) 113, 151, 374
Monodrama (s. auch Psychodrama) 267, 379
Multimind-Konzept 114ff.
multimodal 590
Multitaskfähigkeit 298
Muss-Gedanken 156
Mystik 417ff.

Nachfolge 225
narrativ 343
Narzissmus 264f., 605
Narzissmus, gesunder 265, 564
Neid 438f.

Netzwerk 434
neurodual 573
Neurolinguistisches Programmieren s. NLP
Neuronen-Netzwerke 31, 166, 380, 571ff.
Neuroplastizität 527
Neuropsychologie s. Neuronen-Netzwerke
NLP 13, 29, 106, 157, 161, 366
Nominalisierung 62
Notizen s. Mitschreiben

Oberflächenstruktur 36, 88f.
Objektrepräsentanz 18, 371, 378, 492, 502
Öko-Check 104
Opfer (s. auch Missbrauch u. Täter) 393ff., 408
Optionen 296
Ordnung in Familien 224f.
Organisationskultur 364
Organsprache 292

Paarbildungsgruppe 311
Paar-Coaching 235
Paarkollusion 232, 236, 264, 479
Paarkollusion, Definition 542
Pacen 31f., 34, 164, 599
Palo Alto 345
Paradigmenwechsel 349
Paradoxe Kommunikation s. Double bind
Paraphrasieren 514, 599
Parentifizierung 224f.
Partnerschaft 218ff., 249f.
Personal Coaching 22, 28
Persönlichkeit 105, 108, 114f.
Persönlichkeitsmodell
   s. Modelle d. Persönlichkeit
Persönlichkeitstheorien, kognitive 112
Perspektivenwechsel 45f.
Pharmakotherapie 410
Phasenmodelle 121f.
Plan 296
Portfolio 499
präsuizidal 447f.
Präsupposition 155
Prävention 427f.
Primärgefühl 226
primärprozesshaft 170, 174
Problem 18, 88ff.
Problemsystem 349f.
Pro-Coach-Association s. Verbände
Projektion 55, 82, 110, 235
Prophezeiung, sich selbst erfüllende 51, 356
Protagonist 375, 381
Protokoll 584
Provokation (s. auch neurodual) 345, 515

Prozess, interaktioneller 23
Prozessberatung 22, 314, 359
Prozessqualität 554ff.
Psychoanalyse 17f., 30, 141, 176, 222, 309f., 315, 331, 355, 494f., 553
Psychodrama 29, 167, 221f., 354, 371ff., 495
Psychodynamik (s. auch Psychoanalyse) 17, 346, 611f.
Psychoedukation 519
psychologische Beratung
   s. Beratung, psychologische
Psychoneurose 289
Psychose 333
Psychosomatik 282ff., 289ff., 327
Psychotherapeuten (Psychologen, Ärzte) 493f.
Psychotherapeutengesetz (PsychThG) 578ff.
Psychotherapie, Abgrenzung zum Coaching 22ff., 553, 578ff.
Psychotherapie nach Yalom, existentielle 100, 430
Pygmalion-Effekt 356

QRPC, Qualitätsring (Personal) Coaching
   s. Verbände
Qualität(ssicherung) der Beratung 551, 554ff., 588

Rangdynamik der Aktion 310
Rapid Eye Movement, REM 170
Rapport 31f.
Rational-Emotive Therapie, RET 156f., 181ff., 209
Rationalisierung 110
Reaktionsbildung 110
Realitätsprinzip 494
Recht 578ff.
Referenztransformation 366f.
Reflecting Team 368
Reframing 157f., 599
Regeln, soziale 364
Regression 18, 110
Religion 416ff.
Repräsentationssysteme 57
res extensa, res cogitans 284
Ressourcen 92f.
Ressourcenaktivierung 18
Robinson-Syndrom 114
Rolle 44,46, 115, 222, 308f., 371ff., 374
Rollentausch (s. auch Psychodrama) 33

Salamitaktik 297
Scham 212
Schamanismus 53

Schatten 235
Scheinalternative 490
Schlüsselqualifikation Angst 426
Schlüsselwörter 151
Schock 432
Schuld 212, 435
Schulen, Theorie-, Beratungs- 29f.
Schweigepflicht 412, 581
Schwellensituation 408
Seelsorge 25, 569
Sekundärgefühl 226
sekundärprozesshaft 170, 174
Selbsterfahrung 145, 381, 508ff., 553
Selbstkonzept 150
Selbstliebe 265
Selbstmord(gedanken) 84, 446ff., 478ff., 483
Selbstoffenbarung 35f.
Selbstständigkeit 557ff.
Selbstwirksamkeit 101, 113
Sex 247ff., 269f., 337, 603
Sharing 368, 378, 382f.
silent speech 31, 150, 176
Sinn 95
Sinne 34, 57, 164
Six-Step-Reframing 115
Skala (von 1–10) 206
Skalieren 377
Skriptsatz s. Glaubenssatz
Skulptur 221ff.
Soliloquy 378
Somatisierung 279
Sorts (s. auch Metaprogramme) 160ff., 190f.
soziales Atom s. Atom, soziales
Soziogramm 305
Soziometrie 371f., 376, 381
Spiegeln 223, 376
Spiritualität 106, 416f.
Spontaneität 374, 496
Sprachmuster, hypnotisch 42f., 47ff.
Stabilität 98
Stanford 344f.
Stellvertreter 221ff.
Stellvertretertechnik 288
Stockholm-Syndrom 446
Störung/stören, systemisch 368f., 511ff.
Strategie, mentale 166
Strukturmodell Freuds 494
Strukturqualität 554ff.
Sublimierung 110
Submodalitäten 164, 166
Suizidalität s. Selbstmord
Suizidalitätsfragen 478
Sündenbock 90, 242, 309f., 313, 357, 492

Supervision 25, 147
Sureplus-Realität 373
Symbolisierung 169
Symptomträger 90, 242, 309f., 313, 357, 492
Symptomverschreibung 345
Systemische Theorie u. Praxis 29, 342ff., 346ff., 511ff.

Tagesrest 169
talking cure 19, 25
Täter 393ff., 408f., 442
Tauschen 376
Team-Coaching 303ff.
Team-Entwicklung 306ff.
Team.F 239, 275, 568ff.
Team-Identität 304ff., 307ff.
Team, inneres 44
Teamprobleme 305f.
Teile, innere 44, 150
Teilschritte 297
Tele (s. auch Empathie) 374
Tests 555
Themen im Coaching 27
Theorien s. Modelle
Therapeutenfutter 227
The Work s. Work, The
Thomas-Theorem 356
Tiefenpsychologie
    s. Psychodynamik u. Psychoanalyse
Tiefenstruktur der Sprache 36f., 88f.
Tiere 146
Tilgung 36f., 61
time out 603
Tod 434ff.
Todesnähe 235
Tools/Toolbox 13, 16, 23
Training 25, 561f.
Trance 50, 53, 173f.
Transaktionsanalyse 366
Trauer 434ff.
Traum 168ff., 211, 332
Traumakompensation 452
Traumaschema 452
Traumatisierung 52, 443ff.
Traumatherapie 450ff.
Trennung 238f., 436f.
Triade der Depression nach Beck 156
Trias nach Frankl 421
Trigger 452

Überlebensschuld 215, 406, 435
Übertragung 82, 109f., 146f., 214, 216, 271f., 315, 335, 605

Übertragung, Definition 315
Übertragung, sexuell/erotisch 146, 216
Übertragungsdeutung
 (s. auch Außer-Übertragungsd.) 214, 315
Übertragungsliebe 216
Überzeugung (s. auch Meinung u. Modelle) 29
Umdeutung (s. auch Reframing) 157f.
Umstrukturierung, kognitive 155ff., 176ff., 181ff.
Unternehmensberatung 342, 352f.
Unternehmens(un)kultur 304

Validierung, konsensuell 167, 508
Vater, symbolischer 348
Verallgemeinerungen 36f.
Veränderung 98, 553
Veränderungscoaching 305
Verbände und Vereine 550, 581, 589, 591
Verdichtung 169
Verdrängung 110, 157
Vergewaltigung (s. auch Missbrauch) 445f.
Verhaltenstherapie, kognitive 176ff., 205ff., 212, 366
Verknüpfung, unlogische 159
Verleugnung 110
Verschiebung 110
Verstrickung 225
Vertrag 607f.
Verzerrungen, sprachlich/kognitiv 36f., 109
VFP 591, 596, 609f.
Vier-S-Regel (4-S-Regel) 478
Vision 93f.
Visionär 96

Vitamin B 300f.
Vulnerabilitäts-Stress-Theorie 344

Wahlmöglichkeiten 347
Wahrscheinlichkeit 270f.
Warm-up 378, 381
Wechseln 376
Wellness 279
Werbefreiheit 581
Werkzeugkoffer s. Tools
Werte 150ff.
W-Fragen 44, 513f.
WHO s. ICD der WHO
Widerstand (s. auch Abwehr) 150, 331
Win-Win-Situation 25, 41, 490
Wir-Gefühl 231, 268
Wirkfaktoren der Beratung 315, 551ff.
Work-Life-Balance 314
Work, The 160, 267
writing cure 19, 25
Wunderfrage 370

Yavis-Typ 117, 605

Zeigefingertechnik (vs. auch Work, The) 267, 271
Zertifizierung 550, 581
Ziele 91ff., 101, 117, 124, 126, 185, 294ff.
Ziele, sieben übergeordnete 295
zirkuläres Fragen s. Fragen, zirkuläres
Zirkularität 343f., 368
Zugangskanäle 59
Zuhören, aktives 32f.

Personenverzeichnis

Adler 88, 495
Aristoteles 168

Bandler 157, 163
Bandura 112f.
Bateson 105f., 221, 274, 287, 343ff., 369
Beck 31, 155f., 212, 426
Becker 353
Bertalanffy 221, 343
Biddulph 51
Bion 310
Bischoff 559
Bock 560ff.
Borrmann 416
Buber 372
Buddha 420, 553
Byron 160

Cameron-Bandler 115
Caplan 427
Cardenal 421
Castella 342
Chomsky 161
Cortes 173
Costa 111
Covey 298f.

Descartes 284
Dessoir 163
Digmann 111
Dilthey 354
Dilts 106f., 114, 122, 416
Disney 96
Duhl 221
Dulabaum 518
Duvall 233

Einstein 172, 238, 366
Eisenhower 299
Ellis 31, 155f., 181, 366
Epstein 220
Erickson 31, 49, 118, 163f., 222, 346
Everstine 445
Eysenck 112

Fischer 452
Foulkes (Fuchs) 309
Frankl 95, 345, 350, 421, 495

Freud 25, 109, 141, 168ff., 174, 211f., 229, 235, 331, 355, 416, 494f.
Frisch 352

Gibran 558
Glase 504
Glasenapp 418
Glaserfeld 163, 355
Gomez 515
Grawe 551ff., 575
Grinder 157, 163
Grochowiak 39, 342, 488

Hain 552
Haley 346
Hamilton 17
Hammarskjöld 421
Hanks 114
Heidegger 355
Heigl 310
Heigl-Evers 310
Heinrich 14
Hellinger 221ff., 226, 342, 346ff.
Henseler 417
Hesse 115, 172, 424
Hildegard (v. Bingen) 566
Hilgrad 172
Hoffmann 352
Horney 502f.

Jacobson 356
Jäger 421
Jaspers 171
Jellouschek 237
Jesus 420f.
Jung 83, 114f., 170, 229, 235, 274, 495

Kabat-Zin 95
Kamlah 355
Kanfer 584
Kant 355, 416
Kantor 221
Kelly 112, 355, 363
König 359
Korzybski 153, 163

Langosch 353
Lazarus 590

LeDoux 572
Leeds 454
Lehmpfuhl 568ff.
Leveton 222
Lewin 99, 493
Lockert (geb. Voigt) 561ff.
Lorenzen 355
Lorenz-Wallacher 39
Luhmann 348f.
Luther 419

Malik 367
Malinowski 444
Marcus Aurelius 157
Maslow 106
Massing 337
Maturana 351, 355
McCrae 111
Meichenbaum 31
Meiss 288, 566ff.
Merton 356
Mesmer 554
Meyer 208
Milton s. Erickson
Minuchin 220
Mischel 112f.
Mitscherlich 348
Moeller 249
Moore 487, 501
Moreno 221f., 305, 309, 354, 371ff., 379, 381, 495
Mrochen 554

Nieländer 14

Ornstein 114
Osborn 515
Osgood 351, 388

Palazzoli 346
Paulus 421
Peres 221, 379
Peseschkian 292, 492
Pizzey 443
Platon 168
Pöldinger 447, 478
Probst 515

Rech-Simon 513
Riedesser 452
Riemann 423ff.
Ringel 447
Ritter 348
Rogers 591

Roosevelt 358
Rosenberg 496, 488
Rosenthal 356
Rowan 115
Ruesch 344

Satir 35, 221ff., 346
Sartre 500
Schilling 569
Schindler 310
Schink 89
Schmidt 346
Schmidt-Tanger 45, 305, 573
Schopenhauer 355
Schulz von Thun 35, 311, 345
Schwartz 115
Schwarz 487, 501
Shapiro 450
Shazer, de 346, 370
Siegel 280
Sieker 228ff., 298, 306
Simmel 221
Simon 346, 513
Simonton 52
Skinner 354
Stierlin 346
Stingelin 153, 166
Stone 115
Strotzka 24
Sulz 422

Tolstoi 218
Truman 358

Varela 351
Vodegel 14
Vogel 489
Voigt s. Lockert
Volmar 359

Watkins 115
Watson 354
Watzlawick 35, 221, 344f., 355, 365f., 552
Weaver 343
Weber 346
Weist 557ff.
Wegehaupt 337
Wesley 419
Whitmore 44
Willi 542
Winkelmann 115

Yalom 100, 430, 509

Das Mediationsbuch für Praktiker

Nina L. Dulabaum
Mediation: Das ABC
Die Kunst, in Konflikten erfolgreich zu vermitteln.
4. Auflage 2003. 203 Seiten mit vielen Abbildungen. Gebunden.
ISBN 3-407-36406-7

Nina L. Dulabaum zeigt in diesem Handbuch konstruktive Möglichkeiten der Konfliktbeilegung auf. Gleichzeitig stellt sie Praktikern ein Lernprogramm zur Verfügung, das alle notwendigen Grundlagen vermittelt.

»Das Buch ist gut gemacht, locker zu lesen. (...) Hier bietet eine Praktikerin Antwort auf alle wichtigen Fragen, die die Vermittlung in Konflikten betreffen.« *Die Buchrezension*

»Nina L. Dulabaum präsentiert die Grundlagen der Mediation übersichtlich in ABC-Form, leicht verständlich, zum sofortigen Transfer in den Alltag geeignet.« www.vbe-nds.de

»Das Buch stellt die Elemente einer Mediation in klar strukturierter Weise, einer anschaulichen Sprache und mit zahlreichen erläuternden Grafiken dar. Hilfreich sind auch die vielen Beispiele, die Anregungen zu Übungen nach wichtigen Aussagen sowie Zusammenfassungen. (...) Das Buch zu lesen und zu bearbeiten ist für alle in pädagogischen Berufsfeldern Tätige ein Gewinn für ihr tägliches Handeln.«
VBE Magazin

»Das handliche Format mit strapazierfähigem Einband und Fadenheftung passt zum Inhalt dieses soliden Übungs- und Arbeitsbuches, das vor allem Anfänger in Sachen Konfliktmoderation zur Hand nehmen werden.«
Dagmar Sobull, Psychologie heute

»Zahlreiche Arbeitsblätter und Übungen verfestigen die Inhalte und bieten eine Menge Anregung zum Nachdenken und Selbermachen. Damit gewinnt das Buch Werkzeugcharakter und gehört in die Präsensbibliothek eines Unternehmens.« *Rasche Nachrichten*

BELTZ Beltz Verlag · Postfach 100154 · 69441 Weinheim

Weitere Infos und Ladenpreis: www.beltz.de

Rückmeldungen produktiv nutzen

Jörg Fengler
Feedback geben
Strategien und Übungen.
3. Auflage 2004. 151 Seiten. Gebunden.
ISBN 3-407-36419-9

Jörg Fengler erläutert anhand von 15 Strategien mit über 90 verschiedenen Übungen, wie Sie Feedback zielgerichtet und erfolgreich realisieren können. Verstimmung, Missmut, Schweigen: Oft geraten Partner, Gruppen oder Teams in Sackgassen, aus denen sie nicht mehr mit eigenen Mitteln herausfinden. In diesen Fällen ist das Feedback-Geben eine große Hilfe: Beobachtungen werden mitgeteilt, die eigene Befindlichkeit angesprochen und eine gemeinsame Realitätsdefinition versucht.

»Feedback ist der Schlüssel zur erfolgreichen Kommunikation und kann nur durch Training wirksam eingesetzt werden. Dieses Praxisbuch stellt Grundlagen und Strategien verständlich dar.«
quip, Magazin der Wirtschaftsjunioren Deutschland

»Jörg Fengler hat ein Buch über die vielfältigen Formen gemacht, Rückmeldungen produktiv zu nutzen. (...) Fengler gibt mit diesem umfassenden Buch einen Einblick in sein umfassendes Methodenrepertoire.«
Handbuch Personalentwicklung

»Jörg Fenglers Buch ›Feedback geben‹ handelt von nahezu allen Möglichkeiten, sich und anderen eine Rückmeldung zu geben. (...) Mit zahlreichen Übungen zum sofortigen Ausprobieren.« *managerSeminare*

»Fazit: Erfahrene Berater und Trainer finden ein gut aufbereitetes, anschauliches Repertoire an Feedback-Übungen, insbesondere für Gruppen.«
TRAINING aktuell

BELTZ Beltz Verlag · Postfach 100154 · 69441 Weinheim

Weitere Infos und Ladenpreis: www.beltz.de

Das Standardwerk für Präsentationen

Martin Hartmann/
Rüdiger Funk/Horst Nietmann
Präsentieren
Präsentationen: Zielgerichtet und adressatenorientiert.
7. Auflage 2003. 151 Seiten. Gebunden.
ISBN 3-407-36405-9

Anlässe für Präsentationen gibt es viele: Neue Produkte, die vorgestellt werden müssen, gute Ideen, die die Mitarbeiter umsetzen sollen, ein Referat, das die Zuhörer begeistern und überzeugen soll. Präsentationen sind wirkungsvolle Möglichkeiten, andere zu informieren oder zu überzeugen. Das gilt auch in Zeiten von Internet, PC und Datenprojekten, wichtige Medien, die den Präsentierenden zusätzlich unterstützen können.

»Das Buch ist klar und übersichtlich aufgebaut und führt schrittweise durch die Phasen der Vorbereitung und Durchführung von Präsentationen. (...) Eine gelungene Lektüre, die die praktische Erfahrung der Autoren wiederspiegelt.«
Der deutsche Berufsausbilder

»Wer eine ›Dramaturgie der Präsentation‹ sucht, wird hier fündig! In der Verschränkung von Ziel, Inhalt und Methode ist dieses Buch Spitzenklasse, immer wieder mit Gewinn zu Rate zu ziehen.« *W. Beywl, CONTRASTE*

»Man merkt dem Buch deutlich den Praxisbezug an.« *Süddeutsche Zeitung*

»Sehr praxisnah und systematisch beschreiben hier die Autoren die gesamte ›Geschichte‹ einer Präsentation. (...) Immer wieder wird mit guten Beispielen das Gesagte verdeutlicht und kleine Grafiken auf jeder Seite helfen bei der Visualisierung des geschriebenen Wortes. Aus jeder Seite des Buches spricht die persönliche Erfahrung der Autoren.« *AV-views*

BELTZ Beltz Verlag · Postfach 100154 · 69441 Weinheim

Weitere Infos und Ladenpreis: www.beltz.de

Die Vielfalt der Zeiten genießen

Elmar Hatzelmann/Martin Held
**Zeitkompetenz:
Die Zeit für sich gewinnen**
Übungen und Anregungen für den Weg zum Zeitwohlstand.
Mit Zeichnungen von Erik Liebermann.
2005. 240 Seiten. Gebunden.
ISBN 3-407-36410-5

Wir fühlen uns oft gehetzt und vielfach überfordert. Immer mehr in immer weniger Zeit, das funktioniert einfach nicht. Mit ihrem Ansatz zur Zeitkompetenz zeigen die beiden Autoren einen konkreten Weg aus diesem Dilemma. Dieses Buch hilft Ihnen, der »Falle des gehetzten Zeitsparers« zu entgehen, um so souveräner mit Zeit umzugehen.

»Den erfahrenen Autoren gelingt eine gute Mischung aus Theorie und Praxis: Zahlreiche Übungen, die Illustrationen von Erik Liebermann und viele Beispiele vermitteln Zeitkompetenz auf anschauliche Weise. So ist das Buch für Zeitliebhaber wie für Pädagogen und Trainer gleichermaßen interessant.«
Grundlagen der Weiterbildung

»Das Buch ist durchgehend exzellent aufgemacht. Wichtiges wird vorbildlich herausgehoben, es gibt wundervolle Illustrationen von Erik Liebermann, Zusammenfassungen, herausgestellte Tipps und vieles mehr. (...) Unser Fazit: Ein interessanter und gewinnbringender Ansatz, sich mit dem Thema ›Zeit‹ zu befassen.« *www.zeitzuleben.de*

»Alternativtitel zu den klassischen Zeitmanagement-Ratgebern mit dem Ansatz, die eigene Lebenszeit souverän gestalten zu können. (...) Flüssig geschrieben, klar gegliedert, mit zahlreichen Zusammenfassungen und illustriert mit Karikaturen. Mit umfangreichem, nützlichem Literaturverzeichnis und über 40 Übungen zur Reflexion, Sensibilisierung und Entspannung.«
ekz-Informationsdienst

»Fazit: Lebensqualität meint nicht nur materiellen Wohlstand, sondern auch Zeitwohlstand. Machen Sie sich den Augenblick bewusst.« *gwi*

BELTZ Beltz Verlag · Postfach 100154 · 69441 Weinheim

Weitere Infos und Ladenpreis: www.beltz.de

Ein Weg in die Angstfreiheit

Magdalena Unger
**Die Angst bändigen,
souverän bleiben**
Mit Atemübungen zu mehr innerer
Selbstsicherheit.
2004. 159 Seiten. Gebunden.
ISBN 3-407-36133-5

Termindruck, Einsparungen, Stellenabbau und Mobbing sind Realitäten, die Mitarbeiter wie Vorgesetzte gleichermaßen belasten. Kein Wunder, dass die Angst im Job immer mehr um sich greift.

Eine aktuelle Studie des Wirtschaftsmagazins »Junge Karriere« zeigt, dass über 60 Prozent aller Mitarbeiter in deutschen Unternehmen unter Angst am Arbeitsplatz leiden.

Dieses Praxisbuch macht auf die verborgenen Vitalkräfte aufmerksam, die hinter Ängsten stecken. Zugleich hilft es, mit Atemübungen gezielt diese Kräfte zu wecken – und sie für den beruflichen Erfolg einzusetzen. Mit leicht nachvollziehbaren Office-Übungen, Beispielen und Tipps.

»Viele Fallbeispiele und Tipps zeichnen den praxis-nahen Ratgeber aus.«
Psychologie Heute

»Die Autorin, Persönlichkeitscoach und Seminarlei-terin, gibt wertvolle Tipps und zeigt Techniken, wie die Angst bewältigt werden kann.«
tempra

»Ein überzeugendes und zukunftsweisendes Buch, nicht nur für Berufstätige mit Stress und Ängsten!«
Christina Clouth, Information AFA

BELTZ Beltz Verlag · Postfach 100154 · 69441 Weinheim

Weitere Infos und Ladenpreis: www.beltz.de